Vom agrarischen Hinterland
zur industriellen Boomregion

Oberschwaben

Forschungen zu Landschaft,
Geschichte und Kultur

BAND 9

herausgegeben von

Sigrid Hirbodian
Sabine Holtz
Dietmar Schiersner
Andreas Schwab
Thomas Zotz

Frank Brunecker, Sigrid Hirbodian, Edwin Ernst Weber (Hrsg.)

Vom agrarischen Hinterland zur industriellen Boomregion

Wirtschaft in Oberschwaben von 1850 bis zur Gegenwart

Kohlhammer

Die Veröffentlichung wurde großzügig gefördert durch:

Stiftung Oberschwaben

Umschlagabbildung:
Das neue Kranwerk des Baumaschinenherstellers Hans Liebherr 1956 an der Riß in Biberach mit Werkhallen und Verwaltungshochhaus (Vorlage: Museum Biberach)

Redaktion: Edwin Ernst Weber
Gestaltung und Produktion: Verlagsbüro Wais & Partner, Stuttgart
Druck und Bindung: Himmer, Augsburg

Bibliografische Information der Deutschen Nationalbibliothek:
Die Deutsche Nationalbibliothek verzeichnet diese Publikation in der Deutschen Nationalbibliografie.
Detaillierte bibliografische Angaben sind im Internet abrufbar über http://www.dnb.ddb.de.

Alle Rechte vorbehalten

© 2025 Gesellschaft Oberschwaben für Geschichte und Kultur,
    Verlagsbüro Wais & Partner GbR, Stuttgart

Kommission und Vertrieb: W. Kohlhammer, Stuttgart

ISBN 978-3-17-046062-1 (Print)
ISBN 978-3-17-046063-8 (E-book – pdf)

Inhalt

Einführung 7
FRANK BRUNECKER, SIGRID HIRBODIAN und EDWIN ERNST WEBER

Grundlagen und Entwicklungsfaktoren

Der Wirtschaftsraum Oberschwaben in Südwestdeutschland 19
BORIS GEHLEN

Von der Kleinen Eiszeit zur Klimaerwärmung. Klima-, Umwelt- und
Verkehrsgeschichte Oberschwabens von 1850 bis heute 43
ANDREAS SCHWAB

Das Bevölkerungswachstum Oberschwabens von 1850 bis in die Gegenwart 91
STEFFEN KAISER

Wirtschaftspolitische Intentionen beim Bau der Südbahn in Württemberg und
die Folgen 107
ANDREAS M. RÄNTZSCH

Von der Sommerfrische zum Zweitwohnsitz am Bodensee.
Momentaufnahmen einer regionalen Geschichte des Tourismus 141
WERNER TRAPP

Der Primärsektor

Der Wandel der agrarischen Landnutzung in Oberschwaben von der Mitte
des 19. Jahrhunderts bis in die Zeit nach dem 2. Weltkrieg 177
WERNER KONOLD

Vom Lehensbauer zum Agrarunternehmer. Der Strukturwandel in der
Landwirtschaft Oberschwabens von 1800 bis zur Gegenwart 219
EDWIN ERNST WEBER

Die Entwicklung ausgewählter Städte, Teilräume und Unternehmen

Textilien, Maschinen, Pinsel und Papier. Die industrielle Entwicklung
im Raum Ravensburg-Weingarten von 1860 bis zur Gegenwart und ihr Gewicht
in der Region Oberschwaben 267
PETER EITEL

Zeppelin und die Folgen. Die Industrialisierung der Stadt Friedrichshafen 301
    Elmar L. Kuhn

Biberacher Industriegeschichte.. 369
    Frank Brunecker

Industriestandorte in Bayerisch-Schwaben. Verläufe und Zeitschnitte seit 1850   403
    Gerhard Hetzer

Von den Fürstlich Hohenzollernschen Hüttenwerken Laucherthal zur
Zollern GmbH & Co. KG. – Ein Traditionsbetrieb im Wandel 425
    Volker Trugenberger

Menschen in der Wirtschaft

Der Beitrag jüdischer Unternehmer zur Industrialisierung Oberschwabens und
Hohenzollerns. Ein Vergleich 465
    Doris Astrid Muth

Viel leichter zu unterdrücken.
Die Arbeiterbewegung in Oberschwaben von den Anfängen bis 1933 489
    Stefan Feucht

Zwischen Individuum und Struktur. Prolegomena zu Oberschwabens
Unternehmertum 513
    Georg Eckert

Anhang

Vom agrarischen Hinterland zur industriellen Boomregion. Wirtschaft in
Oberschwaben von 1850 bis zur Gegenwart. Bericht über die Wissenschaftliche
Tagung der Gesellschaft Oberschwaben für Geschichte und Kultur vom 29. September bis 1. Oktober 2022 in der Schwäbischen Bauernschule Bad Waldsee 543
    Edwin Ernst Weber

Abkürzungen 561
Autorenbiogramme 562
Orts- und Personenregister 566

Einführung

Frank Brunecker, Sigrid Hirbodian und Edwin Ernst Weber

Mit diesem Tagungsband beschließt die Gesellschaft Oberschwaben für Geschichte und Kultur ihre 2015 gestartete Erkundung der Wirtschaftsgeschichte Oberschwabens über 700 Jahre, vom Spätmittelalter bis zur Gegenwart. In drei Tagungen 2015, 2019 und 2022 und den jeweils nachfolgenden Tagungsbänden wurde die bislang vor allem als geografische Landschaft sowie als politischer und kultureller Handlungs- und Verflechtungsraum wahrgenommene Region zwischen Lech und Schwarzwald, Schwäbischer Alb und Bodensee auch als Wirtschaftsraum mit spezifischen Struktur- und Entwicklungsmerkmalen und den Wechselbeziehungen zu Nachbarregionen und hier insbesondere der Nordschweiz und Vorarlberg konturiert und beschrieben. Ein besonderes Interesse galt den Auswirkungen und Folgen der säkularen Krisen und Umbrüche, angefangen vom Schwarzen Tod in der Mitte des 14. Jahrhunderts über den Dreißigjährigen Krieg und sodann Säkularisation und Mediatisierung bis zur industriellen Revolution und den beiden Weltkriegen auf die regionale Wirtschaft. In der Langzeitbetrachtung sollten Kontinuitätslinien ebenso wie Umbrüche und Neuausrichtungen sowohl in der Landwirtschaft wie auch der Gewerbeentwicklung und den Markt- und Handelsbeziehungen im Binnenbereich wie nach außen verfolgt und untersucht werden. Zu fragen war schließlich auch, wie weit sich allgemeine wirtschaftliche Entwicklungen wie die wachsende Marktorientierung der Landwirtschaft, das verstärkte Vordringen des Gewerbes auf das Land, die Verlagerung des Handels vom Mittelmeer auf den Atlantik, die Protoindustrialisierung und schließlich die Industrialisierung und die Globalisierung auf die oberschwäbischen Verhältnisse und Strukturen ausgewirkt und niedergeschlagen haben.

Bei der Beantwortung dieser Fragen sollten bewusst drei überkommene Wahrnehmungsschranken in der historischen Forschung durchbrochen werden: Zunächst die Periodisierungsgrenzen vom Mittelalter zur Frühen Neuzeit wie auch von der Frühneuzeit zur neuesten Geschichte; sodann die vielfach nahezu hermetischen Abgrenzungen zwischen den städtischen und den dörflichen Wirtschaftsräumen; zum dritten schließlich war es ein Anliegen der Tagungsreihe, strukturgeschichtliche und akteurszentrierte Fokussierungen und Fragestellungen sowohl in der Gesamtbetrachtung wie auch den Fallstudien miteinander zu verknüpfen. Der Anstoß und die konzeptionelle Grundausrichtung der Tagungsreihe mit den nachfolgenden Publikationen verdanken sich maßgeblich dem 2020 verstorbenen Augsburger Landeshistoriker Prof. Dr. Rolf Kießling, der mit seinem herausragenden Lebenswerk der Erkundung und Wahrnehmung Oberschwabens als Wirtschaftslandschaft entscheidende Anstöße gegeben hat. Seiner sei an dieser Stelle in Dankbarkeit und Hochachtung gedacht.

Ausgangspunkt für die dem Zeitraum von 1850 bis zur Gegenwart gewidmete dritte Tagung vom 29. September bis 1. Oktober 2022, deren Erträge im vorliegenden Band in einer vielfach gegenüber den Vorträgen erweiterten Form wiedergegeben werden, sind drei wesentliche Befunde der beiden Vorgängertagungen von 2015 zum Zeitraum von 1300 bis 1600 und von 2019 zur Periode von 1600 bis 1850: Zum einen die vom Spätmittelalter bis ins 19. Jahrhundert wahrzunehmende wirtschaftliche Dreigliederung Oberschwabens mit einer vor allem textilwirtschaftlich geprägten Gewerbelandschaft im Osten, einer zunehmend marktorientierten Agrarlandschaft im Westen und schließlich landwirtschaftlichen Sonderkulturen und hier insbesondere dem Weinbau im klimabegünstigten Bodenseeraum. Das andere, gleichfalls langfristig wirksame Charakteristikum ist eine symbiotische Wechselbeziehung zwischen Oberschwaben als Getreidelieferant („Schwabenkorn") und der protoindustriellen Nordschweiz als Fruchtimporteur, wobei die Handelserträge für die adligen und geistlichen Feudalherren wie die marktfähigen Lehensbauern in den Agrarkonjunkturen des 16. Jahrhunderts wie auch zwischen Dreißigjährigem Krieg und Französischer Revolution die wesentliche Grundlage für bäuerlichen Wohlstand und die bis in die Gegenwart die Region prägende Ausgestaltung Oberschwabens als barocke Kultur- und Sakrallandschaft bilden. Der dritte Befund war schließlich eine zunächst weithin inselhafte und erst nach 1945 die Breite erfassende Industrialisierung der Region sowie eine bis weit in das 20. Jahrhundert hinein dominante landwirtschaftliche Prägung Oberschwabens.

Wie bereits die beiden Vorgängerpublikationen ist auch dieser Tagungsband mit seinen insgesamt 15 Einzelbeiträgen und Fallstudien in thematisch ausgerichtete Sektionen gegliedert. In der Sektion „Grundlagen und Entwicklungsfaktoren" unternimmt zunächst Boris Gehlen eine vergleichende Verortung des „Wirtschaftsraums Oberschwaben in Südwestdeutschland". Als hemmende Faktoren für eine frühe Industrialisierung benennt er die ungünstige Verkehrslage Oberschwabens an der Peripherie größerer politischer Einheiten sowie die lange Zeit hochrentable marktorientierte Landwirtschaft, die bis weit in das 20. Jahrhundert hinein weiten Teilen der Bevölkerung ein gutes Auskommen garantiert und den ökonomischen und sozialen Druck für eine industrielle Entwicklung gering hält. Befördert wird die seit 1950 sukzessive die Breite der Region erfassende Industrialisierung durch die vorhandene polyzentrische und entwicklungsfähige handwerklich-kleingewerbliche Betriebsstruktur, die im Gefolge von Elektrifizierung und Motorisierung seit den 1920er Jahren sich verbessernde Energieversorgung des Raums, den sich seit 1960 beschleunigenden Strukturwandel der Landwirtschaft und nicht zuletzt die Impulse von Produktionsverlagerungen wichtiger externer Industriebetriebe im 2. Weltkrieg sowie die Zuwanderung von Unternehmern und hochqualifizierter Facharbeiter mit den Flüchtlingen und Heimatvertriebenen. All dies zusammen hat Gehlen zufolge in Oberschwaben von den 1950er Jahren bis zur Gegenwart eine diversifizierte, flächige Wirtschaftslandschaft mit einer im Vergleich zu altindustriellen Monostrukturen hohen Krisenresilienz entstehen lassen.

Andreas Schwab nimmt unter dem Titel „Von der kleinen Eiszeit zur Klimaerwärmung" die Entwicklung von Klima, Umwelt und Verkehr im Untersuchungszeitraum in den Blick. Nach zunächst noch großen Temperaturschwankungen über das Ende der Kleinen Eiszeit um 1850 hinaus lässt sich bis zur Gegenwart eine deutliche Erwärmung von im Mittel 1,6 °C mit einer Beschleunigung seit etwa 1990 beobachten. Die Folgen zeigen sich seit etwa den 1960er Jahren vor allem für die Landwirtschaft und zumal die Sonderkulturen des Bodenseeraums in einer Verlängerung der Vegetationsperiode sowie zunehmenden Hitzeproblemen namentlich beim Weinbau und durch Extremwetterlagen. Anhand konkreter Beispiele betrachtet Schwab die Eingriffe in Landschaft und Flussläufe durch die regionale Verkehrserschließung mit Bahn und Straßen vom 19. Jahrhundert bis zur Gegenwart.

Das Interesse von Steffen Kaiser gilt der demografischen Entwicklung Oberschwabens von 1850 bis zur Gegenwart. Nach einer negativen Wanderungsbilanz Oberschwabens im 19. Jahrhundert ist zwischen 1930 und 1970 ein beträchtlicher Bevölkerungsanstieg nicht zuletzt durch den Zustrom von Heimatvertriebenen nach dem 2. Weltkrieg zu verzeichnen. Den höchsten Zuwachs erfahren die wirtschaftsstarken Räume und hier zumal der dicht besiedelte Gürtel von Ulm über Biberach und das Schussenbecken zum Bodensee. Im Kontrast zum deutlichen Bevölkerungswachstum im Einzugsbereich der Südbahn und in den Städten insgesamt stagnieren die Einwohnerzahlen in den ländlichen Räumen. Die Oberämter Ehingen, Laupheim, Saulgau und Riedlingen erleiden noch nach dem 1. Weltkrieg Abwanderungsverluste. Von 1975 bis 2020 erfährt Oberschwaben insgesamt ein kräftiges Bevölkerungswachstum, das im Kreis Ravensburg und im Bodenseekreis besonders stark ausfällt.

Die wirtschaftpolitischen Intentionen beim Bau der Südbahn in Württemberg und dessen Folgen sind das Thema von Andreas M. Räntzsch. Die durch Oberschwaben führende Südbahn ist Teil der württembergischen Hauptlinie von Heilbronn über Stuttgart und Ulm nach Friedrichshafen und hat auf dem Teilstück in Oberschwaben eine Länge von 103 km. Die württembergische Nord-Süd-Verbindung stand in Konkurrenz zu den parallelen Eisenbahnverbindungen in Bayern und Baden. Ein Bahnanschluss als solcher ist Räntzsch zufolge noch kein Garant für die positive wirtschaftliche Entwicklung eines Ortes. Industrialisierungsimpulse gab es lediglich in Ulm und Ravensburg. Die Eisenbahn dient lange Zeit primär dem Gütertransport und ist bis ins ausgehende 19. Jahrhundert aufgrund der hohen Ticketkosten kein Massenverkehrsmittel. Die Eisenbahn ist selbst ein wichtiger Beschäftigungsfaktor sowohl beim Bau wie auch beim Betrieb. Noch das westdeutsche Wirtschaftswunder der 1950/60er Jahre fußte maßgeblich auf der Eisenbahn als Transportmittel für Personen und vor allem Güter. Erst danach erfolgte sukzessive der Übergang zu Straße und Motorfahrzeugen.

Eine kritische Geschichte des Fremdenverkehs am Bodensee und in Oberschwaben trägt Werner Trapp vor. Die touristische Erschließung des Bodensees lässt sich mit Überlingen als dem *deutschen Nizza* und Friedrichshafen als *Mekka aller Bodenseepilger* nach Beginn des *Zeppelinfiebers* bis in das ausgehende 19. und beginnende 20. Jahrhundert zurückverfolgen. Die frühen Bodensee-Reisenden suchen hier das Unberührte und Ursprüngliche, die Ortschaften werden für die Touristen aufpoliert. Bereits seit den 1970er Jahren und beschleunigt in den zurückliegenden 30 Jahren werden der See und das benachbarte Oberschwaben zur touristischen Boomregion unter den Vorzeichen des *Erlebnistourismus*, für den in einer sich steigernden Gigantomanie weithin beliebige

Angebote ohne Beziehung zur umliegenden Landschaft geschaffen werden. Die Verwandlung der Bodenseelandschaft in eine ‚Kapitalanlage' nimmt Trapp zufolge an einzelnen Orten den ‚Charakter eines Ausverkaufs' an. Ein Ende dieses an einzelnen Hotspots sichtbaren „Overtourism" und des von der Kommunalpolitik geförderten motorisierten Massentourismus ist nicht absehbar.

Zum Einstieg in die Sektion zum Primärsektor befasst sich Werner Konold mit dem Wandel der agrarischen Landnutzung in Oberschwaben von 1850 bis in die Gegenwart. Er zeichnet dabei den Übergang zur Grünlandwirtschaft im Allgäu seit der zweiten Hälfte des 19. Jahrhunderts nach. Mittel zur Ertrags- und Futterqualitätssteigerung sind Feldermeliorationen mit der Entwässerung, Begradigung und Verrohrung von Fließgewässern, der Nutzungsintensivierung hin zu Vielschnittwiesen, einer starken Düngung sowie der Vereinfachung der floristischen Zusammensetzung nahezu aller Grünlandflächen. Kritisch konstatiert Konold, dass ungeachtet aller ökologischen Bekenntnisse der Naturschutz als Restflächenverwerter bis in die Gegenwart das erhält, was der Intensivierung entkommen ist, weil es zu nass, zu steil oder zu abgelegen ist. Die Wirkungen von Wiedervernässung und Renaturierung im Sinne des Naturschutzes sind noch kaum spürbar. Neuerdings ist selbst im Allgäu eine Rückkehr des Ackerbaus in Gestalt des Maisanbaus als Viehfutter und für die Biogasanlagen zu beobachten.

Unter dem Titel „Vom Lehensbauer zum Agrarunternehmer" stellt Edwin Ernst Weber den mehrfachen Strukturwandel in der Landwirtschaft Oberschwabens von 1800 bis zur Gegenwart vor. Am Anfang stand vom ausgehenden 18. bis in die Mitte des 19. Jahrhunderts die sog. Bauernbefreiung mit der Beseitigung sowohl der feudalen wie auch der genossenschaftlichen Bindungen des Bodens und dem Übergang zur Individuallandwirtschaft. Die nächste Etappe des Strukturwandels bringt seit den 1870er Jahren der Übergang vom vorherrschenden Getreideanbau und Dinkelexport in die Schweiz zu einer zeitweise hochrentablen Grünland-, Milch- und Käsewirtschaft im südlichen und der kaum minder erfolgreichen Rindviehzucht und der Vermarktung von Zucht- und Schlachtvieh im nördlichen Oberschwaben. Weitere Entwicklungsschritte sind die Mechanisierung der Landwirtschaft seit dem ausgehenden 19. Jahrhundert, die Elektrifizierung vor allem der Hofarbeit nach dem 1. Weltkrieg und schließlich seit den 1950er Jahren die Motorisierung mit den Traktoren. Seit den 1960er Jahren bestimmt die europäische Agrarpolitik das Geschehen mit gewaltigen Produktivitätssteigerungen, kontinuierlichen Arbeits- und Flächenrationalisierungen, einem weiter wachsenden Kapitalbedarf, einer sich nochmals verstärkenden Marktorientierung, zahlreichen Betriebsaufgaben und dem Übergang zu immer größeren Betriebseinheiten mit Hofgrößen von mittlerweile über 200 und 300 ha. Hatte in Oberschwaben der Primärsektor 1907 noch einen Beschäftigtenanteil von 53,2 % gegenüber 35,8 % in Südwestdeutschland insgesamt und 1950 von 30,37 % gegenüber 17,4 %, so holt die Region in den folgenden Jahrzehnten den Strukturwandel beschleunigt nach. Aus dem oberschwäbischen Bauernland ist am Ende des Betrachtungszeitraums eine von wenigen marktorientierten Großbetrieben außerhalb der Dörfer bestimmte Agrarlandschaft geworden, deren Bevölkerung ihr Auskommen nur noch zu einem verschwindend geringen Anteil in der vor großen ökologischen und klimatischen Herausforderungen stehenden Landwirtschaft findet.

Am Beginn der Sektion zur Entwicklung ausgewählter Städte, Teilräume und Unternehmen steht das von Peter Eitel unter dem Titel „Textilien, Pinsel, Maschinen und Papier" vorgestellte Fallbeispiel des Industrieraums Ravensburg-Weingarten. Eine wesentliche Voraussetzung für die innerhalb Oberschwabens frühe industrielle Entwicklung des Schussenbeckens zwischen Mochenwangen und Weißenau sind dessen Wasserreichtum und das Gefälle der Schussen, die den Betrieb von Mühlen und Hammerwerken begünstigen. Weitere fördernde Faktoren sind der Zufluss von Schweizer Kapital seit den 1860er Jahren und der Eisenbahnanschluss. Von den Branchen spielt anfänglich sowohl im Oberamt Ravensburg wie in Oberschwaben insgesamt die Textilindustrie eine führende Rolle. Mit dem Aufstieg des Zeppelinwerks in Friedrichshafen verliert das Oberamt Ravensburg seine dominante Stellung im oberschwäbischen Industriegeschehen an das Oberamt Tettnang, wo 1933 3754 Industriebeschäftigte gegenüber ca. 2000 im Oberamt Ravensburg gezählt werden. Die aktuelle Industriestruktur von Ravensburg-Weingarten zeichnet sich durch einen breiten Branchenmix von der Metallverarbeitung über den Pharmabereich bis zum Verlagswesen, aber auch durch den Verlust von industriellen Arbeitsplätzen und deren Kompensation im Dienstleistungsbereich aus.

Unter dem Titel „Zeppelin und die Folgen" erläutert Elmar L. Kuhn die Industrialisierungsgeschichte von Friedrichshafen, die innerhalb Oberschwabens einen Ausnahmefall darstellt. Markenzeichen der Bodenseestadt sind vor 1900 ihre Funktion als Sommerresidenz der Könige von Württemberg, ein seit dem Eisenbahnanschluss 1847 florierender Fremdenverkehr mit Kurgästen und eine gewisse Bedeutung als Transithandelsplatz mit der 1869 eingerichteten Eisenbahn-Trajektverbindung über den Bodensee nach Romanshorn. Das Tor in eine neue, industrielle Zeit der Stadt öffnen der Luftschiffbau des Grafen Zeppelin seit 1900 und der dank der Volksspende nach der Katastrophe von Echterdingen 1908, vor allem aber durch Militäraufträge in raschem Tempo mögliche Aufbau der Zeppelinwerke nebst Tochterfirmen mit insgesamt ca. 500 Beschäftigten bis zum 1. Weltkrieg. Als Rüstungsstandort erlebt Friedrichshafen im 1. Weltkrieg mit nahezu 10 000 Beschäftigten 1918 einen enormen Aufschwung, wobei neben den Bau von über 70 Zeppelinen der Flugzeugbau durch Claude Dornier und die Maybachwerke mit ihren auch in Schiffen und Flugzeugen eingesetzten Motoren treten. Eine zweite Boomphase wiederum durch Staatsaufträge erfahren die Friedrichshafener Betriebe unter der NS-Herrschaft und deren Aufrüstung seit 1933, wobei die Tochterfirmen Maybach und Dornier den Mutterkonzern an Bedeutung schließlich übertreffen. Nach vorübergehenden Plänen zur Zerschlagung des rüstungsnahen Konzernkonglomerats in der französischen Besatzungszeit erleben die Betriebe in Friedrichshafen und Umgebung seit den 1950er Jahren einen erneuten Aufschwung als Zulieferer im Automobilbau und alsbald auch wieder in der Militärrüstung, im Flugzeugbau und in der Raumfahrttechnik.

In markantem Kontrast zu Ravensburg und Friedrichshafen stellt Frank Brunecker Biberach als Beispiel einer späten und mittlerweile über sieben Jahrzehnte erfolgreichen Industrialisierung in Oberschwaben vor. Im 19. Jahrhundert und letztlich bis nach dem 2. Weltkrieg zeichnet sich die ehemalige Reichsstadt durch eine begrenzte ökonomische Dynamik aus, an der auch der Eisenbahnanschluss um 1850 wenig zu ändern vermag. Die Metamorphose der beschaulichen Kleinstadt zum dynamischen Industriestandort bringen nach dem 2. Weltkrieg zum einen Betriebsansiedlungen in Gestalt der Firmen Thomae (heute Boehringer Ingelheim) und Liebherr und zum anderen die sprunghafte Expansion vorhandener Kleinbetriebe in Gestalt von Vollmer, Handtmann und Gerster. Die 1949 in Kirchdorf an der Iller gegründete Firma Liebherr lässt sich 1954 in Biberach nieder und expandiert bis 1960 zum weltweit größten Kranhersteller mit hochindustriellen Fertigungshallen. Heute ist Liebherr ein führender Baumaschinenhersteller mit weltweit 53 000 Mitarbeitern, diversen Produktionsstandorten auch in Oberschwaben und einer in die Schweiz verlegten Konzernzentrale. 1993 werden von Boehringer die Standorte in Ingelheim und Biberach zusammengeführt und in Biberach die Forschung des Unternehmens konzentriert. In der Gegenwart ist Boehringer das größte forschende Pharmaunternehmen in Deutschland mit fast 8000 Beschäftigten allein in Biberach.

Den „Industriestandorten in Bayerisch-Schwaben" gilt das Interesse von Gerhard Hetzer. Vergleichbar der Situation westlich der Iller zeichnet sich auch das heute bayerische Oberschwaben durch eine dezentrale und diversifizierte Industriestruktur aus, die indessen mit Augsburg ein starkes Zentrum besitzt. Im Unterschied zum baden-württembergischen Oberschwaben kann die Landschaft östlich der Iller auf alte gewerbliche Traditionen und Strukturen aufbauen, zu denen in Augsburg der frühe Eisenbahnanschluss 1840, die Wasserkraft des Lech und die Kapitalkraft lokaler Bankhäuser als weitere die frühe Industrialisierung begünstigende Faktoren hinzukommen. Auf dieser Grundlage bildet sich seit der Mitte des 19. Jahrhunderts eine Industrielandschaft mit Schwerpunkten im Textilbereich und im Maschinenbau in Augsburg heraus. Noch in den 1920er Jahren hat Augsburg den Ruf einer Arbeiterstadt, der Dienstleistungssektor nimmt erst in den 1960er Jahren an Fahrt auf. Gleichfalls industrielle Entwicklungen nehmen Memmingen, Kempten, Kaufbeuren und Günzburg, wobei ihre Lage an Flüssen zumeist förderlich ist. Die Zeitphase zwischen 1960 und 1990 charakterisiert Hetzer als Periode des Niedergangs mit dem Zusammenbruch traditioneller Industrien und dem Untergang des noch in den 1950er Jahren in Bayern dominanten Textilsektors. Die ‚Krise altindustrieller Strukturen' greift auch auf den Maschinenbau und die Metallindustrie insgesamt über. Für die Zeit nach 1989 konstatiert Hetzer eine Erholungsphase mit der Entwicklung zukunftsfähiger Industriezweige etwa im Umweltbereich sowie wichtigen Impulsen durch die 1970 gegründete Universität Augsburg und ein breitgespanntes Netz von Fachhochschulen in Bayerisch-Schwaben.

Volker Trugenberger stellt die von Krisen und Neuorientierungen geprägte 300jährige Geschichte des Hüttenwerks Laucherthal bei Sigmaringen vor. Die Gründung eines die Wasserkraft der Lauchert nutzenden Hüttenwerks durch das Fürstenhaus Hohenzollern-Sigmaringen 1708 zur Verhüttung von örtlichem Bohnerz mit Holzkohle ist im Kontext zeitgleicher herrschaftlich initiierter Betriebsansiedlungen in Zizenhausen bei Stockach (Österreich), Ludwigstal bei Tuttlingen (Württemberg) und Thiergarten bei Beuron (Fürstenberg) zu sehen. Es sind lange Zeit sehr überschaubare Dimensionen mit ca. 20 sog. „Laboranten" im 18. Jahrhundert und 27 Beschäftigten 1850. Die Konkurrenz durch das mit Koks verhüttete und mit der Eisenbahn beförderte Eisen aus dem Rheinland, Westfalen und England führt die schwäbischen Hüttenwerke in den 1860er Jahren in die Krise. Auch das Hüttenwerk Laucherthal stellt 1879 den Hochofenbetrieb ein, schafft aber durch den Einsatz von Roheisen und Schrott bei der Gusswarenproduktion das Überleben. Mit dem Bronzeguss, mit dem unter anderem Schiffsschrauben hergestellt werden, führt Betriebsleiter Egon Sauerland einen neuen Produktionszweig ein. Auch ein neues Walzwerk wird in Betrieb genommen. In den beiden Weltkriegen wird die Produktion auf Rüstung umgestellt, und die Beschäftigtenzahl erfährt durch den Einsatz von Frauen, Kriegsgefangenen und im 2. Weltkrieg auch von zahlreichen Zwangsarbeitern eine enorme Ausweitung mit 1944 ca. 2100 Arbeitskräften. In der Stahlkrise der 1970er Jahre gerät das Unternehmen in existenzielle Nöte, die durch einen drastischen Beschäftigungsabbau, Rettungszahlungen des fürstlichen Eigentümers und den Einstieg des Unternehmers Adolf Merckle als Miteigentümer 1989 überwunden werden. Heute präsentiert sich das seit 2004 als Zollern firmierende Unternehmen als weltweit agierender Konzern mit über 3000 Beschäftigten in den vier Geschäftsfeldern Feinguss, Antriebstechnik, Sandguss sowie Schmiede und Stahlprofile.

Zum Auftakt der Sektion „Menschen in der Wirtschaft" widmet sich Doris Astrid Much dem Beitrag jüdischer Unternehmer aus Hechingen und Laupheim zur Industrialisierung von Oberschwaben und Hohenzollern. In beiden Ortschaften lässt sich die Niederlassung von Juden in die Frühe Neuzeit zurückverfolgen und stellt die jüdische Einwohnerschaft in der Mitte des 19. Jahrhunderts einen Anteil von rund einem Viertel der Gesamtbevölkerung, um in der Folge durch Abwanderung zumeist in größere Städte rasch zu schrumpfen. In beiden Städten spielen jüdische Unternehmer eine Vorreiterrolle bei der Industrialisierung. In Hechingen ist der Textilsektor die Schlüsselbranche der Industrialisierung. Sechs der sieben Hechinger Textilunternehmen befinden sich um 1900 in jüdischem Besitz. 1910 sorgen die sechs jüdischen Betriebe für 45 % des gesamten Gewerbesteueraufkommens der Stadt Hechingen. Die 1,9 % der Gesamtbevölkerung stellenden jüdischen Einwohner bringen zwischen 35 und 40 Prozent des Gesamtsteueraufkommens auf. In Laupheim ist das Spektrum der jüdischen Betriebe breiter, entwickelt sich aus dem Handwerk und nicht aus dem Verlagswesen und reicht von der Hopfengroßhandlung über eine Kleiderfabrik und eine Werkzeugherstellung bis zur Haarfabrik Bergmann und Co., die im Beitrag exemplarisch vorgestellt wird. Hier stellen die jüdischen Einwohner 1863 ca. 20 % der Gesamtbevölkerung und ebenso viel des Steueraufkommens, 1900 liegt der jüdische Anteil an der Einwohnerschaft noch bei 8 %, beim Steueraufkommen dagegen bei 37 %. In beiden Städten werden die jüdischen Unternehmer durch die nationalsozialistische Arisierung enteignet.

Thema von Stefan Feucht ist unter dem Titel „Viel leichter zu unterdrücken" die Arbeiterbewegung in Oberschwaben. Das im ausgehenden 19. Jahrhundert entstehende Netzwerk von SPD und Gewerkschaften stützt sich überwiegend auf zugewanderte Arbeiter. Mit dem Aufkommen der Zeppelinwerke und der Rüstungsexpansion im 1. Weltkrieg mit zahlreichen auswärtigen Arbeitern wird Friedrichshafen zum Zentrum der oberschwäbischen Arbeiterbewegung und im Oktober und November 1918 zu einem Brennpunkt der Revolution in Württemberg. In den 1920er Jahren entwickelt sich auch in vielen Städten Oberschwabens – neben Ravensburg und Friedrichshafen auch in Biberach – ein Arbeitermilieu mit Radfahrvereinen, Sängerbünden, Mieter- und Bildungsvereinen. Die aufkommende NS-Herrschaft führt auch in Oberschwaben zur von einzelnen Protesten begleiteten Zerschlagung von Arbeiterparteien und Gewerkschaften und zum Übergang nicht weniger Arbeiter in die NS-Organisationen.

Das Interesse von Georg Eckert gilt dem Unternehmertum in Oberschwaben im Wechselspiel von Struktur und Individuum. Nach seinen Beobachtungen gibt es kein überzeitliches, vielmehr ein generationenspezifisches Ideal von Unternehmertum. Unter den traditionellen Unternehmer-Zuschreibungen des Tüftlers, des Erfinders und des Managers ist der aus dem Handwerk hervorgegangene Tüftler besonders häufig in Oberschwaben anzutreffen. Die Erfolge dieses Unternehmertyps sind kaum ohne ein gewisses geniales Moment zu erklären, einen später oftmals mythisch überhöhten schöpferischen Akt, aber eben auch nicht ohne ein ökonomisches, gesellschaftliches und auch kulturelles Umfeld, in dem die unternehmerischen Innovationen eine gewisse Erfolgswahrscheinlichkeit in sich trugen. Eckert versteht seinen Beitrag als erste Annäherung an den individuellen Faktor in einer regionalen Kulturgeschichte der Wirtschaft, deren weitere Konturierung noch intensiver Forschung bedarf. Als provokante Schlussthese sieht Eckert im Unternehmertum zunächst einmal eine Vorstellung, die auf unternehmerisches Handeln zurückwirkt.

Als Bilanz dieses den zurückliegenden 170 Jahren gewidmeten dritten Buches sowie der jetzt in drei Tagungsbänden dokumentierten Gesamtschau über 700 Jahre zur Wirtschaftsgeschichte Oberschwabens bleiben einige grundlegende Befunde: Die besondere landwirtschaftliche Struktur mit ihren dank des Anerbenrechts und der Vereinödung stabilen und marktfähigen groß- und mittelbäuerlichen Betrieben, aus deren Erträgen ein Großteil der Bevölkerung auskömmlich leben kann, ist ein wesentlicher Grund für die späte Industrialisierung Oberschwabens. Abseits weniger Industrialisierungsinseln namentlich im Ulmer und Augsburger Raum, im Schussenbecken, im Hegau und seit Anfang des 20. Jahrhunderts in Friedrichshafen setzt die Industrialisierung in der Breite in Oberschwaben erst nach 1945 ein. Wie auch anderenorts spielt bei der Industrialisierung in Oberschwaben der personale Faktor mit Unternehmerpersönlichkeiten wie Spohn und von Zwerger in Ravensburg, Zeppelin in Friedrichshafen, Liebherr in Biberach oder auch der Heimatvertriebenen bei zahlreichen Unternehmensgründungen nach 1945 eine wichtige Rolle. Bei der Industrialisierung sind zunächst Räume begünstigt, die wie das Schussenbecken und Augsburg auf günstige Energie in Gestalt von Wasserkraft zurückgreifen können. Die Dampfkraft spielt aufgrund der hohen Transportkosten für die Kohle für die Industrialisierung in Oberschwaben eine geringe Rolle, während von der Elektrifizierung seit den 1920er Jahren durch den Elektromotor wichtige Impulse für die Modernisierung sowohl der Landwirtschaft wie auch des Gewerbes ausgehen.

Kontinuitäten von der Frühen Neuzeit ins 19. Jahrhundert bestehen in der Kapitalakkumulation und im technisch-gewerblichen Know-how insbesondere in protoindustriell strukturierten Städten wie Augsburg, Ulm und Ravensburg sowie in den vorrangig in Boden und Renten getätigten Investitionen des Adels, der sich kaum unternehmerisch in der Industrie engagiert. Charakteristisch für die späte, aber letztlich sehr erfolgreiche Industrialisierung Oberschwabens sind die Diversität der industriellen Struktur und das Fehlen von Monostrukturen, was wiederum die Resilienz gegen Konjunkturschwankungen erhöht.

Die Auswirkungen der großen politischen Zäsuren auf die wirtschaftliche Entwicklung Oberschwabens sind durchaus uneinheitlich: Der Dreißigjährige Krieg stellt sich in Landwirtschaft und Handel als vorübergehende, durch den anschließenden Wiederaufbau relativ rasch überwundene Krise dar, während er im Gewerbe und insbesondere im Textilbereich dauerhaft Strukturen vernichtet. Bei Säkularisation und Mediatisierung scheinen die negativen ökonomischen Auswirkungen durch die Zerstörung der Klöster als Wirtschafts- und Bildungsträger und die Marginalisierung und Parzellierung der Region auf vier Nachfolgestaaten zumindest kurz- und mittelfristig zu überwiegen. Die Folgen der beiden Weltkriege und der NS-Herrschaft sind in der nur wenig von Kriegszerstörungen betroffenen und mit ihrer Landwirtschaft von den Not- und Mangelzeiten sogar profitierenden ländlichen Region eher gering und durch die nachfolgenden Wachstumsimpulse durch verschiedene im Bombenkrieg verlagerte Betriebe sowie die Firmengründungen und das Fachkräftepotenzial der Heimatvertriebenen auf lange Sicht sogar positiv und eine wichtige Grundlage für den industriellen Take-off Oberschwabens nach 1945.

Am Ende soll der Dank stehen: An die Gesellschaft Oberschwaben für Geschichte und Kultur für die Trägerschaft dieser wirtschaftsgeschichtlichen Tagungs- und Publikationsreihe über zehn Jahre hinweg sowie die Aufnahme der drei Tagungsbände in ihre wissenschaftliche Schriftenreihe. Sodann der Stiftung Oberschwaben für die großzügige und anhaltende Förderung unseres Forschungs- und Publikationsprojektes. Der Schwäbischen Bauernschule in Bad Waldsee für die Gastfreundschaft bei allen drei Tagungen in einem dem wissenschaftlichen wie persönlichen Austausch förderlichen, ausgesprochen angenehmen Ambiente. Den Autorinnen und Autoren, die die Erträge ihrer vielfach langjährigen Forschungen in die Tagungen und die Bücher eingebracht haben. Stephanie Raunegger für die sorgfältige Kontrolle der Texte auf die Umsetzung der Redaktionsrichtlinien. Zahlreichen Archiven, Bibliotheken, Museen und auch privaten Leihgebern für die Überlassung von Bildmaterial, das eine attraktive Illustrierung aller drei Tagungsbände erlaubt hat. Unserem bewährten Buchgrafiker Rainer Maucher für die gewohnt ansprechende Gestaltung dieses Buches wie auch der beiden Vorgängerbände und schließlich dem Verlagsbüro Wais & Partner und dem Kohlhammer-Verlag für die Inverlagnahme als Band 9 der Schriftenreihe „Oberschwaben – Forschungen zu Landschaft, Geschichte und Kultur".

Am Ende von Tagungsreihe und Buchtrilogie steht der Wunsch der Herausgeber, mit dieser Dokumentation des aktuellen Forschungsstandes weitere Studien zur Wirtschaftsgeschichte Oberschwabens, der Gesamtregion ebenso wie einzelner Räume und Ortschaften, anregen und motivieren zu können und insgesamt zu einer verstärkten Wahrnehmung des Oberlandes auch als vielfältige und dynamische Wirtschaftslandschaft in Geschichte und Gegenwart beizutragen.

Grundlagen und Entwicklungsfaktoren

Der Wirtschaftsraum Oberschwaben in Südwestdeutschland

Boris Gehlen

Mit zunehmender Globalisierung gewann auch die regionale Wirtschaftsgeschichte wieder an Bedeutung, denn je stärker sich globale Märkte integrierten und ausdifferenzierte Wertschöpfungsketten entstanden und je weniger nationale Wirtschaftspolitik Wachstum beeinflusste, desto mehr geriet das Innovationspotential einzelner Wirtschaftsregionen und der dort beheimateten Unternehmen (wieder) in den Blick. Dass sich die von Nobelpreisträger Paul Krugman maßgeblich mitentwickelte *New Economy Geography* durchaus in die Tradition der deutschsprachigen Standort- bzw. Raumwirtschaftslehre – von Thünen, (Alfred) Weber, Christaller – stellte,[1] überrascht dabei kaum: Die teils historisch, teils geographisch bedingte ausdifferenzierte, stark von regionalen Spezifika geprägte Wirtschaftsentwicklung des deutschsprachigen Raums wies schon immer ein mindestens indifferentes Verhältnis zu politischen Grenzen auf.[2]

Gleichwohl ist ein gewisses Missverhältnis zwischen dieser wirtschaftswissenschaftlichen Sicht und landeshistorischen Perspektiven zu konstatieren, da die Landesgeschichte dezidiert ökonomische Erklärungen jedenfalls für den Südwesten lange eher vernachlässigt zu haben scheint.[3] Alleine deshalb erscheint der im Folgenden zu unternehmende Versuch lohnend, beide Perspektiven am Beispiel Oberschwabens stärker aufeinander zu beziehen. Allerdings ist bereits die Frage, was den Wirtschaftsraum Oberschwaben kennzeichnet und ob es ihn überhaupt noch gibt, leichter zu stellen als zu beantworten. Rolf Kießling etwa vertrat vor wenigen Jahren die Auffassung, dass „das Bewusstsein,

---

1 Paul Krugman, What's new about the New Economic Geography?, in: Oxford Review of Economic Policy 14 (1998), S. 7–17. Der Verfasser ist Ralph Rappoldt für die Unterstützung bei der Literaturrecherche und -beschaffung für diesen Beitrag sehr zu Dank verpflichtet.
2 Exemplarisch und mit spitzfindigem Titel Nikolaus Wolf, Was Germany ever United? Evidence from Intra- and International Trade, 1885–1933, in The Journal of Economic History 69 (2009), S. 846–881.
3 So Gert Kollmer-von Oheimb-Loup, Südwestdeutsche Wirtschaftsgeschichte 1750 bis 1914, hg. v. Sibylle Lehmann-Hasemeyer/Jutta Hanitsch, Stuttgart 2022, S. 8. Als weitere Überblicke zur südwestdeutschen Wirtschaftsgeschichte siehe vor allem: Willi A. Boelcke, Wirtschaftsgeschichte Baden-Württembergs von den Römern bis heute, Stuttgart 1987; Gert Kollmer-von Oheimb-Loup/Hugo Ott, Wirtschafts- und Sozialgeschichte 1918–1992 in: Handbuch der baden-württembergischen Geschichte, Band 5. Wirtschafts- und Sozialgeschichte seit 1918 – Übersichten und Materialien – Gesamtregister, im Auftrag der Kommission für geschichtliche Landeskunde in Baden-Württemberg hg. v. Hansmartin Schwarzmeier und Gerhard Taddey in Verbindung mit Dieter Mertens, Stuttgart 2007, S. 1–331.

einer ganz eigenständigen Wirtschaftslandschaft, der herrschafts- bzw. länderübergreifenden Textilregion Oberschwaben anzugehören, ... schon seit der Grenzziehung am Anfang des 19. Jahrhunderts im Schwinden [sei] – und ... heute nur noch als Reminiszenz im kulturellen Rahmen gepflegt" werde.[4] Dagegen definierte Wolf-Dieter Sick 1995 den Wirtschaftsraum Oberschwaben noch konzis „als Landschaft zwischen Schwäbischer Alb, Bodensee und Iller."[5] Während Sick das badische Bodenseegebiet mit berücksichtigte, aber Oberschwaben an der Landesgrenze zu Bayern enden ließ, schloss Kießling bayerische Landesteile bis zum Lech und ins Allgäu ein. Jüngere wirtschaftsgeographische Studien fokussieren kleinräumig auf die in der Region Bodensee-Oberschwaben administrativ verbundenen Landkreise Ravensburg, Sigmaringen und den Bodenseekreis,[6] ältere schlossen Oberschwaben in ein – das frühere Land und den bis 1972 bestehenden Regierungsbezirk abbildendes – Wirtschaftsgebiet Südwürttemberg-Hohenzollern ein, das bis Calw reichte, aber Ulm ausschloss.[7] Stattdessen wurde Ulm mit der Ostalb und Neckar-Hohenlohe Franken als eigenständiges Wirtschaftsgebiet konstruiert.[8]

Daran lässt sich vor allem zweierlei erkennen. Erstens sind Räume allgemein unscharfe Konstrukte. Sie sind in der Regel als geographische Einheiten mittlerer Größenordnung definiert, die in sich relativ homogen sind, sich von den angrenzenden Räumen aber erkennbar unterscheiden. Spezifische Wirtschaftsräume werden vor allem durch sich bedingende bzw. sich ergänzende ökonomische Merkmale bestimmt.[9] Dies können natürliche Ressourcen wie Rohstoffvorkommen sein, die etwa das Ruhrgebiet oder das mitteldeutsche Chemierevier geprägt haben, dies können Cluster sein, innerhalb derer Unternehmen derselben und verwandter Branchen in einer Mischung aus Wettbewerb und Kooperation komparative Wissens- und Kostenvorteile besitzen, dies können auch Agglomerationseffekte sein, d. h. die Herausbildung einer diversifizierten Wirtschaftsstruktur durch zentrale Orte, in der Regel Großstädte.[10]

Diese Aspekte deuten die systematischen Schwierigkeiten an, Oberschwaben als Wirtschaftsraum zu definieren, zumindest für das 19. und 20. Jahrhundert. Agglomera-

---

4 Rolf KIESSLING/Wilfried REININGHAUS, Wirtschaftslandschaften und (De)Industrialisierung: Oberschwaben/Das Ruhrgebiet, in: Werner FREITAG u. a. (Hg.), Handbuch Landesgeschichte, Berlin u. a. 2018, S. 373–406, hier S. 391.
5 Wolf Dieter SICK, Oberschwaben als Wirtschaftsraum, in: Hans-Georg WEHLING (Hg.), Oberschwaben (Schriften zur politischen Landeskunde Baden-Württembergs 24), Stuttgart u. a. 1995, S. 45–72, hier S. 45.
6 Rainer DANIELZYK u. a., Erfolgreiche metropolferne Regionen. Das Emsland und der Raum Bodensee-Oberschwaben, hg. v. der Wüstenrot-Stiftung, Ludwigsburg 2019, S. 189.
7 Erich SCHLENKER (Red.), Südwürttemberg, Hohenzollern: Industrie- und Handelskammerbezirke Ravensburg, Reutlingen und Rottweil (Monographien deutscher Wirtschaftsgebiete 13), Oldenburg 1960.
8 Erich SCHLENKER (Red.), Ulm, Ostalb, Neckar, Hohenlohe, Franken. Industrie- und Handelskammerbezirke Ulm, Heidenheim und Heilbronn (Monographien deutscher Wirtschaftsgebiete 14), Oldenburg 1961.
9 Hubert KIESEWETTER, Raum und Region, in: Gerold AMBROSIUS/Dietmar PETZINA/Werner PLUMPE (Hg.), Moderne Wirtschaftsgeschichte. Eine Einführung für Historiker und Ökonomen, 2. überarb. und erw. Aufl., München 2006, S. 117–133, hier S. 117 f.
10 Systematischer Überblick bei Gerold AMBROSIUS, Wirtschaftsstruktur und Strukturwandel, in: DERS./PETZINA/PLUMPE (Hg.), Wirtschaftsgeschichte (wie Anm. 9), S. 213–234.

tionseffekte und Rohstoffvorkommen scheiden als strukturbildende Aspekte aus naheliegenden Gründen aus: Es gab weder nennenswerte Metropolen noch nennenswerte Rohstoffe. Über den Cluster-Begriff könnte man für die Vormoderne mit Blick auf das Textilgewerbe[11] und heute vielleicht für Teilräume immerhin diskutieren.[12]

Zweitens unterlag Oberschwaben als Wirtschaftsraum offenkundig historischen Wandlungen. Die ursprüngliche Gewerbelandschaft Oberschwaben basierte auf dem Textilgewerbe und Textilhandel. Beide sind heute keine raumprägenden Kräfte mehr. Ob die Beschäftigung mit Oberschwaben als Wirtschaftsraum dann ebenfalls nur eine Reminiszenz darstellt, wird man gleichwohl verneinen können. Zumindest aber ist der Versuch zu unternehmen, zum ersten Argumente für die Konstruktion eines Wirtschaftsraums Oberschwaben zu finden und zum zweiten – darum geht es im Folgenden vor allem – historisch persistente Strukturmerkmale sowie Einflussfaktoren des Strukturwandels zu identifizieren.

I. Oberschwaben als Wirtschaftsraum

Oberschwaben ist als Naturraum noch vergleichsweise einfach zu fassen: Er wird nach Westen und Norden durch Donau bzw. Schwäbische Alb begrenzt, nach Süden durch den Bodensee. Ökonomisch von besonderer Bedeutung war die damit einhergehende ungünstige verkehrsgeographische Lage. Es gab keinen unmittelbaren Zugang zum schiffbaren Teil des Rheins und außer nach Osten stellen Mittel- bzw. Hochgebirge Verkehrshindernisse dar. Weil die modernen Handelsrouten vorwiegend von Süd nach Nord und nicht von West nach Ost verliefen, blieb Oberschwaben in der Moderne lange abseits der interregionalen Handelsströme. Zudem lag Oberschwaben im 19. Jahrhundert an der Peripherie des Zollvereins, später dann des Deutschen Reichs sowie der Bundesrepublik. Oberschwaben lag auch an der Peripherie des Königreichs Württemberg bzw. des heutigen Bundeslands Baden-Württemberg. Die ökonomische Bedeutung dieser Grenzlage nahm im Zeitverlauf deutlich ab und spielt heutzutage nur noch eine nachrangige, womöglich ökonomisch gar förderliche Rolle, war aber vor allem im 19. Jahrhundert ein Entwicklungshemmnis. Dennoch ist die spezifische naturräumliche, verkehrsgeographische und politische Grenzlage Oberschwabens ein persistentes Merkmal des Raums. Wie im gesamten Südwesten ist die geringe Ausstattung mit Bodenschätzen ein weiteres, ökonomisch relevantes Strukturmerkmal. Kulturelle Faktoren wie eine primär katholische Prägung und die Selbstbeschreibung von Oberschwaben als Oberschwaben ließen sich ergänzen, sind aber hinsichtlich ihrer Bedeutung für den Wirtschaftsraum weniger maßgeblich.[13]

---

11 Rolf KIESSLING, Ländliches Gewerbe im Sog der Proto-Industrialisierung: Ostschwaben als Textillandschaft zwischen Spätmittelalter und Moderne, in: Jahrbuch für Wirtschaftsgeschichte 39 (1998), S. 49–78.
12 DANIELZYK u. a., Regionen (wie Anm. 6), S. 239–243.
13 Vgl. die Überlegungen Hans Georg WEHLING, Oberschwaben. Umrisse einer regionalen politischen Kultur. Eine Einführung, in: DERS, Oberschwaben (wie Anm. 5), S. 11–43.

Während die Bedeutung des Textilgewerbes für die Ausprägung der oberschwäbischen Gewerbelandschaft in der Frühen Neuzeit unstrittig ist, ergibt sich der heutige Charakter der Region gerade aus dem Fehlen einer einzelnen raumprägenden Kraft. Vielmehr prägte und prägt ein Branchenmix mit einem immer noch überproportionalen, wenn auch rückläufigen Anteil der Landwirtschaft, industriellen Kernen im Maschinen-, Fahr-, Flugzeugbau, in der Elektrotechnik, bei Medizin- und durchaus noch Textilprodukten, ferner im Handel, Tourismus sowie zunehmend im Bildungssektor den Raum ebenso wie eine vornehmlich klein- und mittelbetriebliche, eng mit dem Standort verwachsene Unternehmens- sowie eine historisch weit zurückreichende polyzentrische Städtestruktur den Raum.[14]

Wie in Württemberg insgesamt lag auch in Oberschwaben ein Schwerpunkt in der Investitionsgüterindustrie. Das ist insofern von Bedeutung, als solche Investitionsgüterindustrien erst mit einem zunehmenden Reifegrad von Volkswirtschaften an Bedeutung gewinnen und zugleich Ausdruck von regionaler Arbeitsteilung und Spezialisierung sind. D. h. insbesondere mit einer Ausdifferenzierung der Binnenwirtschaft sowie einer Ausweitung von Märkten durch ökonomische Integration, Internationalisierung und Globalisierung stieg die Nachfrage nach Investitionsgütern.[15] Mit anderen Worten: Erst mit einer hinreichend großen Güternachfrage ließ sich das exportbasierte Entwicklungspotential Oberschwabens vollständig aktivieren, wobei hier Export gleichermaßen als internationaler wie interregionaler Handel zu verstehen ist.

Lässt sich demnach Oberschwaben durchaus und mit guten Gründen als ein spezifischer Wirtschaftsraum definieren, sieht dies bei der Frage, ob sich die oberschwäbische Wirtschaftsentwicklung im 19. und 20. Jahrhundert von jener des Südwestens oder mindestens Württembergs klar trennen lässt, etwas anders aus, denn viele der persistenten Strukturmerkmale Oberschwabens kennzeichnen auch den Südwesten insgesamt. Daher muss man die Frage im Allgemeinen wohl verneinen, denn die Entwicklungshemmnisse und die Entwicklungsfaktoren waren im ‚großen' wie im ‚kleinen' Wirtschaftsraum dieselben, jedoch mit vor allen zeitlich unterschiedlichen Auswirkungen.

II. Aspekte des Strukturwandels in Oberschwaben seit dem 19. Jahrhundert

Wie sich angesichts der skizzierten strukturellen Vorgaben und Merkmale die oberschwäbische Wirtschaft entwickelte und wandelte, ist Gegenstand der folgenden Betrachtungen, die – zunächst gewiss überraschend – an eine globalgeschichtliche Debatte anknüpfen: Seit Kenneth Pomeranz die „Great Divergence" zwischen Europa und dem Rest der Welt seit der Mitte des 18. Jahrhunderts konstatierte,[16] interessiert sich die

---

14 Sick, Oberschwaben als Wirtschaftsraum (wie Anm. 5), S. 52–62.
15 Dieter Loh, Die Beeinflussung der Investitionsgüternachfrage durch wirtschaftliche Integration mehrerer Volkswirtschaften, in: Zeitschrift für Nationalökonomie 24, 1964, S. 256–286.
16 Kenneth Pomeranz, The Great Divergence. China, Europe, and the Making of the Modern World Economy, Princeton u. a. 2000.

1 Die Anfänge der Industrie in Baden und Württemberg 1829/32. Aus: Historischer Atlas von Baden-Württemberg, hg. von der Kommission für geschichtliche Landeskunde in Baden-Württemberg in Verbindung mit dem Landesvermessungsamt Baden-Württemberg, Stuttgart 1972–1988, Karte XI,6, bearb. von Ute Feyer.

Wirtschaftsgeschichtsschreibung wieder für Entwicklungsdivergenzen und fragt entsprechend, warum sich trotz ähnlicher Ausgangsbedingungen Großbritannien industrialisierte – und China nicht. Diese Debatte ist auf den ersten Blick sehr weit von Südwestdeutschland und Oberschwaben entfernt, aber dennoch für eine historische Betrachtung der Räume in zweierlei Hinsicht relevant. Denn <u>erstens</u> lässt sich die große Frage nach den Unterschieden zwischen Großbritannien/Europa und China/Asien auch im Kleinen stellen, nämlich dahingehend, warum sich trotz ähnlicher, protoindustrieller Strukturen z. B. das Rheinland und Sachsen seit der Wende zum 19. Jahrhundert allmählich industrialisierten, während Südwestdeutschland keinen vergleichbaren wirtschaftlichen Aufschwung nahm und eher als Industrialisierungsnachzügler gilt. Die vielfach konstatierte „Rückständigkeit" des Südwestens war dabei im 19. Jahrhundert stets nur relativ, d. h. der wirtschaftliche Wachstums- und Modernisierungsprozess verlief im Südwesten weniger dynamisch, inselartiger und folgte anderen Strukturmustern als vor allem in Rheinland-Westfalen, das mit seinen Führungssektoren Kohlenbergbau, Eisen- und Stahlproduktion sowie Eisenbahnbau inklusiver zahlreicher Vorwärts- und Rückwärtskopplungseffekte seit den 1830er/40er Jahren einem schwerindustriell geprägten Wachstumspfad folgte.[17]

<u>Zweitens</u> hat die Great Divergence-Debatte zahlreiche Erklärungsansätze hervorgebracht bzw. revitalisiert, die seit dem Aufschwung der Industrialisierungsforschung in den 1960er Jahren auf immer neue Weise das Wissen über die historische Gestalt von ökonomischen Wachstumsprozessen erweitert haben. Ohne dies im Detail zu vertiefen, dienen diese Überlegungen als Ausgangspunkt, um knapp zwei Jahrhunderte Wirtschaftsentwicklung Oberschwabens systematisch, wenngleich exemplarisch zu erklären, indem einzelne Erklärungsfaktoren aufgegriffen, auf ihre Raumwirksamkeit hin überprüft und thesenhaft verdichtet werden.

II.1. Das Theorem der relativen Faktorkosten

Der britische Wirtschaftshistoriker Robert Allen verdichtete seine Deutung, warum Großbritannien sich als erstes Land industrialisierte, auf die Formel „teure Arbeit und billige Energie". Für ihn erklären also maßgeblich die relativen Kosten der Produktionsfaktoren Arbeit, Boden und Kapital, warum bestimmte Regionen einen industriellen Wachstumspfad einschlugen und andere nicht. Für den britischen Fall konnte Allen nachweisen, dass das Lohnniveau in Großbritannien tatsächlich vergleichsweise hoch und die Kosten für Energie (sowie für Kapital) vergleichsweise gering waren. Dies habe,

---

17 So vor allem Klaus MEGERLE, Regionale Differenzierung des Industrialisierungsprozesses. Überlegungen am Beispiel Württembergs, in: Rainer FREMDLING/Richard H. TILLY (Hg.), Industrialisierung und Raum. Studien zur regionalen Differenzierung im Deutschland des 19. Jahrhunderts, Stuttgart 1979, S. 105–131; DERS., Württemberg im Industrialisierungsprozess Deutschlands. Ein Beitrag zur regionalen Differenzierung der Industrialisierung (Geschichte und Theorie der Politik, Unterreihe A: Geschichte 7), Stuttgart 1982; mit weiteren Nuancen KOLLMER-VON OHEIMB-LOUP, Südwestdeutsche Wirtschaftsgeschichte (wie Anm. 3). Neuerdings nochmals bekräftigt durch Richard H. TILLY/Michael KOPSIDIS, From Old Regime to Industrial State. A History of German Industrialization from the Eighteenth Century to World War I, Chicago u. a. 2020, S. 57 f.

so das Argument weiter, den entscheidenden Impuls gesetzt, teure menschliche durch günstigere maschinelle Arbeitskraft zu ersetzen.[18]

Legt man Allens Konzept der relativen Faktorkosten zugrunde, ergeben sich erste Erklärungsansätze für die relative Rückständigkeit des Südwestens im Allgemeinen und Oberschwabens im Besonderen. Am offenkundigsten ist dies bei den Energiekosten. Der wichtigste Primärenergieträger Steinkohle, aber auch Braunkohle, war im Südwesten teurer als in den meisten anderen Teilen des deutschsprachigen Raums. Nicht nur das Fehlen eigener, naher Kohlevorkommen, sondern auch die verkehrsgeographische Lage sorgten dafür, dass eine kohleinduzierte Industrialisierung am Südwesten vorbeiging. In den 1850er Jahren verteuerten beispielsweise die Transportkosten die Einfuhr saarländischer Steinkohle um 150 Prozent,[19] und noch am Anfang des 20. Jahrhunderts lag bei bestimmten Kohlensorten der Anteil der Transportkosten am Endpreis in Köln nur bei etwa 11 Prozent, in Stuttgart, als dem zentralen württembergischen Ort, aber bei knapp 50 Prozent.[20] In anderen Teilen Württembergs sowie vor allem im peripheren Oberschwaben dürften daher die Transportkosten einen noch höheren Anteil am Endpreis für Kohle ausgemacht haben.

Die vergleichsweise teure Primärenergie war eine Ursache, warum die Dampfmaschine im Südwesten, selbst in der Textilindustrie, nur unterdurchschnittlich Verwendung fand – und damit auch die industrielle Fabrikation. Stattdessen blieb im Textilsektor das Verlagssystem bedeutsam, was zwei Effekte mit sich brachte. Erstens blieb die Heimarbeit wichtiger Nebenerwerb und stellte eine flexible Arbeitsmarktressource für die Textilunternehmer dar, die weniger fixe Kosten als bei der zentralisierten und maschinisierten Fabrikproduktion aufwiesen und zudem Lohnkosten nur dann anfielen, wenn tatsächlich produziert wurde. Zweitens war um die Mitte des 19. Jahrhunderts nur etwa ein Drittel der Textilarbeiterschaft männlich. Die übrigen zwei Drittel verteilten sich auf Frauen und Kinder bzw. Jugendliche, die in aller Regel niedrigere Löhne als Männer erhielten.[21]

Statt „teurer Arbeit und billiger Energie" gab es im Südwesten (sowie in Oberschwaben) mithin das genaue Gegenteil: „billige Arbeit und teure Energie", womit das Scheitern einer durchgreifenden Industrialisierung im 19. Jahrhundert zwar nicht umfassend, wohl aber pointiert erklärt werden kann. Überdies blieb besonders Oberschwaben ein auch im interregionalen Vergleich leistungsfähiges Agrarland, das noch in den 1850er und 1860er Jahren ein wichtiger Getreideexporteur (vor allem in die Schweiz) war und das dem Preisverfall als Ergebnis global integrierter Getreidemärkte seit den 1870er Jahren trotzte, indem dort eine leistungsfähige und exportorientierte Milchverarbeitung und Käseherstellung im Süden und eine kaum minder erfolgreiche Viehzucht im Nor-

---

18 Robert C. ALLEN, The British Industrial Revolution in Global Perspective, Cambridge 2009.
19 MEGERLE, Regionale Differenzierung (wie Anm. 17), S. 122.
20 Eigene Berechnung nach den statistischen Angaben bei Walter CZEMPIN, Der deutsche Braunkohlenmarkt, seine Preisgestaltung und seine Organisation in den letzten dreißig Jahren. Eine volkswirtschaftliche Untersuchung über die Bewegung der Braunkohlenpreise, ihre Ursachen und ihre Folgen, Diss. Halle 1913.
21 Gert KOLLMER-VON OHEIMB-LOUP, Zollverein und Innovation. Die Reaktion württembergischer Textilindustrieller auf den Deutschen Zollverein 1834–1874, St. Katharinen 1996, S. 334–344.

den entstanden.[22] Darüber hinaus wurde stärker auf arbeitsintensive Veredelungswirtschaft gesetzt – Gemüse, Obst, Wein, der Tettnanger Hopfen, Futterpflanzen und dergleichen, die durch die aufstrebende Lebensmittelindustrie verarbeitet wurden. So gingen beispielsweise im Raum Ravensburg von der Landwirtschaft Impulse zur Gründung von Malzfabriken, Molkereien, Zucker-, Rapsöl- und Bierproduktion aus.[23]

Die kohlenbasierte Energieversorgung war einer der großen Engpassfaktoren der südwestdeutschen Wirtschaft. Dies änderte sich durch Etablierung großer Wasserkraftwerke und die Einführung der Hochspannungstechnik, zunächst in Baden, das 1898 mit Rheinfelden ein erstes großes Wasserkraftwerk in Betrieb nahm. Württemberg verfolgte hingegen in vielem einen elektrizitätspolitischen Sonderweg.[24] Dort herrschte eine dezentrale Stromwirtschaft vor, d.h. es existierten viele kleinere Kraftwerke, die untereinander kaum verbunden waren. Spöttisch sprach man auch vom „Elektrizitätsbalkan".[25]

Die Struktur war ökonomisch zwar weniger effizient als die Errichtung von Großkraftwerken, die über deutlich günstigere Kostenstrukturen verfügten und mit günstiger Primärenergie (Braunkohle, Wasserkraft) betrieben werden konnten, aber sie reduzierte die Energiekosten im Vergleich zum Status quo ante erheblich. Die dezentrale Struktur war zum Teil auch nachteiligen topographischen Bedingungen geschuldet, da nicht alle Bach- und Flussläufe für die Elektrizitätsproduktion gleichermaßen geeignet waren. Ferner kollidierte die neue Technologie, die in Oberschwaben durch den Bezirksverband Oberschwäbische Elektrizitätswerke (OEW) implementiert wurde, mit Ansprüchen lokaler Betriebe. Die OEW wollte u.a. die Iller mittels Staustufen für die Stromerzeugung nutzbar machen und geriet in Konflikt mit älteren Rechten. Die vorherige Ausnutzung der Wasserkraft durch kleinere und mittlere Betriebe – z.B. Sägewerke, Textil- und Papierfabriken – hatte entlang der Flussläufe gewissermaßen eine dezentrale, individuelle Energieversorgung etabliert, die durch den großflächigen Anspruch der OEW nun in Frage gestellt wurde und Widerstände provozierte. Was ökonomisch rational war – Zentralisierung und Etablierung einer Großkraftwirtschaft –, griff in bestehende Versorgungsstrukturen ein und konnte im Einzelfall zum Wettbewerbsnachteil für einzelne Betriebe werden – ein klassischer Fall von ökonomischen und technischen Pfadabhängigkeiten. Sie stellten zwar kurzfristig eine Hemmnis der oberschwäbischen Stromversorgung dar, verkamen aber in langfristiger Perspektive zur Episode.[26]

---

22 Vgl. den Beitrag von Edwin Ernst WEBER in diesem Band.
23 Klaus HOLTERMANN, Gründung und Stand der oberschwäbischen Industrie. Zur Wirtschafts- und Konjunkturentwicklung im Kammerbezirk Ravensburg, in: Oberschwäbische Wirtschaft. Festschrift zur Einweihung des Neubaus der Industrie- und Handelskammer Ravensburg, Ravensburg 1957, S. 18–27, hier S. 18f.; vgl. auch Peter EITEL, Ravensburg im 19. und 20. Jahrhundert. Politik, Wirtschaft, Bevölkerung, Kirche, Kultur, Alltag, Ostfildern ²2005, S. 61–76.
24 Bernhard STIER, Württembergs energiepolitischer Sonderweg. Kommunale Stromselbsthilfe und staatliche Elektrizitätspolitik, in: ZWLG 54, 1995, S. 227–279.
25 Jörg BATEN, Regionale Wirtschaftsentwicklung, öffentliche Elektrizitätswirtschaft und Erster Weltkrieg in Baden und Württemberg. Ein quantitativ-graphischer Vergleich, in: Historical Social Research 16 (1991), S. 69–112, hier S. 87.
26 Daniel WILHELM, Die Kommunikation infrastruktureller Großprojekte. Die Elektrifizierung Oberschwabens durch die OEW in der ersten Hälfte des 20. Jahrhunderts (Perspektiven der Wirtschaftsgeschichte 4), Stuttgart 2014, S. 168–178, 258–266.

Die umfassende Industrialisierung des Südwestens begann letztlich erst mit der Lösung des Energieproblems als Folge einer staatlich forcierten, zunächst jedoch dezentralen Elektrifizierungspolitik, dem Aufbau großer Wasserkraftwerke und schließlich der Verbindung der dezentralen Stromnetze untereinander. Die Bedeutung des Elektromotors als Antrieb für die wirtschaftliche Entwicklung des Südwestens kann dabei kaum übersehen werden. Besonders die klein- und mittelbetriebliche Industrie Württembergs profitierte von der Einführung des Elektromotors überproportional.[27] Freilich erreichten die Segnungen der Elektrizität Oberschwaben erst mit einer zeitlichen Verzögerung.

II.2. Wachstumsfördernde Institutionen?

Ein zweiter Erklärungsansatz für die Entwicklung der Wirtschaft und damit auch der regionalen Wirtschaft stammt aus der Institutionenökonomie. Demnach werde Wachstum maßgeblich durch gute Institutionen, d.h. wettbewerbsfördernde formelle und informellen Normen und Regeln, ermöglicht, und durch schlechte behindert. Besonderes Augenmerk liegt dabei auf Eigentumsrechten und den Regeln für Märkte.[28] Württemberg war im Vergleich mit anderen Regionen eher ein Nachzügler bei der Implementierung wachstumsfördernder Institutionen im liberalen Sinne. Der Zunftzwang wurde durch die Gewerbeordnung von 1828 zwar gelockert, für einige Handwerke aufgehoben, aber nicht vollständig abgeschafft, sondern zünftische Organisation blieb bis weit ins liberale Lager hinein akzeptierte politische Leitlinie. Dies hatte langfristige Implikationen, denn die handwerkliche Produktion zielte zum einen auf lokale und regionale Märkte, war dem Wesen nach kleinbetrieblich organisiert und richtete die unternehmerischen Zielsetzungen entlang des lokalen Bedarfs und nicht nach Gewinnmaximierung aus. Während sich in anderen Regionen ein zwar regional verankertes, aber überregional denkendes Wirtschaftsbürgertum, eine kapitalkräftige Bourgeoisie, herausbildete und namentlich im Rheinland zu einer maßgeblichen politischen Kraft avancierte,[29] blieb im Südwesten das lokale, städtische und häufig ständischen Vorstellungen verhaftete Handwerk bis weit ins 19. Jahrhundert hinein der „Kern der eigentlichen bürgerlichen Gesellschaft".[30]

Im Umkehrschluss hieß das aber auch, dass sich ein nur lose verkoppeltes Unternehmertum in Oberschwaben und anderen Teilen Württembergs etablierte, das Gewerbepolitik meist aus einer lokalen Problemwahrnehmung und nicht als Instrument der Staatsintegration verstand, sei es im Königreich Württemberg, sei es später im Deutschen Reich. Insofern mag es bezeichnend sein, dass Württemberg im Ausschuss des Deutschen Handelstags zwischen 1879 und 1914 nur durch die Kammer in Stuttgart als geborenem Mitglied dieses Spitzengremiums vertreten war. Dass die Kammer noch

---

27 MEGERLE, Württemberg (wie Anm. 17), S. 134–137.
28 Zur Einführung z. B. Clemens WISCHERMANN/Anne NIEBERDING, Die institutionelle Revolution. Eine Einführung in die deutsche Wirtschaftsgeschichte des 19. und frühen 20. Jahrhunderts (Grundzüge der modernen Wirtschaftsgeschichte 3), Stuttgart 2004.
29 Umfassend Rudolf BOCH, Grenzloses Wachstum? Das rheinische Wirtschaftsbürgertum und seine Industrialisierungsdebatte 1814–1857 (Bürgertum 3), Göttingen 1991.
30 BOELCKE, Wirtschaftsgeschichte (wie Anm. 3), S. 178.

nicht einmal ihre Vorsitzenden Julius von Jobst (Vorsitz von 1879–1896) bzw. Heinrich von Widenmann (1896–1910) nach Berlin entsandte, verdeutlicht dass die nationale Wirtschaftspolitik (und damit die nationale Marktintegration) offenkundig weitgehend außerhalb des genuinen Interessenspektrums südwestdeutscher Unternehmer lag.[31]

Dies lag auch an der institutionellen Ausgestaltung des Kammerwesens im Südwesten, die erst seit den 1850er Jahren überhaupt angegangen wurde. Die württembergischen Handels- und Gewerbekammern waren anders als etwa im Rheinland nicht Keimzellen des Liberalismus, sondern hatten einen primär behördlichen Charakter. Auch waren die vier Ursprungskammern Stuttgart, Heilbronn, Reutlingen und die für Oberschwaben mitzuständige Kammer Ulm 1854 bezeichnenderweise nicht als Handelskammern nach preußischem Vorbild konzipiert worden, die Handwerk und Kleingewerbe explizit ausschlossen, sondern als Handels- und Gewerbekammern unter Einschluss der Kleinbetriebe. Ebenso bezeichnend mag erscheinen, dass rückständigere Gebiete erst 1866 die Genehmigung zur Gründung einer eigenen Handelskammer erhielten, neben Calw, Heidenheim und Rottweil auch Ravensburg, das sich in Oberschwaben gegen Biberach durchsetzen konnte. Biberach galt als zu kleingewerblich strukturiert und lag zu nahe an Ulm. Beinahe folgerichtig wurde Biberach daher ebenso wie Laupheim dem Ulmer Kammerbezirk zugeschlagen.[32] Kammerorganisatorisch war Oberschwaben mithin nach 1866 zweigeteilt, was der Ausprägung einer gemeinsamen oberschwäbischen Unternehmeridentität zumindest nicht förderlich war.

Die Handels- und Gewerbekammern waren ohnehin nicht autonom, da ihnen die Zentralstelle für Gewerbe und Handel übergeordnet war. Die dezentralen Handels- und Gewerbekammern wurden mithin zentral koordiniert. Erst mit der Novelle des Handels- und Gewerbekammergesetzes 1874 konnten sich die Kammern zu Organen der unternehmerischen Selbstverwaltung entwickeln – und damit etwa 70 Jahre später als in Baden oder dem Rheinland. Nachdem 1897 die Gewerbeordnung des Deutschen Reichs die Einrichtung von Handwerkskammern vorgesehen hatte, vollzog auch Württemberg 1899 die Trennung zwischen Handwerksorganisationen und Vertretungen von Industrie und Handel.[33] Das mag auf den ersten Blick nebensächlich erscheinen, verdeutlicht aber nochmals die Persistenz des Handwerks und seiner Denkmuster sowie die lange primär regionale Ausrichtung des württembergischen Unternehmertums. Wirtschaftsstruktur und Institutionen perpetuierten sich so gegenseitig.

Freilich waren auch vor Einführung der Gewerbefreiheit in Württemberg 1861 Fabrikgründungen möglich gewesen, aber dafür waren staatliche Konzessionen erforderlich, was – ökonomisch gesprochen – die Transaktionskosten erhöhte. Daher blieb der

---

31 Deutscher Handelstag, Der Deutsche Handelstag 1861–1911, Band I, Berlin 1911, S. 407–463 (Liste der Ausschussmitglieder des Deutschen Handelstags 1861–1911); zu von Jobst und von Widenmann Walther Mosthaf, Die Württembergischen Industrie- und Handelskammern Stuttgart, Heilbronn, Reutlingen, Ulm 1955–1955. Festschrift zum 100jährigen Bestehen der Industrie- und Handelskammer Ulm, Band I: Die Handels- und Gewerbekammern 1855–1899, Stuttgart 1955, S. 303–306.
32 Mosthaf, Industrie- und Handelskammern (wie Anm. 31), S. 50, 80f.
33 Martin Will, Selbstverwaltung der Wirtschaft. Recht und Geschichte der Selbstverwaltung in den Industrie- und Handelskammern, Handwerksinnungen, Kreishandwerkerschaften, Handwerkskammern und Landwirtschaftskammern (Ius Publicum 199), Tübingen 2010, S. 323–331.

Südwesten mit wenigen Ausnahmen für ausländische Investoren bzw. für hohen Kapitaleinsatz uninteressant. Die meisten industriellen Unternehmen Oberschwabens entstanden auf Basis bestehender Gewerbe, beispielsweise durch Umwandlung von Mühlen zu Textilunternehmen, weiterhin unter Ausnutzung der Wasserkraft. Der erste Vorsitzende der Ravensburger Handels- und Gewerbekammer, Georg Friedrich Staib, war zunächst als Textilunternehmer tätig gewesen, trat in die Firma des Ravensburger Bürgermeisters Franz von Zwerger ein, die mit städtischen Darlehen die Produktion mechanisierte, wodurch Staibs eigene Weberei geringere Ertragschancen hatte. Er stieg darauf aus der Textilproduktion aus und wandte sich der Ziegelfabrikation zu. Unter anderem erhielt er öffentliche Aufträge, als die Stadt Ravensburg ein Abwasserkanalsystem errichtete. Mit etwa 50 Beschäftigten war das Unternehmen dennoch von überbaubarer Größe.[34]

Eine Ausnahme von diesem innerregionalen Wachstumstypus, die Gründung der Filiale des Zürcher Maschinen- und Turbinenhersteller Escher Wyss & Cie in Ravensburg 1856, deutet freilich an, dass die spezifischen Gegebenheiten, hier die geographische Nähe, der Anschluss an die deutschen Märkte, vor allem aber der mögliche Zugriff auf nutzbare Wasserkräfte, die Umgehung der Außenzölle des Deutschen Zollvereins und ein geringeres Lohnniveau als in der Schweiz, höhere Transaktionskosten kompensieren konnten.[35] Diese spezifische Anreizbündel funktionierte jedoch im Wesentlichen für Schweizer Unternehmen, die ausgehend vom Heimatmarkt expandierten und denen Südwestdeutschland und Oberschwaben aufgrund geographischer und kultureller Nähe als strategische Ergänzungsräume und Ziel von Direktinvestitionen dienten – zum beiderseitigen Vorteil: In Kooperation mit Schweizer Unternehmen und ausgehend von der Textilverarbeitung entstand z.B. mit der Maschinenfabrik Weingarten ein im letzten Drittel des 19. Jahrhunderts europaweit führender, hochspezialisierter Werkzeugmaschinenhersteller – ein früher Hidden Champion.[36]

Das Schweizer Engagement blieb aber eine, wenn auch langfristig vor allem für den Maschinenbau strukturwirksame Ausnahme. Die zögerliche Hinwendung Württembergs zu einer liberal-kapitalistischen Wirtschaftsordnung und insbesondere die derart perpetuierten ‚vormodernen' Vorstellungen über den geeigneten Wirtschaftsstil verlangsamten das Wachstumstempo zu einem gewissen Grad: Massenproduktion und die Realisierung von Skaleneffekten spielten als unternehmerische Strategien – mit Ausnahme der Textilindustrie – ebenso eine weit geringere Rolle als in den industriellen Führungsregionen wie die Entstehung von Großunternehmen und Konzentrationsprozesse: Entsprechend finden sich unter den 100 größten Unternehmen des Deutschen Reichs 1907 lediglich zwei württembergische Unternehmen: Die württembergischen Staatsbahnen (Platz 17) und die Württembergische Metallwarenfabrik (85).[37]

---

34 IHK Bodensee-Oberschwaben, 150 Jahre Industrie- und Handelskammer Bodensee-Oberschwaben, Weingarten 2017, S. 21.
35 Uwe SCHMIDT, Die oberschwäbische Industrie bis zum Beginn des 20. Jahrhunderts, in: Frank BRUNECKER (Hg.), Die Schwäbische Eisenbahn, Biberach 2013, S. 95–113, hier S. 99f.
36 EBD., S. 107.
37 Martin FIEDLER, Die 100 größten Unternehmen in Deutschland – nach der Zahl ihrer Beschäftigten – 1907, 1938, 1973 und 1995, in: Zeitschrift für Unternehmensgeschichte 44 (1999) S. 32–66, hier S. 44–48.

Einige Ökonomen sehen jedoch gerade in der radikalen Beseitigung institutioneller Hemmnisse in den Gebieten, die unter napoleonischem Einfluss gestanden hatten, die wichtigste Weichenstellung für eine erfolgreiche Industrialisierung. Freilich ist zumindest bei Historikern diese Sicht umstritten, weil sie die Komplexität historischer Prozesse unterschlägt.[38] Der Südwesten ließe sich indessen als Bestätigung dieser Sicht insofern anführen, als die institutionell begünstigte Konservierung handwerklich-kleinbetrieblicher Strukturen und Mentalitäten ebenso unstrittig sein dürfte wie die damit verbundenen geringeren Wachstums- und Marktbildungseffekte. Eine Ausnahme bildet dabei freilich der traditionell überregional tätige textile Leitsektor, dessen Bedeutung für die (im besten Sinne eigenartige) südwestdeutsche Industrialisierung nicht unterschätzt werden kann.[39]

Die Ausstattung mit wachstumsfördernden Institutionen war in Württemberg und Oberschwaben im 19. Jahrhundert mithin tendenziell geringer ausgeprägt als vor allem im Rheinland, aber ähnlich wie in Sachsen, das auch erst 1861 die Gewerbefreiheit einführte, nachfrageadäquat. Die kleingewerblich-handwerkliche Tradition und der Fokus auf lokale Märkte mögen zwar auch durch die zögerliche Liberalisierungspolitik der ersten Jahrhunderthälfte begünstigt worden sein, aber der maßgebliche Engpassfaktor der württembergischen Wirtschaft waren – im Gegensatz zu den Energiekosten – rückständige Institutionen wohl nicht.

II.3. Ökonomische Rückständigkeit

In seinem Standardwerk „Stages of Economic Growth" hat der Ökonom Alexander Gerschenkron nicht nur ökonomische Rückständigkeit erklärt, sondern auch Faktoren aufgezeigt, wie ökonomische Rückständigkeit historisch überwunden worden ist. Der Staat als Unternehmer bzw. staatliche Struktur- und Industrialisierungspolitik spielte dabei vor allem für besonders rückständige Volkswirtschaft wie Russland bzw. die Sowjetunion eine Rolle, während für das Deutsche Reich insbesondere die Banken und die Integration der Kapitalmärkte als Motor des Wirtschaftswachstums galten.[40]

Die konsequente Anwendung des Gerschenkronschen Paradigmas auf den Südwesten und Oberschwaben hat sich wegen der zahlreichen Besonderheiten des Raums zwar als weitgehend untauglich erwiesen,[41] doch sind die Fragen nach der Rolle der Kreditwirtschaft sowie der staatlichen Wirtschaftspolitik für das südwestdeutsche Wirtschafts-

---

38 Daron ACEMOGLU u. a., The Consequences of Radical Reform. The French Revolution, in: American Economic Review 101 (2011), S. 3286–3307; Michael KOPSIDIS/Daniel W. BROMLEY, The French Revolution and German Industrialization. Dubious models and doubtful causality, in: Journal of Institutional Economics 12 (2016), S. 161–190.
39 KOLLMER-VON OHEIMP-LOUP, Südwestdeutsche Wirtschaftsgeschichte (wie Anm. 3), S. 137–141; exemplarisch Thomas SCHUETZ, Die Industrialisierung der Flachsverarbeitung im Königreich Württemberg, in: ZWLG 74 (2015), S. 149–172.
40 Alexander GERSCHENKRON, Economic Backwardness in historical perspective. A book of Essays, Cambridge/Mass. 1966.
41 MEGERLE, Regionale Differenzierung (wie Anm. 17), S. 124 f.; KOLLMER-VON OHEIMP-LOUP, Südwestdeutsche Wirtschaftsgeschichte (wie Anm. 3), S. 137–141.

wachstum deshalb nicht minder relevant. Während die Banken für die Industrialisierung keine erkennbare Rolle spielten, sieht dies für den Staat ganz anders aus: Da die maßgeblichen politischen Infrastrukturentscheidungen in Stuttgart getroffen wurden, wo andere Teilregionen höhere Priorität genossen, folgte die oberschwäbische Entwicklung zwar in Vielem der Gesamtwürttembergs, jedoch meist zeitverzögert. Doch fraglos ist die württembergische Infrastrukturpolitik in Form der Eisenbahn- und der bereits erwähnten Elektrifizierungspolitik als langfristiger Erfolgsfaktor zu werten. Die Bedeutung der Südbahn für die wirtschaftliche Entwicklung Oberschwabens ist in der Literatur ausführlich herausgearbeitet worden.[42] Daher reicht ein kurzer Blick auf die Befunde einer jüngeren ökonometrischen Studie: Erstens führte ein frühzeitiger Eisenbahnanschluss (bis 1854) im Zeitraum zwischen 1855 und 1910 zu statistisch signifikantem Bevölkerungswachstum eines Orts, zweitens zu zehn Prozent höheren Löhnen als in nicht frühzeitig angeschlossenen Orten sowie zu einer Reduzierung des lokalen Gender Wage Gaps, drittens war das steuerrelevante Einkommen um mehr als zehn Prozent höher als in der Vergleichsgruppe, und viertens beschleunigten der frühe Zugang den Strukturwandel von einer Agrar- in eine Industrieregion: Die Anteil industrieller Beschäftigung lag bis 1895 um 16 bis 18 Prozent höher als vor dem Eisenbahnanschluss, im Baugewerbe und der Investitionsgüterindustrie sogar um mehr als 40 Prozent.[43]

Damit ist statistisch nachgewiesen, was qualitativ schon vorher akzeptierter Kenntnisstand war: Das industrielle Rückgrat Oberschwabens von Ulm über Biberach und Ravensburg bis Friedrichshafen ist Ergebnis der Südbahn. Bezieht man die bahnnahen Standorte wie Laupheim oder Weingarten, die über Nebenbahnen allerdings erst Ende des 19. Jahrhunderts unmittelbar an die Südbahn angeschlossen wurden, mit ein, erscheint der strukturbildende Effekt der württembergischen Staatsbahn nochmals bedeutsamer. Allerdings kommt auch die zitierte Studie zu dem Schluss: „The economic effects of the railway were long-lasting but also took time to materialise."[44] Mit anderen Worten: so weitsichtig der Bau der Südbahn war, so änderte er an der relativen ökonomischen Rückständigkeit Oberschwabens im 19. Jahrhundert zunächst einmal nichts.

Damit korrespondieren auch die wenig integrierten Kredit- und Kapitalmärkte, da es für große Finanzierungsvorhaben kaum eine Nachfrage gab. Entsprechend entwickelte sich das private Bankwesen im Südwesten – mit Ausnahme Stuttgarts – auch eher zögerlich. Dies gilt ebenso für Oberschwaben. In Friedrichshafen gab es vor 1914 gar keine Privatbank, in Biberach und in Ravensburg je drei sowie in Ulm immerhin fünf bis sechs. Dagegen ragt Stuttgart mit etwa 40 Privatbanken deutlich als Finanzzentrum des

---

42 Uwe SCHMIDT, Die Südbahn. Eisenbahn und Industrialisierung in Ulm und Oberschwaben, Ulm 2004 DERS., Die Südbahn, in; BRUNECKER, Eisenbahn (wie Anm. 35), S. 73–94. Vgl. auch den Beitrag von Andreas M. RÄNTZSCH in diesem Band.
43 Sebastian Till BRAUN/Richard FRANKE, Railways, Growth, and Industrialisation in a Developing German Economy. 1829–1910, MPRA Paper No. 95644, 2019, S. 3; in überarbeiteter, für landesgeschichtliche Zwecke allerdings weniger aussagekräftiger Fassung publiziert als Till BRAUN/Richard FRANKE, Railways, Growth, and Industrialization in a Developing German Economy. 1829–1910, in: The Journal of Economic History 82 (2022), S. 1183–1221.
44 BRAUN/FRANKE, Railways (Working Paper) (wie Anm. 43), S. 33.

Südwestens heraus.⁴⁵ Dabei ist zum einen bemerkenswert, dass Württemberg im 19. Jahrhundert Nettokapitalexporteur war, d. h. mehr finanzielle Ressourcen erwirtschaftete, als im „Inland" nachgefragt wurden. Zum anderen initiierte die Ausweitung von Kreditmöglichkeiten das industrielle Wachstum nicht, sondern war vielmehr dessen Folge.⁴⁶

Die Württembergische Vereinsbank beispielsweise, die 1869 auf Initiative von Unternehmern gegründet worden war und die 1924 in der Deutschen Bank aufging, avancierte zwar rasch zum bedeutendsten Industriekreditgeber des Südwestens, doch das Geschäftsmodell war vornehmlich darauf ausgelegt, das Größenwachstum und Rationalisierungseffekte durch Unternehmenszusammenschlüsse zu finanzieren. Zu den wichtigsten Kunden gehörten mit der BASF, der Württembergischen Metallwarenfabrik, der Maschinenfabrik Esslingen, der Köln-Rottweiler Pulverfabriken und der Daimler Motoren-Gesellschaft die (prospektiven) industriellen Schwergewichte des Südwestens. Entsprechend lag der regionale Schwerpunkt auf dem Neckarraum zwischen Stuttgart und Mannheim, aber nicht in Oberschwaben.⁴⁷

Wo überhaupt Privatbankhäuser in Oberschwaben vorhanden waren, dienten sie der Finanzierung vor allem des lokalen Gewerbes. Für die expandierenden Regionalbanken wie auch die späteren Großbanken war Oberschwaben offenkundig uninteressant. So orientierte sich die Württembergische Vereinsbank erst spät und zögerlich in Richtung Oberschwaben. Sie errichtete 1906 eine Filiale in Ulm, 1910 in Friedrichshafen und Ravensburg, 1911 in Weingarten, Biberach folgte 1917. Die spätere Commerzbank-Tochter Stahl und Federer kam 1911 nach Ravensburg, 1917 nach Ulm und 1918 nach Biberach und ließ Weingarten und Friedrichshafen außen vor. Die Berliner Großbanken als führende Banken des Deutschen Reichs waren im Südwesten zunächst gar nicht vertreten gewesen und erschlossen sich den Raum erst in den 1920er Jahren durch die Übernahme regionaler Kreditinstitute.⁴⁸ Auch hier erscheint mithin die Zeit um den 1. Weltkrieg als deutlicher Entwicklungsbeschleuniger.

Die Stuttgarter Börse spielte hingegen als Kapitalbeschaffungsstelle für Aktiengesellschaften im 19. Jahrhundert keine nennenswerte Rolle im Rahmen der regionalen Wirtschaftsentwicklung. Ihr Aufschwung begann ebenfalls erst nach dem 1. Weltkrieg, aber noch 1937 war sie die provinziellste aller Provinzbörsen: Sie finanzierte vor allem, d. h. zu 75%, Unternehmen aus Württemberg bzw. zu 76,5% Unternehmen aus einem Umkreis von 100 km.⁴⁹

---

45 Gert KOLLMER-VON OHEIMB-LOUP, Einführung in die baden-württembergische Bankengeschichte des 19. und 20. Jahrhunderts (Stuttgarter historische Studien zur Landes- und Wirtschaftsgeschichte 14), Ostfildern 2009, S. 52 ff.
46 MEGERLE, Regionale Differenzierung (wie Anm. 17), S. 125; DERS., Württemberg (wie Anm. 17), S. 176. Damit ist erkennbar, dass entgegen Gerschenkrons Annahmen die Banken keine zentralen Effekte auf die württembergische Wirtschaftsentwicklung hatten.
47 Otto K. DEUTELMOSER, Kilian Steiner und die Württembergische Vereinsbank (Stuttgarter historische Studien zur Landes- und Wirtschaftsgeschichte 4), Ostfildern ²2014, v. a. S. 451–455.
48 KOLLMER-VON OHEIMB-LOUP, Einführung (wie Anm. 45), S. 64–68.
49 Sibylle LEHMANN-HASEMEYER/Carsten BURHOP, Die Geografie der deutschen Börsen im Wandel (1913–37), in: Bankhistorisches Archiv 40 (2014), S. 23–37, hier S. 29.

Eingegen waren die öffentlich-rechtlichen Sparkassen in Württemberg sehr viel stärker an der Gewerbefinanzierung beteiligt als das für andere Regionen bekannt ist.[50] Dies unterstreicht erneut den vornehmlich regionalen Charakter der Wirtschaftsstruktur, die enge Verbindung zur jeweiligen Kommune und den geringeren externen Kapitalbedarf der klein- und mittelbetrieblichen Unternehmen, die sich in aller Regel selbst finanzierten, d. h. Investitionen aus eigenen Gewinnen realisierten. Dies trug zwar nicht zu einem raschen, wohl aber zu einem nachhaltigen Wachstum von Unternehmen und regionaler Wirtschaft bei.[51]

II.4. Fähigkeiten und akkumuliertes Wissen

Bei aller konzedierten relativen Rückständigkeit im Allgemeinen fielen Württemberg und Oberschwaben nicht durch technologische Rückständigkeit auf.[52] Im Gegenteil: Das akkumulierte Wissen – oder um mit Joel Mokyr zu sprechen das „useful knowledge"[53] – war überaus hoch. Vor allem die Feinmechanik, der Werkzeugmaschinenbau und die Fertigungstechnik, die auf der handwerklichen Tradition und ihrer Weitergabe beruhten, avancierten zum Rückgrat der südwestdeutschen Wirtschaftsentwicklung im 20. Jahrhundert, denn mit der Ausdifferenzierung der Produktionsprozesse stieg auch die Nachfrage nach spezialisierten Werkzeugmaschinen und anderen Gütern der Investitionsgüterindustrie an. Durch die verbesserte Verkehrsanbindung und durch die beträchtliche Verringerung des Energieproblems seit Beginn des 20. Jahrhunderts kamen komparative Vorteile Oberschwabens, die im 19. Jahrhundert noch Nachteile gewesen waren, voll zum Tragen: Technisch anspruchsvolle, kleinserielle Produktion auf Basis hochqualifizierter Facharbeit – gewissermaßen ein Gegenkonzept zur seinerzeit dominanten fordistischen Massenproduktion, die durch kapitalintensives Größenwachstum, Skaleneffekte sowie entpersönlichte Arbeitsverhältnisse gekennzeichnet ist. Dieser Fordismus wird, wie der Name schon nahelegt, insbesondere durch die Automobilindustrie versinnbildlicht, jedoch fällt der Südwesten auch in diesem Segment etwas aus der Typisierung. Die großen fordistischen Massenhersteller der 1950er und 1960er Jahre waren VW und Opel, wohingegen Daimler und Porsche nicht die Massensegmente bedienten, sondern ihre Produktstrategie auf gehobene Preissegmente ausrichteten.[54]

Das Paradigma von „teurer Arbeit und billiger Energie" traf seit dem frühen 20. Jahrhundert durch das nunmehr höhere Entwicklungsniveau der deutschen Industrienation seit der Jahrhundertwende auch auf den Südwesten zu. Die württembergische wie die oberschwäbische Industrialisierung stellten letztlich abhängige Formen der Wirtschafts-

---

50 Vgl. hierzu mit zahlreichen Beispielen Thorsten PROETTEL, Die Stellung der Sparkassen im Markt für gewerbliche Finanzierungen. Untersuchungen über das Kreditgeschäft der Sparkassen während der Industrialisierung, Ostfildern 2020.
51 Vgl. z. B. BOELCKE, Wirtschaftsgeschichte (wie Anm. 3), S. 208 f.
52 MEGERLE, Regionale Differenzierung (wie Anm. 17), S. 121.
53 U. a. Joel MOKYR, The Gifts of Athena. Historical Origins of the Knowledge Economy, Princeton 2002.
54 Exemplarisch Volker WELLHÖNER, „Wirtschaftswunder" – Weltmarkt – westdeutscher Fordismus. Der Fall Volkswagen, Münster 1996.

entwicklung dar, die bei verbesserter materieller Infrastruktur und vorangeschrittener Marktintegration einen langanhaltenden, wenn auch durch die Krisen der ersten Hälfte des 20. Jahrhunderts mehrfach unterbrochenen Wachstumspfad im Südwesten begründeten.

Die strukturellen Merkmale der oberschwäbischen Wirtschaft hatten sich dabei nicht grundlegend geändert. Die klein- und mittelbetriebliche Unternehmensorganisation, die regionale Verankerung und die dadurch langfristige Bindung an die Unternehmensumwelt blieben bestehen, jedoch veränderten sich die Dimensionen. Die lange Geschichte von Magirus in Ulm mag dies stellvertretend für den Fahrzeug- und Spezialmaschinenbau in Oberschwaben illustrieren. Sie weist die oberschwäbische Spezifik des sukzessiven, nachhaltigen, aber nicht besonders dynamischen Unternehmenswachstums auf. Am Anfang stand die Innovation der fahrbaren Feuerleiter in den 1860er Jahren, die die Brandbekämpfung erleichterte und zum Geschäftsmodell in einem Nischenmarkt wurde, der jedoch bedient werden wollte. Was mit der Fabrikation von Feuerwehrzubehör begann, kann als eine Keimzelle des oberschwäbischen Spezialfahrzeugbaus gelten, der auch heute noch die Region prägt.[55] Ob in Ulm Magirus oder Kässbohrer, seit der Jahrhundertwende in der Omnibus-Herstellung tätig, oder nach dem 2. Weltkrieg die Wohnwagenfabrikation von Hymer in Bad Waldsee und die Baukräne von Liebherr zunächst in Kirchdorf, später in Biberach und andernorts: Sie alle weisen vergleichbare Entwicklungen auf.[56]

Kennzeichnend war vor allem eine technisch gelungene Problemlösung, die auf bestehendem Wissen aufbaute und die Grundlage von Unternehmensgründung bzw. -wachstum darstellte. Es waren gerade solche Innovationen, die den Mythos des (ober-)schwäbischen Tüftlers und Erfinder-Unternehmers begründeten.[57] Die Innovationskraft der Region beruhte lange Zeit weniger als anderswo auf Forschung und Entwicklung in Großunternehmen, sondern auf dem letztlich handwerklichen Muster der anwendungsorientierten Problemlösung. Die so entstandenen und gewachsenen Unternehmen hatten langfristig meist eine Ankerwirkung. Durch Kopplungseffekte und die Ansiedlung von spezialisierten Zulieferern entstanden bisweilen lokale clusterähnliche Strukturen.[58]

Doch kein Muster ohne Ausnahme: Ein Struktureffekt noch größeren Ausmaßes ergab sich für Friedrichshafen durch die Unternehmungen des Grafen Zeppelin vor und im 1. Weltkrieg. Der Luftschiffbau und die mit ihm zusammenhängende Ausgründung von Motorenbau (Maybach), Flugzeugmotorenbau (Dornier) und Zahnradfabrik legten den Grundstein für die Industrialisierung Friedrichshafens, das bis dahin im Wesentli-

---

55 Dieter MUTARD, Kraftfahrzeugindustrie. Fahrzeuge aus Ulm in aller Welt, in: Industrie- und Handelskammer Ulm (Hg.) Der Wirtschaftsraum Ulm (Monographien deutscher Wirtschaftsgebiete), Oldenburg 1990, S. 76–83, hier S. 77.
56 Frank BRUNECKER, Biberacher Industriegeschichte, in: Ulm und Oberschaben. Zeitschrift für Geschichte, Kunst und Kultur 58 (2013), S. 305–329, 320 f.
57 Hierzu überaus skeptisch GERT KOLLMER-VON OHEIMP-LOUP, Schwäbische Tüftler und Erfinder – Abschied vom Mythos? Innovativität und Patente in Württemberg im 19. und frühen 20. Jahrhundert (Stuttgarter historische Studien zur Landes- und Wirtschaftsgeschichte 26), Ostfildern 2016.
58 DANIELZYK u. a., Regionen (wie Anm. 6), S. 251.

chen durch Tourismusdienstleistungen geprägt war, ein seit der Jahrhundertwende zwar wachsender, aber nur auf die oberen Bevölkerungsschichten ausgerichteter Markt. Die Gründung der Zeppelin-Werke 1908 war freilich in hohem Maß atypisch. Die Kapitalaufbringung durch die Zeppelin-Spende, gewissermaßen ein frühes Crowd-Funding, und die Überlassung des Werksgeländes durch den württembergischen König sind nur im Kontext der übersteigerten nationalen Stimmung und der inzwischen errungenen Stellung des Deutschen Reichs auf dem Weltmarkt zu erklären. Auch die Gründung einer Stiftung, um die wirtschaftlichen Aktivitäten im Luftschiffbau zu koordinieren, war atypisch.[59] Die Unternehmensgründung baute also anders als bei den meisten oberschwäbischen Unternehmen nicht auf existierenden Strukturen auf, sondern war ein echtes „Greenfield-Investment" mit erheblicher Langzeitwirkung – nicht nur für den Maschinenbau am Bodensee, sondern in jüngster Zeit durch Gründung der Zeppelin-Universität 2003 auch für die Entwicklung als Hochschulstandort. Freilich wurde diese Entwicklung durch die staatliche Rüstungsnachfrage im 1. Weltkrieg maßgeblich in Gang gesetzt, womit ein letzter Aspekt in den Blick rückt: Die Geschichte als strukturbildende Kraft.

II.5. Geschichte als strukturprägende Kraft

Der 1. Weltkrieg erwies sich in Vielem als Katalysator der südwestdeutschen Wirtschaftsentwicklung. Die Energieregime veränderten sich zugunsten der Elektrizität, die durch die Hochspannungstechnik und die Netzintegration sukzessive die Standortnachteile der kohlenfernen Wirtschaftsräume minderte. Er gab Impulse zur weiteren Entwicklung des Fahr- und Flugzeugsbaus und erhöhte damit die Absatzchancen auch der spezialisierten Zulieferindustrie. Ferner, freilich für Oberschwaben von untergeordneter Bedeutung, führte der industrialisierte Konflikt zum Anstieg der südwestdeutschen Waffenproduktion. Die Kehrseite des Weltkriegs und der folgenden Weimarer Krisenzeit lag in einer Verkümmerung der hochwertigen kunsthandwerklichen Konsumgüterproduktion, die zur Schließung von Traditionsbetrieben führte.[60]

Auch verlagerten nach der Kriegsniederlage etliche badische Industriebetriebe ihren Sitz nach Württemberg, weil die neue Grenzlage, vor allem aber die Eingriffsrechte der französischen Besatzungsmacht, ein politisches Risiko darstellen. Von dieser Verlagerung – das bekannteste Beispiel wäre der Wegzug von Benz aus Mannheim nach Stuttgart – profitierte jedoch Oberschwaben aufgrund der größeren Distanz bestenfalls unterdurchschnittlich. Doch insgesamt verschoben sich die Entwicklungsdynamiken seit

---

59 Willi A. BOELCKE, Friedrichshafens industrieller Aufstieg, in: ZWLG 47 (1988), S. 457–494, hier S. 468–477; Elmar L. KUHN, Zeppelin und die Folgen. Die Industrialisierung der Stadt Friedrichshafen, in: DERS. (Hg.), Leben am See im Wandel. Der Bodenseeraum auf dem Weg in die Moderne. Vorträge im Rahmen einer Reihe der Kreisvolkshochschule Bodenseekreis und der Städtischen Volkshochschule Friedrichshafen (Leben am See 16), Friedrichshafen 1981, S. 245–299; Heinrich WALLE, Das Zeppelin-Luftschiff als Schrittmacher militärischer und ziviler technologischer Entwicklungen vom Ende des 19. Jahrhunderts bis zur Gegenwart, in: Technikgeschichte 59 (1992), S. 319–340.
60 BRUNECKER, Industriegeschichte (wie Anm. 56), S. 310.

2 Die Industrie in Baden und Württemberg 1895. Aus: Historischer Atlas von Baden-Württemberg, hg. von der Kommission für geschichtliche Landeskunde in Baden-Württemberg in Verbindung mit dem Landesvermessungsamt Baden-Württemberg, Stuttgart 1972–1988, Karte XI,7, bearb. von Hermann Grees.

dem 1. Weltkrieg vom ehemals strukturstärkeren Baden ins aufholende Württemberg.[61] Der Wachstumskern des Südwestens rückte somit von Westen weiter nach Osten und damit näher an Oberschwaben heran. Doch auch hier machten sich, vor allem angesichts der ökonomischen Dauerkrise der Weimarer Zeit, die Effekte erst langfristig bemerkbar. Gleichwohl erfasste die Weltwirtschaftskrise Württemberg und Oberschwaben bei Weitem nicht so stark wie andere Teile des Deutschen Reichs.[62]

Die Rüstungskonjunktur des Dritten Reichs sowie der 2. Weltkrieg und seine Folgen lassen sich, auch wenn es reichlich zynisch und gewiss ahistorisch ist, als Strukturprogramm für Württemberg und Oberschwaben beschreiben. Metallsektor, Motoren- und Fahrzeugbau und Feinmechanik (Waffenproduktion) profitierten als genuine Rüstungsproduzenten von der staats- und rüstungsinduzierten Nachfrage. Im Krieg avancierte dann sogar die periphere Lage, die lange Standortnachteil war, zum Standortvorteil. Seit der Intensivierung des Bombenkriegs und der Übernahme des Rüstungsministeriums durch Albert Speer 1942 kam die Verlagerung vormals zentralisierter Produktionsprozesse auf die wirtschaftspolitische Agenda, um zu verhindern, dass etwaige Bombardierungen, die auf Ballungszentren zielten, gleich die komplette rüstungsrelevante Produktion lahmlegten. Die Dezentralisierung insbesondere der Luftrüstung wertete kleinere und mittelständische Zulieferer, auch und gerade in Oberschwaben, auf, und strukturierte die Automobil-Zulieferindustrie nach dem 2. Weltkrieg maßgeblich vor.[63]

Mit einer ähnlichen Motivation verlagerten Unternehmen auch ganze Produktionszweige nach Oberschwaben. Beispielsweise verlagerte der Pharmaproduzent Boehringer Ingelheim 1943 einen Teil seiner Produktion nach Biberach, seit 1946 firmierte das Unternehmen als Karl Thomae AG. Drei Jahre später folgte der Medizinproduktehersteller Kaltenbach & Voigt, der seine Produktion aus Berlin nach Biberach verlagerte. Hierbei waren nicht mehr die Furcht vor Ausbombung, sondern vor Demontage und Enteignung ausschlaggebend. Entsprechend verfügt Biberach heute über einen Schwerpunkt im medizinisch-pharmazeutischen Bereich.[64] Die Beispiele solch verlagerter Unternehmen ließen sich fortsetzen. So siedelte etwa die Waffenfabrik Walther vom thüringischen Zella-Mehlis nach Ulm über.[65]

Für dezentrale Wirtschaftsräume wie Oberschwaben sind die Verlagerungseffekte keineswegs zu unterschätzen, wie das Beispiel Biberachs zeigt. An dieser Stelle nur ergänzend sei darauf verwiesen, dass der Südwesten bekanntlich auch ein wichtiger Aufnahmeraum für Flüchtlinge und Vertriebene gewesen ist. Trotz aller konzedierten sozia-

---

61 BATEN, Elektrizitätswirtschaft (wie Anm. 25), S. 84 f.
62 Oberschwäbische Industrie- und Handelskammer Ravensburg, 100 Jahre Oberschwäbische Industrie- und Handelskammer Ravensburg, Ravensburg 1967, S. 171.
63 Für diese Kontexte siehe z. B. Jonas SCHERNER/Jochen STREB/Stephanie TILLY, Supplier networks in the German aircraft industry during World War II and their long-term effects on West Germany's automobile industry during the „Wirtschaftswunder", in: Business History 56 (2014), S. 996–1020; Jeffrey FEAR, Die Rüstungsindustrie im Gau Schwaben 1939–1945, in: Vierteljahreshefte für Zeitgeschichte 35 (1987), S. 193–216.
64 BRUNECKER, Industriegeschichte (wie Anm. 56), S. 317 ff., 322 f.
65 Fritz WALTHER, Die Waffenindustrie, in: SCHLENKER (Red.) Ulm-Ostalb-Neckar-Hohenlohe-Franken (wie Anm. 8), S. 129–133, hier S. 129.

len Härten in den späten 1940er und 1950er Jahren, die damit einhergingen, verbesserte sich dadurch das Arbeitskräftepotential und trug zur Produktionsausweitung während des „Wirtschaftswunders" bei. Zudem war der Fachkräfteanteil unter den Zuwanderern aus der SBZ/DDR überdurchschnittlich hoch. Sie folgten teils den verlagerten Industrien und sicherten mit ihrer Fachkenntnis die Produktionsqualität. Die unmittelbaren Verlagerungseffekte waren zwar im Südwesten weniger ausgeprägt als in Bayern, stellen aber gleichwohl einen maßgeblichen Faktor für den wirtschaftlichen Aufhol- und Überholprozess Süddeutschlands innerhalb der Bundesrepublik dar, der sich zudem wechselseitig verstärkte, da auch in Bayern Fahrzeug- und Luftfahrtindustrie maßgebliche Leitbranchen wurden. Damit rückte mindestens im Maschinenbau Oberschwaben von der Peripherie nachgerade in die Mitte einer Wachstumsachse zwischen München und Stuttgart.[66]

III. Vom Nachzügler zur metropolenfernen Wachstumsregion?

Diese Sondereffekte und das Fehlen eines nennenswerten altindustriellen Sektors stellten nach 1945 überaus günstige Rahmenbedingungen für den Wandel des Südwestens bzw. Süddeutschlands insgesamt von einer eher peripheren zu einer führenden Wirtschaftsregion innerhalb Europas dar. Dabei darf ein Aspekt nicht unterschätzt werden, der wie ein roter Faden als strukturierender Faktor des Südwestens erscheint: Der Staat bzw. die Strukturpolitik. Inwiefern Strukturpolitik in der Bundesrepublik tatsächlich regional wachstumswirksam war oder das Wachstum lediglich als Ergebnis erfolgreicher Strukturpolitik ‚gelabelt' wurde, ist dabei umstritten. Wenn etwa Thomas Schlemmer fragt „inwieweit sich diese Fama erfolgreicher Modernisierungspolitik im Sinne einer self-fulfilling prophecy mittlerweile zu einem Standortfaktor sui generis gemausert hat, der insbesondere in engen Entscheidungssituationen von ausschlaggebender Bedeutung sein kann", schwingt dabei zwar ein skeptischer Blick mit, verweist aber zugleich auf die Bedeutung unternehmens- und unternehmerfreundlicher Politik. Industriepolitik und Wachstumsorientierung waren fraglos Leitmotive bayerischer CSU- und baden-württembergischer CDU-Regierungen, die bis in die jüngste Vergangenheit ein hohes Maß an Regierungsstabilität garantierten.[67]

Im Großen wie im Kleinen lassen sich, etwa bei der Ansiedlung Liebherrs in Biberach oder weit vorher bei Zeppelin in Friedrichshafen, jedenfalls Interessenkongruenzen zwischen Wirtschaft und Politik beobachten, die lokale und regionale Struktureffekte aufwiesen. Dies gilt auch und vor allem für eine wirtschaftsnahe Bildungspolitik, die auf

---

66 Vgl. Peter HEFELE, Die Verlagerung von Industrie- und Dienstleistungsunternehmen aus der SBZ/DDR nach Westdeutschland. Unter besonderer Berücksichtigung Bayerns (1945–1961). Beiträge zur Unternehmensgeschichte 4), Stuttgart 1998, S. 104–110, 208, 213.
67 Thomas SCHLEMMER, Erfolgsmodelle? Politik und Selbstdarstellung in Bayern und Baden-Württemberg zwischen „Wirtschaftswunder" und Strukturbruch „nach dem Boom", in: Stefan GRÜNER/Sabine MECKING (Hg.), Wirtschaftsräume und Lebenschancen. Wahrnehmung und Steuerung von sozialökonomischem Wandel in Deutschland 1945–2000 (Schriftenreihe der Vierteljahrshefte für Zeitgeschichte 114), Berlin u. a. 2017, S. 171–190, hier S. 185–188 (Zitat S. 188).

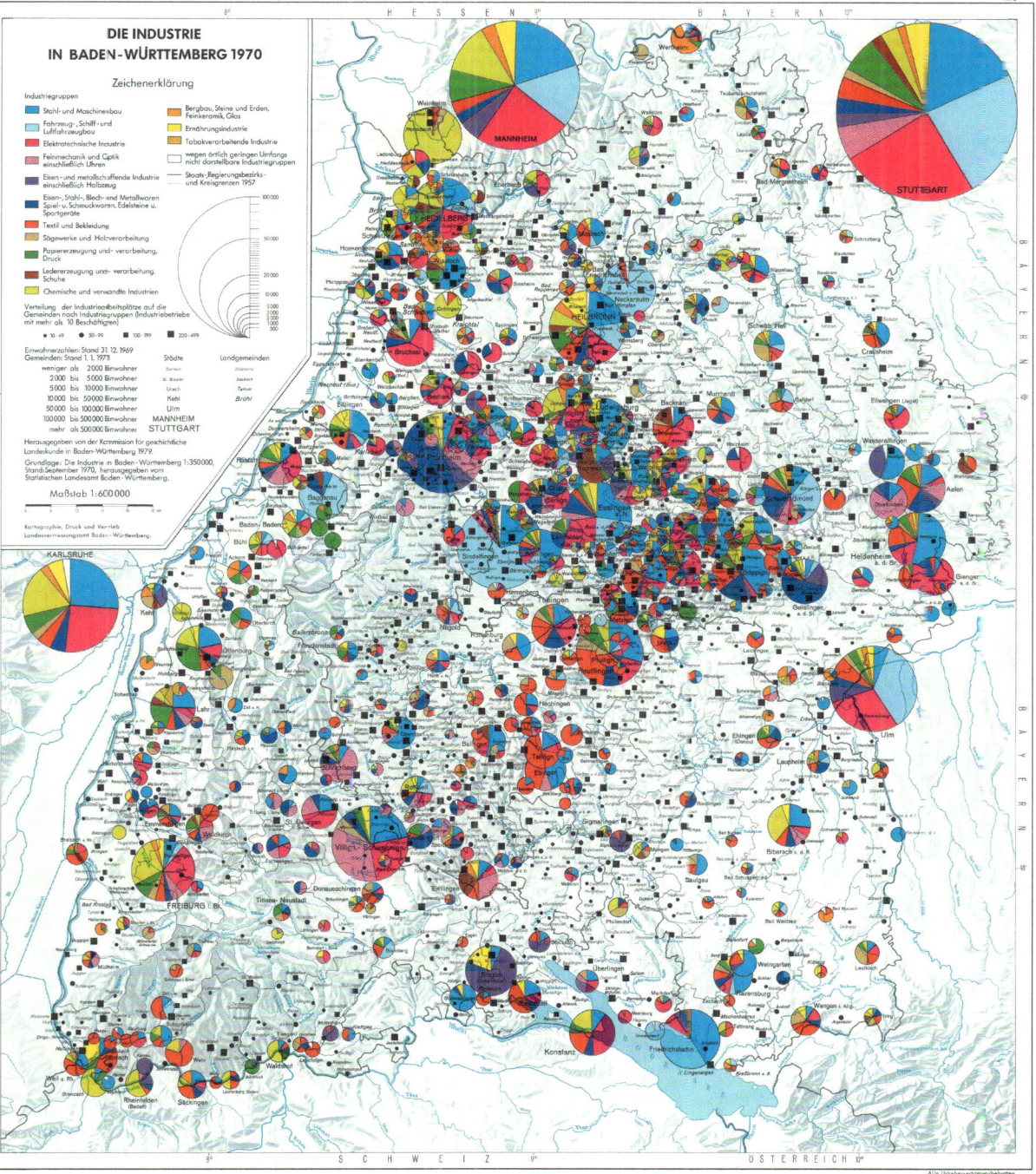

3 Die Industrie in Baden-Württemberg 1970. Aus: Historischer Atlas von Baden-Württemberg, hg. von der Kommission für geschichtliche Landeskunde in Baden-Württemberg in Verbindung mit dem Landesvermessungsamt Baden-Württemberg, Stuttgart 1972–1988, Karte XI,8.

eine lange Tradition im Südwesten zurückblicken kann.[68] Exemplarisch sei auf die Aktivitäten der IHK Ravensburg verwiesen, auf deren Betreiben 1964 eine Industriemeisterschule in Tettnang sowie Staatliche Ingenieurschulen für Bauwesen in Biberach und Maschinenbau in Ravensburg errichtet wurden, die explizit auf die Bedürfnisse des oberschwäbischen Mittelstands zugeschnitten waren und somit spezifisches Anwendungswissen vor Ort weitergaben.[69] Die Einrichtung von Fachhochschulen oder von Universitäten in Ulm und Friedrichshafen ließen sich ergänzend, jedoch nicht weniger strukturwirksam anführen.

Doch was sind überhaupt strukturprägende Standortfaktoren in dezidiert historischer Perspektive? Die klassischen Standorttheorien von Thünen über Weber bis zu Christaller fokussierten auf ‚harte' Industrialisierungsfaktoren wie natürliche Ressourcen, Arbeitskräftepotential und Bildungssystem, Kapitalzugang, Wirtschaftssystem, Marktbildung und Transportkosten, Export- und Importstruktur, Struktur der landwirtschaftlichen Produktion und technischen Fortschritt.[70] Diese Faktoren sind auch heute bedeutsam für den Prozess der wirtschaftlichen Entwicklung, aber sind historisch nicht immer gleich bedeutsam gewesen, sondern unterlagen qualitativen und quantitativen Wandlungen. Die Bedeutung natürlicher Ressourcen und die der Transportkosten für die regionale Wirtschaftsentwicklung haben beispielsweise nachgelassen, die Bedeutung von Bildung und Know-how hingegen stark zugenommen.

Die jüngeren Forschungen, die sich mit dem Wandel von Wirtschaftsstrukturen insbesondere seit den Krisen der ‚Altindustrien' – Kohle, Textil, Stahl – seit den 1960er Jahren beschäftigen, rücken daher auch zunehmend immaterielle Standortfaktoren stärker in den Vordergrund:[71] Lebensqualität, kulturelles Angebot, Freizeit- und Kinderbetreuungsmöglichkeiten und dergleichen sind heutzutage – zumindest im Werben um hochqualifizierte Arbeitskräfte – keineswegs zu vernachlässigen. Verringerung der individuellen Arbeitszeit, veränderte Geschlechterrollen, Verlängerung der Ausbildungszeit durch Zunahme der Hochschulabschlüsse und insgesamt eine Individualisierung von Lebensläufen und das Entstehen spezifischer Milieus sind nicht bloß gesellschaftliche Phänomene, sondern auch ökonomische Einflussfaktoren. Alleine das Entstehen von Freizeitindustrien und die Ausweitung und Ausdifferenzierung des Tourismus deuten diese wirtschaftliche Relevanz an. Die zunehmende Bedeutung ökologischer Aspekte in Produktion und Konsum ließen sich ergänzend anführen. Für Oberschwaben sind diese immateriellen Standortfaktoren von großer Bedeutung. Der Tourismus ist nicht von ungefähr heutzutage ein bedeutender Wirtschaftsfaktor. Auch der Trend zu regionalen und ökologischen Lebensmitteln kam dem Raum entgegen, wenngleich die Struktureffekte noch eher gering sind. Für den Standortfaktor Arbeitskräftepotential dürfte beides bedeutsamer sein.[72]

---

68 Hierzu KOLLMER-VON OHEIMP-LOUP, Südwestdeutsche Wirtschaftsgeschichte (wie Anm. 3), S. 161 ff.
69 Industrie- und Handelskammer Ravensburg, 100 Jahre (wie Anm. 62), S. 146 f.
70 Überblick bei KIESEWETTER, Raum und Region (wie Anm. 9), S. 123.
71 Exemplarisch SCHLEMMER, Erfolgsmodelle (wie Anm. 67), S. 177 ff.
72 Exemplarisch Roland SCHERER u. a., Bodensee 2030. Ein Blick in die Zukunft der Region, St. Gallen 2016, S. 31.

IV. Fazit (und Ausblick)

In historischer Perspektive hat sich Oberschwaben mal als relativ rückständig, mal als relativ fortschrittlich, vor allem aber als bemerkenswert resilient erwiesen. Der Wirtschaftsraum blieb in den letzten beiden Jahrhunderten von größeren Strukturkrisen verschont, wenngleich bisweilen auch schmerzhafte Strukturanpassungen vor allem im allmählichen Übergang von der Vormoderne in die Moderne zu konstatieren sind. Die diversifizierte und dezentrale Struktur der württembergischen und der oberschwäbischen Wirtschaft hatte im 19. Jahrhundert zwar zu einem langsameren Wachstumstempo geführt, aber zugleich die Risiken durch eine zu starke Branchenkonzentration vermindert. Zwar ist auch im Südwesten ein starker Fokus auf eine Branche, den Fahrzeug- und Flugzeugbau, zu erkennen, doch ist dieser bislang nicht in eine nennenswerte Strukturkrise geraten ist, sondern vielmehr seit der zweiten Hälfte des 20. Jahrhunderts eine der wichtigsten Konjunkturstützen der bundesdeutschen Wirtschaft geworden – und ist dies noch.

In historischer Perspektive waren dabei vor allem die Überwindung des Energie(kosten)problems sowie die ökonomischen Implikationen (und Investitionen) der beiden Weltkriege maßgebliche Weichenstellungen, um das ökonomische Potential des Südwestens umfassend zu aktivieren. Die wirtschaftliche Integration Europas und die Globalisierungsschübe 1973 und 1990 boten dann vor allem den hochspezialisierten und exportorientierten Unternehmen beste Wachstumschancen. Nicht von ungefähr erhielten die Hidden Champions, die Weltmarktführer in Nischenmärkten, in dieser Phase ihre eigentliche Ausprägung[73] – eine Entwicklung die auch Oberschwaben mitprägte, wenngleich wiederum weniger intensiv als andere Regionen im Südwesten.[74] Wurden der Südwesten und Oberschwaben im 19. Jahrhundert durch den industrialisierungsinduzierten Strukturwandel in der ersten Globalisierungsphase bis 1914 zunächst ökonomisch eher marginalisiert, so sind die spezifischen Strukturen des Wirtschaftsraums heutzutage eher Erfolgsfaktoren im globalen Standortwettbewerb.

---

73 Klassisch hierzu Hermann SIMON, Die heimlichen Gewinner: die Erfolgsstrategien unbekannter Weltmarktführer, Frankfurt a. M. 1996; Jeffrey FEAR, Straight Outta Oberberg. Transforming Mid-Sized Family Firms into Global Champions 1970–2010, in: Jahrbuch für Wirtschaftsgeschichte 53 (2012), S. 125–169.

74 Bundesinstitut für Bau-, Stadt- und Raumforschung (BBSR) (Hg.), Hidden Champions und Stadtentwicklung. Die wirtschaftliche und gesellschaftliche Bedeutung innovativer Unternehmen für Kleinstädte in peripherer Lage, Bonn 2019, S. 18.

Von der Kleinen Eiszeit zur Klimaerwärmung. Klima-, Umwelt- und Verkehrsgeschichte Oberschwabens von 1850 bis heute

Andreas Schwab

Bei der Betrachtung der wirtschaftlichen Entwicklung Oberschwabens kann an zahlreichen Beispielen aufgezeigt werden, dass naturräumliche Faktoren im Mittelalter und der Frühen Neuzeit eine nicht zu unterschätzende Rolle spielen. Mit der Grafik in Abb. 1 wird der Versuch einer Systematisierung solcher Fallbeispiele unternommen. In einem Wirkungsgefüge werden die Geofaktoren Gesteine, Relief (Oberflächenformen), Gewässer, Böden und Klima untereinander in Beziehung gebracht und zugleich ihre Wirkungen auf die Verfügbarkeit von Rohstoffen und Energie sowie auf die wirtschaftlichen Entwicklungen in Landwirtschaft und Fischerei, in der Wald- und Forstwirtschaft sowie in Handwerk und (Proto-) Industrie dargestellt. Wichtige Rollen spielen dabei auch der Verkehr und die Siedlungen als die Orte, in denen sich Produktion und Handel konzentrieren. Zum besseren Verständnis werden die ‚Wirkungspfeile' mit Nummern versehen und in der nebenstehenden ‚Legende' mit einem Fallbeispiel verknüpft.

Dem Klima kommt bei der differenzierten Betrachtung der Landnutzung in zweierlei Hinsicht eine große Bedeutung zu: Zum einen kann mit den räumlichen Mustern von Sonnenstrahlung, Temperatur und Niederschlag die Struktur der Landwirtschaft recht gut erklärt werden. Zum anderen ist das Klima die einzige ‚natürliche' Variable im Umweltsystem, die sich in vergleichsweise kurzer Zeit deutlich ändern und damit letztlich eine Veränderung auch der Landnutzung mitverursachen kann.

Die innerhalb bestimmter klimatischer Rahmenbedingungen stattfindenden konkreten Wetter- bzw. Witterungsereignisse sind in historischen Quellen und ab dem 17. Jahrhundert auch in Form von Messdaten gut dokumentiert. Ab Mitte des 19. Jahrhunderts fanden demnach markante Klimaveränderungen statt. Die sogenannte Kleine Eiszeit geht in eine Phase mit deutlicher Klimaerwärmung und Veränderungen in der Niederschlagsverteilung über. Die zunächst nahe liegende Vermutung, dass damit wesentliche Veränderungen in der agrarischen Nutzung Oberschwabens gut begründbar wären, trifft jedoch nicht zu. Vielmehr sind es technische Entwicklungen und massive Eingriffe

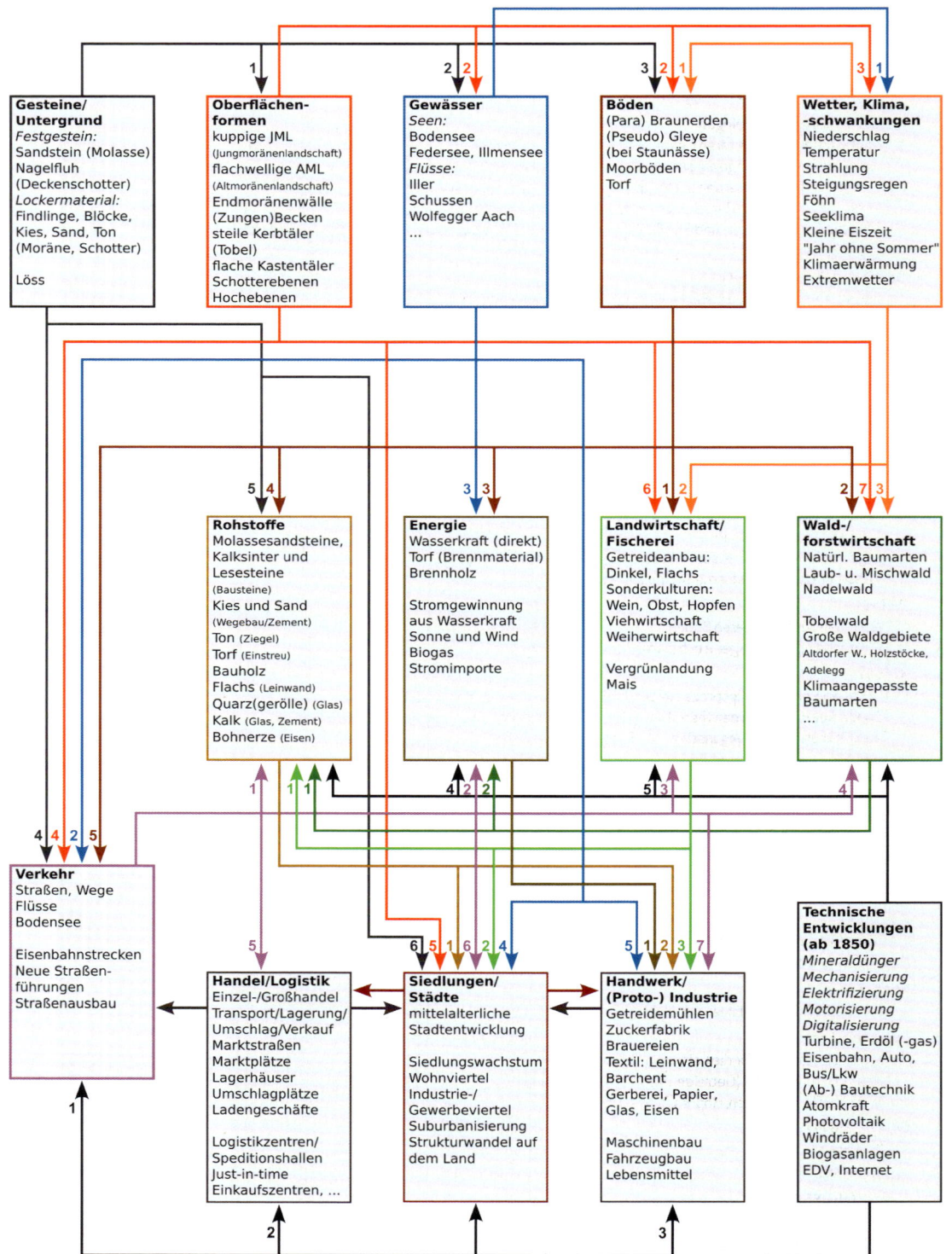

1 Ein Wirkungsgefüge zu den naturräumlichen und technischen Rahmenbedingungen der wirtschaftlichen Entwicklung Oberschwabens. Konkrete Beispiele für die dargestellten Wirkungszusammenhänge sind auf der folgenden Seite aufgelistet. Verwendete Abkürzungen: JML = Jungmoränenlandschaft, AML = Altmoränenlandschaft, EM = Endmoränen. Seite Mitte des 19. Jahrhundert entwickelt sich der Mensch selber mit seinen technischen Möglichkeiten zur entscheidenden Steuergröße.

Beispiele für Wirkungen:

Gesteinsuntergrund (Geologie)
1 steile Talflanken in härteren Gesteinen (Deckenschotter, Molasse)
2 Armut an Oberflächengewässern in wasserdurchlässigen Schotterebenen
3 Fruchtbare Parabraunerden auf kalkreichen Moränen und Schottern mit Lössaufwehungen
7 Versumpfungsgefahr/Rutschungsgefahr bei tonreichem/moorigem Untergrund
5 Kies und Sand für Wege- und Straßenbau, Ton zur Ziegelherstellung, Sandstein als Baustein
6 Eignung als Baugrund

Oberflächenformen (Relief)
1 Flüsse in Tallagen, Seen in Beckenlagen/Hohlformen (Iller, Bodensee)
2 Parabraunerden in Hanglagen, Staunässe-beeinflusste Böden (Gleyböden) in Tallagen
3 Steigungsregeneffekte im Allgäu, Föhneffekte entlang der Donau, klimabegünstigte Hanglagen
4 Verkehrswegeführung in Abhängigkeit von Höhenunterschieden, Neigungen, Tallagen
5 Stadtgründungen in überschwemmungssicheren Lagen (Schwemmfächerlage)
6 Kein Ackerbau in steilen Hanglagen
7 Wald(nutzung) in hohen Lagen mit unruhigem Relief (Endmoränen, Adelegg)

Gewässer
1 thermisch ausgleichende Wirkung des Bodensees
2 Bodensee als Verkehrsdrehscheibe (Tor zum Süden), Flößerei auf der Iller
3 Nutzung von Wasserkraft entlang der Iller und der Donau mit Nebenflüssen (Hüttenwerke Ludwigstal, Thiergarten, Laucherthal)
4 Lage von Städten an Flüssen (Trinkwasser, Abwasserentsorgung)
5 Wassernutzung bei Papierherstellung, Gerberei, Bleicherei, ...

Böden
1 Ackerbau auf fruchtbaren Böden
2 Waldnutzung auf weniger fruchtbaren Böden

Klima
1 intensive Bodenbildungsprozesse durch vollhumides Klima (z. B. Stoffverlagerung)
2 Sonderkulturanbau in den thermischen Gunstlagen am Bodensee und im Schussenbecken
3 Wald in thermischen Ungunstlagen (Adelegg)

Verkehr
1 mit der Eisenbahn wird Import von Erzen möglich
2 mit der Eisenbahn wird Import von Steinkohle möglich
3 mit der Eisenbahn wird Import von billigem Getreide und der Export von Käse und Vieh möglich
4 Export von Bauholz aus den Wäldern im Einzugsgebiet der Iller
5 etablierte Handelswege bereits im Mittelalter (alte Straßen, Postrouten)
6 Individualverkehr als Voraussetzung für die Suburbanisierung

Rohstoffe
1 Bausteine für Städte und Dörfer (für Sakralgebäude und profane Gebäude)
2 Flachs für Spinnerei und Weberei

Energie
1 Wasserkraft für die Mühlen und Hüttenwerke, Torf, Holzkohle, später Steinkohle für die Dampfkessel

Landwirtschaft
1 Flachs als Rohstoff für die Leinenherstellung
2 Grundnahrungsmittel (Getreide, Fleisch, Milchprodukte)
3 Getreide für die Mühlen, Hopfen für die Brauereien, ...

Wald/Forstwirtschaft
1 Bauholz
2 Brennholz, Holzkohle

Technik (ab 1850)
1 Eisenbahn als neuer Verkehrsträger, neue Straßenführungen durch neue Bautechnik
2 Internethandel als Konkurrenz für den städtischen Einzelhandel
3 Neue Unternehmensgründungen im Kontext neuer Erfindungen
4 Nutzung regenerativer Energiequellen durch neue Technik
5 Große Maschinen führen zur Beschleunigung von Arbeitsschritten in der Landwirtschaft

des Menschen in die Umwelt, die einen Landschaftswandel in den bäuerlich geprägten Kulturlandschaften, vor allem aber eine starke Ausweitung der urban geprägten Gebiete herbeigeführt haben. Eine besonders wichtige Rolle spielt dabei das Verkehrswesen.

Klimadynamik seit dem Ende der Kleinen Eiszeit

Das Klima wird durch statistisch erfassbare Eigenschaften der Klimaelemente (z. B. Strahlung, Temperatur, Niederschlag, Luftfeuchte, etc.) beschrieben. Durch die (Mittelwert-) Betrachtung ausreichend langer Zeiträume (in der Regel 30 Jahre) werden die Einflüsse der natürlichen Variabilität ausgeklammert. Dennoch kann man durch das Erfassen von Extremwerten und Häufigkeiten etwas über die Spannbreite der Wetterereignisse in den Betrachtungszeiträumen aussagen. Um Entwicklungen vergleichbar darzustellen, werden in der Regel Referenzzeiträume gewählt und dann die Abweichungen gegenüber diesen Zeiträumen dargestellt. Auch regionale Vergleiche werden dadurch vereinfacht.

Veränderung der Temperaturen

Die Grafik in Abb. 2 zeigt die Veränderungen der globalen Oberflächentemperaturen in den letzten 2000 Jahren. Im Rahmen einer natürlichen Schwankungsbreite (Variabiliät) gibt es hier wärmere und kältere Phasen. Deutlich ist die Temperaturabnahme von 1500 bis ca. 1850 (Kleine Eiszeit) zu erkennen. Anschließend hat sich das Klima unter dem Einfluss des Menschen in einem Maße erwärmt, wie es zumindest in den 2000 Jahren vorher nie der der Fall war.[1]

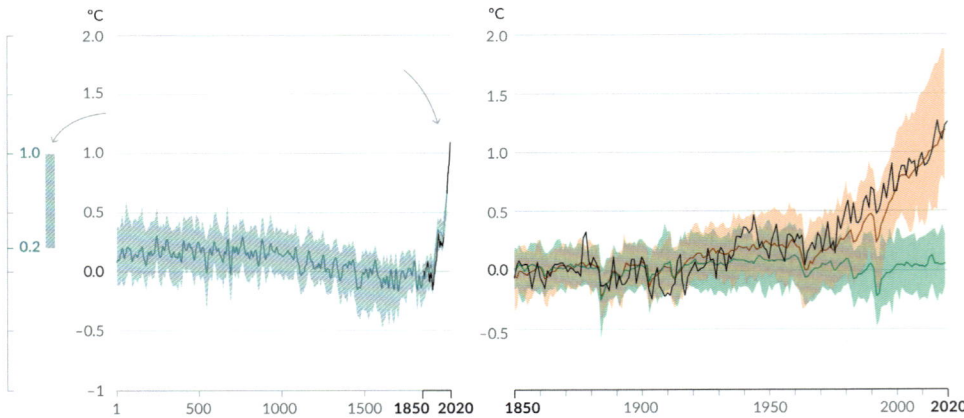

2 Abweichungen der globalen Oberflächentemperatur gegenüber dem Mittelwert des Zeitraums 1850–1900 (= Referenzwert).

[1] https://www.dwd.de/DE/klimaumwelt/klimawandel/klimawandel_node.html (aufgerufen am 18.3.2024).

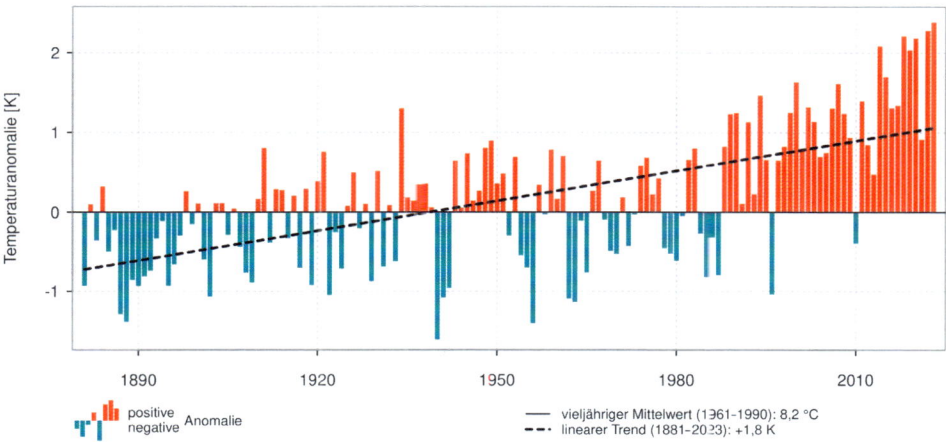

3 Abweichung des Jahresmittels der Lufttemperatur für Deutschland vom vieljährigen Mittel 1961–1990 für den Zeitraum 1881–2021.[2]

In Abb. 3 werden die Entwicklungen der Lufttemperaturen in Deutschland seit 1881 wiedergegeben. Als Referenzzeitraum dienen hier die Jahre von 1961–1990. Bei der Betrachtung der Daten kommt man zu folgenden Aussagen:[3]

Das Jahresmittel der Lufttemperatur ist in Deutschland, gemittelt über die gesamte Fläche im Zeitraum von 1881 bis 2021, statistisch gesichert um 1,6 °C angestiegen. Die fünf wärmsten Jahre seit 1881 sind nach dem Jahr 2000 aufgetreten. Die Temperaturen sind in Deutschland damit deutlich stärker gestiegen als im weltweiten Durchschnitt (etwa 1 °C).

Zu Beginn des betrachteten Zeitraums waren zunächst keine großen Anomalien, durchaus aber eine hohe Veränderlichkeit von Jahr zu Jahr festzustellen. Mittelfristige Schwankungen auf der Ebene von Jahrzehnten lassen sich bis Ende des 19. Jahrhunderts noch der Kleinen Eiszeit zuordnen. Seit 1900 findet dann ein allmählicher Temperaturanstieg statt, der sich ab 1980 markant verstärkt. Seither werden in mehr oder weniger großen Abständen immer neue Temperaturrekorde verzeichnet.[4]

Besonders stark ist diese Erwärmung in den Wintermonaten (> 2,3 °C). Dadurch hat sich das Winterhalbjahr zugunsten des Sommerhalbjahres deutlich verkürzt. Der Temperaturanstieg ist im Süden und Westen Deutschlands besonders stark.[5]

Was sind schon 1,6 °C? könnte man fragen. Um diesen Wert richtig einordnen zu können, bieten sich Vergleiche mit heutigen Temperaturunterschieden an. So weist etwa Freiburg i. Br. eine Juli-Durchschnittstemperatur von 19,4 °C auf, in Ravensburg hingegen beträgt sie nur 17,8 °C. Die Differenz von 1,6 °C lässt sich unter anderem mit der Differenz

2 Ebd.
3 Ebd.
4 Rüdiger Glaser, Klimageschichte Mitteleuropas, Darmstadt 2008, S. 197.
5 Ebd.

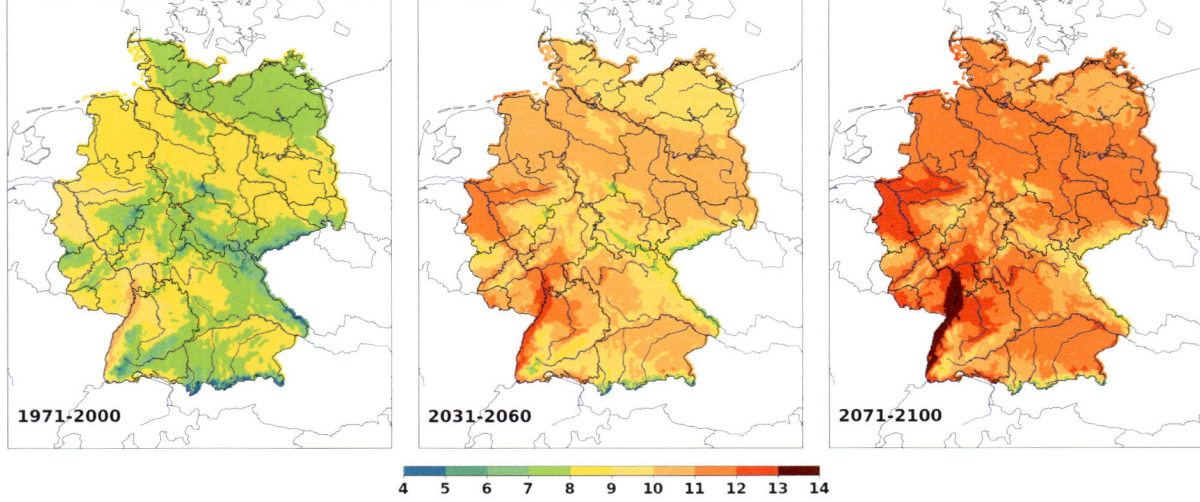

4 Temperatursimulation für Deutschland (RCP8.5-Szenario = worstcase).[6]

der Höhenlagen begründen (Freiburg liegt auf 280 m ü. NN, Ravensburg auf 440 m ü. NN). Eine Erwärmung um ca. 1,6 °C entspricht also in etwa einer ‚Verschiebung' der sommerlichen Temperaturbedingungen von Freiburg nach Ravensburg. Wie aber werden sich solche Verschiebungen weiterentwickeln?

Temperatursimulationen für Deutschland zeigen im worstcase-Szenario (RCP8.5)[7] extreme Veränderungen (vgl. Abb. 4). In Freiburg wird nach dieser Modellrechnung die Jahresdurchschnittstemperatur von 10 °C im Referenzzeitraum 1971–2000 auf 13 °C steigen, in Ravensburg von ca. 8 °C auf ca. 11 °C.

Zu den seit dem 19. Jahrhundert beobachteten Temperaturerhöhungen von 1,6 °C werden also weitere ca. 3 °C addiert werden müssen. Legt man einen mittleren vertikalen Temperaturgradienten[8] von ca. 0,6 °C pro 100 m zugrunde, so entsprechen die 4,6 °C Erwärmung einer Höhenverschiebung der Temperaturzonen um ca. 750 Meter!

---

6 https://www.dwd.de/DE/klimaumwelt/klimawandel/klimawandel_node.html (aufgerufen am 18. 3. 2024).
7 Die Abkürzung RCP steht für Representative Concentration Pathways. Das IPCC (Intergovernmental Panel on Climate Change) hat verschiedene Szenarien für die Entwicklung der Konzentration von Treibhausgasen in der Atmosphäre entwickelt, die sogenannten RCPs. Beim worstcase-Szenario RCP8.5, das inzwischen von vielen Wissenschaftlerinnen und Wissenschaftlern als das wahrscheinlichste eingeschätzt wird, geht man bis ins Jahr 2100 von einer weiter zunehmenden Weltbevölkerung und einem weiteren Anstieg der Treibhausgaskonzentrationen bei gleichbleibender Sonnenaktivität aus.
8 Unter dem vertikalen Temperaturgradienten versteht man die Temperaturveränderungen mit der Höhe innerhalb einer Luftsäule. Aufgrund des mit der Höhe abnehmenden Luftdrucks nehmen die Temperaturen im Normalfall mit der Höhe ab. In Ausnahmefällen können aber bestimmte Wetterlagen auch zu einer Umkehrung dieser Temperaturschichtung sorgen (Inversionswetterlagen).

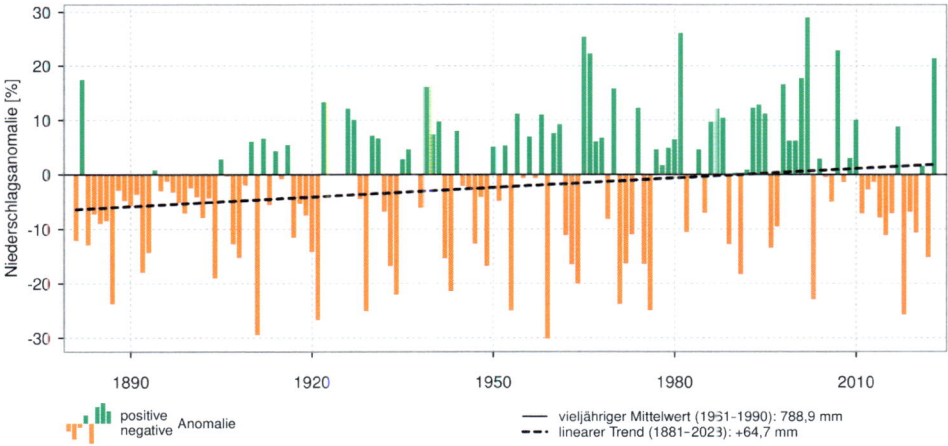

5 Entwicklung der Jahresniederschlagssummen seit 1881 mit Prognose der zukünftigen Entwicklung.⁹

Veränderung der Niederschläge

Auch bei den Niederschlägen werden Veränderungen prognostiziert (vgl. Abb. 5). Die Annahmen werden aber weniger die mittleren Jahresniederschlagssummen betreffen. Vielmehr geht man von einem veränderten Jahresgang mit größeren Extremen (Starkniederschläge und Trockenperioden) und einer erhöhten Variabilität der Niederschläge aus (größere Schwankungen von Jahr zu Jahr).¹⁰

Bei den durchschnittlichen Jahresniederschlagsmengen wird durch die temperaturbedingte Intensivierung des Wasserkreislaufs¹¹ eine moderate Zunahme um bis zu 20 % erwartet. Bei der räumlichen und zeitlichen Verteilung zeigen sich deutliche regionale und saisonale Unterschiede. Einer Niederschlagszunahme im Winter steht ein Niederschlagsrückgang im Sommer gegenüber. Ausgeprägte Dürren mit Waldbrandgefahr sind vor allem in jenen Regionen Ost-Deutschlands zu erwarten, die auch heute die geringsten Niederschlagsmengen aufweisen. Allerdings ist dabei mit starken Schwankungen zwischen den Jahrzehnten zu rechnen.¹²

Die für die raumspezifische Ausprägung der Niederschläge in der Region Bodensee-Oberschwaben-Allgäu verantwortlichen Prozesse werden sich indessen nicht verändern. Wie schon heute werden auch in Zukunft Steigungsregen- und Föhneffekte am Alpenrand genauso eine Rolle spielen, wie der Bodensee als Feuchtigkeitsquelle und die Alpen

---

9 https://www.dwd.de/DE/klimaumwelt/klimaatlas/klimaatlas_node.html (aufgerufen am 18. 3. 2024).
10 GLASER, Klimageschichte (wie Anm. 4), S. 197; FRANK SIROCKO (Hg.), Wetter Klima, Menschheitsentwicklung, Darmstadt 2010, S. 190.
11 Durch die Erhöhung der Oberflächentemperaturen im Bereich der Kontinente, vor allem aber auch der Ozeane, intensivieren sich die Verdunstungsprozesse. Damit steigt der Feuchtigkeitsgehalt und letztlich auch der Gehalt an (latenter) Energie in der Atmosphäre. Alle für die Entstehung von Niederschlägen verantwortlichen Variablen und Prozesse werden dadurch verstärkt.
12 GLASER, Klimageschichte (wie Anm. 4), S. 198.

bzw. der Alpenrand als Auslöser konvektiver Niederschlagsereignisse[13] (sommerliche Hitzegewitter, ausgelöst durch Thermik in Hanglagen).

Veränderung der Niederschlagsarten

Allerdings ist mit einer deutlichen Veränderung der Niederschlagsarten (Regen oder Schnee) zu rechnen, was sich bereits in den letzten Jahrzehnten abgezeichnet hat. Noch bis in die 1970er Jahre gab es selbst in mittleren Höhenlagen (300 m und 800 m) schneereiche Winter mit durchgängiger Schneebedeckung über Monate hinweg. Seit den 1980er Jahren nehmen die Schneemengen hier immer stärker ab. Schon jetzt sind, über Jahre gemittelt, Reduktionen von 10–20 % zu verzeichnen. Häufig fallen die winterlichen Niederschläge hier in Form von Regen. In Höhenlagen über 800 m war dies zunächst nicht der Fall. Teilweise wurde hier in den 80er Jahren, bedingt durch häufigere Westlagen, sogar eine Zunahme der Schneemengen verzeichnet.[14] Mit der zu erwartenden Erwärmung in den kommenden Jahrzehnten wird dies aber auch in diesen Höhen nur noch die Ausnahme sein.

Veränderung der Wetterlagen(häufigkeiten)

Die Veränderung der Niederschlagsverteilung geht insbesondere auf veränderte Witterungsabläufe zurück, die im Zusammenhang mit bestimmten Wetterlagen stehen. Im Sommer wird eine zunehmende Dominanz von Hochdruckwetterlagen[15] mit geringer Niederschlagsneigung erwartet, im Winter zeichnet sich eine Häufung zyklonaler Westlagen[16] mit häufigeren Regen- und Schneefällen ab. Auch bei einer Gesamtbetrachtung ist eine zunehmende Relevanz zyklonaler Wetterlagen anzunehmen.[17] Jedoch gilt auch hier: Schwankungen von Jahr zu Jahr können dabei genauso wenig ausgeschlossen werden, wie mehrere Jahre hintereinander mit gleicher Dominanz bestimmter Wetterlagen. Gut zur letztgenannten Aussage passen die Jahre 2018–2023, die in Deutschland zu einer

---

13 Konvektive Niederschläge entstehen, wenn es aufgrund des thermischen Auftriebs von Luftmassen zu deren Abkühlung und in der Folge zu Kondensation (= Wolkenbildung), Wachstum der Wolkentröpfchen und letztlich zum Niederschlag kommt.
14 GLASER, Klimageschichte (wie Anm. 4), S. 198.
15 Bei Hochdruckwetterlagen kommt es in Bodennähe zu einem Wegströmen der Luft in Gebiete geringeren Luftdrucks. Aus der Höhe sickert/strömt dann Luft nach, die sich aufgrund des am Boden höheren Luftdrucks dabei erwärmt (adiabatische Erwärmung). Durch die höheren Temperaturen nimmt ihre relative Luftfeuchtigkeit ab, eventuell vorhandene Bewölkung löst sich tendenziell auf. Mit Hochdruckwetterlagen wird deshalb im Normalfall niederschlagsarmes, trockenes und oft auch sonniges Wetter verbunden.
16 Unter zyklonalen Westlagen versteht man Wetterlagen, bei denen der betrachtete Raum im Bereich der Höhenweststörmung liegt, mit der immer wieder neue Tiefdruckgebiete (Zyklonen) herangeführt werden. Typische Wetterabläufe beim Durchzug von Zyklonen sind rasche Temperaturwechsel und Niederschlagsereignisse an den Warm- und Kaltfronten der hier verwirbelten tropischen und polaren Luftmassen.
17 GLASER, Klimageschichte (wie Anm. 4), S. 198.

lange nicht mehr beobachteten Dürre geführt haben, die sich im Laufe des Jahres 2023 durch überdurchschnittliche Niederschläge aufgelöst hat.[18]

Der Mensch als Klimamacher

Die Ursachen für die starken Veränderungen seit dem Ende der Kleinen Eiszeit sind auf eine zunehmende Sonnenaktivität, vor allem aber auf eine veränderte Zusammensetzung der Atmosphäre zurückzuführen. Letztere geht im Wesentlichen auf den anthropogenen Ausstoß von Treibhausgasen zurück. Insbesondere das bei der Verbrennung fossiler Energieträger entstehende Kohlendioxid (CO_2) spielt dabei eine wichtige Rolle. Der Mensch ist so zum Hauptakteur im Klimasystem geworden. Große Teile der Erwärmung, die wir im 20. Jahrhundert und aktuell beobachten, gehen auf sein Wirken zurück.

Die Folgen des Klimawandels

Die Folgen des sich verändernden Klimas für das Landschaftsgefüge und für die Gesellschaft sind vielfältig. Die schon bei Glaser[19] genannten Punkte lassen sich in die Bereiche Hydrosphäre, Reliefsphäre und Biosphäre sowie in Teilaspekte der Anthroposphäre gliedern.

Bedingt durch die stetig steigenden Temperaturen schreitet der Gletscherrückgang in den Hochgebirgen, insbesondere in den Alpen, dramatisch schnell voran. Auch die Permafrostgebiete in den Gipfelregionen nehmen ab, der Untergrund verliert seine Festigkeit. Es kommt zur erhöhten Gefahr von Bergstürzen und Muren und zu einer vermehrten Zulieferung von Schuttmassen in die Flüsse. Der veränderte Niederschlagsgang mit einer erhöhten Gefahr von Starkregenereignissen sorgt für steigende Hochwassergefahr vor allem in den Winter- und Frühjahrsmonaten.[20] Auch hier ist der Alpenraum aufgrund der besonders hohen Niederschlagsmengen und der hohen Reliefenergie stärker gefährdet als sein Umland. Die ebenfalls erhöhte Wahrscheinlichkeit von Dürren mit einer Reduktion der Grundwasserneubildungsrate sorgt vor allem in solchen Regionen für Einschränkungen, die besonders von der Ertragslandwirtschaft und von Forstwirtschaft geprägt sind (siehe unten).

Mit den veränderten Temperaturen verschieben sich auch die Höhenstufen der Vegetation. Flora und Fauna müssen sich, sofern möglich, durch veränderte Wuchsformen oder durch verändertes Verhalten an die neuen Bedingungen anpassen oder in ökologische Nischen abwandern. Dort, wo das nicht möglich ist, sterben Arten aus. Insgesamt kommt es zu einer Verschiebung von Artenarealen nach Norden und in höhere Lagen. Arten mit einem engen ökologischen Toleranzbereich sind besonders vom Aussterben bedroht. Biotope auf Sonderstandorten wie Feuchtgebiete sind ebenfalls stark betroffen.

---

18 https://www.umweltbundesamt.de/themen/wasser/extremereignisseklimawandel/trockenheit-in-deutschland-fragen-antworten#trockenheit-aktuelle-situation (aufgerufen am 14.3.2024).
19 GLASER, Klimageschichte (wie Anm. 4), S. 193–200.
20 EBD., S. 198.

Höhere Temperaturen sorgen aber auch für verlängerte Vegetationsperioden und damit für Zuwachssteigerungen bei der Biomassenproduktion. Letztere wird auch durch den erhöhten CO_2-Gehalt der Atmosphäre gefördert.[21]

Die Folgen für die Landwirtschaft sind ambivalent. Moderate Temperaturanstiege sorgen bei ausreichender Wasserversorgung bei vielen Fruchtarten in der Regel für eine Erhöhung des Ertragspotentials. So hat sich allein in den Jahren 1961 bis heute die Vegetationsperiode[22] um 14 Tage verlängert.[23] Die Apfel- und Schneeglöckchenblüte hat sich im Mittel um 20 (!) Tage nach vorne verschoben.[24] Vor allem in Lagen, die heute noch zu kühl/zu feucht sind, kann sich so das Spektrum wirtschaftlich nutzbarer Pflanzen erweitern, sofern sich die Ertragslandwirtschaft entsprechend anpassen kann. Allerdings sind schon jetzt Situationen zu beobachten, in denen die Landwirtschaft mit ihren Anpassungsstrategien mit dem Tempo der Klimaveränderungen nicht Schritt halten kann (siehe dazu auch den Abschnitt Weinbau in der Klimafalle?). Ertragseinbußen durch zu hohe Temperaturen können dann die Folge sein. Ein generelles Problem stellt die zunehmende Klimavariabilität dar. Sie hat erhöhte Ertragsschwankungen zur Folge, die marktwirtschaftlich immer besonders große Probleme bereiten.

In der Forstwirtschaft sorgen die veränderten klimatischen Bedingungen ebenfalls für einen Anpassungsdruck. Die über lange Zeit als Nutzbaum dominierende Fichte leidet extrem unter Trockenheit, Hitze und Dürre. Auch der Gefahr von Windwurf und Windbruch ist sie besonders ausgesetzt. Bei Kiefernwäldern ist die Waldbrandgefahr besonders hoch. Eine geringere Anfälligkeit weisen Mischwälder auf.

Menschen können im Gegensatz zur Tier- und Pflanzenwelt auf veränderte Umweltbedingungen auch kurzzeitig mit Anpassungsstrategien reagieren. Dennoch nimmt auch hier der Anpassungsdruck zu. Häufig diskutiert wird die steigende Belastung des menschlichen Organismus durch Hitzestress, insbesondere in Städten (städtische Wärmeinsel, „urban heat island"). Der Klimawandel kann aber auch über den Umweg der Tierwelt auf den Menschen wirken, wenn sich etwa das Infektionspotential von Krankheitsüberträgern durch Veränderungen in deren Verbreitung und Population erhöht. Neben Folgen für den Gesundheitsbereich stellen sich auch ökonomische Folgewirkungen ein. Im tertiären Sektor sind diese Wirkungen, wie in der Landwirtschaft, ambivalent. Klassische Wintertourismusgebiete leiden beispielsweise massiv unter dem Rückgang der Schneesicherheit. Positive Entwicklungen sind beim sommerlichen Badetourismus zu verzeichnen. Eine zunehmende Anzahl an Hitzetagen sorgt für Hochbetrieb an den Stränden.

---

21 EBD., S. 198–199.
22 „Die Vegetationsperiode (Synonym für Vegetationszeit) wird definiert als derjenige Zeitraum des Jahres, in dem die Pflanzen photosynthetisch aktiv sind, das heißt wachsen, blühen und fruchten. Als Beginn der Wachstumszeit wird im Allgemeinen der Abschnitt des Jahres definiert, in dem das Tagesmittel der Lufttemperatur mindestens 5 °C (für verschiedene Pflanzen auch 10 °C) beträgt." Deutscher Wetterdienst, Wetter- und Klimalexikon, URL: https://www.dwd.de/DE/service/lexikon/lexikon_node.html (aufgerufen am 22.11.2024).
23 Umweltbundesamt, Veränderung der jahreszeitlichen Entwicklungsphasen bei Pflanzen, URL: https://www.umweltbundesamt.de/daten/klima/veraenderung-der-jahreszeitlichen (aufgerufen am 23.3.2024).
24 EBD.

Auch im Bereich Verkehr gibt es positive und negative Auswirkungen. Milde Winter mit einer geringen Anzahl an Frost- und Eistagen führen zu einer reduzierten Unfallgefahr und zu einem geringeren Streusalzbedarf im Straßenverkehr. Warme bzw. heiße Sommer mit einer hohen Anzahl an ‚Heißen Tagen'[25] führen hingegen zu höheren Unfallzahlen auf den Straßen und zu einer Schädigung der Infrastruktur. Gefahrensituationen im Straßen- und Schienenverkehr entstehen auch bei Starkregen, Blitzeis, Schneebruch oder Sturm. Auch die Schifffahrt ist vom Klimawandel und den damit verbundenen größeren Niederschlagsschwankungen betroffen, weil sie sowohl bei Hochwasser als auch bei Niedrigwasser nur eingeschränkt funktioniert.

Glaser fasst alle beschriebenen Folgewirkungen bzw. Gefahrenpotentiale zusammen und kommt zu einer räumlichen Gliederung, in der die Vulnerabilität verschiedener Regionen Deutschlands gegenüber dem Klimawandel als Abgrenzungskriterium dient. Die entsprechende Karte ordnet die Region Bodensee-Oberschwaben der Kategorie ‚Regionen geringerer Vulnerabilität' zu, in denen die Negativauswirkungen gering ausfallen oder durch Positivwirkungen ausgeglichen werden.[26] Ganz anders sieht es im unmittelbar angrenzenden Alpenraum aus. Hier bestehen, wie oben beschrieben, große Gefahren durch Hochwasser, Verlust an Biodiversität, abnehmende Hangstabilität mit Rutschungen und Bergstürzen sowie Probleme beim Wintertourismus.

Weinbau in der Klimafalle?

Um der besonderen Bedeutung des Klimas für die Landwirtschaft gerecht zu werden, soll am Beispiel des Weinbaus deutlich gemacht werden, welche Auswirkungen die starke Erwärmung seit den 1980er Jahren auf diesen Wirtschaftssektor haben kann. Oben wurde bereits beschrieben, dass die Folgen der veränderten Temperatur- und Niederschlagsbedingungen für die Landwirtschaft durchaus ambivalent bewertet werden können. Auf den ersten Blick wirken wärmere Verhältnisse bei ausreichenden Niederschlägen positiv. Betrachtet man die Arbeitsabläufe und Entscheidungsprozesse in der Landwirtschaft jedoch genauer, so wird deutlich, dass Probleme vor allem mit der Geschwindigkeit der Veränderungen verbunden sind.

Generell kann auf Veränderungen der Temperaturbedingungen und phänologischen Phasen mit einer zeitlichen Verlegung der verschiedenen Arbeitsschritte (z. B. Saat- und Erntezeiträume), mit einer veränderten Produkt- bzw. Sortenwahl oder mit der Verlegung von Anbaugebieten reagiert werden. Solche Anpassungen haben aber Grenzen.

Im Weinbau führen hohe sommerliche Temperaturen und intensive Sonneneinstrahlung zu einer schnelleren Reifung, auf die mit einer entsprechend frühen Lese reagiert werden muss. Reben benötigen jedoch Zeit für die Ausbildung ihrer Charaktere (Aromen, Tannin, Farbstoffe). Für die Winzerinnen und Winzer ist damit ein schwieriger Abwägungsprozess verbunden: Findet die Lese zu früh statt, bleibt die Qualität des Weines

---

25 „Ein Heißer Tag ist ein Tag, an dem das Maximum der Lufttemperatur ≥ 30 °C beträgt.": DEUTSCHER WETTERDIENST, Wetter- und Klimalexikon. https://www.dwd.de/DE/service/lexikon/lexikon_node.html (aufgerufen am 22. II. 2024).
26 GLASER, Klimageschichte (wie Anm. 4), S. 245.

Gehrenberg   *Schloss Kirchberg*

6   Blick auf Schloss Kirchberg und das Hinterland des Bodensees mit dem Südhang des Gehrenbergs. Foto: Michael Haefner.

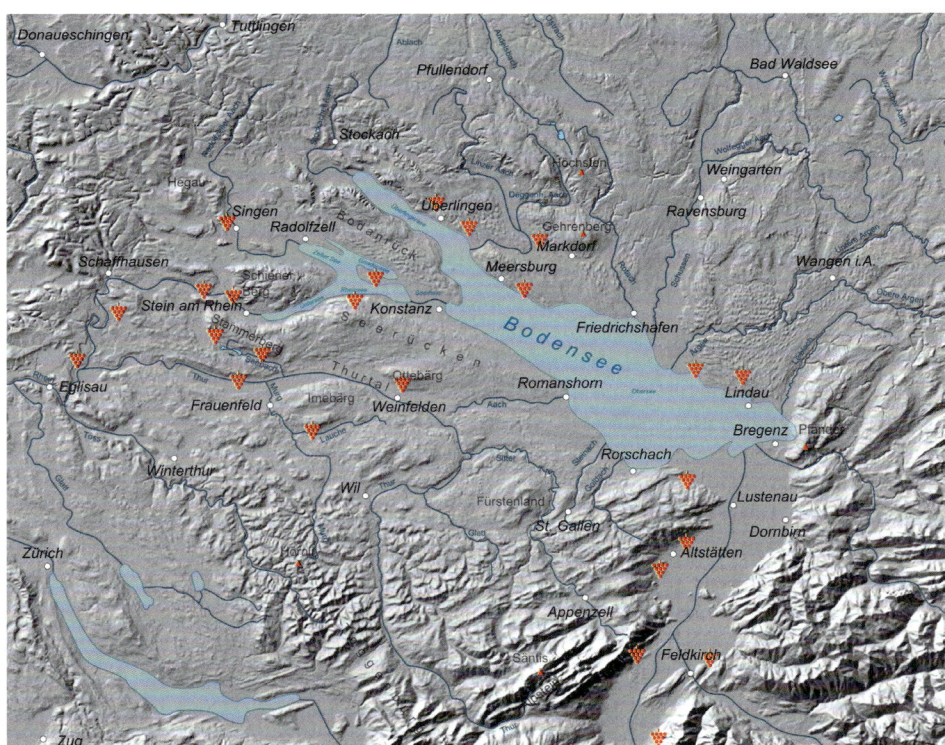

7   Relief in der Bodensee-Region mit den Weinbaulagen der Weinregion Bodensee.

54

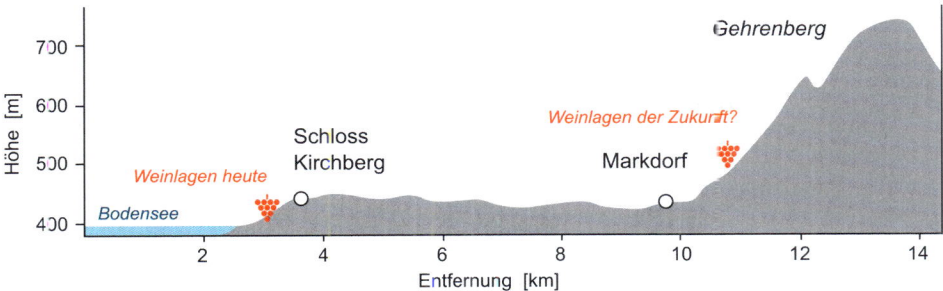

8 Querprofil zum Gehrenberg mit heutigen und zukünftigen (?) Weinlagen.

trotz vermeintlich idealer Witterungsbedingungen und hoher Öchslewerte hinter den Erwartungen zurück. Zögert man die Lese zu lange hinaus, besteht das Risiko von Ertragsausfällen durch aufgeplatzte Schalen überreifer Trauben, die auch Pilzbefall und Fäulnis aufweisen können. In beiden Fällen muss also mit dem Risiko eines Qualitätsverlusts umgegangen werden.

Auch milde Winter stellen im Weinbau eine Gefahr dar. Sie sind mit einem früheren Austrieb verbunden, der dann aber mit einer erhöhten Frostgefahr einher geht, weil auch nach milden Wintern Spätfröste keinesfalls auszuschließen sind. Insbesondere für den Weinbau am Bodensee hat dies negative Auswirkungen. Hier wirkt der See als winterlicher Kältespeicher ins Frühjahr hinein und verzögert den Austrieb der Reben in den Uferregionen. Bislang fielen dadurch die Phasen besonderer Frostanfälligkeit in der Regel nicht mit Phasen der Frostgefahr zusammen. Durch die klimatischen Veränderungen wird dieser Gunstfaktor wohl verloren gehen. Die Abschwächung der Nachtfröste durch den See wird jedoch bleiben.

Als Reaktion auf die zunehmende Gefahr von Dürren könnten Formen künstlicher Bewässerung dienen, was jedoch mit hohen Kosten verbunden wäre. Auch Entscheidungen für die Wahl oder Züchtung neuer Sorten sind schwer zu treffen, weil entsprechende Erfahrungen fehlen. Aktuell werden neue Hybridsorten mit mehreren Resistenzeigenschaften, z. B. gegen Frost, Trockenheit und Pilzbefall diskutiert. Sie sind unter dem Schlagwort PIWI-Reben (= pilzwiderstandsfähige Reben) bekannt.

Gegebenenfalls kann mit den Anbaugebieten in größere Höhen ausgewichen werden, um Temperaturextreme abzuschwächen. Ein Blick auf die Weinlagen am Bodensee zeigt jedoch, dass dies gar nicht so einfach ist. Bislang findet der Weinbau auf der deutschen Seeseite mit wenigen Ausnahmen an den direkt zum See hin ausgerichteten ufernahen Hängen statt. Die Südexponiertheit dieser Hänge sorgt zusammen mit den Wirkungen des Bodensees als Wärmespeicher und Spiegelfläche für eine ausgesprochene Klimagunst.[27] Der Rebbestand reicht aktuell deshalb bis in die Übergangsbereiche zum

---

27 Andreas SCHWAB, Die wirtschaftliche Entwicklung Oberschwabens im Kontext naturräumlicher Rahmenbedingungen zwischen 1600 und 1850, in: Sigrid HIRBODIAN/Edwin Ernst WEBER (Hg.), Von der Krise des 17. Jahrhunderts bis zur frühen Industrialisierung. Wirtschaft in Oberschwaben 1600–1850, Stuttgart 2022, S. 79–111, hier S. 88.

hügeligen Hinterland des Sees heran (vgl. Abb. 6, 7 und 8). Es gibt demnach hier gar keine Ausweichmöglichkeiten in größere Höhen mehr. Solche wären erst wieder an den Südhängen größerer Erhebungen im Hinterland, zum Beispiel am Gehrenberg bei Markdorf, zu finden, wo aber die anderen genannten Gunstfaktoren nicht mehr zur Wirkung kämen. Ob wir eine Ausweitung des Weinbaus auf solche Standorte erleben werden, bleibt abzuwarten. Auf der Schweizer Seite des Sees im Thurgau sind sie schon seit langem typisch (vgl. Abb. 7).

Auch im Obstbau wird auf die klimatischen Veränderungen reagiert. Aktuell wurden auf Modellanlagen bei Kressbronn und Salem 4500 Apfelbäume mit 15 neuen Sorten gepflanzt und auf ihre Resistenz gegenüber Wetterextremen untersucht. Die widerstandsfähigste und schmackhafteste Sorte soll mittelfristig die bisherigen Hauptsorten ablösen.[28]

Besonders schwierig bzw. unmöglich wird eine Anpassung an Extremwetterereignisse, wie sie die Menschen an der Ahr bei der Jahrtausendflut im Juli 2021 erleben mussten. Hier hat eine seltene Wetterlage in Verbindung mit der Ausweitung von Siedlungs- und Verkehrsflächen in von Natur aus überflutungsgefährdete Bereiche hinein zu katastrophalen Schäden geführt. Bedenklich ist, dass die Wahrscheinlichkeit für solche oder vergleichbare Wetterlagen im Zusammenhang mit dem Klimawandel steigen wird.

Die bisher übliche Bezeichnung der ‚Gemäßigten Klimazone der Mittelbreiten' scheint ihre Sinnhaftigkeit zu verlieren oder bereits verloren zu haben. Landwirtschaft zwischen Starkregen einerseits und extremen Hitzewellen mit Wassermangel im Sommer andererseits – mit solchen Perspektiven muss die Landwirtschaft in Zukunft verstärkt rechnen.[29] Die Gefahr von Missernten wird also steigen. Als noch weitgehend unbekannte bzw. unberechenbare Größen im Klimasystem gelten aktuell wohl nur noch die zukünftige Entwicklung der Sonnenaktivität sowie die grönländischen Inlandeismassen. Letztere könnten beim Abtauen so große Süßwassereinträge in den Nordatlantik liefern, dass dies die thermohalinen Antriebskräfte des Golfstroms negativ beeinflussen würde. Und der gilt bekanntlich als Warmwasserheizung Mitteleuropas...

Nach diesem Blick auf aktuelle Entwicklungen in einem ausgewählten Agrarsektor sollen im Folgenden die wirtschaftlichen Entwicklungen seit 1850 im Kontext der allgemeinen Umweltbedingungen unter die Lupe genommen werden. Nach den bisherigen Ausführungen könnte man meinen, dass den klimatischen Veränderungen auch hier eine große Bedeutung zukäme. Es wird jedoch deutlich werden, dass mit dem Übergang zur industriellen Revolution und in der Folge hin zu einer Dienstleistungsgesellschaft ganz andere Einflussfaktoren entscheidend werden. Bedingt durch technische Neuerungen, die zu einer zunehmenden Mechanisierung in vielen Lebens- und Arbeitsbereichen führen, wird der Mensch nicht nur zum Klimamacher (siehe oben), er wird zum großen Umgestalter seiner eigenen naturräumlichen Rahmenbedingungen, von denen er sich zunehmend unabhängig machen will. Manche gut gemeinten Eingriffe haben sich dabei als wenig weitsichtig herausgestellt.

28 Schwäbische Zeitung, Auf der Suche nach dem Superapfel vom Bodensee, 19.3.2024, https://www.schwaebische.de/regional/baden-wuerttemberg/auf-der-suche-nach-dem-superapfel-vom-bodensee-2360940 (aufgerufen am 23.11.2024).
29 Sirocko, Wetter, Klima, Menschheitsentwicklung (wie Anm. 10), S. 191–192.

9   Ackerterrassen bei Zwiefalten-Baach.

Umwelteingriffe des Menschen im 19. und 20. Jahrhundert

Eberle u. a.[30] machen in ihrem lesenswerten Buch ‚Deutschlands Süden' auf zahlreiche Umwelteingriffe aufmerksam, mit denen der Mensch die Landschaft nachhaltig (um)geformt hat. Nicht alle, aber doch viele der hier beschriebenen Eingriffe lassen sich auch in Oberschwaben an Fallbeispielen aufzeigen.

Terrassierungsmaßnahmen

Terrassierungsmaßnahmen sind ein klassisches Exempel für direkte Eingriffe in die Reliefsphäre. In großem Stil fanden solche Maßnahmen in den 1960er Jahren im Rahmen einer Rebflurbereinigung am Kaiserstuhl statt. Mit der Anlage von Großterrassen wurde das Ziel verfolgt, Maschineneinsatz möglich zu machen und damit die Wirtschaftlichkeit des dortigen Weinbaus zu erhalten Die Ausmaße dieser Veränderung von Oberflächenformen sind bis heute in ganz Süddeutschland einmalig,[31] folglich auch in Oberschwaben in dieser Dimension nicht bekannt. Allenfalls am Südrand der Schwäbischen Alb oder an den Hängen der nach Norden zur Donau hin ausgerichteten Täler findet man terrassierte (ehemalige) Ackerflächen in eher kleinparzellierter Struktur, mit denen Prozessen der Bodenerosion vorgebeugt werden sollte (vgl. Abb. 9). Diese dürften aber schon sehr viel früher in Phasen mit großem Bevölkerungsdruck geschaffen worden sein, als landwirtschaftlich nutzbare Flächen knapp wurden.[32]

30   Joachim EBERLE u. a., Deutschlands Süden vom Erdmittelalter bis zur Gegenwart, Heidelberg 2007, S. 153–180.
31   EBD., S. 161.
32   EBD., S. 159.

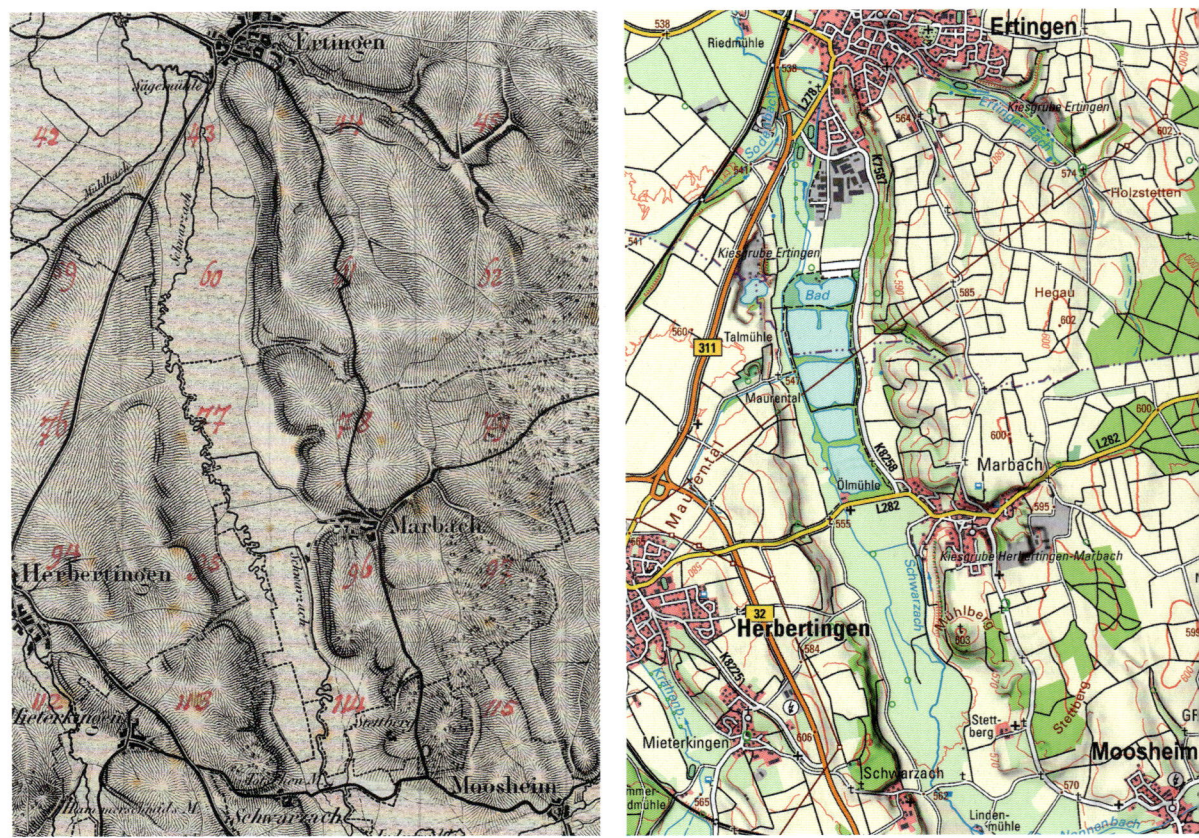

10 Das Schwarzachtal südlich von Ertingen: links ein Ausschnitt aus dem topographischen Atlas des Königreichs Württemberg mit der Situation zu Beginn des 19. Jahrhunderts, rechts ein Ausschnitt aus der heutigen Topographischen Karte 1:50 000. Man erkennt die vielfältigen Eingriffe des Menschen insbesondere in das Gewässernetz.

Eingriffe in Flusslandschaften

Weit verbreitet sind menschliche Eingriffe in Flusslandschaften. Bäche und Flüsse werden begradigt, verlegt oder über Wehre aufgestaut. Die Motive für solche Maßnahmen sind unterschiedlich. Es kann darum gehen, Überschwemmungsgefahren einzudämmen, landwirtschaftliche Flächen zu gewinnen oder besser nutzbar zu machen, Möglichkeiten der Energiegewinnung zu schaffen oder Fließgewässer zu Transportwegen auszubauen. An kleineren Flüssen und Bächen fanden solche Veränderungen teilweise schon seit dem Mittelalter statt.[33] Flussschlingen wurden beseitigt, Flussverläufe teilweise an Talränder verlegt, Dämme und Deiche sorgten dafür, dass die Flüsse in ihre neuen Bette gezwungen werden konnten. Mit den Flussbegradigungen waren immer eine Erhöhung der Fließgeschwindigkeit und damit ein verstärktes Einschneiden und eine Tieferlegung des Grundwasserspiegels verbunden.

Das Schwarzachtal zwischen Saulgau und Ertingen kann hier exemplarisch für eine Situation stehen, in der es um Landgewinnung bzw. um verbesserte Nutzungsbedingungen ging. Hier sind die Wiesen auf dem ehemals stark zu Vermoorung neigenden Unter-

33 EBD., S. 162.

grund seit der Begradigung der Schwarzach wesentlich einfacher nutzbar. Aus dem historischen Kartenbild wird aber deutlich, dass es bereits vorher abschnittsweise zu Flussbegradigungen bzw. -verlegungen an den Talrand gekommen war, wohl in erster Linie um lokal die Wasserkraft nutzbar zu machen (Abb. 10). So geht die Marbacher Mühle bei Herbertingen auf die Mitte des 18. Jahrhunderts zurück.[34] Abb. 11 zeigt in einem etwas größeren Raumausschnitt die Ergebnisse einer Gewässerstrukturkartierung, die von 2010 bis 2014 landesweit nach einem aufwändigen Verfahren durchgeführt wurde.[35] Die Gewässerstruktur beschreibt das Gewässer, seine Ufer und das Gewässerumfeld. Abwechslungsreiche Strukturen sind als Grundlage für die ökologische Funktionsfähigkeit des Gewässers und somit für den Erhalt und die Entwicklung natürlicher Lebensgemeinschaften wichtig. Zahlreiche Einzel-Parameter wurden dabei erhoben und zu einem Gesamtindex zusammengefasst, der die Gewässer auf einer Bewertungsskala von ‚unverändert' bis ‚vollständig verändert' einstuft.[36]

11 Karte der Gewässerstrukturen im Raum Mengen-Bad Saulgau-Ertingen. Dargestellt ist der Grad der Veränderung der Fließgewässer (Quelle: Daten- und Kartendienst der LUBW[37]). Nur selten können Flüsse bzw. Flussabschnitte als ‚unverändert' bzw. ‚gering verändert' gelten.

---

34 Albert HAUG, Die Technik-Geschichte der Marbacher Mühle bei Saulgau, in: Ulm und Oberschwaben 56, 2009, S. 279–300, hier S. 284.
35 LUBW Landesanstalt für Umwelt, Messungen und Naturschutz Baden-Württemberg (Hg.), Gewässerstrukturkartierung in Baden-Württemberg. Feinverfahren, Karlsruhe 2017, www.lubw.baden-wuerttemberg.de/(abgerufen am 22. 11. 2024).
36 LUBW Landesanstalt für Umwelt, Messungen und Naturschutz Baden-Württemberg, Gewässerstruktur, https://www.lubw.baden-wuerttemberg.de/wasser/gewaesserstruktur (aufgerufen am 23. 3. 2024).
37 LUBW Landesanstalt für Umwelt, Messungen und Naturschutz Baden-Württemberg, Daten- und Kartendienst, Kartenebene/Wasser/Oberflächengewässer/Fließgewässer/Gewässerstrukturkartierung, https://udo.lubw.baden-wuerttemberg.de/public/(aufgerufen am 19. 3. 2024).

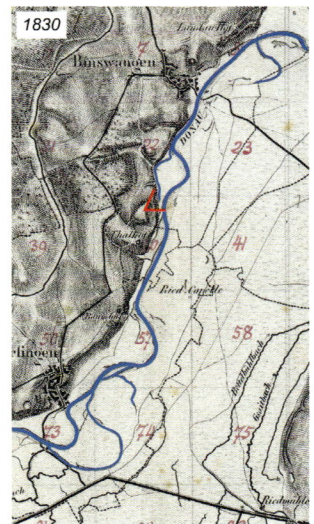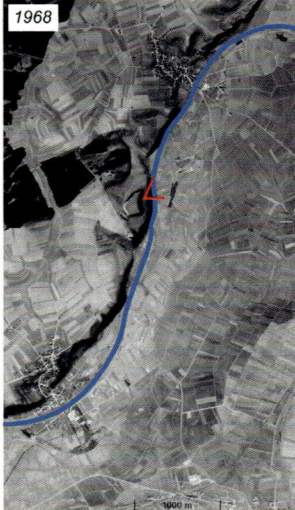

12 Die Donau bei Binzwangen zu drei verschiedenen Zeitpunkten. Links: zur Zeit vor der Flussbegradigung (ca. 1830). Mitte: nach der Flussbegradigung (Luftbild von 1968). Rechts: nach der Renaturierung (heute). In den ausschnittsgleichen Karten ist jeweils der Standort mit Blickrichtung des untenstehenden Fotos eingezeichnet.

Heute weiß man, dass der beschleunigte Abfluss an den Unterläufen der Flüsse bzw. in ihren Vorflutern die Hochwassergefahr deutlich verschärfen kann. Deshalb wird inzwischen versucht, im Rahmen dezentraler Hochwasserschutzkonzepte ursprüngliche Überflutungsflächen zu reaktivieren. Verbauungen werden dabei entfernt und die zwischenzeitlich trockengelegten Auenbereiche wieder renaturiert (vgl. Abb. 12). In vielen

13   Hochwasserrückhaltebecken im Tobel der Linzer Aach (Aachtobel) zwischen Hohenbodmann und Taisersdorf. Die 16 m hohe Talsperre, erbaut 1969, kann bis zu 1 Million Kubikmeter Wasser zurückhalten und schützt so die flussabwärts gelegenen Gemeinden im Salemer Becken vor schweren Hochwasserereignissen.

Fällen ist dies aber wegen einer zwischenzeitlich erfolgten Bebauung der ehemaligen Auen nicht einfach möglich.

Dort, wo die lokale Hochwassergefahr im Kontext des Klimawandels besonders hoch (geworden) ist, wird nach wie vor durch massive Baumaßnahmen in Form von Wasserrückhaltebecken in die Fluss- und Tallandschaften eingegriffen. Dies geschieht typischerweise in den Mittelgebirgstälern Süddeutschlands, aber auch in der Region Bodensee-Oberschwaben.

Ein besonders eindrucksvolles, älteres Beispiel ist das Hochwasserrückhaltebecken Hohenbodman, eine Talsperre mitten im Aachtobel, dem ältesten Naturschutzgebiet Baden-Württembergs (vgl. Abb. 13). In diesem extrem steilen und wasserreichen Taleinschnitt der Linzer Aach haben regelmäßige Hochwässer insbesondere durch die mitgeführten Gesteine und Bäume über Jahrhunderte hinweg immer wieder zu massiven Überschwemmungsschäden selbst in den Ortschaften des Salemer Beckens und sogar noch in Uhldingen-Mühlhofen geführt. Mit dem Bau der 16 Meter hohen Talsperre im Jahr 1969 wurde ein großes Stauvolumen geschaffen, das bei starken Niederschlägen bis zu 1 Million Kubikmeter[38] (= 1 Milliarde Liter) Wasser und das mitgeführte Material (Geröll, Baumstämme, etc.) zurückhalten kann.

Aber nicht nur in den steilen Tobeln des südlichen Oberschwabens wird mit solchen Eingriffen der Hochwassergefahr begegnet. In den Jahren 2016 und 2021 wurden die Stadt Biberach und einzelne Umlandgemeinden mehrfach von sturzflutartigen Niederschlagsereignissen heimgesucht, auf die mit massiven Baumaßnahmen reagiert wird. So wurde im Wolfental ein Wasserrückhaltebecken gebaut (Abb. 14), das sich beim Juni-Hochwasser 2024 bereits ein erstes Mal bewähren konnte.[39] Weitere Rückhaltebecken sind geplant bzw. im Bau.[40] Die Kosten für solche Maßnahmen sind immens. Der Klimawandel stellt die Städte und Gemeinden also auch auf dieser Ebene vor große Herausforderungen. Ergebnisse von Modellrechnungen zu potentiell gefährdeten Gebieten (Hochwassergefahrenkarten) lassen sich zwischenzeitlich für ganz Baden-Württemberg z. B. über den Kartendienst der LUBW[41] abrufen.

Neben dem Schutz vor Hochwasser spielt die Nutzung von Wasserkraft entlang von Flüssen schon seit alters her (siehe oben: Marbach-Mühle), aber verstärkt seit dem 19. Jahrhundert eine wichtige Rolle. Durch das Aufstauen bzw. Ausleiten von Flusswasser wurde Wasserkraft schon früh für den Antrieb von Mühlen oder Sägen verwendet. Mit der Einführung der Elektrifizierung wurde das Wasser dann nicht mehr auf Wasserräder, sondern auf Turbinen geleitet. Die dabei gewonnene Energie konnte jetzt in Form von Strom an andere Orte transportiert werden. Innerhalb Oberschwabens kommt bei der Stromerzeugung durch Wasserkraft jenen Gebieten eine größere Bedeutung zu, die sich durch hohe Reliefenergie und damit Fließgeschwindigkeiten oder hohe Abflussmengen hervorheben.

Fallbeispiele für diesen technisch bedingten Wandel in der Nutzung der Wasserkraft gibt es zahlreich. Hier sei zunächst auf das Beispiel der alten Weingartener Klostersäge

---

38 https://www.suedkurier.de/region/bodenseekreis/owingen/weshalb-in-den-aachtobel-bis-zu-einer-milliarde-liter-wasser-passen-muessen;art372489,10729124 (aufgerufen am 17. 11. 2024).
39 https://www.schwaebische.de/regional/biberach/biberach/hochwasserdamm-verhindert-katastrophe-in-biberach-2579106 (aufgerufen am 17. 11. 2024).
40 https://www.schwaebische.de/regional/biberach/biberach/naechster-hochwasserschutz-kurz-vor-der-fertigstellung-2626135 (aufgerufen am 17. 11. 2024).
41 LUBW Landesanstalt für Umwelt, Messungen und Naturschutz Baden-Württemberg, Daten- und Kartendienst, Kartenebene/Wasser/Hochwasser/Hochwassergefahrenkarten, http://udo.lubw.baden-wuerttemberg.de/public/(aufgerufen am 13. 03. 2024).

14 Wasserrückhaltebecken im Wolfental bei Biberach. Das Stauwehr kann bei starken Niederschlägen über 300 000 Kubikmeter Wasser zurückhalten. Es wurde 2024 in Betrieb genommen.

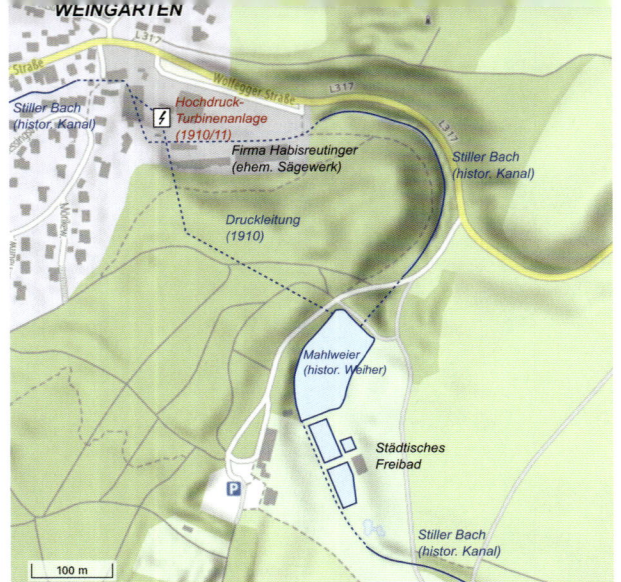

verwiesen, die nach 1803 in die Firma Habisreutinger (ehemals Sägewerk, heute Holzhandel) überging. Das Sägewerk wurde ursprünglich wie üblich über ein Wasserrad betrieben. Mit dem oberhalb gelegenen Mahlweiher konnte eine gleichmäßige Wasserversorgung gewährleistet werden. Der Weiher war Teil eines bereits seit dem Mittelalter bestehenden klösterlichen Kanalsystems (Stiller Bach). Mit der Umstellung auf Elektrizität wurde im Sägewerk eine Turbine installiert, deren Wirkungsgrad von der Höhe des Wasserdrucks abhängig ist. Entsprechend wurde vom Mahlweiher eine Leitung verlegt, die das Wasser mit geringer Neigung zunächst mehr oder weniger hangparallel führt, um es dann über eine Druckleitung mit einer Fallhöhe von über 40 m auf die Turbine zu führen. Der nachfolgende Kartenausschnitt (Abb. 15) zeigt die frühere Situation und den heutigen ungefähren Verlauf der unterirdischen Druckleitung, die jedoch in keiner amtlichen Karte stimmig eingezeichnet ist. Der Energieatlas von Baden-Württemberg gibt für das Wasserkraftwerk T16 Habisreutinger eine Fallhöhe von 42,18 m, einen mittleren Abfluss des Gewässers von 0,11 m³/s und eine installierte Leistung von 50 kW an.[42]

Für Energieproduktion aus Wasserkraft in größerem Stil kamen und kommen die kleinen und mittelgroßen Flüsse Oberschwa-

15 Kleinkraftwerk bei der Firma Habisreutinger in Weingarten. Die seit 1911 ununterbrochen Strom produzierende Turbine wird über eine Druckleitung aus dem Mahlweiher mit Wasser versorgt. Die Druckleitung ist in den amtlichen Kartenwerken nicht bzw. falsch eingetragen.[43]

---

42 LUBW Landesanstalt für Umwelt Baden-Württemberg/Ministerium für Umwelt, Klima und Energiewirtschaft Baden-Württemberg, Energieatlas Baden-Württemberg, https://www.energieatlas-bw.de/wasser/bestehende-wasserbauwerke (aufgerufen am 16.11.2024).
43 Foto unten: Lutz-Dietrich Herbst, 2013.

Von der Kleinen Eiszeit zur Klimaerwärmung

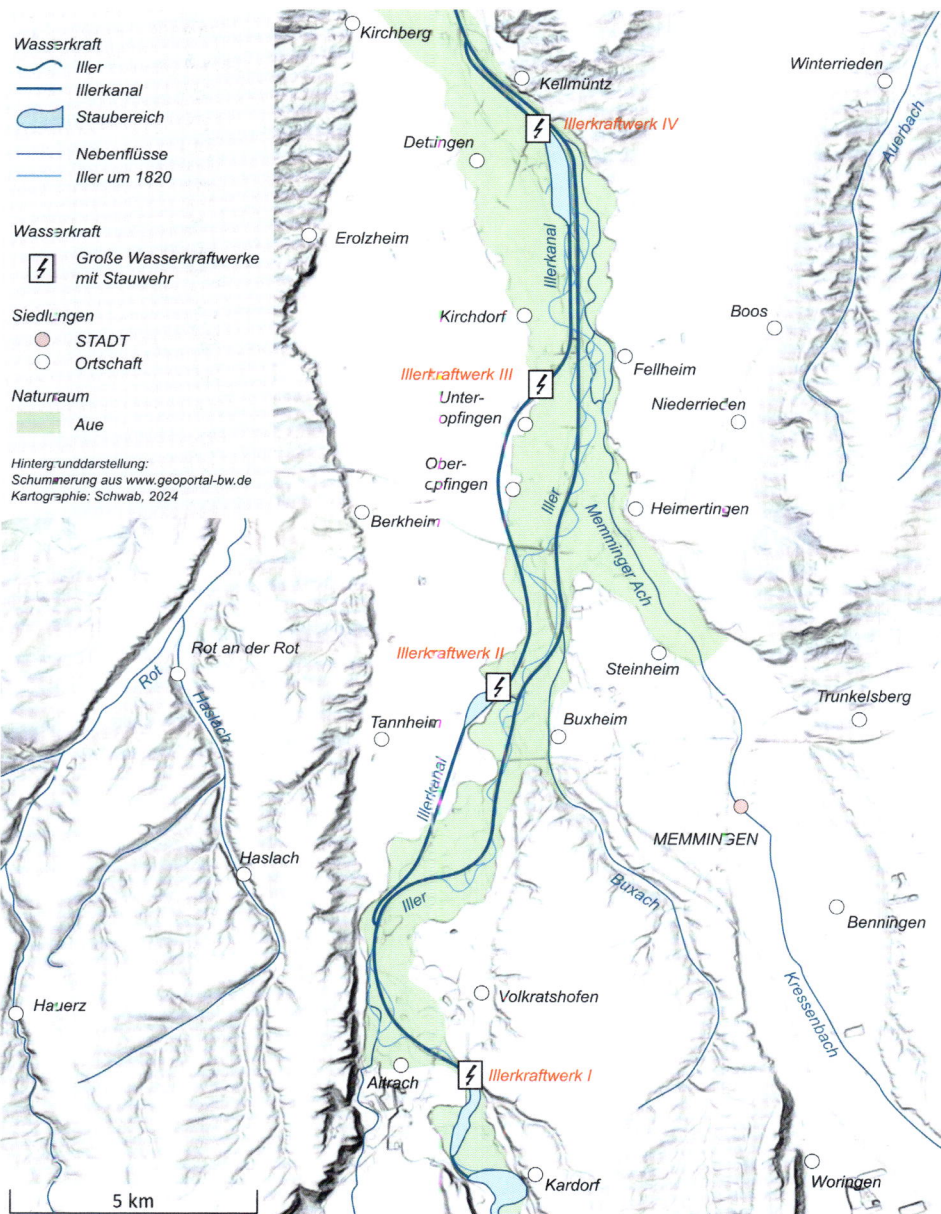

16 Das Illertal zwischen Aitrach und Dettingen. Eingezeichnet ist unter anderem der heutige Verlauf von Iller und Illerkanal sowie der frühere Illerverlauf. Man erkennt die markanten Flussmäander und die starken Verzweigungen der ursprünglichen Iller. Die Flussbegradigungen haben zu einer starken Laufverkürzung und Erhöhung der Fließgeschwindigkeit geführt. Die Aue hat ihre Funktion als natürlicher Überflutungsraum verloren. In regelmäßigen Abständen wird dem Fluss in Wasserkraftwerken seine Bewegungsenergie entzogen.

bens nicht in Frage. Hier spielen die Argen, die Donau, vor allem aber die Iller eine viel bedeutendere Rolle. Dies zeigt sich auch bei einem Blick auf heute online verfügbare Karten zu vorhandenen Wasserkraftanlagen bzw. zum Wasserkraftpotential.[44]

Als entscheidender Schritt zur Elektrifizierung Oberschwabens gilt die Gründung des ‚Bezirksverbands Oberschwäbischer Elektrizitätswerke (OEW)' (1909).[45] Zahlreiche Kraftwerke wurden entlang der Iller eingerichtet (als Flusskraftwerke oder Ausleitungskraftwerke). Dazu waren Begradigungen und Stauwehre zur Sicherung eines gleichbleibenden Wasserspiegels notwendig. Aus einem wilden Alpenfluss wurde so im Bereich der Unteren Iller eine Art Seen-Treppe mit völlig veränderter Ökologie. Naturnahe Abschnitte findet man hier also nur noch selten.

Am Beispiel des Abschnitts zwischen Aitrach und Dettingen lässt sich dies gut nachvollziehen (vgl. Abb. 16). Wo die Iller bis ins 19. Jahrhundert noch im Bereich einer breiten Talaue schlingenartig geflossen war und dabei ihren Lauf immer wieder verlegt hatte, ist sie heute zweifach gebändigt. Ein Teil des Wassers fließt im ausgeleiteten Illerkanal, der andere in einer begradigten ‚Restiller'. Im Bereich dieses ab 1910 ausgebauten Illerabschnitts werden heute von der EnBW vier Illerkraftwerke betrieben: IKW II bei Tannheim, IKW III bei Unteropfingen, IKW IV bei Dettingen und das Klein-Wasserkraftwerk Mooshausen.[46]

Beim Vergleich der potentiell produzierbaren Strommengen liegt die Argen genau zwischen solchen Großen Kraftwerken an Iller und Donau und den Kleinkraftwerken. So weist zum Beispiel das Wasserkraftwerk Gottrazhofen an der Unteren Argen (vgl. Abb. 17), das 1925 gebaut wurde, bei einer Fallhöhe von 14,7 m und einem mittleren Abfluss des Gewässers von 6,52 m³/s eine installierte Leistung von 750 kW auf. Eine vom flussaufwärts aufgestauten Stausee kommende unterirdische Druckleitung versorgt hier die Turbinen.[47]

Für die Fischwelt bedeuten Wasserkraftwerke und die damit verbundenen Flussverbauungen oft unüberwindbare Hindernisse. Inzwischen sind die meisten Anlagen aber zumindest mit Fischtreppen für eine bessere Durchlässigkeit ausgestattet.

Zur Weiterleitung des in den Wasserkraftwerken produzierten Stroms wurden von der OEW Hochspannungsleitungen gebaut. Mit Beteiligungen an den Vorarlberger Illwerken und der Übernahme der Argenwerke Wangen wuchs der Verband weiter. Bis zum Beginn des 2. Weltkriegs war Oberschwaben mit ganz wenigen Ausnahmen mit Strom versorgt, sogar die Einödhöfe in den Streusiedelgebieten.[48] Die OEW ist heute zusammen mit dem Land Baden-Württemberg der größte Anteilseigner der bekannten EnBW.

Ein positiver Nebeneffekt des reduzierten Überschwemmungsrisikos ist die damit verbundene verminderte Ausbreitungsgefahr von Krankheiten durch Stechmücken.[49] Dieser Effekt dürfte in Oberschwaben vor allem entlang der Donau willkommen gewe-

---

44 Energieatlas Baden-Württemberg (wie Anm. 42).
45 Peter Eitel, Geschichte Oberschwabens im 19. und 20. Jahrhundert, Band 3. In den Strudeln der großen Politik (1918–1952), Ostfildern 2022, S. 137.
46 https://de.wikipedia.org/wiki/Illerkanal (aufgerufen am 23.3.2024).
47 Energieatlas Baden-Württemberg (wie Anm. 42).
48 Eitel, Geschichte Oberschwabens Bd. 3 (wie Anm. 43), S. 138.
49 Eberle u. a., Deutschlands Süden (wie Anm. 30), S. 164.

Datenquelle: Topograph. Atlas des Königreichs Württemberg, Blatt 52 Leutkirch

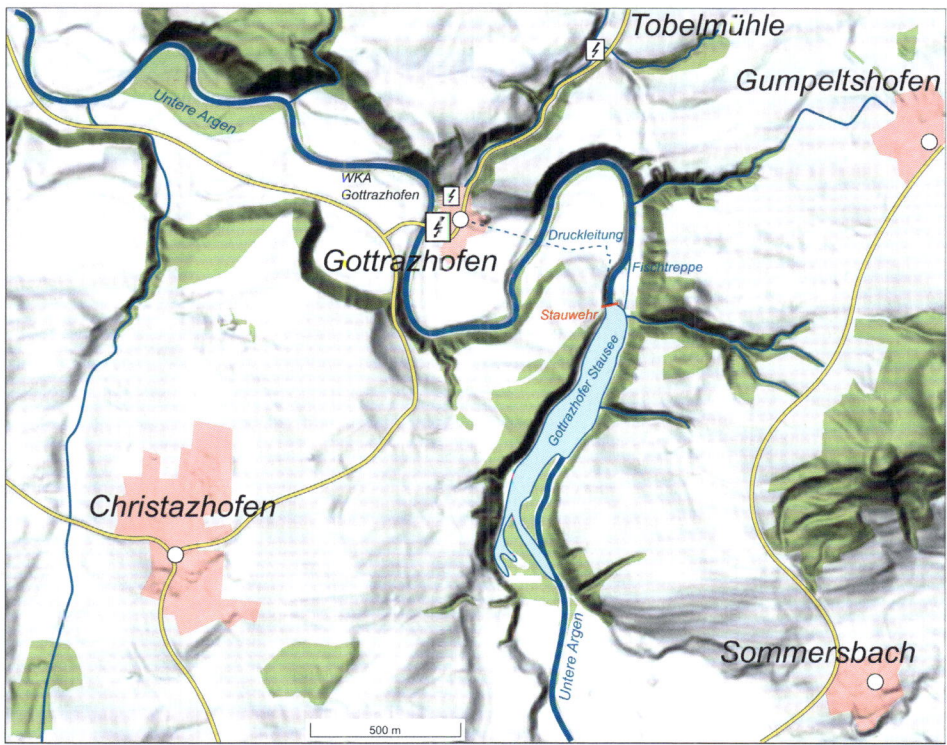

17   Eingriffe des Menschen in Fließgewässer am Beispiel des Wasserkraftwerks Gottrazhofen an der Unteren Argen. Zur möglichst gleichmäßigen Wasserversorgung des Wasserkraftwerks wird die Argen flussaufwärts durch ein Stauwehr zum Gottrazhofer Stausee aufgestaut. Von diesem Wehr führt eine Druckleitung zum ca. 700 Meter entfernten Kraftwerk und quert dabei sogar die Argen.

sen sein. Das mit Flussregulierungen auch verfolgbare Ziel einer verbesserten Schiffbarmachung ist hier hingegen von geringer Relevanz. Die Eingriffe des 19. und 20. Jahrhunderts zur Förderung der Dampfschifffahrt betreffen erst die Donau-Abschnitte ab Regensburg bzw. Passau. Dass die Donau ab Ulm flussabwärts heute als Landeswasserstraße ausgewiesen und bei vorliegender Sondergenehmigung mit motorisierten Fahrzeugen befahrbar ist, betrifft nur Personenschiffe unterhalb der Größe der klassischen Ulmer Schachtel. Sämtliche Staustufen zwischen Ulm und Kelheim sind entsprechend ausgelegt.[50] Die großen Eingriffe in die Flusslandschaft der Donau haben in ihrem oberschwäbischen Teil also nichts mit der Schifffahrt zu tun. Alle anderen Flüsse sind mit Blick auf übliche Frachtschiffgrößen ohnedies viel zu klein, obwohl es durchaus Überlegungen zum Ausbau oberschwäbischer Schifffahrtswege gegeben hat (siehe die Anmerkungen zur Verkehrsgeschichte in diesem Beitrag).

Unabhängig von den verschiedenen Motiven bleibt festzuhalten, dass durch die massiven Eingriffe des Menschen in die Flusslandschaften die natürliche Ökologie der Auen, die ganz wesentlich von schwankender Wasserführung abhängt, in vielen Fällen zerstört wurde.[51] Allmählich setzt sich die Einsicht durch, dass durch Rückbau dieser Eingriffe, dort wo es möglich ist, nicht nur eine ökologische Aufwertung stattfinden kann.

Erholung der Wälder

In Süddeutschland ist im 19. Jahrhundert allgemein eine Zunahme der Waldbedeckung zu beobachten. Als Reaktion auf die Übernutzung und Erosionsprobleme im Bereich gerodeter Hanglagen waren erste Waldschutzkonzepte erlassen worden. Die zunehmende Nutzung von Stein- und Braunkohle als Energierohstoffe sowie die Substitution von Holz durch Metall im Schiffsbau und durch Steine im Hausbau führte zu einer gewissen Reduktion des Nutzungsdrucks in den Wäldern.[52]

Auch in Oberschwaben, das im Vergleich zu Mittelgebirgslandschaften wie dem Schwarzwald oder der Schwäbischen Alb deutlich geringere Waldanteile aufweist, waren die größeren Waldbestände (Altdorfer Wald, Adelegg, Weithart, Holzstöcke) zum Teil stark übernutzt. Seit Ende des 18. Jahrhunderts wurde deshalb die Fichte, eine recht anspruchslose Pionierbaumart, als Nutzbaum etabliert. Das Übernutzungsproblem dürfte sich auch hier etwas entspannt haben. Insbesondere in der Adelegg, wo die holzhungrige Glasherstellung Ende des 19. Jahrhunderts eingestellt wurde, erholten sich die Waldbestände merklich. Ähnliches dürfte auch für Waldgebiete im Umfeld der Hüttenwerke an der Oberen Donau gelten, die auf der Basis von Bohnerzvorkommen betrieben worden waren. Auch die Nachfrage der Klöster nach Holz blieb nach der Säkularisation aus. Noch im 18. Jahrhundert waren sie nicht selten ihre eigenen wichtigsten Kunden, indem sie das Bauholz für die großen barocken Neubauten in den eigenen Wäldern schlagen ließen.

---

50 https://de.wikipedia.org/wiki/Donau (aufgerufen am 23.3.2024).
51 EBERLE u. a., Deutschlands Süden (wie Anm. 30), S. 165.
52 EBD., S. 162.

Eingriffe in Moor- und Seenlandschaften

Als kuppig-hügelige, glazial geprägte Landschaft gilt Oberschwaben als Land der Seen und Moore. Große Verlandungsmoore treten im Bereich ehemaliger Zungenbecken- oder Moränenstauseen auf (Federseeried, Wurzacher Ried, Pfrunger-Burgweiler Ried). Unzählige Kesselmoore sind durch Verlandung kleinerer (Toteis-) Seen entstanden. Im Bereich von Flussniederungen, z. B. in schwach geneigten ehemaligen Schmelzwasserrinnen, können sich Moore als Versumpfungsmoore gebildet haben. Und selbst in Hanglagen können stetig schüttende Quellen zu einer permanenten Durchfeuchtung und damit zu Torfbildung führen (Hangquellmoore). Entscheidend sind dabei immer ausreichende Niederschlagsmengen und ein wasserstauender Untergrund.

Moore gelten wegen ihrer Nährstoffarmut und dem nassen Untergrund als unfruchtbare Gebiete. Schon vom Mittelalter bis ins 18. Jahrhundert wurden sie teilweise oder ganz entwässert. Damit konnte, wie bei den Flussregulierungen, Neuland gewonnen werden. Torf, der nach vorangegangener Entwässerung gestochen wurde, war als Energierohstoff nutzbar. Er diente als Brennmaterial für private Haushalte, ab dem 19. Jahrhundert auch für die entstehenden Industriebetriebe. Die bedeutendsten Abbaugebiete Oberschwabens lagen in den Mooren um Buchau, Waldsee, Wilhelmsdorf, Ostrach, Wurzach, Leutkirch und Isny. Hier entstanden große Torfwerke mit Beteiligung von Grundeigentümern, Städten, Firmen und Privatpersonen.[53] Einen letzten Boom erlebte der Torfabbau Mitte des 20. Jahrhunderts. In der Zeit nach dem 2. Weltkrieg war Torf als Ersatzenergierohstoff für die ausbleibende Steinkohle aus dem Ruhrgebiet und dem Saarland stark nachgefragt.

Mit der flächenhaften Zerstörung der Moorgebiete war jedoch der Verlust von ganz prägenden Landschaftselementen und Ökosystemen verbunden. Viele abgetorfte Moorlandschaften sind inzwischen bewaldet oder werden als Grünland genutzt, Restflächen noch intakter Moore stehen heute meist unter strengem Schutz.[54] Im Kontext der Klimaschutzdiskussionen wird der Ruf nach Wiedervernässung von Mooren zur Wiederherstellung ihrer Funktion als CO_2-Senken zunehmend lauter.

Oberflächenveränderung durch Gewinnung mineralischer Rohstoffe

Bei der Frage nach bekannten Abbaugebieten mineralischer Rohstoffe und Festgesteine denkt man im Süden Deutschlands wohl zunächst an den Schwarzwald, die östlich angrenzende Schichtstufenlandschaft mit der Schwäbischen Alb oder den vulkanisch geprägten Hegau. Im Schwarzwald wurde über Jahrhunderte Erz in den Erzgängen des kristallinen Grundgebirges untertage abgebaut. Die umgebenden Granite und Gneise, die in Steinbrüchen gewonnen werden, dienen bis heute in gebrochener Form als Schotter, werden aber auch im Straßenbau (Bordsteine) und Hausbau (Blendfassaden, Küchenplatten) verwendet. Die rötlichen Sandsteine aus der Zeit des Buntsandsteins waren die wichtigsten Werksteine beim Bau bedeutender weltlicher oder kirchlicher Gebäude (Beispiel Freiburger Münster). Gipse und Mergel aus der Keuperzeit werden industriell

---

53 Eitel, Geschichte Oberschwabens Bd. 3 (wie Anm. 43), S. 86.
54 Eberle u. a., Deutschlands Süden (wie Anm. 30), S. 170.

Rohstoffgewinnung übertage im Südosten Baden-Württembergs

Kiese und Sande
○ Kiese
○ Sande

Natursteine
■ Kalkstein
■ Vulkangestein
■ Sandstein
■ Naturwerksteine

Sonstiges
◆ Zementrohstoffe
■ Kalkstein für Kalkprodukte
▲ Ziegeleirohstoffe (Ton, Lehm)
● Sulfatgesteine (z.B. Gips)
▽ Ölschiefer
▲ Torf

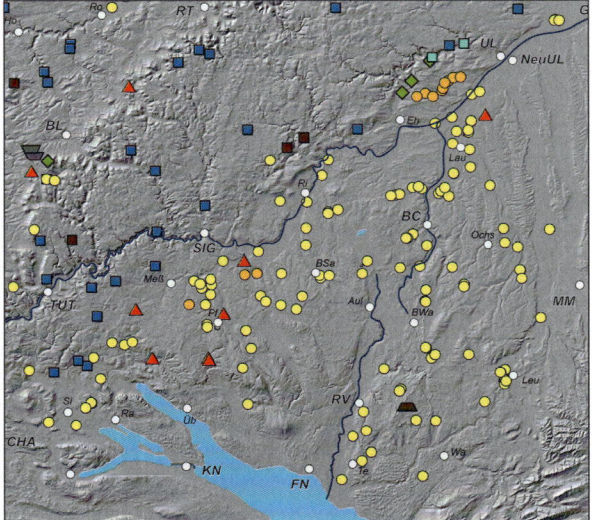

Tagebau, heute noch in Betrieb

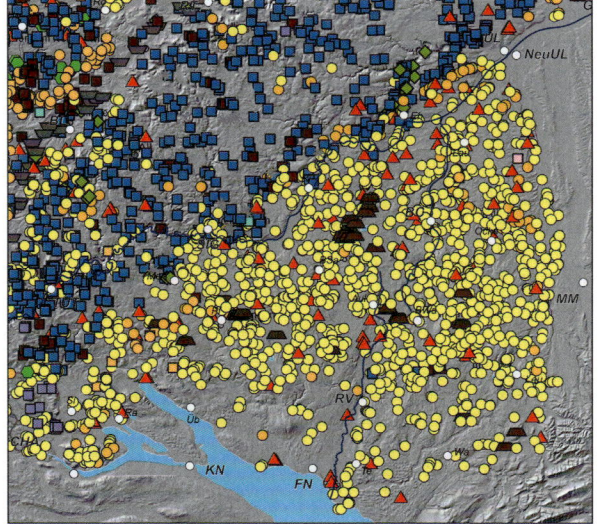

Tagebau, stillgelegt

Kartographie: Schwab, 2024
Datengrundlage: LGRB-Kartenviewer, http://maps.lgrb-bw.de

verwendet. Auf der Alb wurde nach Bohnerzen gegraben, Kalkstein als Baustein und später als Rohstoff für die Zementherstellung in Steinbrüchen gebrochen. Im Hegau beeindrucken bis heute die inzwischen aufgelassen Basaltsteinbrüche (Hohenstoffeln, Höwenegg).

Und in Oberschwaben? Hier spricht man vom Weißen Gold und denkt dabei an die großen Vorkommen quartärer Lockersedimente (Kies, Sand), die zur Herstellung von Zement, Mörtel und als Füllmaterial im Straßen- und Hausbau in großen Mengen verbraucht werden. Entsprechend zahlreich sind die Sand- und Kiesgruben, die hier überall zu finden sind. Viele kleinere Gruben sind inzwischen aufgelassen (vgl. Abb. 18). Die größten noch aktiven Gruben liegen meist im Bereich bedeutender ehemaliger Schmelzwasserrinnen bzw. Schotterebenen und damit eher im nördlichen Oberschwaben bzw. unmittelbar angrenzend an die Äußere Jungendmoräne, die den maximalen Eisvorstoß der Würmeiszeit vor ca. 24 000 Jahren markiert. Hier kommen die Sande und Kiese in sortierter und geschichteter Form in großen Mächtigkeiten vor. Auch Ablagerungen älterer Eiszeiten (Riß-Eiszeit, Hoßkirch-Eiszeit) kommen für einen Abbau in Frage, sofern sie noch nicht zu stark verfestigt sind.

Die Ausmaße der Abbaugebiete sind meist nur bei einem Blick von oben oder auf Karten richtig wahrnehmbar (vgl. Abb. 19). Die ökologischen Folgen des Kiesabbaus (z. B. vorausgehende Entwaldung und Grund-

18 Rohstoffabbau im Südosten Baden-Württembergs im Tagebau. Oben: Tagebau heute noch in Betrieb; unten: Tagebau stillgelegt. Man erkennt deutlich, dass sich der Abbau von Kies und Sand in Oberschwaben heute auf einige wenige Standorte konzentriert, während früher eine dezentrale Versorgung üblich war.

19   Kiesgrube südwestlich von Mennisweiler an der L314. Die deutlich erkennbaren Schichten in den Sand- und Kiesablagerungen zeigen an, dass es sich hier um Schmelzwassersedimente handelt.

wasserabsenkungen) sind vielseitig und betreffen durch Verkehrsbelastungen beim Kiestransport auch größere Regionen in der Umgebung des eigentlichen Abbaustandortes. In aufgelassenen Gruben entstehen im Rahmen von Rekultivierungs- bzw. Renaturierungsmaßnahmen mit natürlichen Sukzessionsprozessen aber häufig auch neue artenreiche Biotopstrukturen. Letzteres gilt auch für die zahlreichen Lehm- und Tongruben, die ursprünglich für die Keramik-Herstellung, später für die Ziegelproduktion angelegt wurden. Sie gehen oft auf die Ablagerung von Beckentonen in temporären Eisrandstauseen zurück, sind heute aber nur noch selten in Betrieb.

Dort, wo Sand und Kies unterhalb des Grundwasserspiegels abgebaut wird, bilden sich Baggerseen, die als Badeseen nutzbar gemacht werden können. Nicht selten entwickeln sich daraus bedeutende Naherholungsgebiete (Seepark Linzgau bei Pfullendorf, Strandbad Krauchenwies im Steidle-See, Erholungs- und Freizeitzentrum Schwarzachtalseen Ertingen/Herbertingen, Freizeitbereich Rißtal Laupheim/Obersulmetingen).

Im Hinblick auf den Abbau von Rohstoffen ist abschließend noch darauf hinzuweisen, dass in Oberschwaben über mehrere Jahrzehnte bis in die 1990er Jahre auch geringe Mengen an Erdöl und Erdgas gefördert wurden. Die Förderung konzentrierte sich auf

20   Ölpumpe aus den 1960er-Jahren im Gewerbegebiet Mengener Straße in Pfullendorf.

das Erdölfeld Mönchsrot in der Nähe von Rot an der Rot, ein Gebiet nahe Hauerz (Bad Wurzach), Abbaustellen zwischen Pfullendorf und Ostrach sowie das Erdölfeld Fronhofen-Illmensee. Spuren davon an der Oberfläche bestehen lediglich aus den Resten der entsprechenden Förderanlagen (Abb. 20).

Landschaftsveränderung durch Erzeugung regenerativer Energien

Bei der Frage nach Umweltveränderungen bis in die heutige Zeit kommen unvermeidlich auch die regenerativen Energien ins Spiel. Eingriffe des Menschen sorgen hier in vielerlei Hinsicht für ein verändertes Landschaftsbild. Während Solaranlagen auf Häuserdächern schon seit langem zum Landschaftsbild dazu gehören (vgl. Abb. 21), kommen in jüngster Zeit vermehrt auch größere Solarparks hinzu (vgl. Abb. 22). Oberschwaben gehört zu den Regionen mit den höchsten Anteilen an Solarstrom innerhalb Baden-Württembergs. Dies ist auch klimatisch gut zu begründen, da insbesondere durch die Föhnwirkung mit einer überdurchschnittlichen Anzahl an Sonnenstunden und dadurch auch mit einer besonders hohen jährlichen Sonneneinstrahlung (Globalstrahlung) zu rechnen ist. Auch hierzu liefert der online verfügbare Energieatlas von Baden-Württemberg aussagekräftiges Kartenmaterial.[55]

55 LUBW Landesanstalt für Umwelt Baden-Württemberg/Ministerium für Umwelt, Klima und Energiewirtschaft Baden-Württemberg, Energieatlas Baden-Württemberg, https://www.energieatlas-bw.de/sonne (aufgerufen am 16. 11. 2024).

21 Einzelhof östlich von Weingarten im Senkrecht-Luftbild. Mit Ausnahme des alten Hofgebäudes sind fast alle größeren Gebäude mit Photovoltaik-Modulen bedeckt. Luftbild aus www.geoportal-bw.de.

22 Solarpark auf der Gemarkung der Gemeinde Schlier östlich von Weingarten.

Auch die immer wieder kontrovers diskutierte Produktion von Biogas spielt in Teilen Oberschwabens eine große Rolle und führt zu starken Veränderungen im Landschaftsgefüge (Abb. 23), insbesondere dadurch, dass der Anteil der Ackerflächen, auf denen Energiemais angebaut wird, in den letzten 20 Jahren stark zugenommen hat (Vermaisung). Seit einigen Jahren gesellen sich weitere Energiepflanzen hinzu (z. B. die Durch-

23 Biogas-Anlage im nördlichen Oberschwaben bei Daugendorf (Riedlingen).

wachsene Silphie), mit denen die Landwirte versuchen, einer ökologisch problematischen Mais-Monokultur entgegenzuwirken.

Lange Zeit ein Randthema waren Windkraftanlagen in Oberschwaben. Bedingt durch eine vermeintlich zu geringe Windhöffigkeit wurde die Wirtschaftlichkeit von Windrädern im Alpenvorland in Frage gestellt, obwohl bereits 1997 drei Windräder auf der Gemarkung von Judentenberg (nördlich von Illmensee) installiert worden waren. Mit der technischen Weiterentwicklung, vor allem aber durch die stetig steigenden Höhen sind Windkraftanlagen inzwischen in weiten Teilen Deutschlands und auch in Oberschwaben wirtschaftlich nutzbar. In den neu erstellten Regionalplänen werden entsprechende Vorranggebiete mit potentiellen Standorten ausgewiesen. Aktuell wird über einen Windpark mit ca. 40 Windrädern im Altdorfer Wald diskutiert. Nutzungskonflikte werden dabei über Kompromisse gelöst werden müssen. In jedem Fall wird sich das Landschaftsbild Oberschwabens in dieser Hinsicht in den kommenden Jahren stark verändern.

Wachstum der Städte

Alle bislang beschriebenen Eingriffe in den Naturraum haben etwas mit dem Grundbedürfnis der Versorgung mit Lebensmitteln, Energie und Baustoffen sowie mit dem Bedürfnis nach Schutz vor katastrophalen Ereignissen zu tun. Flächenmäßig wesentlich bedeutender waren in den zurückliegenden 170 Jahren die Veränderungen, die sich mit der einsetzenden und zunehmenden Industrialisierung und der damit verbundenen Verstädterung ergeben haben. Wenn auch im Vergleich zu anderen Regionen deutlich

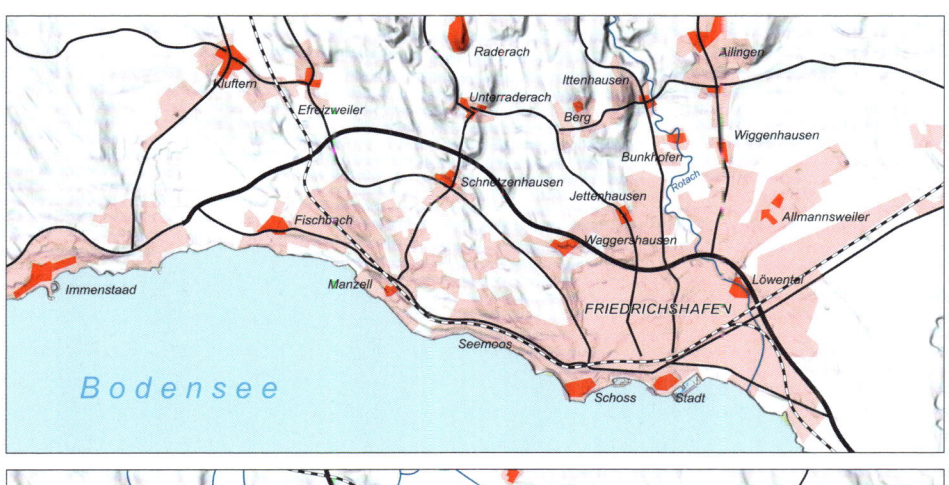
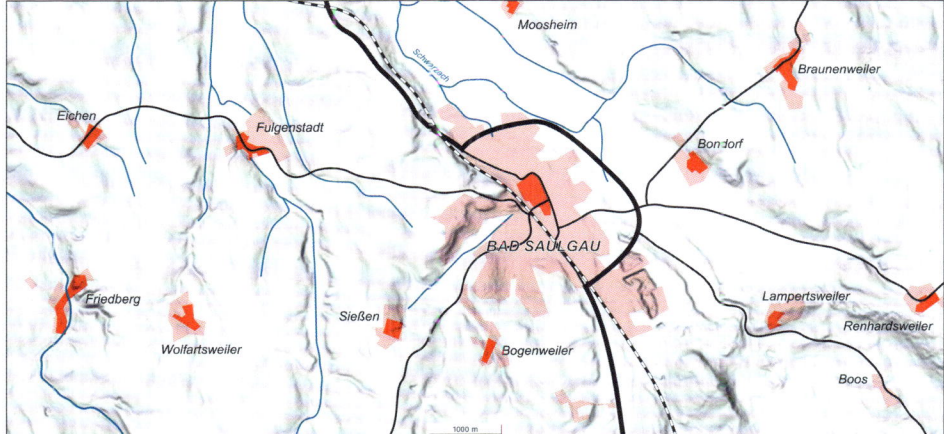

Siedlungswachstum der Städte Friedrichshafen und Bad Saulgau seit ca. 1820

24 Entwicklung der Siedlungsfläche von Städten und Umlandgemeinden zwischen 1830 und heute. Oben: Stadt Friedrichshafen. Unten: Stadt (Bad) Saulgau.

verspätetet, so setzte auch in Oberschwaben seit der Mitte des 19. Jahrhunderts und verstärkt nach 1950 ein Siedlungswachstum mit einer markanten Ausweitung der Wohn- und Wirtschaftsflächen sowie der Verkehrsflächen ein. Mit der damit verbundenen Versiegelungsdynamik verschwinden vor allem im Umland der größeren Städte agrarisch geprägten Kulturlandschaften zugunsten von urban geprägten Gebieten. Leitlinien des Siedlungswachstums waren dabei anfangs noch die Fließgewässer, da die frühe (Proto-)

Industrie noch auf die Nutzung von Wasserkraft angewiesen war. Die allmähliche Umstellung auf die Dampfmaschine machte zwar von der Wasserkraft unabhängig, nicht aber von einer guten Verkehrsanbindung, denn nun mussten die (Energie-) Rohstoffe herangeschafft werden. Städte in Tallage wuchsen in der Folge also entlang der neu entstehenden Verkehrsleitlinien (Straßen, Bahnlinien), sowohl was die Unternehmensstandorte anbelangt, als auch mit Blick auf die Wohngebiete. Aufgrund der noch mangelnden Mobilität war man während der frühen Industrialisierung auf eine räumliche Nähe von Wohnen und Arbeiten angewiesen.

In den 60er und 70er Jahren des 20. Jahrhunderts kam es diesbezüglich zu markanten Veränderungen. Mit der zunehmenden Motorisierung der Gesellschaft war es jetzt möglich, in der Stadt zu arbeiten und dennoch auf dem Land zu wohnen. Die dort vergleichsweise günstigen Bedingungen für die Schaffung von Wohneigentum und die ländlichen Lebensbedingungen waren vor allem für junge Familien attraktiv. Zunehmend wurden auf dem Land in der Folge auch Gewerbegebiete ausgewiesen, um Arbeitsplätze vor Ort zu schaffen und Steuereinnahmen zu generieren, die wichtig waren, um eine gewisse Infrastruktur (Kindergärten, Schulen, Freizeiteinrichtungen, etc.) aufzubauen bzw. zu unterhalten. Ländliche Gemeinden in der nahen Umgebung von Städten mit guten Verkehrsanbindungen sind im Rahmen dieser Suburbanisierungsprozesse am stärksten gewachsen (vgl. Abb. 24).

Veränderungen im ländlichen Raum

Urban geprägte Räume sind also quasi in bäuerlich geprägte Kulturlandschaften hineingewachsen und haben diese zunehmend verdrängt. Es finden aber auch Veränderungen im ländlichen Raum selber statt. Auf nur schwer zu bewirtschaftenden Flächen ist ein Rückgang der agrarischen Nutzung zu beobachten. Wenn Flächen brach fallen, setzen zeitnah Verwaldungsprozesse ein. In Oberschwaben ist dies bislang zwar noch kaum ein Thema, sehr wohl aber in den Tälern der angrenzenden Schwäbischen Alb. Hier können die Talhänge, auf denen sich über Jahrhunderte durch Schafhaltung die typischen Wacholderheiden herausgebildet haben, nur durch Mahd freigehalten werden. Landwirte erhalten dafür Ausgleichszahlungen. Sie sind dann quasi als Kulturlandschaftspfleger tätig. Auch in den Steillagen des Allgäus könnten sich in den kommenden Jahren vergleichbare Situationen einstellen. In beiden Fällen sind die bäuerlichen Kulturlandschaften eine touristische Sehenswürdigkeit und damit auch ein Wirtschaftsfaktor. Sie zu erhalten ist also in mehrfacher Hinsicht lohnenswert.

Veränderungen im Agrarraum betreffen aber auch Intensivierungsmaßnahmen in der landwirtschaftlichen Produktion. Der zunehmende Einsatz synthetisch hergestellter Düngemittel (Kunstdünger) führte im 20. Jahrhundert dazu, dass auch auf Böden geringerer Qualität gute Ernteerträge erzielt werden konnten. Negative Folgen für die Umwelt blieben dabei aber nicht aus. Bei zu hohem Düngemitteleinsatz entstehen rasch Probleme durch die Eutrophierung von Gewässern, wenn die überschüssigen Mineralien ausgeschwemmt werden. Entsprechende Vorschriften sorgen heute dafür, dass vor allem in der Umgebung der in Oberschwaben so zahlreichen Seen und Weiher nicht zu viel Stickstoff ausgebracht wird.

25   Das Westufer der Insel Reichenau bei Niederzell im Luftbildvergleich zwischen 1968 (links) und heute (rechts).[56] Man erkennt den Übergang vom Freilandanbau zum intensiven Gemüseanbau unter Glas (Gewächshäuser) in den vergangenen Jahrzehnten.

Neben den verbesserten Düngemöglichkeiten spielt auch die stetig zunehmende Mechanisierung der Landwirtschaft eine große Rolle, auch wenn ihr Einsatz insbesondere in den kuppig-hügeligen Teilregionen im südöstlichen Teil Oberschwabens ihre Grenzen hat. Auch hier findet man inzwischen Maschinenringe oder Lohnunternehmen, die mit riesigen Mähwerken, Mähdreschern, Maishäckslern etc. innerhalb weniger Tage ganze Landstriche bearbeiten können. Der Einsatz großer Maschinen ist jedoch nur dann lohnend, wenn die zu bearbeitenden Flächen möglichst groß und zusammenhängend sind. Die häufig kleinparzellierten Besitzstrukturen vor allem im nördlichen Oberschwaben boten hier lange keine guten Voraussetzungen. Entsprechend wurden und werden Flurbereinigungsverfahren durchgeführt. Was für die Landwirtschaft auf den ersten Blick von Vorteil ist, bedeutet für die Biodiversität unserer Landschaften ein großes Problem. Insekten, die etwa auf blühende Wiesen angewiesen sind, geht durch diese Art der Bewirtschaftung in kurzer Zeit die komplette Nahrungsgrundlage verloren.

Entscheidungen in der Landwirtschaft gehen oft auf einen stetig zunehmenden Kosten- und Konkurrenzdruck zurück. So musste sich etwa der Gemüseanbau in der Region permanent an veränderte Marktbedingungen anpassen. Selbst auf der Insel Reichenau,

---

56   Landesarchiv Baden-Württemberg, leobw Landeskunde online entdecken. Kartenvergleich, https://www.leo-bw.de/kartenvergleich (aufgerufen am 17. 11. 2024).

die seit jeher von ihrer Lage inmitten des Untersees und damit von hervorragenden klimatischen Bedingungen mit geringer Frostgefahr profitiert, wird nur noch auf kleinen Flächen Freilandanbau betrieben, weil sonst nicht mehr mit den Produzenten südlicher Länder konkurriert werden könnte. Ein Vergleich der Luftbilder von 1968 und heute zeigt dies eindrücklich (Abb. 25): Die inzwischen zahlreichen Gewächshäuser schützen vor Frostgefahr und erzeugen durch den Glashauseffekt im Inneren bereits im Frühjahr hohe Temperaturen, die das Wachstum der Gemüsepflanzen beschleunigen.

Die größten Veränderungen in der Agrarstruktur haben sich schon im 19. Jahrhundert ebenfalls aus veränderten Konkurrenzbedingungen ergeben. Sie stehen im Zusammenhang mit völlig neuen, auf den Bau der Eisenbahnlinien zurückgehenden Transportmöglichkeiten und werden im Abschnitt zur Verkehrsgeschichte erläutert. Heute können sich wirtschaftliche Impulse für ländliche Räume auch aus dem Tourismus ergeben. Freizeitparks und Ferienwohnanlagen spielen dabei eine wichtige Rolle. Mit dem Ravensburger Spieleland erhielt das wirtschaftlich ohnehin schon stark entwickelte Schussenbecken ein zusätzliches touristisches Profil. Es lockt zahlreiche Gäste auch aus der angrenzenden Schweiz und Vorarlberg an. Für die Stadt Leutkirch und ihre Umgebung haben sich durch den Bau des Center Parks Allgäu neue touristische Märkte aufgetan. In beiden Fällen dürften die landschaftlichen Auswirkungen nur auf den ersten Blick räumlich beschränkt bleiben.

Gibt es noch natürliche Formungsprozesse?

Bei einer derart vielfältigen menschlichen Einflussnahme auf die Landschaft liegt die Frage nahe, ob es denn überhaupt noch natürliche Formungsprozesse gibt?[57] Regulierte Flüsse entwickeln nur noch bei Hochwasser ihre ursprüngliche Dynamik. Letztere werden, bedingt durch den Klimawandel, die zunehmende Versiegelung der Landschaft und den beschleunigten Abfluss, an Stärke zunehmen. In den steilen Kerbtälern sind bei Starkniederschlagsereignissen deshalb nach wie vor markante Erosionsprozesse zu erwarten. Die Tobel im südlichen Oberschwaben werden sich also weiterhin langsam, aber eben nicht stetig in ihr Hinterland vorarbeiten (rückschreitende Erosion). Im Rahmen solcher Ereignisse besteht dann Rutschungsgefahr an den steilen Tobelhängen, an den Prallhängen der Alpenvorlandsflüsse sowie im Bereich des Hegaus an den Schichtgrenzen zwischen Vulkangesteinen und den umgebenden Molassesandsteinen. Teilweise wurden diese Gefahrenpotentiale bei Baumaßnahmen im Rahmen von Verkehrsprojekten nicht ausreichend beachtet (siehe auch Abschnitt zum Verkehr). Ebenfalls langsam, dieses Mal aber auch stetig laufen Abtragung und Ablagerung durch chemische Prozesse ab. Sie sind weniger spektakulär, aber dennoch wirksam. Auf der angrenzenden Schwäbischen Alb kennt man die durch Lösung im Kalkstein entstandenen Höhlen und Dolinen. Der umgekehrte Prozess der Kalkausfällung führt zur Bildung von Tropfsteinen und Kalktuff (z. B. Uracher Wasserfall, Sinterterrassen bei der Wimsener Höhle). Kalktuff entstand und entsteht zwar auch in Oberschwaben (Beispiel Weißenbronnen), hat hier aber keine vergleichbare Bedeutung wie auf der Alb.

57 EBERLE u. a., Deutschlands Süden (wie Anm. 30), S. 175.

Zur Rolle des Verkehrs

Nachdem bereits an zahlreichen Stellen angeklungen ist, dass technische Neuerungen für die wirtschaftliche Entwicklung Oberschwabens seit der Mitte des 19. Jahrhunderts eine zunehmend wichtige Rolle spielen, widmet sich der folgende Teil der verkehrsgeographischen Entwicklung in diesem Zeitraum. Sie hängt sehr eng mit technischen Neuerungen und den damit verbundenen neuen Möglichkeiten der Fortbewegung und des Transports zusammen. Aber auch politische Entwicklungen haben einen starken Einfluss auf die Verkehrsgeographie.

Auswirkungen der territorialen Neuordnung seit 1803

Starke Veränderungen im Straßennetz und dem Verkehrsaufkommen ergaben sich mit der territorialen Neuordnung und neuen Grenzziehung und der damit in Verbindung stehenden bewussten Förderung einzelner Verbindungen. Zumeist hatten Fördermaßnahmen (z. B. Verbesserung der Straßenqualität) politisch-wirtschaftliche Hintergründe. So konnte es zu neuen Konkurrenzsituationen kommen mit der Folge, dass ehemalige ‚Hauptrouten' in recht kurzer Zeit verödeten. Zu kompletten Verschiebungen des Verkehrsaufkommens kam es aber erst durch den Bau der verschiedenen Bahnlinien im Untersuchungsraum, deren Trassenführungen deutliche Zusammenhänge mit Relief und Untergrund aufweisen (siehe Abschnitt weiter unten).

Entwicklung des Wege- und Straßennetzes

Das Wege- und Straßennetz im 17. und 18. Jahrhundert hatte sich zum Teil über Jahrhunderte entwickelt. Die Karte in Abb. 26 zeigt die bedeutenden Fernstraßen und auch kleinere Straßen der damaligen Zeit in Oberschwaben. Es wird deutlich, dass sich der Verkehr auf wenige Nord-Süd- und Ost-West-Linien und den Bereich in unmittelbarer Bodenseenähe konzentrierte. Der Verlauf dieser wichtigen Straßen war, großräumig betrachtet, stark an das Relief angelehnt und orientierte sich im Wesentlichen an Tiefenlinien mit möglichst wenig Höhenunterschieden.

Einzelne Teile Oberschwabens waren von diesen Hauptverkehrsverbindungen noch bis ins 19. Jahrhundert abgehängt. Hierzu zählte vor allem der Bereich rund um Pfullendorf und Altshausen mit dem Höchstenbergland (Höhenlage, Steilheit) sowie dem Pfrunger-Burgweiler Ried (Moor- und Sumpflandschaft). Durch den Ausbau bestehender kleinerer Straßen wurde er allmählich besser an das Verkehrsnetz angeschlossen.

Ein Blick auf verschiedene Kartenblätter im topographischen Atlas des Königreichs Württemberg macht klar, dass bei einer lokalen Betrachtung neben dem Relief auch der Gesteinsuntergrund die frühere Verkehrsführung wesentlich mitbeeinflusste.

Als erstes Beispiel soll die Straßenverbindung zwischen Altdorf (Weingarten) und Altshausen betrachtet werden. Heute führt diese Verbindung (B 32) zunächst nach Staig. Anschließend folgt der Anstieg nach Blitzenreute am Talhang des Staiger Tobels und schließlich der recht ebene Abschnitt quer durch die Blitzenreuter Seenplatte in Richtung Altshausen. Wer auf diesem Streckenabschnitt über Jahre hinweg öfters unterwegs

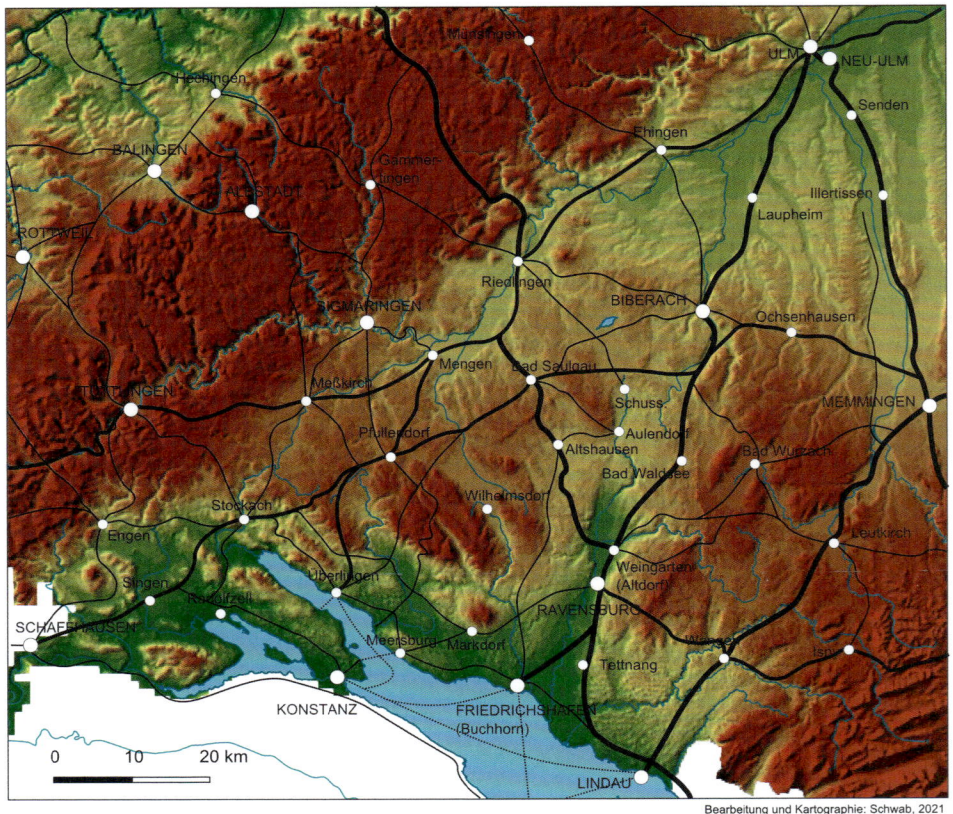

Alte (bedeutende) Handels- und Fernstraßen
Nürnberg-Bodensee über UL-BC-RV
Salzstraße Reichenhall-Schweiz über M-MM-LI
Dauphinestraße (Ulm-Villingen-Straßburg)
Kleine Salzstraße (Hall (Tirol) - KE - Wangen)
Alte Handelsstraße Ravensburg-Reutlingen
West-Ost-Verbindung MM-SLG-Schaffhausen
Staufische Königsstraße (Me-PF-ÜB-KN)

Straßen mit regionaler Bedeutung
Neue Poststraße Stuttgart-Biberach über Mü-Eh
Staats-/Cameralstraße Ravensburg-Illertal über Wurzach
Kornstraße Altshausen-Friedrichshafen

26 Bedeutende Straßenverbindungen in Oberschwaben in den Verläufen bis ins 19. Jahrhundert.

ist, dem dürften die häufigen Baustellen mit entsprechenden Umleitungen sicher bekannt sein. Immer wieder kam es im Staiger Tobel bei Starkniederschlägen zu Hangrutschungen, die eine massive Nachbesserung der talwärts gerichteten Straßenbefestigungen nötig machten. Auch der Abschnitt Blitzenreute-Altshausen musste in regelmäßigen Abständen nachgebessert werden, weil der Straßenbelag über dem moorigen Untergrund immer wieder zur Wellenbildung neigte. Erst durch den jüngsten Ausbau der B 32 im Jahr 2019 wurde dieses Problem behoben. Der Aufwand war allerdings enorm. Bis in große Tiefen musste das Straßenbett durch mächtige Betonsäulen gegründet werden, um den mineralischen Untergrund unterhalb der Torfschichten und so eine dauerhafte

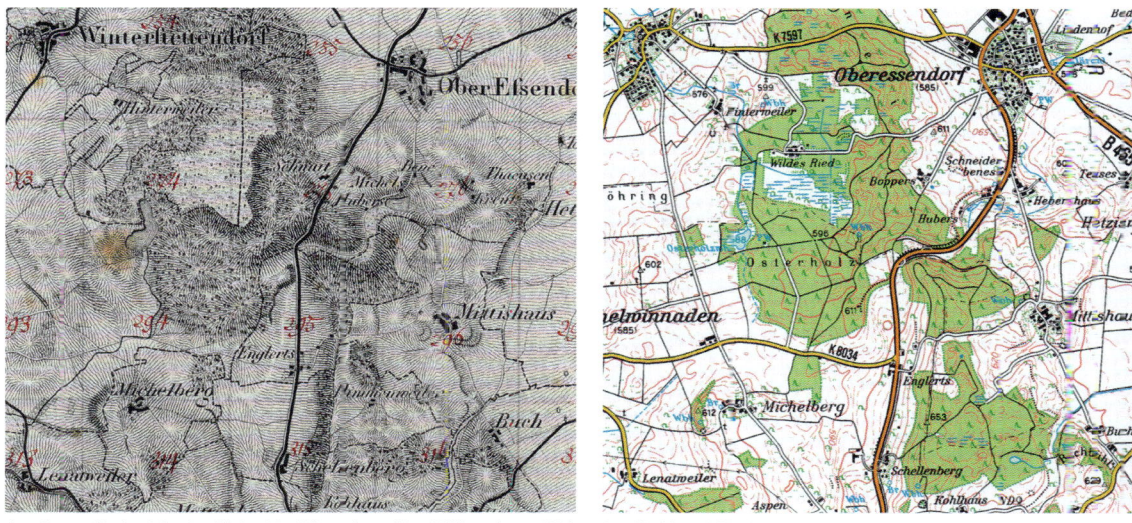

Aus: Topgraphischer Atlas des Königreichs Württemberg, Blatt 47 Biberach, ca. 1830   Aus: TopMaps, LGL 2012

27   Streckenführung der ehemaligen Staatsstraße 49 und der heutigen B 30 südlich von Oberessendorf. Links: Ausschnitt aus dem Topographischen Atlas des Königreichs Württemberg, rechts: Ausschnitt aus heutiger Topographischer Karte.

Stabilität zu erreichen. Bei der während der Bauarbeiten eingerichteten Umleitungsstrecke griff man auf die alte, ursprüngliche Straßenführung zurück. Der Anstieg aus dem Schussenbecken erfolgte demnach früher nicht über den steilen Tobel, sondern leicht schräg am Hang des Beckens über Ettishofen nach Baienbach. Nach Erreichen der Hochlage führte die Straße dann über Schreckensee nach Mendelbeuren, stets auf kuppig-welligen Moränen, aber nie in vermoorten Abschnitten. Hier ging also ‚sicherer Untergrund' klar vor ‚möglichst wenige Höhenmeter'.

Fast noch deutlicher wird dies im Bereich eines kleinen Abschnitts der B 30, der Hauptverkehrsader Oberschwabens. Die ehemalige Staatsstraße 49 quert südlich von Oberessendorf die markante Äußere Jungendmoräne (Abb. 27). Heute nutzt die Bundesstraße hier das ehemalige Gletschertor. Vor 200 Jahren wäre das noch wenig sinnvoll gewesen, weil der Talboden im Bereich geringer Neigungen mit unklarer Entwässerungssituation sicher stark zur Versumpfung neigte. Für die ursprüngliche Streckenführung wurden über 30 Höhenmeter auf sehr kurzer Wegstrecke in Kauf genommen. Eine erste Korrektur der Straßenführung über den Schnaitberg wird für den Zeitraum 1834–1842 angegeben.[58] Ob es sich dabei schon um die Verlegung ins Tal handelte, ist unklar.

Auch innerhalb größerer Täler und Becken wurden in der Vergangenheit immer die überschwemmungssicheren, trockenen Standorte bevorzugt. Dies galt schon in den frühen Phasen der Besiedlung sowohl für die Wahl von Verkehrswegen als auch von Siedlungslagen. Im mittleren Schussenbecken fällt dies besonders auf (vgl. Abb. 28). Hier sind

58   https://www.b30-oberschwaben.de/html/b30_geschichte.HTM (aufgerufen am 17.11.2024).

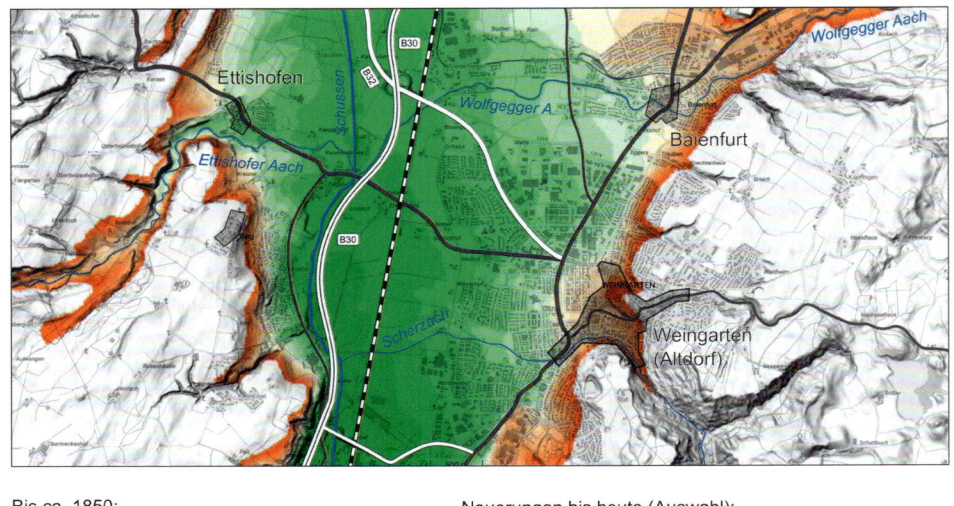

28 Siedlungs- und Verkehrsentwicklung im Mittleren Schussenbecken zwischen Weingarten und Ettishofen.

es die von den östlichen Zuflüssen (Wolfegger Ach, Scherzach, Flappbach) geschütteten Schwemmfächer, welche die Schussen auf die westliche Beckenseite drängten, um gleichzeitig auf der Ostseite Platz für die Reichsstadt Ravensburg, den Flecken Altdorf (ab 1865 Stadt Weingarten) sowie die Ortschaften Baienfurt und Baindt und die Fernstraße Richtung Waldsee (-Biberach-Ulm) zu bieten. Mit dem starken Bevölkerungswachstum ab der zweiten Hälfte des 19. Jahrhunderts wuchsen die Siedlungen immer weiter nach Westen. Erst in den 1990er Jahren aber wurde auch die Hauptverkehrsachse (B 30) aus den Stadtgebieten hinaus ins westliche Umland verlegt und damit eine großräumige Umfahrung der Städte Ravensburg und Weingarten sowie der Gemeinden Baienfurt und Baindt ermöglicht. Der geologische Untergrund (Auenlehme und Beckentone eines ehemaligen Eisrandstausees) war wenig stabil, entsprechend groß war auch hier der Aufwand, die neue, vierspurige Straße ausreichend zu gründen. Stetige Verbesserungen des Straßenzustands (Fahrbahnverbreiterungen, mehrspuriger Ausbau, Straßenbeläge) sowie Ortsumgehungen waren andernorts schon früher realisiert worden (z. B. Ortsumgehung Bad Waldsee 1961, Ortsumgehung Laupheim 1967, Ortsumgehung Biberach 1967).

Die Fallbeispiele zeigen: Im Bereich des Straßen- und Wegebaus hing die Streckenführung früher stark von den Geofaktoren Relief und geologischer Untergrund ab. Mit dem starken Siedlungswachstum im 19. und 20. Jahrhundert und der zunehmenden Verkehrsbelastung in den Städten und Dörfern werden die bedeutenden Straßen (Bundesstraßen, zum Teil auch Landstraßen) ausgebaut und Ortsumfahrungen geschaffen. Dabei werden ungünstige natürliche Rahmenbedingungen in Kauf genommen und auftretende Probleme mit großem technischen und finanziellen Aufwand gelöst. Inzwischen ist die gesamte Region über eine Hierarchie von Bundes-, Landes-, Kreis- und Kommunalstraßen bis in den hintersten Winkel für den motorisierten Verkehr erschlossen. Trotz des in Teilen vierspurigen Ausbaus der B 30 sind dennoch immer wieder Klagen zu hören, der Region fehle es an einer wirklich leistungsstarken Straßenverbindung. Vielleicht liegt dies auch daran, dass sich die B 30 noch im 19. Jahrhundert einen Konkurrenzkampf mit der neu entstandenen, fast parallel verlaufenden Südbahn liefern musste.

Die Entwicklung des Eisenbahnnetzes

Mit dieser Überlegung kommt der große Impulsgeber für die wirtschaftliche Entwicklung des 19. und 20. Jahrhunderts ins Spiel. In Oberschwaben glich der Bau der ersten Bahntrassen einem Wettkampf mehrerer damals noch selbständiger Staaten: Unter dem Motto „Wer kommt als erster an den See?" unternahmen vor allem das Königreich Württemberg und das Königreich Bayern große Anstrengungen, schnellstmöglich eine Bahnverbindung an die damals noch bedeutende Verkehrsdrehscheibe Bodensee einzurichten – ausschließlich auf dem eigenen Staatsgebiet versteht sich! Dass dieser Wunsch nach Autonomie bei der Festlegung einer geeigneten Trasse von Norden nach Süden leitend war, lässt sich eindrücklich bei einem Blick auf eine Reliefkarte Oberschwabens erkennen. Würde man ohne jegliche Vorgaben nach einem sinnvollen Trassenverlauf suchen, so käme mit Blick auf die zu überwindenden Höhenunterschiede wohl am ehesten eine Verbindung über das zunächst sehr gleichmäßig ansteigende Illertal bis auf Höhe Memmingen in Frage. Von dort könnte die Trasse über das Achtrachtal nach Leutkirch und anschließend über Wangen nach Lindau an den Bodensee geführt werden. Damals wäre damit jedoch ein zweimaliger Übertritt in ein jeweils anderes Staatsgebiet verbunden gewesen: Zwischen Memmingen und Leutkirch von Bayern nach Württemberg und zwischen Wangen und Lindau von Württemberg zurück nach Bayern.

Die Karten in Abb. 29 und Abb. 30 zeigen die Chronologie der Entwicklungen und die tatsächlich gewählten Trassenführungen.

Es wird deutlich, dass sowohl in Württemberg als auch in Bayern zunächst die Hauptstrecken (Ulm-Friedrichshafen bzw. Buchloe-Lindau) gebaut wurden. In Bayern wurde in Kauf genommen, dass die Trasse recht kompliziert über Immenstadt und Oberstaufen geführt werden musste. In Württemberg entschied man sich letztlich für die Verbindung Biberach, Schussenried, Aulendorf, Mochenwangen, Ravensburg, Meckenbeuren nach Friedrichshafen. Nicht vergessen darf man dabei natürlich den extra für die Nonnen des Klosters Reute eingerichteten Haltepunkt Durlesbach. Damit werden wir dem bekannten Lied von der ‚Schwäb'sche Eisebahne' gerecht, um die es sich hier ja handelt. Der Haltepunkt mitten im Schussentobel führt uns auch zu einem der baulich

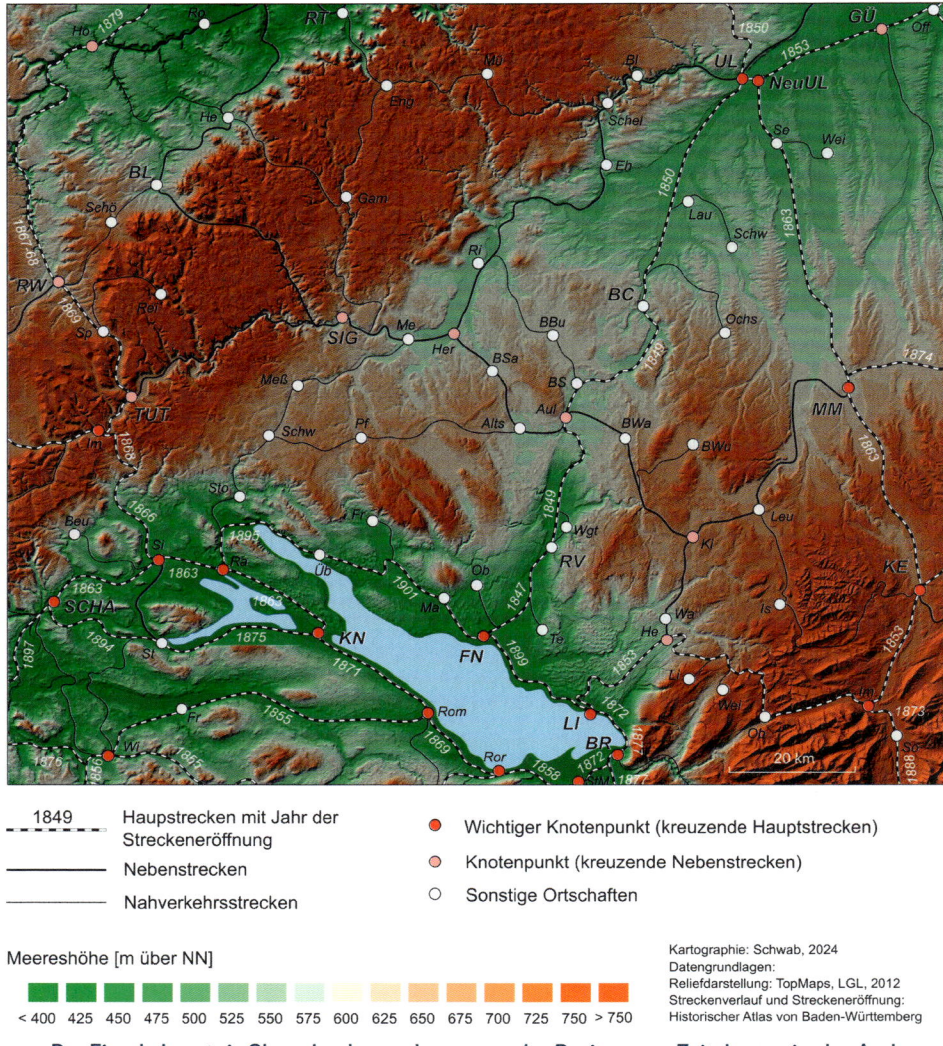

29 Das Eisenbahnnetz in Oberschwaben und angrenzenden Regionen zur Zeit des maximalen Ausbaus (ca. 1960).[59]

schwierigsten Bauabschnitte: Zwischen Aulendorf und Mochenwangen war auf recht kurzer Strecke ein großer Höhenunterschied von ca. 80 Metern zu überwinden.

Die Trasse sollte dabei direkt durch den Schussentobel geführt werden, der im flacheren unteren Teil von einer stark mäandrierenden Schussen geprägt war. Aus der Karte in Abb. 31 geht hervor, dass für eine mehr oder weniger geradlinige Bahntrasse die

---

[59] Historischer Atlas von Baden-Württemberg, hg. von der Kommission für geschichtliche Landeskunde in Baden-Württemberg/Landesvermessungsamt Baden-Württemberg, Stuttgart 1972–1984, Karte X,4.

30   Entwicklung des Eisenbahnnetzes im südöstlichen Teil Oberschwabens bzw. im Allgäu. Dargestellt sind die Zeitschnitte: 1853, 1888 und 1922.

Schussen begradigt werden musste. Dieser Eingriff sorgte hier lokal für eine Erhöhung der Fließgeschwindigkeit und eine derart starke Aktivierung der Tiefenerosion, dass die Schussen sich in recht kurzer Zeit durch ihre eigenen, zuvor abgelagerten Auensedimente hindurch bis in den felsigen Molasseuntergrund eintiefen konnte. Die dabei entstandenen Wasserfälle mit tiefen Gumpen (Strudeltöpfen) in der Aufprallzone lagen unweit von Mochenwangen und wurden von der dortigen Bevölkerung über viele Jahrzehnte als Naturfreibad (Felsenbädle) benutzt (Abb. 32). Das Beispiel zeigt, wie komplex verschie-

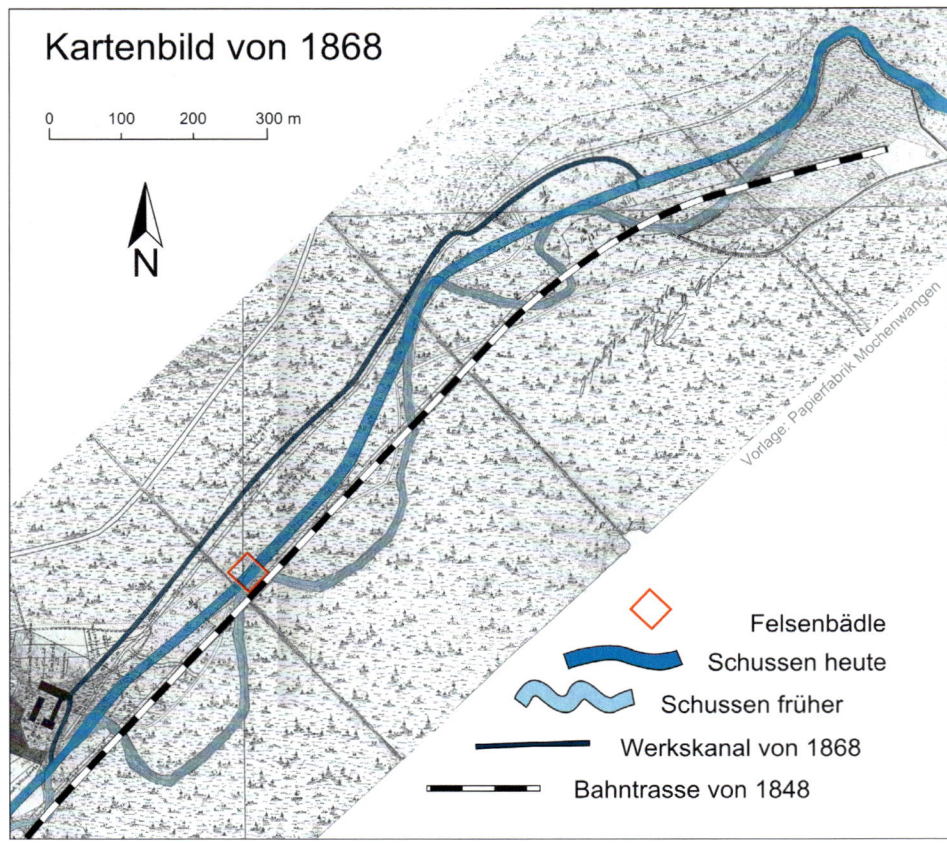

31 Eingriffe des Menschen in das Gewässernetz im unteren Schussentobel nördlich von Mochenwangen. Im Zuge des Baus der Südbahn musste die Schussen verlegt und begradigt werden. Wenig später wurde zusätzlich der Werkskanal der Papierfabrik Mochenwangen angelegt.

dene Geofaktoren nach menschlichen Eingriffen in die Landschaft zusammenwirken können.[60]

Ein weiteres Reliefhindernis galt es weiter nördlich zu überwinden. Hier war es einmal mehr die Äußere Würmendmoräne, die als durchgehender Höhenzug einer einfachen Streckenführung im Wege stand. Im Gegensatz zur alten Straßenverbindung bei Oberessendorf war eine Überquerung für die Bahn nicht möglich. Vielmehr nutzte man das von Natur aus in den Wall eingeschnittene Gletschertor bei Winterstettenstadt, um das nördliche mit dem südlichen Oberschwaben, oder, geologisch gesprochen, das Altmoränenland mit dem Jungmoränenland zu verbinden (vgl. Abb. 33).

60 Andreas Schwab/Dietmar Schillig, Der Schussentobel zwischen Aulendorf und Mochenwangen, Zeuge natürlicher und menschlicher Eingriffe, in: Im Oberland Jg. 19, H. 2 (2008), S. 3–11.

32 Das ‚Felsenbädle' bei Mochenwangen im unteren Schussentobel nördlich der ehemaligen Papierfabrik Mochenwangen. Foto von Anfang der 1920er-Jahre, Stadtarchiv Ravensburg.

Gut 20 Jahre später waren auch die nördlichen bzw. nordwestlichen Teile Oberschwabens sowie das württembergische Allgäu per Bahn erschlossen. Es gab aber noch immer keinen grenzüberschreitenden Bahnverkehr. Die Lückenschließungen zum bayrischen Staatsgebiet erfolgten erst 1889 (Leutkirch-Memmingen) bzw. 1890 (Wangen-Hergatz), die Anbindung an das Großherzogtum Baden über die Bodensee-Gürtelbahn noch später (1899, 1901). Interessant sind auch die verschiedenen Stichbahnen, die häufig mit größeren Industriebetrieben in Zusammenhang stehen oder für die Anbindung der weiter stark wachsenden Städte und Gemeinden gedacht waren, die nicht an den Haupt-Bahnstrecken lagen. So sollte z. B. mit der 1922 eröffneten Teuringer Bahn von Friedrichshafen nach Oberteuringen das Hinterland der stark wachsenden Industriestadt angebunden werden.[61] Vergleichbar damit sind die Stichbahnen nach Schwendi, Ochsenhausen

61 EITEL, Geschichte Oberschwabens Bd. 3 (wie Anm. 43), S. 87.

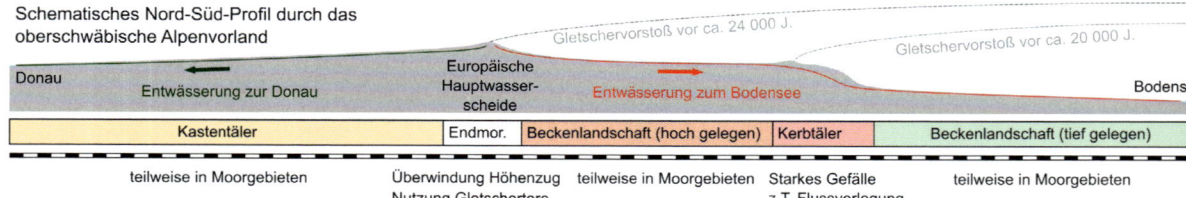

33   Neuralgische Punkte bei der Verkehrsplanung: Im Bereich der Äußeren Jungendmoräne und beim Übergang von den hochgelegenen zu den tief ausgeschürften Beckenlandschaften im südlichen Oberschwaben sind die größten Höhenunterschiede zu überwinden. Im Bereich der Täler bzw. Beckenlandschaften müssen teilweise Flüsse verlegt und bei moorigem Untergrund die Strecken tiefreichend gegründet werden.

(Öchsle-Bahn), Wurzach, Tettnang oder Frickingen. Fast alle wurden spätestens in den 1980er Jahren eingestellt, einzelne inzwischen aber wieder reaktiviert (Verbindung Laupheim–Schwendi).

Während eine Eisenbahnanbindung im industriellen Sektor häufig als Startschuss für erste Entwicklungen angesehen wird, hatte sie für die über Jahrhunderte entwickelten Agrarstrukturen eine andere Bedeutung. Hier waren es quasi „über Nacht gekommene" neue Konkurrenzsituationen, die Umorientierungen nötig machten. So mussten etwa Landwirte im bis dahin auch von Getreideanbau geprägten Allgäu feststellen, dass es nun billiger war, Getreide aus der Oberrheinischen Tiefebene oder gar aus Ungarn zu importieren, als es selber anzubauen. Umgekehrt war mit der Bahnanbindung die Möglichkeit geschaffen, den selbst hergestellten Käse ‚in alle Welt' zu verkaufen. In Folge dieser Erkenntnis kam es im letzten Viertel des 19. Jahrhunderts zu einer Konzentration auf Grünlandwirtschaft mit Milch- und Käseproduktion (Vergrünlandung des Allgäus).[62] An anderer Stelle konnten Strukturen bei günstiger Lage zu den Eisenbahnen aber auch gefestigt werden. So entwickelte sich die Zucht von Fleckvieh im nördlichen Oberschwaben vor allem dort positiv weiter, wo große Zucht-Viehmärkte in der Nähe zu Bahnstrecken oder Bahnknotenpunkten stattfinden konnten (Laupheim, Riedlingen, Ehingen und Herbertingen).[63]

Wasserstraßen zum Bodensee?

Oben wurde bereits ausgeführt, dass die Gewässer Oberschwabens nur bedingt als Transportwege taugten. Der Bodensee hatte zwar über lange Zeit eine wichtige Funktion als große Verkehrsdrehscheibe und Tor zum Süden, bei den Flüssen standen aber nur die Iller und in bescheidenem Ausmaß auch die Wolfegger Aach und die Schussen für die Flößerei zur Verfügung. Auf letzterer wurde zum Beispiel Holz aus dem Altdorfer Wald nach Süden bis an den See transportiert. Dennoch wurde im 19. und vor allem im 20. Jahrhundert immer wieder über einen Wasserweg entlang von Schussen und Riss zwischen Ulm und Bodensee nachgedacht. Für ein entsprechendes Kanalprojekt wären

---

62   Ebd. Ausführlich zum Thema im Beitrag von Edwin Ernst Weber in diesem Buch.
63   Eitel, Geschichte Oberschwabens Bd. 3 (wie Anm. 43), S. 87.

34 Geplanter Verlauf eines Donau-Bodensee-Kanals mit eingezeichneten Staustufen und Schleusen sowie dafür nötigen Wasserreservoirs im Bereich von Federsee, Altshauser Ried und Schreckensee.

jedoch zahlreiche Staustufen und Schleusen und ein großes Wasserreservoir zur Gewährleistung einer ganzjährig ausreichenden Versorgung nötig gewesen. Die Pläne wurden letztlich verworfen. Aus heutiger Perspektive ist kaum mehr denkbar, dass das Naturschutzgebiet und UNESCO-Weltkulturerbe Federsee zu diesem Zwecke hätte aufgestaut werden sollen (vgl. Abb. 34)!

Auch an eine Binnenschifffahrt von Basel bis zum Bodensee wurde zwischenzeitlich gedacht. In den 1950er Jahren existierten Pläne für eine moderne Schiffbarmachung des Hochrheins. Die neuen Vorhaben schlossen die Umgehung des Rheinfalls durch Schleusen und einen linksrheinischen Tunnel ebenso ein wie die Umgehung oder den Neubau bestehender Flusskraftwerke. Schiffe bis 1350 t Tragfähigkeit und 80 Meter Länge, im Ausnahmefall bis 2000 t, sollten den Flussabschnitt befahren können. Gegen das Vorhaben erwuchsen jedoch massive Widerstände in der Bevölkerung beider angrenzenden Staaten, aber auch seitens der deutschen und Schweizer Bahngesellschaften, die Einnahmeeinbußen befürchteten, so dass es aufgegeben werden musste.[64]

Nicht selten waren mit den Maßnahmen zur vermeintlichen Verbesserung der Umweltbedingungen staatliche oder be-

64 https://www.salzmaenner.ch/mix/geocache/hrsmtlp61/Die_Schiffbarmachung_des_Hochrheins_Eine_Chronik.pdf (aufgerufen am 13.3.2024).

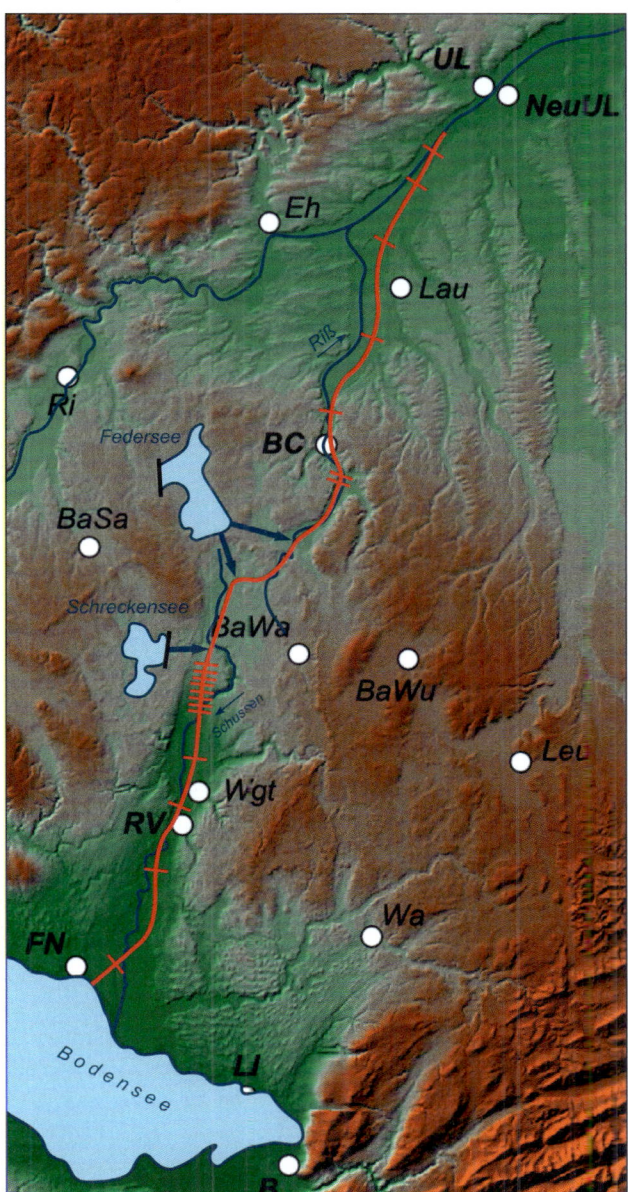

Planungen zu einem Donau-Bondesee-Kanal

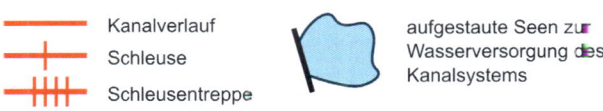

Kartographie: Schwab, 2024; Reliefdarstellung: TopMaps, LGL, 2012

triebliche Projekte verbunden, bei denen vor allem in wirtschaftlich schwierigen Zeiten Arbeitslose beschäftigt wurden (Notstandsarbeiter, Wertschaffende Arbeitslosenfürsorge, Reichsarbeitsdienst). Bau und Verbesserung von Straßen und Wegen, Kanalisationsarbeiten, Bau von Drainagen, Flussregulierungen, Entwässerung der Moore, etc.: all das wäre kaum denkbar bzw. finanzierbar gewesen, wenn dafür nicht günstige Arbeitskräfte angeworben worden wären.[65] Auch im öffentlich oder privat geförderten sozialen Wohnungsbau, mit dem im 20. Jahrhundert mehrmals auf große Wohnungsnöte reagiert werden musste, wird dies der Fall gewesen sein.[66]

Zusammenfassung

Mit den Ausführungen sollte gezeigt werden, dass die seit Mitte des 19. Jahrhunderts einsetzenden Klimaveränderungen für die damaligen wirtschaftlichen Entwicklungen eher nicht verantwortlich waren. Vielmehr sind es technische Neuerungen und massive Eingriffe des Menschen in die Umwelt, die einen Landschaftswandel in den bäuerlich geprägten Kulturlandschaften, vor allem aber eine starke Ausweitung der industriell und urban geprägten Gebiete herbeiführen.

Viele dieser Eingriffe lösten Folgewirkungen aus, die im Vorfeld nicht ausreichend bedacht wurden und teilweise sogar in Wechselwirkung mit dem Phänomen des Klimawandels stehen. Die intensiven Eingriffe in die Flusslandschaften waren unter anderem zur Reduzierung der Hochwassergefahr gedacht, haben flussabwärts aber zu einem erhöhten Gefahrenpotential geführt. Durch die Entwässerung der Moore sollte Neuland gewonnen werden, inzwischen wird sie aber als ein Grund für den beschleunigten Klimawandel angesehen, weil damit wichtige CO_2-Senken fehlen. Der Einsatz des Chemiedüngers sollte den Böden die Stoffe zuführen, die ihnen durch den Anbau der Nutzpflanzen entzogen werden. Bei falscher Dosierung sorgt er aber für eine Schädigung der Gewässer und des Grundwassers. Die Mechanisierung in der Landwirtschaft soll die körperlich häufig sehr anstrengenden Tätigkeiten erleichtern. Durch den Einsatz (über-) großer und schwerer Maschinen werden jedoch die Böden immer mehr verdichtet. Die immer schnelleren Arbeitsabläufe werden für viele Lebewesen zum Problem, viele Arten leiden unter dem Verlust ihrer Lebensräume. Man könnte die Liste fortsetzen, und es würde deutlich werden, dass in vielen Bereichen ein Umdenken nötig wird. Auch mit Blick auf die zukünftigen wirtschaftlichen Entwicklungen Oberschwabens. Denn Ökologie, Ökonomie und damit auch das Soziale müssen zusammen gedacht werden, wenn wir unsere heimatliche Region nachhaltig gestalten möchten.

---

65 EITEL, Geschichte Oberschwabens Bd. 3 (wie Anm. 43), S. 94.
66 EBD., S. 210.

Das Bevölkerungswachstum Oberschwabens von 1850 bis in die Gegenwart

STEFFEN KAISER

Das württembergische Oberschwaben – eine Landschaft im Dreieck zwischen der Donau im Nordwesten, dem Bodensee im Süden und der Iller im Osten– gilt in der kollektiven Wahrnehmung als bevölkerungsarme, agrarisch geprägte Region. Diese stand bereits im 19. Jahrhundert der boomenden Wirtschaftsregion des Mittleren Neckars mit großen Industriebetrieben und einer hohen Bevölkerungsdichte gegenüber. Diese Sichtweise scheint bestätigt durch die Bevölkerungsdichtekarten des historischen Atlas Baden-Württembergs für 1834 und 1970.[1] Viele oberschwäbischen Gemeinden weisen in dieser Zeit weniger als 50 Einwohner je km² auf, während der Mittlere Neckarraum größtenteils über 100 Einwohner je km² zählt. Doch auch in Oberschwaben finden sich Inseln, die dichter besiedelt sind, wie beispielsweise entlang des Bodenseeufers sowie um Ravensburg und um Ulm. Es lohnt daher ein differenzierter Blick auf die Bevölkerungsentwicklung der Region. Das statistisch-topographische Bureau des Königreichs Württemberg bzw. die nachfolgenden statistischen Landesämter haben eine umfassende Datenbasis zur Bevölkerungsentwicklung geschaffen. Im historischen Atlas Baden-Württemberg[2] wurde die Bevölkerungsentwicklung aufgearbeitet. Zudem kann auf Studien der Regionalverbände[3] zurückgegriffen werden. Auch die Forschung hat sich dem Thema gewidmet, bisher jedoch noch nicht in einer Gesamtübersicht für den hier untersuchten Zeitraum von 1850 bis in die Gegenwart.[4]

---

1 Bevölkerungsdichte der Gemeinden 1834 und 1970, Karten XII,2 und XII,4, in: Historischer Atlas von Baden-Württemberg, hg. von der Kommission für Geschichtliche Landeskunde in Baden-Württemberg in Verbund mit dem Landesvermessungsamt Baden-Württemberg unter Mitwirkung zahlreicher Fachgelehrter. Wissenschaftliche Gesamtleitung: Karl Heinz Schröder u. a., Stuttgart 1988, https://www.leo-bw.de/en/web/guest/kartenbasierte-suche (aufgerufen am 18.7.2023).
2 Historischer Atlas Baden-Württemberg (wie Anm. 1).
3 Vgl. dazu Strukturatlas Oberschwaben. Regionalplanungs-Verband Oberschwaben, hg. vom Regionalplanungsverband Oberschwaben, Wangen im Allgäu 1970; Bevölkerungsentwicklung von 1900 bis 2000 in der Region Bodensee-Oberschwaben, hg. vom Regionalverband Bodensee-Oberschwaben, Infoheft 3, Ravensburg 2001; Entwicklung der Ländlichen Räume in Baden-Württemberg. Forschungsvorhaben im Auftrag des Ministeriums für Ländlichen Raum und Verbraucherschutz Baden-Württemberg, Projekt-Nr. 611, Abschlussbericht, Stuttgart, Dortmund 2019.
4 Vgl. dazu Hermann GREES, Die Bevölkerungsentwicklung in den Städten Oberschwabens (einschließlich Ulms) unter besonderer Berücksichtigung der Wanderungsvorgänge, in: Ulm und Ober-

Betrachtet man aus diesem Zeitraum von fast 200 Jahren exemplarisch die Jahre 1849, 1900, 1950 und 2000, so kommen auf das heutige Land Baden-Württemberg rund 3,1 Millionen, 4,1 Millionen, 6,4 Millionen und 10,5 Millionen Einwohner. Oberschwaben weist in diesen Jahren rund 240 000, 350 000, 540 000 und 1,0 Millionen Einwohner auf.[5] Oberschwaben hat seit der Mitte des 19. Jahrhunderts seine Bevölkerung also vervierfacht, Baden-Württemberg lediglich verdreifacht. Allerdings leben in Oberschwaben nur zwischen 8 % und 9 % der Landesbevölkerung. Dem gegenüber steht die flächenmäßige Größe Oberschwabens, die gut ein Drittel des Landes ausmacht. In der Gesamtschau ist Oberschwaben also eine sehr dünn besiedelte Region. Der wachsende Anteil an der Gesamtbevölkerung des Landes zeigt jedoch, dass die Bevölkerung Oberschwabens in der Relation eine ähnliche Entwicklung wie die des Landes insgesamt aufweist. Dies verdeutlicht die Darstellung des relativen Bevölkerungswachstums der Region und des Landes ausgehend vom Jahr 1834.

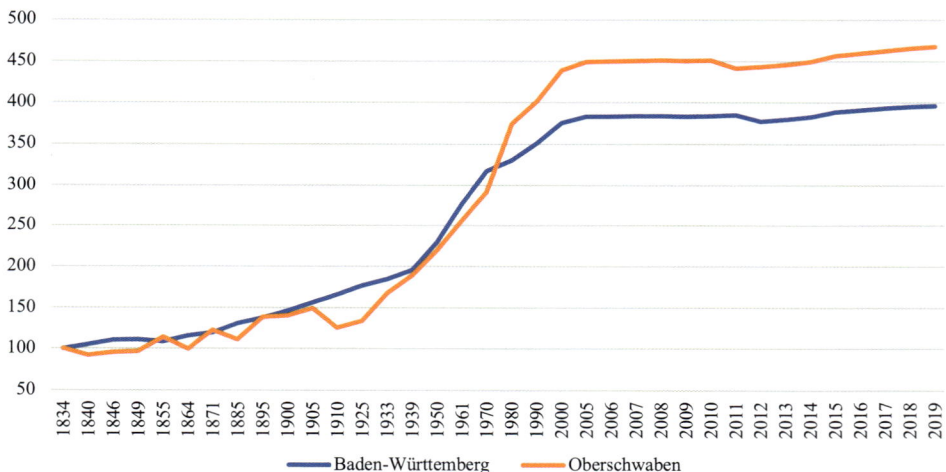

Abb. 1: Relatives Bevölkerungswachstum in Baden-Württemberg und Oberschwaben 1834–2019 (1834 = 100). Grafik nach eigenen Berechnungen.[6]

schwaben 40/41 (1973), S. 123–198; Peter EITEL, Geschichte Oberschwabens im 19. und 20. Jahrhundert, 3 Bände, Ostfildern 2010–2022; Elmar L. KUHN: Industrialisierung in Oberschwaben und am Bodensee. Beiträge und Daten zur Entwicklung von Bevölkerung, Agrarstruktur, Industrie, Berufstätigkeit, Wahlverhalten, Arbeiterbewegung und Lebenshaltungskosten, Band 1. Beiträge (Geschichte am See 24/1), Friedrichshafen 1984.
5 Sämtliche Daten zur Bevölkerungsentwicklung Oberschwabens, die hier und im Folgenden verwendet werden, sind eine eigene Zusammenstellung der Ergebnisse von: EITEL, Geschichte Oberschwabens Bd. 2 (wie Anm. 4), S. 159; KUHN, Industrialisierung in Oberschwaben und am Bodensee (wie Anm. 4), S. 487–491; GREES, Bevölkerungsentwicklung in den Städten Oberschwabens (wie Anm. 4), S. 126; Statistisches Landesamt Baden-Württemberg, Bevölkerung, Gebiete und Bevölkerungsdichte, https://www.statistik-bw.de/BevoelkGebiet/Bevoelkerung/01515020.tab?R=LA (aufgerufen am 7.7.2023).
6 Die Grafik fußt auf den Daten von: EITEL, Geschichte Oberschwabens Bd. 2 (wie Anm. 4), S. 159; KUHN, Industrialisierung in Oberschwaben und am Bodensee (wie Anm. 4), S. 487–491; GREES, Bevölke-

Bis zum 1. Weltkrieg ist die relative Bevölkerungsentwicklung von Baden-Württemberg und Oberschwaben in der Tendenz schwach ansteigend, jedoch mit Abschwüngen. Ein deutlicher Unterscheid zeigt sich zwischen dem 1. Weltkrieg und 1925. Hier ist das Bevölkerungswachstum Oberschwabens negativ, während die Landesbevölkerung weiterhin wächst. Um 1939 gleicht sich das relative Bevölkerungswachstum wieder an. Sowohl im Land als auch in der Region wächst die Bevölkerung stark. Ab 1980 übersteigt das relative Wachstum Oberschwabens sogar das des Landes. Diese Entwicklung setzt sich bis in die Gegenwart fort. Beide Kurven flachen nach 2000 deutlich ab, stagnieren dann und werden um 2010 negativ. Danach wächst die Bevölkerung wieder schwach an.

Das Bevölkerungswachstum Oberschwabens entwickelt sich also ähnlich wie das des Landes, allerdings ist die Bevölkerungsdichte der Region deutlich geringer. Einige Veränderungen in der demographischen Entwicklung haben ihren Ursprung in geläufigen Zäsuren wie 1. und 2. Weltkrieg. Um diese Entwicklungen besser analysieren zu können, wurden für die vorliegende Untersuchung daher drei zu betrachtende Zeitabschnitte gewählt, die diese Zäsuren miteinschließen: 1850 bis 1900, 1900 bis 1970 und 1970 bis in die Gegenwart.

Vom Beginn der Industrialisierung bis zur Jahrhundertwende: 1850 bis 1900

Ab der Mitte des 19. Jahrhunderts nahm die Industrialisierung im Königreich Württemberg Fahrt auf. Ein Schwerpunkt des industriellen Wachstums befand sich im bevölkerungsreichen Mittleren Neckarraum mit seiner Wasserkraft und der frühen Anbindung an die Eisenbahn.[7] Oberschwaben dagegen war agrarisch geprägt und dünn besiedelt. In vielen Gemeinden lebten weniger als 50 Einwohner je km².[8] Die Gründe für diese dünne Besiedlung waren vielfältig. So verzeichneten alle Oberämter in Oberschwaben im Landesvergleich die niedrigsten Geburtenüberschüsse. Grund dafür war der hohe Anteil an ledigen Menschen, vor allem in den südlichen Oberämtern der Region. Dort war die Vereinödung – also die Schaffung großer Einzelhöfe außerhalb von Ortschaften[9] – weit fortgeschritten. In den meisten Regionen Oberschwabens herrschte außerdem die Erbgewohnheit der Anerbenregelung vor. Der Besitz ging ungeteilt an einen Erben. Da bis weit ins 19. Jahrhundert hinein noch Heiratsbeschränkungen vorherrschten, die eine

---

rungsentwicklung in den Städten Oberschwabens (wie Anm. 4), S. 126; Statistisches Landesamt Baden-Württemberg, Bevölkerung (wie Anm. 5).
7 Vgl. dazu Gert KOLLMER-VON OHEIMB-LOUP, Die Entwicklung der Wirtschaftsstruktur am Mittleren Neckar 1800 bis 1950, in: ZWLG 71 (2012), S. 352–382; Martin BURKHARDT, Zentren und Peripherie zu Beginn der Industriellen Revolution in Württemberg, in: ZWLG 70 (2011), S. 341–370.
8 Strukturatlas Oberschwaben (wie Anm. 3).
9 Vgl. dazu und weiterführend: Thomas HORST, Historische Aspekte der Kemptener Vereinödung. Zur Geschichte einer Vorform der Flurbereinigung in der Frühen Neuzeit, in: Zeitschrift für Geodäsie, Geoinformation und Landmanagement 1 (2015), S. 27–32; Peter NOWOTNY, Vereinödung im Allgäu und in den angrenzenden Gebieten (Allgäuer Heimatbücher 82), Kempten 1984. Zur Vereinödung vgl. auch den Beitrag von Edwin Ernst WEBER in diesem Band.

Heirat an Vermögen und Grundbesitz band, sorgte dies gerade in solchen Regionen für eine große Zahl an ledigen Menschen. Zudem herrschte Männerüberschuss, da viele Frauen in der nahen Schweiz als Dienst- und Kochfrauen Arbeit fanden.[10] Die Bevölkerungsentwicklung folgte noch in der ersten Hälfte des 19. Jahrhunderts vor allem der Agrarkonjunktur und schwankenden Ernteerträgen. Dies brachte auch Auswanderungswellen wie während der Missernten in den 1840er Jahren, die für Württemberg jedoch bis weit ins 20. Jahrhundert hinein zu beobachten sind. Zwar kam es auch in Oberschwaben zwischen 1852 und 1864 zu größeren Auswanderungswellen, vor allem in den Regionen um Ehingen, Leutkirch, Riedlingen, Saulgau, Tettnang und Wangen.[11] Jedoch trafen die Auswanderungswellen Oberschwaben nicht so stark wie andere Regionen in Württemberg. Die großen Höfe hatten mehr Spielraum in der Nahrungsmittelproduktion als die kleinen Betriebe in Altwürttemberg. Zusammen mit der niedrigen Bevölkerungsdichte der Region hatten Ernteschwankungen in Oberschwaben nur geringe Auswirkungen auf das Bevölkerungswachstum. Eine leichte Bevölkerungszunahme war daher immer festzustellen.[12] Neben der guten Nahrungsmittelversorgung liegen im Wandel im generativen Verhalten und Fortschritten in der Medizin weitere wichtige Gründe für die positive Bevölkerungsentwicklung. So nahm nach 1850 mit dem Wegfall lehensherrlicher Beschränkungen die Geburtenrate zu, allerdings blieb die Säuglingssterblichkeit weiter hoch.[13] Diese lag in Oberschwaben noch 1875 bei ca. 40 %, in Württemberg insgesamt zu diesem Zeitpunkt bereits unter 30 %. Grund dafür war wohl die falsche Ernährung der Kleinkinder. Anstatt mit (Kuh-) Milch, die im Verkauf gute Gewinne brachte, wurden die Säuglinge oftmals mit Bier gefüttert, was bei den Kindern so beibehalten wurde.[14]

Große Veränderungen brachte Oberschwaben der Anschluss an das württembergische Eisenbahnnetz. Seit der Mitte des Jahrhunderts verband die sogenannte Südbahn Ulm mit der Bodenseeregion.[15] Die verkehrstechnische Anbindung beschleunigte die Ansiedlung von Industriebetrieben und schuf damit Arbeitsplätze außerhalb der Landwirtschaft. Denn dort fanden immer weniger Menschen Arbeit. Wenn die traditionell großen landwirtschaftlichen Betriebe in Oberschwaben ungeteilt an einen Erben übergingen, bewahrte das zwar die Flächengröße, schuf jedoch bei den weichenden Erben ein Beschäftigungsproblem. Blieben diese nicht auf dem elterlichen bzw. geschwisterlichen Hof, mussten sie nach anderen Erwerbsmöglichkeiten suchen. Seit der wachsende Industriesektor gute Löhne zahlte und die Konkurrenz durch den globalen Agrarmarkt

---

10 EITEL, Geschichte Oberschwabens Bd. 2 (wie Anm. 4), S. 164; Bernd SCHILDT, Art. „Anerbenrecht", in: Handwörterbuch zur deutschen Rechtsgeschichte Bd. 1 (²2008), Sp. 232–235, hier Sp. 232. Wolfang VON HIPPEL, Die Bauernbefreiung im Königreich Württemberg, Band 1. Darstellung (Forschungen zur deutschen Sozialgeschichte, 1), Boppard am Rhein 1977, S. 64–67.

11 Hermann GREES, Die Bevölkerungsdichte der Gemeinden 1834 und Bevölkerungsentwicklung der Gemeinden 1970, Beiwort zu den Karten XII,2 und 4, in: Historischer Atlas von Baden-Württemberg (wie Anm. 1), Erläuterungen, S. 5; EITEL, Geschichte Oberschwabens Bd. 2 (wie Anm. 4), S. 161; Leo von STIEGLITZ, Ausweg Auswanderung, in: Landesmuseum Württemberg, Das Königreich Württemberg 1806–1918. Monarchie und Moderne, Ostfildern 2006, S. 113–116, hier S. 113.

12 EITEL, Geschichte Oberschwabens Bd. 2 (wie Anm. 4), S. 159–161.

13 GREES, Bevölkerungsentwicklung der Gemeinden 1834 und 1970 (wie Anm. 11), S. 5, 9–11.

14 EITEL, Geschichte Oberschwabens Bd. 2 (wie Anm. 4), S. 167.

15 Vgl. dazu den Beitrag von Andreas M. RÄNTZSCH in diesem Band.

die landwirtschaftlichen Erlöse sinken ließ, war eine Industriearbeit die lohnendere Beschäftigung. Wer also in der Landwirtschaft keine Arbeit fand oder wen die höheren Löhne der Industrie lockten, der suchte sein Glück entweder in der Fremde oder fand Arbeit in den aufstrebenden Industriebetrieben der Region. Dabei darf nicht übersehen werden, dass auch die Eisenbahn selbst ein großer Wirtschaftsfaktor war. Schließlich wurden hier Arbeitsplätze in den verschiedensten Bereichen, von der Instandsetzung bis hin zu Lager und Transport geschaffen. Entlang des Bodensees war es vor allem der sich entwickelnde Tourismus, durch den neue Arbeitsplätze entstanden. Auch dieser erfuhr durch die verkehrstechnische Anbindung einen Aufschwung. Nun war schnelles und bequemes Reisen möglich.[16]

Wie wichtig gerade der Ausbau des Eisenbahnnetzes war, verdeutlichen kleine Kommunen wie Aulendorf, das im 19. Jahrhundert Bahnknotenpunkt wurde und davon profitierte. Seit 1850 lag die Stadt an der Strecke Ulm-Friedrichshafen und wurde ab 1869 mit der zusätzlichen Strecke Saulgau-Waldsee Knotenpunkt. Der Eisenbahnbau sorgte in der Stadt seit den 1850er Jahren für eine Verdopplung der Bevölkerung von 1000 Einwohner auf über 2000 Einwohner zur Jahrhundertwende. Für Städte wie Buchau zeigte sich die negative Seite der fehlenden Anbindung. Dort stagnierte das Bevölkerungswachstum bis 1900.[17] Entlang der neu entstehenden Bahnlinien sowie der Flüsse wuchsen die Städte an. Von der alten Reichsstadt Ulm im Norden Oberschwabens aus zogen sich dichter besiedelte Gebiete entlang der Iller und der Donau. An der Südbahn lagen Laupheim, Biberach und Schussenried. Von dort aus ging es über Ravensburg bis Tettnang und Friedrichshafen. Im Osten der Region waren lediglich die Städte Waldsee, Isny und Wangen im Allgäu dichter besiedelt, die seit den 1870er Jahren bzw. Wangen seit 1880 auch über Bahnanschlüsse an die Württembergische Allgäubahn verfügten. Viele der ländlichen Gemeinden verzeichneten dagegen eine Bevölkerungsabnahme von über 10 %. Deren Bewohner wanderten in die Städte, die teils 60 % und mehr Zuwachs verzeichneten.[18]

Das Wachstum der Region Oberschwaben war also hauptsächlich durch eine Wanderungsbewegung in die wenigen größeren Städte zu erklären. Hier fanden die Menschen Arbeit. Der Strukturwandel in den ländlichen Gebieten machte sich bemerkbar. So waren die Oberämter Ravensburg und Tettnang mit ihrem frühen und hohen Industrialisierungsgrad am dichtesten besiedelt. Das Oberamt Tettnang verzeichnete das gesamte 19. Jahrhundert über eine hohe Bevölkerungszunahme und dichte Besiedlung. Auch das Oberamt Ravensburg hat ein durchgehend hohes Niveau der Wachstumsraten. Beide Oberämter werden zu Beginn des 20. Jahrhunderts zum Hauptverdichtungsraum in Oberschwaben, verfügten über bedeutende Industriebetriebe, vor allem in Friedrichs-

---

16 Hasso SPRODE, Zur Geschichte des Tourismus. Eine Skizze der Entwicklung der touristischen Reise in der Moderne (Studienkreis für Tourismus e V.), Starnberg 1987, hier v.a. S. 19–28; Steffen KAISER, Vom regionalen zum globalen Markt. Politische, gesellschaftliche und marktwirtschaftliche Wandlungen im württembergischen Agrarsektor 1848–1914 (Veröffentlichen der Kommission für geschichtliche Landeskunde in Baden-Württemberg, Reihe B, Bd. 230), Ostfildern 2022, S. 144, 239–240.
17 EITEL, Geschichte Oberschwabens Bd. 2 (wie Anm. 4), S. 162; GREES, Bevölkerungsentwicklung in den Städten Oberschwabens (wie Anm. 4), S. 129, Tabelle 3.
18 Strukturatlas Oberschwaben (wie Anm. 3), Karte Bevölkerungsbewegung in den Jahren 1871–1939; EITEL, Geschichte Oberschwabens Bd. 2 (wie Anm. 4), S. 143–145.

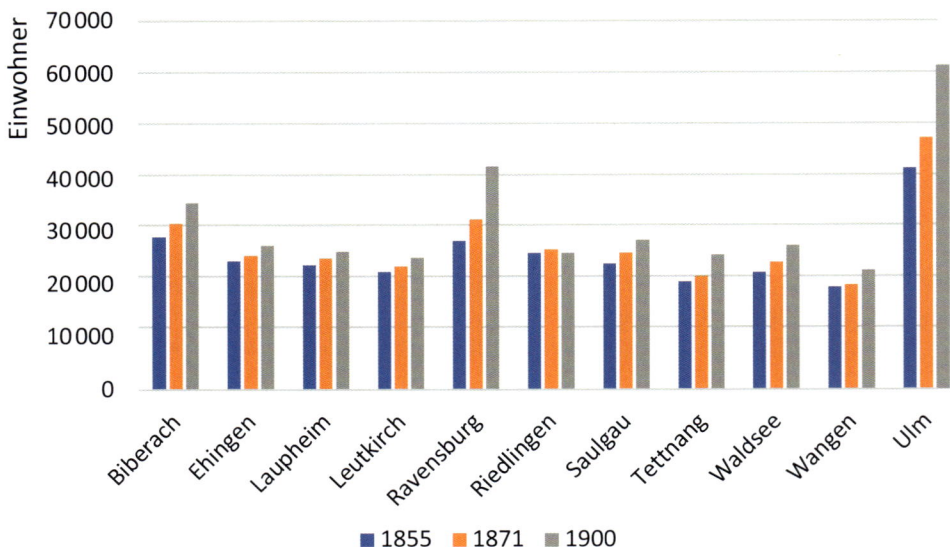

2 Bevölkerungsentwicklung der Oberämter in den Jahren 1855, 1871 und 1900. Quellen: Kuhn, Industrialisierung in Oberschwaben und am Bodensee (wie Anm. 4), S. 487f.; Lang, Entwicklung der Bevölkerung in Württemberg (wie Anm. 20), S. 490.

hafen, und waren früh an die Eisenbahn angebunden.[19] Daneben spielte auch die Stationierung von Militär im Oberamt Ravensburg eine Rolle bei der Bevölkerungsentwicklung. So wurde in Weingarten 1868 eine Garnison errichtet. Dies brachte der Stadt bis 1895 ein enormes Bevölkerungswachstum. Überhaupt darf die Ansiedlung von Militär in Bezug auf die Bevölkerungszunahme nicht unterschätzt werden. In Ravensburg, Biberach und Weingarten war das Militär für gut 7 % des Bevölkerungswachstums zwischen 1856 und 1895 verantwortlich.[20] Daneben weisen Städte wie Friedrichshafen, Isny, Laupheim, Mengen, Tettnang und Waldsee einen hohen Bevölkerungszuzug auf. Das Oberamt Wangen hatte nur in den Städten Wangen und Isny eine höhere Bevölkerungsdichte. Hier gab es durch die wachsende Käserei gute Arbeitsbedingungen. Dank der Eisenbahn konnten die Produkte nun einfach und kostengünstig transportiert und vermarktet werden. Die Täler und Niederungen um Isny und Wangen bestanden aus Moor- und Torfböden, weshalb eine Besiedlung nur schwer möglich war. Außerdem gab es im Oberamt überwiegend arrondierte Besitzungen, weshalb kaum größere Ansiedlungen bestanden.[21]

19 Kuhn, Industrialisierung in Oberschwaben und am Bodensee (wie Anm. 4), S. 14; Eitel, Geschichte Oberschwabens Bd. 2 (wie Anm. 4), S. 165.
20 Hans Lang, Die Entwicklung der Bevölkerung in Württemberg und Württembergs Kreisen, Oberamtsbezirken und Städten im Laufe des XIX. Jahrhunderts. Mit Tabellen und fünf Karten (Beiträge zur Geschichte der Bevölkerung in Deutschland seit dem Anfang des XIX. Jahrhunderts, Bd. VII) Tübingen 1903, S. 41–44.
21 Die Moorgebiete des Oberamts sind zu finden in den Gemeinden Kißlegg, Sommersried, Emmelhofen und zum Teil Immenried. Die größten Moorgebiete in Württemberg befinden sich jedoch um

Ab 1895 hat das Oberamt Wangen ein starkes Bevölkerungswachstum zu verzeichnen. Das Oberamt Waldsee entwickelt sich im letzten Drittel des 19. Jahrhunderts bereits positiv und hat Wachstumsraten leicht über dem oberschwäbischen Durchschnitt. Das Oberamt jedoch weist zusammen mit dem Oberamt Leutkirch die dünnste Besiedlung der ganzen Region auf; eine Folge der noch immer praktizierten Vererbung an einen Nachfolger und dadurch bestehenden großen Einzelhöfe.[22] Trotz der Entwicklung der Städte blieben viele Oberämter der Region – Biberach, Saulgau, Waldsee, Ravensburg, Tettnang, Wangen und Leutkirch – bäuerlich geprägt. Hier gab es bedingt durch die Anerbenregelung große Höfe und mehr Weiler als Dörfer. So bewirtschafteten um die Jahrhundertwende laut statistischen Erhebungen landwirtschaftliche Betriebe mit einer Größe von fünf bis 20 Hektar Fläche ungefähr ¾ der landwirtschaftlichen Nutzfläche Oberschwabens. Nur wenige Betriebe lagen über 20 Hektar Nutzfläche. Ebenso sind in Oberschwaben, anders als im Mittleren Neckarraum, kaum sogenannte Parzellenbetriebe zu finden, die weniger als zwei Hektar Fläche bewirtschafteten. Die Durchschnittsgröße der landwirtschaftlichen Betriebe in Oberschwaben war mit circa 7 Hektar deutlich größer als im Mittel des gesamten Königreichs mit 3,8 Hektar. Dieses Verhältnis spiegelt sich in den Durchschnittsgrößen der landwirtschaftlichen Betriebe in den einzelnen Oberämtern wider: Im Oberamt Wangen lag die durchschnittliche Größe bei 8,8 Hektar. Im stärker industrialisierten Oberamt Tettnang wiesen die landwirtschaftlichen Betriebe durchschnittlich 6 Hektar auf. Ähnlich zeigte sich die durchschnittliche Betriebsgröße in den Oberämtern Laupheim und Riedlingen mit 5,5 Hektar und 6,9 Hektar. Beide Oberämter bildeten zusammen mit den Oberämter Blaubeuren, Münsingen und Ehingen die am dünnsten besiedelte Region des Königreichs. Die Bevölkerungszunahme war sehr gering mit 0,2 % im Zeitraum von 1856 bis 1895.[23]

Noch geringer war das Bevölkerungswachstum im angrenzenden preußischen Hohenzollern: Das Oberamt Sigmaringen nahm um 0,25 % zwischen 1862 und 1895 zu, das Oberamt Hechingen nur um 0,01 % und das Oberamt Gammertingen verzeichnete gar eine Abnahme von 0,13 %. Es gab in den hohenzollernschen Gebieten außerdem kaum größere Gemeinden.[24]

Es sind also vor allem die städtischen Zentren, die über die Entwicklung des Gesamtbezirks entscheiden. Allerdings darf das Wachstum der Städte nicht darüber hinwegtäuschen, dass die wenigsten Städte Oberschwabens im 19. Jahrhundert mehr als 5000 Einwohner zählten. 1850 erreichte dies mit weitem Abstand nur Ulm mit 21 000 Einwohner, weit abgeschlagen folgen Ravensburg mit 5700 Einwohnern und Biberach mit

---

Wurzach und Ostrach. Vgl. dazu Beschreibung des Oberamts Wangen, verf. von August PAULY, hg. vom königlich statistisch-topographischen Büreau. Mit einer Karte des Oberamts, einer Ansicht von Wangen und vier Tabellen (Beschreibung des Königreichs Württemberg 15), Stuttgart u. a. 1841, S. 27–28. Die arrondierten Bauerngüter sind großenteils das Ergebnis der sog. Vereinödung. Vgl. dazu NOWOTNY, Vereinödung im Allgäu (wie Anm. 9), hier v. a. S. 10–49. sowie den Beitrag von Edwin Ernst WEBER in diesem Band.
22 KUHN, Industrialisierung in Oberschwaben und am Bodensee (wie Anm. 4), S. 15; EITEL, Geschichte Oberschwabens Bd. 2 (wie Anm. 4), S. 165.
23 LANG, Entwicklung der Bevölkerung in Württemberg (wie Anm. 20), S. 41–42.
24 EBD., S. 40–44.

5800 Einwohnern. 50 Jahre später hatte sich die Bevölkerung Ulms auf knapp 43 000 Einwohner erhöht. Ravensburg zählte 13 000 Einwohner, Biberach folgte mit 8300, und auf Platz vier stand Weingarten mit 6600 Einwohnern. Keine weitere Gemeinde der Region zählte über 5000 Einwohner. Städte wie auch ländliche Regionen blieben im Verhältnis zu den württembergischen Kernlanden dünn besiedelt.[25]

Vom Kaiserreich bis in die Bundesrepublik: 1900 bis 1970

Bis zum 1. Weltkrieg wuchs die Bevölkerung in Oberschwaben. Der Krieg brachte dann Bevölkerungsverluste und auch noch in der Nachkriegszeit ein stagnierendes Wachstum. Von dieser Entwicklung stark betroffen waren in der Hauptsache die ländlichen Regionen. Die Städte dagegen hatten auch während des Krieges trotz der vielen gefallenen Soldaten keine stärkere Bevölkerungsabnahme zu beklagen. Vor allem Friedrichshafen, das durch die Rüstungsindustrie eine steigende Anzahl an Arbeitsplätzen bieten konnten, profitierte vom Krieg. Die allermeisten Städte der Region stagnierten aber im Bevölkerungswachstum. Eine Ausnahme bildete Weingarten. Dort brach die Bevölkerungszahl bis 1919 stark ein. Die Verluste lassen sich durch die im Felde stehende Garnison erklären, die vor dem Krieg einen großen Teil der Bevölkerung stellte. Ähnliche Entwicklungen weisen auch die Oberämter auf. Ravensburg und Tettnang mit ihren starken Industriebetrieben wuchsen konstant. Alle anderen Oberämter verloren zwischen 1916 und 1919 Bevölkerung, wuchsen nach dem Krieg nur geringfügig und auch bis 1925 kaum. An letzter Stelle standen hier die Oberämter Laupheim, Ehingen und Riedlingen mit negativen Wachstumsraten. Hauptgrund für das leichte Wachstum war eine steigende Geburtenrate unmittelbar nach dem Krieg, die sich jedoch durch Inflation und Rezession schnell wieder abschwächte. Vor allem die ländlichen Oberämter verloren mehr Bevölkerung durch Abwanderung, als sie durch Geburten hinzugewannen. Gerade der nördliche Teil Oberschwabens hatte zwischen 1925 und 1933 den stärksten Bevölkerungsverlust des ganzen Königreichs. Eine andere Entwicklung hatte Württemberg insgesamt, welches bis 1925 eine Bevölkerungszunahme aufweist. Bewohner der ländlichen Regionen wanderten vielfach in die umliegenden Städte, vor allem wohl aber in die wirtschaftlich stärkeren Gebiete wie im Mittleren Neckarraum ab.[26]

Eine Zunahme der Bevölkerungszahlen zeigte sich für die Region Oberschwaben erst ab 1933. Dabei sind es vor allem die Industriestädte Friedrichshafen, Ravensburg und Ulm, die ein großes Bevölkerungswachstum vorweisen. Dies wirkt sich auch auf die Oberämter aus, in denen diese Städte liegen. Innerhalb Oberschwabens blieben die nordwestlichen Oberämter am dünnsten besiedelt. Mit Einschränkung gehört auch das Oberamt Laupheim dazu. Ebenso haben die Oberämter im südlichen Allgäu um Leut-

---

25 KUHN, Industrialisierung in Oberschwaben und am Bodensee (wie Anm. 4), S. 15–16.
26 EBD., S. 10; Historischer Atlas Baden-Württemberg (wie Anm. 1); GREES, Bevölkerungsentwicklung in den Städten Oberschwabens (wie Anm. 4), S. 167; EITEL, Geschichte Oberschwabens Bd. 3 (wie Anm. 4), S. 97.

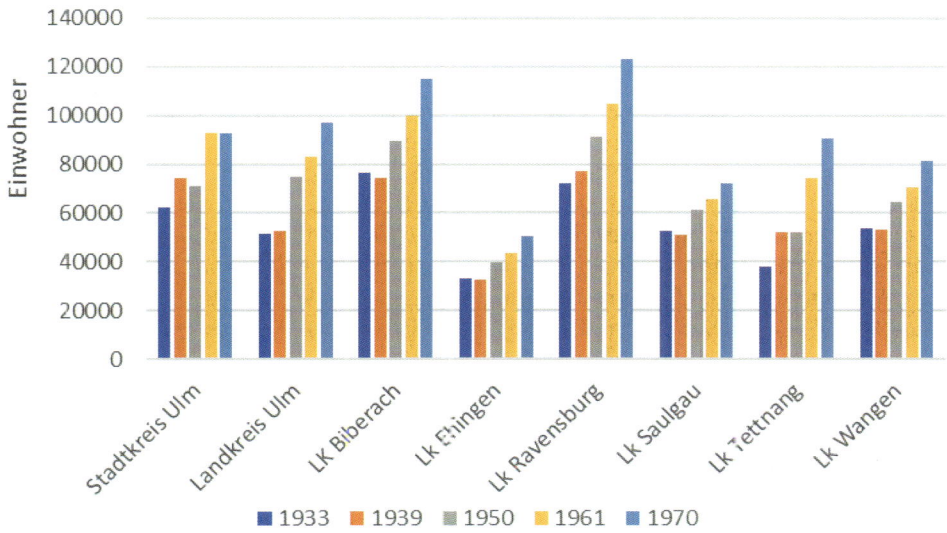

3 Bevölkerungsentwicklung der Landkreise in den Jahren 1933, 1939, 1950, 1961 und 1970.
Quelle: GREES, Bevölkerungsentwicklung der Gemeinden 1834 und 1970 (wie Anm. 11), S. 126.

kirch, Waldsee und Wangen eine niedrige Bevölkerungsdichte.[27] Anders stellt sich die Entwicklung bei den Städten dar. So zeigt sich beispielsweise für Wangen ein konstantes Bevölkerungswachstum. Die Stadt verfügte zu Beginn des 20. Jahrhunderts über eine boomende Textil- und Papierindustrie sowie Käsefabrikation. Ravensburg, Biberach und Tettnang waren die am stärksten industrialisierte Oberämter der Region, was sich auch in einem starken Bevölkerungswachstum manifestierte. Ravensburg und Biberach wurden durch die Auswirkungen des 1. Weltkriegs leicht gebremst. Auch in Tettnang und Friedrichshafen kam es nach 1918 zu einem Einbruch der Rüstungsindustrie und einer starken Abnahme der Arbeiterzahlen, trotzdem hielt das Bevölkerungswachstum insgesamt weiter an.[28] Ein stärkerer Bevölkerungsanstieg zeigte sich im Landkreis Tettnang, und hier vor allem in der Stadt Friedrichshafen, mit der Aufrüstungspolitik des NS-Staates nach 1933. Die Bevölkerung nahm bis 1939 um 37,0 % zu.

Daneben weisen nur noch die Landkreise Ulm und Ravensburg positive Wachstumsraten von 19,0 % bzw. 6,9 % auf. Dabei lohnt ein Blick auf die Stadt Ravensburg. Diese wuchs im selben Zeitraum um 69,0 %. Dem gegenüber steht eine Bevölkerungsabnahme in den ländlichen Regionen des Kreises, ohne die die geringe Wachstumsrate des Landkreises nicht erklärbar wäre. Diese Entwicklung ist in allen ländlichen Kreisen erkenn-

---

27 GREES, Bevölkerungsentwicklung der Gemeinden 1834 und 1970 (wie Anm. 11), S. 12; KUHN, Industrialisierung in Oberschwaben und am Bodensee (wie Anm. 4), S. 12.
28 Bevölkerungsentwicklung in der Region Bodensee-Oberschwaben (wie Anm. 3), S. 12; EITEL, Geschichte Oberschwabens Bd. 2 (wie Anm. 4), S. 161. Vgl. dazu den Beitrag von Elmar L. KUHN in diesem Band.

bar, die in diesem Zeitraum negative Wachstumsraten aufweisen. Hier verzeichnen lediglich die Städte positive Wachstumsraten. So wirkte sich die Aufrüstung in der NS-Zeit auch für Weingarten positiv aus. Die Stadt wuchs um 2000 Einwohner an. Laupheim und Buchau weisen dagegen Wanderungsdefizite auf, da sie eine hohe Zahl an jüdischen Bürgern hatten, die während der NS-Zeit emigrierten oder verschleppt wurden. So wächst Laupheim lediglich um 3,0 %, Buchau um 6,5 %. Auch Biberach weist eine Zunahme von lediglich 3,0 % auf. Hier nimmt die Bevölkerung im Landkreis sogar ab. Doch noch immer sind die oberschwäbischen Städte vergleichsweise klein; neun haben weniger als 5000 Einwohner, zehn Städte knapp über 5000.[29]

Der 2. Weltkrieg beendete für die Industriestädte kurzfristig das Bevölkerungswachstum. Friedrichshafen und Ulm verlieren jeweils um die 10 000 Einwohner, was wohl vor allem auf die Bombardierungen zurückzuführen ist, weshalb viele Bewohner geflohen sind bzw. aufgrund der Zerstörungen keine Bleibe in der Stadt mehr fanden. Die Bewohner zogen vor allem ins vor Bombenangriffen sichere ländliche Umland. Hinzu kam der Zustrom von Evakuierten, Flüchtlingen und Heimatvertriebenen. So wuchsen alle Kreise zwischen 1939 und 1950 stark, allein der Landkreis Ulm um mehr als 20 000 Einwohner. Mit dem Ende des Krieges stieg auch die Einwohnerzahl der Städte und Gemeinden wieder. Alle Städte in der Region erfuhren eine Bevölkerungszunahme. Die Region war eine Zufluchtsregion, da sie größtenteils von Bombenangriffen verschont blieb. Auch die Landkreise legten an Bevölkerung zu. Verdichtungsschwerpunkte blieben die Regionen zwischen Ulm und Biberach sowie im Dreieck Friedrichshafen, Tettnang, Ravensburg, im südlichen Allgäu und entlang von Iller und Donau.[30]

Die großen Verluste an der Bevölkerung durch den 2. Weltkrieg wurden überdeckt durch die kriegsbedingt einsetzenden Flüchtlingsströme. Seit 1943 wurden ganze Familien nach Oberschwaben evakuiert, um dem Bombardement in ihrer Heimat zu entfliehen. Erste Tendenzen zeigten sich bereits 1945 und 1946, obwohl zu diesem Zeitpunkt noch vieles in Bewegung war. Schon 1946 lagen die Einwohnerzahlen oft über dem Vorkriegsniveau.[31] In großer Zahl kamen die Geflüchteten und Heimatvertriebenen in das französisch besetzte Oberschwaben jedoch erst nach 1950, da vorher die französische Besatzungsmacht die Zuwanderung verhindert hatte. Die Militärregierung hatte sich aufgrund der schlechten Versorgungslage gegen die Aufnahme von Flüchtlingen ausgesprochen. Mit dem Ende des Aufnahmestopps wurden die Vertriebenen dann nach administrativen Gesichtspunkten verteilt, nämlich nach Unterbringungs- und Versorgungslage, nicht nach Erwerbsmöglichkeiten. Schnell machte sich im Anschluss an die Verteilung auf die ländlichen Regionen eine Wanderung in Richtung der Städte bemerk-

---

29 Strukturatlas Oberschwaben (wie Anm. 3); GREES, Bevölkerungsentwicklung in den Städten Oberschwabens (wie Anm. 4), S. 167; EITEL, Geschichte Oberschwabens Bd. 3 (wie Anm. 4), S. 113–114, 282–285.
30 Strukturatlas Oberschwaben (wie Anm. 3); EITEL, Geschichte Oberschwabens Bd. 3 (wie Anm. 4), S. 343–344.
31 GREES, Bevölkerungsentwicklung der Gemeinden 1834 und 1970 (wie Anm. 11), S. 14–15; Werner BRACHAT-SCHWARZ, 70 Jahre demographische Entwicklung in Baden-Württemberg. Vom „Babyboom" zu den Herausforderungen einer immer älter werdenden Gesellschaft, in: Statistisches Monatsheft Baden-Württemberg 3 (2022), S. 5–13, hier: S. 9; EITEL, Geschichte Oberschwabens Bd. 3 (wie Anm. 4), S. 346.

bar. Wer auf dem Land lebte, pendelte in der Regel in die städtischen Zentren oder zog ganz dorthin. In den Städten fanden sich Erwerbsmöglichkeiten in der Industrie, während der überwiegende Teil Oberschwabens noch immer landwirtschaftlich geprägt war. Über 5800 Heimatvertriebene zählte Oberschwaben bereits 1950, als mit der Aufnahme der Vertriebenen gerade begonnen wurde. Das war 1,0 % der Bevölkerung. Trotz der konfessionell sehr heterogenen Zusammensetzung der Flüchtlinge und Heimatvertriebenen blieben große Teile Oberschwabens stark katholisch geprägt. Nur rund um die Industriezentren am Bodensee sank der Anteil der katholischen Bevölkerung auf unter 70 %.[32]

In den Jahren zwischen 1951 und 1960 wurden die Wanderungssalden überall positiv. Starke Zuwanderung erfuhren Biberach, Ulm und Friedrichshafen. Die beiden letztgenannten Städte profitierten dabei auch von der Rückkehr der Ausgebombten bzw. vor den Bombardierungen geflohenen Einwohner. Für alle Industriestädte sind die Beschäftigungsmöglichkeiten ein wichtiges Argument für die Zuwanderung. Einige kleine Städte weisen demgegenüber Abwanderungen auf, wie Scheer, Buchau, Aulendorf und Mengen. Auch Saulgau und Wangen haben eine schwach negative Bilanz.[33] Zwischen 1950 und 1970 ist das Wachstum der Bevölkerung durch Zuwanderung und Geburtenüberschüsse zu erklären. So waren 1961 13,4 % der Bevölkerung Oberschwabens Flüchtlinge und Heimatvertriebene, nur leicht weniger als in Baden-Württemberg insgesamt mit 15,5 %. Weiterhin blieb Oberschwaben aber hinter dem Bevölkerungswachstum des Landes zurück, jedoch verringerte sich der Abstand. Mit dem Bau der Berliner Mauer 1961 nahmen die Flüchtlingszuzüge spürbar ab. Trotzdem wuchs die Bevölkerung in Oberschwaben bis 1970 weiter um 13,8 %, was vor allem durch Wanderungsgewinne zu erklären ist. Das Wachstum lag damit nur wenig hinter Baden-Württemberg insgesamt mit 15,4 %. Diese Entwicklung hängt vermutlich mit der seit 1950 in der Fläche einsetzenden Industrialisierung der Region und auch den Förderungsimpulsen zusammen, die zur Verbesserung der wirtschaftlichen Situation sowie der Infrastruktur Oberschwabens aufgelegt wurden.[34] Konstant blieb weiterhin die Wanderungsbewegung vom Land in die Stadt. Die Geburtenzahlen fanden 1964 ihren Höhepunkt. Danach führte der sogenannte Pillenknick, ausgelöst durch die Antibabypille zur Empfängnisverhütung, innerhalb von zehn Jahren zu einem drastischen Rückgang der Geburtenrate auf ca. 1,5 Kinder je Frau. Auf diesem niedrigen Wert pendelt er sich bis in die Gegenwart ein. Mitte der 1970er Jahre haben sich Geburten- und Sterberate angeglichen. Dass es überhaupt noch zu Bevölkerungszunahmen kam, ist auf die Anwerbung von sogenannten Gastarbeitern ab der Mitte der 1950er Jahre zurückzuführen.[35]

32 Strukturatlas Oberschwaben (wie Anm. 3), Karte Überwiegende Religionszugehörigkeit am 6. Juni 1961; EBD., Karte Bevölkerungsbewegung in den Jahren 1950–1960; GREES, Bevölkerungsentwicklung der Gemeinden 1834 und 1970 (wie Anm. 11), S. 14–15, 23; BRACHAT-SCHWARZ, 70 Jahre demographische Entwicklung (wie Anm. 31), S. 9; Landkreis Sigmaringen, hg. vom Innenministerium und Wirtschaftsministerium Baden-Württemberg, (Die Stadt- und Landkreise Baden-Württembergs in Wort und Zahl Heft 58), Stuttgart 1972, S. 7; EITEL, Geschichte Oberschwabens Bd. 3 (wie Anm. 4), S. 414.
33 GREES, Bevölkerungsentwicklung in den Städten Oberschwabens (wie Anm. 4), S. 167.
34 Landkreis Sigmaringen (wie Anm. 32), S. 7; Grees, Bevölkerungsentwicklung in den Städten Oberschwabens (wie Anm. 4), S. 124–127.
35 GREES, Bevölkerungsentwicklung der Gemeinden 1834 und 1970 (wie Anm. 11), S. 14–15; BRACHAT-SCHWARZ, 70 Jahre demographische Entwicklung (wie Anm. 31), S. 9; Entwicklung der Kinderzahl je

In dieser Zeit trat ein neues Phänomen in der Bevölkerungsverteilung auf. Das Wachstum verlagerte sich nun von den Städten in deren näheres Umland. Es begann die Suburbanisierung. Das zeigen auch die Wachstumsraten der oberschwäbischen Städte. Während Tettnang zwischen 1965 und 1970 noch um fast 16 %, Waldsee um gut 12 %, Leutkirch um gut 16 % und Ehingen um 26 % gewachsen waren, lagen die Wachstumsraten in Friedrichshafen, Ulm und Ravensburg bei 8,4 %, -0,5 % und -0,2 %. Kleinere, eher abseits gelegene Städte wie Aulendorf und Buchau verloren sogar 4,8 % bzw. 2,2 % ihrer Bevölkerung. Dagegen wiesen Städte wie Wurzach mit 24 % oder Munderkingen mit 11 % stabile Zuwächse aus. Weingarten, noch immer Militärstandort und seit 1949 auch Hochschulstandort, wies fast 11 % Bevölkerungswachstum aus. Auch die Landkreise der Region verzeichneten einen Bevölkerungsgewinn. Der Landkreis Tettnang wuchs im Zeitraum 1961 bis 1970 um 22 %, der Landkreis Ravensburg um knapp 18 %. Sogar die ländlich geprägten Kreise Saulgau und Wangen hatten Wachstumsraten von 10 % und 15 %. Inzwischen lagen die Wachstumsraten der Region Oberschwaben teils über denen von Baden-Württemberg insgesamt. Das deutet auf eine Verlagerung des Wachstums aus den großen Verdichtungsräumen in die ländlichen Regionen hin. Außerdem lässt sich eine Binnenwanderung der Bevölkerung aus den Städten ins nähere Umland feststellen. Die Suburbanisierung ist ein Produkt der steigenden Mobilität und besseren Verkehrsanbindung der ländlichen Gebiete. Dazu kam der in den Vorstädten günstige Wohnraum, durch den die Attraktivität dieser Siedlungen zunahm.[36]

Von der Bonner zur Berliner Republik: 1970 bis in die Gegenwart

Die Suburbanisierung führte keinesfalls zu einem Bevölkerungswachstum in den ländlichen Regionen, sondern brachte lediglich den städtischen Außenbezirken steigende Wachstumsraten. Jedoch bedeutete diese Entwicklung einen schleichenden Rückgang der Einwohnerzahlten der Städte. So wiesen zwischen 1970 und 1975 nur Weingarten mit 18,5 %, Waldsee mit 10,0 % und Tettnang mit 12,0 % zweistellige Wachstumsraten auf. Das Gros der Städte hatte weniger als 5,0 % Wachstum. Ravensburg, Ulm und Biberach verzeichneten sogar ein negatives Bevölkerungswachstum. Die Bevölkerung der Landkreise nahm moderat zu, mit Wachstumsraten im einstelligen Bereich. Lediglich der Stadtkreis Ulm verlor 3,6 % seiner Bevölkerung. Die Bevölkerung siedelte sich also vor allem in den Umlandgemeinden an, weshalb es zu keinen merklichen Wachstumsbewegungen in den Landkreisen kam.

Die Abwanderung aus den ländlichen Regionen blieb weiterhin bestehen. Diese Entwicklung verstärkte sich noch zwischen 1975 und 1980. Sogar die bisher konstant gewachsenen Städte Weingarten und Tettnang verzeichneten nur noch 4,0 % bzw. 5,0 % an Bevölkerungszunahme. Ansonsten gingen die Wachstumsraten der Städte gegen Null

---

Frau in Baden-Württemberg seit 1960, hg. vom Statistischen Landesamt Baden-Württemberg, https://www.statistik-bw.de/Presse/Pressemitteilungen/2022174#fig-nr-rel1 (aufgerufen am 17.7.2023).
36 Bevölkerungsentwicklung in der Region Bodensee-Oberschwaben (wie Anm. 3), S. 16, 33.

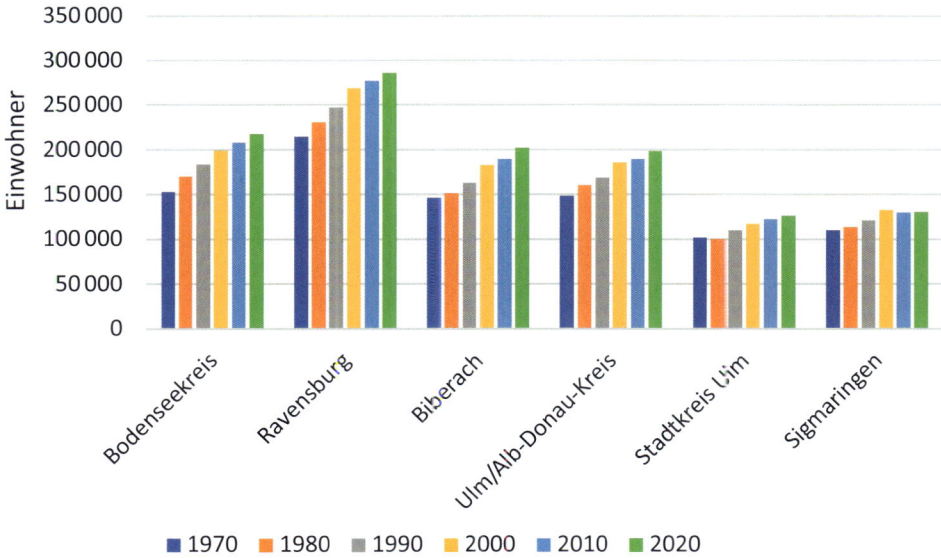

4 Bevölkerungsentwicklung der Landkreise in den Jahren 1970, 1980, 1990, 2000, 2010 und 2020. Quelle: Statistisches Landesamt Baden-Württemberg, Bevölkerung, Gebiete und Bevölkerungsdichte, https://www.statistik-bw.de/BevoelkGebiet/Bevoelkerung/01515020.tab?R=LA (aufgerufen am 7.7.2023).

bzw. lagen im negativen Bereich. So verloren Aulendorf und Riedlingen 3,0 % bzw. 2,7 % ihrer Bevölkerung. Die Landkreise wiesen weiterhin geringe Wachstumsraten auf, wobei hier vor allem entlang des Bodensees höhere Werte zu finden waren. Der Wegzug in die Umlandgemeinden und damit die Suburbanisierung setzten sich fort.[37] Die geringen Wachstumsraten der oberschwäbischen Kreise hängen zusammen mit dem Anwerbungsstopp von Gastarbeitern, verhängt als Gegenmaßnahme gegen die durch die Ölkrise ausgelöste Rezession ab 1973. Baden-Württemberg erfuhr daraufhin Wanderungsverluste. Oberschwaben wuchs trotzdem moderat weiter, weshalb die Region im relativen Bevölkerungswachstum das Land insgesamt überholte. Die für das Bevölkerungswachstum wichtige Migration blieb bis in die 1980er Jahre sehr wechselhaft. Dies hing mit den wirtschaftlichen Einbrüchen sowie der zweitweiligen bundesweiten Förderungen der Rückwanderung von Ausländern zusammen. Die zwischen 1970 und 1980 erkennbare Zuwanderung lässt sich durch die Spätaussiedler aus den ehemaligen Ostblockstaaten, vor allem aber aus Polen und Rumänien, erklären. Diese Einwanderungsbewegungen sorgten für das leicht positive Bevölkerungswachstum der Region, das sich bis Mitte der 1980er Jahre jedoch deutlich abschwächte.

37 Bevölkerungsentwicklung in der Region Bodensee-Oberschwaben (wie Anm. 3), S. 13; Wolf-Dieter SICK, Oberschwaben als Wirtschaftsraum, in: Hans-Georg WEHLING (Hg.), Oberschwaben (Schriften zur politischen Landeskunde Baden-Württemberg), Stuttgart u. a. 1995, S. 45–64, hier S. 62.

Der Mauerfall 1989 und die daraufhin einsetzende Binnenmigration aus den nun neuen Bundesländern brachten Baden-Württemberg und Oberschwaben dann erneut einen enormen Zuwanderungsschub. Alle Städte verzeichneten nun wieder ein positives Bevölkerungswachstum und teils zweistellige Wachstumsraten. So wies Aulendorf einen Zuwachs von 13,5 %, Waldsee von 11,0 % auf. Das geringste Wachstum hatte Weingarten mit 1,6 %. Die Zuwanderung fand auch weiterhin vor allem in den Städten und deren Umlandgemeinden statt. Die Landkreise hatten zwar positive Wachstumsraten, diese lagen jedoch nur im einstelligen Bereich zwischen 4,0 % und 8,0 %.[38]

Oberschwaben überholte im relativen Bevölkerungswachstum zwischen 1970 und 1990 Baden-Württemberg insgesamt. Immer mehr Menschen zogen jetzt in die ländlichen Regionen. Maßgeblichen Anteil an dieser Entwicklung hatten die Bodenseeufer-Anrainergemeinden. Zwischen 1961 und 1993 wiesen manche Städte am Bodensee wie Daisendorf (311 %), Stetten (167 %) und Immenstaad (166 %) enorm hohe Wachstumsraten auf. Dafür verantwortlich war neben dem Tourismus auch der Zuzug von Rentnerinnen und Rentnern. Das Bodenseegebiet wurde für Senioren eine attraktive Region mit hohem Wohn- und Freizeitwert. Gleichfalls hohe Bevölkerungszunahmen wiesen die Gegend um Ulm, sowie das Donau-, Riß- und Illertal auf. Hier war neben dem Geburtenüberschuss vor allem der Zuzug aufgrund der guten wirtschaftlichen Lage in diesen Räumen im Gewerbe- und Dienstleistungssektor ein zentraler Wachstumsfaktor.[39] Die ländlichen Regionen wuchsen ebenfalls, allerdings nicht so stark wie die städtischen Ballungsgebiete. Noch immer wohnten in vielen Regionen Oberschwabens weniger als 94 Einwohner je km². Demgegenüber stand die Achse von Ulm über Biberach nach Ravensburg und Friedrichshafen. Hier wohnten die meisten Einwohner Oberschwabens. Die dort liegenden Städte waren hauptsächlich verantwortlich für das positive Bevölkerungswachstum der Region.[40]

Ab den 1990er Jahren nahm das Wachstum in den ländlichen Regionen deutlich zu, in Sigmaringen sogar etwas früher. Der Landkreis Sigmaringen überholte zwischen 1990 und 1995 die angrenzenden Kreise und verzeichnete mit 8,0 % den höchsten Zuwachs. Die wirtschaftliche Rezession in den späten 1990er Jahren machte sich dann in der demographischen Entwicklung ebenso bemerkbar wie die abflauende Binnenmigration. Das Wachstum der Städte ging zwischen 1995 und 2000 auf weniger als 5,0 % zurück. Nur Aulendorf mit 6,1 % und Tettnang mit 6,4 % lagen leicht darüber. Isny und Buchau wiesen negative Wachstumsraten von -1,1 % und -1,4 % auf. Auch die Landkreise wuchsen jetzt nur noch zwischen 1,3 % und 4,1 %, wobei den höchsten Zuwachs der Landkreis Biberach, den niedrigsten der Stadtkreis Ulm aufwiesen. Die ländlichen Gemeinden mit geringen Wachstumsraten zum Ende des Jahrhunderts waren auch oft diejenigen, die zu Beginn des neuen Jahrtausends geringe Wachstumsraten aufwiesen.

---

38 BRACHAT-SCHWARZ, 70 Jahre demographische Entwicklung (wie Anm. 31), S. 5–6.
39 SICK, Oberschwaben als Wirtschaftsraum (wie Anm. 35), S. 62; Bevölkerungsentwicklung in der Region Bodensee-Oberschwaben (wie Anm. 3), S. 32.
40 Bevölkerungsdichte 2021. Bevölkerungsfortschreibung zum 31.12. Feststellung des Gebietsstandes, hg. vom Landesamt für Geoinformation und Landesentwicklung, https://www.statistik-bw.de/Intermaptiv/?i=01101 (aufgerufen am 7.7.2023).

Dass die Wachstumsraten in der gesamten Region positiv geblieben sind, lag in der Hauptsache an der vergleichsweise hohen Geburtenrate vieler Regionen in Oberschwaben, weshalb sinkende Wanderungsbewegungen meist nicht zu einem Bevölkerungsverlust führten. Hohe Geburtenraten wiesen in den 1990er Jahren vor allem Orte ohne Zentralität auf, gefolgt von den Unter- und Kleinzentren sowie den Ober- und Mittelzentren als Schlusslichter. Die Geburtenraten zeigen damit eine umgekehrte Entwicklung wie die Bevölkerungszunahme.[41]

Trotz des langjährig positiven Bevölkerungswachstums zählen die fünf oberschwäbischen Landkreise zur Jahrtausendwende noch immer zu den am dünnsten besiedelten Regionen des Landes. Die durchschnittliche Bevölkerungsdichte der fünf Landkreise lag bei rund 170 Einwohnern je km². Der Landesdurchschnitt von Baden-Württemberg wies 293 Einwohner je km² auf. Regional zeigen sich allerdings deutliche Unterschiede. So lag der Bodenseekreis mit 300 Einwohnern je km² über dem Landesdurchschnitt. Dagegen wiesen der Landkreis Ravensburg 165 Einwohner je km² und der Landkreis Sigmaringen lediglich 111 Einwohner je km² auf. Nordwestlich von Ravensburg jedoch finden sich Gemeinden mit weniger als 50 Einwohner je km², die sogar einen Bevölkerungsrückgang verzeichneten.[42] Um 2000 begann die Bevölkerungsentwicklung zu stagnieren und fiel nach der Finanz- und Wirtschaftskrise 2009 ab. Verantwortlich dafür war der Rückgang der Migration seit den 1990er Jahren.

Durch die vollständige Arbeitnehmerfreizügigkeit nach 2010 und globale Fluchtbewegungen änderte sich dies wieder. Nun kamen verstärkt Migranten auch nach Baden-Württemberg, zunächst vor allem aus den EU-Staaten Polen, Ungarn und Rumänien. Ab 2015 sorgte der Bürgerkrieg in Syrien zusammen mit einer großen Zahl an Migranten aus Afrika und anderen Teilen Asiens für eine deutliche Zunahme der Einwanderung. Diese Situation bestimmte bis 2016 das Geschehen in Baden-Württemberg und sorgte seit langem wieder für einen Wanderungsgewinn. In dieser Zeit nahm auch die Bevölkerung in Oberschwaben wieder leicht zu. 2014 und 2016 stieg sogar die Geburtenrate seit langer Zeit wieder an. Die Gründe dafür liegen neben der Zuwanderung von Frauen aus Staaten mit einer deutlich höheren Geburtenhäufigkeit auch in der verbesserten Kinderbetreuung sowie den guten wirtschaftlichen Rahmenbedingungen. Bei geringer Arbeitslosigkeit und guten wirtschaftlichen Aussichten steigt die Bereitschaft von Paaren, Kinder zu bekommen. Seit 2016 verharrt die Geburtenrate auf dem etwas erhöhten Wert für Baden-Württemberg von 1,6 Kindern je Frau (davor 1,4 Kinder je Frau). Nach 2016 setzte wieder ein Wanderungsverlust ein, der durch die Corona-Pandemie weiter verstärkt wurde. Aufgrund der gegenwärtigen Zunahme der Flüchtlingszahlen sowie dem Trend zum Wohnen in ländlichen Regionen scheint für die Zukunft ein weiteres Wachstum der Bevölkerung im strukturell und wirtschaftlich gut aufgestellten Oberschwaben möglich.[43]

---

41 Bevölkerungsentwicklung in der Region Bodensee-Oberschwaben (wie Anm. 3), S. 17–19.
42 Ebd., S. 9, 15.
43 Brachat-Schwarz, 70 Jahre demographische Entwicklung (wie Anm. 31), S. 6–9.

Steffen Kaiser

Schlussbetrachtung

Bewertet man Oberschwaben nach der Bevölkerungsdichte seiner Oberämter bzw. Landkreise, so zählt die Landschaft bis in die Gegenwart zu den am dünnsten besiedelten Räumen in Baden-Württemberg. Allerdings wird diese Pauschalisierung den tatsächlichen Verhältnissen nicht gerecht. Mit Blick auf das relative Bevölkerungswachstum wird deutlich, dass die Bevölkerung in Oberschwaben gleich stark, seit den 1970er Jahren sogar stärker wuchs als im Land insgesamt. Der ländliche Raum gewinnt zunehmend an Attraktivität. Günstige Wohnbedingungen gepaart mit guten Erwerbsmöglichkeiten begünstigen die positive Entwicklung der Region Oberschwaben. Unverkennbar bleibt jedoch eine Fokussierung des Wachstums auf wenige Zentren. Von Ulm aus erstreckt sich seit dem 19. Jahrhundert bis in die Gegenwart entlang von Iller, Donau und der Südbahnstrecke eine Achse mit hoher Bevölkerungsdichte. Im 20. Jahrhundert entstehen entlang dieser Wirtschaftsverbindungen die Bundesstraße 30 sowie die Autobahn 7.

Jedoch auch die ländlich geprägten Regionen Oberschwabens werden verkehrstechnisch immer besser erschlossen, zuerst durch die Eisenbahn, seit den 1950er Jahren durch den Ausbau des Straßennetzes. Eine solche Anbindung bedeutet oft auch eine Zunahme der Bevölkerung. Es bleibt allerdings der Schwerpunkt auf den Hauptverkehrsachsen von Ulm über Laupheim, Biberach, Weingarten und Ravensburg bis nach Tettnang und Friedrichshafen. Dort sind die einwohnerstarken Städte der Region zu finden. Hier liegen auch die großen Industriestandorte der Region. Und so sind es in der Hauptsache die Städte, die das positive Bevölkerungswachstum verantworten. Entlang des Bodenseeufers spielt neben der industriellen Entwicklung vor allem der Tourismus eine zentrale wirtschaftliche Rolle, weshalb hier auch kleinere Gemeinden große Wachstumsraten ihrer Einwohnerzahlen aufweisen. Der hohe Altersdurchschnitt dieser Region unterstreicht die Entwicklung als Ruhestandssitz für viele Rentnerinnen und Rentner. Die Bodenseeregion ist maßgeblich am positiven Bevölkerungswachstum der ganzen Region beteiligt. Die in den 1970er Jahren beginnende Suburbanisierung hat dazu geführt, dass die Umlandgemeinden auf Kosten der Kernstädte ein deutliches Bevölkerungswachstum verzeichnen konnten. Die ländlichen Gebiete Oberschwabens bleiben noch bis in die 1970er Jahre agrarisch geprägt und dünn besiedelt.[44] Hier lagen die Bereiche, in denen die Bevölkerungsentwicklung sogar negativ sein konnte.

Das Bevölkerungswachstum in Oberschwaben ist nicht abzukoppeln von den großen Entwicklungslinien, die sich auf Landesebene zeigen. Auswanderung und Migration, wirtschaftliche Verhältnisse und Kriege beeinflussten maßgeblich die Bevölkerungsentwicklung auch in dieser Landschaft.

---

44 Die agrarische Prägung der ländlichen Gebiete Oberschwabens endet in den 1970er Jahren und führt seither zu einer inzwischen abgeschlossenen Entbäuerlichung der Dörfer und zu einer Reduktion des Primärsektors auf wenige große Vollerwerbsbetriebe in den Außenbereichen der Ortschaften (vgl. dazu den Beitrag von Edwin Ernst WEBER in diesem Band).

Wirtschaftspolitische Intentionen beim Bau der Südbahn in Württemberg und die Folgen

Andreas M. Räntzsch

Einleitung

Die von Ulm nach Friedrichshafen führende württembergische Südbahn ging in drei Teilabschnitten in Betrieb. Zuerst eröffnete man das isolierte Teilstück von Ravensburg bis Friedrichshafen mit einer Länge von 19,34 Kilometern am 8. November 1847. Am 26. Mai 1849 folgten die 46,91 Kilometer von Biberach nach Ravensburg, und am 1. Juni 1850 nahmen die Königlich Württembergischen Staatseisenbahnen den dritten und letzten Teilabschnitt auf 37,33 Kilometern Länge zwischen Biberach und Ulm in Betrieb, außerdem die Verbindung von Friedrichshafen Stadt bis zum Hafen auf 0,82 Kilometern Länge. Damit war die Südbahn die erste in Ulm in Betrieb stehende Strecke, denn die Verbindung von Geislingen nach Ulm wurde erst am 29. Juni 1850 eröffnet.

Seit Ende Juni 1850 verfügte Württemberg über eine rund 250 Kilometer lange Strecke von Heilbronn über Stuttgart nach Ulm und weiter bis zum Bodensee. Damit hatte der als wirtschaftsschwach zu bezeichnende Staat binnen fünf Jahren eine Basis für eine neue Verkehrsinfrastruktur des Landes und zugleich eine Strecke geschaffen, der auf dem Teilstück von Bietigheim bis Ulm das Potenzial innewohnte, sich zu einer europäischen Magistrale zu entwickeln. Beim Bau hatte man überdies eine auf modernen Grundsätzen fußende Technik angewandt, mit deren Hilfe erstmals die Überwindung eines Gebirgszuges, der Schwäbischen Alb, gelang. Bis zum Ende des 19. Jahrhunderts entwickelte sich in Württemberg ein staatliches Eisenbahnnetz von mehr als 1700 Kilometern Länge.

Ausgangsbedingungen Württembergs vor dem Bahnbau

Im Oktober 1816 trat Friedrich Wilhelm Karl von Württemberg die Nachfolge seines Vaters König Friedrich I. an.[1] Das Land war zu dieser Zeit schuldenbelastet, die Auswande-

---

1 Otto Heinrich Elias, König Wilhelm I. (1816–1864), in: Robert Uhland (Hg.), 900 Jahre Haus Württemberg, Stuttgart 1984, S. 306–327.

1 Friedrich I. (1754–1816), 1806–1816 erster König von Württemberg, Gemälde von Johann Friedrich Dieterich (1787–1846), Öl auf Leinwand, um 1806, Museum Biberach.

2 Wilhelm I. (1781–1864), 1816–1864 zweiter König von Württemberg, Gemälde von Philipp Friedrich Hetsch (1758–1838), Öl auf Leinwand, vor 1838, Stadtarchiv Stuttgart.

rungsquote war hoch. Württemberg war ein Agrarland. Wilhelm I. regierte von 1816 bis 1864. In diese Zeit fällt der gesamte frühe württembergische Eisenbahnbau, insbesondere jener der letztlich bedeutendsten Strecken des Landes.

Der König wirtschaftete sparsam, er ordnete die Finanzverhältnisse und förderte die Landwirtschaft. Nach Jahren der Teuerung, nach Hungersnöten und Naturkatastrophen rief der König 1818 das landwirtschaftliche Hauptfest in Cannstatt ins Leben. Zwar gelang es, die Gesamtsituation des Landes zu verbessern, aber bis in die 1840er Jahre blieb die Lage problematisch: „Noch in den vierziger Jahren war das Land so krisenanfällig und strukturschwach, dass wenige Missernten genügten, um eine Hungersnot auszulösen. Erst nach der Revolution begann eine zielgerichtete Förderung industrieller Ansätze, deren erste Erfolge Wilhelm noch erlebte",[2] so formulierte es Otto Elias 1984 in dem Werk „900 Jahre Haus Württemberg". 1916 schätzte man in der Jubiläumsschrift zur Regierung König Wilhelms II. die wirtschaftliche Situation des Landes vor 1850 als schwierig ein: „Fernab vom Meere und ohne große Flüsse ist Württemberg erst durch die Erfindung der Lokomotive von den Fesseln eines langsamen und kostspieligen, wenig leistungsfähigen Landstraßenverkehrs befreit worden. Nun war auch ihm der Weg zu einem lebhaften Warenaustausch mit den Nachbarn und darüber hinaus mit allen Völkern des

---

2 ELIAS (wie Anm. 1), S. 319.

3 Der Wilhelmskanal und das königliche Zollamt in Heilbronn, Lithographie der Gebr. Wolff, 1830, Stadtarchiv Heilbronn. Der Wilhelmskanal wurde 1819–21 unter König Wilhelm I. erbaut und ermöglichte die Schifffahrt auf dem Neckar über Heilbronn hinaus.

europäischen Festlandes, war auch ihm der Zugang zum Meer und zum Welthandel eröffnet, Gewerbefleiß und Unternehmungsgeist konnten sich frei entfalten."³

Dass die Verbesserung der Verkehrsverhältnisse für Württemberg von erheblicher Bedeutung sein musste, war König Wilhelm I. schon in den 1820er Jahren bewusst. Der Warenaustausch mit schwerfälligen Fuhrwerkstransporten war nicht zukunftsträchtig. Eine Alternative boten zunächst Wasserstraßen. Schon zu diesem frühen Zeitpunkt begannen erste Überlegungen, Wasserstraßen auszubauen oder anzulegen – und zwar von Heilbronn bis Cannstatt und von Aalen über Ulm nach Friedrichshafen. In Frankreich, England und Schweden baute man Kanäle oder hatte sie längst gebaut. Eine gewisse Vorbildfunktion hatte der bayerische Ludwig-Donau-Main-Kanal von der Abzweigung aus

---

3 P. BEYERLE, Das Eisenbahnwesen, in: V. BRUNS (Hg), Württemberg unter der Regierung König Wilhelms II., Stuttgart 1916, S. 751–782. Vgl. Frank BRUNECKER (Hg.), Die schwäbische Eisenbahn, Biberach 2013; Uwe SCHMIDT, Die Südbahn. Eisenbahn und Industrialisierung in Ulm und Oberschwaben, Ulm 2004; Jürgen PLIENINGER, Die Verkehrspolitik in Württemberg 1820–1870, Neuried 1996; Dieter ZIEGLER, Eisenbahnen und Staat im Zeitalter der Industrialisierung, Stuttgart 1996; Albert MÜHL/Kurt SEIDEL, Die Württembergischen Staatseisenbahnen, Stuttgart 1970; Georg v. MORLOK, Die Königlich württembergischen Staatseisenbahnen, Stuttgart 1890.

der Donau in Kelheim bis zur Einmündung in die Regnitz bei Bamberg. Dieser 172,4 Kilometer lange Kanal wurde von 1836 bis 1846 gebaut, in seinem Verlauf waren 100 Schleusen erforderlich.[4] Der noch 1839 in die württembergischen Planungen als Alternative zur Südbahn einbezogene Kanal von Ulm nach Friedrichshafen sollte bei einer Länge von 107,8 Kilometern 95 Schleusen aufweisen mit Höhen zwischen fünf und zehn Fuß (1,4 bzw. 2,86 Meter). Von Ulm aus musste der Kanal bis zur Wasserscheide 314 Fuß (89,8 Meter) ansteigen, von Friedrichshafen bis zur Wasserscheide um 568 Fuß (162,45 Meter). Einerseits sollten 37, andererseits 58 Schleusen angelegt werden.[5]

Einleitung der Eisenbahnplanung für Württemberg

Bereits am 22. April 1830 setzte der König aufgrund der wichtigen Vorteile, *welche eine Verbindung des Rheins u. der Donau mittelst des Kochers und der Brenz besonders unter den gegenwärtigen Handels-Verbindungen des Königreichs für dasselbe gewähren würde*[6], eine Kommission von Technikern und Finanzräten ein, die den Aufwand für die Herstellung einer solchen Verkehrsverbindung ermitteln sollte. Entscheidend war der Hinweis in der Note vom 22. April 1830, *daß, da nach dem Resultate der früheren Untersuchung bei der Beschaffenheit der Lokalitäten die Anlegung von Canälen wegen der erforderl. vielen Schleußen nicht wohl ausführbar erscheint, S. M. es für zweckmäßiger halten, dieselben durch Eisenbahnen zu ersetzen.*[7] Schon 1830 formulierte der König somit seine Haltung, dass die Planungen vorzugsweise auf Eisenbahnen gerichtet sein sollten und nicht auf den Bau von Wasserstraßen. Zu dieser Zeit gab es in Deutschland überhaupt keine Eisenbahnen, und auch in England begann der Eisenbahnbau erst.

Die erwähnte Kommission erstattete am 30. Januar 1832 und am 25. November 1833 jeweils einen Bericht zur Frage der Verbindung des Rheins mit der Donau.[8] 1832 wies die Kommission darauf hin, dass der freie Schiffsverkehr früher auf der Donau unter dem Einfluss der französischen Regierung wahrscheinlich bis in die Türkei oder bis in das Schwarze Meer möglich gewesen wäre, dies sei nun aber nicht mehr der Fall. *Ueberdieß erachtet die gnädigst niedergesetzte Commission, daß die Idee der Verbindung des Rheins und der Donau durch ein CanalSystem weniger zur Sprache gekommen wäre, wenn man dazumal schon mit Anwendung der Eisenbahnen in größerem Maasstab vertraut gewesen wäre.*[9] Ein weiteres Argument für die Anlegung einer Eisenbahn in Württemberg sah die

---

4 https://de.wikipedia.org/wiki/Ludwig-Donau-Main-Kanal (aufgerufen am 7.9.2022).
5 HStA Stuttgart E 10 Bü 116 vom 30.1.1839; Verhandlungen der Kammer der Abgeordneten des Königreichs Württemberg (VdKdA) Beil. IV zum Prot. der 13. Sitzung vom 28.2.1839, S. 207. Vgl. Wolf-Ingo SEIDELMANN, Der Neckar-Donau-Kanal. 200 Jahre Planung für eine Wasserstraße quer über die Alb, St. Katharinen 1988.
6 HStA Stuttgart E 10 Bü 115, Nr. 75 vom 22.4.1830.
7 HStA Stuttgart E 10 Bü 115, Nr. 75 vom 22.4.1830. Vgl. Andreas RÄNTZSCH, Württembergische Eisenbahngeschichte, Band I. 1830–1854. Planungsphase und Realisierung der Bauvorhaben, Schweinfurt 1996, S. 16.
8 HStA Stuttgart E 221 Bü 4274, Nr. 60 vom 30.1.1832; E 221 Bü 4274, ad Nr. 72 vom 25.11.1833.
9 HStA Stuttgart E 221 Bü 4274, Nr. 60 vom 30.1.1832, Blatt 2 hinten.

Kommission in der Tatsache, dass die königlich bayerische Regierung eine Verbindung des Rheins mit der Donau mittels des Mains und der Regnitz oder mittels einer Eisenbahn beabsichtigte. Dadurch wäre *eine Wasserstraße durch Württemberg dergestalt paralysirt, daß deren AnlegungsKosten mit dem Nutzen in auffallendem Mißverhältniß stehen würde.*[10] Durch eine Verbesserung der Rhein-Schifffahrt und durch eine angedachte Eisenbahn von Köln nach Antwerpen könne der Verkehr auf dem Rhein lebhafter werden, so dass dies Württemberg Veranlassung geben könnte, eine *erleichterte Communication mit der östlichen Schweiz und mit Italien herzustellen.*[11] Auch der innere Verkehr Württembergs würde durch eine Eisenbahn erleichtert.

Die Kommission schränkte allerdings die Aussichten für eine Eisenbahn ein: hinsichtlich der Kosten der Bahnen müsste man über sichere Angaben zum Frachtquantum verfügen. Eine hinreichende Frachtmenge sah die Kommission am ehesten zwischen Heilbronn und Cannstatt, um den Betrieb rentabel zu gestalten. Das Fazit in Bezug auf die Strecke von Cannstatt nach Ulm fiel negativ aus: *nach dem gegenwärtigen Stand des Verkehrs (dürfte) die Zeit wahrscheinlich noch sehr entfernt seyn, wo der Ertrag der Spedition auch nur entfernt die Kosten der Anlage decken würde.*[12]

Ergebnis des Berichts vom 30. Januar 1832 war, dass von den Behörden Angaben über die Verkehrsmenge auf den einzelnen Strecken erhoben werden sollten. Bemerkenswert an dem Bericht war, dass er nicht auf den Personenverkehr einging, sondern ausschließlich den Güterverkehr hinsichtlich der Rentabilität der Eisenbahnstrecke in den Blick nahm. Aus dem Bericht ist auch zu entnehmen, dass sich die Kommissionsmitglieder mit der Pferdebahn Budweis-Linz näher befasst hatten und von ihr über Angaben zu Kosten und Beförderungsleistungen verfügten.

Der Hauptbericht der Kommission vom 25. November 1833 lieferte Zahlen zum Verkehrsaufkommen. Die Ober-Zoll-Administration habe das jährliche Frachtquantum auf dem Neckar zwischen Heilbronn und Cannstatt zu 86 579 Zentnern (4329 Tonnen) festgestellt, auf der Landstraße zu 110 710 Zentnern (5536 Tonnen).[13] Die Kommission vertrat die Ansicht, erst bei einem Frachtquantum von 450 000 Zentnern (22 500 Tonnen) jährlich werde eine Eisenbahn von Heilbronn nach Cannstatt finanziell gesichert sein. Zum Vergleich: 50 Jahre später, 1883 lag allein der Steinkohlenumschlag in Heilbronn bei 64 328 Tonnen und in Ulm bei 24 648 Tonnen.

Was Württemberg anbelangt so kann man sich nicht verbergen, daß seine geognostische Lage, seine physische Beschaffenheit, sein Mangel an großen Gewerbs-Etablissements und Fabrik-Städten etc. seine Handels-Verhältnisse bis jetzt nicht sehr günstig gestalten. Die Erfahrung lehrt aber auch, daß sie früher noch ungünstiger waren, und wenn es noch Mittel gibt, diese Verhältnisse weit günstiger zu gestalten, und zugleich den Ackerbau zu heben, so ist das der [!] Einführung von Eisenbahnen, die neben dem erleichterten Erwerb den größern Austausch und stärkere Production aller Art gestatten, als das radikalste zu betrachten, wenn sich solche über größere Landstrecken ausdehnen, und die

---

10 HStA Stuttgart E 221 Bü 4274, Nr. 60 vom 30.1.1832, Blatt 2 hinten.
11 HStA Stuttgart E 221 Bü 4274, Nr. 60 vom 30.1.1832, Blatt 3 vorne.
12 HStA Stuttgart E 221 Bü 4274, Nr. 60 vom 30.1.1832, Blatt 5 vorne.
13 HStA Stuttgart E 221 Bü 4274 Nr. 72 vom 25.11.1833, Blatt 3 vorne.

Verbindung mit auswärtigen großen Städten, Handelsplätzen und schiffbaren Strömen durch sie bewirkt werden kann.[14]

Die Kommission sah also eine positive Entwicklungsmöglichkeit für Württemberg durch die Eisenbahn. Es folgte aber eine Einschränkung: *Man darf sicher annehmen, daß keine Gegend in Deutschland leicht geeigneter für die Anlegung einer Eisenbahn wäre, als die von Mannheim über Carlsruhe, Offenburg nach Basel und an den Bodensee, daher es gar nicht unwahrscheinlich ist, daß eine solche, die bereits stark besprochen, und zu deren Anlage die Baden'sche Regierung durch die Canal- und Eisenbahn-Ausführungen der französischen Regierung genöthigt werden wird, früher oder später zu Stande kommen werde. In diesem Fall würde Württemberg seinen Transit von der Rheinstrasse her nach Italien und der östlichen Schweiz soviel als ganz verlieren, was durch keine Eisenbahn, nach welcher Richtung dieselbe auch angelegt werden wollte, abzuwenden wäre.*[15]

Nach Ansicht der Kommissionsmitglieder war es aber denkbar, dass nach Zustandekommen des Zollvereins eine Belebung des inneren Verkehrs erfolgten könnte, wenn dem gewerbreichen Sachsen und Franken eine wohlfeilere Communication mit Italien und der östlichen Schweiz, so wie der gewerbreichen Schweiz mit Franken und Sachsen durch Württemberg eröffnet würde, und zwar mittelst einer Eisenbahn von Aalen über Heidenheim, Ulm bis Friedrichshafen. *Dieser Tractus würde ohne Zweifel so viele ausländische und innere Fracht bekommen, daß sich eine Eisenbahn sehr gut lohnen würde, und in Hinsicht auf den innern Verkehr könnte keine dergleichen Anlage größere Vortheile gewähren als diese, wenn die Eisenbahn von Aalen bis Cannstadt ausgezweigt würde.*

Der Güterzug von Böhmen, Franken und Bayern nach Frankreich und umgekehrt würde sich verstärken, und daher der Güterzug auf der Strasburger Bahn über Pforzheim, Vaihingen und Cannstadt wiederum etwas an dem verminderten Güterzug auf der Heilbronner Route ersetzen, wenn die von Holland und dem nördlichen Deutschland nach der Schweiz bestimmten Frachten, auch durch französische oder badische Eisenbahnen von dem Zug durch Württemberg abgeleitet werden sollten.

Auf beiden Routen, von Aalen über Ulm nach Friedrichshafen, und von Aalen nach Cannstadt, würde auch eine Eisenbahn wohlfeiler zu stehen kommen, als einer der Nachbarstaaten solche anlegen könnte, weil auf der Strecke von Aalen bis Ulm und von da nach Friedrichshafen Grund und Boden meistens nicht theurer, die Steine häufig vorhanden sind, das Eisen in der Nähe zu bekommen ist, und die Planie, ausgenommen in dem untern Remsthale, nicht sehr kostspielig wäre. Auch würde sich ein ganz gutes Gefäll nach der Barometer-Höhe von Ulm herausstellen, so daß die Bahn ganz leicht zu befahren seyn würde.

Für den innern Verkehr hätte aber diese Eisenbahn einen um so größern Werth, weil sie sehr lang wäre. Auf dieser Strecke würde sogar das Material zu Dampfwagen im Ueberfluß, d. h. der Torf gefunden, der auch zum Frachtartikel werden könnte. Die Schnittwaaren aus der Illergegend würden vortheilhafter in die Rheingegend concurriren, das Eisen von den Brenz- und Kocherthaler Werken vortheilhafter in die Schweiz und mit den rheinischen Werken. Die Neckar- und Remsthal-Linie würden besseren Verschluß nach Bayern

---

14 HStA Stuttgart E 221 Bü 4274, Nr. 60 vom 30.1.1832, Blatt 14 vorne, 14 hinten.
15 HStA Stuttgart E 221 Bü 4274, Nr. 60 vom 30.1.1832, Blatt 14 hinten.

4   Eisenbahnkarte von Württemberg und Baden, aus: Gustav Kuttler: Die Schwäbische Eisenbahn, Heilbronn, 1859.

bekommen. *Das Holz und Pfahlwerk aus dem Welzheimer Wald würde mit größerem Gewinn in das Unterland, das Obst des Unterlandes zugleich vortheilhafter nach Bayern verkauft, das Mineralwasser von Cannstadt und die Bodengewächse des Unterlandes und der Filder auf weit größere Entfernung verführt werden, auch eine Menge anderer Artikel, welche gegenwärtig die Fracht nicht lohnen, würde Handelsartikel auf größere Entfernung werden.*[16]

Der Bericht vom 25. November 1833 wies auch erstmals auf den Personenverkehr hin. So habe man in England die Erfahrung gemacht, dass bei Eisenbahnen, deren Hauptgegenstand der Unternehmung der Transport schwerer Frachten gewesen sei, letztlich die Einnahmen aus dem Personenverkehr das Doppelte der Frachteinnahme betragen hätten.[17]

Was Informationen über andere Bahnen angeht, so enthält der Bericht vom November 1833 Hinweise auf Projekte der badischen Bahn von Mannheim nach Karlsruhe, Offenburg und Basel, auch hinsichtlich der zu erwartenden Kosten. Darüber hinaus wird angegeben, dass französische Quellen für eine zweigleisige Bahn durchschnittliche Baukosten pro Stunde bei günstigen Geländeverhältnissen von 121 000 Gulden und von 168 000 Gulden bei schwierigen Geländeverhältnissen nannten. Wie schon beim Bericht von 1832 wurde auch dieses Mal die Pferdebahn Budweis-Linz auch hinsichtlich der Beförderungsleistungen genauer betrachtet.

Am 4. März 1836 legten das Innen- und das Finanzministerium dem König einen Bericht betreffend die Anlegung von Eisenbahnen vor. Darin heißt es, Württemberg könne an einem deutschen Schienenweg von der Ost- und Nordsee an die Donau und weiter nach Italien teilhaben oder an einer Bahn von Frankreich nach Österreich. Man erwartete ein Verkehrsaufkommen, das so hohe Erträge erbringen würde, dass die Herstellung und Erhaltung der Anlagen gesichert sei. Die Teilstrecken Heilbronn-Cannstatt und Ulm-Friedrichshafen seien nicht umstritten, wohl aber die Linienführung von Cannstatt nach Ulm.[18] 1836 bewilligte der Landtag 100 000 Gulden für erste Planungsarbeiten, insbesondere für Terrainaufnahmen, Studienreisen und auch Verhandlungen mit Nachbarländern.

Resultate der ersten Planung und Formulierung der Erwartungen an die ersten württembergischen Strecken

Seit der Bewilligung der Gelder hörte man bei der Regierung für mehrere Jahre nichts vom Bahnbau, was in der Erläuterung zu einer Note des Innenministers vom 22. Februar 1839 zu der Aussage führte, dass die Eisenbahnfrage *seit Anfang des Jahrs 1836 mit umfassender und ununterbrochener, aber geräuschloser Thätigkeit betrieben*[19] worden sei.

---

16 HStA Stuttgart E 221 Bü 4274 Nr. 72 vom 25. 11. 1833, Blatt 14 hinten, 15 vorne, 15 hinten, 16 vorne. Vgl. RÄNTZSCH (wie Anm. 7), S. 17.
17 HStA Stuttgart E 221 Bü 4274 Nr. 72 vom 25. 11. 1833, Blatt 11 vorne.
18 HStA Stuttgart E 221 Bü 4275 Nr. 94 vom 4. 3. 1836, S. 4. Vgl. RÄNTZSCH (wie Anm. 7), S. 115.
19 VdKdA 1839, Beilage IV zum Protokoll XIII vom 28. 2. 1839, S. 199.

Die Tätigkeit wirkte nach außen hin so geräuschlos, dass gelegentlich die Frage auftauchte, ob alles Notwendige getan werde, um in Württemberg dem Bau von Eisenbahnen näher zu treten. Zwar ging erst im Dezember 1835 die verkehrlich wenig bedeutsame, aber symbolträchtige Bahn von Nürnberg nach Fürth als erste deutsche Eisenbahn in Betrieb, dennoch verbreitete sich rasch überall die Auffassung, es sei nun die Zeit gekommen, um in Deutschland umfassendere Pläne zu entwickeln wie eine Erschließung durch Schienenwege auszusehen habe.

1835 hatten sich in Stuttgart und Ulm Privatgesellschaften gebildet, die den Bahnbau anstrebten. Sie schlossen sich 1836 zusammen, aber 1838 wurde die Gesellschaft ganz aufgelöst. Es hatte sich gezeigt, dass der Bahnbau auf privater Basis in Württemberg nicht ausführbar war. Die Regierung erwartete vom Ende dieser Gesellschaft keine negativen Auswirkungen auf den Fortgang der Planungen in Württemberg.[20]

Die Jahre von 1836 bis 1839 verstrichen allerdings nicht ungenutzt, vielmehr wurden im Auftrag des Innenministers Trassenentwürfe ausgearbeitet für das gesamte württembergische Grundnetz, also für eine Diagonallinie durch das Land mit einem Ausgangspunkt in Heilbronn im Norden, einem weiteren im Westen zu Baden hin. Diese Linie wurde dann vereinigt und führte über Ludwigsburg und Cannstatt nach Ulm. Hatte man bisher ausschließlich den Weg von Cannstatt nach Ulm durch das Rems- und Brenztal angedacht, also über Schwäbisch Gmünd, Aalen und Heidenheim nach Ulm, so war in den bis 1839 ausgearbeiteten Entwürfen neu eine Alternativtrasse für die Bahn von Stuttgart nach Ulm durch das Filstal enthalten.[21] Von Ulm sollte die Linie nach Friedrichshafen weitergeführt werden. Es ging also nicht um eine einzelne Strecke, sondern letztlich um ein Grundnetz, welches sich beim Abschluss des Baus am 1. Juni 1854 mit dem Anschluss an Bayern in Ulm über 291 31 Kilometer erstreckte.

Am 22. Februar 1839 wurde die württembergische Kammer der Abgeordneten durch eine Note des Ministers des Inneren über die bis dahin unternommenen, vorbereitenden Arbeiten zum Bahnbau unterrichtet.[22] In einer ausführlichen Erläuterung hieß es: *Die Vervollkommnung unserer Communication durch Wasser- und Eisenbahnen hat die Aufmerksamkeit Seiner Majestät des Königs schon frühe und lange vor der Zeit, in welcher das Eisenbahnwesen in Deutschland eine lebhaftere Theilnahme zu erregen anfing, beschäftigt.*[23] So habe der König schon in den 1820er Jahren auf Privatkosten Studien über Kanalverbindungen anstellen lassen. 1830 habe er eine Kommission beauftragt, *der Frage von der Einführung verbesserter Verbindungsbahnen auf den bedeutendsten Linien des vaterländischen Verkehrs*[24] nachzugehen. Ein Gutachten dieser Kommission aus dem Jahr 1834 bezeichnete eine Eisenbahn als *dasjenige Communicationsmittel höherer Ordnung, auf welches im Interesse der Verbindung des Neckars mit der Donau und dem Bodensee zunächst Bedacht zu nehmen seyn dürfte.*[25] Dabei war an eine Bahn gedacht, die durch die Täler der Rems, des Kochers und der Brenz geführt werden sollte – also über

---

20 HStA Stuttgart E 10 Bü 116, Nr. 12 vom 19.3.1833.
21 RÄNTZSCH (wie Anm. 7), S. 124.
22 VdKdA 1839, Protokoll der 13. Sitzung vom 28.2.1839, S. 57, S. 197–215.
23 VdKdA 1839, Beilage IV zum Protokoll XIII vom 28.2.1839, S. 197.
24 EBD.
25 EBD., S. 197–198.

5   Der württembergische Innenminister Johannes von Schlayer (1792–1860), Foto von Brandseph (Landesmedienzentrum Baden-Württemberg).

Aalen und Heidenheim nach Ulm. Von dort sollte sie vom Donautal durch die Täler der Riß und der Schussen nach Friedrichshafen gelangen.[26]

In der Note vom 22. Februar 1839 wird die von Stuttgarter und Ulmer Interessenten 1836 gebildete und schon 1838 aufgelöste Privatgesellschaft erwähnt. Die Zurückhaltung des Staates ihr gegenüber wird damit begründet, dass auch die Frage nach der Richtung und nach dem Umfang der Bahn unentschieden gewesen seien, so dass die Grundlagen für die Konstituierung einer solchen Gesellschaft nicht gegeben waren. Als sich die Gesellschaft im Jahr 1838 auflöste, hatte die Regierung *hingegen um so weniger etwas zu erinnern, als gleichzeitig durch die Wahl und aus der Mitte jenes Ausschusses ein zur Beförderung des Eisenbahnwesens und Berathung der Regierung in Betreff desselben bestimmter Verein sich bildete, in welchem die frühere Gesellschaft mit ihrer praktischen Bedeutung fortdauert.*[27]

Innenminister Johannes von Schlayer (1792–1860) umriss in der Note vom 22. Februar 1839 die zwischen 1836 und 1839 erarbeiteten Trassenentwürfe und konnte deshalb auch einige Angaben zu den Ergebnissen für die Südbahn vorlegen. Für diese Linie sollten die Täler der Riß und der Schussen genutzt werden. Auf die Ausbiegung nach Bad Waldsee könne verzichtet werden, wenn sie in kommerzieller Hinsicht nicht für wichtig genug gehalten werde.[28] Die Neigungsverhältnisse gestalteten sich recht günstig bis auf die Gegend bei der Wasserscheide zwischen den Quellen der Riß und dem Schussental.[29] Bei einer Länge von 27 Stunden und 10 400 Fuß (103,36 Kilometer) sollte die Strecke Ulm-Friedrichshafen im eingleisigen Ausbauzustand 6 353 492 Gulden 48 Kreuzer kosten, zweigleisig 7 913 035 Gulden 32 Kreuzer.[30] Dass die Trasse der Südbahn erkennbar geringere Erschwernisse bot als die Ostbahn, zeigte sich an den durchschnittlichen Kosten je Wegstunde: eingleisig bei der Ostbahn durch das Filstal 301 678 Gulden und 228 542 Gulden bei der Südbahn.[31] Diese Zahlen entsprechen den in einem Bericht des Ministeriums des Inneren vom 8. März 1838 genannten.[32]

In die Untersuchungen einbezogen war auch ein Kanal von Ulm bis Friedrichshafen. Aufgrund der ermittelten Wassermenge, die zur Verfügung stand, glaubte man den Kanal so dimensionieren zu können, dass er für jährlich 50 Millionen Zentner (2,5 Millio-

26   Ebd., S. 198–199.
27   Ebd., S. 200.
28   Ebd., S. 205.
29   Ebd., S. 207.
30   Ebd., S. 206.
31   Ebd.
32   HStA Stuttgart E 10 Bü 116 Blatt 13, Bericht des Ministeriums des Inneren betreffend den Entwurf einer Eisenbahn von Ulm nach Friedrichshafen vom 8. März 1838.

nen Tonnen) Fracht tauglich sein könnte.³³ Die Kosten des Kanals sollten zwischen jenen der Eisenbahnlinie im ein- oder zweigleisigen Ausbauzustand liegen und 7 446 944 Gulden erreichen.³⁴ Bei den Angaben zum Kanal stützte sich Innenminister von Schlayer auf einen Bericht des Innenministeriums an den König vom 30. Januar 1839, dem auch zu entnehmen ist, wie man sich die Dimensionierung des Kanals vorstellte. Die untere Breite sollte 32 Fuß (9,15 Meter) betragen, die obere 60 Fuß (17,16 Meter), die Wassertiefe 5 Fuß (1,43 Meter). Der Kanal sollte für Schiffe von 15 Fuß (4,29 Meter) oberer Breite und 3,5 Fuß, (1 Meter) Tiefgang befahrbar sein. Die Schiffe sollten 1500 Zentner (75 Tonnen) tragen können.³⁵ Die Planungen zu diesem Kanal hatte, wie auch zur Schienenstrecke, Oberbaurat von Bühler durchgeführt, der auch in Verbindung mit der privaten Ulmer Eisenbahngesellschaft gestanden hatte. Bemerkenswert an dem genannten Bericht ist die Einschätzung des Innenministers zu den Fahrzeiten. So sollte ein Dampfboot auf dem Kanal, das mit einer Geschwindigkeit von vier Wegstunden pro Zeitstunde (14,9 Kilometer pro Stunde) fährt, zwischen Ulm und Friedrichshafen 15,25 Stunden Fahrzeit benötigen. Der Minister ging aber davon aus, dass es wegen der Schleusen 22,5 Stunden wären. Der Eilwagen von Ulm nach Friedrichshafen benötige 12 Stunden und die Eisenbahn höchstens fünf bis sechs Stunden. Deshalb ging der Minister davon aus, dass ein solcher Kanal für den Personentransport nur in sehr beschränktem Maße benützt würde.

Als Fazit teilte Innenminister von Schlayer in der Note vom 22. Februar 1839 mit, dass die Untersuchungen von 1836 bis 1839 ergeben hätten: *im Allgemeinen ist erwiesen worden, daß ungeachtet der vielfach durchschnittenen hüglichten und bergigen Beschaffenheit der Oberfläche unseres Landes und der bedeutenden Erhebung des letzteren über einen großen Theil seiner Nachbarländer dasselbe doch der Anwendung des Eisenbahnsystems keineswegs sich versagt, vielmehr die Möglichkeit gegeben ist, dieses System sowohl für unseren inneren Verkehr, als für unsere Verbindungen mit dem Ausland in mehrfachen Richtungen fruchtbar zu benützen. In letzterer Beziehung sind die Ergebnisse nicht ungünstig*.³⁶ Offenbar wurde der Verkehr mit dem Ausland als recht aussichtsreich eingestuft, während beim inneren Verkehr ein Ungleichgewicht zwischen den einzelnen Teilen der Bahn gesehen wurde. *In Beziehung auf den inneren Verkehr scheint das Verhältniß der Frequenz vorzugsweise der Linie zwischen Heilbronn und Cannstatt, beziehungsweise Stuttgart, das Wort zu sprechen, und erwägt man die allen Umständen nach für Eisenbahnen sehr günstige Beschaffenheit des Neckarthals von Cannstatt bis Rottenburg, so dringt sich von selbst der Gedanke auf, wie in einer durch dasselbe hin fortzusetzenden Eisenbahn für die Communicationen aller nördlichen Albthäler und des ganzen Landes dießseits der Alb eine Hauptader sich ergeben würde, die zur Belebung des Verkehrs dieser und mittelbar auch der übrigen Landestheile sicherlich höchst bedeutend wirken und im Bau und in der Unterhaltung von Steinstraßen nicht unbeträchtliche Ersparnisse herbeiführen könnte*.³⁷

---

33 VdKdA 1839, Beilage IV zum Protokoll XIII vom 28.2.1839, S. 207.
34 Ebd., S. 208.
35 HStA Stuttgart E 10 Bü 116, Nr. 1. 1839.
36 VdKdA 1839, Beilage IV zum Protokoll XIII vom 28.2.1839, S. 212.
37 Ebd., S. 212–213.

6 „Das Dampfschiff Wilhelm in Friedrichshafen", Lithographie von Eberhard Emminger (1808–1885), 1825, Museum Biberach. Die 1824 erbaute Wilhelm war das erste Dampfschiff auf dem Bodensee im Linienbetrieb. Sie verkehrte zwischen Friedrichshafen und Rorschach/Romanshorn.

Schlayer kam also zu dem Ergebnis, dass der Bahnbau in Württemberg trotz der Oberflächenbeschaffenheit technisch ausführbar sei, und dass neben dem Binnenverkehr auch der Verkehr mit Nachbarländern davon profitieren könnte. Mit der Bahn nach Rottenburg deutete der Innenminister bereits die erste Ergänzung der württembergischen Strecken an. Bezüglich der Rottenburger Bahn verwendete der Minister den Begriff einer *Hauptader* für den Verkehr. Und auch die Südbahn könnte eine solche Hauptader werden: *Eine ähnliche ergiebige Hauptader der inneren Communicationen verspricht die Eisen- oder Wasserbahn von Friedrichshafen nach Ulm für Oberschwaben zu werden, und wenn die Zusammenknüpfung der Eisenbahnen des Ober- und des Unterlandes durch die Staffel des Albgebirgs erschwert wird, so haben wir doch die Beruhigung, daß auch diese Verbindung, von welcher allerdings sehr Vieles für die Bedeutung eines württembergischen Eisenbahnsystems nicht nur in Beziehung auf den inneren Verkehr, sondern besonders auch in Hinsicht auf unseren Transit abhängt, nichts weniger als unmöglich ist.*[38]

38 EBD., S. 213.

Nach Ansicht des Ministers würde die Strecke von Ulm nach Friedrichshafen, egal ob als Eisenbahn oder als Kanal gebaut, eine besondere Bedeutung für den Transitverkehr erlangen. Da es sich aber um eine Verbindung handelte, die Friedrichshafen als Endpunkt hatte und da es von dort keine andere Verkehrsverbindung für den Transit geben konnte als das Schiff, bedeutete die Aussage des Ministers letztlich, dass der Anschluss an die von Ulm her kommende Linie durch Bodenseeschiffe hergestellt werden würde.

Tatsächlich war das Königreich Württemberg beim Schiffsbetrieb auf dem Bodensee vorangegangen und hatte 1823 auf Staatskosten das Dampfboot *König Wilhelm I.* bauen lassen. Es war das erste Dampfboot auf dem Bodensee überhaupt und nahm am 1. Dezember 1824 die Fahrten in die Schweiz auf.[39]

Die ab 1838 in Verbindung mit dem aus der Württembergischen Eisenbahn-Gesellschaft hervorgegangenen, beratenden Verein angestellten Verkehrserhebungen brachten das Resultat, dass sich auf der Gesamtlinie von Heilbronn über die Alb nach Friedrichshafen jährlich 2 828 616 Zentner (141 431 Tonnen) Güter bewegten, die eine Fracht von 743 299 Gulden erbringen würden. Die Personenfrequenz betrug 235 795 Fahrgäste, bei einer sehr ermäßigten Fahrtaxe würden so 207 573 Gulden Einnahmen möglich sein, zusammen also 950 802 Gulden. Mit 1,5 Millionen Gulden könne man letztlich rechnen. Auf den Abschnitt Ulm – Friedrichshafen entfielen Einnahmen von 251 633 Gulden und 12 Kreuzer.[40]

Der Vorlage der Note des Innenministers vom 22. Februar 1839 folgte wiederum eine mehrjährige Pause, was die Beratungen zum Eisenbahnbau im Landtag anging. Zum Teil machte sich eine gewisse Ungeduld breit, so dass in dieser Zeit des Öfteren Eingaben zum Eisenbahnbau formuliert oder auch sonstige Empfehlungen zum Eisenbahnbau veröffentlicht wurden.

Der Entwurf eines württembergischen Eisenbahngesetzes

Einen Anstoß zur Belebung der Diskussion über den Eisenbahnbau in Württemberg gab die Eröffnungsrede des Königs vor dem Landtag am 23. Oktober 1841, in der eine Stellungnahme der Regierung zum württembergischen Eisenbahnbau angekündigt wurde. Und 1842 wurde ein entsprechender Gesetzentwurf in den Landtag eingebracht. Am 7. März 1842 hielt Innenminister von Schlayer einen Vortrag, mit dem er die Landtagsabgeordneten über den Weitergang der Eisenbahnplanungen informierte.[41] Schlayer betonte, dass die Regierung den Gang der Entwicklung sorgfältig verfolgt habe, um die württembergischen Interessen zu wahren.[42] Er würdigte die Eisenbahn als *ein mächtiges Organ für die Beförderung der Industrie in dem weiteren Sinne des Wortes, in welchem es*

---

39 C. A. SCHNERRING, Hundert Jahre württembergische Bodenseedampfschifffahrt, in: Besondere Beilage des Staats-Anzeigers für Württemberg, 1924, S. 297–303; Georg REHBERGER, Die Bodenseeschifffahrt der Deutschen Bundesbahn und der übrigen Vereinigten Schiffsverwaltungen, in: Berthold STUMPF (Hg.), Jahrbuch des Eisenbahnwesens 1954, S. 126–144.
40 VdKdA 1839, Beilage IV zum Protokoll XIII vom 28. 2. 1839, S. 213–214.
41 VdKdA 1842, Protokoll der 67. Sitzung vom 7. 3. 1842.
42 VdKdA 1843, Band 23, Beilagenheft, 4. Beilage zur 67. Sitzung vom 7. 3. 1842, S. 2.

die Interessen des Ackerbaues, der Gewerbe und des Handels umfaßt, der Geistes-Kultur, der innigeren Vereinigung der einzelnen Theile eines und desselben Landes und der näheren Verbindung der Länder mit einander, haben die Eisenbahnen in einem verhältnißmäßig kurzen Zeitraum, seitdem mit der Erfindung des Dampfwagens ihre volle Bedeutung sich entwickelt hat, eine ausserordentliche Ausdehnung gewonnen.[43]

Schlayer umriss den Stand des Eisenbahnbaues in Mitteleuropa mit seinen bereits verwirklichten, im Bau befindlichen und geplanten Strecken. Württemberg stellte er in Beziehung zu den deutschen Bahnlinien und stellte fest: *Im Süden Deutschlands fehlt eine Linie für die westöstliche Verbindung, für welche im Norden bis herauf zum Mittelrhein mannigfach gesorgt ist.*[44] Die West-Ost-Strecke habe ihren Zug durch Württemberg zu nehmen. Ihr natürlicher Weg werde von Westen her durch den Schwarzwald, dann durch die Täler des Neckars und der Donau bestimmt. Diese Linie vermittele die Verbindung zwischen den beiden größten deutschen Stromgebieten auf dem kürzesten Weg, *sie bildet ein Glied in einer Verkehrsbahn höherer Ordnung, die nach West und Ost einer außerordentlichen Verlängerung fähig ist, deren äußerste Grenzen erst an den Küsten zweier Meere, des Atlantischen Oceans und des schwarzen Meeres, gesteckt sind.*[45] Dabei sei von Bedeutung, dass die kaiserliche österreichische Regierung sich entschieden habe, eine Staatsbahn von Wien bis an die bayerische Grenze zu bauen. Die königlich französische Regierung wolle eine Eisenbahn von Paris nach Straßburg realisieren.[46] Damit war umrissen, welche Bedeutung die Regierung der von Württemberg zu bauenden Eisenbahnstrecke von der badischen Grenze und von Heilbronn her über Cannstatt nach Ulm beimaß. An zweiter Stelle erwähnte Schlayer in seinem Vortrag am 7. März 1842 die Linie von Ulm nach Friedrichshafen und stellte sie ebenfalls in einen europäischen Kontext:

Keine der zuvor erwähnten Linien berührt das süddeutsche sogenannte Binnenmeer, den Bodensee, eine Wasserfläche, welche mehrere zu mancherlei gegenseitigem Austausch von der Natur bestimmte Ländergebiete verbindet, in welche das Hauptthal der Alpen, das des Rheines, sich öffnet und die Straßen zweier Hauptpässe der Alpen, des Bernhardius und des Splügen, sich ausmünden. Die Bedeutung dieser von Mailand herkommenden Straßen für den Verkehr zwischen dem südwestlichen Deutschland und Ober-Italien verspricht, durch die im Werk begriffene Eisenbahn-Verbindung Mailands mit dem adriatischen Meer und Venedig noch sehr erhöht zu werden. Eine vom Bodensee nach Deutschland hereinzuziehende Eisenbahn-Linie aber nimmt ihre geradeste und natürlichste Richtung von der Mitte des deutschen Uferstrichs aus durch das Württembergische Oberschwaben, in welchem die sonst das Seeufer begrenzenden Hügelketten weit zurücktreten, und das ihr den nächsten Weg zur schiffbaren Donau und zu der großen westöstlichen Eisenbahn-Linie bietet, durch welche letztere sie zugleich mit anderen nordsüdlichen Linien in Zusammenhang gesetzt wird.[47]

43 Ebd.
44 Ebd., S. 4.
45 Ebd.
46 Ebd.
47 Ebd., S. 5.

Anders als im Jahr 1836 wurde in Schlayers Vortrag keine deutsche Nord-Süd-Bahn behandelt, zu der die Strecke Ulm-Friedrichshafen einen Anteil beisteuern könnte. Der Innenminister führte in seinem Vortrag aus, dass die Strecken, die Württemberg in ein deutsches Eisenbahnnetz einbringe, sowohl für den äußeren als auch für den inneren Verkehr dienen würden. Die drei Richtungen nach dem Rhein, der Donau und zum Bodensee seien jene, in welchen der württembergische Aus- und Einfuhrhandel sich bewege.[48] Schlayer vertrat die Ansicht, dass der Transithandel durch das neue Verkehrsmittel einen Aufschwung nehmen werde. *Auf diesen Aufschwung ist ja recht eigentlich ein Transportsystem berechnet, das die Transportzeit abkürzt, die Transportkosten vermindert, hiedurch zu vielfachen, dem Kreise der Geschäfte, des Studiums und des Vergnügens angehörigen Unternehmungen einen bisher nicht gekannten Anlaß giebt, und das einer Menge von Gütern die Möglichkeit verschafft, einen Markt zu finden, welchen Entfernung und Transportpreis ihnen bisher versagte.*[49]

Es dürften auch Verkehre zurückgewonnen werden, die in der Vergangenheit abgewandert seien. *In dieser Hinsicht möge hier nur der beträchtlichen Masse österreichischer Ein- und Ausfuhrgüter erwähnt werden, welche von der früheren Richtung durch Baiern, Württemberg, Baden, die Rheinlande und nach den holländisch-belgischen Nordseehäfen ab – in neuerer Zeit nach Sachsen, der Elbe und den Elbmündungen sich gewendet haben.*[50] Es bestehe auch die Möglichkeit, dass durch die mittels der Eisenbahn zu erreichenden Verbesserungen Transittransporte für den Landweg zurückgewonnen werden könnten, die in den letzten Jahrhunderten auf den Seeweg abgewandert seien.[51] Von dieser Abwanderung sei Deutschland besonders betroffen. Sollte Württemberg es unterlassen, Eisenbahnen zu bauen, so würde selbst der noch verbliebene Teil des Transitverkehrs abwandern, zudem würde die gesamte Ein- und Ausfuhr Württembergs sowie der Binnenhandel Schaden nehmen. Württembergische Waren würden auch von anderen Anbietern verdrängt, wenn ihnen vollkommenere Verkehrswege zu Gebote stünden.[52]

Eine besondere Aufgabe komme der württembergischen Bahn dabei zu, die Landesteile diesseits und jenseits der Alb zu verbinden. *Je mehr Verschiedenheit zwischen diesen zwei Landestheilen in physischen und wirthschaftlichen Verhältnissen besteht, um so mehr haben sie gegeneinander auszutauschen, und um so größerer Werth kommt einer sie verbindenden Verkehrsbahn höherer Ordnung zu.*[53] Dies ermögliche insbesondere die Linie vom Neckar durch das Filstal nach Ulm, da sie die Verbindung auf kürzestem Weg herstelle. Die Linienführung durch das Rems- und Brenztal war für die Regierung zu diesem Zeitpunkt offenbar schon keine Option mehr, da sie es nicht vermochte, die gewünschte Verbindung auf kürzestem Weg herzustellen. Auch auf dem Weg zum Bodensee würde der Weg erheblich ausgedehnt.[54] Dagegen entspreche die Verkehrsbahn von

48 Ebd., S. 5–6.
49 Ebd., S. 6.
50 Ebd., S. 6–7.
51 Ebd., S. 7.
52 Ebd., S. 7–8.
53 Ebd., S. 9.
54 Ebd., S. 11.

Ulm an den Bodensee über Biberach und Ravensburg ganz den Interessen des inneren Verkehrs, *da sie den betreffenden Landestheil so viel möglich nach dem Zug seiner Längenachse durchschneidet und die Haupt-Stapelplätze seines Verkehrs verbindet.*[55]

Schlayer hob nochmals hervor, dass die Forderungen des inneren und äußeren Verkehrs, die allgemeinen deutschen und die besonderen württembergischen Interessen mit den gewählten Linien im Einklang stünden und dass es ein besonderer Vorzug der natürlichen Beschaffenheit des Landes sei, dass die Haupt-Flusstäler auch zugleich die Mittellinie des Landes bildeten, mit welcher andere Landesteile in Verbindung gebracht werden könnten und die deshalb eine gemeinschaftliche Hauptarterie des inneren württembergischen Verkehrs darstellten.

Mit seiner ausführlichen allgemeinen Darstellung der Übereinstimmung der deutschen und württembergischen Interessen bezüglich der gewählten Trassen wollte Schlayer die Abgeordneten offenbar von der Notwendigkeit überzeugen, dass Württemberg dazu aufgerufen sei, im eigenen Interesse den Bahnbau in Angriff zu nehmen. Sollte Württemberg sich aber beim Bahnbau verweigern, so hätte dies erhebliche negative Auswirkungen auf das Land und seine Ökonomie.

Die Gesamtkosten für die 78 11/60 Stunden lange Bahn zu 1300 Dezimal-Ruten (290,7 Kilometer) von der Landesgrenze bei Knittlingen bis Friedrichshafen war mit 22 483 722 Gulden 44 Kreuzer ermittelt worden, hinzu käme der Aufwand für die 10 64/100 Stunden (39,56 Kilometer) lange Bahn von Ludwigsburg nach Heilbronn mit 5 404 598 Gulden 38 Kreuzern, zusammen also bei 88 Stunden 75/100 Streckenlänge (329,97 Kilometer) 27 888 321 Gulden 22 Kreuzer. Wählte man den Weg von der Landesgrenze bei Enzberg nach Ludwigsburg, würden Kosten von 27 168 711 Gulden 34 Kreuzer entstehen. Die Bahn von Ulm nach Friedrichshafen würde bei 28 8/10 Stunden (107,08 Kilometer) Länge auf 6 851 122 Gulden 34 Kreuzer veranschlagt. Der Bau eines Kanals zwischen Ulm und Friedrichshafen sollte mit Kosten in Höhe von 7 459 944 Gulden 59 Kreuzer verbunden sein.[56]

Schon in der Note vom 22. Februar hatte der Innenminister hervorgehoben, dass die Linie bis Cannstatt voraussichtlich die rentablere wäre. 1842 war den Äußerungen zu entnehmen, dass dies auch für die Strecke bis Ulm gelten könnte. Demgegenüber vertrat die Regierung die Ansicht, dass eine Bahn von Ulm nach Friedrichshafen weniger bedeutsam wäre, da *deren Ausführung indeß, so fern in dem dermaligen Stande der hierauf sich beziehenden äußeren und inneren Verhältnisse keine Aenderung eintritt, der Zeit nach minder dringend gefordert sein möchte, als die der entworfenen übrigen Linien.*[57] Bemerkenswert ist auch, dass bezüglich der Strecke Ulm-Friedrichshafen keine Entscheidung zwischen einer Eisenbahn und einem Kanal gefallen war und beide Projekte noch als *höhere Verkehrsbahn* umschrieben wurden.

Der Vortrag des Ministers wurde von einem Gesetzentwurf begleitet, der in der Finanzperiode von 1842 bis 1845 die Gewährung von 3,2 Millionen Gulden für erste Bahnbauten vorsah. Der Entwurf enthielt keine Angaben über den Verlauf der Strecken. Eine

---

55 Ebd., S. 12.
56 Ebd., S. 14–15.
57 Ebd., S. 18.

Abstimmung über das Gesetz erfolgte jedoch nicht. Während einer längeren Landtagspause bestand ab 30. Juni 1842 Gelegenheit, dass eine am 10. März 1842 gewählte Kommission des Landtags einen ausführlichen Bericht zum Gesetzentwurf fertigte.

Die Äußerungen des Innenministers vom 7. März 1842 bezüglich der geringeren Priorität der Südbahn riefen in der betroffenen Region zwangsläufig eine negative Resonanz hervor. Schon am 16. April 1842 legten die Handelsstände von Friedrichshafen, Ravensburg, Waldsee, Biberach und Ulm eine recht ausführliche *Denkschrift über die Friedrichshafen-Ulmer-Eisenbahn und ihre Priorität im System der württembergischen Haupt-Landesbahn* vor. Die Denkschrift nahm direkten Bezug auf Schlayers Aussagen vor dem Landtag. Die Handelsstände sahen ihre Interessen nicht gewahrt. Sie hoben die bedeutenden Verkehrsverbindungen der Region hervor mit vier deutschen Staaten und vier Schweizer Kantonen. Dampfschifffahrt und Segelschifffahrt würden auf dem Bodensee abgewickelt. Es bestünden Verbindungen mit der Schweiz, Tirol, Italien und sogar Frankreich. Eine Bahn von Friedrichshafen nach Ulm würde einen integrierenden Bestandteil eines deutschen und württembergischen Eisenbahnsystems darstellen.[58]

Die Verfasser der Denkschrift betrachteten die Gewerbetätigkeit der Bodenseeanlieger und stellten sie in Bezug zu den Aussichten für die Transportentwicklung der Südbahn. Eine besondere Bedeutung billigen sie den Verkehrsbeziehungen von und nach Italien zu.[59] Württemberg habe die Aufgabe, für eine deutsche Nord-Süd-Verkehrslinie die Bahn von Ulm nach Friedrichshafen zu bauen. Bayern sei demgegenüber nicht in der Lage, eine Bahn zum Bodensee *auf eigenem und günstigem Terrain* führen zu können.[60] Hier bewerteten die Verfasser die baulichen Schwierigkeiten einer nach Lindau zu führenden Strecke. Nach Ansicht der Handelsstände empfehle es sich, den Bau der württembergischen Landesbahn mit der Südbahn zu beginnen, da ihr Bau von keinen Unterhandlungen mit anderen Staaten abhängig sei, sie auf günstige Ausgangsbedingungen mit anderen Bodenseeanliegern treffe so dass der Verkehr deutlich steigen werde.[61] *Steht aber die Friedrichshafen-Ulmer-Bahn da, so knüpfen sich daran – als eine vollzogene Thatsache – die erwünschten Wirkungen und Beziehungen auf Baiern,*[62] das heißt, in diesem Fall würde sich Bayern in der Frage eines Anschlusses an Württemberg umorientieren müssen, denn Bayern lehnte eine Verbindung der württembergischen und bayerischen Staatsbahnen in Ulm ab.

Im Lauf des Jahres 1842 zog die württembergische Regierung einen ausländischen Techniker zur Prüfung der vorliegenden Pläne hinzu. Im August 1842 beschäftigte sich der österreichische Eisenbahn-Ingenieur Alois Negrelli mit den württembergischen Planungsunterlagen. Zu diesem Zweck bereiste er auch die Trassen. Negrelli war mit den ihm vorgelegten Plänen grundsätzlich einverstanden. Er führte in seinem Gutachten für die württembergischen Bahnen die Namen West-, Nord-, Ost- und Südbahn ein.

---

58 Denkschrift über die Friedrichshafen-Ulmer-Eisenbahn und ihre Priorität im System der württembergischen Haupt-Landesbahn, Friedrichshafen u. a. 1842, S. 7.
59 EBD., S. 16–17.
60 EBD., S. 30.
61 EBD., S. 35–37.
62 EBD., S. 37.

In Einzelfällen riet er zu geringfügigen Trassenänderungen und stärkeren Neigungen sowie Krümmungen, um Baukosten zu ersparen. Die Pläne in ihrer Gesamtheit stellte er ebenso wenig in Frage wie die Kostenvoranschläge. Wichtig an seinem am 29. August 1842 datierten Gutachten ist die Bevorzugung der Filsbahn, die auch schon im Vortrag des Innenministers am 7. März 1842 spürbar geworden war. Hinsichtlich der Ulm und Friedrichshafen verbindenden Südbahn schlug Negrelli Änderungen vor. Sie sollte seiner Ansicht nach nicht über Waldsee, *sondern mit einer namhaften Abkürzung etwa von Unter-Essendorf bis Zollenreute über die Donau-Rhein-Wasserscheide, und zwar mehr oder weniger nach der für einen Canal projectirten Linie* angelegt werden. Die Arbeiten könnten dadurch erleichtert werden.[63] Etwa 30 Millionen Gulden sollten nach Ansicht des österreichischen Technikers zum Bau der Strecken ausreichen. Seine insgesamt positive Bewertung der vorliegenden Pläne ermutigte die württembergische Regierung, die Arbeiten beschleunigt weiterzuführen.[64]

Konkurrenzprojekte in Bayern und Württemberg

Die württembergischen Pläne zum Bau einer Strecke von Heilbronn nach Ulm wurden in Bayern sehr früh beachtet. Schon am 6. Oktober 1839 berichtete die Staatsregierung an den König, dass diese Bahn eine Gefahr für den bayerischen Transithandel auf dem geplanten Donau-Main-Kanal darstelle. Empfohlen wurde in diesem Zusammenhang auch der Übergang zum System der Staatsbahnen, der auch alsbald vollzogen wurde.[65] Gründe dafür waren mehrere fehlgeschlagene Projekte in privater Trägerschaft. Eine bereits erteilte Konzession für die Bahn von Nürnberg nach Hof wurde am 25. November 1840 durch die Regierung wegen Nichterfüllung der Bedingungen für erloschen erklärt. Eine schon 1836 konzessionierte Bahn von Augsburg nach Lindau wurde seitens der Privatgesellschaft überhaupt nicht in Angriff genommen. Beide Verbindungen wurden als Staatsbahnen gebaut. Die Strecke von Nürnberg nach Hof ging in Teilstücken vom 1. Oktober 1844 bis zum 20. November 1848 in Betrieb. Die Strecke von Augsburg über Kempten nach Lindau wurde am 1. April 1852 und am 1. März 1854 eröffnet.[66]

Die bayerische Ludwigs-Süd-Nord-Bahn wurde in fünfzehn Abschnitten auf 566 Kilometern Länge von Lindau bis zur sächsischen Grenze bei Gutenfürst von 1847 bis 1854 realisiert. Angemerkt sei, dass Bayern mit dieser Strecke den Anschluss Württembergs in Nördlingen erzwingen wollte: Die Bahn wurde von Pleinfeld nach Gunzenhausen geführt (1. Oktober 1849), nach Öttingen (20. August 1849), Nördlingen (15. Mai 1849) und Donau-

---

63 VdKdA 1843, Band 23, Beilagenband zum Beilagenheft 4, Bericht Negrellis, Lit. F, S. CCLXXIII-CCLXXIV.
64 Ausführlich zur Bedeutung des Gutachtens vgl. RÄNTZSCH (wie Anm. 7), S. 49–52. Vgl. L. NEGRELLI, Über Gebirgseisenbahnen, Wien 1842.
65 Hugo MARGGRAFF, Die Kgl. Bayerischen Staatseisenbahnen in geschichtlicher und statistischer Beziehung. Gedenkschrift zum fünfzigsten Jahrestage der Inbetriebsetzung der ersten Staatsbahnstrecke Nürnberg-Bamberg am 1. Oktober 1844, München 1894, S. 18.
66 EBD., S. 15, 175. Vgl. Walther DUMCKE, Lindau und die Eisenbahn 1853–1953, in: Neujahrsblatt 13 des Museumsvereins Lindau, Lindau 1954, S. 45–74.

wörth (15. Mai 1849). Diese Trassierung wurde einerseits gewählt, um den Grenzübergang zu Württemberg vorzugeben, andererseits wegen der befürchteten Geländeschwierigkeiten, so dass man den Hahnenkamm und die Fränkische Alb zwischen Treuchtlingen und Donauwörth umging.[67] Die bayerische Absicht scheiterte. Letztlich musste der Anschluss Württembergs in Ulm zugestanden werden. Eine Verbindung zwischen der württembergischen und bayerischen Staatsbahn in Nördlingen kam erst 1863 zustande. 1906 wurde die Nord-Süd-Bahn zwischen Gunzenhausen und Treuchtlingen neu trassiert und damit verkürzt. Nördlingen verlor dabei seine Bedeutung im Eisenbahnverkehr weitgehend.

Schon in der Note vom 22. Februar 1839 war seitens des Innenministers mitgeteilt worden, die 1836 für Vorarbeiten zum Eisenbahnbau bewilligten 100 000 Gulden seien auch verwendet wurden, um Konsultationen mit Nachbarländern zu führen. Es gab auch Gespräche zwischen württembergischen und bayerischen Regierungsstellen. Innenminister von Schlayer unterrichtete den König in einem am 19. September 1842 datierten Bericht über das Ergebnis der Untersuchungen Negrellis, wobei er ausdrücklich darauf hinwies, dass durch stärkere Krümmungen und Neigungen Baukosten eingespart werden könnten. Im selben Schreiben wies Schlayer auch auf einige Entwicklungen in Nachbarstaaten hin. Eine Einigung mit Baden über den Anschluss der Westbahn sei nicht in Sicht.

Die beste Unterhandlungskunst [wird] darin bestehen, daß Württemberg seine vom Ausland unabhängigen Eisenbahn-Linien selbständig ausbildet und durch dieselben alle Vortheile, welche durch Eisenbahnen innerhalb seines eigenen Staatsgebiets zu erlangen stehen, zur Entwicklung bringt. Mit einem ausgeführten inneren Eisenbahn-System, insbesondere mit einer Bahn von Stuttgart nach Heilbronn, wird Württemberg gegenüber von Baden eine viel günstigere Stellung einnehmen, als dieses dermalen der Fall ist, und ruhig zuwarten können, bis dieser Staat zu der gewünschten Verbindung sich herbeiläßt.[68]

In bayerischen Aktivitäten zum Bau der Süd-Nordbahn sah Schlayer hingegen eine unmittelbare Herausforderung, die es nicht zuließ nur abzuwarten. *Im Königreich Baiern wird der Bau der Süd-Nordbahn in der Erstreckung von Augsburg bis zur Sächsischen Grenze lebhaft betrieben, und ihre Fortsetzung von Augsburg nach Lindau ist nicht nur in Zeitungs-Artikeln als Absicht der Baierischen Regierung angekündigt, sondern es sind neuerlich auch wieder technische Untersuchungen der Linie von Augsburg nach Lindau in Gang gesetzt worden, und nach Berichten der Königlichen Gesandtschaft in München scheint daselbst der Gedanke lebhaft aufgefaßt worden zu seyn, die ganze Länge des Baierischen Staatsgebiets von Süd nach Nord mit einer Eisenbahn zu durchschneiden, wie eine durch den Ludwigs-Kanal zusammenhängende Wasserstraße dasselbe in der Richtung von West nach Ost durchzieht. Stehen der Augsburg-Lindauer-Linie in den Gebirgen, die sie zwischen Kempten und dem Bodensee zu übersteigen hat, große Schwierigkeiten entgegen, so sind dieselben doch nicht unüberwindlich. Nun liegt es aber sehr im Interesse Württembergs, daß dieser Bahnbau unterbleibe, und es steht zu hoffen, daß ein rasches Vorschreiten mit dem Bau der Ulmer-Friedrichshafener Bahn die Baierische Regierung*

---

67 Wolfgang KLEE, Bayerische Eisenbahngeschichte, Teil I. 1835–1875, Fürstenfeldbruck 1993, S. 22–23.
68 HStA Stuttgart E 10 Bü 117, Nr. 23 vom 19.9.1842.

gegen die Ausführung ihres Projects bedenklich machen werde, so wie jedenfalls die frühere Herstellung der diesseitigen Bodenseebahn die Bildung von Verkehrsverhältnissen in Beziehung auf dieselbe zur Folge haben wird, durch welche ihr auf längere Zeit eine Ueberlegenheit über die Baierische Bahn, wenn diese auch neben der bestehenden Württembergischen noch hergestellt werden sollte, gesichert seyn dürfte [...] Um nun aber den bezeichneten Eventualitäten gewachsen zu seyn und insbesondere nöthigenfalls die rasche Ausführung der Bodenseebahn mit Kraft und Nachdruck betreiben zu können, wäre eine Erweiterung des Kredits für das Eisenbahn-Bauwesen zu wünschen, welcher den Ständen durch den vorgelegten Gesetzes-Entwurf in der Summe von 3'200,000 f[l] angesonnen wurde. Vorerst übrigens dürfte es genügen, wenn der Commission eine solche Erweiterung als etwas, das nach den Umständen wünschenswerth werden könnte, angedeutet wird. Es wird dann zunächst darauf ankommen, welche Folge die Commission dieser Andeutung gibt, in welcher jedenfalls die Freunde des Eisenbahnwesens in der Commission und der Kammer eine erwünschte Bürgschaft für den Willen der Regierung erblicken werden.[69]

Der König billigte am 22. September 1842 Schlayers Vorschläge. Seit diesem Tag gehörte die Südbahn zu den württembergischen Bahnprojekten, die mit besonderer Priorität bearbeitet wurden. Da es sich um ein für die Beziehungen zu Bayern außerordentlich brisantes Thema handelte, wurde die Landtagskommission vertraulich informiert, nicht aber der Landtag.

Die Besorgnisse um den Vorrang der Südbahn, die 1843 im Landtag laut wurden, waren somit gegenstandslos. Trotzdem unterblieb in jener Zeit jeglicher Hinweis auf die reale Sachlage. Das Projekt der Südbahn wurde unabhängig von allen anderen Bahnen stillschweigend forciert vorangetrieben, wobei man so weit ging, die Planungen nicht von Ulm her nach Süden vorzunehmen, sondern umgekehrt von Friedrichshafen nach Norden. Es sollte zuerst der Endpunkt am Bodensee fixiert und damit gegenüber dem Ausland klar gemacht werden, dass Württemberg es mit seiner Südbahn ernst meinte.

Die Südbahn hatte alles in allem drei wichtige Funktionen: Zum einen ermöglichte sie eine für den Binnenverkehr wichtige Erschließung Oberschwabens. Zum zweiten wirkte sie als Konkurrenz zum bayerischen Vorhaben einer Bahn Augsburg-Lindau. Und drittens stellte sie nach damaliger Ansicht einen im internationalen Verkehr bedeutsamen Teilabschnitt auf dem Weg von der Ost- und Nordsee zum Mittelmeer dar. Bei einem rechtzeitigen Bau konnte verhindert werden, dass Bayern mit seiner Bahn den Wettlauf zum Bodensee gewann.

Das württembergische Eisenbahngesetz von 1843

Während der Landtagspause erarbeiteten die Mitglieder der von der Kammer der Abgeordneten eingesetzten Kommission einen ausführlichen Bericht zum Gesetzentwurf vom 7. März 1842.[70] Die neue Sitzungsperiode begann am 14. Januar 1843. Die Beratungen zum Eisenbahnbau begannen am 16. Januar 1843 und endeten nach dreizehn Sitzungen

---

69 HStA Stuttgart E 10 Bü 117, Nr. 23 vom 19.9.1842.
70 Ausführlich zu diesem Bericht vgl. RÄNTZSCH (wie Anm. 7), S. 56–67.

7   Regierungs-Blatt für das Königreich Württemberg vom 22. April 1843 mit dem Eisenbahngesetz.

am 31. Januar. Abstimmungen zu einzelnen Punkten des Gesetzentwurfs fanden an verschiedenen Tagen statt. Da die Kammer der Standesherren mehrere Änderungen verlangte, musste die Kammer der Abgeordneten sich im März 1843 nochmals mit dem Eisenbahngesetz befassen. Weitere Abstimmungen fanden deshalb am 7. März und 20. März 1843 statt. Am 20. März 1843 endeten die Beratungen in der Kammer der Abgeordneten mit einer Schlussabstimmung, bei der 57 Abgeordnete dem Gesetzestext zustimmten und 29 ihn ablehnten.[71]

71   VdKdA 1843, Band 13, Protokoll der 171. Sitzung vom 20.3.1843, S. 40.

8 Carl Etzel (1812–1865), Zeichnung von E. Sues, aus: Über Land und Meer. Allgemeine Illustrirte Zeitung, 1865.

Das am 18. April 1843 von König Wilhelm in Stuttgart unterzeichnete Gesetz wurde am 22. April 1843 im Regierungsblatt für das Königreich Württemberg veröffentlicht. Der für den Bahnbau entscheidende Artikel 1 lautete: *Es werden auf Staatskosten Eisenbahnen erbaut, welche den Mittelpunkt des Landes, Stuttgart und Cannstatt, auf der einen Seite durch das Filsthal mit Ulm, Biberach, Ravensburg und Friedrichshafen, auf der andern Seite mit der westlichen Landesgrenze so wie in nördlicher Richtung mit Heilbronn verbinden.*[72]

Der Landtag hatte von dem Eindruck geleitet abgestimmt, dass die bis 1843 erarbeiteten Trassenentwürfe tatsächlich realisierbar waren. Der österreichische Ingenieur Negrelli hatte in seinem Gutachten diese Planungen bestätigt und nur geringfügige Änderungen vorgeschlagen, die zudem geeignet sein sollten, den Gesamtaufwand für den Bahnbau zu senken.

Tatsächlich zeigte sich aber recht bald, dass die bis Mitte 1843 ausgearbeiteten Trassen nicht bauwürdig waren.[73] Im Juni 1843 wurde Carl Etzel in den württembergischen Staatsdienst berufen, im August 1843 nahm er seine Tätigkeit auf. Etzel brachte aus Frankreich und Österreich einige Erfahrungen im Eisenbahnbau mit. Von September 1843 bis April 1844 hielt sich mit Charles de Vignoles ein britischer Ingenieur als Berater in Stuttgart auf, der aufgrund einer königlichen Entschließung vom 24. April 1843 berufen worden war. Vignoles' Urteil über die vorliegenden Pläne fiel in wesentlichen Punkten vernichtend aus. Auch Carl Etzel konnte den Entwürfen nicht zustimmen, formulierte seine Kritik aber behutsamer als Vignoles. Vignoles' Aussagen gipfelten in der Feststellung der völligen Unbrauchbarkeit der Kostenvoranschläge, die bis Mitte 1843 ausgearbeitet worden waren: *Ferner muß ich*

---

72 Regierungsblatt des Königreichs Württemberg 1843, S. 277–279, vollständiger Faksimileabdruck in: Räntzsch (wie Anm. 7), S. 64–65.
73 Räntzsch (wie Anm. 7), S. 74–84, 90–99.

9 „Königl. Landhaus Rosenstein mit der Neckarbrücke und Tunnelmündung", kolorierte Lithographie von Eberhard Emminger (1808–1885) nach C. Leins, Stuttgart, um 1855, Museum Biberach.

Euer Excellenz erklären, daß ich die ursprünglichen Kostenanschläge für die ursprünglichen Linien als völlig unzureichend ansehe. Einhundert Millionen Gulden würden zur Ausführung der von den Kammern am 18. April sanktionirten Pläne nicht hingereicht haben.[74] Die Regierung und die Landtagsmitglieder waren hingegen davon ausgegangen, dass der Bahnbau nach diesen Plänen nicht einmal 30 Millionen Gulden kosten würde.

Die Jahre 1843 und 1844 waren von einer weitgehenden Umarbeitung der bis dahin vorliegenden Trassenentwürfe geprägt. Auf Details dieser für die württembergische Eisenbahngeschichte entscheidenden Phase kann hier nicht eingegangen werden. Die völ-

---

74 VdKdA 1845, Band 12, Bericht des Professors Charles Vignoles aus London über eine Eisenbahn-Verbindung zwischen Ludwigsburg, Stuttgart, Cannstadt und Eßlingen, Stuttgart, den 30. Dezember 1843, S. 97–338. Vgl. Carl *Etzel*, Über die Nothwendigkeit und Ausführbarkeit einer Eisenbahn durch Württemberg, Stuttgart 1839.

lige Revision dieser Planung dauerte dennoch nur wenige Monate. Letztlich war es möglich, dass die württembergischen Stammbahnen unter Zugrundelegung völlig anderer Bauprinzipien mit einer Gesamtlänge von fast 300 Kilometern tatsächlich für rund 30 Millionen Gulden gebaut werden konnten.

Die erste württembergische Eisenbahnstrecke wurde am 22. Oktober 1845 mit dem kurzen Teilstück von Cannstatt nach Untertürkheim in Betrieb genommen. Der Bau machte rasche Fortschritte, so dass es ab 15. Oktober 1846 eine durchgehende Verbindung von Ludwigsburg bis Esslingen gab. Ein Jahr später wurde die Bahn von Ravensburg nach Friedrichshafen eröffnet. Württemberg sollte nach dem Willen der Regierung als erster Staat den Bodensee mit einem Schienenweg erreichen – und dies gelang. Die Südbahn wurde aus diesem Grund von Süden nach Norden gebaut, also vom Bodensee in Richtung Ulm. Damit waren einige Schwierigkeiten verbunden. So musste man mangels Bahnanschluss die ersten Lokomotiven für die Strecke von Ravensburg nach Friedrichshafen in München bei Maffei kaufen und nicht bei Kessler in Karlsruhe, da der Transport auf Straßen von München her einfacher zu bewältigen war.

Die Problematik der Anschlüsse an Baden und Bayern für die württembergischen Eisenbahnen

In der Zeit der ersten württembergischen Streckeneröffnungen zeigte sich, dass Baden und Bayern kein Interesse hatten, Württemberg am Verkehr partizipieren zu lassen. Die württembergischen Eisenbahnen blieben isoliert. Mit Baden konnte es überhaupt keinen direkten Übergang geben, denn die badischen Staatsbahnen wurden in der deutschlandweit, ja sogar europaweit einmaligen, abweichenden Spurweite von 1600 Millimetern angelegt. Nur Irland hatte sich ebenfalls dieser Spurweite zugewandt. Württemberg baute seine Bahnen aber hiervon unbeeindruckt mit der sonst überall üblichen Spurweite von 1435 Millimetern. Auch erwartete Baden einen Grenzübertritt in Pforzheim und nicht in Bruchsal. Bayern bevorzugte einen Grenzübertritt in Nördlingen, Württemberg in Ulm.

Letztlich hatte Württemberg mit der Strategie des Abwartens Erfolg, denn die badische Position war unhaltbar. Dies betraf den Grenzübergang zu Württemberg, dies betraf aber auch die Spurweite: Baden musste im Lauf der 1850er Jahre mit hohem Aufwand zur Normalspurweite übergehen. Württemberg konnte mit Baden am 4. Dezember 1850 einen Staatsvertrag abschließen, der einen Grenzübergang bei Bruchsal vorsah.

Auch Bayern musste seine Position aufgeben, einen Grenzübertritt in Nördlingen zu fordern. Es war zu offensichtlich, dass eine Bahnlinie von Mannheim über Stuttgart und Ulm nach Augsburg und München ein völlig anderes Entwicklungspotenzial erwarten ließ, als eine von Stuttgart über Aalen nach Nördlingen geführte Strecke.

Mit Bayern konnte Württemberg am 25. April 1850 einen Staatsvertrag zum Bahnbau abschließen.[75] In diesem Vertrag verpflichtete sich Württemberg, die Bahn von Stuttgart nach Ulm herzustellen und für eine Fortsetzung in westliche Richtung, also nach Baden,

---

75 Amtsblatt der Königlich Württembergischen Verkehrs-Anstalten vom 17.8.1854, S. 317–321.

Sorge zu tragen. Die Königlich Bayerische Regierung verpflichtete sich, eine Fortsetzung der München-Augsburger Bahn, in Augsburg beginnend, zur württembergischen Grenze bei Ulm zu bauen. Der unmittelbare Anschluss sollte in Ulm erfolgen. Die Eröffnung der Anschlüsse nach Baden und Bayern sollte aufeinander abgestimmt sein. Im Artikel 19 des Staatsvertrages mit Bayern heißt es: *Im Falle die Bayerische Regierung es in ihrem Interesse angemessen erachten sollte, eine Verbindung der Friedrichshafen-Ulmer Bahn mit der Stadt Lindau herzustellen, verpflichtet sich die Königl. Württembergische Regierung, die Anlegung einer solchen Zweigbahn in der Richtung von Meckenbeuren nach Lindau zu gestatten [...].*[76]

Von da an hörte man von einer Verbindung nach Lindau über mehrere Jahrzehnte nichts mehr, wenngleich es schon seit den 1860er Jahren immer wieder Anregungen gab, eine Bodenseegürtelbahn zu bauen.

Innerhalb Württembergs war die Strecke von Heilbronn bis Friedrichshafen 1850 vollendet. Damit waren die Ziele erreicht, eine Hauptentwicklungsachse zu schaffen, das Unterland und das Oberland mittels eines Schienenwegs zu verbinden und den Rhein bzw. den Neckar indirekt durch eine Eisenbahn mit der Donau zu verbinden. Es fehlte nur noch die Linie von Bietigheim nach Bretten zum Anschluss an Baden, die am 1. Oktober 1853 in Betrieb genommen werden konnte. Von diesem Tag an waren die Eisenbahnen Badens und Württembergs verbunden.

Zum 1. Juni 1854 folgte die Verbindung zwischen den württembergischen und bayerischen Staatsbahnen in Ulm. Inklusive des Anschlusses an Bayern verfügte Württemberg am 1. Juni 1854 über 291,31 Kilometer Eisenbahnlinien, die sich aus der Nord-, West-, Ost- und Südbahn zusammensetzten.

In Württemberg hatte man in den 1830er Jahren die Ansicht vertreten, das Land müsse dem deutschen Verkehrsnetz ein Teilstück einer Nord-Süd-Verbindung bieten in Form einer Strecke von Crailsheim über Aalen und Ulm nach Friedrichshafen. Tatsächlich waren in Deutschland vor 1945 die Nord-Süd-Verbindungen gegenüber den Ost-West-Verbindungen weniger ausgebaut. Insofern hatte eine Nord-Süd-Linie im Osten Württembergs und über Ulm an den Bodensee ihre Berechtigung.

Bayern wollte den Nord-Süd-Verkehr ebenfalls an sich ziehen und war damit letztlich auch erfolgreicher. Die Bahnen strebten an, dass die Transporte auf ihrem Netz möglichst weite Wege zurücklegten, da dies die Einnahmen im Personen- und ganz besonders im Güterverkehr steigerte. Auf die bayerische Ludwigs-Süd-Nord-Bahn, die bis 1854 vollendet war und damit Lindau erreichte, wurde bereits hingewiesen.

Bayern ging aber noch weiter, um die württembergische Nord-Süd-Strecke zu verhindern. Am 21. Februar 1861 schlossen die Regierungen Württembergs und Bayerns einen Staatsvertrag über den Bau einer Strecke von Wasseralfingen bis zur bayerischen Grenze bei Nördlingen, das damals noch im Zuge der Süd-Nord-Bahn lag. Diese Strecke sollte bis 1863 fertiggestellt werden.[77] Der Artikel XXXVII war für die Nord-Süd-Verbindung von entscheidender Bedeutung: *Die k. württ. Regierung verpflichtet sich, innerhalb eines Zeitraums von zwölf Jahren vom Tage der Eröffnung der Canstatt-Nördlinger Eisen-*

---

76 EBD. vom 17.8.1854, S. 321.
77 EBD. vom 31. Juli 1863, S. 447–457.

bahn an keine Schienenverbindung zwischen dieser Bahnlinie und der Canstatt-Ulmer Eisenbahn herzustellen oder herstellen zu lassen, durch welche die württ. Bahnlinie von Nördlingen bis Friedrichshafen kürzer würde, als die bayerische Linie von Nördlingen bis Lindau.[78] Bayern ging demnach so weit, die Fertigstellung der württembergischen Nord-Süd-Bahn für längere Zeit zu verhindern. Die bayerische Strecke ist 263 Kilometer lang und wird seit 1854 befahren. Die württembergische Strecke von Nördlingen bis Friedrichshafen wäre nur 216 Kilometer lang gewesen. Ihr Bau war aber erst nach Ablauf von zwölf Jahren, beginnend mit der Inbetriebnahme der Verbindung der württembergischen und bayerischen Staatsbahnen in Nördlingen gestattet, die am 3. Oktober 1863 mit der Eröffnung der Strecke von Wasseralfingen nach Nördlingen erfolgte.[79] Damit war der Bau einer durchgehenden Eisenbahn von Aalen bis Ulm bis 1875 unmöglich.

Verschiedene andere Verbindungen, die für eine Nord-Süd-Bahn relevant sein konnten, gingen aber in Betrieb: Heilbronn-Hall am 4. August 1862, Aalen-Heidenheim am 15. September 1864, Goldshöfe-Crailsheim am 15. November 1866, Hall-Crailsheim am 10. Dezember 1867. Crailsheim vermittelte ab 1875 zwischen den Bahnen Württembergs und Bayerns. Erst am 25. Juni 1875 folgte der erste Teil der Weiterführung der Brenzbahn von Heidenheim bis Niederstotzingen, dem am 15. November 1875 der Abschnitt bis Langenau folgte und am 5. Januar 1876 bis Ulm.[80] Die Frist von zwölf Jahren seit der Inbetriebnahme der Strecke von Wasseralfingen bis Nördlingen war im Oktober 1875 abgelaufen. Tatsächlich spielten aber jene Strecken, welche die Südbahn nach Norden verlängerten, im überregionalen Verkehr keine nennenswerte Rolle, weder im Güterverkehr, noch im Personenverkehr. Die Brenzbahn blieb eingleisig und wurde bis heute nicht elektrifiziert. Auch die Strecke von Goldshöfe bis Crailsheim ist bis heute eingleisig. Ende der 1870er Jahre waren die Verkehrsbeziehungen so weit festgelegt, dass eine neue Strecke wie die von Aalen nach Ulm keine Bedeutung mehr im Nord-Süd-Verkehr erlangen konnte.

Erste Ergebnisse des Eisenbahnbetriebs

Ergebnisse des Eisenbahnbetriebes wurden von Anfang an ermittelt und dem König zur Kenntnis gebracht. Die frühesten Berichte beschränkten sich allerdings auf die Mitteilung der Einnahmen und waren weder nach Strecken noch nach Bahnhöfen differenziert. Mit dem Bericht des Finanzministers[81] an den König vom 4. Dezember 1849 wurde

---

78 EBD., S. 457.
79 RÄNTZSCH (wie Anm. 7), S. 34–38, 198.
80 Otto SUPPER, Die Entwicklung des Eisenbahnwesens im Königreich Württemberg. Denkschrift zum fünfzigsten Jahrestag der Eröffnung der ersten Eisenbahnstrecke in Württemberg am 22. Oktober 1845, Stuttgart 1895, S. 209–210.
81 Die Vorbereitungen zum Bahnbau wurden bis 1844 vom Ministerium des Inneren geleitet. Wegen Geschäftsüberbürdung wurde die Verantwortlichkeit mit königlicher Verordnung vom 29. September 1844 an das Finanzministerium übertragen. 1864 wurde das Eisenbahnwesen durch königliche Verordnung vom 21. Oktober 1864 an das Außenministerium überwiesen. Vgl. SUPPER (wie Anm. 80), S. 13–15.

10   Dienstpersonal vor dem Biberacher Bahnhof, Fotografie, um 1900, Städtische Archive Biberach

dies anders.[82] Hier lassen einige Zahlen zu den bis dahin in Betrieb stehenden Eisenbahnen auch Rückschlüsse auf die Ergebnisse der Strecke von Friedrichshafen bis Ravensburg zu. Der Abschnitt von Ravensburg bis Biberach war erst seit dem 26. Mai 1849 in Betrieb, also im Geschäftsjahr 1848/49 nur einen Monat. Auf der Südbahn wurden insgesamt 76 451 Personen befördert, von ihnen 142 in der I. Wagenklasse, 7518 in der II. Klasse und 68 791 in der III. Klasse. Die Gesamteinnahmen aus der Personenbeförderung beliefen sich auf 24 990 Gulden 21 Kreuzer. Weitere Einnahmen stammten aus der Beförderung von 992 Hunden, außerdem durch Gepäck-, Equipagen- und Viehtransporte. Während man aus dem Gepäcktransport 974 Gulden 2 Kreuzer erlöste, waren es für 3796 Zentner Güter (189,8 Tonnen) nur 696 Gulden 8 Kreuzer. Die gesamten Einnahmen beliefen sich auf 27 887 Gulden 38 Kreuzer, die gesamten Ausgaben auf 35 000 Gulden 23 Kreuzer. Die Züge legten im Geschäftsjahr 1848/49 11 831 Wegstunden (43 987,6 Kilometer) zurück. Pro Stunde wurden 2 Gulden 21 Kreuzer eingenommen und 2 Gulden 57 Kreuzer ausgegeben. Für den Betrieb standen fünf Lokomotiven 16 vier- und acht zweiachsige Personenwagen sowie acht vierachsige und 22 zweiachsige Güterwagen zur Verfügung. Bei der im gleichen Bericht behandelten, 31 Stunden (115 26 Kilometer) langen Strecke von Heilbronn bis Geislingen lagen die Einnahmen bei 542 055 Gulden 22 Kreuzer, die Ausgaben bei 325 170 Gulden 53 Kreuzer, so dass sich ein Überschuss von 216 884 Gulden 29 Kreuzern ergab.

82   HStA Stuttgart E 10 Bü 121, Nr. 39 vom 4. 12. 1849.

Station	Personenverkehr		Güterverkehr		Verkehrseinnahmen	
	Abgang Personen	Ordnungszahl	Abgang und Ankunft Tonnen	Ordnungszahl	Einnahmen Mark	Ordnungszahl Mark
I Klasse						
Friedrichshafen	362320	22	131872	24	1581863	10
Ulm	1184339	8	510208	3	5313784	2
II Klasse						
Aulendorf	136244	85	44187	82	272962	76
Biberach	228886	48	67107	61	783811	25
Ravensburg	322910	33	110733	30	1352887	12
Waldsee	74288	158	52108	70	218058	92
III Klasse						
Buchau	42279	275	10824	229	124378	132
Durlesbach	21980	413	4696	325	18590	374
Erbach	82120	141	20743	147	92391	164
Essendorf	39827	291	10478	236	53062	236
Laupheim Hbf	44307	263	9849	246	69213	205
Laupheim Stadt	116525	101	29829	113	320749	63
Meckenbeuren	107478	113	16350	165	117207	139
Mochenwangen	46868	252	20364	149	140182	121
Niederbiegen	36796	306	81437	48	495221	42
Ochsenhausen	36756	307	12545	198	116836	140
Rißtissen-Achst	24710	388	8075	264	36986	280
Schemmerberg	29817	343	7282	278	27232	316
Schussenried Bf	42326	274	30967	108	111896	144
Ummendorf	40207	287	37193	94	229209	89
Warthausen	46253	253	10334	237	56429	230
IV Klasse						
Äpfingen	24511	390	1720	393	10955	429
Langenschemmern	25252	384	5932	301	15886	396
Maselheim	13883	483	2107	381	11566	426
Schwendi	27072	367	12852	197	34169	288
V Klasse						
Barabein	3019	577	-	-	-	-
Dellmensingen	9284	522	124	476	3941	502
Grimmelfingen	24243	393	229	458	4512	496
Löwental	3405	573	2	529	832	559
Schussenried Ort	36833	305	231	456	16216	393
Schweinhausen	24937	386	153	468	8823	442
Torfwerk	6595	542	-	-	-	-
Weißenau	18499	442	332	440	6121	478

11   Aus der württembergischen Stationsstatistik für das Jahr 1910 – Südbahn und anstoßende Strecken.

Personalausgaben		Ausgaben auf 100 Mark Einnahmen	Dienststellen mit eigenen Vorständen	Anzahl der			
Ausgaben Mark	Ordnungszahl			Beamten	Unterbeamten	Hilfsbeamten	Arbeiter
153 363	13	9,70	3	21,00	22,51	8,74	48,43
702 597	2	13,22	5	67,08	116,32	19,96	265,96
90 137	17	33,02	2	9,00	16,30	4,00	40,32
51 966	32	6,63	2	8,00	7,30	5,73	14,15
55 638	27	4,11	2	9,08	7,30	5,82	14,26
14 609	113	6,70	1	3,00	2,30	0,52	3,76
8 067	197	6,49	1	1,00	1,00	1,05	2,74
5 159	259	27,75	1	1,00	1,00	0,04	1,98
10 303	157	11,15	1	2,00	2,00	0,07	2,70
11 129	144	20,97	1	2,00	1,00	0,95	3,12
17 518	95	25,31	1	2,83	4,00	1,40	4,18
13 995	116	4,36	1	4,00	2,00	1,45	1,42
16 875	101	14,40	1	2,00	3,00	1,20	5,73
8 705	187	6,21	1	2,00	1,00	0,13	2,10
11 369	138	2,30	1	3,00	2,00	0,49	2,08
8 188	195	7,01	1	1,00	2,50	0,01	2,19
6 715	221	18,16	1	1,00	3,00	0,04	1,24
6 742	220	24,76	1	1,00	1,00	0,05	2,20
16 256	104	14,53	1	3,00	3,87	0,26	4,44
11 632	135	5,07	1	2,00	1,00	0,35	4,08
14 208	115	25,18	1	2,00	0,90	0,52	5,91
484	400	4,42	-	-	-	0,03	-
5 117	260	32,21	1	-	1,88	-	2,00
496	397	4,29	-	-	-	-	0,03
1 777	374	5,20	1	-	1,00	-	-
-	-	-	-	-	-	-	-
46	529	1,17	-	-	-	-	-
60	516	1,33	-	-	-	-	-
36	542	4,33	-	-	-	-	-
569	393	3,51	-	-	-	-	-
136	476	1,54	-	-	-	-	-
-	-	-	-	-	-	-	-
100	511	1,63	-	-	-	-	-

Am 21. November 1850 konnte Finanzminister Knapp dem König einen Bericht über das Geschäftsjahr 1849/50 vorlegen.[83] In ihm finden sich Zahlen zur Strecke Ulm-Friedrichshafen, allerdings wurde der Abschnitt von Ulm bis Biberach erst am 1. Juni 1850 befahren, so dass er im Geschäftsjahr 1849/50 nur einen Monat betrieben wurde. Das Geschäftsjahr begann jeweils am 1. Juli und endete am 30. Juni. Befördert wurden 156 376 Personen und 237 837 Zentner 43 Pfund (11 892 Tonnen) Güter. Die Einnahmen beliefen sich auf 119 269 Gulden 57 Kreuzer, die Ausgaben auf 82 910 Gulden 12 Kreuzer.

Spätere Berichte lassen für einige Jahre keinen Rückschluss mehr auf die Beförderungsleistungen der Südbahn zu. Dem Bericht über das Geschäftsjahr 1860/61 beispielsweise lässt sich nur entnehmen, dass die württembergischen Staatsbahnen 3,1 Millionen Reisende befördert hatten. Die Einnahmen aus der Personenbeförderung beliefen sich auf 1,6 Millionen Gulden. Es wurden 11 371 435 Zentner Güter (568 572 Tonnen) befördert und im Güterverkehr 2,7 Millionen Gulden eingenommen. Die Einnahmen aus dem Güterverkehr überwogen also die Einnahmen aus dem Personenverkehr bei weitem.[84] Im Geschäftsjahr 1866/67 wurden 5,4 Millionen Reisende und 26,3 Millionen Zentner (1,31 Millionen Tonnen) Güter befördert, 1867/68 waren es 5,9 Millionen Reisende und 32,2 Millionen Zentner (1,61 Millionen Tonnen) Güter.[85]

Diese Zahlen lassen erkennen, dass Württemberg mit dem Eisenbahntransport in eine neue Entwicklungsphase eingetreten war, denn auf der Basis der alten Transportmethoden waren solche Werte nicht zu erreichen.

Von Bedeutung ist die Eisenbahn nicht zuletzt als Beschäftigungsfaktor. Der Eisenbahnbau ist in der zweiten Hälfte des 19. Jahrhunderts auch in Südwestdeutschland eine mobile Großbaustelle, wo vielfach auch zahlreiche ausländische Facharbeiter tätig sind. Der Bahnbetrieb ist bis weit in das 20. Jahrhundert hinein personalintensiv. Auf den Bahnhöfen zumal der I. und II. Klasse sind in einer strengen Hierarchie vielfach Dutzende von Beamten, Unterbeamten, Hilfsbeamten und Arbeiter beschäftigt. So werden 1910 in Ulm ca. 100 Mitarbeiter gezählt, in Friedrichshafen mit seinem großen Ausbesserungswerk sind es gar 470, am oberschwäbischen Bahnknotenpunkt Aulendorf fast 70, und in Biberach immerhin 35 und in Ravensburg 36 (Abb. 11).

In der Existenz der Südbahn lassen sich mehrere Phasen unterscheiden:
1) Die Inbetriebnahme von 1847 bis 1850, als sie ihren Weg in das württembergische Streckennetz in mehreren Teilabschnitten fand und die Voraussetzung schuf, das Oberland mit dem Unterland verkehrlich zu verbinden.
2) Die normale Betriebsphase von 1850 bis Ende der 1890er Jahre mit deutlich steigenden Beförderungszahlen im Personen- und Güterverkehr; die Phase war schon vom punktuellen Ausbau einzelner Stationen und der Kapazitätserhöhung der Bahnhöfe geprägt.
3) Die Phase von etwa 1890 bis 1905, als Nebenlinien entstanden, die das Verkehrsaufkommen auf der Hauptbahn erhöhten und die den Versuch darstellten, die Eisen-

---

83 HStA Stuttgart E 10 Bü 121 vom 21. 11. 1850.
84 HStA Stuttgart E 14 Bü 870 vom 24. 12. 1861.
85 HStA Stuttgart E 14 Bü 873, Nr. 24 vom 15. 5. 1869.

bahn auch zur Flächenerschließung heranzuziehen; in dieser Phase entstand zudem als eine der letzten Hauptbahnen die Bodensee-Gürtelbahn, welche die lange vermissten Anschlüsse zu den badischen und bayerischen Staatsbahnen im Bereich des nördlichen Bodenseeufers herstellte.

4) Von 1905 bis 1930 erfolgten einige Ausbaumaßnahmen, insbesondere der zweigleisige Ausbau der Südbahn (1905 bis 1913), ebenso die umfassenden Erweiterungen der Bahnanlagen in Friedrichshafen; kriegsbedingt kam es bei der Südbahn nochmals zu Änderungen im Streckennetz bei Friedrichshafen; ansonsten war die Zeit bis 1945 von kriegsvorbereitenden Baumaßnahmen in Bahnhöfen geprägt, von einer starken Inanspruchnahme des Personals und des Materials und letztlich von teils erheblichen Zerstörungen.

5) Nach dem Zweiten Weltkrieg und in der Wiederaufbauphase kam die Südbahn nochmals zu größerer Bedeutung, was sich besonders im Transportvolumen des Güterverkehrs sichtbar niederschlug; die Deutsche Bundesbahn begann mit Rationalisierungsmaßnahmen, die vor allem in den 1960er Jahren zu einem Ende der Flächenbedienung mittels Nebenbahnen führte.

6) Seit den 1960er Jahren wuchs die Bedeutung des Individualverkehrs, zugleich wanderte immer mehr Güterverkehr auf die Straße ab; die Deutsche Bundesbahn führte den Traktionswandel durch, wobei die Dampflokomotiven durch Diesellokomotiven ersetzt wurden, was aber nicht zu einer signifikantenw Leistungssteigerung und Geschwindigkeitserhöhung führte; eine Elektrifizierung der Südbahn und der Bodenseegürtelbahn wurde nicht erwogen, dabei spielte für die DB eine große Rolle, dass es vom Bodensee bis nach München große und dadurch rationell zu betreibende Dieselnetze gab mit den Bahnbetriebswerken Kempten und Ulm.

Die Auswirkungen der Existenz einer Bahnstrecke, ihre Relevanz für eine Region lassen sich am besten vermittels der Beförderungszahlen einzelner Stationen erkennen. Allgemeine Aussagen über die Wichtigkeit eines Eisenbahnanschlusses haben wenig Aussagekraft, solange sie nicht durch konkrete Zahlen belegt sind. Wie bereits erwähnt, liegen solche Zahlen aus der Anfangszeit des Betriebs der Südbahn nicht vor.

Hervorgehoben sei, dass sich die Relevanz der Eisenbahn in den Regionen für mehr als ein Jahrhundert nicht über den Personenverkehr, sondern über den Güterverkehr definierte. Der Güterverkehr war es zudem, der das Aussehen der Bahnhöfe durch deren Ausdehnung maßgeblich prägte. Für den Güterverkehr war ein großer Teil der Gleise und der Flächen der Bahnhöfe bestimmt. Der Güterverkehr benötigte Güterschuppen, Rampen und Lagerflächen. Dazu gehörten Anlagen des Stückgutverkehrs mit ihren Umladehallen, die Freiladegleise in den Bahnhöfen, die Rangier- und Ordnungsgleise, um ganze Güterzüge oder Wagengruppen aufzustellen und für den Abtransport vorzubereiten. Entsprechendes galt für die ankommenden Güterzüge. Eine besondere Herausforderung für die Bahn und die Bahnhöfe waren die Transporte der Massengüter – insbesondere von Kohle. Die Güterzüge bestimmten auch die Längenausdehnung der Bahnhöfe, denn im Lauf der Zeit stieg die zulässige Länge der Güterzüge auf bis zu 700 Meter an; entsprechend wurden in relevanten Bahnhöfen Gleise verlängert.

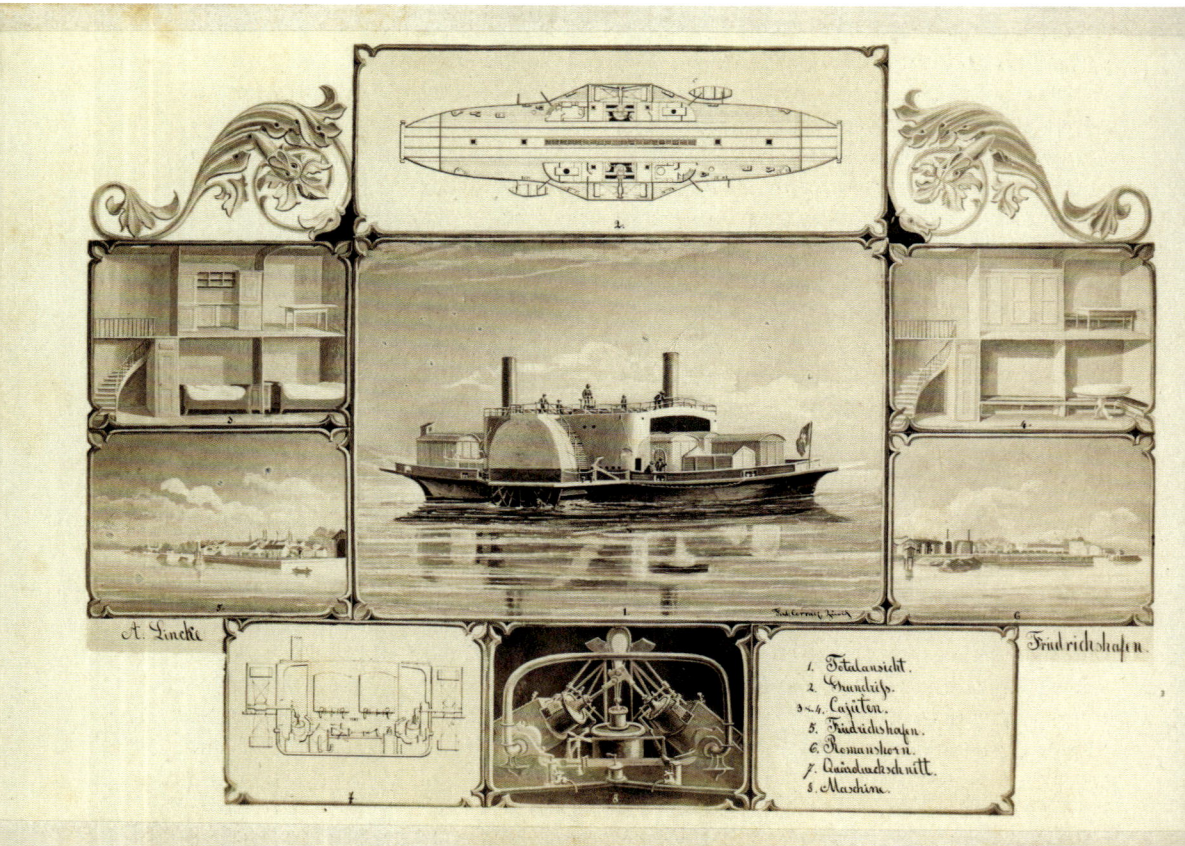

12   Das erste Eisenbahntrajektschiff zwischen Friedrichshafen und Romanshorn, Lithographie, um 1870, Stadtarchiv Friedrichshafen.

Im Falle der Südbahn kam hinzu, dass in Friedrichshafen bis 1976 Güterwagen auf das Schiff verladen wurden, um in die Schweiz per Fähre befördert zu werden. Umgekehrt kamen Güterwagen aus der Schweiz in Friedrichshafen an. Solche Trajektverkehre waren früh im 20. Jahrhundert keine absolute Rarität, in den 1970er Jahren waren sie in der Bundesrepublik Deutschland aber doch bemerkenswert.

Sieht man vom lokalen Verkehr ab, der noch lange mit Pferdefuhrwerken durchgeführt wurde, so war es der Eisenbahngüterverkehr, der die Versorgung der Orte weitgehend gewährleistete. Auch in den 1950er Jahren hatte sich daran noch wenig geändert. Die Industrie war auf den Eisenbahngüterverkehr angewiesen, um mit Rohstoffen und Materialien versorgt zu werden, und der Versand der Fertigwaren erfolgte entsprechend. Große Werke hatten eigene Anschlussgleise. Entlang der Südbahn gab es 1880 erst zwei Anschlussgleise. 1915 waren es einige mehr, allerdings verfügte die Südbahn insgesamt über wenige Anschlussgleise. Auch in den 1980er und 1990er Jahren gab es eine ganze

Reihe Anschlussgleise für die Industrie; die Deutsche Bundesbahn förderte in mehreren Wellen das Anlegen von Anschlussgleisen.

Die früh in den 1830er Jahren angedachte deutsche Nord-Süd-Bahn, die ihren Ausgang am Bodensee genommen hätte, gab es tatsächlich nie. Die lange durch Bayern verhinderte Durchbindung von Nord nach Süd über Crailsheim, Aalen und Ulm nach Friedrichshafen ließ diese Verkehrsbeziehung nicht entstehen.

In besonderem Maße war hinderlich, dass der gesamte Verkehr der Südbahn bis zur Eröffnung der Gürtelbahn in Friedrichshafen endete. Die Gürtelbahn in Richtung Lindau wurde am 1. Oktober 1899 in Betrieb genommen, nach Baden am 2. Oktober 1901. Nun erst war es möglich, dass die Südbahn wenigstens in gewissem Umfang für den zwischenstaatlichen Schienenverkehr genutzt werden konnte – von internationalem Verkehr in erheblichem Umfang, zumal im Güterverkehr, war dennoch keine Rede. Tatsächlich gab es nun Reisezüge mit Zielen in Österreich und der Schweiz. Der Güterverkehr hatte schon im 19. Jahrhundert seine festen Wege zu den relevanten Zielen eingenommen.

Ab Lindau war noch im 19. Jahrhundert eine Verbindung nach Österreich entstanden. Der Lindauer Inselbahnhof wurde im 20. Jahrhundert ausgebaut, aber in der gleichen Zeit entstanden in Lindau-Reutin umfangreiche Anlagen für den Güterverkehr. Von diesem Verteilungspunkt waren Gütertransporte nach Österreich und in die Schweiz vorteilhafter zu vermitteln als über andere Wege. Der Güterverkehr in die Schweiz wurde durch die Fähre ab Friedrichshafen im Rahmen von deren Kapazität vermittelt – aber mit einem internationalen Massentransport hatte dieser Verkehr nichts zu tun.

1930/31 wurden die Anlagen für den Güterverkehr in Friedrichshafen ausgebaut. 1933 konnte der neue Friedrichshafener Hafenbahnhof eröffnet werden.[86] Aber diese Ausbauten waren in erster Linie eine Reaktion auf die aus der Vergangenheit resultierenden Unzulänglichkeiten und nicht ein Aufbruch in eine neue Zeit. Einen solchen Aufbruch konnte es auch gar nicht geben, da schon um das Jahr 1900 die Verkehrsbeziehungen und Transportwege seit Jahrzehnten die Richtungen eingeschlagen hatten, die ihre Tauglichkeit für die alltägliche Praxis bewiesen hatten. Im Übrigen waren für die Deutsche Reichsbahn, seit deren Bildung 1920, Rücksichten auf die Leitung der Gütertransporte durch Baden, Württemberg und Bayern irrelevant: die Deutsche Reichsbahn leitete die Züge über die Verbindung, die den rationellsten Transport ermöglichte.

Die Anlagen aller Bahnhöfe der Südbahn und der Bodenseegürtelbahn leisteten gute Dienste für den Verkehr der Region, für Württemberg und letztlich auch für Deutschland. In gewissem Maße wurden auch Übergänge nach Bayern, Baden, in die Schweiz und nach Österreich vermittelt. Von einem internationalen Verkehrsweg konnte aber keine Rede sein.[87]

Die 1970er und 1980er Jahre waren geprägt von einem Bedeutungsverlust der Südbahn. Einen entscheidenden Faktor stellte dabei der Rückgang des Güterverkehrs auf der Schiene dar. Der Güterverkehr war traditionell die bedeutendste finanzielle Stütze

---

86 Wilhelm RITTER u. a., Vor 50 Jahren eingeweiht: Der neue Hafenbahnhof 1933–1983, Friedrichshafen 1983.
87 Hans-Wolfgang SCHARF/Burkhard WOLLNY, Die Eisenbahn am Bodensee, Freiburg 1993.

für den Bahnbetrieb. Nicht zuletzt die Neuordnung des Güterverkehrs in den 1990er Jahren bewirkte, dass der Gütertransport auf der Schiene in vielen Bereichen obsolet wurde, wobei diese Neuordnung keineswegs in allen Fällen im Einklang mit den Interessen der verladenden Wirtschaft erfolgte. Rangieranlagen wie in Friedrichshafen und Lindau-Reutin kamen außer Gebrauch. Was blieb, war der Personenverkehr, bei dem tatsächlich einige Fortschritte zu verzeichnen waren. So setzte sich seit den späteren 1980er Jahren die Erkenntnis durch, dass die teilweise weitmaschigen und nicht selten völlig irrationalen Fahrpläne durch rationale Taktfahrpläne zu ersetzen waren – möglichst mit einer Bedienung im Stundentakt. In diesem Zusammenhang muss allerdings auch daran erinnert werden, dass noch in den 1970er Jahren Fernpendler praktisch unbekannt waren. Erst die neuen Taktfahrpläne seit den 1980er Jahren ermöglichten Fernpendlerfahrten über 50 oder sogar 100 Kilometer je Richtung. Für die Südbahn bedeutete dies aber zugleich, dass viele Zwischenhalte vollständig entfielen, denn angesichts der Länge der Strecke von rund 100 Kilometern konnte man die Fahrzeit nur so spürbar kürzen.

In den letzten beiden Jahrzehnten wurde der Entfall von Zwischenhalten zur Fahrzeitkürzung als Irrweg erkannt und in einigen Fällen rückgängig gemacht bzw. wurden auch bedarfsgerechtere Halte eingeführt.

Von der Sommerfrische zum Zweitwohnsitz am Bodensee. Momentaufnahmen einer regionalen Geschichte des Tourismus[1]

Werner Trapp

Bilder aus der Frühzeit der *Fremdenindustrie* am Bodensee

Der Pionier der modernen Pauschalreise, der Engländer Thomas Cook, führte seine Gruppen bereits an die Pyramiden Ägyptens, Karl Stangen organisierte schon Hochseereisen zum Nordkap, da dämmerte auch am Bodensee die Erkenntnis, dass es höchste Zeit war, wenn man in dem sich weltweit etablierenden Geschäft mit der Sehnsucht nach der Ferne nicht zu kurz kommen wollte. Der *Fremdenzufluss an den See*, so monierten hiesige Gasthofbesitzer Ende des 19. Jahrhunderts, lasse zu wünschen übrig und meinten damit vor allem: Die ‚Heerstraßen des großen internationalen Reisestroms' führten geradewegs am See vorbei.

---

[1] Der Duktus des Vortrags wurde für die Druckfassung bewusst beibehalten, hinzufügt wurden lediglich einige Passagen, die im Rahmen der knapp bemessenen Vortragszeit wegfallen mussten. Der Beitrag geht ausführlich auf einige fragwürdige Entwicklungen der letzten Jahrzehnte ein, die im öffentlichen Bewusstsein und im politischen Diskurs zu wenig präsent sind. Ein umfassender Überblick, der positive wie negative Seiten des regionalen Tourismus in einer ausgewogenen Weise berücksichtigt, ist an dieser Stelle nicht angestrebt. Anmerkungen wurden auf das Nötige beschränkt, Literaturhinweise sollen hier nur kursorisch und in Auswahl gegeben werden. Zum allgemeinen Hintergrund: Werner Trapp (Red.), Sommerfrische. Die touristische Entdeckung der Bodenseelandschaft, hg. von Internationaler Arbeitskreis Bodensee-Ausstellungen, Rorschach 1991; Metfried R. Francke, Untersuchungen zum Fremdenverkehr im westlichen Bodenseegebiet und Stein-Schaffhauser Hochrheintal, Frankfurt a. M. 1975; Werner Trapp, Der „Gottesgarten am See". Skizzen zur touristischen Entdeckung einer Bodenseelandschaft, in: Ders., Sommerfrische (wie Anm. 1), S. 105–114; Helmut Fidler, „Die Landschaft ist licht und hübsch [...]. Sie sollten einmal kommen!" Die touristische Entdeckung des Untersees, in: Hegau 65 (2008), S. 131–170. Eine Geschichte des Tourismus in Oberschwaben fehlt bis heute, dazu: Gert Zang, Reiseführer Oberschwaben: „ein verwunschenes Paradies". Wie Oberschwaben allmählich zum Reiseziel wurde, in: Schwabenspiegel. Literatur vom Neckar bis zum Bodensee 1800–1950 [Begleitwerk zur gleichnamigen Wanderausstellung], Bd. 2,1: Aufsätze, Biberach 2006, S. 103–110; Friedemann Schmoll, Heimatkunde im Schaufenster – 50 Jahre Oberschwäbische Barockstraße, in: Schwäbische Heimat 1 (2017), S. 75 f.

1   Bodensee und Rhein, Lake of Constance, Lac de Constance. Anonym, um 1900 (Vorlage: Stadtarchiv Konstanz). Das erste vom Verband der Gasthofbesitzer am Bodensee und Rhein herausgegebene Fremdenverkehrsplakat zeigt die Bodenseelandschaft als eine Einheit, in Kombination mit wichtigen Eisenbahnlinien, die von weither an den See führen.

Der heimischen *Fremdenindustrie* mit etwas mondänem Anstrich auf die Beine zu helfen, bot sich *moderne Reclame* an – zu jener Zeit noch mit „c" geschrieben – und diese *Reclame* war um zündende Attribute schon damals nicht verlegen. Überlingen, ein behäbiges Kurstädtchen am badischen Ufer, stolzierte da auf einmal ganz ungeniert als *deutsches Nizza* daher – ein Prädikat, das freilich auch die Württemberger im benachbarten Friedrichshafen für sich gepachtet hatten. Die legten sich auch gleich noch den Titel *Bad* zu – das klang vornehmer, auch wenn man im Unterschied zu *Bad Überlingen* nicht einmal eine eigene Quelle hatte.

Auch Ansichtskarten warben für einen Ort und machten ihn einem breiteren Publikum bekannt. In Friedrichshafen war man immerhin Sommerresidenz des Königs von Württemberg, verwies stolz auf ein eigenes Kurhaus und eine *Kuranstalt*, die als *Wasserheilanstalt und Sanatorium für Nervenkranke und Erholungsbedürftige* sogar mit einem *türkischen Bad* aufwartete. Zum Baden luden auch eigene Badeanstalten im See – das *Damenbad* in gebührendem Abstand zum *Herrenbad*, sodass man sich der *kühlenden*

2   Gruss vom Bad Friedrichshafen, Ansichtskarte, Chromolithographie, um 1905 (Vorlage: Stadtarchiv Friedrichshafen).

und zugleich erregenden Wirkung des Bodenseewassers ganz ohne Ablenkung hingeben konnte.²

Auch andernorts grassierte das neue Fieber der *Reclame*. Wasserburg am bayerischen Ufer kokettierte da als *deutsches Chillon* um die Gunst seiner Gäste, Lindau gar plusterte sich auf zu einem mal *deutschen*, mal *schwäbischen Venedig*, und der biedere Pfänder am Ostende des Sees, gerade 1000 Meter hoch und noch immer nur per pedes zu besteigen, schwang sich keck auf zum *Rigi des Bodensees*. Die touristische Karriere des Bodensees, das darf aus solchen Anleihen gefolgert werden, begann mit einem Etikettenschwindel: Wenn man schon zu spät kam, dann wollte man wenigstens vom Glanz bereits arrivierter Zentren des internationalen Fremdenverkehrs profitieren.³

2 Eva BÜCHI, Als die Moral baden ging. Badeleben am schweizerischen Bodensee- und Rheinufer 1850–1950 unter dem Einfluss der Hygiene und der „Lebensreform", Frauenfeld 2003; Werner TRAPP, Das Bad im See, in: Rorschacher Neujahrsblatt (1992), S. 53–58.
3 Zu den Anfängen des organisierten Tourismus und einer professionell betriebenen Fremdenwerbung am Bodensee: Werner TRAPP, Die organisierte Bemühung um den „Fremdenzufluss". Der „Verband der Gasthofbesitzer am Bodensee und Rhein" und der „Bodensee Verkehrsverein", in: DERS.,

3   Die Vorburggasse in Meersburg als Arbeitsplatz der Einheimischen, das Fachwerk der Häuser ist noch nicht freigelegt – für Künstler ein pittoreskes Motiv. Ansichtskarte, um 1900 (Vorlage: Stadtarchiv Meersburg str77-8).

Das Publikum wusste dies durchaus zu honorieren. Immer mehr bürgerliche Stadtflüchtlinge suchten hier neben *prächtiger Aussicht auf See und Gebirge* vor allem eines: Heile Gegenwelten zur urban-industriellen Zivilisation, umrahmt von *unberührter* Natur, dazu *unversehrte Vergangenheit* in Form mittelalterlicher Stadtbilder, kurz: Alles, was zumindest temporäre Erholung versprach von jeglichem Ballast der Moderne.

Doch den Tourismus gab es auch am Bodensee nicht. Blickt man genauer hin, finden sich lokal und auch klein-regional bedeutsame Unterschiede. Meersburg etwa, damals noch, wie das badische Bezirksamt abschätzig beschied, *ein dorfähnliches totes Landstädtchen, dem selbst eine Bedürfnisanstalt am Landungsplatz der Dampfschiffe* fehlte, kannte noch um 1900 weder Industrie noch Eisenbahn. Die ersten ständigen Sommergäste, eine kleine Gruppe von Malern aus Karlsruhe, schätzten aber gerade dies als Vorzug. In einer acht Seiten starken Denkschrift forderten sie die Gemeindeverwaltung sogar auf, sämtliche Häuser und Plätze exakt so zu belassen, wie sie waren, inklusive der Holzschuppen, Hühnerställe, Leitern und Misthaufen – Accessoires, die dem *malerischen Charakter* erst die nötige Staffage gaben.[4]

Sommerfrische (wie Anm. 1), S. 11–20; DERS., Die deutsche Riviera um 1900, in: DERS,. Mit Blick auf See und Gebirge. Der Bodensee. Bilder vom Wandel einer touristischen Landschaft, Karlsruhe 2002, S. 63–75; Elisabeth SCHRAUT, Bodensee und Rhein. Tourismuswerbung über Grenzen 1890–1950, Stein am Rhein 2019.
4 Brigitte GRAMM, Meersburg. Von der Bischofsresidenz zur Fremdenverkehrsstadt, Konstanz 1988; Werner TRAPP, Die Märchenstadt am See, in: DERS., Mit Blick auf See und Gebirge (wie Anm. 3), S. 51–61.

Während sich die High Society Europas an den Küsten des Mittelmeeres tummelte – im französischen Nizza befand sich bereits 1875 eine große Zahl von Nobelvillen im Besitz der europäischen Aristokratie –, genügte den Honoratioren des württembergischen Königreiches schon eine Reise an die Gestade der *deutschen Riviera*, um die Sehnsucht nach dem Süden zu stillen. Eine Sommerfrische im *deutschen Nizza am Schwäbischen Meer* gestattete zudem, sich vom allzu *genusssüchtigen* und ergo etwas anrüchigen Leben der europäischen Nobelkurorte abzusetzen. Ein bisschen ‚Süden' durfte es für die Honoratioren aus Cannstatt oder Heilbronn freilich schon sein, und so inszenierte man Natur mittels *tropisch anmutender Gewächse* im frisch angelegten Stadtgarten von Überlingen zu einem Hauch mediterranen Lebensgefühls, während die Kurkapelle im Badgarten mit dem „Radetzkymarsch" und am gegenüberliegenden Ufer der *herrliche deutsche Wald* für die nötige Bodenständigkeit sorgten.⁵

Im benachbarten Friedrichshafen, von Überlingen keine zwei Stunden mit dem Dampfer entfernt, war derweil der Bär los. *Das Ufer bei Manzell, und zwar bis weit nach Friedrichshafen zu*, so meldete der *Schwäbische Merkur* im August 1908, *ist zum reinen Feldlager geworden: Zu Fuß, mit dem Rade, im Automobil sind sie zu Tausenden herbeigeeilt, um dem Bezwinger der Lüfte zum Willkomm ihren Huldigungsgruß darzubringen.* Nach dem ersten Start eines Zeppelin-Luftschiffes am 2. Juli 1900 avancierte die oberschwäbische Kleinstadt in nur wenigen Jahren zu einem *Mekka aller Bodenseepilger*. Der frisch gekürte Wallfahrtsort modernen Fortschritts- und Technikglaubens verband sich mit der bis dahin eher behäbigen Kur- und Residenzstadt zu einer erstaunlichen Synthese: Vollends glücklich schätzte sich, wer nach dem Aufstieg eines Zeppelins vor der prächtigen Kulisse der Schweizer Alpen auch noch die Gelegenheit hatte, dem König von Württemberg bei einem seiner Ausritte auf der Karlsstraße zu begegnen.⁶

Noch gab es indessen gänzlich unberührte Orte am See, die zu erobern der Verkehr der Fremden schlicht vergessen hatte. Einen der letzten entdeckte ein Schriftsteller aus Calw: *Gaienhofen ist ein ganz kleines, schönes Dörflein, hat keine Eisenbahn, keine Kaufläden, keine Industrie, nicht einmal einen eigenen Pfarrer*, so pries Hermann Hesse, der sich 1904 auf die Suche nach dem „verlorenen Paradies" begeben hatte und auf der entlegenen Halbinsel Höri fündig geworden war, die Vorzüge seines neuen Domizils: *Es war aber gerade das, was wir uns gewünscht hatten, ein verwunschenes, verborgenes Nest ohne Lärm, mit reiner Luft, See und Wald.*⁷

Gleichsam archetypisch enthüllen diese Beispiele einige frühe Motive der Reise an den See. Die um den Erhalt ihrer Meersburg-Idylle besorgten Maler, die kurenden Som-

---

5 Elmar KUHN, „Ruhe, Erholung, Freude und Lebenslust am schönen Bodensee". Das nördliche Bodenseeufer im Spiegel zeitgenössischer Reiseführer, in: TRAPP, Sommerfrische (wie Anm. 1), S. 117–120; Heike VEIT: 150 Jahre Hermann Hochr 1866–1955. Eine kleine Festschrift. Vom Leben und Wirken des ersten Überlinger Stadtgärtners, Überlingen 2016.
6 Elmar KUHN, Ein Luftschiff über dem König vor dem Alpenpanorama. Friedrichshafen als Kurort und Fremdenstadt vor dem Ersten Weltkrieg, in: TRAPP, Sommerfrische (wie Anm. 1), S. 125–138.
7 Werner TRAPP, Landschaft am Untersee und Rhein. Skizzen zur touristischen Entdeckung einer Idylle, in: Thurgauer Jahrbuch 64 (1989), S. 9–34; Manfred BOSCH, Lebensperiode in Gaienhofen. Hermann Hesse am Untersee, in: DERS., Bohème am Bodensee. Literarisches Leben am See von 1900 bis 1950, Lengwil am Bodensee 1997, S. 39–44.

4   Schülerinnen des Königin-Paulinenstifts Friedrichshafen und andere Schaulustige beobachten in Manzell die Ausfahrt des Luftschiffs LZ 4 aus der schwimmenden Halle (Vorlage: Zeppelin-Museum Friedrichshafen Bild LZF 004-0252).

merfrischler in Überlingen, die Zeppelin-Enthusiasten und der Dichter auf der Höri formulierten Modelle, die zum Maßstab wurden für die touristische Wahrnehmung und Aneignung dieser Landschaft. Die Maler projizierten jene Illusionen auf Leinwand, an denen bald auch das ‚Auge des Touristen' hing. Kein Ort am See wurde so häufig gemalt wie gerade Meersburg. Die Bilder gelangten natürlich in Umlauf, und vorbei war es mit dem Geheimtipp. Misthaufen und Schweineställe wurden aus der Stadt verbannt, den Landwirten untersagte eine amtliche Verfügung das Jauchefahren auf der Steigstraße – im Interesse der Touristen, versteht sich, deren Zahl bald derart zunahm, dass die skurrilen Bedürfnisse einiger Künstler nicht mehr zählten.

Die Zeppelin-Pilger als frühe Vertreter eines modernen *Erlebnis-Tourismus* eröffneten ganz andere Perspektiven – die des schnellen Tagesausflugs an den See, eben dorthin, wo was los und man selbst am Wasser war. Internationale Motorbootrennen lockten schon in den Jahren nach 1908 Zehntausende an die Ufer der Konstanzer Bucht. Fasziniert verfolgte die Menge, wie die Flitzer von Saurer oder Daimler mit 50 Stundenkilometern über das Wasser donnerten.[8] In den späten 1920er Jahren luden die Automobil-

8 Zu den ersten Motorbootrennen als touristische Massenattraktion Werner Trapp, „Donnerwetter" in der Konstanzer Bucht, in: Ders., Mit Blick auf See und Gebirge (wie Anm. 3), S. 25–39.

verbände ihre Mitglieder erstmals zu einem *Auto-Weekend* an den Bodensee. Ziel der Fahrt: die soeben eröffnete Automobilfähre zwischen Konstanz und Meersburg, mithin das gänzlich neue ‚Erlebnis‘, mit dem eigenen Gefährt auch ein vier Kilometer breites Gewässer gefahrlos überqueren zu können.[9]

Die Beispiele Überlingen und Meersburg offenbaren darüber hinaus eine oft wenig beachtete Seite touristischer Entwicklung: Der Verkehr der Fremden schuf nicht nur neue Arbeitsplätze und brachte Umsätze für Hotels, Geschäfte und Gastronomie, er etablierte auch ein neues Verhältnis zwischen Einheimischen und den nun in immer größerer Zahl auftretenden Gästen. Konkret: Die Ansprüche der Gäste hatten klar Vorrang, Einheimische hatten sich unterzuordnen, mussten sich anpassen an die Bedürfnisse der Besucher. Der moderne, organisierte Tourismus suchte sich die von ihm bereisten Welten nach seinen Bedürfnissen zu formen, oder anders herum: Überall versuchte man nun, diesen gerecht zu werden.[10] Zwei Beispiele: Da klagte etwa der Pächter des Bad-Hotels von Überlingen, der Badgarten verwandle sich besonders an Sonntagen in einen *Tummelplatz der Schuljugend, der Kindsmägde und der Lehrlinge*, was bereits verschiedene Gäste veranlasst habe, mit ihrer Abreise zu drohen. Und schon reagierte der Gemeinderat und tat im Lokalblatt *Seebote* kund, dass Kindermädchen und Kindern der Besuch des Badgartens von Stund an verboten sei, ja, dass man *von den Einwohnern überhaupt erwarte, dass sie den allgemeinen Regeln der Bildung gegenüber den Badgästen Rechnung tragen*. Auch die *Entledigung natürlicher Bedürfnisse auf den Straßen und öffentlichen Plätzen der Stadt* wurde den Einwohnern nun per Polizeiverordnung untersagt, und den Landwirten gestattete man das Ausführen der Gülle während der Saison nur noch bis 9 Uhr vormittags – um mögliche Belästigungen durch Lärm oder Geruch von den Kurgästen fernzuhalten. Und damit der Genuss der Überlinger Badegäste beim Flanieren in den städtischen Anlagen nicht etwa durch den Anblick hausbackener Stadtkatzen getrübt würde, wurden diese – ebenfalls per städtischer Polizeiverordnung – zum Abschuss freigegeben.[11]

Etwas rabiater noch ging man in Meersburg vor, wo die Bauern ab 1935 gleich ganz aus der Stadt ausgesiedelt wurden, auf städtisches Allmendland, in sicherer Distanz zum touristischen Betrieb. Und als Bauern und Winzer weg waren aus der Stadt, begannen die Meersburger das Fachwerk von deren Häusern freizulegen – weil eben „rustikales Fachwerk" ganz dem Geschmack der Gäste entsprach und allseits „touristische Seh-Bedürfnisse" befriedigte.[12]

Kurzum: Diese „Seh-Bedürfnisse", der „tourist gaze"[13], führten auch am Bodensee zum Konsum idealisierter Bilder der bereisten Landschaften, aus denen der Arbeitsalltag der Bewohner und die wirtschaftlichen Realitäten der Fremdenplätze verbannt wur-

---

9 Werner TRAPP, Der Traum vom Nabel der Welt. Das Projekt „Bodenseefähre" im Spannungsfeld regionaler Verkehrsinteressen, in: Leben am See 8 (1990), S. 62–75.
10 Das ist auch ein Topos in der zeitgenössischen Literatur zur Kritik des Tourismus, beispielhaft die Arbeiten von Jost KRIPPENDORF, darunter der Klassiker: Die Ferienmenschen. Für ein neues Verständnis von Freizeit und Reisen, München 1996.
11 TRAPP, Die deutsche Riviera um 1900 (wie Anm. 3).
12 Ausführlich dazu GRAMM, Meersburg (wie Anm. 4).
13 John URRY, The Tourist Gaze, London 1996.

5   Sommerfrischler am Überlinger Landeplatz um 1900, Ansichtskarte (Vorlage: Archiv Werner Trapp).

den. Diesen unwirtlichen Realitäten war man doch auf dem Weg in die Sommerfrische gerade erst entronnen, also wollte man ihnen am Zielort nicht schon wieder begegnen. Die strikte Trennung zwischen reisendem Publikum und dem Personal, das dieses bediente, findet sich in den besseren Hotels – oft gab es dort separate Treppen für die Bediensteten – wie auch auf den Salon- und Halbsalondampfern. Im Kurgarten-Hotel des Grafen Zeppelin in Friedrichshafen wohnte das weibliche Personal im Dachstock des Hauses, die männlichen Bediensteten räumlich getrennt davon in einer eigenen Dependance. Hotelarchitektur hatte die Aufgabe, die Sphäre der Arbeit in Küche und Keller diskret gegen die Blicke der Gäste abzuschirmen. Auch auf den Salonschiffen lagen die wichtigen Arbeitsbereiche unter Deck und waren den Blicken des Publikums entzogen.

Ganz anders noch in den Anfängen der Schiffsreisen auf dem See: Sahen sich die Passagiere auf den ersten Glattdeckdampfern nicht selten zwischen Weinfässern, Getreidesäcken und Rindvieh direkt mit der Ökonomie und dem Alltag der Einheimischen konfrontiert, so empfand das reisende Publikum auf den Vergnügungsschiffen die Begleitumstände der Lastschifffahrt bald nur noch als Last. Zum Beispiel die *Mehl-Einladungen* im Hafen von Langenargen, welche sich auch im Juli 1887 wieder *in der allerunangenehmsten Weise fühlbar gemacht* und zudem für Verspätungen von gut 40 Minuten gesorgt hätten. Die der Kunstmühle von Langenargen erteilte Konzession, das von ihr vermahlene Mehl auf Passagierdampfern befördern zu dürfen, wurde nun schlicht als nicht mehr vereinbar *mit den berechtigten Ansprüchen des reisenden Publikums* bezeichnet. Dies umso mehr, als den Passagieren der II. Klasse in diesem Fall nur die Wahl

6   Holztransportschiff im Hafen von Langenargen, Fotografie, um 1900 (Vorlage: Gemeindearchiv Langenargen).

blieb, *entweder in der Cajüte ein unfreiwilliges türkisches Schwitzbad zu nehmen oder auf Mehlsäcke zu klettern.*[14]

Die Lebensgrundlagen der Ortsansässigen gerieten so mehr und mehr aus dem Blickfeld des Touristen – oder aber sie erschienen, wie etwa touristische Ansichten vom Handwerk der Fischer zeigen, in romantisch-nostalgischer Verklärung.[15]

Machen wir einen großen Sprung in die 1950er Jahre, in denen der Fremdenverkehr am Bodensee noch einmal ‚goldene Zeiten' erlebte: Wie schon nach dem 1. Weltkrieg stauten sich auch jetzt die Fremden am deutschen Ufer, weil die Grenzen zur Schweiz noch weitgehend verschlossen waren. Entscheidend aber war etwas anderes: Den Menschen aus den zerbombten Großstädten, den Heimatvertriebenen und den aus Krieg oder Gefangenschaft Heimgekehrten boten gerade die deutschen Ufer, an denen der Krieg – von Friedrichshafen einmal abgesehen – kaum sichtbare Spuren hinterlassen hatte, wenigstens kurzzeitig die Illusion, noch einmal eintauchen zu können in die vermeintlich heile, vertraute Welt der Vorkriegszeit. Alles präsentierte sich hier noch so, als hätte es den Krieg und auch den Nationalsozialismus nie gegeben. Und diese Sehnsucht

---

14 Aus der umfangreichen Literatur zur Geschichte der Schifffahrt am Bodensee sei hier nur die glänzende Studie von Karl Heinz BURMEISTER zitiert: Vom Lastschiff zum Lustschiff. Zur Geschichte der Schiffahrt auf dem Bodensee, Konstanz 1992.
15 TRAPP, Die deutsche Riviera um 1900 (wie Anm. 3), S. 70 f.

7 Paul Dietrich: Entwurf für ein Bodenseeplakat 1948. Gouache auf Malkarton (Vorlage: Städtische Wessenberg-Galerie Konstanz, Depositum Kunstverein Konstanz).

nach einer ‚heilen Welt' muss nach all den Jahren des Unheils, des Leids und der Zerstörung grenzenlos gewesen sein.

Doch mit steigenden Einkommen und zunehmender Motorisierung versprach schon bald die Reise an die Adria oder an die Riviera, später dann die nach Mallorca oder nach Teneriffa, ein Sozialprestige, das der Bodensee nicht mehr zu bieten vermochte: *Mittelmäßigkeit auf allen Gebieten, kaum mondän, wenig Snobappeal, alles in allem kein Statussymbol* – das Image des Sees, so fanden Schweizer Tourismus-Experten 1969 im Auftrag des Internationalen Bodensee Verkehrsvereins heraus, lasse in vielem zu wünschen übrig. Schon an der Verdoppelung des deutschen Reisemarktpotentials in den Jahren zwischen 1957 und 1967 hatte der Bodensee keinen Anteil mehr. Das deutsche Nizza, die deutsche Riviera genügten nicht mehr, die Menschen wollten das Original.[16]

Als dann Ende der 1960er Jahre auch noch der katastrophale Zustand des Sees mit bloßen Augen zu sehen und vor allem zu riechen war, als gar in allen Medien von einem drohenden Umkippen des Sees die Rede war, wurden die Grenzen der touristischen Expansion vollends bewusst. Doch der Trend konnte gestoppt, ja sogar umgekehrt werden, und bald kamen auch die Gäste wieder. Denn anderswo war es bald viel schlimmer: Das Robbensterben an Nord- und Ostsee im Jahre 1988 und die nicht abreißenden Meldun-

---

16 Claude KASPAR/Hanspeter SCHMIDHAUSER, Untersuchung über den Fremdenverkehr im Bodenseeraum, St. Gallen 1969.

8 „Am Bodensee beginnt der Süden", Werbeprospekt, ca. 1955 (Vorlage: Archiv Werner Trapp) – mit der Werbung für die ‚Tropeninsel im Bodensee' trieb die Insel Mainau dieses Motiv in den 1950er Jahren auf die Spitze.

gen über den kritischen Zustand dieser Gewässer, vor allem aber die Algenpest an der Adria im Jahr darauf bescherten unserer Region einen nie dagewesenen Zulauf, der nur noch übertroffen wurde nach der Öffnung der Grenzen zu Osteuropa in den Jahren nach 1989.[17]

17 Werner TRAPP, Zwischen Italien-Sehnsucht und Urlaub am Schwäbischen Meer. Tourismus am Bodensee nach dem Zweiten Weltkrieg, in: Hegau 79 (2022), S. 121–144.

9 In den 1990er Jahren wurde das Erlebnis-Versprechen auch am Bodensee inflationär: Werbeprospekt der Deutschen Bundesbahn für Fahrten mit der „Erlebnis-Flotte", 1992 (Vorlage: Archiv Werner Trapp).

Von der Sommerfrische zum *Erlebnis-Tourismus*

Vergleichsweise bescheiden ging es noch zur Zeit um 1900 zu. Da erfreuten sich die Sommerfrischler in Überlingen an einem Spaziergang auf der Seepromenade oder an einer Kahnfahrt hinüber zur eben erschlossenen Marienschlucht. Wären diese Sommerfrischler auf einer ihrer *Tagespartien* ins Hinterland des Linzgaus auf ein Rudel Popcorn futternder und leicht übergewichtiger Affen gestoßen, sie hätten vermutlich an ihrem Verstand gezweifelt. Die *marokkanischen Berberaffen* aber wurden für die Sommerfrischler der Gegenwart zu einer der wichtigsten Attraktionen in diesem einsamen Landstrich – in Gestalt eines veritablen *Affenberges*, zu dem es die Menschen nun schon seit fast 50 Jahren in Scharen hinzieht – mit dem Auto natürlich, weil es anders kaum geht.[18]

Der 1976 eröffnete *Affenberg* bei Salem ist freilich nur ein Symptom für eine touristische Epochenschwelle, die damals auch am Bodensee – von niemandem so richtig bemerkt – überschritten wurde. Und damit sind wir bei der vorläufig wohl letzten Phase in der touristischen Biographie dieser Landschaft:[19] Etwa zeitgleich mit dem Affenberg war nämlich auch hierzulande erstmals das sogenannte ‚Erlebnis-Virus' aufgetreten, das sich dann innerhalb weniger Jahre in pandemischer Geschwindigkeit ausgebreitet hat: Überall, in Anzeigen, Prospekten und Bodensee-Magazinen, wimmelte es bald nur noch von *Erlebnissen* aller Art, tauchten *Erlebnis-Schwimmbäder* und *Erlebnis-Hotels*, *Erlebnis-Menüs*, ja ganze *Erlebnis-Berge* auf, und selbst die

---

18 Die „Euregio-Bodensee-Datenbank" verzeichnet acht kleinere Publikationen zum Thema *Affenberg*, die jedoch die „touristische Epochenschwelle", die hier überschritten wurde, nicht zum Thema machen, vgl. z. B. Ellen Merz, Eine liebenswerte Attraktion. Der „Affenberg Salem", in: In Baden-Württemberg. Kultur, Leben, Natur 28,2 (1981), S. 37–38.

19 Die folgende Passage ist zum Teil einem Vortrag des Verfassers auf dem Symposion „Ökologische Tourismuskonzepte – Sackgasse oder Zukunftsperspektive für die Bodenseeregion" 1995 auf Schloss Mainau entnommen, abgedruckt unter dem Titel: Wohin die Reise geht..., in: Trapp, Mit Blick auf See und Gebirge (wie Anm. 3), S. 123–140.

biedersten Fahrgastschiffe auf dem Bodensee fuhren auf einmal als *Erlebnis-Flotte* daher. Eine neue Spezies des ‚Homo Touristicus' hatte da offenbar die Bühne der Bodenseelandschaft betreten, der sogenannte *Erlebnis-Tourist*. Schon gingen erste Gemeinden wie Sipplingen dazu über, ihren Gästen *Urlaub mit Erlebnis-Garantie* anzubieten!

Nicht zufällig begann damals auch die Mainau, ihr klassisches *Blumen-Paradies* mit Elementen eines Freizeitparks auszustaffieren. Jede noch so skurrile Idee schien auf einmal willkommen, den im Winter noch brach liegenden Tourismus auf der Insel anzukurbeln. Zum Beispiel Fahrten mit dem legendären *Orient-Express* durch den Thurgau. Doch: Was um alles in der Welt hatte ausgerechnet der Orient-Express in dem eher etwas verschlafenen Kanton Thurgau zu suchen? Auf diese an sich naheliegende Frage war freilich schon damals niemand mehr gekommen – so wenig man noch fragte, was marokkanische Berberaffen in den Wäldern des Linzgaus verloren hatten. Solche Fragen erübrigten sich inzwischen auch, denn das Signum dieser neuen *Erlebniswelten* der touristischen Postmoderne ist gerade ihre erratische Qualität, ihre Beliebigkeit und völlige Beziehungslosigkeit zu der sie umgebenden Landschaft.

Die Werbung hat sich dieser Entwicklung angepasst – längst wurde für den See nicht mehr mit dem in den 1960er Jahren geborenen Slogan *Ein See, drei Länder, tausend Möglichkeiten* geworben, und auch das Mitte der 1990er Jahre kreierte *Bodensee – die Seele Europas* ist irgendwann in aller Stille beerdigt worden. Der neue Slogan der Jahre um 2000 hieß nun – wie könnte es anders sein – *Bodensee – der ErlebnisSee*. Und wer damals Werbematerial über diesen See anforderte, bekam einen Flyer über die *Bodensee–Erlebniskarte* und dazu einen dicken *Erlebnis-Planer*, in welchem über 170 Einzelerlebnisse aufgeführt waren, die mit der Erlebnis-Karte erschlossen werden konnten. Um die Gäste dabei vor möglicher intellektueller Überforderung oder gar vor Selbstbestimmung zu schützen, war bei jedem Objekt auch gleich noch die *empfohlene Erlebnis-Zeit* mit angegeben![20]

Bodensee – Der ErlebnisSee: im Vergleich dazu hatte die Rede vom Bodensee als der *Seele Europas* geradezu philosophische Qualität![21] Inzwischen ist das Werbe-Etikett *Bodensee – Der ErlebnisSee* schon wieder Geschichte: Der neue Trend geht in die Richtung, *sich von natürlichen Begrenzungen unabhängig zu machen* – so heißt es in einer 1995 erschienenen Studie mit dem schönen Untertitel: „Tourismus zwischen Biotop und künstlichen Paradiesen": *Der Tourismus investiert zunehmend in dichte, ganzheitliche Erlebnisräume, abgeschlossene Oasen, synthetische Welten, die er in diesen Formen nicht vorfindet, sondern erst schaffen muss.*[22]

---

20 Zum Hintergrund: Gerhard SCHULZE, Die Erlebnis-Gesellschaft, Frankfurt u. a. 1992.
21 Die Frage, wann und aus welchen Gründen der etwa Mitte der 1990er Jahre kreierte Slogan *Seele Europas – Der Bodensee* von der IBT, der Internationalen Bodensee Tourismus GmbH, wieder aufgegeben wurde, konnten die 2022 dort Verantwortlichen dem Verfasser trotz mehrmaliger Anfragen nicht beantworten.
22 Christel BURGHOFF/Edith KRESTA, Schöne Ferien. Tourismus zwischen Biotop und künstlichen Paradiesen, München 1995.

Freizeitparks, neue Erlebnis-Welten und touristische Oasen in schöner Landschaft

Wie wahr, möchte man ausrufen beim Blick auf die Veränderungen unserer Landschaft in den letzten 25 Jahren! Manchmal blieb es nur bei Ankündigungen, wie bei dem 1997 im Thurgau angekündigten Mega-Projekt eines Freizeitparks namens *Eldorado* mit einer Fläche von einer Million Quadratmetern und geplanten 3000 Hotelbetten – ein Vorhaben, das sich wie eine Seifenblase verflüchtigt hat und von dem später nie mehr die Rede war.

Andernorts sorgte der eher konservative Geist der Einheimischen dafür, dass solchen Plänen ein Riegel vorgeschoben wurde. Zu nennen wäre hier *Swiss Marina*, das Projekt einer Investorengruppe, das ab 2001 bei Rorschach internationale Kongresse mit bis zu 10 000 Teilnehmern und jährlich sieben bis acht Millionen Besuchern an das Südufer des Bodensees locken sollte. Swiss Marina blieb dank zahlreicher Widerstände ein Projekt.[23]

Etwas bescheidener, dafür mit schwäbischem Eifer und weitaus konkreter ging es zur selben Zeit in der Umgebung von Ravensburg zu, wo die Bauarbeiten für den neuartigen Freizeitpark namens *Ravensburger Spieleland* bereits auf Hochtouren liefen. Im April 1998 war Eröffnung. Fläche: 23 Hektar, anfängliches Investitionsvolumen: ca. 33 Millionen DM, erwartete Besucherzahlen im ersten Betriebsjahr: 300 000, die man auf 750 000 in der *Endausbaustufe* 2012 zu steigern gedachte. Allein zwischen 1998 und 2015 zählte man hier sechs Millionen Besucher, in den letzten Jahren sind es ca. 400 000 im Jahr.[24]

10 Ab 1998 fuhr man mit dem Auto in das „größte Spielzimmer der Welt" – Werbeflyer für das Ravensburger Spieleland, um 1998 (Vorlage: Ravensburger Spieleland).

23 Marcel ELSENER, Das Hirngespinst eines Las Vegas am Bodensee. Wie vor 20 Jahren die Idee eines gigantischen Casino- und Kongresskomplexes in Rorschach scheiterte, in: Tagblatt, 12. 7. 2020.
24 Daniela FUNK SANTSCHI, Das Ravensburger Spieleland. Das größte Spielzimmer der Welt, in: Ueli GYR/Fritz Franz VOGEL (Hg.), Zwischen Spiel und Event. Ethnographische Berichte über Exkursionen in Freizeitparks, Freilichtmuseen und Shoppingcenters, Zürich 2000, S. 110–122. Die Pressesprecherin des Spieleland teilte dem Verfasser am 19. 8. 2022 mit: *Mit unseren Besucherzahlen gehen wir diskret um, weshalb ich Ihnen leider nur die Info geben kann, dass wir rund 400 000 Gäste pro Jahr haben.*

Kaum war das Spieleland bei Ravensburg eröffnet, kündigte 1999 der dänische Lego-Konzern an, im bayerischen Günzburg seinen weltweit vierten Legoland-Freizeitpark zu eröffnen, auf einem MUNA genannten ehemaligen Munitions-Lagergelände.[25] Der 2002 eröffnete Park war damals das größte Legoland der Welt mit einem Investitionsvolumen von knapp 153 Millionen Euro. Schon im ersten Jahr kamen 1,3 Millionen Besucher. Inzwischen gibt es elf Legolands weltweit, von Dubai über USA und Deutschland bis Korea, vier weitere sind in Planung oder im Bau, davon allein zwei in China.[26]

Allenthalben suchten Politiker nun, gestützt auf willige Gutachter, diesem Trend gerecht zu werden: *Die Freizeitbeschäftigung muss Spaß machen und einen hohen Erlebniswert garantieren – für Langzeiterlebnisse hat der Konsument keine Zeit mehr, sein Freizeitbudget ist zunehmend auf Eintagesabenteuer ausgerichtet – in einem kurzen Ausflug möchte er möglichst gleich viel erleben wie bei einem längeren Aufenthalt. Im Trend liegen einerseits reine Unterhaltungsangebote und andererseits interessant gestaltete Infotainment-Angebote.* Das sind nur einige der Kernaussagen aus dem Konzept „Rheinfall 2000+", das dem schwächelnden Tourismus dieser so genannten klassischen Destination im Bodenseeraum mittels erlebnistouristischer Aufrüstung einmal eine glänzende Zukunft bescheren sollte. Auch hier wurde aus den hochfliegenden Plänen nichts, der Schweizer Souverän blieb skeptisch und lehnte sie ab.[27]

Auf umso offenere Ohren stießen solche Projekte in der Stadt Konstanz: 1999 eröffnete hier der britische Konzern „Vardon Attractions", ein Betreiber von *europaweit 25 Großaquarien und spaßigen Gruselkammern*, wie damals eine Zeitung schrieb, im Hafenareal eine weitere seiner profitablen Erlebnis-Welten – das so genannte *Sealife-Center*. Die Rechnung des Konzerns – schon im ersten Jahr 350 000 Besucher – ging auf. Gegen großflächig vermarktete Mega-Events wie *Wale – Giganten der Meere* hatten traditionelle Einrichtungen wie das nahe gelegene *Seemuseum* im Kreuzlinger Seeburgareal, das damals jährlich auf gerade einmal 5000 Besucher kam, keine Chance mehr. Allein in den folgenden fünf Jahren kamen fünf neue Sealife-Center hinzu – in Berlin, Oberhausen, Dresden, Nürnberg und Speyer.[28]

Was den Besucher in solchen Centern erwartete, beschrieb die Berliner Zeitung damals wie folgt: *Niemand wird hier intellektuell überfordert, Wissenschaft ist hier auf das Allernötigste beschränkt [...] Biologie in Form von ‚Fun-Facts', der Meeresboden als Lieferant einer Guinness-Liste der Kuriositäten – da mögen pädagogische Puristen die Nase*

---

25 Vgl. dazu die offizielle Webseite von Legoland Deutschland Resort: https://www.legoland.de/ueber-legoland/presse/daten-fakten/(aufgerufen am 1.5.2023) sowie: Louis EXENBERGER, Günzburger Legoland blickt auf 20 Jahre Freizeitpark zurück, B4BSchwaben.de, 18.5.2022, URL: https://www.b4bschwaben.de/b4b-nachrichten/guenzburg_artikel,-guenzburger-legoland-blickt-auf-20-jahre-freizeitpark-zurueck-_arid,267047.html (aufgerufen am 1.6.2023). Zum Hintergrund: Alexandra KOPPA, Regionalentwicklung unter dem Einfluss eines Freizeitgroßprojektes. Das Legoland in der Region Günzburg, Saarbrücken 2009.
26 https://de.wikipedia.org/wiki/Legoland (aufgerufen am 1.6.2023).
27 Vgl. das Konzept auf der Webseite der für das Projekt Verantwortlichen: https://generis.ch/rheinfall-2000+/(aufgerufen am 26.9.2023) sowie den kritischen Bericht in der Neuen Zürcher Zeitung vom 24.01.2001: Kompromissvorschlag für den Rheinfall.
28 Zur Vorgeschichte des Konstanzer Projekts: Christoph VON SCHWANENFLUG, Das Center, das keiner bauen wollte, in: Immobilien Zeitung, 4.10.2012, S. 30.

rümpfen, die meisten Besucher begeistern solche Informationshäppchen.[29] Heute gehört das Konstanzer Sea Life zur britischen „Merlin Entertainments Group", einem Betreiber von weltweit über 120 Freizeit-Einrichtungen, die jährlich von etwa 66 Millionen Besuchern besucht werden. Insgesamt beschäftigt Merlin 26 000 Mitarbeiter in 23 Ländern.[30]

Man merkt an diesen Beispielen: In den Jahren um 2000 beginnt auch hierzulande etwas gänzlich Neues – eine Entwicklung, die man als den Zugriff international agierender Konzerne und Investmentgesellschaften der Freizeit- und Tourismusindustrie auch auf die Städte und Regionen rund um den Bodensee bezeichnen kann. Ansiedlungen und Standorte werden nach strategischen Gesichtspunkten geplant – das, was man bisher unter *Tourismus am Bodensee* verstand, wird überholt von neuen Formen der Globalisierung. Rund um den See entstehen etwa seit der Jahrtausendwende neue *Erlebnis-Welten*, vor deren *Attraktionen* das traditionelle Bodensee-Erlebnis, die unverwechselbare Eigenheit und Schönheit dieser Landschaft und deren kulturell-historischer Reichtum, zunehmend verblassen.

Diese neue Konkurrenz spürte auch die Insel Mainau, in deren Führungsetagen man sich nun Gedanken machen musste, wie darauf zu reagieren sei. Waren doch die Besucherzahlen auf der Insel von 1992 bis 2004 um rund 40 %, das heißt um gut 800 000 zurückgegangen, von etwa 2 Millionen auf nur noch 1,2 Millionen. Die Folgen: Ein auf 20 Millionen Euro angestiegener Schuldenberg, drastischer Personalabbau und zahlreiche Einsparungen.[31] Ein Ergebnis der neuen Überlegungen war das Haupt-Event des Jahres 2003 mit dem klangvollen Namen *Zauber des Orients*, das endlich wieder Besuchermassen auf die Insel locken sollte. Nach dem *Orient-Express* also schon wieder der Orient: Präsentiert wurde ein veritables *Beduinenzelt*, dazu waren *echte Kamele* zu bestaunen, wenngleich diese aus einer Farm im Allgäu kamen, und eine Bauchtanzgruppe von etwas in die Jahre gekommenen Damen aus Rottweil mühte sich redlich wenn auch vergeblich. Aus allen Wipfeln im Arboretum dröhnte dazu *orientalisch* anmutende Musik aus scheppernden Lautsprechern – eine fast schon groteske Verneigung vor dem Zeitgeist, die durch keine Satire hätte überboten werden können.[32]

Blicken wir nun wieder nach Oberschwaben, ins westliche Allgäu, nach Leutkirch. Im Jahr 2016 wurde bekannt, dass die international operierende Kette „Center Parcs" hier – und zwar wieder auf einem ehemaligen Muna-Gelände – eine riesige Ferienanlage plante. In nur zwei Jahren entstanden hier eintausend Ferienhäuser mit 5000 Betten auf einer Fläche von 184 Hektar, was 25 Fußballfeldern entsprach. Eine Anlage von einer bisher in der Region unbekannten Dimension wurde da in die Allgäuer Landschaft gesetzt – mitsamt Erlebnisbad, Wildwasserbahn, Einkaufszentrum, sechs Restaurants und einer

---

29 „Zwischen Hai und Hummer, Butt und Barsch", Berliner Zeitung, 31.10.1997, https://www.berliner-zeitung.de/archiv/im-meerwasseraquarium-sea-life-in-timmendorfer-strand-kann-man-durch-die-tiefsee-gehen-und-den-fischen-nahe-sein-zwischen-hai-und-hummer-butt-und-barsch-li.946098 (aufgerufen am 11.11.2024).
30 https://www.merlinentertainments.biz/about-us/our-history/ (aufgerufen am 1.6.2023).
31 Dazu auch eine Übersicht der Pressestelle der Mainau: Angaben über die Entwicklung der Mainau in den letzten 22 Jahren (seit ca. 2000): Wesentliche Neuerungen, Unternehmensphilosophie, Besucherzahlen, Geschäftsergebnis, Auswirkungen von Corona (Mail an den Verfasser vom 24.8.2022).
32 https://www.dw.com/de/fest-f%C3%BCr-die-sinne/a-818925 (aufgerufen am 14.6.2022).

11　Hineingepflanzt in die grüne Landschaft des Allgäu: Die Anlage von „Center Parcs Allgäu" nach der Fertigstellung, Luftaufnahme (Luftbild Heinz Mauch, Leutkirch).

wetterunabhängigen Spielewelt namens Baluba. Die Gegner dieses Projekts, die immerhin einen Bürgerentscheid erzwangen, hatten keine Chance: 95% der Leutkircher stimmten für das Projekt.³³ Den Investoren konnte es mit der Eröffnung nicht schnell genug gehen: *Urlaubs-Albtraum mitten im Allgäu! Kurz nach der Eröffnung im Oktober letzten Jahres schloss der Center Parcs Allgäu direkt wieder seine Pforten. Viele Ferienhäuser waren noch Baustellen, die Urlauber waren empört,* so war damals in zahlreichen Medien zu lesen, zu hören und zu sehen.³⁴ Die Schadenfreude bei den Gegnern des Projekts kam zu spät – die neue Ferienwelt im Allgäu – man könnte sie auch als „touristisches Ghetto" bezeichnen³⁵ – hat sich inzwischen fest etabliert. Center Parcs Europe N.V. besitzt und betreibt heute eine Kette von 27 Ferienparks in den Niederlanden, Belgien,

---

33　Katharina MÜLLER, Ein Dorf wird aus dem Boden gestampft. Im Allgäu entsteht ein riesiges Freizeitzentrum, in: Südkurier, 9.8.2018.
34　https://www.bayern3.de/centerpark-allgaeu-leutkirch-eroeffnung-panne-aerger (aufgerufen am 26.9.2023).
35　Edith KRESTA, Abfahren leicht gemacht, in: taz, 14.10.1995.

Deutschland und Frankreich, die Firma gehört zur französischen Kette Pierre et Vacances mit insgesamt 207 000 Betten und 1,4 Milliarden Euro Jahresumsatz.[36]

Deutlich mehr Gewicht hatte der Widerstand gegen die zunächst für 2020 geplante Landesgartenschau in Überlingen, die wegen der Corona-Pandemie um ein Jahr verschoben werden musste. Immerhin rund 40 % der Überlinger stimmten in einem Bürgerentscheid gegen das Projekt, unter anderem, weil sie mit dem dadurch verursachten Mehrverkehr und den zusätzlichen Besucherströmen ein Zuviel an Mehrbelastung für ihre im Sommer ohnehin schon überlaufene Stadt befürchteten. Als dann klar wurde, dass es sich hier um die erste Landesgartenschau handelte, bei der fast eine komplette historisch gewachsene Allee gefällt wurde, war es zu spät – selbst der Protest von Martin Walser und Erwin Teufel half da nichts mehr.[37]

Doch am Ende wurde das Ganze von Politik und Medien als *Erfolg* gefeiert, rund 700 000 Besucher in einem halben Jahr erschienen als eine eindrucksvolle Bilanz. 700 000 Besucher, die überwiegend auto-motorisiert kamen und für die man ein Parkhaus mit 400 Stellplätzen in der Nähe des historischen Stadtgartens errichten musste.[38] Diese brachten Lärm und Emissionen mit, sodass zwischenzeitlich sogar die Prädikate *città slow* und *staatlich anerkanntes Kneipp-Heilbad* zur Disposition standen. In der positiven Bilanz von Politik und Medien spielte all das freilich keine Rolle, auch wenn man sich natürlich fragen kann, ob die Kreation solcher ‚Hotspots des motorisierten Individualverkehrs' angesichts von Klimawandel und Energiekrise nicht ein Relikt eines im Wortsinn fossilen Denkens aus dem letzten Jahrhundert ist. Zwar sind Klimawandel, Klimaschutz und die Notwendigkeit einer Verkehrswende im öffentlichen Diskurs omnipräsent – der Verzicht auf solche Veranstaltungen zur Förderung des auto-mobilen Tagestourismus oder das Nachdenken über mögliche Alternativen dazu spielte jedoch weder bei der Planung noch bei der Bilanz dieses Events eine Rolle.[39]

Über das „Branding" von Landschaften – Das Beispiel „Heidiland"

Wichtige Dimensionen in der Geschichte der Tourismuslandschaft Bodensee müssen hier ausgespart bleiben. An erster Stelle zu nennen ist hier die Digitalisierung aller Lebensbereiche und das damit verbundene Vordringen neuer Buchungsplattformen wie Airbnb oder der Erfolg von Touristikwebseiten wie Tripadvisor mit ihren vielfach fragwürdigen Folgen. Dazu zählen aber auch der Siegeszug der Para-Hotellerie, zum Beispiel

---

36 https://www.centerparcs.de/de-de/unsere-ferienparks_ms (aufgerufen am 26. 9. 2023).
37 Vgl. den kritischen Bericht von Dietrich HEISSENBÜTTEL in der KONTEXT:Wochenzeitung vom 22. 2. 2017: Die Kahlschlag-Gartenschau.
38 Das Parkhaus wurde auch für die Besucher der 2003 eröffneten Bodensee-Therme Überlingen benötigt.
39 Zur offiziellen Erfolgsbilanz: https://www.ueberlingen2020.de/de/news (aufgerufen am 26. 9. 2023). Eine kritische Gesamtbilanz aus ökologischer Perspektive, insbesondere zum Thema „Emissionen und Verkehrsvermeidung", gab es weder von Seiten der schwarz-grünen Landesregierung noch von den Umweltverbänden.

das stark wachsende Angebot an Ferienhäusern und Ferienwohnungen und die daraus resultierenden Schwierigkeiten traditioneller Familienbetriebe in Hotellerie und Gastronomie, die Ungleichgewichte zwischen städtisch geprägten Wachstumsregionen und zurückbleibenden ländlichen Gebieten, sichtbar am Sterben so vieler Landgasthöfe.[40] Und nur am Rande kann hier verwiesen werden auf die Bedrohung selbst historisch gewachsener Kulturlandschaften wie jener rund um das ehemalige Zisterzienserkloster Salem durch einen weiterhin ungebremsten Flächenverbrauch, wie er in dem 2019 vom Regionalverband Bodensee-Oberschwaben vorgelegten Entwurf für eine Fortschreibung des Regionalplans fixiert wurde: Vorgesehen sind demnach 1000 Hektar neue Wohnbauflächen, 600 bis ca. 1500 Hektar für neue Gewerbeflächen als Orientierungswerte – nur für die drei Landkreise Sigmaringen, Ravensburg und Bodenseekreis. Fazit des Landesnaturschutzverbands: *Für einen Flächenfraß dieser Dimension, rückgekoppelt an die globalen Verhältnisse, würde man drei – in Zahlen: 3 – Erden benötigen.* Karin Burger nennt das in der KONTEXT:WOCHENZEITUNG: *Die letzte Schlacht am Flächenbüfett* und meint mit leisem Sarkasmus: *Ein Büfettbeschicker, der so disponiert, rechnet ganz offensichtlich nicht mehr damit, noch häufiger auftischen zu müssen.*[41]

Zu nennen wäre hier auch die im Regionalplan vorgesehene Öffnung des Altdorfer Walds östlich von Weingarten, des größten zusammenhängenden Waldgebietes in Oberschwaben, für den Kiesabbau – sieht doch der neue Regionalplanentwurf von 2019 allein etwa 500 Hektar (= 5 Millionen Quadratmeter) für den Rohstoffabbau vor. Gegen beide Projekte gibt es starken Widerstand, über 30 Initiativen fordern einen *zukunftsfähigen Regionalplan*, der Verein „Natur- und Kulturlandschaft Altdorfer Wald" kämpft um den Erhalt dieses für die Naherholung, für den Klimaschutz und Biotopverbund sowie als Grundwasserspeicher wichtigen Gebiets.[42]

Zu welchen Folgen die fortschreitende Digitalisierung fast aller Lebensbereiche auch im Bodensee-Tourismus geführt hat, zeigen zwei Beispiele: Wer die kleine Region rund um den Höchsten und das Deggenhauser Tal nordwestlich von Markdorf kennt, ein naturnahes Gebiet abseits vom Touristenrummel mit noch typischen Ortsbildern, der mag sich fragen, warum der örtliche Tourismusverband ausgerechnet dort auf die Idee kam, ein junges und *netz-affines* Publikum mit der Ausweisung von *Selfie-Points* auf seine

---

40 Barbara MÜLLER/Bastian BÖNISCH, Bedeutung auf dem Land. Warum das Aussterben alter Gasthöfe in Oberschwaben so fatale Folgen hat, in: Schwäbische Zeitung, 22.5.2023; Imke RITZMANN, Ländliche Gasthöfe in Oberschwaben. Architektur, Ausstattung und Nutzung traditionsreicher Kulturdenkmale. Mit einem Beitrag von Lutz Dietrich Herbst und Fotografien von Iris Geiger-Messner, Ostfildern 2022.
41 Karin BURGER, Die letzte Schlacht am Flächenbüfett, in: KONTEXT:Wochenzeitung, 4.12.2019. Eine kritische Auseinandersetzung mit den im Entwurf formulierten Annahmen und Zielen erarbeitete die Gruppe Scientists for Future S4F Ravensburg. Dazu: Sebastian MÜHLBACH/Manfred WALSER, Eine kritische Würdigung des Entwurfs für den Regionalplan Bodensee-Oberschwaben, Ravensburg 2021. Vgl. auch die Studie derselben Gruppe: Flächennutzung im Gebiet des Regionalverbands Bodensee-Oberschwaben, Ravensburg 2023, online: https://ravensburg.scientists4future.org/wp-content/uploads/sites/32/2023/06/FlaechenverbrauchRegionalverbandBodenseeOberschwaben.pdf (aufgerufen am 26.9.2023). Inzwischen ist der Regionalplan vom Ministerium mit leicht veränderten Zahlen genehmigt worden.
42 Wolfram FROMMLET, Altdorfer Wald und „Herrschaftsholz". Zoff um Kies unter Bäumen, in: KONTEXT:Wochenzeitung, 5.5.2021.

Wanderwege locken zu müssen.⁴³ Die Gefahr, dass die Selfie-Points im Deggenhauser Tal ‚viral gehen' und Tausende in diesen noch relativ einsamen Landstrich locken, scheint zwar gering. Dass das Spiel mit dem Feuer via Social Media auch zur völligen Überlastung ohnehin stark besuchter Tourismusorte führen kann, dafür bietet das Berggasthaus Äscher beim Wildkirchli im Kanton Appenzell ein erschreckendes Beispiel. Das von ‚Instagram-Touristen' völlig überrannte Gasthaus musste schließen, innerhalb weniger Wochen kam es zu fünf Todesfällen auf den Wanderwegen dorthin.⁴⁴

Solche Auswüchse des digitalen Zeitgeists mögen rund um den Bodensee noch die Ausnahme sein, schaut man sich jedoch südlich des Bodensees um, in der Region Sarganserland des Kantons St. Gallen und im angrenzenden Gebiet rund um das bündnerische Maienfeld, kommt man aus dem Staunen nicht mehr heraus. Eine ganze Region war da schon um die Jahrtausendwende im Heidi-Fieber, ja im Heidi-Rausch, alles drehte sich um Heidi, Heidi wurde zur zentralen Figur der Selbstdarstellung oder Selbstvermarktung. Klickte man damals im Internet auf *Heidi und Peter-Erlebnisse*, konnte man den Einfallsreichtum der Erfinder von *Heidi-Erlebniswelten* ebenso bewundern wie die Vielfalt der damit kombinierten Angebote: Ein eigens kreierter *Heidipfad (auch rollstuhlgängig)* erzählte die Heidi-Geschichte in Bildtafeln, in Maienfeld wartete gar ein ganzes *Heidi-Dorf mit Tier-Erlebnis, Dorfladen mit Souvenirs und einem Heididorf-Sonderstempel* obendrein, dazu gab es natürlich auch eigene *Heidi-Freilichtspiele*, bei denen erfahrene Laienschauspieler die *herzergreifende Heidi-Geschichte* erzählten. Im Taminatal wiederum durfte *Heidis Schwänli* selbst geschnitzt werden (*Wenn das Kunststück fertig ist, wird dem Geissli-Schwänli noch ein herziges Glöckli umgelegt*). Anderswo genoss man den *Heidi und Peter-Schmaus* oder fuhr mit Heidi – denn längst war die Romanfigur Johanna Spyris leibhaftig wieder auferstanden – auf der Piz Sol-Bahn zur Alp Schwarzbüel, wo bereits der ebenso leibhaftige *Alpöhi mit feinen Chäshörnli* wartete. Oder man begab sich in *Heidis Blumenwelt in Flumserberg*, die einen Einblick in *Alpöhis Wissen über die Heilkraft der Pflanzen* vermitteln sollte, wanderte auf *Heidi-Erlebniswegen* rund um Maienfeld oder auf *Geissenpeters Spuren*.

Heidi-Z'vieri, Heidi Z'nüni, für Kinder ein *Heidi-Znacht* in Bad Ragaz, wo die Märchentante aus der Heidi-Geschichte erzählte, bevor es zum Essen eine der Lieblingsspeisen von Heidi gab (*Käsebraten und Gschwellti oder Fleisch und Käse mit weißen Brötchen*, zum Dessert dann *kleine Kuchen aus Frankfurt*), ein *Heidi-Mal-Wettbewerb*; und so weiter und so fort. Angereichert wurde all das um eine ganze Palette von *Heidiland-Produkten*: vom *Heidiland-Mineralwasser*, produziert von *Heidiland Water Limited*⁴⁵, über *Heidiland-Rüebli*, *Heidiland-Käse, Heidiland-Kosmetik-Artikel* bis hin zu *Heidiland – Textil-Accessoires*.

---

43 „Die besten Foto-Spots überm See – Teilen Sie Ihre schönsten Aussichten mit uns", https://www.gehrenberg-bodensee.de/aktiv-ueberm-see/selfie-points (aufgerufen am 29.9.2023).
44 Vom Appenzellerland um die ganze Welt – die Begeisterung rund um den «Äscher», in: Tagblatt, 24.9.2022. Allgemein: Anna-Kathrin Hentsch, Instagram-Tourismus. Warum sich immer mehr Gemeinden wehren, https://www.nationalgeographic.de/reise-und-abenteuer/2021/08/instagram-tourismus-warum-sich-immer-mehr-orte-wehren (aufgerufen am 29.9.2023).
45 Die 2005 noch aufrufbare Webseite www.heidilandwater.ch gibt es nicht mehr. Nach sieben Jahren wurde der Betrieb der Heidiland Mineralwasser AG eingestellt, das Unternehmen liquidiert, NZZ, 29.1.2007. 2017 wurde die Produktion wieder aufgenommen, NZZ, 29.8.2016.

Clou des Ganzen: Ein eignes Heidi-Musical, 2005 uraufgeführt auf einer Freilichtbühne im Walensee und bis 2008 rund 25 Mal pro Saison gespielt, sollte die Besucher anlocken, die Hotels der Region überboten sich mit Pauschal-Arrangements wie *Heidis Traum* und *Heidi-Fastenwochen*. Kurzum: Das Heidiland verknüpfte die touristische Zukunft einer ganzen Region mit dem Aufbau einer so genannten „Marke". „Branding" nennen die Amerikaner das – „banalen Dingen einen identifizierbaren Namen zu geben und mit positiven Attributen zu assoziieren", wie der Journalist Paul Batt schrieb, erfolgreich praktiziert in der Produktwerbung (‚McDonald's' und ‚Coca Cola' lassen grüßen), längst aber – im Zuge der Kommerzialisierung aller Lebensbereiche – üblich in der Tourismus-Werbung, in der Vermarktung ganzer Landschaften: Landscapes wurden zu Brandscapes.

Die Kulturwissenschaft interpretiert das Phänomen Heidiland so: Die Region habe sich die alte Projektion des städtischen Bürgertums aus dem 19. Jahrhundert zu eigen gemacht und sie nun ihrerseits erfolgreich genutzt, um im wirtschaftlichen Strukturwandel des ausgehenden 20. und frühen 21. Jahrhunderts neue Potentiale zu erschließen. Literatur „markiere" die Landschaft und verleihe ihr Bedeutung. Die an sich schon fiktive Darstellung der Alpenwelt in den Heidi-Erzählungen als ein „utopisches Gegenbild des urbanen Lebens" werde nun ihrerseits als Utopie neu vermarktet: „Die Kulisse der literarischen Berglandschaft wird zum real existierenden ‚Heidiland'. Die Fiktion der Erzählung findet in der Landschaft bei Maienfeld und Bad Ragaz eine neue, als ‚authentisch' angebotene Wirklichkeit."[46]

70 Prozent der Bewohner des Sarganserlands jedoch, so fand das Zürcher Institut „Kultur Prospektiv – Institut für sozialwissenschaftliche Forschungen" damals heraus, lehnten eine solche auf internationale Öffnung zielende Tourismuspolitik ab, befürchteten, *ihre Eigenart mehr und mehr zu verlieren* und empfanden *Risse zwischen dem früheren und dem heutigen Bild der Region*. Und je mehr man um die Zukunft der eigenen Kultur und Identität fürchte, desto stärker sei man auch *gegen neu eingeführte Wörter oder Signete* wie z. B. das Markenzeichen Heidiland. Ist das verwunderlich? Hat man die Bewohner vor der Einführung der neuen „Marke" überhaupt gefragt, ob sie fortan lieber als *Heidiländer* denn als *Sarganserländer* vermarktet und betrachtet werden wollten?[47]

---

[46] Walter LEIMGRUBER, Heidiland. Vom literarischen Branding einer Landschaft, in: Jon MATHIEU/Simona BOSCANI LEONI, Die Alpen! Les Alpes! Zur europäischen Wahrnehmungsgeschichte seit der Renaissance, Bern u. a. 2005, S. 437 f.; Ueli GYR, Garantieschein verlängert. Was sich aus Heidi touristisch alles machen lässt, in: Christoph KÖCK/Deutsche Gesellschaft für Volkskunde (Hg.), Reisebilder. Produktion und Reproduktion touristischer Wahrnehmung, Münster u. a. 2001, S. 123–133; DERS., Heidi überall. Heidi-Figur und Heidi-Mythos als Identitätsmuster, in: Peter NEDERMÜLLER/Bjarne STOKLUND, Europe. Cultural Construction and Reality, Kopenhagen 2001, S. 75–96.
[47] Werner TRAPP, Von der Sommerfrische zur Erlebnis-Landschaft. Der Bodensee. Bilder vom Wandel einer touristischen Landschaft. Vortrag des Verfassers im Historischen Museum St. Gallen im Rahmen der Ausstellung „St. Gallen und die Schifffahrt" am 27. April 2005, unveröffentlicht.

WERNER TRAPP

Kathedralen der Konsum- und der Erlebnis-Gesellschaft

Zum Abschluss noch einmal ein Blick auf die Stadt Konstanz, die sich so gerne mit dem Attribut *Bodensee-Metropole* schmückt: Hier sind, im östlichen Hafenareal, zwischen 1999 und 2004 gleich drei Einrichtungen entstanden, die nur wenige hundert Meter auseinanderliegen und an denen sich die neuen Entwicklungen nach der Jahrtausendwende wie unter einem Brennglas studieren lassen. Neben dem bereits erwähnten Sealife-Center[48] folgte 2001 gleich südlich davon das erste *deutsch-schweizerische Oktoberfest*, das sich inzwischen zu einem fast dreiwöchigen Event mit jährlich über 100 000 Besuchern entwickelt hat und zu den zehn größten Oktoberfesten Deutschlands zählt – allein das große *Paulaner-Festzelt* fasst 3500 Besucher. Waren es nach dem Jahr 2000 zunächst erst zehn Städte in Deutschland, welche das Münchner Oktoberfest kopierten, so kamen am Bodensee bald noch weitere dazu: Inzwischen veranstalten Radolfzell, Kressbronn, Lindau und Bregenz ihre *Oktoberfeste* und natürlich auch Ochsenhausen, Bad Schussenried, Bad Waldsee, Bad Wurzach, Ravensburg und viele andere auch in Oberschwaben. Ja, Oktoberfeste boomen in ganz Deutschland, und selbst auf den Fahrgastschiffen der „Köln-Düsseldorfer" auf dem Rhein wird gefeiert. Das Münchener Original ist beliebig kopierbar geworden – und das weltweit. Mit dem Konstanzer Oktoberfest hat man einen weiteren Hotspot des motorisierten Tagestourismus geschaffen, die Besucher kommen, auch mit Reisebussen, von weither, sogar aus der Region München, die obligaten Dirndl und Lederhosen hingegen zumeist als Billigware aus Fernost.[49]

Sämtliche Dimensionen aber sprengt, was drei Jahre später in unmittelbarer Nähe auf einem abgewickelten Gelände der Deutschen Bahn eröffnet wurde: Das „Lago Shopping Center" mit 70 Geschäften, einem Kino mit sieben Sälen und 930 Parkhausplätzen. Hier zählt man jährlich etwa 10 Millionen Besucher, rund 40 Prozent aus der Schweiz.[50] Die meisten motorisiert, mehrmals im Jahr kommt es deshalb in der Konstanzer Innen-

---

48 Das Center wurde schon vor mehr als zehn Jahren umbenannt und nennt sich jetzt nur noch Sea Life. Wie das Ravensburger Spieleland macht auch Sea Life keine Angaben zu Besucherzahlen.
49 „Trachten", noch vor 20 Jahren „mega-out" und gestrig, sind nun „in", aber ohne jeden Bezug zu irgendeiner lokalen Kultur oder Tradition. Insofern passt der Trachten-Hype perfekt zum Boom der Oktober-Feste, die ebenfalls in völliger Beliebigkeit und ohne jeden historischen Ortsbezug entstehen. Zum Hintergrund in Deutschland: Andreas NEUHAUS, Oktoberfeste in Deutschland. Wie Wiesn-Ableger Milliarden-Geschäfte machen, in: Handelsblatt, 16.9.2016; Sacha SZABO, Außeralltägliche Welten. Oktoberfest, Disneyland, Computerspiele. Sozioanalyse des Vergnügens, Marburg 2018; zum Trachten-Boom: Simone EGGER, Phänomen Wiesntracht. Identitätspraxen einer urbanen Gesellschaft – Dirndl und Lederhosen, München und das Oktoberfest (Münchner ethnographische Schriften Bd. 2), München 2008; Georg SEESSLEN, Tracht und Niedertracht. Sündteure Jodel-Klamotten sagen zweierlei aus: Man ist „deutsch" und bekennt sich zu „Tradition". Der Trend ist Ausdruck eines neuen deutschen Kleinbürgertums, in: taz, 9.6.2011, online: https://taz.de/Das-Schlagloch/!5119024/(aufgerufen am 1.6.2023). Kritisch zu Konstanz: Holger REILE, Oans, zwoa, g´suffa – jetzt trifft's auch die Kinder, in: Seemoz, 12.9.2013, online: https://archiv.seemoz.de/schraeg-und-schrill/oans-zwoa-g%C2%B4suffa-jetzt-triffts-auch-die-kinder/(aufgerufen am 1.6.2023). Nach 20 Jahren findet das Konstanzer Oktoberfest 2023 erstmals nicht mehr statt, der Veranstalter, die „Fetscher Event & Marketing GmbH" aus Markdorf/Ittendorf möchte das Fest nicht länger organisieren.
50 Das Geheimnis des Lago-Erfolgs, Südkurier, 26.78.2016. Das „Lago" sollte zunächst „Seeuferhaus Konstanz" heißen, „Shopping Center" trifft aber besser, worum es hier geht.

12   Volldampf mit Trachten, Gaudi und Musik! – Werbung für das Oktoberfest 2023 beim „Öchsle" in Ochsenhausen (Vorlage: Öchsle-Bahn Ochsenhausen).

stadt zu einem regelrechten Verkehrsinfarkt. Besucher, die mit ihrem Auto wieder aus dem Center herauswollen, stehen dann bald eine Stunde im Parkhausstau und machen ihrem Ärger mit gellenden Hupkonzerten Luft.[51]

Was das mit unserem Thema zu tun hat? Sehr viel, denn hier geht um den so genannten ‚Einkaufstourismus', der mit dem immer stärker werdenden Schweizer Franken ungeahnte Dimensionen erreicht hat: Allein in den grenznahen Landkreisen Lörrach, Waldshut und Konstanz gaben Käufer und Käuferinnen aus der Schweiz im Jahr 2019 rund 1,5 Milliarden Franken aus.[52] *Erlebnis-Tourismus*, immer weiter zu überregionalen Events ausgebaute Großfeste wie der Konstanzer Weihnachtsmarkt, der sogar von Busunternehmern aus Krakau, Prag und Mailand angesteuert wird (oft, um noch weitere Weihnachtsmärkte abzuklappern), der Konstanzer *Riesenflohmarkt* – der größte am Bodensee mit rund 1000 Verkaufsständen und jährlich gut 80 000 Besuchern – dazu der Shopping-Tourismus in ganz neuen Dimensionen und der traditionelle Städte-Tourismus haben sich zu einem Amalgam verbunden, welches den Charakter der Konstanzer Altstadt grundlegend verändert hat. Der Unterschied wird einem immer dann bewusst, wenn man einmal Städte wie Lindau, Ravensburg oder Biberach besucht, wo es im Vergleich zu Konstanz noch eine Vielzahl von Inhabern geführter Geschäfte mit einem speziellen Angebot gibt – Geschäfte, die man in Konstanz inzwischen mit der Lupe suchen muss.

---

51 In einer Mail an den Verfasser vom 19.9.2022 gab das Center-Management keine Auskünfte zur tatsächlichen Nutzung des Parkhauses mit 1100 Stellplätzen. Daten über die Herkunft der das Parkhaus nutzenden PKW und die damit verbundenen Verkehrs- und Emissionsbelastungen wurden auch seitens der Stadt Konstanz nie erhoben.
52 Dennis KALT, „Die Schweiz als Nachbar ist eine Gnade". Wie eine ganze Branche im Grenzgebiet an den Milliarden der Einkaufstouristen hängt, in: Aargauer Zeitung, 22.04.2022.

13/14   Der „Petershof", eines der letzten als Familienbetrieb geführten Hotels im rechtsrheinischen Konstanz, gegründet 1926, schloss 2020 und wurde in Wohnungen umgewandelt. Ansichtskarte, um 1930 (Vorlage: Archiv Werner Trapp). Zur selben Zeit eröffneten in Konstanz zahlreiche Ableger international operierender Hotelketten, hier das „Hampton by Hilton" an der B 33 im Konstanzer Industriegebiet (Vorlage: Pfeiffer Photo Design, Konstanz).

Was hier begann, setzte sich in Konstanz nach 2006 mit einem Boom an neu errichteten Hotels fort. In nur zehn Jahren wurden 13 neue Hotels genehmigt, die meisten von ihnen Ableger international operierender Hotelketten wie B&B-Hotels, Hampton by Hilton oder IBIS. Zwei besonders fragwürdige Beispiele: Das später gescheiterte *Car Emotions Center*, ein Hotel, in dem man seinen Oldtimer, so war es geplant, per Aufzug mit aufs Zimmer nehmen konnte.[53] Und das Großprojekt auf dem Gelände des ehemaligen Sanatoriums „Büdingen" an der Seestraße: Während Konstanz als erste deutsche Stadt medienwirksam den *Klimanotstand* ausgerufen hat, gestattete man dort einem Investor aus St. Moritz, im Park seines künftigen *Sea Palace*[54] genannten 5-Sterne-Gesundheitshotels gleich eine große Zahl an Bäumen abzuholzen, damit er seinen *Premium-Gästen* einmal einen freieren Blick auf den See bieten kann.[55]

All das wird auch hier als ‚Erfolg' gesehen: Während in Deutschland die Zahl der Übernachtungen in diesen zehn Jahren nur um 40 Prozent zunahm, finden wir in Konstanz in nur zehn Jahren eine Zunahme um rund 100 Prozent – von 500 000 auf gut eine Million. Klassische, von Familien geführte Hotels sind derweil auf dem Rückzug, werden geschlossen und zu lukrativen Eigentums- oder Mietwohnungen umgebaut.[56]

Gekaufte Landschaft – Zweitwohnungsboom am Bodensee

Damit sind wir bei einer weiteren Veränderung der letzten Jahrzehnte angelangt. Und diese hat durchaus auch mit unserem Thema zu tun: Man könnte sie bezeichnen als die Herausbildung einer ‚touristischen Zweiklassen-Gesellschaft' am See. Die Rede ist von der Scheidung zwischen der großen Masse derer, die sich hier allenfalls einen Urlaub leisten können, und jener zahlreicher werdenden Minderheit, die sich ein Stück Bodenseelandschaft auch käuflich erwerben kann – bevorzugt mit Seesicht, garantierter Wertsteigerung und Steuerbegünstigung.

Anfänge dieser Entwicklung finden wir schon im 19. Jahrhundert. Am Nordufer des Sees, im heutigen Bodenseekreis, zählt die Autorin Carola Nerbel rund 250 Villen mit den entsprechend großen Parkanlagen, welche in den letzten Jahrzehnten vor dem 1. Weltkrieg überwiegend durch den Zuzug vermögender Industrieller, Privatiers, Gelehrter und Künstler entstanden.[57] In derselben Zeit gelangte das Konstanzer Seeufer

---

53 Das Projekt, betrieben von einer Euro Concept CAR-EMOTION-CENTER Konstanz Beteiligungsgesellschaft mbH, kam nicht zustande, die Gesellschaft wurde 2019 liquidiert, https://www.northdata.de/Euro+Concept+CAR-EMOTION-CENTER+Konstanz+Beteiligungsgesellschaft+mbH,+Konstanz/Amtsgericht+Freiburg+HRB+711248 (aufgerufen am 24.11.2024).
54 2023 nennt sich das Projekt „Buff Medical Resort GmbH".
55 Einen kritischen Überblick dieses Projekts bietet die Webseite des Vereins „Bürgerpark Büdingen": https://buergerpark-konstanz.webflow.io/. Dort auch Informationen zu den Baumfällungen im Park.
56 Armin MÜLLER, Standort und Strategie. Hotellerie und Gastronomie in der Bodenseestadt Konstanz im Wandel. Ein Studienbuch, Berlin 2021; vgl. dazu auch die kritische Rezension des Verfassers in: Schriften des Vereins für die Geschichte des Bodensees und seiner Umgebung 141 (2023), S. 346 f.
57 Carola NERBEL, Die Entstehung einer Villenregion. Villen und Landhäuser am nördlichen Bodenseeufer im 19. und Anfang des 20. Jahrhunderts. Magisterarbeit an der Fakultät für Kulturwissenschaften der Eberhard-Karls-Universität, Tübingen 1990. Eine Kurzfassung in: Leben am See 12 (1995), S. 175–189.

zwischen alter Rheinbrücke und Hornspitze in die Hände von kaum zwei Dutzend Familien, welche so die gesamte Uferlinie privatisierten und die Öffentlichkeit vom Zugang zum See ausschlossen. Da ging es nicht allein mehr um den schönen Blick auf See und Gebirge, sondern immer öfter auch um krude Spekulation, um raschen Weiterverkauf mit hohem Gewinn.[58]

Die Rede ist von der langsamen, aber stetigen Transformation des Bodensees in eine ‚käufliche Landschaft', man könnte auch sagen: in eine Kapitalanlage – ein Prozess, der über gut 150 Jahre hinweg zu beobachten ist und der inzwischen vielerorts Züge eines veritablen Ausverkaufs angenommen hat. *Seehasen, hütet die See-Seele! Ich sehe die Zeit nahen, wo viele gehetzte Großstadtmenschen an unser Schwäbisches Meer kommen, sich ankaufen und anbauen, seiner Naturschönheit zulieb – aber vielleicht doch, ohne seine Seele zu kennen und zu lieben. Dann wird's bei uns aussehen wie anderswo in der Welt, wo man nach Irrfahrten die ‚Heimat' wieder sucht, ohne sie doch zu finden.* Das sind mahnende Worte des Konstanzers Ernst Gradmann im „Bodenseebuch" des Jahres 1914. Doch diese Worte kamen zu spät.[59]

Das Gift des Mammonismus hat sich bei den Bewohnern des Seeufers eingefressen, mahnte die katholische Deutsche Bodensee Zeitung anno 1931, *und hat furchtbare Zerstörungsarbeit geleistet. Ihm haben wir es zu verdanken, dass heute schon der überwiegende Teil des Ufers sich in privaten Händen befindet.* Wer immer konnte – und zwar Einheimische und Fremde gleichermaßen – sicherte sich damals ein Grundstück am See, setzte ein Wochenendhäuschen darauf, versah sein Areal mit einem Maschendrahtzaun und befestigte daran ein Schild mit der Aufschrift Privatbesitz. Die sich formierende moderne Freizeitgesellschaft hatte endgültig Abschied genommen von einem eher kontemplativen Verhältnis zur Natur und war dazu übergegangen, Natur in großem Stile haben, kaufen, besitzen zu wollen.[60]

So richtig los ging es damit aber erst ab den 1970er Jahren. Wallhausen zum Beispiel, noch in den 50er Jahren ein verträumtes Bauern- und Fischerdorf vis-a-vis von Überlingen, wurde damals, von der Politik steuerlich gefördert über das sogenannte *Bauherrenmodell*, zugebaut mit ganzen Siedlungen von Zweitwohnungen, welche auch heute noch die meiste Zeit des Jahres mit heruntergelassenen Rollläden leer stehen. Heute gehört Wallhausen zu Konstanz und wird von den Einheimischen scherzhaft als *einziger Stuttgarter Vorort ohne S-Bahnanschluss* bezeichnet. Doch solche Bilder finden sich nun in fast allen Uferorten am Bodensee und selbst in dessen Hinterland: Mit der Finanzkrise 2008 und dem geschwundenen Charme der vielen neuartigen *Finanzprodukte* hat die Flucht in das *Betongold* noch einmal eine deutliche Steigerung erfahren. 715 Zweitwohnungen sind derzeit offiziell registriert in Konstanz, in Bodman-Ludwigshafen 440,

---

58 Werner TRAPP, Die Villa Prym. Zur Frühgeschichte der Konstanzer Seepromenade, in: Hegau 78 (2021), S. 137–166, mit weiteren Literaturhinweisen zur Be- und Verbauung des Konstanzer Seeufers.
59 Manfred BOSCH, Eine Erinnerung an Ernst Gradmann. „Man kann auch fortschrittlich sein und doch die alte Kultur gelten lassen", in: Konstanzer Almanach, hg. von der Stadt Konstanz, Konstanz 2017 (2016), S. 66–67.
60 Werner TRAPP, Der Gottesgarten am See. Landschaft am Untersee und Rhein. Zur touristischen Biographie einer Grenzregion, in: DERS., Seh-Zeichen. Reisen diesseits und jenseits des Bodensees, Konstanz 1992, S. 36–40.

in Überlingen 634, in Uhldingen-Mühlhofen 450, in Immenstaad 479, in Langenargen 280, in Kressbronn 195. Aber das sind nur die offiziellen Zahlen, die Dunkelziffer nicht erfasster bzw. nicht gemeldeter Zweitwohnungen dürfte deutlich höher liegen.[61] Hinzu kommt die oft ebenso hohe Zahl an Ferienwohnungen, allein in Immenstaad waren das im Jahre 2020 exakt 504. Der Überlinger Rechtsanwalt Friedrich Kleffner sprach im Angesicht einer Siedlung mit 72 *tupfengleichen Balkonen* in seiner Stadt von einem *Stapelplatz für Wohnungseigentumsschachteln, denen kein Baum den Blick auf den See verstellt* und von *Gelegenheitsbleiben für Gelegenheitsbürger, die nicht ortsansässig sind*.[62]

Wenn in jeder Zweitwohnung zwei Menschen leben können, dann wäre da Platz für 1000 Einwohner. Das ist ein ganzes Dorf. Das steht bei uns meistens leer, das kann so nicht weitergehen, meinte dazu ein Immenstaader Gemeinderat, und der Bürgermeister stimmte ihm zu.[63] Doch solche Kritik ist wohlfeil, hat man doch diesen Entwicklungen über Jahrzehnte hinweg mehr oder weniger tatenlos zugesehen und versucht erst seit einigen Jahren mit Einzelmaßnahmen wie einer Erhöhung der Zweitwohnungssteuer den schlimmsten Auswüchsen entgegenzuwirken.

Dieser Zweitwohnungsboom hat auch mit der Veränderung der Arbeitswelt im Zuge der Digitalisierung zu tun: Immer mehr Arbeitsplätze, immer mehr Tätigkeiten sind nicht mehr an einen konkreten Ort gebunden, sie können überall ausgeführt und wahrgenommen werden. Die Zweitwohnung bietet damit nicht nur eine interessante Abwechslung, sie ist auch ein angenehmer Arbeitsplatz an einem anderen Ort im Rahmen der massenhaften Ausbreitung neuer, digital-getriebener Lebensstile. Die Raumforschung spricht von neuen Formen der „Multilokalität", von der „Hybridisierung von Freizeit, Arbeit und Familie: Tourismusdestinationen verlieren auch durch veränderte Freizeitpraktiken an Bedeutung: Kürzere Ferienaufenthalte, Verschmelzen von Tourismus und Freizeit-Events sowie von Freizeit, Arbeit und Sozialkontakten", verbunden mit einem Wachstum der „von Multilokalen hervorgerufenen Mobilität."[64]

Vielerorts provozieren diese Entwicklungen Widerstände: Ein erhellendes Beispiel für die mit Zweitwohnungsprojekten verbundenen gegensätzlichen Interessen bietet die Gemeinde Kressbronn am oberschwäbischen Nordufer des Sees. Wer im Winter 2015 von Langenargen nach Lindau wanderte, dem fiel gleich am Ortseingang von Kressbronn eine Riesenbaustelle am Ufer auf: Auf dem Gelände der alten Bodan-Werft, auf der fast hundert Jahre lang Schiffe für den Bodensee gebaut worden waren und die seit 2011 stilllag, wuchs ein monströser Komplex in die Höhe. Insgesamt 125 Wohnungen

---

61 Hanspeter WALTER, 634 Zweitwohnungen sind aktuell in Überlingen gemeldet. Mit einer neuen Steuersatzung will die Stadt regulierend eingreifen. Das gefällt nicht allen, in: Südkurier, 24. 3. 2020. Die übrigen Zahlen sind Presseberichten der letzten Jahre entnommen und sollen hier nur den allgemeinen Trend verdeutlichen.
62 Friedrich KLEFFNER, Die Zweitwohnung am See, in: Leben am See 12 (1995), S. 28 f.
63 Südkurier, 24. 3. 2021.
64 Manfred PERLIK, Neue Formen der Freizeitmultilokalität, in: Rainer DANIELZYK u. a. (Hg.), Multilokale Lebensführungen und räumliche Entwicklungen. Ein Kompendium (Forschungsberichte der ARL 13), Hannover 2020, S. 178. Nicht zu vergessen sind die ca. 60 000 am Bodensee registrierten Freizeitboote, von denen zumindest die größeren Segel- und Motorboote immer wieder auch als ‚schwimmende Zweitwohnung' genutzt werden.

15/16 Das Areal der ehemaligen Bodan-Werft in Kressbronn vor der Neugestaltung. Luftaufnahme. Am Nordrand der alten Werfthallen gut zu sehen der alte Baumbestand, welcher der Wohnbebauung zum Opfer fiel (Vorlage: Gemeinde Kressbronn). – Als Kontrast das „Jahrhundertprojekt" Bodan-Areal Kressbronn nach der Fertigstellung mit den sechs neuen Wohngebäuden (Luftaufnahme Andy Heinrich – Gemeinde Kressbronn).

waren hier im Entstehen, angekündigt wurden zudem ein Einkaufszentrum, ein Restaurant, ein Café, Büroräume, Arztpraxen, ein Hotel, ein neuer Yachthafen. Das gesamte Areal der ehemaligen Bodan-Werft[65] wurde hier neugestaltet, ein Projekt, das sich über viele Jahre hinzog, in der Gemeinde heftig umstritten war und bald zu einer tiefen Spaltung in der Bürgerschaft führte. *Immobilienprojekt am Bodensee. Viele Kressbronner fühlen sich vorgeführt*, so hatte ein Artikel in der Stuttgarter Zeitung schon zwei Jahre zuvor getitelt.

In nur einem Jahr wurden die sechs Wohngebäude hochgezogen, eine erstaunlich kurze Bauzeit.[66] Ohne Rücksicht auf den vorhandenen Baumbestand: *Alle vorhandenen Bäume, darunter ein Mammutbaum oder die wunderschöne Bodan Eiche, mussten gefällt werden. Ja, der größte Teil des vorher vorhandenen Baumbestands, obwohl im Bebauungsplan diese Bäume als erhaltungs- oder schutzwürdig eingestuft waren. Das hat die Mehrheit des Gemeinderats nicht gekümmert, die Untere Naturschutzbehörde des Bodenseekreises auch nicht*, so beklagt dies ein Gegner des Projekts.[67] Eine massive Verbauung und Nachverdichtung direkt am Seeufer war hier zu besichtigen, die Empfehlungen des Bodensee-Leitbilds schienen keine Rolle zu spielen.[68]

Leben am See, so warben großflächige Werbetafeln an den entstehenden Neubauten. Sechs viergeschossige Mehrfamilienhäuser wurden da hinter und neben der ehemaligen Werft gebaut, in bester Aussichtslage am Seeufer. Eine 4-Zimmer-Wohnung kostete 2015 stolze 2400 Euro Miete, zwei Balkone, Morgensonne und Abendsonne inklusive. Wenn solche Projekte entstehen, dann ist fast immer die Rede von den *jungen Familien* aus dem Ort, für die hier gebaut würde, und vom großen Mangel an Wohnraum sowieso. Auf der Webseite des Unternehmens hieß es damals: *Wo lässt sich der Wunsch nach einem Leben in vorderster Reihe verwirklichen? Nirgendwo so wie in Kressbronn....* Doch *junge einheimische Familien* brauchen eine solche Werbebotschaft nicht, sie können in aller Regel auch keine 2400 Euro Miete für eine 4-Zimmer-Wohnung bezahlen.

Gebaut wurde hier ganz offenkundig für Menschen, die nicht nur in Kressbronn in vorderster Reihe sitzen. Als jedoch Vertreterinnen der „Grünen" im Gemeinderat wissen wollten, wie viele Wohnungen denn nun an Einheimische verkauft worden seien und wie viel an auswärtige Kapitalanleger, stießen sie beim Bürgermeister und bei Vertretern von CDU und BWV (Bürgerliche Wählervereinigung für Kressbronn) auf Ablehnung. Auch wenn die Initiatoren der Anfrage betonten, dass es hier nicht um konkrete Namen, sondern um allgemeine Daten ginge, wurde der Datenschutz als Argument ins Feld geführt: *Wenn es um den Verkauf der Wohnungen geht, da muss ich sagen, das geht uns nichts an*, meinte ein Gemeinderat der BWV, ein Gemeinderat der CDU sekundierte: *Die Frage nach den Wohnungen würde ich immer ablehnen*. Der Bürgermeister sah erst über-

---

65 Zur Geschichte der Bodan-Werft: Michael BERG, Die ehemalige Bodan-Werft Motoren- u. Schiffbau GmbH in Kressbronn am Bodensee 1919–2011. Zur Geschichte einer bedeutenden deutschen Binnenwerft, Ubstadt-Weiher [2019].
66 Kressbronner Jahrbuch 2020, S. 57.
67 Information von Hans Steitz, Kressbronn.
68 Einen Überblick aus der Sicht der Gemeinde bieten die Beiträge im Kressbronner Jahrbuch 2020. Der Investor musste sich vertraglich gegenüber der Gemeinde verpflichten, als Gegenleistung für den Bau der 125 Luxuswohnungen ein Hotel zu errichten, was bis zum Jahr 2025 noch nicht realisiert wurde.

17   Am Ende erfolglos: Proteste in Kressbronn gegen Verbauung des Seeufers mit Zweitwohnungen (Vorlage: Kressbronner Jahrbuch).

haupt keinen Sinn in dieser Frage.[69] Auch die Beiträge im Kressbronner Jahrbuch 2020, die das, was da entstanden war, als *erfolgreiches Jahrhundertprojekt* vorstellen, gehen auf die Frage, für wen hier gebaut wurde, nicht ein. Dabei bestimmt der Landesentwicklungsplan 2002 Baden-Württemberg, dass in Kleinzentren wie Kressbronn nur für den Bedarf der örtlichen Bevölkerung neu gebaut werden darf. Der Investor selbst musste später einräumen, dass 75 Prozent der hier entstandenen Wohnungen an Auswärtige verkauft worden waren.[70] Waren solche Fakten erst einmal geschaffen, interessierte das bald niemand mehr, schon gar nicht Politik und Behörden.[71]

Kressbronn ist kein Einzelfall. Nimmt man auch das Hinterland des Bodensees hinzu und berücksichtigt die wahrscheinlich hohe Dunkelziffer, dann ist allein im nördlichen Bodenseeraum in den letzten 50 Jahren sicher eine fünfstellige Zahl an neuen Zweit-

69   Schwäbische Zeitung, 14. 4. 2016: Kressbronn Bodan-Areal – Antrag der Grünen stößt auf Kritik.
70   Vom Doppelglück am See zu leben (Interview mit dem Investor Willi Schmeh), in: Die Entwicklung und Zukunft des Bodan-Areals. Eine Sonderveröffentlichung der Schwäbischen Zeitung, 2022, S. 17.
71   Für umfangreiche Informationen danke ich Hans Steitz, der als Vertreter der Grünen in Kressbronn wie als Mitglied im Regionalverband Bodensee-Oberschwaben das Projekt über viele Jahre kritisch begleitet hat.

wohnungen entstanden – und damit ein erheblicher Beitrag zur Zersiedelung der Bodenseelandschaft wie zur Versiegelung wertvoller Flächen ‚geleistet' worden. Doch die Frage, für wen konkret hier gebaut wurde und wird, scheint ein Tabu zu sein. Selbst die Internationale Bodensee Konferenz hat sich mit dem Thema noch nicht befasst, obwohl die Empfehlungen und Appelle des alten wie des neuen Bodenseeleitbilds dies eigentlich zwingend nahelegen.[72] Und auch der Regionalverband Bodensee-Oberschwaben hat zum Zweitwohnungsbau in seinem Verbandsgebiet keine Daten zur Verfügung.[73]

Ein früher Treiber dieser Entwicklung war auch der Bau der 1978 fertig gestellten Autobahn A 81 Stuttgart–Westlicher Bodensee. Brauchte man für diese Strecke mit dem Auto früher einmal fast vier Stunden, so schafft man das nun in einem Drittel der Zeit. *In 100 Minuten von Stuttgart an den Bodensee*, so schwärmten damals Politiker bei der Eröffnung, Planer kürten den Bodensee gleich zu einem *ökologischen Ausgleichsraum*.[74] Das hatte Folgen, zum Beispiel für die Halbinsel Höri. Nun erst wurden dort Bau und Erwerb von Zweitwohnungen so richtig interessant, schon Mitte der 1980er Jahre wurde deren Anteil allein im Hessedorf Gaienhofen auf 35 Prozent geschätzt.

All das trieb vielerorts die Immobilienpreise und auch die Preise für Mietwohnungen in astronomische Höhen. Die Stadt Konstanz wurde 2018 gar in der Gruppe der Mittelstädte zwischen 50 000 und 100 000 Einwohnern als *teuerste Stadt Deutschlands* bezeichnet.[75] Die Folgen: Immer mehr Menschen können sich eine Miete in diesen Boom-Städten nicht mehr leisten, weichen zum Teil weit in das Hinterland aus, wo Zersiedelung der Landschaft, aber auch Verkehrsbelastung, Emissionen und damit der Klimawandel weiter befördert werden.

Wachstumseuphorie und Klimawandel

In den 1980er und 90er Jahren wurde von Touristikern und Medien alljährlich die *Super-Saison am Bodensee* gefeiert – bei jährlichen Wachstumsraten zwischen 5 und 10 Prozent. Damals, unter dem Eindruck der Katastrophe von Tschernobyl und angesichts der *Waldsterben* genannten *neuartigen Waldschäden*, wuchs aber zugleich auch das Bewusstsein, dass die Erhaltung der natürlichen Lebensgrundlagen, der Schutz von Natur und Umwelt und die Bewahrung der Kulturlandschaft unverzichtbare Leitgedanken für

---

72 Auskunft von Klaus-Dieter Schnell, Geschäftsführer der Internationalen Bodensee-Konferenz (IBK), Geschäftsstelle Konstanz, vom 14. 9. 2023.
73 Auskunft des Regionalverbands per mail an den Verfasser vom 18. 9. 2023.
74 Kritisch dazu: Elmar KUHN, Der Bodenseeraum – ein Mythos als Leitbild?, in: Burghard RAUSCHELBACH/Peter M. KLECKER (Hg.), Regionale Leitbilder – Vermarktung oder Ressourcensicherung? (Material zur angewandten Geographie 27), Bonn 1997, S. 121–127. Kritisch zu den Konzepten des Ausgleichsraums und mit weiteren Quellenverweisen: Wolfgang OSTENDORP, Was haben wir aus dem Bodenseeufer gemacht? Versuch einer Bilanz, in: Schriften des Vereins für Geschichte des Bodensees und seiner Umgebung 122 (2004), S. 188–251.
75 Konstanz ist teuerste deutsche Mittelstadt – im Osten ist nur Greifswald höherpreisig (News 4. 12. 2018 Marktanalyse), Quelle: https://www.haufe.de/immobilien/entwicklung-vermarktung/marktanalysen/konstanz-ist-teuerste-mittelstadt-in-deutschland_84324_479286.html (aufgerufen am 18. 09. 2022).

die weitere Entwicklung des Bodenseeraums sein müssen. So heißt es im ersten, von den Gemeinsamen Raumordnungskommissionen der Bundesrepublik Deutschland, der Schweizerischen Eidgenossenschaft und der Republik Österreich 1983 herausgegebenen Internationalen Leitbild für das Bodenseegebiet: *Der Bodensee und der besondere Reiz der Landschaft um den See bestimmen die vielfältigen Nutzungsmöglichkeiten und die Anziehungskraft dieses Raumes. Bei der Empfindlichkeit der Landschaft führt dies vor allem in bevorzugten Lagen zu erheblichen Konflikten. Eine überzogene oder ungeordnete Verwirklichung aller Nutzungsansprüche würde unersetzliche Werte der Bodenseelandschaft gefährden. Sie kann auch nicht ökologischer Ausgleichsraum für weit entfernt liegende Landesteile sein.*

Am weitesten im Sinne der Grundgedanken dieses ersten Bodensee-Leitbilds ging der ab 2003 von der Internationalen Bodenseestiftung vorgetragene Vorschlag, die Bodenseeregion solle sich um das Zertifikat einer UNESCO-Weltkulturlandschaft bewerben. Im Laufe des Jahres 2005 haben Umweltverbände rund um den See dazu eine umfangreiche Informationskampagne mit verschiedenen thematischen Diskussionsveranstaltungen durchgeführt. Auch die Internationale Bodenseekonferenz (IBK), die Dachorganisation der Regierungen und Verwaltungen der Bodenseeregion, hat sich mit dem Vorhaben befasst und eine Studie zu den möglichen Auswirkungen in Auftrag gegeben,[76] eine weitere Befassung mit diesem Projekt im November 2005 aber definitiv abgelehnt.[77]

Die ungebremste Wachstumsdynamik, mit deutlichen innerregionalen Unterschieden, wies in eine andere Richtung, auch im Tourismus. Allein zwischen 1997 und 2015 hat sich die Zahl der Gästeankünfte am Bodensee noch einmal verdoppelt.[78] Und ein Ende ist nicht in Sicht. Davon künden nicht nur neue große Hotelprojekte, zum Beispiel in Überlingen, in Meersburg, in Konstanz und in Kressbronn,[79] davon künden auch die Zahlen nach dem Ende der Corona-Pandemie: Verglichen mit dem *vorpandemischen Niveau von 2019* hat allein die Stadt Konstanz 2022 ein Plus bei den Gästeübernachtungen von 11,4 Prozent verzeichnet, wo man doch erst wenige Jahre zuvor – dies sei hier noch einmal erinnert – die Zahl der Übernachtungen in der Stadt von 500 000 auf eine Million verdoppelt hatte. Die Gründe für diesen Erfolg sieht man so: *Dieser facettenreiche Angebotsmix bot das gesamte Jahr über Reiseanlässe. Die ausgewogene Kombination aus Kultur, Natur, Genuss, Shopping und Nachhaltigkeit ermöglichte Gästen eine Urlaubsplanung nach individuellen Wünschen.*[80] Zufrieden blickt man im Frühjahr 2023 auf eine

---

76 Roland SCHERER/Julia JOHNSEN/Simone STRAUF, Die wirtschaftlichen Effekte einer UNESCO Weltkulturlandschaft Bodensee – Expertise im Auftrag der Internationalen Bodenseekonferenz, St. Gallen 2005.
77 Ständiger Ausschuss der IBK, Beschlussantrag A 3 für die Regierungschefkonferenz.
78 Roland SCHERER (Hg.), Bodensee 2030 – Ein Blick in die Zukunft der Region, St. Gallen 2016, S. 95 ff.
79 Vgl. zu Kressbronn: Stellungnahme des NABU Langenargen e.V. zum Bebauungsplan „Bodan Werft – Bereich Hotel", 5.8.2021, https://www.nabu-langenargen.de/stellungnahmen (aufgerufen am 23.9.2023).
80 Übernachtungen in Konstanz: 2022 offiziell Rekordjahr. Die Touristiker und Gastronomen der Stadt haben Grund zur Freude. Konstanz bleibt ein Publikumsmagnet, https://www.sweb.de/konstanz/uebernachtungen-in-konstanz-2022-offiziell-rekordjahr;art110,4093 (aufgerufen am 12.11.2024).

wieder einmal erfolgreiche Saison zurück – von ökologischen Belastungen und Belastungsgrenzen, von Klimaschutz und verbindlichen Klimaschutzzielen ist hier keine Rede, *Nachhaltigkeit* erscheint allenfalls als eine Facette in einem erfolgreichen *Angebotsmix*.

Dasselbe gilt für zentrale Strategiepapiere, Leitbilder und Zielvorstellungen der wichtigen Akteure im internationalen Bodensee-Tourismus, sei es nun das Leitbild der 1998 gegründeten Internationalen Bodensee Tourismus GmbH,[81] die ganz wesentlich auf die Förderung des Ganzjahrestourismus und den Ausbau der *globalen Präsenz der Vierländerregion Bodensee durch Erschließung neuer internationaler Märkte* setzt, sei es der Schlussbericht für das Projekt Nr. 70 ‚Positionierung Bodensee' im Rahmen des Interreg-IV-Progamms Alpenrhein-Bodensee-Hochrhein aus dem Jahre 2012[82] oder auch der DenkRaumBodensee, ein Zusammenschluss von sechs Hochschulen und Forschungseinrichtungen rund um den Bodensee, der 2018 ein Positionspapier zur Zukunft des Bodensee-Tourismus vorgelegt hat.[83]

Klimawandel und dessen auch am Bodensee unübersehbare Folgen hin oder her: Der Glaube an ein stetes weiteres Wachstum des Tourismus scheint hier ungebrochen. Eine Mehrheit der befragten Akteure sieht die Zukunft im Bereich von *Übernachtungs- und Gästezahlen, Marktpositionierung sowie Angebotsentwicklung* sogar noch positiver als wenige Jahre zuvor. Nur eine Tatsache trübt dieses unbekümmerte ‚Weiter so': Die ohnehin stark geschwundene Akzeptanz des Tourismus bei den Einheimischen hat im Vergleich zur Umfrage davor noch einmal deutlich weiter abgenommen – um fast 30 Prozent.[84]

Das scheint symptomatisch für die Situation, in der wir uns seit geraumer Zeit befinden: Dass es ‚so' nicht mehr weitergehen kann, jedenfalls nicht mehr lange – diese Einsicht ist verbreitet, weit über den Kreis von ‚Klima-Aktivisten' hinaus. Und doch ist die Wachstumslogik, in der wir gefangen sind, ungebrochen, sind ‚Wege aus der Wachstumsfalle' allenfalls in Umrissen erkennbar – begangen werden sie bisher nicht.

---

81 https://www.bodensee.eu/de/info-und-service/service/ueber-uns/leitbild (aufgerufen am 24.11.2024).
82 https://www.interreg.org/projekte-1/interreg-v/projekte/iv/foerderung-von-innovationen-und-wissenstransfer/70-schlussbericht.pdf (aufgerufen am 24.11.2024).
83 https://denkraumbodensee.org/papier-tourismus/html5.html#/1 (aufgerufen am 24.11.2024).
84 Roland SCHERER/Daniel ZWICKER-SCHWARM, Bodensee 2040. Ergebnisse einer aktuellen Foresight-Studie, hg. von DenkRaumBodensee und Think-Tank Thurgau, Kreuzlingen 2022, S. 23ff.; SCHERER, Bodensee 2030 (wie Anm. 78).

Der Primärsektor

Der Wandel der agrarischen Landnutzung in Oberschwaben von der Mitte des 19. Jahrhunderts bis in die Zeit nach dem 2. Weltkrieg

Werner Konold

Da das Thema sehr breit angelegt ist, sollen ein paar Schwerpunkte gesetzt werden. Zum einen wird das württembergische Allgäu genauer betrachtet werden, weil dort die landschaftlichen Veränderungen vor dem Hintergrund verschiedener Triebkräfte besonders stark ausgeprägt waren. Ein zweiter räumlicher Fokus liegt auf dem Donautal bzw. der Donauniederung zwischen Scheer und Ehingen, wo sich durch einen gravierenden Landnutzungswandel im 20. Jahrhundert große Bodenschutzprobleme ergeben hatten, was nach dem 2. Weltkrieg zu umfassenden landeskulturellen und landschaftsverändernden Aktivitäten führte. Dieser Teil ist auch ein Stück weit insofern paradigmatisch zu verstehen, als expressis verbis Fehler bei der bisher praktizierten Art der Landnutzung angesprochen und Kompensationen umgesetzt wurden, die Intensivierung jedoch weiter vorangetrieben wurde.

Mit dem räumlichen Schwerpunkt des württembergischen Allgäus ergibt sich für den Betrachtungszeitraum fast automatisch eine intensivere Beschäftigung mit dem Grasland, also Wiesen und Weiden, ab 1919 auch Grünland genannt.

Der Rahmen gegen die Mitte des 19. Jahrhunderts

Zunächst zur Landnutzung gegen die Mitte des 19. Jahrhunderts. Der Prozess der Vereinödung war abgeschlossen (dazu Abb. 1).[1] Sie hatte bereits zu großen Veränderungen in der Landschaft beigetragen durch die Arrondierung der Wirtschaftsflächen und den Hinausbau von Bauernhöfen, verbunden mit einer Art ‚Entkernung' der Dörfer. Es waren neue Wegeverbindungen geschaffen worden, alte waren hinfällig geworden. Die Verein-

---

[1] Im heutigen Baden-Württemberg wurden in 550 Orten und etwa 2000 Quadratkilometern Fläche Verfahren durchgeführt; Wolf-Dieter Sick, Wandel des Grundbesitzes durch Vereinödung in Diepoldshofen. Historischer Atlas von Baden-Württemberg, Beiwort zur Karte IV,15, Stuttgart 1981, S. 1.

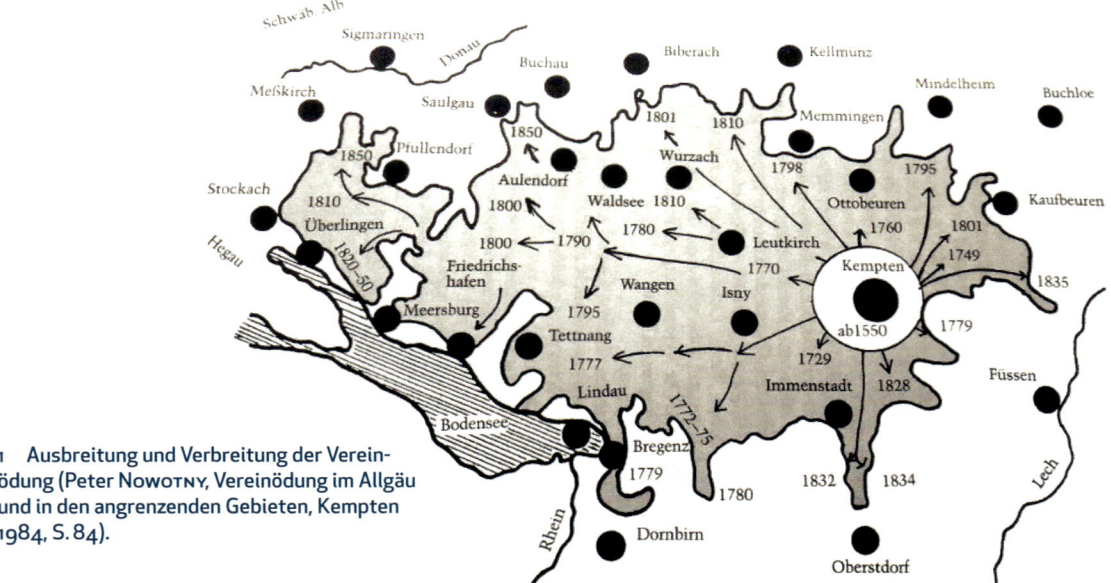

1 Ausbreitung und Verbreitung der Vereinödung (Peter Nowotny, Vereinödung im Allgäu und in den angrenzenden Gebieten, Kempten 1984, S. 84).

ödung schuf gute Voraussetzungen, an den Höfen bauliche Veränderungen vorzunehmen, wenn dies die betriebliche Neuorientierung erforderlich machte.[2] Weitere Vorteile nennt Hanns Dorn:[3] Man habe vermehrt Weiden zu Wiesen gemacht; „sumpfige Striche und Möser" seien kultiviert worden, das „Zweimähdigmachen einmähdiger Wiesen" nehme „einen flotten Aufschwung". Der Düngerverlust sei geringer, weil die vormals weiten Weidgänge weggefallen seien. Das Vieh weide näher bei den Höfen, teils sei man zur Stallhaltung übergegangen. Die Vereinödung verminderte die Zahl der Eigentumsparzellen, damit auch die Zahl der Grenzraine. Dadurch sei eine nicht unbeträchtliche Vermehrung des Landes zustande gekommen.[4]

Julius Kümmerlen bringt am Beispiel dreier Gemeinden auf der Leutkircher Heide weitere wichtige Aspekte ein, die verdeutlichen, in welch großem Umfang die Vereinödung die Wandlungsprozesse der kommenden Jahrzehnte beeinflusste:[5] Die Aufhebung des Flurzwangs habe es dem Bauern ermöglicht, „sein Gut ganz nach seiner Fasson zu bewirtschaften, Wiesen in Äcker und Äcker in Wiesen zu verwandeln, alle seine Grundstücke nach beliebigem Wirtschaftssystem zu bebauen, zu meliorisieren und zu kultivieren".[6] Als direkte Folge der Vereinödung sieht Kümmerlen auch den „Übergang

---

2 Max Flad, Die agrarwirtschaftliche Entwicklung des württembergischen Allgäus seit 1840, Dissertation Landwirtschaftliche Hochschule Hohenheim 1953, S. 60.
3 Hanns Dorn, Die Vereinödung in Oberschwaben, Kempten und München 1904, S. 126.
4 Ebd.; im Übrigen wurden beispielsweise Wangen, Isny und Kisslegg nicht vereinödet.
5 Julius Kümmerlen, Zur Geschichte der Landwirtschaft auf der Leutkircher Heide, in: Württ. Jahrbücher für Statistik und Landeskunde 1905, Heft 1, S. 124–192.
6 Ebd., S. 177.

von der alten Dreifelderwirtschaft zur geregelten Feldgraswirtschaft", also zur Egartwirtschaft.[7] Durch die alte Dreifelderwirtschaft seien die Äcker „ganz ausgesogen worden. Für diese mageren Äcker muß bei dem rauhen Klima des Algäus der Übergang zur Weidewirtschaft als Fortschritt bezeichnet werden, das neue Betriebssystem war verhältnismäßig rentabler als die alte Dreifelderwirtschaft."[8]

Ein weiterer wichtiger Faktor für die agrarwirtschaftliche Entwicklung war die sogenannte Bauernbefreiung. Edikte von 1817 hatten die ‚persönliche' Leibeigenschaft aufgehoben, was jedoch – so Steffen Kaiser[9] – „weniger zur Emanzipierung der Bauern als viel mehr zur Egalisierung des Adels" gedacht war. Auf den königlichen Domänen wurde die Grundherrschaft 1820 aufgehoben. Andernorts gab es bei den Standesherren massive Widerstände, was zur starken Verzögerung der Umsetzung führte. 1836 kam es schließlich zu drei Ablösungsgesetzen, die die Leibeigenschaft aufhoben.[10] Endgültig geklärt war das Problem damit noch nicht. Es standen noch rechtliche Entscheidungen der Bundesversammlung aus Frankfurt zu einer Klage an, die 1819 von den Standesherren eingereicht worden war. Die Regierung wollte vor allem Konflikte mit den Standesherrschaften in Hohenlohe und Oberschwaben vermeiden. Dort übte der stärker werdende landwirtschaftliche Verein immer größeren Druck aus. Erst 1846 wurde vom Deutschen Bund die Klage von 1819 behandelt, die der Stuttgarter Regierung Recht gab. Die Standesherren lenkten ein.[11] Die unruhigen Zeiten von 1848/49 förderten den Prozess der Grundlastenablösung, weil die Standesherren Aufstände fürchteten.[12] „Für die württembergische Landwirtschaft war die ‚Bauernbefreiung' von 1848 ein großer Erfolg, vor allem in Bezug auf die billige Ablösung der auf Grund und Boden ruhenden Lasten."[13]

Auch Max Flad spricht von vergleichsweise milden Ablösebedingungen, speziell auch für das Allgäu. Individuelle Entscheidungen waren nun angesagt. Die Lehensträger resp. die Grundherren hatten sich noch gegen die Umwandlung von Äckern in Wiesen gewehrt.[14] Das Anerbenrecht blieb bestehen. Die Umstellung von der Naturalwirtschaft der Lehensverhältnisse zur Geldwirtschaft in Form von Steuern stärkte den „spekulativen Sinn der Bauern", so Max Flad.[15]

---

7 „Unter ‚Egarten' versteht man im Allgäu ein Grundstück, das eine Reihe von Jahren – 6, 8 oder 10 Jahre – als Wiese benützt wird, dann wieder auf ein oder zwei Jahre als Acker angebaut wird, um nach dieser kurzen Frist aufs neue 6, 8 oder 10 Jahre als Wiese bewirtschaftet zu werden. Nasse Wiesengründe pflegen mit Vorliebe als Egarten benützt zu werden. Die immer wiederkehrende Umackerung wird hier wegen der Gefahr der Verfilzung als nötig erachtet." DORN, Vereinödung (wie Anm. 3), S. 80 (Zitat).
8 KÜMMERLEN, Leutkircher Heide (wie Anm. 5). S. 178.
9 Steffen KAISER, Vom regionalen zum globalen Markt. Politische, gesellschaftliche und marktwirtschaftliche Wandlungen im württembergischen Agrarsektor 1848–1914 (Veröffentlichungen der Kommission für geschichtliche Landeskunde in Baden-Württemberg, Reihe B, Forschungen, Bd. 230), Ostfildern 2022.
10 EBD., S. 154.
11 EBD., S. 155.
12 EBD., S. 156.
13 EBD., S. 157.
14 FLAD, Agrarwirtschaft Allgäu (wie Anm. 2), S. 44.
15 EBD., S. 44.

Ein weiterer, den agrarwirtschaftlichen Rahmen nachhaltig bestimmender Faktor war die landwirtschaftliche Ausbildung und Beratung. Dazu nur ein paar Stichworte:[16] 1817 wurde die Lehranstalt in Hohenheim gegründet, Kurse gab es ab 1818, bald wurde die Lehranstalt in Landwirtschaftliche Akademie umbenannt, ab 1865 war sie nicht mehr der Zentralstelle für die Landwirtschaft unterstellt, sondern dem Ministerium für Kirchen- und Schulwesen, war also eine Einrichtung auf Augenhöhe mit der Universität Tübingen.

1842 wurde die Ackerbauschule in Ochsenhausen eröffnet. Jährlich nahm man zwölf Schüler auf.[17] In Winterschulen wurde ebenfalls unterrichtet. Der Leiter der ersten Winterschule Württembergs in Ravensburg, gegründet 1869, Albert Stirm, war in den anderen Jahreszeiten auch als Wanderlehrer unterwegs. Er hielt in Altshausen, Königseggwald, Saulgau, Herbertingen, Mengen und Hohentengen Vorträge über Bewässerung, Wiesenverbesserung, rationellen Futterbau, Pflanzenernährung und Fruchtfolgen.[18]

Über die Jahrzehnte hinweg entfaltete das Landwirtschaftliche Wochenblatt eine große Wirkung als Medium der Vermittlung von neuen Erkenntnissen und Praxiserfahrungen. Ab 1822 war von der Centralstelle des landwirtschaftlichen Vereins das „stark akademisch geprägte" Correspondenzblatt herausgegeben worden (Auflage 1832: 300). Es fand daher in der Praxis kaum eine Resonanz.[19] Diesem zur Seite gestellt wurde 1833 das Wochenblatt für Land- und Hauswirthschaft, Gewerbe und Handel, dessen Auflage 1834 bei etwa 2000 lag. Auch dieses erreichte kaum die bäuerliche Bevölkerung. 1848 stellte man das Correspondenzblatt ein und es erschien nur noch das Wochenblatt für die Land- und Hauswirthschaft. Auch dieses erreichte nicht die gewünschte Breitenwirkung. 1855 lag die Auflage bei 1234 Stück.[20] Ab 1877 erhielt dann jedes Mitglied des Landwirtschaftlichen Vereins ein Exemplar kostenlos, wodurch die Auflage auf etwa 25 000 stieg. Weitere Veränderungen im Geschäftsmodell führten dazu, dass ab 1884 das Wochenblatt „auf Erfolgskurs" war. 1907 hatte man fast 73 000 Abonnenten.[21]

Die Landnutzung um die Mitte des 19. Jahrhunderts

Kehren wir zurück in die Mitte des 19. Jahrhunderts. Wie stellte sich die damalige Landnutzung dar, hier beispielhaft dargestellt am Oberamt Wangen (Tabelle 1)?[22]

Bei den landwirtschaftlichen Nutzflächen dominierte also sogar im feuchten Allgäu der Ackerbau. Zweimähdige Wiesen waren die absolute Ausnahme, wobei zu berücksichtigen ist, dass nahezu alle Wiesen zeitweise auch beweidet wurden, was dann nur noch einen Schnitt ermöglichte.

16 KAISER, Wandlungen Agrarsektor (wie Anm. 9), S. 56 ff.
17 EBD., S. 89.
18 EBD., S. 111.
19 EBD., S. 48.
20 EBD., S. 49 f.
21 EBD., S. 53 ff.
22 Nach Werner KONOLD/Karl Friedrich EISELE, Dr. Johann Nepomuk Zengerles „Verzeichniß aller bisher im Oberamtsbezirk Wangen aufgefundenen Pflanzen" aus dem Jahr 1838, in: Jahreshefte der Gesellschaft für Naturkunde in Württemberg 145 (1990), S. 110–148, hier S. 136 f.

Tabelle 1: Landwirtschaftliche Nutzung im Oberamt Wangen gegen Ende der 1840er Jahre.

Obstbaumwiesen	0,1 %
Zweimähdige Wiesen	2,7 %
Einmähdige Wiesen	17,0 %
Holzwiesen	1,0 %
Wiesen zusammen	**20,8 %**
Weiden mit Obstbäumen	0,01 %
Weiden mit Holz	5,5 %
Weiden mit Gras	4,8 %
Beweidete Öden	0,5 %
Weiden zusammen	**10,8 %**
Äcker	**39,3 %***

*(37,2 % willkürlich gebaute Wechselfelder)
Rest: Waldungen, Hofstätten, Moore Gruben, Gewässer, Straßen und Wege

Auch die Ackerflächen dienten insbesondere in der Phase, in der sie als Egart dalagen, als Weide. Die Egartflächen wurden, bevor sie wieder eingesät wurden, gemottet, das heißt, es wurde die Grasnarbe abgebrannt. Dies war für den Humushaushalt sehr von Nachteil.[23] Das Brennen oder Motten sei *sehr allgemein, besonders in den Allgäuischen Gemeinden*.[24]

Die Fruchtfolge stellte sich im Oberamt Leutkirch, wo der Ackerbau eine noch größere Rolle spielte, gegen die Mitte des 19. Jahrhunderts wie folgt dar [25]

Tabelle 2: Fruchtfolge um Leutkirch Anfang der 1840er Jahre.

	1. Jahr			2. Jahr		
	Jeweils 1/3 der Fläche			Jeweils 1/3 der Fläche		
Brachösch	Flachs oder Kartoffel	Klee	Brache	Hafer	Hafer	Gerste
Winterösch	Dinkel	Dinkel	Roggen	Flachs oder Kartoffel	Klee	Brache
Sommerösch	Hafer	Hafer	Gerste	Dinkel	Dinkel	Roggen
Egartösch	Egart	Egart	Egart	Egart	Egart	Egart

Der Egartösch blieb als „Außenschlag" drei, sechs oder neun Jahre Egart, also sich selbst begrünendes Grasland, und wurde dann wieder gepflügt und in die Rotation der

---

23 FLAD, Agrarwirtschaft Allgäu (wie Anm. 2), S. 37.
24 August Friedrich VON PAULY, Beschreibung des Oberamts Leutkirch, hg. von dem Königlichen statistisch-topographischen Bureau, Stuttgart u. a. 1843, Neuausgabe Magstadt 1976, S. 53.
25 EBD., aus FLAD, Agrarwirtschaft Allgäu (wie Anm. 2), S. 35.

2   Dinkelfeld – Dinkel ist im 19. Jahrhundert in Oberschwaben über lange Zeit die am weitesten verbreitete Getreideart (Foto: Werner Konold).

Dreifelderwirtschaft einbezogen. Das Brachfeld wurde überwiegend mit Handelspflanzen, Hackfrucht und Futterpflanzen bebaut, im Winterfeld dominierte der Dinkel (Abb. 2), im Sommerfeld der Hafer. Die Fruchtfolgen wurden um diese Zeit generell etwas vielfältiger. Man baute Erbsen, Rüben, Kleegras sowie Klee auch als Untersaat im Hafer an. Die Stallfütterung war noch nicht allgemein üblich: *Vollkommene Stallfütterung findet nicht statt. In den vereinödeten Orten besteht halbe Stallfütterung mit Weidgang auf den Egarten.*[26]

Die Vierteilung der Feldflur bestätigt Kümmerlen für die Leutkircher Heide.[27] Dort zog sich die Egartwirtschaft bis 1880 hin. Deren Einführung habe gleichermaßen den Getreidebau und die Viehhaltung vorangebracht. Das Getreide wurde zu einem großen Teil in die Schweiz exportiert.

Der Flachsanbau spielte noch eine gewisse Rolle. Die Leinenweberei hatte im Spätmittelalter ihre Hochzeit gehabt. In der Frühen Neuzeit vor dem Dreißigjährigen Krieg hatte es immer noch viele Leinenweber gegeben. Trotz eines starken Niedergangs waren noch um 1840 in den Allgäuer Städten die Weberzünfte die größten Zünfte.[28] Es wurde jedoch überwiegend eher minderwertige Sack- und Packleinwand hergestellt. Die Leinenweberei und der Verkauf von Werg waren neben dem Verkauf von Getreide und Vieh die Haupteinnahmequelle für die Bauern.[29] Dies sei eine den wirtschaftlichen Zustand zementierende Struktur gewesen, so Max Flad. „Solange dieses Handwerk florierte, war es mit ein Hemmschuh für den Strukturwandel der Landwirtschaft, der sich im südlichen Allgäu mit seinen extremeren klimatischen Verhältnissen schon abgespielt hatte."[30]

26   VON PAULY, OAB Leutkirch (wie Anm. 24), S. 53.
27   KÜMMERLEN, Leutkircher Heide (wie Anm. 5), S. 190.
28   FLAD, Agrarwirtschaft Allgäu (wie Anm. 2), S. 38.
29   EBD., S. 39.
30   EBD., S. 40.

Mit dem „südlichen Allgäu" ist das Oberallgäu gemeint. Was war das dort für ein Strukturwandel? Dazu Max Förderreuther:[31] Im 19. Jahrhundert habe sich neben die Hebung der Viehzucht eine Neuerung gesellt, „die das Erwerbsleben im Allgäu nach und nach völlig umgestaltete: die Bereitung von Fettkäse". Bis dahin habe man magere und halbfette Rundkäse hergestellt, die man überwiegend im eigenen Haushalt konsumierte. In den 1820er Jahren kamen Schweizer Sennen ins Allgäu, um Fettkäse nach ihrer Art herzustellen. Johann Althaus aus dem Emmental soll 1827 der Erste gewesen sein. Er arbeitete zunächst in Lindenberg, dann in Sonthofen. Althaus ist der „eigentliche Begründer der Emmentaler Käserei im Allgäu [...]".[32] Ein weiterer wichtiger Akteur war Karl Hirnbein in Wilhams,[33] der nach Limburg in Belgien reiste, um von dort die Fabrikationsweise vom Limburger Käse mitzubringen. Er schickte junge Allgäuer nach Belgien, die dort die Käserei erlernen sollten. Käsereien mit heizbaren Kellern garantierten einen besseren und sicheren Produktionsprozess.[34] Mit der Eröffnung des letzten Abschnitts der bayerischen Nord-Süd-Bahn von Kempten nach Lindau im Jahr 1853 erschlossen sich schlagartig neue Märkte. „Das Hauskäsen nahm ein Ende; dafür entstanden Dorfsennereien, in denen die großen Schweizerkäse oder die Limburger Weichkäse hergestellt wurden. Der Ackerbau [...] hörte an manchen Orten ganz auf, ebenso der Flachsbau [...] Die freigewordenen Gründe wurden in Grasland umgewandelt, auch unergiebige, mit Strauchwerk und Unkraut bewachsene Gelände begann man zu schwenden und nutzbar zu machen." Johann Althaus war es offensichtlich auch, der den Wiesenbau („nach Schweizer Art") voranbrachte, indem er beispielsweise die Güllewirtschaft bekannt machte. „Da die Käseproduktion ständig zunahm und die Ware, selbst wenn sie nicht fehlerfrei war, mühelos und mit ansehnlichem Gewinn abgesetzt werden konnte, stiegen auch die Milchpreise fortwährend. Die Bauern, die Fabrikanten, die Händler hatten gute Zeiten; im ganzen Lande hob sich der Wohlstand."[35] – Man hatte im württembergischen Allgäu also ein fortschrittliches Beispiel vor Augen. Doch war die Zeit noch nicht ganz gekommen.

Zur Mitte des 19. Jahrhunderts war die Futterqualität der Wiesen und Weiden nicht gut. Die Wiesen waren überwiegend nass, einmähdig, die Weiden bestanden zu einem nicht geringen Anteil aus sich selbst begrünenden Brach- und Egartäckern mit einem hohen Anteil von Unkraut und Störungszeigern (dazu Tabelle 1 und 2).[36] Deshalb war auch die Milchqualität eher schlecht, was sich wiederum auf den Käse auswirkte, der in einem gewissen Umfang produziert wurde. Auf den langen Transportwegen mit Karren verdarb der Weichkäse auch schnell.[37] Hartkäse spielte noch keine Rolle. Die Anzahl der Käsereien war überschaubar. Zwischen 1840 und 1850 wurden im württembergischen Allgäu gerade mal drei neue eröffnet. 1850 nahm in Christazhofen eine größere Ortssennerei ihre Arbeit auf.[38]

---

31 Max FÖRDERREUTHER, Die Allgäuer Alpen. Land und Leute, München 1929.
32 EBD., S. 482.
33 Dazu auch Leo HIEMER, Carl Hirnbein (1807–1871). Der Allgäu-Pionier, Immenstadt 2012.
34 FÖRDERREUTHER, Allgäuer Alpen (wie Anm. 31), S. 483.
35 EBD., S. 484.
36 KONOLD/EISELE, Dr. Johann Nepomuk Zengerle (wie Anm. 22), S. 142 ff.
37 FLAD, Agrarwirtschaft Allgäu (wie Anm. 2), S. 37.
38 EBD., S. 41.

Werner Konold

Die Neuorientierung

In den 1850er Jahren begann dann der bis heute wirksame Umgestaltungsprozess der Allgäuer Landschaft. 1853 wurde die Eisenbahn Augsburg-Lindau fertiggestellt, wodurch sich die Märkte völlig neu orientieren konnten – zum Beispiel in die großen Städte im Rheingebiet. Die Jahre davor waren in ganz Europa krisenhaft gewesen, weshalb die meisten Staaten die Getreideeinfuhrzölle aufgehoben hatten. Der Zollverein folgte dem.[39] Und die Zentralstelle für die Landwirtschaft unterstützte mit der württembergischen Regierung diese Politik. Ab 1855 wirkten diese neuen Rahmenbedingungen, bis in die 1860er Jahre war der Getreidehandel in Europa von Zöllen befreit. Es gab gute Getreideernten und gute Preise. „Die hohen Preise für Getreideprodukte brachten eine wirtschaftliche Prosperität der Landwirtschaft in weiten Teilen Europas."[40]

Zurück ins Allgäu: „Die Zeit zwischen 1850 und 1865 war" – so Max Flad[41] – „eine Epoche eines ununterbrochenen Aufstiegs, verbunden mit einer ganz unglaublichen Aufwärtsentwicklung der Milchwirtschaft." Allein zwischen 1850 und 1855 wurden im württembergischen Allgäu 19 Sennereien gegründet. „Bis um 1860 war die Käsereiwirtschaft im ganzen Oberamt Wangen eingeführt und bis 1870 auch im Leutkircher Bezirk." Der Umsatz der Handelsfirma Specht und Wachter in Ellhofen bei Lindenberg, die ihre Milch zum großen Teil im Württembergischen kaufte, versiebenfachte sich binnen 15 Jahren.[42]

Dieser Aufschwung ist nicht denkbar ohne eine deutliche Verbesserung der Futtermenge und -qualität (dies jedoch sehr relativ zu sehen) sowie einen Anstieg des Rindviehbestandes. Wiesen wurden zunehmend melioriert, also mit Tonröhren dräniert;[43] die Wiesen wurden zweischürig, die Heu- und Öhmderträge stiegen stark an. Wegen der zunehmenden Aufstallung des Viehs konnte man hier und dort auf den ersten Weidegang verzichten, was der Wiesenkultur zugutekam. Auch die optimierte Kulturtechnik der Wiesenbewässerung – immer kombiniert mit Entwässerung – steigerte Ertrag und Qualität.

39 Kaiser, Wandlungen Agrarsektor (wie Anm. 9), S. 229.
40 Ebd., S. 233.
41 Flad, Agrarwirtschaft Allgäu (wie Anm. 2), S. 46.
42 Ebd., S. 46.
43 Sehr gut wird das „Meliorationswesen" generell in einer Denkschrift von 1902 beschrieben: „Begriff und Arten der Meliorationen. Das Meliorationswesen begreift in sich die Regelung der Wasserverhältnisse von Flüssen und Bächen behufs Verhütung von Verwilderungen, Überschwemmungen und Uferabbrüchen und Beseitigung von Versumpfungen, die Herstellung von Anlagen zur Zurückhaltung des Wassers, die Ausführung von Ent- und Bewässerungen und Drainierungen für landwirtschaftlich benützte Grundstücke, Anlage von Zufahrtssteigen und Feldwegen behufs besserer Zugänglichkeit der Grundstücke. Namhafte Vorteile können erzielt werden in vielen Fluß- und Bachtälern durch Vergrößerung des Durchflußprofils des Wasserlaufs, Beseitigung schädlicher Krümmungen, Ausräumen des Betts, Umbau zu enger Brücken, Durchlässe und Wehre, Senkung des Wasserspiegels, Abflachen zu steiler Böschungen u. s. f." (K. Zentralstelle für die Landwirtschaft (Hg.), Die Landwirtschaft in Württemberg. Denkschrift. Stuttgart 1902, S. 96 f.). Dazu auch Werner Konold, Wasserbewirtschaftung und Wasserbau in Oberschwaben bis ins 19. Jahrhundert, in: Sigrid Hirbodian/Edwin Ernst Weber (Hg.), Von der Krise des 17. Jahrhunderts bis zur frühen Industrialisierung. Wirtschaft in Oberschwaben 1600–1850, Stuttgart 2022, S. 113–169.

Max Flad vermutet,[44] dass die allenthalben ausgeführten Meliorationen zunächst dafür verantwortlich waren, dass trotz des Aufschwungs der Milchwirtschaft bis um 1880 das Acker-Grünlandverhältnis sich kaum änderte. Der Anteil der Brache und der Egarten nahm ab, der der bebauten Äcker zu. Für die Orte im Raum Leutkirch wird der Rückgang der Egarten, die etwa 25 Prozent der beackerten Fläche ausmachten, auch begründet mit den höheren Güter- und Getreidepreisen. Auch seien sie „Quecken und Unkräutern aller Art überlassen [...]".[45] Insbesondere der Dinkel profitierte von der Zunahme der Ackerflächen (in manchen Gemeinden bis zu 100 Prozent Zunahme), in den höheren Lagen der Roggen, generell ab 1853 auch die Kartoffel, nachdem die schwierigen Jahre 1845 und 1846 mit der grassierenden Kraut- und Knollenfäule überwunden waren.[46]

Zum Getreideexport in die Ostschweiz, der die Anbauverhältnisse lange bestimmt hatte: Über die Schranne in Rorschach wurden 1840 in die Schweiz noch 1 665 440 Viertel, 1853 2 ½ Millionen Viertel eingeführt. Davon kamen aus Württemberg 1 371 230 Viertel.[47] 1862 gelangte via Eisenbahn der erste ungarische Weizen (danach auch aus Rumänien, Kroatien und Russland)[48] in die Schweiz, die Getreidepreise verfielen – in Rorschach und noch viel stärker in den württembergischen Schrannen. 1879 lag der Getreideexport über den Bodensee in die Schweiz noch bei knapp über 10 000 t, 1890 bei 228 t. „1889 betrug die Getreideeinfuhr aus Deutschland nur noch 0,7% des Rorschacher Umschlags. Der schwäbische Dinkel war nun durch den Weizen aus dem Osten endgültig verdrängt."[49] Der Druck zur Umstellung und Spezialisierung der landwirtschaftlichen Produktion war immer stärker geworden.

Für die Leutkircher Heide beschreibt Julius Kümmerlen diesen Anpassungsprozess so:[50] „1865 beschloß der landwirtschaftliche Bezirksverein, bei den gesunkenen Getreidepreisen müsse mehr als je auf einen rationellen Betrieb der Viehzucht gesehen werden. Zur selben Zeit wandten sich auch schon intelligentere Landwirte der Milchwirtschaft zu und begannen mit der Fabrikation von Backsteinkäse. Von jetzt ab mehrte sich das Streben nach Vergrößerung der Milchwirtschaft stetig, doch wurde daneben noch der Getreidebau in gleichem Umfang fortbetrieben, bis in den 80er und 90er Jahren der

---

44 FLAD, Agrarwirtschaft Allgäu (wie Anm. 2), S. 49.
45 EBD., S. 43.
46 EBD., S. 54.
47 EBD.
48 Zunehmend spielten die USA eine Rolle auf dem Getreidemarkt in Europa. „Die USA waren noch um die Jahrhundertmitte an der Versorgung Europas mit Brotgetreide nur mit kleinen Mengen beteiligt. 5 Millionen bushels betrug die Gesamtausfuhr von Weizen aus den USA im Durchschnitt der Jahre 1851/60 gegenüber 41 Millionen bushels zur gleichen Zeit aus Rußland (und 107 Millionen bushels aus den USA im Durchschnitt der Jahre 1875/79)' (Wilhelm ABEL, Agrarkrisen und Agrarkonjunktur, Hamburg u. a. 1966, S. 258). Nach dem Ende des Bürgerkriegs 1865 verdoppelte sich in den USA bis 1880 die Weizenanbaufläche. Die Weizenfrachtkosten, verbunden mit dem Ausbau des Eisenbahnnetzes und der Schifffahrt, verringerten sich sehr stark, was einen enormen Druck auf die Preise in Europa auslöste. Nach dem Deutsch-Französischen Krieg 1870/71 begann der Preisverfall, zwischenzeitlich etwas abgemildert durch schlechte Ernten, und verschärfte sich in den 1880er und 1890er Jahren. Einfuhrzölle dämpften den Preisverfall etwas (EBD., S. 258 f.).
49 FLAD, Agrarwirtschaft Allgäu (wie Anm. 2), S. 55 f.
50 KÜMMERLEN, Leutkircher Heide (wie Anm. 5), S. 190.

Rückschlag in den Getreidepreisen eine Beschränkung des Getreidebaus und den Übergang zur Milchwirtschaft zur Folge hatte. Mit diesem Sinken der Getreidepreise fiel auch der Wert der Äcker."

Für das Einzugsgebiet des landwirtschaftlichen Bezirksverein Wangen konnte dessen Vorsitzender Dr. Braun 1864 im *Argenboten* stolz vermelden: *Der landwirtschaftliche Zustand des Bezirks hat sich glänzend gehoben, namentlich durch die Einführung der Milch- und Käsereiwirtschaft, und es ist nicht nur Wohlhabenheit, sondern Reichtum vorhanden, der sich durch schöne Einrichtungen der Häuser, der landwirtschaftlichen Gerätschaften sowohl als auch durch den Luxus in Pferden, Wagen und Kleidern hervortut.*[51]

Max Flad sieht die Veränderung im ökonomischen, nun zunehmend marktwirtschaftlich ausgerichteten Denken der Bauen gut wiedergegeben in der Äußerung eines Herrn Schelbert über das *Landvolk im Allgäu* in den *Thurgauer Blättern für die Landwirtschaft* von 1869:[52] *Bei der Entwerfung unseres Wirtschaftsplans müssen wir uns nicht zuerst fragen, was wir in unserer eigenen Wirtschaft brauchen. Wir pflanzen das, wozu sich unser Boden am besten eignet, was wir am besten zu pflanzen verstehen, was den größten Reinertrag abwirft, unbekümmert darum, ob wir das Gepflanzte selber verwenden können oder verkaufen müssen, und wenn auf unseren Feldern kein Halm Getreide mehr zu stehen kommen sollte.* Der Bauer entwickelte sich nun zum marktorientierten Milchproduzenten. Die Milchpreise stiegen von 1864 bis 1874 kontinuierlich an. Die Höfe wurden vielfach wegen des größeren Heubedarfs aufgestockt.[53]

Von 1873 bis in die Mitte der 1890er Jahre gab es eine weltweite Agrarkrise. Deutschland – auch Württemberg – importierte nun Getreide, insbesondere Futtergetreide. Die klassischen Absatzmärkte, darunter auch die Schweiz, gingen endgültig verloren. Ein ganz wesentlicher Punkt waren die immer günstiger werdenden Transportkosten. „Der Preis für eine Tonne Getreide aus Nordamerika betrug 1870 in Mannheim 80 M, 1905 nur noch 25 bis 30 M. die Beförderung derselben Menge Getreides von Berlin nach Kassel kostete ähnlich. Und von Königsberg nach Mannheim war der Transport von Getreide sogar teurer als von New York nach Rotterdam."[54] Die Konsequenz war, dass der Freihandel dem Protektionismus Platz machte. Schutzzölle wurden auf Reichsebene ab den 1880er Jahren eingeführt. Württemberg folgte diesem Trend. Der erwartete Erfolg blieb aus. „Die Getreidepreise sanken bis zum 1. Weltkrieg weiter."[55] Die Schutzzollpolitik begünstigte die Familien- und Veredlungsbetriebe. Viehzucht und Milch- resp. Käsereiwirtschaft profitierten vom verbesserten Transportwesen.[56]

1872 war die Bahnstrecke Aulendorf-Waldsee-Leutkirch eröffnet worden, was sich im Getreideanbau deutlich niederschlug. Bereits 1880 sei im Oberamt Wangen nur noch so viel Getreide angebaut worden, wie es für den eigenen Bedarf erforderlich gewesen sei. Entsprechend äußerte sich der Vorsitzende des landwirtschaftlichen Bezirksvereins Wangen 1882: *Im hiesigen Bezirk spielt der Fruchthandel überhaupt keine Rolle, da von*

---

51 Zitiert nach FLAD, Agrarwirtschaft Allgäu (wie Anm. 2), S. 59.
52 Zitiert nach EBD., S. 57f.
53 EBD., S. 60.
54 KAISER, Wandlungen Agrarsektor (wie Anm. 9), S. 239.
55 EBD., S. 240.
56 EBD., S. 241f.

Jahr zu Jahr weniger Getreide gebaut wird und [es] kann mit Sicherheit gesagt werden, der Bezirk deckt seinen eigenen Bedarf nicht. Der Ausfall wird gedeckt durch Zufuhr aus den Nachbaroberämtern und auch aus dem Ausland (Gerste für Brauer).[57]

Nach 1874 gab es wegen der sinkenden Milchpreise eine krisenhafte Situation, speziell beim Weichkäse. 1878 war ein besonders hartes Krisenjahr. Einen neuen Tiefpunkt stellten die Jahre 1885/86 dar. Der sich dann stabilisierende Milchpreis blieb danach über zehn Jahre bis 1900 konstant. Im Württembergischen Jahrbuch für Statistik und Landeskunde hieß es 1868: *Die Käsereien ziehen sich in Oberschwaben mehr und mehr von den Bergen und aus dem Allgäu in das Flachland hinein, da die mühelose Graswirtschaft bei hohen Viehpreisen manchem Landwirt besser als der Getreidebau rentiert und die Molkereiprodukte leichten und guten Absatz finden.*[58]

Vor diesem Hintergrund änderte sich die Landnutzung gravierend. Die Egarten spielen schon 1878 fast keine Rolle mehr, sind also eingesät, der Futterbau, nunmehr auch auf *Kunstwiesen*, die angesät wurden, nimmt dramatisch zu, die Weideflächen gehen stark zurück (Tabelle 3 für das Oberamt Wangen).

Tabelle 3: Veränderung der Bodennutzung im Oberamt Wangen von 1878 bis 1900.[59]

	In Hektar	in Prozent
Ackerland	-1025	-7,5
Brache	-410	-61,6
Dinkel	-689	-23,2
Roggen	-55	-6,7
Gerste	-90	-1,2
Hafer	-133	-5,3
Kartoffel	+254	+21,1
Flachs	-83	-72,8
Wicken	-141	-50
Klee	+279	+14,9
Egarten	-11	-1,2
Wiesen, einmähdig	+1854	+21,8
Wiesen, zweimähdig (1878 bis 1890)	+1336	+27,8
Grassaaten	+378	+2360
Weiden, reiche	-598	-43,3
Weiden, geringe	-726	-48,9

---

57 Zitiert nach FLAD, Agrarwirtschaft Allgäu (wie Anm. 2), S. 71.
58 Zitiert nach EBD., S. 62.
59 EBD., S. 70.

Das Verhältnis Acker zu Grasland kippte im Oberamt Wangen zugunsten des Graslandes um 1900 (Tabelle 4). Großholzleute hatte den Anfang gemacht. Dort waren schon 1882 nur noch 22 Prozent der Landwirtschaftlichen Nutzfläche unter dem Pflug, 1908 noch 13 Prozent.[60]

Tabelle 4: Acker-Grasland-Verhältnis im Oberamt Wangen.[61]

Jahr	Ackerland in ha	Wiesen und Weiden in ha
1898	13029	11938
1903	12285	12714
1908	9988	14981

Entsprechend gingen die Umsätze bei den Fruchtschrannen zurück. Anfang der 1870er Jahre lagen bei der Leutkircher Schranne, der wichtigsten im württembergischen Allgäu, die Werte bei 20000 bis 28000 dz pro Jahr, gingen dann mit der Eröffnung der Allgäubahn auf 15000 bis 17000 dz zurück, um 1898 bei knapp 5000 dz zu landen.[62] Das Kornhaus in Isny wurde 1895 geschlossen. Zugenommen hat in dieser Zeit der Anbau von Hackfrüchten und Futterpflanzen (siehe Tabelle 3). Die Kartoffel wurde bedeutsamer für die menschliche Ernährung (statt Hafermus Kartoffeln), aber auch für die stark wachsende Schweinehaltung, für die außerdem die Fütterung mit Molke (plus Getreide und Milch) wichtig war (Tabelle 5).[63]

Tabelle 5: Schweinebestand in den Oberämtern Leutkirch und Wangen.

Jahr	OA Leutkirch	OA Wangen
1830	810	570
1840	872	869
1853	763	661
1865	2027	1355
1873	2302	1828
1883	3073	2797
1892	4324	3713
1900	6625	6877

Die Stallhaltung wurde dominant, weshalb die Weiden zurückgingen. Stallhaltung verbessert die Verfügbarkeit, die Bewirtschaftung und die Dosierung des Düngers. Durch Güllewirtschaft stieg die Qualität der Wiesen. Flad geht davon aus, dass die Güllewirt-

60 EBD., S. 81.
61 EBD.
62 EBD., S. 72 ff.
63 EBD., S. 75.

3 „Der Güllewagen vor der Abfahrt"; Aufnahme von Landwirtschaftsrat Reiser/Kempten (aus Max FÖRDERREUTHER, Die Allgäuer Alpen. Land und Leute, München 1929, S. 527).

schaft im Allgäu im letzten Drittel des 19. Jahrhunderts eingeführt wurde, als sich Einstreumangel bemerkbar machte.

Im bayerischen Allgäu war die Gülle schon seit etwa 1830 von Bedeutung.[64] Die Gülle brachte große arbeitswirtschaftliche Erleichterungen, auch waren nun die Nährstoffverluste vergleichsweise gering. Und die Düngergabe wirkte schnell. „Bei der Düngung mit Gülle kann es vorkommen, dass das gleiche Nährstoffkapital in einem Jahr zwei- bis dreimal im Betrieb umläuft." Die Gülle wurde überwiegend hofnah ausgebracht. Bei einem suboptimalen Stickstoff-Phosphor-Kali-Verhältnis wurden dadurch unerwünschte Doldenblütler in den Wiesen gefördert.[65] Die Vereinödung hatte gute Voraussetzungen für eine effiziente Güllewirtschaft geschaffen, weil die Transportwege – nun für die schweren Güllefässer – kürzer geworden waren (Abb. 3).

Zunehmend wurden auch Handelsdünger eingesetzt, so etwa die Phosphordünger Thomasmehl und Superphosphat (dies gerade auch in Oberschwaben), die Kalidünger Kainit und Kalisalz und die Stickstoffdünger Chilisalpeter und (weniger) schwefelsaures Ammoniak.[66]

Im Norden unseres oberschwäbischen Betrachtungsraums hingegen, so zum Beispiel im Oberamtsbezirk Riedlingen hatte sich die Landnutzung auf den ersten Blick nur

64 EBD., S. 76 f.
65 EBD., S. 78.
66 K. Zentralstelle, Denkschrift (wie Anm. 43), S. 128 f.

marginal verändert, die landwirtschaftliche Produktion jedoch allemal. Zwischen 1827 und 1913 hatten das Acker- und Gartenland von 20 451 ha (46,3 % der landwirtschaftlich genutzten Fläche, LF) auf 21 193 ha (49,3 %) zugenommen, die Wiesen von 7931 ha (17,9 %) auf 7749 ha (18,1 %) und die Dauerweiden von 938 ha (2,1 %) auf 240 ha (0,6 %) abgenommen. Die Landwirtschaftliche Nutzfläche hatte insgesamt zugenommen.[67] Der Weizenanbau nahm von 1 ha im Jahr 1852 auf 1064 ha im Jahr 1920 zu, der Kartoffelanbau im gleichen Zeitraum von 500 ha auf 2024 ha; der Dinkelanteil (mit Emmer und Einkorn) ging dagegen von 5648 ha auf 3378 ha zurück. Flachs (von 472 ha auf 66 ha) und insbesondere Hanf (von 126 ha auf 3 ha) waren nahezu bedeutungslos geworden.[68] Einen immer größer werdenden Anteil nahm der Ackerfutterbau ein, also von Rotklee (ganz überwiegend), Esparsette (in den Alborten), Luzerne, Grünwicke, Futtererbse und Kleegras.[69] Dies schlug sich auch in einer annähernden Verdopplung des Rindviehbestandes innerhalb von 100 Jahren nieder[70] mit einem Schwerpunkt auf Milchproduktion und Aufzucht. *Die in der Hauptsache genossenschaftlich geregelte Milchwirtschaft spielt eine hervorragende Rolle und bildet eine Haupteinnahmequelle der Landwirte; fast in allen Gemeinden bestehen Molkereigenossenschaften.*[71]

Der Rindviehbestand stieg im ganzen Donaukreis von 330 180 (1892) auf 346 419 (1900), also um 16 239. Auch das Gewicht der Tiere hat in diesem Zeitraum erheblich zugenommen.[72] In den Oberämtern Wangen und Waldsee kamen im Jahr 1900 auf 100 Einwohner 100 bzw. 113 Stück Rindvieh, in ganz Württemberg gerade mal 47,7.[73] Die erste

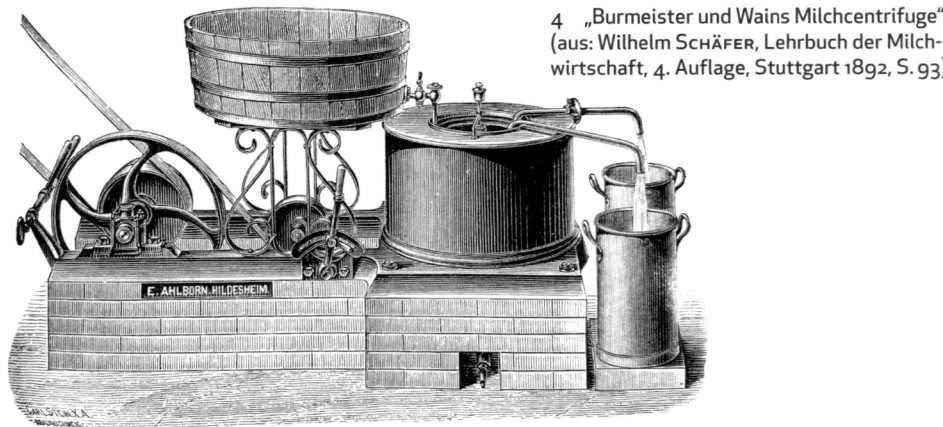

4 „Burmeister und Wains Milchcentrifuge" (aus: Wilhelm SCHÄFER, Lehrbuch der Milchwirtschaft, 4. Auflage, Stuttgart 1892, S. 93).

67 Württ. Statistisches Landesamt (Hg.), Beschreibung des Oberamts Riedlingen, zweite Bearbeitung, Stuttgart 1923, S. 519.
68 EBD., S. 527.
69 EBD., S. 529.
70 EBD., S. 538.
71 EBD., S. 540.
72 K. Zentralstelle, Denkschrift (wie Anm. 43), S. 235.
73 KAISER, Wandlungen Agrarsektor (wie Anm. 9), S. 244.

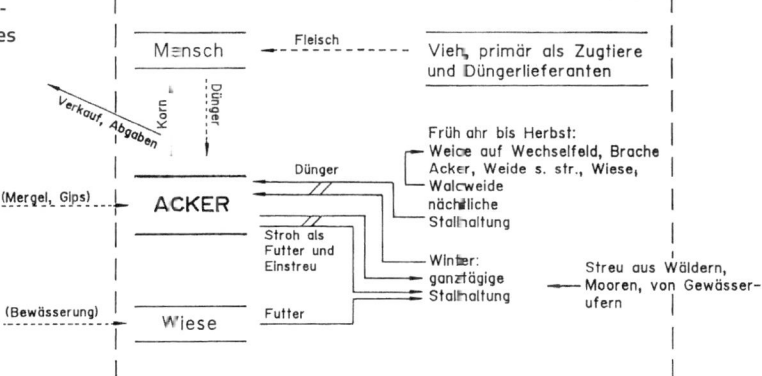

5 Stoffflüsse in einem ackerbaulich orientierten Betrieb des Alpenvorlandes Anfang des 19. Jahrhunderts.

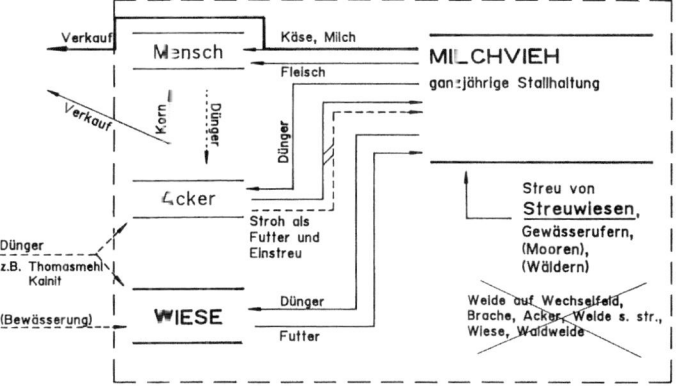

6 Stoffflüsse in einem milchorientierten Betrieb des Alpenvorlandes zu Beginn des 20. Jahrhunderts unter veränderten Rahmenbedingungen.

Molkereigenossenschaft entstand 1880 in Aichstetten.[74] Die Molkereivereine wurden von der Zentralstelle für die Landwirtschaft angehalten, sich in Genossenschaften umzuwandeln.[75] *Behufs Verbesserung der Absatzverhältnisse im württembergischen Allgäu, wo die Milchwirtschaft die wichtigste Einnahmequelle bildet*, wurden zur gemeinsamen Verwertung der Milcherzeugnisse im April 1901 die *Vereinigten Käsereien des württembergischen Allgäus* mit Sitz in Dürren gegründet, der zunächst sieben Genossenschaften angehörten.[76]

Technische Entwicklungen förderten die Milchwirtschaft, so etwa die Milchzentrifuge (Abb. 4) und Kühleinrichtungen. Die größeren abgelieferten Milchmengen ermöglichten es, den Anteil an Hartkäse, der deutlich besser zu lagern und zu transportieren war, zu erhöhen.[77] Das württembergische Allgäu hatte endgültig einen neuen Weg eingeschlagen! Und die Stoffflüsse stellten sich nunmehr komplett anders dar (Abb. 5 und 6).

74 K. Zentralstelle, Denkschrift (wie Anm. 43), S. 247.
75 Ebd., S. 248.
76 Ebd., S. 249.
77 Kaiser, Wandlungen Agrarsektor (wie Anm. 9), S. 270, 292.

WERNER KONOLD

Vom Grasland zum Grünland und dessen Intensivierung

In der zeitgenössischen Literatur wird immer wieder angedeutet, dass die Qualität des Graslandes zu wünschen übriglasse – zumal auch die Ansprüche immer höher wurden. Handelsdünger wurde keinesfalls flächendeckend eingesetzt. Und das Fehlen eines Wassergesetzes, welches die Bildung von Wassergenossenschaften möglich gemacht hätte, erschwerte noch bis 1902 die konsequente Umsetzung von Meliorationsmaßnahmen – trotz der Beratung durch Kulturinspektoren.[78]

Die Defizite in der Wiesenbewirtschaftung waren durchaus bekannt und wurden mehrfach von der Zentralstelle für die Landwirtschaft thematisiert, trotz der umfangreichen Aktivitäten auf dem Feld der Melioration.[79] Ein Autor mit dem Kürzel *St.* nennt im *Wochenblatt für Land- und Forstwirtschaft* die seiner Meinung nach größten Probleme: Das sei an erster Stelle ein *Uebermaß an Feuchtigkeit*. Be- und Entwässerung seien zu kombinieren. Trockenwiesen benötigten eine Düngung, doch seien sie *Mistfresser*. Oft sei es besser, sie umzubrechen. Falsch sei es auch, nur mit Gülle zu düngen, denn sie enthalte nicht alle notwendigen Nährstoffe, und es würden unerwünschte Pflanzen wie Bärenklau und Kälberkropf gefördert werden, die *ein schlechtes, hartstengeliges, schwer zu dörrendes Futter* geben würden.[80] Überwiegend mit Mist zu düngen, sei jedoch ebenso falsch. Man solle diesen Weg beschreiten: *Für die Wiesen läßt sich [...] eine Compostmasse das ganze Jahr hindurch ansammeln, daß man etwa die Hälfte der Wiesen mit diesem vortrefflichen Wiesendünger bedüngen kann. Grabenausschläge, Hofkehricht, Abfälle von Pflanzen, Unkräuter, Kartoffelkraut, Hopfenranken, sowie Alles, was täglich an verwesbaren Stoffen, wenn auch in scheinbaren kleinen Quantitäten, anfällt, mit Gülle, Abtritt, Kalk, Asche, Aescherich usw. gehörig durchschichtet und vermengt, gibt mehr ausgezeichneten Wiesendünger, als sich diejenigen, welche noch keinen Versuch gemacht haben, träumen lassen.*[81] Maulwurf- und Ameisenhaufen müssten entfernt, Maulwürfe dezimiert werden. Weitere Fehler seien die zu späte Ernte des Heus sowie die unterlassene Bekämpfung des Unkrauts,[82] etwa von Breitblättrigem Wegerich, der Herbstzeitlosen (durch Ausstechen oder Umbruch und mehrjährigen Ackerbau zu beseitigen), des Klappertopfs und des Hahnenkamms.[83]

---

78 EBD., S. 180.
79 Dazu KONOLD, Wasserbewirtschaftung Oberschwaben (wie Anm. 43).
80 K. Württemb. Centralstelle für die Landwirtschaft (Hg.), Wochenblatt für Land- und Forstwirtschaft, Nr. 1 vom 1. Januar 1876, S. 6.
81 Zu Beginn des 20. Jahrhunderts hält die Gabe von Kunstdünger, speziell von Thomasmehl und Kainit, immer mehr Einzug, namentlich auf den anmoorigen und eigentlichen Moor- und Riedwiesen, die in Oberschwaben hauptsächlich verbreitet und für eine solche Zufuhr besonders dankbar sind. K. Zentralstelle, Denkschrift (wie Anm. 43), S. 177.
82 Was als „Unkraut" bezeichnet wurde, hat sich im Laufe der Zeit stark verändert. In der Hausväterliteratur zählte man beispielsweise Tausendgüldenkraut, Margerite (*Masslieben*) und Steinklee sowie etliche Störungszeiger zu den guten Wiesenpflanzen (Georg BAUR, Das Grünland in Lehre und Forschung, eine literaturgeschichtliche Studie, Plieningen-Stuttgart 1930, S. II), die diesen Status dann nach neu gewonnenen wissenschaftlichen Erkenntnissen zu Recht verloren.
83 K. Württemb. Centralstelle, Wochenblatt (wie Anm. 80), S. 7.

Weitere wichtige Faktoren auf dem Weg zu einer verbesserten Wiesenwirtschaft waren Erkenntnisse über den Wert einzelner Arten und die Erfolgsaussichten bei der Anlage von Wiesen. Es gab bereits im 18. Jahrhundert von Otto von Münchhausen, einem der „Hausväter", Hinweise auf gute Wiesenarten, etwa das „Habergras", Avena elatior („Vermutlich kommt der Same von Frankreich, wo dieses Gras ‚entdeckt' wurde").[84] Auch weitere Grasarten, deren Samen meist von England kommen, werden von v. Münchhausen genannt, z. B. Phleum pratense (Wiesenlieschgras), Alopecurus pratensis (Wiesenfuchsschwanz), Poa pratensis (Wiesenrispengras), Festuca ovina (Schafschwingel) und Cynosurus cristatus (Kammgras). Sanguisorba officinalis (Großer Wiesenknopf) wird als Beimischung in Wiesen geschätzt.[85] Keinen Platz unter den Futterkräutern verdiene, so v. Münchhausen, das Englische Raygras, *auch wohl Lulch oder Graslauch genannt,*[86] eine Grasart (Lolium perenne), die – züchterisch bearbeitet – heute einen hohen Stellenwert hat. Im „Hortus Gramineus Woburnensis" von George Sinclair von 1826 wird erstmals der Futterwert von Graslandpflanzen beschrieben, dazu „Grundlagen für Samenbau, Samenmischungen und für die Berechnung der Samenmengen der Futterpflanzensämereien".[87]

In der Praxis sind solche Erkenntnisse und Vorschläge offensichtlich kaum angekommen. Zwischen 1870 und 1914 habe das Grasland in Württemberg eine lediglich örtliche Wertschätzung erfahren.[88] Baur könnte damit unser Betrachtungsgebiet gemeint haben. Er stellt seiner Studie über „Das Grünland in Lehre und Forschung" im Vorwort das Motto „Grünland ist Hoffnungsland" voran. Man wusste also schon um den Stellenwert der Wiesen. Die Wiese sei die „Mutter des Ackers"[89] oder gar die „Mutter der Landwirtschaft".[90]

Um diese Wertschätzung nachvollziehen zu können, soll nun kurz auf die „Grünlandbewegung" eingegangen werden, die wirklich versuchte, Hoffnungen zur Realität werden zu lassen und die in Kooperation mit der Wissenschaft die Optimierung und Intensivierung des Grünlandes vorantrieb – ein Prozess, der bis in die Gegenwart anhält.

Man habe es im 19. Jahrhundert versäumt, im Zuge der Veränderungen im Ackerbau – Fruchtwechselwirtschaft, die „kümmerliche Sommerweide auf dem Brachland fand ihr Ende", es gab nun einen „geordneten Feldfutterbau" – auch die Wiesenwirtschaft zu

---

84 BAUR, Grünland in Lehre (wie Anm. 82), S. 14 f.
85 EBD., S. 15.
86 Zitiert nach EBD., S. 14.
87 EBD., S. 23. Zu diesem hochinteressanten Themenkomplex siehe Dirk KAUTER, „Sauergras" und „Wegbreit"? Die Entwicklung der Wiesen in Mitteleuropa zwischen 1500 und 1900, Berichte des Instituts für Landschafts- und Pflanzenökologie der Universität Hohenheim, Beih. 14 (2002).
88 BAUR, Grünland in Lehre (wie Anm. 82), S. 8.
89 Beispielhaft sei ein Zitat von 1912 gebracht: „Die Wiese ist die Mutter des Ackers! [...] Denn wo viel Wiesen, da viel Vieh, da viel Mist, da viel Korn! Freilich der Reichtum an Wiesen tut's nicht allein, sondern die Menge und Güte des Futters, so darauf geworben wird. In letztgenannter Richtung lassen nun leider die Wiesen des Deutschen Reiches noch viel zu wünschen übrig, [...] jeder Fachmann, der mit offenem Auge das Land durchquert, er wird zugeben müssen, daß die Wiesen und Weiden häufig eine recht stiefmütterliche Behandlung erfahren und mitnichten als die Grundlagen billiger Viehhaltung und tierzüchterischen Fortschrittes bezeichnet werden können." ANONYMUS, Die Düngung der Wiesen und Weiden, in: Der Kulturtechniker XV (1912), S. 51–54, hier S. 51.
90 Friedrich Wilhelm DÜNKELBERG, Der Wiesenbau in seinen landwirthschaftlichen und technischen Grundzügen. Dritte durchgesehene und sehr vermehrte Auflage, Braunschweig 1894, S. 3.

verbessern. Einem „verhältnismäßig guten Sommerfutter" stand auf den meisten Höfen ein „unzureichendes Winterfutter" gegenüber. Man habe für viel Geld „wirtschaftsfremdes Futter" eingekauft und auch so der einheimischen Grünlandwirtschaft geschadet, so Ludwig Niggl,[91] einer der ‚Väter' der Grünlandbewegung im weiten Rückblick. Bevor im Oktober 1919 die Grünlandbewegung gegründet wurde, gab es einen gewissen Vorlauf mit der Gewinnung wissenschaftlicher Erkenntnisse, etwa durch Prof. Dr. C. Weber von der Moorkulturanstalt in Bremen. Dazu gehörte die Kenntnis der wichtigsten Arten des Dauergrünlandes, aber auch der Unkräuter, wenn man „Wiesen und Weiden zielstrebig verbessern wolle".[92] Die Akteure führten Studienreisen durch, um gute Beispiele kennen zu lernen. Man lernte, dass es auch in Ackerbaugebieten wertvoll sein kann, wenn in der Fruchtfolge Wiesen und Weiden eingeschaltet sind.[93]

Es wurde beklagt, dass viele Erkenntnisse über Wiesen und Weiden und deren Pflanzen, zum Beispiel von Sinclair[94], Stebler/Schröter[95], Stebler[96] und anderen,[97] kein Gehör gefunden hatten. Dies sollte sich nun ändern. Per Handschlag wurde am 19. Oktober 1919 die Grünlandbewegung ins Leben gerufen. „Das Wort ‚Grünland', das jetzt in aller Munde geführt wird und das aus dem landwirtschaftlichen Sprachgebrauch nicht mehr wegzudenken ist, wurde als Sammelbegriff für alles grünende Land, das der Futterwirtschaft dient, an jenem denkwürdigen Abend geprägt."[98] Formal begründet wurde der Verein am 19. November 1919 in Straubing.[99]

Die Grünlandbewegung war zunächst eine bayerische Geschichte. In den folgenden Jahren wurden zahlreiche Kurse und Tagungen angeboten, bei denen Ludwig Niggl eine tragende Rolle spielte. 1922 überschreitet die Grünlandbewegung die „weiß-blaue Gren-

---

91 Ludwig NIGGL, Die Geschichte der deutschen Grünlandbewegung 1914–1945, Frankfurt a. M. 1954, S. 5–158, hier S. 9.
92 EBD., S. 13.
93 EBD., S. 14.
94 Georg SINCLAIR, Hortus Gramineus Woburnensis oder Versuche über den Ertrag und die Nahrungskräfte verschiedener Gräser und anderer Pflanzen, welche zum Unterhalt der nützlichen Hausthiere dienen, Stuttgart u. a. 1826. Sinclair weist in seiner Vorrede darauf hin, dass der „ausdauernde Lolch (Lolium perenne) bis unlängst die einzige Grasart zur Besamung von Wiesen gewesen" sei (S. VII). Vor etwa 40 Jahren habe man sich auch mit dem Wiesen-Lieschgras (Phleum pratense) beschäftigt (EBD., S. VIII).
95 Friedrich Gottlieb STEBLER/Carl SCHRÖTER, Die besten Futterpflanzen, Bern, I. Teil 1883, II. Teil 1884.
96 Friedrich Gottlieb STEBLER, Verwendung von Klee- und Grassaaten zur Ansaat von Wiesen und Weiden mit besonderer Berücksichtigung der Herkunfts- und Züchtungsfrage, in: Jahrbuch der Deutschen Landwirtschafts-Gesellschaft 23, 2. Lieferung (1908), S. 309–321.
97 Hier wären beispielsweise zu nennen: Johann Wilhelm KRAUSE, Theoretisch-praktische ökonomische Botanik, Leipzig 1831, S. 280–309; sowie Johann METZGER, Landwirthschaftliche Pflanzenkunde oder praktische Anleitung zur Kenntniß und zum Anbau der für Oekonomie und Handel wichtigen Gewächse, Erste Abtheilung, Heidelberg 1841, S. 120–225. „Keine Pflanzen" seien „bei der immer mehr sich entwickelnden Bodencultur in landwirthschaftlicher Beziehung so sehr vernachlässigt, als die Gräser, obgleich sie zu den wichtigsten Futterpflanzen gehören, von denen der denkende Landwirth bei geeignetem Anbau, zumal auf feuchtem, für den Feldbau ungeeigneten Boden, den höchsten Ertrag mit dem geringsten Kraft- und Düngeraufwand gewinnen kann." EBD., S. 220.
98 NIGGL, Grünlandbewegung (wie Anm. 91), S. 18.
99 EBD., S. 21 f.

ze", verbreitete sich schnell über ganz Deutschland und darüber hinaus.[100] Sie nahm Einfluss auf die Futterpflanzenzüchtung und die Saatgutvermehrung bei den Futterpflanzen. Beides hatte bislang keine Rolle gespielt. „Auch Hohenheim hatte die Züchtung von Futterpflanzen aufgenommen."[101]

Am 21. November 1922 wurde in Stuttgart der Württembergische Grünlandverein gegründet. Dessen Verdienste hebt Niggl besonders hervor, weil er auch nach dem Aufgehen im Reichsnährstand „im alten Geiste [...] weitergelebt hat". Auch in der Gegenwart, also Anfang der 1950er Jahre, werde viel für die Neubelebung des Grünlandgedankens getan. Vor allem die Staatliche Versuchsanstalt für Grünlandwirtschaft und Futterbau Aulendorf trage viel dazu bei. Der Verein kümmerte sich speziell auch um die Zusammenstellung geeigneter Saatgutmischungen, und es wurden Vermehrungsstellen für deutsche Originalsämereien eingerichtet. Der Vertrieb erfolgte über zuverlässige Samenhandlungen.[102]

Der württembergische Verein hatte schon bald zahlreiche Mitglieder, von denen die meisten aus dem südlichen Teil des Landes stammten. Die Themen der Grünlandbewegung waren gerade auch in Württemberg u.a. die Verbesserung der Weidetechnik, die Intensivierung und Ertragsfeststellung auf der Weide, Heuwerbung, Silobeschaffung, Tierernährung. „Zusammenfassend ging auch das Bestreben des Württembergischen Grünlandvereins dahin, die vorhandenen Grünlandflächen, Wiesen, Weiden und Feldfutterbau wesentlich zu intensivieren."[103] Es kam also ein neuer Prozess in Gang, gerade auch in unserem Betrachtungsgebiet.

Im Mai 1925 wurde die Frühjahrstagung des Deutschen Grünlandbundes (gegründet 1922) im Allgäu abgehalten. Unter anderem wurden vorbildliche Betriebe angeschaut, „vor allem auch auf dem Gebiete der Güllewirtschaft, die den Teilnehmern aus Norddeutschland noch fremd waren. [...] Das Allgäu hatte zweifellos auf diesem Gebiet schon einen erheblichen Vorsprung."[104] 1926 wurde die Frühjahrsversammlung des Deutschen Grünlandbundes gemeinsam von den Grünlandvereinen Baden und Württemberg veranstaltet. Der Auftakt mit einem „sehr schönen Begrüßungsabend" war in Leutkirch. Es waren zahlreiche württembergische Bauern erschienen. Am folgenden Tag wurde der Betrieb von Herrn Chrismann in Schmidsfelden mit „sehr schönen neuen Grünlandneuanlagen besichtigt", anschließend ging es zum Gut Burkwang des Fürsten Quadt-Isny.[105] Die Anliegen der Grünlandbewegung waren also in einigen Musterbetrieben angekommen.

Mit der Dissertation von Rudolf Heimeran über die „Verteilung des Grünlandes in Württemberg" von 1928 liegt ein weiterer zeitgenössischer und neuer Blick auf das Grünland vor (Abb. 7). Der „Wiesen- und Weidenbau" sei in der Vorkriegszeit stark vernachlässigt worden, der Mangel an Grünfutter habe zur „Einfuhr von Kraftfuttermitteln aus dem Auslande" geführt. Die Notlage nach dem Krieg habe mit der Gründung der Grünland-

100 Ebd., S. 34.
101 Ebd., S. 39 f.
102 Ebd., S. 44.
103 Ebd., S. 45.
104 Ebd., S. 78.
105 Ebd., S. 83.

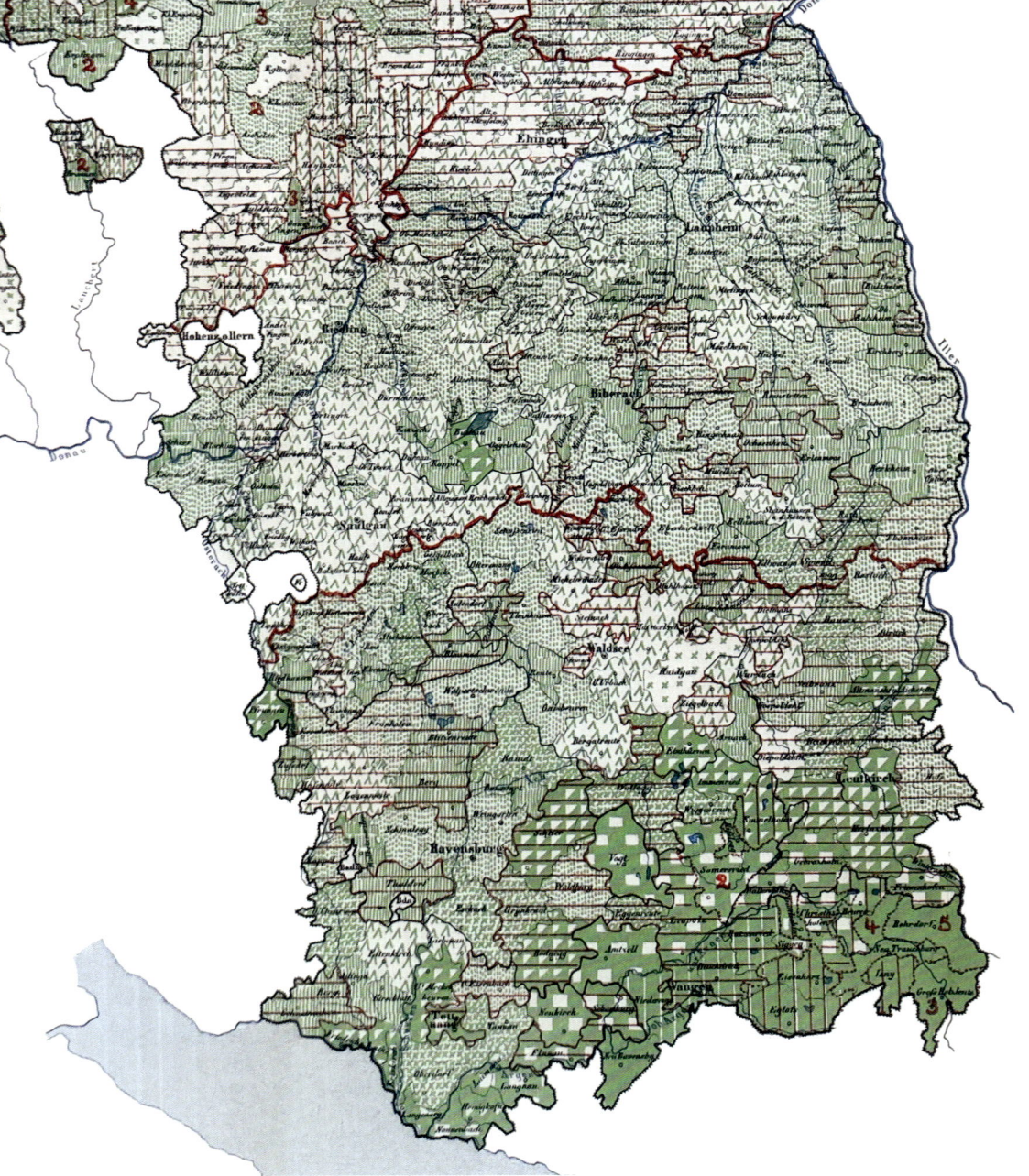

7 In den 1920er Jahren ist der südöstliche Teil des Donaukreises vom Grünland dominiert. Der Prozess der „Vergrünlandung" hatte eine ungeheure Fahrt aufgenommen (Karte aus Rudolf HEIMERAN, Die Verteilung des Grünlandes in Württemberg, Diss. Württ. Landwirtschaftliche Hochschule Hohenheim, Braunschweig 1928, Anhang).

bewegung gemildert werden können. „Diese zeigte sinnfällig [...] die Anspruchslosigkeit von Wiese und Weide in Bezug auf die Betriebsmittel, die Fähigkeit starker Mehrproduktion bei recht kleinem Aufwand." Die Württembergische Landwirtschaftskammer hatte die Bewegung von vornherein unterstützt. Vor diesem Hintergrund wurden von Heimeran entsprechende Untersuchungen angestellt[106] und die Bedeutung des Grünlandes unterstrichen: „Die Anpassungsfähigkeit des Grünlandes an die verschiedensten Klima- und Bodenverhältnisse stempelt es zum Träger landwirtschaftlicher Kultur. [...] Die Bedeutung als grundlegende Kulturart wird [...] erhöht durch seine Eignung zu Arbeitsausgleich (Weide) und Arbeitsverteilung (Wiese) im landwirtschaftlichen Betrieb, als Stallmisterzeuger, ohne in dieser Hinsicht selbst anspruchsvoll zu sein, als Lieferant hervorragendsten Sommer-(Weide) und wirtschaftlichsten Wintergrundfutter (Wiese)."[107] Speziell im südlichen Oberschwaben habe das „Grünland stark bejahende natürlich Faktoren, zudem laufen Besitzgröße, Flurform und wirtschaftliche Gesichtspunkte parallel und zielen vereint auf große Ausdehnung natürlicher Sommerhaltung des Viehs".[108]

Kommen wir zurück zur Grünlandbewegung. 1934 waren der Grünlandbund und die zugehörigen Vereine, wie bereits erwähnt, in den Reichsnährstand überführt worden. Unter „Wahrung der Tradition" [...] sei im Reichsnährstand „die gewohnte Arbeit erfolgreich fortgesetzt" worden.[109] Niggl war ein überzeugter Nationalsozialist, der nach dem Krieg mit Gefängnis und Lagerhaft bestraft wurde. Er lobt, ganz dem NS-Denken verhaftet, im Rückblick überschwänglich, was der „freiwillige Arbeitsdienst im Dienste der Landeskultur geleistet" habe. Dies würde „immer ein Ruhmesblatt der deutschen Jugend bleiben. Und da noch sehr viel deutsches Grünland zu entwässern ist, kann man nicht verstehen, warum nicht auch jetzt die arbeitslose Jugend helfen sollte, durch Verbesserung der Böden neue Werte zu schaffen." Man könne das ja heute „Freiwillige Landhilfe" heißen. Der „allgemeine Zusammenbruch 1945" habe [...] „sich katastrophal auch auf die Grünlandbewegung" ausgewirkt. Der Reichsnährstand habe „das Grünland gut betreut." Nun seien „viele der besten Mitarbeiter" gefallen, Parteigenossen säßen „im Gefängnis und hinter Stacheldraht".[110] „Fremde Kräfte" hätten nun Einfluss gewonnen. Es sei unmöglich geworden, „zurückgebliebene Grünlandflächen, wie das angesichts unserer Ernährungslage so dringend nötig gewesen wäre, zu verbessern. Aber was noch schlimmer war, auch die guten Bestände gingen mangels nötiger Nährstoffzufuhr rapide zurück."[111]

Die Grünlandbewegung hatte sich als Organisation systematisch diskreditiert. Niggls Abgesang auf das Grünland bewahrheitete sich nicht. Die Ziele – Melioration und Intensivierung – blieben und das Handeln wirkte fort. 1947 wurde die Deutsche Landwirtschaftsgesellschaft wiedergegründet. Der Deutsche Grünlandbund ging darin auf.[112] In

---

106 Rudolf HEIMERAN, Die Verteilung des Grünlandes in Württemberg, Diss. Württ. Landwirtschaftliche Hochschule Hohenheim, Braunschweig 1928, hier S. 3.
107 EBD., S. 6 f.
108 EBD., S. 31.
109 NIGGL, Grünlandbewegung (wie Anm. 91), S. 138.
110 EBD., S. 142.
111 EBD., S. 154.
112 EBD., S. 156.

Württemberg wurde die Staatliche Versuchsanstalt für Grünlandwirtschaft und Futterbau in Aulendorf etabliert, im Badischen in Donaueschingen das Staatliche Forschungs- und Beratungsinstitut für Höhenlandwirtschaft.

Der Landnutzungswandel

Gehen wir nochmals zurück in die Zeit nach dem 1. Weltkrieg. Während des Krieges hatte der Milchviehbestand in den Oberämtern Leutkirch und Wangen um etwa ein Fünftel abgenommen. Erst Ende der 1920er Jahre war der Vorkriegsbestand wieder erreicht. Der Grünlandanteil hatte weiter zugenommen, so im Oberamt Wangen um 15 Prozent.[113] Das Grünland erhielt weniger Dünger und gab weniger Ertrag und Qualität, was die Milchleistung stärker beeinflusste als der Rückgang an Milchvieh.[114] Der Milchpreis für Hartkäse stieg bis 1928 bis auf 18,6 Pfennig pro Liter, um bis 1930 wieder auf 10,5 Pfennig abzusinken. In der NS-Zeit wurde der Milchpreis auf fast 20 Pfennig in den 1940er Jahren angehoben.[115] Vor dem Krieg entwickelten sich Milchleistung und abgelieferte Mengen nach oben (dazu Tabelle 6). Ab 1934 hatte man den Preis nach dem Fettgehalt festgelegt, was sich natürlich auch in Fütterung niederschlug. Die jährliche Durchschnittsleistung der Kühe lag in den beiden Oberämtern bzw. dann im Landkreis Wangen bei nahe 3000 kg.[116]

Die Vereinigten Käsereien Dürren (V. K. D.) vergrößerten sich enorm und spielten in der gesamtdeutschen Milchwirtschaft eine gewisse Rolle. Die Hartkäserei nahm zu, allerdings beschränkt auf die Jungmoränenlandschaft mit ihren besseren Böden. Der Ackerbau geriet immer mehr ins Hintertreffen, weil die größeren Milchmengen die Hartkäserei mit dem höheren Milchbedarf für die großen Räder das ganze Jahr ermöglichten.[117] Von 1933 bis 1939 wurde im Milchwirtschaftsgebiet Allgäu die Anzahl der Käsereien zwangsweise von 638 auf 455 verringert, wovon die Hartkäsereien, die größere Milchmengen verarbeiteten, profitierten.[118]

Tabelle 6: Kuhbestand in den Oberämtern Leutkirch und Wangen von 1925 bis 1937.[119]

Jahr	OA Leutkirch	OA Wangen
1925	19 108	18 285
1930	21 288	20 922
1935	21 596	20 990
1937	22 860	21 594

113 FLAD, Agrarwirtschaft Allgäu (wie Anm. 2), S. 93.
114 EBD., S. 95 f.
115 EBD., S. 96.
116 EBD., S. 97.
117 EBD., S. 99.
118 EBD., S. 101.
119 EBD., S. 102.

Die Tabelle 7 zeigt, wie gravierend sich die agrarische Landnutzung in knapp 100 Jahren im württembergischen Allgäu, hier im Oberamt Wangen, gewandelt hat. Der Getreidebau – Winter- wie Sommergetreide – war zugunsten der Grünlandwirtschaft stark zurückgegangen. Die Faserpflanzen Flachs und Hanf waren ganz verschwunden.[120] Von 1925 bis 1938 vergrößerte sich die Grünlandfläche im Oberamt Leutkirch um 4064 ha, im Oberamt Wangen, wo die Umstellung schon weiter fortgeschritten war, um 572 ha.[121] In dieser Zeit fand ein Übergang von der reinen Wiesen- bzw. Weidenutzung zur Mähweidewirtschaft statt. Durch den zeitweiligen Einfluss von Tritt und Biss wird der Pflanzenbestand verbessert, insbesondere die Doldenblütler werden reduziert. Unter Zuhilfenahme von Kolbenpumpen wurde es möglich, die Gülle bergauf zu pumpen und damit auch steile Hänge zu düngen (Dünngüllerei mit viel Wasser).[122] Ein wertvoller wirtschaftseigener Dünger kam damit auf größeren Flächen zum Einsatz.

Tabelle 7: Bodennutzung im Oberamt Wangen in Hektar von 1852 bis 1938.[123]

Jahr	1852	1900	1938
Dinkel	2587	2198	358
Weizen	5	8	225
Roggen	523	759	355
Hafer	3034	2346	586
Kartoffeln	539	1462	594
Flachs	155	31	9
Hanf	144	32	–
Wiesen 1mähdig	6700 (1841)	10402	18554 (zus.)
Wiesen 2mähdig	1054 (1841)		

Während des 2. Weltkrieges verringerte sich der Milchviehbestand nicht. In der Nachkriegszeit war man Anfang der 1950er Jahre schon wieder auf dem Vorkriegsniveau.[124] Die Milchanlieferung im Kreis Wangen lag 1943 bei 99 074 383 kg (höchste Anlieferung), 1947 bei 55 190 149 kg (niedrigster Wert) und 1952 wieder bei 98 532 528 kg.[125] Die

---

120 Im Oberamt Waldsee stellte sich die Situation bis zum 1. Weltkrieg wie folgt dar: Der Dinkelanbau hatte sich von 1854 bis 1905 nur marginal verändert. Die Haferanbaufläche nahm zu, weil der Hafer kaum einer Konkurrenz aus dem Ausland ausgesetzt war. Der Gerstenanbau dehnte sich um 30 Prozent aus. Weizen spielte praktisch keine Rolle. Der Kartoffelanbau stieg von 1854 mit 530 ha auf 1912 mit 2234 ha an. Die Ausdehnung der Ackerbaufläche geschah zu Lasten der Brache. Die Vergrünlandung beginnt erst während des 1. Weltkriegs. Max FLAD, Beiträge zur Geschichte der Landwirtschaft im ehemaligen Oberamt Waldsee seit 1750, in: Gemeinde Otterswang (Hg.), Heimatbuch von Otterswang, Otterswang 1955 (Sonderdruck), hier S. 10 f.
121 FLAD, Agrarwirtschaft Allgäu (wie Anm. 2), S. 102.
122 EBD., S. 103.
123 EBD., S. 169 f.
124 EBD., S. 105.
125 EBD., S. 108.

Mähweidewirtschaft dehnte sich weiter aus. Von 1939 bis 1949 stieg im württembergischen Allgäu der Grünlandanteil an der gesamten landwirtschaftlichen Nutzfläche von 73,4 auf 83,1 Prozent.[126] Der oben angesprochene Trend der Landnutzung zugunsten des Grünlandes setzte sich fort (Tab. 8).

Tabelle 8: Bodennutzung im Kreis Wangen in Hektar von 1938 bis 1952.[127]

Jahr	1938	1948	1952
Ackerland	10597	7764	7920
Weizen	560	586	1020
Roggen	1011	781	877
Dinkel	1025	788	533
Hafer	1659	1092	1145
Kartoffeln	1470	1318	1438
Futterrüben	42	117	237
Wiesen 1mähdig		1331	1908
Wiesen 2mähdig	33358*(alle)	29725	30118
Weiden	3705	4297	4675

*einschließlich Streuwiesen

Diesen Prozess der Landnutzungsänderung kann man mit Hilfe einer einfachen Karte am Beispiel des Ortes Sulzberg mit umliegenden Weilern südlich von Kempten nachvollziehen (Abb. 8 und 9), wo die „Vergrünlandung" schon etwas früher als in unserem Untersuchungsgebiet eingesetzt hatte.[128] Die Vereinödung war 1761 in Seebach, 1769 in Hofstetten, 1775 in Hitzleberg, 1798 in Sulzberg, 1816 in Unterminderdorf und 1820 in Eigen umgesetzt worden,[129] was die großzügige Schlageinteilung bereits auf der Karte von 1849 erklärt. Die wenigen eingestreuten Äcker auf der Karte von 1949 lassen darauf schließen, dass Feldfrüchte allenfalls noch für den Eigenbedarf angebaut wurden.

Wie oben bereits erwähnt, nahmen die Förderung und die Intensivierung des Grünlands nach dem 2. Weltkrieg wieder Fahrt auf; es wurden staatliche Forschungseinrichtungen gegründet. Mit Hilfe von ERP-Mitteln (European Recovery Programme) aus der Marshallplanhilfe wurde 1949 „eine großangelegte Gemeinschaftsarbeit in einer einheitlichen Grünlandkartierung in Angriff genommen". Ziel war es, Hinweise für die Beratung, „Ertragsfähigkeit, die Entscheidung über Umbruch, Meliorationen (Drainagebedürftigkeit), Verbesserung oder Änderung der Bewirtschaftungsweise (Aufforstung) und alle landeskulturellen, kulturtechnischen und wasserbaulichen Maßnahmen, Flurberei-

---

126 EBD., S. 116.
127 EBD., S. 171.
128 Walter JAHN, Strukturwandel und Abgrenzung der voralpinen Allgäuer Kulturlandschaft, Allgäuer Heimatbücher 43, Kempten 1954.
129 Wilhelm LOCHBRUNNER, 1550–1880. Ländliche Neurodnung durch Vereinödung, Berichte aus der Flurbereinigung 51, München 1984, hier Anlage 1.

DER WANDEL DER AGRARISCHEN LANDNUTZUNG IN OBERSCHWABEN

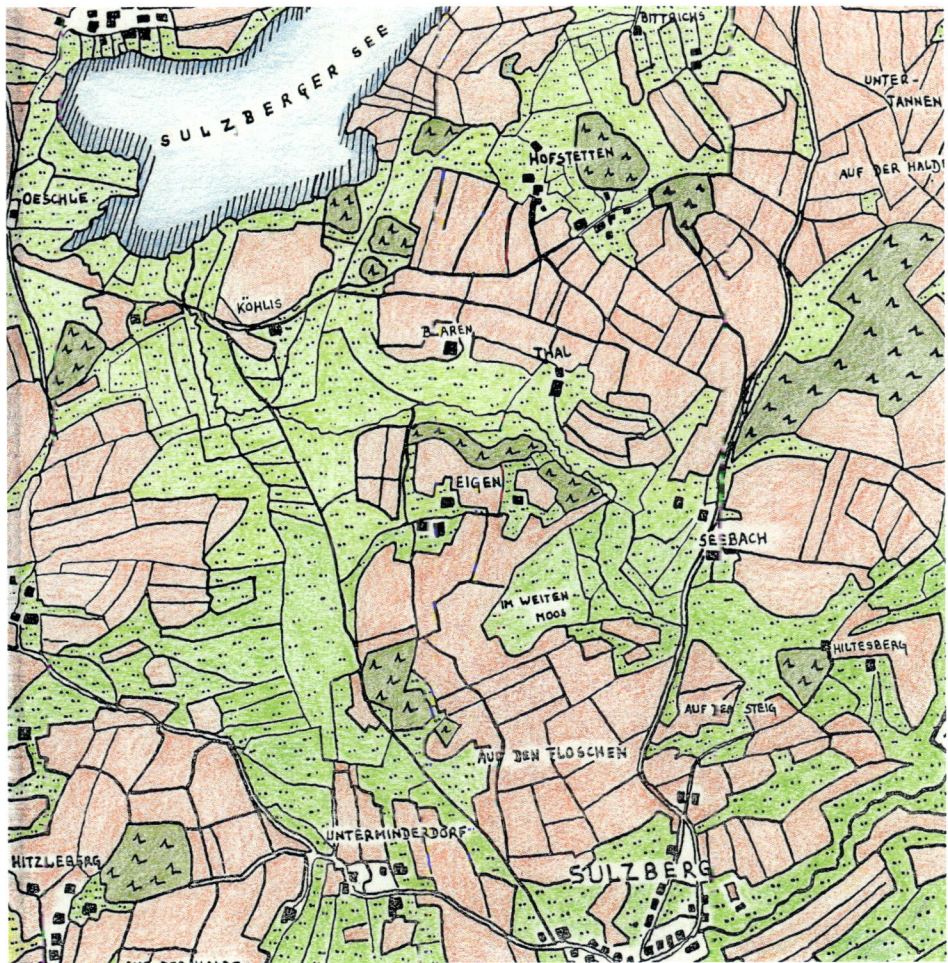

8   Die Anbauverhältnisse in der Gemeinde Sulzberg im Jahr 1849 (Ausschnitt), braun: Acker, hellgrün: Grasland, dunkelgrün: Wald (aus Walter JAHN, Strukturwandel und Abgrenzung der voralpinen Allgäuer Kulturlandschaft, Allgäuer Heimatbücher 43, Kempten 1954, Kartenbeilage I A, verändert).

nigung, zweckmäßigste Ansaatmischung für Neuanlagen [...]" zu bekommen. Bis 1952 wurden 800 000 ha oder ein Siebtel der Dauergrünlandfläche des Bundesgebiets von zahlreichen Fachleuten kartiert und bewertet, die mit ERP-Mitteln bezahlt wurden.[130]

Wilhelm Zorn, aus der Grünlandbewegung kommend, weist außerdem darauf hin, dass sich die Erträge der Wiesen seit langer Zeit kaum verändert hätten. Ein weiteres

---

130 Wilhelm ZORN, Neue Ziele und Wege der Grünlandwirtschaft seit 1945, Frankfurt a. M. 1954, S. 159–173, hier S. 163.

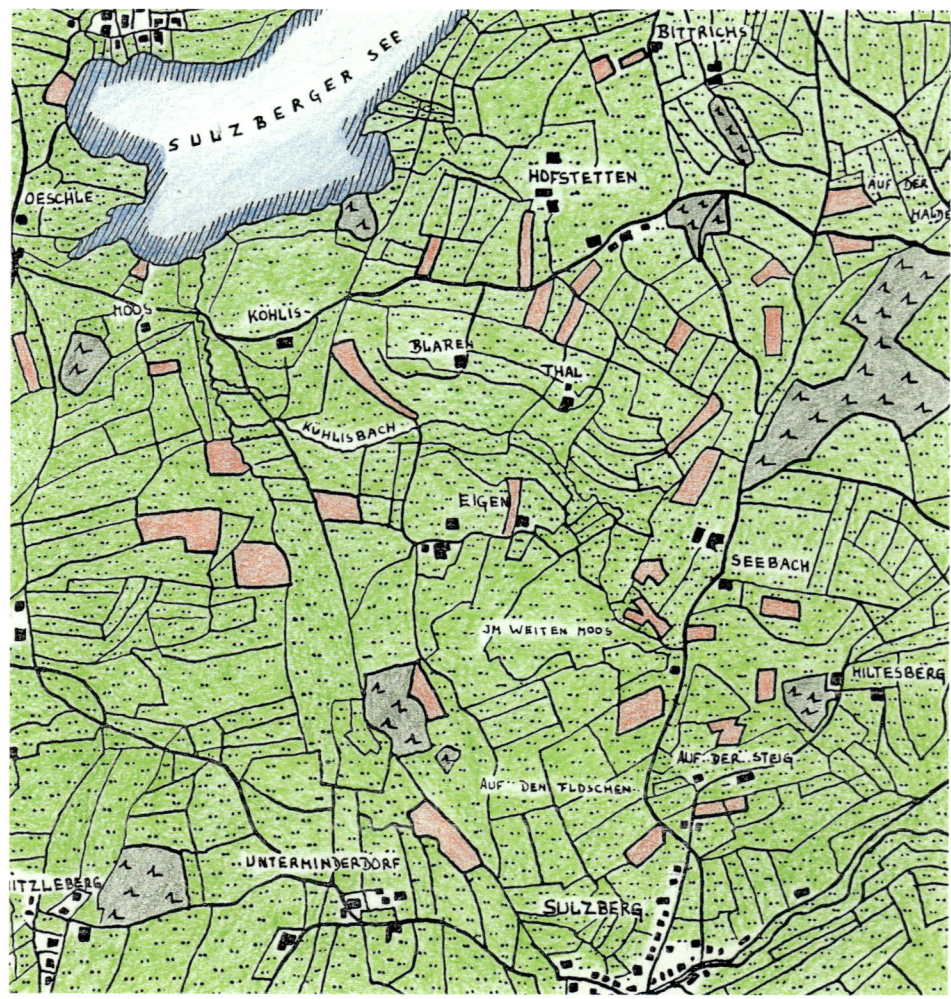

9   Die Anbauverhältnisse in der Gemeinde Sulzberg im Jahr 1949 (Ausschnitt), braun: Acker, hellgrün: Grasland, dunkelgrün: Wald (aus Walter Jahn, Strukturwandel und Abgrenzung der voralpinen Allgäuer Kulturlandschaft, Allgäuer Heimatbücher 43, Kempten 1954, Kartenbeilage I B, verändert).

Problem sei, dass 80 bis 90 Prozent der Wiesen zu spät geschnitten würden. Dies sei der Futterqualität nicht zuträglich. Neben der Düngung sei die „Vorverlegung des Schnittzeitpunktes eine der wirksamsten Maßnahmen, die Qualität des Wiesenheues nachhaltig zu steigern".[131] „Fast noch unbearbeitet" sei die Frage nach dem Futterwert der Grünland-

---

131   Die Vorverlegung des ersten Schnitts wurde weiter intensiv verfolgt. Der großflächige frühe Schnitt ist heute ein wesentlicher Grund für den Rückgang der Artenvielfalt in den Wiesen.

pflanzen hinsichtlich ihrer Leistungen für Milch, Milchfett und Mastleistung.[132] Wir sehen, dass nach dem Krieg die früher nur schwer umsetzbaren Vorstellungen, wie man Grünland intensivieren und vom Futterwert her verbessern kann, in eine neue Dimension der Umsetzung katapultiert wurden.

Es gab in den Nachkriegsjahren auch einen ideengeschichtlichen Hintergrund, der die Diskussionen um den Umgang mit der Landschaft befeuerte. Dies sei an dieser Stelle kurz angedeutet. Heinz Ellenberg, der später berühmte und sehr geschätzte Vegetationsökologe, veröffentlichte 1954 ein Büchlein mit dem Titel „Naturgemäße Anbauplanung, Melioration und Landespflege".[133] Er wies in einem einleitenden Kapitel auf die „wachsende Gefahr der Bodenerosion in allen Teilen der Welt" hin und griff damit auch Diskussionen aus den 1930er Jahren auf: „[...] seit 1936 verstummt das von Seifert gewählte Schlagwort von der ‚Versteppung Deutschlands' nicht".[134] Alwin Seifert hatte in seinem Aufsatz zu Recht scharfe Kritik an den „Kulturbauleuten" geübt,[135] die Gewässer begradigt und die Täler ausgeräumt hätten („‚Der Arbeitsdienst macht Ordnung' schreiben dann die Tageszeitungen in Schlagzeilen"). [...] Und: „Die reißbrettmäßige Begradigung der Bäche verstärkt noch den Talwind, [...] Aus nassen Wiesen werden trockene – das war die Absicht; dann wird ein Teil von ihnen zu Acker – das sieht nach besonderem Erfolg aus, ist aber bereits ein Zeichen beginnender Versteppung."[136]

1947 war dann – hier nur angedeutet – zu dieser Thematik ein Buch von Anton Metternich mit dem Titel „Die Wüste droht" erschienen.[137] Gründe für die „Versteppung" seien Entwaldung, die Vernichtung von Ufergehölzen, Hecken und Heiden, dann die Entwässerung durch Moorkultivierung, Regulierung und Eindeichung von Gewässern, der Wasserverbrauch. Zur Gefahr würden Entwaldung und Entwässerung, weil sie mit einer Klimaänderung einhergingen. Die Dürrejahre 1947 bis 1949 hatten diesen Eindruck verstärkt. Befürchtet wurde eine „Verödung" Deutschlands. Als Gegenmaßnahmen werden u.a. Windschutzpflanzungen, Aufforstungen, mehr Be- als Entwässerung vorgeschlagen.[138] Es wurde also vieles angeprangert, was über Jahrzehnte gängige Praxis gewesen war. Ellenberg relativiert die drastischen Aussagen. Von einer allgemeinen Versteppung Deutschlands könne keine Rede sein. Doch könne man von „Austrocknung und wachsender Dürreempfindlichkeit" sprechen. Ein richtiger Umgang mit Wasser,

---

132 EBD., S. 162f.
133 Heinz ELLENBERG, Naturgemäße Anbauplanung, Melioration und Landespflege, Band III der Landwirtschaftlichen Pflanzensoziologie, Stuttgart 1954, 1983 unverändert wieder erschienen in der nunmehr zeitgemäßen Diktion als „Ökologische Beiträge zur Umweltgestaltung".
134 EBD., S. 11.
135 Alwin SEIFERT, Die Versteppung Deutschlands, in: Beiträge zur Naturkundlichen Forschung in Südwestdeutschland 1 (1936), S. 197–204, hier S. 200. Seifert, seit 1937 NSDAP-Mitglied, hatte in der NS-Zeit wichtige Funktionen inne, so als „Reichslandschaftsanwalt" des Generalinspektors für das deutsche Straßenwesen und als Berater von Fritz Todt; insgesamt sei er einer der einflussreichsten Landschaftsarchitekten in der NS-Zeit gewesen. Weiteres zur Person bei Gert GRÖNING/Joachim WOLSCHKE-BULMAHN, Grüne Biographien, Berlin, Hannover 1997, S. 361ff.
136 SEIFERT, Versteppung (wie Anm. 135), S. 200.
137 Anton METTERNICH, Die Wüste droht. Die gefährdete Nahrungsgrundlage der menschlichen Gesellschaft, Bremen 1947; zitiert in ELLENBERG, Anbauplanung (wie Anm. 133).
138 Metternich in ebd., S. 30.

den Wasserressourcen erfordere wasserwirtschaftliche Generalplanungen, bei der die Pflanzensoziologie (wie im ERP-Programm!) wertvolle Dienste leisten könne.[139] Vor diesem Hintergrund, in dem sich bereits Bekanntes und der Wille, neue Wege zu gehen, spiegelten, ist das Folgende zu sehen. Das, was Niggl zu etwa der gleichen Zeit noch als landeskulturelle Großtat des Reichsarbeitsdienstes überschwänglich gelobt hatte, wurde zunehmend kritisch gesehen.

Melioration, Intensivierung, Sanierung, Gestaltung

Auch bei uns im Südwesten wurde im Zuge der ERP-Aktivitäten kartiert und wurden die oben angesprochenen Probleme erkannt. Im damaligen Gebiet von Württemberg-Hohenzollern wurden sieben Projekte mit insgesamt 11 205 ha Fläche angegangen, darunter (1) das „Mittlere Stehe- und untere Reutibachtal" und die (2) „Donauniederung zwischen Munderkingen und Berg", beide Kreis Ehingen, sowie (3) das „Rißtal von Warthausen bis zur Mündung", Kreise Biberach, Ehingen und Ulm. Bei (1) ging es um die Grundlagen für „wasserbauliche Maßnahmen zur Verhütung von Sommerüberflutungen", bei (2) um die Auswirkungen der Ausbauten von Donau mit Seitenbächen – Ziel war die Eindämmung von Überflutungen – und darauf aufbauend weitere Meliorationsmaßnahmen und die Umbruchfähigkeit zu prüfen; bei (3) waren die Ziele wie bei (2).[140] Weitere Kartierungen wurden gemacht in der Umgebung von Wangen, zum Speicherbecken Isny (s. u.), im unteren Illertal und am Federsee[141] sowie von U. Eskuche zwischen Mengen und Riedlingen (s. u.).[142]

Schon 1952 hatte die württembergische Landesstelle für Naturschutz und Landschaftspflege konstatiert, die Vegetationskartierungen hätten „der Schaffung bzw. Erhaltung einer biologisch gesunden und wirtschaftlich leistungsfähigen Landschaft" gedient.[143] Für das Gebiet (1) beschreibt der Kartierer Wacker verschiedene Pflanzengesellschaften ganz unterschiedlicher Feuchtestufe und floristischer Zusammensetzung. Bei der Bewertung besonders berücksichtigt wurden der Futterwert, der Anteil der Futterpflanzen generell und der Anteil an giftigen Pflanzen. „Der Futterwert der versumpften Stellen ist auffallend hoch [...], aber nur deshalb, weil eine der beiden untersuchten Stellen überdurchschnittlich gut gedüngt war. Dies ist ein Beweis dafür, wie sehr die Düngung nicht nur den Mengenertrag, sondern auch den Futterwert beeinflußt."[144]

---

139 ELLENBERG, Anbauplanung (wie Anm. 133), S. 35.
140 Bundesministerium für Ernährung, Landwirtschaft und Forsten, Grünland-Kartierung im Rahmen des ERP-Grünlandförderungsprogramm 1951/53. Landwirtschaft – Angewandte Wissenschaft 21, Hiltrup 1954 (zusammengestellt von Helmut v. Wachter), hier S. 199 f.
141 EBD., S. 221.
142 Walter ZIMMERMANN, Vom Naturschutz in Württemberg-Hohenzollern. Jahresbericht vom 1. Januar bis 31. Dezember 1952, in: Veröffentlichungen der Württembergischen Landesstellen für Naturschutz und Landschaftspflege 22 (1953), S. 117–125.
143 Landesstelle für Naturschutz und Landschaftspflege, Vom Naturschutz in Württemberg-Hohenzollern. Jahresbericht vom 1. Januar bis 31. Dezember 1951, in: Veröffentlichungen der Württembergischen Landesstellen für Naturschutz und Landschaftspflege 21 (1952), S. 107–119, hier S. 111.
144 Bundesministerium, Grünland-Kartierung (wie Anm. 140), S. 204.

Ackerbau sei ausgeschlossen. Die Verbesserungsvorschläge: für die eher zu trockenen Flächen gute Düngung, Bewässerung oder Beregnung, Nutzung als Mähweide. Auf den Flächen, die feucht seien, jedoch zeitweilig unter Wasserüberstauung litten, „sollte von technischer Seite festgestellt werden, ob nicht eine gründliche Räumung der vernachlässigten Bachläufe und Gräben [...] genügt". Mit dem Aushub könne man Gräben und Mulden auffüllen. Aus zwei- könnten dreischürige Wiesen entstehen. Von einer „allgemeinen und umfassenden Dränung und Entwässerung" sei jedoch „dringend abzuraten", um die Leistungsfähigkeit nicht zu gefährden.[145] Die Botschaft ist, pars pro toto, klar: Veränderung des Wasserhaushalts, Düngung, Erhöhung der Schnittfrequenz, Geländenivellierung.

Vor bereits früher gemachten Fehlern wurden keinesfalls die Augen verschlossen. Die Bachläufe seien „jeglichen Ufergehölzes entblößt" und seien zum Teil „unnatürlich geradegestreckt". Dies sei ungünstig für die „nützliche Tier- und Vogelwelt und leite das nützliche Wasser zu rasch zu Tale. Bei den Verbesserungsarbeiten sollte daher eine weite Streckung der Bachläufe vermieden und kleine Schlingen und Biegungen zur Anpflanzung von Ufergehölz benützt werden."[146]

Bewegen wir uns noch etwas weiter in der Donauniederung, um die Folgen älterer Eingriffe in den Wasserhaushalt und die Landnutzung,[147] deren Kompensation, aber auch um den Zeitgeist zu verstehen. Manche der Maßnahmen, die die landwirtschaftliche Leistungsfähigkeit unter Berücksichtigung landschaftspflegerischer Aspekte umfassten, wirken bis auf den heutigen Tag auf das Landschaftsbild nach.

Richard Lohrmann, im Frühjahr 1946 nach Riedlingen gekommen, war dort Förster und Naturschutzbeauftragter. Sein Eindruck von der Landschaft zwischen Scheer und Riedlingen, die früher immer wieder überflutet und daher als Grünland genutzt worden sei:[148] „Die Trostlosigkeit der verkahlten Landschaft war nicht zu übersehen" (Abb. 10 und 11). Der „stärkste menschliche Eingriff" sei zweifellos die Begradigung und der Ausbau der Donau in der 2. Hälfte des 19. Jahrhunderts gewesen.[149] Das Gefälle sei größer und der Grundwasserspiegel gesenkt worden. „Etwa die Hälfte des Donaurieds wird heute als Ackerland genutzt, zum Teil ohne Berücksichtigung der außerordentlich wechselnden Bodenarten. Baum und Strauch sind fast verschwunden. So nimmt es nicht wunder, daß in dieser Ebene, über die die Stürme ohne jedes Hindernis hinwegbrausen, auch schon Bodenverwehungen vorkommen. Ältere Leute erzählen mir, daß es vorgekommen ist, daß von einer quer durch das Ried führenden Straße der angewehte Boden mit Schaufel

---

145 EBD., S. 207.
146 EBD., S. 207f.
147 Werner KONOLD, Die Veränderung einer Flußlandschaft. Das Beispiel obere Donau, in: DERS. (Hg.), Naturlandschaft – Kulturlandschaft, Landsberg 1996, S. 201–228. Außerdem: DERS., Wasserbewirtschaftung Oberschwaben (wie Anm. 43).
148 Richard LOHRMANN, Die Wirkungsmöglichkeiten der Naturschutzbeauftragten in der praktischen Landschaftsgestaltung, in: Veröffentlichungen der Württembergischen Landesstellen für Naturschutz und Landschaftspflege 21 (1952), S. 121–131, hier S. 122.
149 Dazu z. B. Ernst RIETZ, Hochwasserschutz an der oberschwäbischen Donau im 19. Jahrhundert, in: Historische Wasserwirtschaft im Alpenraum und an der Donau, bearb. von Werner KONOLD, Stuttgart 1994, S. 343–375.

10 „Der letzte Mohikaner (Baumweide)" in der ausgeräumten Donauniederung, im Hintergrund der Bussen (aus Richard LOHRMANN, Die Wirkungsmöglichkeiten der Naturschutzbeauftragten in der praktischen Landschaftsgestaltung, in: Veröffentlichungen der Württembergischen Landesstellen für Naturschutz und Landschaftspflege 21, 1952, Abb. 4).

und Schubkarren weggeschafft werden mußte. Am 9. April 1950 habe ich selbst einen solchen Staubsturm beobachtet und habe nur bedauert, daß die Bauern bei diesem wenig einladenden Osterwetter alle zu Hause saßen und nicht selbst die Schädigung ihrer Fluren sahen."[150]

Lohrmann äußert sich mehrfach in der Öffentlichkeit zu diesen Zuständen, spricht mit Bauern und Bürgermeistern und bewegt bis 1950 den einen oder anderen Grundbesitzer, Pappeln zu pflanzen. Das sollte als Beispiel für weitere Pflanzungen dienen, „die Anreicherung des Donaurieds mit Baum und Strauch voranzutreiben". Die Pappel eigne sich gut, weil sie in kurzer Zeit schon Ertrag bringe. An sie bringe man „die Bauern am leichtesten heran. [...] Mit ideellen Gesichtspunkten wie Landschaftsbild usw. lockt man zunächst keinen Hund hinter dem Ofen hervor."[151] Auf Lohrmanns Betreiben wurden ober- und unterhalb von Riedlingen etwa 4000 Pappeln gepflanzt.[152]

Aus dieser Initiative heraus wurde bei der Wasserwirtschaftsverwaltung in der Planungsstelle Sigmaringen ein Arbeitsplatz der Landesstelle für Naturschutz geschaffen, die mit dem Diplomgärtner Erich Berg besetzt wurde.[153] Dies hatte große Auswirkungen

150 LOHRMANN, Wirkungsmöglichkeiten Naturschutzbeauftragte (wie Anm. 148), S. 122.
151 EBD., S. 122f.
152 EBD., S. 126.
153 Landesstelle, Naturschutz Württemberg-Hohenzollern (wie Anm. 143), S. III.

11 „Nicht mehr Baum und Strauch, sondern die Masten einer 220-kV-Leitung sind heute das Symbol des Donaurieds", im Hintergrund der Bussen (aus Richard LOHRMANN, Die Wirkungsmöglichkeiten der Naturschutzbeauftragten in der praktischen Landschaftsgestaltung, in: Veröffentlichungen der Württembergischen Landesstellen für Naturschutz und Landschaftspflege 21, 1952, Abb. 6).

auf die weitere Gestaltung der Landschaft. Ziel war es, einen Ausgleich zu finden zwischen einer verbesserten Nutzbarkeit und Intensivierung einerseits und einer Kompensierung der vorhandenen Probleme, die sich insbesondere durch eine massive Winderosion manifestierten. Die Landschaft bekam ein neues Gesicht.

Man versuchte in diesen Jahren von Seiten der Landwirtschaft, der Wasserwirtschaft und des Naturschutzes aufeinander zuzugehen, zumindest aber sich auszutauschen. Bei einer Tagung der Kreisbeauftragten für Naturschutz und Landschaftspflege im Jahr 1951 äußerte sich Gerhard Schwenkel, damals Leiter der Landesstelle für Naturschutz Nordwürttemberg, wie folgt: „Die ethischen, wissenschaftlichen, schönheitlichen, kulturellen und sozialen Forderungen des Naturschutzes müssen mit der Wirtschaft, die sich der modernen Technik bedient, in Einklang gebracht werden."[154] Beim Thema „Landwirtschaftlicher Wasserbau und Naturschutz" unterstrich Oberbaurat Binder bei derselben Tagung, dass sich landwirtschaftlicher Wasserbau und Naturschutz nicht ausschlössen, wobei, pro domo gesprochen, die Kulturtechnik der Dränung den Naturschutz weniger betreffen würden als die Regulierung der Wasserläufe. Diese dürfe nur dort durchge-

---

154 Landesstelle für Naturschutz und Landschaftspflege, Vom Naturschutz in Nordwürttemberg. Jahresbericht der Landesstelle für Naturschutz und Landschaftspflege 1951, in: Veröffentlichungen der Württembergischen Landesstellen für Naturschutz und Landschaftspflege 21 (1952), S. 91–99.

führt werden, so der Berichterstatter, „wo ein kulturwidrig hoher Wasserstand während der Vegetationszeit beseitigt werden muß oder wo das Bett des Wasserlaufs für die geschlossene Ableitung des Hochwassers zu klein ist. [...] Die Darlegungen über Uferbepflanzung, Ufermauern, Brücken usw. bezeugten den ehrlichen Willen des neuzeitlichen Kulturtechnikers, den Wasserbau so naturnahe und naturverbunden wie möglich durchzuführen."[155] Ein Austausch auf Augenhöhe war das nicht! Doch wurde alljährlich von umfangreichen Pflanzungen mit Bäumen, Sträuchern und Weidensteckhölzern, darunter auch Uferbepflanzungen, Steilufersicherungen und Aufforstungen von „Ödland", berichtet. Vieles geschah im Zuge der Feldbereinigungen.[156]

Schon bei Erich Bergs erstem Besuch des Rieds im Jahr 1950 fiel ihm, wie schon Lohrmann, „die nahezu restlose Ausräumung von Baum und Strauch und die Kahlheit des Geländes auf, was ähnlich wie im Donauried zwischen Scheer und Riedlingen auf starke landschaftliche Schäden schließen ließ". Von Bauern bestätigt wurden ihm „oft wiederkehrende Bodenverwehungen" im Raum Unterstadion, Bettigkofen, Rottenacker. Das Rottenacker Ried wurde den Landschaften zugeordnet, „in denen Klima- und Bodenschutzmaßnahmen zwingend notwendig" seien.[157] Der Stehebach war reguliert, *verbessert* worden, und man hatte ein Kulturwehr eingebaut, um den Grundwasserstand zu steuern. Davor sei die Wasserversorgung der Kulturpflanzen unzureichend gewesen. Der Verbesserung des Stehebachs waren Flurbereinigungen gefolgt, von denen zwölf Gemarkungen berührt worden waren.[158] Zuvor waren über 1550 ha landwirtschaftliche Fläche immer wieder, zum Teil zweimal pro Jahr, überflutet worden. Das Stehebachunternehmen umfasste rund 3000 ha. Insgesamt baute man 19,3 km Wasserläufe aus und errichtete 24 Stauanlagen (Abb. 12).[159]

Die Planung der „Anpflanzungen verschiedenster Art" umfassten 17 km drei- und mehrreihige Hauptschutzpflanzungen, 58 km ein- bis zweireihige Schutzhecken und 20 km Baumreihen.[160] Ein wichtiger Bestandteil waren die Pflanzmaßnahmen zur Behebung der Bodenverwehungen, zur Regulierung des Wasserhaushalts, zur Verringerung der Verdunstung und der Spätfrostgefahr sowie zum Schutz der Bodengare.[161]

---

155 EBD., S. 94.
156 Z.B. ZIMMERMANN, Naturschutz Württemberg-Hohenzollern (wie Anm. 142), S. 14 f.; Landesstelle für Naturschutz und Landschaftspflege Baden-Württemberg und württembergische Bezirksstellen in Ludwigsburg und Tübingen, Jahresbericht der Landesstelle für Naturschutz und Landschaftspflege in Württemberg-Hohenzollern für das Jahr 1953, in: Veröffentlichungen der Landesstelle für Naturschutz und Landschaftspflege Baden-Württemberg und der württembergischen Bezirksstellen in Ludwigsburg und Tübingen 23 (1955), S. 14–26.
157 Erich BERG, Landespflegemaßnahmen im Rottenacker Ried und im Gebiet des Stehebachs im Kreis Ehingen (Donau), in: Veröffentlichungen der Landesstelle für Naturschutz und Landschaftspflege Baden-Württemberg und der württembergischen Bezirksstellen in Ludwigsburg und Tübingen 24 (Festschrift Schwenkel), S. 157–168, hier S. 157.
158 EBD., S. 159.
159 EBD., S. 160.
160 EBD., S. 160 ff.
161 EBD., S. 162 f. Auch in anderen Gegenden des Landes wurden solche Planungen gemacht, so beispielsweise in der Baar, wo auf Initiative des Landkreises Donaueschingen auf etwa 75 km Pappelreihen gepflanzt werden sollten. „Die zwei wesentlichsten Anforderungen an die Klimaanlagen der Baar seien A) Frost- und Windschutz für die landwirtschaftlich genutzten Gebiete und B) die Erzielung eines

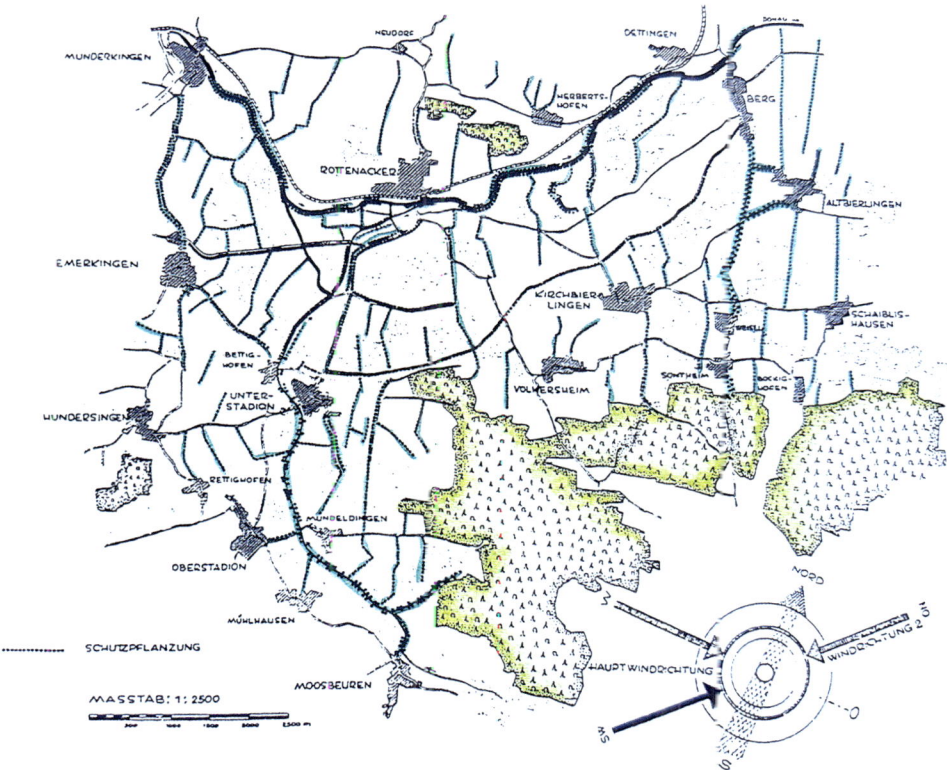

12 „Klimaschutzpflanzungen" im Rottenacker Ried (aus Erich BERG, Landespflegemaßnahmen im Rottenacker Ried und im Gebiet des Stehebachs im Kreis Ehingen (Donau), in: Veröffentlichungen der Landesstelle für Naturschutz und Landschaftspflege Baden-Württemberg und der württembergischen Bezirksstellen in Ludwigsburg und Tübingen 24 (Festschrift Schwenkel), S. 163, verändert).

Auch bei Eskuche,[162] der damals die Donauniederung schwerpunktmäßig im Raum Herbertingen kartierte, klingen Urteile an, die das damalige Bestreben nach Verbesserung des Grünlandes aus landwirtschaftlicher Sicht einerseits und die Sorge um Übernutzung, Ausräumung und landeskulturellen Schäden andererseits zum Ausdruck bringen. Trotz der Flusskorrektionen gebe es immer noch Überschwemmungen, nur nicht so ausgedehnt. Die durch den Donauausbau abgeschnittenen, mehr oder weniger tro-

möglichst hohen Holzertrags nach Masse und Wert der einzelnen Schutzstreifen." (Berthold SCHMIDT, Wind- und Frostschutzpflanzungen in der Baar, Schriften des Landkreises Donaueschingen Heft 5 (1955), Donaueschingen, S. 25). Neben der Hauptholzart Pappel sollten noch u. a. Ulme, Erle, Rosskastanie und „Mostobst" gepflanzt werden (EBD., S. 28). Der Pappelanbau und die Pappelzüchtung spielten in dieser Zeit eine große Rolle (Raschwüchsigkeit, hohe Massen- und Wertleistung); dazu zum Beispiel Bruno SCHMITZ-LENDERS, Mein Pappel-Testament, Frankfurt a. M. 1955.
162 Ulrich ESKUCHE, Vergleichende Standortuntersuchungen an Wiesen im Donauried bei Herbertingen, in: Jahreshefte des Vereins für vaterländische Naturkunde in Württemberg 109(2) (1955), S. 31–135.

ckengelegten Altgewässer würden nach wie vor das Landschaftsbild bestimmen, „teilweise allerdings in trauriger Verödung. Auch sind die Riede noch nicht bis auf den letzten Flecken urbar gemacht [...]. Wohl nirgends weit und breit – vom Federseeried einmal abgesehen – trifft man auf so große, zusammenhängende Wiesenflächen wie im Donauried und seinen Zuflußtälern."[163] Seine Kartierung von den flussnahen, grobkörnigen, trockenen Grießen über die Lehmaue bis hin zur feuchten Randsenke ergab damals eine große Vielfalt von Grünlandgesellschaften, grob gegliedert in Halbtrockenrasen, Futter- (Fett- und Feuchtwiesen) und Streuwiesen.[164] Vegetationskundlich reichte das Spektrum von Trespenrasen bis zu Großseggenrieden und Röhrichten.[165] Zur Torfseggen-Kohldistelwiese mit einer Variante von Carex davalliana (Davall-Segge) heißt es, sie sei neben den Halbtrockenrasen „wohl die reizvollste Grünlandgesellschaft des Donaurieds. [...] Die wenigen kleinen Flächen dieser Gesellschaft – auch wenn sie wirtschaftlich als völlig wertlos angesehen werden müssen – sollten von Meliorationen verschont bleiben [...]."[166] Eskuche konnte damals noch recht gut verschiedene Bodenformen, resp. Standorte und Wasserhaushalt mit Pflanzengemeinschaften korrelieren. Und vorsichtig widerspricht er dem Trend der Zeit, wenn er meint, die völlige Entwässerung der Niedermoor-Torfböden in der Randsenke sei „unzweckmäßig".[167] Von der differenzierten Grünlanddominanz kann heute keine Rede mehr sein.[168]

Erbitterter Streit um Landwirtschaftsflächen

Werfen wir noch einmal einen Blick ins württembergische Allgäu, wo im Zuge der ERP-Grünlandförderungsprogramms ebenfalls Kartierungen durchgeführt wurden, so u. a. in der „Umgebung Wangen" und beim Vorhaben „Speicherbecken Isny" unter der Ägide von Dr. Konrad Buchwald. Auf das Speicherbecken Isny soll hier eingegangen werden, weil dort auch intensive Diskussionen um die Landnutzung, speziell um Wiesen und Weiden, stattgefunden haben und wertende Urteile abgegeben wurden, die den Zeitgeist widerspiegeln.

Erste Planungen zur Nutzung der Argen zwischen Wangen und Steinenbach gehen auf Oberbaurat Gugenhan aus dem Jahr 1912 zurück.[169] Ein Speicherwerk sollte die Grundlage der Stromerzeugung der Oberschwäbischen Elektrizitätswerke (OEW) sein,

---

163 EBD., S. 37.
164 EBD., S. 45.
165 EBD., S. 46.
166 EBD., S. 70.
167 EBD., S. 132.
168 Werner KONOLD u. a., Donausanierung zwischen Sigmaringen und Zwiefaltendorf. Landschaftsökologischer Teil, Abschlussbericht an das Regierungspräsidium Tübingen, Stuttgart-Hohenheim 1989; Werner KONOLD/Ruth PFEILSTICKER/Michael JÖST, Vegetationskartierung mit Hilfe von Farbinfrarot-Luftbildern, in: Handbuch Wasserbau 3 (1990), S. 28–35 KONOLD, Flußlandschaft Donau (wie Anm. 147).
169 Walter CHRISTALLER, Das Argenwerk. in: Mitteilungen des Württembergischen Wasserwirtschaftsverbandes e.V. 3/4 (1950), Stuttgart; Unterlage aus der vormaligen Landesanstalt für Umweltschutz Baden-Württemberg.

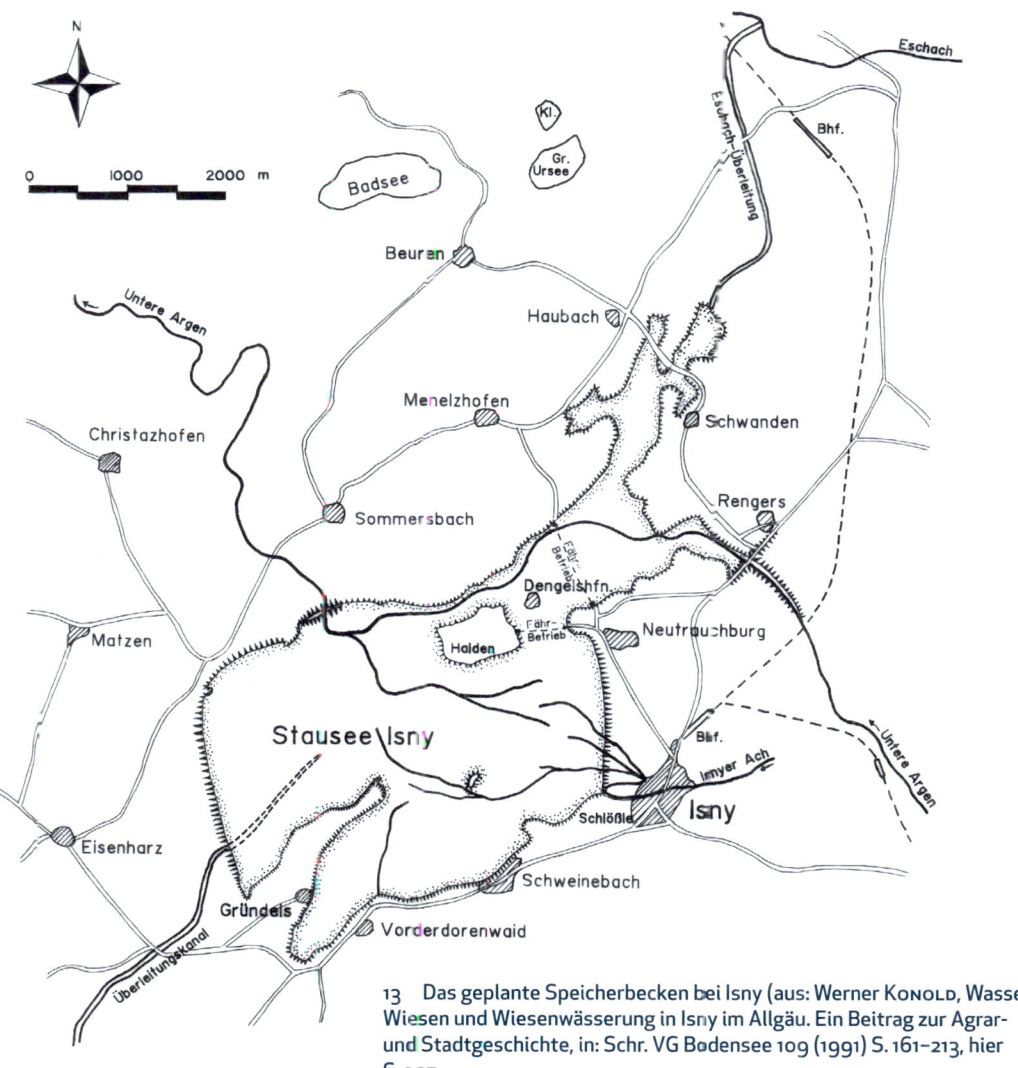

13 Das geplante Speicherbecken bei Isny (aus: Werner KONOLD, Wasser, Wiesen und Wiesenwässerung in Isny im Allgäu. Ein Beitrag zur Agrar- und Stadtgeschichte, in: Schr. VG Bodensee 109 (1991) S. 161–213, hier S. 207.

die 1909 gegründet worden waren. 1933 kam durch die Ingenieure Hartmann, Höflmayer und Trunz die Idee zu einem Speichersee (Jahresspeicher) bei Isny auf. Die AEG erwarb den noch modifizierten Vorschlag und bildete mit Partnern eine AG zur Projektierung und zum Ausbau des Argenwerks. „Seit 1943 ist die Detailprojektierung im Gange. Im Februar und August 1948 wurden die Konzessionsgesuche eingereicht."[170]

Das Kernstück, der Speicher bei Isny, wo die *Schneeschmelzwässer der Unteren Argen und der Eschach im Frühjahr gesammelt werden* sollten, sollte 100 Millionen cbm Nutz-

170 EBD., S. 50.

inhalt haben (dazu Abb. 13). Vom Speicher sollten dann die 300 m Gefälle bis zum Bodensee in zwei Hauptstufen (Eglofs und Summerau) und 13 kleineren Stufen für die Stromerzeugung genutzt werden. Die beiden Hauptstufen sollten 128 GWh liefern, der Gesamtausbau 213 GWh.[171] Errechnet wurde, dass der Speichersee einen mittleren Zufluss von 8,3 cbm/s hat, davon ¾ aus der Argen und ¼ aus der Eschach. Die Eschach sollte in einem offenen Kanal zugeführt werden.[172]

Der Gesamtausbau erfordere, so Christaller, rund 18 Quadratkilometer Grunderwerb, davon drei Viertel für den Speicher Isny. Betroffen seien „680 ha mittlere und gute Wiesen, vereinzelt Äcker, 350 ha Streuwiesen, 212 ha Wald, 270 ha Moos- und Torfflächen, 288 ha Öde, Wege, Hofflächen und minderwertige Flußrandflächen, etwa 35 klein- und mittelbäuerliche Betriebe" seien umzusiedeln. Man könne mit einem jährlichen Nutzungsentgang bei Milch, Fleisch und Holz von 600 000 bis 650 000 DM rechnen.[173]

Mit dem Bau des Speichers wären also große Flächen der landwirtschaftlichen Nutzung entzogen worden. Interessant ist nun, wie die in den Entscheidungsprozess Involvierten dies innerhalb des Konfliktfelds Wasserwirtschaft/Wasserkraftnutzung, Landwirtschaft und Naturschutz bewerteten.

Bereits 1941 hatte Regierungsbaudirektor Kälber vom württembergischen Landwirtschaftsministerium in einer Stellungnahme unter Bezugnahme auf eine Untersuchung der Württ. Landsiedlung GmbH von 1937 auf die landwirtschaftlichen Potenziale der betroffenen Flächen hingewiesen:[174] Es habe sich ergeben, *daß die Vorflutverhältnisse günstig liegen, und dass es möglich ist, die rd. 440 ha große Fläche durch Verbesserung*[175] *der Isnyer Ach, Ausführung von Entwässerungszügen und Dränungen in Verbindung mit einer Umlegung zu entwässern, sowie durch Umbruch und Kultivierungsarbeiten in wertvolle, ertragreiche Grundstücke umzuwandeln. [...] Soweit Torfstiche vorhanden sind, lassen sich diese nach der Senkung des Grundwasserspiegels durch die genannten Entwässerungsmassnahmen erheblich besser ausnützen. In ähnlicher Weise wie die erwähnte Fläche können auch die übrigen in den Stausee fallenden Feldgrundstücke auf Niedermooren einer besseren Nutzung zugeführt werden. 100 ha des Harprechter Moores seien für die Kultivierung nicht geeignet. Falls der Stausee gebaut wird, gehen [...] neben einer Anzahl von Torfstichen etwa 1000 ha guten oder mit einfachen Mitteln zu verbessernden Kulturbodens für die landwirtschaftliche Nutzung verloren. [...]. Ich [Kälber] habe daher die größten Bedenken gegen die Anlage des Stausees bei Isny, möchte auch glauben, daß sich anderwärts günstigere Möglichkeiten zur Gewinnung von Wasserkraft bieten.* Soweit die Potenzialeinschätzung aus landwirtschaftlicher Sicht, in Kontinuität dessen, was gängige Praxis war, und im Vorgriff auf das, was weiterhin Mainstream sein würde, im Isnyer Moos jedoch nicht zum Tragen kam.

---

171 EBD.
172 EBD. S. 51.
173 EBD., S. 54.
174 StadtA Isny Fasz. 1755, Großspeicher Isny, Erläuterungsbericht und Fachgutachten mit einem Lageplan 1:25000, zusammengestellt von Regierungsbaumeister Schlegel, München/Leutkirch, Beil. 4, *Regierungsbaudirektor Kälber beim Württ. Wirtschaftsminister, Abt. Landwirtschaft, an die Wasserwirtschaftsstelle für das obere Rheingebiet in Karlsruhe.*
175 Gemeint ist in der Fachterminologie dieser Zeit eine Begradigung und Tieferlegung.

Wie bei Christaller nachzuvollziehen, gingen die wasserwirtschaftlichen Planungen nach dem Krieg unvermindert weiter, untermauert mit einschlägigen Argumenten gegen eine landwirtschaftliche Nutzung. In einer Stellungnahme zu den Einwänden gegen das Argenwerk wurden entsprechende Kalkulationen vorgenommen, ausgehend von einer Denkschrift „Das Argenwerk" um 1947 von der Arbeitsgemeinschaft Argenwerk, einer Zweckgemeinschaft der AEG, Berlin, und der Energie-Versorgung Schwaben.[176] Es heißt dort: Zurzeit werde man mit den ca. 600 ha guten Wiesen etwa 600 Kühe mit einem jährlichen Milchertrag von je 2500 Liter, also von 1,5 Mio Liter Milch im Geldwert von etwa 180 000 Reichsmark jährlich füttern können. Anstelle von dieser landwirtschaftlichen Ertragsminderung wird durch die Erzeugung von jährlich über 200 Mio kWh ausgesprochener Qualitätsenergie der Verbrauch von etwa 150 000 Tonnen Kohle erspart. Und 1949 ist von einem Geldwert von 470 000 DM aus der Milcherzeugung die Rede. Der Erlös für Schlachtvieh und Holz läge bei 600 000 bis 630 000 DM. Den materiellen Schädigungen der Bauernschaft stünde ein Vielfaches an energiewirtschaftlichen und volkswirtschaftlichen Vorteilen gegenüber.[177]

Ein Widerstand gegen das Vorhaben formierte sich in Gestalt einer Interessengemeinschaft der bedrohten Eigentümer.[178] Diese hatten wie vordem Kälber eine Intensivierung der Flächen im Sinn. Durch die Regulierung der Ach und Kultivierungsarbeiten könnten 400–440 ha Land zu hochwertigem landwirtschaftlichen Nutzgebiet erschlossen und eine stattliche Anzahl von Siedlungen errichtet werden [...]. Und: Der aus dem Argenwerk der Stadt Isny einmal zugeteilte Anteil an Gewerbesteuer aus dem Gewerbesteueraufkommen des Argenprojekts kann im Vergleich mit der verlorenen Wirtschaft nur als Butterbrot bezeichnet werden.[179] Zur Unterstreichung der Argumente wird auf das noch zu erstellende pflanzensoziologische Gutachten von Dr. Buchwald verwiesen.

Dieses Gutachten dürfte für die Interessengemeinschaft allerdings enttäuschend gewesen sein.[180]

Auf der Grundlage seiner pflanzensoziologischen Kartierung bildete Buchwald Ertragsklassen von I (höchster Wert aus landwirtschaftlicher Sicht) bis IV (geringster Wert). Sein Ergebnis: „Über 80 % des Staubeckenraums zwischen Isny, Schweinebach, Dorenwaid, Unterried und Dengeltshofen nehmen Flächen der Ertragsklassen III–IV ein, d.h. Streuwiesen, und feuchte bis nasse Wässerwiesen mittleren Massenertrags und geringen Futterwertes. Entsprechendes gilt für den ‚Haubacher Zipfel'. [...] Die Ertragsklassen I und II sind im wesentlichen auf die Beckenrandzonen beschränkt und werden hier von der

---

176 Unterlage aus der früheren Landesanstalt für Umweltschutz Baden-Württemberg.
177 StadtA Isny Fasz. 1755, Großspeicher Isny, Energieversorgung Schwaben A.G., Das Argenwerk. Stellungnahme zu den Einwänden, Stuttgart 1949.
178 StadtA Isny Fasz. 1755, Großspeicher Isny, Interessengemeinschaft der vom Argenprojekt der EVS-AEG bedrohten Eigentümer, Kritische Betrachtung zum Argenprojekt. Metzingen 1950.
179 EBD., S. 9.
180 Konrad BUCHWALD, Das Argenwerk. Eine Beurteilung seiner Vor- und Nachteile für die land- und forstwirtschaftlich genutzten Flächen sowie des Einflusses der Vegetations- und Bodenverhältnisse auf die Wasserwirtschaft des Argengebiets. Masch. Manuskript 1951, Korrekturfassung, teilweise nicht paginiert bzw. händische Paginierung, Unterlage aus der früheren Landesanstalt für Umweltschutz Baden-Württemberg.

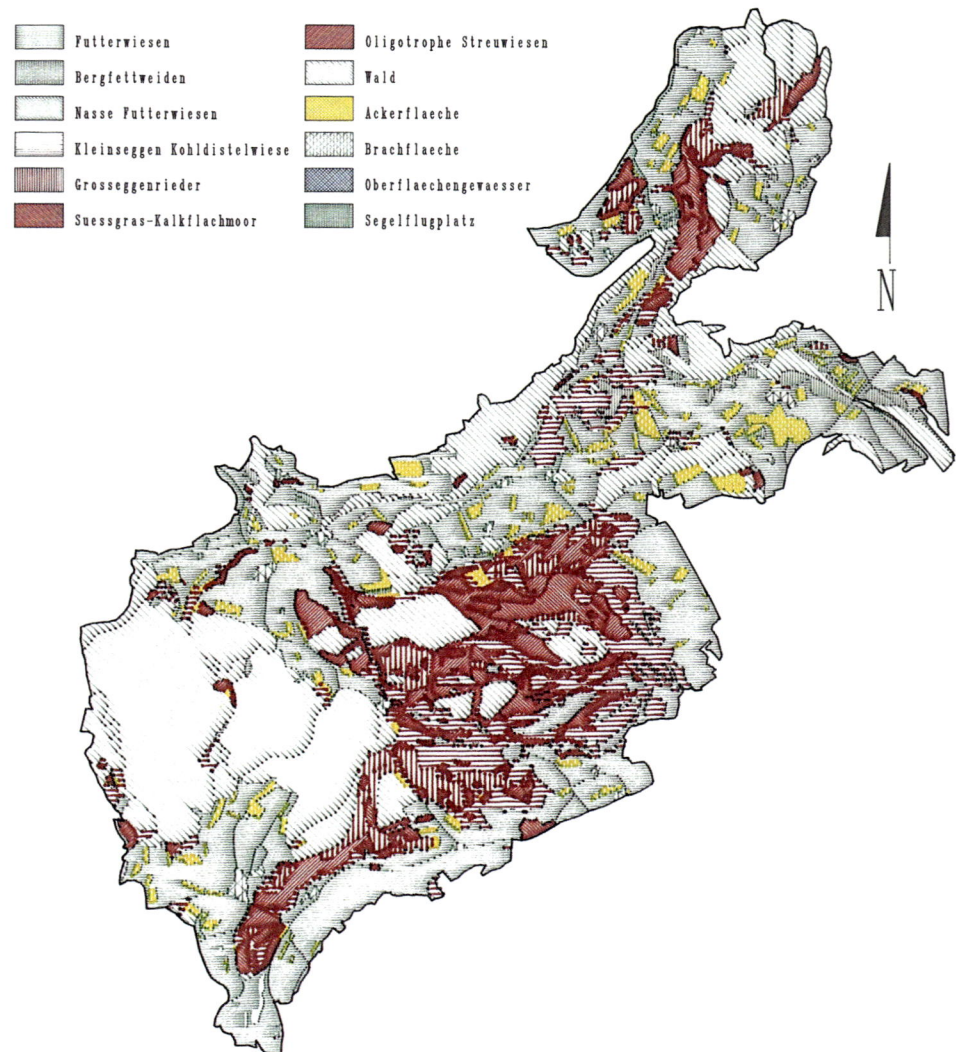

14   Die Vegetation im geplanten Speicherbecken, Isnyer Moos mit Umgebung, gegen Ende der 1940er Jahre (Unterlage aus der früheren Landesanstalt für Umweltschutz Baden-Württemberg, verändert). Die rot markierten Flächen kennzeichnen Grasländer mit hoher Feuchtestufe. In der Originalkarte wird noch deren Nutzungsform angegeben. Demnach sind die Kleinseggen-Kohldistelwiesen Wiesen „mittlerer Erträge bei geringem Futterwert", die Großseggenriede (und Schilfröhrichte) „Streuwiesen hoher Erträge (Grobstreu)", die Süßgras-Kalkflachmoore verschiedener Ausbildungen „Streuwiesen geringer Erträge (meist hochwertige Feinstreu)", hinter den „oligotrophen Streuwiesen" verbergen sich Kalkflachmoore in verschiedenen Stadien mit Heidekraut und Pfeifengras als „Streuwiesen geringerer Erträge (hochwertige Feinstreu)". Die weißen Flächen mit der randlichen Schraffierung sind Hochmoore mit „Brenntorfgewinnung, selten Streunutzung". Westlich von Boden liegt das große Harprechtser Moos, nördlich und östlich liegen das Riedmüller- und das Rotmoos.

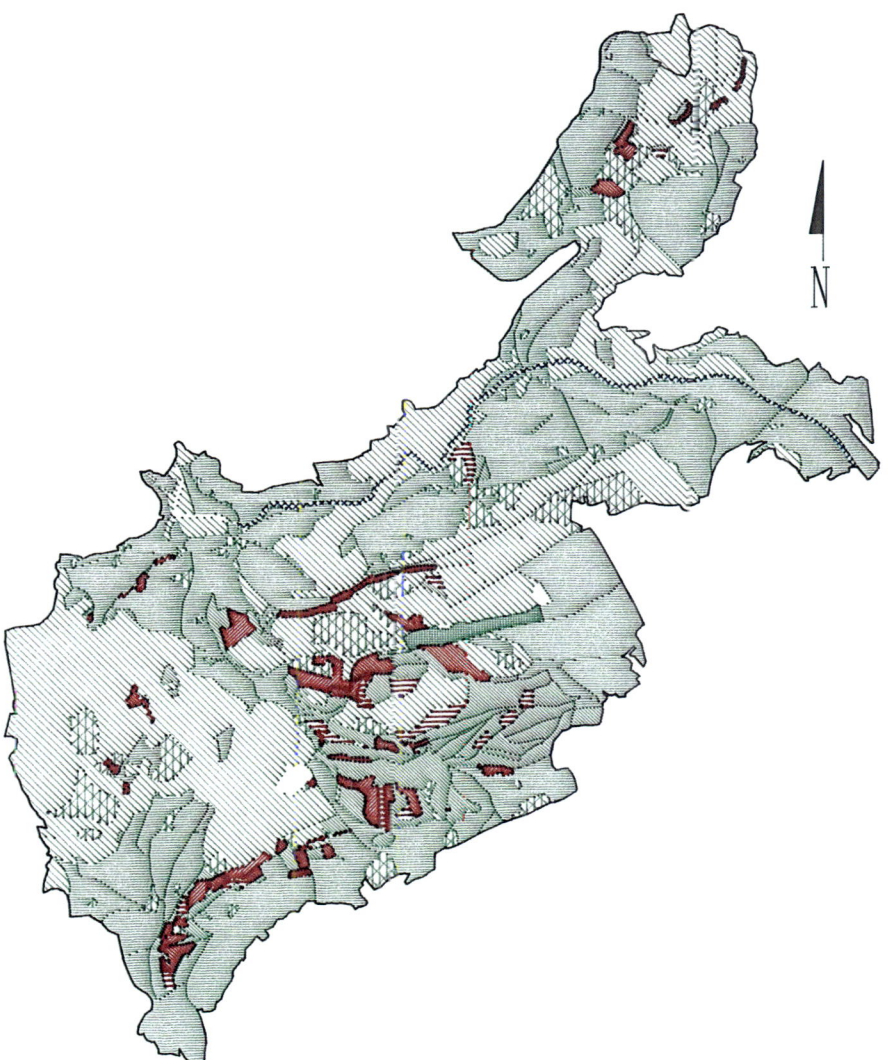

15   Die Vegetation im geplanten Speicherbecken Isnyer Moos mit Umgebung gegen Ende der 1980er Jahre (Unterlage aus der früheren Landesanstalt für Umweltschutz Baden-Württemberg, verändert). Die rot markierten feuchten Riede, Röhrichte und Kalkflachmoore, die früher als Streuwiesen genutzt worden waren, sind stark zurückgegangen, Futterwiesen, darunter auch Feuchtwiesen, und die aufgeforsteten Flächen („Wald") haben stark zugenommen. Einige frühere Streuwiesen sind brach gefallen.

Überstauung nur in schmalem Saume betroffen. [...] Von der gesamten überstauten Fläche entfallen also auf Ackerland und die Grünlandertragsklassen I und II nur 28,6%, das ist etwas über ein Viertel der überstauten Fläche. Es dürfte sich in Westdeutschland kaum wieder ein Staubeckenraum von der geplanten Größe finden lassen, der ein derartig geringes Opfer an wertvoller landwirtschaftlich genutzter Fläche erfordert."[181]

Buchwald konnte natürlich bei seiner Kartierung die Bedeutung der (heute aus Naturschutzsicht) wertvollen Pflanzengemeinschaften durchaus einschätzen. Er nannte „besonders schön entwickelte und großflächige Pfeifengras-Kalkflachmoore, Pfeifengraswiesen, Fadenseggen-Riede". Diese Gesellschaften gebe es jedoch auch an anderer Stelle. Dort müssten sie aber umgehend unter Naturschutz gestellt werden.[182] Damit war ein klares Urteil gesprochen!

Buchwalds Fazit nach einem gewissen zeitlichen Abstand: „Betrachtet man die geplanten Maßnahmen einseitig von dem Standpunkt des Natur- und Landschaftsschutzes in rein konservierendem Sinne, so erscheinen die zur Wiedergesundung der Landschaft durch Hebung der Grundwasserstände usw. nötigen Bauten der Staustufen als ein unerwünschter, störender Eingriff in die Landschaft. Zeitgemäße Landschaftspflege aber darf ihre Aufgabe nicht nur darin sehen, Bestehendes zu konservieren, vor allem aber, wenn dieses nicht mehr lebens- und leistungsfähig ist. Ziel moderner Landschaftspflege muß vielmehr die Erhaltung und Wiederherstellung einer in ihrem Wasser-, Nährstoff- und Klimahaushalt und damit biologisch gesunden und wirtschaftlich nachhaltig leistungsfähigen Landschaft sein."[183] Dies spiegelt das Denken der damaligen Zeit sehr gut wider.

Das Speicherbecken wurde nicht gebaut, weil im Laufe der 1950er Jahre die große Hoffnung keimte, künftig mit Atomkraft in großem Umfang Strom erzeugen zu können. Doch blieb für das Grünland vor den Toren der Stadt Isny die Zeit nicht stehen. Die Fläche des geplanten Speichers war später wieder Gegenstand von Kartierungen. Auf einer Karte aus dem Jahr 1989 (Abb. 15) kann man im Vergleich mit der Aufnahme von 1949 (Abb. 14) erkennen, dass sich die Vegetation ganz stark verändert hat, und zwar zum Nachteil des Naturschutzwerts. Die anhaltenden und sich verstärkenden Bestrebungen, das Grünland zu intensivieren, hatten also Früchte getragen.

Fazit

Wollte man die Geschichte der Landnutzung in Oberschwaben fortschreiben, so würde man sehen, dass der eingeschlagene Weg weiter beschritten wurde – mit Entwässerung, Begradigung und Verrohrung von Fließgewässern, Intensivierung Richtung Vielschnittwiesen, verbunden mit einem sehr frühen ersten Schnitt, starker Düngung, Befahrung

---

181 EBD., S. 41.
182 EBD., S. 57.
183 Konrad BUCHWALD, Generalwasserplanung auf Grund natürlicher Standortkartierung am Beispiel des Argengebietes, in: Forschungs- und Sitzungsberichte der Akademie für Raumforschung und Landesplanung 2 (1953), S. 57–62, hier S. 62.

mit schweren Maschinen und oft auch Portionsweide (kurzfristige intensive Weide auf kleiner Fläche), Aufgabe von Streuwiesen, Vereinfachung der floristischen Zusammensetzung nahezu aller Grünlandflächen, Zunahme des Ackerbaus in anderen Teilen der Oberlandes. In den letzten Jahren neu hinzugekommen ist speziell im Westallgäu, dessen Wandel zum Grünlandgebiet wir nachgezeichnet haben, ein umfangreicher Anbau von Mais, der entweder in den Mägen des Milchviehs oder in Biogasanlagen landet. Der Ackerbau ist also wieder zurückgekommen, ohne dass sich das ‚Geschäftsmodell' verändert hat. Auch wenn im Laufe der Jahrzehnte etliche Flächen unter Naturschutz gestellt wurden, so muss man dennoch konstatieren, dass der Naturschutz als Restflächenverwerter das erhält, was der Intensivierung entkommen ist, weil es zu nass, zu steil oder zu abgelegen ist. Die Zeit der Wiedervernässung und Renaturierung im Sinne des Naturschutzes hat erst gerade begonnen. Wirkungen sind daher noch kaum spürbar.

Die Triebkräfte für den im Ansatz nachgezeichneten Wandel der Landschaften Oberschwabens lassen sich unter Einbeziehung ihrer Wechselwirkungen klar identifizieren: der Wunsch und der Wille, Einkommen und Wohlstand zu vergrößern, optimal oder zumindest gut flankiert von politischen und agrarstrukturellen Prozessen, von Beratungs-, Aus- und Weiterbildungsangeboten, von technischen Innovationen und Mitteln, die auch massive Eingriffe in die Landschaft möglich machten (einmal mehr sei auf die „Melioration" hingewiesen) sowie von rasanten Entwicklungen bei der Verkehrsinfrastruktur, die die Reaktionsfähigkeit auf sich ändernde Marktverhältnisse beschleunigten – dahinter eine der Praxis zugewandte Wissenschaft. Und hier und dort gab es auch ein Lernen aus falschen Entscheidungen und Entwicklungen, jedoch ohne den Mainstream in Frage zu stellen.

Vom Lehensbauer zum Agrarunternehmer. Der Strukturwandel in der Landwirtschaft Oberschwabens von 1800 bis zur Gegenwart

Edwin Ernst Weber

In Kreenheinstetten, einem fürstenbergischen Untertanenort auf dem 800 m hoch gelegenen südlichen Heuberg, begegnet am Ende des Alten Reiches eine zur Gänze agrarische Dorfgesellschaft. Die nahezu ausschließliche Erwerbsquelle der 1805 405 Einwohner ist der Ackerbau und hier zumal der Getreideanbau, der nach dem überkommenen System der Dreifelderwirtschaft mit dem Dinkel als Hauptbrotfrucht im Winterfeld, Gerste und Hafer im Sommerfeld und einer noch wenig mit Futterpflanzen und Kartoffeln bestellten Brache betrieben wird. Vorrangige Aufgabe der Viehhaltung mit Rindern und Pferden ist die Bereitstellung von Zugtieren und Dünger für den Ackerbau.

Bestimmende Faktoren der agrarischen Verhältnisse sind die Grundherrschaft, die Dorfgenossenschaft und das Erbrecht. Die Grundherrschaft, die in Kreenheinstetten 1743 mit Ausnahme von fünf Kleinlehen des örtlichen Heiligenfonds und der Meßkircher Kirchenfabrik vollständig (95 %) im Besitz der fürstenbergischen Orts- und Territorialherrschaft ist, konzentriert die dörflichen Lehensgüter zu mehr als 80 Prozent in den Händen eines knappen Dutzend gut situierter und zur Marktproduktion fähiger Bauern, während die wachsende Zahl der Kleinbauern und Taglöhner – 1743 knapp zwei Drittel der damals 72 landwirtschaftlichen Betriebsinhaber des Ortes – sich mit weniger als einem Drittel der individuell genutzten Äcker und Wiesen und vielfach winzigen und für die Subsistenz der Familie nicht ausreichenden Gütchen begnügen müssen. Zusammen mit dem auch an der Oberen Donau und auf dem südlichen Heuberg vorherrschenden Anerbenrecht verfestigt die Grundherrschaft mit ihrem Verbot der Lehensteilung die ungleiche dörfliche Besitzverteilung, die in Kreenheinstetten lediglich durch den vergleichsweise hohen Anteil des nicht der Grundherrschaft unterworfenen bäuerlichen Eigengutes von immerhin 41 % etwas aufgelockert wird.

Neben der feudalen besteht zudem eine genossenschaftliche Bindung der bäuerlichen Wirtschaft, indem knapp 18 % der Dorfgemarkung Allmenden sind und als Viehweiden genutzt werden und zum anderen auch die bäuerlichen Äcker und Wiesen nach der Getreideernte und während der Brache bzw. nach dem ersten Schnitt für die gemein-

1　Nahezu unter jedem Dach eine Landwirtschaft: Luftaufnahme von Kreenheinstetten 1950er Jahre (Kreisarchiv Sigmaringen VI-1 Nr. Kreenh 23).

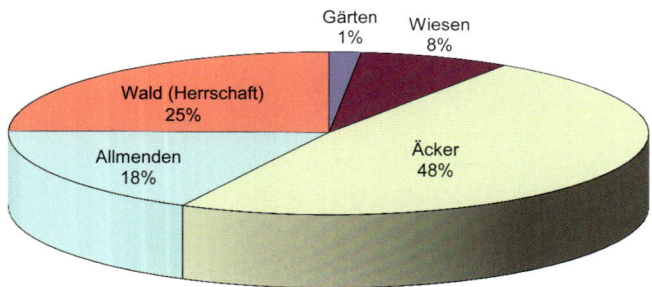

2　Kategorien der dörflichen Flurnutzung in Kreenheinstetten 1743.

same Weidenutzung geöffnet werden müssen. Umfangreiche Holznutzungsrechte besitzt die bäuerliche Bevölkerung in den herrschaftlichen Waldungen, die 25% der Dorfgemarkung einnehmen. Neben der arbeitsintensiven Landwirtschaft, die auf den Höfen der Großbauern mit mehr als 15 bis 20 ha Umfang notwendig außerfamiliärer Hilfskräfte in Gestalt von Knechten und Mägden sowie saisonal von Taglöhnern zumal bei der Ernte bedarf, bestehen nur beschränkte gewerbliche Verdienstmöglichkeiten in Gestalt von im Jahr 1778 insgesamt 18 auf die bäuerliche Wirtschaft und die dörfliche Versorgung ausgerichteten Handwerkern.[1]

1　Zu den dörflichen und wirtschaftlichen Verhältnissen in Kreenheinstetten im 18. Jahrhundert Edwin Ernst WEBER, Von Herren, Pfarrern und Bauern. Das Dorf Kreenheinstetten im 17. und 18. Jahrhundert, in: Walter KNITTEL (Red.), Im Schatten eines Denkmals. Geschichte und Geschichten des Geburtsortes von Abraham a Sancta Clara. Kreenheinstetten 793–1993, Leibertingen 1993, S. 78–145, Anmerkungen S. 230–241.

3   Der nach einem Brand 1927 wieder aufgebaute – und 1967 erneut abgebrannte – Bauernhof von Johann Oexle in Kreenheinstetten, 1950er Jahre (Vorlage: Privatbesitz Kreenheinstetten).

4   Aussiedlerhof von Herbert und Birgit Stier geb. Oexle 2023 am Ortsrand von Kreenheinstetten in Richtung Langenhart mit Fahrzeug- und Maschinenhalle (links), Stallgebäude (Mitte), Wohnhaus (Mitte vorne) und Futterhalle (rechts) mit Photovoltaikanlage auf den Dächern (Foto: Reiner Löbe).

200 Jahre später ist diese weitgehend auf sich bezogene dörflich-bäuerliche Welt verschwunden und ist es auch in Kreenheinstetten zu einer „Entbäuerlichung des Dorfes"[2] gekommen. Neben sechs Nebenerwerbs- und „Hobby"-Landwirten mit einer Betriebsfläche von zusammen rund 80 ha besteht in Gestalt eines Aussiedlerhofes am Ortsrand noch ein einziger Vollerwerbsbetrieb mit einer landwirtschaftlichen Nutzfläche von ca. 230 ha, davon rund 180 ha auf Kreenheinstetter Gemarkung.[3] Es ist dies knapp ein Fünftel der gesamten landwirtschaftlichen Nutzfläche der Ortschaft von ca. 850 bis 900 ha. Die weiteren Mitnutzer der Acker- und Wiesenflächen des Dorfes und damit die Konkurrenten des verbliebenen örtlichen Vollerwerbsbetriebs um die begehrten Pachtfelder sind nahezu ein Dutzend externer landwirtschaftlicher Großbetriebe aus der näheren und weiteren Nachbarschaft bis nach Meßkirch, Sauldorf (Bichtlingen) und Sigmaringen (Laiz). Mit Ausnahme des Vollerwerbslandwirts und seiner Tochter geht die gesamte Kreenheinstetter Bevölkerung 2022 nichtlandwirtschaftlichen Beschäftigungen in der Industrie oder im Dienstleistungsbereich nach, wobei neben dem Auspendeln zu Arbeitsplätzen in den umliegenden Städten ein zumal in den letzten Jahrzehnten rasant gewachsenes Beschäftigungsangebot in Betrieben vor Ort innerhalb der Gemeinde Leibertingen, der Kreenheinstetten als Teilort seit der Kommunalreform von 1975 angehört, besteht. Wurden für die Gemeinde Leibertingen 1999 noch 626 Auspendler und nur 76 Einpendler gezählt, so standen 2020 783 Auspendlern immerhin 513 Einpendler gegenüber.[4] Das „bäuerliche Zeitalter"[5] ist damit zu Beginn des 21. Jahrhunderts auch im dörflichen Kreenheinstetten zu Ende gegangen.

Am Fallbeispiel von Kreenheinstetten, das in den Kontext vergleichender Strukturdaten von Oberschwaben und Südwestdeutschland gestellt wird, soll im Folgenden der einschneidende Strukturwandel beschrieben und gedeutet werden, den die Landwirtschaft nicht nur im Oberland in den vergangenen 200 Jahren bis zur Gegenwart erlebt hat. Der Wandlungsprozess vollzieht sich in drei Phasen: Am Anfang steht die Beseitigung der feudalen und genossenschaftlichen Bindungen des Bodens durch die sog. „Bauernbefreiung" im ausgehenden 18. und in der ersten Hälfte des 19. Jahrhunderts. Es folgt eine Phase wachsender Markteinflüsse sowie der beginnenden Mechanisierung und Landflucht vor dem Hintergrund der Industrialisierung von der Mitte des 19. bis zur

---

2 Gunter MAHLERWEIN, Aufbruch im Dorf. Strukturwandel im ländlichen Raum Baden-Württembergs nach 1950, Stuttgart 2007, S. 93.
3 Interview von Kreisarchivar Dr. Edwin Ernst Weber mit Ortsvorsteher Guido Amann, Leibertingen-Kreenheinstetten, am 23. August 2022 (Kreisarchiv Sigmaringen); Interview von Kreisarchivar Dr. Edwin Ernst Weber mit dem Landwirt Herbert Stier und seiner Tochter Katharina aus Kreenheinstetten am 6. September 2022 auf dem Aussiedlerhof Stier (Kreisarchiv Sigmaringen).
4 Sozialversicherungspflichtig Beschäftigte sowie Berufspendler über die Gemeindegrenzen 2011–2021 Gemeinde Leibertingen (www.statistik-bw.de/Arbeit/Beschaeftigte/03025020.tab?R=GS437072 – aufgerufen am 22.8.2022).
5 So die Schriftstellerin Dörte Hansen, die sich in ihrem literarischen Werk mit ländlichen Räumen im Alten Land und in Schleswig-Holstein beschäftigt. Sie prognostiziert dem nichtbäuerlichen Dorf eine gute Zukunft als „Wahlgemeinschaft" anstelle der früheren „Zweckgemeinschaft" (Artikel „Dörte Hansen: Autorin sieht Potenzial für ländliche Region", Südkurier Pfullendorf-Meßkirch, 14.9.2022, S. 13).

Mitte des 20. Jahrhunderts. Und am Ende kommen ein von der EU-Agrarpolitik bestimmter Schrumpfungsprozess und eine ‚Kapitalisierung' der bäuerlichen Landwirtschaft in den letzten 70 Jahren hinzu.

Die „Bauernbefreiung"

In einem langwierigen, vielfach durch den Widerstand zumal der standesherrlichen Inhaber der Feudalrechte gebremsten Prozess schaffen Baden und Württemberg von 1817 bis zur Revolution von 1848/49 die gesetzlichen Grundlagen für die sog. Allodifizierung des grundherrschaftlich gebundenen bäuerlichen Landbesitzes sowie für die Ablösung der weiteren Feudallasten und hier namentlich des Zehnten als der neben den Grundzinsen bedeutendsten Abgabe. Die Bauern haben für die Ablösung Entschädigungszahlungen an die Feudalherren in Höhe vom zehn- bis zum 20-fachen des jährlichen Reinertrags der jeweiligen Abgabe oder Leistung zu zahlen. Teilweise beteiligen sich die Staaten mit Zuschüssen an den Ablösezahlungen und richten Ablösungs- bzw. Schuldentilgungskassen ein, die für die Bauern die Kreditfinanzierung der Ablösezahlungen erleichtern.[6] Der Preis für den Wegfall der zahllosen Feudallasten aus Grundherrschaft, Zehntherrschaft, Orts- und Niedergerichtsherrschaft, Fronpflichten und schließlich auch den Resten der Leibherrschaft mit einem Umfang von zusammen ca. 25 bis 30 Prozent des jährlichen bäuerlichen Ernteertrags ist die Verschuldung vieler Bauernhöfe, die zumal in der agrarischen Not- und Krisenzeit von 1845 bis Mitte der 1850er Jahre zur *Vergantung* (Konkursverfahren) nicht weniger Güter führt.[7] In Kreenheinstetten ist davon der viertgrößte Hof des Dorfes, das etwas mehr als 40 ha große Anwesen von Anton Rebholz, betroffen, das 1852 in die Zwangsversteigerung gerät und schließlich an nicht weniger als 29 Käufer aufgeteilt wird.[8]

Wolfgang von Hippel beziffert das Ablösungskapital ohne Verzinsung in Württemberg auf ca. 88 Millionen und in Baden auf etwa 58–60 Millionen Gulden. Etwa 47 % davon gingen in Württemberg und „vermutlich nicht sehr viel weniger" auch in Baden an den Staat, dessen Feudalbesitz durch die Säkularisation kräftig angestiegen war, ein gutes Viertel bekam der standes- und grundherrliche Adel einschließlich der besonders in Oberschwaben begüterten regierenden Häuser, ein weiteres Fünftel ging an die Kirche, Schulen, Stiftungen und Korporationen, der Rest an sonstige Privatpersonen des In-

---

6 Einen Überblick geben Wolfgang VON HIPPEL, Wirtschafts- und Sozialgeschichte 1800 bis 1918, in: Hansmartin SCHWARZMAIER (Hg.), Handbuch der baden-württembergischen Geschichte, Band 3. Vom Ende des Alten Reiches bis zum Ende der Monarchien, Stuttgart 1992, S. 477–784, v. a. S. 523–530 sowie allgemein Reiner PRASS, Grundzüge der Agrargeschichte, Band 2. Vom Dreißigjährigen Krieg bis zum Beginn der Moderne (1650–1880), Köln u. a. 2016, S. 150–157.
7 Christoph BORCHERDT u. a., Die Landwirtschaft in Baden-Württemberg. Veränderungen von Anbau, Viehhaltung und landwirtschaftlichen Betriebsgrößen 1850–1980 (Schriften zur politischen Landeskunde Baden-Württemberg 12), Stuttgart u. a. 1985, S. 46; eine positivere Bewertung der Feudallastenablösung für die Bauern findet sich bei Wolfgang VON HIPPEL, Wirtschafts- und Sozialgeschichte (wie Anm. 6), S. 528.
8 Walter KNITTEL, Vom Untertan zum Bürger – Zur Befreiung aus der fürstenbergischen Herrschaft, in: DERS., Im Schatten eines Denkmals (wie Anm. 1), S. 146–153, hier S. 152.

und Auslandes.⁹ Während die Allodifizierung der bäuerlichen Lehensgüter über eine direkte Ablösungsleistung der Lehensbauern an ihre bisherigen Grundherren bzw. die 1833 in Baden und 1848/49 in Württemberg errichteten Ablösungskassen erfolgte, fungierten bei der Zehntablösung die Gemeinden als Vermittlungs- und Zwischeninstanzen. Auf der Grundlage des badischen Zehntablösungsgesetzes vom 15. November 1833, das eine Zehntablösung gegen das 20fache des jährlichen Reinertrags mit einem Fünftelbeitrag des Staates vorsah, schloss die Gemeinde Kreenheinstetten zwei Ablösungsverträge ab: Zum einen 1838 mit der fürstenbergischen Standesherrschaft mit einem 1850 festgesetzten Ablösungskapital von 11 676 fl 12 x für deren Zehntanteil und zum anderen mit der katholischen Kirche für den dem Ortspfarrer zustehenden Zehntanteil und einem ab 1854 zu zahlenden Ablösungskapital von 16 462 fl 23 x. Während die Zahlung an Fürstenberg in fünf Jahresraten von 1851 bis 1855 erfolgte, stand beim Kirchenzehnten noch 1881 eine Restzahlung von 4773,10 Mark aus.¹⁰

Die Aufteilung der Allmenden

Kaum minder wichtig für die Befreiung der bäuerlichen Betriebe von überkommenen Einschränkungen der Wirtschaftsführung war die Beseitigung der genossenschaftlichen Nutzungsreglementierungen. Die traditionelle Dorfgemeinde ist bis weit ins 19. Jahrhundert hinein auch in Kreenheinstetten und Oberschwaben insgesamt auch und vor allem ein bäuerlicher Wirtschaftsverband, der die Bodennutzung der Dorfbewohner koordiniert und regelt. Es besteht ein strikter Flurzwang, der den bäuerlichen Eigentümern im Rahmen der Dreifelderwirtschaft den Getreideanbau in den sog. Öschen vorgibt und in ein verbindliches Zeitreglement für Aussaat und Ernte stellt. Da bis ins 19. Jahrhundert kein Feldwegenetz besteht, ist die Feldbearbeitung nur abgestimmt und mit zahllosen Tritt- und Überfahrtsrechten möglich. Nach der Ernte und während der Brache dienen die Äcker als Viehweide, gleiches gilt für die zumeist *einschürigen* Wiesen nach dem ersten Schnitt, d.h. der Heuernte. Die dörfliche Viehhaltung erfolgt mit Ausnahme der Wintermonate gemeinschaftlich und unter der Aufsicht kommunaler Viehhirten im Freien auf den nach Getreide- bzw. Heuernte zu öffnenden Äckern und Wiesen, vor allem aber auf den als Weideflächen dienenden Allmenden. Der Anteil der einzelnen Bauern und Taglöhner an der Allmendnutzung und zumal dem gemeinen Trieb für ihre Pferde und Rinder hängt von der Größe des jeweiligen Besitzes ab und verlängert die soziale Ungleichheit im Dorf auch in den genossenschaftlichen Bereich.¹¹

Nachdem bereits im 17. und 18. Jahrhundert kleinere Teile der Allmende den Bürgern zur individuellen Nutzung und Bebauung zumal als *Krautteile* überlassen worden waren,¹² erfolgt 1811 zusammen mit der Einführung der Stallfütterung des Viehs und damit der Aufgabe der gemeinsamen Viehweide die Aufteilung der Allmenden. Wie wieder-

---

9 VON HIPPEL, Wirtschafts- und Sozialgeschichte (wie Anm. 6), S. 527f.
10 KNITTEL, Vom Untertan zum Bürger (wie Anm. 8), S. 152.
11 WEBER, Von Herren, Pfarrern und Bauern (wie Anm. 1), S. 115f.
12 EBD., S. 116.

5 Entwicklung der landwirtschaftlichen Betriebsgrößen in Kreenheinstetten 1743–1967.

Betriebs-größen	1743 Betriebe	1743 Fläche in ha	1841 Betriebe	1841 Fläche in ha	1872 Betriebe	1872 Fläche in ha	1913 Betriebe	1913 Fläche in ha	1967 Betriebe	1967 Fläche in ha
Unter 2 ha	27 / 37,5 %	16,9 / 1,76 %	41 / 39,81 %	29,79 / 3,37 %	29 / 25 %	17,36 / 2,5 %	30 / 26,5 %	31,86 / 3,4 %	14 / 16,47 %	11,13 / 1,25 %
2–4,9 ha	6 / 8,33 %	20,81 / 2,37 %	19 / 18,45 %	57,76 / 6,53 %	31 / 27 %	109,49 / 13 %	8 / 7,1 %	24,46 / 2,5 %	4 / 4,7 %	10,01 / 1,12 %
5–9,9 ha	14 / 19,44 %	100,2 / 10,42 %	16 / 15,54 %	120,92 / 13,66 %	23 / 19,5 %	167,16 / 20,5 %	37 / 32,7 %	273,30 / 27,8 %	21 / 24,7 %	161,91 / 18,2 %
10–19,9 ha	10 / 13,89 %	147,85 / 16,85 %	13 / 12,62 %	184,47 / 20,85 %	26 / 22,5 %	346,83 / 42 %	24 / 21,2 %	327,09 / 33,3 %	40 / 47,05 %	562,19 / 63,22 %
Über 20 ha	15 / 20,84 %	591,55 / 67,43 %	14 / 13,59 %	491,94 / 55,59 %	7 / 6 %	182,16 / 22 %	14 / 12,4 %	322,67 / 32,9 %	6 / 7,06 %	144,02 / 16,19 %
Summe	72	877,31	103	884,88	116	822,98	113	981,19	85	889,26
Mittlere Betriebsgröße		12,18		8,59		7,09		8,68		10,46

kehrende Klagen offenbaren, ist die Bonität der großenteils am Rand der Ortsgemarkung gelegenen Allmendfelder bescheiden und bleibt in ihrem Bodenertrag hinter den übrigen landwirtschaftlich genutzten Flächen des Dorfes zurück. Wurden die Allmendweiden mit einem Umfang von ca. 140 ha zunächst in 62 *Losen* zu je 6 Morgen an die 62 berechtigten Gemeindebürger auf Lebenszeit ausgegeben, so erfolgt 1854 vor dem Hintergrund einer stark gewachsenen Bürgerzahl eine neue Aufteilung in 124 Lose zu je 3 Morgen unter Berücksichtigung von drei Qualitätsstufen. In der Folge wurde ein kleinerer Teil der Allmende aufgeforstet. 1905 war die Allmende noch in 121 Lose zu je 3 Morgen oder 108 Ar und 1949 bei einem Umfang von noch 120 ha, davon ein Drittel Ackerland und zwei Drittel Wiesen, in insgesamt 360 Einzelgrundstücke von jeweils 36 Ar unter 103 bürgerliche *Genussberechtigte* gegen geringe Geldzahlung an die Gemeinde aufgeteilt.[13]

In vergleichbarer Weise erfolgt vom ausgehenden 18. bis in die Mitte des 19. Jahrhunderts auch in zahlreichen anderen Gemeinden Oberschwabens die mit der Einführung der Stallfütterung einhergehende Aufteilung der Allmenden unter die Gemeindebürger. Heftig umstritten ist dabei vielfach der Modus der Aufteilung: Konkret geht es zum einen darum, ob nur die nutzungsberechtigten Mitglieder der sog. Realgemeinde, d.h. die bislang zum Allmendgenuss berechtigten Inhaber von Bauernhöfen und Taglöhnergütchen, oder aber die gesamte Einwohnerschaft des Dorfes Anteil an der Allmende erhalten. Zum anderen wird auch darum gerungen, ob die Aufteilung nach Hofgröße erfolgt oder ob alle Gemeindebürger unabhängig von Besitz und Sozialstatus gleichförmig All-

---

13 KNITTEL, Vom Untertan zum Bürger (wie Anm. 8), S. 186 f.

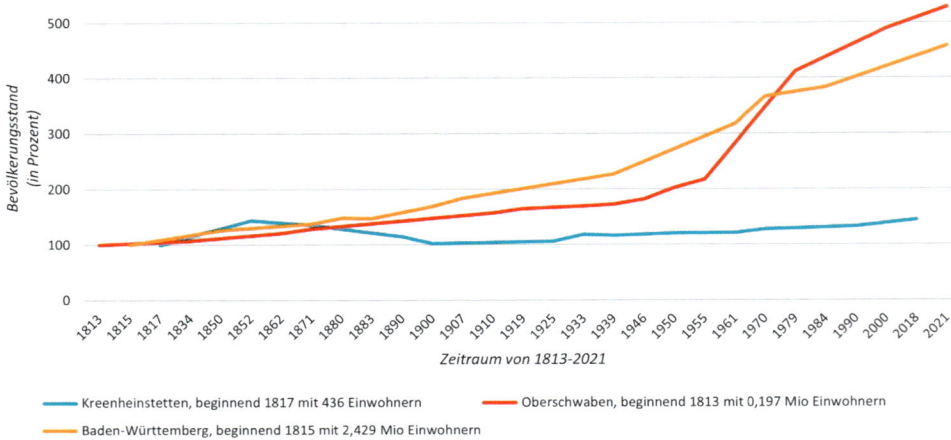

6   Die prozentuale Bevölkerungsentwicklung in Kreenheinstetten, Oberschwaben und Baden-Württemberg 1813–2021 (ausgehend vom jeweiligen Bevölkerungsstand zu Beginn des Zeitraums).

mendteile erhalten. Grundsätzlich konnte jede Gemeinde selbst darüber entscheiden, ob und wie sie die Allmende verteilen wollte.[14]

Durch die Allmendaufteilung und den durch die Feudallastenablösung mobiler werdenden Bodenmarkt erhöhen sich in Kreenheinstetten und in vergleichbarer Weise in vielen Orten Oberschwabens die Nutzungs- und Nahrungsspielräume zumal der klein- und unterbäuerlichen Bevölkerung. Der Vergleich der landwirtschaftlichen Betriebsgrößen in Kreenheinstetten 1743 und 1841 offenbart für die Kleinstellen unter 5 ha einen Zuwachs an der landwirtschaftlichen Nutzungsfläche des Dorfes von 37,71 auf 87,55 ha. Der Flächenanteil der Kleinbesitzer steigt von 4,13 % (1743) auf 9,9 % (1841). Es ist dies der erste Schritt im noch näher zu beschreibenden Prozess einer tendenziellen Nivellierung der polaren Besitzverhältnisse des 17. und 18. Jahrhunderts hin zu einer bäuerlichen Mittelklassegesellschaft mit dem Verschwinden der ganz kleinen Gütchen unter 2 ha wie auch der ganz großen Höfe über 20 ha.[15] Ein anderes Indiz für die sich erweiternden Nahrungsspielräume für die Dorfarmen im Gefolge von Allmendaufteilung und Feudallastenablösung ist die markante Zunahme der Kreenheinstetter Dorfbevölkerung in der ersten Hälfte des 19. Jahrhunderts von 356 Seelen 1778 auf 627 Einwohner 1852.

---

14   Peter EITEL, Geschichte Oberschwabens im 19. und 20. Jahrhundert, Band I. Der Weg ins Königreich Württemberg 1800–1870, Ostfildern 2010, S. 134 f.; als Beispiel für innergemeindliche Konflikte um die Allmendaufteilung vgl. Edwin Ernst WEBER, Arm gegen reich. Sozioökonomische Verhältnisse und innerdörfliche Konflikte an der Oberen Donau im 19. Jahrhundert, in: Sigrid HIRBODIAN/DERS. (Hg.), Von der Krise des 17. Jahrhunderts bis zur frühen Industrialisierung. Wirtschaft in Oberschwaben 1600–1850, Stuttgart 2022, S. 463–496.
15   Erstmals auf diese soziale und besitzmäßige Nivellierung der Besitzverhältnisse in Kreenheinstetten vom 18. bis ins 20. Jahrhundert verwiesen hatte Albert FISCHER, Besiedlung, Wirtschaft und Volkstum des östlichen Heubergs, Freiburg i. Br. 1939, S. 35.

Konflikt um den Holzbezug zwischen Real- und Einwohnergemeinde

Ein weiterer Verteilungskonflikt zwischen Real- und Einwohnergemeinde endete in Kreenheinstetten im Desaster: Im rund 25 Prozent der Ortsgemarkung einnehmenden Herrschaftswald besaßen die bäuerlichen Untertanen umfangreiche Nutzungs- und zumal Beholzungsrechte im Umfang von zu Beginn des 19. Jahrhunderts immerhin 387 ½ Klafter Brennholz.[16] Dieses Holzquantum war an bestimmte Hofstellen gebunden und wurde von der fürstenbergischen Standesherrschaft in unterschiedlicher Höhe an einzelne Bauern, Taglöhner und auch bezugsberechtigte Pfründer des Dorfes als sog. Gabholz jährlich abgegeben. Dem Beispiel anderer Gemeinden folgend traf die Gemeinde Kreenheinstetten 1831 mit Fürstenberg eine Vereinbarung, wonach sie für den Verzicht auf den Gabholz-Bezug von der Standesherrschaft eine auf neun Einzelparzellen verteilte Waldfläche von insgesamt ca. 340 ha als kommunaler Wald zugeteilt bekommen hätte. Aus diesem Gemeindewald sollten fortan alle Gemeindebürger und nicht mehr nur die bislang bezugsberechtigten Hofstellen zu gleichen Teilen das Bürgerholz beziehen.

Über den rechtlichen Status des Gabholzes erwuchs ein die Gemeinde spaltender Zwist: Während zumal die bislang nicht bezugsberechtigten Neubürger das Gabholz als Bürgernutzen ansahen und dessen gleichmäßige Verteilung auf alle Gemeindebürger einforderten, war in den Augen der bisherigen Bezugsberechtigten die Holzlieferung ein auf ihren Häusern ruhendes *Dienstbarkeitsrecht*, das sie nicht zum Vorteil anderer Ortsbürger preiszugeben bereit waren. Im Widerspruch zu den badischen Staatsbehörden, die auf einer gleichmäßigen Holzverteilung an alle Gemeindebürger bestanden, fand sich in mehreren Gemeindeversammlungen von 1831 bis 1852 durch den erbitterten Widerstand der bisherigen Privilegierten keine eindeutige Mehrheit für eine Änderung des Gabholzbezugs. Der Konflikt eskalierte schließlich in einem Rechtsstreit, der 1854 mit dem Urteil endete, dass Fürstenberg nur gegenüber einzelnen Hausbesitzern, nicht aber gegenüber der Gemeinde holzabgabepflichtig sei und es sich bei der Holzlieferung mithin um ein sog. Berechtigungsholz und nicht um ein Bürgerholz handle.

Das Ende des Lieds bestand darin, dass Fürstenberg sukzessive die Holzlieferung gegenüber einzelnen Berechtigten ablöste – 1950 waren von ehemals 67 bezugsberechtigten Häusern noch 17 verblieben – und der Gemeinde Kreenheinstetten dauerhaft ein Gemeindewald versagt blieb. Für die Gemeinde bedeutete der fehlende Gemeindewald eine dauerhafte Schmälerung der kommunalen Spielräume. Signifikant ist der Vergleich mit dem Nachbarort Engelswies: Engelswies war in der Lage, aus seinem von den ehemaligen Orts- und Grundherren der Grafen Schenk von Castell erworbenen umfangreichen Waldbesitz vom ausgehenden 19. bis weit in das 20. Jahrhundert hinein über sog. Sonderhiebe sämtliche kommunalen Investitionen vom Anschluss an die Heuberg-Wasserversorgung und der Elektrifizierung über den Bau eines repräsentativen Schulhauses

---

16 Vgl. zum Folgenden Walter KNITTEL, „Eine der ärmsten Gemeinden Badens", in: DERS., Im Schatten eines Denkmals (wie Anm. 1), S. 180–203, hier S. 181–185; zum fürstenbergischen Herrschaftswald und den Nutzungsrechten der bäuerlichen Untertanen im 17. und 18. Jahrhundert vgl. WEBER, Von Herren, Pfarrern und Bauern (wie Anm. 1), S. 82 f.

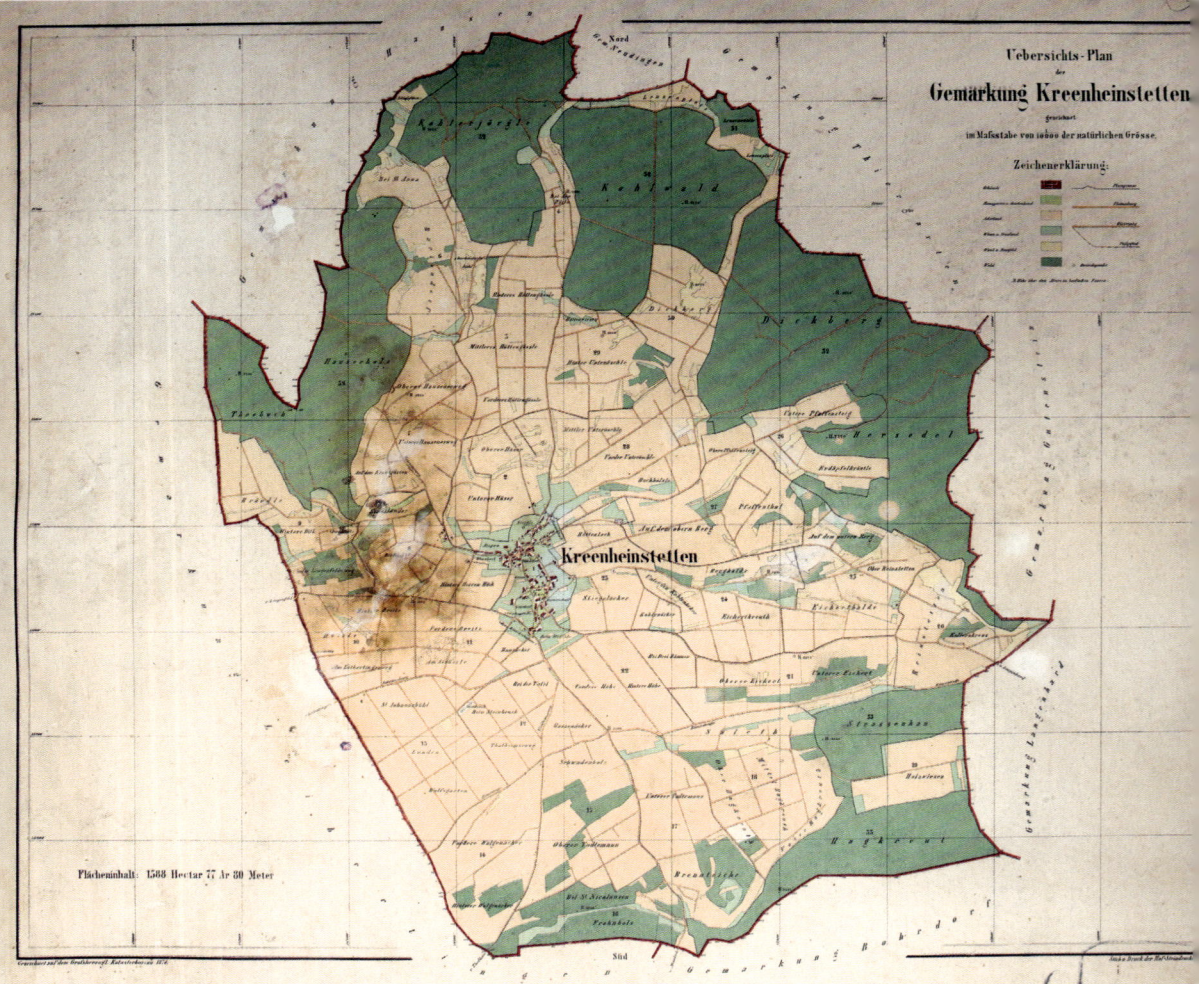

7   Gemarkungsplan von Kreenheinstetten von 1874 mit Ortsbereich, Äckern, Wiesen und Waldungen an den Gemarkungsrändern (Kreisarchiv Sigmaringen VII).

und eines Kindergartens bis zur Anlegung eines Sportplatzes und dem Aufbau einer Ortskanalisation nebst Kläranlage ohne Steuern und Schulden zu finanzieren und konnte vor dem 1. Weltkrieg über etliche Jahre hinweg sogar finanzielle Überschüsse an seine Bürger verteilen.[17] Demgegenüber vermochte sich Kreenheinstetten seine kommunalen

17   Edwin Ernst WEBER, Vom Wallfahrtsdorf zum Industriestandort. Engelswies vom 16. Jahrhundert bis zur Gegenwart, in: DERS. (Bearb.), Zwischen Wallfahrt, Armut und Liberalismus. Die Ortsgeschichte von Engelswies in dörflichen Selbstzeugnissen, Sigmaringen 1994, S. 35–84, hier S. 54, 59–61.

Infrastrukturmaßnahmen nur mit Mühe und Sondersteuern seiner Bürger zu leisten und blieb ihm der bittere Ruf, „zu den ärmsten Gemeinden Badens' zu zählen.[18]

Kreenheinstetten bleibt „eine reine Ackerbausiedlung"

Nach einem starken Bevölkerungsanstieg in der ersten Hälfte des 19. Jahrhunderts um rund ein Drittel ist die Einwohnerzahl von Kreenheinstetten seit der Ernte- und Hungerkrise von 1845 bis 1855 bis weit in das 20. Jahrhundert hinein rückläufig (Abb. 6). Trotz der durch die Allmendaufteilung, den Wegfall der feudalen Bodenbindungen und einen mobileren Grundstücksmarkt im 19. Jahrhundert sukzessive ansteigenden Flächengrößen der Taglöhnergütchen unter 5 ha und vor allem der Kleinbauernanwesen zwischen 5 und 10 ha von 1743 bis 1913 (Abb. 5) begrenzen die agrarischen Bedingungen der vorindustriellen Landwirtschaft und die Ertragskraft der Böden bei einer Höhenlage von 800 m das Bevölkerungswachstum. Symptomatisch ist der Hinweis des fürstenbergischen Rentamtsmeisters, der in Kreenheinstetten 1819 nach Aufgabe der Allmendweiden und Einführung der Stallfütterung *abgemagertes, elendes Vieh* beobachtet.[19] Das Winterfutter in Gestalt von Heu und Öhmd von den ertragsschwachen und mangelhaft gedüngten Wiesen war rar, so dass das Vieh vielfach nur mit Mühe über den Winter gebracht werden konnte.[20] Die Wiesenanteile blieben gegenüber dem Ackerfeld mit 6,29 zu 1 (1743), 16,04 zu 1 (1913) und 7,19 zu 1 (1939)[21] lange Zeit weit unter den in den Ackerbau-

	1879	1900	1927	1952
Getreide und Hülsenfrüchte	495,5	406	415	228,4
– Dinkel	82,8	60	35	13
– Sommergerste	126	70	80	72
– Hafer	140	150	175	74
– Winterweizen	2,2	15	15	34
Hackfrüchte	91,8	115,7	115,7	79,5
– Kartoffeln	86,4	100	95	53,4
Futterpflanzen	236	202	221	174,3
Handelsgewächse	9,7	2	0,5	3,3
Brache	61,2	101,1	15,7	2,95
Sa. Ackerfeld	896	826,8	768	488
Grünland	36	112	144,8	350

8 Ackerbau nach Fruchtarten und Flächen in ha sowie Grünland in Kreenheinstetten 1879–1952.

18 KNITTEL, Eine der ärmsten Gemeinden Badens (wie Anm. 16), S. 180.
19 KNITTEL, Vom Untertan zum Bürger (wie Anm. 8), S. 146.
20 Walter KNITTEL, „Wer kann schon von der Landwirtschaft leben?" – Zur Sozial- und Wirtschaftsgeschichte des Dorfes im 19. und 20. Jahrhundert, in: KNITTEL, Im Schatten eines Denkmals (wie Anm. 1), S. 154–164, hier S. 158.
21 Zu den Zahlen vgl. Weber, Von Herren, Pfarrern und Bauern (wie Anm. 1), S. 118; Verzeichnis der land- und forstwirtschaftlichen Betriebsunternehmer in der Gemeinde Kreenheinstetten 1913 (GA Kreenheinstetten I Nr. 298); Fischer, Besiedlung (wie Anm. 15), S. 36.

	1865	1880	1913	1939
Württemberg				
Getreide und Hülsenfrüchte	546508	540757	519059	380125
– Dinkel	206658	196806	134235	33478
– Hafer	128416	133765	148730	82220
– Gerste	96077	90029	100468	98972
– Weizen	13149	23463	47901	126390
Kartoffeln	67824	93552	102281	72658
Handelsgewächse	30142	26117	7388	5872
Brache		80012	21658	3717
Sa Ackerland		869875	829853	634789
Grünland		352255	354880	491155
Baden				
Getreide und Hülsenfrüchte	320860	318600	303499	232128
– Dinkel	94230	77690	39223	7993
– Hafer	52750	59807	74113	44086
– Gerste	59980	59528	54619	52730
– Weizen	34230	39858	45745	70479
Kartoffeln	76550	86700	89609	69515
Handelsgewächse	32270	23440	10888	11280
Brache		26880	9265	1033
Sa. Ackerland		576460	542547	457287
Grünland		225210	254500	317316
– Wiesen		191588	213543	271366
– Weiden		33620	40957	45950

9 Ackerbau nach Fruchtarten und Flächen in ha sowie Grünland in Württemberg und Baden 1865–1939.[22]

regionen des nördlichen Oberschwabens mittleren Werten und verweisen auf die in Kreenheinstetten – abweichend vom oberschwäbischen Trend einer Ausweitung der Grünlandanteile seit den 1870er Jahren – fortbestehende Dominanz des Ackerbaus. Aufgebessert wird auch in Kreenheinstetten das sommerliche Grünfutteraufkommen durch den Anbau von Futterpflanzen wie Esparsette, Klee und Luzerne auf dem Brachfeld. Erst nach dem 2. Weltkrieg steigen die Grünlandanteile deutlich an und geht der Acker- und zumal der Getreideanbau im Flächenanteil zurück (Abb. 8).

Albert Fischer zufolge ist Kreenheinstetten noch 1939 „eine reine Ackerbausiedlung" mit einem Anteil des Ackerlandes von 48 Prozent an der Ortsgemarkung.[23] Der Dinkel, das traditionsreiche „Schwabenkorn", spielt beim Anbau bis in das 20. Jahrhundert hinein eine wichtige Rolle und ist zusammen mit der für das Brauwesen benötigten Sommergerste („Braugerste") und dem Hafer auch als Handelsfrucht weiterhin von Bedeu-

22 BORCHERDT u. a., Landwirtschaft in Baden-Württemberg (wie Anm. 7), S. 77, 79, 122, 165.
23 FISCHER, Besiedlung (wie Anm. 15), S. 36.

tung. Einen hohen Stellenwert sowohl beim Anbau wie auch bei der Ernährung zumal der ärmeren Bevölkerung besitzt sodann auch die Kartoffel. Die Ernteerträge bleiben auf den mageren Böden und aufgrund der Höhenlage des Heubergs allerdings lange Zeit bescheiden und dürften bei der Winterfrucht mittlere Erträge von 10 dz pro Hektar auch noch in der Mitte des 19. Jahrhunderts kaum erreicht haben[24] und auf jeden Fall deutlich unter den durchschnittlichen Hektar-Erträgen gelegen haben, die mit 10,8 dz 1878–87 für Württemberg oder gar 18,7 dz 1904–13 für Baden ermittelt wurden.[25] Der für den Heuberg in den 1930er Jahren genannte mittlere Ernteertrag von 120 Garben pro Morgen (0,36 ha) bleibt deutlich hinter den 150 bis 200 Garben im Bodenseeraum zurück.[26] Gegenüber den 100 Dinkelgarben pro Jauchert (0,42 ha) 1804 im an der Donau gelegenen Laiz[27] bedeutet dies gleichwohl eine beträchtliche Ertragssteigerung, die auf eine bessere Bearbeitung und Düngung des Bodens zurückzuführen sein dürfte

Im Unterschied zu vielen verkehrsgünstig in der Nachbarschaft aufstrebender Industriestädte gelegenen Dörfern bieten sich der ärmeren Bevölkerung Kreenheinstettens, die vom Ertrag ihrer kleinen landwirtschaftlichen Betriebe allein die Subsistenz ihrer Familien nicht bestreiten kann, bis weit ins 20. Jahrhundert hinein kaum gewerbliche Arbeits- und Verdienstmöglichkeiten. Im Dorf selbst beschränkt sich das gewerbliche Angebot auf einige wenige, auf die Versorgung der Ortsbewohner und Dienstleistungen für die Landwirtschaft ausgerichtete Handwerkerstellen[28] und einige vorübergehend ansässige Filialbetriebe auswärtiger Textilfabriken mit nur wenigen Arbeitsplätzen vor allem für Frauen.[29] Eine überwiegend saisonale Beschäftigung zumal im Winter bieten die Waldungen des Fürsten von Fürstenberg, wobei die spannfähigen Bauern den Holztransport und die Kleinbauern und Taglöhner die Holzaufbereitung übernehmen.[30]

Die Auswirkungen der Eisenbahn auf die Landwirtschaft

Parallel zur beginnenden Industrialisierung vollzieht sich mit dem Aufbau eines Eisenbahnnetzes eine Verkehrsrevolution auch im deutschen Südwesten. Bis 1880 war das Land sowohl in Württemberg wie auch in Baden von einem weitmaschigen Streckennetz überspannt, das in den folgenden Jahrzehnten durch eine kleinräumige Erschließung

---

24 Zu den mit großen Unsicherheiten behafteten Flächenertragsberechnungen der vorindustriellen Zeit vgl. Edwin Ernst WEBER, Zwischen Natur, Herrschaft und Genossenschaft. Die Landwirtschaft an der Oberen Donau in der Frühen Neuzeit, in: Ulm und Oberschwaben 58 (2013), S. 186–227, hier S. 193 f.
25 BORCHERDT u. a., Landwirtschaft in Baden-Württemberg (wie Anm. 7), S. 115.
26 FISCHER, Besiedlung (wie Anm. 15), S. 36.
27 Verzeichnis des Dorfes Laiz, dessen Einwohner und Vermögen von 1804 (StAS Ho 80A T 2 Nr. 519) – Ernte- und Fechsungsertrag: Für Laiz werden 1804 ein Ernteertrag einschließlich Zehntem und Landgarbe von 10 256 Korngarben auf 100 J angesätem Korn(=Dinkel)-Feld und von 1540 Roggengarben auf 22 J Roggenfeld aufgeführt. Umgerechnet bedeutet das einen Hektarertrag von 333 Garben in den 1930er Jahren in Kreenheinstetten und von 238 Garben 1804 in Laiz.
28 1928 werden 2 Schmiede, 1 Wagner, 2 Zimmerleute, 1 Schreiner, 2 Maurer, 2 Schuhmacher, 1 Sattler, 1 Glaser, 1 Küfer, 2 Schneider, 3 Kaufleute und 4 Wirte genannt (FISCHER, Besiedlung, wie Anm. 15, S. 69).
29 KNITTEL, Landwirtschaft (wie Anm. 20), S. 162–164.
30 EBD., S. 161.

mit Stichstrecken ergänzt wurde. Nachdem mit der Südbahn bereits bis 1850 Oberschwaben und der Bodensee erreicht worden war, erfolgte in zwei Etappen in den 1870er Jahren und sodann bis 1890 die Anbindung der Oberen Donau durch das preußische Hohenzollern.[31] Das neue Transportmittel beförderte nicht nur Massengüter wie Kohle, Rohstahl und Ernteerzeugnisse, sondern eröffnete mittelfristig auch Arbeitskräften die Chance zur Pendelwanderung zu entfernteren industriellen Arbeitsplätzen, ohne den bisherigen Wohnort verlassen und die dort betriebene Landwirtschaft aufgeben zu müssen. Als die Pendelwanderung bei der Volkszählung von 1900 erstmals erfasst wird, kam Baden bei den außerhalb der Landwirtschaft tätigen Erwerbspersonen auf eine Pendlerquote von 13,5 %, in Württemberg waren es sogar bereits 15,1 %.[32]

Mit der Inbetriebnahme der Donautalbahn durch das topographisch anspruchsvolle Gelände zwischen Sigmaringen und Tuttlingen 1890 eröffnete sich für die bislang rein agrarische Landschaft an der Oberen Donau eine Verkehrsanbindung in die aufstrebenden Industriestädte Tuttlingen und Ebingen. Während an den Bahnhöfen Beuron und Fridingen alsbald über eintausend Arbeiterwochenkarten für Auspendler nach Tuttlingen und Mühlheim abgesetzt wurden, blieb die Nachfrage an den entfernter gelegenen Bahnhöfen Hausen im Tal und Gutenstein überschaubar.[33] Für die Menschen aus Kreenheinstetten waren der morgendliche und abendliche Fußmarsch zum bzw. vom 200 m tiefer und 5 km entfernt gelegenen Bahnhof Hausen als nächstgelegenem Ausgangspunkt für die Zugfahrt zu den Produktionsstätten chirurgischer Instrumente und von Schuhen in Tuttlingen oder in die Uhrenindustrie in Mühlheim offenkundig nur begrenzt attraktiv. Erst als 1926 eine zweimal täglich verkehrende Kraftpostlinie zwischen Meßkirch und Hartheim eröffnet wird,[34] besitzt das Dorf einen günstigen Verkehrsanschluss morgens und abends zum Bahnhof Hausen und über diesen nach Tuttlingen und auch Ebingen und gewinnt auch in Kreenheinstetten die 1939 von Albert Fischer eigens erwähnte Existenz des „Fabrikarbeiters" und damit auch des Arbeiterbauern an Bedeutung.[35]

Mit dem Ausbau der Nebenbahnen erhöhten sich in Südwestdeutschland insgesamt die Pendlereinzugsbereiche der Industrieorte. Die Auspendlerzahl wuchs in Württemberg und in Baden zwischen 1900 und 1925 von 118 901 um mehr als das Doppelte auf 227 310 an. Allein in Württemberg wohnten 1925 13,8 % der nichtlandwirtschaftlichen Erwerbstätigen außerhalb ihres Arbeitsortes, bis 1939 gab es einen Anstieg auf 20,9 %.[36] Die 1922 in Betrieb genommene, ca. 10,5 km lange Bahnstrecke Friedrichshafen-Oberteuringen

---

31 BORCHERDT u. a., Landwirtschaft in Baden-Württemberg (wie Anm. 7), S. 68, 225.
32 EBD., S. 98 f.
33 Uwe SIEG, Eisenbahnen am Hochrhein und an der oberen Donau. Militärisch-politische Intentionen und Eisenbahnbau im deutschen Südwesten 1850–1914 (Beiträge zur südwestdeutschen Wirtschafts- und Sozialgeschichte 21), St. Katharinen 1996, S. 295–300.
34 Christoph SCHMIDER/Edwin Ernst WEBER: Kommunale und kirchliche Archivpflege im ländlichen Raum. Geschichte, Probleme und Perspektiven am Fallbeispiel des Gemeinde- und des Pfarrarchivs Kreenheinstetten, Sigmaringen 1997, S. 215.
35 FISCHER, Besiedlung (wie Anm. 15), S. 36, 63; zur Doppelexistenz der Arbeiterbauern, die neben der Arbeit in der entstehenden Industrie ihre eigenen Felder bestellen und Vieh halten, um den Eigenbedarf zu decken und kleinere Überschüsse zu vermarkten, vgl. auch MAHLERWEIN, Aufbruch (wie Anm. 2) S. 23.
36 BORCHERDT u. a., Landwirtschaft in Baden-Württemberg (wie Anm. 7), S. 109, 140.

diente vor allem der Erschließung zusätzlicher Arbeitskräfte im ländlichen Einzugsbereich der aufstrebenden Industriestadt am Bodensee.[37] Wegen steigender Konkurrenz durch den Straßenverkehr wurde die Teuringertal-Bahn 1954 im Personenverkehr und 1960 sodann auch mit dem Güterverkehr stillgelegt. Von den in Friedrichshafen beschäftigten Arbeitern ist in den 1920er Jahren mindestens jeder zweite ein „Arbeiterbauer", der neben seinem industriellen Haupterwerb noch eine kleine Landwirtschaft betreibt.[38]

Neben begrenzten Industrialisierungsimpulsen in den an den Bahnlinien gelegenen Städten[39] zeitigte das neue Massenverkehrsmittel seit den 1870er Jahren gravierende Auswirkungen für die Landwirtschaft Oberschwabens und weiter Teile Südbadens und deren überkommenes, in die Frühe Neuzeit und die Agrarkonjunktur der Barockzeit zurückreichendes Verdienstmodell des Getreideexports in die Schweiz und nach Vorarlberg. War man bislang alleiniger Getreidelieferant der proto- und frühindustriellen Räume südlich des Bodensees, so eroberte nun per Eisenbahn preiswerteres Getreide vor allem aus Ungarn und in der Folge auch aus Russland, Frankreich und sogar den USA diesen Markt.[40] In Oberschwaben führen diese Öffnung des Agrarmarkts über die Landesgrenzen hinaus und der damit einhergehende Konkurrenzdruck durch Weizeneinfuhren aus ausländischen Überschussgebieten zu einer marktorientierten Umstrukturierung der Landwirtschaft und insbesondere der zur Marktproduktion fähigen groß- und mittelbäuerlichen Betriebe innerhalb weniger Jahrzehnte.[41] Insgesamt erfährt der Ackerbau und zumal der Getreideanbau einen einschneidenden Rückgang zu Gunsten der Grünland- und Viehwirtschaft. Im südlichen Oberschwaben und zumal im Allgäu steigt dabei die Milchwirtschaft mit einer zunehmend rationellen, fabrikmäßigen Herstellung und dem professionell organisierten Export von Käse und anderen Milchprodukten, im nördlichen Oberschwaben demgegenüber die Rindviehzucht und die erfolgreiche überregionale Vermarktung von Zucht- und Schlachtvieh zum lange Zeit dominierenden Wirtschaftsfaktor in der Region auf.

Im württembergischen Oberschwaben mit seinen zehn Oberämtern zwischen Schwäbischer Alb und Bodensee ist von 1883 bis 1909 eine Zunahme des Anteils der Wiesen und Weiden von 14,6 auf 27,4 Prozent der gesamten landwirtschaftlichen Nutzfläche zu verzeichnen. Das sind fast 11 Prozentpunkte mehr als im württembergischen Landesschnitt. Am stärksten fällt der Zuwachs im Oberamt Wangen mit einem Anstieg von 25,5 auf 40,7 % aus, während die nördlichen Oberämter wie Ehingen (von 12,6 auf 13,6 %) oder Saulgau (von 22,7 auf 20,7 %) nur geringe oder gar keine Zuwächse erleben. Gleichzeitig erfolgt allenthalben ein Rückgang der Ackerflächen, lediglich im Oberamt Ravensburg bleibt der Ackeranteil mit 48,5 % gleich.[42] In entsprechender Weise ist auch

---

37 Mitteilung von Elmar L. Kuhn bei der Tagung „Wirtschaft in Oberschwaben von 1850 bis zur Gegenwart" vom 29.9.–1.10.2022 in Bad Waldsee.
38 Peter Eitel, Geschichte Oberschwabens im 19. und 20. Jahrhundert, Band 3. In den Strudeln der großen Politik (1918–1952), Ostfildern 2022, S. 1.
39 Vgl. den Beitrag von Andreas M. Räntzsch in diesem Band.
40 Borcherdt u. a., Landwirtschaft in Baden-Württemberg (wie Anm. 7), S. 70f.
41 Ebd., S. 85, 87, 128.
42 Peter Eitel, Geschichte Oberschabens im 19. und 20. Jahrhundert, Band 2. Oberschwaben im Kaiserreich (1870–1918), Ostfildern 2015, S. 90.

in Baden von 1880 bis 1913 und nochmals verstärkt bis 1939 eine Zunahme des Grünlandes von einem Anteil von 26,8 über 30,6 auf 39,3 % zu beobachten, mit besonders hohen Werten im zum württembergischen Oberschwaben benachbarten und in Topographie und Höhenlage verwandten Seekreis.[43] Hier hatte bereits 1850 das Acker-Grünland-Verhältnis bei 1,75 zu 1 gelegen gegenüber 2,30 zu 1 damals noch im württembergischen Donaukreis.[44] Das Vordringen des Grünlandes ist ein Südwestdeutschland insgesamt erfassender Trend, der die Acker-Grünland-Relation von 2,3 zu 1 1913 auf 1,4 zu 1 1939 absinken lässt. Hintergrund ist eine aus „Rentabilitätsgründen" vorgenommene Umstellung der landwirtschaftlichen Produktion mit einer Einschränkung des Getreideanbaus und einer gleichzeitigen Ausweitung des Grünlandes, des Futterbaus, des Viehbestandes und der Milchwirtschaft.[45]

Milchwirtschaft und Viehzucht als neue Verdienstquellen

Im württembergischen Oberschwaben fällt die Zunahme des Rindviehbestandes mit einem Anstieg von 161 697 im Jahr 1830 auf 280 522 Tiere im Jahr 1913 besonders deutlich aus. Dies bedeutet eine Steigerung um 73 % gegenüber einer Zunahme von nur 10,7 % in Württemberg insgesamt.[46] 1904 weisen unter allen 64 württembergischen Oberämtern nur die oberschwäbischen Bezirke Riedlingen, Biberach, Laupheim, Waldsee, Wangen und Leutkirch mehr als 40 Milchkühe pro 100 Einwohner auf, Wangen und Leutkirch kamen sogar auf mehr als 50. Diese beiden Oberämter sind seit 1860 auch die Vorreiter bei der Umstellung der Landwirtschaft auf Milchprodukte und beim Aufbau von sich alsbald konzentrierenden Molkereigenossenschaften, gewerblichen Käsereien und einer markt- und exportorientierten Milchverarbeitung. Hatte die Eisenbahn seit 1870 mit der Zufuhr von billigem osteuropäischen Getreide das überkommene Verdienstmodell der oberschwäbischen Landwirtschaft zerstört, so bot sie seit den 1880er Jahren auch die Transportgrundlage für eine ökonomische Neuausrichtung: den höchst erfolgreichen und rentablen Export und Verkauf der in Oberschwaben und zumal im Allgäu hergestellten Milchprodukte und insbesondere von haltbarem Käse (v. a. Emmentaler) und Butter in Süddeutschland und in die Schweiz, nach Norddeutschland, Österreich-Ungarn, Frankreich, Italien, Russland, England, Schweden und bis in die Türkei und nach Amerika. Voraussetzung für die zugrunde liegende starke Ausweitung des Viehbestandes, die bis in die 1950er Jahre mit einem Anstieg auf 305 495 Tiere im Jahr 1953 anhält,[47] ist die Verbesserung der Futtergrundlage durch die Bebauung des Brachfeldes mit Futterpflanzen und Hackfrüchten, durch Wiesenmeliorationen und eine bessere Wiesendüngung.[48] Von etwa 1880 bis zum 1. Weltkrieg entsteht im südlichen Teil des württem-

43 BORCHERDT u. a., Landwirtschaft in Baden-Württemberg (wie Anm. 7), S. 117, 161, Tabellen S. 79, 122, 165.
44 EBD., S. 54.
45 EBD., S. 161.
46 Vgl. hierzu und zum Folgenden EITEL, Geschichte Oberschwabens Bd. 2 (wie Anm. 42), S. 103 f.
47 EITEL, Geschichte Oberschwaben Bd. 3 (wie Anm. 38), S. 6.
48 Hierzu und zum Folgenden BORCHERDT u. a., Landwirtschaft in Baden-Württemberg (wie Anm. 7), S. 71, 87, 117.

10   Viehbestände in Südwestdeutschland 1855–1982[a].

Württemberg	1855	1883	1913	1938	
Pferde	88761	96885	116137	100201	
Rindvieh	861924	904139	1123903	1093032	
Schweine	160686	292206	583972	674962	
Baden	**1855**	**1883**	**1913**	**1938**	
Pferde	66662	63991	69323	57684	
Rindvieh	582486	609426	684508	654122	
Schweine	245413	370589	581024	567155	
Hohenzollern	**1883**	**1907**	**1937**		
Pferde	5383	5349	4864		
Rindvieh	44688	49022	50921		
Schweine	16876	29143	34851		
Baden-Württemberg[b]	**1938**	**1950**	**1960**	**1970**	**1982**
Pferde	162,7	145,5	88,7	28,9	49,0
Rindvieh	1795,5	1676,1	1823,5	1885,4	1832,8
– Milchkühe	353,6	352,2	710,0	744,9	683,4
– Milch- und Arbeitskühe	581,8	533,3	165,1	-	
Schweine	1274,7	1219,3	1724,0	2232,5	2210,5

a Borcherdt (wie Anm. 7), S. 83, 126, 167, 214.
b Angaben in Tausend.

bergischen Oberschwaben wie auch in den benachbarten bayerischen und badischen Landschaften eine bedeutende milchverarbeitende Industrie, die mit ihrer erfolgreichen Exportvermarktung den zur Überschussproduktion fähigen mittel- und großbäuerlichen Höfen einen ähnlichen Wohlstand beschert, wie die Getreideausfuhr in der Barockzeit.

Vergleichbare Markterfolge wie das südliche Oberschwaben und zumal das Allgäu mit der Milchwirtschaft und der Käseherstellung erzielt das nördliche Oberland mit einer gezielt ausgebauten Viehzucht. Seit den 1880er Jahren entstehen innerhalb der Landwirtschaftlichen Bezirksvereine Zuchtgenossenschaften zur Verbesserung der Qualität der Viehzucht und zumal zur gemeinsamen Beschaffung hochwertiger Zuchtfarren.[49] Die Zuchtgenossenschaften von Saulgau, Mengen, Riedlingen, Ehingen und Blaubeuren schlossen sich zu einem „Zuchtgenossenschaftsverband im Donaugebiet" zusammen. Als Zuchtstiere wurden vorzugsweise Tiere aus dem Schweizer Simmental und dem Montafon erworben. Zuchtvieh aus Oberschwaben war nun selbst auf großen auswärtigen Viehmärkten gefragt. Einen ausgezeichneten Ruf genoss bei der überregionalen Vermarktung insbesondere das Zuchtvieh aus der Göge, dem Raum Hohentengen im Oberamt Saulgau.

---

49 Vgl. hierzu und zum Folgenden EITEL, Geschichte Oberschwabens Bd. 2 (wie Anm. 42), S. 101.

11 Viehbestände in Kreenheinstetten 1897–1967, in der Gemeinde Leibertingen und im Landkreis Sigmaringen 1979–2020.

Viehbestände in Kreenheinstetten 1897–1967[a]				
	1897	1925	1936	1967
Pferde	44	38	57	5
Rindvieh	388[b]	438	486	555
– Kühe	187	275[c]	269[d]	
Schweine	208	217	418	
Betriebe und Viehbestände in der Gemeinde Leibertingen 1979–2020[e]				
	1979	1999	2007	2020
Pferde	9	39	55	68
Rindvieh	2206	1618	1283	740
– Milchkühe	933	487	389	207
Schweine	4381	3339	2327	145
Betriebe und Viehbestände im Landkreis Sigmaringen 1979–2020[f]				
	1979	1999	2007	2020
Pferde	740	1558	-	1767
Rindvieh	75760	49204	38534	35224
– Milchkühe	27567	17046	13437	12963
Schweine	95692	121183	109636	97688

a Viehzählung vom 1. Dez. 1897 – Gemeinde Kreenheinstetten (GA Kreenheinstetten I Nr. 131); Viehzählung in Baden am 1. Dez. 1925 – Gemeinde Kreenheinstetten (GA Kreenheinstetten I Nr. 128); Viehzählung in Baden am 3. Dez. 1936 – Gemeinde Kreenheinstetten (GA Kreenheinstetten I Nr. 161).
b Davon 3 Farren und 1 Farren unter 1 ½ Jahren, 30 Kälber unter 3 Monaten, 187 Kühe über 1 ½ Jahren.
c Davon 29 nur zur Milchgewinnung und 224 zur Milchgewinnung und Arbeit, der Rest sind wohl Kalbinnen.
d Davon 42 Kühe nur zur Milchgewinnung und 224 zur Milchgewinnung und Arbeit; 3 Kühne sind nicht mehr zu Milchgewinnung tauglich; 66 Kälber.
e Betriebe und Tiere seit 1979 nach Tierarten – Gemeinde Leibertingen (www.statistik-bw.de/Landwirtschaft/Viehwirtschaft/05035035.tab?R=GS437072 – Aufruf 21.8.2022).
f Betriebe und Tiere seit 1979 nach Tierarten – Landkreis Sigmaringen (www.statistik-bw.de/Landwirtschaft/Viehwirtschaft/05035035.tab?R=KR437 – Aufruf am 21.8.2022)

Meßkirch als Hotspot der Viehzucht

Geradezu zu einem Hotspot der Viehzucht mit sensationellen Preis- und Markterfolgen entwickelte sich bereits seit den 1870er Jahren der Meßkircher Raum mit seinem Oberbadischen Höhenfleckvieh.[50] Unermüdlich angetrieben vom liberalen Gastwirt, Vieh-

---

50 Vgl. hierzu und zum Folgenden Armin HEIM, Johann Baptist Roder (1814–1890). Ein Liberaler aus Meßkirch, in: Edwin Ernst WEBER (Hg.), Renitenz und Genie. Meßkirch und der badische Seekreis zwi-

züchter, Landtags- und Reichstagsabgeordneten Johann Baptist Roder wurden bereits seit dem Ende der 1850er Jahre jährlich zehn bis 15 Simmentaler Farren in den Meßkircher Bezirk eingeführt und der einheimische Viehschlag durch gezielte Kreuzungen im Hinblick auf Milchleistung, Zugtüchtigkeit, Schnellwüchsigkeit, Mastfähigkeit und Furchtbarkeit verbessert. Nach ersten Erfolgen bei Prämierungen bereits in den 1860er Jahren brachte die Weltausstellung in Wien 1873 mit der Verleihung der Fortschrittsmedaille den Durchbruch und machte das Meßkircher Fleckvieh auf einen Schlag weltberühmt. In der Folge konnten Rinder von Züchtern des Meßkircher Bezirks zu steigenden Preisen bis nach Ungarn, Südrussland, Sachsen und sogar Amerika abgesetzt werden. 1881 schlossen sich, wiederum auf Initiative Roders, rund 400 Landwirte zur Zuchtgenossenschaft für den Bezirk Meßkirch zusammen, der ersten im Großherzogtum Baden. Gemeinsames Anliegen war die Führung eines geordneten Stammregisters und die Erschließung neuer Absatzmärkte. Die 1880er Jahre brachten dann einen ununterbrochenen Siegeszug für das Meßkircher bzw. oberbadische Zuchtvieh auf zahlreichen größeren Viehausstellungen, und der überregionale Absatz steigerte sich stetig. Die Meßkircher Zucht- und Markterfolge waren vorbildgebend und führten in der badischen wie württembergischen Nachbarschaft zur Gründung eigener Zuchtgenossenschaften, die sich zur Oberbadischen Zuchtgenossenschaft zusammenschlossen. Allein im ersten Halbjahr 1890 konnten aus dem Gebiet der Oberbadischen Zuchtgenossenschaft 1261 Stück Zuchtvieh, davon über die Hälfte aus dem Bezirk Meßkirch, 937 Zugochsen und 3392 Stück Handelsvieh mit einem Gesamtwert von ca. 1,5 Millionen Mark ausgeführt werden. Roders „Pioniertat" führte zu „spürbaren wirtschaftlichen Verbesserungen" für den

12 Preis für den Zuchterfolg von Viehzüchtern aus dem Sauldorfer Raum (Vorlage: Gemeindeverwaltung Sauldorf).

schen 1848/49 und dem Kulturkampf, Konstanz 2003, S. 129–152, hier S. 135–138; KNITTEL, Landwirtschaft (wie Anm. 20), S. 159; Otto KÖTTERITZSCH, Geschichte der Fleckviehzucht in Oberbaden 1887–1977, Konstanz 2001.

strukturschwachen Meßkircher Raum[51] und zu einer zeitweise höchst ergiebigen Verdienstquelle für die mittel- und großbäuerlichen Viehzüchter.

Albert Fischer weiß 1939 zu berichten, dass die Zuchtgenossenschaft Meßkirch 32 Ortsvereine, 1060 Mitglieder, 7106 Tiere und 83 Farren umfasse. Als einzige süddeutsche Genossenschaft habe sie einen eigenen Markt in Gestalt der ebenso schönen wie geräumigen Markthalle in Meßkirch. Seit dem Ausstellungserfolg 1873 in Wien besitze die Heubergzucht Weltgeltung und habe einen gewaltigen Aufstieg erfahren. Heute sei in den Zuchtgemeinden die Rinderzucht der wichtigste und einträglichste Zweig der Landwirtschaft, aus dem fast zwei Drittel der bäuerlichen Einnahmen rührten. Aus dem Zuchtgebiet der Heuberggemeinden gingen alljährlich Tausende von Zucht- und Schlachtrindern in die ganze Welt. Für die besten züchterischen Ergebnisse würden sehr gute Preise erzielt, und selbst das Ausland kaufe viel Heubergvieh. Die bekannteste und bedeutendste Zuchtgemeinde sei dabei Leibertingen – während das benachbarte Kreenheinstetten „eine reine Ackerbausiedlung" geblieben sei und am Aufschwung der Viehzucht nahezu keinen Anteil hatte.[52]

Voraussetzung für diese Erfolge und lange Zeit der große Stolz vieler bäuerlicher Gemeinden sind die nicht selten mit horrenden Geldbeträgen für den kommunalen Farrenstall beschafften Zuchtfarren zunächst aus der Schweiz und alsbald dann auch aus der eigenen regionalen Zucht. Es spricht für sich, wenn bei der Begründung des Oberschwäbischen Kunstpreises 1951 durch die vier Landkreise Biberach, Ravensburg, Saulgau und Wangen beim festgelegten Preisgeld von damals fürstlichen 10 000 DM der Wert eines guten „G'meinds-Häge" (Gemeindefarrens) als Maßstab diente![53] Genau diese beträchtlichen Kosten der kommunalen Grundlagen für eine gute Viehzucht im Dorf stellten finanzschwache Gemeinden wie Kreenheinstetten vor kaum überwindliche Probleme. So richtete man dort 1883 mit einem Darlehen der Spar- und Waisenkasse Meßkirch zwar einen zunächst reichlich provisorischen Farrenstall ein, die Mittel für die Beschaffung guter Zuchtbullen fehlten indessen. 1891 wurde bei einer Kontrolle der vorhandene Farren gar als „zuchtuntauglich" bewertet und zum Verkauf an den Metzger empfohlen.[54] Auch wenn die Bewertungen in der Folge besser ausfielen, erreichte die Viehzucht in Kreenheinstetten bei weitem nicht den hohen Stand zahlreicher Nachbardörfer des Meßkircher Raums, und deshalb hatten die Kreenheinstetter Bauern kaum Anteil an den Markterfolgen der oberbadischen Viehzucht. Immerhin gründete man 1888 nach einem ersten gescheiterten Anlauf einen Ortsviehversicherungsverein mit zunächst 78 Viehbesitzern als Mitgliedern und dem Bürgermeister als Vorsitzendem. Dieser bis 1992 bestehende Verein war eine kollektive Risikoabsicherung für die beteiligten Bauern bei Viehseuchen und „Unglück im Stall" mit dem vielfach die Existenz von Höfen und Familien bedrohenden Verlust von Rindern. 1907 entsteht im Dorf zudem ein landwirtschaftlicher Bezugs- und Absatzverein,[55] aus dem später offenbar der Genossenschaftsverein

---

51 Heim, Johann Baptist Roder (wie Anm. 50), S. 138.
52 Fischer, Besiedlung (wie Anm. 15), S. 36, 53 f.
53 Bruno Effinger, Der Oberschwäbische Kunstpreis 1951 bis 1964, in: Wolfgang Schürle (Hg.), 50 Jahre Oberschwäbischer Kunstpreis 1951–2001, Biberach u. a. 2001, S. 9–21, hier S. 9.
54 Knittel, Landwirtschaft (wie Anm. 20), S. 159 f.
55 Schmider/Weber, Kommunale und kirchliche Archivpflege (wie Anm. 34), S. 201.

13   In den 1950er Jahren errichtetes Genossenschaftsgebäude in Kreenheinstetten mit Molkerei, ZG-Lagerhaus und Volksbank, heute in Privatbesitz. Die Molkerei wurde bis Mitte der 1980er, das ZG-Lager bis ca. 2000 und die Bank-Zweigstelle bis ca. 2015 betrieben (Foto: Reiner Löbe).

hervorgeht, der bis in die 1980er Jahre die Molkerei und bis ca. 2000 das landwirtschaftliche Lagerhaus gegenüber dem Gasthaus „Traube" betreibt.[56]

Neben der wirtschaftlich dominierenden Viehzucht erfährt in der zweiten Hälfte des 19. sowie im 20. Jahrhundert auch die Schweinehaltung sowohl in Oberschwaben wie auch in Südwestdeutschland insgesamt eine starke Ausweitung. Im württembergischen Oberschwaben lässt sich von 1830 bis 1913 eine Verfünffachung des Bestandes von 28 539 auf 146 600 Tiere und in Württemberg insgesamt annähernd eine Verdreifachung von 201 754 auf 583 672 Tiere ermitteln. Der Anteil Oberschwabens am gesamten Schweinebestand von Württemberg erhöht sich damit von 14,15 auf 25,1 %. Der Boom in der Schweinehaltung war die Folge einer verstärkten Nachfrage nach preiswertem und kalorienreichem Fleisch auch in sozial schwächeren Bevölkerungsschichten.[57] Christoph Borcherdt zufolge erfolgte die Ausweitung der Schweinehaltung gerade auch in den Klein- und Kleinstbetrieben unter 5 ha zur Verbesserung der Eigenversorgung. 1925 entfielen in Baden 27,6 % des Schweinebestandes auf Betriebe mit einer landwirtschaftli-

---

56 Interview mit Ortsvorsteher Amann vom 25. 8. 2022 (wie Anm. 3) mit ergänzenden Auskünften am 27. 9. 2022.
57 EITEL, Geschichte Oberschwabens Bd. 2 (wie Anm. 42), S. 102; BORCHERDT u. a., Landwirtschaft in Baden-Württemberg (wie Anm. 7), S. 169 zufolge erhöht sich der Fleischverbrauch im Deutschen Reich von 1913 bis 1939 von 42,7 auf 47,5 kg pro Person und davon beim Schweinefleisch von 25,1 auf 28,9 kg.

chen Nutzfläche von weniger als 2 ha und weitere 60% auf Hofstellen zwischen 2 und 5 ha. In Württemberg besetzen die gleichen Betriebsgrößen Anteile von 11,8 und 40%.[58] In den 1930er Jahren erfolgte dann eine Verschiebung zugunsten größerer Betriebsgruppen vornehmlich in den Anerbengebieten. Vor dem Hintergrund eines weiter steigenden Schweinefleischverbrauchs erfuhren die Bestände in den 1950/60er Jahren eine nochmalige Zunahme, wobei nunmehr die Zahl der Schweinehalter sank (Abnahme um 57% von 1969 bis 1980) und gleichzeitig die Zahl der Schweine pro Betrieb (von durchschnittlich 11 1969 auf 24,2 1982) anstieg. Zentrum der Schweinemast und -zucht im Oberland war das nördliche Oberschwaben.[59] Die Ausweitung der Schweinehaltung lässt sich auch in Kreenheinstetten mit einer Verdoppelung des Bestandes von 1897 bis 1936 beobachten (Abb. 11).

Hingewiesen sei schließlich noch auf eine weitere landwirtschaftliche Umorientierung, die ebenfalls von den Transportmöglichkeiten der Eisenbahn profitierte: Nicht zuletzt durch die Konkurrenz des Neckarweins, der mit der Eisenbahn billiger als früher ins Oberland befördert werden kann, geht der Weinanbau im Bodenseebecken und auch im Schussental im Laufe des 19. Jahrhunderts stark zurück. An seine Stelle treten im klimatisch begünstigten Bodenseeraum als Sonderkulturen zum einen der Hopfenanbau vor allem im Umfeld von Tettnang und zum anderen der Obstanbau im gesamten Bodenseebecken. Die Zunahme des Hopfenanbaus zwischen 1865 und 1880 steht im Zusammenhang mit der Ausweitung des Brauereiwesens. 1913 entfielen ca. 25% der gesamten Hopfenanbaufläche in Württemberg auf das kleine Oberamt Tettnang. 1905 zählte man in Oberschwaben 1,2 Millionen Obstbäume und damit doppelt so viele wie 25 Jahre zuvor. 1913 entfielen 24,6% der gesamten württembergischen Apfel- und Birnenernte auf Oberschwaben.[60] Durch gestiegene Konsumansprüche erfuhr die Nachfrage nach hochwertigem Tafelobst und damit auch die Obstanbaufläche seit der Mitte der 1950er Jahre eine erhebliche Zunahme. Binnen 30 Jahren erhöhte sich der Flächenanteil bei den Intensivkulturen an der landwirtschaftlichen Nutzfläche in Baden-Württemberg von 1,5 auf über 3%. Besonders auffallend ist die Ausweitung der Obstbaumkulturen im Bodenseebecken. War die Weinanbaufläche im 19. und zu Beginn des 20. Jahrhunderts im Bodenseeraum kontinuierlich zurückgegangen – so im Oberamt Tettnang von ca. 300 ha im Jahr 1838 auf noch 141 ha im Jahr 1891 und gerade noch 71 ha im Kriegsjahr 1915 –,[61] so erfolgte, gleichfalls durch veränderte Konsumentenwünsche sowie eine gezielte Qualitätsverbesserung und Veredelung des lange Zeit berüchtigten Seeweins seit den 1950er Jahren, eine Ausweitung der Rebenflächen von landesweit 17377 ha im Jahr 1950 auf 27063 ha im Jahr 1982, was einer Erhöhung des Anteils an der gesamten landwirtschaftlichen Nutzfläche von 0,9 auf 1,6% entspricht.[62]

---

58 BORCHERDT u. a., Landwirtschaft in Baden-Württemberg (wie Anm. 7), S. 86, 168 f.
59 EBD., S. 215 f.
60 EITEL, Geschichte Oberschwabens Bd. 1 (wie Anm. 14), S. 138–140; EITEL, Geschichte Oberschwabens Bd. 2 (wie Anm. 42), S. 94 f.
61 EBD., S. 96.
62 BORCHERDT u. a., Landwirtschaft in Baden-Württemberg (wie Anm. 7), Tabelle S. 209.

Ein neues ländliches Genossenschafts- und Vereinswesen

Die Meßkircher Zuchtgenossenschaft und die beiden Kreenheinstetter Vereine stehen stellvertretend für das im ausgehenden 19. Jahrhundert auch in Oberschwaben aufkommende und die bäuerliche Landwirtschaft bis weit in das 20. Jahrhundert prägende neue Genossenschafts- und Vereinswesen. Da sind zum einen die ländlichen Darlehenskassenvereine, die in der Agrarkrise von 1879 mit fallenden Getreidepreisen und der finanziellen Bedrängnis für viele Landwirte entstehen und den Bauern die Möglichkeit eröffnen, mit Darlehen zu angemessenen Zinssätzen Notzeiten zu überbrücken und Investitionen auf ihren Höfen zu tätigen. Bis 1902 gibt es in jeder sechsten badischen und bereits in jeder zweiten württembergischen Landgemeinde eine landwirtschaftliche Kreditgenossenschaft.[63] Ausgehend von einer ersten Gründung 1882 in Baden verbreiten sich weiterhin rasch landwirtschaftliche Konsumvereine, die dem gemeinsamen Bezug von landwirtschaftlichen Betriebsmitteln zu moderaten Preisen dienen und zu „Pionieren des technischen Fortschritts" durch den Einsatz von Kraftfutter, Mineraldünger und landwirtschaftlichen Maschinen werden.[64]

Genossenschaftliche Lagerhäuser dienen der Zwischenlagerung der gemeinsam und damit kostengünstiger eingekauften Betriebsmittel wie auch der in den Verkauf gehenden landwirtschaftlichen Erzeugnisse.[65] In Württemberg wurde 1900 der genossenschaftliche Landwarenhandel den inzwischen fast 900 Darlehenskassen angegliedert. Weiterhin entstehen landwirtschaftliche Absatzgenossenschaften, Getreideverkaufsgenossenschaften sowie Milchverkauf- und Verwertungsgenossenschaften, von denen 1925 in Baden 218 und in Württemberg sogar 349 mit einem Schwerpunkt im Donaukreis mit Oberschwaben bestehen. Ein Konzentrationsprozess verringert im 20. Jahrhundert sukzessive die Zahl der ländlichen Genossenschaften durch Fusionen und Auflösungen von 3455 im Jahr 1949 auf noch 1390 in Baden-Württemberg 1981. Besonders ausgeprägt ist der Strukturwandel in der Milchwirtschaft, wo gerade auch in Oberschwaben die Vielzahl der kleinen Milchwerke und Käsereien sich drastisch zugunsten zentraler Mittel- und Großbetriebe verringert.[66]

Gleichfalls der bäuerlichen Selbsthilfe und zumal der agrarischen Fortbildung dienen die von den Staaten und deren Verwaltungen geförderten landwirtschaftlichen Vereine und Feste. In Württemberg und damit auch in Oberschwaben entsteht bereits seit den 1830/40er Jahren in jedem Oberamt ein landwirtschaftlicher Verein mit der Aufgabe der Beratung und Fortbildung der Bauern des Bezirks durch Kurse, Vorträge und Musterausstellungen neuer Geräte und Produkte.[67] Neben den Winterabendschulen vor Ort in vielen Dörfern entstehen auch überörtliche Bildungsstätten mit einer längerfristigen, anspruchsvollen landwirtschaftlichen Qualifizierung etwa in Gestalt der bereits 1843 gegründeten staatlichen Ackerbauschule in Ochsenhausen oder der 1869 von sieben Ober-

---

63 EBD., S. 130.
64 EBD.
65 EITEL, Geschichte Oberschwabens Bd. 2 (wie Anm. 42), S. 108.
66 EBD., S. 130–134.
67 Vgl. hierzu und zum Folgenden EITEL, Geschichte Oberschwabens Bd. 1 (wie Anm. 14), S. 144–146; EITEL, Geschichte Oberschwabens Bd. 2 (wie Anm. 42), S. 106–108.

ämtern eingerichteten und finanzierten landwirtschaftlichen Winterschule in Ravensburg mit einem über zwei Jahre laufenden Unterrichtsprogramm. 1840 entsteht ein Dachverband „Oberschwäbischer Landwirtschaftlicher Vereine". 1882 zählen die Landwirtschaftlichen Vereine in Oberschwaben über 5500 Mitglieder. Spartenbezogen sind die Pferdezuchtvereine, Geflügel-und Bienenzuchtvereine, Obst- und Gartenbauvereine oder auch Wassergenossenschaften zur Beförderung der Felderdrainage. Von landwirtschaftlichen Bezirksvereinen und den Oberämtern organisierte landwirtschaftliche Bezirksfeste, deren erste 1820 in Biberach und Riedlingen und 1822 in Ravensburg veranstaltet werden, sollen Unterhaltung und Belehrung für die Landbevölkerung verbinden. Sie beinhalten musikalische Darbietungen und Vergnügungsparks ebenso wie Pferde- und Viehvorführungen mit der Prämierung der besten Tiere und Züchter sowie die Vorstellung neuer Ackergeräte. Feste auf überregionaler Ebene organisieren die 1878 gebildeten zwölf landwirtschaftlichen Gauvereine, von denen drei in Oberschwaben bestehen.

Dominanz des Agrarsektors und die Betriebsgrößenstruktur

In markantem Unterschied zu den landesweiten Entwicklungstrends mit einem raschen Rückgang des Anteils der landwirtschaftlich tätigen Bevölkerung in Südwestdeutschland von 60 % im Jahr 1852 über 48 % 1882, 35,8 % 1907 und 31,7 % 1939 auf noch 26,1 % 1950[68] bleibt in Oberschwaben die Landwirtschaft noch sehr viel länger der dominierende Wirtschaftssektor. Hier ist von 1882 bis 1907, in einer Zeit der beschleunigten Industrialisierung in anderen Teilen Deutschlands, ein Rückgang des Anteils der in der Land- und Forstwirtschaft tätigen Bevölkerung lediglich von 56,2 auf 53,2 % zu verzeichnen. Und selbst 1950 liegt der Primärsektor mit 30,37 % mit den 33,94 % von Industrie und Handwerk noch immer nahezu gleichauf, während im damaligen Land Württemberg-Hohenzollern der Vergleich mit einem Verhältnis von 24,07 zu 41,28 % zu Gunsten der Industrie ausfällt. In den lange Zeit besonders stark agrarisch geprägten Kreisen wie Saulgau übertrifft in der Wertschöpfung selbst 1950 die Landwirtschaft mit einem Anteil von 42,5 % die Industrie mit 27,7 % noch immer deutlich. Zum Vergleich: Im stärker industrialisierten Kreis Ravensburg liegt das Verhältnis bei 35,9 zu 27,7 % und in Baden-Württemberg insgesamt bei 45,4 zu 17,4 % zu Gunsten der Industrie.[69]

Diese bis weit in das 20. Jahrhundert fortbestehende Dominanz des Agrarsektors und die verzögerte und letztlich erst nach 1945 in der Breite einsetzende Industrialisierung Oberschwabens hat einen wichtigen Grund in der landwirtschaftlichen Besitzstruktur der Region. Während in den Realteilungsgebieten namentlich am Oberrhein und im Mittleren Neckarraum eine deutliche Tendenz zur anhaltenden Verkleinerung der landwirtschaftlichen Besitzgrößen besteht und 1907 der Anteil der Kleinbetriebe mit weniger als 2 ha Betriebsfläche an der Gesamtzahl der landwirtschaftlichen Betriebe in

---

68 BORCHERDT u. a., Landwirtschaft in Baden-Württemberg (wie Anm. 7), S. 64, 97, 179.
69 EITEL, Geschichte Oberschwabens Bd. 2 (wie Anm. 42), S. 87; EITEL, Geschichte Oberschwabens Bd. 3 (wie Anm. 38), S. 434.

Baden bei 59 % und in Württemberg bei 53 % liegt,⁷⁰ beträgt in Oberschwaben die Quote der für die familiäre Subsistenz auf einen nichtlandwirtschaftlichen Zusatzerwerb angewiesenen Kleinstellen lediglich 34,7 % mit einem Maximum im Oberamt Saulgau mit 38,8 %.⁷¹ Bei Betrieben zwischen 2 und 10 ha weist Oberschwaben gleichfalls 1907 einen Anteil von 43,2 % gegenüber 38,9 % in Württemberg insgesamt auf, und bei Höfen über 10 ha kommt das Oberland auf einen Anteil von 22,1 % gegenüber nur 7,6 % im württembergischen Durchschnitt. Die durchschnittliche Betriebsgröße liegt in Oberschwaben mit 8,3 ha fast doppelt so hoch wie im württembergischen Mittel mit 4,6 ha. Innerhalb Oberschwabens liegt im Durchschnitt der Jahre 1812 bis 1866 der Anteil der zur Marktproduktion fähigen Mittel- und Großbetriebe über 10 ha oder 30 Morgen landwirtschaftlicher Nutzfläche in den vier nördlichen Oberämtern Ehingen, Riedlingen, Biberach und Laupheim mit ca. 15 % annähernd nur halb so hoch wie in den sechs südlichen Oberämtern Saulgau, Waldsee, Leutkirch, Wangen, Ravensburg und Tettnang mit 26,3 %.⁷²

Auch wenn – analog zur erwähnten Entwicklung in Kreenheinstetten – im oberschwäbischen Anerbengebiet insgesamt im 19. und in der ersten Hälfte des 20. Jahrhunderts der Anteil der ganz großen Betriebe über 20 ha kontinuierlich abnimmt – von 1882 bis 1907 um 13,1 % – und die 1907 im Oberamt Saulgau verzeichneten 16 Fälle einer „Güterzertrümmerung" keine Ausnahmen sind,⁷³ bleibt die vorherrschend mittel- und großbäuerliche Betriebsstruktur im württembergischen Oberschwaben wie auch in den angrenzenden bayerischen, badischen und hohenzollerischen Landschaften grundsätzlich bestehen. Auch 1933 noch weisen zwischen 52,9 % (OA Laupheim) und 75 % (OA Wangen) aller landwirtschaftlichen Betriebe im württembergischen Oberschwaben eine Betriebsfläche zwischen 5 und 100 ha auf, während die entsprechende Quote in Württemberg insgesamt bei lediglich 33,5 % liegt.⁷⁴ Dies bedeutet, dass die oberschwäbische Bevölkerung im Unterschied zur ländlichen Einwohnerschaft in den Realteilungsgebieten ganz überwiegend von ihren landwirtschaftlichen Erträgen leben kann. Der erwähnte Trend zur bäuerlichen Mittelklassegesellschaft mit dem Rückgang der ganz kleinen wie der ganz großen Betriebe hat seinen Grund auch in den bis zum Ende des 19. Jahrhunderts erzielten Ertragssteigerungen im Gefolge verbesserter Anbaumethoden, was wiederum Hofstellen unter 20 ha attraktiver machte.⁷⁵

Christoph Borcherdt stuft für das ausgehende 19. Jahrhundert eine Betriebsgröße von 2 bis 5 ha im Anerbengebiet als Schwelle vom Voll- zum Nebenerwerbslandwirt ein,⁷⁶ wobei in den Höhenlagen Oberschwabens wie auch des südlichen Heubergs das Limit wohl eher etwas höher anzusetzen wäre. Wie im württembergischen Oberschwaben und im badischen Kreenheinstetten weisen in den südwestdeutschen Anerbengebieten insgesamt zwischen 1895 und 1925 die Betriebe zwischen 5 und 20 ha Zunahmen

---

70 BORCHERDT u. a., Landwirtschaft in Baden-Württemberg (wie Anm. 7), S. 44, 110.
71 Vgl. hierzu und zum Folgenden EITEL, Geschichte Oberschwabens Bd. 2 (wie Anm. 42), S. 88.
72 EBD., S. 131.
73 EBD., S. 88 f.
74 Eitel, Geschichte Oberschwabens Bd. 3 (wie Anm. 38), S. 217.
75 EITEL, Geschichte Oberschwabens Bd. 2 (wie Anm. 42), S. 88.
76 BORCHERDT u. a., Landwirtschaft in Baden-Württemberg (wie Anm. 7), S. 111.

EDWIN ERNST WEBER

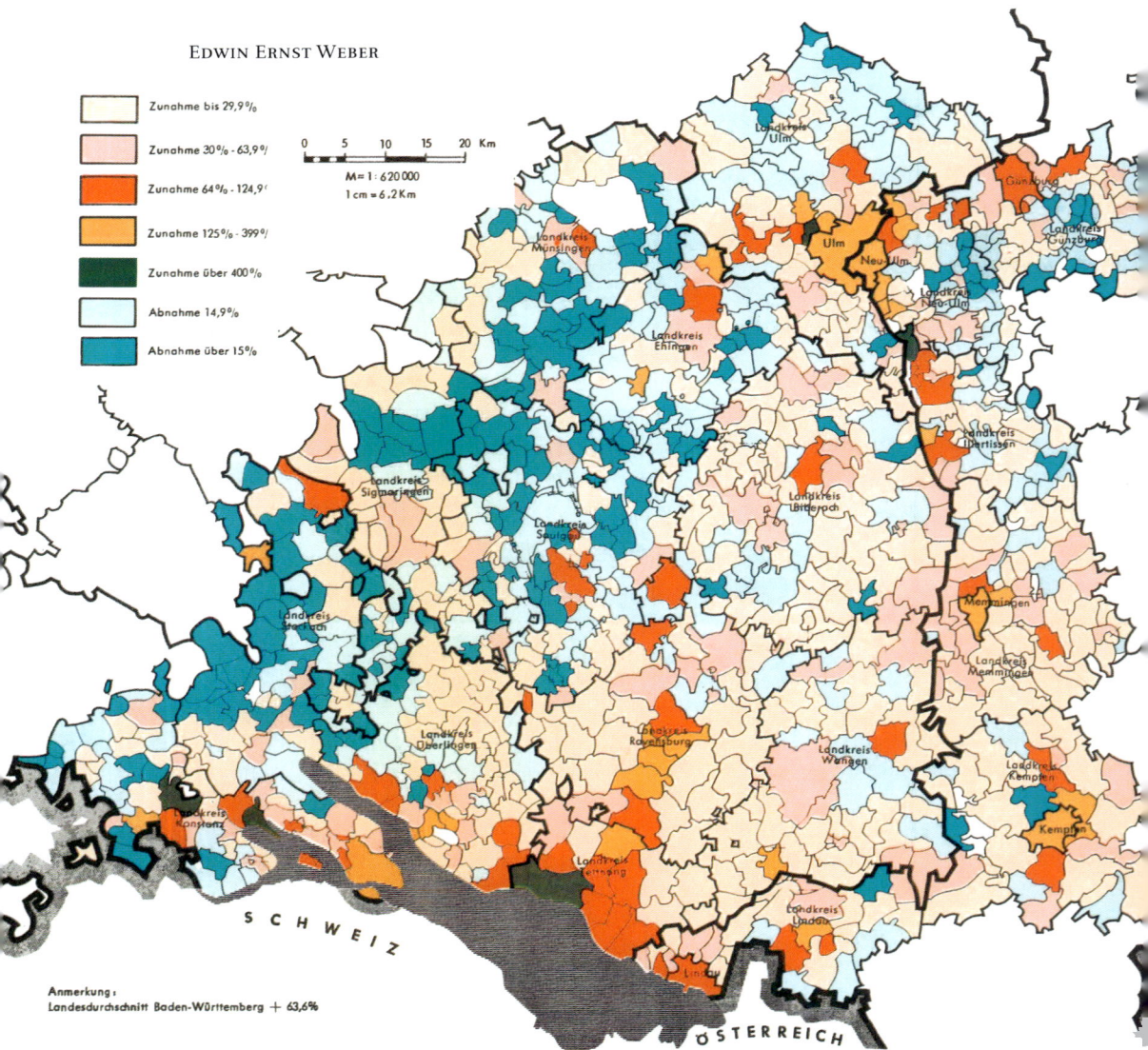

14 Karte zur Bevölkerungsbewegung in Oberschwaben
1871–1939 (Aus: Regionalplanungs-Verband Oberschwaben:
Strukturatlas Oberschwaben. Karten und Begleittexte.
Wangen im Allgäu 1970, Karte 2.201).

nach Anzahl und Fläche auf – auf Kosten der Höfe unter 5 wie auch über 50 ha.[77] Während in den Realteilungsgebieten Kleinstellen und gerade auch Zwergbetriebe unter 0,5 ha in der zweiten Hälfte des 19. und der ersten Hälfte des 20. Jahrhunderts durch die sich immer mehr bietenden industriellen Erwerbsmöglichkeiten zunehmen, führen die weithin fehlenden außerlandwirtschaftlichen Verdienstchancen in den Anerbengebieten

77 Ebd., S. 146, 151.

und gerade auch in Oberschwaben zur Aufgabe vieler Kleinbetriebe und zur Abwanderung und „Landflucht" von Teilen der landarmen Bevölkerung. Oberschwaben erfährt dabei von 1871 bis 1939 eine tendenziell dreigeteilte Entwicklung (Abb. 14):[78] Während das Schussental und das Bodenseeufer um Friedrichshafen sowie das Ulmer Umfeld mit den dort wirksamen Industrialisierungsimpulsen eine starke und das übrige östliche Oberschwaben eine moderate Bevölkerungszunahme erfahren, ist im westlichen Oberschwaben und vor allem in den Landkreisen Saulgau, Sigmaringen und Stockach ein mäßiger bis starker Rückgang der Einwohnerzahlen zu beobachten, von dem lediglich die Kreisstädte sowie Ortschaften mit gewerblichem Profil wie die Städte Mengen und Riedlingen oder der Industrieort Sigmaringendorf mit dem Hüttenwerk Laucherthal ausgenommen bleiben.

Die Abwanderung aus dem landwirtschaftlichen Betriebssektor in die Industrie und in der Folge auch in den Dienstleistungsbereich übersteigt in Baden wie in Württemberg den jährlichen Geburtenüberschuss um 17% von 1882 bis 1895 und sogar um 149% von 1895 bis 1905.[79] Noch vor dem 1. Weltkrieg begegnen auch in Oberschwaben Klagen über fehlende Arbeitskräfte in der Landwirtschaft, was sich in den industriellen Aufschwungphasen in den 1920er und sodann den 1930er Jahren verstärkt. In der Zeit der militärischen Aufrüstung des NS-Regimes und der damit verbundenen verstärkten Abwanderung in die Industrie in den 1930er Jahren gehört zu den wichtigen Aufgaben der Kreis- und Ortsbauernführer auch in Oberschwaben die Anwerbung dringend benötigter Arbeitskräfte insbesondere für die Ernte auf den Höfen, u. a. durch die Freistellung von Wehrmachtsoldaten.[80] Ist es anfänglich vor allem das familienfremde ‚Personal' in Gestalt der Knechte und Mägde sowie der ehedem aus den dörflichen Taglöhnerschaften rekrutierten saisonalen Hilfskräfte, die in die Industrie abwandern, so folgt ihnen bald die landwirtschaftliche Stammbevölkerung nach, so dass sich die Bewirtschaftung der Betriebe auch in Oberschwaben seit den 1920/30er Jahren zunehmend auf den Betriebsinhaber und dessen Familienangehörige beschränkt.[81]

Mechanisierung der Landwirtschaft in drei Phasen

Die menschliche und in der Folge auch die tierische Arbeitskraft in der Landwirtschaft wird seit dem ausgehenden 19. Jahrhundert in einem stetig wachsenden Umfang durch eine fortschreitende Mechanisierung ersetzt und abgelöst. In Kreenheinstetten lässt sich der steigende Maschineneinsatz nachvollziehen, wenn in einer statistischen Erhebung von 1931 bei damals ca. 80 bis 90 Betrieben über 2 ha 40 Grasmäher, 1 kombinierter Gras- und Getreidemäher, 3 Pferderechen, 35 Dreschmaschinen, 2 Groß-Breitdrescher, 65 Putzmühlen (Samenreinigungsmaschinen), 3 Heu- und Getreideaufzüge, 2 Getreideför-

---

78 Regionalplanungs-Verband Oberschwaben: Strukturatlas Oberschwaben. Karten und Begleittexte. Wangen im Allgäu 1970, Karte Bevölkerungsbewegung in den Jahren 1871–1939.
79 BORCHERDT u. a., Landwirtschaft in Baden-Württemberg (wie Anm. 7), S. 98.
80 EITEL, Geschichte Oberschwabens Bd. 2 (wie Anm. 42), S. 214 f.
81 BORCHERDT u. a., Landwirtschaft in Baden-Württemberg (wie Anm. 7), S. 123, 136 f., 154.

15 Von einer Dampfmaschine angetriebene fahrbare Kartoffeldämpfe des Lohnunternehmers Karl Utz in Kreenheinstetten, 1930er Jahre (Vorlage: Privatbesitz Kreenheinstetten).

derbänder der Marke Osterrieder, 30 Milchzentrifugen, 43 Elektromotoren und ein erster *Kraftschlepper* ermittelt werden. Hinzu kommen in genossenschaftlicher Haltung eine Düngerstreumaschine, ein Kleereiber und eine Samenreinigungsanlage mit Trieuren zur Benützung durch die Landwirte des Dorfes.[82]

Die agrargeschichtliche Forschung unterscheidet bei der Mechanisierung der Landwirtschaft drei Entwicklungsphasen:[83] Am Anfang steht seit dem ausgehenden 19. Jahrhundert „die mechanische Verbesserung der einfachen Arbeitsgeräte" in Gestalt von mit Zugtieren betriebenen Felderbearbeitungs- und Erntemaschinen, die aufgrund des damit verbundenen Kapitalaufwandes anfänglich fast ausschließlich auf größeren Höfen insbesondere in den Anerbengebieten und gerade auch in Oberschwaben im Einsatz waren. 1882 werden in Südwestdeutschland in 11,6 % der Betriebe mit einer landwirtschaftlichen Nutzfläche zwischen 5 und 20 ha Erntemaschinen wie Mähmaschinen, Heuwender, Pferderechen oder auch Göpel eingesetzt, 1895 sind es bereits 30,9 %. Am

---

82 Statistische Erhebungen 1923–1946, u. a. zum Maschineneinsatz in der Landwirtschaft 1931 (GA Kreenheinstetten I Nr. 446).
83 Vgl. zum Folgenden Borcherdt u. a., Landwirtschaft in Baden-Württemberg (wie Anm. 7), S. 200 f., 227.

16 Grasmähmaschine der Firma Fahr, Bauernmuseum Inzigkofen (Foto: Reiner Löbe).

17 Pferderechen für Heu und Stroh, Bauernmuseum Inzigkofen (Foto: Reiner Löbe).

19 Getreideputzmühle, um 1900, Bauernmuseum Inzigkofen (Foto: Reiner Löbe)

21 Bulldogg der Firma Kramer um 1950, Bauernmuseum Inzigkofen (Foto: Reiner Löbe).

18 Mit Elektromotor über Transmissionsriemen betriebene Dreschmaschine der Firma W. Stohrer, Leonberg, Bauernmuseum Inzigkofen (Foto: Reiner Löbe).

20 Zentrifuge der Firma Göricke zum Entrahmen von Milch, Bauernmuseum Inzigkofen (Foto: Reiner Löbe).

meisten verbreitet sind arbeitssparende Dampf- und später Strom-betriebene Dreschmaschinen, auf die 1882 9/10 des gesamten Maschinenbestandes mit einer Dominanz wiederum der großen Betriebe entfallen. Da sich kleinbäuerliche Betriebe kaum eigene Maschinen leisten können, treten auch hier Genossenschaften und landwirtschaftliche Vereine mit der Beschaffung und Bereitstellung an die Stelle. 1925 lässt sich dann von einer mechanisierten Landwirtschaft sprechen, indem jetzt über die Hälfte der Betriebe über 2 ha in Baden und fast zwei Drittel in Württemberg eine oder mehrere landwirtschaftliche Maschinen im Einsatz haben.[84]

Die zweite Phase war die Mechanisierung der Hofarbeit durch den Elektromotor in den 1920/30 Jahren im Anschluss an die Elektrifizierung der Dörfer vor und nach dem 1. Weltkrieg. Der Elektromotor als vielseitige Antriebsmaschine war mit den geringeren Beschaffungskosten auch für kleinere Betriebe attraktiv. 1925 verfügte bereits ein starkes Drittel der kleinbäuerlichen und zwei Drittel der mittelbäuerlichen Betriebe in Baden und Württemberg über einen eigenen Elektromotor, auf größeren Höfen waren vielfach gleich mehrere im Einsatz. Angetrieben wurden damit u.a. Futterschneidemaschinen, Dreschmaschinen, Heu- und Garbenaufzüge, Jauchepumpen, Schrotmaschinen oder Milchzentrifugen.[85] Stand am Anfang der Mechanisierung der Landwirtschaft die Arbeitserleichterung, so rückte bereits in der zweiten Phase die Arbeitskräfteeinsparung in den Vordergrund, was sich dann in der dritten Phase mit dem Einsatz des Schleppers und der damit betriebenen Geräte zur Feldbearbeitung nach dem 2. Weltkrieg beschleunigte.[86]

Vereinödung und Flurbereinigung

Einen wesentlichen Beitrag zur Modernisierung und Rationalisierung der Landwirtschaft leistete die Flurbereinigung der insbesondere in den Realteilungsgebieten, in geringerem Ausmaß aber auch in den Bereichen mit geschlossener Vererbung auf zahlreiche, häufig winzige Parzellen verteilten Nutzflächen der Betriebe. Lange vor den staatlich initiierten Bereinigungsverfahren seit dem ausgehenden 19. Jahrhundert hatte im südlichen Oberschwaben die sog. Vereinödung in Eigenregie der Dorfgemeinden für eine tief greifende und erfolgreiche Bodenreform gesorgt.[87] Ausgehend vom Gebiet der Reichsabtei Kempten erfasste die Vereinödung seit 1770 in einer Ost-West-Bewegung das südliche Oberschwaben bis in den badischen Seekreis und das Bodensee-nahe Hohenzollern. Bis 1879 sind 865 datierbare und 14 nicht zu datierende Bereinigungsverfahren nachweisbar, zu deren Umsetzung die Zustimmung von zwei Dritteln der Bauern einer Gemarkung bzw. der Inhaber von zwei Dritteln der zu bereinigenden Flächen er-

---

84 EBD., S. 125, 155–157.
85 EBD., S. 157.
86 EBD., S. 201.
87 Vgl. zum Folgenden EITEL, Geschichte Oberschwabens Bd. 1 (wie Anm. 14), S. 132; BORCHERDT u.a., Landwirtschaft in Baden-Württemberg (wie Anm. 7), S. 217 f.; grundlegend W.D. SICK, Die Vereinödung im nördlichen Bodenseegebiet, in: Württembergische Jahrbücher für Statistik und Landeskunde 1951/52, S. 81–105; Hans DORN, Die Vereinödung in Oberschwaben, Kempten u.a. 1904.

forderlich war. Durch die Neuverteilung der Grundstücke und die daran angepasste Verlegung der Feldwege entstanden größere und besser zu bewirtschaftende Parzellen, so dass der Flurzwang und die vielen Tritt- und Überfahrtsrechte entfallen konnten. Mit der Vereinödung verbunden waren vielfach die Auflösung und Verteilung der Allmende sowie die Aussiedlung der Höfe aus den Weilern und Dörfern in die „Einöde", inmitten der um das Gut konzentrierten Felder. An den Grenzen des Altsiedellandes im nördlichen Oberschwaben und im Hegau mit den dort bestehenden großen Haufendörfern und einer noch stärkeren Parzellierung des bäuerlichen Grundbesitzes erreichte die Vereinödung in der Mitte des 19. Jahrhunderts ihr Ende. Die Vereinödung, die mit der vollständigen Beseitigung der Gemengelage der bäuerlichen Felder „ein Sonderfall der südwestdeutschen Flurbereinigung" bleibt,[88] trägt maßgeblich zur Stabilität und auch Leistungsfähigkeit der mittel- und großbäuerlich strukturierten Landwirtschaft in Oberschwaben bei.

Weitaus bescheidener blieben die Erfolge der Flurbereinigung, die zur Schaffung eines zweckmäßigen Feldwegenetzes und zunächst moderaten Flurneuordnungen von den südwestdeutschen Staaten seit der zweiten Hälfte des 19. Jahrhunderts mit verschiedenen gesetzlichen Initiativen befördert wurden.[89] Im Unterschied zur oberschwäbischen Vereinödung waren die Abneigung und der Widerstand der Bauern gegen die behördlich initiierte Flurbereinigung lange Zeit hemmend, so dass sich die Verfahren bis in die Zeit nach dem 2. Weltkrieg im Wesentlichen auf Wegebau-Maßnahmen und begrenzte Felder-Umverteilungen zur Erleichterung und Steigerung der landwirtschaftlichen Produktion beschränkten. In diesem begrenzten Wirkungsspektrum mit dem Vorrang für die Schaffung eines Feldwegenetzes bewegte sich auch die von 1870 bis 1872 durchgeführte Flurbereinigung in Kreenheinstetten.[90] Bis Ende 1930 waren in Baden 625 Verfahren mit 71 172 ha landwirtschaftlicher Nutzfläche und in Württemberg 1396 Verfahren mit einer Fläche von 156 411 ha vollständig abgeschlossen. 1935 sodann waren insgesamt 14,3 % der landwirtschaftlich genutzten Böden in Baden, 21 % in Württemberg und 33,6 % im preußischen Hohenzollern von einer Flurbereinigung erfasst worden.

Erst als nach 1960 durch eine zunehmende Zahl von Betriebsaufgaben und Veränderungen der landwirtschaftlichen Betriebsstruktur weitergehende Zusammenlegungen möglich wurden, erhielt die Flurneuordnung eine wachsende Dynamik. Zwischen 1954 und 1981 wurden 813 000 ha landwirtschaftliche Nutzfläche neu umgelegt, was 40 % der bereinigungsbedürftigen Flächen entsprach. Ein Hauptanliegen der Flurbereinigungen in den 1960/70er Jahren war im Zuge der EU-Agrarpolitik die Schaffung leistungsfähiger landwirtschaftlicher Betriebe und deren Aussiedlung aus den engen Ortslagen der Dörfer in den Außenbereich. Landesweit wurden über eine einzelbetriebliche Förderung bis 1971 insgesamt 6253 Aussiedlungen und 717 Neusiedlungen von Höfen abgeschlossen.[91]

---

88 BORCHERDT u. a., Landwirtschaft in Baden-Württemberg (wie Anm. 7), S. 218.
89 EBD., S. 218–222.
90 Flurbereinigung auf Gemarkung Kreenheinstetten 1870–1872, 2 Teile (GA Kreenheinstetten A I Nr. 397, 398); Pläne zur Felderbereinigung in Kreenheinstetten 1871 (GA Kreenheinstetten K Nr. 21–28).
91 BORCHERDT u. a., Landwirtschaft in Baden-Württemberg (wie Anm. 7), S. 222; MAHLERWEIN, Aufbruch (wie Anm. 2), S. 36–39.

Koordiniert werden die bis in die Gegenwart fortgeführten Verfahren auf Gemeindeebene von staatlichen Ämtern für Flurneuordnung, die im Gefolge der Sonderbehördenreform 2005 in die Landratsämter eingegliedert wurden.[92]

Die Landwirtschaft im Schrumpfungsprozess

In den Kriegs- und Krisenzeiten von 1914 bis 1948 zeigt Südwestdeutschland dank seiner spezifischen landwirtschaftlichen Prägung mit den leistungsfähigen Mittel- und Großbetrieben in den Anerbengebieten und den agrarisch-industriellen Doppelexistenzen in vielen Realteilungsgebieten eine auffallende Krisenresistenz. Besonders erweist sich dies in der Zeit der Massenarbeitslosigkeit zu Beginn der 1930er Jahre, als Baden und Württemberg dank der Verknüpfung von Industriearbeit und Landwirtschaft die Notzeit besser als die meisten anderen Teile Deutschlands bewältigen und die registrierte Arbeitslosigkeit 1931 mit einer Quote von 47,2 pro 1000 Einwohnern weit unter dem Reichsmittel von 69,3 liegt.[93] Oberschwaben spielt sowohl im 1. Weltkrieg wie auch in der Inflation von 1923 und in der Weltwirtschaftskrise seit 1929 als Lieferant von Grundnahrungsmitteln eine wichtige Rolle für die dicht besiedelten Gebiete im mittleren Neckarraum. 1931 stammen fast 54 % der auf den württembergischen Markt gelangten Butter und über 90 % der verschiedenen Käsesorten aus Oberschwaben. Dabei profitieren auch die oberschwäbischen Bauern von der Verteuerung der Lebensmittel, und ihr Einkommen liegt deutlich über dem Landesdurchschnitt.[94]

Wie bereits in der Agrarkrise seit 1879 mit fallenden Getreidepreisen und existenziellen Nöten vieler Bauern auch in Oberschwaben offenbarte 1927 der Einbruch der Milchpreise als Folge einer weltweiten Produktionssteigerung bei Milchprodukten die mittlerweile bestehende hohe Marktabhängigkeit und Krisenanfälligkeit gerade auch der hochspezialisierten oberschwäbischen Landwirtschaft. Einige Jahre später trat in der Weltwirtschaftskrise ein erneuter Zusammenbruch der Preise für Milch und Milchprodukte ein. Die Antwort darauf bestand in einer weiteren Konzentration und Rationalisierung der oberschwäbischen Milchwirtschaft mit der Entstehung von mit modernster Technik ausgestatteten Großmolkereien auf genossenschaftlicher Basis, von denen die „Oberland-Milchverwertung Ravensburg" (OMIRA) die bedeutendste war, die 1931 Milch von 15 000 Kühen verarbeitete. Ein weiteres Resultat der Krisenerfahrungen war eine verstärkte politische Vertretung der bäuerlichen Interessen auf Landes- wie auch Reichsebene, wobei Oskar Farny als *Führer der oberschwäbischen Landwirtschaft* eine durchaus umstrittene Schlüsselrolle von der ausgehenden Weimarer Zeit über das *Dritte Reich* bis in die bundesrepublikanischen Nachkriegsjahrzehnte spielte.[95]

---

92 Exemplarisch zum mittlerweile mit dem Vermessungsamt fusionierten Sachgebiet Flurneuordnung im Landratsamt Sigmaringen https://www.landkreis-sigmaringen.de/de/Landratsamt/Kreisverwaltung/Fachbereiche/Vermessung-Flurneuordnung/Sachgebiet?view=publish&item=level1&id=1020 (aufgerufen am 7. 1. 2025).
93 BORCHERDT u. a., Landwirtschaft in Baden-Württemberg (wie Anm. 7), S. 136.
94 EITEL, Geschichte Oberschwabens Bd. 2 (wie Anm. 42), S. 83.
95 EBD., S. 85 f.; zu Farny neuerdings Frank RABERG, Oskar Farny – Ein bewährter Demokrat? in: Wolfgang PROSKE (Hg.), Täter – Helfer – Trittbrettfahrer, Band 4. NS-Belastete aus Oberschwaben, Gerstet-

Trotz des propagandistischen Getöses um die Erhaltung eines *gesunden Bauerntums* und der Einsetzung des halbstaatlichen *Reichsnährstandes* als Instrument zu einer vollständigen Erfassung und Lenkung der Bauernschaft im Reich blieben die Auswirkungen der auf agrarische Autarkie und Preiskontrolle, Produktivitätssteigerung und Stärkung der mittelbäuerlichen Betriebe abzielenden NS-Politik auf die Landwirtschaft Oberschwabens durchaus begrenzt. Während durch das Reichserbhofgesetz von 1933 aufgrund der überwiegend kleinbäuerlichen Betriebsstruktur in Baden lediglich 5,5 % aller Höfe mit 16,6 % der Fläche und in Württemberg 11 % der Höfe mit 25,3 % der Fläche als besonders zu schützende und zu fördernde *Erbhöfe* mit mehr als 7,5 ha Betriebsfläche erfasst und in die *Erbhofrolle* eingetragen wurden, lag die Quote in Oberschwaben mit seiner mittel- und großbäuerlichen Betriebsstruktur um das Mehrfache höher. 1933 hatten 33,5 % aller landwirtschaftlichen Betriebe in Württemberg eine Betriebsfläche zwischen 5 und 100 ha, in Oberschwaben dagegen bewegten sich die entsprechenden Werte zwischen 52,9 % im Oberamt Laupheim und 75 % im Oberamt Wangen. Die durch das Reichserbhofgesetz angestrebten eigentumsrechtlichen Ziele waren in Oberschwaben dank Anerbenrecht und Vereinödung bereits seit langem erreicht. Für die *Erbhofbauern* änderte sich durch das erlangte Prädikat nebst dem erforderlichen *großen Ariernachweis* bis zurück in das Jahr 1800 letztlich so gut wie nichts, da die in Aussicht gestellten Fördermittel für die Betriebe weitgehend ausblieben und bei der staatlichen Ressourcenverteilung Aufrüstung und Kriegsvorbereitung von Anfang an Priorität besaßen.[96] In Kreenheinstetten erhielten 14 Höfe mit einer Betriebsfläche zwischen 12 und 24 ha das *Erbhof*-Prädikat. Für zehn Höfe im Dorf wurden Entschuldungsverfahren beantragt.[97]

Schlepper und Arbeiterbus

Auf den ersten Blick ging in Kreenheinstetten in den 1950er Jahren alles seinen gewohnten ländlichen Gang: In nahezu jedem Haus des Dorfes war eine Landwirtschaft mit einer kleineren oder auch größeren Viehhaltung nebst Jauchegrube und Misthaufen ansässig. Der Rhythmus des Dorfes wurde nahezu unverändert vom jahreszeitlichen Gang der Feldarbeiten mit Aussaat, Heu-, Öhmd-, Getreide-, Kartoffel- und Rübenernte bestimmt. Der Tagesverlauf wurde von der Stall- und Melkarbeit morgens und abends getaktet, aus fast allen Häusern wurden kleinere oder größere Mengen an Milch in die Genossenschaftsmolkerei angeliefert. Das soziale Oben und Unten im Dorf ließ sich unverändert daran ablesen, dass die gut situierten Rossbauern mit ihren Pferden den landwirtschaftlichen Arbeiten nachgingen, während die ärmeren Kuhbauern ihre Kühe neben der bescheidenen Milcherzeugung auch als oft widerspenstige Zugtiere auf dem

---

ten 2015, S. 114–127; Robert SCHMIDTCHEN, Lobbyismus als Lebenszweck. Vom Allgäu über den Großdeutschen Reichstag bis zum Minister in Stuttgart und Bonn. Oskar Farny (1891–1983), Stuttgart 2019.
96 EITEL, Geschichte Oberschwabens Bd. 2 (wie Anm. 42), S. 217; BORCHELDT u. a., Landwirtschaft in Baden-Württemberg (wie Anm. 7), S. 149 f.
97 Durchführung des Reichserbhofgesetzes 1933–1943 (GA Kreenheinstetten A1 Nr. 129); ebenso 1934–1941 (Nr. 145); Walter KNITTEL, „…ein dunkles Kapitel". Das Tausendjährige Reich auf dem Dorf, in: DERS., Im Schatten eines Denkmals (wie Anm. 1), S. 204–216, hier S. 207 f.

Feld einsetzten. Gegenüber der Viehzählung vom Dezember 1945, die – neben 39 Pferden – 24 ausschließlich zur Milcherzeugung und 268 gleichzeitig zur Milchgewinnung und als Arbeitstiere genutzte Kühe ermittelt hatte,[98] hatte sich noch wenig geändert.

An zwei Stellen indessen zeichnete sich in den 1950er Jahren der sich beschleunigende Strukturwandel auch im bislang noch weitgehend landwirtschaftlich geprägten und industriefernen Kreenheinstetten ab: War 1931 im Dorf erst ein einziger Kraftschlepper im Einsatz gewesen, so beschleunigte sich seit Mitte der 1950er Jahre die Beschaffung von Traktoren, und bis 1967 waren bei noch 85 landwirtschaftlichen Betrieben 73 Schlepper und nur noch 5 Pferde vorhanden. Sämtliche 61 Betriebsinhaber von Höfen zwischen 5 und 20 ha besaßen einen Traktor, die Betriebe mit über 20 ha landwirtschaftlicher Nutzfläche teilweise sogar mehrere. Lediglich auf den Kleinstellen unter 5 ha findet sich bei 18 Inhabern, darunter etliche Handwerker und vermutlich auch *Leibdinger* (Altenteiler), insgesamt lediglich eine Zugmaschine.[99] Nach Kenntnis des Kreenheinstetter Ortsvorstehers Guido Amann beschafften sich verschiedene Bauern ihre ersten Traktoren in den 1950er Jahren mit den fürstenbergischen Ablösegeldern für ihre Holzrechte.[100] Die erwähnte dritte Phase der Mechanisierung der Landwirtschaft mit dem Schlepper als Träger eines umfassenden Landtechnikeinsatzes hatte damit auch Kreenheinstetten erreicht.[101]

Zum anderen erhält Kreenheinstetten 1951 mit dem vom Heimatvertriebenen und späteren Busunternehmer Hermann Janzen beschafften Kraftomnibus auf der morgens und abends verkehrenden *Arbeiterlinie* eine direkte Verkehrsverbindung zu den Industriebetrieben in Tuttlingen. Der Antrag von Janzen auf eine Beförderungsgenehmigung durch das Landratsamt Stockach war von 40 potenziellen Fahrtteilnehmern mit einer Unterschriftenliste unterstützt und auch vom Kreenheinstetter Bürgermeister als *Verkehrsbedürfnis* zur Beförderung der Arbeiter aus Kreenheinstetten und den Nachbarorten Leibertingen und Buchheim befürwortet worden.[102] Anfänglich ist Hermann Janzen nach vollbrachter morgendlicher Bustour weiterhin seiner Arbeit in der Poliererei der Tuttlinger Medizintechnikfirma Aesculap nachgegangen, um nach Arbeitsende die Industriearbeiter wieder in ihre Heimatorte zurückzubefördern.[103] Kreenheinstetten ist damit endgültig zu einem Auspendlerort in die umliegenden Industriestandorte geworden.

In den 1960er Jahren erfährt die Anzahl der landwirtschaftlichen Betriebe in Kreenheinstetten einen Rückgang und geben erste Nebenerwerbsbauern die Landwirtschaft auf. Nach 116 Betrieben im Jahr 1872, 113 im Jahr 1913 und 87 im Jahr 1925[104] reduziert sich bis 1967 die Zahl der landwirtschaftlichen Anwesen im Ort auf 85 (Abb. 05). Bei der Volks-

---

98 KNITTEL, Landwirtschaft (wie Anm. 20), S. 160; zu den Viehzählungen von 1925 und 1936 vgl. Abb. 11.
99 Verzeichnis der land- und forstwirtschaftlichen Betriebsunternehmer für das Jahr 1967 – Gemeinde Kreenheinstetten (GA Kreenheinstetten 2 Nr. 259).
100 Interview mit Ortsvorsteher Amann 2022 (wie Anm. 3).
101 BORCHERDT u. a., Landwirtschaft in Baden-Württemberg (wie Anm. 7), S. 201.
102 Organisation des Personen- und Güterverkehrs 1951–1974 (GA Kreenheinstetten 2 Nr. 74).
103 Interview mit Ortsvorsteher Amann 2022 (wie Anm. 3).
104 Die Angabe zu 1925 bei FISCHER, Besiedlung (wie Anm. 15), S. 35.

zählung von 1970 hat die Landwirtschaft dann auch in Kreenheinstetten mit einem Anteil der Erwerbstätigen von 36,2 % ihre Vorrangstellung an das Produzierende Gewerbe mit 43,1 % verloren, wobei von den insgesamt 115 Beschäftigten im Primärsektor vermutlich mehr als die Hälfte auf mithelfende Familienangehörige entfallen.¹⁰⁵ Die divergierenden Zahlen der nach dem *überwiegenden Lebensunterhalt* bestimmten Zuweisungen zu Land- und Forstwirtschaft (94 bzw. 115 Personen) und Produzierendem Gewerbe (112 bzw. 120 Personen) offenbaren die Schwierigkeiten einer validen Zuordnung beruflicher Doppelexistenzen und im konkreten Fall von Arbeiterbauern und Nebenerwerbslandwirten.

Rückgang der landwirtschaftlichen Beschäftigten und der Betriebe

Kreenheinstetten steht mit dem Rückgang der landwirtschaftlichen Beschäftigten und erstmals auch der Betriebe und dem Bedeutungsgewinn der Industriearbeit stellvertretend für das ländliche Oberschwaben in den 1950/60er Jahren. Die bereits in den wirtschaftlichen Aufschwungzeiten in der ersten Hälfte des 20. Jahrhunderts einsetzende Landflucht beschleunigt sich mit dem „Wirtschaftswunder" in den 1950er Jahren, wie die Klage in der „Schwäbischen Zeitung" vom August 1952 über die Abwanderung von rund 2000 überwiegend jüngeren Arbeitskräften aus den Kreisen Ravensburg, Tettnang und Wangen innerhalb von nur zweieinhalb Jahren in die Industriestandorte mit ihren besser bezahlten Arbeitsplätzen belegt.¹⁰⁶ Knechte und Mägde auf den Höfen werden zum Auslaufmodell, ihre Zahl sinkt von 1949 bis 1965 in Baden-Württemberg von 70 300 auf gerade noch 10 400. Gleichfalls stark rückläufig ist mit einem Minus von 46,2 % im selben Zeitraum die Zahl der mithelfenden Familienangehörigen, auch wenn sie mit insgesamt 473 000 Personen 1965 noch immer die größte Beschäftigtengruppe innerhalb der Landwirtschaft stellen. Wie der sehr hohe Frauenanteil von 58 % unter den 1950 noch 842 300 in der Landwirtschaft Erwerbstätigen im Gebiet des späteren Baden-Württemberg ausweist, ist von einer großen Zahl von Nebenerwerbsbetrieben auszugehen, bei denen die Männer einer außerlandwirtschaftlichen Beschäftigung nachgingen und die Frauen und Töchter als Vollzeitkräfte auf dem Hof arbeiteten.¹⁰⁷

Neben der Anzahl der in der Landwirtschaft Beschäftigten verringert sich von 1949 bis 1960 auch die Gesamtzahl der Betriebe in Baden-Württemberg um 66 000 oder 16 Prozent, wobei interessanterweise die Zahl der Nebenerwerbslandwirte um 3,3 % leicht ansteigt, die Zahl der Haupterwerbslandwirte dagegen um 36 % absinkt. Die spätere, von der EG-Agrarpolitik mit der Maxime *Wachsen oder Weichen* gezielt geförderte Entwicklung von leistungsfähigen und immer größeren Vollerwerbsbetrieben zeichnet sich bereits in den 1950er Jahren ab, wenn bis 1960 eine doppelte Zunahme erfolgt: einerseits bei den ‚Feierabendbetrieben' unter 0,5 ha, andererseits aber vor allem bei den

---

105 Gemeindeblatt der Volkszählung 1970 – Gemeinde Kreenheinstetten (GA Kreenheinstetten 2 Nr. 27).
106 EITEL, Geschichte Oberschwabens Bd. 2 (wie Anm. 42), S. 435.
107 MAHLERWEIN, Aufbruch (wie Anm. 2), S. 21, 26 f.

hauptberuflich geführten Höfen zwischen 10 und 50 ha, die jetzt bereits 43 % der landwirtschaftlichen Nutzfläche bei sich konzentrieren.[108]

Gerade auch für Oberschwaben entscheidend ist, dass die „Landflucht" im Sinne eines Beschäftigungswechsels zu einer nichtlandwirtschaftlichen Arbeit seit den 1950er Jahren im Unterschied zur ersten Jahrhunderthälfte zumeist nicht mehr mit einem Wegzug aus dem ländlichen Raum an einen Industriestandort verbunden ist. Ursächlich ist eine neue Phase der Verkehrsrevolution mit der „flächenhaften Verkehrserschließung" gerade auch der ländlichen Räume durch das Automobil. Christoph Borcherdt zufolge eröffnen sich mit dem Eintritt in das „Automobilzeitalter" seit den 1950er Jahren völlig neue Dimensionen, indem die wirtschaftlichen Kernräume und die bisher peripheren Landesteile zusammenrücken und die Markteinflüsse jetzt auch die abseits der Bahnlinien gelegenen Gebiete erreichen.[109] Dies bedeutet zum einen die markante Erhöhung des Umschlags von landwirtschaftlichen Erzeugnissen incl. Vieh, Nahrungs- und Futtermitteln von 5,1 Millionen t im Jahr 1955 auf 17,3 Millionen t im Jahr 1977 und deren zunehmende Verlagerung von der Bahn auf die Straße (1955: 2/3 mit der Bahn, 1977: ¾ als Straßentransporte abgewickelt).[110] Zum anderen bietet das Automobil – zunächst über die für Kreenheinstetten erwähnten *Arbeiterbusse*, in der Folge zunehmend über private Pkw – die Chance zur Pendelwanderung an einen außerhalb des Dorfes gelegenen nichtlandwirtschaftlichen Arbeitsplatz, ohne den ländlichen Wohnort verlassen zu müssen. Ablesbar ist diese – neben der Verkehrserschließung der ländlichen Räume vor allem der Industrialisierung in der Fläche der Region geschuldete – Trendumkehr bei der „Landflucht" auch an der in Oberschwaben seit Mitte der 1950er Jahre steil ansteigenden Bevölkerung, deren Wachstumsdynamik dann seit den 1980er Jahren den landesweiten Aufwärtstrend deutlich übertrifft (Abb. 06).

Wachsen oder Weichen

Seit 1960 übt dann die Agrarpolitik der Europäischen Gemeinschaft und sodann der Europäischen Union einen wachsenden Einfluss auf die Entwicklung der Landwirtschaft auch in Oberschwaben aus. Die agrarpolitischen Leitlinien von 1958 und der Mansholt-Plan von 1968 führen unter der Devise *Wachsen oder Weichen* zu einem beschleunigten Strukturwandel, der am weiteren Rückgang der Anzahl der landwirtschaftlichen Betriebe und einem gleichzeitigen Anstieg der von den verbleibenden Vollerwerbsbetrieben bewirtschafteten Nutzflächen und gehaltenen Viehbestände ablesbar ist. Von 1960 bis 1970 nimmt die Gesamtbetriebszahl in Baden-Württemberg um 85 500 oder 32 % und von 1971 bis 1981 um weitere 45 000 oder 25 % ab.[111] Insgesamt verringert sich die Anzahl der Höfe über 0,5 ha Nutzfläche in Baden-Württemberg von 395 955 im Jahr 1949 auf noch 138 803 im Jahr 1981 (Abb. 22). Dabei ist ein durchgehender Rückgang in allen Grö-

---

108 BORCHERDT u. a., Landwirtschaft in Baden-Württemberg (wie Anm. 7), S. 189–192.
109 EBD., S. 226.
110 EBD., S. 177.
111 EBD., S. 192.

22 Anzahl der land- und forstwirtschaftlichen Betriebe in Baden-Württemberg 1925–1981.

Zahl der land- und forstwirtschaftlichen Betriebe 1925 und 1939[a]		
Baden	1925	1939
Unter 0,5 ha	115184	228855
Summe ab 0,5 ha	179072	183200
0,5–2 ha	82805	74015
2–5 ha	62779	59487
5–10 ha	24148	31380
10–20 ha	7585	11660
20–50 ha	1500	4337
50–100 ha	163	2320[b]
100 ha u. mehr	92	
Württemberg	1925	1939
Unter 0,5 ha	118042	-
Summe ab 0,5 ha	226168	224584
0,5–2 ha	80531	73120
2–5 ha	82547	74622
5–10 ha	39766	44423
10–20 ha	17393	21641
20–50 ha	5520	8761
50–100 ha	296	2037[c]
100 ha u. mehr	115	
Hohenzollern	1925	1939
Unter 0,5 ha	1999	-
Summe ab 0,5 ha	12164	11136
0,5–2 ha	2675	2484
2–5 ha	4581	4051
5–10 ha	2267	2801
10–20 ha	1058	1351
20–50 ha	188	316
50–100 ha	14	131[d]
100 ha u. mehr	4	

Zahl der land- und forstwirtschaftlichen Betriebe ab 0,5 ha 1949–1981[e]				
Baden-Württemberg	1949	1960	1971	1981
Summe ab 0,5 ha	395955	325500	215839	138803
0,5–2 ha	141346	116007	69081	30078
2–5 ha	134497	90373	48147	31091
5–10 ha	79188	70974	41490	26470
10–20 ha	32001	39082	40205	28441
20–50 ha	8010	8393	16098	20775
50 ha u. mehr	913	671	818	1950

a Borcherdt, S. 153
b 50 ha und mehr
c 50 ha und mehr
d 50 ha und mehr
e Borcherdt, S. 190

23 Landwirtschaftliche Betriebsgrößenstruktur der Gemeinde Leibertingen 1979–2020.

Landwirtschaftliche Betriebsgrößenstruktur 1979–2020 – Gemeinde Leibertingen			
	1979	1999	2020
Betriebe gesamt	193	97	48
unter 2 ha		1	
2 – unter 10 ha	86	29	10[a]
10 – unter 20 ha	81	32	14
20 – unter 50 ha	26	29	14
50 und mehr ha		6	10
Landwirtschaftliche Fläche gesamt	2304	2176	2045
Durchschnittliche Betriebsgröße	12	22	42,6

a 5 bis unter 10 ha.

ßenklassen unter 20 ha sowie ein Anstieg lediglich bei den Großbetrieben über 20 ha von 8923 (1949) auf 22 725 Höfe zu beobachten. Dieser Trend zu immer größeren Einheiten beschleunigt sich bis in die Gegenwart weiter: 2020 sind in Baden-Württemberg noch 39 085 landwirtschaftliche Betriebe verblieben, davon 12 112 Vollerwerbs- und 22 102 Nebenerwerbsbetriebe.[112] Gleichzeitig hat sich die durchschnittliche Betriebsgröße von 11 ha im Jahr 1979 über 19 ha im Jahr 1999 auf 36 ha im Jahr 2020 gesteigert.[113] Diese Entwicklung bestätigt sich auch in der Gemeinde Leibertingen mit ihren vier Teilorten Leibertingen, Kreenheinstetten, Thalheim und Altheim mit einem Rückgang der Gesamtbetriebszahl von 193 (1979) über 97 (1999) auf 48 (2020), einer nahezu gleichbleibenden Zahl der Betriebe über 20 ha mit 26 (1979) und 24 (2020), wobei in dieser Gruppe die Zahl der ganz großen Höfe über 50 ha von 0 (1979) über 6 (1979) auf 10 (2020) zunimmt. Die durchschnittliche Betriebsgröße steigert sich von 12 ha (1979) über 22 ha (1999) auf 42,6 ha (2020).[114] Den aktuellen Stand einer in ihrem Ausgang noch nicht absehbaren Entwicklung markieren – stellvertretend in Oberschwaben – Betriebe wie der erwähnte Kreenheinstetter Vollerwerbsbetrieb von Herbert Stier mit einer landwirtschaftlichen Nutzfläche von 230 ha und damit einer Größenordnung, die in den vorausgegangenen agrarischen Jahrhunderten im Bereich der bäuerlichen Landwirtschaft gänzlich unbekannt war.

Zum Abschluss sollen noch einige jüngere Entwicklungstrends beim sich beschleunigenden Strukturwandel der oberschwäbischen Landwirtschaft skizziert werden. Da ist zum einen ein immenser Produktionsanstieg im Gefolge von Mechanisierung, des verstärkten Einsatzes chemischer Hilfsmittel sowie von Arbeits- und Flächenrationalisierungen.[115] Lagen die durchschnittlichen Erträge in Baden-Württemberg Mitte der 1930er

112 https://www.statistik-bw.de/Landwirtschaft/Agrarstruktur/05015025.tab?R=LA (aufgerufen am 27.9.2022).
113 https://www.statistik-bw.de/Landwirtschaft/Agrarstruktur/05015023.tab?R=LA (aufgerufen am 27.9.2022).
114 Landwirtschaftliche Betriebsgrößenstruktur 1979–2020 – Gemeinde Leibertingen, www.statistik-bw.de/Landwirtschaft/Agarstruktur/05015023.tab?R=GS437072 (aufgerufen am 29.1.2022).
115 MAHLERWEIN, Aufbruch (wie Anm. 2), S. 10, 26.

Jahre beim Weizen noch bei 19 dz pro ha (Deutsches Reich 22,3 dz), so erhöhten sich die Werte bis 1953/58 auf 27,7 dz (Bundesrepublik 28,7 dz), bis 1963/38 auf 35,7 dz (BRD 36,4 dz) und bis 1976/81 beim Winterweizen auf 45,1 dz (BRD 47,5 dz).[116] Für 2021 vermeldete das Statistische Landesamt für Baden-Württemberg einen Hektarertrag beim Winterweizen von 66,8 dz nach 80,7 dz (2020) und 76,2 dz (2019).[117] Im Landkreis Sigmaringen steigerte sich der Hektarertrag beim Winterweizen von 63,5 dz (1983) über 75,4 dz (2000) auf 91,2 dz (2020).[118] Gunter Mahlerwein zufolge wurde bereits 1971 mehr als die doppelte Getreidemenge von 1950 auf einer um 10 % zurückgegangenen Anbaufläche erzeugt, und im Durchschnitt der Jahre 1990 bis 2005 war der Getreideertrag pro Hektar um nochmals 27 % gestiegen. Eine vergleichbare Steigerung von 33 % gab es von 1992 bis 2005 beim Milchertrag pro Kuh.[119] Mitte der 1980er Jahre hatte die mittlere Jahresmilchleistung pro Kuh noch bei 4100 kg gelegen, 2023 sind es bundesweit durchschnittlich 8.525 Liter (1 l = 1,03 kg).[120] Zurückzuführen sind die Leistungssteigerungen auf bessere Haltungsbedingungen und Fütterungsmethoden, nicht zuletzt durch den Einsatz von Kraftfutter sowie *Züchtungserfolge*.[121] Die Schattenseite dieser Erfolge sind ein rascher Verschleiß und eine geringe Lebensdauer (*Laufzeit*) dieser Hochleistungskühe von nur mehr 4 bis 5 Jahren.[122]

Zum anderen mündet die landtechnische Entwicklung in den 1960/70er in eine Vollmechanisierung der Landwirtschaft, der mit dem damit einhergehenden Kapitalbedarf nur die leistungsfähigen und immer größer werdenden Vollerwerbsbetriebe gewachsen sind. In der Forschung spricht man vom Übergang von einer arbeitsintensiven zu einer kapitalintensiven Landwirtschaft.[123] Stellvertretend für die stetigen landtechnischen Innovationen sei auf die Mähdrescher, die anfänglich vielfach gemeinschaftlich, genossenschaftlich oder im Lohnverfahren genutzt wurden, die Melkmaschinen, die Melkroboter, die Feldhäcksler, Futtererntemaschinen, Ballenpressen, Teleskoplader und nicht zuletzt die übermannshohen Großtraktoren mit mehreren 100 PS und Beschaffungskosten im sechsstelligen Bereich verwiesen. Bereits 1971 galt die Landwirtschaft in Baden-Württemberg als vollmechanisiert und hatte die Maschinendichte je 100 Betrieben bei den ersten Geräten bereits den Wert von 100 überschritten.[124] Durch diese umfassende Mechanisierung und Automatisierung der landwirtschaftlichen Abläufe konnte die Abwanderung von Arbeitskräften weithin aufgefangen werden, und es kam bis in die

---

116 BORCHERDT u. a., Landwirtschaft in Baden-Württemberg (wie Anm. 7), S. 211.
117 https://www.statistik-bw.de/Landwirtschaft/Ernte/Feldfruechte-LR-1988.jsp (Aufruf am 27.9.2022).
118 Hektarerträge der Feldfrüchte – Landkreis Sigmaringen. www.statistik-bw.de/Landwirtschaft/Ernte/0502301x.tab?R=KR437 (aufgerufen am 21.8.2022).
119 MAHLERWEIN, Aufbruch (wie Anm. 2), S. 39, 58.
120 https://lkvbw.de/milchleistungspruefung/mlp-ergebnis-2021.html (aufgerufen am 27.9.2022); https://www.landwirtschaft.de/infothek/landwirtschaft-in-zahlen/tier/28-liter-milch-gibt-eine-kuh-am-tag (aufgerufen am 2.5.2025).
121 https://www.statistik-bw.de/Service/Veroeff/Monatshefte/20051010 (aufgerufen am 27.9.2022).
122 Interview mit Herbert und Katharina Stier (wie Anm. 3).
123 BORCHERDT u. a., Landwirtschaft in Baden-Württemberg (wie Anm. 7), S. 196 f.
124 EBD., S. 199; zur Entwicklung des Landmaschineneinsatzes in Baden-Württemberg von 1949 bis 1971 vgl. EBD., S. 200.

1970/80er Jahre zu einer weitgehenden Umstellung auf hochtechnisierte Ein-Mann/Frau-Betriebe mit stetig wachsenden Nutzflächen.[125]

2005 waren in Baden-Württemberg noch 208 300 Beschäftigte in der Landwirtschaft tätig, was gegenüber 1979 einen Rückgang von nochmals einem Drittel bedeutete. Mit den wachsenden Hofgrößen bestand bei Vollerwerbsbetrieben und zumal bei Sonderkulturen indessen – gegenläufig zum erwähnten Trend zum Ein-Personen-Betrieb – Bedarf an weiteren, auch familienfremden Arbeitskräften, deren Anteil sich von 1979 bis 2005 von 9 auf 39 Prozent erhöhte. Nur jeder vierte der nicht zur Landwirtsfamilie zählenden Arbeitskräfte war dabei ständig im Betrieb beschäftigt. Bei den übrigen 60 000 Personen handelte es sich um saisonal eingesetzte Erntehelfer und Saisonarbeiter,[126] die zu einem beträchtlichen Teil aus dem Ausland stammten und nicht selten – wie Skandale der letzten Jahre deutlich gemacht haben – unter problematischen Arbeits- und Wohnbedingungen beschäftigt waren.

Mehr Flächen und größere Viehbestände

Zum dritten sei auf den ungebrochenen Trend zu immer größeren Höfen verwiesen. Das Maß für einen überlebensfähigen Vollerwerbsbetrieb wurde dabei von der Agrarpolitik stetig nach oben verschoben: Wurden in den späten 1950er und in den 1960er Jahren noch Größen von 12 bis 15 ha als ausreichend betrachtet, so waren es in den 1970er Jahren bereits 20 bis 30 ha und 1985 dann schon 30 bis 60 ha.[127] Die heutige Realität bei Vollerwerbsbetrieben im Landkreis Sigmaringen liegt bei Größenordnungen von 200 bis 300 ha und teilweise noch mehr an landwirtschaftlicher Nutzfläche, und ein Ende des Wachstums ist nicht abzusehen.

Gleichermaßen nimmt im Bereich der Tierhaltung die Anzahl der Rinder, Schweine oder auch des Geflügels pro Hof in vor wenigen Jahrzehnten in Südwestdeutschland noch unvorstellbare Größenordnungen zu. So sind im Landkreis Sigmaringen von 1979 bis 2020 zwar der Rindviehbestand von 75 760 auf 38 824 Tiere und die Anzahl der Viehwirtschaft betreibenden Betriebe von 3235 auf 422 gesunken. Gleichzeitig ist die durchschnittliche Zahl der Rinder pro Betrieb von 23 auf 83,5 angestiegen. Der Schweinebestand ist von 75 760 (1979) auf 97 688 Tiere (2020) leicht gewachsen, während die Zahl der Schweinehalter von 3473 auf 180 massiv abgenommen hat. Die Anzahl der Schweine pro Betrieb hat sich von 28 auf 542,7 nahezu um das 20fache erhöht. Bei den Hühnern schließlich ist im gleichen Zeitraum der Bestand von 198 515 auf 255 493 um ca. 29 % leicht gestiegen, die Zahl der hühnerhaltenden Betriebe ist demgegenüber um nahezu 90 Prozent von 2646 auf 255 gesunken. Die Anzahl der Hühner pro Betrieb hat von 75 im Jahr 1979 auf 1002 im Jahr 2020 um mehr als das 13fache zugelegt.[128] Wenn nach dem Ein-

---

125 Ebd., S. 201, 227.
126 Mahlerwein, Aufbruch (wie Anm. 2), S. 55.
127 Borcherdt u. a., Landwirtschaft in Baden-Württemberg (wie Anm. 7), S. 176.
128 Betriebe und Tiere seit 1979 nach Tierarten – Landkreis Sigmaringen, www.statistik-bw.de/Landwirtschaft/Viehwirtschaft/05035035.tab?R=KR437 (aufgerufen am 21. 8. 2022).

bruch in den 1950/60er Jahren im Gefolge der Ablösung der landwirtschaftlichen Zugtiere durch den Schlepper ebenfalls von 1979 bis 2020 auch die Anzahl der Pferde von 740 auf 1767 (incl. einiger Esel) wieder zugenommen hat, so ist dies allerdings nicht dem Strukturwandel der Landwirtschaft, sondern den Bedürfnissen der Freizeitsports zuzuschreiben.

Eine vergleichbare Entwicklung lässt sich in der Gemeinde Leibertingen beobachten: Auch hier gehen von 1979 bis 2020 der Rindviehbestand von 2206 auf 740 Tiere und die Anzahl der Rindviehhalter von 145 auf 18 Betriebe zurück, während die Zahl der Tiere pro Halter von 15 auf 41 ansteigt. Bei den Schweinen geht die Entwicklung von 4381 auf nur noch 145 Tiere und von 184 auf noch neun Betriebe zurück, während die Anzahl pro Betrieb von 15 auf 16 nur minimal ansteigt.[129] Bei den Hühnern sinken der Bestand von 1909 auf 450 Tiere und die Anzahl der Halter von 134 auf noch elf Betriebe, während die Anzahl der Hühner pro Betrieb von 14 auf 41 zunimmt.

Mit dem Wandel der Betriebsstruktur und dem Trend zu immer größeren Einheiten geht die Aussiedlung vieler Vollerwerbsbetriebe mit ihrem wachsenden Platz- und Gebäudebedarf für Ställe, Silos, Maschinenunterständen und Lagerhallen aus den beengten Verhältnissen in den Dörfern in den Außenbereich einher.[130] Auf die von der EG-Agrarpolitik geförderte große Welle der Aus- und Neusiedlungen in den 1960/70er Jahre folgen in den anschließenden vier Jahrzehnten weitere in allerdings geringerer Zahl nach. Mit diesen Aussiedlungen sind zumeist Flurbereinigungen mit einer weitgehenden Zusammenlegung von Parzellen verbunden, die durch die zahlreichen Betriebsaufgaben sich weitaus einfacher gestalten als in früherer Zeit. Ein Musterbeispiel für eine späte Aussiedlung ist der schon mehrfach erwähnte verbliebene Vollerwerbsbetrieb in Kreenheinstetten, der 1996 durch die Zusammenlegung zweier kleinerer Höfe in den Ortslagen von Kreenheinstetten und Rohrdorf entstanden ist.[131] Zur erwähnten „Entbäuerlichung" der Dörfer tragen die zahlreichen Betriebsaufgaben ebenso bei wie die Aussiedlungen.

Als vierter Punkt sei noch auf die immer umfassendere Marktabhängigkeit der modernen Landwirtschaft hingewiesen. Während frühere, durchaus auch marktinduzierte Anpassungen wie die exportorientierte Getreidewirtschaft in Oberschwaben in der Barockzeit und bis zur Mitte der 19. Jahrhunderts oder die anschließende Umstellung auf die Vieh- und Milchwirtschaft im südlichen Oberschwaben bzw. die Rinderzucht im nördlichen Oberland seit den 1870er Jahren über Jahrhunderte oder zumindest einige Jahrzehnte lang Bestand hatten, so werden seit etwa der Mitte des 20. Jahrhunderts und zumal seit der Integration in den gemeinsamen europäischen Agrarmarkt der Takt der Marktumstellungen immer kürzer und rascher und die Notwendigkeit flexibler Reaktionen auf wechselnde Marktlagen immer überlebenswichtiger.[132]

---

129 Betriebe und Tiere seit 1979 nach Tierarten – Gemeinde Leibertingen, www.statistik-bw.de/Landwirtschaft/Viehwirtschaft/05035035.tab?R=GS437072 (aufgerufen am 21.8.2022).
130 MAHLERWEIN, Aufbruch (wie Anm. 2), S. 38.
131 Interview mit Herbert und Katharina Stier (wie Anm. 3).
132 BORCHERDT u. a., Landwirtschaft in Baden-Württemberg (wie Anm. 7), S. 204.

24   Blick in das Stallgebäude des Aussiedlerhofs Stier bei Kreenheinstetten mit Rindvieh und Futtermischwagen (Foto: Reiner Löbe).

Auf einen langanhaltenden Anstieg des Grünlandes bis etwa in die 1950er Jahre folgte ein Gleichstand der Anteile von Ackerfeld und Grünland im Verhältnis von etwa 53 zu 42 Prozent über fast drei Jahrzehnte.[133] Der Prozess der Vergrünlandung erreicht in der Jahrhundertmitte mit Verspätung auch das Ackerbaudorf Kreenheinstetten, wo von 1927 bis 1950 das Ackerland von 770,2 auf 487,44 ha abnimmt und das Grünland mit Wiesen und Weiden von 144,8 auf 359,6 ha zulegt (Abb. 8).[134] Seit den 1970er Jahren kehrt sich der Trend dann zu Lasten der Grünlandes um, und Ackerfeldanteil und Getreideanbau steigen sukzessive an. So nehmen die Getreideanbauflächen in Baden-Württemberg von 531 000 ha 1950 auf 620 864 ha 1982 zu, wobei Weizen und Gerste dauerhaft die höchsten Anteile stellen. Während die mit Kartoffeln bebaute Ackerfläche um fast 75 % Prozent auf noch 31 166 ha zurückgeht, erlebt der Silomaisanbau einen steilen Anstieg um nahezu das neunfache von 1960 bis 1982 mit dann 92 430 ha[135] Bis 2020 sinkt die Getreideanbaufläche dann wieder ab auf 466 751 ha, und der Kartoffelanbau verschwindet mit gerade

133   EBD., S. 209 mit Tabelle der Hauptnutzungsarten in Baden-Württemberg in ha von 1950 bis 1982.
134   Ermittlung der Bodenbenützung 1927 (GA Kreenheinstetten I Nr. 147); Bodenbenutzungserhebung 1950 – Gemeindebogen Kreenheinstetten (GA Kreenheinstetten I Nr. 144).
135   BORCHERDT u. a., Landwirtschaft in Baden-Württemberg (wie Anm. 7), S. 210 mit Tabelle zur Flächenentwicklung bedeutender Feldfrüchte in ha in Baden-Württemberg 1950–1982.

25 Herbert Stier und seine Tochter Katharina bewirtschaften mit verteilten Aufgabenbereichen zu zweit den einzigen verbliebenen Vollerwerbsbetrieb im einstigen Bauerndorf Kreenheinstetten (Foto: Reiner Löbe).

noch einmal 5549 ha nahezu aus der Landschaft, während der Silomaisanbau auf jetzt 134 375 ha weiter zulegt und auch der Anbau von Winterraps auf 40 997 ha gleichfalls beträchtlich ansteigt.[136] Eine besonders starke „Vermaisung" ist dabei in Oberschwaben mit einem Anstieg der Anbauflächen im Landkreis Sigmaringen von 2752 ha (1979) auf 7703 ha (2020) und im Landkreis Ravensburg von 5511 ha (1979) auf 10 957 ha zu beobachten. Das entspricht im Jahr 2020 Anteilen im Ackerbau von 22,4 % im Landkreis Sigmaringen und von sogar 40,5 % im Landkreis Ravensburg.[137] Eingesetzt wird der Silomais ebenso wie die gleichfalls verstärkt angebaute Gerste als Viehfutter, der Raps dagegen geht als Handelsgewächs in den Verkauf zur Ölgewinnung.[138]

Über das Überleben und die Zukunft von Höfen entscheiden die Fähigkeit zu – in der Regel kreditfinanzierten – Kapitalinvestitionen und zu raschen Marktanpassungen so-

---

136 https://www.statistik-bw.de/Landwirtschaft/Bodennutzung/LF-NutzngKultFrucht.jsp (aufgerufen am 27. 9. 2022).
137 Ackerland nach Fruchtarten seit 1979 – Landkreis Sigmaringen, www.statistik-bw.de/Landwirtschaft/Bodennutzung/05025036.tab?R=KR437 (aufgerufen am 21. 8. 2022); Ackerland nach Fruchtarten seit 1979 – Landkreis Ravensburg, www.statistik-bw.de/Landwirtschaft/Bodennutzung/05025036.tab?R=KR436 (aufgerufen am 21. 8. 2022).
138 BORCHERDT u. a., Landwirtschaft in Baden-Württemberg (wie Anm. 7), S. 205; MAHLERWEIN, Aufbruch (wie Anm. 2), S. 45.

wie die Gelegenheit und die Ressourcen zu weiteren Flächenaufstockungen zumeist über die Zupacht von Feldern vielfach über mehrere Ortsgemarkungen hinweg.[139] Zum Alltag des verbliebenen Vollerwerbslandwirts in Kreenheinstetten gehört die app-gestützte tägliche Beobachtung der Preisentwicklungen an der Getreidebörse. Auf einen Preisanstieg bei der Braugerste auf 24 Euro pro dz folgte 2022 die rasche Entscheidung zum Anbau dieses Getreides auf einer Fläche von 23 ha und der Abschluss eines Lieferkontrakts über eine garantierte Menge von 100 t bei der Ernte.[140] Der Abschluss von Vorverkaufsverträgen über die Börse bereits im Januar oder Februar und damit Monate vor der Ernte mit einem Garantiepreis und einem von der weiteren Preisentwicklung abhängigen flexiblen Anteil sind dem Landwirt Herbert Stier zufolge der Normalfall im marktorientierten Geschäftsgebaren von Vollerwerbslandwirten der Gegenwart. Wichtig ist dem Bauer das Splitten des Betriebsrisikos durch eine auf drei Standbeine verteilte Produktion auf seinem Hof mit dem Anbau von Mais, Raps, Weizen, Gerste, Dinkel etc. auf dem Ackerfeld, der Milchwirtschaft mit 60 Milchkühen und weiteren 60 weiblichen Jungtieren in der Nachzucht und nicht zuletzt dem Ertrag aus einer Photovoltaikanlage mit 400 Modulen und einer Fläche von ca. 700 qm auf dem Stalldach mit einer Leistung von 100 KW. Auf dem Hof besteht ein beständig hoher Kapitalbedarf durch die Beschaffung von Maschinen, Baumaßnahmen, Beschaffungskosten für Kraftstoff im Volumen von jährlich 20 000 bis 23 000 Liter Diesel sowie für Düngemittel, deren Kosten zuletzt um 500 % gestiegen sind, sowie für Pflanzenschutzmittel. Hinzu kommt der Kauf von Kraftfutter, das zusammen mit den zu 80 bis 90 Prozent auf dem eigenen Hof geernteten Futtermitteln in Gestalt von Silomais, Körnermais und Gerste in einem Mischwagen mit Wasser aufbereitet und an das Vieh verfüttert wird. Der stetige Kapitalbedarf des Hofes wird in der Regel über Kredite finanziert, wobei ohne die Subventionen und Ausgleichszahlungen aus dem EU-Agrarfonds das wirtschaftliche Überleben des Betriebs nicht möglich wäre. Beklagt wird die Problematik des häufigen Wandels in den Vorgaben der Agrarpolitik und namentlich der bürokratischen Auflagen für die Betriebsführung im Ackerbau wie bei der Viehhaltung.

Der EU-Agrarmarkt und die ökologischen Folgen

Zum Abschluss der Langzeitbetrachtung des Strukturwandels der oberschwäbischen Landwirtschaft ist noch ein kurzer Blick auf den EU-Agrarmarkt und die diesem mitunter vorgeworfene „subventionierte Unvernunft"[141] erforderlich. Mit dem Aufbau des Gemeinsamen Marktes wurde die landwirtschaftliche Erzeugung dem freien Spiel der marktwirtschaftlichen Kräfte immer mehr entzogen und in ein stetig engeres Netz agrarpolitischer Maßnahmen und Regelungen eingeflochten.[142] Das agrarpolitische Ziel der

---

139 BORCHERDT u. a., Landwirtschaft in Baden-Württemberg (wie Anm. 7), S. 191, 201.
140 Interview mit Herbert und Katharina Stier (wie Anm. 3).
141 Hermann PRIEBE, Die subventionierte Unvernunft. Landwirtschaft und Naturhaushalt, Berlin 1985; Folkhard ISERMEYER, Subventionierte Unvernunft? Agrarpolitik und Überschussproduktion in der EG. Auswirkungen bei uns und in der Dritten Welt, Bergisch-Gladbach 1989.
142 BORCHERDT u. a., Landwirtschaft in Baden-Württemberg (wie Anm. 7), S. 172.

Schaffung „lebensfähiger Betriebe", der Produktivitäts- und Einkommenssteigerung der Landwirtschaft mündete über die durch Absatz- und Preisgarantien subventionierte und weitgehend vor Importen und externer Konkurrenz geschützte Produktion zum Problem einer Überproduktion und steigender Überschüsse mit „Butterbergen" und „Milchseen". Die Senkung der Stützpreise für Getreide und Rindfleisch und die Einführung von Direktzahlungen an die Produzenten in den 1990er Jahren als Einkommensausgleich konnte das Problem der Überproduktion und vielfach skandalös niedriger Erzeugerpreise nicht lösen. Ein neuer Versuch zur Lösung des Problems bildet seit 2003 die Zahlung von Betriebsprämien, die von der Produktion entkoppelt werden.[143] Die überreglementierte und weitgehend von normalen Marktmechanismen entkoppelte Landwirtschaft bleibt ein höchst kostenträchtiger „politischer Problemfall"[144], dessen Lösung unter den Konsens-Bedingungen des Europäischen Union nicht absehbar ist.

Der Befund von Christoph Borcherdt aus dem Jahr 1985, wonach die moderne Landwirtschaft durch den Einsatz von Elektromotor, Schlepper, Maschinen und Geräten der verschiedensten Art, Kühltechnik, Tier- und Pflanzenzucht, von Dünge- und Pflanzenschutzmitteln sowie nicht zuletzt von Schulung und Marktinformation zu einem „integrierten Bestandteil einer anspruchsvollen Industriegesellschaft geworden" sei,[145] bedarf aus aktueller Sicht und vor dem Hintergrund ökologischer Risiken, des voranschreitenden Klimawandels und unübersehbarer Missstände in Ackerbau und Viehwirtschaft einer kritischen Ergänzung: Für unübersehbare Probleme sorgt die konventionelle Landwirtschaft gerade auch in Oberschwaben mit der Bodenbelastung des „Starkzehrers" Mais, einem erhöhten Gülleaufkommen und einem damit einhergehenden steigenden Nitrateintrag in das Grundwasser und für die Trinkwasserversorgung durch den hohen Viehbestand. Gleichermaßen problematische ökologische Folgen für Böden, Grundwasser und Fauna gehen von dem in den letzten Jahrzehnten stark angestiegenen Einsatz chemischer Dünger sowie dem seit 1961 um das Dreifache zugenommenen Verbrauch von Pflanzenschutzmitteln aus.[146] Es steht zu vermuten, dass unter dem existenziellen Druck von Klimawandel, Artensterben, Belastung von Böden und Wasser die Landwirtschaft auch in Oberschwaben vor einschneidenden Veränderungen mit dem weitgehenden Verzicht auf Agrarchemie und Massentierhaltung sowie möglicherweise einer Rückkehr zu kleineren Betriebseinheiten und regionalen und lokalen Marktsystemen steht. Aber das ist jetzt Prophetie und Wunschdenken, die sich dem Historiker verbieten.

---

143 EBD., S. 202; MAHLERWEIN, Aufbruch (wie Anm. 2), S. 53, 58 f.
144 MAHLERWEIN, Aufbruch (wie Anm. 2), S. 53.
145 BORCHERDT u. a., Landwirtschaft in Baden-Württemberg (wie Anm. 7), S. 176.
146 MAHLERWEIN, Aufbruch (wie Anm. 2), S. 50.

Die Entwicklung ausgewählter Städte, Teilräume und Unternehmen

Textilien, Maschinen, Pinsel und Papier. Die industrielle Entwicklung im Raum Ravensburg-Weingarten von 1860 bis zur Gegenwart und ihr Gewicht in der Region Oberschwaben

Peter Eitel

Innerhalb Oberschwabens[1] zeichnet sich das Schussenbecken zwischen Mochenwangen und Weißenau aufgrund der naturräumlichen Gegebenheiten durch einen größeren Wasserreichtum als in den weiter nördlich und westlich gelegenen Teilen Oberschwabens aus. Von den Höhen des Altdorfer Walds und seiner Ausläufer fließen mehrere wasserreiche Bäche und Flüsschen ins Tal, wobei das erhebliche Gefälle eine vergleichsweise hohe Transportkraft des Wassers bewirkt. Deshalb entstanden hier schon früh zahlreiche Mühlen und Hammerwerke. Und es ist auch kein Zufall, dass die erste maschinelle Verarbeitung textiler Rohstoffe in Oberschwaben hier erfolgte: 1828 in der mechanischen Wollspinnerei des Schlossermeisters Anton Erb am Rand der Ravensburger Altstadt.[2]

Auch eine zweite Grundvoraussetzung für die Entstehung industrieller Betriebe war hier gegeben: das für den Bau und die Einrichtung von Fabriken notwendige Kapital, das hier früh zum Einsatz kam. Was Schweizer Fabrikanten und Kaufleute dazu veranlasste, in Oberschwaben Kapital zu investieren, war der große Wirtschaftsraum des 1834 gegründeten Deutschen Zollvereins bzw. ab 1871 des neuen Deutschen Reichs mit seinen vielfältigen Absatzmöglichkeiten sowie die niedrigeren Löhne. Hinzu kam noch die gezielte Förderung durch einzelne Städte wie etwa Ravensburg und Wangen sowie durch den württembergischen Staat in Form von zinsgünstigen Darlehen und ermäßigten Frachttarifen.

Und drittens trug die Anbindung an das deutsche und europäische Eisenbahnnetz mit dem 1850 vollendeten Bau der Südbahn von Ulm nach Friedrichshafen zur erfolg-

---

[1] Wenn im Folgenden von Oberschwaben die Rede ist, sind damit die zehn württembergischen Oberämter südlich der Schwäbischen Alb gemeint, also nicht die große *Suevia Superior* des Alten Reichs. Vgl. die Karte Abb. 1.
[2] Peter Eitel, Ravensburg im 19. und 20. Jahrhundert, Ostfildern 2004, S. 65.

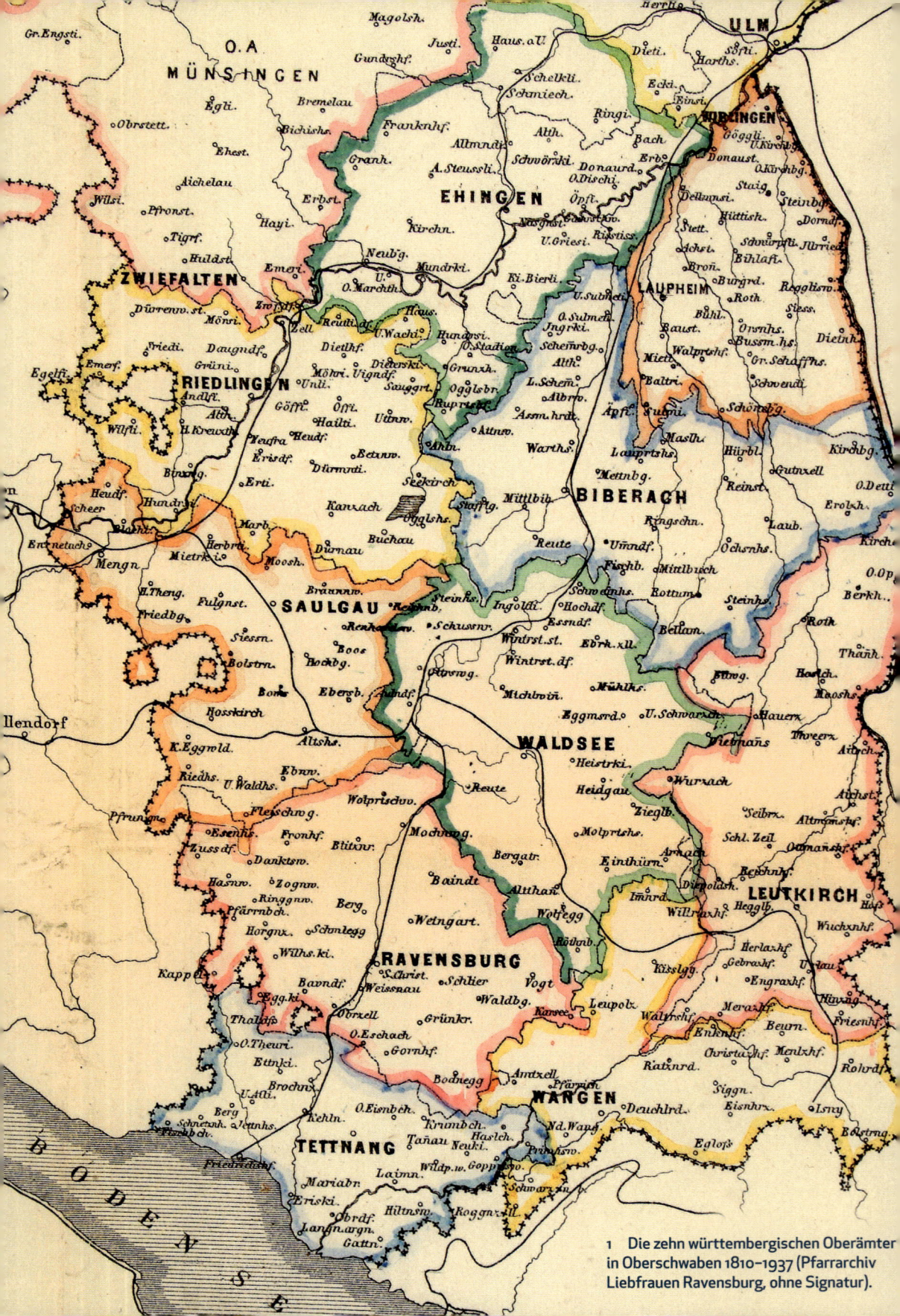

1 Die zehn württembergischen Oberämter in Oberschwaben 1810–1937 (Pfarrarchiv Liebfrauen Ravensburg, ohne Signatur).

reichen Industrialisierung des Schussenbeckens bei. Dies war in erster Linie für die Ansiedlung von Maschinenfabriken von Bedeutung. Denn nur dort, wo mit dem Bau der Eisenbahn der Transport schwerer Güter – der benötigten Rohstoffe Eisen und Kohle sowie der fertigen Produkte – möglich wurde, konnte sich die fabrikmäßige Verarbeitung von Metall entwickeln. Das aber war bis in die späten 1860er Jahre nur in Städten und Gemeinden möglich, die an der Bahnstrecke Ulm-Friedrichshafen oder in deren unmittelbarer Nähe lagen.

Bereits 1840 war es zur Gründung der vom württembergischen Staat angeregten Bleicherei und Appreturanstalt in Weißenau mit Know-how und Kapital von Unternehmern aus St. Gallen gekommen. Ohne die Transportmöglichkeiten mit der Eisenbahn wäre auch die erste große Maschinenfabrik in Oberschwaben nicht entstanden, die von der gleichnamigen Züricher Mutterfirma 1856 gegründete Filialwerkstätte von Escher Wyss & Cie. in Ravensburg. Schwerpunkte ihrer Produktion waren von Anfang an Turbinen, Pumpen, Spinn- und Papiermaschinen. Der Betrieb wurde von Zürich aus gelenkt. Schweizerische Facharbeiter und Ingenieure waren ständig in Ravensburg präsent.

Noch eine methodische Bemerkung vorweg: Da in dem kleinen Oberamtsbezirk Ravensburg (vgl. Abb. 2), wie er bis zur Verwaltungsreform von 1937/38 bestand, außerhalb des Schussenbeckens keine weiteren Industriebetriebe entstanden, gelten die in den amtlichen württembergischen Statistiken veröffentlichten Zahlen für das Oberamt Ravensburg bis zu diesem Zeitpunkt ohne Einschränkungen für das hier untersuchte Gebiet.

Die Entwicklung in den Jahren 1860–1870/71

Ausgangspunkt der folgenden Untersuchung ist die Württembergische Gewerbestatistik von 1861 über die Zahl der Beschäftigten in den zehn oberschwäbischen Oberämtern. Als Industriebetriebe wurden damals Betriebe mit einer Belegschaft von mindestens zehn Personen sowie dem Einsatz von Maschinen definiert. In Oberschwaben dominierten die Textil- und Metallindustrie (Verarbeitung von Flachs, Baumwolle und Wolle, Maschinenbau). Wie die folgende Tabelle nachweist, entfielen 1861 von den insgesamt 2734 industriellen Arbeitsplätzen in Oberschwaben 1950 = 71 Prozent auf diese beiden Sektoren.[3]

Demnach arbeiteten von den ca. 2734 in der oberschwäbischen Industrie beschäftigten Personen, darunter 1018 Frauen, 1008 = 37 Prozent in Betrieben des Oberamts Ravensburg. Dort war mit fast 63 Prozent der Beschäftigten der Frauenanteil besonders hoch, was vor allem an der Textilindustrie lag, in der allein 379 = 47 Prozent der Textilarbeiter weiblich waren. Kein anderes oberschwäbisches Oberamt reichte an diese Zahlen auch nur annähernd heran, und diese Spitzenstellung sollte das Oberamt Ravensburg bis zum 1. Weltkrieg behaupten.

---

3 Württembergische Jahrbücher für vaterländische Geschichte, Geographie, Statistik u. Topographie 1862/2, S. 4–37, 81–83.

Tabelle 1: Zahl der Beschäftigten (männl./weibl.) in der oberschwäbischen Industrie 1861

Oberamt	Biberach	Ehingen	Lauph.	Leutkirch	Ravensbg.	Riedlg.	Saulgau	Tettnang	Waldsee	Wangen	Oberschwaben
Textil	8/15	0	0	0	422/379	141/298	0	45936	43132	6/145	585/865
Metall	82/28	0	0	0	181/0	0	0	143/0	66/0	0	472/28
Sonstige	0	0	82/0	37/6	45946	51/8	346/85	ca. 70/?	0	57/16	ca. 659/125
Summe	90/43	0	82/0	37/6	619/389	192/306	346/85	ca. 219/10	68/18	63/161	ca. 1716/1018

1861 gab es im Oberamt Ravensburg fünf Textilfabriken: neben der Bleicherei und Appreturanstalt Weißenau die 1842 ebenfalls von einem Schweizer, dem aus St. Gallen stammenden Unternehmer Albert Fürnkorn gegründete Baumwollweberei in Altdorf-Weingarten,[4] die 1847 gegründete Flachs-, Hanf- und Abwergspinnerei von Paul Spohn in Ravensburg, übrigens der erste Industriebetrieb in Oberschwaben, bei dem eine Dampfmaschine zum Einsatz kam (1847), ferner die seit 1856 bestehende Baumwollweberei und -stickerei von Otto Deffner sowie eine zweite Bleicherei und Appreturanstalt, die 1860 in dem Ravensburger Vorort Schornreute in Betrieb genommen wurde. Da die Gewerbestatistik von 1861 nur die fest angestellten Arbeiter und Arbeiterinnen berücksichtigte, nicht aber die schwer zu ermittelnde Zahl der Heimarbeiter und vor allem Heimarbeiterinnen, der Stickerinnen und Näherinnen, war der Frauenanteil tatsächlich noch weit höher.

Die Metall verarbeitenden Industrie, genauer gesagt der Maschinenbau, war in Oberschwaben im Vergleich zur Textilindustrie ein junger Industriezweig. Erst seit der Mitte des 19. Jahrhunderts, mit dem Bau der Eisenbahn und dem Einsatz von Dampfmaschinen in vielen handwerklichen Betrieben, gewann er hier eine größere Bedeutung. Wie Tabelle 1 zeigt, entfielen 1861 von den ziemlich genau 500 Beschäftigten in der Metallindustrie Oberschwabens 181 auf das Oberamt Ravensburg, ebenfalls so viele wie in keinem anderen Oberamt. Von diesen arbeiteten allein 130–160 in der Maschinenfabrik Escher Wyss, weitere ca. 30–40 in einer 1856 in Ravensburg von Franz Haas gegründeten Fabrik für Landwirtschaftsmaschinen. Der Frauenanteil lag in diesem Industriezweig annähernd bei null.

In den 1860er Jahren, noch vor dem Boom, der nach dem siegreichen Krieg gegen Frankreich 1870/71 einsetzte, gewann die Industrialisierung im Raum Ravensburg-Weingarten an Tempo, mit der Folge, dass bis 1870 ca. 400 neue Arbeitsplätze entstanden.[5] Zwei weitere Flachs- und Hanfspinnereien wurden in *Weingarten* (1866) und *Schornreute* (1870) gegründet. Die neue, hochmoderne, von dem Schweizer Ingenieur Walter Zuppinger geplante Spinnerei in Weingarten kam auf Initiative Ravensburger Kaufleute und mit Hilfe Schweizer Investoren zustande.[6] Julius und Georg Spohn, die Söhne von Paul

---

[4] Werner HEINZ, Altdorf-Weingarten 1805–1945. Industrialisierung, Arbeitswelt und politische Kultur, Bergatreute 1990, S. 51.
[5] Fabriktabellen in Württembergische Jahrbücher 1862/2 (wie Anm. 3). Vgl. auch Peter EITEL, Geschichte Oberschwabens im 19. und 20. Jahrhundert, Band 2. Oberschwaben im Kaiserreich (1870–1918), Ostfildern 2015, S. 114.
[6] HEINZ, Altdorf-Weingarten (wie Anm. 4), S. 95–99.

Die industrielle Entwicklung im Raum Ravensburg-Weingarten

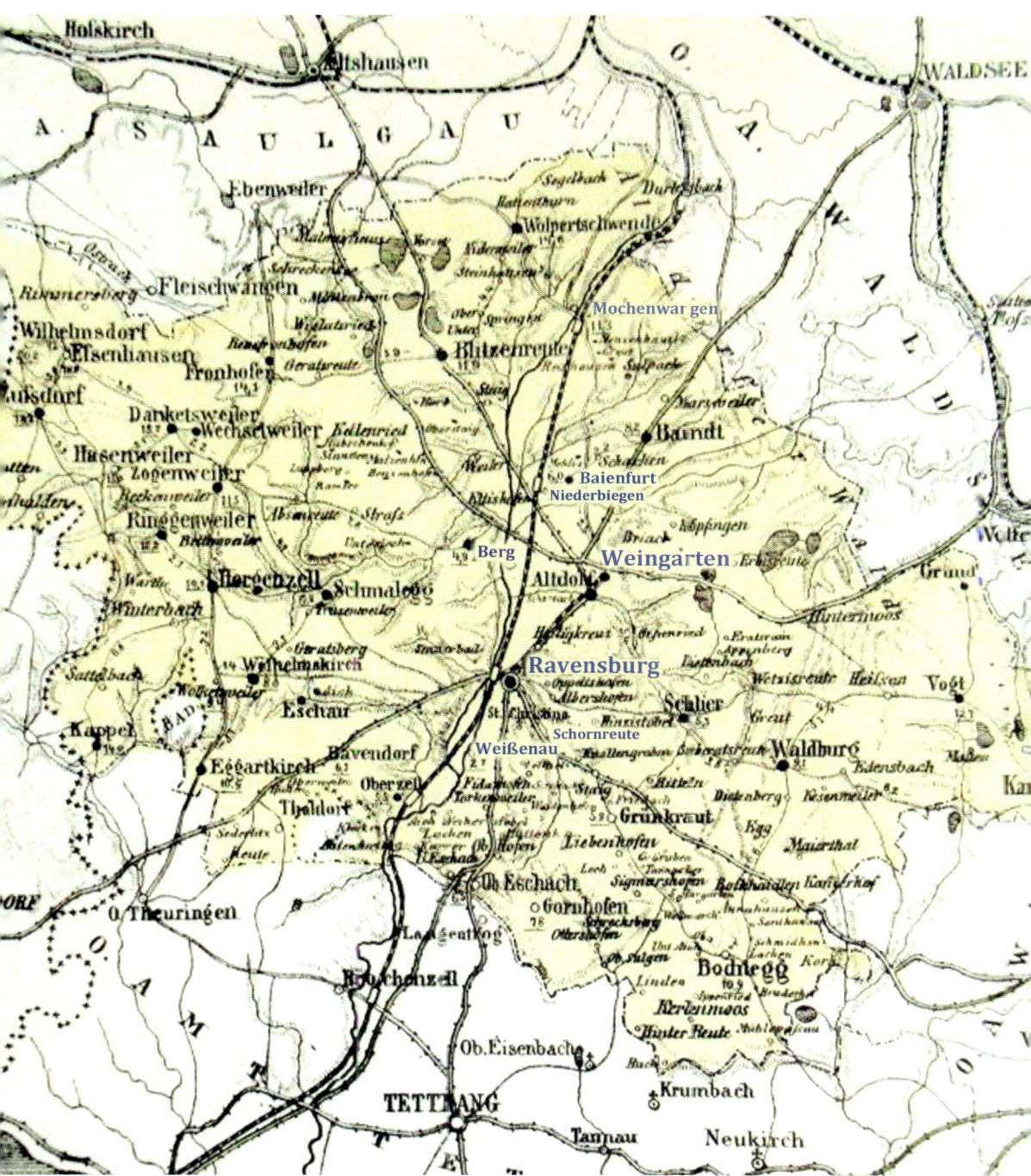

2 Das Oberamt Ravensburg 1810–1937 mit seinen Industriestandorten (StadtA Ravensburg S 30, 320b).

Spohn, ergänzten 1868 ihre Spinnerei durch eine Leinwandweberei und 1872 durch eine Leinwandbleiche in Ittenbeuren bei Ravensburg.

Dank dieser Aktivitäten entwickelten sich Ravensburg und Weingarten im letzten Drittel des 19. Jahrhunderts neben dem Oberamt Urach zum Zentrum der mechanischen Leinenspinnerei im Königreich Württemberg. Möglich geworden war dieser Boom, weil die Baumwollimporte aus den USA infolge des Sezessionskriegs von 1861 bis 1865 zwischen den Nord- und Südstaaten ausblieben. Es sollten etliche Jahre vergehen, bis amerikanische Baumwolle wieder in großen Mengen auf den europäischen Markt gelangte. In der Zwischenzeit mussten Flachs und Wolle als Ersatzmaterial herhalten.[7]

Für die Industrialisierung des Raums Ravensburg-Weingarten erwies sich die Gründung einer weiteren Maschinenfabrik als besonders nachhaltig. 1866 eröffnete der aus Tuttlingen zugewanderte Johann Michael Schatz mit seinem Sohn Heinrich Schatz in Weingarten eine kleine Fabrik, die zunächst Stickmaschinen, hauptsächlich für die Schweizer Stickereiindustrie, herstellte. Aber bereits wenige Jahre später wurde die Produktion ganz auf Blechbearbeitungsmaschinen umgestellt. Die Maschinenfabrik Weingarten, vorm. Heinrich Schatz, AG. entwickelte sich in den folgenden Jahrzehnten neben der Maschinenfabrik Escher Wyss in Ravensburg zum größten Industriebetrieb im Oberamt Ravensburg. Eine weitere bedeutende Maschinenfabrik, die Werkzeugmaschinenfabrik Honer, wurde 1866 in Ravensburg gegründet.

Dank der neuen Technologie des Holzschliffs, durch die neben Textilien Holz als Rohstoff für die Herstellung von Papier verwendet werden konnte, entstanden am Rand des Altdorfer Walds zwei große Papierfabriken, 1868 in Mochenwangen, 1871 in Baienfurt. Damit etablierte sich ein neuer Industriezweig in Oberschwaben, der die seit alters in Oberschwaben heimische Papiermacherei nunmehr mit neuen technischen Mitteln fortsetzte. Beide Fabriken entstanden auf Initiative auswärtiger Unternehmer: der Pfälzer Richard Müller gründete die Papierfabrik in Mochenwangen.[8] Hinter der Gründung der Papierfabrik Baienfurt standen private Investoren aus Ravensburg und der Schweiz.[9] Während die Fabrik in Mochenwangen günstig unmittelbar an der Südbahnstrecke lag, besaß Baienfurt lange Zeit keinen Bahnanschluss. Das wurde jedoch wettgemacht durch einen anderen günstigen Standortfaktor, die durch das Dorf fließende wasserreiche Wolfegger Aach. Die Initiative zur Gründung einer Papierfabrik ging in Baienfurt nicht von einem oder mehreren Unternehmern aus, sondern von der kommunalen Verwaltung. Ähnlich wie in Ravensburg, wo es der Stadtschultheiß Franz v. Zwerger gewesen war, der sowohl der Einrichtung der Bleicherei und Appreturanstalt in Weißenau (1839/40) als auch der Gründung der Maschinenfabrik Escher Wyss & Cie. in Ravensburg (1856) den Weg geebnet hatte,[10] war es in Baienfurt der Schultheiß Ignaz Schmidutz, der die günstigen Voraussetzungen für die Einrichtung einer Papierfabrik in seiner Gemeinde – Wasser-

---

7 EITEL, Ravensburg (wie Anm. 2), S. 70.
8 Siegfried KULLEN, Die Papierfabrik Mochenwangen. Beispiel eines Industrie-Ensembles des späten 19. Jahrhunderts, in: Im Oberland 1995/1, S. 33; Dietrich WALCHER, Wolpertswende – eine Gemeinde im Schatten des großen Geschehens, Ravensburg 1985, S. 209.
9 https://de.wikipedia.org/wiki/Papierfabrik_Baienfurt (aufgerufen April/Mai 2023).
10 Elmar L. KUHN, Die Industrialisierung Oberschwabens im Kontext der Wirtschaftsregion Bodenseeraum, in: Sigrid HIRBODIAN/Edwin Ernst WEBER (Hg.), Von der Krise des 17. Jahrhunderts bis zur

3   Briefkopf der Bleicherei, Färberei und Appreturanstalt Weißenau, um 1900 (https://commons.wikimedia.org/wiki/File:Bleicherei_Weissenau_Briefkopf.jpg).

und Holzreichtum – früh erkannte und Verbindung mit dem Ravensburger Kaufmann Franz Mehr sowie dem Schweizer Unternehmer Johann Naef-Schaeppi und dem Ingenieur Walter Zuppinger aufnahm, die er seit deren Gründung der Spinnerei 1865 im benachbarten Weingarten kannte. Er konnte sie davon überzeugen, dass die Gründung einer Papierfabrik in Baienfurt erfolgversprechend sei.[11]

Die industrielle Entwicklung im neuen Deutschen Kaiserreich bis zum Ausbruch des 1. Weltkriegs

Ravensburg und seine nähere Umgebung blieben bis zum 1. das unbestrittene industrielle Zentrum Oberschwabens. Um die Entwicklung ab 1871 zu verdeutlichen, liefern die vorhandenen amtlichen Statistiken neben der Zahl der Beschäftigten noch einen weiteren Indikator: die vorhandenen Antriebskräfte Wasser und Dampf, gemessen in Pferdestärken (PS). Das überlieferte Zahlenmaterial ermöglicht allerdings nur ungefähre Aussagen über die Entwicklung der einzelnen Industriezweige, da bei der Angaben über die Zahl der in der Industrie beschäftigten Personen nicht immer konsequent zwischen Fabriken und Handwerksbetrieben unterschieden wurde. Dennoch soll hier der Versuch gewagt werden, aus dem reichlich vorhandenen, aber disparaten statistischen Material ein einigermaßen klares Bild der Gesamtentwicklung der oberschwäbischen Industrie im Kaiserreich zu gewinnen.

---

frühen Industrialisierung. Wirtschaft in Oberschwaben 1600–1850, Stuttgart 2022, S. 17–78, hier S. 31, 53 f.
11   Hans SÄTTELE u. a. (Hg.), Das Baienfurter Buch, Biberach 2015, S. 104 f.

Für die Entwicklung der Antriebsenergie mittels Dampfs stehen uns vergleichbare Zahlen für die Jahre 1872, 1890 und 1902 zur Verfügung, für das Jahr 1902 außerdem zusätzlich die durch die Antriebskraft Wasser erzeugte Energie in Pferdestärken (PS). Es ergibt sich folgendes Bild:[12]

Tabelle 2: Entwicklung der Antriebsenergie mit Dampf, gemessen in PS 1902

Oberamt	Biberach	Ehingen	Lauph.	Leutk.	Ravensbg.	Riedlg.	Saulgau	Tettnang	Waldsee	Wangen	O'schwaben	Württbg.
1872	41	17	23	15	324	52	176	38	3	134	823	8540
1890	150	1411	56	60	1228	162	369	342	176	517	4471	43110
1902	428	1774	251	127	971	191	387	888	793	1002	6812	102391

Die Tabelle zeigt, dass beim Einsatz von Dampfmaschinen das Oberamt Ravensburg 1890 und 1902 vom Oberamt Ehingen übertroffen wurde – Grund dafür waren mehrere neue Zementfabriken –, 1902 zusätzlich vom Oberamt Wangen mit einer expandierenden Textil- und Papierindustrie.

Die Aussagekraft dieser Tabelle wird allerdings relativiert, wenn zusätzlich die Antriebskraft Wasser berücksichtigt wird, die damals noch eine weit größere Bedeutung als Dampfmaschinen besaß.[13] Auch hier lag das Oberamt Ravensburg wieder vorne.

Tabelle 3: Mit Dampf und Wasser angetriebene Maschinen, gemessen in PS 1902

Oberamt	Biberach	Ehingen	Lauph.	Leutk.	Ravensbg.	Riedlg.	Saulgau	Tettnang	Waldsee	Wangen	O'schwaben	Württbg.
	1227	3068,4	1068,25	1218,95	3697	748	1821,75	1944,1	2444,55	2988	20226	162591,6

Ergänzt werden diese Ergebnisse durch amtliche Statistiken der in der Industrie Beschäftigten 1895 und 1907. Auch diese Statistiken unterscheiden wiederum nicht konsequent zwischen Handwerksbetrieben und Industriebetrieben, und nur diejenige von 1895 nennt auch die Zahl der weiblichen Beschäftigten. Letztere enthält außerdem Angaben über die Zahl der *wichtigeren Hausindustriellen* – die in Heimarbeit hauptsächlich mit Sticken und Häkeln Beschäftigten –, sie unterscheidet allerdings nicht zwischen männlichen und weiblichen Heimarbeitern.[14]

Da wir für eine Reihe größerer und kleinerer oberschwäbischer Industriebetriebe die genaue Zahl der Beschäftigten in den 1890er Jahren kennen,[15] lässt sich eine für unsere Fragestellung ausreichende Übersicht über die ungefähre Zahl der männlichen und weiblichen *Fabrikbevölkerung* in den einzelnen Oberämtern rekonstruieren. Alle folgenden Zahlen sind demgemäß als Circa-Angaben zu verstehen.[16]

12 EITEL, Geschichte Oberschwabens Bd. 2 (wie Anm. 5), S. 112.
13 EBD.
14 Württembergische Jahrbücher für Statistik und Landeskunde (= WürttJbb), Ergänzungsband I, 1898, Heft 3, S. 209.
15 EBD., S. 144 ff.
16 EBD., S. 160 ff.: Berufs- und Gewerbezählung 1895. Die Zahlen zu den in der Metallindustrie Beschäftigten berücksichtigen nur Maschinenfabriken und Eisengießereien, nicht aber die vielen größeren

Tabelle 4: Zahl der Beschäftigten (männl./weibl.) in der oberschwäbischen Industrie 1895

Oberamt	Biberach	Ehingen	Lauph.	Leutkirch	Ravensbg.	Riedlg.	Saulgau	Tettnang	Waldsee	Wangen	Oberschwaben
Textil	47/119	75/101	78/102	-	206/518	149/350	29/208	-	Dez 14	131/243	727/1655
Metall	96/30	-	-	-	-	303/4	-	-	66/3	-	519/38
Papier	-	-	-	-	292/94	-	81/28	-	123/38	137/41	633/201
Pinsel	-	-	-	-	142/81	-	-	-	-	-	-
Zement	-	353/79	-	-	-	-	-	-	-	-	353/79
Sonstige	123/13	-	-	44/19	32/14	38/0	16/0	51/1	17/0	104/30	425/77
Summe	266/162	428/180	78/102	44/19	975/711	187/350	126/236	105/2	218/55	372/314	2799/2029

Die Dominanz des Oberamts Ravensburg in allen Branchen außer der Zementindustrie ist augenfällig. Ein gutes Drittel der oberschwäbischen Industriearbeiterschaft (35 %) war in Fabriken des Oberamts Ravensburg beschäftigt. In der Metallindustrie waren es sogar gut 55 Prozent, in der Textilindustrie 30,4 Prozent.

Ergänzt wird dieses Ergebnis durch eine Statistik der Zahl der Beschäftigten in Fabriken mit mehr als 20 Beschäftigten (*industrielle Hauptbetriebe*). Demnach befand sich ein gutes Drittel der größeren Fabriken im Oberamt Ravensburg:[17]

Tabelle 5: Zahl der industriellen Hauptbetriebe mit mehr als 20 Beschäftigten in Oberschwaben und der in diesen Beschäftigten 1895

Oberamt	Biberach	Ehingen	Lauph.	Leutkirch	Ravensbg.	Riedlg.	Saulgau	Tettnang	Waldsee	Wangen	Oberschwaben
	15/752	14/904	5/273	3/104	36/2286	10/561	8/322	7/404	6/385	6/651	110/6642

Wie die folgende Tabelle 6 zeigt, blieb das Oberamt Ravensburg bis 1907 zwar weiterhin das am stärksten industrialisierte, aber jetzt waren nur noch 30 Prozent der oberschwäbischen Industriearbeiterschaft in Fabriken des Oberamts Ravensburg beschäftigt. In der zukunftsträchtigen Metallindustrie konnte das Oberamt Ravensburg seinen Vorsprung allerdings noch ausbauen: Knapp 60 Prozent der in diesem Industriesektor Arbeitenden waren dort beschäftigt, während es in der Textilindustrie nur noch 24,4 Prozent waren. Die Tabelle macht deutlich, welche Oberämter in der Zwischenzeit aufgeholt hatten.[18]

Zwar übertraf das Oberamt Ravensburg in den drei Bereichen Textil, Metall, Papier und Pinsel weiterhin alle anderen Oberämter, aber sowohl im Textil- und Metallsektor

und kleineren Metall verarbeitenden Handwerksbetriebe. Insofern korrigiert diese Statistik die entsprechende Statistik bei Eitel, Geschichte Oberschwabens Bd. 2 (wie Anm. 5), S. 115. Die Rubrik „Pinsel" umfasst auch Bürsten, unter „Sonstige" finden sich unter anderem Torfabbau, Tonwaren, Tabak-, Parkett- und Lederfabriken.
17 WürttJbb (wie Anm. 14), S. 97.
18 Württ. Gemeindestatistik 1907, Stuttgart 1910, S. 536 ff. Die Rubrik *Papier* umfasst Papier und Holzschliff, *Pinsel* Pinsel und Bürsten, *Sonstige* unter anderem Torfabbau, Tonwaren, Süßwaren, Perücken, Schiffe.

Tabelle 6: Zahl der industriellen „Hauptbetriebe" in Oberschwaben und der in diesen Beschäftigten 1907

Oberamt	Biberach	Ehingen	Lauph.	Leutkirch	Ravensbg.	Riedlg.	Saulgau	Tettnang	Waldsee	Wangen	Oberschwaben
Textil	15/247	3/302	2/152	5/111	24/768	19/544	55/301	7/90	19/201	2/437	151/3153
Metall	7/255	1/37	-	3/76	9/915	-	-	3/260	1/93	-	24/1636
Papier	-	-	-	1/107	3/591	-	3/150	-	1/141	2/215	10/1204
Pinsel	6/103	11/99	-	-	8/390	-	-	1/114	2/130	-	28/836
Zement	-	3/576	-	-	-	-	-	-	-	-	3/576
Sonstige	16/126	9/156	15/212	6/270	33/259	-	14/186	15/353	12/588	6/203	26/2353
Summe	44/731	27/1170	17/364	15/564	77/2923	19/544	72/637	26/817	35/1153	10/855	242/9758

als auch in weiteren Produktionsbereichen wie der Zement- und Torfgewinnung legten mehrere andere Oberämter in Oberschwaben zu. Festzuhalten bleibt jedoch, dass das Oberamt Ravensburg 1907 mit 2923 in der Industrie Arbeitenden weiterhin unangefochten Platz eins unter den oberschwäbischen Oberämtern einnahm.

Da nur die Statistik von 1861 die Zahl der weiblichen Arbeitskräfte nachweist, müssen für die Beantwortung der Frage, wie sich der Anteil der Frauen und Mädchen an der Fabrikarbeiterschaft entwickelte, andere Quellen herangezogen werden. Dies gilt besonders für die Textilindustrie.

Die Textilindustrie

Die Herstellung von Textilien war von jeher das wichtigste Gewerbe in Oberschwaben und sollte dies im 20. Jahrhundert zunächst auch noch bleiben. Kein anderes Gewerbe war seit der beginnenden Industrialisierung allerdings auch so krisenanfällig. Dafür gab es mehrere Gründe: die Ersetzung der Handarbeit beim Spinnen, Weben, Stricken und Sticken durch Maschinen, wodurch viele Arbeitsplätze entfielen, die Abhängigkeit von Rohstoffen aus dem Ausland (Baumwolle, Rohseide, Wolle, Jute) und von den jeweils geltenden Import- und Exportzöllen, die Konjunkturabhängigkeit und damit zusammenhängend die Abhängigkeit von Modeströmungen im In- und Ausland. Hinzu kam das Problem der Transportkosten für die aus dem Ruhrgebiet bezogene Steinkohle, die wegen der Randlage im südlichen Oberschwaben höher waren als in den Regionen weiter nördlich.

Wie krisenanfällig die Textilindustrie war, hatte sich schon während des amerikanischen Sezessionskrieges 1861–65 gezeigt. Die Blüte der Flachs und Hanf verarbeitenden Industrie dauerte nur, solange die Baumwollimporte aus den USA ausblieben. Spätestens seit der Mitte der 1870er Jahre konnte Baumwolle wieder unbeschränkt importiert werden. Die Folgen waren für die Leinwandproduzenten fatal. Es sind zwar keine exakten Zahlen darüber bekannt, wie viele Arbeitskräfte in den 1870er Jahren im Oberamt Ravensburg in der Flachsverarbeitung beschäftigt waren, einen Anhaltspunkt bietet jedoch ein Bericht der Handels- und Gewerbekammer Ravensburg von 1877, die eine schwere Notlage für die Flachs verarbeitende Industrie konstatierte: *Für die württembergische Leinenindustrie war das Jahr 1877 eines der ungünstigsten seit dem von 1852 her datierenden Aufschwung dieser Industrie.*[19] In den drei größten Ravensburger Textilfabriken, den Flachs und Hanf verarbeitenden Betrieben der Brüder Spohn in Ravensburg, musste die Zahl der Beschäftigten nach Ende der Baumwollknappheit von ca. 500 auf 300 zurückgefahren werden.[20] Wenn also allein bei Spohn in den frühen 1870er Jahren ca. 500 Arbeiter(innen) beschäftigt waren, dann dürften in jener Zeit im Oberamt Ravensburg insgesamt wohl an die tausend Arbeiter(innen) in der Leinwandproduktion tätig gewesen sein. 1882 beschäftigten die sieben Leinenspinnereien, -webereien und -bleichereien im Oberamt Ravensburg zusammen aber nur noch ca. 560 Arbeiter und Arbeiterinnen.[21]

Für das Jahr 1876 kennen wir auch die Zahl der weiblichen Arbeitskräfte in der Spohnschen Spinnerei: von den 362 Beschäftigten waren 225 weiblich. Und für das Jahr 1890 ist sogar die Zahl der weiblichen Beschäftigten in sämtlichen damals noch bestehenden Flachs verarbeitenden Fabriken in Ravensburg und Weingarten bekannt: von insgesamt 518 Beschäftigten waren 349 weiblich, darunter 27 Mädchen unter 16 Jahren. Unter den über 16-Jährigen befanden sich 101 verheiratete Frauen.[22]

In den 1890er Jahren gingen der Anbau und die fabrikmäßige Verarbeitung von Flachs und Hanf in Oberschwaben weiter zurück. 1895 war die Zahl der in dieser Branche beschäftigten Arbeiter(innen) auf 373 gesunken.[23] Doch es sollte noch schlimmer werden. Da der Flachsanbau in Oberschwaben wegen schwindender Rentabilität immer mehr zurückging, bezogen die Ravensburger Leinwandfabrikanten seit Beginn der 1880er Jahre Flachs zunehmend aus Russland und Italien. Aber der war teuer, und die Konkurrenz vor allem in Böhmen, aber auch im thüringischen Vogtland so drückend, dass Spohn sich bereits 1886 entschlossen hatte, seine Produktion auf die Verarbeitung indischer Jute zu Säcken, Planen und Verpackungsstoffen zu konzentrieren. Hanf und Flachs wurden nur noch nebenbei verarbeitet. Als sich auch diese Umstellung als nicht rentierlich erwies, schloss Spohn seine Spinnerei und Weberei im Dezember 1900, wodurch auf einen Schlag ca. 280 Beschäftigte, vornehmlich junge Frauen, arbeitslos wurden. *Unter lautem Weinen* hätten viele Betroffene die Mitteilung über die Betriebseinstellung und die damit verbundene Kündigung vernommen, berichtete der *Oberschwäbische Anzeiger* am 17. Dezember 1900 und fügte kritisch hinzu, dieses *unerwartete und schmerzliche Ereignis* sei doch wohl *eine eigentümliche Bescheerung gerade jetzt, wo das Weihnachtsfest und der Beginn des Winters vor der Thüre steht.*[24] Nur dank der großen Zahl anderer Textilbetriebe im Raum Ravensburg-Weingarten war es möglich, dem größten Teil der Betroffenen in den folgenden Monaten einen neuen Arbeitsplatz anzubieten.

---

19 Jahresberichte der Handels- und Gewerbekammern in Württemberg 1877, Stuttgart 1878, S. 180–184.
20 EBD., S. 118f.
21 EITEL, Geschichte Oberschwabens Bd. 2 (wie Anm. 5), S. 146.
22 Peter BORSCHEID, Textilarbeiterschaft in der Industrialisierung. Soziale Lage und Mobilität in Württemberg (19. Jahrhundert), Stuttgart 1978, S. 481.
23 WürttJbb (wie Anm. 14), Ergänzungsband I, 1898, Heft 3, S. 552f.
24 Zitiert nach EITEL, Geschichte Oberschwabens Bd. 2 (wie Anm. 5), S. 146f.

Dafür boomte seit der Verbilligung des Rohstoffs Baumwolle aus den USA und aus Ägypten seit den späten 1870er Jahren die Baumwollindustrie. Produziert wurden in Ravensburg und Weingarten vor allem Wäsche und Gardinen (*Weißwaren*), die zu einem guten Teil, dem damaligen modischen Trend entsprechend, mehr oder weniger reich bestickt wurden. Diese Stickereien wurden nun zum größten Teil nicht mehr von Hand gefertigt, man bediente sich dafür vielmehr der in der Maschinenfabrik von Schatz in Weingarten produzierten Stickmaschinen. Diese wurden nicht nur in den Fabriken selbst eingesetzt, sondern auch an Heimarbeiterinnen ausgeliehen. Vor allem die Gardinen waren ein Exportschlager. Sie wurden nicht nur in ganz Europa verkauft, sondern waren auch in Amerika und Australien gefragt.[25]

Zwischen 1875 und 1903 wurden in Ravensburg allein sechs Gardinenfabriken gegründet, die zusammen mehr als 500 Personen, vornehmlich Frauen, beschäftigten. Die Zahl der Baumwolle verarbeitenden Fabriken in Ravensburg stieg auf neun, hinzu kam noch eine Strumpfstrickerei in Weingarten. Dieses Wachstum war mit einheimischen Kräften allein nicht zu bewältigen. Es mussten Arbeitskräfte von auswärts angeworben werden. In der Textilindustrie waren dies vor allem Facharbeiter aus dem thüringischen Vogtland – dort war Plauen ein mit Ravensburg vergleichbares Zentrum der Baumwollindustrie – sowie aus Böhmen und Mähren.[26]

Die Metallindustrie

Weniger krisenanfällig als die Textilindustrie war die Metallindustrie. Waren 1861 im Oberamt Ravensburg lediglich 181 Arbeitskräfte in dieser Branche gezählt worden (36 % der in Oberschwaben Beschäftigten), so stieg deren Zahl bis 1895 auf 307 (55,1 % der in Oberschwaben Beschäftigten) und bis 1907 auf 915 (55,9 % der in Oberschwaben Beschäftigten).[27] Dies war nicht nur die Folge des Wachstums von Escher Wyss in Ravensburg und der Maschinenfabrik Weingarten. Hinzu kam die Gründung weiterer Maschinenfabriken in Ravensburg und Weingarten: die Werkzeugmaschinenfabrik Josef Baer (1891) und die Eisengießerei Stoz (1906) in Weingarten sowie die auf Holzbearbeitungsmaschinen spezialisierte Fabrik von Albert Bezner in Ravensburg (1899).[28] Das spektakulärste Wachstum wies jedoch die Maschinenfabrik Weingarten auf. Ihre Belegschaft wuchs von 22 im Jahr 1876 auf 40 1890 und auf 710 kurz vor dem 1. Weltkrieg. Ihre Blechschneidemaschinen und Blechpressen verkaufte die Firma in ganz Europa.[29]

---

25 Jahresberichte der Handels- und Gewerbekammern in Württemberg 1889, Stuttgart 1989, S. 197, 200. Vgl. auch die nachfolgenden Jahrgänge.
26 EITEL, Geschichte Oberschwabens Bd. 2 (wie Anm. 5), S. 147f., 164 f.
27 Vgl. die Tabellen 4 und 6.
28 Hans Ulrich RUDOLF (Hg.), Weingarten gestern und heute, Lindenberg 2015, S. 250; EITEL, Geschichte Oberschwabens Bd. 2 (wie Anm. 5), S. 149.
29 Rudolf HAIBLE, Die Arbeiter eines oberschwäbischen Großbetriebs. Maschinenfabrik Weingarten. Diss. Iur. Masch. Univ. Freiburg 1923, S. 15–18. Vgl. auch HEINZ, Altdorf-Weingarten (wie Anm. 4), S. 105–120, 168.

Die Produktionspalette der Ravensburger Maschinenfabrik Escher Wyss wurde nach 1870 um Verstellpropeller für Dampfschiffe erweitert. Schwerpunkte blieben aber weiterhin Papiermaschinen, Wasser- und Dampfturbinen, die bis nach Russland, die USA, Kanada, Südamerika und Australien geliefert wurden. Die Zahl der Beschäftigten erreichte 1912 mit 388 einen Höhepunkt. In Stoßzeiten griff man auf Taglöhner zurück, die im Raum Ravensburg in großer Zahl zur Verfügung standen. Da in Ravensburg bestimmte Aufträge zu günstigeren Bedingungen abgewickelt werden konnten als in Zürich, kam es nur in Ausnahmefällen wie der Rezession der Jahre 1874–1878 mangels Aufträge zu Entlassungen. Besonders solche Aufträge, bei denen viel Handarbeit zu leisten war, wurden wegen der niedrigeren Lohnkosten vorzugsweise nach Ravensburg vergeben.[30]

Papierfabriken, Pinsel- und Bürstenproduktion

Die beiden großen Papierfabriken in Mochenwangen und Baienfurt verzeichneten zwischen 1895 und 1907, gemessen am Personalstand, ein Wachstum von 53 Prozent. Erstere zählte 1907 ca. 190, letztere 350 Arbeitskräfte, darunter viele Italiener, die zum Teil hier sesshaft wurden, was heute noch beim Durchblättern des Telefonbuchs erkennbar ist.[31] In der Baienfurt wurde 1885 zusätzlich eine Zellulosefabrik in Betrieb genommen, um bei diesem aus Holz gewonnenen, für die Papierherstellung immer wichtiger werdenden Rohstoff unabhängig von den Lieferungen auswärtiger Zellulosefabriken zu werden.[32] 1891 entschloss sich die Firmenleitung zusätzlich zum Bau einer Privateisenbahn nach Niederbiegen, dem nur ca. 3 km entfernten nächsten Haltepunkt an der Südbahn. Dadurch konnte der umständliche und teure Transport ihrer Produkte über Weingarten an den Bahnhof in Ravensburg vermieden werden.[33]

Ein neuer für die Industrie im Schussental charakteristischer Industriezweig war die industrielle Bürsten- und Pinselproduktion. Aus einer 1823 in Ravensburg gegründeten kleinen Werkstatt, die Pinsel und Bürsten herstellte, entwickelte sich zwischen 1860 und 1880 eine der größten Fabriken in dieser Region, die Pinsel- und Bürstenfabrik H. L. Sterkel, die bereits 1868 mit knapp hundert Arbeiterinnen und Arbeitern einer der größten Betriebe ihrer Art in Deutschland war. Ab 1870 konzentrierte sie sich ganz auf die Produktion von Pinseln. Das Geschäft ging so gut, dass in Ravensburg – gleichsam als ‚Ableger' – zwei weitere kleinere, langlebige Pinselfabriken gegründet wurden, ohne damit die weitere Expansion der Firma Sterkel zu beeinträchtigen: 1877 die Pinsel- und Bürstenfabrik J. G. Roth und 1913 die Pinselfabrik Ernst Findeisen.[34] Die Zusammenarbeit der

---

30 Vgl. EITEL, Geschichte Oberschwabens Bd. 2 (wie Anm. 5), S. 149 f., aufgrund von Recherchen 2001 im Werksarchiv der Firma in Zürich.
31 Tabellen 4 und 6: „Papier". Vgl. für Mochenwangen außerdem KULLEN, Papierfabrik (wie Anm. 8) und WALCHER, Wolpertswende (wie Anm. 8), für Baienfurt die Telefonbücher der 1920er und 1930er Jahre (im Stadtarchiv Ravensburg einsehbar).
32 https://de.wikipedia.org/wiki/Papierfabrik_Baienfurt. (aufgerufen April/Mai 2023).
33 SÄTTELE u. a., Baienfurter Buch (wie Anm. 11), S. 110.
34 Zu den Ravensburger Pinselfabriken vgl. EITEL, Geschichte Oberschwabens Bd. 2 (wie Anm. 5) S. 73 f., 150 u. 331.

Ravensburger Pinselfabriken mit der 1891 gegründeten Maschinenfabrik Baer in Weingarten, die sich auf die Produktion von Maschinen zur Herstellung von Bürsten und Pinsel spezialisiert hatte, bewirkte einen Synergieeffekt, der allen beteiligten Unternehmen zugutekam.[35] 1895/96 standen bei Sterkel 175, bei der Firma Roth 84 Arbeitskräfte unter Vertrag, 1908 erreichte die Zahl der bei Sterkel Beschäftigten mit ca. 300 ihren Höchststand vor dem 1. Weltkrieg. Darunter befanden sich auch 28 Italienerinnen zwischen 16 und 21 Jahren, die aus der Toskana stammten.[36] Die Pinsel wurden in ganz Europa und darüber hinaus bis nach Amerika und in den Orient verkauft. Besonders groß war der Absatz in Österreich, auf dem Balkan, in Skandinavien, England, Italien und Osteuropa (Rumänien, Russland). Die Pinselfabrik Sterkel gehörte vor dem 1. Weltkrieg zusammen mit der Maschinenfabrik Weingarten, Escher Wyss in Ravensburg und der Papierfabrik Baienfurt zu den vier größten Industriebetrieben im Oberamt Ravensburg.[37]

Über das Wachstum der oberschwäbischen Industrie in den verbleibenden sieben Jahren bis zum Ausbruch des 1. Weltkriegs liegen keine vergleichbaren statistischen Zahlen vor. Da diese Jahre jedoch bis 1913 von einem anhaltenden Aufschwung der Industrie in ganz Deutschland geprägt waren, kann auch für Oberschwaben von einem zumindest die wichtigsten Industriebereiche betreffenden Wachstum ausgegangen werden. Elmar Kuhn beziffert die Zahl der 1914 in den Industriezweigen Metall/Maschinenbau, Textil, Holzbearbeitung und Papier im Oberamt Ravensburg beschäftigten Personen auf ca. 3500, was gegenüber 1907 eine Zunahme von ca. 800 bedeutete.[38]

Die Arbeits- und Lebensverhältnisse der Fabrikarbeiterschaft

Die Arbeitsbedingungen der vielen Frauen, Kinder und Jugendlichen unter der Textilarbeiterschaft waren zum Teil miserabel. Dazu enthalten die amtlichen Quellen aufschlussreiche Hinweise. So überprüfte der Stuttgarter Regierungsassessor Gaerttner im Auftrag des Innenministeriums 1873 63 Industriebetriebe im ganzen Land daraufhin, ob gegen Bestimmungen der geltenden Gewerbeordnung über die Fabrikarbeit von Frauen und Kindern verstoßen wurde.[39] Auf heftigen Protest stießen Gaerttners Initiativen 1873 in der Flachs-, Hanf- und Abwergspinnerei Weingarten, in der ohne Unterbrechung Tag und Nacht in zwei Schichten gearbeitet wurde. Als er die Herabsetzung der Arbeitszeit für Frauen von zwölf auf zehn Stunden vorschlug, entgegnete ihm der aus der Schweiz stammende, um drastische Worte nicht verlegene Spinnmeister: *Was sollen dann die Spinnereien anfangen? An eine Spinnmaschine geht kein Mann hin; und wer putzt dann die Maschinen? Wissen Sie, was die Weingarter Weibsbilder vorher gethan haben, ehe sie in unsere Fabrik gekommen sind? Sie sind umenander g'ludert, über die Schussen hinüber*

---

35 Zur Firmengeschichte Baer vgl. HEINZ, Altdorf-Weingarten (wie Anm. 4), S. 264 f.
36 EITEL, Geschichte Oberschwabens Bd. 2 (wie Anm. 5), S. 164.
37 Württ. Gemeindestatistik (wie Anm. 18), S. 396 f.
38 Elmar L. KUHN, Industrialisierung in Oberschwaben und am Bodensee (Geschichte am See 24), Friedrichshafen 1984, S. 593 ff.
39 HStA Stuttgart E 146 Bü 6089. Vgl. dazu ausführlich EITEL, Geschichte Oberschwabens Bd. 2 (wie Anm. 5), S. 118 f.

gehn betteln zu den großen Bauern. Die Weiber sind überhaupt gerner in der gewerblichen als in der landwirthschaftlichen Arbeit. Sie rühmen, daß sie bei uns den Unbilden der Witterung nicht so preysgegeben seyen – sie treten oft mit offenen Wunden an den Füßen bei uns ein –, daß sie nicht so viel Kleider und Schuhe brauchen und daß sie ihren Sonntag frei haben.

Auf mehr Verständnis stieß Gaerttner bei dem Fabrikanten Julius Spohn, der in seiner Flachs-, Hanf- und Abwergspinnerei Kinder und Jugendliche zwischen 12 und 16 Jahren beschäftigte. Spohn räumte ein, dass dies im Grund ein Missstand sei und dass so junge Menschen eigentlich überhaupt nicht in einer Fabrik arbeiten sollten. Er befürwortete auch eine Herabsetzung der Arbeitszeit für Fabrikarbeiterinnen, allerdings nur unter der Voraussetzung, dass eine solche *gleich streng in ganz Deutschland durchgeführt wird.*

Nach Angaben des Ravensburger Handels- und Gewerbevereins lag die Fluktuation von kommenden und gehenden Arbeitskräften 1906 allein in der Stadt Ravensburg bei ca. 3000 pro Jahr. Für viele, so heißt es in einem Bericht an die Stuttgarter Zentralstelle für Gewerbe und Handel, bedeute Ravensburg nur eine Durchgangsstation. Und der evangelische Dekan von Ravensburg Gotthold Knapp konstatierte 1907, es gebe hier *viel flottierendes Arbeitervolk.*[40] Diese Beobachtungen galten mit Sicherheit auch für die meisten anderen großen Fabriken im Oberamt Ravensburg.

Zum ständigen Kommen und Gehen der Arbeitskräfte trugen auch die damals üblichen sehr kurzen Kündigungsfristen bei. Ein normaler Fabrikarbeiter konnte jederzeit fristlos und ohne Begründung entlassen werden, während er selbst an eine zweiwöchige Kündigungsfrist gebunden war. Um zu verhindern, dass er vorzeitig einfach weglief, behielt der Fabrikherr einen Teil des Lohns als *Haftgeld* zurück.[41]

Die Zahl der von auswärts in die Industrieregion Ravensburg-Weingarten zugewanderten und hier Arbeit suchenden Personen war hoch. Viele Arbeitskräfte kamen aus Altwürttemberg, ein Teil davon ließ sich dauerhaft in Oberschwaben nieder, was – nebenbei bemerkt – eine Stärkung der evangelischen Diaspora zur Folge hatte. In einer früheren Untersuchung zur Fabrikarbeiterschaft in Ravensburg konnte ich nachweisen, dass von den 659 wohnsteuerpflichtigen Arbeitern, die zwischen 1872 und 1884 nach Ravensburg kamen und Arbeit in einer der dortigen Fabriken fanden, nur 6,4 Prozent aus dem Oberamt Ravensburg stammten und 22,6 Prozent aus dem übrigen Oberschwaben. Ziemlich genau die Hälfte war von außerhalb der Grenzen des Königreichs Württemberg zugewandert. Darunter waren 21 Prozent Ausländer, von denen die meisten aus der Schweiz, aus Böhmen und Mähren stammten. Erstere fanden hauptsächlich in den Maschinenfabriken Arbeit, die Zuwanderer aus Böhmen und Mähren in den Textil- und Papierfabriken. Die Mehrheit der Arbeiter bestand aus *unselbständigen Personen,* ‚Singles', die keinen eigenen Haushalt führten und daher nicht zur Wohnsteuer herangezogen wurden. Bis zum Bau von Werkswohnungen, der in den 1870er Jahren schleppend begann und naturgemäß auf die großen Fabriken beschränkt blieb, waren diese Arbeitskräfte entweder in Gemeinschaftsunterkünften untergebracht, die von den Fabrikanten meist in verschiedenen Gasthöfen für sie angemietet wurden, oder sie begnügten sich mit einer

---

40 LKAS A 29 Bü 3699.
41 StAL E 170 Bü 375.

einfachen *Schlafstelle*, einem Bett unter der Treppe oder im Flur des Hausbesitzers.[42] Für alleinstehende Fabrikarbeiterinnen, die von auswärts kamen und deshalb besonders schutzbedürftig waren, ließ das Franziskanerinnenkloster Reute bei Waldsee 1885 ein eigenes Wohnheim errichten, das *Josefshaus* unter der Leitung von Reuter Schwestern.[43]

Was die Arbeitszeit betrifft, so mussten Arbeiter und Arbeiterinnen noch in den 1870er und 1880er Jahren in den meisten Fabriken mehr als 60 Stunden pro Woche arbeiten. Besonders lang wurde in der Spinnerei Spohn gearbeitet, 1884 wöchentlich noch 72 Stunden. Im selben Jahr lag die Wochenarbeitszeit bei Escher Wyss hingegen nur noch bei 66 Stunden. Schon 1870 hatte die Ravensburger Handels- und Gewerbekammer ihren Mitgliedern nahegelegt, jugendliche Arbeitskräfte unter 14 Jahren nur noch höchstens sechs Stunden täglich arbeiten zu lassen, und nur noch am Tage. Bei den 14- bis 18-Jährigen solle auf Nachtarbeit möglichst verzichtet werden.[44]

In einer weiteren Stellungnahme der Ravensburger Handels- und Gewerbekammer plädierte diese 1876 dafür, die Arbeitszeit von Frauen künftig auf maximal elf Stunden täglich zu reduzieren. Ein generelleres Verbot der Sonntags- und der Nachtarbeit wurde abgelehnt, weibliche Beschäftigte sollten davon aber möglichst verschont bleiben. Kindern unter 14 Jahren, die in einer Fabrik arbeiteten, sollte auf jeden Fall die Möglichkeit gegeben werden, täglich drei Stunden die Schule zu besuchen, ihre Arbeitszeit in der Fabrik sollte auf fünf Stunden herabgesetzt werden.[45]

Die Löhne, die in der oberschwäbischen Industrie gezahlt wurden, waren deutlich höher als in der Landwirtschaft, im Handel und im Dienstleistungssektor. Am höchsten waren sie bei den Maschinenfabriken, am niedrigsten im Textilgewerbe mit seinem traditionell hohen Anteil an weiblichen Arbeitskräften, die immer und überall schlechter bezahlt wurden. Sie lagen jedoch deutlich unter den in der Schweiz gezahlten Löhnen. Die niedrigeren Lohnkosten in Oberschwaben waren, wie bereits erwähnt, ein wesentlicher Grund für das Engagement Schweizer Unternehmer in Oberschwaben.[46]

Die Krisenjahre 1914–1933

Die nach Ausbruch des 1. Weltkriegs von England, später auch von den USA verhängte Blockade gegen das Deutsche Reich traf vor allem diejenigen Industriezweige, die auf den Import bestimmter Rohstoffe aus Übersee angewiesen waren. Dazu gehörte in Oberschwaben in erster Linie die Textilindustrie, für die der Bezug von Wolle und Baumwolle immer schwieriger wurde. Viele Textilfabriken mussten deshalb zwischen 1915 und 1918 ihre Produktion zurückfahren oder sogar einstellen, entsprechend viele Textilarbeiter und vor allem Textilarbeiterinnen wurden dadurch arbeitslos. Die größte Baumwollwebe-

---

42 Vgl. dazu ausführlich das Kapitel „Die ‚arbeitende Klasse'" bei EITEL, Geschichte Oberschwabens Bd. 2 (wie Anm. 5), S. 163–169.
43 EBD. S. 173.
44 EBD. S. 166.
45 StA Ludwigsburg: E 179/II Bü 2047; Oberschwäbischer Anzeiger vom 2.7.1876.
46 EITEL, Geschichte Oberschwabens Bd. 2 (wie Anm. 5) S. 150, aufgrund von Recherchen 2001 im Werksarchiv der Firma in Zürich.

rei der Region, Manz & Stimmler in Ravensburg, die 1914 über hundert Arbeitskräfte zählte, musste 1917 ihren Betrieb bis 1919 schließen.[47] Als Ersatz für Baumwolle kam am ehesten einheimischer Flachs infrage, dessen Anbau in den letzten Jahrzehnten jedoch stark zurückgegangen war und nicht von heute auf morgen wiederbelebt werden konnte.

Ein Teil der bisher in der Textilindustrie beschäftigten und nun arbeitslos gewordenen Frauen konnte in die Rüstungsindustrie wechseln, wo viele neue Arbeitsplätze entstanden, nicht nur in den großen Maschinenfabriken, sondern auch in einigen kleineren metallverarbeitenden Betrieben, die ihre Produktion umgestellt und sich erfolgreich um Rüstungsaufträge bemüht hatten. Genaue Zahlen sind rar. Für die Maschinenfabrik Escher Wyss ist gesichert, dass in dem von Zürich aus gelenkten Ravensburger Tochterbetrieb, dessen Belegschaft von 389 im Jahr 1912 auf 438 1917 gestiegen war, 1917 ca. 65 Frauen bei der *Granatkörperproduktion* beschäftigt waren.[48] In der Maschinenfabrik Weingarten war die Zahl der weiblichen Arbeitskräfte höher. 1915 arbeiteten dort 60 Frauen, 1916 sogar an die 200. Das änderte sich nach Kriegsende schlagartig. Fast alle mussten ihren Arbeitsplatz für Kriegsheimkehrer räumen, so dass 1920 nur noch 25 Frauen und Mädchen in der Weingartener Fabrik bleiben konnten.[49] Da auch schon im 1. Weltkrieg Luftangriffe auf deutsche Industriestandorte vorkamen, verlegte die zum Zeppelin-Konzert gehörende Luftschiffbau Zeppelin GmbH in Friedrichshafen 1917 einen Teil ihrer Produktion nach Ravensburg an einen aus der Luft nur schwer zu erkennenden Standort am Stadtrand. Zeitweilig waren dort ca. 360 Personen beschäftigt.[50]

Nach dem verlorenen Weltkrieg und der Inflation von 1923 hatte die Industrie im Oberamt Ravensburg ein Auf und Ab zu bewältigen. Wenn die Zahl der Beschäftigten bei der Ravensburger Maschinenfabrik Escher Wyss von 375 im Jahr 1919 bis 1922 auf 465 und bis Ende 1923 sogar auf 649 stieg,[51] so war diese positive Entwicklung eine große Ausnahme und nur dem Umstand zu verdanken, dass sich die Firma in Schweizer Besitz befand. Wegen der im krisengeschüttelten Deutschen Reich gegenüber der Schweiz niedrigeren Lohnkosten verlagerte die Züricher Geschäftsleitung seit 1921 den Bau von Wasserturbinen, nach denen damals wegen der weltweit wachsenden Elektrifizierung eine große Nachfrage bestand, zunehmend von Zürich nach Ravensburg. Sie ließ dort zwischen 1922 und 1924 eine neue Maschinenhalle, ein neues Verwaltungsgebäude und mehrere Wohnhäuser für Werksangehörige sowie zwei Direktorenvillen bauen. Außerdem wurde die Gießerei erheblich erweitert. Für das Bauhandwerk im Raum Ravensburg waren diese Aufträge damals ein Geschenk des Himmels.[52]

Spätestens 1925 setzte dank eines weltweiten konjunkturellen Aufschwungs auch in Oberschwaben eine allerdings nur kurze wirtschaftliche Erholung ein. Es kam zu mehre-

---

47 Ebd., S. 210.
48 Dorothee BREUCKER/Gesa INGENDAHL, Blickwinkel. Leben und Arbeit von Frauen in Ravensburg, Tübingen u. a. 1993, S. 124; vgl. auch StadtA Ravensburg PAR Bü 265.
49 HAIBLE (wie Anm. 29), S. 15, 19, 60.
50 StadtA Ravensburg WK I Bü 153.
51 Wolfgang GLAESER, Metaller am See. Zur Geschichte der Gewerkschaften in Oberschwaben bis 1933, Freiburg 1993, S. 87 f.
52 EITEL, Geschichte Oberschwabens Bd. 2 (wie Anm. 5), S. 230.

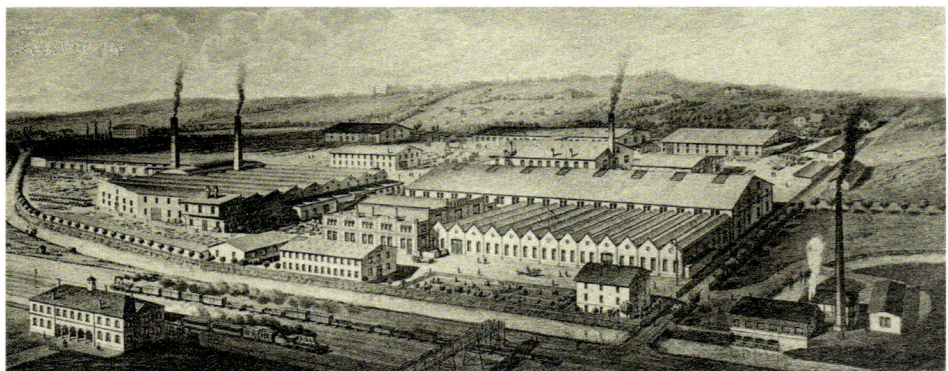

4　Die Maschinenfabrik Escher Wyss, ca. 1920/30 (StadtA Ravensburg S03/01 Sammlung Zittrell, Mappe 19, Blatt 27).

ren neuen Firmengründungen und Firmenerweiterungen. Die Bedeutung des Oberamts Ravensburg war daran ablesbar, dass 1925 die einzige Zweigstelle der Württembergischen Girozentrale im ganzen Land nicht in einer der größeren Städte wie Ulm oder Heilbronn, sondern in Ravensburg eröffnet wurde, um den Geschäftsverkehr zwischen den oberschwäbischen Oberamtssparkassen und der Zentrale in Stuttgart zu erleichtern. Dadurch erhielt der bargeldlose Zahlungsverkehr über Girokonten einen erheblichen Auftrieb, zugleich wurde dadurch die Bedeutung Ravensburgs als zentraler Geschäftsplatz in Oberschwaben unterstrichen.[53]

In den Jahren der Weimarer Republik stehen uns für einen Vergleich zwischen dem Oberamt Ravensburg und den anderen Oberämtern in Oberschwaben nur wenige aussagekräftige statistische Zahlen zur Verfügung, die überdies wie schon bei den älteren Statistiken nicht immer deutlich zwischen Industrie und Handwerk unterschieden. 1925 waren in Industrie und Handwerk des Oberamts Ravensburg 10 200 Männer und Frauen beschäftigt, gut 20 Prozent sämtlicher Beschäftigter in Oberschwaben.[54] Damit lag dieses Oberamt weiterhin an der Spitze aller oberschwäbischen Oberämter, wenn auch nicht mehr ganz so unangefochten wie 1907, als genau 30 Prozent aller Arbeitsplätze auf das Oberamt Ravensburg entfallen waren (vgl. die Tabelle 6). Der Abstand zu den benachbarten Bezirken war geringer geworden. Dank des rapiden Wachstums der Fabriken des Zeppelin-Konzerns in Friedrichshafen seit dem 1. Weltkrieg zählte das Oberamt Tettnang 1925 bereits 6236 Arbeitskräfte in Industrie und Handwerk und das Oberamt Wangen mit den Schwerpunkten Textil und Papier immerhin 4777.[55]

Die Stadt Ravensburg verzeichnete 1925 ca. 2000 Beschäftigte in Industrie und Handwerk gegenüber ca. 1600 vor dem 1. Weltkrieg. 34 Prozent dieser Arbeitskräfte waren Frauen, die hauptsächlich in den sieben großen Textilfabriken der Stadt arbeiteten. In

---

53　Ebd., S. 231.
54　WürttJbb (wie Anm. 14) 1936/37 S. 282 f.
55　Ebd.

den folgenden Jahren ging die Zahl der in der Textilindustrie Beschäftigten allerdings deutlich zurück, was zum Teil am Wandel der Mode lag, da Weißzeugstickereien auf Blusen und Vorhängen, vor dem Krieg eine Ravensburger Spezialität, nun immer weniger stark gefragt waren.[56]

In der Ravensburger Metallindustrie waren 1927 knapp 1000 Menschen beschäftigt, vornehmlich in den drei Maschinenfabriken am Ort.[57] Aber der größte Betrieb in der Metallindustrie des Raums Ravensburg-Weingarten blieb in den 1920er Jahren die Maschinenfabrik Weingarten. Die Firma hatte sich rechtzeitig auf die Herstellung von mechanischen Großpressen für die Automobilindustrie spezialisiert und profitierte deshalb von der politisch gewollten Steigerung der Produktion von Automobilen aller Art. 1920 arbeiteten dort 741 Personen, und auf dieser Höhe bewegten sich die Zahlen auch in den folgenden Jahren.[58]

Doch die Auswirkungen der großen Rezession der Jahre 1928–1932 waren auch im Oberamt Ravensburg spürbar. Eine größere Entlassungswelle gab es in den letzten Jahren der Weimarer Republik in Oberschwaben vor allem im zweiten Halbjahr 1930 und im Winter 1930/31, vermutlich eine Folge der durch den New Yorker Börsenkrach vom Herbst 1929 verursachten Weltwirtschaftskrise. Bei Escher Wyss musste die Zahl der Arbeiter und Angestellten um 223 reduziert werden, und selbst die Maschinenfabrik Weingarten, die bis 1930 noch Vollbeschäftigung aufwies, kam 1931 um Entlassungen nicht mehr herum und klagte im Frühjahr 1932 sogar über einen *fast vollständigen Stillstand des Geschäfts*. Nur aus der Sowjetunion seien noch Aufträge eingegangen.[59]

Auch die Papierindustrie erlebte nach dem Weltkrieg große Veränderungen. Aus bisher nicht eindeutig geklärten Gründen verkauften die bisherigen Besitzer der Papierfabrik Baienfurt ausgerechnet im Inflationsjahr 1923 und den folgenden Jahren den größten Teil ihrer Aktien nach und nach an den einheimischen Hochadel, die Fürstenhäuser Waldburg-Wolfegg und Waldburg-Zeil sowie an die Grafen von Königsegg, für die diese Industriebeteiligung wegen ihrer großen Waldbesitzungen von besonderem Interesse war. Sie sicherten sich damit den Absatz des für die Papierherstellung wichtigsten Rohstoffs Holz. Die eigentliche Papierfabrikation wurde in Baienfurt 1929 aus betriebswirtschaftlichen Gründen aufgegeben. Fortan konzentrierte sich das Unternehmen auf die Produktion von Karton und des dafür notwendigen Zellstoffs (Zellulose), der ja ebenfalls hauptsächlich aus Holz bestand. 1930 waren in der Papierfabrik Baienfurt 430 Personen beschäftigt.[60]

Dagegen verzeichnete die Papierfabrik in Mochenwangen aufgrund eines ungeschickten Managements nach 1918 von Jahr zu Jahr steigende Verluste, so dass 1930 ein Konkursverfahren nur knapp vermieden werden konnte. Aber trotz Kurzarbeit und Ab-

---

56 KUHN, Industrialisierung (wie Anm. 38), S. 122; StadtA Ravensburg PAR Bü 167.
57 EITEL, Geschichte Oberschwabens Bd. 2 (wie Anm. 5), S. 231.
58 https://de.wikipedia.org/wiki/Müller_Weingarten (aufgerufen April/Mai 2023); HAIBLE, Arbeiter (wie Anm. 29), S. 58.
59 GLAESER, Metaller (wie Anm. 51), S. 88 f., 91. Zur Situation der Maschinenfabrik Weingarten: Schwäbischer Merkur vom 21.5.1930, 2.5.1931 und 24.5.1932.
60 https://de.wikipedia.org/wiki/Papierfabrik_Baienfurt (aufgerufen April/Mai 2023); SÄTTELE u.a., Baienfurter Buch (wie Anm. 11), S. 105 f.

5 Papierfabrik Mochenwangen, ca. 1920/30. Vor den Fabrikgebäuden die Fabrikantenvilla mit parkartigem Garten. (StadtA Ravensburg S03/01 Sammlung Zittrell, Mappe 41, Blatt 7).

schlägen auf die Tariflöhne musste schließlich 1933 doch noch Konkurs angemeldet werden. Unter Zwangsverwaltung wurde das Unternehmen zwar weitergeführt, aber zunächst mit einer stark verminderten Belegschaft.[61]

Mehrere statistische Erhebungen für das Jahr 1933 erlauben einen Überblick über die Situation der Industrie in Oberschwaben in diesem historischen Schlüsseljahr. Allerdings unterscheiden auch diese Statistiken nicht zwischen Industrie und Handwerk, aber immerhin beschränken sie sich auf Betriebe mit mehr als vier Arbeitern und Arbeiterinnen, so dass also kleine Handwerksbetriebe – und das war die Mehrzahl – nicht mitgezählt sind. Als ‚Arbeiter' bzw. ‚Arbeiterinnen' werden alle Beschäftigten außer Lehrlingen und Angestellten gezählt.[62] Ergänzt werden diese Angaben durch Zahlen der *Kraftmaschinen zum Antrieb von Arbeitsmaschinen*, gemessen in PS.[63]

Die Tabelle 7 zeigt, dass das Oberamt Tettnang mit 4053 Arbeitskräften, die zum ganz überwiegenden Teil in den Betrieben des Zeppelinkonzerns und des Flugzeugbauers Dornier beschäftigt waren, nunmehr das benachbarte Oberamt Ravensburg überflügelt hatte. Letzteres dominierte jedoch bei der in Pferdestärken (PS) gemessenen Antriebskraft der in der Produktion eingesetzten Maschinen dank der größeren Vielfalt in der dortigen Industrie (neben der Metall- und Textilindustrie große Betriebe in der Papier- und Pinselproduktion).

61 WALCHER, Wolpertswende (wie Anm. 8), S. 212 f.
62 WürttJbb (wie Anm. 14) 1936/37, S. 306, 254 f.
63 Statistisches Handbuch für Württemberg 1927–35, Stuttgart 1937, S. 146.

6   Die Papierfabrik Baienfurt, umgeben von riesigen Holzlagern. Foto um 1920/30 (StadtA Ravensburg, S03/01 Sammlung Zittrell, Mappe 8, Blatt 1).

Statistiken über die Zahl der Beschäftigten in den einzelnen Industriebereichen sind ebenfalls für das Jahr 1933 vorhanden, aber sie umfassen auch das Handwerk bis hinunter zum kleinsten Ein-Personen-Betrieb (z. B. selbstständige Schneider, Feinmechaniker, Näherinnen). Außerdem weisen sie nicht die Zahl der weiblichen Arbeitskräfte eigens nach. Insofern ist ihre Aussagekraft beschränkt. Gleichwohl vermitteln sie zumindest für die beiden wichtigsten Wirtschaftssektoren in Oberschwaben, Metallverarbeitung und Textilproduktion, einen Eindruck von deren jeweiliger Größe in den einzelnen Oberämtern.[64]

Tabelle 7: Industrie-Statistik 1933 (Betriebe mit mehr als 4 Beschäftigten)

Oberamt	Biberach	Ehingen	Lauph.	Leutkirch	Ravensbg.	Riedlg.	Saulgau	Tettnang	Waldsee	Wangen
Zahl der Betriebe	82	50	63	50	138	40	58	87	44	54
Arbeiter/Arbeiterinnen	1038/645	805/238	889/421	74/194	2667/944	427/450	1096/346	3849/204	606/371	1032/807
= insgesamt	1683	1043	1310	668	3611	877	1442	4053	977	1839
Maschinenleistung in PS	5957	4502	5073	5321	15407	3144	6884	11802	3982	9534

64 WürttJbb (wie Anm. 14) 1936/37 S. 283. Die Rubrik Maschinenbau umfasst auch Gießereien und Metallwaren.

Tabelle 8: Zahl der Beschäftigten im oberschwäbischen Textil- und Metallgewerbe 1933

Oberamt	Biberach	Ehingen	Lauph.	Leutkirch	Ravensbg.	Riedlg.	Saulgau	Tettnang	Waldsee	Wangen
Textilgewerbe	584	500	458	117	517	548	50	33	490	1280
Metallgewerbe	506	295	288	285	1580	280	441	3744	312	260
Summe	1090	795	746	402	2097	828	491	3777	802	1540

Die Statistik belegt die überragende Bedeutung Friedrichshafens in der Metallindustrie, genauer gesagt im Maschinen- und Motorenbau (3540 von insgesamt 3744 Arbeitsplätzen im gesamten Oberamt Tettnang), dank der drei Fabriken des Zeppelinkonzerns und des Flugzeugbauers Dornier.

Wie stark Industrie und Handwerk in Oberschwaben von der Rezession der Jahre 1929 bis 1933 betroffen waren, zeigt die folgende Statistik zur Entwicklung in den drei am stärksten industrialisierten Oberämtern Ravensburg, Tettnang und Wangen zwischen 1925 und 1933:[65]

Tabelle 9: Beschäftigte in Industrie u. Handwerk 1925 und 1933

Oberamt	Ravensburg	Tettnang	Wangen
1925	10 200	6236	4777
1933	7856	6725	4258

Drittes Reich und 2. Weltkrieg

Für die oberschwäbische Textilindustrie brachten die veränderten politischen Verhältnisse nach der Machtergreifung Hitlers am 30. Januar 1933 neue Impulse. Im Hinblick auf den geplanten Krieg war die nationalsozialistische Regierung bestrebt, von Baumwollimporten unabhängiger zu werden. Im Rahmen dieser Autarkiepolitik gewann der einheimische Rohstoff Flachs wie schon im 1. Weltkrieg wieder an Bedeutung, weshalb seit 1933 der Anbau von Flachs *im Dienst nationaler Selbstversorgung* massiv gefördert wurde. Das kam vor allem der Ravensburger Textilindustrie zugute. Inzwischen stillgelegte Betriebe wie die Spohnsche Flachsröste in Ittenbeuren bei Ravensburg und die Leinenspinnerei Schornreute, ebenfalls vor den Toren von Ravensburg gelegen, wurden damals reaktiviert.[66]

In der Metallindustrie waren die Maschinenfabrik Escher-Wyss, Ravensburg und die Maschinenfabrik Weingarten weiterhin die beiden Flaggschiffe im Oberamt Ravensburg. Nachdem ab 1937 staatliche Aufträge nur noch an *Nationalsozialistische Musterbetriebe* vergeben wurden, die sich in deutschem Besitz befanden, entstand für Escher Wyss aller-

---

65 EBD., S. 282 f.
66 Vgl. Peter EITEL, Geschichte Oberschwabens im 19. und 20. Jahrhundert, Band 3. In den Strudeln der großen Politik (1918–1952), Ostfildern 2022, S. 213 f.

dings ein Problem, da der Ravensburger Betrieb ja eine Filiale der gleichnamigen Züricher Firma war. Um in den Besitz des für weitere Aufträge notwendigen Prädikats zu gelangen, war die Züricher Firmenleitung gezwungen, Escher Wyss Ravensburg zum Schein an die Deutsche Treuhandgesellschaft und die Gutehoffnungshütte in Oberhausen zu veräußern. Der damit de iure in deutsches Eigentum übergegangene Betrieb wurde de facto allerdings weiterhin von Zürich aus gelenkt. Die Rückübertragung erfolgte erst 1949.[67]

Die von der Regierung forcierte Aufrüstungspolitik und die staatliche Förderung der Automobilindustrie verbesserten seit 1933 die Auftragslage der metallverarbeitenden Fabriken im Oberamt Ravensburg. Der Maschinenfabrik Escher Wyss kam zusätzlich eine verstärkte Nachfrage nach Turbinen und Großpumpen seitens der stromerzeugenden Industrie zu gute.

Wie sich diese Entwicklung auf den Arbeitsmarkt auswirkte, zeigt die folgende Statistik aus dem Jahr 1937:[68]

Tabelle 10: Industrie-Statistik 1937 (Betriebe mit mehr als 4 Beschäftigten)

Oberamt	Biberach	Ehingen	Lauph.	Leutkirch	Ravensbg.	Riedlg.	Saulgau	Tettnang	Waldsee	Wangen
Zahl der Betriebe	125	53	75	68	193	48	84	153	51	79
Zunahme seit 1933	43	3	12	18	55	8	26	66	7	25
Arbeiter/ Arbeiterinnen	1797/809	1102/335	1115/566	805/207	4782/1310	588/552	1754/433	12476/516	1004/391	1766/947
= insgesamt	2606	1437	1681	1012	6092	1140	2197	12992	1395	2713
Zunahme m/w seit 1933	759/164	297/97	226/145	331/13	2115/366	161/102	668/87	8627/312	398/20	734/140
= insgesamt	923	394	371	344	2481	263	755	8939	418	874

Auch wenn nicht ganz ausgeschlossen werden kann, dass diese Statistik aus propagandistischen Gründen etwas geschönt ist, bleibt der Wachstumsimpuls seit 1933 unbestreitbar. Im Oberamt Ravensburg stieg die Zahl der Arbeitsplätze in den Betrieben mit mehr als vier Beschäftigten binnen vier Jahren auf 2481. Übertroffen wurde dieses Wachstum nur von der geradezu spektakulären Zunahme der Arbeitsplätze im Oberamt Tettnang aufgrund der Rüstungsaufträge für die Friedrichshafener Metallindustrie.

Für die Zeit ab 1938 liegen leider keine statistischen Zahlen zur Entwicklung der Beschäftigung im Industriegürtel zwischen Mochenwangen und Weißenau mehr vor, weil bei der Verwaltungsreform von 1937/38 das Oberamt Ravensburg um Teile des aufgelösten Oberamts Waldsee (mit Industrie in Waldsee und Aulendorf) vergrößert wurde, so dass die Zahlen für den neuen Landkreis Ravensburg die Verhältnisse in unserem Untersuchungsraum nicht mehr wiedergeben.

Wie im 1. Weltkrieg stellte die Maschinenfabrik Escher Wyss auch jetzt wieder Granaten her, seit 1943 zusätzlich hydraulische Steuerungen für Radargeräte sowie Behälter

---

67 EITEL, Geschichte Oberschwabens Bd. 2 (wie Anm. 5), S. 262.
68 WürttJbb (wie Anm. 14) 1936/37 S. 306.

7   Stadtbildprägend: Die Maschinenfabrik Weingarten um 1925 (StadtA Ravensburg S 03/01 Sammlung Zittrell, Mappe 1, Blatt 20).

für die Hydrierung von Kohle zur Herstellung von synthetischem Benzin. Ihre Belegschaft wuchs von 606 im Jahr 1936 auf 884 1942 und auf über tausend 1943.[69] Ein solcher Zuwachs war nur durch die Einstellung von Frauen sowie Kriegsgefangenen und Zwangsarbeitern aus den von Deutschland besetzten Gebieten, vor allem von Polen, Russen und Ukrainern, Männern und Frauen, möglich. Diese Feststellung gilt auch für alle anderen Industriebetriebe im 2. Weltkrieg. Für die beiden während des Kriegs zwangsfusionierten Städte Ravensburg und Weingarten sind 4280 Zivilarbeiter, Zwangsarbeiter und Kriegsgefangene belegt.[70]

Im 2. Halbjahr 1943 waren bei Escher Wyss in Ravensburg von den 1120 Beschäftigten 151 = 13,5 Prozent junge Frauen. Wie viele von diesen aus Osteuropa kamen, ist unbekannt. Mehrfach werden jedoch junge Russinnen in dieser Firma erwähnt. Die Zahl von insgesamt 336 *Fremdarbeitern* beiderlei Geschlechts setzte sich zusammen aus 86 Kriegsgefangenen, 180 angeblichen Zivilarbeitern und 70 *Ostarbeitern*.[71]

Für die Maschinenfabrik Weingarten liegen keine entsprechenden Zahlen vor. Zwar bedeutete die Einstellung der PKW-Produktion während des Kriegs für diese auf die Herstellung von Großpressen und Stanzmaschinen für die Automobilindustrie spezialisierte Firma einen Rückschlag, doch Heeresaufträge für Pressen zur Herstellung von Munitionskartuschen und Karosseriepressen für Kübelwagen glichen dieses Manko einigermaßen aus.[72]

Die Weingartener Maschinenfabrik Baer wurde 1941 gezwungen, ihre Produktion von Maschinen für die Pinselfabrikation einzustellen und stattdessen Flugzeugteile für die

69 EITEL, Geschichte Oberschwabens Bd. 2 (wie Anm. 5), S. 280 f.
70 Achim SCHWARZ, Ausländische Arbeiter während des Zweiten Weltkriegs in Ravensburg-Weingarten, in: Peter EITEL (Hg.), Ravensburg im Dritten Reich, Ravensburg 1997, S. 391–405, hier S. 396.
71 EITEL, Geschichte Oberschwabens Bd. 2 (wie Anm. 5), S. 280 f., aufgrund von Recherchen 2001 im Werksarchiv der Firma in Zürich.
72 HEINZ, Altdorf-Weingarten (wie Anm. 4), S. 300 f.

Dornier-Werke herzustellen. Die Firma Tekrum in Ravensburg, die vor dem Krieg feinste Backwaren produziert hatte, aber jetzt unter dem Mangel an Kakao und Fett litt, erhielt 1941 von der Reichsleitung der NS-Volkswohlfahrt den Auftrag, eine Million Mürbekekse und 70000 Kilogramm Lebkuchen ohne Schokolade sowohl für den allgemeinen Konsum als auch für die im Feld stehenden Soldaten zu backen. 1942 folgte ein weiterer Auftrag durch das Winterhilfswerk über zwei Millionen Kekspackungen und 50000 Lebkuchen. Als auch dafür die Zutaten knapp wurden und zudem auch noch die Heeresbäckerei in Ulm durch Bomben zerstört wurde, musste Tekrum im Auftrag der Heeresverwaltung riesige Mengen Kommissbrot backen.[73]

Nach den schweren Luftangriffen auf Friedrichshafen im Frühjahr und Sommer 1944 wurde ein großer Teil der dortigen Rüstungsbetriebe ins oberschwäbische Hinterland verlagert. Nach Ravensburg kamen Abteilungen des Flugzeugbauers Dornier, der in den ehemaligen Bierkellern in der sog. Höll, einem aus der Luft schwer einsehbaren schluchtartigen Tobel am Stadtrand, seine Produktion aufnahm. Auch die Luftschiffbau Zeppelin, die Zahnradfabrik Friedrichshafen und die Maybach-Motorenwerke verlegten Teile ihrer Produktion nach Ravensburg. Die Stadt konnte von Glück sagen, dass diese Entwicklung den Alliierten verborgen blieb. Die Zahnradfabrik nahm überdies 1944 in der von Stilllegung infolge Auftragsmangels bedrohten Papierfabrik in Mochenwangen die Produktion von Zahnrädern mit ca.150 Arbeitskräften auf. Weitere ca. 150 Arbeiter der Papierfabrik wurden umgeschult, so dass in Mochenwangen die Produktion von Zahnrädern mit ca. 300 Beschäftigten bis kurz vor Kriegsende durchgehalten werden konnte.[74]

Die Entwicklung nach dem 2. Weltkrieg (1945–ca. 1952/53)

Schon kurz nach Kriegsende, im Mai 1945, begann die französische Besatzungsmacht damit, brauchbar erscheinende Maschinen und sonstiges hochwertiges Material, das sie bei den deutschen Industriebetrieben vorfand, zu requirieren und nach Frankreich transportieren zu lassen. Bald folgte die Beschlagnahmung ganzer Fabriken und der Abtransport von Maschinen bzw. der noch brauchbaren Teile derselben nach Frankreich. Diese sogenannte Demontage empörte viele Deutsche mehr als manche Kriegszerstörungen und wurde als *industrieller Kannibalismus* empfunden. Dagegen deklarierte sie die französische Regierung als *Wiedergutmachung für erlittene Kriegsschäden* und betonte, mit der Zerschlagung der deutschen Rüstungsindustrie solle ein künftiger deutscher Angriffskrieg nicht mehr möglich sein. Die zunächst eher willkürlich erfolgenden, seit

---

73 Zur Maschinenfabrik Baer: Wolfgang BURTH u.a., Nationalsozialistische Wirtschaftslenkung und württembergische Wirtschaft, in: Cornelia RAUH-KÜHNE/Michael RUCK (Hg.), Regionale Eliten zwischen Diktatur und Demokratie. Baden und Württemberg 1930–1952, München 1993, S. 195–220, hier S. 217; zur Firma Tekrum: EBD., S. 205f.
74 Für Ravensburg vgl. EITEL, Geschichte Oberschwabens Bd. 2 (wie Anm. 5), S. 281; Oswald BURGER, Zeppelin und die Rüstungsindustrie am Bodensee, Teil 2, in: Zeitschrift für Sozialgeschichte des 20. und 21. Jahrhunderts 2 (1987), S. 64–66; außerdem EITEL, Geschichte Oberschwabens Bd. 3 (wie Anm. 66), S. 333; für Mochenwangen vgl. WALCHER, Wolpertswende (wie Anm. 8), S. 213.

Herbst 1947 systematisch durchgeführten Demontagen waren in der französischen Zone umfangreicher als in der britischen und amerikanischen, und zogen sich bis 1949 hin.[75]

In Oberschwaben waren von dieser Politik die Rüstungsbetriebe in Friedrichshafen – genauer gesagt der Rest von dem, was nach den Kriegszerstörungen übriggeblieben war – am stärksten betroffen. In Ravensburg wurden mehrere kleinere Maschinenfabriken demontiert (Maschinenfabrik Ravensburg, Maschinenfabrik Nothelfer). In den ersten Nachkriegswochen kam auch die größte Ravensburger Maschinenfabrik Escher Wyss als ehemaliger *Nationalsozialistischer Musterbetrieb* nicht ganz ungeschoren davon. Aber sehr rasch konnte die Direktion der Mutterfirma in Zürich für ihren Filialbetrieb in Ravensburg bei der französischen Militärregierung einen Verzicht auf weitere Maßnahmen erreichen. Dank ihrer guten internationalen Beziehungen konnte Escher Wyss Zürich für die Ravensburger Filiale bereits seit Sommer 1945 wieder Bestellungen aus dem Ausland vermitteln, sogar solche aus Frankreich.[76] In Weingarten mussten vor allem die dortige große Maschinenfabrik und die Gießerei Stoz Federn lassen. Eine Demontageliste vom 30. Oktober 1947 mit Ergänzungen vom 30. Juli 1948 gab für die Maschinenfabrik Weingarten eine Entnahme von 105 Maschinen, für die beiden Maschinenfabriken Ravensburg und Nothelfer sowie für die Gießerei Stoz in Weingarten von zusammen 67 Maschinen an.[77]

In einem Bericht der Schwäbischen Zeitung vom 12. Februar 1946 über die Wirtschaftslage im neu formierten Landkreis Ravensburg war zu lesen, es sei inzwischen *mühsam gelungen, die Wirtschaft wieder einigermaßen in Gang zu bringen. Allerdings erreiche die Produktion der Industrie [...] nur einen Bruchteil der Kapazität. Durchschnittlich kann eine Kapazitätsausnützung von 25 bis 30 % angenommen werden.* Grund dafür sei der Mangel an Rohstoffen, insbesondere an Kohle (und damit Gas), Strom, Eisen und Stahl. Ähnlich verhielt es sich auch in den anderen oberschwäbischen Landkreisen.

Weniger stark betroffen von der französischen Demontagepolitik war die oberschwäbische Textilindustrie. Obwohl zunächst großer Mangel an Baumwolle und Wolle herrschte, sah es nach dem Krieg eher nach einer erfreulichen Entwicklung aus, denn an Textilien aller Art bestand nach den langen Jahren der Entbehrung ein großer Bedarf. Die Leinenspinnerei Schornreute in Ravensburg erhielt schon wenige Monate nach Kriegsende Aufträge der französischen Besatzer. Auch die alteingesessene Baumwollweberei Manz & Stimmler war gut beschäftigt und zählte Ende 1946 schon wieder über hundert, 1949 140 und 1952 168 Mitarbeiter, darunter 127 Frauen.

---

75 Edgar WOLFRUM, Das Bild der „düstern Franzosenzeit". Alltagsnot, Meinungsklima und Demokratisierungspolitik in der französischen Besatzungszone nach 1945, in: Stefan MARTENS (Hg.), Vom „Erbfeind" zum „Erneuerer". Aspekte und Motive der französischen Deutschlandpolitik nach dem Zweiten Weltkrieg, Sigmaringen 1993, S. 87–113, hier S. 108; Rainer HUDEMANN, Sozialpolitik im deutschen Südwesten zwischen Tradition und Neuordnung 1945–1953, Mainz 1988, S. 404 f.; Klaus-Dietmar HENKE, Politik der Widersprüche. Zur Charakteristik der französischen Militärregierung in Deutschland nach dem Zweiten Weltkrieg, in: Claus SCHARF/Hans-Jürgen SCHRÖDER (Hg.), Die Deutschlandpolitik Frankreichs und die französische Zone 1945–1949, Wiesbaden 1983, S. 49–89, hier S. 67, 73. Vgl. außerdem zusammenfassend EITEL, Geschichte Oberschwabens Bd. 3 (wie Anm. 66), S. 429–431.
76 HStA Stuttgart Q1/35. Dazu EITEL, Geschichte Oberschwabens Bd. 2 (wie Anm. 5), S. 328.
77 EITEL, Geschichte Oberschwabens Bd. 3 (wie Anm. 66), S. 429 f.; HStA Stuttgart: Q1/35.

Zwischen 1946 und 1952 eröffneten einige heimatvertriebene Geschäftsleute, die schon vor dem Krieg Beziehungen zu Ravensburger Firmen besessen hatten, neue Textilfabriken in der Stadt. Dabei handelte es sich um Unternehmer aus dem Vogtland (vor allem aus Plauen) und dem Sudetenland. Sie stellten zeitweise mehr als hundert Beschäftigte, hauptsächlich Frauen, ein.[78]

In Weingarten wurde 1948 die Wäschefabrik Charmor gegründet, die rasch wuchs und in den folgenden Jahren bis zu 2000 Mitarbeiter einstellen konnte.[79] Die beiden Papierfabriken in Mochenwangen und Baienfurt blieben von Demontagemaßnahmen verschont, litten aber nach dem Krieg unter Mangel an Kohle und Strom. Ein voller Betrieb war erst seit 1949 wieder möglich. 1951 waren bereits wieder 506 Arbeiter(innen) in der Baienfurter Papierfabrik beschäftigt.[80] Nach der Währungsreform setzte eine deutliche Erholung ein, die nur während des Koreakriegs (1950–1953) einen Dämpfer erhielt.

Das Wachstum der Industrie im Raum Ravensburg-Weingarten nach dem Krieg lässt sich zwar nicht wie früher mit exakten Zahlen belegen, da die Statistiken seit der Kreisreform von 1937/38 sich nicht mehr auf die alten Oberämter, sondern auf die neugebildeten Landkreise bezogen, aber eine gewisse Vorstellung davon, wie hier im Vergleich zum übrigen Oberschwaben die Entwicklung verlief, vermittelt eine Übersicht über die Zahl der *Industriebeschäftigten* beiderlei Geschlechts in den Jahren 1936 und 1950.[81] Demnach lag die Zahl von 6925 *Industriebeschäftigten* im Kreis Ravensburg um 19,8 Prozent über der von 1936. Das war allerdings ein geringeres Wachstum als in den Kreisen Biberach (21,6%), Ehingen (71,2%!) und Wangen (50,4%). Nur im Kreis Tettnang lagen die Beschäftigtenzahl 1950 aufgrund der kriegszerstörten und demontierten Rüstungsbetriebe in Friedrichshafen noch deutlich unter jener von 1936 (-71%).

Dass das industrielle Wachstum in den folgenden drei Jahren an Schwung gewann – auch in Friedrichshafen –, zeigt die folgende Statistik:[82]

Tabelle 11: Zahl der Industriebetriebe in Oberschwaben und der dort Beschäftigten 1953

Landkreis	Biberach	Ehingen	Ravensburg	Saulgau	Tettnang	Wangen
Betriebe 1953	104	37	95	74	50	72
Beschäftigte 1953	6893	2899	9397	4509	6741	6163
Beschäftigte 1950	4915	2774	6925	3593	3425	4944
Zunahme 1950–1953 in %	40,2	4,5	35,7	25,5	96,8	24,65

78 EITEL, Geschichte Oberschwabens Bd. 2 (wie Anm. 5), S. 329; Marc SPOHR, Auf Tuchfühlung. 1000 Jahre Textilgeschichte in Ravensburg und am Bodensee, Konstanz u. a. 2013, S. 147.
79 RUDOLF, Weingarten (wie Anm. 28), S. 335 f.
80 Zu Mochenwangen WALCHER, Wolpertswende (wie Anm. 8), S. 213; zu Baienfurt SÄTTELE u. a., Baienfurter Buch (wie Anm. 11), S. 106.
81 Hermann HAAS, Der wirtschaftliche und soziale Umschichtungsprozess in Oberschwaben, in: Jahrbücher für Statistik und Landeskunde von Baden-Württemberg 1964, S. 80 f. Auf dieser Arbeit basieren die statistischen Zahlen bei EITEL, Geschichte Oberschwabens Bd. 3 (wie Anm. 66), Tabelle 54, S. 431.
82 Vgl. HAAS, Umschichtungsprozess (wie Anm. 81); Statistisches Handbuch Baden-Württemberg 1955, S. 201.

PETER EITEL

Die Entwicklung in den letzten 70 Jahren (1952/53–2022/23)

Die wirtschaftliche Entwicklung in Oberschwaben stand in den meisten Branchen bis in die 1960er Jahre im Zeichen eines stetigen Wachstums. Mit der zunehmenden Globalisierung der Märkte und neuen Rationalisierungsmöglichkeiten dank technischer Innovationen kam es jedoch seit Ende der 1960er Jahre in einigen industriellen Sektoren zu einzelnen Firmenzusammenbrüchen, später sogar zum Wegbrechen ganzer Industrien. Infolgedessen stieg zwar in den betroffenen Branchen die Arbeitslosigkeit, doch blieb diese aufs Ganze gesehen eine vorübergehende Erscheinung, da durch neue Firmengründungen neue Arbeitsplätze entstanden. Allerdings war der Zuwachs an Arbeitsplätzen in Industrie und Handwerk geringer als in anderen Wirtschaftsbereichen. Für die Stadt Ravensburg wurde für den Zeitraum 1970–1998 eine Zunahme sämtlicher Arbeitsplätze von ca. 14 500 auf ca. 26 900 errechnet (ohne Berücksichtigung der Landwirtschaft), in Industrie und Handwerk jedoch nur von ca. 10 200 auf ca. 11 070.[83]

Für dieses letzte Kapitel stehen keine Statistiken zur Verfügung, die einen auf Zahlen basierenden Vergleich zwischen der Industrialisierung im Raum Ravensburg-Weingarten mit den anderen Industrieregionen in Oberschwaben erlauben. Wir beschränken uns daher im Wesentlichen auf eine Skizzierung der Entwicklung in den für unser Gebiet wichtigsten Sektoren, der Textil-, Metall- und Papierindustrie. Im Rahmen dieses Bandes ist es weder möglich noch sinnvoll, sämtliche Firmen in den drei Branchen zu skizzieren. Es geht um einen Überblick, in dem nur die wichtigsten neu entstandenen oder auch von der Bildfläche inzwischen verschwundenen Firmen vorgestellt werden sollen.

Als Charakteristikum dieser jüngsten Phase der Industriegeschichte ist die Tatsache hervorzuheben, dass ein großer Teil der bedeutenderen Industriebetriebe sich zum ‚Global Player' mit mehreren Standorten weit über Oberschwaben und Deutschland hinaus entwickelte. Einige Betriebe wurden auch an in- oder ausländische Konzerne verkauft und konnten, wenn überhaupt, nur als eine von mehreren Tochterfirmen überleben. Nicht selten bedeutete aber ein Weiterverkauf an einen ‚Global Player', der keine innere Beziehung zum Standort der neuen Tochterfirma besaß und deshalb auch kein besonderes Interesse an der Erhaltung dieses Standorts, früher oder später das Ende des neu erworbenen Unternehmens.

Die industrielle Entwicklung in unserem Untersuchungsgebiet war gekennzeichnet von einem vollständigen Untergang der Textilindustrie und einem Verlust sehr vieler Arbeitsplätze in der Metallindustrie. Grund für den Niedergang der Textilindustrie war die Verlagerung großer Teile der Produktion in Billiglohnländer. Die Stilllegung des ersten Textilbetriebs erfolgte in Ravensburg sogar schon 1954 (Leinenspinnerei Schornreute).[84]

Ab den 1960er Jahren schlossen nach und nach alle nach dem 2. Weltkrieg gegründeten Textilfabriken in Ravensburg ihre Pforten. 1973 war bei der Wäschefabrik Charmor in Weingarten, die wenige Jahre zuvor noch ca. 2000 Beschäftigte gezählt hatte, Schluss.[85] Drei Jahre später meldete auch die große Baumwollfeinweberei Manz & Stimmler in Ra-

---

83 EITEL, Geschichte Oberschwabens Bd. 2 (wie Anm. 5), S. 368.
84 EBD., S. 329.
85 RUDOLF, Weingarten, (wie Anm. 28), S. 335 f., 340.

vensburg Konkurs an.⁸⁶ Am längsten konnte sich der älteste textilverarbeitende Betrieb im mittleren Schussental, die Bleicherei und Appreturanstalt in Weißenau, halten. Mit der Veredelung synthetischer Gewebe, später vor allem nicht brennbarer Glasgewebe für die europäische Elektro-, Flugzeug- und Raumfahrtindustrie, war sie bis in die 1990er Jahre erfolgreich geblieben. Noch im Jahr 2000 verfügte sie über 440 Arbeitsplätze. Der italienische Konzern, der sie 1989 erworben hatte, stellte jedoch aus strategischen Erwägungen 2006 die Produktion in Weißenau überraschend ein.⁸⁷

Bei den Maschinenfabriken war die Entwicklung erst seit Mitte der 1990er Jahre rückläufig. 1997 meldeten gleich zwei alteingesessene Ravensburger Maschinenfabriken Konkurs an, die Maschinenfabrik Ravensburg (vormals Honer) und die auf Holzverarbeitungsmaschinen spezialisierte Firma Albert Bezner. Beide zusammen hatten noch in den 1980er Jahren ca. 300 Personen beschäftigt.⁸⁸

Für die Maschinenfabrik Escher Wyss in Ravensburg, die 1976 mit 2300 Beschäftigten sogar einen Höchststand erreicht hatte, wurde das Ende 1995 mit dem Verkauf der Papiertechnik (Papiermaschinen, Stoffaufbereitung) an den schärfsten Konkurrenten, die Firma Voith in Heidenheim, eingeleitet. 1999 erwarb der österreichische Konzern VA Tech Hydro den gesamten Hydro-Bereich (Turbinen und Verstellpropeller), der aus kartellrechtlichen Gründen 2006 an die österreichische Andritz Hydro weiterveräußert wurde. Die Mitarbeiterzahl wurde in beiden Bereichen drastisch reduziert. Anfang 2001 lag sie noch bei insgesamt 1400, sank aber in den folgenden zwanzig Jahren auf ca. 350 bei Voith Paper und ca. 500 bei Andritz Hydro.⁸⁹

Zu den größeren Betrieben der Metallindustrie gehörten im letzten Jahrhundertdrittel zwei weitere Ravensburger Firmen, die sich halten konnten: die 1921 gegründete, auf den Bau von Maschinen für die Automobilindustrie spezialisierte Maschinenfabrik Nothelfer, 1960 mit 350 Beschäftigten der zweitgrößte Industriebetrieb in Ravensburg. 1974 ging sie an den Thyssen-Konzern über. 1999 arbeiteten hier ca. 570 Personen. Seit 2008 gehört sie zur EBZ-Gruppe, einem der großen Zulieferer der Automobilbranche.⁹⁰

Die 1952 gegründete Werkzeugfabrik HAWERA war mit der Herstellung von Bohrern aller Art, Walzwerkeinrichtungen und Gießmaschinen erfolgreich. 1999 zählte die 1995 an den Bosch-Konzern verkaufte Firma ca. 300–350 Mitarbeiter, im Jahr 2022 waren es ca. 380.⁹¹

---

86 Eitel, Geschichte Oberschwabens Bd. 2 (wie Anm. 5), S. 365; Spohr, Textilgeschichte (wie Anm. 78), S. 147 f.
87 Schwäbische Zeitung (Ausgabe Ravensburg) vom 11.5.2022, vgl. https://de.wikipedia.org/wiki/Steiger & Deschler (aufgerufen April/Mai 2023): Bleicherei Weißenau; Spohr, Textilgeschichte (wie Anm. 78), S. 138, 148 f.
88 Eitel, Geschichte Oberschwabens Bd. 2 (wie Anm. 5), S. 366.
89 https://de.wikipedia.org/wiki/Escher_Wyss_AG (aufgerufen am 18.5.2023); https://de.wikipedia.org/wiki/Sulzer_AG (aufgerufen am 18.5.2023); https://de.wikipedia.org/wiki/Andritz_Hydro (aufgerufen am 18.5.2023); www.andritz.com: Andritz Hydro in Deutschland, Ravensburg; https://de.wiki.de/Lexikon/Escher_Wyss_AG (aufgerufen am 18.5.2023). Vgl. dazu auch Eitel, Geschichte Oberschwabens Bd. 2 (wie Anm. 5), S. 365 f.
90 www.ebz-group.com/ebz-gruppe/wer-ist-die-ebz-gruppe/historie (aufgerufen am 18.5.2023).
91 www.wer-zu-wem.de/firma/hawera-probst.html; https://www.bosch.de/unser-unternehmen/bosch-in-deutschland/ravensburg/(aufgerufen am 18.5.2023).

Genannt werden muss in diesem Zusammenhang auch die 1900 in Ravensburg gegründete, zwischen 1966 und 1972 in die Nachbargemeinde Berg umgezogene Firma RAFI, die mit elektrischen Schalt- und Steuerungsanlagen und einer Belegschaft von 320 Personen 1960 bereits der drittgrößte Industriebetrieb in Ravensburg war. 2023 betrug die Mitarbeiterzahl an acht Standorten in der ganzen Welt ca. 2000, davon ca. 1100 am Stammsitz in Berg.[92]

Beim größten Arbeitgeber in Weingarten, der Maschinenfabrik Weingarten, erfolgte nach der Demontage des Werks 1945 erst 1958 der Wiederaufbau. Stanzautomaten und Großpressen für die Automobilindustrie waren die Haupterzeugnisse nach dem 2. Weltkrieg. 1981/82 kam es zur Fusion mit der Müller Pressen- und Maschinenfabrik, Esslingen. Zu diesem Zeitpunkt zählte das Unternehmen noch ca. 2500 Beschäftigte. Der Weiterverkauf an die Schuler AG in Göppingen 2007 und die Integration in diesen Konzern schien zunächst die langfristige Fortführung der Produktion am Standort Weingarten zu sichern. Doch dies erwies sich als Illusion. Die Produktion wurde ab 2016 schrittweise heruntergefahren und schließlich eingestellt. In Weingarten verblieben ca. 300 Arbeitsplätze (2023) in den Bereichen Projektierung und Entwicklung (Engineering) und Service. Der größte Teil des Firmengeländes mitten in der Stadt ist für eine künftige Wohnbebauung vorgesehen.[93]

1984 ließ sich auf dem Gelände der früheren Wäschefabrik Charmor die Maschinenfabrik Waeschle nieder, ein Hightechbetrieb für die Planung und den Bau von Anlagen für die Kunststoffindustrie.[94] 2002 fusionierte diese Firma mit der Coperion GmbH, einem Technologieunternehmen auf dem Gebiet der Kunststoffherstellung, -veredelung und -aufbereitung. Die Coperion GmbH mit Sitz in Weingarten und einer Produktionsstätte in Niederbiegen ist innerhalb der Coperion Gruppe der Spezialist für Schüttgutanlagen und -systeme und beschäftigte 2022 an den Standorten in Weingarten und Niederbiegen ca. 500 Mitarbeiter.[95]

Die 1978 gegründete Firma Tox Pressotechnik in Weingarten, ein weltweit agierender Anbieter von Pressen und Komponenten für die blechverarbeitende Industrie, insbesondere die Automobilindustrie, begann mit der innovativen Herstellung eines pneumohydraulischen Antriebssystems (*TOX-Kraftpaket*). Inzwischen beliefert das Unternehmen die Industrie mit Werkzeugen für Clinch-, Stanz-, Einpress- und Nietanwendungen. Von den weltweit über 1400 Beschäftigten arbeiteten 2023 ca. 550 am Hauptsitz in Weingarten.[96]

Zu den Verlierern der Globalisierung gehörten die beiden großen Papierfabriken in Baienfurt und Mochenwangen. Beide Firmen waren nach dem Krieg noch lange Zeit

---

92 www.rafi-group.com/historie-standort/(aufgerufen am 18.5.2023); außerdem Auskunft der Firma vom 2.5.2023 an den Verfasser.
93 https://de.wikipedia.org/wiki/Müller_Weingarten (aufgerufen April/Mai 2023); außerdem Schwäbische Zeitung (Ausgabe Ravensburg) vom 31.7. und 5.10.2019 und 21.1.2021 (freundlicher Hinweis von Uwe Lohmann, Stadtarchiv Weingarten); außerdem Schwäbische Zeitung vom 22.9.2023.
94 Rudolf, Weingarten (wie Anm. 28), S. 337.
95 https://de.wikipedia.org/wiki/Coperion (aufgerufen April/Mai 2023); Auskunft der Coperion GmbH Weingarten vom 25.4.2023.
96 www.tox-pressotechnik.com (aufgerufen am 18.5.2023); Auskunft der Firma vom 29.4.2023.

durchaus erfolgreich. Die Papierfabrik Baienfurt, die von ihren Eigentümern, den Fürsten von Waldburg-Zeil und Waldburg-Wolfegg, dem Grafen von Königsegg und dem Stuttgarter Fabrikanten Ernst Sieglin, 1968 an das damals größte deutsche Unternehmen der Papierindustrie, die Feldmühle AG, verkauft wurde, beschäftigte 1970 noch 884 Personen. Eine große finanzielle Belastung stellten für sie ebenso wie für die Papierfabrik Mochenwangen die staatlichen Umweltauflagen zum Schutz des Bodensees dar. Beide Firmen galten wegen der Einleitung unzureichend geklärter Abwässer über die Schussen in den Trinkwasserspeicher Bodensee bis zum Bau aufwendiger Kläranlagen als größte Umweltverschmutzer am nördlichen Ufer des Bodensees. Aber nicht diese Belastung, sondern der Verkauf der Feldmühle 1990 an den skandinavischen Stora-Konzern (seit 1998 Stora Enso) und die verschärfte Konkurrenz skandinavischer Papierproduzenten führte 2008 zur Stilllegung dieser größten Fabrik in Baienfurt. Dank der günstigen Situation des regionalen Arbeitsmarkts gelang es in relativ kurzer Zeit, für die mit einem Schlag arbeitslos gewordene Belegschaft neue Arbeitsplätze zu finden.[97]

Die Papierfabrik Mochenwangen, die auf Papier für den Buchdruck und Briefpapier spezialisiert war und 1990 noch 360 Mitarbeiter beschäftigte, konnte sich zwar länger halten, wurde aber letztlich Opfer mehrerer spekulativer Veräußerungen. 1978 an die Papierfabrik Albbruck verkauft, gelangte sie 1996 an den finnischen Konzern Myllykoski Corporation und 2008 an den polnisch-schwedischen Konzern Arctic Paper. Nachdem es diesem nicht gelang, für die Fabrik einen ihm genehmen Käufer zu finden, musste diese 2015 überraschend schließen. 150 Beschäftigte wurden dadurch vorübergehend arbeitslos.[98]

Dasselbe Schicksal traf die Ravensburger Pinselfabrik Sterkel, die 1960 noch 180 Beschäftigte zählte. 1986 geriet sie in wirtschaftliche Schwierigkeiten und wurde zusätzlich durch einen sechswöchigen Streik nachhaltig geschwächt. Sie verlagerte 1989 ihre stark reduzierte Produktion nach Mochenwangen. 2003 erlosch die Firma.[99]

Zu den traditionsreichen Ravensburger Unternehmen, die sich nicht nur halten konnten, sondern kontinuierlich expandierten, gehört der 1883 gegründete Spiele- und Buchverlag Otto Maier, der seit Ende der 1980er Jahre als Ravensburger AG firmierte, aber immer noch ein reines Familienunternehmen ist. Nach dem 2. Weltkrieg zählte die Firma nicht mehr als 40 Mitarbeiter, 1960 aber bereits ca. 180, und erlebte auch danach ein stürmisches Wachstum. Neben Kinder- und Jugendbüchern waren es vor allem Puzzles und andere Spiele, für die auch im Ausland eine starke Nachfrage bestand. Mit der Marke *Ravensburger* im blauen Dreieck trug das Unternehmen den Namen der Stadt in

---

97 SÄTTELE u.a., Baienfurter Buch (wie Anm. 11), S. 104 ff.; https://de.wikipedia.org/wiki/Papierfabrik_Baienfurt. (aufgerufen April/Mai 2023); https://de.wikipedia.org/wiki/Feldmühle (aufgerufen April/Mai 2023).
98 WALCHER, Wolpertswende (wie Anm. 8) S. 213 ff.; https://de.wikipedia.org/wiki/Wolpertswende (aufgerufen April/Mai 2023): Ludwig ZIMMERMANN, 100 Jahre Dorfgeschichte Mochenwangen. Bergatreute u.a. 2007, S. 46 f.
99 EITEL, Geschichte Oberschwabens Bd. 2 (wie Anm. 5), S. 331 f., 367.

8 Unternehmenszentrale der Firma Vetter Pharma in Ravensburg, aktuelle Situation (Bilddatenbank der Vetter Pharma-Fertigung GmbH & Co KG).

alle Welt. 1990 waren allein am Standort Ravensburg 1180 Menschen beschäftigt, 2022 waren es noch ca. 800.[100]

In den letzten zwei Jahrzehnten erwiesen sich zwei neue Industriebetriebe als Erfolgsmodelle: Ein spektakuläres Wachstum erlebte die 1953 als kleine Arzneimittelfabrik gegründete Ravensburger Firma Vetter Pharma mit der Produktion und Verpackung aseptisch vorgefüllter Fertigspritzen aus Kunststoff, die nur einmal verwendet werden. Mit Produktionsstätten in Deutschland, Österreich und den USA beschäftigte die Firma 2023 ca. 6000 Personen, davon allein ca. 4900 in Ravensburg.[101]

In Weingarten entwickelte sich aus einer 1979 im benachbarten Berg gegründeten Computerhandlung ein auf IT-Systeme spezialisiertes Leasingunternehmen, die heutige CHG Meridian. Sie betreut die Technologieinvestitionen großer Kunden, darunter DAX-Konzerne, vom Einkauf über die Nutzung bis hin zur Datenlöschung, Aufbereitung und Wiedervermarktung genutzter Geräte. Durch Zukäufe und Beteiligungen erreichte das Unternehmen eine globale Präsenz. 2023 zählte es ca. 1200 Mitarbeiter, davon ca. 350 in Weingarten. (Stand 2023).[102]

100 Ebd., S. 332; https://de.wikipedia.org/wiki/Ravensburger (aufgerufen April/Mai 2023); Auskunft der Firma vom 22. 4. 2023.
101 www.vetter-pharma.com (aufgerufen am 18. 5. 2023); https://de.wikipedia.org/wiki/Vetter_Pharma (aufgerufen April/Mai 2023); Auskunft der Firma vom 27. 4. 2023.
102 https://de.wikipedia.org/wiki/CHG-Meridian (aufgerufen April/Mai 2023); www.chg-meridian.com (aufgerufen am 18. 5. 2023).

9   Gebäude der CHG Meridian, Weingarten (https://de.wikipedia.org/wiki/CHG-Meridian).

Fazit

Die naturgegebenen Voraussetzungen des Landstrichs an der mittleren Schussen begünstigten die Ansiedlung von Industriebetrieben wie an keinem anderen Standort in Oberschwaben. Eine solche Vielzahl langfristig erfolgreicher industrieller Produktionsstätten entstand deshalb in Oberschwaben bis ins beginnende 20. Jahrhundert sonst nirgends. Erst die beiden Weltkriege schufen neue Bedingungen. Die Kriegswirtschaft im 1. Weltkrieg begünstigte mehrere rund um den Bau von Zeppelinen gegründete innovative Betriebe in Friedrichshafen. So entwickelte sich in den 1920er und 30er Jahren die Stadt am Bodensee zum bedeutendsten industriellen Standort in Oberschwaben. Nach 1945 erlangten zusätzlich mehrere in Biberach gegründete Unternehmen Weltgeltung und ließen dort die Zahl der Arbeitsplätze in die Höhe schießen.[103]

103   Vgl. hierzu den Beitrag von Frank BRUNECKER in diesem Band.

Gleichwohl blieb der Industriegürtel zwischen Mochenwangen und Weißenau eine starke, wirtschaftlich gesunde Region mit geringer Arbeitslosigkeit. Was an Arbeitsplätzen in der Industrie verlorenging, wurde im Dienstleistungssektor reichlich kompensiert.

Als Alleinstellungsmerkmal der Region an der mittleren Schussen zwischen Mochenwangen und Weißenau erwiesen sich bis 1933 auch die Wahlergebnisse bei Landtags- und Reichstagswahlen, denn in keinem anderen oberschwäbischen Oberamt erreichten die beiden Parteien SPD und KPD ähnlich hohe zweistellige Ergebnisse, auch wenn diese weit unter denjenigen in der Industrieregion zwischen Göppingen und Heilbronn blieben. Nach dem 2. Weltkrieg verzeichnete dann vor allem die SPD ihre größten Erfolge nicht mehr im Raum Ravensburg-Weingarten, sondern im Kreis Tettnang, aufgrund der Großindustrie in Friedrichshafen.[104]

---

104 Vgl. die Wahlergebnisse 1946–1952 bei Eitel, Geschichte Oberschwabens Bd. 3 (wie Anm. 66), S. 450 f.

Zeppelin und die Folgen.
Die Industrialisierung
der Stadt Friedrichshafen

Elmar L. Kuhn

Im Führer „Der Bodenseekreis" wird Friedrichshafen als „innovationsfreudiger Industriestandort von internationaler Bedeutung" bezeichnet.[1] Der damalige Oberbürgermeister Martin Herzog stellte seine Stadt schon 1980 als „Zentrum der Metallindustrie von europäischem Rang" vor.[2] Laut Google ist die ZF Friedrichshafen AG mit 165 000 Beschäftigen an 168 Standorten „der weltweit viertgrößte Automobilzulieferer (nach Umsatz) und zählt zu den weltweit führenden Unternehmen auf dem Gebiet der Antriebs- und Fahrwerktechnik."[3] Unter den größten Unternehmen Deutschlands rangiert sie an 18. Stelle.

Im 19. Jahrhundert war dieser Weg Friedrichshafen nicht vorgezeichnet, bis Ende des Jahrhunderts wurde die Bedeutung Friedrichshafens viel eher im Dreiklang Residenzstadt, Kurort und Handelsplatz gesehen. Eine Entwicklung, wie sie Überlingen bis zum 2. Weltkrieg genommen hat, wäre zu erwarten gewesen, denn der Zug zur Industrialisierung war eigentlich Ende des 19. Jahrhunderts längst abgefahren. Ravensburg mit seinen Maschinen- und Textilfabriken schien da längst voraus zu sein.[4]

Die obligaten Bodenseeführer würdigten Friedrichshafen bis nach 1900 in erster Linie als *sehr beliebten und besuchten Aufenthaltsort für Sommerfrischler und Kurgäste*, wenn sie auch den Rang als *lebhafte Handelsstadt* nicht verschwiegen.[5] Geradezu euphorisch wurde immer, auch in den amtlichen württembergischer Landesbeschreibungen, die *ungemein schöne Lage* gewürdigt.[6]

---

1 Lothar Wölfle (Hg.), Der Bodenseekreis. Ein Führer zu Natur, Geschichte und Kultur, Stuttgart 2009, S. 120.
2 Bernd Wiedmann (Hg.), Der Bodenseekreis, Stuttgart u. a. 1980, S. 301.
3 https://de.wikipedia.org/wiki/ZF_Friedrichshafen (aufgerufen am 21.3.2024).
4 Vgl. Elmar L. Kuhn, Die Industrialisierung Oberschwabens im Kontext der Wirtschaftsregion Bodenseeraum, in: Sigrid Hirbodian/Edwin Ernst Weber (Hg.), Von der Krise des 17. Jahrhunderts bis zur frühen Industrialisierung. Wirtschaft in Oberschwaben 1600–1850, Stuttgart 2022, S. 17–78; sowie den Beitrag von Peter Eitel in diesem Band.
5 Theodor Gsell-Fels, Der Bodensee, München 1909, S. 54.
6 K. Statistisch-Topographisches Bureau (Hg.), Das Königreich Württemberg. Eine Beschreibung von Land, Volk und Staat, Stuttgart 1863, S. 948.

1928 wurden im Führer von Ludwig Finckh die Akzente anders gesetzt: Er bezeichnete Friedrichshafen *in Tat und Technik (als) heimliche Hauptstadt des Bodensees. Und betritt man die Straßen, so wird die Luft erfüllt von Dröhnen und Orgeln [...] Im Riedlepark steht Halle an Halle. Hier wird geschmiedet, gehämmert, geklopft.*[7]

In nur ein bis zwei Jahrzehnten wurde die Industrialisierung Friedrichshafens durchgesetzt, die heute nicht nur das Bild der Stadt prägt, sondern die Struktur des gesamten Umlandes bestimmt. Im ersten Viertel dieses Jahrhunderts kam es zu einem geradezu explosiven Schnellstart. Bild und Funktion der Stadt wandelten sich entscheidend. Die Bevölkerungszahl hat sich in diesem Zeitraum von 1907 auf 1925 knappe 12 000 Einwohner verdoppelt. Geht man bis 1895 zurück, hat sich die Zahl 1925 verdreifacht. Zum gleichen Anstieg war vorher ein ganzes Jahrhundert notwendig gewesen.[8] Sieht man sich die Beschäftigten im Gewerbe und Industrie an, springt ins Auge, woher der Zuwachs kommt: 1895 noch unbedeutend, absorbiert 1925 die Maschinenindustrie 36 Prozent aller Beschäftigten des produzierenden Gewerbes.[9]

1. Handelsplatz, Residenz, Kurort: Das 19. Jahrhundert

1.1 Handelsplatz

Die Reichsstadt Buchhorn war nur eine kleine Ackerbürgerstadt mit etwa 800 Einwohnern. Am Getreideexport über den See in die Schweiz hatte sie nur einen bescheidenen Anteil, nicht höher als das benachbarte Langenargen. Vor dem Bankrott rettete die Stadt 1755 die Einrichtung eines bayerischen Salz-Commerciums. Über den Buchhorner Salzstadel wurde über ein Viertel der bayerischen Salzproduktion in die Schweiz exportiert. Mit dem Ende des einträglichen Salzhandels um 1800 befand sich die Stadt wieder in derselben Lage wie vor 1755.[10]

Eine neue Perspektive eröffnete sich für die Stadt, als sie 1810 im Zuge der napoleonischen Neugliederungen des Reichsgebietes an Württemberg fiel. König Friedrich fasste 1811 das schon früher an ihn gelangte Dorf und ehemalige Priorat Hofen mit der Stadt Buchhorn zur Stadt *Friedrichshafen* zusammen. Der Name war ein Programm. Hier sollte der Außenhandel des neu arrondierten Königreichs Württemberg mit den Staaten südlich des Sees konzentriert und massiv gefördert werden.

Wenn auch ein Schweizer Reiseführer noch 1836 skeptisch schrieb: *Ob der Handel hier je wichtig werden wird, steht zu erwarten, der Hafen ist unbedeutend,*[11] so zeigten sich doch bald die Erfolge. 1823 bis 1907 bezeichneten alle Auflagen der württembergischen

---

7 Ludwig FINCKH, Der Bodensee, Bielefeld u. a. 1928, S. 40.
8 Elmar L. KUHN, Industrialisierung in Oberschwaben und am Bodensee, Friedrichshafen 1984, S. 484–491.
9 EBD., S. 571.
10 Vgl. Elmar L. KUHN, Von Grethaus und Salzstadel zur Kreissparkasse. Texte und Bilder zur Buchhorn-Friedrichshafener Stadtgeschichte, Friedrichshafen 1985; Fritz MAIER/Michael HOLZMANN/Elmar L. KUHN, Friedrichshafen. Heimatbuch Band I, Friedrichshafen 1983.
11 Johann Michael VON SÖLTL, Der Bodensee mit seinen Umgebungen. Nürnberg 1836, S. 167.

1 Franz Seraph Stirnbrand: Das Einlaufen des Dampfers „Kronprinz" in den Hafen von Friedrichshafen. Öl auf Leinwand, um 1840. Vorlage: Zeppelin-Museum Friedrichshafen.

Landesbeschreibung Friedrichshafen stereotyp als *Haupt-, Speditions- und Handelsplatz für den Verkehr mit der Schweiz und Italien*.[12] Der Handel war in Friedrichshafen allerdings weniger bedeutend, es war vor allem der Transit von Gütern, die hier vom Land aufs Wasser oder umgekehrt umgeladen wurden. Exportiert wurden vor allem das oberschwäbische Getreide und Halbfabrikate für die alte Schweizer Textilindustrie, importiert wurden Textilfertigfabrikate, Käse und Kolonialwaren.

Einen entscheidenden Aufschwung nahm der Handel durch die Dampfschifffahrt. 1824 wurde das erste württembergische Dampfboot *Wilhelm* in Friedrichshafen stationiert und die Rechte der Segelschiffer abgelöst. Wichtiger aber noch wurde die Eisenbahn, die Friedrichshafen bereits 1847 erreichte und ab 1850 über die sogenannte württembergische Südbahn eine gute Verkehrsverbindung zu den nördlich gelegenen Zentren Württembergs und Deutschlands schuf. Die wesentlich mühseligeren regelmäßigen Frachtwagen-Verbindungen nach Ulm, Heilbronn, Cannstadt, Frankfurt und Leipzig wurden nun überflüssig. Der Ausbau des Eisenbahnnetzes brachte dann allerdings auch das Ende des Getreideexports in die Schweiz, die nun ihr Getreide billiger aus Ost-

---

12 BUREAU, Königreich (wie Anm. 6), S. 948; v. MEMMINGER, Beschreibung des Oberamts Tettnang, Stuttgart u. a. 1838, S. 64–68, 155–161; Elmar L. KUHN, Schiffahrt und Verkehr im württembergischen Bodenseegebiet im 19. Jahrhundert, in: Zeitschrift für Württembergische Landesgeschichte 49 (1990), S. 269–280.

europa als aus Oberschwaben beziehen konnte. Daran konnte auch die 1869 neu eingerichtete Trajektverbindung nach Romanshorn nichts mehr ändern, über die der Güterverkehr ohne Umladen nach und von Süden rollen konnte.[13]

Die Ost-West-Verbindung der Eisenbahn ließ wesentlich länger auf sich warten. Aufgrund konkurrierender Interessen der Nachbarländer konnte die nördliche Uferstrecke der Bodenseegürtelbahn erst ab 1901 befahren werden.

1.2 Gewerbe und Industrie

Diese gute Verkehrserschließung der Stadt führte allerdings kaum zu einer entsprechenden Gewerbeentwicklung. 1838 hieß es, die Friedrichshafener nährten sich, *teils vom Ertrage ihrer Markung, teils vom Handel*, wobei als *bedeutender Nahrungszweig der Speditionshandel und Verkehr mit landwirtschaftlichen Erzeugnissen* genannt wird. Die außer den üblichen Handwerken genannten Gewerbebetriebe 3 Brauereien, 1 Mahlmühle, 1 Sägemühle, 1 Lohstampfe, 4 Keltern und 1 Ziegelhütte waren alle klein und dienten nur dem lokalen Bedarf.[14]

Als unmittelbare Folge des Eisenbahnanschlusses wurde dann 1849 eine Eisenbahnreparaturwerkstätte eingerichtet, deren Arbeiter später im Winter auch auf der Schiffswerft der Württembergischen Bodenseeschifffahrt eingesetzt wurden. Diese Werkstätte sollte mit ihren inzwischen 100 und 200 Arbeitern pendelnden Beschäftigungszahlen bis 1910 der größte Friedrichshafener Betrieb bleiben.[15]

Der erste eigentliche Industriebetrieb wurde 1859 gegründet, die Lederfabrik von Heinrich Hüni aus Horgen und Heinrich Abegg von Zürich. Die Gründung von Industriefirmen durch Schweizer war im Oberland keine Ausnahme.

Während die Stadt das Gesuch um Erteilung der Konzession zur Gründung der Fabrik dringend befürwortete, da voraussichtlich sowohl die Stadtgemeinde als einzelne Arbeiter Nutzen daraus ziehen werden, verhielten sich das Oberamt, die Handels- und Gewerbekammer und die Kreisregierung in Ulm ablehnend. Die Kreisregierung lehnte zunächst das Gesuch ab, weil durch die Fabrik dem betreffenden inländischen Gewerbe in Beziehung auf die Beschaffung der Eichenrinde als des Hauptgerbstoffes eine nachteilige Konkurrenz entstehe. Erst das Innenministerium erteilte dann die Konzession. In dieser Fabrik arbeiteten ca. 70 Arbeiter. Ihre Zahl wuchs bis zum 1. Weltkrieg nach mehreren Erweiterungen der Fabrik und ihres Fabrikationsprogramms auf über 100 an.[16] Die Lederfabrik und die Eisenbahnwerkstätte blieben bis Anfang des neuen Jahrhunderts die einzigen größeren Betriebe in der Stadt, bis sie von den Zeppelin'schen Unternehmungen überrundet wurden.

---

13 Vgl. KUHN, Schiffahrt (wie Anm. 12).
14 MEMMINGER, Beschreibung Oberamt Tettnang (wie Anm. 12), S. 155 f.
15 Vgl. Hundert Jahre Eisenbahn-Ausbesserungs-Werk Friedrichshafen 1848–1948, Friedrichshafen 1948; Jürgen BINDER, Bei der Schwäbischen Eisenbahn. Das Eisenbahn-Ausbesserungs-Werk, kurz EAW, in: Leben am See 35 (2017), S. 327–334.
16 Vgl. Peter HEIDTMANN, 125 Jahre Hüni & Co., Friedrichshafen 1984; Ulrich HÜNI/Martin FREI-BORCHERS, 150 Jahre Hüni + Co – eine Reise durch die Zeit, Friedrichshafen 2009.

1.3 Sommerresidenz

Am förderlichsten für das Image der Stadt war, dass das ehemalige Priorat und nunmehrige Schloss der württembergischen Königsfamilie seit 1824 als Sommerresidenz diente. 1838 hat es dann die Hofkammer, die Verwaltung des Privatvermögens des Königshauses, aus Staatsbesitz erworben.[17] Dem König folgten bald hohe Beamte und ehemalige Minister, die sich nach ihrer Pensionierung im Schlossviertel ihre Villen bauten, um weder den Abglanz des Hoflebens noch landschaftlich schönes Wohnen missen zu müssen.[18]

2   Ankunft von König Wilhelm II. von Württemberg und der Königin Charlotte vor dem Stadtbahnhof Friedrichshafen. Anfang 20. Jahrhundert. Aus: Josef Mayer, Illustrierter Führer von Friedrichshafen und Umgebung, Ravensburg 1908, S. 51.

---

17 Vgl. Eberhard FRITZ, Sommerresidenz Schloss Friedrichshafen. Die Könige von Württemberg am Bodensee, in: Friedrichshafener Jahrbuch für Geschichte und Kultur 4 (2010/1), S. 28–75; Fritz MAIER/Michael HOLZMANN/Elmar L. KUHN, Friedrichshafen. Heimatbuch Band 2, Friedrichshafen 1994, S. 14 f.
18 Vgl. Elmar L. KUHN, Ein Luftschiff über dem König vor dem Alpenpanorama. Friedrichshafen als Kurort und Fremdenstadt vor dem Ersten Weltkrieg, in: Internationaler Arbeitskreis Bodensee-Ausstellungen (Hg.), Sommerfrische. Die touristische Entdeckung der Bodenseelandschaft, Rorschach 1991, S. 125–138, S. 128.

1.4 Tourismus

Von der Residenz profitierte der Fremdenverkehr, der damals noch kein Massentourismus war. Vom Glanz des Hoflebens glaubte noch jeder Kurgast ein paar Strahlen erhaschen zu können. Einen ersten Boom erlebte dieser Fremdenverkehr seit dem Eisenbahnanschluss Friedrichshafens nach 1850.[19]

Es sind erst wenige Jahre her, dass die Südbahn uns den Bodensee leicht zugänglich gemacht hat, und schon wimmelt es während der günstigen Jahreszeit in dieser, sonst von den Reisenden so vernachlässigten Gegend, von Besuchern aller Stände und Länder. Was der erhabenen Natur des Bodensees und seinen Umgebungen, [...] nicht möglich war, sich die gerechte Anerkennung zu verschaffen, das hat in kurzer Zeit der Dampf bewirkt. Friedrichshafen ist der Hauptstapelplatz der Naturgenuß oder Erholung suchenden Reisenden eines großen Teiles von Süddeutschland geworden.[20]

Die Friedrichshafener haben sich offensichtlich rasch an die wachsende Nachfrage angepasst und Zimmerpreise verlangt, die den Zustrom wieder dämpften. An Einrichtungen für die Gäste wurden bald nach 1850 erwähnt: 2 *komfortable Seebadeanstalten, schön getrennt nach Damen und Herren, eine Art Pfahlbau-Kabinen, von denen man direkt ins Wasser steigen konnte, ohne vom Ufer in seinem Kostüm allzu genau gemustert werden zu können. Das Herrenbad wies sogar ein elegantes Nobelkabinett auf.*[21]

1862 kam eine türkische Badeanstalt als *Anstalt für warme Seebäder* dazu, die um die Jahrhundertwende in eine allgemeine Kuranstalt umgewandelt wurde. Für die gesellschaftlichen Bedürfnisse der Kurgäste wurde 1872 ein Kurhaus mit Kursaal für Konversation, Konzerte und Bälle und einer Restauration erbaut. Ein *Corso-en-miniature* für die hier weilenden Badegäste bildete vor dem Aufkommen des Autoverkehrs die *Neustadt*, der Straßenzug der Karl-Friedrichs- und Olgastraße.

Dass man von der Zielvorstellung eines der mondänen Badeortes doch etwas entfernt war, konstatierte enttäuscht ein Reiseführer von 1859. Er empfahl den Reisenden bei schlechtem Wetter mangels anderer Gelegenheiten die Gasthöfe aufzusuchen. Dort hätte er *Gelegenheit (mit) einer großen Zahl von Post-, Eisenbahn-, Zoll- u. a. Beamten Kontakt (aufzunehmen), welche in Verbindung mit mehreren einheimischen, Speditions- und Kommission treibenden Persönlichkeiten den Ton angeben. Wissenschaftliche (und das heißt wohl allgemeiner kulturelle) Tendenzen irgendeiner Art finden sich nur höchst selten repräsentiert und der herrschende Ton ist der materiell-geschäftliche.*[22]

1.5 Politisches Leben

Von einem politischen Leben im heutigen Sinn konnte eigentlich mit Ausnahme der Jahre um die Revolution von 1848/49 kaum die Rede sein. Die Kommunalpolitik machten die Honoratioren der Stadt unter sich aus. Alle Wahlen im kommunalen Bereich

---

19 Vgl. ausführlich EBD.
20 Schwäbische Kronik 17.05.1853. Vgl. Gustav SCHWAB/K. KLÜPFEL (Hg.), Wanderungen durch Schwaben, Leipzig ³1851, S. 11.
21 Zitiert nach KUHN, Luftschiff (wie Anm. 18), S. 130.
22 Zitiert nach C. W. SCHNARS, Der Bodensee und seine Umgebungen, Stuttgart u. a. 1857, S. 77.

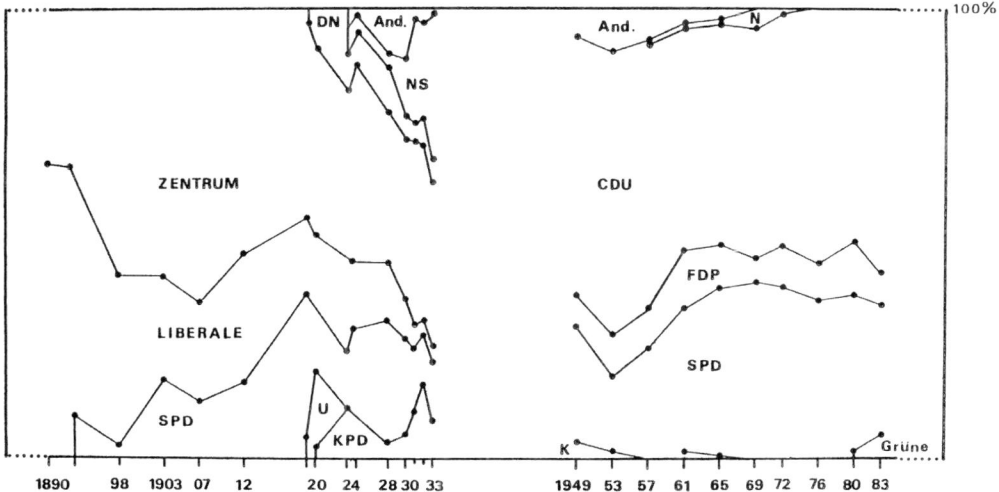

3   Schaubild mit den Ergebnissen der Reichs- und Bundestagswahlen 1890–1933 sowie 1949–1983 in der Stadt Friedrichshafen. Das Schaubild ist ein sog. Flächendiagramm, d.h. die Gesamtfläche ist an den Stichjahren jeweils nach Prozentzahlen aufgeteilt. Die Daten von Zentrum bzw. CDU werden begrenzt unten durch die Liberalen, oben durch Deutschnationalen (DN), die NSDAP (NS) bzw. die NPD (N). U steht für die USPD. Die Originalwerte sind aufgeführt in KUHN, Industrialisierung, 1984 S. 676–678.

(Stadtschultheiß, Gemeinderat, Bürgerausschuss) waren Persönlichkeitswahlen, die Kandidaten wurden vorher ‚ausgemauschelt'. Dass dabei auch Einflüsse von ganz oben eine Rolle spielten, lässt sich aus einem Brief des württembergischen Innenministers an das Oberamt (heute Landratsamt) in Tettnang anlässlich der bevorstehenden Schultheißenwahl in Friedrichshafen 1895 ersehen. Es gelte, die *große Bedeutung* zu erwägen, welche es für Friedrichshafen als Sommerresidenz des königlichen Hofes und Badeort hat, dass diese Stelle *mit einem in jeder Beziehung tüchtigen Mann besetzt werde*.[23] Der Oberamtmann möge deshalb einen geeigneten Kandidaten lancieren. Ob der schließlich gewählte Schultheiß Schmid, der bis 1908 im Amt war, dieser Vorstellung entsprach, bleibt leider unbekannt.

Bei den Reichstags- und Landtagswahlen erhielt die Zentrumspartei als katholische Partei seit ihrem Bestehen im Durchschnitt die Hälfte der Stimmen. Auf eine Parteiorganisation konnte das Zentrum bis nach dem 1. Weltkrieg verzichten. Das katholische Vereinswesen reichte als Basisorganisation aus. Immerhin etwa ein Viertel der Stimmen konnten die Nationalliberalen jeweils für sich verbuchen.[24]

Dem Anwachsen der Bevölkerung und den Bedürfnissen der Zeit entsprach der Ausbau der Infrastruktur durch die Stadt. Jedenfalls hören wir nichts von größeren Auseinandersetzungen. So entstand 1862 ein Gaswerk, das 1893 an die Stadt überging, 1889 wurde die zentrale Wasserversorgung gebaut, 1891 das Krankenhaus errichtet und aus

23   KreisA Bodenseekreis Bestand S 6, Fasz. 100.
24   Wahldaten in KUHN, Industrialisierung (wie Anm. 8), S. 676.

dem Spital ausgegliedert, 1898 der neue Friedhof angelegt und noch vor der Jahrhundertwende die Versorgung mit elektrischem Strom eingeführt. Die nunmehrige Einzelversorgung der Haushalte förderte die Privatisierung des Lebens.

Gegen Ende des Jahrhunderts traten dann aber die ersten Zielkonflikte zwischen den Entwicklungszielen der Stadt auf, in diesem Fall zwischen der Gewerbeentwicklung, gehobenem Wohnen und dem Badeort. Umweltprobleme gibt es also nicht erst in unserer Gegenwart, sondern schon im Friedrichshafen des späten 19. Jahrhunderts.

Die *üblen Gerüche* aus dem Gerbergraben der Firma Hüni, in dem die Abwässer ungeklärt in den See abgeleitet wurden, begannen nun Anstoß zu erregen.[25] Die Stadt bemühte sich herauszuhalten, da sie, wie sie zu verstehen gab, der Firma Hüni einiges an Stiftungen zu verdanken hatte, und überließ die Auseinandersetzung den staatlichen Behörden. Seit 1890 ließ die Behörden das Problem nicht mehr los, man behalf sich zunächst mit kleineren Auflagen, bis seit 1909 die Sache dadurch komplizierter wurde, dass der Uferstreifen bei der Abwassereinmündung mit Villen und Landhäusern bebaut werden sollte. Die neuen Anlieger beschwerten sich massiv über Geruchsbelästigung und das *ekelhafte Aussehen der Abwässer*. Der Streit, ob diese Abwasser nun tatsächlich ekelerregend seien und ob die von der Firma schließlich vorgenommenen Klärmaßnahmen ausreichend seien, wurde während unseres ganzen Zeitraums bis in die späten 1920er Jahre hinein nicht abgeschlossen. Das Oberamt blieb hier in seiner Argumentation, dass für *die Reinhaltung des Bodensees und seines Ufers, welche den Hauptanziehungspunkt für die Fremden bilden sollen, ein dringendes öffentliches Interesse vorliege,* immer hart, konnte sich aber gegen Stadt und auch übergeordnete Behörden nicht durchsetzen.

1.6 Stadtbild

Die Stadtentwicklung bis zu jener Zeit lässt sich noch heute im Stadtplan und in Resten im Stadtbild ablesen. Kerne der Stadtentwicklung waren, wie bereits angedeutet, die alte Reichsstadt mit ihren wenigen Gassen, meist einstöckigen Häusern, im Osten, und dem Schloss und dem Dorf Hofen im Westen. König Friedrich verband beide Teile symmetrisch durch die sogenannte Neustadt, lange Zeit eine einfache Häuserzeile. Ins Zentrum der Neustadt kam 1847 der Bahnhof zu stehen.[26] Der bedeutende städtebauliche Entwurf einer symmetrischen Stadtanlage hat seine Funktion als Grundmodell der städtebaulichen Entwicklung der Stadt leider bald verloren und ist heute fast ganz zurück getreten. Die weitere Ausdehnung der Stadt in der zweiten Jahrhunderthälfte vollzog sich dann für die gehobenen Kreise im Westen der Stadt nördlich des Schlosses und im Osten um den kleinen Berg für das Kleinbürgertum.

Durch ein Ortsbaustatut von 1876 wurde versucht, sehr präzise Gestaltungsvorschriften sowohl für Alt- wie für Neubauten durchzusetzen, die der Stadt ein *anständiges* und geschlossenes Aussehen verleihen sollten. Ausnahmen wurden nur auf der einen Seite

---

25 Arbeitsgruppe Geschichte, Schmutzige Geschichten, (Abwässer), in: Leben am See 7 (1989/90), S. 62–68, hier S. 66–68; vgl. MAIER/HOLZMANN/KUHN, Heimatbuch Bd. 2 (wie Anm. 17), S. 15 f.
26 Vgl. die Karten in MAIER/HOLZMANN/KUHN, Heimatbuch Bd. 1 (wie Anm. 10), S. 328–332.

für das Dorf Hofen gemacht, wo man das dörflich geprägte Erscheinungsbild dulden musste, nach der anderen Seite für das Schlossgebiet. Hier durften nur noch *landhausartige Gebäude von geschmackvollem Äußeren* errichtet werden.[27] Dem Anwachsen der Bevölkerung und den Bedürfnissen der Zeit entsprach der bereits erwähnte Ausbau der Infrastruktur durch die Stadt.

2. Die Zeppelinzeit: 1900–1914

2.1 Luftschiffbau

Der Aufstieg des ersten Luftschiffes am 2. Juli 1900 in der Manzeller Bucht konnte zunächst viel eher wie eine weitere Fremdenverkehrsattraktion in Friedrichshafen anmuten, als der Beginn einer neuen Wirtschaftsära für die Stadt. Zehntausende hatten sich am 30. Juni auf dem Wasser und am Ufer versammelt, um den Aufstieg mitzuerleben. Aber da sich der Aufstieg um zwei Tage verzögerte wegen widriger Witterungsbedingungen, hatte sich die Zahl der Schaulustigen bereits erheblich reduziert, die das Schiff schließlich für etwa 20 Minuten in der Luft sehen konnten. Die Steuerung versagte und beim Abstieg riss die Hülle an einer Stelle. Auf einem Floß musste das Schiff in die Halle zurückgebracht werden.[28]

Die Kalamitäten dieses Aufstiegs waren nur der vorläufige Endpunkt eines hindernisreichen Weges zur Durchsetzung und Realisierung einer Idee.[29] Beschäftigt mit der Idee des lenkbaren und starren Luftschiffes hatte sich der Graf Zeppelin bereits seit 1874, verstärkt nach seinem Abschied aus dem aktiven Militärdienst 1890. 1895 wurde ihm das Patent für einen *lenkbaren Luftfahrzug* erteilt,

4   Kinder betrachten den ersten Aufstieg des Luftschiffes am 2. Juli 1900. Vorlage: Archiv des LBZ Friedrichshafen.

27 Zit. nach KUHN, Industrialisierung (wie Anm. 8), S. 341.
28 Vgl. MAIER/HOLZMANN/KUHN, Heimatbuch Bd. 2 (wie Anm. 17), S. 25 f.; Hartmut LÖFFEL (Hg.), Oberschwaben als Landschaft des Fliegens. Eine Anthologie, Eggingen 2007, S. 191 f.
29 Zur Geschichte des Luftschiffbaus vgl. die Literaturangaben im Literaturverzeichnis.

5 Graf Zeppelin. Kupferstich, 1913. Aus: LUFTSCHIFFBAU Zeppelin, Das Werk Zeppelins, 1913, Frontispiz.

der noch wesentlich anders aussah als die später gebauten Schiffe und aus mehreren untereinander verbundenen Fahrzeugteilen bestehen sollte.

Die amtlichen Stellen und die Öffentlichkeit verhielten sich zunächst ablehnend. Die Wende brachte dann eine positive Stellungnahme des Vereins deutscher Ingenieure 1896. 1898 konnte die *Gesellschaft zur Förderung der Luftschiffahrt* gegründet werden, deren Grundkapital aber zur Hälfte vom Grafen selbst gezeichnet wurde.

In der Manzeller Bucht wurde 1899 eine auf Pontons schwimmende Halle errichtet, in der das erste Luftschiff entstand.[30] Warum wurden das Wasser und die Seefläche bei Friedrichshafen als Standort der ersten Luftschiffhalle gewählt? Die Halle war nur an der Spitze verankert und stellte sich so immer selbst in die günstigste Windrichtung gegen den Wind. Wenn das Luftschiff rückwärts aus der Halle gebracht wurde, befand es sich deshalb sofort in der günstigsten Stellung wiederum mit der Spitze gegen den Wind. Außerdem standen hier, wenn der Abstieg nicht ganz klappte, keine Hindernisse im Weg, und Dampfschiffe konnten rasch, wenn nötig, zur Hilfe eilen. Dass gerade die Manzeller Bucht gewählt wurde, hatte seinen Grund im Entgegenkommen des Württembergischen Königshauses, das in Manzell die Domäne besaß und Ufergelände für den Bau der Nebengebäude an den Grafen überließ.

Aber zunächst waren mit dem Bau des ersten Luftschiffes alle Mittel aufgebracht. Die *Gesellschaft zur Förderung der Luftschiffahrt* löste sich Ende 1900 auf. Alle Geldbeschaffungsversuche scheiterten. So mussten Luftschiff und Halle 1903 abgebrochen werden. Etwa 30 Mann waren am Bau des ersten Luftschiffes in der Bucht von Manzell beteiligt gewesen. Eine vom König genehmigte staatliche Lotterie sowie staatliche Zuschüsse ermöglichten dann 1904 den Wiederaufbau der nun festen und schräg vom Manzeller Ufer in den See hineinragenden Halle und eines weiteren Luftschiffes.

Nach manchen neuen Widrigkeiten, darunter die Zerstörung des zweiten Luftschiffes bei Kißlegg, stellte das Reich die Mittel für den Bau einer neuen schwimmenden Halle, der sogenannten Reichshalle, vor Manzell zur Verfügung, die 1908 fertiggestellt war. Bevor das Reich, d.h. das Militär, weitere Mittel aufbrachte, sollte jedoch erst in einer min-

---

30 Zu den Hallenbauten vgl. Manfred BAUER, Luftschiffhallen in Friedrichshafen, Friedrichshafen 1985.

destens 24-stündigen Fahrt die Leistungsfähigkeit des Zeppelinschen Systems nachgewiesen werden. Der Rekordversuch am 4. August 1908 endete mit einer Katastrophe. Bei einer Zwischenlandung in Echterdingen nach einem sonst wesentlich glücklich verlaufenen Flug wurde das LZ 4 durch Böen am Boden zerstört und verbrannte. Doch aus der Katastrophe von Echterdingen wurde das *Wunder von Echterdingen*. Eine noch am Unglückstag propagierte Nationalspende mit breitester Beteiligung erbrachte einen Betrag von 6 Millionen Reichsmark, dem heute etwa 56 Millionen Euro entsprechen würden, ein Fond, der nun dem Unternehmen für längere Zeit eine solide Grundlage verschaffte.[31]

Auch in Friedrichshafen und allen Gemeinden des Oberamts Tettnang wurden Sammelstellen errichtet. Aus den Mitteln der Volksspende wurde zunächst mit dem Kapital von 3, dann 4 Millionen die Luftschiffbau Zeppelin GmbH gegründet. Außerdem beteiligte sich der Graf noch mit 300 000 Mark. Die Geschäftsanteile der GmbH aus der Volksspende wurden wenig später auf die Zeppelin-Stiftung übertragen, in der alle Mittel vereinigt wurden, die nach Rückerstattung früherer Verpflichtungen aus der Volksspende verblieben.

Nun erst konnte das Unternehmen größere Dimensionen annehmen. In Manzell hatten vorher nie mehr als 60 bis 70 Beschäftigte gearbeitet. Eine neue größere Werft sollte nun auf dem Land gebaut werden, da man glaubte, nun auch die Landungen auf festem Boden genügend zu beherrschen und die Unterhaltskosten der schwimmenden Halle zu groß wurden. Ein Gelände in Mannheim war dem Werk bereits kostenlos angeboten. Die Stadt Friedrichshafen, bemüht den Luftschiffbau in der Stadt zu halten, sah sich daraufhin zu einem ähnlich günstigen Angebot veranlasst, das bald zum Vertragsabschluss führte: Die Stadt kaufte ein großes Gelände westlich des Riedleparks, erschloss es und verpachtete es günstig an das Unternehmen. Der Luftschiffbau sollte das Recht haben, das Areal um zwei Drittel des Ankaufspreises zu erwerben, was 1915 vom Unternehmen auch genutzt wurde. Die Erschließung dieses Gebiets kollidierte mit Umweltschutzwerten, was auch schon damals dem Generaldirektor des Luftschiffbaus bewusst war. Das Gelände war ein *reizvolles Sumpfgebiet. Durch den Eingriff in dies in Ursprünglichkeit ruhende Gebiet[...] wurde ein reizvolles Idyll zerstört, in dessen Dickicht Wildenten, Bekassinen und allerlei sonstiges Wildgetier hausten.*[32]

Nach Erschließung des neuen Werftgeländes wurde die schwimmende Reichshalle in Manzell 1909 abgewrackt und auf dem Riedleparkgelände zunächst eine bereits 1912 wieder abgebrochene Zelthalle und eine große eiserne Doppelhalle mit Nebengebäuden erstellt. Was fehlte, waren nun allerdings Bauaufträge. Nachdem das Heer 1908 zwei Schiffe abgenommen hatte, standen weitere Bestellungen nicht in Aussicht. So musste das Unternehmen selbst einen weiteren Abnahmemarkt organisieren. Unter geschickter Ausnutzung der allgemeinen Zeppelin-Begeisterung und des Prestigedenkens deutscher Großstädte wurde die DELAG, die *Deutsche Luftschiffahrts-Aktiengesellschaft* gegründet, die den Passagierverkehr zwischen den deutschen Großstädten aufnahm. Wirtschaftlich lohnend arbeitete die DELAG nie, sie blieb immer ein Verlustgeschäft, so dass ihr Kapital

---

31 Vgl. LÖFFEL, Oberschwaben (wie Anm. 28), S. 225–239.
32 Alfred COLSMAN, Luftschiff voraus! Arbeit und Erleben am Werke Zeppelins. Stuttgart u. a. 1933, S. 15.

bis zum 1. Weltkrieg völlig aufgezehrt wurde. Mit ihren insgesamt sechs Schiffen wurde auch sie von manchem Unglück getroffen.

Für einen Normalbürger blieb eine Fahrt im Zeppelin freilich Wunschtraum. Um der *Menge [...] die nur den schönen Bau und den eleganten Flug des Luftschiffes bewundern und bejubeln kann, da ihr der Betrag von 200 Mark [heute ca. 5000 DM] für eine zweistündige Fahrt unerschwinglich ist,* wurde ein *Verein für Zeppelin-Fahrten* gegründet, bei dem gegen einen Mitgliedsbetrag von 6 Mark (immer noch über 100 DM) eine Fahrt gewonnen werden konnte. So wurde denen, die durch die Nationalspende erst den Bau der Luftschiffe mit ermöglicht hatten, wenigstens die Chance einer Fahrtteilnahme näher gerückt.[33] Für den Luftschiffbau war die DELAG aber nicht nur von der kommerziellen Seite her wichtig, sondern auch dadurch, dass sie ihm kontinuierlich die Möglichkeit verschaffte, weitere Erfahrungen mit der Luftschifffahrt zu sammeln.

Der Graf Zeppelin war der DELAG wenig freundlich gesonnen, ihm war die Verwendung der Luftschiffe zur vermeintlichen Stärkung der deutschen Wehrkraft viel wichtiger. Die DELAG war für ihn eine *Krämergesellschaft*, die seine Idee zum Gelderwerb profanierte. Der Graf war als General unter wenig ehrenden Umständen verabschiedet worden. So erschien ihm nun der Luftschiffbau in erster Linie als ein Unternehmen, mit dem er zu militärischen Erfolgen Deutschlands beizutragen hoffte, um wenigstens spät noch als Militär Bestätigung zu finden.

Erst im Zuge einer Rüstungsdiskussion ab 1910, insbesondere 1912, wurden die Hoffnungen Zeppelins erfüllt. *Wenn Du den Frieden willst, rüste zum Krieg.* Die beste Friedenssicherung sei eine allen anderen Staaten überlegene Luftschiff-Flotte. Durch die Bestellung und Abnahme von 5 Marine- und 9 Heeres-Luftschiffen von 1912 bis zum Sommer 1914 gestaltete sich erstmals die Ertragslage des Luftschiffbaus etwas günstiger. Die Rüstungsaufträge mögen dem Unternehmen genutzt haben, den Frieden vermochten sie nicht zu sichern, denn zwei Jahre nach Auftragsvergabe brach der 1. Weltkrieg aus.

Vorher hatte noch das Militär in Friedrichshafen Einzug gehalten. Im Löwental wurde das Gelände des heutigen Flugplatzes vom Reich erworben, Kasernen und eine neue Luftschiffhalle errichtet, 1913 eine Luftschiffer-Kompanie stationiert und eine militärische Luftschiffer-Schule gegründet.

2.2 Der Konzern

Technische Probleme auf verschiedenen Stufen des Herstellungsprozesses, aber auch Marketing und soziale Überlegungen führten zur Gründung von Tochterunternehmen. Ein Konzern entstand. Da genügend leistungsfähige Motoren fehlten, wurde 1909 der Maybach Motorbau gegründet, der 1912 nach Friedrichshafen übersiedelte. Für die ungeheuren Mengen, die an Wasserstoffgas benötigt wurden, entstand 1909 die Carbonium GmbH, die 1910 in die Luft flog und 1911 liquidiert wurde. In Berlin entstand 1909 eine Ballonhüllenfabrik und 1913 die Hallenbau GmbH. 1914 wurde eine Wasserstoffgasfabrik als Vorläufer des späteren Sauerstoffwerkes erbaut. In Frankfurt hatte die DELAG ihren

---

33 Zit. nach KUHN, Industrialisierung (wie Anm. 8), S. 362. Vgl. *Aufruf zum Verein für Zeppelinfahrten!* In: EBD., S. 363.

Sitz, die unter Beteiligung deutscher Großstädte regelmäßige Passagierfahrten durchführte. Insgesamt waren zu Beginn des 1. Weltkriegs in Friedrichshafen etwa 500 Leute beim Luftschiffbau und 200 beim Motorenbau beschäftigt.

Später wurde Alfred Colsman, dem Generaldirektor des Luftschiffbaus seit 1908, vorgeworfen, dass er zeitweise in einem Gründungstaumel befangen gewesen sei. Ihm schien jedoch *die Aufteilung der Arbeitsgebiete verschiedener Gesellschaften, in denen eigene Arbeitsfreudigkeit, eigener Ehrgeiz und Erwerbssinn sich entfalten und wetteifern konnten, zweckmäßig. Er wollte die Tochtergesellschaften zu ihrer Sicherheit auf mehrere Beine [...] stellen, d. h. nicht nur für die Lieferung der Luftschifffahrt allein einzurichten. Sie sollten von Wohl und Wehe der Muttergesellschaft unabhängig sein.*[34]

Mit der Unternehmenspolitik Colsmans konnte sich der alte Graf zunehmend weniger befreunden. Manche seiner Vorstellungen scheiterten an der nüchternen Kalkulation des Generaldirektors. Unabhängig von der Firmenleitung bestellte er persönliche Berater. Ab 1907 sollte Theodor Kober, der schon 1892 bis 1894 für den Grafen gearbeitet hatte, ein Heissluftschiff für eine Amerika-Fahrt konstruieren. Er lenkte die Interessen des Grafen bald auf den Kon-

6   Generaldirektor Alfred Colsman. Aus: Hildebrandt, Zeppelin-Denkmal, 1925.

kurrenten des Luftschiffs, das Flugzeug. Kober schied 1912 aus den Diensten der Zeppelin-Stiftung aus, weil er hier wegen deren begrenzten Mitteln keine Wirkungsmöglichkeiten mehr sah. Kober gründete nun die *Flugzeugbau Friedrichshafen GmbH*, an der sich der Graf persönlich *mit großen Beträgen* beteiligte,[35] die aber nicht zum Konzern gehörte. In der alten Manzeller Luftschiffhalle bauten 30 bis 40, bei Kriegsausbruch 60 Arbeiter Wasserflugzeuge. Hauptabnehmer war die Marine, an die bis zum Kriegsausbruch sechs Einzelmodelle von ca. 40 Marineflugzeugen insgesamt geliefert wurden. Doch hoffe man auch auf den *Aufschwung des Wasserflugsports nach dem Beispiel Amerikas.*[36]

---

34 Zitat COLSMAN 1922 nach Oskar WELLER, Fünfundzwanzig Jahre Zahnradfabrik Friedrichshafen AG, Friedrichshafen 1940, S. 11; COLSMAN, Luftschiff voraus!" (wie Anm. 32), S. 122.
35 K. Statistisches Landesamt (Hg.), Beschreibung des Oberamts Tettnang. 2. Bearbeitung, Stuttgart 1915, S. 588.
36 Militärgeschichtliches Forschungsamt (Hg.), Die Militärluftfahrt bis zum Beginn des Weltkrieges 1914. 2. überarb. Aufl. Techn. Bd., Berlin 1966, S. 142.

2.3 Die Arbeiter

Woher kamen nun die zusammen etwa 800 Arbeitskräfte, die in einem guten Jahrzehnt zum Aufbau der Friedrichshafener Unternehmen neu benötigt wurden. In der Oberamtsbeschreibung heißt es: Eine *namhafte Zahl der Fabrikarbeiter stammt aus ländlichen Familien und hat vielfach nebenher noch einen kleinen landwirtschaftlichen Betrieb*.[37] Fast die Hälfte der Friedrichshafener Arbeiter pendelte aus dem Umland ein, ermöglicht durch die Eisenbahnverbindung. Aber dieses Reservoir reichte nicht aus, zumal bereits von bäuerlicher Seite sehr über *Landflucht und Leutenot* geklagt wurde und der Bedarf an landwirtschaftlichen Arbeitern nur durch Wanderarbeiter aus dem Ausland gedeckt werden konnte.

Einen Teil ihrer Arbeiter mussten deshalb sämtliche Friedrichshafener Betriebe, auch die Eisenbahnwerkstätte und Hüni, *aus nicht bodenständigen Elementen* rekrutieren. Damals wie heute entfachte also im Verhältnis Arbeitsplatzangebot/Bevölkerungsentwicklung der Angebotsüberhang einen Zuzugssog.

Den Folgeproblemen der Versorgung dieser zahlreichen Arbeiter war, wie es Generaldirektor Colsman formulierte, die *früher fast allein auf Fremdenverkehr angewiesene Stadt* schon vor dem 1. Weltkrieg nicht gewachsen.[38] Im Hinblick auf die Lebenshaltung war Friedrichshafen mit seinem raschen Wachstum zur teuersten Stadt Württembergs aufgerückt. So nahm auch diese Aufgabe der Konzern selbst in die Hand und gründete 1913 die *Zeppelin Wohlfahrt GmbH*. Entsprechend der Ausgliederung von einzelnen Produktionsbereichen wurde auch der soziale Bereich verselbständigt und 1913 die Zeppelin-Wohlfahrt gegründet.

1. Die ZW wurde als selbständige GmbH geführt.
2. Aus den Erträgen der gewerblichen (*werbenden*) Betriebe der ZW sollten die rein sozialen Aufgaben finanziert werden.
3. Die Einrichtungen der ZW standen zum größten Teil nicht nur den Konzernangehörigen, sondern allen Einwohnern zur Verfügung.

Vorausgegangen war 1911 die erste Streik- und sogar Massenkündigungsdrohung der Belegschaft, die Lohnerhöhungen aufgrund der hohen Lebenshaltungskosten in Friedrichshafen forderte. Die Gründung der Zeppelin-Wohlfahrt hatte deshalb nicht nur eine soziale Seite, sondern hatte in erster Linie die Aufgabe, in einer Situation des angespannten Arbeitsmarktes konsummarktregulierend Lohnkosten sparen zu helfen. Sie sollte zu einer Senkung der Lebenshaltungskosten beizutragen und bei kostendeckender Wirtschaft die Befriedigung aller Grundbedürfnisse zu nicht mehr als durchschnittlichen Preisen in Friedrichshafen sicherzustellen.

Aus der Zielsetzung, lebensnotwendige Güter möglichst günstig anzubieten, erwuchsen bis Ende des 1. Weltkriegs so viele Einzeleinrichtungen, dass fast wieder von einem kleinen Konzern im großen Konzern gesprochen werden kann.

Dazu erwarb die Zeppelin-Wohlfahrt landwirtschaftliche Betriebe, richtete Bäckerei, Metzgerei, Gärtnerei ein, erwarb eine Ziegelei, betrieb eine vorausschauende Bodener-

---

37 Landesamt, Beschreibung Oberamt Tettnang (wie Anm. 35), S. 559.
38 COLSMAN, Luftschiff (wie Anm. 32), S. 148.

7   Blick auf das Zeppelindorf 1916. Archiv des LBZ Friedrichshafen.

werbspolitik, um der Grundstücksspekulation zu begegnen. Finanzielle Erträge sollten die *werbenden Betriebe* der Bauverwaltung, Ziegelei, Landwirtschaft, Gaststätten und Lebensmittelverordnung abwerfen, womit die *sozialen Betriebe* Wohnungen, Bäder, Saalbau, Bank, Fraueneinrichtungen und Bildung bezuschusst werden konnten.

1913 wurde noch der Bau des Zeppelin-Dorfs in die Wege geleitet, um die Wohnungsnot in der Stadt zu steuern. Der Entwurf des Zeppelin-Dorfs und seiner Häuser wurde einem berühmten Architekten, Paul Bonatz, übertragen, von dem auch der Stuttgarter Hauptbahnhof stammt.[39] Das ursprüngliche Versprechen, die Häuser an die Bewohner zu verkaufen, wurde später nicht eingelöst, um *die Einheitlichkeit der Siedlung* nicht zu stören.[40] Fertiggestellt wurden die Häuser erst im Krieg, erst dann und in der Nachkriegszeit entfaltete auch die Zeppelin-Wohlfahrt ihre volle Wirksamkeit.

2.4 Die Stadt

Hatten vorher in der Stadt an größeren Betrieben nur die Eisenbahnwerkstätte und die Lederfabrik Hüni mit zusammen ca. 350 Beschäftigten bestanden so war mit dem Werk Zeppelins die Entwicklung der Residenz-, Fremdenverkehrs- und Handelsstadt zur Industriestadt eingeschlagen worden. Der Aufbau des Zeppelin-Konzerns führte zu einem Bevölkerungswachstum in der Stadt, zu dem es in ihrer Geschichte nur zwei kurzfristige Entsprechungen gibt: in den späten 40er Jahren des 19. Jahrhunderts durch den Eisen-

---

39 Vgl. Hubert Krins, Die Arbeitersiedlung „Zeppelindorf" bei Friedrichshafen, in: Denkmalpflege in Baden-Württemberg 8 (2) (1979), S. 45–56.
40 Colsman, Luftschiff (wie Anm. 32), S. 138.

8 Das Luftschiff über der Altstadt von Friedrichshafen (noch ohne Promenade). Holzstich Anfang 20. Jahrhundert. Kreisarchiv Bodenseekreis.

bahnanschluss und 1933 bis 1939 mit der Aufrüstung. Die explosive Entwicklung der Stadt mit ihrer ‚Kalifornien-Stimmung' zwischen Jahrhundertwende und dem 1. Weltkrieg lenkten die damaligen Kommunalpolitiker in Bahnen, die dann auf Jahrzehnte hinaus nur noch weiterverfolgt wurden. Die Stadtbaupläne sahen ein Straßenraster vor, dessen Füllung sich bis zu den 1940er Jahren hinzog. Die Oberamtsbeschreibung von 1915 blickte stolz zurück: *Nur wenige Gemeinden des Landes dürfen sich mit der Entwicklung messen, die Friedrichshafen [...] im letzten Jahrzehnt durchlaufen hat. Seine Einwohnerzahl ist um mehr als das Doppelte (seit 1871) gestiegen, die Steuerkraft, die Häuserzahl, die allgemeine Bautätigkeit, Handel, Verkehr und Industrie, alles hat sich machtvoll gehoben.*[41]

Trotz aller Probleme, die die wachsende Industrie für die Stadt brachte, im Vordergrund standen für die Stadt und im Bewusstsein ihrer Bürger der Bekanntheitsgrad und die fast weltweite Beachtung, die das Werk Zeppelins fand und an dessen Ruhm auch die Stadt gerne teilnahm. *Die landschaftlich so reizvoll gelegene Stadt blieb nicht mehr reine Durchgangsstation, sondern wurde für Tausende von Menschen aller Stände und Berufe ein ersehntes Reiseziel. Den Aufstieg eines Zeppelinschiffs und die zeppelinsche Arbeits-*

---

41 LANDESAMT, Beschreibung Oberamt Tettnang (wie Anm. 35), S. 765.

stätte zu sehen, stellen sich nicht nur Touristen, Sommerfrischler, Meister und Kenner der Technik, Offiziere und Beamte des Reichs und der Einzelstaaten, sondern auch Monarchen, Prinzen und sonstige Fürstlichkeiten in Friedrichshafen ein.[42] Und so profitierte von dieser frühen Industrialisierungsphase Friedrichshafens in erster Linie der Fremdenverkehr.

Um für das gehobene Publikum ein entsprechendes Hotel anbieten zu können, wurde an Stelle des alten Kurhauses unter Beteiligung des Luftschiffbaus 1909 ein neues Kurgartenhotel errichtet, (heute steht an dieser Stelle das Graf-Zeppelin-Haus). Im Interesse des Fremdenverkehrs, um nicht hinter den anderen Städten am See zurückzubleiben, ließen die Stadtväter 1911/12 eine großzügige Uferpromenade bis zum Kurgarten mit Yacht- und Gondelhafen anlegen. Bis dahin standen die Häuser der Altstadt unmittelbar am Wasser, so dass man nur am Hafen an den See gelangen konnte, und südlich der Neustadt stießen die privaten Gärten unmittelbar ans Ufer. Die Seepromenade hatte die nun zunehmend belebten Neustadtstraßen als Korso zu ersetzen. Diese Promenade war bereits eine Forderung bei der Schultheißen-Wahl von 1908, in der ein Nachholbedarf moniert wurde: *Wir müssen danach streben, das alte Renommee Friedrichshafens als Kur- und Fremdenstadt wiederzugewinnen. Die Gelegenheit ist günstig: Das weltgeschichtliche Unternehmen in unserer Bucht lockt tausende von Fremden an den See. Ihnen müssen wir ein werbendes Stadtbild zeigen, das ihnen gefällt, sie stets von neuem wiederkommen läßt, zu dauerndem Aufenthalt reizt.*[43]

Aber darüber hinaus sollten vermögende Neubürger angezogen werden, *einem etwas anspruchsvollerem, bessersituiertem Publikum das Leben und Wohnen in Friedrichshafen verlockend erscheinen lassen.* Für die Wohnprobleme der Arbeiter zu sorgen, überließ man dem Luftschiffbau. Um den Zuzug der erwünschten *besser Situierten* zu fördern, erschloss man großzügig Baugebiete. Ein Bebauungsplan für das *Villenviertel an der Meersburger Straße* wurde erlassen und die Riedleparkstraße als großzügiger Boulevard ausgelegt. Mit *prächtigen Villen besonnen* wurde sie 1908 *schönste Straße der Stadt* genannt. Der Reiseführer begeisterte sich über das *Wetteifern und Talent erfindungsreicher Architekten und verständnisvoller Gartenkünstler, das das Stadtbild reicher und eigenartig zu gestalten gewußt hat.*[44] Die Bebauung drängte nun insgesamt über die Bahnlinie, wo *das neue Friedrichshafen entstehen sollte, das dann allerdings kein Friedrichshafen am schönen Bodensee mehr, sondern ein Friedrichshafen am Kohlbach und am qualmigen, öden Bahnkörper sei,* wie in einem Flugblatt von 1908 kritisiert wurde. In diesem Neubaugebiet entstand 1911 das neue Latein- und Realschulgebäude, das heutige Graf-Zeppelin-Gymnasium. Das Rathaus war bereits 1907 im altdeutschen Stil umgebaut worden, wobei aus seinem halb mittelalterlichen Aussehen *unverkennbar der zünftlerische, engherzige Geist ganz neumoderner Beschränktheit* spreche, wie sich das Flugblatt mokierte.[45]

---

42 EBD., S. 587.
43 Abb. des Flugblattes in KUHN, Industrialisierung (wie Anm. 8), S. 378.
44 Josef MAYER, Illustrierter Führer von Friedrichshafen und Umgebung, Ravensburg 1908, S. 18, 54.
45 Abb. des Flugblattes in KUHN, Industrialisierung (wie Anm. 8), S. 378.

Im gleichen Jahr entstand das neue Postgebäude nach dem Entwurf des seinerzeit berühmten Architekten Theodor Fischer. 1909 wurde zu Zeppelins Ehren vor dem Rathaus der Zeppelinbrunnen enthüllt, der heute an der Einmündung der Riedleparkstraße in die Karlstraße steht.

Um den Raumbedarf der wachsenden Stadt und ihrer Industrie zu genügen, mussten 1910 bereits Löwental und St. Georgen und 1914 weitere Gemarkungsteile der die Stadt umschließenden Gemeinde Schnetzenhausen eingemeindet werden.

Die Euphorie über die Stadtentwicklung wird in dem Text der Oberamtsbeschreibung von 1915 deutlich, die alles gleichermaßen positiv einschätzte: *Neue Villen, Schulen, Hotels und Straßen entstehen, die Einwohnerzahl, die Steuerkraft, der Verkehr zu Wasser und zu Lande wächst, die Löhne und die Grundstückspreise steigen, ja mit dem 1. Oktober 1913 ist Friedrichshafen sogar Garnisonsstadt geworden.*[46] Etwas skeptischer äußerte sich Hermann Hesse anlässlich eines Besuchs in Friedrichshafen 1911 und erwähnte auch *zweifelhafte Verschönerungen*.[47]

Die Arbeiter, die man so gerne bei dem rauschhaften Aufstieg der Stadt übersah, gaben sich mit dem ihnen zugedachten, möglichst unauffälligen Platz in Gesellschaft und Stadt nicht zufrieden. Sie begannen sich zu formieren und ihre Interessen kollektiv zu vertreten. Im Luftschiffbau bestand ein *Arbeiterausschuß*, ein Vorläufer des heutigen Betriebsrats, allerdings ohne jegliche Rechte, sowie ein *Wohlfahrtsausschuß* zur Kontrolle der Sozialeinrichtungen des Konzerns. Dass der Arbeiterausschuss dennoch als wirkungsvolles Instrument der Interessenvertretung fungierte, zeigten die erwähnten Lohnverhandlungen des Jahres 1911. Im Arbeiterausschuss waren allerdings, wie der Name sagt, nur die Arbeiter vertreten. Zwischen Arbeitern und Angestellten, die bezeichnenderweise Beamte genannt wurden und wieder in Beamte, Unter- und Hilfsbeamte aufgeteilt waren, klaffte ein tiefer Graben.

Aber die Arbeiter organisierten sich auch überbetrieblich, und so wurde 1910 erstmals ein Gewerkschaftskartell mit fünf Einzelgewerkschaften und etwa 100 Mitgliedern genannt. Das Kartell löste sich offenbar bald wieder auf und wurde erst nach dem 1. Weltkrieg wieder gegründet. Beherrschend blieb mit und ohne Kartell ohnehin der Deutsche Metallarbeiterverband, der Vorläufer der heutigen IG Metall.

Auch politisch begannen die Arbeiter ihre eigenen Wege zu gehen. 1906/07 wurde ein Ortsverein der SPD gegründet, der bis zum 1. Weltkrieg auf 100 Mitglieder anstieg. Wenn man sich vorstellt, dass im Bewusstsein des normalen Friedrichshafener Bürgers damals die SPD eine Partei war, die auf Umsturz und Chaos sann, und jeder, der sich in ihr organisierte, im Ruch des Terrorismus stand, so gehörte einiger Mut dazu, sich einer solchen ‚staatsfeindlichen' Organisation anzuschließen. Dass dennoch etwa ein Achtel der damals Friedrichshafener Arbeiter in der SPD Mitglieder war und gar ein Viertel für sie bei der Landtagswahl 1912 stimmte, lässt Ängste der Friedrichshafener erahnen, was da bei aller vordergründigen Aufwärtsentwicklung auf sie zukam.

---

46 LANDESAMT, Beschreibung Oberamt Tettnang (wie Anm. 35), S. 587.
47 Zitiert nach Franz HOBEN (Hg.), Spazierfahrt in der Luft. Literarische Zeppelinaden, Tübingen 1999, S. 26.

In der Stadtpolitik, vor allem in der Vertretung in den kommunalen Gremien schlug sich das noch kaum nieder. Denn um die kommunalen Vertreter wählen zu können, benötigte man das Stadtbürgerrecht, und das erhielt man als nichts besitzender Neuzuzügler nicht so schnell.

3. Der 1. Weltkrieg

3.1 Die Werke

Zeppelin [...] wird in der Stunde des Kriegsausbruchs ein fanatischer Alldeutscher. Alle Fehler im Denken jener Stunde machte er mit."[48] Seine Hoffnungen, dass seine Werke einen wichtigen Beitrag der Kriegsführung leisteten, erfüllten sich. Die Bauzeit der Luftschiffe wurde auf ein Minimum heruntergesetzt. Das Bautempo wurde derart beschleunigt, dass schließlich alle 14 Tage ein neues Luftschiff fertiggestellt war. Zwei weitere Hallen mussten neben der Doppelhalle von 1909 auf dem Luftschiffgelände erstellt werden, und auch die Löwentaler Militärhalle wurde für den Bau von Luftschiffen benutzt. Zudem wurde eine neue Werft in Staaken bei Berlin erbaut. Während des Krieges sind von der Firma etwa 90 Luftschiffe gebaut worden, in Friedrichshafen 59, in Potsdam und Staaken 28.

Vom Einsatz der Luftschiffe erwarteten sich der Graf und eine kriegsbegeisterte Bevölkerung Wunderdinge. Der Graf forderte massiv Flächenbombardements auf gegnerische Städte und kritisierte den zurückhaltenden Einsatz seiner Schiffe. Die Begeisterung drängt selbst noch 1925 in einem Buch des Friedrichshafener Lehrers Mayer durch: *Jubel herrschte in ganz Deutschland, als der schneidige Angriff eines Zeppelins auf Lüttich bekannt wurde. Luftkreuzer verfolgten die aus dem Elsaß abziehenden Franzosen und bewarfen sie wirksam mit Bomben. Im September 1914 wurde eine große Fernerkundigung gegen Boulogne unternommen. Am 20. März 1915 glückte der erste groß angelegte Angriff*

9   Totenkopfschmetterling. Aus: Eduard Fuchs, Der Weltkrieg in der Karikatur. Band 1, München 1916, S. 89.

---

48 Hans ROSENKRANZ, Ferdinand Graf von Zeppelin, Berlin 1931, S. 190.

auf Paris, seine Wirkung war nicht gering. Ebenso hatte auch der Angriff am 31. Mai 1915 auf London vollen Erfolg, nachdem schon mehrere Vorstöße gegen die englischen Häfen vorausgegangen waren.[49] Dass diese auf andere herabgewünschten Bomben auch einmal auf einen selbst fallen konnten, zog man ungern in seine Überlegungen ein.

Bald zeigte sich jedoch, dass die Zeppeline im Landkrieg nicht mehr eingesetzt werden konnten, da die gegnerischen Luftabwehrmaßnahmen ihnen kaum noch eine Chance ließen. Bis Kriegsende nutzte nur noch die Marine die Schiffe zu Aufklärungszwecken. Über 50 Zeppeline wurden im Krieg allein für sie gebaut und von ihr eingesetzt. Die Schlussbilanz des Krieges: Von über 70 insgesamt im Einsatz befindlichen Schiffen fielen 35 feindlichen Angriffen zum Opfer, 19 verunglückten ohne Feindeinwirkungen, 13 wurden abgewrackt, und die übrigen 7 mussten nach dem Krieg an die Sieger abgeliefert werden.

Mit Beginn des Weltkriegs hatte man beim Luftschiffbau ausgesorgt. Verdient hat der Luftschiffbau am Krieg immens. *Wir haben nämlich billig gebaut und horrend teuer verkauft* stellte der Schwiegersohn des Grafen nach dem Krieg fest.[50] Schon 1915 hatte der Graf 1 Million Mark für seine Entwicklungskosten erstattet bekommen. Im gleichen Jahr erwarb der Konzern das große Luftschiffgelände in Friedrichshafen von der Stadt und kaufte in großem Umfang Grund und Boden in Staaken bei Berlin für die neue Werft. 1916 erreichten die Kriegsgewinne die Höhe von einem Viertel des Umsatzes. In diesem Jahr wurden alle Produktionsanlagen auf 1 Mark Buchwert und alle weiteren Investitionen während des Krieges jeweils voll abgeschrieben. Außerdem wurden bereits Rücklagen für die Produktionsumstellungen nach dem Krieg angelegt. Dass der Luftschiffbau nach dem Krieg überhaupt überleben konnte, wurde nur den Investitionen und Materialbeschaffungen während des Krieges zugeschrieben, mit denen noch jahrelang weiterproduziert werden konnte. Im Übrigen waren die Gewinne des Luftschiffbaus kein Einzelfall. Daimler etwa zahlte 1916 Dividenden in Höhe seines gesamten Aktienkapitals an seine Aktionäre aus. *Das Reich bezahlt alles*, hieß es, aber es bezahlte auf Pump und in Hoffnung auf den Sieg. Und als der nicht eintrat, hatten mit der Inflation alle, auch die Friedrichshafener, die Folgen dieses Krieges und dieser Kriegsfinanzierungspolitik zu bezahlen.

Der Graf als Militär setzte freilich voll auf den Sieg. Er ging in seinen letzten Lebensjahren, er starb 1917, ganz in seinen Eroberungsplänen auf. Seine lauthals geäußerten Annexionsforderungen nach ganz Belgien und Teilen von Frankreich gingen schließlich selbst der Reichskanzlei zu weit, so dass er 1916 eine Erklärung unterschreiben musste, dass er keine Äußerungen zu Kriegsfragen mehr öffentlich abgeben werde, die nicht die Zensur des Kanzlers passiert hätten.[51]

Seine Luftschiffe interessierten ihn zu diesem Zeitpunkt bereits nicht mehr. Da er wohl eingesehen hatte, dass die Zeppeline als Angriffswaffe bald überholt sein würden,

---

49 Joseph MAYER, Graf Ferdinand von Zeppelin, Stuttgart 1925, S. 59.
50 StadtA Friedrichshafen Bestand 3, Nr. 364: Graf Brandenstein-Zeppelin an Freiherr von Gemmingen 3.6.1920.
51 Vgl. Wolfgang MEIGHÖRNER (Hg.), Zeppelins Flieger. Das Flugzeug im Zeppelin-Konzern und in seinen Nachfolgebetrieben, Friedrichshafen 2006, S. 16. Frdl. Mitteilung von Barbara Waibel, Archiv im Zeppelin-Museum Friedrichshafen.

10a und b   Luftschiffhallen 1914 und 1916. Aus: HILDEBRANDT, Zeppelin-Denkmal, 1925, S. 268.

konzentrierte er sich nun ganz auf den Flugzeugbau. *Was aus dem LZ wird, ist mir gänzlich gleichgültig*, äußerte der Graf zu Dornier und Maybach.[52] „Im LBZ wurde nur der Schein aufrecht erhalten, dass er der tatsächliche Leiter der Geschäfte sei."[53] Der Flugzeugbau Friedrichshafen GmbH, an dem er beteiligt war, produzierte in Manzell ihre Wasser- und ab 1918 Landbomber in großer Anzahl. Ein Drittel der gesamten deutschen Flugzeugproduktion des 1. Weltkrieges soll hier entstanden sein. Das Wachstum dieses

52 Vgl. COLSMAN, Luftschiff (wie Anm. 32), S. 181.
53 Horst-Oskar SWIENTEK, Alfred Colsman 1873 bis 1955, in: Tradition 10 (1965), S. 112–126, hier S. 122.

Elmar L. Kuhn

11 Zeppelin-Riesenflugzeug VGO III 10/15. Aus: ZEPPELIN, Dürr, 2013, S. 103.

Werkes übertraf noch das des Luftschiffbaus. 3000 Beschäftigte zählte das Werk bei Kriegsende, in dem bei Kriegsbeginn nur 100 gearbeitet hatten. 1917 entstand ein Zweigwerk in Warnemünde.

Auf Drängen des Grafen kam es bald nach Kriegsausbruch auch innerhalb des Konzerns zur Bildung einer Flugzeugbaufirma. Schon in den ersten Kriegstagen hatte er vom Luftschiffbau gefordert, den Bau von Riesenflugzeugen aufzunehmen, mit denen er Riesenbomben in englische Häfen werfen wollte, um sämtliche Schiffswände einzudrücken. Der Gedanke war irrig, weil der Druck auf kürzestem Wege, also nach oben, entweicht Dennoch wurden die Riesenflugzeuge gebaut, aber nicht in Friedrichshafen, sondern zunächst in Gotha, dann ab 1915 in der Flugzeugwerft Berlin-Staaken. Insgesamt entstanden dort etwa 50 Flugzeuge. Die Zeppelin-Werke Staaken GmbH (seit 1916 bei der dortigen Luftschiffwerft) bauten Riesenflugzeuge, von denen Bomben mit großer Sprengwirkung abgeworfen wurden. Auch wenn nur etwa 50 Flugzeuge fertiggestellt wurden, sollen die *R-Flugzeuge [...] gegen Kriegsende weit mehr als Luftschiffe im Feindesland der Schrecken der Nächte geworden* sein.[54] Zuletzt arbeiteten in diesem Flugzeugwerk über 1600 Mitarbeiter. Das letzte Foto des Grafen vor seinem Tod 1917 zeigte ihn beim Besuch dieses Werkes in Staaken.

Gleichzeitig mit dem Beginn des sogenannten R-Flugzeugbaus erhielt Claude Dornier von Zeppelin den Auftrag, ein Wasserflugzeug größeren Ausmaßes ebenfalls für den Bombenabwurf zu bauen. Zum Bau der Flugboote Dorniers wurden dann in Seemoos eine Halle und Werkstatt errichtet, wegen des Arbeitermangels in Friedrichshafen aber das Hauptwerk nach Reutin bei Lindau verlegt. Die *Abteilung Flugzeugbau des Luft-*

---

54 COLSMAN, Luftschiff (wie Anm. 32), S. 177.

schiffbaus Zeppelin erhielt deshalb bei ihrer Ausgliederung auch zunächst den Namen *Zeppelin-Werk Lindau GmbH*. Bis Kriegsende kam diese Firma mit ihren 200 Beschäftigten in Seemoos und Lindau-Reutin über einige Prototypen jedoch nicht hinaus.

In ähnliche Zahlendimensionen wie der Flugzeugbau stieß mit seinen Beschäftigten der Motorenbau, dessen Firmenbezeichnung 1918 der Name Maybach vorangestellt wurde. Er produzierte Motoren nicht nur für die Luftschiffe, sondern zunehmend auch für die Flugzeugwerke.

Die Probleme mit der Kraftübertragung des Motors auf die Propeller hatten schon früh zu Verbesserungsversuchen und um 1910 zur Gründung einer Versuchsabteilung für diese Gebiete geführt. 1915 kam es zusammen mit der Züricher Firma Maag zur Gründung einer konzerneigenen Zahnradfabrik. 1916 wurde in provisorischen Holzbauten bei Löwental die Produktion aufgenommen. Mit wachsender Nachfrage wuchs auch diese neue Tochterfirma auf 400 Beschäftigte an. Allerdings kam diese Firmengründung zu spät, um noch an den Kriegsgewinnen teilhaben zu können. Sie kam deshalb nach dem Krieg in große Schwierigkeiten. Dennoch hat dieser letzte Zweig am Konzernbaum schließlich als einziger im alten Stiftungszusammenhang bis heute überlebt.

In den Kriegsjahren war aus dem mittelgroßen Unternehmen des Luftschiffbaus ein Großkonzern geworden mit zuletzt ca. 8000 Beschäftigten, davon 6000 bis 7000 in Friedrichshafen. Dazu beschäftigte der Flugzeugbau Friedrichshafen nochmals 3000 bis 4000 Arbeiter. Neben dem Luftschiffbau hat sich der Flugzeugbau zum wichtigen Arbeitsfeld entwickelt, ebenso die Zulieferfirmen Motorenbau und ZF. Damit gewannen die Tochterfirmen an Selbständigkeit gegenüber der Mutterfirma. Das entsprach auch den Absichten Colsmans, der nach dem Tod Zeppelins zum unumschränkten Herrscher im Konzern aufgestiegen war, da die beiden Mitglieder des Stiftungs-Vorstandes, die Freiherren von Bassus und von Gemmingen, ebenso wie der DELAG-Direktor Eckener militärisch eingesetzt waren.

3.2 Die Arbeiter

Gegen Kriegsende waren in den Friedrichshafener Betrieben über 8000 Beschäftigte tätig – und das in einer Stadt, die selbst nicht mehr Einwohner zählte. Die Masse dieser Beschäftigten waren Dienstverpflichtete, die disziplinarisch den Militärbehörden unterstanden und jederzeit zum Fronteinsatz versetzt werden konnten. Sie stammten aus ganz Deutschland. Ihre Arbeitsbelastung war groß. Unter dem Produktionsdruck für den Kriegsbedarf hatten sie häufig 10–12 Stunden an sechs Wochentagen zu arbeiten. Sie verdienten zunächst nicht schlecht, wobei aber die lange Arbeitszeit zu bedenken ist. Mit ansteigenden Inflationsraten sanken ihre Löhne dann gegen Kriegsende ab.

Dabei waren den Arbeitern die hohen Gewinne ihrer wie auch anderer Firmen durchaus bekannt. Der eigene Reallohnverfall bei ständig weitersteigenden Konsumpreisen und gleichzeitigen Nachrichten von Riesengewinnen aller Firmen führte zu wachsender Verbitterung. Parallel verschlechterte sich die Versorgung insbesondere mit Lebensmitteln.[55] Zynisch antwortete der Konzern auf Lohnforderungen im Jahr 1917, die Arbeiter

---

55 Vgl. MAIER/HOLZMANN/KUHN, Heimatbuch Bd. 2 (wie Anm. 17), S. 165.

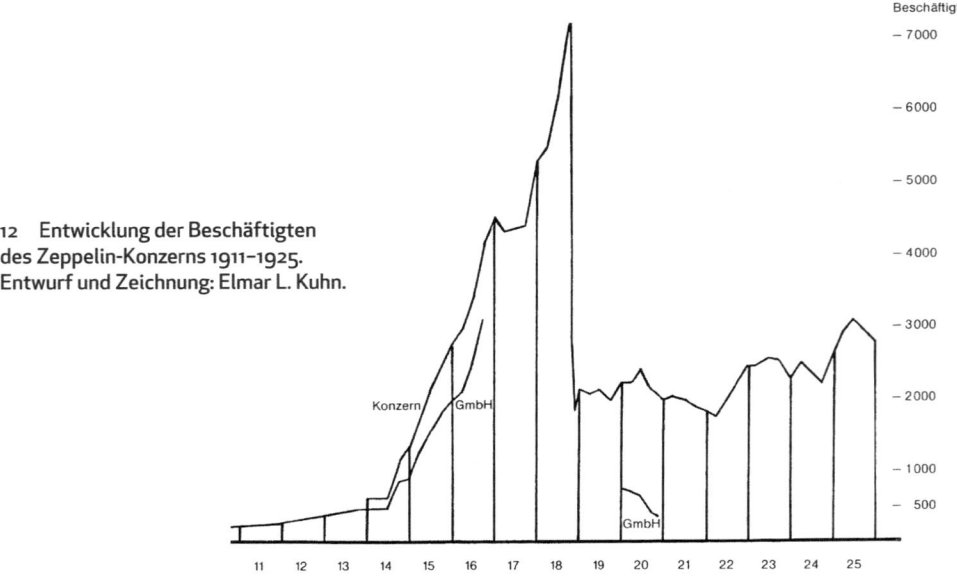

12 Entwicklung der Beschäftigten des Zeppelin-Konzerns 1911–1925. Entwurf und Zeichnung: Elmar L. Kuhn.

13 Warteschlange vor einer Metzgerei in Friedrichshafen um 1917/18. Aus: MAIER, Friedrichshafen (wie Anm. 10) 2„ 1994, S. 165.

könnten sich doch für ihr Geld ohnehin nichts kaufen. Dabei wurden die Rüstungsarbeiter von allen Bevölkerungsgruppen noch am besten versorgt und erhielten Sonderzulagen. Wenn aufkommende Unzufriedenheit bei den Arbeitern der Zeppelinwerke und des Flugzeugbaus durch *rasches Zurverfügungstellen von Schlachtvieh in der fleischlosen Woche* behoben werden musste wie im August 1918, forderte das dann wieder *die bürgerlichen und ländlichen Kreise zu scharfen Vorstellungen heraus*. Die Militärbehörde ent-

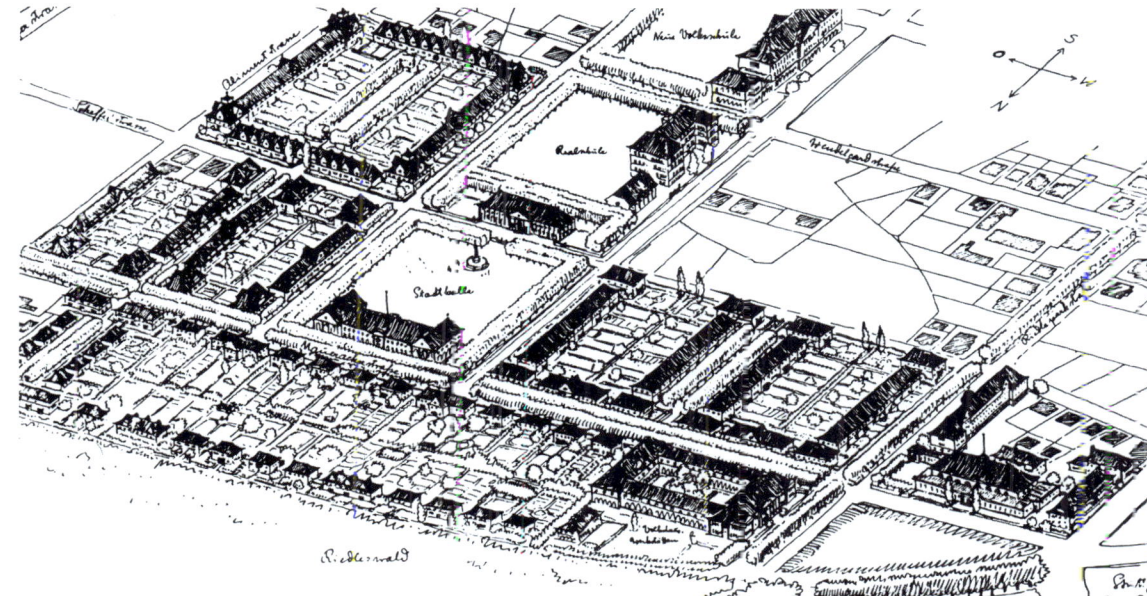

14 Paul Bonatz: Bebauungsplan für das sog. Stockwiesenviertel nördlich der Bahnlinie. Aus: Seeblatt, Archiv der Schwäbischen Zeitung Friedrichshafen, undatierter Zeitungsausriss im KreisA Bodenseekreis.

gegnete darauf, dass *auch beim besten Willen der Leute die geforderten Arbeitsleistungen nur dann herauszuholen seien, wenn Zulagen gereicht würden. Das gelieferte Brot sei von äußerst schlechter Beschaffenheit und feucht, die Kartoffeln seien aus Norddeutschland bereits verdorben angekommen und Gemüse fehle.*[56]

Ähnlich schwierig war die Unterbringung der in Friedrichshafen konzentrierten Arbeitermassen. Die Stadt konnte nichts tun: *Die große Wohnungsnot ist eine Folge der durch die ungemein kräftige Entwicklung der hiesigen Kriegsindustrie hervorgerufenen, abnorm großen Zunahme der Einwohnerzahl, der zu steuern weder Private noch Gemeinden in der Lage sind, weil das Bauen bekanntlich von der Militärbehörde einfach untersagt ist.*[57] Der Konzern musste deshalb selbst aktiv werden. Die Zeppelin Wohlfahrt GmbH ließ im Zeppelindorf über 100 Häuser für ca. 650 Bewohner erstellen. In neu erbauten oder erworbenen Heimen nächtigten Hunderte. Doch Tausende konnten nur notdürftig untergebracht werden, z. T. in den Orten im weiten Umkreis bis Ravensburg und wurden täglich mit Sonderzügen zur Arbeit gebracht. Kurz vor Kriegsende plante die Zeppelin Wohlfahrt noch eine großzügige Überbauung des ganzen Stockwiesengeländes zwischen Charlottenstraße und Riedlewald, *auf dem von Prof. Bonatz das Idealbild einer Stadt geschaffen werden sollte.*[58]

56 KreisA Bodenseekreis Textdok S-Fri/95 529.
57 Seeblatt 16. August 1918.
58 Seeblatt 31. August 1918.

Nun aber regte sich Widerstand bei den Honoratioren der Stadt. Man warf dem Konzern die kommunalpolitische Machtübernahme in der Stadt im Bündnis mit dem Stadtschultheißen gegen den Willen des Stadtrats vor. Die *Industrialisierung der Stadt in dieser Art und Weise* habe man nicht gewollt. Die Stadt sei in ihrer Kommunalpolitik nicht mehr *Führerin,* sondern *Geführte.*[59] Während des Krieges war daran wenig zu ändern. Die Stadt war vollauf beschäftigt, die Lebensmittel- und Brennstoffversorgung bei immer knapperem Angebot notdürftig sicherzustellen. Die Kriegsgewinne des Konzerns ermöglichten es dagegen der Zeppelin Wohlfahrt, über den Wohnungsbau hinaus nicht nur eine Reihe von Versorgungseinrichtungen zur Verbesserung der Ernährungssituation zu schaffen, sondern auch den Saalbau zu erstellen, in dem in der Folge bis zur Zerstörung Veranstaltungen der Stadt stattfanden.

3.3 Bedenklichster Gefahrendherd

Die Aussagen über Klassengegensätze, über die Funktionen von Staat und Krieg, die die Sozialdemokratie vor 1914 verbreitet hatte, schienen durch die Kriegserfahrungen wieder plausibel. Praktische Konsequenzen aus dieser Theorie zu ziehen, propagierte jetzt aber nur noch der linke Flügel der Arbeiterbewegung, die während des Krieges von der SPD abgespaltene Unabhängige Sozialdemokratie (USPD) und der ihr angehörende Spartakusbund. Diese Organisationen gewannen ab 1916 unter den Friedrichshafener Arbeitern an Einfluss, so dass die Stadt und insbesondere die Flugzeugwerke bald von der Regierung *als der bedenklichste Gefahrendherd politischer Unruhen in Württemberg angesehen*[60] wurden. Eine Flugblattaktion im Juli 1916 zugunsten Karl Liebknechts blieb noch isoliert, aber vom Jahresende 1916 an wurden in etwa halbjährlichem Abstand Lohnforderungen immer dringlicher erhoben. Im Januar 1917 wurde im Flugzeugbau erstmals gestreikt, ein weiterer Ausstand im Sommer nur durch staatliches Streikverbot verhindert. Im August 1918 drohten bereits Unruhen; eine Plünderung der Metzgerläden und besseren Gasthöfe konnten Wachen und Polizei gerade noch verhindern. Unter den Arbeitern verbreitete sich die Meinung: *Eine Regierung gibt es nicht mehr. Die Bestimmungen bestehen noch, aber regieren tut niemand mehr.*[61] Als sich die militärische Niederlage im Herbst nicht mehr verbergen ließ, sah der größte Teil der Bevölkerung weitere Opfer als sinnlos an. Die Militärbehörden mussten *eine allgemein trostlose Verfassung der Gemüter, ja schlechtweg [...] einen Niederbruch der Nerven*[62] feststellen, die im Mittelstand und auf dem Lande noch ausgeprägter als in Arbeiterkreisen war. Der württembergische General von Ebbinghausen sah ein: *Schluß um jeden Preis – war die Losung!*[63] Offen revoltierten schließlich die Arbeiter und Soldaten und führten damit das Kriegsende, das Ende der Monarchie und die Republik herbei. Möglich war dies aber nur, weil

---

59 Seeblatt 5. September 1918.
60 Zitiert nach COLSMAN, Luftschiff (wie Anm. 32), S. 207.
61 Zitiert nach Gunther MAI, Kriegswirtschaft und Arbeiterbewegung in Württemberg 1914–1918, Stuttgart 1983, S. 373.
62 HStA Stuttgart M I/II, Bd. 1025, Monatsbericht Okt. 1918, S. 576.
63 Christof von EBBINGHAUS, Die Memoiren des Generals von Ebbinghaus, Stuttgart 1928, S. 37.

auch Landbevölkerung und Bürgertum, ja kein einziger Soldat und Offizier mehr bereit waren, noch einen Finger für die Erhaltung des alten Systems zu rühren.

Die erste Friedensdemonstration in Friedrichshafen fand am 22. Oktober 1918 nach einer Betriebsversammlung beim Maybach-Motorenbau statt.[64] Bei neuen sich steigernden Demonstrationswellen am 24. und 26. Oktober forderten die von 300 über 700 auf 4000 anwachsenden Teilnehmer zunächst Frieden, dann die Republik, schließlich den Sozialismus. Nachdem Österreich am 3. November den Krieg beendet, sich in Kiel die Revolte zur Revolution ausgeweitet hatte und am 4. in Stuttgart der Generalstreik ausgerufen worden war, folgten die Friedrichshafener Arbeiter dem Stuttgarter Beispiel am 5. November. Sie wählten einen Arbeiter- und Soldatenrat durch Zuruf, einen der ersten in Deutschland. Eine Versammlung von 8000 Mann ließ an das Innenministerium ihre Forderungen telegrafieren: sofortigen Frieden, Abdankung aller Dynastien, Regierungsübernahme durch die Räte, Sozialisierung, siebenstündige Arbeitszeit, Demokratisierung des Heeres. Sie übernahmen damit die Ziele des Stuttgarter Arbeiterrats, die wiederum auf ein Manifest der württembergischen USPD vom 30. Oktober und einen Aufruf des Spartakusbundes vom 16. Oktober zurückgingen. Würden ihre Forderungen nicht erfüllt, seien die Friedrichshafener Arbeiter gewillt, sie *zu erzwingen und ggf. durch die Waffe der Revolution zu unterstützen*.[65] Die Stimmung sank am Tag danach, als bekannt wurde, dass in Berlin der Generalstreik ausgeblieben war. Da man nicht erfuhr, dass die Revolution bereits die norddeutschen Städte, Frankfurt und München erfasst hatte, nahmen die Friedrichshafener die Arbeit wieder auf. Einem forschen, von Stuttgart nach Friedrichshafen entsandten staatlichen Sonderkommissar gelang es durch die Verhaftung der Arbeiterräte fast, den Konflikt wieder anzuheizen, doch ließ das Amtsgericht die Verhafteten wieder frei. Am 8. November, als der Sieg der Revolution in Deutschland absehbar und in Stuttgart bereits eine neue parlamentarische Regierung unter Beteiligung der Sozialdemokraten gebildet worden war, herrschte in Friedrichshafen wieder Ruhe.

4. Die Jahre der Weimarer Republik

Die 20er und frühen 30er Jahre gelten als die Jahre der spektakulären Erfolge der Luftschiffe, der Dornier-Flugboote und Maybach-Autos. Das Luftschiff LZ 126 überquerte 1924 den Atlantik, 1929 fuhr das Luftschiff *Graf Zeppelin* rund um die Welt, 1932 wurde der regelmäßige Linienverkehr mit Südamerika aufgenommen. Das legendäre Flugschiff Do X unternahm 1930 einen Amerika-Flug. 1932 flog der Dornier-Wal um die Welt. Tausende bejubelten jeweils Abfahrt und Rückkehr.

Darüber wurde und wird allzu leicht übersehen, dass der Luftschiffbau-Konzern mit seinen Tochterfirmen damals in einer Krise steckte. Die Umstellung von der Kriegs- auf die Friedensproduktion nach dem 1. Weltkrieg fiel dem Unternehmen schwer. Die Kon-

---

64 Ausführlich Ludwig KÖHLER, Zur Geschichte der Revolution in Württemberg, Stuttgart 1930, S. 87–106; Elmar L. KUHN, Friedrichshafen in der Weimarer Republik, Friedrichshafen 1986, S. B 55–156.
65 Zitiert nach KÖHLER, Geschichte (wie Anm. 64), S. 94.

solidierung wurde durch die Abhängigkeit von politischen Faktoren, technischen Entwicklungsschwierigkeiten, internen Querelen erschwert, durch die Weltwirtschaftskrise ab Ende der 20er Jahre verhindert.

Als die militärische Niederlage Ende 1918 absehbar war, begann der Konzern mit Massenentlassungen. Anfang 1919 war die Arbeiterzahl in der Stadt auf ein Viertel, etwa 2500, zurückgegangen. Die Friedrichshafener Firmen standen nach dem Kriegsende nicht nur vor dem Problem, ihre Produktion auf den sehr viel geringeren Friedensbedarf umzustellen. Die Siegermächte des Weltkriegs verboten 1920 bis 1922 auch den Bau von Luftfahrzeugen fast völlig und ließen ihn bis 1926 nur in engen Grenzen für zivile Zwecke zu.

Der *Flugzeugbau Friedrichshafen GmbH* gelang die Umstellung auf die Friedenswirtschaft nicht. Das Bauverbot durch den Versailler Vertrag bedeutete das Ende des FF, der offenbar nicht wie Dornier versuchte, die Produktion im Ausland fortzuführen. Auch die Nachfolgefirma *Maschinen- und Schiffbau*, die in den Manzeller Hallen Motorbodenfräsen und Beregnungsanlagen produzierte, musste 1923 den Konkurs erklären.

Auch die zum Konzern gehörenden Zeppelin-Werke Staaken GmbH mussten 1919 ihre Flugzeugproduktion einstellen, ebenso wie der dortige Luftschiffbau nicht fortgeführt werden konnte. 1924 und 1929 wurden die großen Geländeflächen in Potsdam und Staaken verkauft, 1927 die Ballonhüllen-Gesellschaft (BG)-Textilwerke. Von den Berliner Firmen blieben nur die Zewas, die Zeppelin Wasserstoff- und Sauerstoffwerke Staaken und eine Aluminiumgießerei übrig. Von den drei Flugzeugfirmen im und in Verbindung mit dem Konzern war nur Dornier geblieben. Damit war aber der Konflikt zweier Unternehmensstrategien im Konzern noch nicht entschieden.

Colsman hatte immer die Strategie verfolgt, die Tochtergesellschaften möglichst selbständig zu machen. Jede Einzelfirma sollte mit einem eigenständigen Fabrikationsprogramm auf dem Markt bestehen können. Die breite Produktpalette verschiedener Einzelfirmen sollte andererseits den Konzern insgesamt im Konjunktur-auf und –ab besser absichern. Die Luftschifffahrt sollte zwar weiter betrieben werden, aber nicht auf Kosten der anderen Betriebe und unter Vermeidung größerer Risiken.

Dagegen setzten die beiden Mitglieder des Vorstands der Zeppelin-Stiftung, die Freiherren von Gemmingen und von Bassus andere Prioritäten. Nach ihrer Rückkehr aus dem Militärdienst beanspruchten sie die *geistige Leitung seines Werkes* und meinten als Graf Zepplins Vermächtnis nun dem Luftschiffbau wieder absoluten Vorrang einräumen zu müssen. Als ihre Hauptaufgabe betrachteten sie, den *noch vom Grafen Zeppelin in die Wege geleiteten und für 1916 in Aussicht genommenen ersten Flug eines Zeppelin-Luftschiffes über den Ozean seiner Verwirklichung zuzuführen*[66]. In ihrer Zielsetzung wurden sie unterstützt von Eckener, der deshalb 1920 in den Stiftungsvorstand berufen wurde und 1924 dessen Vorsitzender nach dem Tod von Gemmingens wurde. Für den Stiftungsvorstand waren *die Tochtergesellschaften [...] nur Mittel zum Zweck.*[67] Damit zählten sie auch *die Entwicklung des Flugzeuges nicht mehr zu (den) Aufgaben* des Konzerns.[68] Der

---

66 KreisA Bodenseekreis Textdok. S-Fri 95459.Luf; vgl. Colsman, Luftschiff (wie Anm. 32), S. 185 f.
67 KreisA Bodenseekreis Textdok S-Fri 95459.Luf – Dörr an Colsman, 2. Januar 1920; vgl. Eckener nach WELLER, Zahnradfabrik (wie Anm. 34), S. 12).
68 COLSMAN, Luftschiff (wie Anm. 32), S. 184.

Konflikt zwischen der Colsman-Linie, der auf Diversifikation und Marktorientierung setzte, und der Stiftungs- bzw. Eckener-Linie, die auf absolute Priorität für das Luftschiff und damit weitgehende Staatsabhängigkeit setzte, bestimmte die Unternehmenspolitik des Konzerns in den 1920er Jahren.

4.1 Die Luftschiffbau Zeppelin GmbH

Nach Kriegsende versuchte der Luftschiffbau auf Betreiben des Stiftungsvorstands und Eckeners sofort, die zivile Luftfahrt wieder aufzunehmen. In Friedrichshafen befand sich noch ein Luftschiff, das für die Marine gebaut, aber von ihr nicht mehr übernommen worden war. Eine mit diesem Schiff Anfang 1919 geplante Amerikafahrt als Überraschungscoup, um die öffentliche Meinung in Europa und Übersee zu gewinnen, scheiterte am Einspruch der Reichsregierung. Daraufhin wurde rasch aus den vorhandenen Materialbeständen ein kleines Schiff mit 20 000 m³ etwa in der Größe der Vorkriegs-DELAG-Passagierschiffe fertiggestellt, um möglichst schnell wieder die Leistungsfähigkeit der Luftschiffe als Verkehrsmittel zu demonstrieren.

Es wurden die beiden kleinen Verkehrsluftschiffe „Bodensee" und später der „Nordstern", gebaut, um einen direkten Verkehr zwischen Friedrichshafen und Berlin durchzuführen. Die „Bodensee", ein Schiff von rund 20 000 m³, war bereits im Juli 1919 fertiggestellt und konnte einen fast ganz regelmäßigen und zuverlässigen Verkehr auf der genannten Strecke durchführen. In 100 Tagen, von Mitte Juli bis Ende Oktober, wurde der Verkehr fahrplanmäßig betrieben. Die benötigte Fahrzeit betrug mit dem Luftschiff 5 bis 6 Stunden von Friedrichshafen nach Berlin, gegenüber einer Eisenbahnfahrzeit von rund 20 Stunden, und das Luftschiff war dauernd voll besetzt. Dieses war der erste wirklich regelmäßige und zuverlässige Luftverkehr über eine größere Strecke, der in Deutschland eingerichtet wurde. [...] Ein Verkehr über eine solch relativ kurze Strecke wurde von mir nun überhaupt nicht als ein erstrebenswertes Ziel betrachtet, vielmehr ging mein Bestreben dahin, einen Verkehr über weite Strecken, insbesondere über die Meere, durchzuführen, weil ich von jeher der Ansicht war, dass auf die Dauer das Luftschiff mit dem Flugzeug auf kleineren Strecken nicht würde konkurrieren können.[69]

Abgebrochen wurde dieser Versuch, der offensichtlich vor allem propagandistischen Zwecken dienen sollte, aber von außen. Als im Winter 1919 die *Bodensee* zum Umbau in der Halle lag und ein zweites Schiff, die *Nordstern*, bereits fertiggestellt war, verboten die Alliierten weitere Fahrten. Am 23. Juni 1919 hatten gleichzeitig mit der Versenkung der Deutschen Flotte Marineangehörige auch sieben Luftschiffe zerstört, um sie nicht an die Siegermächte ausliefern zu müssen. Die Entente verlangten dafür als Teilersatz die Übergabe der beiden Friedrichshafener Zivilluftschiffe. Ein Jahr nach der Übergabe der noch vorhandenen weiteren sieben Militärluftschiffe wurden im Juni 1921 die „Nordstern" an Frankreich und im Juli 1921 die „Bodensee" nach Italien überführt. Im Sommer 1920 wurde auch die Zerstörung aller Luftschiffhallen bis auf drei Standorte angeordnet. In Friedrichshafen sollte die größte, 1915/1916 errichtete Halle abgebrochen werden. 1922 wurde festgelegt, dass in Deutschland Luftschiffe nur noch bis zu einer Füllgröße von

---

69 Eckener nach Rolf ITALIAANDER, Ein Deutscher namens Eckener, Konstanz 1981, S. 58f.

30 000 m³ gebaut werden dürften. Schiffe dieser Größe sah die DELAG aber als unrentabel an, da damit nur Fahrten innerhalb von Mitteleuropa unternommen werden konnten.

Die Spitzenmanager des Luftschiffbaus, Colsman, Eckener und Dörr, waren deshalb in den Nachkriegsjahren in vielen Ländern unterwegs, um neue Bauaufträge hereinzuholen. Mit Spanien, Argentinien und Schweden wurde verhandelt, um einen Linienverkehr einzurichten, mit den USA und Großbritannien wegen Schiffslieferungen. Schließlich gelang es, von den USA die Zustimmung zu erhalten, dass ihr Anspruch auf Ersatzzahlung für eines der zerstörten Marineluftschiffe durch die Lieferung eines neu erbauten Schiffs von 70 000 m³ abgegolten werden konnte.

Der Luftschiffbau Zeppelin verpflichtete sich, dieses Luftschiff nach den USA zu fahren und dort abzuliefern. Auf den Einwand der deutschen Reichsregierung, dass das Luftschiff auf dieser Fahrt verloren gehen könne und dass der amerikanische Entschädigungsanspruch dann immer noch bestehen bleiben würde, verpflichtete ich mich dem Reich gegenüber, mit dem ganzen Vermögen der Luftschiffbau Zeppelin GmbH die Bürgschaft zu übernehmen – ein etwas kühnes Unterfangen, weil das u. U. den Verlust des gesamten Vermögens des Luftschiffbau Zeppelin in jener Zeit der Inflation und der vollkommen zerrütteten Wirtschaftsverhältnisse bedeutet hätte. Das Reich erklärt sich schließlich damit einverstanden, und so konnte das Luftschiff gebaut und im Oktober 1924 nach Amerika von mir überbracht werden. Der Erfolg dieser Fahrt im ganzen Ausland war ein derart großer, dass damit nicht allein das Fortbestehen der Luftschiffbau Zeppelin gesichert erschien, sondern dass auch der Umschwung der öffentlichen Meinung in Amerika zugunsten Deutschlands mit dieser Fahrt den Beweis für die Verwendungsfähigkeit des Luftschiffes im transozeanischen Dienst erbrachte.[70]

Auf der Fahrt zur Unterzeichnung des Lieferungsvertrags zwischen dem Deutschen Reich und den USA war der Reichsaußenminister Rathenau in Berlin von Mördern der Rechtsparteien erschossen worden. Eckener hatte ihn vergebens erwartet.

Wegen der Erprobung der Motoren konnte die Überführung erst im Oktober 1924 erfolgen. Es war nicht die erste Ozeanüberquerung in der Luft. Im Mai 1919 hatte erstmals ein Flugboot den Atlantik überflogen, im Juli nach einem weiteren Flugzeug ein englisches Luftschiff. Das LZ 126 folgte als sechster Atlantik-Überwinder.

Als 1925 der Luftschiffbau sein 25-jähriges Jubiläum feierte, war man soweit wie zuvor, es fehlten neue Aufträge. Eckener startete wiederum eine Propaganda-Offensive. Auf den Jubiläumsfeierlichkeiten warb er für eine *Zeppelin-Eckener-Spende*, mit der das Geld für ein neues Schiff aufgebracht werden sollte.[71]

Am geringsten war das Echo auf den Spendenaufruf um Friedrichshafen selbst. Im ganzen Oberamt Tettnang wurden nur 5180 RM aufgebracht, von denen allein 3000 RM von der Stadtverwaltung Friedrichshafen selbst stammten. In Hemigkofen weigerte man sich mit dem Hinweis, die Gemeinde hätte ohnehin nur große Lasten durch das *Zeppelin-Gewerbe* zu tragen, da wolle man nicht auch noch zu seinem Aufschwung beitragen. Nachdem das Reich zu den 2,7 Millionen der Volksspende (4 Millionen waren angepeilt worden) noch 0,5 Millionen hinzugefügt hatte und die Entente die Baubeschrän-

---

70 Ebd., S. 59.
71 Vgl. Kurt Tucholsky, Zeppelin-Spende, in: Löffel, Oberschwaben (wie Anm. 28), S. 259 f.

kungen aufgehoben hatte, konnte 1926 mit dem Bau begonnen werden. Das Schiff wurde 237 m lang, besaß ein Volumen von 105 000 m³, eine Reisegeschwindigkeit von ca. 100 km/h und sollte 20 Passagiere bei 40 Mann Besatzung befördern Trotz Fahrpreisen, die kaum einem Spender eine Mitfahrt ermöglichten, konnte bei diesem Transportvolumen wiederum kaum ein wirtschaftlicher Betrieb erreicht werden. Dennoch wurde es das erfolgreichste Schiff. Schon während des Baus zogen 200 000 Besucher durch das Tor des Werftgeländes. Bei den ersten Aufstiegen warteten wieder Tausende.

Friedrichshafen lebte wieder wie zu Anfang des Jahrhunderts im Rhythmus des Luftschiffs. *Die Kurve des Fremdenverkehrs dieser Stadt steigt immer nur mit dem Kommen und Gehen des silbernen Wunderschiffes, dessen Dasein fast das ganze Friedrichshafener Leben beherrscht. Seit einigen Tagen sind alle Hotels und Gasthäuser bis in den letzten Winkel besetzt.*[72]

Eckener selbst hob unter all der *bekannten Reihe von Fahrten [...] folgende hervor:*
1. *die Weltfahrt im Jahre 1929 [..]*
2. *die Fahrt vom 13. bis 28. Mai 1930 nach Pernambuco und Rio de Janeiro und von dort nach Lakehurst [...]*
3. *die Polarfahrt im Sommer 1931 [...]*
4. *vor allen Dingen die Reihe der fahrplanmäßigen Fahrten nach Südamerika, die vom Jahre 1932 bis einschließlich 1937 durchgeführt wurden [...]*[73]

Ohne die jährlichen Subventionen durch das Reich in Höhe von je ca. 500 000 bis 700 000 RM[74] hätte der Fahrbetrieb gar nicht durchgeführt werden können. Viel mehr Geld, etwa 10 Millionen, benötigte man für den Bau eines neuen, größeren Luftschiffes, des LZ 129, das nun erstmals von vornherein als Passagierschiff im Dauerverkehr über den Atlantik konzipiert war. Um den Bau überhaupt beginnen zu können, musste erst eine neue, ausreichend große Halle erstellt werden. Da das Reich sich zunächst zu einem ausreichenden Zuschuss nicht in der Lage sah, sprang der württembergische Staat ein und gewährte 2,2 Millionen RM für den Hallenbau. Nach ihrer Regierungsübernahme förderten die Nazis den Bau mit 9 Millionen, so dass Ende 1935 die *Hindenburg* fertiggestellt werden konnte.

Alle Fahrten des Luftschiffes von 1919 bis 1933 sollten letztlich in erster Linie der Propagierung des Luftschiffgedankens dienen, beim Staat die Bereitschaft schaffen, die Luftschifffahrt dauernd zu fördern. Diese Propaganda fand immer eher bei den linken Parteien Verständnis, obwohl die Fahrten nur von einem kleinen Kreis Privilegierter bezahlt werden konnten. Die rechten Parteien dagegen setzten längst auf das Flugzeug, das nunmehr auch allein militärisch eingesetzt werden konnte. Die Nazis nutzten dann das Luftschiff einige Jahre zur Propaganda für sie.

1920 bis 1922, 1924 bis 1926 und 1928 bis 1931 stand die Bauhalle leer, befand sich kein Schiff im Bau. Zwar blieb der Name Luftschiffbau Verpflichtung für die Firma und be-

---

72 Frankfurter Zeitung 4.9.1929, S. 1.
73 ITALIAANDER, Deutscher (wie Anm. 69), S. 2–9.
74 LBZA Jahres-, Monatsberichte; Seeblatt 30.7.1932.

15 Luftschiff LZ 126 „Graf Zeppelin" nach seiner Landung in Friedrichshafen am 6. Nov. 1928. Im Mittelgrund die Luftschiffhallen, im Hintergrund das Zeppelindorf. Archiv des LBZ Friedrichshafen.

mühten sich die Führungspersönlichkeiten stets eifrig um Bauaufträge. Aber angesichts ihrer Abhängigkeit von politischen Faktoren musste sich die Firma nach einer Dauerauslastung für das Stammpersonal umsehen. 1919 nahm die Gießerei die Herstellung von Kochgeschirren auf. Sie erweisen sich jedoch gegenüber gepressten als nicht konkurrenzfähig, und so musste ihre Produktion ein Jahr später wieder eingestellt werden.

Im gleichen Jahr wurde die GmbH in drei Abteilungen gegliedert:
- die Konzernabteilung mit ca. 30 Angestellten unter Generaldirektor Colsman,
- die Verkehrs-Abteilung unter Eckener (zunächst nur ein, später 18 Beschäftigte) und
- die Werft unter Dr. Dürr mit durchschnittlich 500 Beschäftigten.

Die Werft wurde wiederum eingeteilt in

1. die eigentliche Werft (durchschnittlich 320 Beschäftigte) mit
   a) der Herstellung der Luftschiffe und
   b) den Behälter- und Apparatebau,
2. die Gießerei (durchschnittlich 160 Beschäftigte),
3. das Gaswerk mit ca. 20 und
4. die Druckerei mit ca. 5 Beschäftigten.

Beim Behälterbau nutzte man die Erfahrungen mit der Aluminiumverarbeitung und belieferte vor allem die Milchwirtschaft, insbesondere Margarinefabriken, 1932 aber etwa auch Benzinfirmen. Die Gießerei war im Bereich Industrieguss vor allem auf Aufträge der Kfz-Industrie angewiesen, produzierte zu einem Drittel aber auch Konditoreigeräte. Schon ab 1928 wurde die Lage immer schwieriger, da die Aluminiumgießereien zunehmend in einen ruinösen Wettbewerb untereinander traten. Das gesamte Produktionsvolumen ohne die Schiffsherstellung überstieg nach der Revolution in keinem Jahr wesentlich 1 Million RM. Allein die Fahrteinnahmen aus der subventionierten Luftschifffahrt zwischen 1928 und 1933 brachten in der Regel das Doppelte ein. Die Fahrten von 1928 bis 1935 wurden nicht mehr wie vor dem Krieg und noch 1919 von der DELAG, sondern nun von der Verkehrsabteilung des LBZ selbst durchgeführt. Die Stammfirma war im Umsatz hinter Maybach an die zweite Stelle getreten, im Vergleich mit Dornier in der Beschäftigungszahl fiel sie meist an die vierte Stelle hinter Dornier und Maybach zurück. Die Ertragslage war noch relativ günstig, aber das war zunächst den riesigen Abschreibungen im Krieg und den großen Materialvorräten aus dem Krieg zu verdanken. Später hätte man kein Schiff ohne die Staatszuschüsse und die Volksspende von 1925/1926 bauen können. Mindestens 15 Millionen RM müssen so der Firma von außen von 1924 bis 1933 zugeflossen sein. Dazu kamen noch die Finanzspritzen durch Verkäufe: 1924 des Luftschiffhafens Potsdam an die Stadt Potsdam mit 0,6 Millionen RM, 1927 der Anteile an den BG-Textilwerken (ehemals Ballonhüllengesellschaft), 1929 des Flugplatzes Staaken an die Stadt Berlin mit 8,5 Millionen RM und 1932 der Verkauf der Dornier Metallbauten mit insgesamt ca. 1 Million RM. Ein großer Teil dieser Erlöse wurde allerdings an den Motorenbau zur Deckung seiner Defizite weitergeleitet.[75]

Ansehen und Ruf der Firma wurden durch den namengebenden Luftschiffbau bestimmt, aber gerade er war gar nicht mehr anders denkbar als durch staatliche Finanzierung, und es war absehbar, wann die Luftschiffe durch die Flugzeuge auch auf den Langstrecken verdrängt werden würden. Mit dem Standbein Behälter- und Apparatebau sowie Gießerei reüssierte man auch nicht so recht und geriet mit der Weltwirtschaftskrise in zunehmende Schwierigkeiten. Ende 1931 beschäftigte die Gießerei nach einem Höchststand von 246 Personen 1927 gerade noch 91 Mann.

4.2 Maybach Motorenbau GmbH

Gerade die Firma, auf die Colsman bei seiner Diversifikationsstrategie die größten Hoffnungen gesetzt hatte, geriet in den 1920er Jahren immer mehr auf Verlustkurs. Mit dem Verbot des Flugzeugbaus durch die Siegermächte durften auch keine Flugzeugmotoren mehr gebaut werden. In die beiden 1919 gebauten Luftschiffe wurden noch vorhandene Motoren einmontiert. Luftschiffmotoren zu bauen, hatte Maybach dann 1922 bis 1924 nochmals Gelegenheit für das Reparationsluftschiff LZ 126.

Aber Luftschiffmotoren spielten schon längst keine wesentliche Rolle in der Produktpalette des Motorenbaus mehr. Denn Maybach hatte ein klares Produktionsprogramm für die Friedenszeit entwickelt. Anfang 1919 trug Karl Maybach seinen wichtigsten Mitarbeitern vor:

Aufgrund unserer Erfahrungen im Flugmotorenbau werden wir einen erstklassigen Fahrzeugmotor entwickeln und diesen in verschiedenen Leistungen bauen. Wir werden

---

75 Vgl. ITALIAANDER, Deutscher (wie Anm. 69), S. 273.

16   Maybach-Motorenbau 1925. Aus: Hildebrandt, Zeppelin-Denkmal, 1925, S. 266.

diese Motoren den inzwischen zahlreich gewordenen Automobil-Firmen im In- und Ausland zum Einbau in ihre Pkw, Lkw und sonstigen Fahrzeuge anbieten [...]

Mein zweites Vorhaben betrifft den Eisenbahnverkehr [...] Ein Einbruch in den Dampfbetrieb kann man nur mit einem Fahrzeug erzielen, in dem auch in bezug auf die Zubehör-Einrichtungen die Grundgedanken einer arteigenen Maschinenanlage verwirklicht sind. Und ich bin willens, eine solche Maschinenanlage zu entwickeln und zu bauen [...] Aus wirtschaftlichen Gründen kann der Antriebsmotor einer derartigen Maschinenanlage nur ein Dieselmotor sein [...] Da die Entwicklung der Maschinenanlage und die Erprobung eines solch neuartigen Fahrzeuges längere Zeit in Anspruch nehmen wird, ehe an seine Einführung bei der Reichsbahn und evtl. auch im Ausland gedacht werden kann, müssen wir in der Zwischenzeit versuchen, die Belegschaft, deren weiteren zahlenmäßigen Abbau ich sie alle mitzubetreiben bitte, mit anderen Arbeiten zu beschäftigen.[76]

Maybach entschloss sich, selbst Autos zu bauen und zwar Fahrzeuge der Spitzenklasse nach dem Vorbild des englischen „Rolls Royce". Der Maybach-Wagen wurde ein „Automobil der oberen Zehntausend".[77] Insgesamt wurden in 20 Jahren nur max. 2300 Automobile gebaut. Das teuerste Exemplar erwarb Kaiser Haile Selassie von Äthiopien

---

76   A. SAPPER, Prof. Dr.-Ing. e.h. Karl Maybach und die Geschichte seines Motorenbaues, Friedrichshafen 1981, S. 40 f.
77   Michael Graf WOLFF METTERNICH, Maybach, Lübecke 1981, S. 232.

für 126 000 RM. Hatte der Automobilverkauf 1924 bis 1926 zwischen 1 bis 2 Millionen RM und damit jeweils über 50 Prozent des Gesamtumsatzes erbracht, so fiel sein Anteil in den folgenden Jahren auf jährlich ca. ½ Million und damit ab 1932 auf einen Anteil von etwa 10 Prozent. 1933 klagte die kaufmännische Führung des Unternehmens: *Es bestätigt sich immer mehr, dass mit den von uns gebauten Großklassewagen das Wagengeschäft [...] nicht aktiv gestaltet werden kann. [...] Der ‚Maybach' hat für die heutige Zeit etwas Provozierendes. Wenn nicht bald ein mittlerer Wagen zu marktfähigen Preisen angeboten werden könne, müsse das Wagengeschäft liquidiert werden.*[78] Aber erst 1935 kamen die neuen kleineren Autos auf den Markt, die aber immer noch ca. 20 000 RM kosteten, was heutigen 140 000 € entspricht. Die Motoren dieses Autotyps beschleunigten dann aber bald nicht mehr nur die deutsche Oberklasse, sondern auch die deutsche Rüstung. Noch 1935 entschied das Oberkommando des Heeres (OKH), die Kettenfahrzeuge des Heeres mit diesen etwas abgewandelten Motoren auszustatten.

Auch für andere zivile Zwecke hatte man in den 1920er Jahren versucht, die Automotoren zu nutzen. So wurden Versionen für Omnibusse und Motorboote angeboten, die 1927/1928 ein Drittel bis ein Viertel des Umsatzes erreichten. Die Abnehmer klagten jedoch häufig über Betriebsstörungen, und 1929 wirkten sich *die von allen Seiten bei uns eintreffenden Schadensmeldungen über unsere Omnibus-Motoren direkt katastrophal aus.*[79] Zudem verdrängte nun der Dieselmotor den Ottomotor. Auf das Drängen der kaufmännischen Leitung nach Entwicklung eines kleinen Dieselmotors war Maybach zu spät eingegangen, um sich auf diesem Markt noch behaupten zu können. Die eigenen

17   Luxus-Cabriolet „DS 8 Zeppelin" der Fa. Maybach Metallbau 1931. Archiv der Rolls Royce Friedrichshafen.

78   LBZA Monatsbericht 1933 VIII.
79   RRA G 2 a.

18 Werbeanzeige des Maybach Motorenbaus 1929. Archiv der Rolls Royce Friedrichshafen.

Autogetriebe stießen wiederum auf die Konkurrenz der ZF-Produkte.

Trotz großer anfänglicher Probleme erwies sich dann das zweite Entwicklungsprojekt von 1919 als erfolgsträchtig. 1924 konnte mit der *arteigenen Maschinenanlage* in einem Triebwagen der Waggonfabrik Wismar auf der Teuringer Talbahn die erste Probefahrt durchgeführt werden. Von den ersten Triebwagenzügen mussten aber zeitweise die Hälfte wieder aus dem Verkehr gezogen werden, um Mängel zu beheben. Als 1932/1933 wesentlich leistungsfähigere Triebwagen in Stromlinienform zum Einsatz kamen und zunächst wieder häufig Störungen auftraten, schien das Unternehmen wieder ernstlich gefährdet. 50 Prozent des Umsatzes stammten nun schon von den Triebwagenmotoren. *Kommen wir mit unseren Triebwagenmotoren wieder aus dem Geschäft, so lässt sich kaum denken, wie wir uns über Wasser halten sollen, da unsere sonstigen Erzeugnisse [...] fast durchweg entweder preislich oder konstruktiv nicht mehr konkurrenzfähig sind.*[80] *Wir haben zurzeit [...] eigentlich kein wirklich absatzfähiges Verkaufprodukt.* Aber als im Dezember 1934 der Motorenbau sein 25-jähriges Bestehen feierte, konnte der technische Direktor stolz melden: *Wir stehen heute, was die Zahl von gelieferten Motoren für Triebwagen, insbesondere aber auch die Erfahrungen auf diesem Gebiet anbelangt, [...] an der Spitze.*[81]

Damit hatte die Firma eine lange kritische Phase überwunden, in der sie mehrmals vor dem Ruin stand. Nur dreimal während der ganzen Weimarer Republik konnte ein positives Betriebsergebnis erreicht werden. Schon 1926 ging Eckener die Geduld aus:

80 RRA G 2 a.
81 Karl MAYBACH, Ansprache bei der Werk-Feier anläßlich des 25jährigen Bestehens des Maybach-Motorenbau GmbH Friedrichshafen a. B. am 15. Dezember 1934, Friedrichshafen 1934, S. 14.

Man operiere jetzt seit sechs bis acht Jahren mit dem Argument, *man sei jetzt bald soweit. Nun aber könnten sich die Gesellschafter des LZ [...] sicherlich nicht noch einmal dazu verstehen [...], für den Geldbedarf des Maybach-Motorenbaus aufzukommen*.[82] Nachdem 1929/1930 die jährlichen Zinszahlungen eine Höhe von ½ Million bei einem Umsatz von ca. 4 Millionen RM erreicht hatten, wurde sehr ernsthaft die Liquidation des Unternehmens erwogen. Die Beschäftigtenzahlen wurden während der Weltwirtschaftskrise drastisch auf ca. 350 Personen reduziert, 1925–1927 waren es noch ca. 900 gewesen.

Die Situation wurde auch hier verschärft durch Konflikte zwischen den führenden Persönlichkeiten. Eckener sah ohnehin ungern, dass der LBZ immer wieder dem Motorenbau zu Hilfe kommen musste. Als 1928 mit Julius Bernhardt ein kaufmännischer Direktor Karl Maybach als technischer Direktor (und Minderheitsgesellschafter mit 20 Prozent) zur Seite gestellt wurde, glaubte sich der Techniker vom Kaufmann bevormundet, und der Kaufmann sah die wirtschaftlichen Gesichtspunkte zu wenig gewahrt.

Vorbildlich war dagegen seinerzeit die Lehrlingsausbildung beim Motorenbau. Nach dem Krieg und der Abwanderung der dienstverpflichteten Arbeiter herrschte bei den Konzernfirmen großer Mangel an qualifizierten Facharbeitern.

Abgelegen von jedem Industrie-Zentrum war es unmöglich, diese Arbeitskräfte in genügender Zahl bereitzuhaben. Auch ist es infolge des Wohnungsmangels unmöglich, von auswärts die erforderlichen Arbeitskräfte heranzuziehen [...] Obwohl ein Überangebot von Arbeitskräften vorliegt, wird ein Mangel an gelernten Arbeitern vorhanden sein [...] Überdies verlangt gerade der gelernte und tüchtige Arbeiter der Großstadt in gesellschaftlicher Unterhaltung und Weiterbildung seines Geistes mehr [...], als ihm hier geboten werden kann.

Deshalb wurde 1920 eine Lehrwerkstatt beim Motorenbau eingerichtet, *um einen tüchtigen und sesshaften Arbeiterstand zu bekommen*. Diese Werkstatt diente gleichzeitig der Ausbildung der Lehrlinge für alle übrigen Konzernfirmen. 1921 wurde ihr noch eine *Werkschule* angeschlossen, zunächst als Ergänzung zur örtlichen Gewerbeschule, bald aber als selbständige *Fachabteilung* Eingestellt wurden pro Jahr etwa 50 Lehrlinge, so dass zusammen immer etwa 200 Lehrlinge während ihrer vierjährigen Lehrzeit geschult wurden. Ziel der Ausbildung war *ein Stab intelligenter, berufsmäßig ausgebildeter Facharbeiter als geistige Führer einer spezialisierten Gruppe angelernter Arbeiter*.[83]

4.3 Zahnradfabrik Friedrichshafen

Als bei der 1915 gegründeten Zahnradfabrik die Versuche mit neu entwickelten Getrieben für Flugzeugmotoren abgeschlossen waren und die Produktion von Großserien hätte beginnen können, war der Krieg zu Ende. Nun hatte man sich auf neue Abnehmer einzustellen. Dafür kam nun die Autoindustrie in Betracht. Neue Getriebe mussten entwickelt werden. Graf Soden sah die *sehr schwierige Umstellung vom Kriegsbetrieb auf*

---

82 StadtA Friedrichshafen Zeppelin-Stiftung, Ordner Uhland.
83 RRA Denkschrift 1919–1925; vgl. Elmar L. Kuhn, Von der Sonntagsschule zum Berufsschulzentrum. Der mühsame Weg zur beruflichen Bildung für alle, in: Leben am See 3 (1985), S. 294–306.

19   Zahnradfabrik Friedrichshafen. Aus: Hildebrandt, Zeppelin-Denkmal, 1925, S. 266.

Friedensarbeit.[84] Die Firma schob eine große Schuldenlast aus den ersten Investitions- und Versuchsjahren vor sich her, deren Zinsendienst die Bilanz verzerrte. 1920 hoffte Soden noch: *Man wird weiter Geld geben. Sie lassen sich immer wieder durch meinen Optimismus anstecken.*[85] 1921 entschlossen sich die Teilhaber LBZ und Maag zur Sanierung der ZF. Sie wurde in eine Aktiengesellschaft umgewandelt, von deren Aktien der LBZ 80 Prozent, Maag 20 Prozent übernahmen, nachdem vorher beide etwa gleich beteiligt waren. Zwar wurde das 1921 vorgestellte Soden-Getriebe ohne Gangschaltung, das seiner Zeit voraus war, kein Erfolg, aber das sog. Einheitsgetriebe von 1925 konnte in großen Serien abgesetzt werden. 1926 wurde ein erster kleiner Zweigbetrieb in Berlin eingerichtet. Weitere Neuentwicklungen sicherten der ZF selbst während der Weltwirtschaftskrise etwa gleichbleibende Umsätze.

Die Zahl der Firmenangehörigen war nur nach dem Krieg kurzfristig von ca. 500 auf 80 gefallen. Bis 1933 war die Zahl der Beschäftigten am stabilsten von allen Konzernfirmen und betrug immer um die 500. Sie erwirtschaftete nach der Sanierung von 1921 außer 1931 immer Gewinne für den Mutterkonzern. Seiner Fürsorge nicht bedürftig scheint die ZF unter der Führung von Soden und Cappus recht selbständig operiert zu haben.

84 Zitiert nach Arnold BRÜGMANN, Chronik der ZF AG, Wiesbaden 1965, S. 98.
85 Zitiert nach Heinz STEUDE, Graf Alfred von Soden-Fraunhofen, in: Tradition 10 (1965), S. 97–111, hier S. 108.

20   Arbeiter vor einem fertiggestellten Dornier RS IV in Seemoos 1918. Kreisarchiv Bodenseekreis, Bilddokumente.

4.4 Dornier Metallbauten

Claude Dornier hatte im 1917 gegründeten Zeppelin-Werk Lindau GmbH mit Fabrikgebäuden im Seemoos und Lindau-Reute mit zuletzt 2000 Personen große Flugboote entwickelt und Zulieferteile für andere Konzernfirmen in Friedrichshafen und Staaken hergestellt. Wegweisend für den weiteren Flugzeugbau war die Erprobung der Konstruktionsmerkmale Ganzmetall- und Schalenbauweise sowie der Flossenstummeln am Bootskörper zur Stabilisierung im Wasser. Zur Serienreife gelangte der Flugbootbau hier jedoch nicht mehr. Der Versailler Vertrag verbot Deutschland jegliche Flugzeugproduktion ab Mitte 1919. Das Werk Lindau wurde deshalb aufgegeben, in Seemoos versuchte Dornier mit 80 Beschäftigten durchzuhalten. Mit der *Produktion von Eimern, Badewannen und ähnlichem Gerät kam man auf keinen grünen Zweig. Da gelang es, mit der niederländischen Marine mit Metallschwimmern für ihre Seeflugzeuge ins Geschäft zu kommen. Und so konnten wir mehr als 2 Jahre lang unseren kleinen Betrieb allein aus dem Erlös des Schwimmergeschäfts über Wasser halten.*[86]

Das Verbot des Flugzeugbaus unterlief Dornier mit z. T. legalen, z. T. illegalen Praktiken. Bauteile eines Marineaufklärungsbootes hatte Dornier unter dem Hallenboden in Seemoos vor alliierten Kontrollkommissionen versteckt gehalten. In der Schweiz bei Rorschach wurde ein alter Schuppen gemietet, um diese Teile zu montieren. Den Deutschen

---

86 Claude DORNIER, Aus meiner Ingenieurslaufbahn, Zug 1966, S. 110, 112.

war es nicht untersagt, im Ausland Flugzeuge zu bauen. Die versteckten Teile wurden über den See gebracht und in Rorschach in abgeänderter Version zu einem Verkehrsflugboot (Gs I) zusammengebaut. Nach Probeflügen nach Holland, über der Nord- und Ostsee wurde das Boot am 25. April 1920 versenkt, um es nicht an die Alliierten ausliefern zu müssen. In Seemoos waren die Entwicklungsarbeiten an Flugbooten weitergegangen. Ende 1920 konnte ein kleineres Boot für vier bis fünf Passagiere, der Delphin I, und im Sommer 1921 ein noch kleineres für drei Passagiere, die Libelle I, ihren Erstflug unternehmen. Die Teile für sie wurden unbemerkt in Seemoos gefertigt, fertig gebaut wurden sie wie die Gs I in Rorschach. Später vorgestellte Delphin-Typen unternahmen ab 1925 bis in die 1930er Jahre für den *Bodensee Aero Lloyd* Rundflüge über den See.

An den Bau größerer Flugzeuge war in Rorschach nicht zu denken. 1921 erwarb der Luftschiffbau deshalb über die neu gegründete Tochtergesellschaft *Societa Anonima Italiana di Costruzioni Meccaniche* mit italienischer Beteiligung in Marina di Pisa unmittelbar am Meer eine Fabrikanlage. *Aufträge lagen [...] keine vor. Wir hatten in Seemoos ein Aufklärungsflugboot, das die Marine bei uns am Ende des Krieges bestellt hatte, weiterbearbeitet. Die Zeichnungen für die Fabrikation waren fertiggestellt. Das Material war vorhanden. Man entschloss sich, auf gut Glück eine Serie von 6 Stück dieser Boote in Arbeit zu nehmen, in der Hoffnung, dass sich bis zur Fertigstellung ein Käufer finden werde [...] In dem Moment, in dem die Lage anfing, kritisch zu werden, kam der spanische Auftrag.*[87] Das zunächst für Spanien entwickelte Flugboot, der bekannte Wal, brachte Dornier den Durchbruch und wirtschaftlichen Erfolg. Vom Wal wurden ca. 250 Stück in mehreren Versionen, Größenklassen und Entwicklungsstufen gebaut, außer in Pisa später auch am Bodensee und in Lizenz in Holland, Spanien und Japan. *Der Wal hat die Firma Dornier von einem kleinen Versuchsunternehmen zu einer international bekannten Firma gestempelt. Seine Bedeutung für die Entwicklung unseres Unternehmens kann nicht überschätzt werden. Ja, man kann sagen, der Wal hat Dornier gemacht.*[88]

Nach diesem Erfolg und nachdem einige Bestimmungen der Alliierten über den Flugzeugbau gelockert worden waren, siedelte die 1922 in Dornier Metallbau GmbH unbenannte Stammfirma von Seemoos in größere Fabrikbauten nach Manzell des ehemaligen *Flugzeugbaus Friedrichshafen* über. Aber nach wenigen Jahren erwiesen sich diese Anlagen ebenfalls als wieder zu klein. Eine Erweiterung in Friedrichshafen war schon wegen der *Wohnungs- und Arbeitsverhältnisse*, d. h. des Mangels an beidem, nicht möglich.

Mitte der 1920er Jahre schwand in Marina di Pisa der Einfluss der Dornier-Metallbauten aus politischen Gründen mehr und mehr.[89] *Solange dieses Werk vorwiegend im Besitz des Konzerns war, ist es eine der wenigen Flugzeugfabriken gewesen, die sich aus eigener Kraft [...] entwickeln und mit gutem Gewinn arbeiten konnten.*[90] Von jedem verkauften Flugzeug hatte die Firma in Pisa 5, bald 7,5 Prozent als Lizenzgebühren an die Dornier Metallbau zu entrichten.

Um sich aus Pisa zurückziehen zu können, suchte man ein anderes Werk im Ausland und zwar in der Schweiz am gegenüberliegenden Ufer des Bodensees zu gründen, um

---

87 Ebd., S. 139, 172.
88 Ebd., S. 174.
89 LBZA Monatsbericht 1925 X.
90 Colsman, Luftschiff (wie Anm. 32), S. 188.

21　Dornier-Metallbauten in Manzell um 1930. Aus: Maier, Friedrichshafen 2, 1994, S. 424 (Dornier-Archiv).

dort die Auslandsaufträge auf Militärflugzeuge erledigen zu können und u. U. auch den Bau von Großflugzeugen aufnehmen zu können.[91] 1926 wurde ein Gelände an der Rheinmündung bei Altenrhein erworben und das damals modernste Werk der europäischen Luftfahrtindustrie fertiggestellt. Die Werft Altenrhein war in ihrer Größe bereits ausgelegt für den Bau des damals schon geplanten riesigen Verkehrs-Flugschiffes Do X. Dieses heute legendäre und nur in drei Exemplaren produzierte Flugschiff konnte 1929 zum Erstflug starten. Im Normalbetrieb konnten 66 Passagiere und 14 Besatzungsmitglieder mitfliegen. 1930, nur zwei Jahre nach LZ 127, unternahm die Do X einen Amerikaflug, von dem sie nach einigen Unterbrechungen 1932 zurückkehrte. 1932 hatte Wolfgang von Gronau mit einem Wal einen Weltflug unternommen, drei Jahre nach LZ 127. Zu den Flügen von Do X und zur Begrüßung Gronaus nach seiner Rückkehr fanden sich wie früher zu den Luftschiff-Aufstiegen wieder Tausende am See ein. Redner und Zeitungen schwelgten jeweils im nationalistischen Pathos. So wie immer noch das Luftschiff, so wurde jetzt auch das Flugschiff als das Beförderungsmittel für Langstrecken propagiert. Schon glaubte man an einen Flughafen Altenrhein als europäischer Zentralflughafen für den Interkontinentalverkehr. Aber wieder hatte man in Unkenntnis über die eigentlich militärische Bestimmung auf einen Saurier gesetzt. 1934/1935 wurden alle drei Do X stillgelegt, da mit ihnen kein wirtschaftlicher Verkehr zu erreichen war.

Aber Dornier hatte sich längst in zwei zukunftsträchtigeren Sparten betätigt. Seit 1922 wurden mit *Komet* und ab 1925 mit *Merkur* kleinere Landverkehrsflugzeuge herge-

91　LBZA Monatsbericht 1925 X.

stellt, von denen insgesamt ca. 80 Stück verkauft werden konnten, die im Linienverkehr in Deutschland und Russland eingesetzt wurden.

Langfristig dachte man an den Bau von Militärflugzeugen. Damit hatte Dornier schließlich angefangen und die größte Erfahrung. Angesichts des großen Bedarfs an Militärmaschinen hatte Dornier nie aufgehört, sich mit ihrer Entwicklung zu beschäftigen. Schon der Wal war für militärische Zwecke gebaut worden. Im gleichen Jahr 1922 wurde das Jagdflugzeug Falke in einer Land- und Seeversion fertiggestellt. Vom Aufklärungsflugzeug Do D konnten fast 30 Stück abgesetzt werden, davon 24 für Jugoslawien und 3 für die illegale Luftrüstung des Reichsverkehrsministeriums. Weitere wurden in Lizenz in Japan hergestellt, ebenso wie ab 1926 vom Bomben-Großflugzeug Do N. Auch der Auftrag für Do X kam auf ominöse Weise aus dem Reichsverkehrsministerium. *Dornier, das Geld haben wir. Machen Sie sich keine Sorgen [...] Sie werden mit dem Verkehrsministerium einen Vertrag machen und von dieser Seite fließt Ihnen das Geld zu. Fragen Sie nicht weiter*, sicherte eines Tages der Präsident des Bundes der Deutschen Luftfahrtindustrie, ein Admiral a. D., zu. *Das war ein Auftrag der Marine. Der Do X sollte Torpedos und eine 10-cm-Kanone tragen* gab später ein Dornier-Manager preis.[92] Der Transporter Do P, wie später weitere neue Typen wurden auf der geheimen Erprobungsstelle für Militärflugzeuge in der Sowjetunion getestet, die 1922 in einem Geheimabkommen zum Deutsch-Sowjetischen Rapallo-Vertrag zugesichert worden war.[93]

Auch bei den Zivilflugzeugen konnten militärische Überlegungen und deshalb staatliche Förderungen einfließen. „Die Flugzeugbauer erhielten Aufträge zur Entwicklung von schnellen Reiseflugzeugen, aus denen später Jagdflugzeuge wurden oder zur Entwicklung von Schnelltransportern und Frachtflugzeugen, die sich später als Bombern mauserten."[94] Schon ab 1920 waren im Reichsverkehrsministerium die geheimen Planungen für die Vorbereitung und Aufstellung von Flugverbänden angelaufen. So war man 1933 vorbereitet, als die Nazis an die Macht kamen und die deutsche Aufrüstung sofort mit großem Aufwand betrieben. Nun konnte *Dr. Dornier seine Erfahrungen im Bau von Kampfflugzeugen, mit denen er sich jahrzehntelang in uneigennütziger Weise beschäftigt hatte, nutzen*.[95] Noch 1933 konnte Dornier mit Do II, So 13 zwei aus dem 1932 fertiggestellten *Fracht- und Postflugzeug Do F* weiterentwickelte Kampfflugzeugtypen anbieten. Vom 1934 beschlossenen Flugzeugbeschaffungsprogramm der ersten Welle der Luftaufrüstung mit insgesamt etwa 4000 Flugzeugen bekam Dornier einen Auftrag über 400 Flugzeuge, also etwa 10 Prozent des Beschaffungsprogramms.[96] Dieser Auftrag von 400 Flugzeugen überstieg die gesamte Produktion von Dornier seit seiner Gründung.

Dornier scheint nach 1922 nie mehr in ernstliche Schwierigkeiten geraten zu sein. Über die Höhe der Reichszuschüsse ist freilich nichts bekannt. Die Beschäftigungszahlen stiegen von knapp 100 auf den Höchststand von 1118 im Jahr 1927, um dann wieder zurückzugehen.

---

92 Zitiert nach Heinz MICHAELS, Die Dorniers, in: Zeitmagazin (1985), S. 21–23, Nr. 20.
93 Gustav WIELAND, Die Flugzeugbauer vom Bodensee, Friedrichshafen 1975, S. 9.
94 Lutz TITTEL, 100 Jahre Claude Dornier, Friedrichshafen 1984, S. 74.
95 DORNIER-Werke GmbH (Hg.), 25 Jahre Dornier, Friedrichshafen 1940, S. 42 f.
96 Karl-Heinz VÖLKER, Die deutsche Luftwaffe 1933–1939, Stuttgart 1967, S. 56 f.

Unbeschränkter Herrscher im Unternehmen war Claude Dornier. Der mehrfache Versuch des Konzerns, ihm einen zweiten Geschäftsführer beizugeben, scheiterte jeweils. Eine Zusammenarbeit erwies sich als unmöglich. Das Verhältnis zum Konzern war immer gespannt. Colsman hatte den Amerika-Flug von Do X als ebenso unnötig riskant abgelehnt wie die Interkontinentalflüge des Luftschiffes. Unter Eckener verschlechterte sich das ungesunde Verhältnis weiter. Nach dem Tod des Grafen Zeppelin fingen *die Gesellschafter an, meine Geschäftsführung und meine Leistung als Ingenieur zu bekritteln*.[97] Als Dornier 1932 vorschlug, alle Anteile am Unternehmen zu erwerben, fand er bei Eckener ein offenes Ohr. Dieser hatte nach dem Ausscheiden Colsmans die Diversifikationsstrategie aufgegeben und konzentrierte alle Mittel auf die Förderung der Luftschifffahrt. Bei den Dornier Metallbauten war die Luftschiffbau Mehrheitsgesellschafter mit (zusammen) 60 Prozent des Stammkapitals. 30 Prozent besaß seit 1922 die Aero-Union, hinter der die AEG und HAPAG standen, an der wiederum mit gleichem Anteil die Dornier Metallbauten beteiligt war und die später in der Lufthansa aufging. Dornier selbst besaß 10 Prozent des Kapitals. Mit 80 Prozent

22 Schaubild der Beschäftigtenzahlen der Dornier Metallbauten. Grafik von Marcel Dornier. Kreisarchiv Bodenseekreis, Bilddokumente.

des Nennwerts des Stammkapitals konnte er die Firma ganz in seine Hand bringen. Damit hatte Eckener unter Wert „denjenigen Konzernbetrieb ausgestoßen, der in der Lage gewesen wäre, die Aufgabe, die Luftfahrt zu fördern, weiterzuführen."[98]

4.5 Zeppelin-Wohlfahrt

Bei nach dem Krieg auf ein Drittel fallenden Arbeiterzahlen und wesentlich schlechterer Ertragslage der Firmen musste das soziale Angebot der Zeppelin-Wohlfahrt reduziert werden. Viele Einrichtungen, vor allem die Wohnheime, wurden aufgegeben und verkauft. Die Konsum-Anstalt übernahm der sozialdemokratisch orientierte Konsumverein 1920. Die Sparbank wurde in der Inflation 1923 liquidiert und die Einlagen an die

---

97 DORNIER, Ingenieurslaufbahn (wie Anm. 86), S. 157.
98 Julius Oesterle, in den 1960er Jahren Geschäftsführer der Zeppelin Wohlfahrt und der Zeppelin Metallwerke, in: ITALIAANDER, Deutscher (wie Anm. 69), S. 272.

Oberamtssparkasse abgegeben. Im sozialen Bereich wurden die Frauenberatung 1919 und die Kinder- und Wöchnerinnenbetreuung 1927 eingestellt.

Über den Unterhalt der übrigen Einrichtungen hinaus wurden in den 1920er Jahren kaum neue Akzente gesetzt. In den ersten Nachkriegsjahren wurden die Anstrengungen fortgeführt, die Wohnungsnot in Friedrichshafen zu lindern. Der Mangel an Wohnungen wurde jahrelang als entscheidendes Wachstumshindernis für die Friedrichshafener Industrie bezeichnet. 1919 bis 1922 erstellte die Bauverwaltung der Zeppelin-Wohlfahrt nochmals knapp 80 bis 90 Wohnungen. 1919–1921 wurden das Zeppelindorf um 14 Häuser mit 37 Wohnungen erweitert und bot jetzt 142 Familien oder 735 Personen Unterkunft. Von der 1918 geplanten großen Siedlung in den Stockwiesen südlich des Riedleparks konnten 1922 nur noch wenige Häuser errichtet werden. Darüber hinaus ließ die ZW Baracken mit Notwohnungen erstellen und kaufte noch einige einzelne Häuser auf. Insgesamt besaß sie am Ende der 20er Jahre zusammen mit den 125 Häusern des Zeppelindorfes ca. 160 Häuser im Stadtgebiet, das waren immerhin 12 Prozent des gesamten Hausbestands. Der Maybach Motorenbau hatte auf eigene Rechnung nach dem Krieg 21 Häuser erbauen lassen. Zusammen konnten die Konzernfirmen über ca. 210 Häuser verfügen.

Neue Arbeitskräfte zu gewinnen, ohne ihnen Wohnungen anbieten zu müssen, versuchte der Konzern auch auf einem anderen Weg. Um die vermeintlichen Arbeitskraftreserven des Teuringer Tals zu erschließen und als Pendler anzuwerben, wurde 1919–1922 die Teuringer Talbahn angelegt und 1925 ihre Fortführung bis Bitzenhofen betrieben. Der Konzern argumentierte: *Ein Zuzug von Arbeitskräften aus dem Hinterlande befreit [...] die Industrie [...] von einem Teile der sozialen Lasten, die ihr durch Ansiedlung in der Stadt Friedrichshafen in Form von Steuern erwachsen [...] In der Rücksicht auf die Konjunkturschwankungen der Industrie ist es erwünscht, wenn u. U. ein größerer Teil der Arbeiterschaft sich auf ländlichen Besitz stützen und zeitweise auf dem Land Arbeiten finden kann.*[99] Die 1921 in Betrieb genommene Bahn erfüllte aber die an sie geknüpften Hoffnungen nicht. Der Personenverkehr blieb immer defizitär, schon 1923–1924 musste die Bahn vorübergehend eingestellt werden.

Größeren Erfolg hatte die ZW mit ihrer Lebensmittelversorgung, vor allem mit ihren landwirtschaftlichen Betrieben. Ab 1924 stellte sie ihre Höfe, insbesondere den von Verwalter Stöffler geleiteten Riedlehof und den Hof Unterteuringen, ganz auf Vieh- und Milchwirtschaft um. Beim Riedlehof wurden 1926 eine Molkerei eingerichtet, die durch Kühlung gut haltbare Flaschenmilch und erstmals für Württemberg eine gute Markenbutter von gleichbleibender Qualität anbot. Mit modernen Werbemethoden, einheitlichen Milchautos und gut organisierter Zulieferung wurde der Milchbetrieb in der Stadt bei den Firmen angekurbelt. Durch die Umwandlung von Dorfmolkereien in Zuliefer-Rahmstationen konnten die Verarbeitungsmengen an Butter gesteigert werden. Damit wurde gegen große Widerstände der Erzeuger und des Handels die Verwandlung der Milchprodukte von einem billigen, leicht zugänglichen, aber auch schnell verderblichen Lebensmittel mit knapper Handelsspanne und kurzen Vertriebswegen zu einer länger haltbaren, aber auch teureren Markenware eingeleitet. Um ein noch größeres Einzugs-

---

99 LBZA Monatsbericht 1925 X.

gebiet zu gewinnen, ging die Riedlehof-Molkerei 1929/1930 in der neu gegründeten Oberland-Milchverwertung Ravensburg (Omira) auf, wo Stöffler zum Geschäftsführer avancierte. An ihn wurde auch der Riedlehof ab 1930 verpachtet, so dass der einzige neue Produktionsbereich der 1920er Jahre, die Milchverarbeitung, sich damit von der ZW verselbständigte.

Man wird bei einer Beurteilung des Wirkens der ZW nicht übersehen, dass sie den Interessen der Konzernfirmen mindestens ebenso zu dienen hatte wie denen der Beschäftigten. Selbst einer Aussage wie: *Jeder Werksangehörige empfindet es als besonderes Glück, eine Wohnung im Zeppelindorf zugewiesen zu erhalten, da insbesondere die Gärten große wirtschaftliche Vorteile den Mietern bieten*, ist noch Ambivalenz anzuhören.[100] Und wenn der Konzern die sozialen Aufgaben an eine Tochterfirma abwälzte, die sowohl Rendite zu erbringen und soziale Aufgaben wahrzunehmen hatte, mussten beide Ziele miteinander in Konflikt geraten. Ohne beträchtliche Zuschüsse der Konzernfirmen hätte die ZW ihre Aufgabe deshalb auch nicht erfüllen können. In dem Maße, wie die anderen Firmen in Schwierigkeiten gerieten, musste folglich auch die ZW ihren Aktionsradius einschränken. So wird die Feststellung, dass diese Gesellschaft *ein lebensfähiges Wirtschaftsgebilde [darstellte], das die Gesamtwirtschaft im allgemeinen stärkte und der Friedrichshafener Großindustrie eine schätzenswerte Stütze bildete und wiederholt [...] preisregulierend wirkte*,[101] wohl nur bedingt und für die frühen und mit Einschränkungen für die mittleren Jahre der Republik zugetroffen haben.

In den kritischen letzten Jahren der Republik stellten sich der ZW erneut besonders dringliche Aufgaben. Da die Konzernfirmen meist in den roten Zahlen steckten, fehlten nun aber auch der ZW die Mittel. Doch bot sie in den Jahren der Wirtschaftskrise den kurzarbeitenden verheirateten Werksangehörigen, den Arbeitslosen und armen Alten eine *Winternothilfe*. An bestimmten Tagen konnte Fleisch, Wurst und Mehl zum halben Preis erworben werden. *Den Zeitverhältnissen Rechnung tragend, lässt die ZW auch ein billiges Volksbrot herstellen, im Saalbau warmes Essen zu mäßigen Preisen verabreichen, außerdem empfiehlt sie ihr Warmbad [...] und ihre Bücherei (zum Aufwärmen), alles Dinge, die ihr zu Dank angerechnet werden müssen.*[102] Der Einschränkung der Tätigkeit entsprach der Personalrückgang. Am stärksten war die Bauabteilung betroffen. Beschäftigte sie allein bis 1918 250 Personen, so arbeiteten 1920 bis 1927 insgesamt im Durchschnitt nur noch 150 Personen bei der ZW. Die Zahl der Beschäftigten schwankte hier im Jahresablauf jeweils stark entsprechend dem Bedarf an landwirtschaftlichen Arbeitern. Die Funktion des Direktors nahm mit Ausnahme der Jahre 1918–1920 bis zu seinem Ausscheiden aus dem Konzern Generaldirektor Colsman selbst wahr und dokumentierte auch damit die Bedeutung der ZW für die Konzernpolitik. Die Geschäfte führte wohl schon während dieser Zeit real Adam Wurm, der dann 1929 auch zum Direktor befördert wurde.

Der Versuch, durch die ZW nicht nur auf die Gestaltung der Lebensverhältnisse der Beschäftigten Einfluss zu nehmen, sondern das Gesicht der Stadt insgesamt in wichti-

---

100 LBZA Jahresbericht 1922.
101 LBZA Jahresbericht 1920.
102 Seeblatt 14.12.1932.

gen Teilen zu prägen, musste nach dem Krieg abgebrochen werden. Vom Ziel, das Leben der Werksangehörigen über die Arbeit hinaus umfassend zu gestalten und zu bestimmen, blieb in den 20er Jahren nur noch eine Reihe nützlicher Einzeleinrichtungen bestehen. Als Modell für die umfassenden ursprünglichen Bestrebungen blieb das Zeppelindorf erhalten, wo auch einige Einrichtungen angesiedelt waren. Dass sich das Bewusstsein seiner Bewohner dennoch nicht im gewünschten Sinn beeinflussen ließ, zeigte sich bei den Wahlen.

4.6 Der Konzern

Fast alle Konzernfirmen waren Ende der 1920er Jahre in eine existenzgefährdende Krise geraten, aus der die Konjunkturentwicklung kaum einen Ausweg versprach. Der Luftschiffbau selbst hatte kein ausreichend stabiles zweites Standbein gefunden und hing mit seinen Luftmonstern von Staatszuschüssen ab, wie Dornier mit seinen allerdings zukunftsträchtigen Flugzeugen von Staatsaufträgen. Maybach konnte nur durch die Verdieselung des Schienenverkehrs der Reichsbahn gerettet werden. Mit weit mehr als zur Hälfte des Produktionsvolumens hing der Konzern am staatlichen Tropf, der kleinere Teil der Nachfrage reagierte über den Markt indirekt auf staatliches Handeln. Der Sparkurs der Reichsregierung unter Kanzler Brüning musste die Friedrichshafener Industrie besonders hart treffen, wenn sie auch bei allen Sparmaßnahmen noch glimpflich davonkam.

Die Situation wurde verschärft durch den Sieg Eckeners über Colsman in der Konzernleitung. Als 1928 Freiherr von Bassus starb, wurde Eckener sein Nachfolger als Vorsitzender des Vorstands der Zeppelin-Stiftung und des Aufsichtsrats der Zahnradfabrik. Als zweites Mitglied des Stiftungsvorstands wurde der Geschäftsführer der ZF, Graf von Soden, berufen. Colsman sah dies als *persönliche Enttäuschung und sachliche Beschränkung seiner Kompetenzen* gegenüber Eckener, *der sich gegen die kaufmännische Vorsicht Colsmans diktatorisch durchgesetzt habe.* Colsman glaubte, die geschäftliche Verantwortung für das Unternehmen nicht mehr tragen zu können.[103] Zum 1. Juli 1929, kurz nach einem gescheiterten Versuch einer zweiten Amerika-Fahrt und vor dem erfolgreichen zweiten Start, trat Colsman als Generaldirektor zurück. Die Presseerklärung des Luftschiffbaus stellte den entscheidenden Konflikt klar heraus: *Der Geschäftsumfang der Konzerne sei in den letzten Jahren allmählich kleiner geworden, in dem Maße, als der Luftschiffbau Zeppelin alle für ihn nicht lebensnotwendigen Unternehmungen abstieß, um deren Mittel seiner eigentlichen Aufgabe, d. i. den Bau und Betrieb von Luftschiffen zuzuführen. In diesem Umstand liegen denn auch vornehmlich die Gründe für das übrigens bereits seit geraumer Zeit feststehende Ausscheiden Dr. Colsmans.*[104] Colsman hatte die propagandistische Bedeutung der riskanten Amerika-Fahrten Eckeners und der Dornier-Flugboote verkannt. Drei Jahre nach seinem Sieg ließ Eckener das Ausscheiden Dorniers aus dem Konzern zu und verzichtete so auf das aussichtsreichere Luftfahrzeug. Doch die Luftschiffe waren zu Dinosauriern der Luft geworden, 1940 kam das endgültige Ende

---

103 Stuttgarter Neues Tagblatt 13.6.1929, S. 3.
104 KreisA Bodenseekreis: Textdok S-Fri 95.529Luf, Zeitungsausschnitt ohne nähere Angaben, 16.6.1929.

23 Anzeige des Zeppelin-Konzerns 1926. Kreisbibliothek Bodenseekreis Salem.

der Luftschifffahrt. Eckener hatte einen Pyrrhus-Sieg errungen. In den 1930er Jahren haben die Töchter ihre Mutterfirma weit überrundet.

Von einer straffen Führung durch die Konzernspitze war allerdings auch unter Colsman nichts zu spüren. Er überließ es den Tochterfirmen selbst, ihr Produktionsprogramm zu finden und zu entwickeln. So war es wenig mehr aufeinander abgestimmt. Maybach und die ZF stellten Getriebe her. Tochterfirmen ließen in Singen gießen, während die Aluminiumgießerei des Luftschiffbaus ungenutzte Kapazitäten hatte. Viel mehr als ein Verschiebebahnhof für die Finanztransaktionen war die Konzernabteilung offenbar nicht. Solange die Firmen Erträge erwirtschafteten oder nach Durststrecken noch erwarten ließen, konnten sie relativ unabhängig operieren.

Der Zeppelinkonzern am Ende der Weimarer Republik, das war ein wenig aufeinander abgestimmter Firmenkomplex, der sich gerade selbst amputiert hatte, und im Wesentlichen nur noch aus zwei maroden Unternehmen und der noch leidlich wirtschaftenden ZF bestand. Eine längere Dauer der Wirtschaftskrise hätte wohl den Ruin bedeutet. Eckener, Maybach und Soden waren gewiss keine Nazis, Eckener ihr dezidierter Gegner. Aber auch ihnen musste klar sein, dass mit den Nazis „der Weg für die Betätigung gerade derjenigen Produktivkräfte offen (war), die man für große Rüstungen braucht und die jetzt in der Wirtschaftskrise brachlagen, weil sie sich über die Fassungskraft der Marktökonomie hinaus entwickelt hatten". „Wenn keine Nachfrage echter Art vorhanden ist, so muss eine andere Nachfrage [...] geschaffen werden [...] Um Nachfrage dieser Art effektiv zu machen, bedarf es einer Staatsmacht, die die Bezahlung für solche Produktion der Bevölkerung aufzwingt."[105] Die Ingenieure der Konzernfirmen hatten die Aussichten früher erkannt, die ihnen die „Vernichtungsökonomie" bot. Sie stellten einen überproportionalen Anteil an den lokalen Mitgliedern und Funktionären der NSDAP.

Risiken, die mit den nach 1933 üppig einsetzenden Staats- und Rüstungsaufträgen verbunden waren, wurden von den Firmen durchaus gesehen. Artikuliert und befürchtet wurden nur die marktwirtschaftlichen, nicht die politischen Gefahren: *Bei den nahezu überall und mitunter sehr stark hervortretenden Bestrebungen zur Nationalwirtschaft ist es auf die Dauer sehr schwer, den Exportumsatz zu halten.*[106] *Diese Strukturänderung sei mit einem außerordentlich großen Risiko verbunden [...], wenn bei Aussetzen oder auch nur Einschränkung der staatlichen Spezial-Beschaffungsaufträge ein genügender Ausgleich [...] am freien Markte nicht mehr erzielbar wäre.*[107]

4.7 Revolution und Räte

Die Revolution wurde in Friedrichshafen zwar früher als in den meisten anderen deutschen Städten gefordert, aber erst zwei Tage später gefeiert. Am 9. November, als in Reich und Land die Monarchien gestürzt, neue republikanische Regierungen gebildet werden, trat in Friedrichshafen nur der Arbeiter- und Soldatenrat wieder zu einer Sit-

---

105 Alfred SOHN-RETHEL, Ökonomie und Klassenstruktur des deutschen Faschismus, Frankfurt 1973, S. 193, 50.
106 RRA Jahresbericht Maybach 1933.
107 RRA Jahresbericht Maybach 1934.

24 Versammlung auf dem Rathausplatz in Friedrichshafen 26. Okt. 1918. Kreisarchiv Bodenseekreis, Bilddokumente.

zung zusammen, nun allerdings im Rathaus, und ließ das Landsturmbataillon entwaffnen. Am Montag, dem 11. November erst, fand die große Revolutionsfeier statt.[108] Die *Massenversammlung vor dem Saalbau kündigte Glockengeläute von beiden Kirchen aus an.* Von dort zog ein großer Demonstrationszug zum Rathausplatz, der die knapp 8000- bis 10000 zählende Menge nicht fassen konnte. Auf dem Rathausplatz wurde auf dem Rathaus die rote Fahne der Republik gehißt und mehrere Ansprachen gehalten, von denen jene des Generaldirektors Colsman besonderen Eindruck machte. Er bekannte sich u. a. zu der Tatsache, […] *dass es Verdienst der Sozialdemokratie sei, wenn Deutschland gerettet werde. Wenn es je einen großen Tag in Deutschland gegeben habe, dann sei es der heutige.*[109] Das Zentralorgan der württembergischen Räte jubelt: *Von den Zinnen des Schlosses weht das Banner der Revolution und grüßt über den blauen Wogen des Schwäbischen Meeres!*[110]

Eine der wichtigsten Forderungen der Friedrichshafener Demonstranten vom 5. November war die Einführung des Rätesystems. Nach Abschluss aller Wahlen umfasste die Vollversammlung über 80 Mitglieder, darunter 40 Vertreter der Arbeiter, sieben der Angestellten, sieben Beamte, etwa 34 Bauernräte als Vertreter der Landgemeinden und ei-

108 Abbildung des Flugblatts mit Einladung zur Volksversammlung am 11.11 1918 mit Programm des Arbeiter- und Soldatenrates, in: KUHN, Friedrichshafen (wie Anm. 64), S. D 1.
109 Seeblatt 12. 11. 1918.
110 Rote Fahne 16. 11. 1918.

25 Flugblatt mit dem Programm des Arbeiterrats und der Einladung zur Revolutionsfeier am 11. November 1918. Hauptstaatsarchiv Stuttgart.

nen Soldatenrat. In Friedrichshafen saßen *neben dem Mann der Werkstatt höhere Beamte, Rechtsanwälte und Lehrer.*[111] Entsprechend diesem breiten Vertretungsspektrum nannte sich der Rat ab Januar 1919 offiziell *Bezirks- Arbeiter-, Soldaten- und Bauernrat*. Die Vollversammlung tagte zunächst wöchentlich, später etwa alle 14 Tage, dann monatlich. Unmittelbar nach der Revolution bildete der Rat für seine verschiedenen Aufgaben Kommissionen: für die Presse, den Grenzschutz, Telegraf und Post, Eisenbahn und Verkehr, Lebensmittelversorgung, Militär und Gemeindekontrolle, an der Spitze den Vollzugsausschuss. An deren Stelle traten im Dezember fest bezahlte Funktionäre, zunächst neun, mit drei *Schreibfräuleins*, ab Februar nur noch fünf, von denen einer in Tettnang das Oberamt kontrollierte, zuletzt noch einer. Gegenüber der Kontrolle der Verwaltung tritt bald die Mithilfe bei der Lebensmittelversorgung und der Wohnraumbewirtschaftung in Vordergrund. Dadurch ließen sich die Arbeiterräte in die Verantwortung einbinden, an der Bewältigung der Kriegsfolgen mitzuarbeiten.[112]

Einen immer größeren Teil ihrer Energien müssen die Räte aber schließlich für den Kampf um ihre Existenz aufwenden. Finanziert werden sie zunächst von Stuttgart aus. Mit 15 000 RM erhält Friedrichshafen nach Stuttgart die zweitgrößte Summe eines lokalen Rates, ein Indiz, welche Bedeutung der Industriestadt am See zugemessen wird. Aber als ab Dezember die lokalen Behörden die Kosten zu tragen und damit die zu Kontrollierenden ihre Kontrolleure zu bezahlen haben, benutzen sie diese Möglichkeit sofort, den Räten das Leben schwer zu machen.

Die aktive Phase des Arbeiterrats ging im August 1919 zu Ende, da die meist der USPD, in einem Fall der KPD angehörigen Funktionäre auf Druck ihrer Parteien ausschieden. Nachdem die SPD den Geschäftsführer stellte, war *das Zusammenarbeiten mit der Gemeinde und dem Oberamt ist ein bedeutend besseres geworden.*"[113] Von einer Tätigkeit des Rats hörte man allerdings immer weniger. Zum 1. März 1920 wurde das Büro aufgelöst. Das entsprach dem Willen von Gewerkschaften, SPD und der Mehrheit der Nationalversammlung, die Räte auf betriebliche Interessenvertretungen zu beschränken.

Trotz linker Funktionäre beschränkte sich der Arbeiterrat auf eine Rolle als Mitverwaltungs-, Kontroll- und Interessenvertretungsorgan, als Kampforgan für eine Umgestaltung der Gesellschaft agierte er nach dem 9. November nie. Diese Rolle nahmen zum Teil die Arbeiterrats-Funktionäre in Personalunion in ihren Parteien, Aktionsausschüssen und Streikleitungen wahr. Ein konkretes Aktionsprogramm für Friedrichshafen hatten weder der Arbeiterrat noch die lokalen Arbeiterparteien oder die Gewerkschaften. Das ‚Weitertreiben der Revolution' sollte von oben in Stuttgart oder Berlin besorgt werden. Die Revolutionäre wollten nicht die Revolution hier und jetzt, sie sahen sich als Unterstützer einer ‚Revolution von oben'. Sie schickten Telegramme, Briefe, Forderungen nach Stuttgart, blieben aber mit ihrer ‚Praxis vor Ort' im Rahmen des gesetzlich Vorgesehenen.

111   Schwäbische Tagwacht 20.12.1918.
112   Tätigkeitsbericht des Bezirks-Arbeiter-, Bauern- und Soldatenrates Friedrichshafen vom 16. Juni 1919, in: Eberhard KOLB/Klaus SCHÖNHOVEN (Bearb.), Regionale und lokale Räteorganisationen in Württemberg 1918/19 (Quellen zur Geschichte der Rätebewegung in Deutschland 1918/19 Bd. 2), Düsseldorf 1976, S. 378 f.
113   HStA Stuttgart E 135, Bü 71.

4.8 Arbeiter und Bürger

Die Kräfteverhältnisse in der Stadt hatten sich in den ersten Monaten nach der Revolution rasch und drastisch verändert. Innerhalb von zwei Monaten gingen die Arbeiterzahlen in der Stadt auf wenig mehr als ein Viertel zurück. Nun standen einer Einwohnerschaft von etwa 11000 Einwohnern nicht mehr etwa fast gleichviel fremde Arbeiter gegenüber, sondern waren nur noch etwa ein Drittel der in der Stadt wohnenden Berufstätigen beim Luftschiffbaukonzern beschäftigt, wozu noch etwa 800 Einpendler kamen. Diese Veränderungen des Kräfteverhältnisses registrierte das *Seeblatt* erfreut: *Mit dem Abbau der Kriegsindustrie scheinen sich auch die Reihen der sozialdemokratischen Parteifreunde wesentlich gelichtet zu haben*[114]. Die Machtfrage in Reich und Land war Anfang 1919 eigentlich entschieden, aber in der ‚Zeit der Enttäuschungen' begannen nun die ‚verzweifelten Versuche einer Revision'. Die aufeinanderfolgenden Wellen von Streiks und großen Demonstrationen zähle ich hier nur knapp auf. Schon im Januar 1919 fürchtete die Regierung einen Putschversuch in Friedrichshafen und ließ Sicherheitstruppen patrouillieren. Aber die erste größere Demonstration im Februar wurde nicht durch Umsturzpläne, sondern eine Milchpreiserhöhung ausgelöst. Den Anlass zum großen württembergischen Generalstreik Anfang April 1919 gaben zwar konkrete Regierungsmaßnahmen, aber der *Aktionsausschuss des geeinten Proletariats* unter Führung der USPD zielte auf mehr. Die *Rote Seefahne* in Friedrichshafen forderte, nun gelte es, den *Sozialismus in die Tat umzusetzen*.[115] Nach fünf Tagen endete der Streik erfolglos.

Über Putschgerüchte, kleinere Streiks, Teuerungsdemonstrationen berichteten die Zeitungen in den folgenden Jahren immer wieder. Gegen den Kapp-Putsch im Frühjahr 1920 streikten und demonstrierten die Friedrichshafener Arbeiter zwei Tage. Dann schienen sie zu resignieren, denn an dem großen württembergischen Steuerstreik im August 1920 gegen den neu eingeführten Lohnsteuerabzug nahmen sie nicht teil. Gegen die Mörder Erzbergers im August 1921 sowie gegen die Mörder Rathenaus im Juni 1922 veranstalteten die Gewerkschaften große Protestversammlungen, jeweils ohne Beteiligung der Parteien, denen die Toten angehörten.

Als die Unternehmer eine der letzten verbliebenen Errungenschaften der Revolution zu Fall bringen wollten, den Achtstundentag, wehrten sich die Arbeiter erbittert von März bis Juni 1922 im Süddeutschen Metallarbeiterstreik, eigentlich einer Aussperrung, elf Wochen lang, in Friedrichshafen noch länger als sonst, ohne Erfolg. Ende 1923 war die politische Lage derart angespannt, dass alle Seiten aufrüsteten, der offene Bürgerkrieg stand bevor. Die KPD stellte Handgranaten her, die Nazis führten militärische Übungen durch, der Stadtschultheiß bildete eine bewaffnete Bürgerwehr, die Polizei löste Betriebsversammlungen auf und besetzte zweimal die Zahnradfabrik.

Schon Anfang Dezember 1918 gewann das Bürgertum wieder an Selbstbewusstsein. In einer überfüllten *Massenkundgebung* aller bürgerlichen Parteien am 8. Dezember 1918 *zeigte [...] das Bürgertum seine Macht und seine Kraft*. Das *Seeblatt* zog den Schluss: *Werfen wir jetzt auch das Fremde hinaus, das wir innerhalb unseres Hauses haben.*[116] Ei-

---

114 Seeblatt 6.12.1982.
115 Die rote Seefahne 2.4.1919.
116 Seeblatt 9.12.1918.

26 „Die rote Seefahne. Mitteilungsblatt der Streikleitung Friedrichshafen" im großen Generalstreik April 1919. Hauptstaatsarchiv Stuttgart.

nen Monat später sprach es der Zentrumskandidat und spätere württembergische Staatspräsident Bolz in *harten, schneidend scharfen Worten* deutlicher aus: *Uns ist die Revolution von Norden gebracht, [...] äußerlich hat uns die Revolution auf Gnade und Ungnade den Feinden überliefert.* Wiederholt wurde diese Position im Vorfeld der Wahlen zur Nationalversammlung vom Zentrums-Arbeitersekretär: *Die Revolution [...] hat der deutschen Front das Genick gebrochen und [...] das Volk wehrlos gemacht.*[117] Sie verbreiteten die verhängnisvolle „Dolchstoß-Legende", als ob die Revolution zur deutschen Niederlage im Krieg geführt hätte.

Bei den Wahlen im Januar 1919 traten dann die Stärkeverhältnisse zutage: Die Arbeiterparteien erhielten 37%, davon 32% die SPD, fast doppelt soviel wie vor dem Krieg, die USPD nur 5%, das bürgerliche Lager 63%, davon 43% das Zentrum, das damit die absolute Mehrheit verlor.[118] Die bürgerliche Hegemonie blieb also erhalten, das Arbeiterlager erfasste eine starke Minderheit von etwa einem Drittel der Bevölkerung. Erstaunlich war das schlechte Abschneiden der USPD, der Partei, deren örtliche Führer die vorrevolutionären Demonstrationen geleitet hatten und nun dem Arbeiterrat vorstanden.

Der starke Mann des Bürgertums war der Generaldirektor des Zeppelin-Konzerns, Alfred Colsman, der in der Revolution zunächst eine vermittelnde Rolle gespielt hatte, dann aber das Bürgertum bis zur Bewaffnung formierte und 1922 seinen Arbeitern die Aussperrung aufzwang. Der Stadtschultheiß, der sich länger um Verständigung bemühte, was ihm Teile des Bürgertums verübelten, gab sein Amt auf und stellte sich 1920 nicht mehr zur Wahl. Hardliner zusammen mit Colsman war der Tettnanger Oberamtmann, der nach Kräften dem Arbeiterrat sein Wirken erschwert hatte. Seinen Bemühungen war es zu verdanken, dass in der ehemaligen Luftschifferkaserne vor der Stadt ab Frühjahr 1919 eine Sicherheitskompanie, die spätere Polizeiwehr, stationiert wurde.[119] Friedrichshafen war von nun an eine belagerte Stadt. Nach dem Generalstreik wurde diese Truppe noch durch die Bürgerwehr der Reserve-Sicherheitskompanie verstärkt.

Die Radikalisierung lässt sich an den Wahlergebnissen des Jahres 1920 ablesen: Innerhalb des immer noch ein Drittel umfassenden Arbeiterlagers überrundete die USPD mit 17% die SPD, auf der anderen Seite gewann die DNVP fast 10%, Zentrum und Liberale verloren. Mit dem Verlust der Hoffnungen 1924 fielen die Arbeiterparteien auf ein starkes Viertel der Stimmen zurück, in die sich SPD und KPD teilten, bis in den zweiten Wahlen 1924 die SPD wieder erstarkte. Am rechten Rand gaben nun 5% der Wähler der NSDAP ihre Stimme. Die großen politischen Lager mit ihrem Organisationsgeflecht igelten sich ein, das katholische Milieu mit seinen etwa 40%, das Arbeiterlager mit nun noch etwa einem Viertel der Bevölkerung, die protestantische Gruppierung der Liberalen von etwa 20% zerfiel Ende der 20er Jahre.[120]

---

117 Seeblatt 20.1.1919.
118 Daten der Reichstagswahlen 1890–1933 in KUHN, Industrialisierung (wie Anm. 8), S. 676f.
119 Vgl. KUHN, Friedrichshafen (wie Anm. 64), S. 159–165. Polizeiwehr ist die allgemeine Bezeichnung dieser kasernierten Polizei, Polizeischar die Bezeichnung für die Mannschaftseinheit der Polizeiwehr.
120 Zu den Parteien und Wahlen der Weimarer Zeit vgl. KUHN, Friedrichshafen (wie Anm. 64), S. B 168–226.

27   Blick auf die Altstadt von Friedrichshafen um 1923. © Strähle Luftbild, Schorndorf Nr. 1346.

4.9 Die Stadt

Nach der Verdoppelung der Einwohnerzahlen von 1907 bis 1916 (5455/11 918) wuchs die Bevölkerung der Stadt nach dem Krieg bis 1933 (13 306) nur noch langsam.[121] Die Wohnungsnot blieb ein Dauerproblem. Mehrere hundert Familien suchten immer ausreichenden Wohnraum. Der private Wohnungsbau reichte nicht aus. In den ersten Nachkriegsjahren hatte die Zeppelin Wohlfahrt noch etwa 100 Wohnungen geschaffen. Später war sie bei der schlechten finanziellen Lage der Konzernfirmen dazu nicht mehr in der Lage. Trotz Widerstrebens der bürgerlichen Parteien musste die Stadt der größten Not abhelfen und baute in den 20er Jahren weit über 100 Wohnungen. Neue Baugebiete mussten kaum erschlossen werden. Die Stadt konnte sich im Wesentlichen darauf beschränken, das schon in den Vorkriegsplanungen vorgesehene Straßenraster im Norden und Osten allmählich zu füllen. Auch die Infrastruktureinrichtungen, die geschaffen wurden, waren meist schon lange geplant: das Strandbad 1919/1927, der Schulneubau ab 1924, die Erweiterung der Technischen Werke ab 1924, die Kanalisation 1931. Neue Akzente im Stadtbild setzten die Canisiuskirche 1927 und vor allem der Neubau des Hafenbahnhofs 1928 bis 1933 mit der Neugestaltung des dortigen Bahnareals und der Straßen-

---

121   Zahlen in Kuhn, Industrialisierung (wie Anm. 8), S. 489–491.

führung. Der hohe Damm, auf dem die Bahngleise verlegt wurden, schloss die Altstadt wie eine Festungsmauer nach Norden und Osten ab.[122]

Die Wohnungsnot war nur eines der sozialen Probleme, mit denen sich die Stadtpolitik konfrontiert sah. In den ersten Nachkriegsjahren blieb die schlechte Ernährungslage ein Dauerthema. 1922 litten 40 Prozent der Schulkinder an Unterernährung. In den Jahren der Weltwirtschaftskrise verloren immer mehr Erwerbstätige ihren Arbeitsplatz und waren nach der Einstellung der Arbeitslosenunterstützung auf die städtische Fürsorge angewiesen. Auch wenn auf dem Höchststand mit etwa 10 Prozent die Arbeitslosenrate in Friedrichshafen weit unter dem Reichs- und auch unter dem Landesdurchschnitt blieb (Reich 26%), so beanspruchten die Wohlfahrtsaufwendungen für die maximal 600 Arbeitslosen 1932 etwa ein Drittel des städtischen Haushalts.[123]

Die vordem so engen Beziehungen zwischen Konzern und Stadtvorstand kühlten sich ab. Colsman schied 1920 aus dem Gemeinderat aus. Der im gleichen Jahr neu gewählte Stadtschultheiß orientierte sich eher an den Interessen des örtlichen Mittelstandes und zog deshalb bisweilen heftige Kritik des Hauptsteuerzahlers, der Konzernführung des Luftschiffbaus, auf sich. Tiefer war der Riss, der sich durch die Bevölkerung selbst zog. Die mehrheitlich links orientierte Arbeiterschaft und das eingesessene Kleinbürgertum waren sich in den ersten unruhigen Jahren der Republik mehrfach feindlich gegenüber gestanden. Zweimal drohte der offene Bürgerkrieg in der Stadt. Die Arbeiter vergaßen ihre Hoffnungen auf eine besser fundierte demokratische und sozialere Republik nicht, die Bürger nicht die vermeintlich *gute alte Zeit* vor dem Krieg, in der sie in der Stadt allein das Sagen hatten. Bürgertum und Regierung misstrauten der Arbeiterschaft derart, dass – wie bereits erwähnt – ab 1919 in Löwental sog. Sicherheitstruppen (später die kasernierte *Polizeiwehr*) stationiert wurden. Dass sie 1923 auf eine Betriebsversammlung der ZF schossen, konnte nur knapp vermieden werden.

Friedrichshafen in der Weimarer Republik, um die Hälfte gewachsen gegenüber vor dem Krieg, war eine gespaltene Stadt mit einer unsicheren wirtschaftlichen Grundlage, abhängig vom Zeppelin-Konzern, eine Stadt, in der die Arbeiter an Einfluss gewonnen haben, aber Minderheit blieben, intern politisch fraktioniert, misstrauisch bewacht von der Staatsmacht.

Die Nazis traten schon früh, 1923, in der Stadt auf.[124] Ihr Erfolg bei den Wahlen blieb schwächer als im Reich, schwächer vor allem als bei der Landbevölkerung der Umgebung. Von ihrer Mitgliedschaft her war sie eine ‚moderne' Partei. Besonders stark waren in der Ortsgruppe die Ingenieure und Angestellten der Konzernfirmen vertreten. In nüchternem Kalkül sahen sie voraus, dass die angekündigte „Politik der Stärke" und Aufrüstung den örtlichen Großfirmen zugutekommen musste.[125]

---

122 Zur Kommunalpolitik vgl. KUHN, Friedrichshafen (wie Anm. 64), S. 227–253.
123 Vgl. KUHN, Friedrichshafen (wie Anm. 64), S. 254–258.
124 Zur NSDAP in Friedrichshafen vgl. EBD., S. 176–182.
125 Zur NS-Zeit von Industrie und Stadt vgl. Oswald BURGER, Zeppelin und die die Rüstungsindustrie am Bodensee Teil I. Zeppelin und die Folgen, in: 1999. Zeitschrift für Sozialgeschichte des 20. und 21. Jahrhunderts Heft 1 (1987), S. 8–49; DERS., Zeppelin und die die Rüstungsindustrie am Bodensee Teil 2. Verhältnis des Konzerns zum Nationalsozialismus, in: 1999. Zeitschrift für Sozialgeschichte des 20. und 21. Jahrhunderts Heft 2 (1987), S. 52–87; Raimund HUG-BIEGELMANN, „Friedrichshafen, die erste

5. Zum zweiten Boom: zum 2. Weltkrieg

Auch wenn die Nazis bei Wahlen keine Mehrheit in der Stadt fanden auch wenn Stadt- und Konzernspitze keine Sympathien für sie empfanden: Die Machtübernahme vollzog sich reibungslos wie anderswo. Bald erfolgten die ersten Verhaftungen. Mit den Firmen und der Stadt ging es nun rasch aufwärts. Worauf der Aufschwung hinauslief, wussten viele, konnten die meisten wissen. Nicht nur die Arbeiterparteien hatten gewarnt, auch der Vorsitzende der örtlichen Zentrumspartei hatte noch vor der letzten Wahl Flugblätter mit der Überschrift *Nationalsozialismus bedeutet Krieg!* verschickt. So endete der erste Rüstungsboom mit der militärischen Niederlage im 1. Weltkrieg und Not und Elend in den Nachkriegsjahren. Der zweite Rüstungsboom endete mit der Zerstörung der Stadt im 2. Weltkrieg. Noch Ende 1944 arbeiteten ca. 15 000 Beschäftigte (davon ca. 8000 Zwangsarbeiter und KZ-Häftlinge) in und um Friedrichshafen für die Rüstungsproduktion.[126] Maybach produzierte die Motoren für die deutschen Panzer, die ZF lieferte die Getriebe, der Luftschiffbau stellte Radaranlagen her und Teile der V2-Raketen. Die Luftangriffe von 1943 und vor allem 1944 zerstörten die Industrieanlagen weitgehend, die Produktion musste in immer weitere Standorte und Zweigwerke verlagert werden. Am

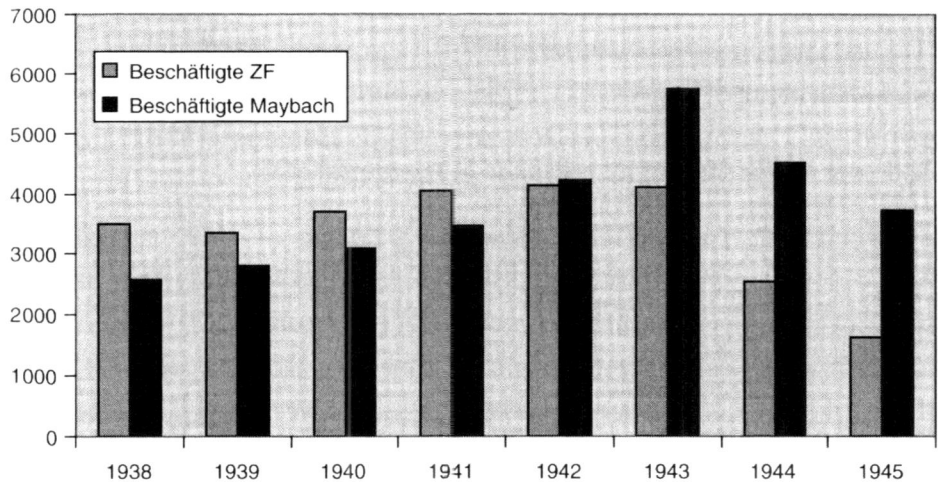

28 Schaubild Beschäftigte 1938–45. Stadtarchiv Friedrichshafen.

nationalsozialistische Ausgangsstellung in Oberschwaben", in: Thomas ALBRICH/Werner MATT (Hg.), Geschichte und Region. Die NSDAP in den 30er Jahren im Regionalvergleich, Dornbirn 1995, S. 53–62; Raimund HUG-BIEGELMANN, Friedrichshafen im strategischen Luftkrieg 1943–1945, in: Schriften des Vereins für Geschichte des Bodensees 113 (1995), S. 47–69; Christa THOLANDER, Fremdarbeiter 1939 bis 1945. Ausländische Arbeitskräfte in der Zeppelin-Stadt Friedrichshafen, Essen 2001.
126 Zahlen nach BURGER, Rüstungsindustrie Teil 2 (wie Anm. 125); Stadt Friedrichshafen (Hg.), Zeppelin 1908 bis 2008. Stiftung und Unternehmen, München u. a. 2008, S. 201.

Elmar L. Kuhn

29 Die zerstörte Altstadt 1945. Gebr. Metz Tübingen. (Maier, Friedrichshafen 2).

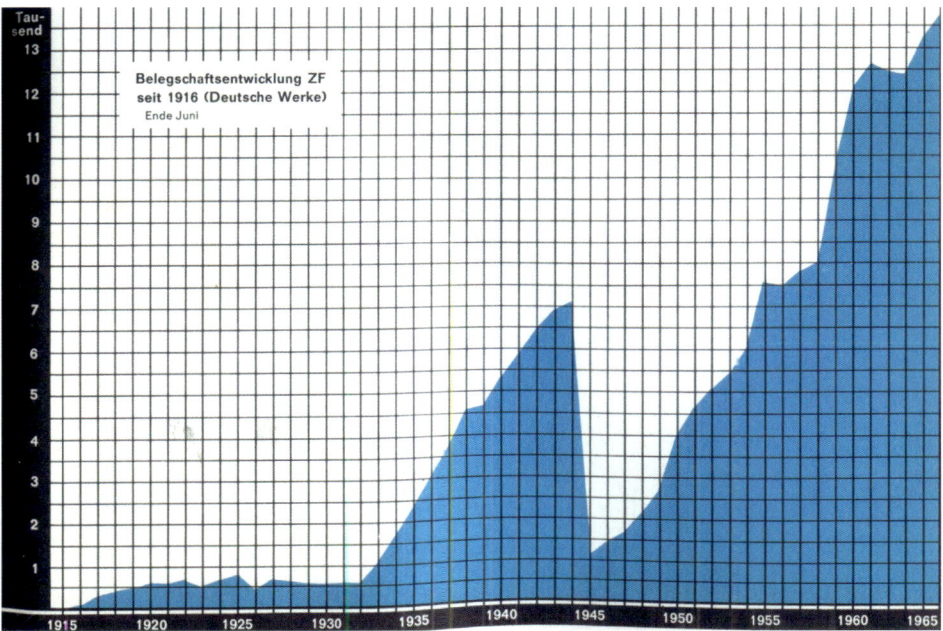

30 Belegschaftsentwicklung ZF 1916–1965. Zahnradfabrik, Rad.

Kriegsende waren von 3500 Gebäuden der Stadt etwa 2000 ganz oder weitgehend zerstört. Die Zahl der Einwohner war in den sechs Jahren bis 1939 wieder rasch um mehr als 50 Prozent auf ca. 25 000 (mit dem eingemeindeten Schnetzenhausen) gestiegen. Anfang 1946 waren noch 14 000 in der Stadt verblieben. Eine Denkschrift von 1946 stellte fest: *Von der einst blühenden Industrie sind nur noch trümmerartige Reste vorhanden. [...] Die Friedrichshafener Industrie war typische Rüstungsindustrie. Sie kann nicht mehr erstehen.*[127] Doch Firmen und Stadt erstanden wieder.

6. Nach 1945

Ziel der französischen Besatzungsmacht war es, den Luftschiffbau als Rüstungskonzern zu zerschlagen und durch Demontage eine weitere Produktion unmöglich zu machen. Durch geschickte Verhandlungen und begünstigt durch die veränderte politische Großwetterlage gelang es, die Realisierung dieses Vorhabens zu unterlaufen. Bald begnügte man sich mit der Parole *Neue Namen, neue Männer, neues Programm, Sozialisierung.*[128]

---

127 „Bericht über die Lage der schwerkriegsbetroffenen Stadt Friedrichshafen" der Landesdirektion des Innern Tübingen 1946, in: KUHN, Salzstadel (wie Anm. 10), S. 312.
128 Stadt Friedrichshafen, Zeppelin (wie Anm 126), S. 251. Vgl. zur Nachkriegsgeschichte Georg WIELAND, Friedrichshafen und seine Industrie in der Nachkriegszeit. Die Jahre 1945–1955 im Überblick, in: Schriften des Vereins für Geschichte des Bodensees 113 (1995), S. 71–104; Michaela HÄFNER, Nachkriegszeit in Südwürttemberg. Die Stadt Friedrichshafen und der Kreis Tettnang, München 1999.

Name	Geldstrafe	Ernennung zum Wehrwirtschaftsführer
Dr. Claude Dornier	300 000 RM	vor 1938?
Dr. Karl Maybach	200 000 RM	Jan. 1938
Dr. Hugo Eckener	100 000 RM	April 1939
Fritz Oesterle (Do)	100 000 RM	April 1939
Karl Rommel (MM)	100 000 RM	1941
Hermann Dolt (ZF)	40 000 RM	1943
Jean Raebel (MM)	25 000 RM	1940
Julius Schneider (Do)	15 000 RM	vor 1944
Herbert v. Westermann (ZF)	15 000 RM	?
Knut Eckener (LZ)	12 000 RM	–
Dr. Karl Schmid (LZ)	10 000 RM	–

Do = Dornier, MM = Motorenbau Maybach, ZF = Zahnradfabrik Friedrichshafen,
LZ = Luftschiffbau Zeppelin

31 Die im Entnazifizierungsverfahren verhängten Strafen für Geschäftsführer und Prokuristen der Konzernfirmen. Stadtarchiv Friedrichshafen.

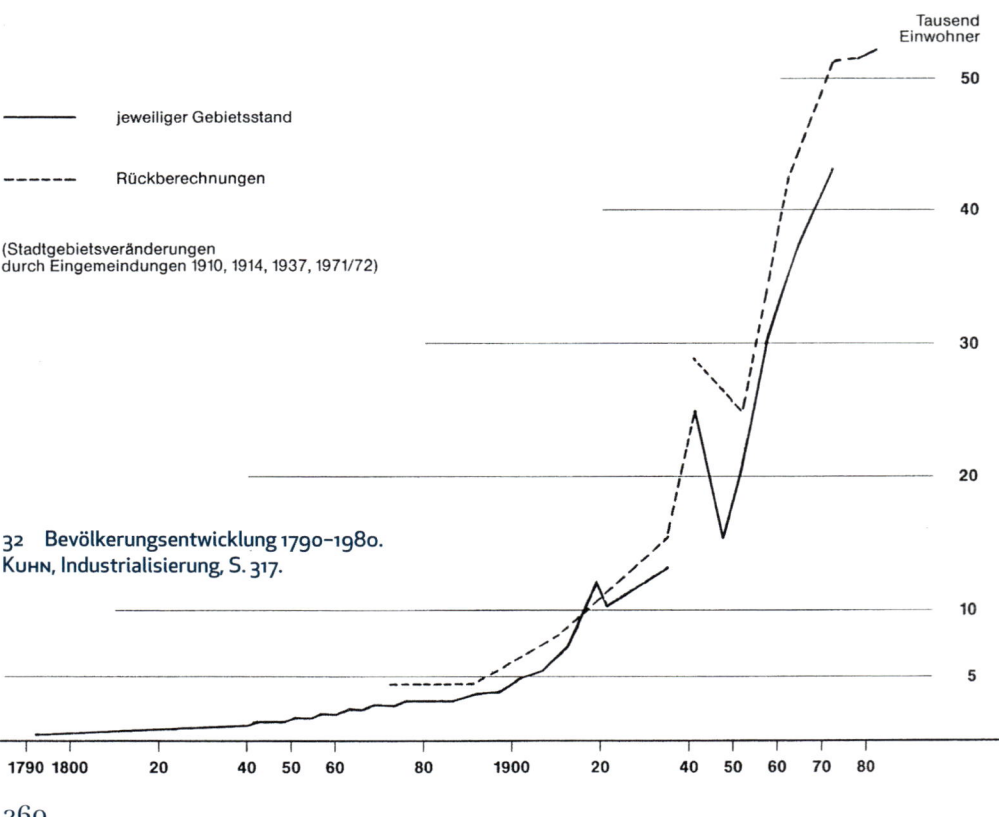

32 Bevölkerungsentwicklung 1790–1980.
Kuhn, Industrialisierung, S. 317.

Entsprechend diesen Intentionen wurde die Zeppelin Stiftung 1947 als nichtrechtsfähiges Sondervermögen der Stadt Friedrichshafen übertragen, die die Überschüsse für *mildtätige*, später erweitert um *gemeinnützige Zwecke* verwenden sollte. Im gleichen Jahr wurden Sauerstoffwerk und Metallbearbeitung aus dem Luftschiffbau ausgegliedert und in das Eigentum von Genossenschaften überführt, deren Anteile aber bald von den Geschäftsführern aufgekauft wurden. Als 1952 Maybach wieder in Schwierigkeiten geriet und die Stiftung das nötige Kapital für die Sanierung nicht aufbringen konnte, verkaufte sie den Maybach Motorenbau unter Wert an den Flick-Konzern. Nach mehreren Eigentümerwechseln firmiert die Firma heute als Rolls-Royce Power Systems AG. Heute ist die Stiftung zu über 90 Prozent Eigentümer der ZF Friedrichshafen und der Zeppelin Metallwerke, einem Nachfolgeunternehmen des Luftschiffbaus. Der Luftschiffbau war lange Zeit eine reine Holding, heute produzieren ihre Tochterfirmen wieder Luftschiffe NT (Neue Technologie) und organisieren den Fahrbetrieb. Mit den Erträgen der Stiftung finanziert die Stadt viele ihrer sozialen und kulturellen Einrichtungen.

7. Der Sonderfall Friedrichshafen

Ein rasanter industrieller Take-Off lässt sich in keiner der größeren ‚alten' Städte am See und in Oberschwaben – Biberach, Ravensburg, Konstanz, St. Gallen und Feldkirch – feststellen, mit der Ausnahme von St. Gallen, der dort in der Sackgasse der Stickerei endete. In Ravensburg wuchs die Zahl der in der Industriebeschäftigten ab der Mitte des 19. Jahrhunderts relativ kontinuierlich. Die shooting stars der Industrialisierung waren die ‚neuen' oder späten Städte Dornbirn, Arbon, Singen und Friedrichshafen. Leitsektoren der jeweiligen Industrialisierung waren in Dornbirn der Textilsektor, der erst in der zweiten Hälfte des 20. Jahrhunderts dort seine Leitrolle verlor, in den drei anderen Städten von Anfang der zukunftsträchtigere Metallsektor, was in Arbon den Niedergang der dominanten Firma Saurer nicht verhinderte.

Während das Anfangskapital in Dornbirn und Arbon von einheimischen Unternehmern aufgebracht wurde, die Singener Firmen von Schweizer Unternehmen gegründet wurde, war Friedrichshafen ein singulärer Sonderfall. Das Kapital des Grafen Zeppelin aus dem Erbe seiner Frau erwies sich bald als unzureichend. Die Rettung brachte die sog. *Volksspende* nach der Katastrophe von Echterdingen 1908, der Erfolg einer erneuten Spendenwerbung blieb 1925 hinter den Erwartungen zurück. Diese Spendenaktionen sicherten jeweils für einige Jahre die Produktion. Auf Dauer hingen die Friedrichshafener Firmen aber letztlich von Staatszuschüssen und -aufträgen ab. Die Rüstungskonjunkturen des 1. Weltkrieges und der NS-Zeit veranlassten jeweils einen Wachstumsboom, der mit den Kriegsenden zwei Mal in einem Crash endete, der aber beide Male überwunden wurde und in einem neuen Wachstumsschub mündete.

Aus dem Unternehmensziel Luftschiffbau entwickelte sich durch Rückkopplungseffekte ein Konzern, dessen Firmen bald eine Eigendynamik entwickelten. Steuerungswille und -kapazität der Konzernspitze waren relativ gering, und so waren die Aktivitäten der Einzelfirmen wenig aufeinander abgestimmt. Das lag auch an den starken Persönlichkeiten, die über drei politische Systeme hinweg von der Monarchie bis Ende des 2. Weltkriegs die Einzelfirmen im Konzern leiteten: Ludwig Dürr (1878–1956) als Chefkonstrukteur des Luftschiffbaus, Karl Maybach (1879–1960), Claude Dornier (1884–1969) und Graf Alfred von Soden-Fraunhofen ((1875–1944) als Direktor der Zahnradfabrik.

In den frühen 1930er Jahren wegen der anachronistischen Konzentration auf den weiteren Luftschiffbau, in den frühen 1950er Jahren wegen Kapitalmangel kam man den Eigeninteressen der beiden Firmenleitungen entgegen und entließ zunächst den Dornier Flugzeugbau und dann den Maybach Motorenbau aus dem Konzernzusammenhang. Geblieben ist im Wesentlichen die heutige „Weltfirma" ZF, die allerdings mit der Transformation zur Elektromobilität in „unruhige Zeiten" hineinsteuert.[129] Es hat eine gewisse Konsequenz, dass sich ein anfänglich aus breit gestreuten Spenden finanziertes Unternehmen heute im Gemeineigentum der Friedrichshafener Bürger befindet. In den 1920er Jahren hätte man das als kommunal-sozialistisches Unternehmen bezeichnet. Es zeigt, dass Gemeinwirtschaft durchaus funktionieren kann.

Quellen und Literatur

Archive

– Hauptstaatsarchiv Stuttgart (HStA Stuttgart): E 135.
– Kreisarchiv Bodenseekreis Salem (KreisA Bodenseekreis).
– Luftschiffbau Zeppelin GmbH Friedrichshafen. Archiv (LBZA).
– Rolls Royce Power Systems Unternehmensarchiv Friedrichshafen (RRA) (ehemals Maybach/ mtu).
– Stadtarchiv Friedrichshafen (StadtA Friedrichshafen).

Zeitungen

Die rote Fahne (Stuttgart) Nov. 1918.
Die rote Seefahne (Friedrichshafen) April 1919.
Schwäbische Kronik (Stuttgart) 1850–1913.
Schwäbische Tagwacht (Stuttgart) 1918–19.
Seeblatt (Friedrichshafen) 1900–33.
Werk-Zeitschrift der Zeppelin-Betriebe. Friedrichshafen 1936–1942.

Gedruckte Quellen und Literatur

Allgemeine, regionale und lokale Veröffentlichungen

Arbeitsgruppe Geschichte, Schmutzige Geschichten, (Abwässer), in: Leben am See 7 (1989/90), S. 62–68.
Willi A. BOELCKE, Friedrichshafens industrieller Aufstieg, in: Zeitschrift für Württembergische Landesgeschichte 47 (1988), S. 457–494.
K. Statistisch-Topographisches Bureau (Hg.), Das Königreich Württemberg. Eine Beschreibung von Land, Volk und Staat, Stuttgart 1863.

---

129   Oliver SCHMALE, Unruhige Zeiten für ZF Friedrichshafen, in: FAZ 22.1.2024, S. 22.

Michaela Couzinet-Weber, Zwischen kriegswirtschaftlichen Erfordernissen und staatlichem Sicherheitsinteresse: Ausländische Arbeitnehmer und Kriegsgefangene als Arbeitskräfte im Raum Friedrichshafen während des Ersten Weltkrieges, in: Friedrichshafener Jahrbuch für Geschichte und Kultur 7 (2016), S. 94–125.

Werner Dobras/W. Kosemund, Friedrichshafen a. B. Historische Ansichten, Bergatreute 1983.

Christof von Ebbinghaus, Die Memoiren des Generals von Ebbinghaus, Stuttgart 1928.

Hermann I. Faber, Der Kurort Friedrichshafen a. B., Friedrichshafen o. J. (um 1880).

Ludwig Finckh, Der Bodensee, Bielefeld u. a. 1928.

Friedrichshafen a. B., Zürich 1887.

Eberhard Fritz, Sommerresidenz Schloss Friedrichshafen. Die Könige von Württemberg am Bodensee, in: Friedrichshafener Jahrbuch für Geschichte und Kultur 4 (2010/11), S. 28–75.

Theodor Gsell-Fels, Der Bodensee, München 1909.

Michaela Häfner, Nachkriegszeit in Südwürttemberg. Die Stadt Friedrichshafen und der Kreis Tettnang, München 1999.

Raimund Hug-Biegelmann, „Friedrichshafen, die erste nationalsozialistische Ausgangsstellung in Oberschwaben", in: Thomas Albrich/Werner Matt (Hg.), Geschichte und Region. Die NSDAP in den 30er Jahren im Regionalvergleich, Dornbirn 1995, S. 53–62.

Raimund Hug-Biegelmann, Friedrichshafen im strategischen Luftkrieg 1943–1945, in: Schriften des Vereins für Geschichte des Bodensees 113 (1995), S. 47–69.

Raimund Hug-Biegelmann, „Friedrichshafen grüßt Karl Liebknecht in Berlin". Lebensbedingungen und sozialer Protest in einer industrialisierten Stadtgemeinde 1914–1918, Markdorf 1996.

Raimund Hug-Biegelman, Die Stadt als Objekt ihrer Industrialisierung. Friedrichshafens Entwicklung zur Industriestadt wider Willen, in: Matthias Frese/Burkhard Zeppenfeld (Hg.), Kommune und Unternehmen im 20. Jahrhundert, Essen 2000, S. 69–90.

Ludwig Köhler, Zur Geschichte der Revolution in Württemberg, Stuttgart 1930.

Eberhard Kolb/Klaus Schönhoven (Bearb.), Regionale und lokale Räteorganisation in Württemberg 1918/19 (Quellen zur Geschichte der Rätebewegung in Deutschland 1918/19 Bd. 2), Düsseldorf 1976.

Wolfgang Kosemund, Friedrichshafen. Alte Ansichten einer jungen Stadt, Lindau 1981.

Elmar L. Kuhn, Industrialisierung in Oberschwaben und am Bodensee, Friedrichshafen 1984.

Elmar L. Kuhn, Von Grethaus und Salzstadel zur Kreissparkasse. Texte und Bilder zur Buchhorn-Friedrichshafener Stadtgeschichte, Friedrichshafen 1985.

Elmar L. Kuhn, Von der Sonntagsschule zum Berufsschulzentrum. Der mühsame Weg zur beruflichen Bildung für alle, in: Leben am See 3 (1985), S. 294–306.

Elmar L. Kuhn, Friedrichshafen in der Weimarer Republik, Friedrichshafen 1986.

Elmar L. Kuhn, „Von den Zinnen des Schlosses weht das Banner der Revolution". Vor 70 Jahren Revolution in Friedrichshafen, in: Leben am See 6 (1988,) S. 342–352.

Elmar L. Kuhn, Schiffahrt und Verkehr im württembergischen Bodenseegebiet im 19. Jahrhundert, in: Zeitschrift für Württembergische Landesgeschichte 49 (1990), S. 269–280.

Elmar L. Kuhn, Ein Luftschiff über dem König vor dem Alpenpanorama. Friedrichshafen als Kurort und Fremdenstadt vor dem Ersten Weltkrieg, in: Internationaler Arbeitskreis Bodensee-Ausstellungen (Hg.), Sommerfrische. Die touristische Entdeckung der Bodenseelandschaft, Rorschach 1991, S. 125–138.

Elmar L. Kuhn, Württembergisches Bodenseegebiet. Friedrichshafen, in: Detlef Stender (Hg.), Industriekultur am Bodensee. Ein Führer zu Bauten des 19. und 20. Jahrhunderts, Konstanz 1992, S. 168–169, 178–186.

Elmar L. Kuhn, Rote Fahnen über Oberschwaben. Revolution und Räte 1918/19, in: Zeitschrift für Württembergische Landesgeschichte 56 (1997), S. 241–317.

Elmar L. Kuhn, Revolution und Räte 1918/19 am Bodensee, in: Kressbronner Jahrbuch 32 (2019), S. 121–131.

Elmar L. Kuhn, Die Industrialisierung Oberschwabens im Kontext der Wirtschaftsregion Bodenseeraum, in: Sigrid Hirbodian/Edwin Ernst Weber (Hg.), Von der Krise des 17. Jahrhunderts bis zur frühen Industrialisierung. Wirtschaft in Oberschwaben 1600–1850, Stuttgart 2022, S. 17–78.

K. Statistisches Landesamt (Hg.), Beschreibung des Oberamts Tettnang. 2. Bearbeitung, Stuttgart 1915.

Bernhard Löffler, Friedrichshafen: Fluch und Segen der Hochtechnologie, in: Hans-Georg und Rosemarie Wehling (Hg.), Wegmarken südwestdeutscher Geschichte, Stuttgart 2004, S. 298–307.

Gunther Mai, Kriegswirtschaft und Arbeiterbewegung in Württemberg 1914–1918, Stuttgart 1983.

Fritz Maier/Michael Holzmann/Elmar L. Kuhn, Friedrichshafen. Heimatbuch. Band 1, Friedrichshafen 1983. – Band 2, Friedrichshafen 1994.

Josef Mayer, Illustrierter Führer von Friedrichshafen und Umgebung. Ravensburg 1908.

Josef Mayer, Der Bodensee im Wechsel der Zeiten, Konstanz 1929.

v. Memminger, Beschreibung des Oberamts Tettnang, Stuttgart u. a. 1838.

Max Messerschmid, Wie aus Buchhorn und Hafen Friedrichshafen wurde, in: Schriften des Vereins für Geschichte des Bodensees 87 (1969), S. 41–105.

Gerhard Raichle u. a., SPD 1907–1982 Ortsverein Friedrichshafen, Friedrichshafen 1982.

Gerhard Raichle u. a.: Die „ausgesperrte" Geschichte. Beiträge zur Geschichte der Arbeiterbewegung und des Nationalsozialismus in Friedrichshafen, Friedrichshafen 1985.

Ressort Geschichte und Lokalredaktion Friedrichshafen der Südschwäbischen Nachrichten (Hg.), Krieg, Rüstung und Militär in Friedrichshafen, Friedrichshafen 1983.

Manfred A. Sauter, Zeppelin – seine Bedeutung für Friedrichshafen und die frühe Photographie, in: Siegfried Tann (Hg.), Frühe Photographie am See 1840–1914, Friedrichshafen 1985, S. 190–205.

C. W. Schnars, Der Bodensee und seine Umgebungen, Stuttgart u. a. 1857.

Ottmar Schönhuth: Friedrichshafen und Langenargen, Friedrichshafen 1863.

Gustav Schwab/K. Klüpfel (Hg.), Wanderungen durch Schwaben, Leipzig ³1851.

Johann Michael von Söltl, Der Bodensee mit seinen Umgebungen. Nürnberg 1836.

Alfred Sohn-Rethel, Ökonomie und Klassenstruktur des deutschen Faschismus, Frankfurt 1973.

Konrad Theiss/Hermann Baumhauer (Hg.), Der Kreis Tettnang und die Stadt Friedrichshafen, Aalen 1969.

Christa Tholander, Fremdarbeiter 1939 bis 1945. Ausländische Arbeitskräfte in der Zeppelin-Stadt Friedrichshafen, Essen 2001.

Karl Weller, Die Staatsumwälzung in Württemberg 1918–1920, Stuttgart 1930.

Bernd Wiedmann (Hg.), Der Bodenseekreis, Stuttgart u. a. 1980.

Georg Wieland, Friedrichshafen und seine Industrie in der Nachkriegszeit. Die Jahre 1945–1955 im Überblick, in: Schriften des Vereins für Geschichte des Bodensees 113 (1995), S. 71–104.

Lothar Wölfle (Hg.), Der Bodenseekreis. Ein Führer zu Natur, Geschichte und Kultur, Stuttgart 2009.

Luftschiffbau Zeppelin

Manfred Bauer, Luftschiffhallen in Friedrichshafen, Friedrichshafen 1985.

Oswald Burger, Zeppelin und die Rüstungsindustrie am Bodensee. Teil 1 Zeppelin und die Folgen, in: 1999. Zeitschrift für Sozialgeschichte des 20. und 21. Jahrhunderts Heft 1 (1987), S. 8–49; Teil 2 Verhältnis des Konzerns zum Nationalsozialismus, in ebd. Heft 2 (1987), S. 52–87.

Karl Clausberg, Zeppeline, München 1979.

Alfred Colsman, Luftschiff voraus! Arbeit und Erleben am Werke Zeppelins. Stuttgart u. a. 1933.

Otto Dieckerhoff, Deutsche Luftschiffe 1914–1918, o. O. 1973.

Ludwig Dürr, Fünfundzwanzig Jahre Zeppelin-Luftschiffbau, Berlin 1925.

Hugo Eckener, Graf Zeppelin, Stuttgart 1938.

Hugo ECKENER, Im Zeppelin über Länder und Meere, Flensburg 1949. München ²1979.
Dietrich ENGBERDING, Luftschiff und Luftschiffahrt in Vergangenheit, Gegenwart und Zukunft, Berlin 1926.
Tobias ENGELSING/Jürgen BLEIBLER, Die Zeppelins. Lebensgeschichte einer Adelsfamilie, Konstanz 2013.
Ludwig FISCHER (Schriftltg.), Graf Zeppelin. Sein Leben – sein Werk, München 1929 (2. Aufl. von Hildebrandt 1925 s.u.).
Volker W. GEILING/Manfred SAUTER, Zeppelins Erben, Konstanz 1988.
Karl GRIEDER, Zeppeline, Zürich 1971.
Fred GÜTSCHOW, Das Luftschiff. Stuttgart 1985.
Georg HACKER, Die Männer von Manzell, Frankfurt 1936.
Friedrich HEISS, Das Zeppelinbuch, Berlin 1936.
Hermann HESSE, Spazierfahrt in der Luft, in: Ders., Bodensee, Sigmaringen 1977, S. 237–241.
Alfred HILDEBRAND, Die Luftschiffahrt nach ihrer geschichtlichen und gegenwärtigen Entwicklung. München u. a. 1910.
Hans HILDEBRANDT (Schriftltg.), Zeppelin-Denkmal für das deutsche Volk, Stuttgart 1925.
Franz HOBEN (Hg.), Spazierfahrt in der Luft. Literarische Zeppelinaden, Tübingen 1999.
Rolf ITALIAANDER, Hugo Eckener – Ein moderner Columbus, Konstanz 1979.
Rolf ITALIAANDER, Ferdinand Graf von Zeppelin, Konstanz 1980.
Rolf ITALIAANDER, Ein Deutscher namens Eckener, Konstanz 1981.
Ernst JÜNGER (Hg.), Luftfahrt ist not! Leipzig u. a. 1930.
KASCH, Vom Aufstieg eines Provinz-Konzerns (LBZ), in: Südschwäbische Nachrichten 3 (1984), 24, S. 24–25.
Peter KLEINHEINS, (Hg.), Die großen Zeppeline. Düsseldorf 1985.
Hans Georg KNÄUSEL, LZ 1, Friedrichshafen-Garching 1975.
Jörg KOCH, Ferdinand von Zeppelin und seine Luftschiffe, Graz 2016.
Roman KÖSTER, Der lange Abschied vom Luftschiff: Die Diversifizierung des Zeppelin-Konzerns nach dem Ersten Weltkrieg, in: Zeitschrift für Unternehmensgeschichte 54 (2009), 1, S. 73–99.
Elmar L. KUHN, „Ein Hort der Hilfe, der Sicherheit und des Vertrauens." 75 Jahre Betriebskrankenkassen Luftschiffbau Zeppelin GmbH Friedrichshafen und Motoren- und Turbinen-Union Friedrichshafen GmbH, Friedrichshafen 1992.
Ernst A. LEHMANN, Auf Luftpatrouille und Weltfahrt, Leipzig 1936.
Hartmut LÖFFEL (Hg.), Oberschwaben als Landschaft des Fliegens. Eine Anthologie, Eggingen 2007.
Luftschiffbau Zeppelin (Hg.), Das Werk Zeppelins, Friedrichshafen 1913.
Joseph MAYER, Graf Ferdinand von Zeppelin, Stuttgart 1925.
Peter MEYER, Das große Luftschiffbuch, Mönchengladbach 1976.
Peter MEYER, Luftschiffe, Koblenz u. a. 1980.
Mit dem Grafen Zeppelin wider Mensch und Natur, Berlin 1929.
Georg Paul NEUMANN (Hg.), Die deutschen Luftstreitkräfte im Weltkriege, Berlin 1920.
Georg Paul NEUMANN (Hg.), In der Luft unbesiegt, München 1923.
Thor NIELSEN, Eckener, Bad Wörishofen 1954.
Douglas H. ROBINSON, The Zeppelin in Combat, Seattle u. a. 1980.
Hans ROSENKRANZ, Ferdinand Graf von Zeppelin, Berlin 1931.
Albert SAMT, Mein Leben für den Zeppelin, Wadlwies 1980.
Hans von SCHILLER, Zeppelinbuch, Leipzig 1938.
Paul SCHMALENBACH, Die Deutschen Marine-Luftschiffe, Herford 1977.
M. SCHRÖDER (Hg.), Der Luftschiffbau Zeppelin und seine Tochtergesellschaften, Berlin 1925.
Heinrich SCHÜTZINGER, Graf Zeppelin und der Bodensee, Frauenfeld 1918.
Gerhard SEIBOLD, Zeppelin. Ein Name wird zum Begriff. 100 Jahre Luftschiffbau Zeppelin GmbH, Friedrichshafen 2009.

Stadt Friedrichshafen (Hg.), Zeppelin 1908 bis 2008. Stiftung und Unternehmen, München u. a. 2008.
Heinz STEUDE, Alfred Colsman. Generaldirektor und Mensch, Friedrichshafen 1993.
Horst-Oskar SWIENTEK, Alfred Colsman 1873 bis 1955, in: Tradition 10 (1965), S. 112–126.
Lutz TITTEL, Die Fahrten des LZ 4 1908, Friedrichshafen 1983.
Lutz TITTEL, Graf Zeppelin – Leben und Werk, Friedrichshafen 1985.
Horst Freiherr TREUSCH VON BUTTLAR-BRANDENFELS, Zeppeline gegen England, Leipzig 1931.
Bernd Jürgen WARNEKEN, Zeppelinkult und Arbeiterbewegung, in: Zeitschrift für Volkskunde 80 (1984), 1, S. 59–80.
Zeppelin. Woche, Sonderheft 16 (1908).
Eberhard Graf ZEPPELIN, Das lenkbare Luftschiff des Grafen Ferdinand von Zeppelin, in: Schriften des Vereins für Geschichte des Bodensees 29 (1900), S. 183–200.
Graf ZEPPELIN, Erfahrungen beim Bau von Luftschiffen, Berlin 1908.
Graf Ferdinand von ZEPPELIN, Die Eroberung der Luft, Stuttgart 1908.
Wolfgang von ZEPPELIN, Dr. Ing. h. c. mult. Ludwig Ferdinand Dürr. Das erfüllte Leben des großen Ingenieurs beim Luftschiffbau Zeppelin, Markdorf 2013.
Zeppeline über England, Berlin 1916.

Maybach

Willi A. BOELCKE, Geniale Erfindungen für eine Zukunftsindustrie, in: Beiträge zur Landeskunde 4 (1986), S. 7–12.
Erik ECKERMANN u. a., Technikpionier Karl Maybach. Antriebsysteme, Autos, Unternehmen, Wiesbaden ⁴2023.
Karl MAYBACH, Ansprache bei der Werk-Feier anläßlich des 25jährigen Bestehens des Maybach-Motorenbau GmbH Friedrichshafen a. B. am 15. Dezember 1934, Friedrichshafen 1934.
Maybach Motorenbau GmbH (Hg.), Fünfzig Jahre Maybach zu Wasser, zu Lande, in der Luft. 1909–1958. Friedrichshafen 1959.
MTU (Hg.), Zur Geschichte der MTU Friedrichshafen GmbH, Friedrichshafen 1979.
MTU (Hg.), Karl Maybach, Friedrichshafen 1980.
MTU (Hg.), Erinnerungen. 50 Jahre Flugtriebwerkbau in München. 75 Jahre Motorenbau in Friedrichshafen, Friedrichshafen u. a. 1984.
A. SAPPER, Prof. Dr.-Ing. e. h. Karl Maybach und die Geschichte seines Motorenbaues, Friedrichshafen 1981.
Michael Graf WOLFF METTERNICH, Maybach, Lübecke 1981.

Zahnradfabrik

Arnold BRÜGMANN, Chronik der ZF AG, Wiesbaden 1965.
Rudolf HERZFELD, Geschäft und Aufgabe ZF, Wiesbaden 1965.
Stefan PAETROW, Bewegte Geschichte. Die ZF Friedrichshafen AG, 1915–2015, Hamburg 2015.
Heinz STEUDE, Graf Alfred von Soden-Fraunhofen, in: Tradition 10 (1965), S. 97–111.
Oskar WELLER, Fünfundzwanzig Jahre Zahnradfabrik Friedrichshafen AG, Friedrichshafen 1940.
Johannes WINTERHAGEN, Bewegende Technik. 100 Jahre ZF, Hamburg 2015.
Zahnradfabrik Friedrichshafen AG (Hg.), Ein Rad greift ins andere, Friedrichshafen o. J. (um 1965).

Kober und Dornier

Dornier. Die Chronik des ältesten deutschen Flugzeugwerkes, Gräfeling 1985.
Claude DORNIER, Vorträge und Abhandlungen aus dem Gebiete des Flugzeugbaues und Luftschiffbaues 1914–1930, Berlin 1930.
Claude DORNIER, Aus meiner Ingenieurslaufbahn, Zug 1966.

Silvius J. Dornier, Flugzeiten. Aus dem Leben und Werk meines Vaters. Claude Dornier, seine Mitarbeiter, Freunde und Konkurrenten für die Luftfahrt – in den Wirren und Umbrüchen des 20. Jahrhunderts, 3 Bände, Freiburg 2015.
Dornier-Werke GmbH (Hg.), 25 Jahre Dornier, Friedrichshafen 1940.
Dornier GmbH (Hg.), Dornier. Eine Dokumentation zur Geschichte des Hauses Dornier, Friedrichshafen 1983.
Dornier GmbH (Hg.), Dornier Flugzeuge Aircraft, Friedrichshafen 1983.
Elmar L. Kuhn, Dornier – Der Technologiekonzern am Seeufer, in: Eveline Schulz/Elmar L. Kuhn/Wolfgang Trogus (Hg.), Immenstaad. Geschichte einer Seegemeinde, Konstanz 1995, S. 203–242.
Hartmut Löffel (Hg.), Oberschwaben als Landschaft des Fliegens. Eine Anthologie, Eggingen 2007.
Wolfgang Meighörner (Hg.), Zeppelins Flieger. Das Flugzeug im Zeppelin-Konzern und in seinen Nachfolgebetrieben, Friedrichshafen 2006.
Heinz Michaels, Die Dorniers, in: Zeitmagazin (1985), S. 21–23.
Militärgeschichtliches Forschungsamt (Hg.), Die Militärluftfahrt bis zum Beginn des Weltkrieges 1914, 2. überarb. Aufl. Techn. Bd., Berlin 1966.
Lutz Tittel, 100 Jahre Claude Dornier, Friedrichshafen 1984.
Karl-Heinz Völker, Die deutsche Luftwaffe 1933–1939, Stuttgart 1967.
Gustav Wieland, Die Flugzeugbauer vom Bodensee, Friedrichshafen 1975.

Zeppelin Wohlfahrt

Alfred Colsman, Zeppelin-Wohlfahrt, in: Seeblatt 29. 9. 1918.
Peter Kirsch, Arbeiterwohnsiedlungen im Königreich Württemberg in der Zeit vom 19. Jahrhundert bis zum Ende des Ersten Weltkrieges, Tübingen 1982.
Hubert Krins, Die Arbeitersiedlung „Zeppelindorf" bei Friedrichshafen, in: Denkmalpflege in Baden-Württemberg 8(2) (1979), S. 45–56.
Konrad Kühlwein, Die Zeppelin-Wohlfahrt GmbH in Friedrichshafen, Friedrichshafen 1960 (MS).
Karl Nuberl/Manfred Klüger, Omira 50 Jahre 1929–1979, Ravensburg 1979.
Manfred Sauter, Zur Wohlfahrt der Zeppeliner. Soziale Fürsorge gehörte seit den Anfängen des Luftschiffbaus zur Unternehmenspolitik, in: Leben am See 6 (1988), S. 335–341.
Heike Vogel, „Suche ein nettes Zimmer ...". Die Zeppelin-Wohlfahrt GmbH und der Wohnungsbau in Friedrichshafen, Friedrichshafen 1997.
Barbara Waibel, Ein Geburtstagsgeschenk für Friedrichshafen. 100 Jahre Zeppelin Wohlfahrt GmbH, in: Leben am See 31 (2014), S. 240–251.
Adam Wurm, Zeppelin-Wohlfahrt GmbH. Friedrichshafen, in: Werkzeitschrift der Zeppelin-Betriebe 3 (1938), S. 50–52, 66–70.

Andere Firmen

Jürgen Binder, Bei der Schwäbischen Eisenbahn. Das Eisenbahn-Ausbesserungs-Werk, kurz EAW, in: Leben am See 35 (2017), S. 327–334.
Erika Dillmann/W. Ziegler, Manzell – ein Stück schwäbischer Industriegeschichte, Friedrichshafen 1964.
Peter Heidtmann, 125 Jahre Hüni & Co., Friedrichshafen 1984.
Ulrich Hüni/Martin Frei-Borchers, 150 Jahre Hüni + Co – eine Reise durch die Zeit, Friedrichshafen 2009.
Hundert Jahre Eisenbahn-Ausbesserungs-Werk Friedrichshafen 1848–1948, Friedrichshafen 1948.
Technische Werke Friedrichshafen GmbH, Friedrichshafen 1982.

Biberacher Industriegeschichte

FRANK BRUNECKER

Die Ausgangslage

Es gibt viel Bemerkenswertes in der gewerblichen Entwicklung Biberachs, aber zunächst nur wenig Industrielles. Von einer Industrialisierung – oder sagen wir es deutlicher: von einer Hochindustrialisierung Biberachs darf man erst nach 1945 sprechen. Diese Verspätung eines wirtschaftlich vielversprechenden Platzes hat nicht nur strukturelle, sondern auch kulturelle Gründe, die tief im 18. und 19. Jahrhundert ruhen, weshalb diese Analyse nicht erst mit 1945 beginnen kann. Doch das ab Mitte der 1950er Jahre einsetzende Wirtschaftswachstum in Biberach ist derart fulminant, langanhaltend und außergewöhnlich – und in Oberschwaben nur mit Friedrichshafen vergleichbar –, dass wir uns für das Verständnis dieses Phänomens weitere Gründe wünschen. Diese Gründe führen uns direkt ins Heute, weshalb sich am Ende die Frage nach dem Morgen aufdrängt. Wenn unser Heute wankt, wird die Frage brennend: Wie geht es weiter? Davor darf sich auch der Historiker, der für Prognostisches eigentlich nicht zuständig ist, nicht wegducken, obwohl anhaltende Krisenjahre keinen guten Zeitpunkt für Voraussagen bieten. Was Biberach betrifft, tun wir das wenigstens auf einer guten Grundlage.

Das Museum Biberach führt seit 2005 wirtschafts- und industriegeschichtliche Ausstellungsprojekte mit begleitenden Publikationen durch.[1] Dabei ist umfangreiches Quellenmaterial aus lokalen Unternehmensarchiven erschlossen worden.[2] Deshalb verfügen wir über Daten der wichtigsten Biberacher Unternehmen: Mitarbeiterzahlen, Umsatzentwicklungen, Renditen und Eigenkapitalquoten, zudem Hintergrundangaben sowie Produktinformationen, mit denen sich ökonomische Erfolge oder Misserfolge erklären lassen. Hier wird eine Lücke geschlossen, so dass sich die jahrhundertealte Geschichte der traditionsreichen ehemaligen Reichsstadt Biberach mit dem stürmischen ökonomischen Aufschwung im 20. Jahrhundert verknüpfen lässt.

[1] Frank BRUNECKER, Liebherr – Kräne und mehr, Biberach 2005; DERS., Alles Handtmann, Biberach ³2023; DERS., 100 Jahre Vollmer – Unendliche Schärfe, Biberach 2009; DERS. (Hg.), Boehringer Ingelheim – Ein Medikament entsteht, Biberach 2011.
[2] DERS., Industriegeschichtliche Ausstellungen im Museum Biberach, in: Oberschwaben. Magazin der Gesellschaft Oberschwaben 10/2012, S. 53–79.

Frank Brunecker

Biberach im schwäbischen Kontext

Biberach war auch in früheren Jahrhunderten ein wohlhabender Platz. Im Hoch- und Spätmittelalter ist die aufstrebende Mittelstadt einer der oberdeutschen Ausgangspunkte für den Fernhandel mit Textilprodukten.[3] Nach dem Dreißigjährigen Krieg verliert die Stadt an wirtschaftlicher und politischer Bedeutung, und sinkt – weiter geschwächt durch die Napoleonischen Kriege, die zwischen 1792 und 1815 halb Europa verheeren – auf das Niveau einer Landstadt ab. Dem ökonomischen Niedergang folgt der Statusverlust: Das Ende der freien Reichsstadt schlägt im Jahr 1802, als Biberach badisch wird, und 1806 württembergisch. Der Ort wird Oberamtsstadt und Kleinstadt. Allerdings ist dieser Niedergang nicht auf Biberach beschränkt, sondern betrifft das ganze Oberland, sogar Ulm und Konstanz und viele andere vormals bedeutendere Orte, die im Vergleich zum voranschreitenden Westeuropa an die Peripherie rücken.[4] Der Abschwung setzt sich bis weit ins 19. Jahrhundert fort und behindert die gewerbliche Entwicklung. So beginnt die Industrialisierung in Südwestdeutschland vergleichsweise spät seit der Mitte der 1850er Jahre. In Oberschwaben geschieht dies – abgesehen von Ulm und Ravensburg – erheblich später.

Es ist die Schwäbische Eisenbahn, die einen Entwicklungsschub bewirkt.[5] Mit dem württembergischen Eisenbahngesetz von 1843 fällt in der Landeshauptstadt Stuttgart die Entscheidung, Staatseisenbahnen zu bauen. Im Vordergrund der württembergischen

---

[3] Hektor AMMANN, Von der Leistung Biberachs in der mittelalterlichen Wirtschaft, in: Schwäbische Heimat 6/1955, 3. Heft, S. 109–111; Dieter FUNK, Biberacher Barchent, Biberach 1965; Wolfgang STROMER, Die Gründung der Baumwollindustrie in Mitteleuropa, Stuttgart 1978, S. 38; Reinhold ADLER, Menschen und Tuche. Weberei und Textilhandel in der Stadt Biberach in der frühen Neuzeit, Biberach 2010; Klaus SCHELLE, Die große oberschwäbische Handelsgesellschaft, Biberach 2000; Marc SPOHR, Auf Tuchfühlung. 1000 Jahre Textilgeschichte in Ravensburg und am Bodensee, Konstanz 2013.
[4] Peter BLICKLE/Andreas SCHMAUDER (Hg.), Die Mediatisierung der oberschwäbischen Reichsstädte im europäischen Kontext, Epfendorf 2003; Daniel HORATH/Gebhard WEIG/Michael WETTENGEL (Hg.), Kronenwechsel. Das Ende der reichsstädtischen Freiheit 1802, Stuttgart 2002; Boris OLSCHEWSKI, Herrschaftswechsel – Legitimitätswechsel. Die Mediatisierungen Biberachs und Friedbergs im europäischen Kontext (1802–1806), Trier 2009; Stefan FEUCHT (Hg.), 1810. Die vergessene Zäsur, Konstanz 2013.
[5] Uwe SCHMIDT, Die oberschwäbische Industrie bis zum Beginn des 20. Jahrhunderts, in: Frank BRUNECKER (Hg.), Die schwäbische Eisenbahn, Biberach 2013, S. 95–113; Uwe SCHMIDT, Die Südbahn: Der Motor zur Integration und Entwicklung von Oberschwaben, in: Oberschwaben. Magazin der Gesell-

1 Ansicht von Biberach, Fotografie um 1867, im Vordergrund der 1849 erbaute Bahnhof, links das 1863 errichtete Gaswerk, Stadtarchiv Biberach.

Verkehrsplanungen steht die Absicht, das frisch gefügte Staatswesen zu stabilisieren. Immerhin sind dem evangelischen Württemberg nach dem Ende des Alten Reiches zwischen 1803 und 1810 große zusätzliche Gebiete mit knapp 500 000 katholischen Neubürgern (knapp 200 000 Oberschwaben) zugefallen, ein gutes Drittel der Gesamtbevölkerung. Deshalb neigt man in Stuttgart zu staatlich gelenkten, groß angelegten Infrastrukturmaßnahmen – schon in den 1820er und 30er Jahren, als utopisch anmutende Kanalbaupläne vom Neckar zur Donau und bis zum Bodensee geprüft werden, und ebenso seit den 1830er Jahren, als die damals neuartige Eisenbahntechnologie ins Blickfeld rückt.[6]

Der Bau der *Königlich Württembergischen Staatseisenbahnen* beginnt 1844 per königlichem Dekret mit der Zentralbahn Ludwigsburg-Stuttgart-Esslingen. Ab 1846 folgt der Bau der Südbahn Friedrichshafen-Ravensburg-Biberach-Ulm. Württemberg ‚gewinnt' das Rennen zum Bodensee gegen Baden und Bayern dadurch, dass es am Bodensee anfängt und keine Mittel scheut, um das benötigte Material auf Fuhrwerken nach Süden zu schaffen.

Nun bricht die Moderne mit dampfenden Kesseln in das wie abgeschieden liegende Oberland ein, zunächst in Gestalt ungekannter, für die damaligen Verhältnisse riesenhafter Baustellen und mit der obrigkeitlichen Macht des immer noch fremden evangelischen Unterlandes. Die Trassenführungen werden von den königlichen Oberbauräten festgelegt, die Wünsche und Eingaben der Städte und Oberämter huldvoll entgegengenommen und die für den Bau der Strecke und die Anlage der Bahnhöfe nötigen Grundstücke kurzerhand enteignet, wenngleich anständig entschädigt.[7]

Der württembergische Ausbau der Infrastruktur stößt in Oberschwaben, namentlich bei der katholischen Kirche, auf eine reservierte Einstellung. Man befürchtet Verweltlichung, sogar Überfremdung. Denn beim Bau der Südbahn werden neben einheimischen Handwerkern und Arbeitern Fremdfirmen und – infolge des beispiellosen Umfangs des

---

schaft Oberschwaben 9/2010, S. 57–73; DERS., Die Südbahn. Eisenbahn und Industrialisierung in Ulm und Oberschwaben, Ulm 2004.
6 Andreas M. RÄNTZSCH, Die Vorgeschichte der württembergischen Eisenbahnen, in: BRUNECKER Schwäbische Eisenbahn (wie Anm. 5), S. 43–58; Uwe SCHMIDT, Die Südbahn, in: EBD., S. 73–94; Frank BRUNECKER, Die schwäbische Eisenbahn im europäischen Eisenbahnzeitalter, in: EBD., S. 20.
7 Uwe SCHMIDT/Ullrich SEEMÜLLER, Biberach und die Südbahn, in: Hartmut KNITTEL/Uwe SCHMIDT/Ulrich SEEMÜLLER (Hg.), Schduagrd, Ulm ond Biberach... 150 Jahre Eisenbahn in Biberach, Biberach 1999, S. 60–64.

Projekts – auch ausländische Arbeiter aus der Schweiz und Italien in großer Zahl beschäftigt.[8] Außerdem erfolgt der Eisenbahnbau während der Wirtschafts- und Agrarkrise der 1840er Jahre. Die Missernten 1845 bis 1847 bewirken im Oberland eine *Theuerung* der Preise für Getreide und Kartoffeln. Da erscheint es der Landbevölkerung widersinnig, Hunderttausende Gulden für ein Prestigeprojekt zu verschwenden.

Der Impuls der Eisenbahn

Volkswirtschaftlich betrachtet ist der Eisenbahnbau das richtige Mittel gegen die Krise. Bereits ab 1850 beflügelt die Südbahn den Handel mit Rohstoffen und landwirtschaftlichen sowie gewerblichen Produkten.[9] Trotzdem bleiben weite Teile der Bevölkerung skeptisch. Denn obwohl die Bahn gerade dafür gebaut wird, um die entlegenen Landesteile besser anzubinden, mutmaßt der Volksmund, König Wilhelm I. bereite lediglich seinem Salonwagen den Weg zur Sommerresidenz in Friedrichshafen am Bodensee.

Auch fördert die 1850 fertig gestellte Bahnverbindung zwischen Stuttgart und dem Bodensee die Industrialisierung Oberschwabens nur punktuell in Ulm und Ravensburg: In Ulm blüht in den 1850er Jahren die Textilbranche. Seit den 1860er Jahren wächst hier auch die Metall- und Maschinenbauindustrie. Um die Jahrhundertwende besitzt Ulm neben Stuttgart den höchsten Arbeiteranteil in Württemberg. Und in Ravensburg investieren Schweizer Unternehmen in die Grenzregion, um in den zollgeschützten deutschen Wirtschaftsraum vorzustoßen. Das bekannteste Beispiel ist der Maschinenbauer Escher Wyss. Die Wirtschaftskraft Ravensburgs strahlt auf die nähere Umgebung aus. In Weingarten, Baienfurt und Mochenwangen setzt die industrielle Produktion seit den 1860er Jahren mit der Gründung von Maschinen- und Papierfabriken ein. Das Schussental wird zu einer Insel der Industrie im agrarischen Oberschwaben.[10]

In Biberach dagegen bewirkt der Eisenbahnanschluss 1849 keine nennenswerte industrielle Entwicklung. Das hat mit der geografischen Lage im Windschatten Ulms zu tun, und mit dem Selbstverständnis der traditionsreichen ehemaligen Reichsstadt als Kulturstadt an der Riss der Künstler und Dichter, in der man allenfalls kunsthandwerklich orientierte Manufakturen goutiert.[11] Noch zu Reichsstadtzeiten 1771 verhindern die Zünfte und der Magistrat eine Strumpffabrik und 1800 eine Seidenweberei.[12] Zwar setzt

---

8 Peter EITEL, Geschichte Oberschwabens im 19. und 20. Jahrhundert, Band 1. Der Weg ins Königreich Württemberg (1800–1870), Ostfildern 2010, S. 180, S. 185; Uwe SCHMIDT, Italienische Arbeitsmigranten im 19. Jahrhundert in Südwestdeutschland, in: Heimatkundliche Blätter für den Kreis Biberach 2012/1, S. 21–27.

9 1867 werden auf der Südbahn rund 40 000 Tonnen Güter aller Art transportiert, das entspricht 15 Prozent des gesamten Transportvolumens der württembergischen Eisenbahnen. Vgl. EITEL, Geschichte Oberschwabens Band 1 (wie Anm. 8), S. 183.

10 SCHMIDT, Oberschwäbische Industrie (wie Anm. 5), S. 99–105; vgl. auch den Beitrag von Peter EITEL in diesem Band.

11 Frank BRUNECKER, Die kleine Kulturstadt an der Riss, in: Ausstellungsführer Museum Biberach, Band 2, Kunst des 17. bis 19. Jahrhunderts, Biberach 2001, S. 8–25.

12 Willi A. BOELCKE, Wirtschaft und Gesellschaft vom 18. Jahrhundert bis zur Gegenwart, in: Dieter STIEVERMANN (Hg.), Geschichte der Stadt Biberach, Stuttgart 1991, S. 442–445.

2 Biberacher Marktplatz, kolorierte Postkarte, 1905, Stadtarchiv Biberach.

sich auch Biberach zusammen mit anderen oberschwäbischen Städten in den 1830er und 40er Jahren mit einer Reihe dringender Petitionen gen Stuttgart (und sogar mit Geld) für den Bau der projektierten Eisenbahnlinie ein. Aber die Vertreter des Gemeinderates und des Gewerbestandes sehen dabei eher die Belange des Handels und weniger die der Industrie.[13]

Bis 1849 gibt es in Biberach erst sieben fabrikähnliche Firmen, und 1862, bei Einführung der Gewerbefreiheit in Württemberg, erst fünfundzwanzig. Es sind verarbeitende Klein- bis Mittelbetriebe im Metall- und Maschinenbau: eine Fassfabrik, ein Kutschenbauer, die Blechspielzeugfabrik Rock & Graner (seit 1813) und die Orgelfabrik Schefold (seit 1836), oder textilverarbeitende Unternehmen wie die Posamentierwarenfabrik Schelle-Blaßnek (seit 1838), die Ornatstickerei Carl Neff (seit 1848), die Schlauchfabrik Anton Kutter (seit 1861) sowie einige Devisen- und Tragantwarenhersteller, die kunstvolle Konditoreiwaren anbieten.[14]

---

13 Denkschrift über die Friedrichshafen-Ulmer Eisenbahn und ihre Priorität im System der württembergischen Haupt-Landesbahn, hrsg. von den Handelsständen der Städte Friedrichshafen, Ravensburg, Waldsee, Biberach und Ulm, o. O. 1842, S. 37; StadtA Ravensburg, A 2412a, Eingabe der Handelsstände von Friedrichshafen, Ravensburg, Waldsee, Biberach und Ulm an den König vom 8.5.1842.
14 BOELCKE, Wirtschaft und Gesellschaft (wie Anm. 12), S. 445–448.

Für Biberach sind nicht industrielle, sondern landwirtschaftliche Fragen ausschlaggebend. Durch die Verringerung der Frachtzeiten etabliert die Südbahn die landesweite Bedeutung des Biberacher Vieh- und Getreidemarktes. Erst durch die Bahn wird Getreide zur überregionalen Handelsware. Mit der Bahn gelangt oberschwäbisches Getreide nach Ulm und von dort ins westliche, nördliche und östliche Europa. Ähnliches gilt für den Holzhandel. Auch Bier aus Ulm und Oberschwaben wird zum Exportgut.[15]

Ebenso gelangt Schlachtvieh aus dem Biberacher Umland nun schneller und billiger in die Schweiz. Allerdings bleiben die Transportmengen Richtung Süden begrenzt. Hier offenbart sich ein geografisches Problem. Bayern und Baden können östlich oder westlich am Bodensee vorbei nach Süden fahren. Die Württemberger dagegen müssen die Bahnfracht in Friedrichshafen auf Dampfschiffe umladen. Das bringt im Termingeschäft Wettbewerbsnachteile, was auch die Trajektfähre zwischen Friedrichshafen und Romanshorn ab 1869 nicht ändert, die direkt von Eisenbahnwaggons befahren werden kann.[16]

Allmählicher Aufschwung

In der zweiten Hälfte des 19. Jahrhunderts wächst die Biberacher Wirtschaft, was eine Bevölkerungsmigration vom Land in die Stadt auslöst. Obwohl auch viele Biberacher auswandern[17] oder in beruflich attraktivere Großstädte umsiedeln (viele alteingesessene Biberacher Familien verschwinden in dieser Zeit), verdoppelt sich die Biberacher Bevölkerungszahl von 4300 Einwohnern im Jahr 1800 auf knapp 8400 Einwohner um 1900.[18] Infolgedessen sind 1895 nur noch 52 Prozent der Einwohner Ortsgebürtige. Schleichend wird die bis dahin überwiegend evangelische Stadt mehrheitlich katholisch. Die Zuwanderung nivelliert das künstlerisch-kunsthandwerkliche Charakteristikum der ehemaligen Reichsstadt. Biberach sprengt den eng ummauerten Traditionskreis seines bikonfessionell geprägten, auf Herkunft, Eigenart und Unabhängigkeit verweisenden stadtbürgerlichen Lebens. Auch die bebaute Fläche der Stadt drängt über den Altstadtring hinaus.[19]

15 SCHMIDT, Oberschwäbische Industrie (wie Anm. 5), S. 101 f.
16 SCHMIDT, Eisenbahn und Industrialisierung (wie Anm. 5), S. 130–144.
17 Zwischen 1818 und 1863 wandern aus dem Oberamt Biberach 1216 Personen aus. Danach sinken die Auswandererzahlen. Bei 29 969 Einwohnern im Oberamt Biberach im Jahr 1861 entspricht das einer Auswandererquote im genannten Zeitraum von vier Prozent. Vgl. Kurt DIEMER, Auswanderung aus dem Oberamt Biberach 1818 bis 1863, in: BC Heimatkundliche Blätter für den Kreis Biberach 2004/1, S. 64–71. Die fünfeinhalb Jahrzehnte zwischen 1815 und 1870 markieren die Periode der Massenauswanderung in Deutschland. Aus Südwestdeutschland emigrieren mindestens 400 000 Menschen. Auswanderungshochs bilden die Krisenjahre 1816/17, 1832/33, 1846/47 und 1852/54. Allein 1850–54 erlebt Südwestdeutschland einen Bevölkerungsverlust von 13 Prozent. Vgl. Willi A. BOELCKE, Sozialgeschichte Baden-Württembergs 1800–1989, Stuttgart 1989, S. 154 f; Jochen KREBBER, Württemberger in Amerika. Migration von der Schwäbischen Alb im 19. Jahrhundert, Stuttgart 2014.
18 BOELCKE, Wirtschaft und Gesellschaft (wie Anm. 12), S. 456 f, S. 418, S. 463 f; Frank BRUNECKER, 1900–2000 Biberach im Schatten eines Epochenwechsels, in: Stadt Biberach (Hg.): Biberach um 1900, Biberach 2000, S. 15.
19 Die Stadttore werden – bis auf eins – zwischen 1844 und 1877 abgebrochen, die Stadtmauern – wiewohl zwischenzeitlich wieder hergestellt – werden seit 1790 allmählich abgetragen oder überbaut. Vgl. Richard PREISER, Biberacher Bau-Chronik, Biberach 1928, S. 31–52.

An den Ausfallstraßen wachsen vorstadtähnliche Siedlungen. Vor allem im Bahnhofsbereich und an der Waldseer Straße zeugen noch heute einige Bürgervillen von dieser verspäteten und auch begrenzten Biberacher Gründerzeit am Ende des 19. Jahrhunderts.[20]

Die Konjunkturschwankungen der 1870er und 80er Jahre, die auch Biberach treffen, weichen seit 1895 einer stabilen Hochkonjunktur, die bis zum Kriegsausbruch 1914 anhält. Der daraus resultierende Arbeitskräftebedarf verstärkt die Migration vom Umland in die Stadt. 1914 leben in Biberach 9360 Einwohner, von denen 75 Prozent im Gewerbe und nur noch sieben Prozent in der Landwirtschaft tätig sind.[21] Trotzdem gibt es in Biberach noch immer keine regelrechte Industrie. Die wichtigsten Betriebe im Jahr 1914 sind:

1. die Devisen- und Tragantwarenfabrik Gebrüder Baur (seit 1834), die mit 90 Mitarbeitern kunstvolle Konditoreiwaren in Handarbeit für den Export bis nach Übersee fertigt,[22]
2. die Feuerwehr-Requisitenfabrik J. G. Lieb (seit 1873) mit 120 Mitarbeitern und zwei Dampfmaschinen, die Feuerwehren weltweit mit Helmen, Lampen und mechanischen Leitern ausrüstet,[23]
3. die Metallwarenfabrik Otto Schlee (seit 1875) mit 152 Mitarbeitern, aber ohne Dampfmaschinen oder Motoren, die metallene Blumenkränze, Wappen, diverse Luxusgegenstände sowie elektrische Beleuchtungskörper herstellt und Musterlager in den wichtigsten europäischen Hauptstädten unterhält,[24] und
4. die Posamentenfabrik Gerster (seit 1882),[25] die noch kurz vor dem Ersten Weltkrieg 1914 ihren Betrieb von der Altstadt auf die damals grüne Wiese an der Memminger

---

20 Vgl. Flächenverbrauchsplan 1827–2010 des Stadtplanungsamts Biberach. Christian KUHLMANN, Wirtschaftsentwicklung als wesentlicher Strukturfaktor der Stadtentwicklung. Beispiel Biberach/Riss, in: Oberschwaben. Magazin der Gesellschaft Oberschwaben 10/2012, S. 2–52.
21 Hermann GREES, Die Bevölkerungsentwicklung in den Städten Oberschwabens, in: Ulm und Oberschwaben 40/41 (1973), S. 123–198. Vgl. Adreß- und Geschäftsbuch der Oberamtsstadt und des Bezirks Biberach, Biberach 1913; Ursula MAERKER, Die Kriegszeit ist eine harte Zeit und sie wird um so härter, je länger der Krieg dauert. Biberach im Ersten Weltkrieg nach zeitgenössischen Quellen, in: BC Heimatkundliche Blätter für den Kreis Biberach 2006/1, S. 65–78; Eberhard NAUJOKS, Biberach im Königreich Württemberg 1806–1919, in: STIEVERMANN, Stadt Biberach (wie Anm. 12), S. 549.
22 Jürgen WEISSER, Die Tragantwarenfabrik Gebrüder Baur, in: Ausstellungsführer Museum Biberach, Band 3, Stadtgeschichte, Biberach 2002, S. 120–125.
23 Frank BRUNECKER, 175 Jahre Feuerwehr, Biberach 2024, S. 94–103; Sascha WEIHS, J. G. Lieb & Söhne. Geschichte eines Familienunternehmens, Biberach 2024; Jürgen WEISSER, Vom Löscheimer zum Feuerwehr-Requisit, in: Ausstellungsführer Museum Biberach (wie Anm. 22), S. 138–43.
24 Jürgen WEISSER, Kränze und Wappen von Otto Schlee, in: Ausstellungsführer Museum Biberach (wie Anm. 22), S. 132–137.
25 Posament ist ein Sammelbegriff für textile Schmuckbesätze. Sie werden gewebt, gewirkt, geflochten, geknüpft, geklöppelt und gestickt. Die Posamenterie oder Bortenmacherei ist ein altes Handwerk, dessen Ursprung in der Antike im Orient zu finden ist und im Mittelalter durch die Kreuzzüge in den Okzident vermittelt wird. Erst Anfang des 20. Jahrhunderts löst sich die Posamentenherstellung aus dem handwerklichen Rahmen. Kurz hintereinander werden der mechanische Bandwebstuhl, die Häkelgalon- oder Klöppelspitzenmaschine und die mechanische Flechtmaschine erfunden. Trotz modernen Maschineneinsatzes können auch heute noch viele Posamenten nur als Halbfabrikat hergestellt und müssen in kunstvoller Handarbeit weiterverarbeitet werden.

Straße verlegt, wo ein 130 Meter langer, vorbildlich historistischer Fabrikneubau entsteht, der auch architektonisch Maßstäbe setzt. 80 Beschäftigte produzieren dort auf Dutzenden Web-, Häkel- und Flechtmaschinen textile Schmuckbesätze, Borten, Fransen, Kordeln und Bänder für den Handel in Deutschland und in der Schweiz.[26]

Diese Unternehmen nennen sich Fabriken, sie sind aber Manufakturen mit Maschinenhilfe und einem hohen Anteil Handarbeit. Nichtsdestotrotz gehen diese Firmen erfolgreich in den Export und auf Weltausstellungen.[27]

Der Weltkrieg als Zäsur

Jäh stoppt der Erste Weltkrieg den wirtschaftlichen Aufstieg. Rund 2250 junge Biberacher werden in den Militärdienst eingezogen.[28] Schon infolge der ersten Einberufungen bei Kriegsbeginn schließen die Biberacher Fabriken und stellen auf Rüstungsproduktion um. Die Feuerwehr-Requisitenfabrik J. G. Lieb liefert nun Militärhelme, Rucksäcke, Tornister, Sättel, Pferdegeschirre, Luftschiffleitern und Munitionswagen. Die Metallwarenfabrik Otto Schlee verlegt sich auf Helmbeschläge, Zünderkappen, Kochgeschirre, Feldflaschen, Handgranaten und Gasmasken. Und die Posamentenfabrik Gerster fertigt Säbeltroddeln, Maschinengewehrgurte und Landsturmachselbänder.[29] Per Amtsbescheid werden die in der Heimat verbliebenen, nicht eingezogenen Arbeiter in den kriegsrelevanten Produktionen eingesetzt. In Biberach bleiben während der Kriegsjahre 152 der 665 Gewerbebetriebe geschlossen. 33 Betriebe arbeiten für das Militär.[30] Doch nur bei einem einzigen Biberacher Unternehmen – den Vollmer Werken – bewirken umfangreiche Rüstungsaufträge einen Industrialisierungsschub. Alle anderen Unternehmen erfahren durch die behördlichen Kriegsbewirtschaftungsmaßnahmen erhebli-

---

26 1882 gründet der 26-jährige Bortenmacher Gustav Gerster (1856–1936) in seinem Elternhaus in der Biberacher Bürgerturmstraße einen Handwerksbetrieb zur Herstellung von Posamenten. Gelernt hat Gerster bei der damals größten Biberacher Textilfirma „Schelle-Blaßnek, Posamentier und Knopfmacher, Galanteriewaren". 1888 eröffnet er eine Filiale in Berlin. 1890 bezieht die Firma ein Betriebsgebäude in Biberach in der Wielandstraße und 1903 die stillgelegten Räumen der Blechspielzeugfabrik Rock & Graner am Weberberg. Die Produktion wird mechanisiert. Vgl. Kurt DIEMER, Die Gerster. Gardinen und Posamenten, in: Willi A. BOELCKE (Hg.), Wege zum Erfolg. Südwestdeutsche Unternehmerfamilien, Leinfelden-Echterdingen 1996, S. 230–241; Jürgen WEISSER, Die Posamenterie oder Bortenmacherei, in: Ausstellungsführer Museum Biberach (wie Anm. 22), S. 144–149.
27 BOELCKE, Wirtschaft und Gesellschaft (wie Anm. 12), S. 457–473; NAUJOKS, Biberach (wie Anm. 21), S. 545–552.
28 Bei Kriegsende haben die Biberacher Familien 306 Gefallene und neun Vermisste zu beklagen, das entspricht 3,2 Prozent der Bevölkerung. Adam KUHN, Kriegs-Chronik der Stadtgemeinde Biberach 1914–18, Biberach 1921, S. 1–109, S. 143–149. Vgl. BOELCKE, Wirtschaft und Gesellschaft (wie Anm. 12), S. 456.
29 KUHN, Kriegs-Chronik (wie Anm. 28), S. 141, S. 180–219. Vgl. Frank BRUNECKER, Kriegsbewirtschaftung und Rüstungsproduktion in Biberach 1914 bis 1918, in: Jürgen KNIEP (Hg.), „Eine Donau voll Blut, ein Bodensee voll Tränen". Oberschwaben im Ersten Weltkrieg, Biberach 2014, S. 138; NAUJOKS, Biberach (wie Anm. 21), S. 550–552.
30 KUHN, Kriegs-Chronik (wie Anm. 28), S. 218.

3   Werkhalle der Vollmer Werke, Biberach 1915, Vollmer Archiv. Unter der Decke das Gewirr an Transmissionsrollen und -riemen, über die die Werkzeugmaschinen angetrieben werden.

che Beeinträchtigungen ihrer Entfaltungsmöglichkeiten. Der Absatz der Biberacher Luxuswarenindustrie bricht ein.

Die Vollmer Werke, die im Jahr 1909 von dem Konstrukteur und Erfinder Heinrich Vollmer (1885–1961) in Ebingen gegründet und ein Jahr später nach Biberach verlegt werden, sind spezialisiert auf die Herstellung von Maschinen zum Schärfen von Sägen.[31] Schon seit 1913 konstruiert Vollmer auch Maschinengewehrteile. Die Entwicklungsarbeit ebnet den Kontakt zu den Stabsstellen des Heeres in Berlin, der 1915 den ersten Großauftrag zur Fabrikation von Mündungsschonern nach sich zieht.[32] Die Vollmer Werke produzieren bis 1919 über drei Millionen Stück.[33] Dadurch wird Vollmer zum kriegswichtigsten und größten Biberacher Unternehmen. Sind bei Vollmer 1914 erst 44 Arbeiter tätig, sind es 1918 rund 1000 Männer und Frauen, 750 allein in Biberach.[34] Aber alles gründet

---

31   Vollmer Archiv 01 C 01 000 und 1 01 F08 000 09-34. Vgl. BRUNECKER, 100 Jahre Vollmer (wie Anm. 1), S. 23; Frank BRUNECKER, Vollmer, Heinrich, Konstrukteur und Unternehmer, in: Fred Ludwig SEPAINTNER (Hg.), Baden-Württembergische Biographien, Band VI, Stuttgart 2016, S. 492–495; Udo VOLLMER, Im Gedenken an Heinrich Vollmer, Bad Saulgau 2002, S. 78; Vollmer Werke 1911–1971. Eine Chronik, Biberach 1971; Helmut GLASER, Original Vollmer, Biberach 1984.
32   Ein Mündungsschoner ist eine Metallkapsel, die beim Reinigen des Laufinneren eines Militärgewehrs auf die Mündung gesetzt wird, um ein Reiben des Wischstocks zu vermeiden.
33   Vollmer Archiv 05 K01 005. Bericht von Obermeister H. Romer vom 7.12 1964, Vollmer Archiv 01 C01 000 Chronik.
34   KUHN, Kriegs-Chronik (wie Anm. 28), S. 182 f. Vollmer-Archiv 05 A01 001, Schreiben von Heinrich Vollmer an das Waffen- und Munitionsbeschaffungsamt Berlin vom 20.11.1913. Vgl. BOELCKE, Wirtschaft und Gesellschaft (wie Anm. 12), S. 466.

4 Posamentenfabrik Gerster, Seideplattier- und Häkelgalonmaschinen, Biberach 1932, Museum Biberach.

auf den Aufträgen des Heeres. Umso schlimmer wird bei Kriegsende der Absturz. Von 750 Mitarbeitern können 1919 nur 80 gehalten werden.[35] 1929 bringt die Weltwirtschaftskrise Vollmer an den Rand der Pleite.

Der Krieg und endgültig die Weltwirtschaftskrise stürzen auch die anderen Biberacher Fabriken in Schwierigkeiten. Die Feuerwehr-Requisitenfabrik J.G. Lieb wird 1923 nach Blaubeuren verlegt und geht 1932 (als Lieb AG) in den Konkurs. Die Tragantwarenfabrik Baur und die Metallwarenfabrik Otto Schlee schließen 1929 und 1931. Ihre hochqualitativen und weitgehend von Hand gefertigten Dekorations- und Luxuswaren sind nicht mehr zeitgemäß. Für den notwendigen Strukturwandel sind die Kräfte zu schwach. Von den vier wichtigsten Vorkriegsunternehmen überlebt einzig die Posamentenfabrik Gerster und erwirtschaftet sogar Wachstum. Auch bei Gerster bricht in der Weltwirtschaftskrise der Umsatz ein. Aber durch die weitere Mechanisierung und die Aufnahme

---

35 Vollmer-Archiv 05 A01 001. Heinrich Vollmer sucht nach neuen Produkten, um sein Unternehmen zu retten. Die wichtigste seiner Erfindungen ist 1923 ein Schärfautomat. Damit tritt in den 1920er Jahren eine Verbesserung der Situation ein. Doch in der Weltwirtschaftskrise schmilzt die Belegschaft auf 20 bis 30 Arbeiter zusammen. Erst das Jahr 1933 vermehrt in kleinen Schritten die Beschäftigung. 1936 hat Vollmer 100 Mitarbeiter. 1939 sind es 220. Dann bricht erneut Krieg aus.

moderner Vorhangstoffe ins Sortiment lässt sich die Krise meistern. Ab 1932 wird Gerster mit 400 Mitarbeitern (hinzu kommen 150 Heimarbeiterinnen) zum größten Biberacher Unternehmen und zur größten Posamentenfabrik in Deutschland.[36]

In den 1920er und 30er Jahren erfährt Biberach und mit ihm das ländlich geprägte nördliche Oberschwaben nur vereinzelte Erneuerungsimpulse. Auch die Bevölkerungsentwicklung stagniert. Daher ist es verwunderlich, aber bezeichnend, dass keine aktive Industriepolitik betrieben wird. Vielmehr bemüht sich Bürgermeister Josef Hammer (1884–1950)[37] seit 1935 um die Stationierung einer Garnison der Wehrmacht, zu der es 1938 kommt und woraus im Krieg das Kriegsgefangenen- und Interniertenlager am Lindele-Berg wird.[38]

Nationalsozialismus in Biberach

Während der Zeit des Nationalsozialismus greifen erneut behördliche Wirtschaftslenkungen und Marktordnungen auf Biberach durch. Sie dienen der Beseitigung der Arbeitslosigkeit, der Sicherung der Versorgung und der verdeckten Kriegsvorbereitung.[39] 1938 wird die Fleisch- und Wurstfabrik Jakob Schefold an der Ehinger Straße errichtet.[40] Doch ab 1940 bleiben Baumaßnahmen auf kriegsrelevante Bereiche beschränkt.[41] Wieder werden die Vollmer Werke zum kriegswichtigsten Biberacher Unternehmen. Die Grundlage dafür ist, dass Vollmer seit 1922 Maschinenpistolen, Maschinengewehre und Maschinenkarabiner entwickelt. Im Krieg kommen die Folgeaufträge. Das zentrale Produkt ist der Kurvenhalter für das MG 42, der nur von drei Rüstungsbetrieben in Deutschland hergestellt wird, darunter Vollmer in Biberach.[42] Die Belegschaft wächst auf 500 Mitarbeiter an, zu denen auch 40 französische, belgische und polnische Kriegsgefangene und 59 ukrainische Zwangsarbeiterinnen zu zählen sind.[43]

Das in Friedenszeiten größte Biberacher Unternehmen, die Posamentenfabrik Gerster (1932 mit 400 Mitarbeitern), arbeitet nur wenig rüstungsrelevant und wird im Verlauf des Krieges geradezu ausgehungert. Die Arbeiter werden zum Militärdienst herangezo-

---

36 Festschrift zum 50-jährigen Jubiläum: Gustav Gerster Posamentenfabrik Biberach a.d. Riss 1932. Vgl. Wilhelm AICHELE, Das Jubiläum der Firma Gustav Gerster, Biberacher Zeitung vom 25.5.1932; 100 Jahre Gustav Gerster Posamenten. Biberach 1882–1982, Schwäbische Zeitung vom 18.12.1982; DIEMER, Die Gerster (wie Anm. 26), S. 234.
37 Biberacher Bürgermeister von 1923 bis 1945.
38 Frank BRUNECKER (Hg.), Nationalsozialismus in Biberach, Biberach ²2012, S. 173.
39 Vgl. EBD., S. 171 f.
40 Biberacher Tagblatt vom 16.5.1938.
41 Lediglich die Bad- und Waschanstalt wird im November 1943 in Betrieb genommen. StadtA Biberach E [3068]. Und 1939 bis 1941 kann Friedrich Erpff mit Verzögerungen sein neues Kino verwirklichen, spielt doch der Film als Propagandainstrument der Partei eine wichtige Rolle. Vgl. Uwe DEGREIF, Kinostadt Biberach, in: BRUNECKER, Nationalsozialismus (wie Anm. 38), S. 130 f.
42 Bericht von Obermeister H. Romer vom 7.12.1964, Vollmer-Archiv 01 C01 000 Chronik.
43 KreisA Biberach 014–1028. Vgl. Reinhold ADLER/Frank BRUNECKER, „Fremdarbeiter" in Biberach, in: BRUNECKER, Nationalsozialismus (wie Anm. 38), S. 187–195; BRUNECKER, 100 Jahre Vollmer (wie Anm. 1), S. 67–73.

5 Nationalsozialismus in Biberach: Handwerkerwoche auf dem Marktplatz 1934, Fotografie nachkoloriert, Stadtarchiv Biberach.

gen oder in anderen Biberacher Betrieben dienstverpflichtet. Nur noch 80 Mitarbeiter fertigen textile Heeresartikel, zum Beispiel Maschinengewehrgurte.[44]

In der Endphase des Krieges werden ausgebombte oder bombengefährdete Betriebe oder Betriebsteile nach Biberach verlegt: das pharmazeutische Unternehmen Boehringer aus Ingelheim, die AEG aus Stuttgart und die Zahnradfabrik aus Friedrichshafen. Die Firma Lindenmaier aus Laupheim, die in Biberach ein Zweitwerk für Präzisionsteile aus Metall unterhält, wird ausgeweitet.[45] Bei Gerster werden für Lindenmaier und die Zahnradfabrik Friedrichshafen Säle beschlagnahmt. In der Seidenweberei Schmitz werden Fahrzeugteile für Magirus und Einzelelemente für Messerschmitt-Jagdflugzeuge hergestellt.[46]

44 StA Sigmaringen Wü 13, Nr. 830: Adolf Gerster, Fragebogen vom 24.1.1946; BRUNECKER 2012 (wie Anm. 38), S. 177 f.
45 Burkhard SPINNEN, Der schwarze Grat. Die Geschichte des Unternehmers Walter Lindenmaier aus Laupheim, Frankfurt 2003, S. 23 f.
46 Interview mit Gustav Gerster vom 11.3.2004, Städtische Archive Biberach, S. 24. Vgl. SPINNEN, Der schwarze Grat (wie Anm. 45), S. 23 f; Dieter BUTTSCHARDT, Guido Schmitz – ein Kultur schaffender Biberacher Unternehmer, in: Heimatkundliche Blätter für den Kreis Biberach 3 (1980), Heft 1, S. 26.

6   Biberacher Marktplatz um 1955, Stadtarchiv Biberach.

Take-off nach Kriegsende

Insgesamt wirft die Zeit des Nationalsozialismus und des Krieges Biberach wirtschaftlich zurück. Noch 1950 liegt die Produktion in Oberschwaben 20 Prozent unter dem Vorkriegsstand. Erst danach nimmt die Beschäftigung in allen Wirtschaftsbereichen zu. Trotzdem steigt die Zahl der Arbeitslosen infolge des Zustroms an Flüchtlingen und Vertriebenen. Weil es in Biberach ein Grenzauffanglager und ein Kreisdurchgangslager gibt, wird die Stadt vergleichsweise stark belastet.[47] Im Februar 1952 erreicht die Arbeitslosigkeit im Arbeitsamtsbezirk Biberach mit über drei Prozent den höchsten Stand: 1618 Arbeitssuchende werden registriert.[48] Aus heutiger Sicht bemerkenswert ist, dass eine Arbeitslosenquote von drei Prozent als krisenhaft erlebt wird.

---

47   Frank BRUNECKER: Ankommen 1945–1960. Flüchtlinge und Vertriebene in Biberach, Biberach 2022, S. 54 f.
48   Im September 1950 beträgt die Arbeitslosenquote 3,1 Prozent, 1954 1,6 Prozent und 1956 0,5 Prozent. Vgl. BOELCKE, Wirtschaft und Gesellschaft (wie Anm. 12), S. 481–483.

7   Biberach und Oberschwaben, Luftbild Brugger 1966, Museum Biberach.

Deshalb bemüht sich der Biberacher Bürgermeister Wilhelm Leger (1894–1964)[49] um Industrieansiedlungen. Im Unterschied zu seinem Vorgänger Josef Hammer kommt Wilhelm Leger der Zufall zu Hilfe. Bereits 1946 lassen sich zwei Industriebetriebe neu in Biberach nieder – die pharmazeutische Fabrik Thomae und der zahnmedizinische Instrumentenhersteller Kaltenbach & Voigt. Daneben sorgt die Konsolidierung der eingesessenen Firmen Gerster, Handtmann und Vollmer seit Anfang der 1950er Jahre für die wirtschaftliche Erholung. 1955 unterschreitet die Arbeitslosenquote in Biberach die Einprozentmarke, ein Jahr nachdem die *Hans Liebherr Maschinenfabrik* hier ein Kranwerk eröffnet hat.

Damit ist die bis heute stabile Industriestruktur Biberachs komplett, die durch sechs ausschlaggebende Betriebe mit spezialisierten, nicht konkurrierenden Produktionsprogrammen gekennzeichnet ist. Es sind die Firmen: Gustav Gerster Posamentenfabrik, Vollmer Werke Maschinenfabrik, Kaltenbach & Voigt Dentale Medizinische Instrumente, Albert Handtmann Maschinenfabrik, Hans Liebherr Maschinenfabrik und Dr. Karl Thomae Chemisch-pharmazeutische Fabrik (heute Boehringer Ingelheim).[50] Vor allem Thomae, Liebherr und Handtmann erleben ein sprunghaftes Wachstum und legen in

---

49 1945 Bürgermeister, 1962 Oberbürgermeister, 1964 Ehrenbürger.
50 Vgl. Frank BRUNECKER, Biberacher Industriegeschichte, in: Ulm und Oberschwaben 58/2013, S. 305–329.

den folgenden Jahrzehnten die ökonomische Grundlage für das prosperierende Mittelzentrum Biberach, das wir heute sehen.

Eindrucksvoll ist die Bevölkerungszunahme: 1945 zählt Biberach 13 757 Einwohner, 1950 sind es 15 263 und 1960 schon 21 111, ein Wachstum von fast vier Prozent im Jahresdurchschnitt, eine Rate, die es nie zuvor in der Geschichte der Stadt gegeben hat. Dennoch führt der Bevölkerungsanstieg nicht zu Armut oder Auswanderungen wie im 19. Jahrhundert, sondern ist Ausdruck eines säkularen wirtschaftlichen Aufschwungs, der Biberach zum zentralen Industrie-, Einzelhandels- und Verwaltungsstandort im nördlichen Oberschwaben mit heute rund 35 000 Einwohnern macht.[51] Die genannten sechs Unternehmen beschäftigen in Biberach 1958 zusammen 3836 Arbeitskräfte, 1972 rund 7300, 1984 rund 6200, 2012 mehr als 11 000 und 2024 mehr als 17 000 Mitarbeiter.

Gustav Gerster Posamentenfabrik

Unmittelbar nach dem Ende des Zweiten Weltkriegs dient die Posamentenfabrik Gerster noch hauptsächlich als Ausweichbetrieb für die Zahnradfabrik Friedrichshafen.[52] Auch die französischen Besatzungsmacht requiriert frei stehende Räume. Erst mit der Währungsreform 1948 beginnt der Neuanfang. 1950 werden der Südflügel verlängert, 1951 ein neues Werkstattgebäude errichtet und 1952 ein neuer Nordflügel für große Webmaschinen hinzugefügt. Gerster verlegt sich zunehmend auf die Gardinenweberei und verringert die Posamentenherstellung.[53]

Dennoch stärken die Posamenten (kunstvolle textile Schmuckbesätze, Bänder, Troddeln und Quasten) das Portfolio und den Ruf des Unternehmens als exquisite Qualitätsmarke. Das vermeidet den weiteren Niedergang des Betriebs, wie es zeitgleich bei einer Vielzahl deutscher Webereien zu verzeichnen ist. Schrittweise Investitionen in den Maschinenpark sichern dem Unternehmen das Überleben.

Heute beschäftigt Gerster rund 220 Mitarbeiterinnen und Mitarbeiter (mit einem Frauenanteil von 70 Prozent), die mit computergesteuerten Webautomaten jährlich 15 Millionen Quadratmeter Gardinen fertigen. Seit 2004 ergänzen technische Textilien das Produktprogramm. Fasertypen aus Karbon, Aramid oder Polyester – und neuerdings aus Flachs – werden zu Verstärkungsstrukturen verwoben, gewirkt, geflochten oder gedreht, die in der Automobilindustrie, in der Windkraft, in der Luft- und Raumfahrt oder im Motorsport zur Entwicklung innovativer Materialien dienen. Womöglich erschließen die technischen Textilien einen zukünftigen Wachstumsmarkt, denn sie werden überall dort eingesetzt, wo die Belastung hoch ist und jedes Gramm zählt. Aus Flachs sind sie sogar CO_2-neutral.[54]

---

51 1972 bis 1975 sind in diesem Bevölkerungswachstum auch die Eingemeindungen der Ortschaften Stafflangen, Ringschnait und Rißegg mit 3233 Neubürgern enthalten. Vgl. Alfred Lutz, Biberach in der Gegenwart, in: Stievermann, Stadt Biberach (wie Anm. 12), S. 650.
52 Interview mit Gustav Gerster vom 11.3.2004, S. 24, Städtische Archive Biberach.
53 Diemer, Die Gerster (wie Anm. 26), S. 235–238.
54 Firmenbroschüre 2020. Vgl. Schwäbische Zeitung vom 11.5. und 14.5.2007, 17.5. und 7.9.2023.

Vollmer Werke

Die Vollmer Werke müssen 1945 die Demontage von 46 Werkzeugmaschinen durch die französische Besatzungsmacht verkraften. Nach dem Tod des Firmengründers Heinrich Vollmer im Jahr 1961 versucht das Familienunternehmen – in zweiter Generation geführt – mit Hilfe von Kegelbahnen, aus dem eng umgrenzten Nischenmarkt der Sägewerkstechnik auszubrechen. Aber auch das führt nicht zu größerem Wachstum und misslingt, als der Kegelsport in den 1990er Jahren Rückschritte erlebt.[55]

Heute sind die Vollmer Werke mit weltweit 800 Mitarbeiterinnen und Mitarbeitern in dem spezialisierten Geschäftsbereich des Hartmetallschleifens und der Erodiertechnologie zwar Weltmarktführer, aber stark von den volatilen Exportmärkten abhängig. Die seit 2019 geplante Verlagerung des Firmenstandorts an den Stadtrand zur Verwirklichung eines *fließenden* Maschinenbaus muss in der Corona-Pandemie 2020 verschoben werden.[56]

Kaltenbach & Voigt

Alois Kaltenbach (1887–1971) gründet 1909 in Berlin-Steglitz eine Firma für dentale Maschinen und Instrumente.[57] 1946 kommt in Potsdam in den Wirren der Besetzung durch die Rote Armee der Mitgesellschafter, Richard Voigt, zu Tode. Es folgt die Demontage der Fabrikeinrichtung. Alois Kaltenbach schickt seinen Betriebsleiter nach Westdeutschland, um einen neuen Unternehmensstandort zu suchen, und wird in Biberach fündig. Im Frühjahr 1946 wird die ehemalige Metallwarenfabrik Schlee übernommen. Die in der Besatzungszeit heruntergekommene Schlee'sche Fabrik wird mit 20 Mitarbeitern notdürftig hergerichtet. Es ist noch nicht daran zu denken, hier zahnärztliche Instrumente zu fertigen – es fehlt an geeigneten Maschinen zur Produktion hochwertiger Hand- und Winkelstücke –, deshalb verlegt man sich in Zusammenarbeit mit der ortsansässigen Handtmann-Gießerei auf die Bohrung von Spätzlepressen und Waffeleisen. Handtmann gießt und KaVo bohrt. Die Gemeinschaftsproduktion ist erfolgreich. 1947 umfasst die KaVo-Belegschaft bereits 90 Mitarbeiter.[58]

1948 beginnt mit den ersten fachgerechten Maschinen die dentale Instrumentenfertigung in Biberach. Ab 1952 gelingen mit neuen Patenten erste Konstruktionsverbesserungen bei Hand- und Winkelstücken. 1952 wird auch die KaVo-Bohrmaschine 1010, das sogenannte „Einheitsgerät", eingeführt. Das Unternehmen geht mit 250 Mitarbeitern auf Wachstumskurs. 1959 wird ein Zweitwerk in Leutkirch eröffnet. Die Belegschaft wächst auf 750 Mitarbeiter. 1976 kommt das Werk für dentale Einrichtungen in Warthausen hinzu.[59]

---

55 BRUNECKER, 100 Jahre Vollmer (wie Anm. 1), S. 77–87, S. 104f, S. 114–119, S. 128–130, S. 140f.
56 Schwäbische Zeitung vom 21.12.2019, 8.8.2020.
57 1919 gründen Alois Kaltenbach und Richard Voigt die Gesellschaft Kaltenbach & Voigt, kurz KaVo, sie verlegen den Betrieb nach Potsdam. Vgl. Karlheinz KIMMEL, KaVo: Impulsgeber für den technischen Fortschritt in Zahnmedizin und Zahntechnik. Die Geschichte der Firma Kaltenbach & Voigt 1909–2009, Koblenz 2009, S. 13f.
58 Schwäbische Zeitung vom 4.8.1956. Vgl. BRUNECKER, Alles Handtmann (wie Anm. 1), S. 42.
59 BOELCKE, Wirtschaft und Gesellschaft (wie Anm. 12), S. 483. Vgl. die Unternehmensbroschüren: Heute berichtet KaVo über KaVo, Biberach 2004; Unternehmen KaVo – Dental Excellence, Biberach 2003.

Das Jahr 2004 bringt tiefe Einschnitte. Nach einem Erbgang verkaufen die Gesellschafter des Familienunternehmens den Betrieb an den US-amerikanischen Danaher-Konzern. Es folgen Umstrukturierungen und ein empfindlicher Stellenabbau. Die Belegschaft von 1700 Mitarbeiterinnen und Mitarbeitern wird um 700 verringert. An den drei Standorten Biberach, Leutkirch und Warthausen werden 312 Stellen abgebaut.[60] 2006 wird das Werk in Leutkirch verkauft.[61] Danach findet Kaltenbach & Voigt innerhalb des Danaher-Konzerns zu Wachstum zurück. 2007 avancieren die zehn zur Danaher-Dentalgruppe gehörenden Unternehmen – darunter KaVo als Premiumhersteller – zur Nummer zwei auf dem globalen Dentalmarkt.[62] Zur Ruhe kommt KaVo jedoch nicht. 2019 gründet die Danaher Corporation die Envista Holdings Corporation, in der der Danaher-Konzern seinen Dentalbereich bündelt und auch KaVo einordnet. Und 2021 kauft die finnische Planmeca-Gruppe, einer der größten inhabergeführten Anbieter zahnärztlichen Geräts, KaVo in Biberach und Warthausen. Die inzwischen rund 1600 KaVo-Mitarbeiter versprechen sich viel von diesem Eigentümerwechsel, kehrt KaVo damit doch wieder in die eher langfristig orientierte Struktur eines Familienunternehmens zurück.[63]

Firmengruppe Handtmann

Die Handtmanns sind eine alteingesessene Biberacher Handwerkerfamilie.[64] Ihre Messinggießerei wird 1873 als Handwerksbetrieb gegründet.[65] Nach der Weltwirtschaftskrise 1929 arbeitet sich das Unternehmen auf ein fabrikmäßiges Niveau hoch und gießt Hähne, Verschraubungen und Ventile – sogenannte Armaturen – für Brennereien und Brauereien, bis der Zweite Weltkrieg die Aufwärtsentwicklung unterbricht. Messing wird zum kriegswichtigen Material und der Armaturenguss entsprechend eingeschränkt.[66] Zwei Söhne fallen im Krieg, nur der Jüngste kehrt zurück, Arthur Handtmann (1927–2018).[67] Als er sich 1945 mit 18 Jahren aus der Gefangenschaft nach Hause durchschlägt, übernimmt er den elterlichen Betrieb. Mit 18 Arbeitern fängt Arthur Handtmann an und improvisiert. In der Umgebung liegende Flugzeugwracks werden ausgeschlachtet und das Aluminium zu Spätzlepressen und Waffeleisen verarbeitet.

Nebenbei absolviert Arthur Handtmann ein Ingenieurstudium im Fach Maschinenbau in Konstanz. Hier weitet sich sein Horizont und es reift der Entschluss, die alte Gießerei zu modernisieren. Die Zukunft liegt im Leichtmetall Aluminium. Natürlich gießt Handtmann noch viele Jahre Messingarmaturen für die alten Kunden, die Brauereien

---

60 KIMMEL, Impulsgeber (wie Anm. 57), S. 33–35; Schwäbische Zeitung vom 2.6.2004, 7.9.2004, 10.11.2004, 22.6.2005.
61 Schwäbische Zeitung vom 14.11.2006.
62 KIMMEL, Impulsgeber (wie Anm. 57), S. 35. Vgl. FAZ vom 8.5.2006.
63 Schwäbische Zeitung vom 15.9.2021, 26.1.2022.
64 Alfred HANDTMANN, Stammtafel und -blätter der Familie Handtmann in Biberach, 1977, S. 7.
65 StA Sigmaringen Wü 65/5, nach BOELCKE, Wirtschaft und Gesellschaft (wie Anm. 12), S. 465.
66 BRUNECKER, Alles Handtmann (wie Anm. 1). Vgl. Jubiläumsbroschüre 125 Jahre Handtmann – Richtung Zukunft, Biberach 1998, S. 5; Manuskript Arthur Handtmann: Die Firmengruppe Handtmann, Biberach 2006, S. 3.
67 Interview mit Arthur Handtmann am 25.9.2006.

8   Aluminium-Sandguss im Handtmann Metallgusswerk, Biberach um 1960, Handtmann Unternehmensgruppe.

und Mostereien im Land, doch daneben auch Aluminium: in Biberach für Kaltenbach & Voigt und die Vollmer Werke und ab 1952 für Weishaupt, den Hersteller von Öl- und Gasbrennern im nahen Schwendi. Für den Bedarf der wachsenden Brennerindustrie in Schwendi investiert Handtmann in Maschinen, erarbeitet sich das Know-how zur Herstellung dünnwandiger und maßhaltiger Aluminiumgussteile und gießt Brennergehäuse und Brennerteile, Schwenkflanschen und Lüftergehäuse in Serienfertigung. Mit Weishaupt fängt bei Handtmann alles an.

Heute ist Handtmann die größte familiengeführte Aluminiumgießerei in Europa, die für alles was Rang und Namen hat in der deutschen Automobilindustrie Systemteile gießt und bearbeitet. Aber die Handtmann Unternehmensgruppe ist auch Weltmarktführer in der Herstellung von Füllmaschinen und Portioniersystemen, führender Anbie-

9 Druckgussform aus temperaturwechselbeständigem Stahl zur Herstellung eines Getriebegehäuses, Handtmann Metallgusswerk, Biberach 2007, Museum Biberach.

ter von Armaturen und Prozessanlagen und ein innovativer Kunststoffhersteller. Aktuell beschäftigt Handtmann 4300 Menschen weltweit, knapp 3000 davon in Biberach. Allerdings befindet sich die Aluminiumgießerei, das sogenannte Metallgusswerk und Herzstück des Unternehmens, das zu 100 Prozent von der Automobilindustrie abhängt, mitten im risikoreichen Transformationsprozess weg vom Verbrennungsmotor (mit vielen Gussteilen) hin zur Elektromobilität (mit wenigen Gussteilen). Das Plus bei Handtmann ist die diversifizierte Unternehmensstruktur auf mehreren Standbeinen.

Firmengruppe Liebherr

Liebherr gibt es in Biberach nur, weil Bürgermeister Wilhelm Leger den kongenialen Erfinder und Unternehmensgründer Hans Liebherr (1915–1993) mit einer überraschenden Idee konfrontiert. Hans Liebherr, der 1949 in Kirchdorf im Kreis Biberach mit der Erfindung eines fahrbaren Turmdrehkrans ein schnell wachsendes Unternehmen geschaffen hat, sucht seit 1953 einen neuen Produktionsstandort. In Kirchdorf hat man Platzprobleme. Gravierender noch sind die Schwierigkeiten, ausreichend Arbeitskräfte in die Landgemeinde an der Iller zu bringen. Im Sommer 1953 bewerben sich 32 Städte um eine Niederlassung der Firma Liebherr. Memmingen hat infolge der Nähe zu Kirchdorf die besten Chancen. Biberach bietet einen Grundstückspreis von 1 DM für den Quadratmeter sowie einen Baukostenzuschuss von 400 000 DM. Schussenried will Liebherr den Grund umsonst überlassen und die Gewerbesteuer in den ersten Jahren aussetzen, und in Laupheim winkt ein Landeskredit in Millionenhöhe.[68]

Doch Bürgermeister Leger bringt ein neues Argument in die Verhandlungen ein. Anfänglich fordert Hans Liebherr einen Bahnanschluss für sein Werk. Leger berichtet Lieb-

---

68 BRUNECKER, Liebherr (wie Anm. 1), S. 42 ff. Vgl. Frank BRUNECKER, Kräne für die Welt. Bemerkungen zur historischen Dimension eines oberschwäbischen Familienunternehmens, in: Magazin der Gesellschaft Oberschwaben 14/2020, S. 73–89; DERS., Liebherr, Hans, Baumeister, Erfinder und Unternehmer, in: Fred Ludwig SEPAINTNER (Hg.), Baden-Württembergische Biographien, Band VII, Stuttgart 2019, S. 345–348.

10 Erfinder und Unternehmer: Hans Liebherr (1915–1993) vor dem Verwaltungshochhaus der Firma, Biberach um 1970, Liebherr Archiv.

herr im Juni 1953, das Bundesverkehrsministerium plane den Donau-Bodensee-Kanal, der von Ulm nach Friedrichshafen führen soll. Zentraler Umschlagshafen in Oberschwaben soll Biberach werden. Dieses heute abwegig erscheinende Kanalprojekt (wegen der vielen Staustufen) gibt nachweislich den Ausschlag. Hans Liebherr, der täglich Schwertransporte per LKW organisiert, ist von der Aussicht auf einen tonnageschweren Schiffsverkehr begeistert. Noch im Sommer 1953 fällt die Entscheidung zugunsten von Biberach, und im März 1954 nimmt Liebherr in Biberach mit 100 Mitarbeitern die Produktion von Turmdrehkränen auf. Nur wenig später erweist sich das Kanalprojekt als Luftblase, Liebherr in Biberach dagegen als Realität. Bürgermeister Leger spricht von einer Entscheidung des Schicksals.[69]

In den 1960er Jahren ist Liebherr der weltgrößte Kranproduzent. Nicht nur in Biberach, auch in Schussenried und Ochsenhausen werden Liebherr-Werke errichtet. Aber die großflächige Industrie-Expansion der Liebherr-Werke verläuft nicht nur reibungslos. 1959 und 1960 kommt es in Biberach zu Irritationen, weil Liebherr die Unterlagen zur baupolizeilichen Genehmigung der bereits erstellten Halle III nicht vorlegt.[70] 1963 erreichen Bürgerklagen das Bürgermeisteramt wegen Geruchsbelästigungen durch die Liebherr-Gießerei. 1964 muss die Abnahme einer Sportabzeichenprüfung auf dem nahegelegenen Sportplatz wegen Kopfschmerzen und Übelkeit der Sportler abgebrochen

---

69 Städtische Archive Biberach, Niederschrift über die Sitzung des Gemeinderats vom 26.6.1953, Nr. 730, vom 31.7.1953, Nr. 737, Erörterung des Gemeinderats in der Bauabteilung vom 27.11.1953.
70 Städtische Archive Biberach 774-32 A-G, B2.

11   Baustelle mit Liebherr-Kran, Biberach 1950er Jahre, Liebherr Archiv.

12   Luftbild des Liebherr-Kranwerks in Biberach 2012, Liebherr Archiv.

werden.⁷¹ 1982 wird an der Memminger Straße in Biberach die bis dahin größte Produktionsstätte errichtet – eine 391 Meter lange Halle, die die Stadteinfahrt bis heute prägt.⁷² Den Hallenneubau begleiten öffentliche Diskussionen. Der kommunalpolitische Arbeitskreis der SPD wirft Liebherr „Verbrechen an der Natur" vor, weil ein Altwasser des Brunnenbachs verlegt werden muss.⁷³

Das Wachstum bei Liebherr geht weiter. Nach dem Tod des Unternehmensgründers 1993 übernimmt die zweite Generation das Familienunternehmen. Liebherr wird zu einem der größten Baumaschinenhersteller der Welt, eine Firmengruppe mit heute mehr als 150 Einzelgesellschaften auf allen Kontinenten, mehr als 53 000 Mitarbeiterinnen und Mitarbeitern und 14 Milliarden Euro Jahresumsatz. In Biberach sind das Kranwerk, das Komponentenwerk und die deutsche Holding-Gesellschaft verblieben, mit zusammen mehr als 3500 Beschäftigten.⁷⁴

Boehringer Ingelheim

Die Geschichte des bedeutenden Pharmaunternehmens beginnt 1885 in Ingelheim und hat mit Biberach zunächst nichts zu tun. Doch 1943 sucht Boehringer Ingelheim, das im bombengefährdeten Rheinland liegt, einen sicheren Ausweichbetrieb und findet ihn in Biberach. Infolge der Kooperation mit dem Schweizer Pharmaunternehmen Geigy ist hier die Nähe zur Schweiz ausschlaggebend. 1946 wird aus diesem Ausweichbetrieb die Dr. Karl Thomae GmbH.⁷⁵ In Ingelheim drohen Entnazifizierungsverfahren und Demontagen durch die französische Besatzungsmacht.⁷⁶ Insofern ist die Zweitfirma in Biberach für die Familie Boehringer ein Plan zur Risikominimierung. Auf den Namen Thomae kommt es nicht an, nur Boehringer darf die neue Firma nicht heißen.

Mit Thomae erhält Biberach einen besonderen Partner. Das Werk wächst zusehends und beansprucht Platz. Wiederholt drohen Thomae-Direktoren mit der Abwanderung der Firma ins benachbarte Ravensburg, wo unentgeltlich Gelände sowie Steuerfreiheit auf Jahre angeboten werden. Biberach

13 Thomae-Schriftzug auf dem Dach des Firmengebäudes, Biberach 1971, Boehringer Ingelheim.

---

71 Städtische Archive Biberach 774-32 H-Z, S2.
72 Geschäftsbericht der Liebherr-Holding GmbH, Biberach 1982, S. 12.
73 Schwäbische Zeitung vom 11. 3. 1982.
74 Vgl. Liebherr Geschäftsbericht 2023, S. 20 ff.
75 BRUNECKER, Boehringer Ingelheim (wie Anm. 1), S. 92–97; Gunter ENGELBERG, Unsere Zukunft hat Geschichte. Dr. Karl Thomae GmbH, Biberach 1996, S. 8f; Akten des Museums Biberach, Boehringer Ingelheim, Material.
76 Landeshauptarchiv Koblenz 854/Nr. 134771: Dr. Ernst Boehringer, 854/Nr. 134772: Albert Boehringer.

14 Thomae-Werksgelände, Biberach, Ende 1950er Jahre, Boehringer Ingelheim.

kommt Thomae mit Tauschgrundstücken und einem gemeinsamen Wohnungsbauprogramm entgegen, aber die Tonlage wird frostig, bis sich Bürgermeister Wilhelm Leger und Dr. Ernst Boehringer (1896–1965) aussprechen. Fortan bemühen sich beide Seiten betont um Herzlichkeit.[77]

Das weitere Wachstum des Werkes ist atemberaubend. Mit Thomae entsteht in der oberschwäbischen Kleinstadt in nur wenigen Jahren ein Schwerpunkt der pharmazeutischen Industrie in Baden-Württemberg.[78] 1961 – nur 15 Jahre nach der Gründung – beschäftigt Thomae fast 2000 Mitarbeiter, und 1971 – nur 25 Jahre nach der Gründung – über 3000 Mitarbeiter. Schon seit 1948 ist Thomae der größte Gewerbesteuerzahler[79] und seit 1955 der größte Arbeitgeber in Biberach, obwohl auch andere Industriebetriebe wachsen. Anfang der 1960er Jahre arbeiten rechnerisch fast zehn Prozent der Biberacher Bevölkerung bei Thomae. Noch vor dem Ende der Dekade sind es weit mehr als zehn Prozent, obwohl die Bevölkerung in Biberach in diesem Zeitraum stark zunimmt.

Der Akademikeranteil bei Thomae ist ungewöhnlich hoch, jeder siebte Firmenangehörige hat einen Hochschulabschluss. Die häufig jungen promovierten Chemiker, Pharmazeuten und Mediziner kommen aus fernen Universitätsstädten ins kleine Biberach,[80] die technischen Mitarbeiter von der Grüblerschen Chemiefachschule in Isny. Facharbei-

---

77 Städtische Archive Biberach E Bü. 3223 und 3224, Auszug aus der Niederschrift über die Sitzung des Gemeinderats vom 26.1.1951, Aktennotiz von Bürgermeister Leger vom 5.9.1952, Brief an die Firma Dr. Karl Thomae vom 15.9.1952, Auszug aus der Niederschrift über die Sitzung des Gemeinderats vom 7.11.1952.
78 BOELCKE, Wirtschaft und Gesellschaft (wie Anm. 12), S. 488 f.
79 Seit 1948 bleibt Thomae der größte Gewerbesteuerzahler der Stadt mit Ausnahme der Jahre 1984–87 und 1993–96, Angabe von Finanzbürgermeister Roland Wersch im April 2011.
80 Interview mit Dr. Joachim Heider, Labor- und Gruppenleiter bei Thomae 1958–87, am 15.3.2011.

15   Demonstration von Thomae-Beschäftigten und der IG Chemie auf dem Biberacher Marktplatz am 16. Dezember 1993, Stadtarchiv Biberach.

ter für die Produktion werden betriebsintern herangebildet. 1953 beginnt Thomae mit der kaufmännischen und naturwissenschaftlichen Ausbildung. Werksbuslinien werden eingerichtet, die die Mitarbeiter aus dem Umland ins Werk und wieder nach Hause bringen. Mehr als 600 Werkswohnungen werden errichtet.[81]

Dennoch verläuft die Firmenentwicklung nicht durchgängig rekordverdächtig. In den 1970er Jahren überlagern sich zwei Probleme – zum einen die Abwicklung der Kooperation mit dem Schweizer Pharmaunternehmen Geigy 1971–76 und zum anderen die Ölkrise 1973 mit der nachfolgenden Rezession 1975–76. Beides führt zu einem ersten Wachstumsknick.[82] Schlimmer kommt es 1993, als eine neuerliche Rezession und die Begrenzung der Medikamentenpreise das Ende von Thomae einleiten.[83] In Ingelheim fällt die Entscheidung, die beiden großen Boehringer-Standorte in Deutschland zusammenzuführen. Ingelheim wird zum Kernstandort für die Fertigung, während man in Biberach die Erforschung und Entwicklung neuer Arzneimittel konzentriert.[84] Die Beschäftigten sind geschockt. Es kommt zu Protesten. Mehr als 2000 Thomae-Mitarbeiter demonstrieren auf dem Biberacher Marktplatz.[85]

Später erweist sich, dass die Arbeitsplätze sicher sind. Die Umstrukturierungen bringen Härten, aber die Zukunft wird gewonnen. In den Folgejahren beginnt das große Bauen. Der Standort wird zum Forschungszentrum des Unternehmens und blüht in einer Weise auf, wie es niemand – angesichts der Absatzprobleme – für möglich gehalten hat. 2003 wird die neue Biotechnologie eröffnet. Sage und schreibe 255 Millionen Euro werden in die größte Zellkulturanlage Europas investiert. Es ist die bis dahin größte Einzelinvestition in der Unternehmensgeschichte.[86] Doch Boehringer Ingelheim wächst weiter. Heute ist das Familienunternehmen das größte forschende Pharmaunternehmen Deutschlands (vor Bayer) mit aktuell mehr als 53 000 Mitarbeiterinnen und Mitarbeitern weltweit und einem Jahresumsatz von 20 Milliarden Euro. In Biberach arbeiten rund 7500 Beschäftigte, und es wird ein gigantisches Investitionsvolumen von 500 Millionen Euro zum weiteren Ausbau des Forschungsstandorts Biberach festgeschrieben.[87]

---

81   Dr. Karl Thomae GmbH, 25-jähriges Arbeitsjubiläum von Dr. med. Hans Norf, Biberach 1973.
82   Dr. Karl Thomae GmbH Biberach, Berichte an die Mitarbeiter über die wirtschaftliche Lage und Entwicklung der Firma 1976 und 1977.
83   Boehringer Ingelheim, Unternehmensbericht 1991, S. 3; 1992, S. 6f; 1993, S. 6f.
84   Thomae Zeitung 1/1994, S. 2f.
85   Schwäbische Zeitung vom 15.12.1993 und 17.12.1993.
86   Schwäbische Zeitung vom 17.9.2003.
87   Schwäbische Zeitung vom 25.4.2023, 2.8.2023 und 26.10.2024.

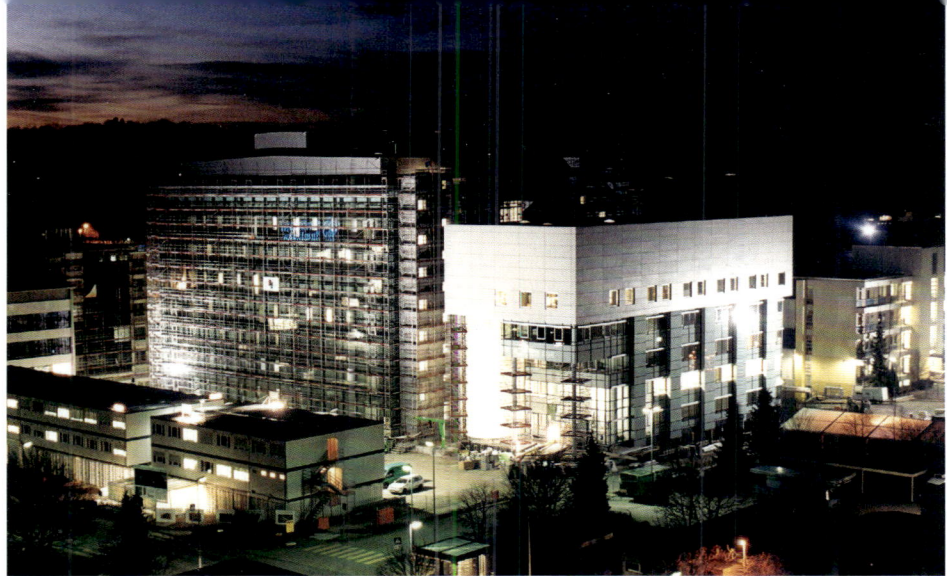

16   Das Biotechnikum von Boehringer Ingelheim in Biberach, 2003, die größte Zellkulturanlage Europas, Boehringer Ingelheim.

Fazit bis 2020

Vordergründig wirken die Biberacher Erfolgsbedingungen kontingent: Das launische Glück des Zufalls scheint für die beispiellose wirtschaftliche Aufwärtsentwicklung Biberachs seit 1945 ausschlaggebend zu sein. Thomae und KaVo kommen zufällig nach Biberach. Liebherr kommt, weil Bürgermeister Wilhelm Leger einen kreativen Einfall hat. Auch bei Handtmann, Vollmer, Gerster und sogar beim Energieversorger EVS, die heutige Energie Baden-Württemberg AG (EnBW),[88] und ebenso bei den ortsansässigen Banken sind jede Menge singuläre Momente auszumachen. Wenn aber der Zufall so häufig eintritt, kann das kein Glück sein. Es wird daraus so leicht auch keine Regel, dennoch vermittelt jede einzelne Firmengeschichte den Eindruck günstiger wirtschaftlicher Rahmenbedingungen. Wichtig ist: Diese Bedingungen haben sich in Biberach erst ab 1945 verbessert.[89]

Die Kunstsinnigkeit der ehemaligen Reichsstadt, verbunden mit einer Reserve gegenüber der Industrie, ist nach 1945 nicht mehr dominierend. Die monetären Vergünstigungen für Liebherr und Thomae und in kleinerem Rahmen auch für andere Unternehmen sprechen Bände. Im Unterschied zum 19. und frühen 20. Jahrhundert hat die Stadt die Veränderungen nach 1945 gewollt. Es gibt durchaus Kritik am Flächenver-

---

88 Die Energie-Versorgung Schwaben (EVS) entsteht 1939 durch den Zusammenschluss des Zweckverbands Oberschwäbische Elektrizitätswerke (OEW) und der Elektrizitätsversorgung Württemberg AG (EVW). Die EVS unterhält in Biberach eine Bezirksniederlassung, aus der 1997, als die EVS mit der Badenwerk AG zur Energie Baden-Württemberg AG (EnBW) fusioniert, ein Regionalzentrum wird mit mehr als 500 Mitarbeitern.
89 Ein Chronist berichtet zwar schon um 1900, dass sich die Biberacher nach einer bedeutenden Industrieansiedlung „förmlich sehnen", dies belege die Freude mit der die (falsche) Nachricht von der Errichtung einer Maschinenfabrik aufgenommen worden sei. Vgl. Adam KUHN, Biberach, in: Katalog der Bezirks-Gewerbe-Ausstellung, Biberach 1900, S. 9. Aber die Fakten sprechen eine andere Sprache.

brauch, an Umweltverschmutzungen und Luftbeeinträchtigungen. Noch 1955 diskutiert der Gemeinderat kontrovers über die Genehmigung des ersten fünfzehnstöckigen Hochhauses in Biberach (beantragt von der Liebherr-Wohnungsbaugesellschaft). Man befürchtet *Kasernierung* sowie *sozialdemokratische Vermassung*, aber man stimmt zu.[90] Es gibt auch Kritik angesichts der Vielzahl *reingeschmeckter* Zuwanderer, die von den Großbetrieben, vor allem von Thomae, nach Biberach und in die umliegenden Ortschaften gebracht werden. Die Gruppenbildung der *Thomaeaner* in den 1960er Jahren, die als arrogant empfunden werden, ist unübersehbar. Aber das gipfelt nicht in einer Infragestellung der wirtschaftlichen Entwicklung.

Ein Thema, das – wie andernorts – auch in Biberach von offizieller Seite in den 1950er und 60er Jahren gern gemieden wird, betrifft die große Reserviertheit der eingesessenen Bevölkerung gegenüber den hier ankommenden Flüchtlingen und Vertriebenen aus den ehemaligen deutschen Ostgebieten. Unmittelbar nach dem Krieg hatte die französische Besatzungsmacht den Zuzug von Flüchtlingen und Vertriebenen in Württemberg-Hohenzollern noch begrenzt. Deshalb kommt es erst in der Bundesrepublik ab 1949 zwischen den Bundesländern zu ausgleichenden Flüchtlingsumsiedlungen, besonders von Schleswig-Holstein nach Württemberg-Hohenzollern und Südbaden. In Biberach werden bis 1960 knapp 6000 Flüchtlinge und Vertriebene aufgenommen. Bei etwa 21000 Einwohnern im Jahr 1961 entspricht das einem Flüchtlingsanteil an der Bevölkerung von 27 Prozent, ein auch im Bundesvergleich überdurchschnittlicher Wert.[91] Doch was in den Notzeiten der frühen 1950er Jahre, die auch in Biberach von Arbeitslosigkeit geprägt sind, als zusätzliche Belastung empfunden wird, erweist sich wenig später als verstärkender Wachstumsimpuls. Die Arbeitslosigkeit in Biberach endet 1955, genau ein Jahr nach der Ansiedlung des Liebherr-Kranwerks. Liebherr hat die vielen Handwerker und Facharbeiter unter den Flüchtlingen und Vertriebenen förmlich aufgesogen. Und Thomae ist zu dieser Zeit nicht nur ein pharmazeutischer Forschungsschwerpunkt, sondern ebenso ein Produktionsstandort. Anfangs finden auch ungelernte Arbeiter bei Thomae Beschäftigung, und viele Frauen verpacken Medikamente.[92]

Soviel ist sicher: Ohne die beinahe 6000 Flüchtlinge und Vertriebenen in Biberach – unter denen viele hochqualifizierte und hochmotivierte Menschen sind – und ohne die weiteren tausenden Flüchtlinge und Vertriebenen im Einzugsgebiet der Stadt, wäre der rasante Aufschwung in Biberach seit Mitte der 1950er Jahre nicht möglich gewesen. Der damit einhergehende Wohlstand hätte sich so nicht ereignet.[93] Es hätte an Arbeitskräften gemangelt.

---

90 BRUNECKER, Liebherr (wie Anm. 1), S. 50–53; Städtische Archive Biberach, Niederschrift über die Sitzungen des Gemeinderats vom 27.6.1955, Nr. 466 und 14.10.1955, Nr. 874.
91 Der Flüchtlingsanteil in der westdeutschen Gesamtbevölkerung beträgt 1961 etwa 16 Prozent. Im Kreis Biberach beträgt der Anteil 1963 etwa 13 Prozent. Die Stadt Biberach wird mit 27 Prozent überdurchschnittlich belastet – wie viele andere wirtschaftlich starke Orte in der Bundesrepublik. Vgl. BRUNECKER, Ankommen (wie Anm. 47), S. 54 f.
92 EBD., S. 70–79.
93 Die Förderung der Wachstumsentwicklung durch Millionen Flüchtlinge und Vertriebene wirkt sich natürlich auch bundesweit aus. Vgl. Ulrich HERBERT, Geschichte Deutschlands im 20. Jahrhundert, München 2014, S. 596, S. 623.

Trotz dieser in mehrfacher Hinsicht positiven wirtschaftlichen Rahmenbedingungen ist auch in Biberach nicht alles eitel Sonnenschein. Nicht jede Firmengeschichte verläuft erfolgreich. Zum Beispiel geht 1970 die Seidenweberei Schmitz in die Insolvenz.[94] Und von den sechs großen Unternehmen in Biberach weisen drei – Gerster, Vollmer und KaVo – Abwärtstrends auf. Die Posamentenfabrik Gerster – wie Schmitz ebenfalls in der problematischen Textilbranche tätig – vermag sich mit Hilfe fortgesetzter Modernisierungen und geschickt spezialisiert auf den weltweiten Exportmärkten zu behaupten. Trotzdem kann das Biberacher Traditionsunternehmen an die Wachstumsraten vergangener Zeiten nicht mehr anknüpfen. Auch die Vollmer Werke – in der krisengeschüttelten Sägewerkstechnologie tätig – können nur zweimal während beider Weltkriege auf der Grundlage von Rüstungsaufträgen stärker wachsen, um danach zweimal zu implodieren. Und dem Instrumentenhersteller Kaltenbach & Voigt fehlt es in den 1990er Jahren an Investitionskapital, um auf den globalisierten Gesundheitsmärkten aus alleiniger Kraft zu reüssieren. Von den sechs Biberacher Vorzeigebetrieben sind also nur drei derart erfolgreich, dass sie für die Kommune dauerhaft überdurchschnittliche Gewerbesteuereinnahmen liefern: Liebherr, Handtmann und Boehringer Ingelheim.

Und auch hier lässt sich differenzieren. Liebherr beginnt in den 1970er Jahren aus steuerlichen Gründen mit der Verlagerung der Konzernzentrale in die Schweiz. 1983 tritt die Liebherr-International AG mit Sitz in Bulle an die Spitze des Gesamtunternehmens.[95] In Biberach verbleibt lediglich die deutsche Holding-Gesellschaft, mit dem Resultat, dass sich das exorbitante Wachstum des Liebherr-Konzerns finanziell nicht in Biberach abbildet. Es ist die Handtmann-Firmengruppe, die in den 2000er Jahren (vor und nach der Finanzkrise von 2008) einen höheren Gewerbesteuerertrag für die Stadt Biberach erbringt als Liebherr. Da jedoch das Metallgusswerk von Handtmann als Zulieferer für die konjunkturabhängige Automobilindustrie fungiert, konzentrieren sich die haushalterischen Planungen der Stadtverwaltung Biberach auf Boehringer Ingelheim. Streng genommen bildet nur dieses eine Unternehmen den eigentlichen Glücksfall, der Biberach aus der Region hervorhebt.

Ein kontrafaktisches Gedankenspiel sei erlaubt: Wenn man Boehringer Ingelheim aus Biberach wegdenkt, dann wird aus dem reichen Sonderphänomen eine ganz normale, wohlhabende oberschwäbische Kleinstadt. Herausragende Investitionen in Schulen, Kultureinrichtungen, Parks und die Altstadtsanierung wären nicht möglich. Doch ein prosperierendes Mittelzentrum mit beachtlicher Wirtschaftskraft wäre dies gleichwohl. Die verbliebenen fünf wichtigen Unternehmen böten dafür eine ausreichende Grundlage. Denn diese groß gewordene mittelständische Struktur ist typisch für die Region, und der daraus resultierende Wohlstand ist in Oberschwaben heute normal.

Biberach gehört zum Wirtschaftsraum Ulm, der durch den Verwaltungsbereich der Industrie- und Handelskammer Ulm gebildet wird. Zur sogenannten IHK-Region Ulm zählen der Stadtkreis Ulm, der Alb-Donau-Kreis und der Kreis Biberach. Hier ist es gerade eine gute Dekade her, dass die Datenerhebungen der IHK und der statistischen Lan-

---

94 Uwe SCHMIDT, Seidenweber Guido Schmitz. Unternehmer und Menschenfreund, Biberach 2008.
95 BRUNECKER, Liebherr (wie Anm. 11, S. 32 f.

desämter die IHK-Region Ulm zur wachstumsstärksten Region in Deutschland küren.[96] Zwischen 1996 und 2009 wächst die Wirtschaft der IHK-Region Ulm um knapp 44 Prozent – so stark wie keine andere der 80 IHK-Regionen in Deutschland. Damit liegt das Wirtschaftswachstum der Region im Jahr 2009 um jeweils 16 Prozent höher als der baden-württembergische und der gesamtdeutsche Durchschnitt.[97] Und auch im europäischen Vergleich ist die regionale Wirtschaftsleistung beachtlich. Nach den damaligen Berechnungen von Eurostat (dem statistischen Amt der Europäischen Union) des Bruttoinlandprodukts pro Kopf in EU-Regionen belegt die IHK-Region Ulm im Jahr 2011 einen hervorragenden zwanzigsten Platz.[98]

Die Industrie- und Handelskammer begründet dieses Phänomen strukturell: Der Wirtschaftsraum Ulm liegt begünstigt zwischen den Metropolregionen Stuttgart und München. Zahlreiche kleine und mittlere Unternehmen der verarbeitenden Industrie – vornehmlich Familienbetriebe – stellen innovative Produkte her. Viele von ihnen sind in spezialisierten Marktsegmenten Weltmarktführer. Bezeichnend ist der gesunde, nicht konkurrierende Branchenmix. Der Maschinenbau, die Pharmaindustrie und der Nutzfahrzeugbau treten hervor.[99]

Den Strukturgründen lässt sich eine historische Dimension hinzufügen. Im Kreis Biberach, der gegenüber den beiden anderen Kreisen der IHK-Region Ulm im genannten Berichtszeitraum besonders dynamisch wächst, wird das am deutlichsten. Hier sind nicht nur innovative und hoch spezialisierte Branchen versammelt, sondern durch die Bank junge Betriebe, die gerade ihren Zenit erleben. Das ist das Resultat der späten Hochindustrialisierung, die in Biberach erst nach 1945 einsetzt. Hier gibt es keine Industriebrachen oder Altlasten, die die Bilanz beeinträchtigen.

Einen kontinuierlichen Aufschwung gibt es in Biberach bruchlos seit Ende der 1990er Jahre. Die allgemeine Wohlstandsentwicklung ist noch älter, sie setzt Anfang der 1970er Jahre ein und kennt nur kurzeitige Unterbrechungen: 1976/77, 1984–87, 1993–96. Ein zwischenzeitlicher Höhepunkt wird 2006 erreicht, als die Gewerbesteuereinnahmen die der Großstadt Ulm übertreffen, ein Rekordergebnis. Die Schwäbische Zeitung titelt: Die *Einnahmen steigen in luftige Höhen* und *Eine Stadt schafft sich still an die Spitze*.[100] Auch 2008 und 2009 sind bemerkenswert, als die weltweite Finanz- und Wirtschaftskrise in

---

96 IHK-Datencheck 2010, Die IHK-Region Ulm im Vergleich, Ulm 2010; Statistisches Landesamt Baden-Württemberg, Volkswirtschaftliche Gesamtrechnung der Länder, Stuttgart 2009.
97 IHK-Ulm: IHK-Region Ulm ist die wachstumsstärkste Region Deutschlands, Dokument-Nr. 94191, Ulm 2011.
98 Die Rangliste wird von der Metropolregion Inner London angeführt, gefolgt von Ballungsräumen wie Luxemburg auf Platz zwei oder Hamburg auf Platz fünf. Im Vergleich der Stadt- und Landkreise liegt Ulm auf dem 19. Rang vor Brüssel (Rang 21) oder München (Rang 23). Und der Landkreis Biberach belegt auf dem 111. Rang einen für einen ländlich geprägten Kreis weit überdurchschnittlichen Wert. IHK Ulm: Die IHK-Region Ulm zählt zu den wirtschaftsstärksten Regionen Europas, Dokument-Nr. 87248, Ulm 2011.
99 IHK-Datencheck, IHK-Region Ulm (wie Anm. 96).
100 Schwäbische Zeitung vom 15.12.2005 und 21.12.2006. Die Gewerbesteuereinnahmen in Biberach belaufen sich im Jahr 2006 auf 118 Millionen Euro brutto. Für 2007 werden in Biberach 66,5 Millionen Euro erwartet, in Ulm 66 Millionen Euro, in Ravensburg 32,5 Millionen Euro und in Friedrichshafen 30 Millionen Euro.

Biberach nur ein *Krisele* ist, wie das Handelsblatt verwundert schreibt.[101] 2009 liegt Biberach im Städte-Ranking des Prognos-Instituts bundesweit auf Rang neun und in der Rubrik Zukunftsbranchen mit einem Beschäftigtenanteil von 45 Prozent sogar auf Platz eins: *dank seines hohen Anteils an Gesundheitsdienstleistungen und Maschinenbau.*[102] Auch 2024 liegen die Gewerbesteuereinnahmen mit 150 Millionen Euro höher als in Ulm. Dabei zählt die Kleinstadt nur rund 35 000 Einwohner und weist mehr als 30 000 Arbeitsplätze auf. Etwa 22 000 Menschen pendeln täglich nach Biberach ein.

Auch im größeren Ravensburg verläuft die wirtschaftliche Entwicklung dynamisch, sie reicht aber an das Wachstum in Biberach nicht heran. Im Vergleich fallen die um mehr als fünf Prozentpunkte höheren Wachstumsraten in Biberach auf. Die Gründe scheinen evident: Zum einen liegt das südliche Oberschwaben im Dreiländereck des Bodensees verkehrsgeografisch nicht so begünstigt wie das nördliche Oberschwaben, zum anderen weisen Ravensburg und das Schussental eine zum Teil wesentlich ältere Industriestruktur auf. Hier beginnt die Hochindustrialisierung bereits um 1850 im Gefolge der Inbetriebnahme der Schwäbischen Eisenbahn. Seitdem hat Ravensburg zum Beispiel den Niedergang von Escher-Wyss, dem bekannten Schweizer Maschinenbauer und ehemals größten Arbeitgeber der Stadt, zu verkraften.[103] Derartige Belastungen gibt es in Biberach bis dato nicht.

In dieser historischen Perspektive kommt die wirtschaftliche Aufwärtsentwicklung in Biberach seit 1945 keineswegs zufällig. Wenn man so will, ist dies ein Nachholeffekt. Nur bestimmte Gipfel sind dem besonderen Erfolg des Pharmaunternehmens Boehringer Ingelheim zu verdanken.

Dennoch fügt sich Biberach in die oberschwäbische Wirtschaft ein. Dies wird ersichtlich, wenn man in der Betrachtung über Oberschwaben hinausblickt. Sieht man auf den Regierungsbezirk Tübingen, so erscheinen zwei Linien innovativer Entwicklung. Da ist zum einen die Linie Friedrichshafen-Ravensburg-Biberach-Ulm im Bereich Pharmazie und Biotechnologie,[104] und zum anderen die Linie Ulm-Heidenheim-Albstadt im Bereich Medizintechnik. Diese zukunftsweisenden Hightechbranchen ergänzen die bislang alles bestimmende traditionsreiche, aber im Umbruch befindliche Automobilbranche in Baden-Württemberg.

Deshalb muss man Biberach auch mit Friedrichshafen vergleichen, dass seit den 2010er Jahren höhere Wachstumsraten aufweist und im Oberzentrum Friedrichshafen-Ravensburg-Weingarten noch größere Dynamik als das Mittelzentrum Biberach entfaltet. Ähnliches gilt für Ulm. Auch gewinnen diese südlichen und nördlichen Nachbarn durch ihre urbane und touristische Qualität gegenüber Biberach erheblich an Attraktivität.

---

101 Handelsblatt vom 3.2.2009: „Biberach: Wo die Krise eine Krisele ist".
102 Der Spiegel vom 21.9.2009: „Wo Deutschland bald boomt". Vgl. Prognos-Studie für den Kreis Biberach: Biberach 2030 – Zukunftsstrategie für die Wirtschaftsentwicklung, Bremen 2010.
103 Vgl. den Beitrag von Peter Eitel in diesem Band.
104 Es handelt sich um die Unternehmen Vetter Pharma in Ravensburg, Boehringer Ingelheim Pharma KG in Biberach (der größte und wichtigste biotechnologische Standort in Baden-Württemberg), Rentschler Biopharma in Laupheim und TEVA Biotech (früher Ratiopharm) in Ulm. Wichtig ist auch der Ausbau der Hochschule Biberach mit dem Fachbereich Biotechnologie in unmittelbarer Nachbarschaft zu Boehringer Ingelheim.

17 Biberach und Oberschwaben, Luftbild Armin Appel und Simon Gallus 2014, Museum Biberach.

Aber wir sparen uns den vertiefenden Blick auf diese sich gegenseitig abwechselnden Aufwärtsentwicklungen, weil sie seit Neuestem veraltet scheinen.[105]

Krisenzeit

Im Jahr 2020 bringt die Corona-Pandemie auch einen wirtschaftlichen Lockdown, bundesweit, europaweit, weltweit, ein Zerreißen der globalisierten Lieferketten, mindestens ein Ruckeln im Export und das Zusammenschmelzen der Bilanzen, was in Deutschland durch Corona-Soforthilfen für besonders betroffene Branchen und auch durch die Kurzarbeit noch gemildert wird. Deshalb hofft Deutschland 2021 im Homeoffice auf das Wiederanlaufen der Konjunktur im Jahr 2022, bis am 24. Februar Putins Russland die Ukraine überfällt. Die deutsche Wirtschaft wächst noch bis ins zweite Quartal. Doch danach schlägt die Energiepreiskrise ins Kontor, die durch staatliche Hilfen zwar abgefangen wird, aber auch im Jahr 2024 das vormalig vergleichsweise niedrige Preisniveau für Öl und Gas nicht wiederherstellen kann. Die Wachstumsprognosen müssen nach unten korrigiert werden. 2024 droht die Rezession.[106]

Eine Beurteilung der Biberacher Unternehmen sei hier angedeutet: Die Vollmer Werke verschieben ihren geplanten Umzug an den Stadtrand. Auch Gerster ist als Luxuswarenhersteller stark betroffen. Aktuell setzt das Unternehmen auf das Innovationspotenzial technischer Textilien, was die engen Grenzen der Textilbranche markiert. KaVo steht nach dem Herauskauf aus dem Danaher-Konzern vor einer Bewährungsprobe. Die energieintensive Handtmann-Gießerei – der Kern der Handtmann-Unternehmensgruppe – kann weder die hohen Energiepreise noch den stockenden Automobilabsatz kompensieren. Liebherr beantragt die Kurzarbeit, weil infolge steigender Kapitalzinsen und Materialkosten der Bau-Boom bröckelt. Bei Boehringer hängen Wohl und Wehe am US-

---

[105] Seit 2017 nimmt das kleine Biberach jährlich regelmäßig mehr als 100 Millionen Euro Gewerbesteuer ein. Vgl. Schwäbische Zeitung vom 10.8.2017: „Kreise Böblingen und Biberach haben die höchsten Steuereinnahmen"; Schwäbische Zeitung vom 22.11.2017: „Gewerbesteuereinnahmen steigen weiter". 2019 ist auch die Arbeitslosenquote im Kreis Biberach mit 2,1 Prozent die niedrigste in Baden-Württemberg. Vgl. Stuttgarter Zeitung vom 25.4.2019. (Das gilt mit 2,0 Prozent bis heute.) Nach Angaben der IHK Ulm gehört der Kreis Biberach 2019 zu den 25 produktivsten in Deutschland. Schwäbische Zeitung vom 11.7.2019. Noch Mitte 2020 zählt der Kreis Biberach im Regionalranking des Instituts der Deutschen Wirtschaft (IW) zu den stärksten Wirtschaftsregionen im Bundesgebiet. Vgl. Schwäbische Zeitung vom 16.6.2020. Und im Standortranking 2019 des Prognos-Instituts erreicht der Kreis Biberach unter 401 Kreisen und kreisfreien Städten in Deutschland Rang 65, hinter Ulm (17) und dem Bodenseekreis (52), aber vor Ravensburg (120), dem Alb-Donau-Kreis (147) und Sigmaringen (277).
[106] Russlands Krieg in der Ukraine ist kein Zufall, sondern Kalkül. Im Vergleich zum Westen ist Russland ein rückständiges Land mit einem Bruttosozialprodukt kleiner als Italien, das auf den Export fossiler Brennstoffe setzt, um seine Großmachtstellung zu erhalten. Diese Großmachtstellung wird durch die westliche Abkehr vom Petro-Konsumismus und auch durch die sich demokratisierende Ukraine und die gerade noch unterdrückte Demokratiebewegung in Belarus gefährdet. Dem will der Krieg gegen die Ukraine einen Riegel vorschieben. Ebenso antwortet das russische Gasembargo nicht bloß auf westliche Wirtschaftssanktionen, sondern stellt die Systemfrage. Viele sprechen hierzulande vom Energiekrieg, der die Energiepreiskrise auslöst und die westlichen Demokratien per Rezession destabilisieren soll. Überall in Europa gewinnen Rechtspopulisten an Boden.

Pharma-Markt. Angesichts mehrerer Blockbuster-Präparate und einer gefüllten Wirkstoff-Pipeline blickt man hier noch am ehesten zuversichtlich in die Zukunft. Allerdings trifft das Unternehmen 2022 eine für Biberach (und die anderen europäischen Standorte) dramatische steuerpolitische Entscheidung: Ab 2024 soll ein Drittel des Gewerbesteueraufkommens des Unternehmens in den USA entrichtet werden. Vermutlich stehen Subventionen im Zusammenhang mit dem *Inflation Reduction Act* in Aussicht. Biberach droht ein dauerhafter Wegfall von bis zu 30 Millionen Euro Steuereinnahmen jährlich. In einer umfassenden Haushaltkonsolidierung nimmt die Stadtverwaltung im Verlauf des Jahres 2023 deutliche Steuererhöhungen und empfindliche Sparmaßnahmen im sozialen und kulturellen Bereich vor.[107] Die fetten Jahre scheinen vorbei zu sein.

In Berlin bricht Ende 2024 die Koalitionsregierung von SPD, den Grünen und der FDP infolge wirtschaftlicher Fragen auseinander. Schonungslos legt die Energiepreiskrise die Strukturprobleme der deutschen Wirtschaft offen: Die Instandhaltung der Infrastruktur wurde jahrzehntelang vernachlässigt. Dafür wuchert die Bürokratie (mit Wohlstandsregeln), und die Lohnstückkosten steigen. Der seit langem zunehmende Fachkräftemangel, dem angesichts niedriger Geburtenraten nur mit einer verstärkten Zuwanderung begegnet werden kann, bremst die konjunkturelle Entwicklung. Dabei lehnt die Mehrheitsbevölkerung eine weitere Zuwanderung ab, ohne dass die Konsequenzen dieser Haltung für die deutsche Wirtschaft ausreichend verstanden werden.[108] Um die Lage vollends zu komplizieren, lahmt die Weltwirtschaft (was für den Exportweltmeister Deutschland prekär ist), weil China angesichts sinkender Wachstumsraten seine Märkte abschottet und die USA und ebenso die EU mit Zöllen reagieren. Von den wachsenden Rüstungsausgaben nicht zu reden.

Interessant in unserem historiografischen Zusammenhang ist, wie sich die Einstellung der Bevölkerung dem wirtschaftlichen Konjunkturverlauf oder dem Eintreten von Umweltkatastrophen jeweils anpasst. Rückten im Jahr 2021 unter dem Eindruck nie dagewesener Überflutungen im beschaulichen Ahrtal, bei denen fast 200 Menschen ertranken, politische Mehrheiten der Grünen in den Bereich des Möglichen, so darf die Klimapolitik im Jahr 2024, in dem der tausendfache Abbau von Arbeitsplätzen droht, vorerst warten.

Ähnlich schwankend scheint auch die Biberacher Zustimmung zur Industriepolitik, die sich die Stadt – wir erinnern uns – erst seit 1945 erarbeitet. Nach gleich zwei Jahr-

---

107 Vgl. Schwäbische Zeitung vom 21.12.2022: „Biberach muss den Gürtel ab 2024 enger schnallen". Und vom 23.6.2023: „Gewerbesteuer zwingt zu hartem Sparkurs". Doch 2022 vereinnahmt Biberach 118 Millionen Euro Gewerbesteuer, mehr als die Großstadt Ulm. 2023 sind es 109 Millionen und 2024 sogar 150 Millionen Euro. Der angekündigte Einnahmeverlust tritt vorerst nicht ein, sondern verkehrt sich in einen Einnahmerekord.
108 Infolge der allgemeinen Wohlstandsentwicklung in den westlichen Industrieländern seit dem Ende des Zweiten Weltkriegs verändert sich die Bevölkerungszusammensetzung. Vor allem steigt die Lebenserwartung und sinkt die Geburtenrate. In Westdeutschland unterschreitet die Geburtenrate seit 1972 die Sterblichkeit. Der *Pillenknick* tritt schon 1965 ein. Die Überalterung der Gesellschaft verschärft sich heute dadurch, dass seit 2020 die *Babyboomer* (die Jahrgänge 1955–1965) in Rente gehen. Von etwa 2020 bis in die 2030er Jahre verliert Deutschland jedes Jahr durchschnittlich 400 000 Arbeitskräfte, was nur durch eine verstärkte Zuwanderung von 500 000 bis 1 000 000 Menschen pro Jahr ausgeglichen werden kann (Angehörige hinzugerechnet).

18   Starkregenereignis in Biberach am 24. Juni 2016: Hagelsturm und Feuerwehreinsatz in Mettenberg, Alexander Wachter.

hunderthochwassern im Jahr 2016 mit hunderten vollgelaufenen Kellern und glücklicherweise keinen Todesopfern,[109] erreichen die Grünen bei den Kommunalwahlen in Biberach 2019 einen Anteil von knapp 27 Prozent und holen die traditionell weit vorn liegende CDU mit 28 Prozent fast ein. Mit diesem Wahlergebnis, das auch an vielen anderen Orten in der Region in der Tendenz bestätigt wird, äußert sich eine Grundsatzkritik an der Industriepolitik. So kritisieren Teile des Biberacher Gemeinderats wie auch der Öffentlichkeit das projektierte Interkommunale Gewerbegebiet IGI Rißtal: Der Flächenverbrauch nehme überhand. Die Beeinträchtigungen für die Anwohner seien untragbar. Die ökologischen Gefahren für das nahe Äpfinger Ried seien unkalkulierbar. Die Grenzen des Wachstums seien auch in Biberach erreicht.[110]

In der Kommunalwahl 2024 jedoch verlieren die Biberacher Grünen und erreichen nur noch einen Stimmenanteil von 25,5 Prozent gegenüber einem Stimmenanteil der CDU von knapp 33 Prozent. Rechnet man die Freien Wähler und die FDP hinzu, dann ist damit die wirtschaftsfreundliche Gemeinderatspolitik in Biberach wiederhergestellt. Da kommt es zupass, dass Biberach sein Wohlstandsversprechen noch immer hält: *Während anderswo von Krise gesprochen wird, klingelt in Biberach die Kasse.*[111] Denn im Haushaltsjahr 2024 erwartet die Stadt die Rekordeinnahme von 150 Millionen Euro Gewerbesteuer. Das entspricht einem kleinen Großstadtniveau und hängt einzig an Boehringer Ingelheim, weshalb sich auch warnende Stimmen in die Euphorie mischen.

Wir erkennen, welchen Stimmungslagen politische Debatten unterworfen sind, dabei bleibt dem Biberacher Gemeinderat eine populistische Partei bislang erspart. Offensichtlich erleben wir eine *Zeitenwende*, was Vorhersagen nahezu ausschließt. Nichtsdestotrotz wagt der Historiker wenigstens eine Schlussfolgerung: Die Diskussionen um die Industriepolitik in Biberach werden an Schärfe zunehmen, weil weiteres Wachstum auch Verluste auslöst. Damit ändert sich etwas, was in der historischen Analyse als eine der Bedingungen der Möglichkeit der Biberacher Hochindustrialisierung seit 1945 herausgearbeitet wurde: nämlich die grundsätzliche Bejahung der Industrie. Eine Industrie ohne Wenn und Aber wird auch Biberach nicht mehr einfach wollen.

---

109   Vgl. Frank BRUNECKER (Hg.), Wasser, Biberach 2017. Nach weiteren Starkregen in Biberach 2021 und 2024 spricht man inzwischen von fünf Jahrhunderthochwassern in acht Jahren.
110   Vgl. Schwäbische Zeitung vom 5.5.2023, 20.1.21, 2.12.20, 11.12.19, 17.5.18.
111   Schwäbische Zeitung vom 20.11.2024, S. 13.

Industriestandorte in Bayerisch-Schwaben. Verläufe und Zeitschnitte seit 1850

Gerhard Hetzer

Der bayerische Regierungsbezirk Schwaben erstreckt sich vom Ries bis zu den Allgäuer Alpen und bis an das Ostufer des Bodensees und ist somit auf rund 200 Kilometern der östliche Anrainer Württembergs. Als historischer Raum von einer Vielfalt von Territorien geprägt, fiel dieses Gebiet in den Jahren 1802/06 an das mächtig vergrößerte Bayern, das für einige Jahre westlich der Iller bis an die Schussen reichte. 1810 wurde dann die Grenze zwischen den Königreichen Bayern und Württemberg in ihrem heutigen Verlauf festgelegt. Innerhalb des jetzigen Freistaates Bayern ist Schwaben flächenmäßig der drittgrößte Regierungsbezirk, an Bevölkerung rangiert es nach Oberbayern an zweiter Stelle. Dies sind zurzeit rund 1,9 Millionen Einwohner, davon leben 300 000 in Augsburg als der Bezirkshauptstadt.

Streifzug durch die heutige Gewerbelandschaft

In Schwaben waren im Jahre 2021 rund 32 Prozent der Beschäftigten im Sektor des produzierenden Gewerbes tätig (Bayern 27%), knapp 42 Prozent hingegen bei privaten und öffentlichen Dienstleistungen (Bayern 46%) und 24 von Hundert in Handel, Verkehr, Information und Kommunikation (Bayern 25%). Zwei Prozent der schwäbischen Erwerbstätigen gehören noch zur Land- und Forstwirtschaft. Mit dem Allgäu als einem Zentrum der Milchwirtschaft wird damit ein über dem Durchschnitt Bayerns (1,5%) liegendes Ergebnis erzielt. Im nördlichen und mittleren Schwaben ist ländliches Wirtschaften allerdings auf Restbestände zurückgedrängt.[1] Trotz fortgeschrittener Angleichung unter den bayerischen Regierungsbezirken zeichnet sich unter der Folie dieser Ergebnisse ab, dass Bayerisch-Schwaben lange wesentlich von der Arbeit an den Maschinen geprägt war.

Bei der tragenden Rolle des Produktivgewerbes hatte sich der Dienstleistungsbereich in Schwaben im bayernweiten Vergleich – vor allem gegenüber Oberbayern und Mittel-

---

[1] Absolute Zahlen in: Bayerisches Landesamt für Statistik (Hg.), Statistische Berichte. Erwerbstätige am Arbeitsort in den Kreisfreien Städten und Landkreisen Bayerns von 1991 bis 2021, Fürth 2023, Tabelle 28, S. 218f.

franken – langsamer entwickelt und war hier erst in den späten 1980er Jahren zum Wirtschaftssektor mit den meisten Erwerbstätigen geworden.[2] Noch 1970 fanden 15 Prozent der schwäbischen Berufstätigen ihren Haupterwerb in der Land- und Forstwirtschaft, sie wurden als Arbeitskräftereservoir für das Wachstum der Industrie angesehen.

Die Strukturdaten der heute in Schwaben tätigen Industrie gelten nach Beschäftigtenzahlen und den Zuwächsen des Brutto-Inlandsprodukts im bayernweiten Vergleich seit 25 Jahren als günstig. Betriebe der Luft- und Raumfahrt beschäftigen in Augsburg und Umgebung, Donauwörth, Mindelheim oder Lindenberg im Allgäu rund 15 000 Personen. In Herbertshofen bei Meitingen arbeitet seit 1970 das mittlerweile einzige bayerische Stahlwerk.

Bei der Zusammenschau von Ergebnissen der Demographie, des Arbeitsmarktes, von Wettbewerb und Innovation, Wohlstand und sozialer Lage sowie der Merkmale von wirtschaftlicher Dynamik gehört der Landkreis Unterallgäu derzeit zu den Bereichen der Bundesrepublik, denen *sehr gute Zukunftschancen* eingeräumt werden (Platz 37 unter insgesamt 400 Stadt- und Landkreisen). Dieses Gebiet um die Städte Memmingen und Mindelheim weist einen besonders hohen Anteil an Beschäftigten in so genannten Zukunftsbranchen mit guter Perspektive bis zum Jahre 2040 auf. *Hohe Chancen*, also eine Stufe darunter, werden den kreisfreien Städten Kempten und Memmingen sowie dem Landkreis Donau-Ries vorhergesagt (Plätze 42, 64 und 61). Es folgt ein breites Mittelfeld, zu dem die Städte Augsburg und Kaufbeuren (Plätze 119 und 144) gehören. Eher meliert erscheinen hier die Zukunftsaspekte für die Landkreise Lindau und Dillingen (Plätze 156 und 173).[3] Als ein Kriterium für Erfolgsaussichten gilt die enge Verbindung der Wirtschaft zur Forschung. Hier sind auch die Bestrebungen einzuordnen, Augsburg zu einem Schwerpunkt von Einrichtungen der Umwelttechnologie zu machen. Interessanterweise lag deren Ursprung bei den seit den 1970er Jahren wachsenden Problemen der Industrie- und Hausmüllentsorgung, die zur Errichtung einer 1996 fertiggestellten zentralen Verbrennungsanlage führten.[4]

Die wirtschaftsstärksten Räume weisen jeweils ein ausgewogenes Branchenspektrum auf. Hierzu gehört die Stadt Memmingen, die in der ersten Hälfte des 19. Jahrhunderts abgeschnitten und in kümmerlichen wirtschaftlichen Verhältnissen lebte und nun am Schnittpunkt von Fernstraßen und als Standort eines Flughafens in die Rolle eines überregionalen Verkehrszentrums hineingewachsen ist. In einer schwierigeren Lage befindet sich die kreisfreie Stadt Kaufbeuren, ein Industriestandort mit über 180-jähriger Tradition, der Verluste an Firmen und Einrichtungen hinnehmen musste. Die Schmuckindustrie in Neugablonz, nach 1946 ein viel gerühmtes Beispiel für die erfolgreiche Ansiedlung

---

2 Stefan Grüner, „Südwestlicher Eckpfeiler Bayerns?" Ökonomischer Wandel, Raumbilder und regionale Strukturpolitik in Bayern und Schwaben (1945–1975), in: Peter Fassl (Hg.), Beiträge zur Nachkriegsgeschichte von Bayerisch-Schwaben. 1945–1970 (Schriftenreihe der Bezirksheimatpflege Schwaben zur Geschichte und Kultur 2), Augsburg 2011, S. 171–210, hier S. 176.
3 Prognos AG (Hg.), Prognos Zukunftsatlas 2022. Das Ranking für Deutschlands Regionen, Berlin [2022], S. 13–23, 28.
4 Marita Krauss, Aufbruch einer Region. Die IHK in Bayerisch-Schwaben seit den 1960er Jahren. Zum Jubiläum 175 Jahre Industrie- und Handelskammer, München 2018, S. 67.

von Flüchtlingsbetrieben, geriet mit ihren Stammprodukten unter Konkurrenzdruck aus Asien. Sie erweiterte inzwischen die Palette ihrer Erzeugnisse in den Bereich der Industriekomponenten.

Industriegeschichte im Lichtkegel

Unser Thema wurde in den letzten Jahrzehnten bereits in Monographien und Aufsätzen behandelt oder auf textlich erläuterten Karten dargestellt, die hier im weiteren Verlauf zitiert werden. Darauf aufbauende oder neu erschließende Untersuchungen finden eine vielfältige Quellenlage vor. Hierzu gehören die Akten von staatlichen und kommunalen Behörden, an denen sich die wachsende Wirtschaftsregulierung der öffentlichen Hand seit der zweiten Hälfte des 19. Jahrhunderts ablesen lässt, von der Gewerbekonzession und Gewerbepolizei bis zu den Ansätzen einer absichernden und fördernden Strukturpolitik. Wenn die klassischen Instrumente staatlicher Wirtschaftsförderung in den 1950er und 1960er Jahren Bürgschaften, Kredite und Frachthilfen waren, so gab es hierfür bereits im 19. Jahrhundert Vorläufer: Im Mai 1848 erhielt die Augsburger Kammgarnspinnerei, damals wie andere Textilbetriebe von Liefer- und Absatzstockungen betroffen, ein staatliches Darlehen gegen Warendepot von 40 000 Gulden, zahlbar aus der Kreiskasse von Schwaben und Neuburg.[5]

Das Bayerische Wirtschaftsarchiv (BWA) in München verwahrt Unterlagen von Selbstverwaltungskörpern und Vereinigungen der Wirtschaft und daneben Archivalien bedeutender Firmen, die freilich öfter wegen Kriegseinwirkungen oder lange währender Geringschätzung nur noch Überreste der einstigen Überlieferung darstellen. Zu den für

[5] Hierzu der Vorgang im Akt StA Augsburg, Regierung von Schwaben und Neuburg, Präsidium 2681.

1 Arbeitergrundbücher der Spinnerei und Weberei Pfersee mit Eintragungen zu Beschäftigten aus dem Zeitraum 1872 bis 1910. Bayerisches Wirtschaftsarchiv, München, F 21/371 und F 21/373.

unsere Thematik wichtigen Beständen zählen die Akten der Industrie- und Handelskammer von Schwaben in Augsburg und auch der Kammer Lindau-Bodensee, die vor ihrer Fusion im Jahre 2004 über knapp 60 Jahre hinweg vom besatzungsrechtlichen Eigenleben des Kreises Lindau nach dem 2. Weltkrieg sowie der anschließenden Entwicklung dieses Raumes zeugte. Die Kammern waren und sind Adressaten der Berichterstattung von Firmen und führen in ihren Unterlagen Nachweise der eigenen Tätigkeit, die sich mit den rechtlichen und organisatorischen Rahmenbedingungen des Wirtschaftslebens beschäftigt. Inhaltlich bedeutend ist im BWA der Bestand des 1870 gegründeten Vereins Süddeutscher Baumwollindustrieller, der seinen Sitz in Augsburg hatte. Unter den Firmenbeständen im Wirtschaftsarchiv sind wegen ihrer Geschlossenheit die Unterlagen der SGL Carbon GmbH (Siemens-Plania) in Meitingen zu nennen und ebenso die der Füssener Textil AG mit den Akten der alten Hanf- und Seilerwaren-Betriebe in Füssen und Immenstadt. Die Archive anderer wichtiger Einzelunternehmen der Textilbranche werden im Stadtarchiv Augsburg verwahrt, nämlich die der Mechanischen Baumwollspinnerei und Weberei in Augsburg (SWA), einst größte Baumwoll-Weberei im deutschen Kaiserreich, und der Zwirnerei und Nähfadenfabrik Göggingen (ZNFG).

Wanderung in einem industriegeschichtlichen Relief

Seit 1807 war das Königreich Bayern ein einheitliches Zollgebiet. Weitere entscheidende Schritte für den Handelsverkehr und für Absatzmöglichkeiten ermöglichten der bayerisch-württembergische Zollvertrag von 1828 sowie der zu Neujahr 1834 in Kraft getretene Deutsche Zollverein. Das heutige Bayerisch-Schwaben schließt ältere Gewerbelandschaften mit Heimarbeit und eingeführten Wegen des Absatzes ein, die sich außerhalb der Städte entwickelt hatten. Industriegeschichte des 19. Jahrhunderts vollzog sich aber in aller Regel an städtischen Sammelpunkten. Augsburgs Standortvorteile lagen in der reichlich vorhandenen Wasserkraft und bei etlichen bodenständigen Bankhäusern.[6] Diese Vorzüge verloren allerdings gegen 1900 bei stetig steigendem Energiebedarf und dem Schwund des regional verankerten Kredits an Bedeutung. Die Augsburger Börse, die ihre Wurzeln bis auf den Wertpapierhandel des 16. Jahrhunderts zurückführen konnte, bestand in der Trägerschaft des Handelsvereins Augsburg bis zum Jahresende 1934 fort, ehe sie mit der Münchener Börse zusammengeschlossen wurde.

Eisenbahnbetrieb in Richtung München gab es in Augsburg bereits seit Herbst 1840. Schließlich entstand 1854 mit der Fertigstellung der Bahnlinien nach Nürnberg und Lindau sowie in Richtung Ulm und Stuttgart ein Verkehrskreuz, das den Anschluss an die Gewerbegebiete in Sachsen und Württemberg sicherstellte und zugleich auf die Vorteile einer Station an der künftigen Magistrale Paris – Wien hoffen ließ, wie sie dann 1860/61 verwirklicht war.

---

6 Im Überblick: Karl Borromäus MURR, Die Entwicklung der bayerisch-schwäbischen Textilindustrie im „langen" 19. Jahrhundert, in: DERS. u. a. (Hg.), Die süddeutsche Textillandschaft. Geschichte und Erinnerung von der Frühen Neuzeit bis in die Gegenwart (Franconia 3), Augsburg 2010, S. 39–65, v. a. S. 46–49.

Klassische Standbeine der Industrialisierung Augsburgs waren zum einen die ‚Leitindustrie' der Textilerzeugung, ausgehend von der bereits großbetrieblich tätigen Stoffdruckerei hin zur Woll- und Baumwollspinnerei seit 1836/40, und zum anderen ab den 1840er Jahren der Maschinenbau. Das Augsburger Stammunternehmen der Maschinenfabrik Augsburg-Nürnberg nahm 1857 die Form einer Aktiengesellschaft an: *Die Maschinenfabriken sind in voller Thätigkeit; sie sind für den Fortschritt und die Consolidirung unserer Industrie im Allgemeinen vom größten Nutzen; sehr erfreulich ist deßhalb die Wahrnehmung, daß sich diesem Industriezweige immer mehr Kapitalien zuwenden.*[7] So wie in der Umgangssprache dieser Jahrzehnte das nachmalige Werk 1 der SWA vor dem Jakobertor nur die *Große Fabrik* war, so wurde dieser MAN-Vorläufer vor Ort zur *Maschinenfabrik* schlechthin und zum Kern einer ganzen Branche. Zu Anfang der 1860er Jahre untermauerte ein als städtischer Archivar tätiger Gelehrter sein Werben für Augsburg als Standort für die im Königreich Bayern geplante technische Hochschule mit einem Überblick zur gewerblichen Entwicklung in der Stadt und in weiteren schwäbischen Städten. Bei der künftigen Ausbildung von Ingenieuren wurde nämlich mit Nürnberg und dem noch wenig industriell geprägten München konkurriert. In Augsburg sei die vergleichsweise vielfältigste Gewerbelandschaft vorhanden. Die Textilindustrie habe ihren Absatz vor allem in den Staaten des Zollvereins und sei, da dieser Markt noch weitere Absatzmöglichkeiten biete, laufend im Ausbau. Die Maschinenfabriken hätten für ihre Dampfmaschinen, Schnellpressen, Röhren, Gasapparate und Gießereiwaren allgemein auch im europäischen Ausland und selbst in Übersee Zuspruch. Damit sei die frühere Abhängigkeit der deutschen Wirtschaft von ausländischer Technologie überwunden worden.[8] Weitere Anliegen, die in den frühen Jahresberichten der Kammer Ausdruck fanden, waren der Bau der Illertalbahn von Ulm über Memmingen nach Kempten, die bis 1862/63 durch kommunale Initiative vollendet wurde, und die Verminderung der hohen Frachtkosten für die oberbayerische Pechkohle, für die noch lange Zeit eine Bahnverbindung nach Schwaben fehlte.

Der Aufbau der Augsburger Industrie war also dank Wasserkraft um 1860 im vollen Gange und entwickelte in zwei oder drei Jahrzehnten ein Netz späterer Traditionsbetriebe. Zugleich wuchs ein Umfeld für Wohnen und Zusammenleben der Industriearbeiterschaft, dessen Komponenten bis in die 1970er Jahre hinein bestehen bleiben sollten. Der Bau von Arbeiterwohnungen durch einzelne Unternehmen hatte Mitte der 1850er Jahre eingesetzt. Fünf Jahre später waren erste *Quartiere* im Entstehen, etwa nahe der Stadtbachspinnerei. Seit 1862/63 erfolgte die rasche Bebauung eines Bereichs der städtischen Gemarkung, der westlich der Wertach zum Hettenbach hin lag. In dieser künftigen Vorstadt links der Wertach wohnten Anfang 1870 rund 550 Fabrikarbeiter und -arbeiterinnen. Hiervon waren etwa 400 in den fußläufig gut erreichbaren Spinnereien und Webereien im nordwestlichen und nördlichen Vorfeld des ehemaligen städtischen Mauerringes beschäftigt. Ende 1873, als in Augsburger Unternehmen mit über

---

[7] Jahresbericht der Kreis-Gewerbe- und Handelskammer für Schwaben und Neuburg pro 1856, Augsburg 1857, S. 4.
[8] [Theodor HERBERGER], Die Industrie Augsburgs, mit Rücksicht auf die polytechnische Schule, Augsburg 1862, S. 33.

50 Beschäftigten insgesamt 9165 Arbeiter in Lohn standen, gehörten von den 13 Fabriken mit den höchsten Personalzahlen neun zur Textilindustrie und die anderen vier zum Maschinenbau und zur Metallbearbeitung. Die Baumwollspinnerei am Stadtbach, zeitweilig der größte entsprechende Betrieb im Zollverein, führte damals in seinen Arbeiterbüchern über tausend Personen, die Mechanische Spinnerei und Weberei und die Kammgarnspinnerei jeweils um die 900. Die Maschinenfabrik hatte gut 600 Arbeiter, die unweit davon gelegene Mechanische Werkstätte des Multiunternehmers Ludwig August Riedinger 560.[9]

Ab der zweiten Hälfte der 1870er Jahre kamen in der Metallbearbeitung und im Maschinenbau weitere längerfristig erfolgreiche Betriebe hinzu, mit spezialisierter Fertigung, etwa von Laubsägen und Uhrfedern, Zahnrädern, in der Landmaschinenerzeugung oder bei Aufzügen und Winden. Sie wuchsen über ältere handwerkliche Unternehmen hinaus oder erreichten durch Fusion den Status von Großbetrieben. Der Börsenkrach von 1873 ging in Schwaben ohne spektakuläre Zusammenbrüche vorüber und war mehr durch eine trübe *allgemeine Geschäftslage* und durch *Geschäftslosigkeit* in Gewerbe und Handel gekennzeichnet.[10] Seit den 1890er Jahren folgten in Augsburg eher zögerlich einige Unternehmen aus seinerzeit neuen Industriezweigen, in der Elektrotechnik, der Chemie oder Feinmechanik. Diese Branchen formten nun aber das Wachstumspotential der Städte Nürnberg und München, deren Bevölkerung in den letzten beiden Jahrzehnten des 19. Jahrhunderts gewaltig anwuchs, während die Entwicklung in Augsburg gemächlicher verlief. Seinen Rang als ‚zweite' Stadt des Königreiches an Einwohnerzahl hatte Augsburg bereits gegen 1830 an Nürnberg abgegeben.

Ein Zentrum und einige kleine Zentren

Spinnereien und Webereien entstanden ab 1839 in Kaufbeuren und in den Jahren ab 1847 in den östlich der Iller gelegenen Nachbargemeinden von Kempten sowie in Kempten selbst und, die Iller aufwärts, in Blaichach, jeweils schnell mit hunderten von Beschäftigten. Betriebe der Hanfindustrie ließen sich in Immenstadt und Füssen nieder.[11] Auch hier folgte die Ansiedlung also bevorzugt dem Verlauf von ‚Industrieachsen', nämlich den Bändern der Flüsse Wertach und Iller sowie den Eisenbahnlinien, eine Schrittfolge, die sich im 20. Jahrhundert wiederholte, wenn die Fernverkehrsstraßen den weiteren Weg vorgaben. Die Parallelen zu anderen Gewerbezentren des 19. Jahrhunderts, zu

---

9 Zahlenangaben nach Erhebungen des Stadtmagistrats im Augsburger Tagblatt, 8, vom 8.1.1870, und 292, vom 10.12.1873.
10 Jahresbericht der Handels- und Gewerbe-Kammer für Schwaben und Neuburg für 1872 und 1873, Augsburg 1874, S. 4.
11 Wolfgang ZORN, Schwäbische Wirtschaft im 19. Jahrhundert, in: DERS. (Hg.), Historischer Atlas von Bayerisch-Schwaben, Augsburg 1955, S. 54 f., Karte 43; DERS., Zur Geschichte der schwäbischen Wirtschaft 1368–1869, in: DERS./Leonhard HILLENBRAND, Sechs Jahrhunderte schwäbische Wirtschaft. Beiträge zur Geschichte der Wirtschaft im bayerischen Regierungsbezirk Schwaben, Augsburg 1969, S. 1–115, hier S. 85–99; Siegfried WAIBL, Studien zur Industrialisierungsgeschichte des Raumes Kempten im 19. Jahrhundert, Kempten 1999, S. 250–269.

2 Blick auf Immenstadt von Norden auf das Immenstädter Horn, 1921. Südlich der Kernstadt die Anlagen der Mechanischen Bindfadenfabrik, Postkarte, Privatbesitz.

3 Blick in eine Halle der Hanffabrik Füssen, um 1920, Stadtarchiv Füssen BD 1587.

Esslingen, Mannheim, Elberfeld-Barmen, Chemnitz oder Breslau, liegen auf der Hand, ohne dass sich regionale Besonderheiten oder die Wirkung unterschiedlicher Akzente staatlicher Verkehrs- und Wirtschaftspolitik verkennen lassen.

Gegenüber Augsburg und dem Allgäu blieb das industrielle Wachstum in Nord- und Mittelschwaben zurück. Die dort seit den 1860er Jahren erfolgenden Gründungen im Textilbereich waren verstreut und in ihren Kapazitäten überschaubar, und auch die Metallverarbeitung bewegte sich lange in den Ausmaßen von Werkstätten. Fertigungen mit großbetrieblicher Perspektive, etwa im Bereich des Eisenbahnzubehörs und der Landmaschinentechnik, entwickelten sich erst nach dem 1. Weltkrieg in Donauwörth, Bäumenheim, Lauingen und Günzburg. Am Rande des Rieses wurden Bodenschätze gefördert, und so vertraten zunächst Steinbrüche und Schotterwerke den industriellen Sektor der Wirtschaft, wie das 1889 gegründete Kalkwerk in Harburg, das zur Grundlage eines Zementwerks wurde.

Seit 1906 führte die direkte Bahnverbindung zwischen Augsburg und Nürnberg über Treuchtlingen und ließ somit den Ries-Kessel links liegen. Bezeichnenderweise hatte der Bürgermeister des einst florierenden Markt- und Handwerkerzentrums Nördlingen die Neugründung eines Trasszement-Werkes im Sinn, wenn er rund hundert Jahre nach dem Beginn der Industrialisierung feststellte: *Die Ansiedlung kleiner, aber von der Tageskonjunktur unabhängiger Industrien, ähnlich, wie das in Württemberg mit großem Erfolg durchgeführt wurde, könnte die Grundlage für den Aufbau einer neuen, gesunden Wirtschaft geben.*[12] Hier wurde das Vorbild einer vielfältigen und dezentralen Gewerbelandschaft in der Nachbarschaft angesprochen, was seit den späten 1940er Jahren ein Stück weit auch das Meinungsbild im Münchener Wirtschaftsministerium und in der bayerischen Landesplanung beeinflussen sollte,[13] zumal sich das 1952 gegründete Land Baden-Württemberg schließlich nach Erwerbsquote und Zuwachsraten an der Spitze der deutschen Bundesländer bewegte.

In der Rückschau relativierten sich natürlich die Nachteile des späten Aufschlusses Nordschwabens an die gewerbliche Moderne. Die einst wahrgenommenen Rückstände konnten auf längere Frist als Vorteile begriffen werden, als die ‚Gnade' einer späten Industrialisierung[14] für diejenigen Städte und Gemeinden, in denen sich seit den 1950er Jahren zeitgemäße Produktionen entwickeln konnten und in denen ein Rückbau der altindustriellen Strukturen nicht stattfinden musste.

---

12 BayHStA München, Staatsministerium für Handel, Industrie und Gewerbe (MHIG) 4567: Denkschrift des Bürgermeisters der Stadt Nördlingen für den Ministerpräsidenten (in Personalunion Wirtschaftsminister) vom 1.4.1939.

13 Stefan GRÜNER, Geplantes "Wirtschaftswunder"? Industrie- und Strukturpolitik in Bayern 1945 bis 1973 (Quellen und Darstellungen zur Zeitgeschichte 58), München 2009, S. 93–100, 422.

14 Alfons FREY, Die industrielle Entwicklung Bayerns von 1925 bis 1975. Eine vergleichende Untersuchung über die Rolle städtischer Agglomerationen im Industrialisierungsprozess (Schriften zur Wirtschafts- und Sozialgeschichte 76), Berlin 2003, S. 217–220. Der Autor betont die nach 1945 fortdauernde Zugkraft der traditionellen Standorte und relativiert die Wirkung der staatlichen Förderpolitik der Nachkriegszeit für eine Industrialisierung „vom Lande aus."

1907 arbeiteten in den 83 Augsburger Fabriken mit mehr als 50 Beschäftigten rund 23500 Personen.¹⁵ Auch der Augsburger Vorortgürtel war inzwischen stark industrialisiert. Der Löwenanteil entfiel weiterhin auf die Textilindustrie, die in der Stadt und in deren Umgebung etwa 16000 Arbeiter und Arbeiterinnen zählte. Dieser Pfeiler der regionalen Wirtschaft sollte erst ab 1970 zerbröckeln, nachdem ihm in Augsburg, in Schwaben und auf bayerischer Ebene um 1955 noch mehr Beschäftigte als in jedem anderen Industriezweig angehört hatten.

Unter den Großstädten in Bayern wies Augsburg in den 1920er und 1930er Jahren die deutlichsten Strukturdaten einer ‚Arbeiterstadt' auf und war stärker von der Arbeiterschaft geprägt als München, Nürnberg und selbst das gewerbereiche Ludwigshafen in der damals bayerischen Pfalz. Die Berufszählung von 1925 ermittelte für die Erwerbstätigen in Augsburg nach ihrer sozialen Stellung einen Anteil von 55,2 Prozent Arbeitern (München 41,1), 25,2 Prozent Angestellten (München 33,0) und nur 11,8 Prozent Selbständigen (München 16,6). Die Berufszählung von 1933 kam auf 56 Prozent an Arbeitern unter den Erwerbspersonen in der Stadt. Mehr als vier Fünftel davon waren in Industrie und Handwerk beschäftigt. Dies wirkte sich auch in den Einkommensverhältnissen aus, etwa beim Steueraufkommen pro Kopf der Bevölkerung. Beim Anteil der Schüler an weiterführenden Schulen lag Augsburg 1925 trotz einiger Fortschritte seit der Vorkriegszeit im bayerischen Großstadtvergleich weit zurück. Im reichsweiten Maßstab bewegte es sich im Mittelfeld, zusammen mit Industriestädten wie Chemnitz und Bochum, und wies einen klaffenden Unterschied zu Verwaltungszentren wie Stuttgart und Karlsruhe auf.¹⁶

Kriegszeiten

Für die festgefügte Struktur der schwäbischen Industrielandschaft hatte der 1. Weltkrieg keinen Umbruch bedeutet, aber die Beschleunigung von Modernisierungsprozessen in schon bestehenden Betrieben. Neu hinzugekommene Unternehmen hatten hingegen die Bedingungen des Friedensvertrages und die Krisen der unmittelbaren Nachkriegszeit nicht überwunden und dümpelten dahin. Die Wirtschaftsabläufe im Zeitabschnitt von 1914 bis 1918 und deren Auswirkungen in der Nachkriegszeit haben noch keine zusammenfassende Darstellung gefunden, die Bayerisch-Schwaben direkt im Blickfeld hat. Doch finden sich zahlreiche Hinweise in der übergreifenden[17] und ortsbezogenen

---

15 Mark HÄBERLEIN, Wirtschaftsgeschichte vom Mittelalter bis zur Gegenwart, in: Günther GRÜNSTEUDEL/Günter HÄGELE/Rudolf FRANKENBERGER (Hg.), Augsburger Stadtlexikon, 2., neu bearb. Aufl., Augsburg 1998, S. 146–161, hier S. 147.
16 Ergebnisse in: Statistisches Amt der Stadt Augsburg (und Presseamt bzw. Wahlamt) (Hg.), Kommunale Mitteilungen 65, 66, 68 (1926), 92(1927) sowie Augsburger Statistisches Taschenbuch, Augsburg 1927, S. 20, und Kleines Statistisches Lexikon der Stadt Augsburg 1938, S. 7.
17 Günther ECKHARDT, Industrie und Politik in Bayern 1900–1919. Der Bayerische Industriellen-Verband als Modell des Einflusses von Wirtschaftsverbänden (Beiträge zu einer historischen Strukturanalyse Bayerns im Industriezeitalter 15), Berlin 1976, S. 63–81.; Dirk GÖTSCHMANN, Bayerns Wirtschaft im Ersten Weltkrieg, in: Günther KRONENBITTER/Markus PÖHLMANN (Koord.), Bayern und der Erste

4 Schichtwechsel am Stadtbachtor des Werks Augsburg der Maschinenfabrik Augsburg-Nürnberg, vermutlich Sommer 1917, Historisches Archiv MAN Augsburg H 1319-0001.

Literatur. Es gab neue Standorte für die Fertigung von Luftfahrzeugen, nämlich das von Claude Dornier geleitete Zeppelin-Werk in Lindau-Reutin, einer Tochter-Gründung des Friedrichshafener Luftschiffbaus, wo seit Anfang 1917 Kleinflugzeuge entwickelt und Flugzeugbauteile hergestellt wurden. Im Juli 1917 lief der Bau von Aufklärungsflugzeugen aus der Konstruktion von Edmund Rumpler im Zweigwerk Augsburg der Rumpler-Werke AG in Berlin-Johannisthal an. Die im Süden der Stadt samt Flugfeld gelegenen Hallen sollten Jahre später zum Kern der Fertigung der Bayerischen Flugzeugwerke und (1938) der Messerschmitt AG werden. Ende 1917 waren dort rund 650 Arbeiter beschäftigt, nahezu gleich viel wie am entgegengesetzten Ende von Augsburg in der bereits 1897 gegründeten Ballonfabrik von August Riedinger, in der Fesselballone für militärische Beobachtungszwecke gebaut wurden.

Wie überall waren die Industrieproduktion und der industrielle Arbeitsmarkt während der letzten Kriegsjahre auch in Bayerisch-Schwaben vom Hindenburg-Programm vom August 1916 und dem Gesetz über den vaterländischen Hilfsdienst vom Dezember 1916 mit ihren Verwerfungen in der Praxis geprägt. Im Frühjahr 1917 waren in 161 im Kreis

Weltkrieg, München 2017, S. 160–172. Zum Beziehungsgeflecht zwischen industriellen Interessenverbänden, Kriegswirtschaftsstellen und Parteien Gabriela SPERL, Wirtschaft und Staat in Bayern 1914–1924 (Schriften der Historischen Kommission zu Berlin 6), Berlin 1996.

Schwaben und Neuburg erfassten Industriebetrieben rund 40400 Arbeitskräfte beschäftigt, davon waren bereits knapp über die Hälfte Frauen. Die Zahl der Beschäftigten im Maschinen- und Apparatebau lag bei 16000, über 7000 mehr als im Sommer 1914. Damit war die Textilindustrie mit ihren 15000 Arbeiterinnen und Arbeitern überrundet. Dieser Zweig hatte seit Kriegsbeginn über 10000 Kräfte verloren, oft nach langer Beschäftigungslosigkeit. Eingebüßt hatten auch das Bekleidungsgewerbe, die Holzverarbeitung und die Papierherstellung. Zugelegt hatte die chemische Industrie, die freilich auch jetzt mit 1700 Arbeitern eine untergeordnete Rolle spielte.[18]

Ende 1917 waren in Augsburger Rüstungsbetrieben rund 14300 Männer und Frauen beschäftigt, 6500 mehr als ein Jahr zuvor. Ein Gutteil der neuen Arbeitskräfte war auf Grund des Hilfsdienstgesetzes zugewiesen worden. Die Zahl der Beschäftigten in der Textilindustrie lag noch bei rund 6900.[19] Hiervon arbeitete ein Großteil in so genannten *Höchstleistungsbetrieben*, die bei der Rohstoffzuteilung bevorzugt waren. Dazu gehörten Teilwerke der SWA, bei der die Beschäftigtenzahl dennoch bis auf 1700 bei Kriegsende sank, gegenüber 3340 bei Kriegsausbruch. Der Mangel an Rohbaumwolle gab Ersatzstoffen, vor allem den Papiergarnen, eine entscheidende Rolle.[20] Manche Betriebe nutzten die Vorzüge der Rüstungswirtschaft, indem sie Dienstleistungen zugunsten der Munitionierung zur Verfügung stellten: Dies galt für die Nähfadenfabrik in Göggingen, die wegen der Kontingentierung ihres Rohmaterials eine Kartuschenreinigungsanstalt als zweites Standbein betrieb, ähnlich wie die SWA in ihrem Werk II (Rosenau).

Das „Baumwolljahrhundert"[21], das in den 1830er Jahren mit dem Schwund der Flachsverarbeitung begonnen hatte, lief mit der Einführung der Papiergarne und einem zunächst zögerlichen Übergang zur synthetischen Spinnfaser, der Zellwolle, in den 1920er Jahren aus. Hier nur einige Schlaglichter auf Betriebe im Allgäu: Die Baumwoll-Spinnerei und Weberei Kaufbeuren, die sich zunächst bei unsicherer Rohstoff- und Auftragslage durchgeschlagen hatte, stellte zu Jahresbeginn 1917 auf die Verarbeitung von Papiergarn um und erreichte die Einstufung als *Höchstleistungsbetrieb*.[22] Während die Spinnerei und Weberei in Blaichach mit Vorräten an Papiergarn von einer Trocknungsanlage in Mannheim beliefert wurde, mit Aufträgen reichlich versehen war und Arbeitskräfte suchte, herrschte in der Bindfadenfabrik im fünf Kilometer entfernten Immenstadt

---

18 Tabellarische Aufstellungen über die Zu- und Abnahme der Belegschaften im Akt BayHStA München, MHIG 9460.
19 StadtA Augsburg, 10/3746 II: Wochenbericht Stadtmagistrat Augsburg vom 29.12.1917.
20 Zu den Textilersatzstoffen allgemein Paul DREXLER, Papiergarnindustrie und Kriegswirtschaft, Würzburg 1919. Zu den Erhebungen von 1917.18 über Rohmaterialverbrauch, Arbeitskräftestand und Energiebedarf zwecks Anerkennung als Höchstleistungsbetrieb oder *auftragsberechtigter* Betrieb zum Bezug von Papiergarnen der Akt BayHStA München, MHIG 9611; zu den sozialen Aspekten Merith NIEHUSS, Textilarbeiter im Ersten Weltkrieg. Beschäftigungslage und Fürsorgemaßnahmen am Beispiel Augsburg, in: Gunther MAI (Hg.), Arbeiterschaft in Deutschland 1914–1918. Studien zu Arbeitskampf und Arbeitsmarkt im Ersten Weltkrieg, Düsseldorf 1985, S. 249–276.
21 O.V., Wie die Baumwolle ins Allgäu kam. 100 Jahre Mechanische Baumwoll-Spinnerei und Weberei in Kaufbeuren. 1839–1939, Berlin 1939, S. 9.
22 Christian STROBEL, Kriegswirtschaft und "Heimatfront" – Kaufbeuren im Ersten Weltkrieg (1914–1918), in: Stefan DIETER (Hg.), Kaufbeuren und der Erste Weltkrieg (Kaufbeurer Schriftenreihe 20), Thalhofen 2018, S. 7–128, hier S. 48–55.

Stillstand mit der Beschäftigungslosigkeit von rund 350 Arbeitern. Deren wichtigste Rohstofflieferanten waren in Italien, mit dem man sich im Kriegszustand befand. Ein Ausgleich dieser Arbeitsmarktlage sollte auch einem Unruheherd entgegenwirken, der bei der angespannten Lebensmittelversorgung seit geraumer Zeit köchelte.[23]

Der zusätzliche Kapitalbedarf der Unternehmen, Stockungen und Stillstände in den bisherigen Geschäftsbeziehungen und die Umstellung in den Produktionsprozessen begünstigten das Fußfassen von Konzernen, in denen Entscheidungen außerhalb der Region getroffen wurden. Im Februar 1918 beschlossen die Aktionäre der Weberei am Mühlbach in Augsburg-Pfersee die Liquidation ihrer Gesellschaft und den Verkauf der seit rund einem Jahr stillliegenden Anlagen an den Textilindustriellen Gottfried Dierig. Für die Jacquard-Webstühle in den dortigen Hallen und deren Produkte war in der Ersatzstoff-Wirtschaft des fünften Kriegsjahres kein Platz mehr. Für Dierig hingegen ergab sich die Möglichkeit, von Niederschlesien aus in Süddeutschland Fuß zu fassen. Er sollte in den folgenden beiden Jahrzehnten zum größten Baumwoll-Verarbeiter auf dem europäischen Festland aufsteigen, auch mit dem Zukauf weiterer Werke in Augsburg – darunter der riesigen Stadtbachspinnerei – und in Kottern bei Kempten.

Im Bereich der chemischen Industrie betrieb die Vereinigte Köln-Rottweiler Pulverfabriken AG die Werke in Bobingen und an der Rottach am westlichen Stadtrand von Kempten. Auch die Kunstseidenfabrik Bobingen und die Farbwerke Gersthofen, 1899 und 1902 als erste größere Chemie-Niederlassungen an Wertach und Lech in der näheren Umgebung von Augsburg in Betrieb gegangen, waren seit Anfang 1915 in die Rüstungsindustrie eingebunden. Sie produzierten etwa Schießbaumwolle (Nitrozellulose) oder Chlorate als Spreng- und Treibmittel.

Im Sandsteinbruch Lohwald der Steingewerkschaft Offenstetten AG, Hersteller von Keim-Mineralfarben, wurde seit 1917 ein Presswerk zur Herstellung von Artilleriemunition betrieben. Auch in der Maschinenindustrie war die Herstellung von Granaten, Zündern, Geschützrohren oder Minenwerfern das Eine. Das Andere war die Dynamik bei Erzeugnissen, die bereits zu Friedenszeiten angeboten worden waren. Ein Beispiel gab die Herstellung von Motorkabelwinden und Spezialmühlen bei der Alpine Maschinenfabrik GmbH in Göggingen. In der MAN (Maschinenfabrik Augsburg-Nürnberg), in deren Werk Augsburg der Bau von Druckereimaschinen neben Turbinen und Kältemaschinen das Kerngeschäft gewesen war, wurden jetzt Motoren fortentwickelt und gebaut, die zunächst der U-Boot-Waffe und militärischen Luftfahrzeugen dienten.

Hinsichtlich des technischen Fortschrittes und des Gewinns von Erfahrungen war die Einschätzung der Rüstungsfertigungen freilich gemischt. So urteilte ein Teilhaber der größten Augsburger Laubsägenfabrik, dass die Bedienung von Heereslieferungen *wie überall einen Stillstand in der Entwicklung* mit sich gebracht hätten.[24]

---

23 StA Augsburg, Regierung von Schwaben und Neuburg, Präsidium 1148: Wochenbericht Bezirksamt Sonthofen vom 14.12.1917.
24 Zitiert nach Wilhelm AMMON, Die Laubsägenindustrie in Deutschland, mit besonderer Berücksichtigung der Entwicklung der ersten Augsburger Laubsägen- und Uhrfedernfabrik J. N. Eberle & Cie A. G. Augsburg, Würzburg 1927, S. 36.

Wenig erforscht ist die Nahrungsmittelindustrie mit ihren zahlreichen Mittelbetrieben, ein schlichtweg kriegswichtiger Bereich angesichts der seit 1915 angespannten Ernährungslage. Seit Juni 1918 war in Schlachters im Westallgäu eine Fabrik für Milchtrockenpulver im Bau, die Inbetriebnahme erfolgte erst zwei Jahre später. Der Käsefabrikant Karl Hoefelmayr wollte hier mit Unterstützung der Bayerischen Landesfettstelle die Produktpalette seines Kemptner Stammwerks (*Edelweiß*) erweitern und ein Milchlieferantennetz aufbauen. Gleichzeitig sollte der vorherrschenden Marktstellung des Werks der Nestlé Anglo-Swiss Condens Milk Company in Lindau-Rickenbach entgegengetreten werden. Dabei wurde auch auf das ausländische Eigentum des Konkurrenten hingewiesen.

Der Kohlenmangel begünstigte diejenigen Betriebe, die hinreichend über den herkömmlichen Energieträger Wasser verfügten. So konnte die 1916 zeitweilig stillliegende Spinnerei und Weberei in Kaufbeuren noch vorhandene Heeresaufträge mit Wasserkraft erledigen. Ähnliche Befunde gibt es für Augsburg: Dort wurde im August 1917 die mit Dampfkraft betriebene Spinnerei und Buntweberei Pfersee stillgelegt – bis März 1919 –, während ihr Teilwerk Ay südlich von Neu-Ulm, mit Wasser des Illerkanals versorgt, eingeschränkt weiter für Heeresbedarf produzieren konnte.[25]

Es fehlte an Kohle, Gas und Petroleum. Die Nachfrage nach Strom konnte nur zum Teil gedeckt werden. Die Lech-Elektrizitätswerke (LEW) hatten zwar seit 1901, ausgehend von einem Kraftwerk bei Gersthofen, ein Leitungsnetz aufgebaut, das einen Gutteil Bayerisch-Schwabens überspannte. 1913 war eine Starkstromleitung nach Memmingen fertig gestellt worden.[26] Im November 1917 verfügte das Kriegsamt München für über 8000 Arbeiter in 14 Augsburger Betrieben mit Rüstungsfertigung die Verlegung des sonntäglichen Feiertages auf andere Wochentage, um während der Frostperiode Elektrizität einzusparen. Als die im Gegenzug in Aussicht gestellte Herabsetzung der Wochenarbeitszeit von 56½ auf 54 Stunden auf sich warten ließ, erfolgte eine der ganz wenigen Streikaktionen während der Kriegszeit in Schwaben, übrigens in diesem Falle mit Erfolg. An Weihnachten 1917 legte ein großer Teil der Belegschaft der Zahnräderfabrik Renk für fünf Tage die Arbeit nieder, ein Ausstand, der vor allem auf dienstverpflichtete auswärtige Arbeiter zurückgeführt wurde.[27]

Der projektierte Bau weiterer LEW-Kraftwerke am Lech wurde erst in den folgenden Friedensjahren ausgeführt. Der 2. Weltkrieg sollte dann den Anlagenbau an der Iller vorantreiben. Die seit den 1920er Jahren bestehende Verbindung mit der Nord-Süd-Leitung der Rheinisch-Westfälischen Elektrizitätswerke in Hoheneck bei Ludwigsburg wurde um eine Leitung von Memmingen zum Umspannwerk Herbertingen erweitert. Entsprechende Planungen von 1939 wurden allerdings erst seit 1948 umgesetzt.

Forschungen zur regionalen Rüstungsindustrie des 2. Weltkrieges finden in den Abteilungen Freiburg und Berlin-Lichterfelde des Bundesarchivs eine vergleichsweise

---

25 Spinnerei und Weberei Pfersee AG Augsburg (Hg.), 1881–1981. Die ersten 100 Jahre unserer Firmengeschichte, Augsburg 1981, S. 20.
26 Lech-Elektrizitätswerke Aktien-Gesellschaft Augsburg. 1901–1951, Augsburg 1951, S. 11f.; zur Elektrifizierung Bayerns nach Plan ab 1912 Marcel BOLDORF/Christian KLEINSCHMIDT (Hg.), Deutsche Wirtschaft im Ersten Weltkrieg (Handbücher zur Wirtschaftsgeschichte), Berlin 2020, S. 333f.
27 StadtA Augsburg, 10/3746 II: Wochenberichte Stadtmagistrat Augsburg vom 15.11.1917 und 29.12.1917.

günstige Quellenlage vor. Dies ist in der ausgezeichneten Überlieferung des Rüstungskommandos Augsburg begründet, die durch Kriegstagebücher, Berichte und Firmenakten der Rüstungsinspektion VII (München) und des Reichsministeriums für Rüstung und Kriegsproduktion (RMfRuK) ergänzt wird.

Die Großbetriebe des Maschinen- und Fahrzeugbaus in den bisherigen Industriezentren mochten an der konjunkturellen Erholung und den Rüstungsanstrengungen der Vorkriegszeit besonderen Anteil gehabt haben.[28] Sie standen auch während des 2. Weltkrieges im Mittelpunkt des Interesses bei der Material- und Arbeitskräftezuteilung. Tatsächlich aber wurde die Rüstungswirtschaft wesentlich von vielen kleinen und mittleren Betrieben getragen.[29] Der kriegsbedingte Druck zum Wirtschaften in überschaubaren Räumen begünstigte ein widerstandsfähiges Netz, in dem die Improvisation und die Entscheidungsmöglichkeiten vor Ort gefördert wurden. Die Zulieferer rings um die Kernfirmen folgten in Zeiten der durch Bombenangriffe gefährdeten Transportwege zum Teil an die als sicherer geltenden Verlagerungsorte. Dennoch waren schließlich die Lieferschwierigkeiten bei Komponenten für qualifizierte Endprodukte und der Treibstoffmangel für das Erlahmen der Produktion im Frühjahr 1945 entscheidend, nicht aber die Zerstörungen bei den Anlagen, die geringer ausfielen, als befürchtet und als der erste Augenschein nach den Luftangriffen wahrnahm.[30]

Die räumliche Verteilung der Rüstungsbetriebe in Schwaben während der Endphase des 2. Weltkrieges zeigt zwar weiterhin die überragende Bedeutung Augsburgs, daneben aber eben auch etliche Unterzentren: Von 165 Unternehmen der Betreuungskategorie „A" des Rüstungsministeriums befanden sich im Februar 1945 57 in Stadt und Landkreis Augsburg, 13 bzw. zwölf in den Kreisen Lindau und Sonthofen, elf im Landkreis Neu-Ulm und je zehn in den Städten und Kreisen Kempten und Memmingen.[31]

Auch wenn die Verlagerungsbetriebe zum größeren Teil nach Kriegsende in Räumlichkeiten an ihren ursprünglichen Standorten zurückkehrten, blieb die industrielle Durchdringung des Landes zu einem Gutteil das Ergebnis der Kriegswirtschaft: „Gewerbe und Industrie Bayerisch-Schwabens boten gegen Ende des 2. Weltkriegs ein dezentral angeordnetes Erscheinungsbild, dessen Grundzüge über die Kriegsereignisse hinweg erhalten geblieben waren."[32]

---

28 FREY, Industrielle Entwicklung (wie Anm. 14), S. 88–92, 110–114.
29 Die W-Betriebe hatten 1939 im Schnitt 272 Beschäftigte, 1944 dann 286. Jeffrey FEAR, Die Rüstungsindustrie im Gau Schwaben 1939–1945, in: Vierteljahrshefte für Zeitgeschichte 35 (1987), S. 193–216, hier S. 200. Zur Kriegswirtschaft in Augsburg und Umgebung zuletzt: Felix BELLAIRE, Augsburg 1939–1945. Eine Stadt im Kriegszustand (Studien zur Geschichte des Bayerischen Schwaben 47), Augsburg ²2023, S. 70–87, 110–115.
30 FEAR, Rüstungsindustrie (wie Anm. 29), S. 203 f.; Dirk GÖTSCHMANN, Wirtschaftsgeschichte Bayerns. 19. und 20. Jahrhundert, Regensburg 2010, S. 386–389.
31 Die weiteren Landkreise: Füssen acht, Kaufbeuren sechs, Donauwörth und Günzburg je fünf, Neuburg a. d. D. und Friedberg je vier, Nördlingen, Dillingen a. d. D., Krumbach, Illertissen und Marktoberdorf je drei, Wertingen und Schwabmünchen je zwei, Mindelheim ein Unternehmen. Liste: StA Augsburg, Industrie- und Handelskammer Augsburg 42: Maschinelles Berichtswesen des RMfRuK, Bezirksstelle VII München (damaliger Sitz: Aichach) an Gauwirtschaftskammer Schwaben, Abt. Wehrwirtschaft, 13. 2. 1945.
32 GRÜNER, Eckpfeiler (wie Anm. 2), S. 179.

Das Westallgäu mit den Städten Lindau und Lindenberg bietet ein entsprechendes Beispiel. Ähnlich wie die zum Teil stillgelegten und in ihren Belegschaften *ausgekämmten* Textilfabriken in Augsburg dienten die Gebäude der Lindenberger Strohhutfabrikation nun der Rüstungsindustrie, in diesem Falle den aus Friedrichshafen, Augsburg und München verlagerten Fertigungen. Die Strohhut-Erzeugung, die seit den späten 1860er Jahren der Heimarbeit und dem Verlagswesen entwachsen war und zwischen 1880 und 1910 modebedingt ihre besten Zeiten erlebt hatte, befand sich schon lange im Niedergang. 1929 waren nach einer Absatzkrise von 35 Betrieben der Vorkriegszeit noch 13 übriggeblieben. Von 1939 bis 1944 stieg die Zahl der Beschäftigten in der Metall-, Maschinen- und Elektro-Branche im Landkreis Lindau um das Siebenfache auf rund 3000. Diese Kräfte arbeiteten bei Dornier in Rickenbach, bei den Verlagerungsbetrieben oder auch in Versuchswerkstätten, wie bei dem Motorenentwickler Felix Wankel in Lindau. Das Zusammenwachsen eines gemeinsamen Wirtschaftsraumes zwischen Friedrichshafen, Tettnang und Lochau war absehbar.

Auch in den Betriebsstätten spiegeln sich Wechselfälle der Wirtschaftsgeschichte wider. Die Gebäude der Nestlé-Milchfabrik auf einem ehemaligen Mühlengelände in Rickenbach, mit der 1874 die Industrialisierung in und um Lindau begonnen hatte, waren 1933 von den Dornier-Werken übernommen worden. Ab 1945 betrieb dort die französische Militärverwaltung eine Forschungs- und Versuchsstation für Flugzeugtriebwerke. Das Gebäude des stillgelegten Zeppelin-Werks in Reutin, wo zuvor der schweizerische Lastwagenbauer Saurer tätig gewesen war, wurde ab 1921 von der Niederlassung Ravensburg des Züricher Maschinenbauers Escher Wyss genutzt. In Immenstadt bestand seit 1935 ein Zweigbetrieb der Berliner Physikalischen Werkstätten, der feinmechanische Apparate und Nachrichtengeräte für die Wehrmacht herstellte. Wie bei zahlreichen Verlagerungsbetrieben, so erfolgte auch hier rasch nach Ende der Kampfhandlungen der Abtransport von Maschinen und Lagerbeständen nach Frankreich. Eine besondere Note dabei war, dass Immenstadt zur Räumungszone der französischen Armee gehörte, die im Juli 1945 an die amerikanische Besatzungsverwaltung übergeben wurde.[33] In die leeren Hallen zogen 1946/47 die Kunert-Werke aus dem nordböhmischen Warnsdorf ein, die dann ein überregional bekanntes Beispiel für erfolgreiche Flüchtlingsbetriebe wurden.[34]

Die Industrialisierung erfuhr den Schub der Rüstungsanstrengungen und anschließend die Impulse der Ansiedlung von Heimatvertriebenen und deren Eingliederung in die Betriebe. Schwaben hatte zudem den höchsten Anteil an Flüchtlingsunternehmen in Bayern,[35] von den Neugablonzer Schmuckwaren über die Strumpfhersteller Kunert und Elbeo hin zur Handschuhmacherei der Erzgebirgler.

---

33 Gerhard HETZER, Politischer und wirtschaftlicher Neubeginn in "Französisch-Bayern". Stadt und Kreis Lindau (Bodensee) zwischen Zonen- und Staatsgrenzen 1945–1948. Ms. masch., [1986], S. 67, mit Bezug auf den Eigentumsbericht der Betriebsleitung an die IHK Augsburg vom Dezember 1945.
34 Richard LOIBL, Immenstadt, Kunertwerke, in: Werner KRAUS (Hg.), Schauplätze der Industriekultur in Bayern, Regensburg 2006, S. 232 f.
35 GRÜNER, Eckpfeiler (wie Anm. 2), S. 181 f.

Demontagen und Ablieferungen auf Reparationskonto trafen vor allem den darniederliegenden Flugzeugbau und die Munitionsherstellung und behinderten trotz der Aktionen zur Ablieferung von Werkzeugmaschinen die Erholung der ‚alten' Industrien nicht auf Dauer.

Tore werden geschlossen, Geschichten bleiben zurück

Die Erneuerungskraft der Textilindustrie zeigte sich auch nach dem 2. Weltkrieg.[36] Wie schon 1918/19 waren auch in den späten 1940er Jahren die Stammbelegschaften zurückgekehrt. Mitte der 1950er Jahre hatte die Textilfertigung in Augsburg und Schwaben mit rund 30 Prozent der industriell Beschäftigten noch einen weit höheren Anteil als der Maschinenbau, an den sie aber im folgenden Jahrzehnt den ersten Platz abgab. Die Elektrotechnik und die Chemie nahmen nun den dritten und vierten Rang ein. Deren Wachstum vollzog sich zunächst vor allem in Mittel- und Südschwaben, während Nordschwaben noch zurücklag.[37] Allerdings entwickelte sich dort aus einem kriegszerstörten Rüstungsbetrieb die Waggonbau- und Maschinenfabrik Donauwörth, die bereits 1954 in die Fertigung von Flugzeugteilen einstieg und zum Kern des Werks der Airbus Helicopters Deutschland von 1992 wurde.

Die Festschrift der Industrie- und Handelskammer Augsburg zum Jubiläumsjahr 1969 würdigte die Wiederaufbauleistungen der Textilindustrie in den Nachkriegsjahren und deren Bemühungen um Rationalisierung der Fertigungsverläufe und um moderne Erzeugnisse. Sie werde auch in Zukunft ihre Bedeutung behalten, freilich ohne große Aussichten auf weitere Zuwächse. Die Fortschrittsbranchen hingegen seien in Schwaben inzwischen gut vertreten und räumlich ausgeglichen verteilt.[38] Ähnlich urteilte ein Diplom-Volkswirt, der etwa zeitgleich im Mitteilungsblatt der Industrie- und Handelskammer Bilanz zu den Entwicklungen der letzten Jahre zog: *Die Stadtkreise haben wohl die größeren Industriebetriebe, aber die Landkreise die zum Teil interessanteren Wachstumsbetriebe.*[39]

Im größten Textilbetrieb Schwabens, in der Spinnerei und Weberei Augsburg (SWA), standen eben um diese Zeit Produktionseinschränkungen bevor, nachdem das Unternehmen bereits seit Ende der 1950er Jahre schwächelte. In den nun folgenden 20 Jahren führte die Textilindustrie einen zähen Kampf gegen den Abstieg. Unaufhaltsam erscheint der Gang der Dinge freilich erst im Rückblick. Es gab erfolglose politische Be-

---

36 Vor allem am Beispiel der Neuen Augsburger Kattunfabrik Richard LOIBL, Zwischen Bombennacht und Wirtschaftswunder. Die Textilindustrie und der wirtschaftliche Neubeginn in Bayern (1945–1950), in: FASSL, Nachkriegsgeschichte (wie Anm. 2), S. 211–227, hier S. 218–223.
37 Zur Verteilung der Branchen in den frühen 1950er Jahren Heinz LEHMANN, Schwäbische Industriestandorte 1953, in: ZORN, Historischer Atlas (wie Anm. 11), S. 59 f., Karte 50.
38 Leonhard HILLENBRAND, Die schwäbische Wirtschaft und der Versuch einer Chronik ihrer Industrie von 1869 bis 1959, in: ZORN/HILLENBRAND, Sechs Jahrhunderte (wie Anm. 11), S. 304–454, hier S. 408–410.
39 Josef Scheidemandel, Schwabens Industrie im 1. Halbjahr 1969, in: Mitteilungen. Amtliches Publikationsorgan der Industrie- und Handelskammer Augsburg 24 (1969), S. 794–800, hier S. 799.

5 Werk IV – Aumühle der Spinnerei und Weberei Augsburg, 1937, Postkarte zur Hundertjahrfeier des Unternehmens, Privatbesitz.

mühungen um eine Beschränkung der Billig-Importe, aber eben auch eigene Reformen der Betriebe durch Qualitätssteigerung und Spezialfertigungen unter Abkehr von der bisherigen Massenproduktion. Als die Aktienmehrheit der SWA 1972 an den weit gespannten Glöggler-Konzern verkauft wurde, galt der Betrieb mit seinen weitläufigen Anlagen schon nicht mehr als rentabel. Bevor das Unternehmen 1986 endgültig zerschlagen wurde, war eine Phase des Siechtums zu durchschreiten, lange begleitet von Hoffnungen auf eine Erholung. Hatte die SWA 1951 eine Belegschaft von 4400 Beschäftigten gezählt, so waren es 1974 noch rund 1350.[40]

Während die wirtschaftliche Rezession von 1966/67 in Schwaben relativ glimpflich und mit geringen Arbeitslosenzahlen verlaufen war, wurde die Region 1973/74 schwer getroffen. Bis 1977 gingen nun über 15 000 industrielle Arbeitsplätze in Schwaben verloren, davon die Hälfte in Augsburg.[41] Im Mittelpunkt dieses Krisenszenarios stand der Zusammenbruch des Glöggler-Konzerns im Jahre 1976, der sich unter zum Teil dramatischen Umständen vollzog.[42] Die Dierig Holding, die seit 1946 ihren Hauptsitz in Augsburg hatte, sollte dann mit Beginn der 1990er Jahre ihre Produktionsstätten in Schwaben aufgeben. Sie konzentrierte sich hier auf die Verwertung und den Vertrieb von Immobilien. Die letzten Betriebe der schwäbischen Textillandschaft von einst, näm-

---

40 Michael PACHE, Der Niedergang der SWA zwischen 1950 und 1975. Eine wirtschaftshistorische Analyse, Ms., masch., Magisterarbeit Universität Augsburg, 2008, S. 39.
41 Grüner, Eckpfeiler (wie Anm. 2), S. 180, 208.
42 Karl Borromäus MURR, Textilindustrie, publiziert am 20.7.2018, in: Historisches Lexikon Bayerns, URL: http://www.historisches-lexikon-bayerns.de/Lexikon/Textilindustrie (aufgerufen am 22.1.2024).

6 Eingangstür der geräumten Altregistratur im ehemaligen Fabrikgebäude der Zwirnerei und Nähfadenfabrik Göggingen bzw. Ackermann Nähgarne GmbH & Co., September 2015, Foto: B. Salenz-Hetzer.

lich die Neue Augsburger Kattunfabrik und die Spinnerei und Weberei Momm in Kaufbeuren, schlossen 1996 und 2005 die Tore, jeweils nach Konkurs.

Somit bot Schwaben aussagekräftige Beispiele für die Krise der altindustriellen Strukturen, die sich in vielen Gegenden Europas zeigte. Dennoch zählte Augsburg gegen Ende der 1970er Jahre noch mehr als 60 000 industrielle Arbeitsplätze. Zusammen mit seinen Nachbargemeinden war es noch immer das industrielle Herz der Region.[43] Zehn Jahre später hatte der Konkurrenzdruck des weltweiten Marktes auch den Augsburger Maschinenbau erreicht. Bis 1993 gingen hier 7000 Arbeitsplätze verloren, ehe gegen die Jahrtausendwende eine gewisse Erholung einsetzte. Die Schwankungen der Absatzmärkte verschonten auch ehemals florierende Betriebe nicht, wie den Druckmaschinenhersteller MAN Roland, der 2011 Insolvenz anmelden musste und nach Aufspaltung des in verschiedenen Standorten tätigen Unternehmens im folgenden Jahr in Augsburg geschlossen wurde. Die ‚Globalisierung' hatte sich seit Mitte der 1980er Jahre im Erwerb von Anteilen oder mit der vollständigen Übernahme von renommierten Firmen durch europäische, asiatische oder nordamerikanische Anbieter niedergeschlagen. Markante

---

43 Wolfgang Poschwatta, Industriestandorte in Schwaben 1980, in: Historischer Atlas von Bayerisch-Schwaben, 2. Aufl., 2. Lieferung, Augsburg 1985, Karte XI,II.

Beispiele hierfür waren die Landtechnikfabrik Fendt in Marktoberdorf (1997), der Papier-Produzent Haindl in Augsburg (2001), die Kunstfaserfabrik Bobingen (2011) oder der Roboter-Hersteller Keller und Knappich, ebenfalls in Augsburg (2016).[44]

Über wie viele Schwellen muss man gehen?

In jeder Abhandlung über das Wachsen und Schwinden regionaler Wirtschaftsstrukturen ließe sich eben auch über Misserfolge und Fehlschläge schreiben. Dies wäre bei zeitlich umgrenzten Abschnitten vermutlich reicher an Erkenntnissen als die Erfolgsgeschichten, die von Firmen- und Kammer-Festschriften abgebildet werden. Phasen der unternehmerischen Schwierigkeiten bis hin zur Zahlungsunfähigkeit und Notstände durch Rohstoff- und Energieknappheit hinterließen im Gedächtnis der Zeitgenossen tiefere Spuren als die scheinbar glatten Verläufe.

Ein Beispiel gaben mehrere Schreibmaschinenfabriken, die 1919 gegründet wurden und die dann bei unsicherer Finanzierung, schlechten Arbeitsverhältnissen und Mängeln ihrer damals modernen Produkte die Jahre des Auftragsmangels und der Währungszerrüttung nicht überlebten.[45] Hierher gehört auch der bewegte Werdegang der Blau-Gasfabrik in Oberhausen bei Augsburg, wo seit Anfang 1906 Leuchtgas nach dem Patent des namengebenden Erfinders hergestellt wurde und wo zunächst eine gewaltige Explosion den weiteren Betrieb verzögerte. Dieses Flüssiggas sollte nach 1918 den Wettbewerb gegen Propangas und Elektrizität verlieren und schließlich mit dem Ende des Luftschiff-Baus auch seinen zunächst so modernen Verwendungszweck.

Zur erlebten Wirtschaftsgeschichte gehörten die Konflikte. Beim Streik in der bayerischen Metallindustrie vom August 1954 gab es auf allen Seiten noch Beteiligte, die Erfahrungen aus den 1920er Jahren mitbrachten. Und der Ausstand um höhere Lohnsätze, der von April bis Juni 1925 in der Schuhleistenfabrik der Brüder Winkle in Altenstadt an der Iller geführt wurde, war bei damals jugendlichen Zeitgenossen noch 50 Jahre später markant im Gedächtnis. Er hatte in ländlicher Umgebung alle Szenarien eines klassischen Arbeitskampfes mit sich getragen, mit Versammlungen, Streikposten und Streikbrechern, schließlich der Aufnahme der Arbeit zu den alten Bedingungen und der dauernden Entlassung von Teilen der Belegschaft, denen die Firmenleitung die Gnade der Wiedereinstellung verweigerte. Ein stattlicher Betrieb der Metallbranche, der Landmaschinenhersteller Epple und Buxbaum, war 1883 aus der Vereinigung von Werkstätten in

---

[44] Übersichten zu den einzelnen Branchen sowie Angaben zu zahlreichen Firmen bei Paul HOSER, Bayerisch-Schwaben nach 1945 – administrative, politische, wirtschaftliche und soziale Strukturen und Entwicklungen, in: Zeitschrift des Historischen Vereins für Schwaben 109 (2017), S. 291–361, hier S. 317–355.

[45] Zur Schreibmaschinenfabrik Augsburg AG in Lechhausen, die in guten Zeiten annähernd 200 Beschäftigte zählte und im Sommer 1924 endgültig stillgelegt wurde, StA Augsburg, Regierung von Schwaben und Neuburg, Kammer des Innern 4720: Statistik der Betriebsstilegungen und Abbrüche, 1921–1923, sowie der Halbmonatsbericht des Regierungspräsidenten vom 7.7.1924, ediert bei Karl FILSER (Bearb.), Berichte schwäbischer Regierungspräsidenten aus den Jahren 1924 bis 1928 (Amtliche Berichte aus dem Bayerischen Schwaben 4), Augsburg 2021, S. 49.

Augsburg als Aktiengesellschaft mit zunächst rund 200 Beschäftigten entstanden, eine Zahl, die in den letzten Jahren vor 1914 auf annähernd tausend angestiegen war. In den Zeiten der Hochinflation wegen Auftragsmangels und Kreditschwierigkeiten schon zeitweilig stillgelegt, wurde die Fertigung im März 1931 endgültig eingestellt.[46] Dem war ein langes Dahinwelken vorhergegangen, und das Ende von Epple und Buxbaum war zu diesem Zeitpunkt ein lokales Fanal für die Krise in der Metallindustrie, die sich an die Krise der staatlichen und parlamentarischen Einrichtungen am Ende der Weimarer Republik anschloss.

Politisch hatte die Industriearbeiterschaft einen starken Kern mit seit Generationen gewachsenen Grundüberzeugungen. Eine gewisse Beharrungskraft zeigte sich auch unter den Textilbeschäftigten mit ihrem hohen Frauenanteil. Ein Indiz hierfür mögen die Wahlergebnisse in den Augsburger Stimmbezirken sein, in denen sich ältere Werkswohnungsviertel befanden. Auch wenn dort immer nur ein Teil der Belegschaft Wohnung fand, der zudem tendenziell sank – kurz vor dem 1. Weltkrieg auf nur noch rund ein Viertel –, so waren diese *Quartiere* mit ihren oft langjährig Beschäftigten doch Kreuzungspunkte der Verständigung, an denen sich die Gesamtwetterlage in den benachbarten Fabrikhallen vermittelte.

In den Stimmbezirken, die zusammen mit einigen angrenzenden Straßen die Wohnviertel der Proviantbach-, Kammgarn- und Stadtbachquartiere einschlossen, begann die Sozialdemokratie 1919 überall als stärkste Partei, wurde aber in der Folgezeit bis auf den Bezirk des Kammgarnquartiers von der Bayerischen Volkspartei überrundet. Die Kommunisten lagen im Bereich des Stadtbachquartiers in den Wahlen von 1932 immerhin bei Ergebnissen um die 20 Prozent und hatten auch bei Betriebsratswahlen der Spinnerei Erfolge. Bei den Reichstagswahlen vom März 1933 erreichte dann die NSDAP Stimmanteile von 20,2 bis 27,7 Prozent, BVP und SPD kamen aber zusammen noch auf annähernd 60 Prozent.

Bei der Volksabstimmung vom 19. August 1934, in der über die Vereinigung der Ämter des Reichspräsidenten und des Reichskanzlers zu entscheiden war, votierten nahezu 35 Prozent des Stimmbezirks 33 *Kinderschule der Kammgarnspinnerei* mit *Nein*, ungültig oder blieben der Abstimmung fern. Im Proviantbachquartier lag diese Quote bei annähernd einem Viertel. Diese Ergebnisse hatten zwar eine politisch oppositionelle Wurzel. Darüber hinaus aber war für alle, denen jetzt eine geschlossene Willensbekundung im Sinne der Führung von Staat und Partei wichtig war, klar, dass ein Zusammenhang mit den Enttäuschungen bestand, die von wirtschaftspolitischen Maßnahmen wie Devisenverkehrsbeschränkungen und Importverboten ausgelöst worden waren. Rund zwei Wochen zuvor war in Ausführung der Faserstoff-Verordnung vom 19. Juli 1934 mit ihrer Reduzierung der Verarbeitungsmenge an Baumwolle und Wolle in mehreren Großbe-

---

46 Michaela SCHMÖLZ, Die Vereinigten Fabriken landwirtschaftlicher Maschinen vormals Epple und Buxbaum AG, Augsburg – eine Firmengeschichte, in: Zeitschrift des Historischen Vereins für Schwaben 82 (1989), S. 187–196, hier S. 193 f.; Richard WINKLER, Niedergang und Ende der Vereinigten Fabriken Landwirtschaftlicher Maschinen vormals Epple und Buxbaum Aktiengesellschaft in Augsburg 1918–1931, in: Peter FASSL u. a. (Hg.), Bayern, Schwaben und das Reich. Festschrift für Pankraz Fried zum 75. Geburtstag (Augsburger Beiträge zur Landesgeschichte Bayerisch-Schwabens II), Augsburg 2007, S. 373–392, hier S. 386.

trieben Kurzarbeit eingeführt worden, die es in der Wirtschaftskrise der Vorjahre nur selten gegeben hatte. In der Metallindustrie hatten damals Auftragsmangel und Arbeitslosigkeit geherrscht, in den Textilbetrieben hingegen Druck auf die Tarifverträge und Konflikte um Lohnabbau. Nun dienten die Kürzung der Arbeitszeiten und die Verschiebungen im Schichtbetrieb der Überbrückung des Rohmaterialmangels, bis hinreichend synthetische und heimische Fasern zur Abkoppelung von ausländischen Märkten zur Verfügung stehen sollten.

Im Dezember 1908 stand die Teilung der bayerischen Handels- und Gewerbekammern in getrennte Vertretungen für die Industrie mit Handel einerseits und für das Handwerk andererseits bevor. Auf der letzten Sitzung der gemeinsamen Kammer wies der Eröffnungsredner, ein Augsburger Bankier und Mitglied in zahlreichen Aufsichtsräten, dem Zeitabschnitt der vergangenen 40 Jahre *die glänzendste, fruchtbarste und bedeutungsvollste Entwicklung deutschen Wirtschaftslebens* zu, *an dem auch Bayern seinen gebührenden Anteil* erhalten habe.[47]

Hier sprach ein Mann in seiner Zeit und aus seiner Erfahrungswelt – Jahrgang 1848, seit 20 Jahren bayerischer Kommerzienrat. Und er wusste natürlich, dass es in den abgelaufenen Jahrzehnten Schwankungen gegeben hatte und nicht die Gewissheit einer fortschreitenden Entwicklung. Dennoch hatte er Anlass zu einem optimistischen Blick auf die Dinge. Die schwäbische Industrie war in ihrer Branchenstruktur und der örtlichen Verteilung konsolidiert. Sie hatte sich im Spektrum ihrer Erzeugnisse verbreitet, war aber nicht überstürzt gewachsen. Es ist bemerkenswert, dass erst die Agonie der Textilindustrie ab 1970 dieses Jahrhundertgebäude entscheidend verändern sollte. Industriegeschichte der 1920er und 1930er Jahre spielte sich an den herkömmlichen Standorten ab. Erst die Kriegswirtschaft und die Gründungswelle der 1950er Jahre bewirkten eine deutliche geographische Streuung. Die Weltkriege selbst waren Ausnahmezeiten mit einer Mobilisierung des Arbeitsmarktes und beschleunigten Produktionsprozessen. Diejenigen Betriebe, die in der Auf- und Kriegsrüstung entstanden waren und die Niederlagen überlebten, hatten mit der Regenerationsfähigkeit der ‚alten' Industrien zu rechnen, die wieder ihren Platz einnahmen, auch aufnahme- und veränderungsfähig waren. Die letzten Dezennien des 20. Jahrhunderts brachten dann mit den Verschiebungen in den Eigentumsstrukturen durch die internationalen Kapitalströme und dem Zerfall der Entscheidungsfähigkeit vor Ort bei den Großbetrieben tatsächlich qualitative Veränderungen. Umso wichtiger wurde die Rolle der Klein- und Mittelbetriebe für die regionalen Wirtschaftsbeziehungen und das Selbstverständnis einer Region.

---

47 Handels- und Gewerbekammer für Schwaben und Neuburg, Protokoll der öffentlichen Plenarsitzung vom 18.12.1908.

Von den Fürstlich Hohenzollernschen Hüttenwerken Laucherthal zur Zollern GmbH & Co. KG.
Ein Traditionsbetrieb im Wandel

VOLKER TRUGENBERGER

Preisend mit viel schönen Reden lässt Justinus Kerner in seinem 1818 verfassten Gedicht *Der reichste Fürst* die deutschen Fürsten auf dem Reichstag von Worms 1495 *ihrer Länder Wert und Zahl* vortragen: So verweist der Fürst von Sachsen auf Bodenschätze, der Kurfürst bei Rhein auf den Weinbau. *Eberhard, der mit dem Barte, Württembergs geliebter Herr*, meinte, da nicht mithalten zu können, sondern lobte die Fürstentreue seiner Untertanen. Eberhards Worte waren dichterische Freiheit. Dass es mit der Untertanentreue nicht weit her war, zeigte sich 1514 im Aufstand des Armen Konrad, der Wein war um 1500 Württembergs wichtigstes Exportgut und wurde sogar in Wien geschätzt, obwohl oder weil er als sauer galt, und im Schwarzwald verfügte der Württemberger auch über Silbergruben sowie im Schwarzwald und auf der Schwäbischen Alb mit Eisenerzvorkommen über einen weiteren Bodenschatz.[1] Allerdings spielte die Eisenverhüttung in Württemberg erst seit dem 16. Jahrhundert mit Eisenwerken an Brenz und Kocher, seit der Zeit um 1600 auch im Schwarzwald eine wirtschaftliche Rolle.[2] 1698 stieg Eberhards Nachfolger Herzog Eberhard Ludwig mit dem Bau des Hüttenwerks Ludwigstal im Nordosten Tuttlingens in die Eisenproduktion im Bereich der oberen Donau ein. Von Ludwigstal aus wurde im März 1700 wenige Monate später westlich von Tuttlingen in Talheim eine Schmelzhütte in Betrieb genommen.[3]

---

1 Eugen REINERT, Schwäbische Eisenerze, in: Jahrbücher für Statistik und Landeskunde von Baden-Württemberg 2 (1956), S. 107–115, hier S. 108–115.
2 Hans-Wolfgang BÄCHLE, Eisenerzbergbau Hüttenwerke, Folgeindustrien im Bereich der Schwäbischen Alb mit Auswirkungen auf die Industrialisierung von Teilen Baden-Württembergs und der Schweiz (Regionalgeschichte in der Schule 4), Schwäbisch Gmünd 1995, S. 38–44; Willi A. BOELCKE, Wirtschaftsgeschichte Baden Württembergs von den Römern bis heute, Stuttgart 1987, S. 121 f.; Meinrad SCHAAB, Siedlung, Gesellschaft, Wirtschaft von der Stauferzeit bis zur Französischen Revolution, in: Handbuch der baden-württembergischen Geschichte, Band 1, 2, hg. von Meinrad SCHAAB und Hansmartin SCHWARZMAIER in Verbindung mit Gerhard TADDEY, Stuttgart 2000, S. 457–585, hier S. 555.
3 E[ugen] REINERT, Württembergische Eisenhütten in der Gegend der oberen Donau. Aus der Geschichte der Hüttenwerke Ludwigstal, Talheim, Harras und Bärental. Sonderdruck der Tuttlinger Heimatblätter, Tuttlingen 1941, S. 4, 34.

Ludwigstal war nur eines mehrerer Hüttenwerke, die die Landesherren in dieser Region um 1700 errichteten. Vorreiter waren die Grafen von Fürstenberg, die ab den 1660er-Jahren Hüttenwerke in Blumberg, Ippingen, im Kriegertal und in Thiergarten an der Donau anlegen ließen. In Vorderösterreich entstanden Hüttenwerke in Zizenhausen bei Stockach und im Harras bei Wehingen. Selbst ein Angehöriger der Reichsritterschaft, der Freiherr von Enzberg, beteiligte sich an diesem Boom 1698 mit einem (allerdings nur wenige Jahrzehnte bestehenden) Hüttenwerk Bronnen bei Mühlheim an der Donau.[4] Schließlich begann der Fürst von Hohenzollern-Sigmaringen 1707 im Tal der Lauchert kurz vor deren Mündung in die Donau mit dem Bau eines weiteren Hüttenwerks, das im darauffolgenden Jahr 1708 seinen Betrieb aufnahm. Dieses bis heute bestehende Werk steht im Mittelpunkt der folgenden Betrachtungen.[5]

I. Frühneuzeitliches Hüttenwerk

Die genannten Hüttenwerke verdankten ihr Entstehen dem Vorkommen von Erz in der unmittelbaren Nachbarschaft, meist von Bohnerz. Wie der Name schon sagt, handelt es sich bei Bohnerz um bohnenförmige eisenhaltige Gesteinsknollen, die in der Regel einen Durchmesser zwischen 9 und 15 Millimeter aufweisen, manchmal aber auch über 5 Zentimeter dick sind. Man findet sie in Lehm eingebettet in Kalksteinspalten und -höhlen. Der Eisengehalt kann bis um die 50 Prozent betragen.[6] Zum Vergleich: Der Eisengehalt der lothringischen Minette beträgt 28–34 %, während das im schwedischen Kiruna gewonnene Erz mit einem Eisengehalt von 55–65 % aufwarten kann.[7] Der Abbau des Bohnerzes erfolgte in aller Regel im Tagebau in bis zu 30 Metern tiefen Gruben (*Pingen*), gelegentlich auch mit Schächten und kurzen Stollen.[8] Aus Bohnerz wurde schon seit der

---

4 J[akob] BARTH, Geschichte des fürstlich fürstenbergischen Hüttenwerks Thiergarten, Sigmaringen 1858, S. 18 f.; Beschreibung des Oberamts Tuttlingen, hg. von dem K. statistisch-topographischen Bureau, Stuttgart 1879, S. 256 f., 387; BOELCKE, Wirtschaftsgeschichte Baden-Württembergs (wie Anm. 2), S. 122 f.; REINERT, Württembergische Eisenhütten (wie Anm. 3), S. 4.
5 Grundlegend: Karl DEHNER, Zum zweihundertjährigen Bestehen des Hüttenwerks Laucherthal 1708–1908, Sigmaringen 1913; Johannes MAIER, Geschichte des Fürstlich Hohenzollerischen Hüttenwerks Laucherthal, in: Hohenzollerische Jahreshefte 18 (1958), S. 1–143; Alfred WAFFLER, „…. das beste Eisenwerk Schwabens". Die Geschichte des Hüttenwerks Laucherthal und dessen Auswirkungen auf die Gemeinde Sigmaringendorf, in: Edwin Ernst WEBER (Hg.), Sigmaringendorf. Beiträge zur Geschichte eines hohenzollerischen Bauern- und Industrieorts, Sigmaringendorf 2002, S. 303–326; 300 Jahre ZOLLERN 1708–2008, hg. von der ZOLLERN GmbH & Co. KG, Sigmaringen, o. O. [2008].
6 https://www.mineralienatlas.de/lexikon/index.php/Bohnerz (aufgerufen am 26.7.2022): Eisengehalt zwischen 33 und 50 %; Manfred FRANK, Technologische Geologie der Bodenschätze Württembergs, Stuttgart 1949, S. 175 f. (Eisenanteil im Bohnerz aus Gruben der Ostalb, der Tuttlinger Gegend und im Klettgau zwischen 29 und 55 %).
7 https://de.wikipedia.org/wiki/Minette_(Erz) (aufgerufen am 29.9.2023); https://www.mineralienatlas.de/lexikon/index.php/Geologisches%20Portrait/Lagerst%C3%A4tten/IOCG-Lagerst%C3%A4tten#Kiruna_in_Schweden (aufgerufen am 29.9.2023).
8 Birgit TUCHEN, Historischer Bergbau in Hohenzollern, in: Werner KONOLD/R. Johanna REGNATH/Wolfgang WERNER (Hg.), Bohnerze. Zur Geschichte ihrer Entstehung, Gewinnung und Nutzung in Süddeutschland und der Schweiz (Veröffentlichung des Alemannischen Instituts Freiburg i. Br. 86), Ost-

Keltenzeit mit Rennöfen, 100–220 cm hohen Schachtöfen aus Lehm oder Steinen, Eisen in Form von schlackehaltigen Eisenklumpen (Luppen) in einem einmaligen Schmelzvorgang erzeugt, doch erst die Hüttenwerke des 17. und 18. Jahrhunderts machten dies mit mehreren Metern hohen Hochöfen.

Mit den Hochöfen konnte wegen des Dauerbetriebs über mehrere Monate – die ersten Schmelzkampagnen im Hüttenwerk Laucherthal dauerten ungefähr ein halbes Jahr, meist von Juni oder Juli bis Dezember oder Januar,[9] dann musste der Hochofen neu hergerichtet werden – eine viel größere Menge Eisen gewonnen werden als mit Rennöfen. Außerdem wurden in den Hochöfen höhere Temperaturen erreicht, so dass man nun das Roheisen in völlig flüssiger Form erhielt, was die Herstellung von Gusseisen erlaubte.[10]

Die Hüttenwerke lagen immer an einem fließenden Wasser. Denn Wasser wurde benötigt, um das Bohnerz vor der Verhüttung zu reinigen und um das geschmolzene Eisen abzukühlen, diente aber vor allem als Energiequelle. Denn mit Wasserkraft wurden die Blasebälge, die die Hochöfen mit Frischwind versorgten, betrieben, ebenso die Radwäschen, die zur Reinigung des Bohnerzes dienten, und die Hammerschmieden oder Hammerwerke, in denen man das in den Hochöfen erzeugte Roheisen, soweit es nicht für den Eisenguss verwendet wurde, aufbereitete. Außerdem mussten Wälder in der Nähe sein, die die für die Verhüttung notwendige Holzkohle lieferten (der Einsatz von Steinkohlenkoks in der Eisenerzeugung setzte sich in Deutschland erst im Laufe des 19. Jahrhunderts durch).

All diese Voraussetzungen waren am Standort Laucherthal in hervorragender Weise gegeben. In der Umgebung gab es umfangreiche Vorkommen von Bohnerz, dessen Eisengehalt zwar keine Spitzenwerte aufwies, aber immerhin 28–32 Prozent betrug,[11] und die Lauchert führte ausreichend Wasser (was witterungsbedingte zeitweise Einschränkungen des Betriebs durch Hochwasser, niedrigen Wasserstand oder extreme Kälte allerdings nicht ausschloss[12]). Zur Deckung des Holzbedarfs kaufte der Fürst Waldungen in der näheren und weiteren Umgebung; außerdem lieferte die Stadt Sigmaringen Holz in

---

fildern 2019, S. 17–41, hier S. 18f.; Erwin ZILLENBILLER, Bohnerzgewinnung auf der Schwäbischen Alb, Gammertingen o.J., S. 22, 24, 26f.

9 StA Sigmaringen FAS DS 170 (Fürstlich Hohenzollernsches Hüttenwerk Laucherthal) T 1 Nr. 1–6: Rechnungen des Hüttenwerks Laucherthal 1708/09–1713/14 (Schmelzkampagnen 4.7.–15.12.1708, 2.7.1709–4.1.1710, 31.7.–24.12.1710, 13.7.–31.12.1711, 21.6.1712–14.1.1713, 27.4.–12.1713); vgl. MAIER, Geschichte des Fürstlich Hohenzollerischen Hüttenwerks Laucherthal (wie Anm. 5), S. 18, 21, 23, wo allerdings die Monatsangabe Xbris fälschlich für Oktober gelesen und der Beginn der ersten Schmelzkampagne mit 5.7. angegeben wird.

10 DEHNER, Zum zweihundertjährigen Bestehen des Hüttenwerks Laucherthal (wie Anm. 5), S. 5.

11 EBD., S. 9 („Ausbeute von 28–32 Prozent").

12 Für das 19. Jahrhundert vgl. MAIER, Geschichte des Fürstlich Hohenzollerischen Hüttenwerks Laucherthal (wie Anm. 5), S. 98 (Hochwasser 1849); StA Sigmaringen FAS DS 92 (Fürstlich Hohenzollernsche Hofkammer) T 9 NVA 16892: Durch Wassermangel entstandene Störungen im Betrieb des Hüttenwerks Laucherthal, 1851–1857, und NVA 36107: Betriebsstörungen im Hüttenwerk in Laucherthal durch Wassermangel und Kälte, 1864–1880. Niedriger Wasserstand aufgrund ungünstiger Witterungsverhältnisse führte beispielsweise 1832 auch zur Drosselung der Produktion im fürstenbergischen Hüttenwerk Thiergarten (TUCHEN, Historischer Bergbau in Hohenzollern [wie Anm. 8], S. 30).

größeren Mengen.¹³ Und Kalksteine, die man brauchte, um beim Schmelzvorgang das Eisen von Beimengungen zu trennen, waren ohnehin mehr als genug vorhanden. Der Steinbruch, in dem sie gewonnen wurden, lag nur 40 m vom Hochofen entfernt.¹⁴

Bereits vor 1700 hatte es Eisenverarbeitung in der Gegend gegeben: eine Hammerschmiede in Hornstein, eine Feilenschmiede in Bingen und eine Hammer- und Pfannenschmiede in Sigmaringendorf.¹⁵

Der Errichtung des Hüttenwerks war eine große Investition, die mit Krediten finanziert wurde. Eine vierseitige *Specification jenigen Gelts, so zue Anlegung des Schmelzwerckhs aufgenommen worden*, listet für den Zeitraum zwischen 1707 und 1711 ohne zwei gestrichene Einträge 65 Einzelposten mit Beträgen zwischen 24 und 8000 Gulden auf, die eine Summe von 41 306 Gulden 10 Kreuzer ergeben.¹⁶ Nach der

---

13 MAIER, Geschichte des Fürstlich Hohenzollerischen Hüttenwerks Laucherthal (wie Anm. 5), S. 16f. Bis 1724 wurden weitere Waldungen auf der Markung der benachbarten Stadt Scheer gekauft (EBD., S. 20; Walter BLEICHER, Chronik der ehemaligen Residenzstadt Scheer/Donau, Horb am Neckar 1989, S. 111, 113).
14 WAFFLER, „... das beste Eisenwerk Schwabens" (wie Anm. 5), S. 303, 306.
15 MAIER, Geschichte des Fürstlich Hohenzollerischen Hüttenwerks Laucherthal (wie Anm. 5), S. 12f. („Fölenschmiede" [=Feilenschmiede] in Bingen, vgl. dazu auch StA Sigmaringen FAS DS I [Grafschaft Sigmaringen] T 1–5 R 61,5: Verhandlungen und Vergleich zwischen dem Abt Ulrich des Klosters Zwiefalten und den Gebrüdern Joh[ann] Bapt[ist] und Joh[ann] Hainrich von und zu Hornstein wegen Wiedererbauung der „Failen-" Schmiede zu Bingen, 1653–1654; zur Hammerschmiede in Hornstein vgl. auch StA Sigmaringen FAS DS I [Grafschaft Sigmaringen] T 1–5 R 61,7: Akten, Verhandlungen und Inventar der Hammer- und Nagelschmiede zu Hornstein, 1670–1740). DEHNER, Zum zweihundertjährigen Bestehen des Hüttenwerks Laucherthal (wie Anm. 5), S. 4f. (und nach ihm die spätere in Anmerkung 5 genannte Literatur) geht davon aus, dass bereits vor 1708 ein an Privatleute verpachtetes „Schmelz- und Hammerwerk" mit „Rennfeuer" an der Stelle des Hüttenwerks im Laucherttal existiert habe. Es handelt sich jedoch hierbei um die Fehlinterpretation eines Eintrags in einem von DEHNER zitierten Urbar von 1725, in dem es heiße, der neu erbaute Schmelzofen sei *bisher einigen privatis um ein benanntes Geldt oder jährlicher Bestandt [...] zu nutzen überlassen wordten*. Mit *bisher* ist jedoch nicht die Zeit vor 1708 gemeint, sondern die Admodiation (Verpachtung) des Hüttenwerks seit 1718.
16 StA Sigmaringen FAS DS I (Grafschaft Sigmaringen) T 15 Nr. 174: Beilagen zur Hofhaltungsrechnung, 1707–1719. Als Geldgeber werden genannt: Pfarrer zu Veringendorf 200 Gulden, Oberamtsverwalter zu Wald 300 Gulden, Forstmeister (zu Sigmaringen) 3000 Gulden (10.8.1707) (Randbemerkung: *dedit 2000 Gulden*), Schmeien 300 Gulden, Stabhalter zu Schwandorf 250 Gulden, Bergschreiber Huggle 1000 Gulden, Agatha Pfrüenderin zu Laiz 100 Gulden (Randbemerkung: *ist bezahlt*), Forstmeister zu Wald 1700 Gulden (Randbemerkung: *dedit 1000 Gulden*), Lakai Bernhard Heiss 120 Gulden, Forstmeister zu Liptingen 3000 Gulden (1.12.1707), Pfarrer zu Benzingen und Straßberg 250 Gulden (1706) (Randbemerkung: *ist zahlt*), *von underschidlichen orten her* 164 Gulden, Senner 400 Gulden, Pfarrer zu Veringendorf 200 Gulden, Bergschreiber Huggle 200 Gulden, Rittmeister Hundtbis 1000 Gulden (Randbemerkung: *ist zahlt*), verstorbener Beständer zu Haigerloch 500 Gulden (Randbemerkung: *ist zahlt*), Friz 100 Gulden, Rottenburg 200 Gulden (18.4. und 5.5.1708) (Randbemerkung: *ist zahlt*), Bergschreiber Huggle 130 Gulden 48 Kreuzer, Forstmeister zu Steinhilben 200 Gulden, Sattler zu Pfullendorf 200 Gulden (26.5.1708) (Randbemerkung: *ist zahlt*), Pfleger zu Pfullendorf 500 Gulden (24.6.1708), Hofkaplan zu Haigerloch 300 Gulden (2.6.1708) (Randbemerkung: *ist bezalt*), Reitknecht Casperl 80 Gulden, Schultheiß zu Nusplingen 510 Gulden, Klosterfrauen zu Gorheim 250 Gulden, Metzger Johann Kaudermann zu Sigmaringen 80 Gulden, Obervogt Widmann zu Laupheim 150 Gulden, Schaffhausen 2800 Gulden (*so die Guetermänner aufgenommen*) (11.6.1708), Graf von Castell 400 Gulden (bis Martini), Pfarrer zu Veringendorf 70 Gulden, Hausmeisterin 300 und 236 Gulden (beide Einträge gestrichen), Schmeien 50 Gulden, Marx Knifels Erben von Krauchenwies 300 Gulden (19.8.1708), Schult-

Baurechnung über daß neu auffgerichte Eyßenberg-Werckh im Lauchertthal für die Jahre 1707 bis 1710 stellte der Fürst für den Bau zwischen 1707 und 1709 16 734 Gulden bereit, wohl aus dem aufgenommenen Kapital. Dazu kamen noch 635 Gulden von seiner Rentei Sigmaringen.[17] Die reinen Baukosten machten 12 486 Gulden aus.[18] Zum Vergleich: Die Einnahmen des Rentamts Sigmaringen im Rechnungsjahr 1707/08 betrugen 5675 Gulden.[19]

Aus der Baurechnung geht hervor, dass das Hüttenwerk fünf Gebäude umfasste: den Schmelzofen, die Hammerschmiede, eine Scheune zur Lagerung der Holzkohle (*Kohl-*

---

heiß Andreas Bosch zu Rengetsweiler 200 Gulden (25. 8. 1708), Pfarrer zu Veringen[dorf] 24 Gulden (*mit Roggen wider empfangen*), Überlingen 1000 Gulden *anlehensweiss* (1. 9. 1708), Bergschreiber im Bärenthal 520 Gulden (15. 9. 1708), Bergschreiber Huggle 400 Gulden, Pfleger zu Pfullendorf 300 Gulden (15. 9. 1708), Schultheiß von Nusplingen 100 Gulden (25. 9. 1708), welscher Carl von Meßkirch (der Kaufmann Carl Consoni, vgl. StA Sigmaringen FAS DS 1 [Grafschaft Sigmaringen] T 15 Nr. 175: Beilagen zur Hofhaltungsrechnung, 1708–1715) 111 Gulden, Untervogt 100 Gulden, Konstanz 200 Gulden (16. 10. 1708), Bartle von Veringen[stadt] 100 Gulden (15. 11. 1708), Weingarten 1500 Gulden (24. 11. 1708), Hausmeisterin 100 Gulden (Nachtrag: *ist zahlt*), Bartle von Veringenstadt 50 Gulden, Müller zu Veringendorf 80 Gulden, Pfarrer zu Veringendorf 300 Gulden (17. 2. 1709), welscher Carl zu Meßkirch 681 Gulden 22 Kreuzer, Haigerloch 200 Gulden (16. 3. 1709), Bierbrauer Graf 300 Gulden, Reitknecht Blasi 50 Gulden *hergeliehen*, Weingarten 4000 Gulden (1. 5. 1709), Bierbrauer Graf 165 Gulden (26. 7. 1709), Schultheiß von Nusplingen 300 Gulden (10. 8. 1709) (Randbemerkung: *abgelöst*), Senner Joseph Staudinger zu Sigmaringen 1000 Gulden (12. 10. 1709) (Randbemerkung: *abgelöst*), Hechingen 8000 Gulden (o. T. 9. 1709) (Randbemerkung: *ist abgelöst*), Kanzleiverwalter zu Pfullendorf 300 Gulden (11. 10. 1709) (Randbemerkung: *ist abgelöst*), Konstanz 700 Gulden (19. 10. 1709) (Randbemerkung: *ist abgelöst*), Pflumerin 500 Gulden, Bergschreiber 320 Gulden, Senner in Hospach 1200 Gulden (26. 7. 1711), Hauptmannsverwalter 1000 Gulden. Abweichend von den vom Schreiber der Spezifikation auf den ersten beiden Seiten gebildeten Zwischensummen sind in der Summe von 41 306 Gulden 10 Kreuzer die gestrichenen Beträge der Hausmeisterin in Höhe von 300 und 236 Gulden nicht enthalten und die Kredite der Forstmeister zu Sigmaringen und Wald mit den Beträgen gerechnet, die sie tatsächlich gaben. Der Forstmeister von Liptingen, der oberösterreichische Rat Raimund Gassner, hatte ein Darlehen in Höhe von 4000 Gulden zugesagt, von denen ihm der Fürst den Empfang einer ersten Tranche über 1000 Gulden am 29. 5. 1707 quittierte, wobei *das Übrige aber nach Pfingsten völlig zu erheben seye* (StA Sigmaringen FAS DS 1 [Grafschaft Sigmaringen] T 15 Nr. 182: Beilagen zur Hofhaltungsrechnung, (1707) 1717–1719). Wenn die *Specification* den Liptinger Forstmeister nur mit 3000 Gulden aufführt, und zwar mit dem Termin 1. 12. 1707, lässt dies darauf schließen, dass er nur insgesamt 3000 Gulden zur Verfügung stellen konnte, davon die restlichen 2000 Gulden auch erst am 1. 12. 1707. Es ist davon auszugehen, dass nicht alle aufgeführten Kreditgeber Geld *anlehensweiss* gaben, sondern dass sich hinter den Beträgen Forderungen für Dienstleistungen und Waren verbergen, so sicherlich bei den krummen Beträgen des Meßkircher Kaufmanns Carl Consoni (111 Gulden und 681 Gulden 22 Kreuzer) und des Bergschreibers Huggle (130 Gulden 48 Kreuzer), zu vermuten ist dies aber auch bei den 80 Gulden des Metzgers Kaudermann oder den 165 Gulden des Bierbrauers.

17 StA Sigmaringen FAS DS 170 (Fürstlich Hohenzollernsches Hüttenwerk Laucherthal) T 1 Nr. 168: *Baurechnung über daß neu auffgerichte Eyßenberg-Werckh im Laucherthal de anno 1707[–1710]* (Einnahmen *von gnädigster Herrschaft* 16 734 Gulden 23 Kreuzer 2 Heller, von der Rentei 685 Gulden 4 Kreuzer 5 Heller).

18 MAIER, Geschichte des Fürstlich Hohenzollerischen Hüttenwerks Laucherthal (wie Anm. 5), S. 16.

19 StA Sigmaringen FAS DS 1 (Grafschaft Sigmaringen) T 16 Nr. 107: Renteirechnung 1707/08 (Einnahmen ohne Rezess: 5674 Gulden 46 Kreuzer 2 Heller; Einnahmen mit Rezess: 6706 Gulden 24 Kreuzer 7 Heller).

scheur), ein Verwaltungsgebäude (*Bergschreiberey*) und ein Wohnhaus mit sieben Wohnungen für die in den Quellen *Laboranten* genannten Arbeiter.[20]

Diese Gebäude sind auch auf der ältesten bekannten Darstellung des Hüttenwerks auf einer Flurkarte von 1736 dargestellt. Der Gebäudekomplex des Hochofens mit der dahinter angebauten Kohlenscheune ist durch die große Rauchfahne über dem offenen Dachaufbau hervorgehoben. Links davon an einem von der Lauchert abzweigenden Kanal ist die Hammerschmiede abgebildet mit vier Wasserrädern und drei rauchenden Schornsteinen. Das Laborantenhaus und die Bergschreiberei sind hinter und leicht versetzt links der Hammerschmiede angeordnet.[21]

Um das nötige Knowhow für die Inbetriebnahme zu erhalten, konsultierte man die benachbarten Hüttenwerke Harras mit dem Hammerwerk in Bärenthal, Thiergarten und Ludwigstal.[22] Die Spezialisten, die man zum Betrieb brauchte, holte man aus Thier-

---

20 StA Sigmaringen FAS DS 170 (Fürstlich Hohenzollernsches Hüttenwerk Laucherthal) T 1 Nr. 168: *Baurechnung über daß neu auffgerichte Eyßenberg-Werckh im Laucherthal de anno 1707[–1710]*; MAIER, Geschichte des Fürstlich Hohenzollerischen Hüttenwerks Laucherthal (wie Anm. 5), S. 15, 25. DEHNER, Zum zweihundertjährigen Bestehen des Hüttenwerks Laucherthal (wie Anm. 5), S. 12 geht davon aus, dass bereits 1708 auch ein Wirtshaus, die nachmalige Wirtschaft „Zum Eisenhammer", errichtet worden sei, „wie die über der Haustüre eingegrabene Jahreszahl angibt." In der Baurechnung wird jedoch der Bau eines Wirtshauses nicht erwähnt, so dass davon auszugehen ist, dass es sich bei dem Gebäude, in dem später die Wirtschaft „Zum Eisenhammer" untergebracht war, um das Laborantenhaus oder (was wahrscheinlicher ist) das Bergschreiberhaus handelt. Eine Wirtschaft gab es spätestens seit den 1760er-Jahren in Laucherthal, wie die bestandsweise Überlassung an Wunibald Engel aus Bingen 1762 belegt. Nachdem man 1765 den Versuch unternommen hatte, sie in Eigenregie durch den Gegenschreiber Peter Flad führen zu lassen, ging man nach wenigen Jahren wieder zur Verpachtung über. Ob die Wirtschaft damals in einem eigenen Gebäude untergebracht war oder im Laborantenhaus bzw. in der Bergschreiberei, geht aus der diesbezüglichen Akte nicht dezidiert hervor (StA Sigmaringen FAS DS 1 [Grafschaft Sigmaringen] T 1–5 R 197,2: Umtrieb und bestandsweise Verleihung der Wirtschaft auf der Eisenschmelze Laucherthal, 1762–1774; vgl. MAIER, Geschichte des Fürstlich Hohenzollerischen Hüttenwerks Laucherthal [wie Anm. 5], S. 30).

21 StA Sigmaringen K I (Handgezeichnete Karten bis 1806) Sig/17: *Grundriss oder Mappa dess Fleckhens Bingen specifice*. Eine zweite Fertigung der Karte, auf der das Hochofengebäude allerdings weniger detailliert dargestellt ist, wird im Staatsarchiv Sigmaringen unter der Signatur StA Sigmaringen FAS K (Karten im Fürstlichen Archiv Sigmaringen) Nr. 24: *Grundriss oder Mappa des Flecken Bingen specifice* verwahrt. Die Findmitteldatenbank des Staatsarchivs Sigmaringen gibt als Entstehungszeit der beiden undatierten Karten „ca. 1780/90" (StA Sigmaringen K I Sig/17) bzw. „18. Jahrhundert" (StA Sigmaringen FAS K Nr. 24) an (http://www.landesarchiv-bw.de/plink/?f=6-255635 und http://www.landesarchiv-bw.de/plink/?f=6-310056, aufgerufen am 29. 9. 2023). Auf „vermutlich um 1740" wird die Karte StA Sigmaringen K I Sig/17 angesetzt von Edwin Ernst WEBER, Die Ritterherrschaft Hornstein in der Frühen Neuzeit, in: Stefan UHL/DERS. (Hg.), Hornstein. Beiträge zur Geschichte von Burg, Familie und Herrschaft, Sigmaringen 1997, S. 73–165, hier S. 77. 300 Jahre ZOLLERN (wie Anm. 5), S. 35 übernimmt die Ansetzung „um 1740". Bei der Karte handelt es sich sicher um das auf einer Karte von 1795 erwähnte Werk des Feldmessers Johann Müller von Marbach, von dem die Binger Feldmarkung *im Jahr 1736 [...] mappirt worden* sei (StA Sigmaringen FAS K [Karten im Fürstlichen Archiv Sigmaringen] Nr. 126: Rittergut Bittelschieß in der Herrschaft Hornstein, 1795).

22 MAIER, Geschichte des Fürstlich Hohenzollerischen Hüttenwerks Laucherthal (wie Anm. 5), S. 8 f., 17; StA Sigmaringen FAS DS 1 (Grafschaft Sigmaringen) T 1–5 NVA 14609: Dienstinstruktionen für den Bergverwalter und das Hüttenpersonal in Lauchertal, 1709–1834 (Abschriften von Instruktionen für einen Hüttenschreiber in Harras und einen *Bergwercksverweser oder Verwalter* in Bärenthal 1709).

1 Die „Eisenschmeltz" im Lauchertal auf einer Flurkarte von 1736, Vorlage: Staatsarchiv Sigmaringen K I Sig/17, Aufnahme: Landesarchiv Baden-Württemberg.

garten, Zizenhausen und Bronnen.[23] Bei der Bezahlung der Laboranten wollte man sich Thiergarten zum Vorbild nehmen, sah sich aber 1709 gezwungen, nachdem *die Laboranten mehrenthails nicht daran kommen* wollten, nach eigenen Tarifen zu bezahlen. Dabei war sicher die Bestimmung, *alle Victualien, mit welchen der Bergschreiber sich versehen thuet, [...] von ihme unnd nirgent anderstwo zunemmen*, nicht zum Vorteil der Laboranten. Denn auf Qualität und Preisniveau der *Victualien* des Bergschreibers lässt eine Ausnahme von dieser Bestimmung schließen: *Einem Ehemann einer Kindbetterin solle erlaubt sein, nach seinem Belieben anderwerts ein Fässle Wein, wo er solchen wohlfailer zuebekhommen getrawt, zueerkhauffen und einzuelegen.*[24]

Aus der Jahresrechnung 1709/10 des neuen Hüttenwerks geht hervor, dass damals 19 Laboranten beschäftigt waren: ein Rennschmied, ein Schmelzemeister mit drei Knechten, vier Hammerschmiede und sechs Gesellen sowie vier Ofenknechte. Rechnet man noch den Bergschreiber als Leiter hinzu, so bestand das Personal des neuen Hüttenwerks aus 20 Personen.[25]

---

23 MAIER, Geschichte des Fürstlich Hohenzollerischen Hüttenwerks Laucherthal (wie Anm. 5), S. 17 nach StA Sigmaringen FAS DS 170 (Fürstlich Hohenzollernsches Hüttenwerk Laucherthal) T 1 Nr. 168: *Baurechnung über daß neu auffgerichte Eysenberg-Werckh im Lauchertthal de anno 1707[–1710]* (Schmelzmeister David Nußbaum aus Thiergarten, Bezahlung von Untertanen aus Talheim, die Hammerschmiede und Schmelzer von Stockach zum Werk geführt hatten); StA Sigmaringen FAS DS 170 (Fürstlich Hohenzollernsches Hüttenwerk Laucherthal) T 1 Nr. 5: Rechnung des Hüttenwerks Laucherthal 1712/13, S. 40 (Ausgaben für Fuhrlohn um den Hausrat des Läuterers von Bronnen und den des Schmelzmeisters von Stockach herzuführen).
24 StA Sigmaringen FAS DS 1 (Grafschaft Sigmaringen) T 1–5 R 19,8: Belohnung der Arbeiter zu Laucherthal, Sicherung der Viktualien, Akkorde wegen Herbeiführung des Erzgrundes, sodann die Vergütung des Pfarrers von Sigmaringendorf wegen Ausübung der Seelsorge zu Laucherthal, 9. Februar 1709. MAIER, Geschichte des Fürstlich Hohenzollerischen Hüttenwerks Laucherthal (wie Anm. 5), S. 18 (und nach ihm die in Anmerkung 5 genannte spätere Literatur) behauptet, „eine Kindbetterin erhielt jeweils ein Fäßchen Wein." Dies ist jedoch eine falsche Interpretation oder Lesung der Quelle.
25 MAIER, Geschichte des Fürstlich Hohenzollerischen Hüttenwerks Laucherthal (wie Anm. 5), S. 20 nach StA Sigmaringen FAS DS 170 (Fürstlich Hohenzollernsches Hüttenwerk Laucherthal) T 1 Nr. 2: Rechnung des Hüttenwerks Laucherthal 1709/10. Auf eine Mitarbeiterzahl von ungefähr 20 lassen auch die Personalausgaben in der Rechnung 1713/14 schließen: Mit Funktionen werden ein Schmelzmeister, zwei Ofenknechte, zwei Kohlmesser, ein Hammermeister und seine zwei Gesellen sowie ein Rennschmied mit seinen Gesellen aufgeführt. Dazu kommen drei Personen (in einem Fall mit Gesellen), die

Das im Hochofenprozess gewonnene Roheisen, Masseleisen oder Masseln genannt, wurde teilweise weiterverkauft, zu einem kleinen Teil als Gusseisen verwendet, vor allem aber in der Hammerschmiede aufbereitet und zu Stabeisen, Kleineisen und Radschienen weiterverarbeitet. Die Nennung von Läutern, Läuterung und Läuterfeuer in der Überlieferung bis 1718[26] deutet darauf hin, dass bei der Aufbereitung des im Hochofen gewonnenen Roheisens zunächst noch das Läuterverfahren zur Anwendung kam.

In der ersten Schmelzkampagne wurden im Hochofen insgesamt 5642 Zentner[27] Eisen gewonnen, und zwar 5333 Zentner 1 Viertel Masseleisen und 283 Zentner 2 Viertel Gusseisen samt 25 Zentner 2 Viertel Überschusseisen. Gegossen wurden *Blathen* [Platten], *Anbaß* [Ambosse], *Anrüß* [wohl Anreißplatten], *Scabothen* [Schabotten (Unterambosse)] *und ander Gußwerck.*[28] Da es sich bei den genannten näher spezifizierten Gusserzeugnissen um Gegenstände für die Metallbearbeitung handelt, dürfte man zunächst für den eigenen Bedarf, das heißt für die Ausstattung der Hammerschmiede produziert haben. In der Hammerschmiede wurden 1485 Zentner 3 Viertel 15½ Pfund Stab- und Bengeleisen geschmiedet, die zum Teil zu 662 Zentnern 10½ Pfund Kleineisen weiterverarbeitet wurden, sowie 214 Zentner 3 Viertel 3½ Pfund Radschienen.[29] In den folgenden Jahren wurde die Produktion gesteigert. So wurden in der Schmelzkampagne 1713, sie dauerte vom 27. April bis 1. Dezember, im Hochofen 6174 Zentner Eisen erzeugt. Im Weiterverarbeitungsprozess in der Hammerschmiede wurden 3774 Zentner Stab- und Bengeleisen, 1726 Zentner Kleineisen und 674 Zentner Radschienen produziert.[30]

Das aufbereitete Eisen brachte die großen Erlöse. So wurden im Rechnungsjahr 1709/10 aus dem Verkauf von Masseln nur 24 Gulden eingenommen, aus dem Verkauf von Gusseisen 512½ Gulden, während mit Stabeisen, Kleineisen und Radschienen 18 121 Gulden 29 Kreuzer erzielt wurden.[31]

---

nur namentlich ohne Bezeichnung ihrer Funktion genannt werden (MAIER, Geschichte des Fürstlich Hohenzollerischen Hüttenwerks Laucherthal [wie Anm. 5], S. 23 f., der daraus auf „ca. 25 Personen" schließt).

26 MAIER, Geschichte des Fürstlich Hohenzollerischen Hüttenwerks Laucherthal (wie Anm. 5), S. 21, 23, 25.

27 Die Zentnerangaben beziehen sich auf zeitgenössische Zentner. Umrechnungen auf den 1858 im Deutschen Zollverein eingeführten Zentner mit 50 kg sind schwierig oder sogar unmöglich, obwohl aufgrund der Gewichtsvereinheitlichungen im 19. Jahrhundert Umrechnungstabellen für das Pfund vorliegen (wobei es unterschiedliche Pfundgewichte gab, mindestens ein leichtes und ein schweres Pfund, im Fürstentum Hohenzollern-Sigmaringen 1811 sogar vier). Bei Metallen galt das leichte Pfund (in Sigmaringen 467,71 Gramm). Doch der Zentner war nicht immer das 100fache eines Pfundes. Nach der fürstenbergischen Maßordnung von 1755 machten 104 Pfund einen Zentner aus, 108 Pfund einen Bergzentner; in Württemberg wurde unterschieden zwischen einem schweren Zentner mit 104 Pfund und einem leichten mit 100 Pfund (Johann Adam KRAUS, Ehemalige Maße und Gewichte im heutigen Hohenzollern, in: Hohenzollerische Jahreshefte 3 [1936], S. 120–178, hier S. 143, 163, 168, 177).

28 StA Sigmaringen FAS DS 170 (Fürstlich Hohenzollernsches Hüttenwerk Laucherthal) T 1 Nr. 1: Rechnung des Hüttenwerks Laucherthal 1708/09.

29 EBD.

30 300 Jahre ZOLLERN (wie Anm. 5), S. 36. Das dort mit 1. Oktober angegebene Ende der Schmelzkampagne ist in 1. Dezember zu korrigieren.

31 MAIER, Geschichte des Fürstlich Hohenzollerischen Hüttenwerks Laucherthal (wie Anm. 5), S. 18 f.

Das produzierte Eisen wurde vor allem nach Oberschwaben und an den Bodensee verkauft, doch auch in Orte auf der Schwäbischen Alb im näheren Umfeld des Hüttenwerks, ja sogar in das Albvorland. Man bemühte sich auch, Kunden in der Schweiz zu gewinnen.[32]

Das vorderösterreichische Oberamt Nellenburg ging 1715 von einem jährlichen Reingewinn des Werks in Höhe von 5–7000 Gulden aus.[33] Dieser Größenordnung entsprechen die Summen, die ab 1709 jährlich an die Herrschaft abgeliefert wurden: Es waren dies in den fünf Rechnungsjahren 1709/10–1713/14 durchschnittlich 5907 Gulden.[34] Die Investitionskosten amortisierten sich also innerhalb weniger Jahre. 1715/16 wurde auch die halbe Besoldung des Kanzlers und des Sigmaringer Rentmeisters in Höhe von jeweils 37½ Gulden vom Hüttenwerk bestritten.[35]

Schon wenige Jahre nach der Inbetriebnahme stellte die fürstliche Verwaltung Überlegungen an, das Hüttenwerk nicht mehr in eigener Regie zu betreiben, sondern im Rahmen einer *Admodiation* zu verpachten. Admodiationen, das heißt die Verpachtung herrschaftlicher Besitzungen und/oder Rechte an Privatleute gegen einen festen Betrag, waren im 18. Jahrhundert bei den Landesherren weit verbreitet. Das Fürstentum Hohenzollern-Sigmaringen machte in dieser Hinsicht keine Ausnahme. Fürst Meinrad II. hatte 1706 die Herrschaften Haigerloch und Wehrstein auf sechs Jahre in Admodiation gegeben, weil er gehofft hatte, dadurch die in den beiden Herrschaften *übel zergängte und in Abnahmen gerathene Oeconomie widerumb in gehörigen Standt zu bringen*.[36] Nach seinem Tod 1715 gab die Vormundschaftsregierung für den unmündigen Nachfolger, seinen Sohn Joseph Friedrich, die Grafschaften Sigmaringen und Veringen ebenso wie die Herrschaften Haigerloch und Wehrstein in Admodiation, wohl auch, um sich nicht um die Verwaltung kümmern zu müssen.[37] 1718 erfolgte dann die Admodiation des Hüttenwerks gegen ein jährliches Pachtgeld von 5100 Gulden. Pächter war zunächst der bisherige Bergschreiber, das heißt der Verwalter des Hüttenwerks, der weitere Mitpächter ins Boot

---

32 EBD., S. 20 f. Genannt werden für Oberschwaben und den Bodensee: Riedlingen, Heiligkreuztal, Obermarchtal, Buchau, Schussenried, Ebersbach, Frauenstetten, Winterstetten, Biberach, Waldsee, Weingarten, Ostrach, Tafertsweiler (Davidsweiler), Pfullendorf, Meßkirch, Heiligenberg, Markdorf, Meersburg, Konstanz; für die Schwäbische Alb: Zwiefalten, Hayingen, Justingen, Veringenstadt, Trochtelfingen, Ebingen; für das Albvorland: Haigerloch, Reutlingen, Tübingen.
33 DEHNER, Zum zweihundertjährigen Bestehen des Hüttenwerks Laucherthal (wie Anm. 5), S. 12.
34 StA Sigmaringen FAS DS 170 (Fürstlich Hohenzollernsches Hüttenwerk Laucherthal) T 1 Nr. 2–6: Rechnungen des Hüttenwerks Laucherthal 1709/10–1713/14 (1709/10: 6415 Gulden 20 Kreuzer, 1710/11: 4772 Gulden 25 Kreuzer 4 Heller, 1711/12: 7146 Gulden 18 Kreuzer, 1712/13: 5328 Gulden 59 Kreuzer 2 Heller, 1713/14: 5869 Gulden 38 Kreuzer 6 Heller [außerdem Eisen im Wert von 166 Gulden 4 Kreuzer 4 Heller]).
35 StA Sigmaringen FAS DS 170 (Fürstlich Hohenzollernsches Hüttenwerk Laucherthal) T 1 Nr. 8: Rechnung des Hüttenwerks Laucherthal 1715/16. An die Herrschaft wurden in diesem Jahr 7705 Gulden 19 Kreuzer abgeliefert.
36 Ausfertigung des Admodiationsvertrags 1706 (StA Sigmaringen FAS DS 3 [Herrschaft Haigerloch-Wehrstein] T 1 R 75,2: Admodiation der beiden Herrschaften Haigerloch und Wehrstein an den Rat und Obervogt Fr. I. von Pflummern aus Straßburg für jährlich 6850 fl., 1683–1717).
37 Karl PFEUFFER, Admodiationen in Hohenzollern im 18. Jahrhundert unter besonderer Berücksichtigung der Barratischen Admodiation der Herrschaften Haigerloch und Wehrstein, in: Zeitschrift für Hohenzollerische Geschichte 16 (1980), S. 9–85, hier S. 29–32, 46–52.

holte.³⁸ Auch benachbarte Hüttenwerke waren in dieser Zeit Gegenstand von Admodiationen, so Ludwigstal oder Thiergarten. Die Höhe des jährlichen Pachtbetrags lässt einen Vergleich der Ertragskraft der drei Hüttenwerke zu. Dieser zeigt, dass Laucherthal mit Abstand am erfolgreichsten war. Denn Ludwigstal wurde 1729 für jährlich 2150 Gulden, in der zweiten Hälfte des 18. Jahrhunderts für noch weniger verpachtet und Thiergarten zusammen mit einer Sennerei 1754 für 4000 Gulden.³⁹

Die Admodiation des Laucherthals endete 1730. Denn in diesem Jahr wurde mit Johann Baptist Sandthaß aus Singen ein neuer Bergverwalter bestellt. Sandthaß war vom Fürsten *wegen obhabendten besonderer Wissenschafft in Bergwercks-Sachen* geholt worden,⁴⁰ sicher um das Hüttenwerk zu modernisieren. Dazu nahm der Fürst ein Darlehen in Höhe von 14 000 Gulden auf.⁴¹ Mit diesem Geld dürfte man vor allem das Läuterverfahren auf das wirtschaftlichere Frischen umgestellt haben. Die Erwähnung eines Frischmeisters 1739⁴² ist als Indiz dafür zu werten. Für württembergische Hüttenwerke, in denen in den 1730er-Jahren ebenfalls das Frischen eingeführt wurde, sind Zahlen überliefert, welche Einsparungen an Masseleisen und Holzkohle das neue Verfahren gegenüber dem Läutern mit sich brachte: Es waren bis zu 25 Prozent.⁴³

In der zweiten Hälfte des 18. Jahrhunderts wurde die Produktion diversifiziert, indem ein Blechhammerwerk und eine Nagelschmiede eingerichtet wurden.⁴⁴

Für die Jahre 1762–1772 sind Ertragszahlen des Bergverwalters Seyfried überliefert. In diesem Zeitraum wurden 80 079 Gulden, also jedes Jahr durchschnittlich 7280 Gulden, an den Eigentümer abgeliefert, davon 63 477 Gulden unmittelbar für Bedürfnisse des Fürsten (*auf gnädigste Assignationen*) und 16 602 Gulden an die Rentei. Zu dieser Summe addierte Seyfried noch den Geldwert der Holzkohle und des Stab- und Kleineisens sowie der Schienen und des Blechs hinzu, die er an die Hofschmiede geliefert hatte, außerdem den *Activrest* des Jahres 1772 und den Barbestand der Kasse und kam so auf einen Bruttoertrag von 94 080 Gulden. Diesen Betrag verrechnete er mit einem 1762 empfangenen Barbetrag von über 26 000 Gulden, einem Passivrest im Jahr 1772 von knapp 3000 Gul-

---

38 MAIER, Geschichte des Fürstlich Hohenzollerischen Hüttenwerks Laucherthal (wie Anm. 5), S. 25 f.
39 Ludwigstal: Beschreibung des Oberamts Tuttlingen (wie Anm. 4), S. 258 f.; Manfred THIER, Geschichte der Schwäbischen Hüttenwerke. Ein Beitrag zur württembergischen Wirtschaftsgeschichte 1365–1802, Aalen u. a. 1965, S. 243, 299; Thiergarten: BARTH, Geschichte des fürstlich fürstenbergischen Hüttenwerks Thiergarten (wie Anm. 4), S. 25.
40 StA Sigmaringen Ho 80 A (Grafschaft Sigmaringen: Allgemeiner Teil) T 2 Nr. 899: Verhörs- bzw. Amtsprotokolle und Oberamtsjustizprotokolle, 1729–1731, S. 226.
41 MAIER, Geschichte des Fürstlich Hohenzollerischen Hüttenwerks Laucherthal (wie Anm. 5), S. 26 f.
42 EBD., S. 27.
43 In Mergelstetten wurden 1734 die Läuterfeuer in Frischfeuer gegen den Widerstand der Laboranten umgewandelt, um die Jahreswende 1734/35 in Königsbronn und Itzelberg. Zahlen für Königsbronn und Itzelberg aus dem Rechnungsjahr 1735/36 zufolge benötigte man beim Frischverfahren für jeden Zentner geschmiedeten Eisens nur 133 ¼ Pfund Masseleisen und 1 ⅞ Zuber Kohle statt beim Läutern 170 bis 175 Pfund Masseleisen und 2 ½ Zuber Kohle, was eine Ersparnis von 22 Prozent beim Masseleisen und 25 Prozent bei der Kohle bedeutete (THIER, Geschichte der Schwäbischen Hüttenwerke [wie Anm. 39], S. 224). Zur Einführung des Frischens im fürstenbergischen Hüttenwerk Thiergarten siehe BARTH, Geschichte des fürstlich fürstenbergischen Hüttenwerks Thiergarten (wie Anm. 4), S. 22. Vgl. auch SCHAAB, Siedlung, Gesellschaft, Wirtschaft (wie Anm. 2), S. 556.
44 MAIER, Geschichte des Fürstlich Hohenzollerischen Hüttenwerks Laucherthal (wie Anm. 5), S. 29.

2 Aquarell des Hüttenwerks Laucherthal nach 1773 (Vorlage: bis 2016 im Besitz von Hans Joachim Dopfer, Sigmaringen-Laiz, Verbleib nach dessen Tod unbekannt; Aufnahme: Kreisarchiv Sigmaringen).

den, offenen Rechnungen und Kapitalschulden und kam so auf einen Reingewinn von 55 989 Gulden, unter Einbeziehung des Eisenvorrats auf 61 411 Gulden,[45] also durchschnittlich 5583 Gulden pro Jahr. Selbst in der von Kriegen geprägten Zeit um 1800 ging der jährliche Reinertrag nur unwesentlich zurück: Er betrug für die Jahre 1795–1807 durchschnittlich 4951 Gulden.[46] Ende des 18. Jahrhunderts gehörte das Hüttenwerk, das an die Sigmaringer Rentei ausweislich der Renteirechnungen zwischen 1784/85 und 1793/94 jedes Jahr durchschnittlich 3542 Gulden ablieferte, zu den wichtigsten Einnahmequellen des Fürsten von Hohenzollern-Sigmaringen.[47] Zum Vergleich: Zwischen 1777 und 1790 erhielt die Rentkammer des Herzogs von Württemberg von den Hüttenwerken Königsbronn und Christophstal jedes Jahr durchschnittlich 29 434 bzw. 4977 Gulden.[48]

---

45 StA Sigmaringen FAS DS I (Grafschaft Sigmaringen) T 1–5 R 19,22: Bericht mit Beilagen über das fürstliche Eisenwerk Laucherthal von dem dortigen Verwalter Seyfried, 1772–1774; vgl. MAIER, Geschichte des Fürstlich Hohenzollerischen Hüttenwerks Laucherthal (wie Anm. 5), S. 34 (mit Schreibfehlern bei den an die Rentei abgelieferten Beträgen: 1762 richtig 692 Gulden statt 629 Gulden, 1766 24 Kreuzer statt 67 Kreuzer). Im Gegensatz zu MAIER wurde auf ganze Guldenbeträge auf- bzw. abgerundet.
46 MAIER, Geschichte des Fürstlich Hohenzollerischen Hüttenwerks Laucherthal (wie Anm. 5), S. 55.
47 Volker TRUGENBERGER, Wirtschaftliche Grundlagen der Fürsten von Hohenzollern um 1800, in: Sigrid HIRBODIAN/Edwin Ernst WEBER (Hg.), Von der Krise des 17. Jahrhunderts bis zur frühen Industrialisierung. Wirtschaft in Oberschwaben 1600–1850, Stuttgart 2022, S. 369–397, hier S. 391.
48 THIER, Geschichte der Schwäbischen Hüttenwerke (wie Anm. 39), S. 337.

Ein Aquarell zeigt das Hüttenwerk in der Zeit Seyfrieds. Allerdings hat der Maler die Gebäude nicht so angeordnet, wie er sie von einem einzigen Standort am gegenüberliegenden Lauchertufer sah. Vor allem hat er, um die niedrige, eingeschossige Hammerschmiede besser zur Geltung zu bringen, die Bergschreiberei und das Laborantenhaus nach links verschoben. Dennoch gibt das Gemälde einen Eindruck von der Anlage. Das größte Gebäude darauf ist die Schmelze mit dem Hochofen. Der Hochofen ist nicht im Betrieb dargestellt, denn das Dach ist geschlossen und nicht wie bei der Darstellung auf der Flurkarte von 1736 für den Rauchabzug geöffnet. Leider kann man nicht in das Gebäude hineinsehen. So würde man den Hochofen erkennen mit dem großen wassergetriebenen Blasebalg zur Erzeugung des Frischwinds. Das Wasser wurde über einen unterirdischen überwölbten Kanal zum Gebäude geführt.[49]

Die hinten an die Schmelze angebaute Kohlen- bzw. Erzscheune weist zwei Rampen zu offenen Dachluken auf. Dahinter erblickt man noch das Dach einer Verlängerung dieser Scheune. Die Rampe, die in das erste Oberschoss des links von der Schmelze stehenden Fachwerkgebäudes führt, deutet darauf hin, dass dieses Gebäude ebenfalls eine Kohlen- bzw. Erzscheune war.[50]

Eine größere Kohlenscheune mit zwei Rampen zum Dach bzw. Giebel ist am rechten Bildrand auf der anderen Seite des Wehrkanals zu sehen. Am Wehrkanal ist links neben der Schmelze die langgestreckte Hammerschmiede dargestellt. Eine Abzweigung des Wehrkanals in der Mitte des Bildes diente zum Antrieb eines Wasserrades für die Erzwäsche. Bei der Erzwäsche sind drei Haufen gereinigten Bohnerzes gemalt. Vor der Hammerschmiede lugt hinter drei Bäumen das Dach eines kleinen Gebäudes hervor. Bei diesem handelt es sich wohl um die 1772/73 errichtete Nagelschmiede, da diese ihren Antrieb durch die Abwasser des Gebläserades des Hochofens und der als Frischhütte bezeichneten Hammerschmiede erhielt.[51]

Links neben der Hammerschmiede erkennt man die Bergschreiberei und das Laborantenhaus. Es ist – wie auch auf der Darstellung von 1736 – nicht klar, welches der beiden Gebäude welche Funktion hatte. Das eine hat ein Glockentürmchen auf dem Dach für eine in der Gründungsphase des Werks in Ulm beschaffte Glocke.[52] In dem Haus ganz links mit seinen auffälligen Strebepfeilern befand sich wohl das Gewölbe für fertiges Eisen.[53]

---

49 Wolfgang SCHNERR, Das Hochofengebäude im Laucherthal aus dem Jahr 1708. Die materiale Quelle hinsichtlich ihres Überlieferungszustandes. Magisterarbeit im Studiengang Geschichte der Naturwissenschaften und Technik an der Universität Stuttgart Sommersemester 1998, S. 91.
50 Vgl. EBD. S. 9.
51 MAIER, Geschichte des Fürstlich Hohenzollerischen Hüttenwerks Laucherthal (wie Anm. 5), S. 29. SCHNERR, Das Hochofengebäude im Laucherthal (wie Anm. 49), S. 11 meint, die Nagelschmiede fehle auf dem Bild noch und stimmt so der Datierung von MAIER, S. 45 zu, der davon ausgeht, dass das Bild „wohl den baulichen Zustand um die Mitte des 18. Jahrhunderts dar[stellt]."
52 MAIER, Geschichte des Fürstlich Hohenzollerischen Hüttenwerks Laucherthal (wie Anm. 5), S. 20, 45. MAIER, S. 45 geht davon aus, dass es sich bei dem Gebäude mit dem Glockentürmchen um die Bergschreiberei handelt und „daneben das stattliche Gebäude der bereits 1708 erbauten Bergwirtschaft ‚zum Eisenhammer' dargestellt sei.
53 EBD., S. 45.

II. Behauptung und Krise als Hüttenwerk

Auch noch in den 1820er-Jahren war das Hüttenwerk eine sehr gute Einnahmequelle für den Fürsten. Die durchschnittlich 12 399 Gulden, die in den zehn Rechnungsjahren von 1822/23 bis 1831/32 jährlich nun nicht mehr an die Rentei Sigmaringen, sondern an die Hofkammer abgeliefert wurden, bedeuteten eine Zunahme gegenüber dem Ende des 18. Jahrhunderts um 350 Prozent.[54] Und dies, obwohl 1818 der Erwerb und die anschließende Stilllegung des benachbarten Hüttenwerks Thiergarten, eines unmittelbaren Konkurrenten, gescheitert war, wovon man sich eine Steigerung der Ertragskraft versprochen hatte. Für die Abtretung des Hüttenwerks Thiergarten hatte man dem Eigentümer, dem Fürsten von Fürstenberg, der seit der Mediatisierung 1806 mit seinen Besitzungen Thiergarten, Jungnau und Trochtelfingen Standesherr im Fürstentum Hohenzollern-Sigmaringen war, grundherrliche Gefälle geben wollen. Wegen der befürchteten sozialen Folgen der Stilllegung oder – wie sich der Sigmaringer Geheimrat von Huber ausdrückte – *aus staatswirtschaftlichen Gründen*, die *bloßen finanziellen Rücksichten* übergeordnet worden waren, hatte der Fürst von Hohenzollern und seine Zentralverwaltung diese Überlegungen jedoch nicht weiterverfolgt. Denn durch die Stilllegung wären *nicht nur die Untertanen, welche unmittelbar an dem Werke wohnen, [...] außer Brot und Verdienst gesetzt, sondern auch jene Bezirke, aus denen bisher Erz und Kohlen geliefert, Fuhr- und Handarbeiten geleistet wurden, [...] um einen großen Teil ihres Erwerbs und Unterhalts gebracht* worden, weil diese Erwerbsmöglichkeit *aus dem Laucherthal auch bei vermehrtem Umtrieb nicht gewähret werden hätte können.*[55]

Die Verbesserung der Ertragslage dürfte zum einen auf die Investitionen zurückzuführen sein, die der 1813 zum Bergverwalter bestellte Maximilian Haller zu Beginn seines Dienstantritts vorgenommen hatte, um das heruntergekommene Werk baulich zu erneuern. Haller selbst nannte später in einem Bericht von 1836 50 000 Gulden.[56] Die Schulden, die er dabei gemacht hatte, hatte er bis 1817 abgebaut.[57] Zum anderen setzte Haller auf eine Ausweitung der Gießerei. Man produzierte beispielsweise jetzt auch Röhren und Kanonenöfen.[58]

Anregungen für neue Produkte und neue Produktionsverfahren erhielt Haller auf zahlreichen Dienstreisen, die er auch zur Gewinnung neuer Kunden unternahm. Seine Reisen stießen auf die Kritik der fürstlichen Hofkammer, worauf Haller entgegnete, *daß der Ertrag einer Fabrik [...] nicht wie jener eines Rentamtes auf grundbuchlichen Gefällen beruht, sondern von dem mehr oder weniger Industrieösen des Betriebes abhängt.*[59]

---

54 TRUGENBERGER, Wirtschaftliche Grundlagen (wie Anm. 47), S. 395. Vgl. MAIER, Geschichte des Fürstlich Hohenzolerischen Hüttenwerks Laucherthal (wie Anm. 5), S. 55, wonach für die Jahre 1813–1825 der damalige Bergverwalter Haller einen Durchschnittsertrag von 12 381 Gulden angegeben habe.
55 Zitat nach MAIER, Geschichte des Fürstlich Hohenzolerischen Hüttenwerks Laucherthal (wie Anm. 5), S. 51.
56 EBD., S. 82 (Bericht Hallers an die fürstliche Hofkammer vom 17. 3. 1836).
57 EBD., S. 50.
58 EBD., S. 54 f., 57.
59 EBD., S. 56 (dort auch das Zitat).

Gegen den anfänglichen Widerstand der Hofkammer ließ Haller neben der Holzkohle seit dem Beginn der 1820er-Jahre auch Torf als Brennstoff zum Einsatz kommen.[60]

Haller drängte auf weitere Modernisierungen, die viel Geld kosteten. Vor dem Hintergrund einer Kohlenteuerung[61] wurde 1830 durch die Einstellung eines französischen Frischmeisters die französische Frischmethode eingeführt, die deutlich weniger Kohle brauchte als das bisherige Verfahren.[62] Investiert wurde auch in neue Gebäude, etwa ein zweites Laborantenhaus.[63] In der Hofkammerrechnung 1831/32 heißt es kritisch: *Das Bergwerk hat aber im laufenden Rechnungsjahre nicht nur nichts geliefert, sondern noch 20 000 fl. Vorschuß empfangen, welcher ebenfalls nicht zurükbezahlt wurde [...]. Auch im verfloßenen Jahre 1830/1 [...] hat daßelbe statt dem Etat-Satze nur 10 000 fl. geliefert.*[64]

Mit weiteren Investitionen wollte Haller eine *Abänderung an dem Gebläse* des Hochofens vornehmen, *Walzwerke* einrichten sowie *Verbesserungen in der Köhlerei* durchführen.[65] Angesichts des hohen Investitionsrisikos gab es in der fürstlichen Verwaltung Überlegungen, das Werk zu verpachten oder gar zu verkaufen. Als mögliche Käufer kamen der Fürst von Fürstenberg oder das Königreich Württemberg in Frage, die ja mit Thiergarten und Ludwigstal ihrerseits Hüttenwerke in der Nachbarschaft an der oberen Donau betrieben.[66] In der Diskussion darüber prallten zwei Auffassungen aufeinander, die unternehmerische Hallers, der auf die langfristigen Auswirkungen von Investitionsentscheidungen hinwies, und die kameralistische, traditionell auf Grundrenten fixierte des Geheimrats von Schnell, der in einem Gutachten 1835 betonte, dass *nutzbare Liegenschaften nachhaltig einen weit sicheren, wenn hie und da doch geringeren Ertrag als Fabriken ... gewähren*. Schnell plädierte dafür, das Hüttenwerk gegen *Realitäten* einzutauschen, wenn diese so viel *rentieren würden* wie die Zinsen des im Hüttenwerk steckenden Kapitals.[67]

---

60 StA Sigmaringen FAS DS 92 (Fürstlich Hohenzollernsche Hofkammer) T 9 NVA 16965: Holz-, Kohlen- und Torfkauf für das Hüttenwerk Laucherthal, 1811–1831; StA Sigmaringen FAS DS 92 (Fürstlich Hohenzollernsche Hofkammer) T 9 NVA 16991: Chemische Untersuchung des Torfkohlegehaltes beim Hüttenwerk Laucherthal, 1821.
61 MAIER, Geschichte des Fürstlich Hohenzolerischen Hüttenwerks Laucherthal (wie Anm. 5), S. 82. Vgl. auch S. 50.
62 Ebd., S. 54, 64. Zur Einführung der „Französischen Einmalschmelzerei" in den württembergischen Hüttenwerken seit dem Ende der 1820er-Jahre siehe Gottfried PLUMPE, Die württembergische Eisenindustrie im 19. Jahrhundert. Eine Fallstudie zur Geschichte der industriellen Revolution (Zeitschrift für Unternehmensgeschichte Beiheft 26), Wiesbaden 1982, S. 169.
63 MAIER, Geschichte des Fürstlich Hohenzolerischen Hüttenwerks Laucherthal (wie Anm. 5), S. 65 (Gutachten des Geheimrats von Schell vom 30. Oktober 1834: *Abrechnung mehrerer neuer Gebäude*), 78.
64 StA Sigmaringen FAS DS 97 (Fürstlich Hohenzollernsche Hauptkasse [Hofkammerkasse]) T 3 Nr. 15 (Hofkammerrechnung 1831/32), S. 30.
65 MAIER, Geschichte des Fürstlich Hohenzolerischen Hüttenwerks Laucherthal (wie Anm. 5), S. 59 (dort die Zitate aus dem Hofkammerprotokoll vom 24. Oktober 1832), 71.
66 EBD., S. 60–69; 300 Jahre ZOLLERN (wie Anm. 5), S. 48–50.
67 MAIER, Geschichte des Fürstlich Hohenzolerischen Hüttenwerks Laucherthal (wie Anm. 5), S. 57, 66 (dort auch das Zitat). Ähnliche Erfahrungen wie Haller machte auch Ferdinand Steinbeis, 1830–1842 Oberhüttenverwalter des Fürsten von Fürstenberg, der in seinen unternehmerischen Vorhaben immer wieder von der fürstlichen Domänenkanzlei gebremst wurde. Bezeichnend der Bericht eines Hofrats an den Fürsten von Fürstenberg von 1837: *Der fürstliche Hüttenbetrieb kann nicht ohne stete Rück-*

Der Verkauf kam nicht zustande, und nicht zuletzt durch die 1834 *neu errichtete Maschine zum Betrieb des Hochofens mit erwärmter Luft*, ein aufgrund eines Gutachtens des württembergischen Hüttenverwalters in Wasseralfingen Wilhelm Faber du Faur beschafftes, einschließlich notwendiger Baumaßnahmen 14 000 Gulden teures Zylindergebläse mit Winderhitzung, konnte beispielsweise 1840/41 der Barbeitrag des Laucherthals zur Hofkammerkasse 54 000 Gulden ausmachen.[68] Zwischen 1834 und 1851 erwirtschaftete das Werk jedes Jahr durchschnittlich einen Reinertrag von 19 478 Gulden, und dies trotz eines großen Hochwasserschadens 1849.[69] Der Wert des Werkes zum 1. Mai 1841 wird mit 219 819 Gulden angegeben. Am Hochofen wurden vom 2. Mai 1840 bis zum 1. Mai 1841 19 605 Zentner Roh- und Gusseisen produziert, davon 4130 Zentner an Lehm- und Kastenguss. An weiterverarbeitetem Eisen wurden im Frischhüttenbetrieb 9571 Zentner erzeugt, im Kleinhammerwerk, der Kleinschmiede und bei einem neuen Zainhammer (in dem aus Grobeisenstäben gekerbte kleinere Eisenstäbe als Halbzeug für Schmiede produziert wurden) 5109 Zentner.[70] Im darauffolgenden Jahr 1842 wurde ein Kaufvertrag für ein Kleineisenwalzwerk geschlossen, das in der Hammerschmiede aufgebaut wurde. Mit ihm wurde Klein- und Nageleisen hergestellt.[71]

Ein Stahlstich von Emil Höfer nach einer Zeichnung von Franz Abresch zeigt die Eisenhütte in der damaligen Zeit. Der Stich wurde abgedruckt in dem 1841 erschienenen Werk „Das Königreich Württemberg nebst den von ihm eingeschlossenen Hohenzollern'schen Fürstenthümern", in dem *das lieblich gelegene „Eisenwerk Laucharttthal"* einleitend wie folgt beschrieben wurde: *Die mit Eisenschlacken belegte Straße, das dumpfe Schlagen der Hämmer, das immer größere Rauschen der trüb gewordenen Lauchert zur rechten Seite, verkündet die rege Geschäftigkeit des Gewerkes.*

---

sicht auf den Geist einer Stammgutverwaltung geschehen, und da diese einen wesentlichen konservativen Charakter hat, so muß auch bei Feststellung des fürstlichen Hüttenbetriebes auf den Grundsatz der Nachhaltigkeit ein vorzügliches Augenmerk gerichtet werden (Erwein H. ELTZ, Die Modernisierung einer Standesherrschaft. Karl Egon III. und das Haus Fürstenberg in den Jahren 1848/49, Sigmaringen 1980, S. 127 f. [das Zitat auf S. 127]; vgl. Hartmut BERGHOFF, Adel und Industriekapitalismus im Deutschen Kaiserreich. Abstoßungskräfte und Annäherungstendenzen zweier Lebenswelten, in: Heinz REIF [Hg.], Adel und Bürgertum in Deutschland I [Elitenwandel in der Moderne 1], Berlin ²2008, S. 233–271, hier S. 255).

68 300 Jahre ZOLLERN (wie Anm. 5), S. 50; MAIER, Geschichte des Fürstlich Hohenzollerischen Hüttenwerks Laucherthal (wie Anm. 5), S. 71 (dort das Zitat aus dem Abnahmeprotokoll vom 10. 11. 1834), 92; SCHNERR, Das Hochofengebäude im Lauchertal (wie Anm. 49), S. 36 f., 40. Zu den positiven Effekten eines Zylindergebläses und der Winderhitzung bei Kohleverbrauch, Produktionsmenge und Wasserenergieausnutzung in den württembergischen Eisenhütten vgl. PLUMPE, Die württembergische Eisenindustrie (wie Anm. 62), S. 97 f., 109–112. Das Hüttenwerk Laucherthal wird bei der Nennung der Werke außerhalb Württembergs, die das von Faber du Faur 1832/33 entwickelte Verfahren der Winderhitzung mit der Gichtflamme bereits 1834 und 1835 einführten, von PLUMPE, S. 108 f. nicht erwähnt.

69 Nach DEHNER, Zum zweihundertjährigen Bestehen des Hüttenwerks Laucherthal (wie Anm. 5), S. 31 (1834–45 jährlicher Reinertrag 22 392 Gulden 1845–48 jährlicher Reinertrag 20 209 Gulden, 1848–51 jährlicher Reinertrag 8062 Gulden).

70 MAIER, Geschichte des Fürstlich Hohenzollerischen Hüttenwerks Laucherthal (wie Anm. 5), S. 92.

71 EBD., S. 94.

3 „Laucherthal in Sigmaringen" 1841. Stahlstich von Emil Höfer nach einer Zeichnung von Franz Abresch (Vorlage: Privatbesitz; Aufnahme: Volker Trugenberger, Sigmaringen).

Der Stich und der weitere Text der Beschreibung heben die Neubauten hervor, die auf den *sehr thätigen Verwaltungsbeamten* zurückgehen: *das freundliche Verwaltungsgebäude, dort, rechts an der Straße am Eingange des Hüttenwerkes*, und *das neue Gebäude, rechts hinter dem Verwaltungsgebäude enthält das Hammerwerk* (gemeint ist ein Erweiterungsbau vor dem alten Hammerwerk).[72] Im Text nicht erwähnt ist das auf dem Stich am rechten Rand deutlich zu erkennende Laborantenhaus links der Lauchert. Auf die Zahl von *über fünfzig Arbeiter[n]*, die angeblich im Werk beschäftigt seien, kommt man nur, wenn die Tagelöhner mit eingerechnet werden. Im Rechnungsjahr 1840/41, das vom 1. Mai bis zum 30. April des Folgejahres ging, standen um die 40 Personen auf der Besoldungs- und Lohnliste des Hüttenwerks: Leitungs- und Querschnittsaufgaben nahmen in einem festen Arbeitsverhältnis der Bergverwalter, der Hüttenkassier, zwei Platzmeister, zwei Kohlenmesser, ein Erzmesser, ein Kaminkehrer und der Lehrer (1827 war eine Schule eingerichtet worden[73]) wahr, im Hochofenbetrieb arbeiteten der fest angestellte Hochofenmeister und als nichtständig Beschäftigte, die aber Lohn an zwölf Mo-

---

72 Philipp Ludwig Adam (Hg.), Das Königreich Württemberg nebst den von ihm eingeschlossenen Hohenzollern'schen Fürstenthümern in ihren Naturschönheiten, ihren merkwürdigsten Städten, Badeorten, Kirchen und sonstigen vorzüglichen Baudenkmalen für den Einheimischen und Fremden dargestellt, Ulm [1841].
73 Dehner, Zum zweihundertjährigen Bestehen des Hüttenwerks Laucherthal (wie Anm. 5), S. 27.

naten erhielten, drei Ofenknechte, drei Aufgeber (Aufsetzer), eine Schlackenschieberin und eine Erzschieberin, im Großhammerwerk waren vier Meister und neun Gesellen tätig, im Kleinhammerwerk drei Meister und drei Gesellen. Im Zusammenhang mit der Gießerei wird zwar nur ein Sandformer namentlich genannt, doch dürfte es deutlich mehr Former gegeben haben, denn die Rechnung führt als Formerlöhne für Sandguss sowie Lehm- und Kastenguss die Gesamtsumme von über 5000 Gulden auf, das Vierfache der Jahresbesoldung des Hüttenverwalters, die einschließlich des Geldwerts der Naturalbesoldungsteile 1240 Gulden betrug. Dazu kamen Taglöhner im Hammerwerk und Hochofenbetrieb, die unter anderem Lohn für das Pochen von Masseleisen, das Kohlesieben und das Brechen und Zerkleinern von Flusssteinen erhielten. Frachtfuhren wurden an den Hüttenwirt vergeben.[74]

Eine Katasterkarte aus den 1840er-Jahren[75] in Verbindung mit dem wohl in den 1850er-Jahren angelegten Brandkataster[76] und ein Bild (Gouache, Tusche über Lithogra-

---

[74] StA Sigmaringen FAS DS 170 (Fürstlich Hohenzollernsches Hüttenwerk Laucherthal) T 1 Nr. 18: *HüttencassenAmt Laucherthal, Haupt-Natural- u[nd] Geld-Rechnung für den Rechnungslauf 1ter Mai 1840 bis 30. April 1841*, S. 181–189, 247–263, 269–271, 273, 276, 285, 294, 298. Einen ähnlichen Personalbestand, allerdings ohne den Lehrer und die nichtständig Beschäftigten, nennt für das Jahr 1850 Joachim ARNOLD, Das Fürstlich Hohenzollerische Hüttenwerk Laucherthal und seine Umgebung. Eine geographisch-historische Untersuchung unter Berücksichtigung schulbezogener Aspekte. Zulassungsarbeit zur 1. Staatsprüfung für das Lehramt an Grund- und Hauptschulen im Frühjahr 1994 an der Pädagogischen Hochschule Weingarten, 1994, S. 71: Es seien 27 Personen im Werk beschäftigt gewesen, und zwar in der Verwaltung der Bergverwalter, ein Buchhalter, ein Platzmeister und ein Hüttenkassierer, im Hüttenbetrieb zwei Kohlmesser, ein Erzwäscher und ein Kaminkehrer, am Hochofen ein Schmelzmeister und ein Former, im Hammerwerk vier Frischmeister und sechs Gesellen, im Kleinhammerwerk drei Meister und vier Gesellen.

[75] StA Sigmaringen FAS K (Karten im Fürstlichen Archiv Sigmaringen) Nr. 1397: Katasterkarte der Gemarkung Sigmaringendorf und Laucherthal, [o. D.], Feld VI. Nach WEBER, Sigmaringendorf (wie Anm. 5), S. 80 stammt die Karte „vermutlich von 1844". Vgl. auch StA Sigmaringen FAS P (Pläne im Fürstlichen Archiv Sigmaringen) Nr. 675: Lageplan vom Hüttenwerk Laucherthal und Umgebung, 1850.

[76] Kreisarchiv Sigmaringen XVII/2 Nr. 105: *Feuer-Societäts-Kataster der Ortschaft Sigmaringendorf Oberamtes Sigmaringen*. Danach sind auf der Katasterkarte folgende Gebäude mit Nummern eingezeichnet (Versicherungswerte soweit angegeben in Klammern): Nr. 127 *Wohn- und Amthaus* (6500 Gulden); Nr. 128 *Wohnhaus* (900 Gulden); Nr. 129 *Wohnhaus* (3599 Gulden); Nr. 130 *Stallung und Scheuer unter einem Dach* (2500 Gulden); Nr. 131 *Wirthshaus, Backhaus mit Keller und Holzschopf* (5400 Gulden); Nr. 132 *Schreinerwerkstatt* (650 Gulden); Nr. 133 *Hammerwerk*; Nr. 134 *Chaise-Remis, Eisenmagazin* (1000 Gulden); Nr. 135 *Wohnhaus und Hochofengebäude und Kohlscheune unter Einem Dache* [an das Hochofengebäude war nicht nur die seit dem 18. Jahrhundert belegte Kohlenscheune angebaut, sondern darin befand sich seit den 1830er-Jahren auch das Schulzimmer und die Lehrerwohnung der 1827 im Laucherthal eingerichteten Schule (DEHNER, Zum zweihundertjährigen Bestehen des Hüttenwerks Laucherthal [wie Anm. 5], S. 27 f.)]; Nr. 136 *Torfkohlenscheune* (600 Gulden); Nr. 137 *Neue Schmitte, Kohlscheuer*; Nr. 138 *Alte Kohlenscheune mit Zimmerschopf unter Einem Dach*; Nr. 139 *Unter Wasch-Haus* (500 Gulden); Nr. 140 *Wohnhaus (Laborantenhaus)* (3000 Gulden); Nr. 141 *Wohnhaus* (1800 Gulden); Nr. 146 *Wohnhaus (Laborantenhaus)* (8000 Gulden); Nr. 175 *Gartenhaus*; Nr. 176 *Unt. Renntschmitte* (600 Gulden); Nr. 177 *das obere Waschhaus* (600 Gulden); Nr. 178 *Zweite Kohlscheuer*; Nr. 179 *Dritte Kohlenscheuer*; Nr. 180 *Vierte Kohlenscheuer*; Nr. 201 *Erzschuppen* (600 Gulden); Nr. 206 leerer Eintrag (da das Gebäude in dem Plan des Fürstlich Sigmaringischen Eisenwerks Laucherthal, aufgenommen durch Geometer Schäfer 1844, mit baulichen Veränderungen bis 1902 [abgebildet in: WEBER, Sigmaringendorf (wie Anm. 5), S. 81] nicht eingezeichnet ist, ist es wohl nicht errichtet worden].

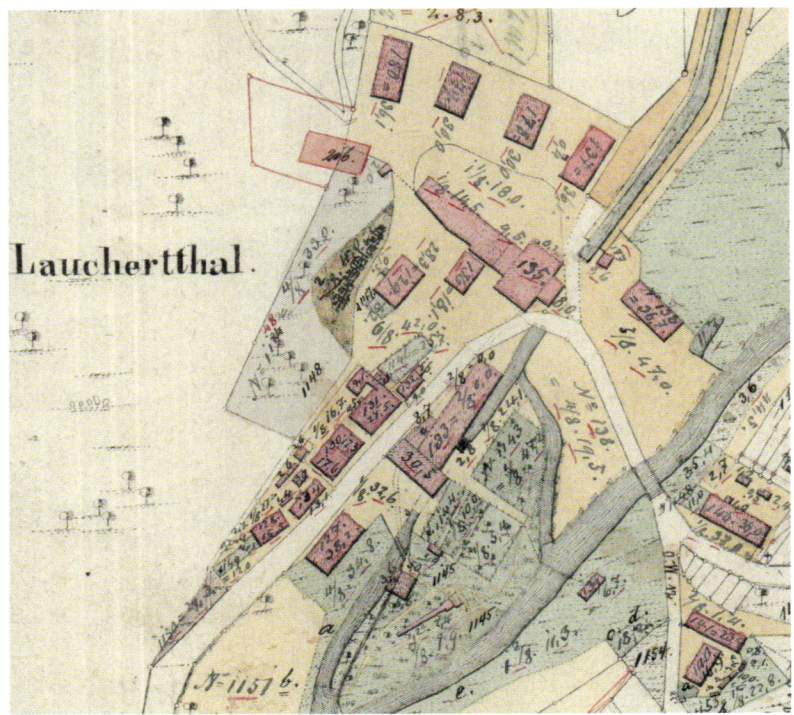

4 Katasterkarte des Laucherthals aus den 1840er-Jahren (Vorlage: Staatsarchiv Sigmaringen FAS K Nr. 1397 Feld VI (Ausschnitt), Aufnahme: Landesarchiv Baden-Württemberg).

phie) von Jakob Eggli aus der Zeit um 1850[77] vermitteln einen noch detaillierteren Eindruck vom Aussehen des Hüttenwerks um 1850. Auch auf Egglis Bild sind deutlich das neu errichtete Verwaltungsgebäude und die Erweiterung des Hammerwerks zu erkennen. Dazwischen sieht man die Gaststätte „Zum Eisenhammer", von der ein Gang im ersten Obergeschoss zu dem 1836 links davon errichteten Ökonomiegebäude[78] führt. Das mindestens zweigeschossige *Wohnhaus* hinter dem Hammerwerk war mit 3599 Gulden im Brandkataster recht hoch veranschlagt. Das Hochofengebäude weist, wie bereits auf dem Stich von 1841, einen Aufsatz (Oberlicht) auf; der Vorbau vor der Hauptfassade ist heute noch vorhanden.[79] Bei dem langgestreckten Fachwerkgebäude links hinter der Lauchertbrücke handelt es sich um die *alte Kohlenscheune*. Eine weitere Kohlenscheune, in der auch die *neue Schmitte* untergebracht war, ist durch das Hochofengebäude teilweise verdeckt. Das Waschhaus zwischen diesen beiden Scheunen weist ein Walmdach auf. Nicht zu sehen sind zwei Kohlenscheunen hinter dem Hochofen. Zwischen Lauchert und dem Verwaltungsgebäude ragt aus den Bäumen das Dach des Kleinhammers,

---

77 Fürstlich Hohenzollernsche Sammlungen. Vgl. Max SCHEFOLD (Hg.), Hohenzollern in alten Ansichten, Konstanz u. a. 1963, S. 114 und Abb. 82 auf S. 69; Farbabbildungen in Uwe DEGREIF (Red.), Jakob Eggli (1812–1880), hg. vom Museums- und Heimatverein Bad Waldsee e.V. und dem Museum Ehingen (Donau), Bad Waldsee u. a. 2023, S. 27 (Datierung „um 1845") und 300 Jahre ZOLLERN (wie Anm. 5), S. 52.
78 DEHNER, Zum zweihundertjährigen Bestehen des Hüttenwerks Laucherthal (wie Anm. 5), S. 23.
79 SCHNERR, Das Hochofengebäude im Laucherthal (wie Anm. 49), S. 12 f. gibt zu erwägen, ob die in der Ansicht von Eggli gegenüber dem Stich von 1841 dokumentierten Veränderungen am Hochofengebäude durch die 1853/54 erfolgte Erhöhung des Hochofens initiiert worden seien, was eine Datierung der Ansicht in die Mitte der 1850er-Jahre bedeuten würde. Dagegen spricht allerdings, dass die um 1847 errichtete Gießhalle (DEHNER, Zum zweihundertjährigen Bestehen des Hüttenwerks Laucherthal [wie Anm. 5], S. 32) noch nicht dargestellt ist.

5   Blick über die Lauchert auf das Hüttenwerk Laucherthal um 1850. Gouache, Tusche über Lithographie von Jakob Eggli (Vorlage: Fürstlich Hohenzollernsche Sammlungen; Aufnahme: Foto Schultheiss, Sigmaringen).

der früheren Nagelschmiede, heraus. Beim Kleinhammer befand sich in den sogenannten Anlagen eine Kegelbahn.[80]

Nachdem im Januar 1849 das erwähnte Hochwasser das Wehr weggerissen und den Kanal zerstört hatte, erweiterte man den Kanal. In den folgenden Jahren wurde der Hochofen erhöht und verbessert, 1857 sogar ein zweiter Hochofen in Betrieb genommen. Die 40 000 Gulden, die der neue Hochofen kostete, wurden aus Eigenmitteln genommen.[81]

---

80 Vgl. die Beschreibung des Hüttenwerks 1847 in 300 Jahre ZOLLERN (wie Anm. 5), S. 50 nach DEHNER, Zum zweihundertjährigen Bestehen des Hüttenwerks Laucherthal (wie Anm. 5), S. 32: „Die Laucherthaler Hütte hatte um das Jahr 1847 folgende Ausmaße: An den Hochofen war eine Gießhalle angebaut, daneben gab es Kohlscheuern, den Kleinhammer und das Modellhaus (das 1873 abbrannte und nicht wieder aufgebaut werden sollte). Hinter dem Kleinhammer befand sich in den so genannten Anlagen eine Kegelbahn. Nahe der Lauchertbrücke stand ein Waschhaus. An Wohnhäusern sind unter anderem das Verwaltungsgebäude, die Wirtschaft ‚Zum Eisenhammer', das große Laborantenhaus links der Straße nach Hitzkofen und die beiden alten Laborantenhäuser rechts der Straße zu nennen."
81 DEHNER, Zum zweihundertjährigen Bestehen des Hüttenwerks Laucherthal (wie Anm. 5), S. 36; MAIER, Geschichte des Fürstlich Hohenzollerischen Hüttenwerks Laucherthal (wie Anm. 5), S. 103.

Überhaupt stand das Laucherthal in den 1850er-Jahren wirtschaftlich glänzend da: Zwischen 1851 und 1860 erwirtschaftete das Werk durchschnittlich einen Ertrag von 47578 Gulden pro Jahr und lieferte jedes Jahr 45152 Gulden an die Hofkammer.[82] Für das Rechnungsjahr 1851/52 wurde bei einem Reinertrag von 26429 Gulden eine Rendite von 6,8 Prozent errechnet, für das Rechnungsjahr 1858/59 ging man bei einem Reinertrag von 61827 Gulden sogar von 11 Prozent aus.[83] Namentlich die Produktion von Gusseisenerzeugnissen wurde drastisch ausgeweitet. 1873 hatte man über 80 Artikel im Angebot, von *Abtrittröhren* über *Gartenmöbel* und *Grabkreuze* bis zu *Wasserschiffe[n] samt Deckel*. Allein das Angebot an Öfen war beachtlich: *Plattenöfen, Arme-Leute-Öfen, Gefängnisöfen, Kasernenöfen, Rundöfen, Ovalöfen, Salonöfen*.[84]

Mit der Ausweitung der Produktion stieg die Zahl der Beschäftigten: Für 1863 sind 93 Arbeiter im Hüttenwerk belegt.[85]

Nach der Übernahme der beiden Fürstentümer Hohenzollern-Hechingen und Hohenzollern-Sigmaringen durch Preußen 1850 interessierte sich der preußische Staat für die Bohnerzvorkommen in den neuen Gebieten. Der Oberbergamtsreferendar Adolf Achenbach erstellte 1855 ein Gutachten über *Vorkommen, Gewinnung und Zugutemachung der Bohnerze nebst Vorschlägen zur Hebung der Bohnerzgräberei in den Hohenzollern'schen Landen*.[86] Dass man die Verhüttung von Bohnerz in den 1850er-Jahren nach wie vor für zukunftsfähig hielt, zeigt nicht nur das Gutachten selbst. Die preußische Regierung in Sigmaringen gab noch 1855 dem zuständigen Bergamt für die Rheinprovinz zu bedenken, *ob es nicht ausführbar und sogar recht vortheilhaft sein würde, ein neues drittes* [nach Laucherthal und dem ebenfalls in Hohenzollern gelegenen Thiergarten] *Eisenhüttenwerk im oberen Lauchertthal anzulegen*. Das Bergamt hielt zwar *wegen der Höhe der Kohlenpreise und der Unsicherheit, sich Kohlen in genügender Menge zu beschaffen*, nichts von dem Vorschlag, doch gab es zwei Jahre später Bestrebungen des Düsseldorfer Kaufmanns J. H. Ludwig und Compagnie, im Fehlatal zwischen Burladingen und Gauselfingen ein Hüttenwerk zu errichten, die allerdings nicht verwirklicht wurden.[87]

---

82 Die Durchschnittszahlen sind errechnet aus den von MAIER, Geschichte des Fürstlich Hohenzollerischen Hüttenwerks Laucherthal (wie Anm. 5), S. 103 angegebenen Zahlen für die einzelnen Rechnungsjahre.
83 DEHNER, Zum zweihundertjährigen Bestehen des Hüttenwerks Laucherthal (wie Anm. 5), S. 34; MAIER, Geschichte des Fürstlich Hohenzollerischen Hüttenwerks Laucherthal (wie Anm. 5), S. 107.
84 MAIER, Geschichte des Fürstlich Hohenzollerischen Hüttenwerks Laucherthal (wie Anm. 5), S. 107, 111.
85 DEHNER, Zum zweihundertjährigen Bestehen des Hüttenwerks Laucherthal (wie Anm. 5), S. 38.
86 Adolf ACHENBACH, Vorkommen, Gewinnung und Zugutemachung der Bohnerze nebst Vorschlägen zur Hebung der Bohnerzgräberei in den Hohenzollern'schen Landen von Oberbergamtsreferendar Achenbach, 1855, ediert von Birgit TUCHEN, in: KONOLD/REGNATH/WERNER, Bohnerze (wie Anm. 8), S. 177–279.
87 StA Sigmaringen Ho 235 (Preußische Regierung für die Hohenzollernschen Lande) T 13–15 Nr. 604: Betrieb der Eisenerzgräberei in Hohenzollern, 1854–1873 (Schreiben der preußischen Regierung Sigmaringen an das preußische Bergamt der Rheinprovinz vom 15.7.1855 und Antwort vom 24.1.1856); StA Sigmaringen Ho 235 (Preußische Regierung für die Hohenzollernschen Lande) T 13–15 Nr. 608: Errichtung eines Hüttenwerks im Fehlatal, 1857–1858. Vgl. zum projektierten Hüttenwerk zwischen Burladingen und Gauselfingen auch Preussisches Handelsarchiv. Wochenschrift für Handel, Gewerbe und Verkehrsanstalten. Jahrgang 1858/2, S. 212.

Die vom Bergamt angesprochenen Probleme in Bezug auf die Holzkohle (Mangel und relativ hohe Kosten) galten auch für das Laucherthal und die bestehenden benachbarten Hüttenwerke. Durch die Übernahme der Köhlerei in Eigenregie versuchte man im Laucherthal, die Kosten zu senken.[88] In einem Gutachten rechnete der Fürstlich Hohenzollernsche Geheimrat Weckherlin 1852 vor, dass die rheinischen und westfälischen Betriebe Roheisen mit Steinkohlenkoks um die Hälfte billiger produzieren könnten. Allerdings sei die Qualität nicht so gut, so dass das Laucherthaler Eisen einen um 20–25 Prozent höheren Wert habe. Wegen der hohen Transportkosten lehnte er einen Bezug billigen Roheisens für die Weiterverarbeitung ab, plädierte aber dafür, das Steinkohle verwendende Puddelverfahren anstelle des traditionellen Frischens mit Holzkohle einzuführen und einen Kupolofen zu beschaffen, um auch größere Stücke und Doppelgusswaren herstellen zu können.[89] Mit einem Kupolofen konnten Gusseisenprodukte aus Roheisen und Schrott hergestellt werden, ohne den Hochofen mit seinen viel höheren Temperaturen zu brauchen, das heißt, der Einsatz des Kupolofens brachte auch eine Energieeinsparung.[90] Wie von Weckherlin vorgeschlagen wurde dann auch ein Kupolofen beschafft.[91]

In den 1860er-Jahren erfolgte ein wirtschaftlicher Einbruch. Waren 1860/61 noch 50 000 Gulden an die Hofkammer abgeliefert worden, waren es im folgenden Rechnungsjahr nur noch 20 000. Der Reinertrag ging auf 19 079 Gulden zurück. Die Situation verbesserte sich auch in den Folgejahren nicht, so dass im Zehnjahreszeitraum von 1861 bis 1870 die Hofkammer durchschnittlich nur noch 20 693 Gulden pro Jahr aus dem Hüttenwerk erhielt und der Reinertrag nur noch durchschnittlich 18 247 Gulden pro Jahr betrug – ein Rückgang um 54 bzw. 61 Prozent gegenüber 1860/61.[92]

Es waren keine hausgemachten Probleme, mit denen man zu kämpfen hatte. Die Konkurrenz in England, im Rheinland und in Westfalen produzierte mit Koks eben deutlich billiger, und das in ganz anderen Dimensionen: Während das Laucherthal 1859 mit seinen beiden Hochöfen 20 747 Zentner Roheisen herstellte,[93] hatten beispielsweise

---

88 DEHNER, Zum zweihundertjährigen Bestehen des Hüttenwerks Laucherthal (wie Anm. 5), S. 34; MAIER, Geschichte des Fürstlich Hohenzollerischen Hüttenwerks Laucherthal (wie Anm. 5), S. 105.

89 DEHNER, Zum zweihundertjährigen Bestehen des Hüttenwerks Laucherthal (wie Anm. 5), S. 35 f. Weckherlin führt an, dass rheinische und westfälische Betriebe mit Koks Roheisen um 1 Gulden 25 Kreuzer herstellten, das Laucherthal um 2 Gulden 54 Kreuzer (EBD., S. 35).

90 Zum Kupolofen siehe Brockhaus' Konversations-Lexikon Bd. 10, Leipzig u. a. [14]1898, S. 823 s. v. Kupolofen.

91 StA Sigmaringen FAS DS 92 (Fürstlich Hohenzollernsche Hofkammer) T 9 NVA 16894: Herstellung eines Cupol-Ofens und Verbesserung des Hochofengebläses in Laucherthal, 1853–1854; danach MAIER, Geschichte des Fürstlich Hohenzollerischen Hüttenwerks Laucherthal (wie Anm. 5), S. 103. Dagegen vertritt DEHNER, Zum zweihundertjährigen Bestehen des Hüttenwerks Laucherthal (wie Anm. 5), S. 38 die Auffassung, weil 1863 nur Gusswaren aus Erzen, das heißt mit dem Hochofen, hergestellt worden seien, „einen Cupolofen, [...] besaß also das Werk 1863 noch nicht."

92 Grundlage der Berechnungen sind die bei MAIER, Geschichte des Fürstlich Hohenzollerischen Hüttenwerks Laucherthal (wie Anm. 5), S. 109 angegebenen Zahlen für die Jahre 1860/61–1870/71.

93 Monatliche Roheisenproduktion des alten Hochofens im Jahr 1859: Januar 1576,54 Zentner, Februar 1465,27 Zentner, März 1782 Zentner, April 1267 Zentner, Mai 1212 Zentner, Juni 1643 Zentner, Juli 1156,81 Zentner, August 1322,27 Zentner, September 997,81 Zentner, Oktober 1118 Zentner, November 1339,81 Zentner, Dezember 1530,27 Zentner (= 13 410,78 Zentner Jahresproduktion); monatliche Roheisenproduktion des neuen Hochofens im Jahr 1859: Januar 1640,81 Zentner, Februar 1100,54 Zentner,

die vier Hochöfen in Hörde bei Dortmund, in denen Koks zum Einsatz kam, einen Ausstoß von 567046 Zentner Roheisen.[94] Mit dem neuen Transportmittel der Eisenbahn konnte das produzierte Eisen relativ günstig auch nach Südwestdeutschland gebracht werden. Hier gaben zahlreiche Werke die Eisenverhüttung auf, wenn sie nicht gar ganz zugemacht wurden. So wurde im Hüttenwerk Ludwigstal der Hochofenbetrieb 1861 eingestellt, auch der Hochofen im fürstenbergischen Hüttenwerk Bachzimmern wurde nicht mehr beschickt.[95] In Zizenhausen wurde der Hochofen nur noch bis Frühjahr 1863 betrieben, im darauffolgenden Jahr wurde der Kupolofen und damit die Gusseisenproduktion stillgelegt, 1866 wurde das Hüttenwerk liquidiert.[96] Das Hüttenwerk in Thiergarten beendete 1863 seinen Betrieb.[97]

Nach der Reichseinigung 1871 verschärfte sich die Krise. Nun drängten auch die lothringischen Eisenwerke in den deutschen Markt, und die Gründerkrise tat ihr Übriges.[98] Zudem wurden 1873 die Zölle auf Roheisen, die in den vergangenen Jahren bereits abgebaut worden waren, vorübergehend (bis 1879) gänzlich abgeschafft.[99]

Auf die Krise versuchte man im Laucherthal zum einen mit einem weiteren Ausbau der Gusswarenproduktion zu reagieren.[100] Dazu wurde 1869 ein spätestens in der Mitte der 1870er-Jahre mit Koks betriebener neuer Kupolofen erworben.[101] Zum anderen experimentierte man mit Alternativen für das Bohnerz, indem 1871 15000 Zentner Doggererz

---

November 261,54 Zentner, Dezember 1333,81 Zentner (= 4336,7 Zentner Jahresproduktion) (StA Sigmaringen FAS DS 92 [Fürstlich Hohenzollernsche Hofkammer] T 9 NVA 16888: Ertragsergebnisse des Hüttenwerks Laucherthal, 1859–1860, und NVA 16911: Ertragsergebnisse der Hütte in Laucherthal, 1859–1861); Der Hüttenbetrieb in dem preussischen Staate im Jahre 1859, in: Der Berggeist. Zeitung für Berg-, Hüttenwesen und Industrie 5 (1860), S. 710f., 718f., 726f., 734, 741f., 749f., 757f., 773f., 797, 820f., 828f., 844, hier S. 727 nennt als Jahresproduktion *11971 Ctr*. Wie diese Zahl zustande kam, die von den internen Zahlen des Hüttenwerks deutlich abweicht, ist nicht ermittelbar.

94 Der Hüttenbetrieb in dem preussischen Staate im Jahre 1859 (wie Anm. 93), S. 726. Vgl. den Bericht des Hüttenverwalters Edele vom 14.4.1860 über eine Reise u. a. nach Hörde, wo vier Hochöfen jährlich 360000 Zentner Eisen produziert hätten (MAIER, Geschichte des Fürstlich Hohenzolerischen Hüttenwerks Laucherthal [wie Anm. 5], S. 108).

95 Beschreibung des Oberamts Tuttlingen (wie Anm. 4), S. 264.

96 Otto SCHULER/Helmut GERBER, Das Eisenwerk Zizenhausen. Seine Geschichte von der Übernahme durch das Land Württemberg bis zu seiner Auflösung im Jahr 1866, in: Hegau 17 (1964), S. 17–32, 18 (1964), S. 267–288 und 20 (1965), S. 277–299, hier 20 (1965), S. 295–297.

97 Hermann GREES, Siedlung, Bevölkerung, Wirtschaft, in: Fritz KALLENBERG (Hg.), Hohenzollern (Schriften zur politischen Landeskunde Baden-Württembergs 23), Stuttgart u. a. 1996, S. 307–359, hier S. 331, 338. Die Angabe bei BÄCHLE, Eisenerzbergbau, Hüttenwerke, Folgeindustrien (wie Anm. 2), S. 45, 63 und 78, das Hüttenwerk Thiergarten habe nur bis 1841 bestanden, beruht offensichtlich auf einer Fehlinterpretation von BARTH, Geschichte des fürstlich fürstenbergischen Hüttenwerks Thiergarten (wie Anm. 4), S. 31.

98 Vgl. die bei MAIER, Geschichte des Fürstlich Hohenzolerischen Hüttenwerks Laucherthal (wie Anm. 5), S. 109 und 112 angeführten Berichte der Hüttenverwalter Edele und Bregenzer 1873, 1874 und 1879.

99 Friedrich-Wilhelm HENNING, Handbuch der Wirtschafts- und Sozialgeschichte Deutschlands, Band 2. Deutsche Wirtschafts- und Sozialgeschichte im 19. Jahrhundert, Paderborn u. a. 1996, S. 810.

100 MAIER, Geschichte des Fürstlich Hohenzolerischen Hüttenwerks Laucherthal (wie Anm. 5), S. 110.

101 DEHNER, Zum zweihundertjährigen Bestehen des Hüttenwerks Laucherthal (wie Anm. 5), S. 38, 41; MAIER, Geschichte des Fürstlich Hohenzolerischen Hüttenwerks Laucherthal (wie Anm. 5), S. 111.

(Stufenerz) aus dem württembergischen Bergwerk Kuchen beschafft und im folgenden Jahr verhüttet wurden.[102] Das Doggererz hatte einen deutlich höheren Eisenanteil als das Bohnerz.[103] 1875 wurde ein letzter Liefervertrag für Bohnerz geschlossen.[104] Bereits im Jahr zuvor hatte man erstmals Roheisen gekauft, und zwar von der Inneberger Hauptgewerkschaft in Wien.[105] Dies war wirtschaftlich geworden, weil das Eisen bis Sigmaringendorf, das 1873 an das Eisenbahnnetz angeschlossen worden war,[106] mit der Eisenbahn transportiert werden konnte. Schließlich gab man den Hochofenbetrieb auf. Am 11. November 1878 begann die letzte Schmelzkampagne am Hochofen, die am 3. Mai 1879 beendet wurde.[107] Bis 1883 ging die Zahl der Beschäftigten auf 37 Arbeiter und einschließlich des Hüttenverwalters drei Angestellte (*Beamte*) zurück.[108] In der Hofkammer gab es Überlegungen, das Werk bis 1887 ganz zu schließen.[109]

III. Weiterbestehen und Aufschwung trotz Kriser als metallverarbeitender Betrieb

Zur Schließung kam es jedoch nicht. Der in der Hofkammer für das Hüttenwerk zuständige Hofkammerrat Karl Strehle erinnerte 1883 in einem Gutachten *an den politischen und hauspolitischen Wert, den der Bestand einer nahezu zweihundertjährigen, zahlreichen Familien existenzgewährenden und den Fürstlichen Namen in weite Kreise tragenden Industrie für ein so hoch stehendes Geschlecht wie das Fürstenhaus Hohenzollern haben muß.* Entscheidend war jedoch die Trendwende in der Konjunktur, der es zu verdanken war, dass *das Hüttenwerk in den letzten Jahren recht befriedigende Resultate geliefert* hatte.[110]

Statt der Schließung wurden neue Investitionen zur Modernisierung getätigt, und die Produktion wurde ausgeweitet. Es setzte ein beispielloser Aufschwung ein. Für diesen verantwortlich war Egon Sauerland, ein Maschinenbauer, der mit 28 Jahren 1883 die Leitung des Werks übernommen hatte, nachdem er zuvor sechs Jahre als Gießereiingenieur in der Maschinenfabrik Immendingen gearbeitet hatte.[111]

---

102 DEHNER, Zum zweihundertjährigen Bestehen des Hüttenwerks Laucherthal (wie Anm. 5), S. 37; MAIER, Geschichte des Fürstlich Hohenzolerischen Hüttenwerks Laucherthal (wie Anm. 5), S. 111.
103 TUCHEN, Historischer Bergbau in Hohenzollern (wie Anm. 8), S. 33.
104 MAIER, Geschichte des Fürstlich Hohenzolerischen Hüttenwerks Laucherthal (wie Anm. 5), S. 111.
105 DEHNER, Zum zweihundertjährigen Bestehen des Hüttenwerks Laucherthal (wie Anm. 5), S. 42.
106 Helmut GÖGGEL, Vom Bauerndorf zum Industriestandort. Sigmaringendorf zwischen 1850 und 1930, in: WEBER, Sigmaringendorf (wie Anm. 5), S. 133–162, hier S. 152.
107 DEHNER, Zum zweihundertjährigen Bestehen des Hüttenwerks Laucherthal (wie Anm. 5), S. 37f., 42f.; MAIER, Geschichte des Fürstlich Hohenzolerischen Hüttenwerks Laucherthal (wie Anm. 5), S. 110f.
108 DEHNER, Zum zweihundertjährigen Bestehen des Hüttenwerks Laucherthal (wie Anm. 5), S. 47.
109 MAIER, Geschichte des Fürstlich Hohenzolerischen Hüttenwerks Laucherthal (wie Anm. 5), S. 113 f., 116.
110 Zitiert nach EBD., S. 114.
111 † Hüttendirektor Egon Sauerland von Laucherthal, in Hohenzollerische Volkszeitung Nr. 87 vom 20.4.1910 und Nr. 88 vom 21.4.1910, hier Nr. 87 vom 20.4.1910.

1886 wurde ein neuer Kupolofen beschafft, doch Sauerland richtete sein Augenmerk vor allem auf das Walzwerk. Er führte das Paketierverfahren beim Frischen ein und holte dazu Meister und Arbeiter aus Neuhausen bei Schaffhausen, setzte aber letztendlich auf die Herstellung des Walzeisens direkt aus Alteisen unter Umgehung des Frischens.[112] 1888 wurde das alte, reparaturanfällige Walzwerk durch ein fast neues, wenn auch gebraucht gekauftes ersetzt. Dieses wurde seit 1889 nicht mehr mit Holzkohle betrieben, sondern mit Steinkohle. Mit dem Bau eines Wasserkraftwerks hielt 1893 die Elektrizität Einzug (im gleichen Jahr, in dem die erste elektrische Anlage in einem staatlichen württembergischen Hüttenwerk in Betrieb ging[113]). Maschinen wurden jetzt auch mit Strom angetrieben, und die Räume wurden mit Glühbirnen beleuchtet. Vor allem jedoch konnte dank der Stromenergie ein Warmwalzwerk gebaut und in Betrieb genommen werden. Das bisherige Walzwerk in der Hammerschmiede wurde entfernt und an seiner Stelle eine Schlosserei eingerichtet. Für den Gasschweißofen des neuen Walzwerkes, mit dem das zum Walzen nötige Eisen geschweißt wurde, ragte der erste hohe Schornsteinschlot aus dem Werksgelände empor. Weitere Schornsteine gab es dann 1898 für den Schweißofen eines weiteren Walzwerks und 1907 für einen dritten Gasofen. Die Hämmer im Hammerwerk hatten ausgedient. Das Gebäude wurde nun von einer Blank- und Drahtzieherei genutzt, mit der das Eisen  aus den Walzwerken geradegezogen und blankgerieben wurde. 1907 wurde die erste fest installierte Dampfmaschine aufgestellt.[114]

Seit 1894 stellte man mit dem Walzwerk statt des bisherigen Handelseisens, für das die Preise nachgaben, besseres Qualitätseisen her.[115] Anstelle des Schmiedeeisens (Kleineisen) produzierte man nun Flusseisen (Stahl).[116] Eine große Gießereihalle, mit deren Bau 1912 begonnen worden war, ging 1913 in Betrieb.[117]

Bereits Ende der 1880er-Jahre war mit dem Bronzeguss ein neuer Produktionszweig hinzugekommen. Man erzeugte hochwertige Edelbronzen mit Aluminiumzusatz, die sog. (Hohen-)Zollernbronzen, die im Maschinen- und Pumpenbau, in der Elektrotechnik und als Schiffsschrauben im Schiffsbau Verwendung fanden.[118]

---

112 EBD.
113 PLUMPE, Die württembergische Eisenindustrie (wie Anm. 62), S. 40.
114 DEHNER, Zum zweihundertjährigen Bestehen des Hüttenwerks Laucherthal (wie Anm. 5), S. 48–52.
115 EBD., S. 51 f. Zum Unterschied von Handels- und Qualitätseisen beim Stabeisen vgl. Siegfried HERZOG, Industrielle Materialienkunde. Handbuch für die Praxis, München u. a. 1924, S. 168–170.
116 300 Jahre ZOLLERN (wie Anm. 5), S. 58.
117 Oskar GULDE (Bearb.), Chronik von Sigmaringendorf, hg. von der Gemeinde Sigmaringendorf, Sigmaringendorf 1982, S. 365, 371.
118 † Hüttendirektor Egon Sauerland (wie Anm. 111), Nr. 87 vom 20. 4. 1910; DEHNER, Zum zweihundertjährigen Bestehen des Hüttenwerks Laucherthal (wie Anm. 5), S. 52; 300 Jahre ZOLLERN (wie Anm. 5), S. 58; MAIER, Geschichte des Fürstlich Hohenzollerischen Hüttenwerks Laucherthal (wie Anm. 5), S. 118.

6   Das Hüttenwerk Laucherthal zu Beginn des 20. Jahrhunderts. Lithographie der Kunstanstalt Eckert und Pflug in Leipzig (Aufnahme: UlrichStudios, Riedlingen).

Eine Lithographie der Kunstanstalt Eckert und Pflug in Leipzig zeigt das Werk um 1907:[119] Links sind die Gebäude des alten Hüttenwerks zu erkennen: das Verwaltungsgebäude, die ehemalige Hammerschmiede, der ehemalige Hochofen mit der angebauten Gießhalle, rechts die um 1900 errichteten neuen Gebäude mit den drei Schloten. Und dann sind noch die Transportmittel abgebildet: Vorne vor der Brücke ein Pferdefuhrwerk, links vor dem Verwaltungsgebäude und der Hammerschmiede ein Eisenbahnzug. Denn mit dem Bau des ersten, von Sigmaringendorf nach Bingen führenden Teilstücks des Schienennetzes der nachmaligen Hohenzollerischen Landesbahn hatte das Werk 1900 einen direkten Eisenbahnanschluss bekommen.[120] Auf der Fabrikgleisanlage des

---

119   Verwahrort unbekannt. Abbildung in 300 Jahre ZOLLERN (wie Anm. 5), S. 81, wo als Datierung „um 1915" angegeben wird. Da jedoch der ab 1907 verwendete Briefkopf des Werks (SCHNERR, Das Hochofengebäude im Laucherthal [wie Anm. 49], S. 14 f. [Abbildung des Briefkopfs auf einem Schreiben von 1909 auf S. 14]) eine nur in Details (weniger Personen und Fuhrwerke) abweichende Ansicht zeigt, dürfte der Zustand um 1907 dargestellt sein. Unklar ist, welche der beiden Ansichten Vorbild für die andere war.

120   300 Jahre ZOLLERN (wie Anm. 5), S. 62; GÖGGEL, Vom Bauerndorf zum Industriestandort (wie Anm. 106), S. 153; Wilfried SCHÖNTAG, Die Hohenzollerische Landesbahn und die Entwicklung der ge-

Werks, für die 1911 eine eigene Lokomotive beschafft wurde,[121] sind ein weiterer Zug und abgestellte Güterwagen zu erkennen.

Die Ausweitung der Produktion war mit einer deutlichen Zunahme der Beschäftigten verbunden. Seit 1883, als das Personal wie erwähnt aus 37 Arbeitern und einschließlich des Hüttenverwalters drei Beamten bestand, war die Zahl bis 1913 auf 348 Arbeiter und 21 Beamte gestiegen.[122]

Die Arbeiter brauchten Wohnungen. Auf der Lithographie ist klein unten rechts die neu entstandene Arbeiterwohnsiedlung links der Lauchert abgebildet. Die Siedlung umfasste etwa 40 Wohnhäuser, die teilweise mehrere Wohnungen hatten. 1908 hatte die Hüttenverwaltung 52 Wohnungen vermietet, 31 waren in Privatbesitz. 1898 hatte ein Bäcker sein Geschäft eröffnet, im folgenden Jahr ein Metzger. Seit 1907 gab es einen Konsumverein, der sein Ladenlokal in der alten Hammerschmiede hatte. Bereits 1897 war eine zweite Wirtschaft errichtet worden.[123]

Nicht nur das Werk Laucherthal selbst expandierte. Es wurden auch Zukäufe getätigt: 1900 die Maschinenfabrik Immendingen, die vor allem Maschinengussteile für Turbinen, Transmissionen, Kessel und Stahlflaschen produzierte, 1906 das Eisenhüttenwerk Achtal-Hammerau in Hammerau bei Bad Reichenhall samt der dazugehörenden Eisengießerei in Käferham (Salzburgerland). Die Erwerbungen erwiesen sich nicht als Erfolg. 1916 wurde Immendingen wieder verkauft, 1924 Hammerau.[124]

Der 1. Weltkrieg bedeutete einen Einschnitt. Durch Einberufungen zum Militär ging unmittelbar nach Ausbruch des Krieges bis September 1914 die Zahl der Arbeiter von 330 auf 212 zurück.[125]

Bereits wenige Wochen nach Kriegsbeginn wurde das Werk auf die Produktion von Kriegsmaterial umgestellt. An fünf hydraulischen Pressen wurden Geschosse hergestellt, monatlich bis zu 800 Tonnen, ebenso in einem 1916 eigens errichteten Stahlwerk. In der Gießerei wurden Minenwerferlafetten angefertigt sowie eine Legierung für Schlagbolzenschrauben von Minenwerfern.[126] Der Sigmaringer Regierungspräsident betonte in einem Immediatbericht an den Kaiser vom 30. Januar 1917, *das Fürstlich Hohenzollern'sche Hüttenwerk Laucherttal* habe *seine Werkstätten vergrössert, die Arbeitszeit*

---

werblichen Wirtschaft in den ehemaligen Hohenzollerischen Landen, in: Hohenzollerische Heimat 37 (1987), S. 49–53, hier S. 50 f.
121 Wolfgang WENZEL, 150 Jahre Eisenbahnen in Sigmaringen. Ein Geschichts-, Heimat- und Eisenbahnbuch. Mit Stadtteilen und Sigmaringendorf, Meßkirch 2023, S. 200 f.
122 DEHNER, Zum zweihundertjährigen Bestehen des Hüttenwerks Laucherthal (wie Anm. 5), S. 47; GULDE, Chronik von Sigmaringendorf (wie Anm. 117), S. 372. Die Angabe in 300 Jahre ZOLLERN (wie Anm. 5), S. 66, dass „fast 1000 Mitarbeiter [...] kurz vor dem Ersten Weltkrieg in Laucherthal" gearbeitet hätten, ist auch wegen der Beschäftigtenzahlen im 1. Weltkrieg (siehe unten) nicht nachvollziehbar.
123 DEHNER, Zum zweihundertjährigen Bestehen des Hüttenwerks Laucherthal (wie Anm. 5), S. 55 f.; GULDE, Chronik von Sigmaringendorf (wie Anm. 117), S. 326, 328, 346 f.
124 300 Jahre ZOLLERN (wie Anm. 5), S. 66.
125 GULDE, Chronik von Sigmaringendorf (wie Anm. 117), S. 378.
126 Albert WALDENSPUL, Die Heimatfront, in: Hohenzollerisches Gedenkbuch 1914–1918, Hechingen [1927], S. 27–38, hier S. 34; Rolf VOGT, Hungerjahre und Kriegsgewinne. Hohenzollern im Ersten Weltkrieg, in: Zeitschrift für Hohenzollerische Geschichte 51/52 (2015/16), S. 165–244, hier S. 210 (überwiegend nach WALDENSPUL).

verdoppelt und die Nachtschichten vermehrt. Weibliche Arbeitskräfte mussten eingestellt werden.[127] Im letzten Kriegsjahr 1918 waren von den 709 Arbeitern 144 Frauen.[128] Außerdem wurden seit 1915 30 russische Kriegsgefangene beschäftigt, die im Wirtshaus „Zum Eisenhammer" untergebracht waren. Nach dem Frieden von Brest-Litowsk wurden sie 1918 durch Engländer ersetzt.[129]

Dem Weltkriegsboom folgte die Krise mit dem Tiefstand 1923/24. Viele Arbeiter waren entlassen, und der Rest der Belegschaft konnte nur noch drei Tage in der Woche arbeiten. 1932 war die Zahl der Beschäftigten auf 300 zurückgegangen.[130]

Nach der nationalsozialistischen Machtergreifung erkannte Dr. Richard Gossmann, seit 1931 Direktor des Werks unter dem Generaldirektor der fürstlichen industriellen Werke Bernhard Weishan (der 1910 Nachfolger Sauerlands geworden war), die Chancen der von den neuen Machthabern forciert betriebenen Wiederaufrüstung und konnte auch den Fürsten von Hohenzollern davon überzeugen. Dabei war Gossmann allein schon aufgrund seiner 1931 geschlossenen Ehe mit der nach der NS-Rassenideologie als *Mischling zweiten Grades* geltenden Tochter Weishans[131] kein bedingungsloser Anhänger des Nationalsozialismus. 1935 führte er mit der Fertigung von Gleitlagern aus Stahlstützschalen mit Bleibronzen im Verbundverfahren für die Automobil- und Flugzeugindustrie (die nicht zuletzt für militärische Zwecke produzierte) einen neuen Produktzweig im Laucherthal ein.[132] Die Bronzegießerei stellte unter anderem Propeller, Wasserräder und Turbinen her, die auch in U-Booten und Überwasserkriegsschiffen eingebaut wurden.[133]

---

127 StA Sigmaringen Ho 235 (Preußische Regierung für die Hohenzollernschen Lande) T 3 Nr. 71: Immediat-Zeitungsberichte – Besonderes, 1912–1918 (1919).
128 GULDE, Chronik von Sigmaringendorf (wie Anm. 117), S. 394.
129 EBD., S. 382; Anton HAUG, Russische Kriegsgefangene im Hüttenwerk Laucherthal während des Ersten Weltkriegs, in: Schwäbische Heimat 40 (1989), S. 218–222; WAFFLER, „… das beste Eisenwerk Schwabens" (wie Anm. 5), S. 311; Edwin Ernst WEBER, Sigmaringendorf in der Zeit des Nationalsozialismus, in: DERS., Sigmaringendorf (wie Anm. 5), S. 163–240, hier S. 196. Die Angabe von WALDENSPUL, Die Heimatfront (wie Anm. 126), S. 35, im Laucherthal seien während des 1. Weltkriegs „außer den einheimischen Arbeitern (etwa 800) […] noch bis zu 500 Kriegsgefangene (Russen, Franzosen und Engländer) beschäftigt" gewesen, dürfte wohl ein Schreibfehler sein für 50 Kriegsgefangene. Denn nach der Volkszählung vom 8. Oktober 1918 wohnten in Laucherthal 408 Personen, darunter 86 Militärpersonen und Kriegsgefangene (GULDE, Chronik von Sigmaringendorf [wie Anm. 117], S. 394).
130 300 Jahre ZOLLERN (wie Anm. 5), S. 83; WAFFLER, „… das beste Eisenwerk Schwabens" (wie Anm. 5), S. 311. BÄCHLE, Eisenerzbergbau, Hüttenwerke, Folgeindustrien (wie Anm. 2), S. 64 nennt für 1930 die Zahl von „400 Mann", die das Werk beschäftigt habe.
131 StA Sigmaringen FAS Sa (Sammlungen des Fürstlichen Archivs Sigmaringen) Nr. 612: Leiter der Fürstlich Hohenzollernschen Hofkammer zu Sigmaringen, Zusammenstellung von Walter Bernhardt, 1832–1970; WEBER, Sigmaringendorf in der Zeit des Nationalsozialismus (wie Anm. 129), S. 206.
132 Martin BLÜMCKE, Die Fürsten von Hohenzollern. Laucherthal oder die „immerwährende Feuerarbeit", in: Willi A. BOELCKE (Hg.), Wege zum Erfolg. Südwestdeutsche Unternehmerfamilien, Leinfelden-Echterdingen 1996, S. 29–41, hier S. 38; GULDE, Chronik von Sigmaringendorf (wie Anm. 117), S. 446; WAFFLER, „… das beste Eisenwerk Schwabens" (wie Anm. 5), S. 313. Nach BÄCHLE, Eisenerzbergbau, Hüttenwerke, Folgeindustrien (wie Anm. 2), S. 64 und 300 Jahre ZOLLERN (wie Anm. 5), S. 80 sei bereits 1934 die Fabrikation von Gleitlagern aufgenommen worden, während auch die offizielle Homepage des Unternehmens Zollern 1935 nennt (https://www.zollern.com/de/unternehmen/historie/, aufgerufen am 25.9.2023).
133 ARNOLD, Das Fürstlich Hohenzollerische Hüttenwerk Laucherthal (wie Anm. 74), S. 81.

1937 wurde vom Fürsten die Gleitlager Aktiengesellschaft (die spätere Zollern-Gleitlager AG) in Berlin-Reinickendorf gegründet,[134] in der Gossmann Vorstandsmitglied wurde und 1939, nachdem der Fürst alleiniger Inhaber geworden war, Vorstandsvorsitzender.[135] Zwei ehemals jüdische Firmen der Metallbranche in Berlin waren ebenfalls Gegenstand der Geschäftsaktivitäten Gossmanns: Zusammen mit dem Fürsten als Kommanditisten übernahm er 1939 als Komplementär mit einer Einlage von 10 Prozent des Kapitals und persönlich haftender Gesellschafter die Firma Riess & Osenberg & Co. GmbH in Berlin,[136] die in Zollern-Metallgesellschaft Richard Gossmann und Co. umbenannt wurde, im selben Jahr wurde er Geschäftsführer des (1941 wieder verkauften) Umschmelzwerks Emil Schmidt in Berlin.[137]

Im 2. Weltkrieg kooperierte man mit den Aluminium-Walzwerken Singen (AWS), mit denen man 1941 durch eine Beratungslizenz verbunden war, vor allem aber auch durch die gemeinsame Beteiligung an der Singen-Zollern-Metallgesellschaft, einer Verkaufsgesellschaft, die Werke des Flugzeugzellen- und Flugzeugmotorenbaus belieferte.[138] 1941 wurden die Zollernwerke Kalisch GmbH im besetzten Polen errichtet, ebenfalls mit Gossmann als Geschäftsführer bis zum Verkauf 1943. Das Werk diente vorrangig der Reparatur von Militärfahrzeugen für die Ostfront und fertigte Teile für Motoren.[139] Die

---

134 Die Gleitlager Aktiengesellschaft wurde mit einem Aktienkapital von 1,60 Millionen Reichsmark gegründet. Die Gründer, die alle Aktien übernommen hatten, waren die Deutsche Unionbank AG (eine Tochter eines schwedischen Streichholzkonzerns, die noch 1941 mit Ivar Thomsen im Aufsichtsrat vertreten war), Diplomingenieur Hans Uike, Gerichtsassessor Karl Söhnen, Kaufmann Kurt Marquardt (Unionbank), Kaufmann Ernst Langer, Excelsior Feuerlöschgeräte AG (Minimax AG). Die starke Beteiligung der Minimax AG zeigt sich darin, dass deren Vorsitzender neben dem Fürsten und Bernhard Weishan im dreiköpfigen Aufsichtsrat saß und deren Direktor zu einem von zwei Vorstandsmitgliedern bestellt wurde. Gegenstand des Unternehmens war die Herstellung und Bearbeitung von Metalllegierungen und deren Austauschwerkstoffen, insbesondere Gleitlagern. Es sollten Alternativen zu den im Laucherthal hergestellten Bleibronzelagerschalen gefunden werden, um – so die Presse – *devisenbelastete Lagermetalle weitgehend durch andere Kunststoffe oder Legierungen zu ersetzen, insbesondere durch Aluminium*. Bis einschließlich des Geschäftsjahrs 1941 wurden keine Gewinne erwirtschaftet. Belege: Hamburgisches Weltwirtschafts-Archiv A10 G 114: Gleitlager Aktiengesellschaft, 1937–1942 (online: http://purl.org/pressemappe20/folder/co/042778, aufgerufen am 27.9.2023) (Zeitungsausschnitte, vor allem Bilanzen); Hohenzollerische Heimatbücherei Hechingen K 225: Laucherthal, Hüttenwerk und Ort, Sammelmappe (Zeitungsausschnitt […] *von Hohenzollern gründet eine Gleitlager-Werkstoff-Firma* ohne Nachweis und Datum [1937], daraus auch das Zitat); https://sv.wikipedia.org/wiki/Ivar_Thomsen, aufgerufen am 25.9.2023.
135 StA Sigmaringen Wü 13 (Staatskommissariat für die politische Säuberung) T 2 Nr. 1962/038: Entnazifizierungsakten der Spruchkammer Sigmaringen / Gossmann, Richard, Dr., (1943) 1946–1947; danach auch, soweit nicht anders angegeben, das Folgende. Vgl. WEBER, Sigmaringendorf in der Zeit des Nationalsozialismus (wie Anm. 129), S. 207.
136 Auszug der Datenbank „Berliner Gewerbebetriebe 1930–1945" des Landesarchivs Berlin zu den 8012 Berliner Firmen, die mit mindestens einer Quelle eindeutig als jüdisches Unternehmen gekennzeichnet werden können (https://www2.hu-berlin.de/djgb/public/de/find, aufgerufen am 24.8.2022).
137 EBD. (Emil Schmidt Metallhandlung engros, Hüttenwerk).
138 Cornelia RAUH, Schweizer Aluminium für Hitlers Krieg? Zur Geschichte der „Alusuisse" 1918–1950 (Schriftenreihe zur Zeitschrift für Unternehmensgeschichte 19), München 2009, S. 263 Anm. 894.
139 Polish Aviation Industry – Part 18 (https://www.polot.net/en/polish_aviation_industry_part_18, aufgerufen am 24.8.2022); Online-Lexikon zur Kultur und Geschichte der Deutschen im östlichen Europa (https://ome-lexikon.uni-oldenburg.de/orte/kalisch-kalisz, aufgerufen am 24.8.2022).

Zollern-Gleitlager AG, 1943 großteils von Berlin nach Laucherthal ausgelagert,[140] nahm 1944 auch in einem Werk in Politz an der Elbe (Boletice nad Labem) im Sudetenland die Produktion auf.[141]

Das Laucherthaler Werk selbst konnte nicht zuletzt dank der Rüstungsaufträge einen Aufschwung verzeichnen. Bis 1938 stieg die Zahl der Mitarbeiter auf 800 an.[142] Nach Ausbruch des 2. Weltkriegs ließ die Kriegsproduktion die Beschäftigtenzahl auf 2100 am Jahresende 1944 anwachsen.[143] Gefertigt wurden Gleitlager für Motoren, Schiffsschwerter und -schrauben, Aluminiumsitzringe für Granatenzünder, Profil- und Blankstahl sowie Formteile aus Bronze, Aluminium und Stahl.[144] Es wurde rund um die Uhr gearbeitet, in Bereichen, wo Schwerstarbeit mit schwerem glühenden Eisen verrichtet wurde, im Dreischichtbetrieb à 8 Stunden, ansonsten im Zweischichtbetrieb à 12 Stunden.[145] Bereits im September 1939 ersetzten wie im 1. Weltkrieg Frauen Beschäftigte, die zum Kriegsdienst eingezogen worden waren.[146] Seit 1940 kamen Zwangsarbeiter zum Einsatz.[147] Nach einer Zusammenstellung aus dem Jahr 1946 waren während des Krieges insgesamt 1680 *Zivilarbeiter* beiderlei Geschlechts und Kriegsgefangene im Werk beschäftigt.[148] Von diesen waren nicht alle gleichzeitig im Laucherthal, aber es ist davon auszugehen, dass bis zu knapp der Hälfte der Beschäftigten Zwangsarbeiter waren.[149] Zur Unterbringung der

---

140 StA Sigmaringen Wü 13 (Staatskommissariat für die politische Säuberung) T 2 Nr. 1962/038: Entnazifizierungsakten der Spruchkammer Sigmaringen / Gossmann, Richard, Dr., 1943) 1946–1947 (Aussage des Karl Fischer vom 2.8.1946).

141 StA Sigmaringen Wü 13 (Staatskommissariat für die politische Säuberung) T 2 Nr. 1981/011: Entnazifizierungsakten der Spruchkammer Sigmaringen / Thieme, Siegfried [Betriebsleiter], 1946–1949 (Entlastungsschreiben des Stefan Heckenbach vom 9.5.1947).

142 WEBER, Sigmaringendorf in der Zeit des Nationalsozialismus (wie Anm. 129), S. 189 nach Hohenzollerische Volkszeitung vom 9.3.1933. BÄCHLE, Eisenerzbergbau, Hüttenwerke, Folgeindustrien (wie Anm. 2), S. 64 nennt für 1938 die Zahl von „880".

143 WEBER, Sigmaringendorf in der Zeit des Nationalsozialismus (wie Anm. 129), S. 196 und Anm. 243 auf S. 235 nach GULDE, Chronik von Sigmaringendorf (wie Anm. 117), S. 474.

144 Edwin Ernst WEBER, Der „Ausländereinsatz" am Fallbeispiel des Hüttenwerks Laucherthal 1940–1945, in: DERS. (Hg.), Opfer des Unrechts. Stigmatisierung, Verfolgung und Vernichtung von Gegnern durch die NS-Gewaltherrschaft an Fallbeispielen aus Oberschwaben (Heimatkundliche Schriftenreihe des Landkreises Sigmaringen 11; Oberschwaben – Ansichten und Aussichten 7), Sigmaringen 2009, S. 159–192, hier S. 172.

145 Utz JEGGLE, „Bei den Deutschen weiß man, wo man dran ist". Feldforschungsprobleme bei einer Untersuchung ehemaliger griechischer Fremdarbeiter im Laucherthal, in: Lutz NIETHAMMER/Alexander VON PLATO (Hg.), „Wir kriegen jetzt andere Zeiten". Auf der Suche nach der Erfahrung des Volkes in nachfaschistischen Ländern (Lebensgeschichte und Sozialkultur im Ruhrgebiet 1930 bis 1960 3), Berlin u.a. 1985, S. 369–391, hier S. 382 und DERS., Fremde Arbeiter in der NS-Zeit. 88 Griechen in Laucherthal, in: Schwäbische Heimat 40 (1989), S. 223–231, hier S. 225 f. (JEGGLE interpretiert allerdings 1983 gemachte Aussagen ehemaliger griechischer Zwangsarbeiter über den Dreischichtbetrieb als „Arbeit am Hochofen", was so aber nicht stimmen kann, da es im Laucherthal keinen Hochofen mehr gab); WEBER, Sigmaringendorf in der Zeit des Nationalsozialismus (wie Anm. 129), S. 200.

146 WEBER, Sigmaringendorf in der Zeit des Nationalsozialismus (wie Anm. 129), S. 192.

147 Grundlegend WEBER, Der „Ausländereinsatz" am Fallbeispiel des Hüttenwerks Laucherthal (wie Anm. 144).

148 WEBER, Sigmaringendorf in der Zeit des Nationalsozialismus (wie Anm. 129), S. 199.

149 EBD., S. 196; WEBER, Der „Ausländereinsatz" am Fallbeispiel des Hüttenwerks Laucherthal (wie Anm. 144), S. 163. Nach BÄCHLE, Eisenerzbergbau, Hüttenwerke, Folgeindustrien (wie Anm. 2), S. 64

Zwangsarbeiter wurden bis 1943 zwölf große Wohnbaracken und elf Wasch-, Speise-, Abort-, *Entwesungs-* und Krankenbaracken errichtet.[150] Hüttendirektor Gossmann und vor allem seine Frau verwandten sich, soweit es ihnen möglich war, für die Zwangsarbeiter. So setzte Gossmann gegen zwei Werkschutzführer durch, dass auch die ausländischen Arbeiter in der Metallgießerei die den deutschen Arbeitern zustehende Schwerstarbeiterzulage an Lebensmitteln erhielten.[151]

Die Rüstungsproduktion lohnte sich für den Fürsten: Nach einer in einer Entnazifizierungsakte des Fürsten überlieferten Zusammenstellung stieg sein Einkommen von 1934 bis 1944 laut Einkommensteuererklärung von 148 550 Reichsmark auf 4 005 948 Reichsmark, was sicher nicht mit der Ertragsentwicklung in der fürstlichen Forst- und Domanialwirtschaft zu erklären ist.[152] Fürst Friedrich wusste Gossmanns unternehmerische Fähigkeiten zu schätzen, indem er ihm 1938, als die Generalvollmacht für den *Halbjuden* Weishan *aufgrund der Anordnung der Partei nicht mehr Geltung haben durfte*, Generalvollmacht für seine sämtlichen Industrieunternehmungen erteilte, ihn 1943 nach dem Tode Weishans zum Generaldirektor seiner industriellen Unternehmungen ernannte und ihm kurz vor Kriegsende im April 1945 für einige Monate auch noch die Führung der Geschäfte der fürstlichen Hofkammer mit Generalvollmacht übertrug, eine Aufgabe, die auch Weishan von 1926 bis 1928 wahrgenommen hatte.[153]

setzte sich im Mai 1944 die 1985 Personen umfassende *Gefolgschaft* im Hüttenwerk zusammen aus 253 Angestellten (97 technische Angestellte und 156 kaufmännische Angestellte) und 1732 Arbeitern (959 *deutsche Gefolgschaftsmitglieder* [619 Männer, 239 Frauen, 101 Jugendliche unter 18 Jahren], 613 ausländische Arbeiter ohne *Ostarbeiter*, 114 *Ostarbeiter* und 46 Kriegsgefangene); vgl. Willi A. BOELCKE, Sozialgeschichte Baden-Württembergs 1800–1989. Politik, Gesellschaft, Wirtschaft (Schriften zur politischen Landeskunde Baden-Württembergs 16), Stuttgart 1989, S. 348, wonach „der Ausländeranteil [...] im Hohenzollernschen Hüttenwerk Laucherthal im Mai 1944 fast 39%" ausmachte. Nach WAFFLER, „... das beste Eisenwerk Schwabens" (wie Anm. 5), S. 313 beschäftigte das Werk „gegen Ende des Krieges" 325 Polen, 176 Deutsche, 116 *Ostarbeiter*, 67 Ukrainer, 63 Griechen, 58 Franzosen, 56 Italiener, 55 Holländer, 41 Belgier, 17 sog. *Protektoratsangehörige* aus Tschechien, 6 Slowenen, 4 Kroaten, 4 Schweizer, 1 Liechtensteiner und 1 Staatenlosen.

150 WEBER, Sigmaringendorf in der Zeit des Nationalsozialismus (wie Anm. 129), S. 197 f. und WEBER, Der „Ausländereinsatz" am Fallbeispiel des Hüttenwerks Laucherthal (wie Anm. 144), S. 167 f. (jeweils mit Lageplan). BÄCHLE, Eisenerzbergbau, Hüttenwerke, Folgeindustrien (wie Anm. 2), S. 65 und WAFFLER, „... das beste Eisenwerk Schwabens" (wie Anm. 5), S. 313 geben an, „die ausländischen Arbeiter und Ostarbeiter" bzw. „die Fremdarbeiter" seien „in 14 Baracken untergebracht" gewesen.

151 WEBER, Sigmaringendorf in der Zeit des Nationalsozialismus (wie Anm. 129), S. 201.

152 StA Sigmaringen Wü 15 (Kreisuntersuchungsausschüsse) T 1 Nr. 604/002: Fragebogen und Sühnevorschläge des Kreisuntersuchungsausschusses Sigmaringen, Buchstaben A–K, 1947–1948 / Hohenzollern, Friedrich Viktor, Fürst von (*Verzeichnis des Einkommens S.K.H. des Fürsten von den Jahren 1931 bis 1944*). Als steuerpflichtiges Einkommen wird angegeben: für das Jahr 1931 -1 222 408 Reichsmark (Verlust), für das Jahr 1932 -1 242 099 Reichsmark (Verlust), für das Jahr 1933 -560 729 Reichsmark (Verlust), für das Jahr 1934 148 550 Reichsmark, für das Jahr 1935 608 743 Reichsmark, für das Jahr 1936 1 860 463 Reichsmark, für das Jahr 1937 2 392 481 Reichsmark, für das Jahr 1938 2 005 652 Reichsmark, für das Jahr 1939 2 006 247 Reichsmark, für das Jahr 1940 2 482 444 Reichsmark, für das Jahr 1941 2 673 316 Reichsmark, für das Jahr 1942 4 036 489 Reichsmark, für das Jahr 1943 2 632 080 Reichsmark, für das Jahr 1944 4 005 948 Reichsmark.

153 StA Sigmaringen Wü 13 (Staatskommissariat für die politische Säuberung) T 2 Nr. 1962/038: Entnazifizierungsakten der Spruchkammer Sigmaringen / Gossmann, Richard, Dr., (1943) 1946–1947 (das Zitat aus der Anlage zum Fragebogen mit der Zusammenstellung der zeitlichen Folge der Beschäfti-

Nach dem 2. Weltkrieg musste Gossmann im Rahmen der von der französischen Besatzungsmacht angestoßenen Entnazifizierungs- und Demilitarisierungsmaßnahmen die Leitung des Werks vorübergehend abgeben. Fürst Friedrich betraute deshalb seinen Zwillingsbruder Franz Josef und seinen Schwiegersohn Graf Waldburg mit der Geschäftsführung.[154] Das Werk selbst hatte den Krieg zwar ohne Schäden überstanden, doch nun erfolgte die Demontage von Maschinen, Werkzeug und Geräten. Auch der Mangel an Kohlen, Rohmaterial und Elektrizität beeinträchtigte den Betrieb im Werk, in dem noch 318 Beschäftigte arbeiteten. Zudem waren Teile des Werks bis 1947 von den Franzosen beschlagnahmt und dienten als Fahrzeuglager und Reparaturbetrieb für Militärfahrzeuge, in dem 200 deutsche Hilfskräfte Beschäftigung fanden.[155]

Immerhin: Es ging aufwärts. Bis 1948 stieg die Zahl der Mitarbeiter auf 866, 1951 waren es 1252. Das bundesrepublikanische Wirtschaftswunder hatte begonnen. Zu den bisherigen Produktionszweigen Bronzeguss und Schmiede, Blankstahl und Gleitlager (bei denen man sich auf Speziallager für Großmotoren konzentrierte) kam Anfang der 1950er-Jahre das Herstellen von Feingussprodukten mit Hilfe des Wachsausschmelzverfahrens. 1956 wurden eine neue Gießereihalle und ein neues Maschinenhaus gebaut, 1958 eine neue Fabrikations- und Versandhalle sowie ein Arbeiterwohnheim. Denn zur Produktion musste man jetzt auch ausländische Arbeitskräfte anwerben. 1962 waren 200 sog. Gastarbeiter im Laucherthal beschäftigt, meist Italiener. Im Jahr 1970 war die Belegschaft auf 1800 Beschäftigte angewachsen (davon ein Fünftel Frauen), bis 1973 sogar auf 2200.[156]

Mitte der 1960er-Jahre wurden Expansionspläne umgesetzt, zum einen zur Festigung der Marktposition in der Stahlbranche durch den Kauf des Blankstahlwerks Burbach bei Siegen 1964, wodurch Laucherthal einer der größten Blankstahlhersteller in der Bundesrepublik wurde, zum anderen zur Diversifizierung durch den Einstieg in die Kunststoffverarbeitung, wozu ein ehemaliges Presswerk in Straß bei Neu-Ulm 1965 erworben wurde, um dort Fertigungsanlagen für Kunststoff zu installieren. Beide Investitionen sollten sich als Fehlentscheidungen herausstellen. Namentlich die Ausweitung des Geschäfts mit Blankstahl als Ausweg aus den sich verschlechternden Rahmenbedingungen im Stahlgeschäft „erwies sich" – so rückblickend die Festschrift des Unterneh-

---

gung seit dem 1. Januar 1931); StA Sigmaringen FAS Sa (Sammlungen des Fürstlichen Archivs Sigmaringen) Nr. 612: Leiter der Fürstlich Hohenzollernschen Hofkammer zu Sigmaringen, Zusammenstellung von Walter Bernhardt, 1832–1970; WEBER, Sigmaringendorf in der Zeit des Nationalsozialismus (wie Anm. 129), S. 207.

154 StA Sigmaringen Wü 13 (Staatskommissariat für die politische Säuberung) T 2 Nr. 1981/011: Entnazifizierungsakten der Spruchkammer Sigmaringen / Thieme, Siegfried [Betriebsleiter], 1946–1949 (Zusammenstellung der Beschäftigungsverhältnisse mit Angaben zu den Vorgesetzten als Anlage zum Fragebogen vom 25.11.1946); zu den Verwandtschaftsverhältnissen Franz Josefs von Hohenzollern und des Grafen Waldburg zum Fürsten siehe https //www.geni.com/people/Franz-Joseph-von-Hohenzollern-Emden-Prinz/6000000008116179868 und https://www.geni.com/people/Maria-Antonia-Prinzessin-von-Hohenzollern/6000000008115385425, aufgerufen am 6.10.2023.

155 300 Jahre ZOLLERN (wie Anm. 5), S. 88; WAFFLER, „… das beste Eisenwerk Schwabens" (wie Anm. 5), S. 314.

156 BÄCHLE, Eisenerzbergbau, Hüttenwerke, Folgeindustrien (wie Anm. 2), S. 65 f.; 300 Jahre ZOLLERN (wie Anm. 5), S. 94, 100, 133; WAFFLER, „… das beste Eisenwerk Schwabens" (wie Anm. 5), S. 314 f.

mens zum 300jährigen Bestehen 2008 – „langfristig als Sackgasse."[157] Um dem Preisverfall auf dem Stahlmarkt zu entgehen, wurde 1971 in Aulendorf ein Zweigwerk errichtet, in dem mit 130 Mitarbeitern aus eigenem Stahl Maschinenbauelemente und ab 1972 Getriebe hergestellt wurden.[158] Doch auch damit konnte nicht verhindert werden, dass das Laucherthal in den Folgejahren vor dem Hintergrund einer allgemeinen Stahlkrise in Deutschland[159] in eine existenzbedrohliche Krise geriet.

Der Umsatz ging drastisch zurück, das Werk war überschuldet, der Konkurs drohte. Der Fürst von Hohenzollern als Eigentümer musste durch den Verkauf von Landbesitz und Liegenschaften den Betrieb finanziell retten. Es kam zu Kurzarbeit und einer – so die Festschrift von 2008 – „Radikalkur unter erheblichem Beschäftigungsabbau". Von 2200 Mitarbeitern im Jahr 1973 verloren 600 ihren Arbeitsplatz. Das Werk in Straß, in dem zuletzt Flaschenöffner und andere kleinere Haushaltsprodukte hergestellt wurden,[160] wurde 1975 an die Hilti AG verkauft, das Werk in Burbach mit seiner Blankstahlproduktion wurde 1984 an ein Tochterunternehmen der nachmaligen Saarstahl AG verpachtet, die 1990 den Blankstahl-Bereich komplett übernahm.[161]

Außer auf die „Radikalkur" setzte man nun auf höherwertige Produkte. Man ging den Weg weiter, den man mit der Gründung des Werks Aulendorf eingeschlagen hatte: statt Stahl Fertigprodukte und Komponenten. Dazu wurde der Feinguss ausgebaut. In dem im Jahr 1976 in Betrieb genommenen Werk Herbertingen wurden und werden Getriebe und Seilwinden hergestellt. Als Zulieferer produzierte man für den Schiffs- und Motorenbau, für die Luftfahrt, für die Offshore-Technik, die Luftfahrt, die Energietechnik, die Baufahrzeugproduktion sowie für viele Bereiche des Maschinenbaus und für die Informationstechnik. Trug in den 1960er-Jahren der Stahl noch zu knapp zwei Dritteln zum Umsatz bei, so waren es 1985 nur noch 15 Prozent, während Gusserzeugnisse und Antriebselemente jetzt über die Hälfte des Umsatzes ausmachten. Die Umsatzzahlen stiegen von 181 Millionen DM im Jahr 1981 über 190 Millionen DM 1983 auf 263 Millionen DM im Jahr 1985. Der Rückgang der Zahl der Beschäftigten von 1580 auf 1350 trotz steigender Umsätze zeigt die Bedeutung von Rationalisierungsmaßnahmen.[162]

In der zweiten Hälfte der 1980er-Jahre war es wieder möglich, größere Investitionen vorzunehmen, so beispielsweise 1988 den Bau von neuen Produktionshallen im Laucherthal und in Herbertingen.[163]

---

157 300 Jahre ZOLLERN (wie Anm. 5), S. 100, 104 (dort das Zitat); WAFFLER, „… das beste Eisenwerk Schwabens" (wie Anm. 5), S. 314.
158 BÄCHLE, Eisenerzbergbau, Hüttenwerke, Folgeindustrien (wie Anm. 2), S. 66; 300 Jahre ZOLLERN (wie Anm. 5), S. 106, 128; WAFFLER, „… das beste Eisenwerk Schwabens" (wie Anm. 5), S. 316. Das Werk Aulendorf wurde 2021 verkauft (https://www.schwaebische.de/regional/oberschwaben/aulendorf/aus-zollern-wird-lintec-aulendorf-127927, aufgerufen am 1.9.2023).
159 https://de.wikipedia.org/wiki/Stahlkrise, aufgerufen am 1.9.2022.
160 ARNOLD, Das Fürstlich Hohenzollerische Hüttenwerk Laucherthal (wie Anm. 74), S. 83.
161 300 Jahre ZOLLERN (wie Anm. 5), S. 100, 104, 106 (dort das Zitat).
162 BÄCHLE, Eisenerzbergbau, Hüttenwerke, Folgeindustrien (wie Anm. 2), S. 68; BOELCKE, Wirtschaftsgeschichte Baden-Württembergs (wie Anm. 2), S. 641; WAFFLER, „… das beste Eisenwerk Schwabens" (wie Anm. 5), S. 315 f.; 300 Jahre ZOLLERN (wie Anm. 5), S. 106.
163 300 Jahre ZOLLERN (wie Anm. 5), S. 108.

Einen entscheidenden Einschnitt in der Werksgeschichte gab es 1989: Der Pharma- und Zementunternehmer Adolf Merckle beteiligte sich mit 50 Prozent am Unternehmen, das in eine Kommanditgesellschaft umgewandelt wurde. Der Fürst von Hohenzollern brachte das Unternehmen ein, Merckle das dem Unternehmenswert entsprechende Kapital. Das Kommanditkapital der neuen Gesellschaft betrug 36 Millionen DM. Aus „Fürstlich Hohenzollernsche Hüttenverwaltung Laucherthal" wurde die „Fürstlich Hohenzollernsche Werke GmbH & Co. KG", die Abkürzung „FHH" blieb. Erbprinz Karl Friedrich von Hohenzollern betonte, mit dem Einstieg von Merckle sei es gelungen, *mangels Kapital immer wieder zurückgestellte Investitionsvorhaben nun endlich durchzuführen und so die Zukunft des Unternehmens vor allem im Hinblick auf die Öffnung des europäischen Marktes im Jahr 1992 zu sichern.* Zudem brachte die gewählte Rechtskonstruktion einer Kommanditgesellschaft, an der der Fürst und Merckle mit Kommanditeinlagen in gleicher Höhe als Kommanditisten beteiligt waren und die Komplementärin „FHH Verwaltungs- und Beteiligungs-GmbH" als persönlich haftende Gesellschafterin fungierte, eine Lösung für die vom Erbprinzen angesprochene *Frage nach der Einschränkung der persönlichen Haftung S[einer] H[oheit] des Fürsten mit seinem Vermögen.*[164]

Vor dem Hintergrund des kommenden freien europäischen Binnenmarkts wurde nun im Ausland investiert, um das Lohngefälle in den einzelnen Mitgliedsstaaten der Europäischen Union auszunutzen, indem in Portugal 1990 ein neues Werk für Feingussprodukte errichtet wurde, das im folgenden Jahr in Betrieb ging. „Die Anlaufphase des ersten ausländischen Werks war jedoch eine Katastrophe", um die Festschrift zum 300jährigen Jubiläum aus dem Jahr 2003 zu zitieren, die von „immensen Anfangsverlusten des portugiesischen Werkes" spricht. Die hohen Verluste im Feinguss von über 10 Prozent waren für das Gesamtunternehmen trotz guter Umsatzrenditen des Getriebebereichs am Standort Herbertingen existenzbedrohend. In den Geschäftsjahren 1991 bis 1994 schrieb die FHH rote Zahlen.[165]

Ein neuer Geschäftsführer wurde bestellt, und auch der Erbprinz trat für einige Jahre, solange es galt, die Krise zu überwinden, in die Geschäftsführung ein. Wie 15 Jahre zuvor wurden wieder harte Sanierungsmaßnahmen ergriffen, die nicht zuletzt das Stammwerk im Laucherthal betrafen. Mehr als jeder Dritte erhielt dort die Kündigung. Insgesamt wurden bis 1994 über 500 Arbeitsplätze abgebaut, vor allem in der Verwaltung. Der Geschäftsführer Hans Joachim Rupprecht Freiherr von Rothkirch und Panthen teilte zu Beginn des Jahres 1994 der Presse mit, dass die Zahl der Mitarbeiter von 1750 auf 1178 reduziert worden sei, im Laucherthal waren jetzt etwa 700 beschäftigt. 1994 gab es wenigstens wieder ein positives Betriebsergebnis bei einem Umsatz von 250 Millionen DM. Dazu trugen vor allem die Geschäftsfelder Gießerei (Produkte aus Stahl, Bronze, Aluminium oder Kupferlegierungen für Motorenbau, Schiffsbau, Luft- und Raumfahrttechnik, Reaktorbau, Pumpen, Druck-, Textil- und Verpackungsmaschinen) und Antriebstechnik

---

164 Amtliche Bekanntmachung des Amtsgerichts Sigmaringen über die Handelsregisterneueintragung vom 20. 6. 1989, veröffentlicht in der Schwäbischen Zeitung Sigmaringer vom 23. 6. 1989; 300 Jahre ZOLLERN (wie Anm. 5), S. 110 (dort auch die Zitate).
165 BÄCHLE, Eisenerzbergbau, Hüttenwerke, Folgeindustrien (wie Anm. 2), S. 69; 300 Jahre ZOLLERN (wie Anm. 5), S. 114.

7   Das Hüttenwerk Laucherthal um 1985. Luftbild von Erich Merkler, Grosselfingen (Vorlage: Staatsarchiv Sigmaringen N 1/96 T 2 Nr. 11-1).

(Drehwerksgetriebe, Seilwinden, hydrostatische Lager und Handhabungstechnik) mit 85 bzw. 90 Millionen DM bei, während die beiden anderen Geschäftsfelder Stahl (Blankstahl und gewalzte Profile) und Maschinenbauelemente (verchromte Stahlwellen) einen Umsatz von 40 bzw. 25 Millionen DM hatten. 1995 war die Krise endgültig überwunden. Im Feinguss wurde wieder ein ausgeglichenes Ergebnis erzielt. Die Kurzarbeit wurde aufgehoben. Im Gesamtunternehmen arbeiteten jetzt 1300 Beschäftigte. Der Umsatz des Gesamtunternehmens erreichte mit 270 Millionen DM in etwa wieder den Wert des Jahres 1985.[166]

Nun setzte wieder eine Expansionsstrategie mit internationaler Ausrichtung ein. Noch 1995 wurde die Isoprofil GmbH in Mannheim, eine Tochter der ABB Kabel und Draht GmbH mit 200 Beschäftigten, erworben. Die FHH wurde damit zum größten europäischen Hersteller kaltgezogener Stahlprofile. Im Jahr darauf wurden Unternehmensteile der Glyco GmbH Wiesbaden, die 1990 vom amerikanischen Autozulieferer Federal Mogul übernommen worden war,[167] gekauft, nämlich die Braunschweiger Hüttenwerke BHW mit Werken in Braunschweig und Wildemann im Harz mit insgesamt 425 Mitarbeitern sowie Glyco do Brasil. Mit diesem Kauf setzte man – wie in den 1930er-Jahren – wieder auf die Gleitlager. Denn die Braunschweiger Hüttenwerke stellten Gleitlager für Großmotoren, Getriebe und den Maschinenbau her. Während das eigene Gleitlagergeschäft einen Umsatz von etwa 12 Millionen DM machte, betrug der Umsatz der Neuerwerbung 70 Millionen DM. Es wurde ein eigener Geschäftsbereich Gleitlager geschaffen, für den ein Modernisierungsprogramm von 15 Millionen DM aufgelegt wurde. Die FHH wurde in der Sparte Großlager zum größten Hersteller des Kontinents. Die Gleitlagerfertigung wurde 2003 durch die Übernahme der französischen Federal Mogul TLC (TLC = Tous les Coussinets) und im folgenden Jahr durch den Erwerb der Gleitlagerfabrik und Metallgießerei Herzberg (GMH Herzberg) weiter ausgebaut. Die Produktion der GMH Herzberg wurde noch im Übernahmejahr in ein 2002 als Ersatz für das Werk in Wildemann errichtetes neues Werk in Osterode verlegt. Auch in der Sparte Antriebstechnik expandierte man: 1997 wurde ein Montagewerk für Getriebe in China errichtet, in dem 2007 150 Mitarbeiter arbeiteten, und 2002 wurde die Dorstener Maschinenfabrik AG, die Windkraft- und Industriegetriebe herstellte, übernommen. Expansionen gab es auch im Geschäftsfeld Gießereitechnik. Nachdem man nach langen Diskussionen die Feingussfertigung von Turboladerteilen im Laucherthal beibehalten hatte, wurde 1998 die Friedrich Blickle & Co. GmbH in Winterlingen erworben, die als eine von weltweit drei Anbietern hochpräzise Turboladerschaufeln schleifen konnte. 2004 wurde eine Niederlassung zur Bearbeitung von Feingussteilen in Rumänien gegründet, die 2008 60 Mitarbeiter beschäftigte. Zur Ergänzung des Feingussbereichs wurde ebenfalls 2004 die MIMTEC AG in der Schweiz akquiriert, die mit dem Metallpulverspritzguss ein neues

---

166 BLÜMCKE, Die Fürsten von Hohenzollern (wie Anm. 132), S. 40; 300 Jahre ZOLLERN (wie Anm. 5), S. 114, 116; die Beschäftigtenzahl 1994 nach Schwäbische Zeitung Sigmaringen vom 4.2.1994; der Umsatz und die Beschäftigtenzahl 1995 nach Frankfurter Allgemeine Zeitung vom 13.12.1995, S. 21.
167 https://www.wiesbaden.de/microsite/stadtlexikon/a-z/federal-mogul-wiesbaden-gmbh-ehemals-glyco-metall-werke.php, aufgerufen am 2.9.2022.

Verfahren beherrschte. Schließlich wurde 2006 die Aluminiumfeinguss Soest GmbH & Co. KG von Thyssen gekauft.[168]

In das Jubiläumsjahr 2008 ging man mit einem Jahresumsatz von 533 Millionen Euro, das heißt: gegenüber 1994 hatte sich der Umsatz mehr als vervierfacht. Der kumulative operative Gewinn seit 1994 betrug 380 Millionen Euro. Es wurden 3043 Mitarbeiter beschäftigt.[169]

Das „Fürstlich Hohenzollernsch" im Firmennamen hatte man allerdings vier Jahre zuvor nach 296 Jahren abgelegt. Denn am 9. Juni 2004 war die „Fürstlich Hohenzollernsche Werke GmbH & Co. KG" in ZOLLERN GmbH & Co. KG umbenannt worden.[170]

---

168 300 Jahre ZOLLERN (wie Anm. 5), S. 118, 120, 122; Frankfurter Allgemeine Zeitung vom 13.12.1995, S. 21; Frankfurter Allgemeine Zeitung vom 5.12.1996, S. 19. – Das Isoprofil-Werk in Mannheim wurde 2009 an die Mannheimer Südkabel verkauft (https://www.mrn-news.de/2009/07/08/mannheim-wilms-gruppe-baut-standort-aus-15158-15158/, diese und alle in Anmerkung 168 zitierten Internetseiten wurden zuletzt aufgerufen am 28.9.2023). – Nachdem 2018 die in Zollern TLC umbenannte ehemalige Federal Mogul TLC abgestoßen worden war (neuer Name: Bayard Bearings TLC), wurde 2019 der Geschäftsbereich Gleitlager mit den Fabrikationsstätten in Osterode und Braunschweig sowie im brasilianischen Cataguases in ein Joint Venture mit dem österreichischen Unternehmen MIBA eingebracht. Das Bundeskartellamt hatte die Fusion zunächst untersagt, aber der Bundeswirtschaftsminister entgegen eines Sondergutachtens der Monopolkommission eine Ministererlaubnis für das Joint Venture erteilt (https://www.bundeskartellamt.de/SharedDocs/Entscheidung/DE/Entscheidungen/Fusionskontrolle/2019/B5-29-18.pdf?blob=publicationFile&v=2; https://www.bundeskartellamt.de/SharedDocs/Meldung/DE/Pressemitteilungen/2019/17_01_2019_Miba_Zollern.html; https://www.monopolkommission.de/index.php/de/pressemitteilungen/239-zusammenschlussvorhaben-der-miba-ag-und-der-zollern-gmbh-co-kg.html; https://www.miba.com/sk/news/article/miba-ag-und-zollern-bhw-begruessen-ministererlaubnis-fuer-gemeinsames-gleitlagerunternehmen-auflagen-werden-analysiert). In diesem Joint Venture hielt MIBA 74,9 Prozent, Zollern 25,1 Prozent (https://www.miba.com/de/news/article/miba-und-zollern-starten-gleitlager-joint-venture), so dass die industrielle Führerschaft bei MIBA lag. Dementsprechend wurden die Namen der Werke 2020 geändert: Die Zollern BHW Gleitlager GmbH & Co. KG mit dem Werk der ehemaligen Braunschweiger Hüttenwerke in Braunschweig wurde in BHW Plain Bearings GmbH & Co. KG umbenannt, das aus der GMH Herzberg hervorgegangene Werk Osterode, das 2018 als ZOLLERN BHW Gleitlagertechnologie GmbH & Co. KG von der Zollern BHW Gleitlager GmbH & Co. KG abgespalten worden war (https://www.northdata.de/?id=4793705220), erhielt den Namen Miba Industrial Bearings Germany Osterode GmbH, und aus der brasilianischen Zollern Transmissões Mecânicas Ltda. wurden die Miba Industrial Bearings Brasil Ltda. (https://www.miba.com/de/news/article/ehemalige-zollern-gleitlagerwerke-aendern-ihre-firmennamen). Das Werk in Braunschweig wurde 2022 geschlossen (https://www.igm-bs.de/meldung/eine-aera-geht-zu-ende; https://www.sueddeutsche.de/projekte/artikel/wirtschaft/altmaier-fusion-zollern-miba-merckle-ministererlaubnis-e197146/?reduced=true [mit kritischer Würdigung der Ministererlaubnis]). Nach Ablauf der in der Ministererlaubnis enthaltenen Mindestfrist von fünf Jahren für das Bestehen des Joint Ventures beendete Zollern zum 30. August 2024 das Joint Venture durch Verkauf seines Anteils und zog sich damit aus dem Gleitlagergeschäft zurück (Schwäbische Zeitung Sigmaringen vom 2.12.2024). – Das Werk in Dorsten wurde 2014 zugemacht (http://www.dorsten-lexikon.de/zollern-werk-dorsten/). – Die MIMTEC AG wurde 2010 aus dem Handelsregister gelöscht (https://www.moneyhouse.ch/de/company/mimtec-ag-520992528l). – Die Feinguss Soest ging 2021 in Insolvenz und wurde 2022 von der CIREX GmbH übernommen (https://www.pressebox.de/inaktiv/feinguss-soest-gmbh-co-kg/Nachfolgeloesung-gefunden-CIREX-GmbH-uebernimmt-Geschaeftsbetrieb-der-Feinguss-Soest-GmbH-CO-KG-i-I/boxid/1138255).

169 300 Jahre ZOLLERN (wie Anm. 5), S. 122; Frankfurter Allgemeine Zeitung vom 19.5.2008, S. 15.

170 300 Jahre ZOLLERN (wie Anm. 5), S. 122.

Zusammenfassung

Das Hüttenwerk Laucherthal war eines mehrerer Hüttenwerke, die um 1700 von den Landesherren zur Verarbeitung des in der Gegend anstehenden Erzes gegründet wurden. Ein günstiger Standort (Energieversorgung mit der Wasserkraft der Lauchert, erweiterungsfähiges Betriebsgelände, zunächst Rohstoffe in der Nähe, später Eisenbahnanschluss), Investitions- und Innovationsbereitschaft, Spezialisierung und neue Produktlinien sicherten über 200 Jahre die Produktionskontinuität und damit Arbeitsplätze.[171]

Das Werk war allerdings lange Zeit ein Fremdkörper in der auf Grundrenten ohne Investitionen ausgerichteten feudalherrlichen Verwaltung, die im 18. Jahrhundert dieses Problem durch Admodiation zu lösen versuchte, während es im 19. Jahrhundert deshalb zu Konflikten mit den Bergverwaltern kam. Bei Grundsatzentscheidungen über das Unternehmen spielten sozialpolitische patriarchalische Erwägungen eine nicht zu unterschätzende Rolle. Dabei lässt sich indes die Aussage Hartmut Berghoffs über den 1905 verstorbenen Fürsten Leopold für das ganze 19. und bis weit in das 20. Jahrhundert hinein verallgemeinern, dass „die persönliche Anteilnahme" des Fürsten „an den Geschäften [...] minimal" geblieben sei. „Die Verantwortung lag allein bei Verwaltern und Kammer."[172] Seit 1945 übernahmen jedoch Angehörige des Fürstenhauses in Krisenzeiten vorübergehend operative Funktionen in der Geschäftsführung.

Im Gegensatz zu den meisten anderen Hüttenwerken der Region wurde in den 1860er-Jahren der Hochofenbetrieb oder gar das ganze Werk nicht aufgegeben. Grund hierfür dürften die trotz eines beträchtlichen Rückgangs nach wie vor erwirtschafteten Gewinne gewesen sein. Als nach der Stilllegung des Hochofens die Schließung in den 1880er-Jahren doch erwogen wurde, verhinderte die anziehende Konjunktur diese Entscheidung. Das kleine ehemalige Hüttenwerk wandelte sich zum prosperierenden metallverarbeitenden Betrieb.

Im Dritten Reich profitierte der Betrieb nicht zuletzt wegen des neuen Produktionszweiges Gleitlager von der Aufrüstungspolitik und war im 2. Weltkrieg wie auch schon im 1. Weltkrieg ein wichtiger Rüstungsbetrieb. Die Rolle der Zollern Gleitlager AG und der Zollernwerke Kalisch GmbH müsste ebenso wie die Übernahme ehemals jüdischer Unternehmen in Berlin noch näher untersucht werden.

Expansionen durch Zukäufe und Zweigwerke waren sowohl im Kaiserreich als auch in der Bundesrepublik nicht immer erfolgreich. Unternehmerische Fehlentscheidungen führten zu existenzbedrohenden Krisen in den 1970er- und 1990er-Jahren. Mit Produktionsstätten im Ausland ist das Unternehmen seit den 1990er-Jahren weltweit präsent.

---

171 Josef KOCH, Wertwandel der Standortfaktoren des Hüttenwerkes Laucherthal. Ein Vorschlag zur stärkeren Einbeziehung des Heimatraumes in den Erdkundeunterricht der Sekundarstufe II an Gymnasien in Baden-Württemberg, in: Eberhard SCHALLHORN (Hg.), Heimatbewußtsein und Weltkenntnis. Wandel und Bestand der Schulgeographie in Baden-Württemberg. Festschrift des Landesverbandes Baden-Württemberg zur Feier des 75. Jahrestages der Gründung des Verbandes Deutscher Schulgeographen e.V. am 16. September 1987 in Göttingen (Der Erdkundelehrer in Baden-Württemberg Sonderheft), Heinsberg 1987, S. 79–85, hier S. 80.
172 BERGHOFF, Adel und Industriekapitalismus im Deutschen Kaiserreich (wie Anm. 67), S. 257.

Menschen in der Wirtschaft

Der Beitrag jüdischer Unternehmer zur Industrialisierung Oberschwabens und Hohenzollerns. Ein Vergleich

Doris Astrid Muth

Um der Frage, welche Rolle Juden bei der Industrialisierung Südwestdeutschlands gespielt haben, nachzugehen, werden in diesem Beitrag exemplarisch die Geschichte zweier Unternehmen vorgestellt sowie die Gemeinsamkeiten und Unterschiede im Hinblick auf ihre Entstehung und ihre Bedeutung für die Industriegeschichte ihrer jeweiligen Stadt und Region herausgearbeitet. Es handelt sich dabei um jeweils ein Beispiel aus Hohenzollern und Oberschwaben: die Hechinger Baumwollweberei B. Baruch & Söhne sowie den Laupheimer ‚Global Player', die Haarfabrik J. Bergmann & Co. – beide Industriepioniere in ihrer jeweiligen Stadt.

Juden in Hechingen

Nachdem die seit dem Spätmittelalter in Hechingen ansässigen Juden 1576 vertrieben worden waren, gestattete Fürst Eitelfriedrich II. von Hohenzollern-Hechingen 1634 die erneute Ansiedlung in der Residenzstadt. Damit war der Grundstein für die zweite jüdische Gemeinde gelegt, die rund 300 Jahre Bestand haben sollte. Um 1800 lebten ca. 400 Juden in der Stadt. In der ersten Hälfte des 19. Jahrhunderts stieg die Zahl der jüdischen Hechinger stetig an und erreichte um die Jahrhundertmitte ihren Höhepunkt. 1842 war mit 809 Personen ungefähr ein Viertel der Hechinger Stadtbevölkerung jüdischen Glaubens. Doch obwohl die Zahl der Hechinger Juden in der zweiten Hälfte des 19. Jahrhunderts kontinuierlich sank und ihr Anteil 1907 mit 185 Personen nur noch 4 Prozent betrug, ist es genau diese Phase, in der die jüdischen Unternehmer eine Vorreiterrolle bei der Industrialisierung von Stadt und Region übernahmen.[1]

---

[1] Initiative Hechinger Synagoge e.V. (Hg.): Juden in Hechingen. Geschichte einer jüdischen Gemeinde in neun Lebensbildern aus fünf Jahrhunderten. Hechingen o.J., S. 47.

1 Ansicht von Hechingen mit der Burg Hohenzollern, um 1800. Im Vordergrund die Friedrichstraße, das jüdische Viertel Hechingens. Ölgemälde von J. Heinrich Bleuler. Vorlage: Hohenzollerisches Landesmuseum Hechingen.

Die Hechinger Textilindustrie

In Hechingen sowie im benachbarten Württemberg war es die Textilindustrie, die im Industrialisierungs- und Modernisierungsprozess des 19. Jahrhunderts die entscheidenden Impulse setzte. Und es waren Juden, die die Industrie nach Hechingen brachten. Bei der wirtschaftlichen Entwicklung der ehemaligen Residenzstadt spielten die jüdischen Textilunternehmer eine dominierende Rolle. Seit den 1870er Jahren avancierten sie zu den größten Arbeitgebern in Stadt und Umland sowie zu der Bevölkerungsgruppe mit dem größten Steueraufkommen.

Von den 13 Gewerbebetrieben, die sich bis zur Jahrhundertwende in Hechingen angesiedelt hatten, waren sieben Textilunternehmen, von denen sich sechs in jüdischem Besitz befanden bzw. von Juden gegründet worden waren. Der erste Fabrikbetrieb Hechingens ist die 1847 gegründete Baumwollweberei B. Baruch & Söhne. Ihr folgt 1853 die Mechanische Weberei J. Heilbronner & Söhne, 1864 die Färberei und spätere Zwirnerei und Nähfadenfabrik J. Levi & Co. Als sich in den 1870er Jahren die Trikotwirkerei durchzusetzen beginnt, kommt es zu drei weiteren Fabrikgründungen, die sich auf die Produktion von Maschenware verlegen: die Trikotwarenfabriken David Levy, Löwengard & Levy, später Carl Löwengard, sowie Liebmann & Levy. Als jüngste Fabrikgründung kommt nach dem 1. Weltkrieg noch die Trikotagenfabrik Hermann Levy hinzu.[2]

2 Jacob TOURY: Jüdische Textilunternehmer in Baden-Württemberg 1683–1938. Tübingen 1984, S. 152 ff.

Ihre Blütezeit erlebte die jüdische Textilindustrie Hechingens in den Jahren der Weimarer Republik. Der Historiker Jakob Toury bezeichnet es als kleines „Wirtschaftswunder", dass die etwa 100 Juden, die in dieser Zeit in der Stadt lebten und nur 1,9 Prozent der Stadtbevölkerung ausmachten, mehr als ein Drittel, nämlich 33–40 Prozent der Steuern aufbrachten.[3] Während das Gewerbekapital der Hechinger Juden zur Zeit der Reichsgründung nur etwa 23 Prozent des städtischen Kapitals ausgemacht hatte, erreichte es kurz vor dem 1. Weltkrieg und in den Jahren der Weimarer Republik Spitzenwerte. 1910 betrug das Steuerkapital der sechs Firmen mit jüdischen Inhabern etwa fünf Millionen Mark, was einem Anteil von rund 45 Prozent des Gesamtgewerbesteuerkapitals der Stadt entsprach.[4] Aber nicht nur als Steuerzahler nahmen die jüdischen Unternehmen eine Spitzenposition ein, sondern auch als Arbeitgeber. In den sogenannten ‚goldenen Jahren' der Weimarer Republik, also ca. 1924 bis 1929, waren in den jüdischen Textilbetrieben in Hechingen und Umgebung bis zu 2500 Mitarbeiter beschäftigt.[5]

So beschäftigte die Trikotwarenfabrik Carl Löwengard noch bis in die 1930er Jahre rund 330 Mitarbeiterinnen und Mitarbeiter und betrieb neben Hechingen auch eine

2   Ehemaliges Fabrikgebäude der Firma Löwengard & Levy, später Trikotwarenfabrik Heinrich Maute. Aufnahme von 1958. Vorlage: Hohenzollerisches Landesmuseum Hechingen. Inv. Nr. 93/74.

3   Ehemaliges Fabrikgebäude der Firma Hermann Levy, später Trikotwarenfabrik Gebrüder Mayer/Trigema an der Haigerlocher Straße. Aufnahme von 1958. Vorlage: Hohenzollerisches Landesmuseum Hechingen, Inv. Nr. 93/63.

3   Ebd., S. 163.
4   Ebd., S. 162 f.
5   Ebd., S. 162.

Filiale in Rangendingen.[6] Und die Trikotwarenfabrik Hermann Levy, die bei ihrer Gründung 1919 mit 20 Arbeitern angefangen hatte, beschäftigte in den 1920er Jahren im Durchschnitt 300–400 Mitarbeiterinnen und Mitarbeiter. Neben der Fabrik an der Haigerlocher Straße in Hechingen betrieb Hermann Levy noch einen Nähsaal in Bisingen sowie eine Filiale in Rangendingen.[7]

Vom Verlagssystem zur industriellen Produktion

Die Hechinger Textilindustrie ist aus dem Verlagssystem hervorgegangen. Die Anfänge der jüdischen Textilindustrie Hechingens reichen bis in die erste Hälfte des 19. Jahrhunderts zurück. Betrachtet man die Gründungsgeschichte der Unternehmen, die zwischen 1847 und 1880 in Hechingen Fuß fassten, so lässt sich vor allem eine Gemeinsamkeit feststellen: Sie alle sind ursprünglich aus dem Textilhandel bzw. dem Verlagssystem hervorgegangen und entwickelten sich später zu Fabrikbetrieben mit eigener Produktion.

Das Verlagssystem gehört wie die Manufaktur zu den frühindustriellen Produktionsformen, die im Textilbereich weit verbreitet waren. Das Verlagssystem beruhte darauf, dass die Produktion aus dem Unternehmen ausgelagert war und an Heimarbeiter vergeben wurde, während sich die Verleger ausschließlich um die kaufmännische Seite des Betriebs, die Beschaffung der Rohstoffe, die Bereitstellung der Maschinen sowie den Vertrieb der Fertigware kümmerten.

Seit dem Aufkommen der Rundwirktechnik in den 1860er Jahren stellten Hechinger Textilkaufleute den Trikotwirkern in den Dörfern der Schwäbischen Alb Rundwirkstühle leihweise oder gegen Abzahlung auf Raten zur Verfügung und belieferten sie mit Garn, das diese in Heimarbeit verarbeiteten und als Fertigware an den Verleger ablieferten.[8] Später gingen die Hechinger Verleger selbst zum Fabrikbetrieb über und produzierten ihre Waren in Eigenregie, während viele Trikotwirker ihrerseits Fabriken gründeten und die Trikotindustrie auf der Schwäbischen Alb begründeten.

Exemplarisch für diesen Werdegang ist die Geschichte der Mechanischen Trikotwarenfabrik David Levy, die wie alle anderen jüdischen Textilunternehmen in Hechingen aus einem Handelshaus hervorgegangen ist. In den 1830er Jahren betrieb der Kaufmann David Levy in der heutigen Schlossstraße ein Ellenwaren-Ladengeschäft sowie eine Eisen- und Spezereihandlung. Das gemischte Warengeschäft en gros und en détail bot eine breit gefächerte Produktpalette an, die sowohl Stoffe als auch Glaswaren, Lebensmittel und Mineralwasser umfasste. In den 1870er Jahren erfolgte eine grundlegende Änderung der Geschäftstätigkeit. Das Detailgeschäft wurde aufgegeben, und man ging

---

6 StadtA Hechingen, Nachlass Sauter. Masch. schriftl. Manuskript o. D. zur Entstehung und Entwicklung der Wirkwarenfabrik Carl Loewengard in Hechingen. Beitrag zur Geschichte des Unternehmens und seiner Inhaber.
7 Doris Astrid MUTH: Die jüdische Textilindustrie in Hechingen und Hohenzollern, in: Karl-Hermann BLICKLE/Heinz HÖGERLE (Hg.): Juden in der Textilindustrie. Dokumentation der Tagung des Gedenkstättenverbundes Gäu-Neckar-Alb am 10. Oktober 2010 in Hechingen. S. 47–64, hier S. 58 ff.
8 Stadt Albstadt (Hg.): Menschen Maschen und Maschinen. Katalog des Maschenmuseums Albstadt. Albstadt 1996, S. 67.

zum Verlagssystem über. Von der Firma David Levy ist überliefert, dass sie in großen Mengen Garn aus Sachsen bezog und zur Verarbeitung an die Heimarbeiter in Onstmettingen, Tailfingen, Burladingen und Gauselfingen weitergab. An ihren in der Stube aufgestellten, mittels einer Kurbel handbetriebenen Rundwirkstühlen verarbeiteten sie das vom Verleger gelieferte Baumwollgarn. Die Maschinen lieferten einen schlauchförmigen gewirkten Stoff, der durch Zuschneiden und Nähen zu dehnbaren, geschmeidigen Wäsche- und Kleidungsstücken verarbeitet wurde. Die Bezahlung erfolgte nach Gewicht, weshalb man diese Artikel auch als Pfundware bezeichnete. Ende der 1880er Jahre wurde das Verlagssystem aufgegeben und zur Eigenfabrikation übergegangen. Zu diesem Zweck erwarb die Firma David Levy den ehemaligen fürstlichen Marstall und baute ihn im Jahr 1888 zu einer mechanischen Trikotwirkerei um. An die Stelle der handbetriebenen Wirkstühle der Heimarbeiter traten nun dampfbetriebene Rundwirkmaschinen für die industrielle Massenproduktion.[9]

Industriepioniere in Hohenzollern: die Baumwollweberei B. Baruch & Söhne

Zu den Pionieren der Industriegeschichte Hohenzollerns gehört unangefochten die Firma B. Baruch & Söhne, das älteste Unternehmen mit jüdischen Inhabern in Hechingen. Die Anfänge der Firma B. Baruch und Söhne geht noch in die fürstliche Zeit zurück, also vor dem Übergang der hohenzollerischen Fürstentümer an Preußen infolge der Revolution von 1848. Zu Beginn des 19. Jahrhunderts betreibt die Familie Baruch in der Hechinger Schlossstraße einen Einzelhandel mit Stoffen. 1825 gründet Benedikt Baruch mit seinen Söhnen Leopold und Salomon in Plieningen auf den Fildern eine Handweberei für Baumwollstoffe, die im Hechinger Ladengeschäft verkauft oder auf Messen und Jahrmärkten vertrieben werden. 1847 erhält Benedikt Baruch von der fürstlich-hechingischen Landesregierung eine Konzession zur Errichtung einer Baumwollweberei mit Färberei. In der Nähe der Reitbahn wird ein neues Fabrikgebäude erbaut. Weitere Räumlichkeiten erwirbt Baruch von der Familie Kaulla: ein Ökonomiegebäude, die Alte Münze (ehemalige Prägestätte) sowie mehrere Wohnhäuser in der Schlossstraße.[10]

Diese Immobilienkäufe versinnbildlichen den sich abzeichnenden wirtschaftlichen Wandel der Stadt Hechingen, steht die Familie Kaulla doch für die ‚alte', die vorindustrielle Zeit, die Zeit der Hoffaktoren, die die absolutistisch regierenden Fürsten mit Geld und Gütern versorgten und ihren luxuriösen Lebenswandel finanzierten. Die Kaullas, vor allem die als Madame Kaulla berühmt gewordene Chaile, waren als Hoffaktoren einst die führende jüdische Familie der Residenzstadt gewesen. In der 1. Hälfte des 19. Jahrhunderts hatten sie ihre Geschäftstätigkeit dem Bankwesen zugewandt und nach Stuttgart verlagert, wo sich immer mehr Familienmitglieder niederließen und ihre Im-

---

9 StadtA Hechingen, Nachlass Sauter. Masch. schriftl. Manuskript über die Mech. Trikotwarenfabrik David Levy. Beitrag zur Geschichte des Unternehmens und seiner Inhaber.
10 StadtA Hechingen, Nachlass Sauter. Masch. schriftl. Manuskript über die Baumwollweberei B. Baruch und Söhne. Beitrag zur Geschichte des Unternehmens und seiner Inhaber.

mobilien in Hechingen veräußerten.[11] An die Stelle der Hoffaktoren trat nun ein neuer Typ Unternehmer: der Industrielle. Wie die Familie Kaulla im 18. Jahrhundert sollte nun die Familie Baruch die führende jüdische Familie des beginnenden Industriezeitalters in Hechingen werden.

Anfangs ist das Unternehmen hausindustriell organisiert. Baruch betreibt ca. 600 Webstühle in vielen Dörfern Hohenzollerns und des württembergischen Heubergs, wo in Heimarbeit an Handwebstühlen für die Firma gearbeitet wird. In Hechingen befinden sich lediglich die Färberei und Appretur, d.h. hier werden die Stoffe ausgerüstet und veredelt.[12]

In ihren Anfängen war die Textilindustrie sowohl in Hohenzollern als auch im benachbarten Württemberg einer schier übermächtigen Konkurrenz aus den weit fortschrittlicheren Textilregionen in den preußischen Rheinprovinzen und in Sachsen sowie in England ausgesetzt. Dort wurde bereits mit hohem Maschineneinsatz arbeitsteilig produziert, und vor allem hatte man dort längst auf die billigere, leichter zu verarbeitende und benutzerfreundlichere Baumwolle gesetzt, während in Hohenzollern und Württemberg immer noch die Hausindustrie und vor allem die Leinenproduktion vorherrschten.[13]

Mit der Entscheidung, Baumwolle zu verarbeiten, lag Baruch also bereits voll im Trend der Zeit, jedoch entsprach das Unternehmen keineswegs dem modernen Stand der Technik. In seinem Gesuch vom 21. August 1854 bat Leopold Baruch, der die Nachfolge seines 1848 verstorbenen Vaters Benedikt angetreten hatte, die preußische Regierung in Sigmaringen um Gewährung eines Vorschusses zur Aufstellung der dringend benötigten Maschinen. Hier trafen die finanziellen Erfordernisse des Privatunternehmens mit den staatlichen Interessen zusammen. Mit den hohenzollerischen Fürstentümern hatte Preußen ein wirtschaftlich rückständiges Territorium übernommen. Um Gewerbe und Industrie auf die Sprünge zu helfen, waren staatliche Fördermaßnahmen dringend erforderlich. Über die Gründe, warum der Staat Baruch und Söhne – und auch anderen Unternehmen – mit öffentlichen Mitteln aushalf, schreibt das Ministerium für Handel, Gewerbe und öffentliche Arbeiten im Februar 1855: *die Subventionen verfolgen lediglich den Zweck, durch die Erweiterung des Fabrikbetriebs erwerbslosen Arbeitern in den hohenzollerischen Landen Gelegenheit zu lohnender Tätigkeit zu eröffnen.*[14]

Im Vertrag vom 4. Oktober 1854 zwischen der königlichen Regierung und der Firma Baruch & Söhne bewilligte der Staat dem Unternehmen die Anschaffung verschiedener Maschinen mit öffentlichen Mitteln: eine Raumaschine, eine Längenschermaschine, eine Trockenmaschine, einen Kalander, eine hydraulische Presse und eine Zwirnmaschine, außerdem einen unverzinslichen Vorschuss von 6000 Talern zur Anschaffung einer Dampfmaschine. An den Vertrag waren verschiedene Bedingungen geknüpft: Die Ma-

---

11 Initiative Hechinger Synagoge e.V., Juden in Hechingen (wie Anm. 1), S. 29.
12 StadtA Hechingen, Nachlass Sauter. Buntweberei B. Baruch & Söhne (wie Anm. 10).
13 Reiner FLIK: Die Textilindustrie in Calw und Heidenheim 1750–1870. Eine regional vergleichende Untersuchung zur Geschichte der Frühindustrialisierung und der Industriepolitik in Württemberg, Stuttgart 1990, S. 332 ff.
14 StA Sigmaringen Ho 235 T 13/15 Nr. 529: Schreiben des Ministeriums für Handel, Gewerbe und öffentliche Arbeiten vom Februar 1855.

4   Briefkopf der Mechanischen Bunt-Weberei & Färberei B. Baruch & Söhne auf einer Rechnung vom 13. Januar 1893. Vorlage: Sammlung Tobias Matheis.

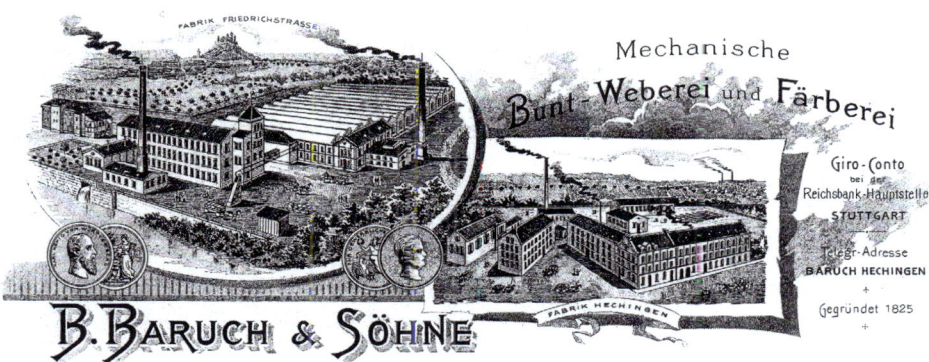

5   Briefkopf der Mechanischen Bunt-Weberei & Färberei B. Baruch & Söhne auf einem Brief vom 20. Mai 1903. Vorlage: Sammlung Helmut Unmuth.

schinen mussten als Eigentum des Staates kenntlich gemacht werden und blieben in dessen Besitz bis zur Rückzahlung der 6000 Taler. Ferner musste das Unternehmen neue Arbeiter für die Weberei ausbilden und innerhalb von drei Jahren die Zahl der betriebenen Webstühle um mindestens 300 erhöhen, an denen ausschließlich Arbeiter aus den hohenzollerischen Landen beschäftigt werden durften. Für die Aufstellung und Inbetriebnahme der Maschinen am 2. Oktober 1855 reiste ein ausgebildeter Mechaniker extra aus Berlin an. Die Transport- und Aufstellungskosten beliefen sich auf 2600 Taler.[15] 10 Jahre später, 1865, gingen die Maschinen vertragsgemäß in das Eigentum von Baruch & Söhne über.

15   Ebd.

6 Die Fabrikanlage der ehemaligen Baumwollweberei B. Baruch & Söhne, später ESBI. Aufnahme von 1958. Vorlage: Hohenzollerisches Landesmuseum Hechingen.

Mit der Einführung dieser Maschinen, die vor allem der Ausrüstung und Veredelung der Stoffe dienen, verfolgt Leopold Baruch das Ziel, hochwertigere Produkte herzustellen, die auf dem Markt konkurrenzfähiger sein würden. Innovativ ist auch seine Entscheidung, bereits mit Dampfkraft zu produzieren. Die meisten Unternehmen in Hohenzollern und auch im benachbarten Württemberg können sich in dieser Frühphase der Industrialisierung den Betrieb einer Dampfmaschine gar nicht leisten. Ihr Einsatz bleibt hier lange Zeit die Ausnahme.[16]

Mit der technischen Ausstattung des Betriebs hat Baruch & Söhne den entscheidenden Schritt zum modernen Industrieunternehmen vollzogen. Die Handweberei wird nun endgültig aufgegeben und die mechanische Weberei eingeführt. Für das expandierende Unternehmen reichen die Betriebsstätten in der Oberstadt längst nicht mehr aus. 1862/63 wird in der Friedrichstraße, dem ehemaligen jüdischen Viertel, ein neues Fabrikanwesen errichtet, das in den folgenden Jahren immer wieder erweitert wird.[17] Die Produktpalette ist breit gefächert: *farbige Hemdenstoffe, glatt und geraut, Schürzenzeuge, Hosen- und Rockstoffe, Flanelle, die den elsässischen an Qualität nicht nachstehen*, wie es in den Hohenzollernschen Blättern vom Juni 1881 heißt.[18] Bei der Württembergischen

16 FLIK, Textilindustrie (wie Anm. 13), S. 332.
17 StadtA Hechingen, Nachlass Sauter. Buntweberei B. Baruch & Söhne (wie Anm. 10).
18 HBl vom 21. 6. 1881.

Landesgewerbeausstellung 1881 wird Baruch & Söhne mit einer Goldmedaille prämiert.[19] Zu diesem Zeitpunkt beschäftigt die Firma 450 Arbeiter und produziert mit einer Leistung von 40 PS, eine in der damaligen Zeit enorme Leistungskraft. In den 1880er Jahren wird der Betrieb in der Friedrichstraße mit elektrischem Licht sowie einer Telefonanlage ausgestattet, im Jahr 1900 eine Speiseanstalt für die Belegschaft eingerichtet.[20] Zu Beginn des 20. Jahrhunderts ist Baruch & Söhne eine der führenden Baumwollwebereien Süddeutschlands. 1904 veräußern die Inhaber ihre Anteile an die Göppinger, ebenfalls jüdische Weberei Abraham Gutmann, in deren Besitz Baruch & Söhne 1923 schließlich übergeht.[21]

Das Ende der jüdischen Textilindustrie in Hechingen am Beispiel der Zwirnerei und Nähfadenfabrik J. Levi & Co.

1933 gab es in Hechingen noch vier Textilunternehmen mit jüdischen Inhabern. Bis 1938 wurden sie alle *arisiert*, d.h. zwangsweise und unter Wert verkauft. Wie die gezielte Strategie der Ausgrenzung und Verdrängung jüdischer Unternehmer funktionierte, zeigt das Beispiel der Hechinger Zwirnerei und Nähfadenfabrik J. Levi & Co., die im Mai 1938 an die Reutlinger Nähfadenfabrik J.J. Anner zum Preis von 152 700 RM verkauft wurde.[22]

Ausgrenzung und Verdrängung jüdischer Unternehmer aus der Wirtschaft

War es in den ersten Jahren der nationalsozialistischen Herrschaft jüdischen Unternehmern noch möglich, ihr Unternehmen zu einem einigermaßen angemessenen Preis zu verkaufen, verschlechterten sich die Rahmenbedingungen und Handlungsspielräume zusehends.[23] Die Formen der Verdrängung von Juden aus ihren Unternehmen reichten von Beschlagnahmung über Nötigung und Schikanen bis hin zum Zwangsverkauf, bei dem die resignierten und eingeschüchterten jüdischen Firmeninhaber ihren Betrieb unter Wert an nicht-jüdische Erwerber veräußerten. Ab 1936/37 mussten Verkaufsverträge den NSDAP-Gauwirtschaftsberatern und ab 1938 staatlichen Institutionen wie dem Regierungspräsidium oder dem Reichswirtschaftsministerium zur Genehmigung vorgelegt werden. Ziel der Gauwirtschaftsberater war es, den Kaufpreis für Unterneh-

---

19 HBl vom 29.9.1881.
20 HBl vom 5.7.1900.
21 HBl vom 3.9.1904.
22 Ausführlich zur Arisierung der Zwirnerei und Nähfadenfabrik J. Levi & Co: Doris Astrid MUTH, In die Knie gezwungen. Der Verkauf der Zwirnerei und Nähfadenfabrik J. Levi & Co. KG, Hechingen, in: Heinz HÖGERLE/Peter MÜLLER/Martin ULMER (Hgg.), Ausgrenzung, Raub, Vernichtung. NS-Akteure und „Volksgemeinschaft" gegen die Juden in Württemberg und Hohenzollern 1933 bis 1945, im Auftrag von Gedenkstättenverbund Gäu-Neckar-Alb e.V., Landesarchiv Baden-Württemberg, Landeszentrale für politische Bildung Baden-Württemberg, Horb a.N. 2019, S. 329–342.
23 Frank BAJOHR, „Arisierung" als gesellschaftlicher Prozess. Verhalten, Strategien und Handlungsspielräume jüdischer Eigentümer und „arischer" Erwerber, in: Fritz Bauer Institut (Hg.), „Arisierung" im Nationalsozialismus. Volksgemeinschaft, Raub und Gedächtnis (Jahrbuch 2000 zur Geschichte und Wirkung des Holocaust), Frankfurt a.M. 2000, S. 15–30, hier S. 17f.

men jüdischer Eigentümer zu drücken. Daher genehmigten sie grundsätzlich keine Verträge in Höhe des realen Firmenwerts, der sich aus der Marktposition, der Produktpalette, dem Kundenstamm, den Geschäftsbeziehungen, Absatzwegen und dem Ansehen einer Firma zusammensetzte. Zahlungen wurden verweigert, selbst wenn der Preis zwischen dem jüdischen Eigentümer und dem nichtjüdischen Erwerber bereits vertraglich vereinbart war.[24]

In das Verkaufsverfahren waren verschiedene Akteure wie das Reichswirtschaftsministerium, die Regierungspräsidien, die Überwachungsstellen der Gewerbezweige sowie die Devisenstellen involviert, denen ein Instrumentarium an Gesetzen und Verordnungen zur Verfügung stand, die der NS-Staat im Rahmen des Vierjahresplans erlassen hatte. Eine zentrale Rolle bei der Verdrängung von Juden aus dem Wirtschaftsleben spielten die so genannten *Überwachungsstellen* der Gewerbe, die zur Kontrolle, Lenkung und Verteilung des Rohstoffimports eingerichtet worden waren.[25]

Zur Steuerung des Handels mit industriellen Rohstoffen und Halbfabrikaten wurden auf dem Textilsektor die Überwachungsstellen für Wolle und Tierhaare, für Baumwolle, für Bastfaser, für Seide, Kunstseide, Kleidung und verwandte Gebiete sowie die – für J. Levi & Co. zuständige – Überwachungsstelle für Baumwollgarne und -gewebe eingerichtet. Spätestens seit Ende 1937 beteiligten sich die Überwachungsstellen gezielt an der Verdrängung der Juden aus der Wirtschaft. Im November 1937 erhielten sie vom Reichswirtschaftsministerium die Anweisung, die Einfuhrkontingente jüdischer Unternehmer auf keinen Fall mehr zu erhöhen und nach Möglichkeit zu kürzen.[26] Im Falle von Unternehmen mit jüdischen Inhabern oder Geschäftsführern eröffnete diese Genehmigungspflicht den Behördenmitarbeitern die Möglichkeit, deren Anträge gezielt abzulehnen. Im November 1937 wies der Reichswirtschaftsminister die Überwachungsstellen an, „die Beteiligung jüdischer Firmen an der Wareneinfuhr zu überprüfen und im Interesse einer Steigerung des deutschen Einflusses zurückzudrängen."[27] Die Devisen- und Rohstoffkontingente *nichtarischer Firmen* sollten „grundsätzlich mindestens um 10 Prozent, unter Umständen noch mehr, gekürzt" werden, wobei ausdrücklich darauf hingewiesen wurde, „dass im Fall der ‚Arisierung' [...] die Kontingente im alten Umfang wieder aufleben würden".[28]

Druck übten auch die Devisenstellen aus, die Hand in Hand mit den Überwachungsstellen zusammenarbeiteten. Lag es in der Macht der Überwachungsstellen, jüdischen Unternehmern die Importkontingente zu kürzen, konnten die Devisenstellen ihnen die für die Einfuhr von Rohwaren nötigen Devisen vorenthalten, was den Ankauf von Rohstoffen aus dem Ausland wiederum verunmöglichte.[29] Hatte die Reichsbank bei Impor-

---

24 EBD., S. 17f.
25 Gerd HÖSCHLE, Die deutsche Textilindustrie zwischen 1933 und 1939. Staatsinterventionismus und ökonomische Rationalität, Stuttgart 2004, S. 31f.
26 Werner ABELSHAUSER u. a. (Hg.), Wirtschaftspolitik in Deutschland 1917–1990, Berlin 2016, S. 536.
27 EBD.
28 TOURY, Textilunternehmer (wie Anm. 2), S. 246.
29 Christoph FRANKE, Die Rolle der Devisenstellen bei der Enteignung der Juden, in: Katharina STENGEL (Hg.), Vor der Vernichtung. Die staatliche Enteignung der Juden im Nationalsozialismus, Frankfurt a. M. 2007, S. 80–93, hier S. 88.

ten aus dem Ausland bisher die erforderlichen Devisen zur Verfügung gestellt, so war der Importeur nunmehr verpflichtet, vor Abschluss eines Kaufes im Ausland um eine Devisenzusage der Überwachungsstelle nachzusuchen. Für die Importeure bedeutete dies, dass Geschäfte, für deren Abwicklung Devisen benötigt wurden, erst nach einer Devisengenehmigung der Überwachungsstelle und einer Zuteilung der Devisenstelle durchgeführt werden konnten.[30]

In die Knie gezwungen: der Zwangsverkauf der Zwirnerei und Nähfadenfabrik J. Levi & Co.

Für ein Unternehmen wie J. Levi & Co. hatten die Maßnahmen der Überwachungs- und Devisenstellen schwerwiegende Konsequenzen. J. Levi & Co. bezog einen großen Teil seiner Rohstoffe – Rohgespinste und Baumwollrohgarne – aus England und der Schweiz. Indem man das Unternehmen von der Rohstoffversorgung konsequent abschnitt, es quasi ‚aushungerte', wurde der Betrieb so lange lahmgelegt, bis den Inhabern nichts mehr übrigblieb, als zu verkaufen.

Nach einer Besprechung mit den beiden Firmeninhabern am 14. Mai 1938 in Hechingen, bei der er sich ein Bild über die Situation des Unternehmens gemacht hatte, schätzte der Sigmaringer Gewerberat Dr. Beyer die Lage von Levi & Co. so ein, dass *der Verkauf der Firma dadurch notwendig geworden [ist], weil seit März d. Js. notwendige Devisen für den Ankauf von Rohgespinsten für die Nähfadenherstellung von der Überwachungsstelle für Baumwollgarne nicht mehr zur Verfügung gestellt worden sind.*[31] Die Firma benötige aber *unter allen Umständen diese Rohgespinste, die sie bisher hauptsächlich aus der Schweiz und England bezogen hat, wenn der Betrieb nicht zum Erliegen kommen soll.*[32] Die Strategie der Überwachungsstelle, den Betrieb von der Rohstoffversorgung abzuschneiden und damit in die Knie zu zwingen, kommt auch im Schreiben des Sigmaringer Regierungspräsidenten an das Reichswirtschaftsministerium zum Ausdruck: *Da die Versorgung des Hechinger Betriebes mit Rohstoffen bereits seit Ende März ds. Js. stockt, ist die reibungslose Weiterbeschäftigung der im Hechinger Betrieb zr. Zt. beschäftigten 115 Gefolgschaftsmitglieder sehr gefährdet.*[33]

Ziel dieser perfiden Strategie war es jedoch nicht, die jüdischen Unternehmen, bei denen es sich oft um bedeutende Arbeitgeber handelte, zu zerschlagen, sondern sie mit nichtjüdischen Inhabern weiter zu betreiben.

So schreibt der Käufer von J. Levi & Co., die Reutlinger Firma J. J. Anner Zwirnerei und Nähfadenfabrik, im Mai 1938 an das Regierungspräsidium Sigmaringen: *Am Schlusse möchte ich noch zur Kenntnis bringen, dass die Firma J. Levi & Co. Hechingen mit Rohstoffen schlecht versorgt ist. Auf meine diesbezgl. eingeleiteten Schritte bei der Überwachungsstelle für Baumwollgarne und Gewebe, Berlin wurde mir von dieser Stelle mitgeteilt, dass*

---

30 Ebd.
31 StA Sigmaringen Ho 235 T 13/15 Nr. 702: Bericht des Sigmaringer Gewerberats Dr. Beyer vom 16. Mai 1938.
32 Ebd.
33 Ebd., Schreiben Dr. Simons an den Reichswirtschaftsminister o. D.

7 Bei der Jubiläumsfeier am 1. Mai 1934 feiert die Belegschaft das 70-jährige Bestehen des Unternehmens. Vorlage: Hohenzollerisches Landesmuseum Hechingen.

mit einer ausreichenden Rohstoffzuweisung erst gerechnet werden könne nach erfolgter Übernahme des Hechinger Betriebes durch meine Firma, sodass bei etwaiger Verzögerung der Angelegenheit die Gefahr besteht, den Betrieb, der am 1. Juni 1938 übernommen werden sollte, wegen Rohstoffmangel nicht weiterführen zu können.[34]

Und im Hinblick auf den Erhalt der Arbeitsplätze heißt es: *Damit aber verhindert wird, daß die Erwerberin ohne Ausgleich Teile der Fabrik von Hechingen nach Reutlingen verlegt, halte ich es für wünschenswert, in die Genehmigung eine entsprechende Bedingung aufzunehmen.*[35] Die Genehmigung für den Verkauf vom 24. Mai 1938 wird dann unter der Bedingung erteilt, *daß der Betrieb in Hechingen in gleichem Umfange fortgeführt und die vorhandenen Gefolgschaftsmitglieder weiter beschäftigt werden.*[36] Anner hatte ganz auf der Linie der NSDAP versichert, den Geschäftsbetrieb im Rahmen des eigenen Geschäfts als Zweigbetrieb in Hechingen weiterzuführen und die Angestellten und Arbeiter der Firma Levi weiter zu beschäftigen *sofern diese arisch sind.*[37]

Nachdem sie, wie die anderen jüdischen Hechinger Unternehmen, trotz Schikanen und Zwangsmaßnahmen bis 1938 standgehalten hatten, sehen sich die Inhaber von J. Levi & Co. schließlich gezwungen, aufzugeben. Am 19. Mai 1938 wird der von der Schwäbi-

34 EBD., Schreiben der J. J. Anner Zwirnerei und Nähfadenfabrik vom 21. 5. 1938 an das Regierungspräsidium Sigmaringen.
35 EBD., Schreiben des Regierungspräsidiums vom 20. 5. 1938 an die Bezirksstelle Hechingen der Industrie- und Handelskammer.
36 EBD., Genehmigung des Regierungspräsidenten Dr. Simons vom 24. 5. 1938.
37 EBD.

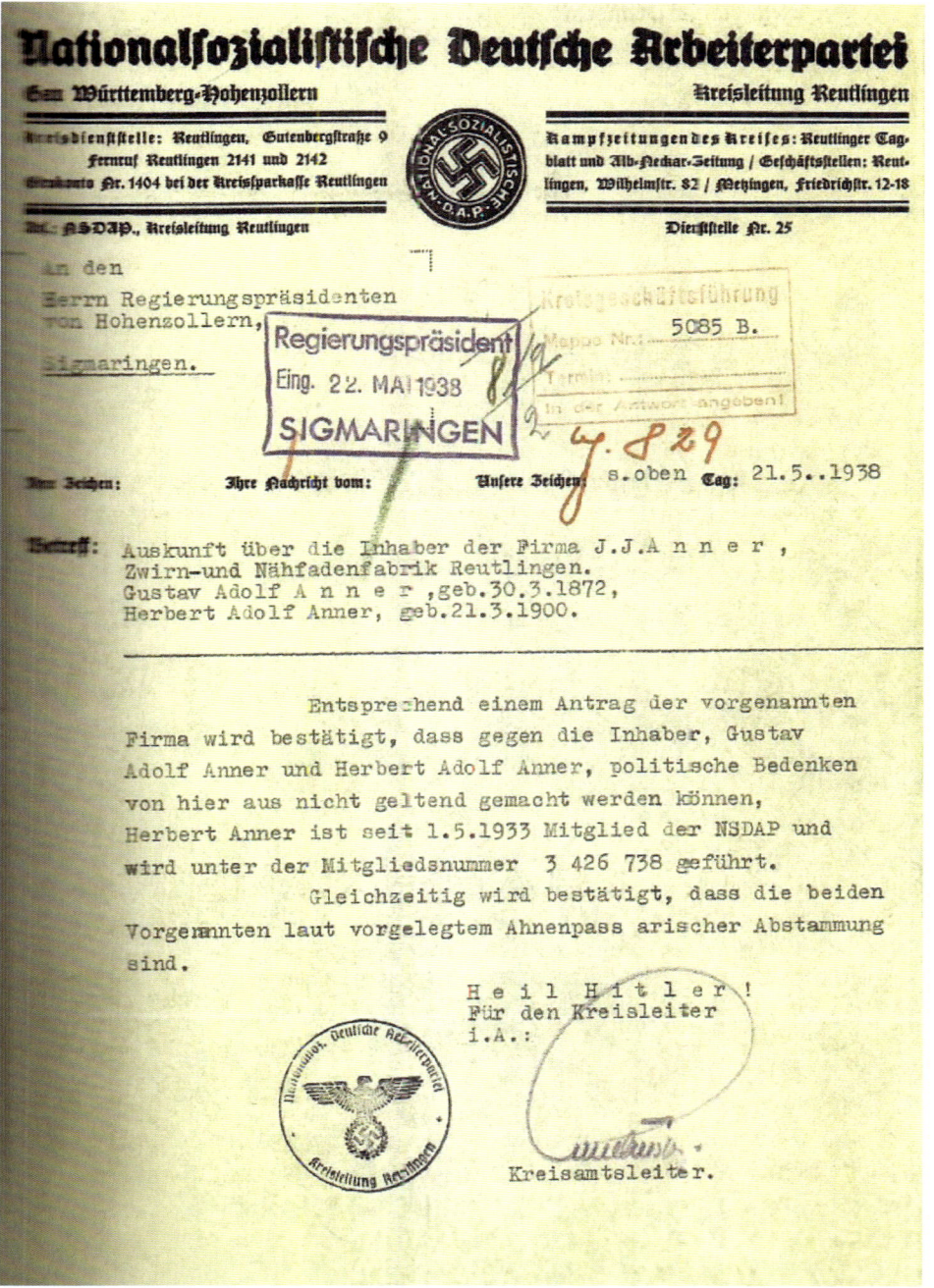

8   Die Reutlinger NSDAP-Kreisleitung macht den Weg frei für den Zwangsverkauf von J. Levi & Co.
Vorlage: Staatsarchiv Sigmaringen.

schen Treuhand AG in Stuttgart ausgearbeitete Kaufvertrag zwischen der Firma J. Levi & Co KG in Hechingen und der Firma J.J. Anner o. H.G. in Reutlingen notariell beurkundet. Der Verkauf war das Ergebnis der oben geschilderten, gezielten Strategie, mit der der NS-Staat durch Schikanen, Boykott und gesetzliche Zwangsmaßnahmen jüdische Unternehmer wirtschaftlich in die Knie zwang.

Fazit

Betrachtet man die fast ein Jahrhundert umschließende Epoche jüdischer Industriegeschichte Hechingens, so lässt sich feststellen, dass die jüdischen Textilunternehmer die entscheidenden Impulse für die Entstehung der Trikotindustrie in Hechingen gegeben und so den Aufstieg der ganzen Region zu einem der führenden Textilzentren Deutschlands überhaupt erst ermöglicht haben. In den Anfängen der Industrialisierung waren es die jüdischen Textilhändler- und verleger, die sowohl über die kaufmännische Kompetenz, das notwendige Kapital sowie die Netzwerke und Handelsverbindungen verfügten, um die Maschinen und Rohstoffe zur Verfügung zu stellen und den Verkauf der Fertigware zu gewährleisten. Für die Produktion konnten sie auf ein großes Arbeitskräftereservoir zurückgreifen, in Gestalt der Heimarbeiter in den Dörfern Hohenzollerns und den von bitterer Armut geprägten Realteilungsgebieten des benachbarten Württemberg. Mit der Mechanisierung und dem Übergang zum Fabrikbetrieb trennten sich die gemeinsam beschrittenen Wege von Verlegern und Heimarbeitern. Viele Trikotwirker vor allem in Tailfingen und Ebingen emanzipierten sich vom Verlagssystem und errichteten eigene Fabriken. Damit wurden sie zu Begründern der Trikotindustrie auf der Schwäbische Alb, die bis weit ins 20. Jahrhundert Bestand haben sollte. Das nahezu 100-jährige Kapitel jüdischer Industriegeschichte in Hechingen fand mit der so genannten *Arisierung*, also den Zwangsverkäufen der jüdischen Unternehmen, und der Vertreibung bzw. Vernichtung ihrer Inhaber durch die nationalsozialistische Gewalt- und Unrechtsherrschaft ein bitteres Ende.

Juden in Laupheim

Richten wir den Blick nun nach Oberschwaben. In Laupheim, seit 1845 Oberamtsstadt, befand sich im 19. Jahrhundert eine der größten jüdischen Gemeinden des Königreichs Württemberg. In den 1720er Jahren hatte Reichsfreiherr Carl Damian von Welden vier jüdische Familien aus dem später bayerischen Ostschwaben aufgenommen und ihnen einen Schutzbrief ausgestellt. 1807, ein Jahr nachdem Laupheim im Zuge der Mediatisierung Württemberg zugefallen war, lebten bereits 41 jüdische Familien in der Stadt, die 270 Personen umfassten und 13,3 Prozent der Gesamtbevölkerung ausmachten. Um die Jahrhundertmitte war, wie in Hechingen, fast ein Viertel der Stadtbewohner, nämlich 22,6 Prozent, jüdischen Glaubens. Und wie in Hechingen und anderen jüdischen Gemeinden ging die Zahl der Laupheimer Juden in der zweiten Hälfte des 19. Jahrhunderts durch Abwanderung in Städte wie Stuttgart, Ulm oder München sowie Auswanderung insbesondere nach Amerika kontinuierlich zurück. Um 1900 waren noch 443 (9,1 Pro-

9 Der „Ochsen" in der Kapellenstraße war eines der vier jüdischen Gasthäuser Laupheims. Vorlage: Archiv Ernst Schäll.

10 Häuser auf dem Judenberg 1932. Vorlage: Archiv Ernst Schäll.

zent) jüdische Bewohner in Laupheim gemeldet, 1933 waren es mit 235 Jüdinnen und Juden 4,5 Prozent.[38]

Wie die meisten Juden Süd- und Südwestdeutschlands verdienten auch die Laupheimer Juden mehrheitlich ihren Lebensunterhalt mit Pferde- und Viehhandel, Hausier- und Kleinhandel sowie Darlehensgeschäften. 1856 gab es 32 Vieh- und Pferdehändler sowie 57 Hausierer in Laupheim.[39] Letztere hatten für die oberschwäbische Landbevölkerung eine wichtige Vermittlerfunktion. Neben Kurzwaren und anderen Gütern des täglichen Gebrauchs, die die Bauern nicht selbst herstellen konnten, brachten sie Neuigkeiten aufs Dorf oder auf den Hof und versorgten die Bauern mit Klein- und Kleinstkrediten, die diese zur Not auch in Naturalien zurückzahlen konnten. An dieser Berufsstruktur hatte auch das Gesetz vom 25. April 1828 nicht grundlegend etwas geändert, dessen Ziel unter anderem gewesen war, Juden in handwerkliche Berufe zu bringen.

Erst um die Jahrhundertmitte weitet sich das Betätigungsfeld der Laupheimer Juden aus: sie gründen Geschäfte und Banken, wie etwa das Bankhaus Heumann, die spätere Volksbank Laupheim. Auch die erste Druckerei in Laupheim geht auf die Initiative eines jüdischen Bürgers, Seligmann Öttinger, zurück, der seit 1846 die erste Laupheimer Zei-

38 Georg SCHENK, Die Juden in Laupheim, in: Ulm und Oberschwaben Bd. 39 (1970), S. 103–120, hier S. 110.
39 EBD., S. 109.

tung, das Amts- und Intelligenzblatt für den Oberamtsbezirk Laupheim, herausgab. Von später globaler Bedeutung wurde die 1845 gegründete Hopfengroßhandlung Simon H. Steiner.[40]

Die Rolle der Juden bei der Industrialisierung Laupheims

Wie in Oberschwaben generell hielt die Industrialisierung auch in Laupheim nur langsam Einzug. Im textilen Sektor war es der Schneider Emanuel Heumann, der 1845 eine Kleiderfabrik für Maßanzüge, Hosen, Blusen und Hemden gründete, die bis 1938 bestand und noch ca. 100 Mitarbeiterinnen und Mitarbeiter beschäftigte.

Ab der Jahrhundertmitte entstanden aus Handwerksbetrieben kleine Unternehmen zur Herstellung von Holzwerkzeug, wie etwa 1857 die Holzwerkzeugfabrik des Schreiners Josef Löffler, ab 1875 bekannt unter dem Firmennamen Eßlinger und Abt, die Holzwerkzeugfabrik des Handwerkers und Tüftlers Andreas Bader oder die Fabrik für Hobeleisen des Schlossers Clemens Keckeisen. Auf jüdischer Seite war es Josef Steiner, der 1859 ebenfalls eine Holzwerkzeugfabrik gründete, die schnell expandierte. Bei der Weltausstellung in London 1862 präsentierte Steiner seinen 300 Artikel umfassenden Firmenkatalog. 1891 wurde das Unternehmen in eine Aktiengesellschaft umgewandelt: die Laupheimer Werkzeugfabrik AG. Um die Jahrhundertwende beschäftigte der Betrieb 160 bis 180 Arbeiter und exportierte seine Werkzeuge innerhalb Europas und nach Übersee unter dem Markennamen *Original Steiner*. Bis zur Jahrhundertwende kam es in Laupheim kontinuierlich zu weiteren Fabrikgründungen aus der Holzwerkzeug-, aber auch aus anderen Branchen, wie etwa die Instrumentenbaufirma Sandherr oder die Haarfabrik J. Bergmann & Co.[41] 1906 wurden in Laupheim 809 Arbeiter und Arbeiterinnen in 94 Betrieben gezählt, in den Branchen Maschinen-, Instrumenten- und Apparatebau, Holzverarbeitung, Bekleidungsgewerbe, Nahrungsmittelherstellung, Steine und Erden sowie Textil- und Metallverarbeitung.[42]

In Laupheim hatte die Industrialisierung ihre Protagonisten also sowohl unter den jüdischen als auch unter den nicht-jüdischen Unternehmern. Dennoch lag der Beitrag von Juden an der wirtschaftlichen Entwicklung der Stadt weit über ihrem Anteil an der Bevölkerung. Machten Juden 1863 ca. 20 Prozent der Bevölkerung Laupheims aus und verzeichneten einen Anteil am gesamten Steueraufkommen von 20 Prozent, so betrug der jüdische Bevölkerungsanteil um die Jahrhundertwende nur noch rd. 8 (8,2) Prozent, der Anteil am Gesamtsteueraufkommen lag jedoch bei rd. 37 Prozent (36,98).[43]

Im Folgenden soll nun ein jüdischer Protagonist der Laupheimer Industriegeschichte, die Haarfabrik J. Bergmann und Co., näher vorgestellt werden.

---

40 Anna-Ruth Löwenbrück, Juden und Katholiken in einer oberschwäbischen Landgemeinde – Beispiel Laupheim. In: Haus der Geschichte Baden-Württemberg (Hg.), Nebeneinander – Miteinander – Gegeneinander? Zur Koexistenz von Juden und Katholiken in Süddeutschland im 19. und 20. Jahrhundert, Gerlingen 2002, S. 113–135, hier S. 125 ff.
41 Ebd., S. 125 f.
42 Ebd., S. 127.
43 Ebd., S. 129.

Von der Färberei auf dem Judenberg zum ‚Global Player': die Haarfabrik J. Bergmann & Co.

Die Geschichte der Haarfabrik Bergmann beginnt in den 1870er Jahren mit dem Zuzug Josef Bergmanns, der aus einem kleinen, noch handwerklich geprägten Betrieb für Haarhandel und Färberei ein florierendes global agierendes Industrieunternehmen von Weltgeltung aufbaute. 1850 in Böhmen geboren, erlernte Josef Bergmann zunächst das Färberhandwerk, bevor er sich auf das Färben und Bleichen von Menschenhaar spezialisierte.

1874 heiratete er Friederike Einstein, deren Vater auf dem Laupheimer Judenberg eine Bäckerei betrieb. Nach dem Tod des Schwiegervaters richtete Josef Bergmann zusammen mit seinem Bruder Anton in den nun nicht mehr genutzten Räumlichkeiten der Bäckerei eine Färberei für Menschenhaar ein, der Grundstein für die spätere Haarfabrik. Aus ärmlichen Verhältnissen kommend, sollten die Brüder und ihre Nachkommen innerhalb weniger Jahrzehnte zu einer der wohlhabendsten und angesehensten jüdischen Familien Laupheims aufsteigen.

11 Die Kapellenstraße, wo viele Laupheimer Juden lebten. Ansicht um 1910. Ganz rechts im Bild das ursprüngliche Wohnhaus der Familie Bergmann. Vorlage: Archiv Ernst Schäll.

12 a und b   Josef Bergmann (1850–1922) als junger Unternehmensgründer und als Familienpatriarch. Aufnahmen von ca. 1874 und 1912. Fotos: Archiv Ernst Schäll.

Vom Handwerk zum Fabrikbetrieb

In den Anfängen bestand das Geschäft in der Bearbeitung von Haar, das hauptsächlich aus Polen und Russland sowie aus Bayern und der Schweiz bezogen wurde.[44] In der zum chemischen Labor umfunktionierten ehemaligen Backstube wurde das Haar gereinigt, gebleicht, gefärbt und dann an Frisöre und Hersteller von Haarteilen und Perücken verkauft. In den folgenden Jahren wurde das Tätigkeitsfeld stetig erweitert. Zur Haarbearbeitung kam die Herstellung von Zöpfen, Locken, Perücken, Toupets, etc. hinzu, ebenso der Verkauf von Friseurbedarf, Kämmen, Bürsten, Lockeneisen sowie Kosmetikartikeln. Reißenden Absatz fanden aus Haaren geflochtene Uhrketten, die gegen Ende des Jahrhunderts groß in Mode waren.[45] Aber nicht nur die Produktpalette wurde ständig erweitert und diversifiziert, es wurden auch neue Vertriebswege erschlossen und moderne Vermarktungsstrategien eingeführt. Man betrieb Großhandel mit Frisören und Schönheitssalons. Handelsreisende wurden eingestellt, ein europaweites Netz von Vertriebsagenturen aufgebaut. Kernstück blieb aber die Haarverarbeitung, galt Bergmann doch

---

44 John H. BERGMANN, Die Bergmanns aus Laupheim. Eine Familienchronik, Scarsdale u. a. 1983, hg. und bearb. von Karl Neidlinger im Auftrag der Gesellschaft für Geschichte und Gedenken, Laupheim 2006, S. 31.
45 EBD.

13 Max Bergmann (1879–1952), Sohn und Nachfolger in der Firmenleitung, um 1930. Foto: Archiv Ernst Schäll.

um die Jahrhundertwende in der Branche als Spezialist für das Bleichen von menschlichem Haar.

Die Zahl der Beschäftigten stieg rasant: 1892 beschäftigten die Bergmann-Brüder 21 Arbeiter und Arbeiterinnen, 1905 waren es bereits 120.[46] Zur Belegschaft gehörten außer den Arbeiterinnen und Arbeitern mehrere *Frisurenkünstler*, Verwaltungsangestellte und vier Handelsreisende.[47] Arbeitsgänge wie das Sortieren von Haar wurden von ortsansässigen Frauen in Heimarbeit erledigt.

Die Hochphase

Für das expandierende Geschäft reichen die Räumlichkeiten in der ehemaligen Backstube auf dem Judenberg längst nicht mehr aus. 1894 wird mit dem Bau einer Fabrikanlage begonnen, die den technischen und betriebswirtschaftlichen Anforderungen des wachsenden Unternehmens entspricht. Für Verwaltung, Produktion und Verkauf werden in mehreren Bauphasen verschiedene Gebäudekomplexe errichtet, in denen sich die Vielfalt der Produktion und die Modernität des Geschäftsbetriebs widerspiegeln. Es

---

46 Ulrich Kreutle, Die Bedeutung der israelitischen Gemeinde für die wirtschaftliche Entwicklung Laupheims. Wiss. Zulassungsarbeit für das höhere Lehramt an der wirtschaftswissenschaftlichen Fakultät der Universität Tübingen, Masch. schriftl. Manuskript 1984, S. 135.
47 Bergmann, Die Bergmanns (wie Anm. 44), S. 32.

Doris Astrid Muth

14   Die Fabrikanlage. Ansicht von der König-Wilhelm-Straße, um 1930. Vorlage: Archiv Theo Miller.

entsteht ein Gebäudekomplex für die verschiedenen Produktionsschritte wie Haarpräparation, Haarwäscherei, Haarfärbung und Haarbleichung, ein weiterer für Verpackung und Versand inklusive Zollschließfächern im Keller. Ein Pförtnerhaus wird errichtet und Sozialräume eingerichtet. 1900 kommt ein Gebäude zur Unterbringung von Öltanks hinzu. Der dritte und letzte Gebäudekomplex entsteht 1910/11 mit Gebäuden für die Herstellung von Bleichlösungen, einer Nähmaschinenhalle, einem Kutschenhaus, das später zur Garage wird, einem Pferdestall, der später zum Laboratorium umfunktioniert wird sowie einem Vorratslager.[48]

Nach der Jahrhundertwende erlebte das Unternehmen einen stürmischen Aufstieg. Überhaupt können die Jahre vor dem 1. Weltkrieg als Blütezeit des Betriebs betrachtet werden. Zu diesem Zeitpunkt war Bergmann bereits ein global agierendes Unternehmen, das eng mit chinesischen Lieferanten und Produzenten kooperierte. Die Bergmanns profitierten vom Abschneiden der Zöpfe im Zuge der Chinesischen Revolution von 1911, wodurch der Markt mit riesigen Mengen an Menschenhaar überflutet wurde. Hinzu kam, dass die Chinesen kräftiges, qualitativ hochwertiges Haar zu Preisen lieferten, mit denen die Preise für Haar europäischer Herkunft nicht konkurrieren konnten. Besonders gut eignete sich das geschmeidige und kräftige chinesische Haar für die Herstellung von Haarnetzen, die vor dem 1. Weltkrieg groß in Mode waren.

48   Ebd., S. 33.

Um die gefragten Haarnetze kostengünstig zu produzieren, importierten die Bergmanns Haar aus China, bearbeiteten es vor Ort und schickten es zur Netzherstellung nach China zurück, um dann das Fertigprodukt zu reimportieren. Trotz weiter Transportwege lohnte sich diese Methode: Importiertes chinesisches Haar wurde gewaschen, ausgedünnt, gebleicht oder gefärbt und in Heimarbeit mit Filetnadeln von Hand zu Netzen verhäkelt. Diese ‚Filetprozedur' jedoch war ineffizient und teuer. Man entdeckte, dass es in China im Überfluss und zu niedrigen Preisen Arbeitskräfte gab und dass ein chinesisches Mädchen in 21 Tagen ein Gros Haarnetze (144 Stück) herstellte.[49]

Neben der Herstellung von Haarnetzen floriert auch die Perückenproduktion. Ein Haarteil- und Perückenkatalog aus dem Jahr 1911 zeigt auf der Titelseite bekannte Schauspieler in Rollen, in denen sie Bergmann-Perücken tragen. Für die Herstellung von Perücken werden Spezialnähmaschinen zum Nähen der Perückenbasis erworben, die das traditionelle Nähen von Hand ersetzen. Akkordarbeit wird eingeführt. Nicht nur Produktionssteigerung, sondern auch Diversifizierung der Produktpalette und Anpassung an die jeweiligen Modetrends kennzeichnen diese Jahre. So werden beispielsweise auch Helmbüsche aus Rosshaar für die Armeen in den Farben der jeweiligen Einheit angeboten.[50]

Krise und Neuanfang

Der 1. Weltkrieg brachte einen tiefen Einbruch in das florierende Unternehmen, insbesondere durch den Zusammenbruch des China-Geschäfts infolge des Verlusts der Kolonie Tsingtao im November 1914 und der Sperrung der Seewege nach Deutschland. Nachdem kein chinesisches Haar mehr importiert werden konnte, behalf sich die Firma mit Importen aus Italien und der Schweiz, doch konnten diese das lukrative Geschäft mit dem chinesischen Haar nicht ersetzen. Für die Kriegswirtschaft war Bergmann nicht wichtig, obwohl Treibriemen aus Haar gefertigt wurden, um Leder für den Kriegseinsatz freizumachen.[51]

Nach dem 1. Weltkrieg erholte sich Bergmann nur langsam. Zu schaffen machte das Problem, dass sich die Chinesen in Sachen Haarbearbeitung emanzipiert und von den Laupheimer Verfahren unabhängig gemacht hatten. Noch schwerer als das rückläufige China-Geschäft wog jedoch der Bubi-Kopf, der in den 1920er Jahren die weibliche Haarmode dominierte und die Nachfrage nach Haarnetzen dramatisch sinken ließ. Doch die Umstellung auf eine andere Sparte, nämlich die Filmindustrie, half Bergmann bald wieder auf die Beine, wobei der Laupheimer Carl Laemmle, ein Freund Max Bergmanns, behilflich war. Der Filmpionier und Gründer der Universal Motion Picture Corporation vermittelte Aufträge aus Hollywood, wo viele Filmstars dann Perücken von Bergmann trugen. So war auch die erste größere Innovation nach dem Krieg die Vergrößerung des Nähmaschinenraums für die Herstellung von Gewebeböden für Perücken.[52]

---

49 EBD., S. 40.
50 EBD., S. 40 ff.
51 EBD., S. 55 f.
52 EBD., S. 58.

Nach einer kurzen Erholungsphase Mitte der 1920er Jahre ging es jedoch ab 1929 wieder bergab. 1929 wurde, um den schrumpfenden Umsatz auszugleichen, der Versuch unternommen, ein Haarfärbemittel herzustellen. Dafür wurde eigens ein Chemiker angestellt, für den der alte Pferdestall in ein Chemielabor umgebaut wurde. Das Produkt mit der Bezeichnung „Natural" wurde entwickelt, kam aber nicht auf den Markt. Es fehlte Kapital für die notwendigen Produktionsanlagen und neue Vertriebsstrategien, auch gab es technische Probleme.[53]

Ausplünderung und Vertreibung

Doch obwohl Wirtschaftskrise, Absatzschwierigkeiten, Umsatzeinbrüche und technische Probleme ab Ende der 1920er Jahre dem Unternehmen zu schaffen machten, genoss die Firma Anfang der 1930er Jahre weltweit einen ausgezeichneten Ruf. Der württembergische Wirtschaftsminister bezeichnete Bergmann als einen der großen Devisenbringer des Landes, und in Laupheim gehörte die Firma zu den größten Steuerzahlern und mit ca. 150 Beschäftigten zu den wichtigsten Arbeitgebern der Stadt.[54]

In einer Gemeinderatssitzung vom 24. April 1936 kam auch der überzeugte NS-Bürgermeister Marxer nicht umhin darauf hinzuweisen, welch verheerende Wirkung eine Schließung oder Auflösung des Unternehmens für die Steuereinnahmen der Stadt nach sich ziehen würde.

Schikanen, Intrigen, Sabotage, Spionage innerhalb der Firma seitens der Belegschaft, Denunziation etc. setzten dem Unternehmen ab 1936/37 immer mehr zu, so dass Verkaufsverhandlungen mit zwei leitenden Angestellten aufgenommen wurden. Da diese den NS-Behörden jedoch nicht genehm waren, erhielt nach langen Querelen schließlich ein Freund des Bürgermeisters, ein Biberacher Molkereibesitzer, der vom Haargeschäft keine Ahnung hatte, den Zuschlag zum Preis von rd. 27 500 RM statt der ursprünglich angesetzten 249 000 RM.[55]

Die bisherigen Inhaber der Haarfabrik konnten mit ihren Familien rechtzeitig in die USA emigrieren. Nach einem langwierigen Restitutionsverfahren wurde die Firma 1953 an die Familie Bergmann zurückgegeben.

Jüdische Unternehmer in Hechingen und Laupheim: Unterschiede und Gemeinsamkeiten

Im Hinblick auf die Industrialisierung hatte Laupheim eine etwas andere Entwicklung genommen, als dies in Hechingen der Fall gewesen war. In Laupheim spielte die Textilindustrie eine untergeordnete Rolle, hier war es die Holzwerkzeugindustrie, die sich im 19. Jahrhundert zum Leitsektor entwickelte. Auch wies die Industrielandschaft branchenmäßig eine größere Bandbreite auf und war nicht auf einen Sektor fokussiert. Und

---

53 EBD., S. 78.
54 EBD.
55 EBD., S. 97 ff.

während in Hechingen jüdische Unternehmer als Pioniere und Träger der Industrialisierung gelten können, verdankt Laupheim seine industrielle Entwicklung ebenso jüdischen wie nicht-jüdischen Unternehmern. Unterschiedlich war auch die Entstehungsgeschichte der ersten Fabrikbetriebe. Während sie in Hechingen aus dem Verlagssystem hervorgegangen waren, entwickelten sie sich in Laupheim aus kleinen Handwerksbetrieben. Vergleichbar mit Hechingen ist dagegen die Tatsache, dass in beiden Städten der Anteil der Juden an der wirtschaftlichen Entwicklung im Verhältnis zu ihrem Anteil an der Gesamtbevölkerung überproportional hoch war, sowohl als Arbeitgeber als auch als Steuerzahler.

Resumé

Die Industrialisierung im 19. und Anfang des 20. Jahrhunderts, ob in Hechingen oder Laupheim, ist wenn auch unter unterschiedlichen Voraussetzungen und in unterschiedlichen Ausprägungen ohne Juden undenkbar. Mit der gezielten Ausgrenzung der Juden aus dem Wirtschaftsleben und den erzwungenen Verkäufen ihrer Unternehmen ist ein entscheidendes Kapitel der Beziehungsgeschichte von Juden und Nicht-Juden unwiederbringlich und gewaltsam zu Ende gegangen, auch wenn viele Fabrikbetriebe unter nicht-jüdischer Inhaberschaft noch bis weit ins 20. Jahrhundert weiter existierten, manche sogar bis in die Gegenwart wie die Haarfabrik Bergmann. Bei den Zwangsmaßnahmen gegen jüdische Firmeninhaber war es nicht allein darum gegangen, sie auszuplündern und zum Verkauf ihrer Unternehmen zu zwingen, um sie danach in Ruhe zu lassen. Die wirtschaftliche Vernichtung war die Vorstufe zur physischen Vernichtung. Die sog. *Arisierung* war eine Station auf dem Weg, der mit Boykottaufrufen und zerschlagenen Schaufenstern im April 1933 begonnen hatte und in den Vernichtungslagern endete.

Viel leichter zu unterdrücken.
Die Arbeiterbewegung in Oberschwaben von den Anfängen bis 1933

Stefan Feucht

Eine gerechte Welt, in der jeder nach seinen Fähigkeiten und seinen Bedürfnissen leben soll und kann, war – und ist für manche noch immer – die Utopie des Sozialismus.[1] Ausgangspunkt für diese Hoffnung auf ein besseres Leben war der Antagonismus zwischen Kapital und Arbeit, wie er sich im Laufe des „langen 19. Jahrhunderts" (Eric Hobsbawm) entwickelt hat. Dieses Jahrhundert war geprägt durch die Entstehung von Nationalstaaten, den Aufstieg des Bürgertums und damit verbunden durch die Industrialisierung, die in Deutschland zur Jahrhundertmitte Fahrt aufnahm. Das Entstehen einer Arbeiterschicht als Folge der Industrialisierung ist ein weiteres prägendes Element des 19. Jahrhunderts, mit weitreichenden Folgen bis in die Gegenwart.

Obwohl Oberschwaben als agrarisch geprägt, tief katholisch ja sogar als „glückhaft rückständig" gilt,[2] hat sich auch hier eine Arbeiterschaft herausgebildet, die sich in unterschiedlichen Formen organisiert hat. Sie blieb jedoch an Zahlen gemessen relativ schwach und hatte kaum politischen Einfluss. Nur einmal schien dies für einen kurzen Moment anders zu sein. Nach Ende des 1. Weltkriegs hatten sich auch hier im Zuge der Novemberrevolution 1918 Arbeiter- und Soldatenräte bzw. Arbeiter- und Bauernräte gebildet. Selbst die Kommunisten hatten Fuß gefasst in den wenigen Städten mit Industrie, wie etwa in Ravensburg. 1921/22 erschien dort sogar eine kommunistische Zeitung, die *Oberschwäbische Freie Presse*. Ihr Erscheinen war nicht von langer Dauer. Es fehlte schlicht an Rückhalt und Absatzmöglichkeiten unter der zahlenmäßig geringen Arbeiter-

---

1 Das vollständige Zitat lautet: *In einer höheren Phase der kommunistischer Gesellschaft, nachdem die knechtende Unterordnung der Individuen unter die Teilung der Arbeit, damit auch der Gegensatz geistiger und körperlicher Arbeit verschwunden ist; nachdem die Arbeit nicht nur Mittel zum Leben, sondern selbst das erste Lebensbedürfnis geworden; nachdem mit der allseitigen Entwicklung der Individuen auch ihre Produktivkräfte gewachsen und alle Springquellen des genossenschaftlichen Reichtums voller fließen – erst dann kann der enge bürgerliche Rechtshorizont ganz überschritten werden und die Gesellschaft auf ihre Fahne schreiben: Jeder nach seinen Fähigkeiten, jedem nach seinen Bedürfnissen!* Karl Marx, Kritik des Gothaer Programms, in: Ders./Friedrich Engels, Werke (MEW), Bd. 19, Berlin ⁵1974, S. 21.
2 Dazu Elmar L. Kuhn, Glückhafte Rückständigkeit?, in: Oberschwaben, Magazin der Gesellschaft Oberschwaben 9 (2010), S. 180–191.

schaft in Oberschwaben, deren Neigung zu radikalen Ideen zudem durchaus begrenzt war. Am Ende musste man enttäuscht feststellen, die Arbeiter in Oberschwaben seien *an die Scholle gefesselt* und *sind viel leichter zu unterdrücken*.[3] Die Utopie des Sozialismus entschwand in weite Ferne.

Im Folgenden soll ein kurzer Blick auf die Entwicklung der Arbeiterbewegung in Oberschwaben von ihrer Entstehung bis zur einschneidenden Zäsur des Jahres 1933 geworfen werden. Dabei wird zu fragen sein, wie sich Arbeiter in Oberschwaben organisiert haben, welche Spielräume und Einflussmöglichkeiten sie hatten. Waren sie tatsächlich viel leichter zu unterdrücken als in anderen Regionen des Reiches, und welche Bedeutung haben sie für die regionale Entwicklung Oberschwabens eingenommen?

Die Forschungen zur Arbeiterbewegung in Oberschwaben sind bislang denkbar gering. Sucht man nach entsprechender Literatur, merkt man, dass man auf sich sehr dünnem Eis bewegt. Für die Zeit nach 1945 fehlt eine Darstellung. Zwar gibt es die Arbeit von Manfred Dietenberger aus dem Jahr 1984 mit dem schönen Titel „Die Enkel fechten's besser aus", deren Untertitel „Zur Geschichte der Arbeiterbewegung in Oberschwaben" hoffen lässt.[4] Doch leider ist Dietenbergers Werk im besten Falle kursorisch und auch in der Darstellung tendenziös. Für die Zeit nach 1945 präsentiert er lediglich eine lückenhafte Quellensammlung. Dietenberger war Gewerkschaftssekretär in Friedrichshafen und Waldshut, und sein Buch ist von einer historisch-materialistischen Geschichtsbetrachtung beeinflusst, wie sie in der Folge der 68er Bewegung vielfach zu finden ist. So etwa zieht Dietenberger eine direkte Verbindung zwischen spätmittelalterlichen Protesten (im „Frühkapitalismus") zum Beginn der regionalen Arbeiterbewegung, ganz im Sinne eines „historischen Befreiungskampfes" der Unterdrückten.

Viel informativer und deutlich ausgewogener in der Darstellung ist die 1993 erschienene Arbeit von Wolfgang Glaeser: „Metaller am See. Zur Geschichte der Gewerkschaften in Oberschwaben bis 1933".[5] Herausgegeben wurde die Arbeit von der IG Metall Friedrichshafen. Unabhängig davon ist Glaeser eine sachliche und materialreiche Darstellung des Themas gelungen. Die nachfolgende Darstellung stützt sich in weiten Teilen auf seine Untersuchung.

Damit wären beide explizit sich dem Thema widmenten Arbeiten erwähnt. Ansonsten sind wir auf die Gesamtdarstellungen Peter Eitels zu Oberschwaben, diverse Lokalstudien (hier sind vor allem die Arbeiten zu Friedrichshafen, Ravensburg und Biberach ergiebig) und auf Festschriften örtlicher SPD-Ortsvereine oder ähnlicher Gruppen angewiesen. Elmar Kuhn hat die Tätigkeit der Räte in Oberschwaben und vor allem in Friedrichshafen während Revolution 1918/19 eingehend untersucht.[6]

---

3 Oberschwäbische Freie Presse, Die Oberschwäbische Arbeiterbewegung, vom 12.11.1921, in: Elmar L. Kuhn/Peter Renz, Geschichten aus Oberschwaben, Tübingen 2009, S. 174.
4 Manfred Dietenberger, „...die Enkel fechtens besser aus!" Zur Geschichte der Arbeiterbewegung in Oberschwaben, Freiburg 1984.
5 Wolfgang Glaeser, Metaller am See. Zur Geschichte der Gewerkschaften in Oberschwaben bis 1933, Freiburg 1993.
6 Vgl. Elmar L. Kuhn, „Von den Zinnen des Schlosses weht das Banner der Revolution". Vor 70 Jahren: Revolution in Friedrichshafen, in: Leben am See 6 (1988), S. 342–352; Ders.: „Rote Fahnen über Oberschwaben: Revolution und Räte", in: ZWLG 56 (1997), S. 241–317.

Auch die Quellenlage ist ausgesprochen disparat. Die meisten Unterlagen der betreffenden Parteigruppierungen und Gewerkschaften auf lokaler und regionaler Ebene sind aus unterschiedlichen Gründen in den allermeisten Fällen nicht überliefert. Was bleibt sind regionale Zeitungen, staatliche Berichte, etwa der Oberämter im 19. Jahrhundert, oder einzelne Überlieferungssplitter in kommunalen Archiven. Die *Oberschwäbische Freie Presse* ist in der Württembergischen Landesbibliothek überliefert.

Geographisch beschränkt sich die nachfolgende Darstellung auf das württembergische Oberschwaben – obwohl etwa ein Blick in benachbarte Regionen vielversprechend sein könnten – etwa in den Hegau und dort vor allem nach Singen, wo Gert Zang unter dem Titel „Arbeiterprovinz" eine umfangreiche Untersuchung vorgelegt hat.[7]

Anfänge während der Revolution von 1848/49

Im Laufe der Revolution von 1848/49 entstanden in Oberschwaben – wie in ganz Deutschland – nicht nur demokratische Volksvereine, die hauptsächlich vom Bürgertum getragen wurden, sondern zeitgleich auch eine Reihe von sogenannten Arbeitervereinen. Während der Revolution formulierten sie explizit auch politische Forderungen, wie z. B. die Volkssouveränität. Im März 1849 stellte eine in Ulm tagende *Centralkommission der württembergischen Arbeitervereine* folgenden Forderungskatalog auf: Einführung von Gewerbegerichten, Festlegung der Höchstarbeitszeit, Einrichtung von Fortbildungsschulen für Arbeiter, eine Förderung von Arbeiterunterstützungskassen, ein Ende der Schikanen reisender Arbeiter durch Beamte sowie verbilligte Eisenbahnkarten für wandernde Arbeiter.[8]

Nach der Niederschlagung der revolutionären Bewegung, ab Sommer 1849, agierten die Arbeitervereine verständlicherweise vorsichtiger. Sie verstanden sich nun in erster Linie als Vereinigung zur gegenseitigen Unterstützung. Derartige Arbeitervereine gab es in Altdorf, Kißlegg, Friedrichshafen, Isny, Leutkirch, Ravensburg und Wangen.[9] Dietenberger behauptet, auch in Altshausen und Aulendorf habe es Arbeitervereine gegeben.[10] Allerdings fehlt ein Quellenbeleg für diese Angabe. Konkret tätig wurden die Arbeitervereine auf lokaler Ebene durch die Gründung von Ankaufsgenossenschaften, Wanderunterstützungs- und Arbeitsnachweisvereine oder aber auch durch eigene Krankenkassen.[11]

Die Arbeitervereine in Oberschwaben hielten engen Kontakt zur ersten deutschen Arbeiterorganisation, der *Allgemeinen Deutschen Arbeiterverbrüderung*. Es darf angenommen werden, dass sie deren Zielen nahestanden, die anfangs ebenfalls explizit poli-

---

7 Gert ZANGANG (Hg.), Arbeiterprovinz. Alltag, Politik, Kultur zwischen Kirchturm und Fabrikschornstein. Singen 1895–1933, 2 Bde., Konstanz 1989.
8 GLAESER, Metaller (wie Anm. 5), S. 21. Unterlagen dazu befinden sich laut Glaeser im Hauptstaatsarchiv Stuttgart, E146–1959.
9 Frolinde BALSER, Sozialdemokratie 1848/49–1863. Die erste deutsche Arbeiterorganisation „Allgemeine Arbeiterverbrüderung" nach der Revolution, 2 Bde., Stuttgart 1962, S. 647 f.
10 DIETENBERGER, Enkel (wie Anm. 4), S. 36.
11 GLAESER, Metaller (wie Anm. 5), S. 17.

tisch zu verstehen waren: *Die Arbeiterverbrüderung hat den Zweck, unter den Arbeitern aller Berufsarten eine starke Vereinigung zu begründen, welche auf Gegenseitigkeit und Brüderlichkeit gestützt, die Rechte und den Willen der Einzelnen zu einer Gesamtheit, die Arbeit mit dem Genuss vermitteln soll.*, so die Statuten der Arbeiterverbrüderung vom August/September 1848.[12]

Nach der gescheiterten Revolution klang das dann milder. In den neuen Statuten der Arbeiterverbrüderung vom 1. April 1850 heißt es: *Der Zweck der Arbeitervereine ist: eine allgemeine und moralische Bildung des Arbeiters zu erstreben und den Arbeiter mit allen gesetzlichen Mitteln in den Vollgenuß aller staatsbürgerlichen Rechte zu bringen und ihn in gewerblicher und politischer Hinsicht zum echten Staatsbürger heranzubilden, so wie überhaupt die materiellen und geistigen Interessen desselben nachdrücklichst zu vertreten.*[13]

Die Arbeitervereine wurden in dieser Zeit von der württembergischen Regierung überwacht. Aus den Berichten der Oberamtmänner lassen sich einige Einblicke in die Struktur und in die Tätigkeit der Vereine gewinnen. Eine klassische Industriearbeiterschaft gab es in Oberschwaben noch nicht. Der Anstoß zur Gründung kam meist von Auswärtigen. So bestand etwa der Friedrichshafener Arbeiterverein aus Handwerksgesellen und -gehilfen. Gegründet wurde der Friedrichshafener Verein von zwei aus der Schweiz stammenden Buchdruckern. Vorsitzender von 1849 bis 1852 war der aus Berlin stammende Schreinergeselle Johann Friedrich Gerike. In Ravensburg wurde 1852 der 72 Mitglieder zählende Verein von einem Bürstenmacher aus Braunschweig namens Eduard Sauerheimer gegründet, und in Isny war es ein Goldarbeitergeselle namens Gerlach aus Stuttgart.[14]

Die Überwachung durch die staatlichen Behörden – wie erwähnt durch die jeweils zuständigen Oberämter – erbrachte das Ergebnis, dass die oberschwäbischen Arbeitervereine als eher harmlos eingeschätzt wurden. Über die Vereine in Friedrichshafen, Isny und Ravensburg wurde im Oktober 1852 berichtet, dass bei diesen über politische Aktivitäten nichts bekannt worden sei. Sie hätten sich auf die Unterstützung kranker und hilfsbedürftiger Mitglieder beschränkt.

Dass dem so war, mag auch an der Einschüchterungstaktik der Behörden gelegen haben, die immer wieder die Vorstände verhörten, um die *Mitglieder in ihrem kecken Wesen etwas einzuschüchtern* und dafür zu sorgen, dass sich das Bürgertum von den Vereinen fernhielt.

Dennoch wurden auch in Oberschwaben Ende 1852 die Arbeitervereine – einem Beschluss des Deutschen Bundes folgend – aufgelöst. In Ravensburg bestand als Folgeorganisation dann noch bis Anfang 1855 ein Arbeiterleseverein, der dann aber auch aufgelöst wurde.

---

12 So §1 der *Grundstatuten der deutschen Arbeiter-Verbrüderung*, zitiert nach BALSER, Sozialdemokratie (wie Anm. 9), S. 508.
13 Zitiert nach GLAESER, Metaller (wie Anm. 5), S. 17 f.
14 EBD. 19 f.

Reaktionszeit und Gründerjahre 1852–1878

Die 1850er Jahre waren durch eine sich verschlechternde wirtschaftliche Lage und durch eine zunehmende politische Unterdrückung der bürgerlichen Demokratiebewegung und somit auch der Arbeiterschaft gekennzeichnet. Die Folgen waren eine Auswanderungswelle und ein Rückgang der Bevölkerung.

In Württemberg versuchte der Staat durch die 1848 gegründete Zentralstelle für Gewerbe und Handel (später Landesgewerbeamt) die Entwicklung der Industrie voranzubringen. Zarte Anfänge für Oberschwaben finden sich im Oberamt Ravensburg. Das mittlere Schussental entwickelte sich zum Zentrum der oberschwäbischen Industrie. Hier waren 1861 36,5 Prozent aller Fabrikarbeiter Oberschwabens beschäftigt. Mit Abstand folgten die Oberämter Riedlingen mit 17,9 Prozent und Saulgau mit 16,7 Prozent. Insgesamt zählte die amtliche Gewerbestatistik etwa 2700 Menschen, die in Fabriken tätig waren.[15]

In dieser Frühphase der industriellen Entwicklung waren die Arbeitsbedingungen schwer und extrem belastend. Die Arbeitszeit betrug bis zu 13 Stunden täglich, bei einer Sechstagewoche. Die Arbeiter konnten jederzeit entlassen werden. Kinderarbeit war durchaus üblich.[16]

Leitindustrie war zunächst die Textilindustrie, später dann der Maschinenbau. Der bescheidene Aufschwung der Ravensburger Industrie – hier hauptsächlich die Maschinenfabriken Haas, Escher-Wyss und Honer sowie Schatz im benachbarten Weingarten – wurde maßgeblich durch den Bau der Eisenbahn befördert. 1850 war die Gesamtstrecke Heilbronn–Stuttgart–Ulm–Friedrichshafen fertiggestellt worden.

Die Entwicklung der Industrie in Ravensburg ließ auch die Bevölkerung anwachsen. 1850 zählte die Stadt 5940 Einwohner, 1880 waren es schon 10 550 und 1900 dann 13 453.[17]

1864 wurden die Restriktionen des Deutschen Bundes aufgehoben. In Oberschwaben entstand daraufhin zunächst eine Reihe von Arbeiterbildungsvereinen, die ersten 1864 in Biberach,[18] Ravensburg und Isny, 1866 in Tettnang und 1868 in Weingarten. In Leutkirch und Wangen bestanden im Jahr 1865 für kurze Zeit solche Vereine. Alle zusammen genommen hatten sie im Jahr 1868 knapp 250 Mitglieder: Biberach 56 (1866), Ravensburg 90, Isny 46, Tettnang 20 und Weingarten 35.[19] 1861 waren rund 2700 Personen und 1871 etwas mehr als 4000 Personen in Oberschwaben in Industriebetrieben beschäftigt. Dies legt nahe, dass doch weniger als 10 Prozent der Beschäftigten sich von den Vereinen angesprochen fühlten.

Die Arbeiterbildungsvereine hatten sich – wie ihr Name suggeriert – die allgemeine und die besondere berufliche Bildung zum Ziel gesetzt: *Gesellschaftliche Hebung und geistige Bildung des Arbeiters*, wie es in der Satzung des Ravensburger Arbeiterbildungs-

---

15 Peter EITEL, Geschichte Oberschwabens im 19. und 20. Jahrhundert, Band 2. Oberschwaben im Kaiserreich (1870–1918), Ostfildern 2015, S. 77.
16 EBD., S. 77.
17 GLAESER, Metaller (wie Anm. 5), S. 23.
18 Hartwig ABRAHAM, Geschichte der Biberacher Arbeiterbewegung und Sozialdemokratie, Dürmentingen 1983, S. 17.
19 GLAESER, Metaller (wie Anm. 5), S. 27.

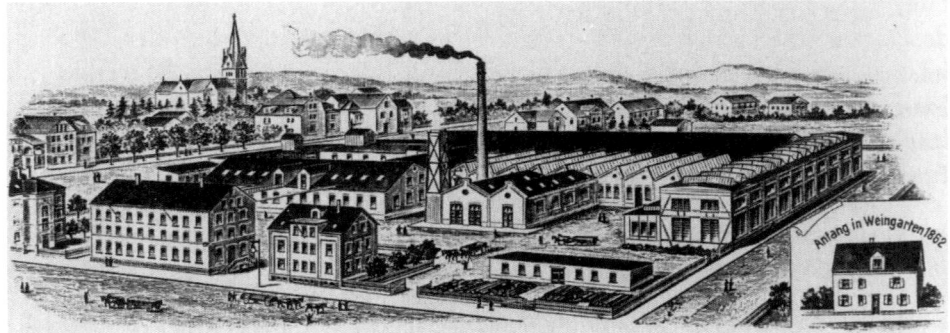

1 Maschinenfabrik Weingarten, um 1900 (Firma Müller, Weingarten).

vereins hieß.[20] Daneben bestanden Unterstützungskassen für kranke und hilfsbedürftige Mitglieder. Aber auch Gemeinschaftserlebnis und Unterhaltung wurden geboten, wie das Beispiel Biberach belegt.

Stundenplan des Arbeiterbildungsvereins Biberach 1863/64[21]

Montag	freie Unterhaltung und Lektüre
Dienstag	Gesang
Mittwoch	(abwechselnd) deutsche Geschichte, Naturgeschichte, Geschäftsaufsätze, Volkswirtschaft, Physik
Donnerstag	Gesang
Freitag	(abwechselnd) Physik, Sternkunde, Geographie, Gewerbekunde, Buchführung, Rechnungswesen
Samstag	verschiedene Vorträge, Sprechstunden, Lektüre, gesellige Unterhaltung
Sonntag	freie Unterhaltung und Lektüre

Von vier Arbeiterbildungsvereinen ist bekannt, dass sie eigene Bibliotheken unterhielten: Isny, Ravensburg, Tettnang und Wangen. Der Bestand an Büchern variierte zwischen 50 und 150 Bänden.[22]

Interessanterweise gehörten den Arbeiterbildungsvereinen nicht nur Fabrikarbeiter an, sondern überwiegend Handwerksgesellen, aber auch Meister und sogar Unternehmer. Der Vorsitzende des Weingartner Arbeiterbildungsverein war bei seiner Gründung 1868 der Fabrikbesitzer Heinrich Schatz. Es war nicht ungewöhnlich, dass örtliche Honoratioren in den Vorständen der Vereine saßen.[23]

---

20 Elke BRÜNLE, Bibliotheken von Arbeiterbildungsvereinen im Königreich Württemberg 1848–1918, Wiesbaden 2010, S. 440.
21 Vgl. ABRAHAM, Biberacher Arbeiterbewegung (wie Anm. 18), S. 17 f.
22 BRÜNLE, Bibliotheken (wie Anm. 20), S. 435–446.
23 GLAESER, Metaller (wie Anm. 5), S. 27.

Vom Arbeiterbildungsverein Tettnang wissen wir Näheres über seine Zusammensetzung. Zwischen 1866 und 1871 zählte der Verein 86 Mitglieder, davon waren 75 (86,1%) abhängig beschäftigt, zehn (11,6%) selbständig (meist Handwerksmeister), bei zweien war der Status nicht klar. Die meisten Mitglieder waren zugereist, zum größten Teil wandernde Handwerksgesellen. Nur elf Mitglieder waren in Tettnang gebürtig.[24]

Nach außen gab man sich nicht politisch, wenngleich diese Organisationen keinesfalls unpolitisch waren. Ihr Wirken zielte auf die Gleichberechtigung der Arbeiter als anerkannte Staatsbürger und auf einen Interessenausgleich zwischen Kapital und Arbeit. In diesem Sinne standen vor allem in Württemberg Arbeiterbildungsvereine eher der liberalen Bewegung (Volkspartei) nahe.[25] Wolfgang Schmierer, der die Geschichte der württembergischen Arbeiterbewegung untersucht hat, sieht das Ideal der Arbeiterbildungsvereine in einer Art harmonischen Zustand des Zusammenlebens der Handwerksmeister, Facharbeiter und ruhigen Bürger mit ihrer Umwelt.[26]

So wurden dann auch die Vereine von der Obrigkeit und dem oberschwäbischen Establishment eingeschätzt. Der Stadtpfarrer und katholische Dekan von Ravensburg, Karl Stempfle, war 1876 der Meinung, dass der *Vierte Stand* noch keine Bedrohung darstelle, da er noch *mit den Resten des alten, gesunden Bürgertums* gemischt sei. Jedoch stelle die wachsende Fabrikbevölkerung kein *besonderes Glück für Stadt und Bezirk* dar.[27]

Insgesamt waren die württembergischen Behörden ebenfalls der Meinung, dass die Arbeitervereine keine wirkliche Gefahr für die bestehenden Verhältnisse darstellten. Diese gingen mehrheitlich zu den sich bildenden Organisationen einer klassenbewussten Arbeiterbewegung auf Distanz. Der 1863 von Ferdinand Lassalle gegründete *Allgemeine Deutsche Arbeiterverein* fand kaum Resonanz. Dies lag vor allem an dem von Lassalle propagierten *ehernen Lohngesetz*, demzufolge sich gewerkschaftlicher Kampf für bessere Löhne nicht lohne. Stattdessen sollten Produktionsgenossenschaften gegründet werden.

Die 1869 von Bebel und Liebknecht gegründete *Sozialdemokratische Arbeiterpartei* (SDAP) fand allerdings zeitweilig in Ravensburg und Tettnang Anklang. Die dortigen Arbeiterbildungsvereine schlossen sich der SDAP an, traten dann aber während bzw. kurz nach dem deutsch-französischen Krieg wieder aus.[28] 1874 entstand in Biberach ein Ortsverein der SDAP mit 17 Mitgliedern.[29] Die Sozialdemokratie konnte trotzdem bis 1878 in Oberschwaben nicht richtig Fuß fassen, sie zählte lediglich in Ravensburg einzelne Mitglieder. Bei den Reichstagswahlen 1878 gab es im Wahlkreis Biberach-Leutkirch-Waldsee-Wangen die ersten Stimmen für die Sozialdemokratie, insgesamt 33.[30]

---

24 Andreas Fuchs, Die Entwicklung der sozialdemokratischen Bewegung in der Oberamtsstadt Tettnang. 1866 bis 1933, Tettnang 1992, S. 8f.
25 Glaeser, Metaller (wie Anm. 5), S. 29.
26 Wolfgang Schmierer, Von der Arbeiterbildung zur Arbeiterpolitik. Die Anfänge der Arbeiterbewegung in Württemberg 1862/63, Hannover 1970, S. 55.
27 Zitiert nach Eitel, Geschichte Oberschwabens Bd. 2 (wie Anm. 15), S. 78.
28 Glaeser, Metaller (wie Anm. 5), S. 28f.
29 Hartwig Abraham/Martin Gerster, Die Geschichte der Sozialdemokratie in Biberach 1875–1999, Biberach 1999, S. 52.
30 Abraham, Biberacher Arbeiterbewegung (wie Anm. 18), S. 25.

Anfänge der Gewerkschaften in Oberschwaben

Ähnlich bescheiden sind die Anfänge der Gewerkschaftsbewegung in Oberschwaben. Auch hier machte Ravensburg 1875 mit der Gründung einer *Metallarbeitergewerkgenossenschaft* den Anfang.[31] Die Gewerkgenossenschaft war in erster Linie eine Schutz- und Unterstützungsgemeinschaft, die vor allem den vielen reisenden Mitgliedern, die oft die Arbeitsstelle wechseln mussten, Hilfe bot. Wer in einem neuen Ort ankam, konnte dort ein *Reisegeschenk* erhalten, mit dem er die erste Zeit überbrücken konnte.[32]

Die Tradition, reisende Handwerksgesellen und Arbeiter zu beschenken, bestand schon länger. 1858 wanderte der spätere Vorsitzende der SPD August Bebel, damals noch ein sich auf der Walz befindlicher Handwerksgeselle, durch Oberschwaben. Aus der Schweiz kommend fuhr mit dem Schiff über den See nach Friedrichshafen. Von dort marschierte er zu Fuß über Ravensburg, Biberach, Ulm und Augsburg nach München. Er schrieb in seiner Autobiographie „Aus meinem Leben": *„in Württemberg bestand zu jener Zeit in den Städten die Einrichtung, dass die reisenden Handwerksburschen ein sogenanntes Stadtgeschenk in Empfang nehmen konnten, das in der Regel 6 Kreuzer betrug, um sie vom Fechten (Betteln, Anmerkung Dietenberger) abzuhalten. Ich habe dieses Geschenk überall gewissenhaft kassiert.*[33]

Die Ravensburger Gewerkschaft mit ihren geradeimal 20 Mitgliedern war den lokalen Unternehmern jedoch ein Dorn im Auge. Im Januar 1877 kündigte die Firma Escher-Wyss acht Arbeitern wegen deren Gewerkschaftsmitgliedschaft. Begründet wurde das damit, dass man keine Leute beschäftigen wolle, die ihre Befehle und Verhaltensmaßregeln aus Braunschweig (dem Sitz der deutschen Metallergewerkschaft) empfangen.[34]

Dahinter stand der sogenannte *Herr im Haus*-Standpunkt, den die meisten Fabrikanten einnahmen. Jegliche Organisation der Arbeiter wurde als innere Einmischung in die Abläufe und Angelegenheiten der Firma bzw. des Unternehmers verstanden. Die Arbeiter waren Produktions- bzw. Kostenfaktoren. Von einem partnerschaftlichen Verhältnis war man damals weit entfernt.

Dementsprechend rief der Ravensburger Metaller-Vorstand nicht nur dazu auf, für die entlassenen Kollegen zu spenden, sondern auch dafür zu sorgen, dass *unsere Vereinigung nicht von irgend einem übermüthigen Fabrikantenpascha nach Belieben vernichtet werden kann.*[35] Escher-Wyss blieb davon jedoch unbeeindruckt, und die Entlassenen mussten zwangsläufig andernorts Arbeit suchen.

In Weingarten mussten die Arbeiter der Spinnerei Spohn und der Weingartner Maschinenfabrik schriftlich erklären, keiner sozialdemokratischen Organisation oder einer Gewerkschaft beizutreten. Die Ravensburger Maschinenfabrik Honer richtete in den 1870er Jahren 30 Wohnungen für die Arbeiter ein und verpflichtete diese dort zu woh-

---

31 EITEL, Geschichte Oberschwabens Bd. 2 (wie Anm. 15), S. 79.
32 GLAESER, Metaller (wie Anm. 5), S. 31.
33 Zitiert nach DIETENBERGER, Enkel (wie Anm. 4), S. 40.
34 GLAESER, Metaller (wie Anm. 5), S. 32 f.
35 EBD., S. 33.

nen. Für die Gewerkschaft war dies ein weiterer Beweis für die Beraubung des freien Willens durch die Fabrikbesitzer.[36]

Nicht nur die Unternehmer und der Staat, sondern auch die katholische Kirche begann in den 1870 Jahren gegen die sich langsam ausbreitende sozialdemokratische Arbeiterbewegung vorzugehen, indem sie konfessionell gebundene Arbeiterorganisationen gründete. In Ravensburg und Friedrichshafen (1875) wurden katholische Gesellenvereine ins Leben gerufen, die neben den sittlich-religiösen Pflichten auch die Unterordnung unter die Anordnungen der Vorgesetzten betonten. Die Sozialdemokraten wurden geradezu verteufelt. Der gegen sie vorgebrachte Hauptvorwurf war, die Sozialdemokraten wollten allen Besitz enteignen.

Das Sozialistengesetz 1878–1890

Die Verbreitung der Arbeiterbewegung – sowohl der Sozialdemokratie als auch der Gewerkschaften – wurde 1878 auf Reichsebene durch das sogenannte Sozialistengesetz zunächst gestoppt bzw. verzögert. Die Krankenkassen der Arbeitervereine blieben erhalten, und auch die individuelle politische Betätigung, also die Kandidatur von Sozialdemokraten, war allerdings weiterhin möglich.

In Ravensburg, Tettnang, Weingarten und Wangen hatten die Krankenkassen der Metallarbeiter in den 1880er Jahren weiterhin Mitglieder. Auch konnten in Ravensburg Versammlungen mit sozialdemokratischen Rednern stattfinden, die teilweise mehrere hundert Besucher anzogen und von den Behörden natürlich überwacht wurden.[37]

Nach mehr als zehn Jahren der Unterdrückung wurde am Ende der 1880er Jahren das Sozialistengesetz nicht mehr mit aller Schärfe durchgesetzt. In Württemberg war man hier von Anfang an wesentlich liberaler als in anderen Regionen des Reiches gewesen. So konnte sich 1889 – ein Jahr vor Ende des Sozialistengesetzes – in Ravensburg der sozialdemokratische *Arbeiterwahlverein* etablieren, aus dem sich später der Ravensburger Ortsverein der SPD entwickelte. In den anderen größeren Orten Oberschwabens waren den Behörden keinerlei sozialdemokratische Organisationsbestrebungen bekannt geworden.[38]

Ebenfalls noch in die Zeit vor Aufhebung der Sozialistengesetze fällt die Diskussion um den 1. Mai als *Kampftag der Arbeit*. Die Zweite Internationale hatte 1889 in Paris beschlossen, diesen Tag zum Feiertag der Arbeiterschaft auszurufen. In Oberschwaben, namentlich in Ravensburg, diskutierte man darüber, ob man am 1. Mai 1890 aus diesem Anlass die Arbeit niederlegen solle. Man entschied sich dagegen und saß dann lieber im Gasthaus Harmonie gesellig zusammen. Drei Jahre später zogen in Ravensburg Arbeiter dann zum 1. Mai schon etwas selbstbewusster mit Fahnen durch die Stadt. In Leutkirch hissten am 1. Mai 1899 zwei – wie es hieß – *auswärtige Arbeiter* eine rote Fahne auf dem Turm der evangelischen Kirche.[39]

---

36 Ebd., S. 35 f.
37 Glaeser, Metaller (wie Anm. 5), S. 36 f.
38 Ebd., S. 38.
39 Eitel, Geschichte Oberschwabens Bd. 2 (wie Anm. 15), S. 81.

Stefan Feucht

Aufstieg der Sozialdemokratie und der Gewerkschaften

In den Jahren nach der Aufhebung des Sozialistengesetzes erfuhr die Arbeiterbewegung in Oberschwaben einen ersten zaghaften Aufschwung. Mehrere Ortsvereine der SPD und Gewerkschaften wurden gegründet.

Gründungen von Gewerkschaften und SPD-Ortsgruppen (1890–1910)

Jahr	SPD-Ortsverein	Gewerkschaft
1890	Ravensburg	Ravensburg (Metallarbeiter)
1892	Biberach	
1893-1895	Mengen	
1894		Biberach (Textilarbeiter)
1899		Biberach (Maler)
1899		Laupheim (Holzarbeiter)
1903		Biberach (Metallarbeiter)
1903-1905	Friedrichshafen	
1904		Biberach (Maurer)
1906	Weingarten	
1907	Friedrichshafen	
1910	Tettnang	Friedrichshafen (Metall- und Holzarbeiter)

Allerdings bestand ein gewisses Ungleichgewicht zwischen den Ergebnissen der Gewerkschaften bei der Verbesserung der Lohn- und Arbeitsbedingungen einerseits und den politischen Erfolgen der Sozialdemokratie bis zum 1. Weltkrieg andererseits. Die politische Bühne in Oberschwaben dominierte unangefochten die katholische Zentrumspartei. Die SPD blieb nichts weniger als eine Splittergruppe.[40] Vergleicht man die Reichstagswahlergebnisse mit den Ergebnissen in Württemberg und auf Reichsebene, so ergibt sich ein für die SPD eher trauriges Bild:

Stimmanteil der SPD bei Reichstagswahlen (nach Peter Eitel)[41]

Jahr	Oberschwaben	Württemberg	Reich
1887	0,3 %	3,5 %	10,1 %
1890	1,0 %	6,9 %	19,7 %
1893	3,5 %	13,19 %	23,3 %
1903	3,2 %	27,45 %	31,7 %
1907	3,15 %	27,9 %	29,0 %
1912	5,25 %	32,5 %	34,8 %

40 GLAESER, Metaller (wie Anm. 5), S. 45.
41 EITEL, Geschichte Oberschwabens Bd. 2 (wie Anm. 15), S. 70 f.

Zwischen einem Drittel und einem Viertel der Stimmen brachte allein das Oberamt Ravensburg (Ausnahme 1912, hier war Friedrichshafen ebenfalls stark).

Das Oberamt Wangen berichtete im Dezember 1891 über die Situation der sozialdemokratischen Arbeiter und deren politischen Ideen: *Die ländliche Bevölkerung ist den sozialdemokratischen Bestrebungen nicht zugänglich, und wenn da und dort auf dem Lande ein Arbeiter eingestellt wird, der von seinen früheren Arbeitsorten her zur sozialdemokratischen Partei gehört, so findet sein etwaiges Bestreben, Anhänger zu finden, keinen Anklang. Solche Leute werden auch nicht lange in Arbeit behalten.*[42]

Ein Grund dafür war, dass Zentrumspartei und die Kirche Maßnahmen unternahmen, um die oberschwäbische Bevölkerung gegen die Sozialdemokratie in Stellung zu bringen. So hatte man bis zur Jahrhundertwende ein Netz katholischer Organisationen aufgebaut, wie Männer-, Frauen-, Gesellen- und Arbeitervereine. Dies führte dazu, dass es meist Zugewanderte waren, die sich gewerkschaftlich oder sozialdemokratisch an exponierter Stelle engagierten, was wiederum Anlass gab, diese Personen als Landesfremde und berufsmäßige Agitatoren zu diffamieren. Im Ravensburger Zentrumsblatt *Oberschwäbischer Anzeiger* vom 30. Januar 1890 war zu lesen: *Die sozialdemokratische Partei vertritt auf religiösem Gebiet den krassesten Unglauben, auf politischem Gebiet den demokratischen Republikanismus, d. h. die Abschaffung der Throne und die Absetzung der Fürsten; auf wirtschaftlichem Gebiet den Communismus, d. h. eine allgemeine Güterteilung bzw. Gütergemeinschaft.*[43]

Wen wundert es, dass die SPD in einem solchen Klima auch in der Öffentlichkeit kaum in Erscheinung trat und mit Ausnahme der Maifeiern meist in Sälen tagte.

Gewerkschaftliche Erfolge

Wie oben erwähnt konnten im Bereich der gewerkschaftlichen Arbeit durchaus kleinere Erfolge erzielt werden. Die freien Gewerkschaften hatten sich gemeinsam mit der SPD 1890 den Forderungen der Zweiten Internationale nach dem Maifeiertag und dem Achtstundentag angeschlossen. 1896 kam es in Württemberg zu einer Streikwelle aufgrund einer Teuerung der Lebensmittel. Dies führte auch zum ersten Massenstreik in Oberschwaben, bei dem es um höhere Löhne und eine Verkürzung der Arbeitszeit ging, so Peter Eitel.[44] In Ravensburg streikten die Gesellen und Hilfsarbeiter des Zimmermannshandwerks. Sie konnten mit Unterstützung der anderen Gewerkschaften ihre Forderungen durchsetzen: einen Zehnstundentag (der Achtstundentag war noch weit entfernt), einen höheren Stundenlohn und eine *menschenwürdige* Behandlung. Im selben Jahr ebenfalls erfolgreich war ein Streik italienischer Bauarbeiter an der Bahnstrecke von Buchau nach Schussenried. Auch sie setzten höhere Löhne durch.

Doch gab es neben dem Mittel des Streiks auch andere Formen, Forderungen der Arbeiter durchzusetzen, z. B. den Boykott. Schon 1872 hatten Ravensburger Arbeiter

---

42 Zitiert nach GLAESER, Metaller (wie Anm. 5), S. 45.
43 Zitiert nach EBD., S. 45.
44 EITEL, Geschichte Oberschwabens Bd. 2 (wie Anm. 15), S. 81 ff.

2 Mit den ersten Erfolgen wuchs auch das Selbstbewusstsein der Arbeiterschaft. Mit dieser Aufnahme, die 1983 entstand, erinnert der Biberacher Gewerkverein an seine Gründung 1868 (Museum Biberach, Inv. Nr. 2020/00024).

Gaststätten boykottiert und so eine Herabsetzung des Bierpreises erzwungen. 1910 wurden die Isnyer Brauereien erfolgreich boykottiert. Arbeiter in Biberach und Ravensburg erreichten 1905 im sogenannten *Milchkrieg* die Verringerung der Milchpreise.

Aber auch die kollektive Einreichung von Kündigungen konnte zum Erfolg führen. So etwa in Friedrichshafen, das sich durch die Ansiedlung des Zeppelin-Luftschiffbaus (LZ) in den ersten zwei Jahrzehnten des 20. Jahrhunderts zum bedeutendsten Industriestandort Oberschwabens entwickelte. Im Februar 1911 reichten 95 der 147 Mitarbeiter von LZ ihre Kündigung ein, da die Löhne zu gering waren, um die hohen Lebenshaltungskosten in Friedrichshafen abzudecken. Tatsächlich gab die Betriebsleitung nach, gewährte eine Lohnerhöhung, Nacht- und Sonntagszuschläge. In der Folge gründete die Firma 1913 die Zeppelin-Wohlfahrt.

Bei LZ waren zu diesem Zeitpunkt schon beinahe 50 Prozent der Arbeiter gewerkschaftlich organisiert. Zwei Jahre später schon über Zweidrittel (220 von 300).[45] Auch in Ravensburg konnten die Metaller ihre Mitgliederzahl in den Betrieben erhöhen und vereinzelt sogar Tarifverträge abschließen.[46]

Neben den sozialdemokratisch orientierten, freien Gewerkschaften gab es auch Ortsvereine der liberalen und christlichen Gewerkschaften in Oberschwaben. Sie waren aber

45 GLAESER, Metaller (wie Anm. 5), S. 53f.
46 EBD., S. 47.

weniger bedeutend als Erstere. In Biberach spielten die Hirsch-Dunckerschen Gewerkvereine nach Auflösung des Arbeiterbildungsverein 1878 und während des Sozialistengesetzes eine gewisse Rolle. Sie gaben sich nach außen politisch neutral, standen aber in Württemberg der liberalen Partei nahe.[47]

Der Christliche Metallarbeiterverband CMV trat Anfang des 20. Jahrhunderts in Oberschwaben in Erscheinung und verstand sich bewusst als Speerspitze gegen die Sozialdemokratie. Er lehnte den Klassenkampf ab und trat für eine Sozialpartnerschaft ein. Streik war allenfalls das letzte Mittel. Obwohl er 1906 in Ravensburg, Weingarten und später in Friedrichshafen Ortsgruppen besaß und nach dem 1. Weltkrieg den Betriebsrat in der Maschinenfabrik Weingarten dominierte, erreichte er nie die Bedeutung der freien Gewerkschaften.[48]

An dieser Stelle erwähnt werden muss zudem die Gründung der bis heute existenten Sozialistischen Bodensee-Internationale im Jahr 1902. Auch sie gehört zur bescheidenen Aufstiegsgeschichte der Arbeiterbewegung in Oberschwaben. Sie tagte mehrfach in Friedrichshafen, und ihr Wirken strahlte nach Oberschwaben aus.[49]

1. Weltkrieg

Der 1. Weltkrieg gilt in der Geschichtswissenschaft als einschneidende Zäsur, ja es ist gar von der „Urkatastrophe des 20. Jahrhunderts" (George F. Kennan) die Rede. Sicherlich hatte er einschneidende strukturelle und politische Folgen für die Entwicklung der Arbeiterbewegung. Nach Kriegsausbruch schlossen sich Sozialdemokratie und Gewerkschaften zunächst dem vom der Reichsregierung ausgerufenen, sogenannten *Burgfrieden* an, d.h. sie unterstützten den Kriegskurs der Regierung und verzichteten für die Dauer des Krieges auf politische Fundamentalopposition oder im Falle der Gewerkschaften auf Streiks. Letztere wurden zudem in die Organisation der Kriegswirtschaft einbezogen. So arbeiteten sie etwa an dem 1916 verabschiedeten *Vaterländischen Hilfsdienstgesetz* mit. Diese Vereinbarung brachte einen Ausgleich von Arbeitnehmer- und Arbeitgeberinteressen. In allen Betrieben über 50 Mitarbeiter mussten nun paritätisch besetzte Schlichtungsausschüsse eingerichtet werden. Im Gegenzug verloren die Arbeiter die freie Wahl des Arbeitsplatzes. Die gesamte männliche Bevölkerung zwischen 17 und 60 Jahren konnte zur Rüstungsproduktion verpflichtet werden. Trotz der Restriktionen sahen die Gewerkschaften in diesen Vereinbarungen einen wichtigen Schritt hin zu einer Demokratisierung des Wirtschaftslebens.

In den ersten Monaten nach Ausbruch des 1. Weltkriegs kam es zunächst vermehrt zu Arbeitslosigkeit, aufgrund von Einberufungen und einer weggebrochenen Nachfrage

---

47 ABRAHAM, Biberacher Arbeiterbewegung (wie Anm. 18), S. 25 f.
48 EITEL, Geschichte Oberschwabens Bd. 2 (wie Anm. 15), S. 83; GLAESER, Metaller (wie Anm. 5), S. 108.
49 Die SBI vereinigt Sozialisten aus den drei Anrainerstaaten des Bodensee und strahlt bis in den Bereich Ravensburg aus. Vgl. dazu Andreas FUCHS, 1902–2002: 100 Jahre „Sozialistische Bodensee-Internationale" (SBI). Eine Chronologie denkwürdiger Ereignisse – Festschrift, Gözis 2002; Norbert ZELLER/ Andreas FUCHS, Die Sozialistische Bodensee-Internationale (SBI), in: Leben am See 41 (2023), S. 329–340.

3   Die Belegschaft der Flugzeugbau GmbH Friedrichshafen vor einem viermotorigen Bomber, o. D. vermutlich 1917/18 aufgenommen, (Stadtarchiv Friedrichshafen A 120/2001).

im Bereich der „Friedensproduktion". Eine Reihe von Firmen kamen in ernsthafte Schwierigkeiten, so auch die Maschinenfabriken in Ravensburg, Weingarten und Biberach, bis diese dann auf Kriegsproduktion umstellten.

Nicht so die Rüstungsunternehmen in Friedrichshafen, die bei Kriegsausbruch ja schon für den militärischen Bedarf produzierten. Hier betrug die Beschäftigtenzahl 1914 noch 800. Der Krieg brachte ein enormes Wachstum. Bei Ende des Krieges waren rund 10 000 Arbeiter – darunter auch Frauen und Kriegsgefangene – in der dortigen Rüstungsindustrie beschäftigt. Anfangs konnte der steigende Bedarf an Arbeitskräften durch freiwerdende Arbeiter aus der Umgebung (Ravensburg, Weingarten) gedeckt werden. Durch das Hilfsdienstgesetz kamen schließlich viele Arbeiter aus ganz Deutschland. Ein zentrales Problem in Friedrichshafen wurde die Wohnungsknappheit, die sich sogar bis Ravensburg bemerkbar machte und durch den Tourismus am See, der auch in Kriegszeiten für Privilegierte weiterging, noch verschärft wurde.[50]

50   GLAESER, Metaller (wie Anm. 5), S. 55 ff.

Die Gewerkschaftsarbeit war aufgrund zahlreicher Einberufungen nach Kriegsausbruch nahezu zum Erliegen gekommen. Abgesehen von Friedrichshafen gingen überall die Mitgliederzahlen zurück. Dort wurde gegen diesen Trend 1916 sogar eine Geschäftsstelle des Deutschen Metallarbeiter-Verbands (DMV) eingerichtet.

Als die Reallöhne ab 1916 bedingt durch die schlechte Versorgungslage zu sinken begannen (auf 63 % im Jahr 1918 im Vergleich zu 100 % im Jahr 1914), kam es in den Betrieben immer öfter zu Auseinandersetzungen über Lohnfragen. So wurden etwa bei der Firma Luftschiffbau Zeppelin im Januar 1917 die Löhne um 30 Prozent erhöht.[51] Im August gewährten alle Friedrichshafener Betriebe eine Lohnerhöhung, allerdings unterhalb der von den Gewerkschaften geforderten Höhe.

In all den genannten Auseinandersetzungen wurde die Burgfriedenspolitik nicht grundsätzlich infrage gestellt. In Friedrichshafen beteiligten sich die Arbeiter, wie in ganz Württemberg, nicht an den reichsweiten Streikwellen vom Frühjahr 1917 und vom Januar 1918, die weite Teile der deutschen Rüstungsindustrie lahmlegten. In der Sozialdemokratie hatte sich im Laufe des Krieges in Opposition zu den von der Reichsregierung verfolgten Kriegszielen und deren Unterstützung durch die Mehrheitssozialdemokratie eine Linke herausgebildet hatte. Diese fand bis in den Spätsommer 1918 in Friedrichshafen wie auch in ganz Oberschwaben kaum Verbreitung.

4   Die schwierige Versorgungslage im Ersten Weltkrieg traf die Arbeiterschaft hart. Hier eine Menschenschlange vor einer Metzgerei in Friedrichshafen im Jahr 1917 (Stadtarchiv Friedrichshafen).

---

51   EBD., S. 65.

Erst mit der Verschärfung der Kriegs- und insbesondere der Versorgungslage änderte sich dies in Friedrichshafen dramatisch. Die erste öffentliche Protestaktion gegen den Krieg erfolgte am 22. Oktober 1918 nach einer Betriebsversammlung bei Maybach-Motorenbau. 300 Menschen zogen durch die Stadt und forderten ein Ende des Kriegs. Zwei Tage später folgte eine zweite Demonstration mit 700 Teilnehmern. Am Samstag, dem 26. Oktober schließlich demonstrierten 4000 Menschen, sie ließen Hochrufe auf die Republik und Karl Liebknecht ertönen und forderten erneut das Kriegsende.[52]

In der Annahme eines reichsweiten Generalstreiks rief ein Friedrichshafener Aktionsausschuss für den 5. November 1918 den Streik aus. In der Folge wurde von 4000 Streikenden ein Arbeiter- und Soldatenrat gewählt. Anschließend zogen rund 8000 Arbeiter durch die Stadt und forderten ein radikales Programm: sofortiger Friedensschluss, Abdankung aller Dynastien, Übernahme der Regierung durch Räte und Enteignung der Banken und der Industrie.[53]

Weil es keinen reichsweiten Streik gab, wurde der Generalstreik in Württemberg und damit auch in Friedrichshafen wieder abgebrochen. Der DMV war vom Verlauf der Dinge überrascht worden und versuchte, gemeinsam mit der Betriebsleitung von LZ die Wogen zu glätten. Doch diese Bemühungen wurden von der reichsweiten Entwicklung und der Revolution in Berlin am 9. November 1918 überholt. Die an diesem Tag erfolgte Ausrufung der Republik wurde zwei Tage später, am 11. November, in Friedrichshafen in einer großen Kundgebung gefeiert, auf der auch der LZ-Chef Colsman sprach und die Revolution begrüßte. Die Euphorie war groß und die Erwartungen noch größer.[54]

Dass die Entwicklung womöglich nicht in die Richtung einer Räteherrschaft verlief, die den Sozialismus ins Werk setzen sollte, zeigte sich bereits bei der Bildung des Arbeiter- und Soldatenrats in Ravensburg am 9. November. Tags drauf betonte ebenjener Rat die Notwendigkeit, dass nun jeder Mann und jede Frau seine bzw. ihre Pflicht tun müsse, um das Volk vor der Unterjochung durch die Entente zu retten.

Ähnlich geringes revolutionäres Potential hatten auch die anderen in Oberschwaben gebildeten Arbeiter- und Soldatenräte oder Arbeiter- und Bauernräte. Solche gab es in Altshausen, Saulgau, Tettnang sowie in Leutkirch, wo der Rat ausschließlich aus Vertretern der christlichen Gewerkschaften bestand.[55]

Nachdem das etablierte Bürgertum den ersten Schrecken der Revolution überwunden hatte, drängte es in die gewohnten Positionen der Macht zurück. Die Räte wurden zunehmend marginalisiert. Die Ermordung von Rosa Luxemburg und Karl Liebknecht am 15. Januar 1919 in Berlin vertiefte zudem die Gräber innerhalb der Sozialdemokratie bis hin zu erbitterter Feindschaft.

Ein letzter Versuch, den Forderungen der Räte (sozialistisches Gemeinwesen, Bewaffnung des Volkes, Einziehung der Vermögen und Vergesellschaftung des Besitzes) Gehör zu verschaffen, fand in Württemberg Ende März statt. Einem am 31. März in Stuttgart

---

52 EBD., S. 73. Dazu vor allem auch KUHN, Zinnen (wie Anm. 6), S. 342–352 sowie der Beitrag von ihm zu Friedrichshafen in diesem Buch.
53 GLAESER, Metaller (wie Anm. 5), S. 74
54 EBD., S. 75.
55 EBD., S. 79 f.

ausgerufenen Generalstreik schlossen sich auch Arbeiter in Ravensburg und Friedrichshafen an. Die Arbeiterschaft in Friedrichshafen war allerdings inzwischen auf ein Fünftel der Beschäftigten bei Kriegsende geschrumpft, auf etwas mehr als 2000. Von diesen sprach sich eine sehr knappe Mehrheit für den Streik aus. Während es bei Escher-Wyss in Ravensburg etwa eine sehr deutliche Mehrheit von 360 gegen 106 Stimmen für den Streik gab. Der Streik in Friedrichshafen blieb erfolglos und brach nach wenigen Tagen zusammen.[56]

Der Friedrichshafener Arbeiter- und Soldatenrat bestand noch bis Anfang 1920, verlor aber ab Sommer 1919 seine Bedeutung. Die Funktion der Räte übernahmen parlamentarische Gremien. Was blieb, waren die Betriebsräte, die per Reichsgesetz vom 4. Februar 1919 reichsweit gesetzlich verankert wurden.[57]

Dies verweist auf eine der wichtigsten Errungenschaften der Revolutionszeit aus Sicht der Mehrheitssozialdemokratie und der Gewerkschaften: die grundsätzliche Anerkennung der Gewerkschaften als gleichberechtigter Tarifpartner und die Einführung des Achtstundentags. Sie waren die beiden zentralen Punkte der Vereinbarungen, die am 15. November 1918 zwischen den Arbeitgebern und den freien, christlichen und den Hirsch-Dunkerschen- Gewerkschaften abgeschlossen wurden.[58] Sie blieben allerdings in der Weimarer Republik immer umstritten. Ein regionales Beispiel hierfür ist die Saulgauer Firma Bautz, deren Inhaber auf seinem *Herr-im-Haus*-Standpunkt beharrte und die Entscheidungen der Schlichtungsausschüsse zur Umsetzung des Achtstundetages in seinem Betrieb ignorierte sowie aktive Gewerkschafter einfach entließ.[59]

Was nach 1918/19 ebenfalls bestehen blieb, war die fundamentale Spaltung der Arbeiterbewegung, die sich auch in Oberschwaben manifestierte. Auf der einen Seite stand die Mehrheits-SPD, die sich mit Republik und Demokratie identifizierte und auf Ruhe und Stabilität setzte, als Voraussetzung für eine evolutionäre Entwicklung hin zum demokratischen Sozialismus; auf der anderen Seite die linken Sozialdemokraten, ab Mitte 1919 die KPD und Teile der USPD, enttäuscht von der Revolution, mit dem Ziel, den Sozialismus in Deutschland voranzutreiben – nach sowjetischem Vorbild.

Start in die Weimarer Republik

In den ersten Jahren der Weimarer Republik war die politische und wirtschaftliche Lage in Deutschland ausgesprochen instabil. Der Versailler Vertrag legte Deutschland hohe Bürden in Form von Reparationsforderungen und territorialen Abtretungen auf. Die politische Mehrheit für die demokratischen Parteien, SPD, Zentrum und liberale DDP (die sogenannte „Weimarer Koalition"), war schon bei den Wahlen im Juni 1920 verschwunden und kehrte niemals wieder.

---

56 Ebd., S. 95 ff.
57 Ebd., S. 80.
58 Arno Klönne, Die deutsche Arbeiterbewegung. Geschichte, Ziele, Wirkungen, München 1989, S. 192 f.
59 Glaeser, Metaller (wie Anm. 5), S. 120 f.

Stattdessen hatten sich die Anhänger des Kaiserreichs und einer autoritären Regierungsform bald erholt. Bereits im März 1920 fand ein Putschversuch rechter Freikorps in Berlin statt, der sogenannte Kapp-Putsch, der durch einen nahezu reichsweit durchgeführten Generalstreik (an dem sich auch die Beamtenschaft beteiligte) niedergeschlagen werden konnte. In Oberschwaben sprachen sich die Arbeitervertreter zwar gegen die rechten Putschisten aus, verzichteten aber auf einen Generalstreik.[60] Vielerorts geschah dies wohl auch aus Furcht davor, die Linke könne den Streik für eine Radikalisierung der Arbeiterschaft benutzen.[61]

Allerdings setzten sich in Ravensburg und Weingarten die linken Kräfte kurz darauf doch noch einmal durch, als es im August 1920 zu einem Streik gegen ein vom Reichstag beschlossenes Steuergesetz kam. Dieses sah einen Direktabzug in Höhe von 10 Prozent der Lohnsteuer vor. Escher-Wyss entließ die Streikenden und ging gegen den Betriebsrat vor. Anfang September wurde der Streik beendet. In Friedrichshafen hatte man sich mehrheitlich gegen den Streik ausgesprochen.[62]

Diese Entwicklungen lagen auch daran, dass sich nach der Entlassungswelle 1918/19 die Struktur der Arbeiterschaft an jene der Vorkriegsjahre annäherte. Der Anteil der Frauen ging wieder auf ein niedriges Niveau zurück und die Mehrheit der Arbeiter kam nun wie vor dem Krieg vorwiegend aus der Region und war – wie die KPD nahe *Oberschwäbische Freie Presse* 1921 beklagte – an *die Scholle gebunden*. Daher seien nun die Betriebe eine Hochburg der Reaktion geworden.[63] Dies zeigte sich auch politisch, da wohl eine große Anzahl, wenn nicht gar die Mehrheit der Arbeiter Zentrum wählte. In der Weingartner Maschinenfabrik dominierte sogar die christliche CMV-Gewerkschaft – das war aber eher untypisch.

Andererseits konnte auch die KPD in Oberschwaben kaum Fuß fassen. Der Versuch mit der Herausgabe der *Oberschwäbischen Freien Presse* gegen das Monopol der Zentrumspresse anzugehen, scheiterte 1922 nach eineinhalb Jahren. Die KPD-Ortsgruppen waren oft sehr klein, zehn Mitglieder in Friedrichshafen, 14 in Ravensburg, 4 in Weingarten im Jahr 1926. Allerdings konnte die KPD in Krisenzeiten die SPD bei den Stimmenanteilen der Reichstagswahlen in den größeren Städten überholen, so etwa in den Jahren 1924 und 1932.

Besonders schwierig gestaltete sich für die Arbeiterschaft die wirtschaftliche Situation in den ersten Nachkriegsjahren. Der Verfall der Löhne erreichte 1920 einen Tiefstand von 38 Prozent zum Vorkriegsniveau. Anfang 1922 sollen 40 Prozent aller Friedrichshafener Schulkinder an Unterernährung gelitten haben.[64]

Die Folge waren teilweise rabiate Proteste gegen Preiserhöhungen landwirtschaftlicher Produkte und gegen deren Produzenten, so geschehen im Februar 1919 in Friedrichshafen gegen die Löwentaler Milchbauern. Im Juni 1920 kam es in Ravensburg im Anschluss an eine Demonstration gegen die hohen Preise zu blutigen Ausschreitungen.

---

60 EBD., S. 99.
61 So die Argumentation in Biberach, vgl. ABRAHAM, Biberacher Arbeiterbewegung (wie Anm. 18), S. 73.
62 GLAESER, Metaller (wie Anm. 5), S. 101 f.
63 EBD., S. 109 ff.
64 EBD., S. 100.

Sogar das Oberamtsgebäude wurde dabei von wütenden Arbeitern gestürmt. Es gab ein Todesopfer, nachdem das Militär herbeigerufen wurde. Einige Tage später starben in Baienfurt bei einer weiteren Protestaktion zwei Menschen.[65]

Die schwierigen wirtschaftlichen Verhältnisse förderten auch das Entstehen von lokalen Arbeitermilieus, die verschiedene Lebensbereiche umfassten und die sich in Form von Arbeitervereinen manifestierten. In Biberach wurde 1920 ein Konsumverein gegründet, der im März 1920 bereits 200 Mitglieder hatte. Zwei Jahre später entstand dort ein Mieterverein, 1927 wurde der Arbeiterradfahrerbund *Solidarität* und 1930 der *Arbeiter-Turn und Sportverein* gegründet.[66]

In Friedrichshafen gab es seit 1923 eine *Freie Turnerschaft* und einen Sängerbund mit über 400 Teilnehmern. 1927 wurde dort sogar eine Ortsgruppe des *Reichsbanners Schwarz-Rot-Gold* ins Leben gerufen.[67] Selbst in der kleinen Stadt Tettnang gab es einen Konsum- und Mieterverein. Aus dem Arbeiterbildungsverein gingen 1918 die Arbeitersänger hervor und 1928 der Bildungsverein, der eine eigene Schützenabteilung hatte.[68]

Tarifauseinandersetzungen in Oberschwaben

Im Juni 1919 war in Heidelberg zum ersten Mal ein Kollektivabkommen für die Metallindustrie in Württemberg abgeschlossen worden, an dem auch der CMV und die Hirsch-Dunckerschen Gewerkvereine beteiligt waren. Darin wurde u. a. die Höhe der Stundenlöhne festgelegt. Oberschwaben hinkte dem württembergischen Niveau hinterher. Friedrichshafen, Ravensburg und Weingarten lagen 5 Prozent unter dem Stuttgarter Satz, Saulgau 12,5 und Leutkirch 15 Prozent.[69]

Die Lohn- und Preisentwicklung führte in der Folgezeit dazu, dass die vereinbarten Lohnsätze schnell überholt waren, so dass immer wieder nachverhandelt und angepasst werden musste. Dass dabei die Arbeitgeber am längeren Hebel saßen, zeigte sich im Metallarbeiterstreik des Jahres 1922. Die Arbeitgeber kündigten die Vereinbarung über die 46-Stundenwoche und forderten die Einführung der 48-Stundenwoche. Entsprechend arbeitgeberfreundliche Schiedssprüche lehnten die Gewerkschaftsmitglieder in Urabstimmungen ab, und es kam zu einem zweimonatigen Arbeitskampf mit Streiks und Aussperrungen. Allein im Bereich Friedrichshafen waren 2934 Beschäftige in 13 Betrieben ausgesperrt. Schließlich waren die Kassen der Metaller leer, und man musste Ende Mai 1922 einlenken.[70]

Die infolge der Ruhrbesetzung einsetzende Hyperinflation zeitigte 1923 auch für Oberschwaben schwere Folgen und sorgte für erneute Proteste. Am 17. September 1923

---

65 EBD., S. 100 ff.
66 ABRAHAM, Biberacher Arbeiterbewegung (wie Anm. 18), S. 100 ff.
67 Fritz MAIER, Friedrichshafen. Heimatbuch, Bd. 2. Die Geschichte der Stadt vom Beginn des 20. Jahrhundert bis zum Ende des Ersten Weltkrieges, Friedrichshafen 1994, S. 220 ff.
68 FUCHS, Tettnang (wie Anm. 24), S. 28 f.
69 GLAESER, Metaller (wie Anm. 5), S. 125 f.
70 EBD., S. 132–139.

5 Aufmarsch der „Arbeiter-Internationale" in Friedrichshafen 1925 (Sammlung Karl Schweizer, Lindau).

demonstrierten Arbeiter in Friedrichshafen für Preiskontrollen und Festpreise für Milch, Strom und Gas sowie für besseres Brot. Die Herstellung von Feingebäck und Schlagsahne in den Cafés sollte verboten werden.[71]

Am Mittwoch, den 18. September 1923, kam es auf dem Marktplatz von Biberach zu einer ungewöhnlichen Protestaktion der Kommunisten gegen die hohen Preise, die als *Göggeles-Miggda* in die Biberacher Lokalgeschichte einging. Dabei wurden den aus dem Umland auf den Biberacher Markt gekommenen Bauern gewaltsam das Federvieh abgenommen und anschließend zu billigen Preisen verkauft. Schließlich kam es zu einem Showdown zwischen den Bauern und alarmierten Bürgern einerseits und den Kommunisten (mit roter Fahne), die durch Versprechungen des Bürgermeisters unblutig beendet wurden. Am nächsten Tag wurden die Rädelsführer verhaftet.[72]

Da sich die vor allem von Kommunisten angezettelten Demonstrationen häuften, verhängte die Württembergische Regierung den Belagerungszustand. Im ganzen Land wurden 133 kommunistische Funktionäre verhaftet, darunter fünf in Ravensburg sowie ein Friedrichshafener KPD-Mann. Nach einem gescheiterten Putschversuch in Hamburg Ende Oktober 1923 wurde die KPD für mehrere Monate verboten.[73]

---

71 EBD., S. 144.
72 ABRAHAM, Biberacher Arbeiterbewegung (wie Anm. 18), S. 72.
73 GLAESER, Metaller (wie Anm. 5), S. 144.

Die Lage der Gewerkschaften

Die Erschütterungen der ersten Nachkriegsjahre führten zu enormen Mitgliederverlusten der Gewerkschaften. Der DMV verlor zwischen 1922 und 1925 mehr als die Hälfte seiner Mitglieder und schrumpfte von 1,6 Millionen auf 700 000.

Ganz enorm war der Mitgliederschwund in Friedrichshafen, wo rund 70 Prozent der Mitglieder austraten. Ähnlich schlecht war die Lage in den Betrieben in Ravensburg und Weingarten. Auch der CMV verlor die Hälfte seiner Mitglieder.

Damit mangelte es den Gewerkschaften an Kampfkraft. Die Regierung hatte bereits im Dezember 1923 den Achtstundentag aufgehoben und die Tarifautonomie eingeschränkt, unter Mitwirkung eines staatlich bestellten Schlichters.[74] Die Arbeitergeber widersetzten sich für vier Jahre erfolgreich einheitlichen Lohnregelungen. Die Löhne wurden nun wie vor dem Krieg von jedem Betrieb einzeln ausgehandelt. Auch die Arbeitszeit wurde verlängert – in Württemberg auf bis zu 54 Wochenstunden.

Nach Abschluss des Dawes-Plan 1924 erfolgte zwar eine Verbesserung der wirtschaftlichen Lage, doch investierten die deutschen Unternehmer die nun fließenden amerikanischen Kredite in die Rationalisierung ihrer Produktionsanlagen, was zu einer signifikanten Zunahme der Arbeitslosigkeit führte. 1926 waren es bis zu 2 Millionen Arbeitslose.[75] Teilweise nutzen die Unternehmen diese Situation aus. In Weingarten kündigte die Maschinenfabrik 75 Angestellten, zog die Kündigung jedoch zurück, nachdem diese eine Gehaltkürzung von 20 Prozent akzeptiert hatten.

Erst Ende 1926 setzte eine kurze Phase wirtschaftlicher Stabilität ein, in der auch die Löhne wieder erhöht wurden. Ein Jahr später wurde das Reallohnniveau von 1913 erreicht. 1928 gab es in Württemberg erstmals seit längerer Zeit wieder zentrale Lohnverhandlungen, die mit einer moderaten Lohnerhöhung endeten. In einer Urabstimmung hatten sich die Gewerkschaftsmitglieder allerdings gegen einen Streik zur Durchsetzung der Forderungen des DMV entschieden. Die Mitgliederzahlen der Gewerkschaften stiegen nun auch wieder an.[76]

Schon in der nächsten Lohnrunde 1929 zeigte sich ein Ende des Optimismus. Hier konnte lediglich eine Verminderung der Löhne verhindert werden. Auf das Mittel des Streiks wurde angesichts der steigenden Arbeitslosigkeit erneut verzichtet. Der Generaldirektor des Zeppelinkonzerns Colsman sagte auf einer Versammlung des DMV im Juni 1929, zur Gesundung der deutschen Wirtschaft müssten alle Opfer bringen. Diese müsse rentabel arbeiten. Es musste wie Hohn klingen, als er dann noch August Bebel zitierte: *Ohne Profit raucht kein Schornstein*. Das gehöre zum Wesen des Kapitals, und sonst könne auch kein Arbeiter Arbeit finden.[77]

---

74 Ebd., S. 145 ff.
75 Ebd., S. 149 ff.
76 Ebd., S. 153.
77 Zitiert nach Ebd., S. 155.

Weltwirtschaftskrise und Ende der Republik

Nach dem Zusammenbruch der New Yorker Börse im Oktober 1929 zogen die amerikanischen Investoren ihre Gelder aus Deutschland ab. Die folgende Weltwirtschaftskrise brachte Massenarbeitslosigkeit, die durch die Austeritätspolitik der Regierung Brüning noch verschärft wurde. Es versteht sich von selbst, dass die Gewerkschaften nun noch weniger in der Lage waren, die Interessen der Beschäftigten durchzusetzen. 1932 war weniger als ein Viertel der DMV-Mitglieder noch vollbeschäftigt, ein weiteres Viertel in Kurzarbeit, und die Hälfte war arbeitslos. Die Kassen der Gewerkschaften waren leer.

Vereinzelt versuchten Firmen, Verkaufsstellen einzurichten, in denen verbilligte Lebensmittel abgegeben wurden, wie etwa die Maschinenfabrik Weingarten oder die Zeppelin-Wohlfahrt in Friedrichshafen. Zeitgleich setzten die Arbeitgeber Lohnsenkungen durch, und die Gewerkschaften mussten machtlos zuschauen.[78] Im Dezember 1931 griff sogar die Regierung Brüning per Notverordnung in die Tarifautonomie ein und reduzierte alle Löhne in Deutschland auf den Stand von 1927.

Den sich abzeichnenden Aufstieg der Nationalsozialisten begegneten die Sozialdemokraten mit Kundgebungen, so etwa am 22. Februar 1931 reichsweit, so auch in Friedrichshafen, wo der DMV-Vertreter Friedrich Gailer dazu aufrief, der NSDAP mit allen Kräften entgegen zu treten.[79]

Im Zuge der Machtübernahme Hitlers am 30. Januar 1933 kam es reichsweit zu Protesten der Arbeiterschaft, so auch in geringem Umfang in Oberschwaben. In Weingarten gab es am Abend der Machtübernahme einen Aufmarsch der Kommunistischen Partei. Rufe wie *Nieder mit Hitler* seien zu hören gewesen. Ein Stadtrat namens Isele habe gegen die neue Regierung agitiert.[80] In Ravensburg demonstrierten am 31. Januar rund 40 Personen, vorwiegend wohl Kommunisten. Sie sangen rote Kampflieder, eine größere Menschenmenge verfolgte das Geschehen.[81]

Am 17. Februar hatte die *Eiserne Front* ebenfalls in Ravensburg zu einer *antifaschistischen Kundgebung* aufgerufen. Zu den in der *Eisernen Front* vereinigten Gruppierungen gehörten Sozialdemokraten, Gewerkschaften, Arbeitervereine und das sozialdemokratische *Reichsbanner Schwarz-Rot-Gold*. Die Veranstaltung verlief ohne Zwischenfälle.

Am 25. Februar kam es auch in Biberach zu einem Aufmarsch der Kommunisten. Zwei Tage zuvor waren schon der SPD-Ortsverein und das Reichsbanner durch die Stadt marschiert und hatten gegen die Machtübernahme protestiert.[82]

Die genaue Anzahl der Menschen, die die oberschwäbische Arbeiterbewegung mobilisieren konnte, ist nicht bekannt. Sie ist vermutlich um ein vielfaches kleiner als jene, die das Zentrum am 19. Februar in Ravensburg zusammenbrachte, als Menschen aus

---

78 Ebd., S. 159 f.
79 Ebd., S. 164.
80 Vgl. Ludwig Zimmermann, Das katholische Oberschwaben im Nationalsozialismus. Zwischen Begeisterung, Anpassung und Widerstand, Bergatreute, Aulendorf 2021, S. 30.
81 Ebd., S. 30 f. Vgl. auch Eitel, Geschichte Oberschwabens Bd. 2 (wie Anm. 15), S. 253.
82 Abraham, Biberacher Arbeiterbewegung (wie Anm. 18), S. 114.

ganz Oberschwaben und dem Allgäu kamen, um den ehemaligen Reichskanzler Brüning zu hören.[83] Es sollen 10 000 gewesen sein.

Ende Februar wurden auch in Oberschwaben – wie im ganzen Reich – in der Folge des Reichstagsbrandes und der danach auf Druck der Nationalsozialisten von Reichspräsident Hindenburg erlassenen Verordnung politische Gegner des Regimes ausgeschaltet. Zunächst waren vor allem Kommunisten betroffen, die sich an exponierter Stelle engagiert hatten. Mehrere Fälle aus Friedrichshafen, Ravensburg, Weingarten, Baienfurt, Saulgau und Wangen sind bekannt.[84] Die Verhafteten wurden ins Lager Heuberg bei Stetten am kalten Markt verbracht, wo später auch der bekannte Stuttgarter SPD-Mann Kurt Schumacher einsaß.

In Friedrichshafen fand am 4. März 1933, am Vortag der Reichstagswahlen, die letzte freie Wahlveranstaltung statt. Die SPD und das Reichsbanner hatten in den „Hirschen-Saal" eingeladen. Der bekannte württembergische Reichstagsabgeordnete Wilhelm Keil sprach zum Thema *Freiheit oder Knechtschaft*. Zur gleichen Zeit begab sich der langjährige preußische Ministerpräsident Otto Braun von Friedrichshafen ins Exil in die Schweiz.[85] Offensichtlich erodierte in der Arbeiterbewegung der Glaube, das Blatt könne sich noch wenden.

Die Gewerkschaften bzw. der ADGB hatten sich zunächst abwartend verhalten und ihre Mitglieder nicht zum Widerstand aufgerufen. Später schwenkten sie auf eine Linie der Anpassung ein, kündigten die Zusammenarbeit mit der SPD und dem Internationalen Gewerkschaftsbund auf und forderten am 10. April 1933 ihre Mitglieder zur Teilnahme an den von den Nationalsozialisten inszenierten Feiern zum 1. Mai auf. Am 2. Mai wurden die Gewerkschaften aufgelöst und in die *Deutsche Arbeitsfront* überführt. In dieser galt das Führerprinzip, das einen Gegensatz zwischen Kapital negierte und die Volksgemeinschaft propagierte.[86]

Mit der Etablierung des Nationalsozialismus ging das erste Kapitel der Geschichte der unabhängigen Arbeiterbewegung in Oberschwaben zu Ende. KPD und SPD wurden verboten.

Trotz des schweren Standes, den die Arbeiterbewegung in Oberschwaben hatte, spielte sie im Widerstand gegen die Nationalsozialisten eine nicht unwichtige Rolle. Einzelne Beispiele für Widerstand, die der Arbeiterbewegung zuzurechnen sind, sind bekannt. Insgesamt jedoch scheint der Arbeiterwiderstand angesichts der Überbewertung des militärischen Widerstands nicht im rechten Licht. Am bekanntesten ist der Eisenbahngewerkschafter Fridolin Endrass, der von Friedrichshafen aus ab 1933 gewerkschaftliche Untergrundarbeit organisierte.[87] In Biberach unterstützte und organisierte der Sozialdemokrat Josef Mader zwischen 1933 und 1936 die illegale Emigration verfolgter Genossen über die grüne Grenze nach Österreich und die in die Schweiz.[88]

---

83 Zimmermann, Oberschwaben (wie Anm. 30), S. 31.
84 Ebd., S. 37.
85 Maier, Friedrichshafen (wie Anm. 67), S. 242.
86 Glaeser, Metaller (wie Anm. 5), S. 167 f.
87 Vgl. Gerhard Raichle, Fridolin Endraß (1893–1940). Möglichkeiten und Grenzen des Widerstands im Dritten Reich, in: Leben am See 16 (1999), S. 52–55.
88 Vgl. Abraham, Biberacher Arbeiterbewegung (wie Anm. 18), S. 116.

Weitgehend noch bekannt ist, in welchem Ausmaße in Oberschwaben Arbeiter in den Betrieben Widerstand leisteten. In unterschiedlicher Form: durch Bummelei, Streiks oder gar Sabotage. Wir wissen, dass es in den Jahren 1936/37 in Württemberg 22 Arbeitskämpfe gegeben hat. Durchaus denkbar, dass dies auch Betriebe in Oberschwaben betroffen hat.[89]

Schlussbetrachtung

Zusammenfassend kann man sagen, dass die ersten zarten Anfänge einer Arbeiterbewegung in Oberschwaben – wie insgesamt in Deutschland – in den Arbeitervereinen der Revolutionszeit von 1848 liegen. Sie bestanden aus Handwerkern, vielfach auch fahrende Gesellen. Anfangs hegten sie durchaus auch politische Forderungen, nach dem Scheitern der Revolution beschränkten sie sich auf gegenseitige Unterstützung. Dennoch wurden die Arbeitervereine von der Obrigkeit aufgelöst. Es folgten Mitte des 19. Jahrhunderts die Arbeiterbildungsvereine, auch sie meist aus Handwerkern bestehend und von Auswärtigen initiiert.

Erst nach Ende des Sozialistengesetzes erfuhr eine von Industriearbeitern getragene sozialdemokratisch orientierte Arbeiterbewegung einen ersten kleinen Aufschwung. Ortvereine der SPD wurden gegründet. Die Gewerkschaften feierten kleinere Erfolge. Das konservativ-katholische Oberschwaben reagierte mit eigenen Arbeitervereinen, die die einheimischen Arbeiter vom ‚Irrweg' des Sozialismus abhalten sollten.

Im 1. Weltkrieg bildete sich mit Friedrichshafen ein Zentrum der Rüstungsindustrie heraus. Die dortige Arbeiterschaft trat durch massive Demonstrationen für den Frieden im November 1918 in Erscheinung. Auch hier brachte der verlorene Krieg letztlich eine Spaltung der Arbeiterschaft. Die radikaleren Elemente in der KPD, die es vereinzelt auch in Oberschwaben gab, strebten den sozialistischen Rätestaat an und traten in den Folgejahren vereinzelt entsprechend radikal auf, etwa 1923 in Biberach, blieben letztlich aber ohne größere Erfolge. Die reformorientierte Arbeiterschaft in der SPD und den Freien Gewerkschaften hatten sich zu Beginn der Weimarer Republik eine gute Ausgangsposition erkämpft bzw. ausgehandelt. Mit der Erosion der Republik in der Weltwirtschaftskrise schwand auch die Macht der Arbeiterbewegung, die zudem unter ihrer Spaltung litt – eine reichsweite Entwicklung, die auch in Oberschwaben sichtbar war.

Trotz aller kleinen Erfolge kurz vor und kurz nach dem 1. Weltkrieg blieb die Arbeiterbewegung in Oberschwaben politisch schwach. Aufgrund der strukturellen Nachteile der Region im Vergleich zu den großen industriellen Zentren, wo die Arbeiterbewegung ihre Hochburgen hatte, konnte sie ihren Einfluss entsprechend weniger zur Geltung bringen. In ihrer Mehrheit war die oberschwäbische Arbeiterschaft auch nie eine revolutionäre Bewegung.

---

89 Vgl. dazu Günter Morsch: Streik im „Dritten Reich", in: Vierteljahreshefte für Zeitgeschichte 36 (Heft 4), München 1988, S. 684.

Zwischen Individuum und Struktur. Prolegomena zu Oberschwabens Unternehmertum

GEORG ECKERT

So groß das Thema, so klein der Umfang dieses Essays. Er hat sich mit einigen Prolegomena zu bescheiden, die künftigen Forschungen dienen mögen – nicht im Sinne eines historischen Längsschnittes, den Synthesen aus jüngerer Zeit leisten,[1] sondern zum Zwecke einer konzeptionell angeleiteten Reflexion. Sie profitiert von inspirierend vielfältigen Erkenntnisinteressen facettenreicher Studien, die vornehmlich die Geschichte einzelner Unternehmen, Unternehmer und Branchen in Oberschwaben untersuchen: und zwar insbesondere derjenigen, die in den Quellen am besten dokumentiert sind und mit denen wir in unserer Gegenwart häufig Oberschwabens Unternehmertum assoziieren, nämlich größerer Industriebetriebe. Schon Zeitgenossen in der Mitte des 19. Jahrhunderts befanden, Württemberg habe in der *Maschinenfabrikation* doch *eine der wichtigsten Eroberungen im Gebiet der Industrie gemacht, da auf derselben das ganze moderne Gewerbswesen beruht, während sie schon nach kurzer Zeit eine Quelle der lohnendsten Volksbeschäftigung und einer fruchtbaren geistigen Anregungen in allen mechanischen Gewerben geworden ist.*[2]

Diese Tendenz hat sich im 20. Jahrhundert noch verstärkt, gleichwohl stellt eine solch selektive Aufmerksamkeit schon eine jener Unschärfen her, deren weitere Profi-

---

[1] Die jüngste Synthese auch der oberschwäbischen Wirtschaftsgeschichte im 19. und 20. Jahrhundert bilden die überaus umsichtig argumentierenden einschlägigen Kapitel in: Peter EITEL, Geschichte Oberschwabens im 19. und 20. Jahrhundert, Band 1. Der Weg ins Königreich Württemberg (1800–1870), Ostfildern 2010; DERS., Geschichte Oberschwabens im 19. und 20. Jahrhundert, Band 2. Oberschwaben im Kaiserreich (1870–1918), Ostfildern 2015; DERS., Geschichte Oberschwabens im 19. und 20. Jahrhundert, Band 3. In den Strudeln der großen Politik (1918–1952), Ostfildern 2022. Für die Zeit vom Spätmittelalter bis in die Mitte des 19. Jahrhunderts bieten die Tagungsbände der beiden Vorgängertagungen facettenreiche Pionierstudien: Sigrid HIRBODIAN/Rolf KIESSLING/Edwin Ernst WEBER (Hg.), Herrschaft, Markt und Umwelt. Wirtschaft in Oberschwaben 1300–1600, Stuttgart 2019; Sigrid HIRBODIAN/Edwin Ernst WEBER (Hg.), Von der Krise des 17. Jahrhunderts bis zur frühen Industrialisierung. Wirtschaft in Oberschwaben 1600–1850, Stuttgart 2022. Eine Synthese für die zweite Hälfte des 20. Jahrhunderts steht noch aus.
[2] [Johannes] MÄHRLEN, Gewerbe und Handel, in: K. STATISTISCH-TOPOGRAPHISCHES BUREAU (Hg.), Das Königreich Württemberg. Eine Beschreibung von Land, Volk und Staat, Stuttgart 1863, S. 557–632, hier S. 596.

lierung paradoxerweise vielleicht der wichtigste Beitrag ist, den der vorliegende Text als kleiner Impuls für weiterführende Forschungen zu leisten vermag: im Rückblick auf drei erkenntnisreiche Tagungen über oberschwäbische Wirtschaftsgeschichte in der Neuzeit, die ihrerseits erkennen lassen, inwiefern Unternehmertum als Analysebegriff zentrale Aspekte zu bündeln vermag – indem es Individuum und Struktur als wesentliche Erkenntnisansätze zusammenführt und den Blick dafür öffnet, dass Unternehmertum auch ganz wesentlich darin besteht, was Menschen jeweils dafür halten.

1. Chancen und Grenzen eines Forschungskonzepts: Einige Überlegungen

Ehe es die Chancen einer solcherart vermittelnden Untersuchungsweise über die üblichen allgemeinhistorischen und wirtschaftsgeschichtlichen Binnenzäsuren hinweg an einigen Beispielen zu konkretisieren gilt, sind zunächst die Grenzen möglicher Erkenntnis anzuzeichnen. Einerseits gelangt man rasch an konzeptionelle Herausforderungen, zu denen sich jede Form von Forschung verhalten muss; andererseits stehen vor derart abstrakten Problemen sehr viel konkretere – nämlich solche der Quellen und des Quellenzugangs, in Oberschwaben wie andernorts. Manche Unternehmer sind gut zu fassen, die meisten aber nur sporadisch, insbesondere je kleiner die Betriebe sind. Vielfach dominieren serielle Daten, obendrein oft aggregiert verzeichnet, sowohl bei Quellen innerhalb von Betrieben als auch bei Quellen insbesondere staatlicher Stellen über Betriebe: darunter Bilanzen, Rechnungen, Produktionsausstöße, Steuerveranlagungen, Mitarbeiterzahlen und verwandte Daten, die eher strukturelle Erkenntnisse versprechen als Aufschlüsse darüber, wie Unternehmer ihre Betriebe geführt haben. Ähnlich verhält es sich bei Unternehmerverbänden, Gewerkschaften und anderen Institutionen, die ihrerseits Statistiken erheben. Nur wenige, meist größere Unternehmen – in Oberschwaben wie andernorts – verfügen über ein systematisch und fachkundig gepflegtes Archiv.

Damit korreliert der Befund, dass sich viele Modi des Umgangs mit der eigenen Historie finden. So hebt die Friedrichshafener ZF die Unternehmensgeschichte per Homepage sogar in strategischen Rang,[3] bereits Liebherr, ebenfalls ein Milliardenkonzern, hängt seine Historie allerdings deutlich tiefer und erzählt sie als Geschichte von Erfindungen des Firmengründers;[4] auf der Homepage von Hymer (ebenfalls ein Großunternehmen mit Milliardenumsatz) muss man schon ganz nach unten scrollen, um einen Hinweis auf das dafür umso spektakulärer inszenierte Erwin-Hymer-Museum zu entdecken.[5] Das

---

3 Unter https://www.zf.com/mobile/de/company/strategy/strategy.html (aufgerufen am 25.10.2023) wird die Unternehmensstrategie in zwei Aspekte aufgeteilt: „ZF Way – Unsere Prinzipien" sowie „Unternehmensgeschichte". Auch ersteres ist wiederum historisch hinterlegt: „Seit mehr als 100 Jahren vergrößern und verstärken wir unsere ZF-Familie. Wir sind stolz auf die Menschen, die unsere Erfolge in der Vergangenheit geprägt haben, es heute tun und in Zukunft tun werden." https://www.zf.com/mobile/de/company/strategy/ourprinciples_zfway/ourprinciples_zfway.html (aufgerufen am 25.10.2023).
4 https://www.liebherr.com/de/deu/%C3%BCber-liebherr/historie/1949–1960.html (aufgerufen am 25.10.2023).
5 https://www.hymer.com/de/de/home (aufgerufen am 25.10.2023).

sind zunächst nur episodische Befunde, die allerdings eine gewisse Signifikanz besitzen: Der Umgang mit der eigenen Geschichte gehört ebenfalls zu Unternehmertum und dessen Inszenierung unmittelbar dazu, und sei es als Nicht-Umgang – selbst die Nicht-Kommunikation über Unternehmensgeschichte ist eine Kommunikation über den empfundenen Stellenwert der Historie für das jeweilige Unternehmen. Hier ist zwar nicht der Ort, diesen Aspekt systematisch zu entwickeln. Aber spannend sind auch Ausblendungen und Einblendungen, die sich dabei ergeben: gerade innerhalb von Familienunternehmen, in denen nachfolgende Generationen die Gründer ganz unterschiedlich wahrnehmen und wahrgenommen wissen möchten, teils voller Sympathie, teils mit Antipathie, zumal wenn heikle Aspekte der Firmengeschichte wie die Beschäftigung von Zwangsarbeitern und dergleichen berührt sind. Auch darin schlägt sich ein gesellschaftlicher Wertewandel nieder, den jeweilige Betrachtungsweisen von Unternehmertum sowohl anzeigen als auch betreiben: Man denke etwa an adelige Dynastien, die sich erst in jüngerer Zeit offensiv zu einem Unternehmerdasein bekennen, das sie früher eher als materielles Mittel zu ganz anderen sozialen und politischen Zwecken ausübten.

Ohnehin hängt erheblich von der Haltung des jeweiligen Unternehmers oder Unternehmens ab, was der Historiker zu sehen bekam oder bekommt: Archive, die es gar nicht gibt, stehen dem Erkenntnisgewinn ebenso im Wege wie Archive, zu denen nur zögerlich oder kaum Zugang gewährt wird. Wo letzterer möglich ist, wird es indes nicht

1   Erwin Hymer (1930–2013) verkörperte einen neuen Unternehmer-Typus. Der gelernte Werkzeugmacher studierte Maschinenbau und arbeitete zunächst für Claude Dornier. Seine Erfahrungen aus dem Flugzeug(leicht)bau übertrug er gemeinsam mit einem weiteren Flugzeugkonstrukteur, Erich Bachem, auf die bald immens erfolgreiche Produktion von Wohnwagen und Reisemobilen. Die Biographie eines Tüftlers mit wissenschaftlichen Weihen illustriert diese Aufnahme, auf der Erwin Hymer in den späten 1950er Jahren vor einer Dornier Do-27 und dem von ihm entworfenen Kleinwagen Dornier Delta zu sehen ist. Bildvorlage: Erwin-Hymer-Museum.

unbedingt einfacher. Denn Unternehmertum bildet sich in höchst unterschiedlichen Quellentypen ab – und die teils zufällig, teils mit Selektionsabsicht[6] erhaltenen Dokumente bedeuten vielfach bereits eine Wertung, worin Unternehmertum eigentlich bestehe: technische Skizzen, Wirtschaftspläne, Bilanzen und ähnliche Textgattungen dominieren meist, nur selten fällt der Blick der Forschung auf zugleich schlechter wie besser greifbare materielle Überlieferungen, obwohl Behausung und Hausstand eines Unternehmers[7] womöglich eher sein Selbstverständnis ausdrücken als ein Verzeichnis seiner Maschinen. Explizite Selbstauskünfte sind in der Regel rar, auch persönliche Korrespondenzen jenseits des Tagesgeschäfts oder Memoiren; von Unternehmern gibt es meist mehr (gedruckte, gezeichnete, photographierte) Porträts als Selbstauskünfte. Derlei hat bisweilen habituelle Bewandtnis: Zum Image des Pragmatikers passt es nicht, ausführliche Tagebuchnotizen zu hinterlassen. ‚Schaffer' schaffen eben, sie schreiben eher Rechnungen als Briefe, und ‚Macher' machen eben und lassen sich ungern nachsagen, kostbare Geschäftszeit mit Theoretisieren zu vergeuden.

Prinzipiell ist allerdings noch eine andere Unschärfe festzustellen: Je kleiner der Betrieb, desto größer die Wahrscheinlichkeit, dass entweder sehr viel sehr gut (man müsste einmal ein Loblied des Hortens singen) oder sehr wenig sehr schlecht in Quellen nachvollziehbar ist. Unser Blick auf Unternehmertum ist insofern meist ein schiefer, als er meist Betrieben gewisser Branchen ab einer gewissen Bilanzsumme (und eben oftmals dann schon: mit eigenen Archiven) gilt: Die Schreinerei oder der Modeeinzelhändler oder der Gärtner oder die Bäckerei um die Ecke oder die Gastwirtschaft sind meist lediglich spärlich dokumentiert, erst recht der Bauernhof. Entscheidungen und Entscheidungsprozesse gerade in kleineren Firmen sind oft nur, wenn überhaupt, in ihren Resultaten schriftlich festgehalten – wie es sich auch mitunter in einstigen Einmannbetrieben verhält, deren Gründer selbst in enorm gewachsenen Unternehmen als Global Player häufig noch ihre einsamen, kaum verfahrensgeleiteten Entschlüsse fällen.

Das Quellenproblem bedeutet je schon eine Methodenfrage, die sich auch anderweitig stellt. Den Unternehmer schlechthin gibt es schon deshalb nicht, weil der Historiker immer Gleichzeitigkeiten des Ungleichzeitigen in Rechnung stellen muss – und eben auch Strukturen von betrieblichen Organisationsweisen, Branchen und Märkten, die sich komplementär, konkurrierend oder anderweitig verhalten.[8] Der Gründer eines Start-Ups ist kein im engeren Sinne des Wortes typischerer Unternehmer als der Erbe eines Global Player oder ein selbstständiger Handwerksmeister, mögen wir ihn heutzu-

---

6 Zu diesem Grundsatzproblem, das auch die Wirtschaftsgeschichte betrifft, systematisch: Arnold Esch, Überlieferungs-Chance und Überlieferungs-Zufall als methodisches Problem des Historikers, in: Historische Zeitschrift 240 (1985), S. 529–570. Umso wichtiger sind deshalb die so reichhaltigen, überaus vielfältigen Bestände des Wirtschaftsarchivs Baden-Württemberg in Hohenheim, in dem auch Überlieferungen kleinerer Betriebe zu finden sind.
7 Für einen solchen Ansatz etwa: Anne Sophie Overkamp, Fleiß, Glaube, Bildung. Kaufleute als gebildete Stände im Wuppertal 1760–1840, Göttingen 2020, S. 271–318.
8 Für die Frühe Neuzeit betont solche Abgrenzungsschwierigkeiten: Rolf Kiessling, Im Spannungsfeld von lokalem Markt und europäischem Fernhandel – Oberschwaben als Wirtschaftsregion der Vormoderne, in: Hirbodian/Kiessling/Weber (Hg.), Herrschaft, Markt und Umwelt (wie Anm. 1), S. 323–350, hier S. 350.

tage auch als solchen empfinden. Was sie verbinde oder unterscheide, liegt immer auch auf einer Wahrnehmungsebene. Es hängt mithin davon ab, was Zeitgenossen oder späterer Forschung typisch vorkommt. Unsere mehr oder minder reflektierten Konzeptionen von Unternehmertum haben Konsequenzen, bestimmen sie doch über die Phänomene, die uns in den Sinn kommen und die wir erforschen.

Wen oder was nehmen wir in den Blick, wenn wir – oberschwäbisches oder anderes – Unternehmertum analysieren? An welche Branchen denken wir, an welche Unternehmensgrößen, an welche Organisationsformen? Wenn alles gleichermaßen als Unternehmertum gilt, ist am Ende alles zu erforschen, mit der Gefahr, nichts herauszufinden. Gleichwohl hat ein zunächst wenig profilierter Begriff seine heuristischen Vorzüge, gerade in jener populär gewordenen Perspektive einer ökonomischen Theorie, die Unternehmertum als eher zeitloses Konzept deutet: Entrepreneurship meint dann „das Ausnutzen unternehmerischer Gelegenheiten sowie den kreativen und gestalterischen unternehmerischen Prozess in einer Organisation, bzw. einer Phase unternehmerischen Wandels".[9] Oftmals beziehen sich solche Definitionen auf Joseph Schumpeter, der sich indes aus guten Gründen geweigert hat, Unternehmertum überhaupt für einen Beruf zu halten, schließlich sei es „in der Regel kein Dauerzustand", neue Kombinationen durchzusetzen.[10] Zur Geschichte des Unternehmertums gehört wesentlich die Geschichte von Bildern, die sich bestimmte Individuen oder Gruppen jeweils von Unternehmertum machen; Arbeitgeberverbände hegen für gewöhnlich andere Auffassungen von Unternehmertum als Gewerkschaftsfunktionäre.

Aus Sicht des Historikers ist Unternehmertum folglich ein sehr zeitgebundenes Konzept, und zwar in doppelter Weise. Einerseits handelt es sich um einen vergleichsweise jungen Quellenbegriff, der sich erst seit dem 19. Jahrhundert verdichtet hat:[11] So betrachtet, gab es zwar schon zuvor Menschen, die auf eine Art und Weise gehandelt haben, die wir heutzutage als unternehmerisch deuten, aber eben keine ‚Unternehmer' in dem Sinne, dass sie sich selbst als Unternehmer gesehen hätten oder von anderen als solche wahrgenommen worden wären. Andererseits bestehen unzweifelhaft Praktiken fort, die älter als jede Theorie des Unternehmertums sind: Auf Gewinn ausgerichtet waren nicht erst Fabrikanten des Industriezeitalters, sondern eben bereits die Faktoren spätmittelalterlicher Handelshäuser. Schon lange vor den ersten mehr oder minder systematischen Konzepten von Unternehmertum lassen sich zahlreiche Handlungsweisen auffinden, die wir landläufig als unternehmerische zu bezeichnen geneigt sind. Geschlossene Entwürfe, wie sich Unternehmertum definieren lasse, sind jedoch vor allem seit dem frühen 20. Jahrhundert formuliert worden.

---

9 Tobias KOLLMANN, Entrepreneurship, in: Gabler Wirtschaftslexikon. Das Wissen der Experten, via: https://wirtschaftslexikon.gabler.de/definition/entrepreneurship-51931/version-275082 (aufgerufen am 25.10.2023).
10 Joseph SCHUMPETER, Theorie der wirtschaftlichen Entwicklung. Eine Untersuchung über Unternehmergewinn, Kapital, Kredit, Zins und den Konjunkturzyklus, Berlin ⁹1997, S. 116.
11 Fritz REDLICH, Der Unternehmer. Wirtschafts- und sozialgeschichtliche Studien, Göttingen 1964, S. 486. Konjunkturen der begrifflichen Entwicklung sind angedeutet in: Georg ECKERT, Händler als Helden. Funktionen des Unternehmertums in der Neuzeit, in: Historische Zeitschrift 305 (2017), S. 37–69.

Generaldirektor Johann Georg Fahr, Gottmadingen, 60 Jahre

Am 16. Oktober 1964 wurde J. Georg Fahr, Generaldirektor der Maschinenfabrik FAHR AG, Gottmadingen, 60 Jahre alt. Wir wollen Leben und Werk dieser weithin bekannten Persönlichkeit mit einigen wenigen, aber charakteristischen Linien nachzeichnen.

Johann Georg Fahr wurde in Gottmadingen geboren und besuchte dort die Volks- und danach die Realschule in Singen. Die Handelsschule in Neuhausen (Schweiz) beendete er mit dem Abitur. Daran schloß sich seine kaufmännische Ausbildung in Verona und Barcelona an, wo er sich gute italienische und spanische Sprachkenntnisse erwarb. 1925/26 studierte J. G. Fahr an der Universität Genf Volkswirtschaft und vertiefte dort seine französischen Sprachkenntnisse.

2   So stellte man sich einen Generaldirektor aus dem „Wirtschaftswunder" vor: In diesem Falle Johann Georg Fahr (1904–1972) – kein ‚Tüftler' mehr, sondern ein weltläufiger Kaufmann, der die erfolgreiche Entwicklung des vom gleichnamigen Großvater begründeten Familienunternehmens seit dem Jahr 1930 als Vorstand lenkte. Bildvorlage: Helmut Hirschbühl: Generaldirektor Johann Georg Fahr, Gottmadingen, 60 Jahre. In: Hegau 18 (1964), S. 382.

Erste Reflexionen darüber finden sich in der Aufklärung, nachmals viel zitiert wird etwa der irisch-französische Bankier und Ökonom Richard Cantillon, der um 1720 den Unternehmer vor allem als einen Händler verstand und diesen über seine postulierte Risikobereitschaft vom Pensionsempfänger unterschied, der von seinen Zinsen lebt.[12] Spuren dieser Denkweise finden sich noch in Theorien, die im Zuge der „managerial revolution" Bedenken geltend machten,[13] ob festangestellte Manager großer Unternehmen (anders als die Eigentümer, zu denen auch Aktionäre gehören) als Unternehmer

---

12 Richard Cantillon, Essai sur la nature du commerce en général. Ed. by Henry Higgs with an English Translation and Other Material, London 1959, S. 55.
13 Überaus kritisch argumentierte seinerzeit: James Burnham, Das Regime der Manager, Stuttgart 1951.

firmieren könnten: Schließlich sei ihr Risiko kaum ein finanzielles, sondern allenfalls ein solches der Reputation, die bei mangelndem Erfolg gefährdet werde. Je mehr Beispiele man nennt, desto diffiziler fällt allerdings die Entscheidung aus: Soll ein Geschäftsführer einer Genossenschaft als ‚Unternehmer' gelten? Ist ein selbständiger Zeitungsausträger ein ‚Unternehmer'? Wie verhält es sich mit einem Kioskbetreiber, der übrigens ein deutlich höheres finanzielles Risiko trägt als der Erbe eines Großbetriebes? Und kann auch ein Vorstand einer karitativen oder Nicht-Regierungs-Organisation ein ‚Unternehmer' sein,[14] am Ende sogar die Hausfrau aus einem Vorwerk-Spot anno 2005, die ein „kleines Familienunternehmen" führe?[15] Hat der CEO eines Milliardenkonzerns mehr oder weniger mit dem kleinen Krämer gemein, als man vermuten mag?

Mit großen wirtschaftlichen Veränderungen – vor allem die Industrielle Revolution, deren Skaleneffekte eben große Unternehmensverwaltungen hervorbrachten – gehen oftmals neue Betrachtungsweisen einher, so verhält es sich auch mit ‚Unternehmertum'. Der Physiokrat Francois Quesnay hatte um 1760 Wirtschaft noch als ökonomischen Kreislauf konzipiert, der auf landwirtschaftlicher Erzeugung beruhe. Unternehmer im eigentlichen Sinne waren für ihn also nur agrarische Produzenten. Diese Sichtweise hatte schon insofern etwas für sich, als Agrarwirtschaft im späten 18. und frühen 19. Jahrhundert eine enorme Innovationsdisziplin dargestellt hat: Landwirtschaftliche Hauptfeste sind seinerzeit eben vor den Gewerbeausstellungen institutionalisiert worden.[16] Dass wir uns jedenfalls vor dem Aufkommen der Digital-Start-Ups angewöhnt haben, den Unternehmer vor allem als Betreiber einer großen Fabrik zu denken, geht ebenso auf einen Wandel der Wirtschaft zurück wie auf einen Wandel in unserem Denken über Wirtschaft. Als entscheidend erweist sich dabei nicht die Branchenzugehörigkeit, sondern eine gewisse Denkweise, die man in den Rang einer Mentalität erheben mag. Der moderne Unternehmerbegriff jedenfalls setzt die Annahme einer gewissen Legitimität von Gewinnstreben und Egoismus voraus, die dann auch keiner Verbrämung mehr bedürfen – infolge der konfliktreichen Zersetzung einer „moral economy",[17] wie sie zum Beispiel im Kampf um die Auflösung der Allmenden an der Oberen Donau nachvollziehbar ist.[18]

---

14 „Das Wirkungsfeld des Unternehmers liegt nicht allein im privaten Sektor", so argumentiert: Mark CASSON, Der Unternehmer. Versuch einer historisch-theoretischen Deutung, in: Geschichte und Gesellschaft 27 (2001), S. 524–544, hier S. 524 (Zitat).
15 https://www.youtube.com/watch?v=aANvgo1goLg (aufgerufen am 13.1.2025).
16 Manche der früheren Gewerbevereine wurden sogar innerhalb von agrarischen Vereinen gegründet: EITEL, Geschichte Oberschwabens Bd. 1 (wie Anm. 1), S. 151.
17 Dazu grundlegend: Edward P. THOMPSON, The Moral Economy of the English Crowd in the Eighteenth Century, in: Past & Present 50 (1971), S. 76–136. Eine dazu in mancher Hinsicht komplementäre Studie über die Theoriegeschichte des Eigennutzes bietet: Winfried SCHULZE, Vom Gemeinnutz zum Eigennutz. Über den Normenwandel in der ständischen Gesellschaft der Frühen Neuzeit, in: Historische Zeitschrift 243 (1986), S. 591–626. Inwiefern das als lineare Säkularisierungserzählung falsch verstanden wäre, legen dar: Martin LUTZ/Boris GEHLEN Auf der Suche nach dem verlorenen Sinn? Unternehmer zwischen Gottesfurcht und Marktglaube im modernen Kapitalismus, in: Jahrbuch für Wirtschaftsgeschichte 61 (2020), S. 19–38, hier S. 31–35.
18 Edwin Ernst WEBER, Arm gegen Reich. Sozioökonomische Verhältnisse und innerdörfliche Konflikte an der Oberen Donau im 18. Jahrhundert, in: HIRBODIAN/WEBER (Hg.) Von der Krise des 17. Jahrhunderts bis zur frühen Industrialisierung (wie Anm. 1), S. 463–496, hier S. 487–495.

Erst mit diesem Wandel, der die Möglichkeit einer anderen Periodisierung jenseits der üblichen wirtschaftsgeschichtlichen Epochen andeutet, entstand konzeptioneller Raum für einen Unternehmerbegriff, der keine außerwirtschaftliche Zwecksetzung ökonomischen Agierens voraussetzt. Heutzutage populäre Entwürfe von Unternehmertum gehen vielfach auf Joseph Schumpeters Plädoyer zurück, dem Unternehmer eine zentrale Funktion innerhalb der ewigen Erneuerung der Wirtschaft zu attestieren: und zwar im Rahmen einer „schöpferischen Zerstörung"[19] – ein Begriff, den viele oberschwäbische Unternehmer als Selbstbeschreibung wohl bis in die Gegenwart abgelehnt hätten, empfanden sie sich doch eher als ‚Schaffer' (und pflegten eher eine Kultur des Sichselbstzurücknehmens, wie sie viele ‚Hidden Champions' ausüben). Umso mehr lohnt eine kurze Besinnung, was hier kaum einmal in den Blick genommen werden kann respektive soll: ein populärer Genie-Kult, der sich mit ‚Unternehmertum' in unseren Tagen vielfach verbindet – wo der Unternehmer beschrieben wird, ist die ökonomische Heroisierung nicht weit. Zu gerne erzählen wir uns Geschichten von großen Geistesblitzen, mit denen Helden bisherige Grenzen überschreiten, und erheben ihr entsprechendes Handeln zur transgressiven Charaktereigenschaft.[20] Dafür gibt es eine pointierte Erklärung. Der Unternehmer ist eine erzählerische Notwendigkeit, um ein komplexes kapitalistisches Wirtschaftssystem verständlich zu machen,[21] er dient als Kommunikationsfigur für das Reden über Ökonomie: vom harten Agieren im Markt bis hin zum großzügigem Mäzenatentum.

Derlei Erzählungen funktionieren branchenübergreifend, so wie auch branchenübergreifend gilt, dass der unternehmerische Alltag eher von Routinen als von spärlichen Momenten großer Innovationen geprägt ist. Begriffe wie ‚Erfinder' oder ‚Charismatiker' oder ‚Visionär' erweisen sich schnell als Leerformeln, die nur Schein-Erklärungen für eingetretenen Erfolg liefern; einfallsreiche Unternehmer, deren Findigkeit nicht zur Marktführerschaft führt, werden nämlich selten untersucht, gänzlich gescheiterte noch weniger. Auf reflektierte Weise zugleich konstruiert und dekonstruiert findet sich dieser Zusammenhang in einem im Biberach der „Wirtschaftswunder"-Zeit gedruckten, literarisch ausgestalteten zeitgenössischen Porträt von Hans Liebherrs enormem Erfolg mit seinem Drehturmkran, den er sich bereits in seiner Kriegsgefangenschaft ausgedacht habe: Man wisse *nicht recht, hat die zwingende Notwendigkeit aus einem einfachen Maurermeister das Genie gemacht? Oder bestand das Genie dieses einfachen Mannes eben darin, daß er die Befehle dieser gegebenen Notwendigkeit als einziger in Deutschland, ja vielleicht in der Welt, bis zur letzten Konsequenz ausführte?*[22]

An bereits angedeutete Grenzen der Erkenntnisbildung führt auch die erwähnte Binnendifferenzierung: Unternehmertum reicht vom Tante-Emma-Laden um die Ecke bis

---

19 Joseph A. SCHUMPETER, Kapitalismus, Sozialismus und Demokratie, 10., vervollständigte Aufl., Stuttgart 2020, S. 106.
20 Einführend dazu: Tobias SCHLECHTRIEMEN, Grenzüberschreitung, in: Ronald G. ASCH u. a. (Hg.), Compendium heroicum. Publiziert vom Sonderforschungsbereich 948 „Helden – Heroisierungen – Heroismen" der Universität Freiburg, 15. Juni 2021, DOI: 10.6094/heroicum/gdi.1.20210615.
21 Werner PLUMPE, Unternehmer – Fakten und Fiktionen, in: Werner PLUMPE (Hg.), Unternehmer – Fakten und Fiktionen. Historisch-biografische Studien, München 2014, S. 1–26, hier S. 2f.
22 [NN:] Liebherr der „Kranführer" des deutschen Wiederaufbaues, in: ***: Köpfe der neuen deutschen Wirtschaft, Biberach/Riß 1954, S. 137–143, hier S. 138f.

3 Zum unternehmerischen Selbstverständnis gehört oftmals auch eine Kunstförderung, die mäzenatische wie ökonomische Motivationen kennt. Bei der Max Weishaupt GmbH wuchsen solche Verflechtungen zunächst über das Produktdesign. Später machte das Ehepaar Siegfried (*1939) und Jutta Weishaupt die zuvor private Kunstsammlung in einer eigens errichteten, im Jahre 2007 eingeweihten Kunsthalle in Ulm öffentlich zugänglich. Bildvorlage: kunsthalle weishaupt, Foto: Daniel Scheffold.

zum Großkonzern, von der Ich-AG bis zur Aktiengesellschaft, vom Bauernhof bis zum Digital-Startup. Ob sich in einem Vergleich quer durch Betriebsgrößen und Branchen innerhalb der jeweiligen Epochen oder gerade über ihre Grenzen hinweg mehr unternehmerische Gemeinsamkeiten oder Unterschiede finden lassen, justament innerhalb des ‚Mind-Set' oder der ‚Wirtschaftsgesinnung',[23] dürfte eine spannende Frage sein. Beantworten lässt sie sich hier zwar nicht, aber sie mahnt in jedem Falle zur Zurückhaltung, wenn spezifische Befunde – repräsentativ sind Einzelfälle kaum einmal, aber signifikant immer – in womöglich vorschnell verallgemeinernder Weise zur Debatte gestellt werden. Das gilt auch für Unternehmer: Nicht alles, was in und mit einem Unternehmen geschieht, entspringt unternehmerischem Handeln im engeren Sinne. Auch Unternehmer sind Personen, die in wenngleich teils selbst geschaffenen Institutionen agieren und deren Handlungsmacht begrenzt ist. Doch zumal letztere zu unterstellen, ist eine elementare Voraussetzung des Erzählens von Unternehmertum.

23 Verschiedene „Wirtschaftsstile" identifiziert: Bertram Schefold, Wirtschaftsstile, Band I. Studien zum Verhältnis von Ökonomie und Kultur, Frankfurt am Main 1994.

2. Struktur: Rahmungen ökonomischen Handelns

Wendet man den Blick episodisch auf Rahmenbedingungen, in denen oberschwäbische Unternehmer jeweils gehandelt haben, zeigt sich zweierlei: die Bedeutung von Strukturen ebenso wie deren Wandel, der zu diversen Anpassungskrisen geführt hat. Schon die folgenden kursorischen Verweise mögen andeuten, welche Abhängigkeiten und Pfadabhängigkeiten eine systematisch betriebene Wirtschaftsgeschichte des oberschwäbischen Raumes unter anderen zu erforschen hätte. Ob man konjunkturellen Wandel selbst als eine für unternehmerisches Handeln überaus bedeutsame, indes fluide Struktur betrachten sollte, darüber ließe sich streiten: Unternehmen müssen sich jedenfalls zu ihm verhalten, kurzfristig wie langfristig. Aber es spricht viel dafür, denn manche oberschwäbische Erfolgsgeschichten wären ohne Kriegsboom für rüstungswichtige Erzeugnisse im 1. Weltkrieg (rund um die Zeppelinwerke in Friedrichshafen waren am Ende an die 10 000 Menschen tätig[24]), ohne die auch dank Zwangsarbeit teils höchst einträgliche Kriegswirtschaft im 2. Weltkrieg[25] oder das „Wirtschaftswunder" als großes Schwungrad einer immensen Nachfrage an Produktions- und Konsumgütern kaum zu erklären. Nur die größten Verwerfungen des 20. Jahrhunderts zu erwähnen, heißt bereits eine gewisse Skepsis an unterstellter unternehmerischer Genialität anzumelden – wesentliche Faktoren für den Markerfolg sind äußere, die sich dem Zugriff der Handelnden entziehen.

Überschaut man die etwas weniger fluiden Ressourcen, geraten zunächst die natürlichen in den Blick, die im Laufe des 20. Jahrhunderts immer mehr an ökonomischer Bedeutung verloren haben – wenn man Oberschwabens Unternehmertum insgesamt betrachtet. Denn abgesehen von Handelshäusern in größeren, insbesondere in Reichsstädten und dem Kleingewerbe in Stadt und Land dominierten bis ans Ende des 19. Jahrhunderts land- und forstwirtschaftliche Metiers. Oberschwaben war einerseits reich an Ressourcen, insbesondere an landwirtschaftlichen, dank (etwa im Vergleich zur Schwäbischen Alb) ertragreicheren Böden und günstigerem Klima, andererseits aber arm an Ressourcen, deren es für eine frühe Industrialisierung bedurft hätte. Gerade der Mangel an lokalen Erz- und Kohlevorkommen hat sich auch hier langfristig als profitabel erwiesen. Rohstoffarmut wurde mit zuverlässiger und billigerer Belieferung über Bahn und Straße insofern zu einem Wettbewerbsvorteil, als Betriebe sich frühzeitig auf die technisch anspruchsvolle Weiterverarbeitung konzentrieren konnten.

In einem zweiten wesentlichen Bereich dürfte eine gewisse Knappheit ebenfalls einen besonderen Treiber für Innovationen und effiziente Produktionsweisen dargestellt haben: nämlich Kapital, dessen Allokationsmechanismen auf regionaler respektive lokaler Ebene kaum untersucht sind. Ehe im Laufe des 19. Jahrhunderts Oberamtssparkassen und Genossenschaftsbanken aufkamen, waren kleine Unternehmer vor allem auf kluges Wirtschaften und familiäre Ersparnisse angewiesen. Die Kredite, die in der Frühen Neuzeit auf dem Land bis zur Säkularisation in erheblichem Umfang insbesondere von Klöstern, frommen Stiftungen etc. oder von Adeligen gewährt wurden, waren oftmals kleinere Kredite im Rahmen der alltäglichen Lebensführung, größere Kredite für

---

24 EITEL, Geschichte Oberschwabens Bd. 2 (wie Anm. 1), S. 305.
25 Dazu EITEL, Geschichte Oberschwabens Bd. 3 (wie Anm. 1), S. 329–336.

Vereinsleben etc. führen musste und [...] in eine möglichst gedrängte Form zu bringen, damit das Buch nicht einen Umfang gewänne, der seine Benützung nur erschwert hätte.

Der wohlwollende Leser wird daher die Schwierigkeiten, welche bei der Bearbeitung und systematischen Anordnung meines Werkes zu überwinden waren, gewiss nicht verkennen und etwaige Mängel nachsichtig beurtheilen.

Ulm, August 1877.

C. D. Magirus,

Ritter des Königl. württ. Friedrichs-Ordens I. Classe,
des Königl. württ. Olga-Ordens,
sowie des Königl. preussischen Kronen-Ordens IV. Classe.
Inhaber der goldenen Civil-Verdienst-Medaille
und der grossen Medaille für allgemeine Verdienste
um Gewerbe und Handel.

4 Im Selbstverlag veröffentlichte Conrad Dietrich Magirus (1824–1895) im Jahre 1877 „Das Feuerlöschwesen in allen seinen Theilen nach seiner geschichtlichen Entwicklung von den frühesten Zeiten bis zur Gegenwart". Das Vorwort des opulenten Handbuches gibt zu erkennen, wie er gesehen werden wollte: weniger als Unternehmer denn als vielfach geehrter Experte für eine „gute Sache". Bildvorlage: Bayerische Staatsbibliothek München, 4 Pol.civ., S. IV, urn:nbn:de:bvb:12-bsb11353304-5.

Investitionen betrafen eher den Fern- oder Welthandel.[26] Es mag daher ein Indikator für eine gewisse neue ökonomische Dynamik sein, dass die im Jahre 1822 eingerichtete Ravensburger Oberamtssparkasse (heute Kreissparkasse) die erste lokale Institution ihrer Art in Württemberg war und wie andere oberschwäbische Oberamtssparkassen bald enorme Einlagenhöhen erzielte.[27] Am Ende des 19. Jahrhunderts bestanden zudem vielerorts Genossenschaftsbanken.[28]

Überhaupt sorgten Staat und Kommunen seit dem frühen 19. Jahrhundert für Rahmenbedingungen, die wirtschaftliches Wachstum ermöglichten. Jedenfalls waren es nicht Privatpersonen, sondern Kommunen bzw. die Oberamtsverbände, die mit der Gründung der Oberschwäbischen Elektrizitätswerke im Jahre 1909 in Ravensburg eine flächendeckende Elektrifizierung bewirkten. Derlei eng mit moderner staatlicher Wirtschaftspolitik (die es im kleinräumigen Oberschwaben mit seinen zahlreichen Territorien erst nach der napoleonischen Neuordnung geben konnte, die durchaus auf eine merkantilische Wirtschaftsförderung bedachten Reichskreise hatten sich vor allem auf die äußere und innere Sicherheit, Zoll- und Münzthemen und später den Chausseebau konzentriert) verbundene Trendwenden, die sich hier nur andeuten lassen, betreffen auch den Verkehr – teils durch endogene infrastrukturelle Veränderungen, teils durch exogene Entwicklungen. Oberschwäbische Handelshäuser oder Handelsgesellschaften profitierten bis weit in die Neuzeit hinein von ihrer guten Anbindung an transalpine Handelsrouten, die allerdings mit dem Aufstieg des Atlantikhandels an Bedeutung ver-

---

26 Die erheblichen Dimensionen ‚privater' Verschuldung thematisiert: Peter SCHUSTER, The Age of Debt? Private Schulden in der spätmittelalterlichen Gesellschaft, in: Gabriele CLEMENS (Hg.), Schuldenlast und Schuldenwert. Kreditnetzwerke in der europäischen Geschichte 1300–1900, Trier 2008, hier S. 37–52.
27 EITEL, Geschichte Oberschwabens Bd. 1 (wie Anm. 1), S. 198 f.
28 EITEL, Geschichte Oberschwabens Bd. 2 (wie Anm. 1), S. 140.

loren (wiewohl gegenläufige Erfolgsgeschichten etwa im Frankreichhandel oberschwäbischer Unternehmer festzustellen sind[29]). Nicht zu unterschätzen ist bis heute der Austausch im Bodenseeraum, dessen vom Mittelalter bis zur Gegenwart bestehende engmaschige Vernetzung einer intensiven historischen Analyse bedarf.[30] Zu einem echten ‚Gamechanger' wurde im 19. Jahrhundert wiederum der Eisenbahnbau, der zunächst vor allem einen weiträumigen Absatz von Agrarprodukten ermöglichte.[31]

Ökonomische Strukturen hängen immer auch eng mit demographischen Faktoren[32] zusammen. Zur oberschwäbischen Wirtschaftsgeschichte gehört beispielsweise eine weitreichende saisonale Migration im Agrarsektor, bis ins 20. Jahrhundert hinein gelangten die sogenannten Schwabenkinder als günstige Arbeitskräfte nach Oberschwaben.[33] Gerade die geringe Bevölkerungsdichte machte das agrarische Oberschwaben zu einer Exportregion,[34] später war mangelnde Verfügbarkeit von Arbeitskräften wiederum ein wichtiger Treiber der Industrialisierung. Knappheit stimuliert die Suche nach effizienteren Produktionsmethoden, ob sie aus schierem Arbeitskräftemangel resultiert oder aus hohen Arbeitskosten selbst oder aus den in der Moderne hinzutretenden Personalnebenkosten mitsamt Kündigungsrecht, Sozialversicherungen etc. und anderen wesentlichen Faktoren, Beschäftigungsverhältnisse zu suchen oder zu scheuen. In welchem Ausmaß jeweils Menschen arbeiten, hängt auch von anderen Rahmenbedingungen ab: von der Politik im weitesten Sinne, die in verschiedenen Epochen auf ganz verschiedene Weisen interveniert hat – von harten Verboten etwa des Zukaufs auswärtiger Rohstoffe wie Garn oder des Verkaufs bestimmter Güter, von der Besteuerung bis hin zum damit teils eng verbundenen Erbrecht (der relative Wohlstand vieler Bauernhofbesitzer resultierte auch aus dem Anerbenrecht)[35], von der Rahmengesetzgebung (in unserer Gegenwart sind Umweltbestimmungen und Lieferkettenkontrollen wichtig geworden) bis hin zur gezielten Gewerbeförderung ganzer Branchen oder einzelner Betriebe. Relevant ist vielleicht am meisten, was nicht geregelt wird: Hier unterscheiden sich die Bedingungen modernen Unternehmertums, das sich in der Interaktion von Angebot und Nachfrage zu bewähren hat, signifikant vom Ancien Régime der Zünfte, die Preise, Quantitäten und

---

29 Magnus Ressel, Von der Bedeutungslosigkeit an die Spitze: Die Händler der süddeutschen Reichsstädte in Lyon im 18. Jahrhundert, in: Hirbodian/Weber (Hg.), Von der Krise des 17. Jahrhunderts bis zur frühen Industrialisierung (wie Anm. 1), S. 289–321, hier S. 321.

30 Auch für ganz andere Zeiten gilt zweifellos eine „interregionale Komplementarität", wie man sie etwa im Austausch zwischen Oberschwaben und der Ostschweiz im 17. und 18. Jahrhundert feststellen kann: Stefan Sonderegger, Landwirtschaftliche Spezialisierungen in der Region Ostschweiz und ihre Bedeutung für den interregionalen Austausch zwischen Oberschwaben und der Ostschweiz, in: Hirbodian/Kiessling/Weber (Hg.), Herrschaft, Markt und Umwelt (wie Anm. 1), S. 159–182, hier S. 181.

31 Dazu der Beitrag von Andreas M. Räntzsch im vorliegenden Band, der herausarbeitet, inwiefern die Südbahn anfänglich weitaus mehr Güter als Personen transportierte.

32 Dazu der Beitrag von Steffen Kaiser im vorliegenden Band.

33 Sabine Mücke/Dorothee Breucker, Schwabenkinder. Vorarlberger, Tiroler und Graubündner Kinder als Arbeitskräfte in Oberschwaben. Ravensburg 1998; Loretta Seglias, Die Schwabengänger aus Graubünden. Saisonale Kinderemigration nach Oberschwaben, Chur 2004.

34 Eitel, Geschichte Oberschwabens Bd. 1 (wie Anm. 1), S. 135.

35 Ebd., S. 131. Eine weit überdurchschnittliche Betriebsgröße blieb auch im frühen 20. Jahrhundert ein oberschwäbisches Spezifikum innerhalb Württembergs: Eitel, Geschichte Oberschwabens Bd. 2 (wie Anm. 1), S. 88.

Qualitäten von Gütern festsetzten, der Markt einer globalisierten Freihandelswirtschaft wiederum von einer kleinräumigen ökonomischen Welt voller Zollschranken.

Neben ‚harten' Strukturen wie den bislang erwähnten verdienen bei einer kulturgeschichtlichen Betrachtungsweise allerdings gerade die ‚weichen', ansonsten mitunter vernachlässigten eine besondere Aufmerksamkeit. Viele davon sind wesentliche Aspekte des ökonomischen Agierens selbst, andere betreffen Wahrnehmungen und Bedeutungszuweisungen des ökonomischen Agierens. Zusammengenommen lassen sie sich als Indikatoren wie Faktoren spezifischer Wirtschaftskulturen beschreiben. Sie machen sich im unmittelbaren Handeln bemerkbar: etwa im Ausmaß der Risikobereitschaft, im Umgang mit wirtschaftlichem Erfolg wie mit wirtschaftlichem Scheitern, in Praktiken von Konkurrenz oder von Konkurrenzvermeidung (inklusive immer auch der Netzwerke, die damit jeweils entstehen: Zünfte, Kartelle, Unternehmerverbände und andere mehr). Wie Unternehmer gesamtwirtschaftliche und ihre eigenen Booms und Krisen deuten, wie sie mit ihnen nicht nur materiell, sondern auch mental umgehen, hat hier besondere Relevanz – ebenso ein Selbstbild, das von der Beharrungskraft des ‚letzten seiner Zunft' bis hin zum Pioniergeist des großen Innovators ganz unterschiedliche Züge bekommen kann.

Nicht nur philosophisch respektive theologisch grundierte Annahmen über Wirtschaft, sondern auch diverse Annahmen über Menschen schlagen sich in unternehmerischem Handeln nieder: Delegation erfordert ein optimistisches Menschenbild oder wenigstens einen gewissen Realismus, in den Entscheidungswegen einzelner Unternehmen bilden sich Prämissen über Leistungswillen und Leistungsbereitschaft von Mitarbeitern ab. Dass schließlich Entscheidungen kaum einmal ausschließlich in der Logik der zu produzierenden Sache selbst liegen, braucht nicht eigens ausgeführt zu werden. In ihnen drücken sich nebst mikropolitischen Verhältnissen in Unternehmen auch Wissen respektive vermeintliches Wissen über Kostenstrukturen, Konstruktionsarten, Herstellungsweisen, mutmaßliche Zahlungsbereitschaft der Kunden und vieles mehr aus. Wirtschaftskulturgeschichte beinhaltet die Geschichte dessen, was Zeitgenossen für sicheres Wissen halten und woraus sie es gewinnen zu können glauben – und die Geschichte der Institutionen, die zu diesem Zwecke geschaffen werden: In Oberschwaben zeigt sich nicht nur eine reiche Wirtschaftslandschaft, sondern auch eine reiche Landschaft von Wirtschaftswissen, das so unterschiedliche Einrichtungen kultiviert haben, angefangen mit der Weitergabe von Wissen innerhalb von Betrieben oder Zünften. Im Agrarsektor wurde derlei systematisch ausgebaut, unter anderem in agrarischen Vereinen in den Oberämtern, in der eigens in Ochsenhausen gegründeten, ohne Kosten zu besuchende Ackerbauschule oder in den königlichen Mustergütern in Altshausen,[36] bis heute Sitz der Hofkammer des Hauses Württemberg, oder in der Bauernschule in Bad Waldsee. Für andere Branchen erfüllen neben Gewerbevereinen – einen Professionali-

---

36 Inwiefern Zeitgenossen des 19. Jahrhunderts gerade die „landwirthschaftlichen Lehranstalten" des Königreichs Württembergs priesen und sich erhofften, daß Anstalten wie die Ochsenhausener von den Hohenheimer Erkenntnissen profitieren, bildet exemplarisch ab: Gustav von GÜLICH, Ueber Deutschland landwirtschaftliche Lehranstalten, in: Zeitschrift für die gesamte Staatswissenschaft 2 (1845), S. 607–632, hier S. 628.

5 Aus einer Wagenfabrik machte Karl Heinrich Kässbohrer (1964–1922) am Beginn des 20. Jahrhunderts einen erfolgreichen Omnibushersteller. Nach seinem plötzlichen Tod in prekärer Zeit übernahmen seine Söhne Karl und Otto das Unternehmen und entwickelten den Großfahrzeugbau für verschiedenste Anwendungen weiter: Hier ließen sie sich als Tüftler-Unternehmer abbilden, vertieft in die Arbeit an Konstruktionszeichnungen. Bildvorlage: Firma Kässbohrer.

sierungsschub spiegeln zahlreiche Neugründungen seit den 1860er Jahren wider[37] – oder Branchenverbänden unter anderem Industrie- und Handwerkskammern solche Funktionen, vor allem aber Bildungseinrichtungen von örtlichen Berufsschulen bis hin zu den seit der zweiten Hälfte des 20. Jahrhunderts systematisch etablierten Fachhochschulen, in die im Sinne einer regionalen Cluster-Bildung oftmals längst wirksame Einrichtungen wie etwa die seit dem Jahre 1964 bestehende Ingenieursschule in Biberach überführt wurden.

Schließlich gehören zur institutionellen Rahmung wirtschaftlichen Handelns auch die damit verbundenen Sinngebungen: in einem weiten Spektrum von Mildtätigkeit, die es mit erwirtschafteten Gewinnen zu üben gelte, über Mäzenatentum, das erworbene Reichtümer ermöglichen, bis hin zu Milton Friedmans „The business of business is business". Dass Selbstkonstruktionen von Unternehmern und Fremdkonstruktionen, die das Wirken von Unternehmern deuten, immer wieder weit auseinanderklaffen, hat ebenfalls strukturelle Bedeutung: weil es etwas über die – tatsächliche oder jeweils gewünschte – gesellschaftliche Situierung von Unternehmern aussagt. Derlei Denkweisen stehen in einem breiteren kultur- und mentalitätsgeschichtlichen Kontext; schon zwischen der mühsamen Subsistenzwirtschaft auf der Alb[38] und reichsstädtischem Er-

---

37 EITEL, Geschichte Oberschwabens Bd. 2 (wie Anm. 1), S. 110.
38 Aspekte einer prekären Subsistenzwirtschaft noch im 19. Jahrhundert weist aus: Hans MEDICK: Weben und Überleben in Laichingen 1650–1900. Lokalgeschichte als Allgemeine Geschichte, Göttingen 1997. Die enorme Vielfalt staatlicher wie privater Institutionen stellt dar: EITEL, Geschichte Oberschwabens Bd. 1 (wie Anm. 1), S. 144–146.

werbsstreben lagen teils ganze Denk- und Handlungswelten, auch religiöse respektive konfessionelle Erwartungshaltungen wirken auf Wertungen unternehmerischer Tätigkeit zurück. Der oberschwäbische ‚Tüftler', so könnte man meinen, war und ist ein Unternehmertypus, der solche Differenzen zu überwinden vermag: Gegen diese Konsensfigur ist kaum etwas einzuwenden, gerade weil sie eher eine künstliche Gestalt als eine reale darstellt.

3. Individuum: Der Unternehmer

Ob Struktur oder Individuum der tauglichere Erklärungsansatz für historische Entwicklung sei, stand zeitweise im Range geschichtswissenschaftlicher Glaubensbekenntnisse. In den 1970er Jahren widmeten gerade sozial- und wirtschaftsgeschichtliche Forschungen sich insbesondere strukturellen Fragestellungen – ehe vor allem seit den 1990er Jahren ein wahrer Boom biographischer Studien von mehr oder minder herausragenden Unternehmern festzustellen ist, die tendentiell allesamt Individualität als Treiber der historischen Entwicklung hervorheben. Doch soll es hier nicht darum gehen, wie wichtig

6   Im Grabmal der Familie Spohn auf dem Ravensburger Hauptfriedhof manifestiert sich unternehmerischer Stolz auf besondere Weise. Ausgeführt ist es pionierhaft in Zement: jenem Material, mit dessen großindustrieller Herstellung die Familie enorme ökonomische Erfolge erzielte. Bildvorlage: Familiengrab Spohn auf dem Hauptfriedhof Ravensburg: Andreas Praefcke. https://de.wikipedia.org/wiki/Julius_Spohn#/media/Datei:Ravensburg_Hauptfriedhof_Familiengrab_Spohn.jpg (CC BY 3.0).

der ‚personale' Faktor sei, der sich ohnehin nicht an einer Skala messen lässt, sondern um einen komplementären Ansatz. Beides, Struktur wie Individuum, sind heuristische Mittel zum gegenseitigen Nutzen: Erst der Blick auf Strukturen macht sichtbar, wo Unternehmer individuell handeln. Umgekehrt schaffen Biographien von Unternehmern eine Vergleichsbasis, um solche Strukturen überhaupt erkennen zu können. Vor allem ist festzuhalten: Der Unternehmer agiert immer inmitten von Strukturen, mögen sie ihm auch noch so zuwider sein. Sein Profit besteht darin, sie sich möglichst günstig zurechtzulegen, und zwar unter den jeweiligen ökonomischen, sozialen, politischen, rechtlichen, technischen, kulturellen sowie vielen weiteren Bedingtheiten.

Nach Unternehmertum zu fragen, heißt in diesem Sinne zugleich, eine analytische Brücke über unterschiedliche Branchen und Sektoren zu schlagen: mit dem doppelten Ziel, jenseits aller Branchen- und anderen Unterschiede eventuelle Praktiken zu identifizieren, die ansonsten höchst disparate Akteure verbinden (oder auch trennen) können, und Verständnissen sowie Selbstverständnissen von Unternehmertum jenseits von Spezifika bestimmter Organisationsformen nahezukommen – Theorien in einem sehr weiten Sinne, nämlich Überzeugungen, die Akteuren in ihrem Handeln oder beim Blick auf das Handeln anderer leiten. Gerade in der Verbindung vieler individueller Geschichten ergibt sich Potential für kollektive respektive strukturelle Erkenntnisse: zum Beispiel, indem spezifische Ausbildungswege (ob nun von der handwerklichen oder kaufmännischen Pike auf, universitär gebildet oder gar in global orientierten Business Schools getrimmt) oder Karrieregänge sichtbar werden, ob nun in einzelnen Branchen oder sogar branchenübergreifend. Eine Geschlechterdimension wohnt der Personengruppe, deren Profil es zu zeichnen gälte, ohnehin inne; Unternehmerinnen gibt es aber nicht nur in der Moderne, auch in früheren Zeiten (etwa im Zunfthandwerk[39]) lassen sie sich finden.

Schon die Frage, wen man überhaupt als Unternehmer betrachten mag, verspricht einige Erkenntnisse. Nicht jeder wirtschaftliche Akteur sieht wie ein Unternehmer aus, kann aber durchaus als ein solcher bezeichnet werden: ein Inhaber einer mandantenstarken Anwaltskanzlei oder ein Chefarzt beispielsweise. Gibt man dem eine historische Wendung, gelangt man rasch an andere Grenzfälle, bei denen das angehäufte ökonomische Kapital vor allem zur Konvertierung in andere Kapitalformen gedacht war: wie etwa Kriegsunternehmer, die es auch in Oberschwaben gab, so etwa Dietrich und Diepold Speth am Beginn des 16. Jahrhunderts.[40] Überhaupt erweisen sich frühneuzeitliche Adelige als besondere Kategorisierungsherausforderung. In ihrer Repräsentation, von frühen Ego-Dokumenten bis hin zu Grabsteinen (wie anders etwa das Grabmal der Industriellenfamilie Spohn in Ravensburg, die wiederum im späten 18. Jahrhundert in die reichsstädtische Händlerelite eingeheiratet hatte, oder die monumentale Grabanlage von Richard Müller in Mochenwangen), haben sie sich kaum als Unternehmer gezeigt[41] – aber

---

39 Christine WERKSTETTER: Frauen im Augsburger Zunfthandwerk. Arbeit, Arbeitsbeziehungen und Geschlechterverhältnisse im 18. Jahrhundert, Berlin 2001.
40 Manfred WASSNER, Geschäfte, Dienst und Herrschaft. Aspekte der wirtschaftlichen Basis des niederen Adels um 1500 am Beispiel der Familie Speth, in: HIRBODIAN/KIESSLING/WEBER (Hg.), Herrschaft, Markt und Umwelt (wie Anm. 1), S. 145–158, hier S. 153–154.
41 Ein schönes Beispiel stellt das Epitaph des Grafen Wilhelm von Zimmern dar, das eben nicht eine durchaus erfolgreich wirtschaftende Dynastie, sondern eine wehrhafte und vor allem fromme zeigt:

7 Kein Unternehmer im engeren Sinne des Wortes, aber ein ausgesprochen unternehmerischer Akteur war Franz Schenk von Stauffenberg (1878–1950). Er wirkte an der Gründung der OEW (Oberschwäbische Elektrizitätswerke) und der Omira (Oberland-Milchverwertung Ravensburg) mit – dank seiner guten Vernetzung. Der überaus belesene Stauffenberg saß vor dem 1. Weltkrieg qua Herkunft in der Ersten Kammer der württembergischen Landstände und war ab 1924 mehrfach Reichstagsabgeordneter der Deutschnationalen Volkspartei (DNVP). Dieses Porträt zeigt einen nachdenklichen Baron in der Mitte der 1940er Jahre. Bildvorlage: Familienbesitz Schenk von Stauffenberg.

bewirtschafteten mit größter Selbstverständlichkeit ihre Güter, und zwar mit gut dokumentiertem Streben nach Gewinnen, die sich wiederum ganz unterschiedlich einsetzen ließen: bis hin zu so rührigen Gestalten wie Franz von Stauffenberg, der nach Studienjahren an den Landwirtschaftliche Hochschulen Poppelsdorf und Hohenheim seit 1901 die Familiengüter bewirtschaftete und im Jahre 1929 mit der OMIRA eine moderne Großmolkerei gründen half (auch in den Oberschwäbischen Elektrizitätswerken brachte er es weit, doch das war eher ein politisches als ein ökonomisches Mandat).

Ähnliche Schwierigkeiten zeigen sich beim Blick auf Klöster. Sie waren fromme Stätten, arbeitsame Betriebe und zugleich Zins-Investments, deren Äbte die Aufgaben sowohl eines Theologen als auch eines Geschäftsführers erfüllten (man könnte zum Beispiel an das enorm profitable Kloster Salem mit seiner gezielten Besitzkonsolidierung denken oder an Ignatius Vetter, der für die Eigentümerabtei Rot an der Rot in den 1730er Jahren den Ertrag der Meersburger Weinberge massiv steigerte).[42] Erinnert sei analog an Unternehmerinnen, die wir zunächst einmal nicht für solche halten mögen, wie die Gutenzeller Äbtissinnen (die allerdings eher „bedarfsorientiert und nicht gewinnorientiert"

Edwin Ernst WEBER, Herrschaft, Besitz und Einkünfte der Grafen von Zimmern und der Grafen von Hohenzollern-Sigmaringen in der zweiten Hälfte des 16. Jahrhunderts, in: HIRBODIAN/KIESSLING/WEBER (Hg.), Herrschaft, Markt und Umwelt (wie Anm. 1), S. 103–144, hier S. 130

42 Christine KRÄMER, Der Weinbau oberschwäbischer Klöster am Bodensee im 18. Jahrhundert, in: HIRBODIAN/WEBER (Hg.), Von der Krise des 17. Jahrhunderts bis zur frühen Industrialisierung (wie Anm. 1), S. 187–217, hier S. 204–205.

wirtschafteten⁴³), selbst frühneuzeitliche Wallfahrten lassen sich auch als Tourismus-Unternehmungen auffassen. Wo beginnt der Unternehmer, wo hört er auf? Der eingetragene Kaufmann geht andere Risiken ein als der Geschäftsführer einer GmbH, der Erbe eines Familienunternehmers kann sich als ausschüttungsfreudiger Gesellschafter oder als innovationstreibender Unternehmer verstehen.

An solchen Beispielen zeigt sich, dass Unternehmer nur unzureichend über ihre ökonomische Funktion zu definieren sind, die sich im Einzelfalle selbst innerhalb ein- und derselben Branche zu ein- und derselben Zeit enorm unterscheiden kann. Der Unternehmer mag als Chefingenieur, als oberster Kassenwart, als Marketing-Genie oder Kundenschmeichler, als detailverliebter Betriebsführer, als oberster Organisator oder in einer ganz anderen Eigenschaft wirken. Auch mit der Machtausübung verhält es sich unterschiedlich, nicht alle Unternehmer sind entscheidende Gestalten: Bei manchen überwiegt die Macht im Geschäftsalltag, bei anderen die Macht über den Geschäftsalltag, bei weiteren wiederum herrscht jemand anderes über sie, selbst beim scheinbar größten Patriarchen.

Offenkundig also ist Unternehmertum eine kulturwissenschaftliche Größe: Um als Unternehmer zu gelten, muss man sich für einen solchen halten oder von anderen für einen solchen gehalten werden. Fragt man heute etwa einen Landwirt, ob er sich als Unternehmer fühle, dürfte man zu einem ganz anderen Grade affirmative Antworten bekommen als vor fünfzig oder hundert Jahren.⁴⁴ Genau darauf kommt es hier aber an: Unternehmer ist, wer sich als einen ebensolchen betrachtet oder von anderen für einen solchen gehalten wird – jenseits einer funktionalen respektive positionalen Zuordnung⁴⁵ als Leiter einer bestimmten Organisationseinheit. Unternehmertum zu erforschen, öffnet also Untersuchungshorizonte weit über das Ökonomische im engeren Sinne hinaus. Natürlich bleibt das Agieren in der eigenen Firma und im Markt ein wesentlicher Untersuchungsgegenstand. Aber bereits darin dokumentiert sich jeweils ein spezifischer Umgang mit Rollen und Rollenerwartungen. Unternehmerisches Handeln lässt sich nicht losgelöst von den Selbstbildern und Fremdzuschreibungen analysieren, an denen sich die unterschiedlichen Beteiligten jeweils orientieren. Noch der exponiert anti-theoretische Unternehmer bezeugt in seiner Verachtung von Theorien eine gewisse Theorie, nämlich diejenige, dass ein Unternehmer keine wertvolle Geschäftslebenszeit mit Theorien verschwenden, sondern praktisch handeln solle. Gerade in Praktiken finden Theo-

---

43 Janine MAEGRAITH, Geistlicher Wirtschaftsstil oder Krisenmanagement? Die Zisterzienserinnen-Reichsabtei Gutenzell in der zweiten Hälfte des 18. Jahrhunderts, in: HIRBODIAN/WEBER (Hg.), Von der Krise des 17. Jahrhunderts bis zur frühen Industrialisierung (wie Anm. 1), S. 325–368, hier S. 368.
44 Es fügt sich gut, dass während der Tagung in der Bad Waldseer Bauernschule, die diesem Band zugrunde liegt, zeitgleich eine „Bauern-Unternehmer-Schulung" stattfand – kein einmaliges Angebot, sondern eine regelmäßige Veranstaltung: „Die b|u|s Trainings stehen heute wie früher für motivierte Menschen, die die Geschicke ihres Unternehmens aktiv in die Hand nehmen wollen. Gerade in schwierigen Zeiten trennt sich – unternehmerisch gesehen – die Spreu vom Weizen, da Handlungsspielräume oftmals kleiner werden. Bleiben Sie auf der richtigen Spur und entwickeln Sie zukunftsorientierte Wege für sich, Ihre Familie und den Betrieb". https://www.schwaebische-bauernschule.de/schule/bildungsangebot/index.php (aufgerufen am 25.10.2023).
45 Für eine solche Definition, die den Unternehmer statt an Eigentumsverhältnisse an seine Position in der Hierarchie bindet, siehe etwa: Toni PIERENKEMPER, Die westfälischen Schwerindustriellen 1852–1913, Göttingen 1979, S. 22 ff.

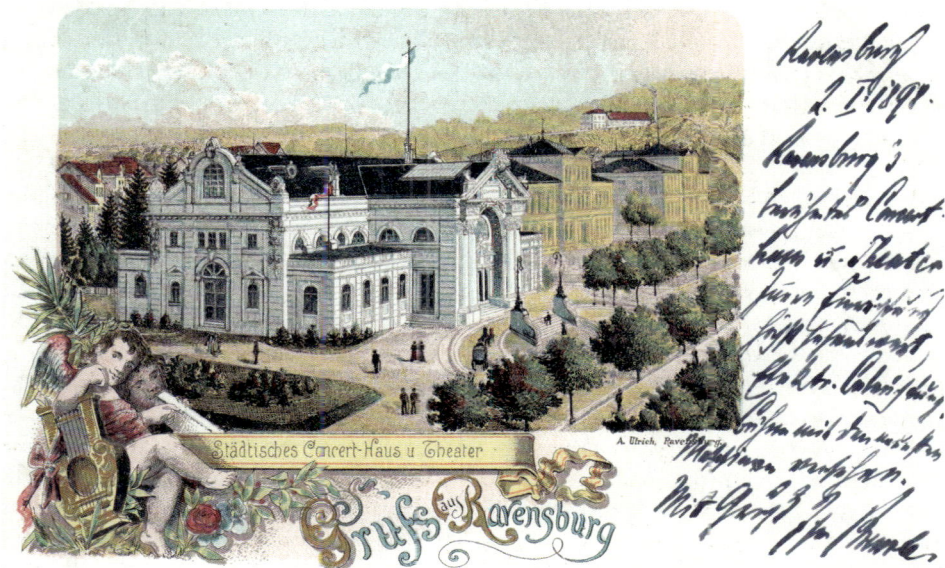

8   Die Basis für den Bau des Ravensburger Konzerthauses in den Jahren 1896/1897 stiftete der hiesige Fabrikant Julius Spohn (1841–1919) – der später auch die rasche Erweiterung des historistischen Hauses bereits im Jahre 1899 finanzierte. Sein Selbstverständnis als Unternehmer brachte er auch, ja gerade in großzügigen Spenden zum Ausdruck. Bildvorlage: A. Ulrich: Ansichtskarte des Ravensburger Konzerthauses, vor der Erweiterung des Jahres 1899. https://de.wikipedia.org/wiki/Konzerthaus_Ravensburg#/media/Datei:Ravensburg_Konzerthaus_9.jpg (gemeinfrei).

rien also ganz manifesten Ausdruck, desgleichen Mentalitäten, die weit über das unmittelbare ökonomische Handeln hinausreichen.

Zumal die konfessionelle Landschaft Oberschwaben – mit einer flächendeckend katholischen Prägung, aber eben auch mit prosperierenden evangelischen und paritätischen Reichsstädten – mag sich für eine Anwendung jener klassischen Fragestellung eignen, die einst Max Weber entwickelt hat: nicht im Sinne der prononcierten These einer besonderen Affinität von calvinistischer Überzeugungen (namentlich der doppelten Prädestinationslehre) und wirtschaftlicher Investitionsbereitschaft (durch „innerweltliche Askese"), wie Weber sie in „Die protestantische Ethik und der Geist des Kapitalismus" (1904/1905) annahm. Pauschale Antworten darf man sich angesichts empirischer Hinweise nicht erhoffen,[46] aber doch den Impuls aufgreifen, nach konfessionellen Ausprägungen von Unternehmertum zu fragen, überhaupt nach religiösen Bedingtheiten, wenn man etwa auf das Handeln jüdischer Unternehmer[47] blickt. Zu Unternehmertum

---

46 Richard WHATMORE, The Weber thesis: „unproven yet unrefuted", in: William LAMONT (Hg.), Historical controversies and historians, London 1998, S. 95–108.
47 Dazu der Beitrag von Astrid MUTH im vorliegenden Band. Inwiefern jüdische Unternehmer gerade angesichts diverser Diskriminierungen besonders flexibel agieren mussten betont: Stefan LANG, Kre-

gehört in dieser Hinsicht auch karitatives Engagement (oder gerade der Verzicht darauf, der ganz andere Ideale von Unternehmertum sichtbar macht), nicht zuletzt auch distinktionsschaffendes Mäzenatentum von Unternehmern, das sich in Oberschwaben seit vielen Jahrhunderten feststellen lässt: von der Fugger'schen Antikensammlung bis hin zur Kunsthalle Weishaupt, von der Initiierung des Ravensburger Konzerthauses durch Julius Spohn bis zur Stiftung von neuen Fenstern für das Ulmer Münster durch das Ehepaar Kässbohrer – von den zahlreichen Unternehmern, die engagiert örtliche Chöre, Sportvereine, Schulen etc. unterstützen, ganz zu schweigen.

Ökonomische und außerökonomischen Ambitionen überlagern sich vielfach: Den systematischen Grunderwerb der Fugger hat man oftmals als feudale Ambition gedeutet, doch er bedeutete ebenso Diversifikation – was sich zum Beispiel auch, um ein nichtschwäbisches Exempel aufzugreifen, über die Kunstsammlung der Thyssens sagen lässt, die ästhetischen wie monetären[48] Momenten verpflichtet war. Mehrere Ebenen hat übrigens auch die Gestaltung von Produkten wie von Produktionsgebäuden: Dass Weishaupt sich bis heute – infolge einer im Jahre 1963 begonnenen Kooperation mit der Ulmer Hochschule für Gestaltung – der *Formensprache des Bauhauses* verpflichtet zeigt,[49] lässt sich gleichermaßen als Bekenntnis zur Moderne auffassen wie die avantgardistischen Verwaltungsgebäude, die Liebherr in den 1950er Jahren und am Ende der 2010er Jahre in Biberach errichtete.

Eine Art des Unternehmertums, genauer: eine Art, Unternehmertum zu inszenieren und zu deuten, lohnt als kleines Exempel einer kulturgeschichtlichen Betrachtungsweise besondere Aufmerksamkeit – jenes ‚Tüftlertum', das oftmals als spezifisch oberschwäbische Variante von Entrepreneurship gilt. Die Annahme, dass man andernorts Tüfteln mit Oberschwaben assoziiere, zieht sich bis in ein zeitgenössisches Tourismusmarketing, das *Junge Tüftler und Entdecker im Ferienglück* sehen möchte.[50] Ob der (ober)schwäbische Tüftler ein Mythos ist, braucht allerdings einstweilen noch gar nicht befunden zu werden: Es reicht schließlich, dass manche an ihn glauben. Kulturgeschichtlich auffällig jedenfalls ist der Rekurs auf ein solches Narrativ, das zahlreichen unternehmerischen Selbstdarstellungen eingeschrieben ist. Doch wie jeder Mythos, der stolz in vielen individuellen Geschichten erzählt wird, hat er ein strukturelles Fundament. Denn die Unternehmen, in denen er seinen Ort hat, begannen meist nicht als kapitalstarke Start-Ups oder als Zweigniederlassungen großer Konzerne, sondern bezeugen vielmehr eine enge Anbindung an gewerbliche Traditionen (die freilich auch importiert werden konnten, wenn man etwa Unternehmen von Heimatvertriebenen bedenkt, wie

---

dit, Handel und Gericht. Rahmenbedingungen jüdischen Wirtschafts- und Soziallebens in Oberschwaben (1300–1600) in: HIRBODIAN/KIESSLING/WEBER (Hg.), Herrschaft, Markt und Umwelt (wie Anm. 1), S. 227–242, hier S. 241.

48 Zu einem derartigen Umgang mit Vermögen siehe: Simone DERIX, Die Thyssens. Familie und Vermögen, Paderborn 2016.

49 https://www.weishaupt.de/unternehmen/historie (aufgerufen am 25.10.2023) [Eintrag für das Jahr 1963].

50 https://www.oberschwaben-tourismus.de/info-service/presse-medien/pressemeldungen-neu-archiv-pressemeldungen/junge-tueftler-und-entdecker-im-ferienglueck-1 (aufgerufen am 25.10.2023).

sie sich in besonderer Dichte im eigens neugegründeten Kaufbeurer Stadtteil Neugablonz finden[51]).

Ausnahmen, von denen andere Geschichten jenseits des idealisierten Tüftlertums zu erzählen sind, sollen allerdings keineswegs verschwiegen werden, auch sie gehören zur hiesigen Wirtschaftsgeschichte. Als Beispiele für große Investitionen aus dem angrenzenden Ausland wären etwa die Bleicherei in Weißenau, zu deren Gründung im Jahre 1839 üppige Kredite des Staates Württemberg an einen Schweizer Investor führten, den Textilfabrikanten Eduard Erpf,[52] die Gründung eines Friedrichshafener Werkes durch die Schweizer Gerberfamilie Hüni, die Schweizer Escher Wyss AG, die im Jahre 1865 im Ravensburg ein Zweigwerk für ihren reüssierenden Maschinenbau eröffnete, oder die im Jahre 1871 initiierte Papierfabrik Baienfurt zu nennen. Exempel von einheimischen Investoren, die ganz branchenfremd expandierten, wären etwa der Ravensburger Unternehmer Julius Spohn, der eine geerbte Spinnerei in Ravensburg ausbaute und am Ende verlagerte, aber auch ein großes Zementwerk in Blaubeuren gründete, oder Hans Liebherr, der im Jahre 1954 kurzerhand ein Kühlschrankwerk aufkaufte, das seine profitablen Erwartungen rasch bestätigte.

Alle diese Investitionen setzten jenseits des ihnen unterstellten Unternehmergeistes vor allem hinreichendes Kapital voraus, um die erheblichen Markteintritts- und Transaktionskosten finanzieren zu können. Eine ganz andere Art von Unternehmensgründung wiederum ist nahe Weißenau und in Friedrichshafen zu beobachten, nämlich eine staatlich betriebene Bildung dessen, was man heute ein ‚Cluster' nennt: kein Investment eines einzelnen Akteurs, sondern eine politische Koordination und Förderung von Investitionen. Die besagte Bleicherei in Weißenau sollte die industrielle Baumwollverarbeitung voranbringen,[53] zugleich steigerte sie die Nachfrage im Maschinenbau, der die nötigen Apparaturen für mechanische Webstühle etc. zu produzieren hatte. Ein ähnliches Phänomen, wenngleich unter etwas anderen Vorzeichen, stellte die Errichtung der Zeppelinwerke dar. Dazu trug insbesondere die *Zeppelinspende des deutschen Volkes* bei, im Jahre 1915 wurde die Zahnradfabrik Friedrichshafen als Zulieferbetrieb gegründet (indes unter Beteiligung des Schweizer Zahnradhersteller Max Maag, auch hier überkreuzen sich also Unternehmer-Typen), die wiederum einen lokalen Boom auslöste: Die Dornier-Werke entstanden als Ausgründung, Wilhelm Maybach verlagerte damals sogar seine Motorenfabrik eigens an den Bodensee.[54]

---

51 Zum Transfer einer ganzen Industrie: Manfred HEERDEGEN, Die Ansiedlung der Gablonzer Industrie und die Anfänge von Neugablonz. Ein Rückblick auf die Jahre 1945/46 im Spiegel deutscher und amerikanischer Quellen, in: KULTURAMT KAUFBEUREN (Hg.), 1946–1996. 50 Jahre Neugablonz. Beiträge zu seiner Geschichte, seinen Menschen, seiner Industrie, Kaufbeuren 1996, S. 13–71. Zu den „Tüftlern" siehe: Schwäbische Tüftler. Der Tüftler ein Schwabe? Der Schwabe ein Tüftler? Begleitbuch zur Ausstellung im Württembergischen Landesmuseum Stuttgart 13.10.1995–18.1.1996, Stuttgart 1995.
52 Max PREGER: Geschichte der Bleicherei Färberei und Appreturanstalt in Weißenau („Bleicherei Weißenau"), in: Peter EITEL (Hg.), Weissenau in Geschichte und Gegenwart. Festschrift zur 700-Jahrfeier der Übergabe der Heiligblutreliquie durch Rudolf von Habsburg an die Prämonstratenserabtei Weißenau, Sigmaringen 1983, S. 317–335, hier S. 319 f.
53 EITEL, Geschichte Oberschwabens Bd. 1 (wie Anm. 1), S. 161.
54 Zur Genese und Entwicklung des Friedrichshafener Industriekonglomerats im 20. Jahrhundert vgl. den Beitrag von Elmar L. KUHN in diesem Tagungsband.

9 Ferdinand Graf Zeppelin (1838–1917) wirkte als Gründer, sogar als Seriengründer: Rund um den Bau seiner Luftschiffe entstand ein ganzes Netzwerk von Firmen. Ein Unternehmer im eigentlichen Sinne des Wortes war er freilich wohl nicht, verdankte er das Kapital für den Bau seiner Luftschiffe doch maßgeblich der „Zeppelinspende des deutschen Volkes" sowie staatlichen Rüstungsaufträgen. Diese um 1916 entstandene Postkarte flicht in der Morgenröte der technischen Moderne einen Lorbeerkranz um den Konstrukteur des Luftschiffes. Bildvorlage: Postkarte, um 1916, Bromsilberdruck, 13,8 x 8,9 cm. Deutsches Historisches Museum, Berlin, Inv.-Nr.: PK 96/542. bpk/Deutsches Historisches Museum/Indra Desnica.

Doch der Typus des Tüftlers, der sich mit Akribie in die Weiterentwicklung von Apparaten stürzt, drängt sich in auffälliger Häufigkeit auf. Einige Beispiele seit der Mitte des 19. Jahrhunderts mögen die Übergänge von handwerklicher Manufaktur zu industrieller Serienproduktion belegen. Heinrich Ludwig Sterkel übernahm in Ravensburg die Bürstenmacherwerkstatt seines Onkels, die er zur national dominierenden und international expandieren Komet-Pinselfabrik weiterentwickelte; in Weingarten formte Heinrich Schatz nach Übernahme der väterlichen Werkstatt ein Unternehmern für Stickmaschinen und bald Blechbearbeitungsmaschinen, das schließlich zur großen *Maschinenfabrik Weingarten* heranwuchs; Conrad Magirus – wenn man denn das Oberland bis nach Ulm ausdehnen mag – veränderte die elterliche Manufaktur, indem er sein Spezialwissen als ehrenamtlicher Feuerwehrkommandant in die Entwicklung von Leitern und anderem einschlägigem Gerät einbrachte; Johann Georg Fahr nutzte Expertise aus Schweizer Lehrjahren in seiner Heimat, in der er zunächst mit einer Futterschneidmaschine gute Geschäfte machte und dann seit den 1880er Jahren systematisch die Mechanisierung der Landwirtschaft mit seinen Geräten vorantrieb; Otto Maier kombinierte die familiäre Expertise in Buchhandel und Verlagswesen, indem er unter dem

Markennamen *Ravensburger* eine Vielzahl von unterhaltenden oder bildenden Druckprodukten von Vorlagemappen bis hin zu Kinderspielen herzustellen begann; Karl Heinrich Kässbohrer hatte eine Wagnerlehre absolviert, ehe er sich dem Karosseriebau (für den Personen- und Warentransport, von Omnibussen bis zu Anhängern für viele Spezialanwendungen) zuwandte; Hermann Waldner machte aus einer kleinen Flaschnerei in Wangen einen weltweit nachgefragten Hersteller für Molkereibedarf; Max Weishaupt, der aus einer Handwerksfamilie mit Schmiedetätigkeiten entstammte, gelangte zufällig über die Umstellung auf den Motorenbau nach dem 2. Weltkrieg zur Bearbeitung von Zündanlagen, daraus folgte eine Spezialisierung auf Öl- und Gasbrenner; Hans Liebherr – so klar sind die Zuordnungen also nicht voneinander zu trennen – wiederum entwickelte seinen mobilen Turmdrehkran aus dem elterlichen Bauunternehmen heraus, im Nachkriegsboom wurde aus dem Bauunternehmer ein Baumaschinen-, Zahnrad- (nötig für Turm- und andere Getriebe) und bald auch Kühlschrankhersteller; Erwin Hymer war anders als viele Gründer schon ein diplomierter Maschinenbauingenieur mit Berufspraxis bei Dornier – und kombinierte Know-How des Flugzeug-Leichtbaus, aus dem heraus er rasch mit Aluminium-Leitern reüssierte, mit den schwergängigeren Erfahrungen aus der elterlichen Werkstatt, die sich auf Traktorenanhänger mit Gummibereifung spezialisiert hatte, bei der Entwicklung seiner Caravans, die sich ebenfalls ideal an den Nachfragedrang des „Wirtschaftswunders" anschlossen; die Technik aus den Weidezaunapparaten, die Paul Kolb nach dem Ende des 2. Weltkriegs zunächst in Eisenharz, dann in Kißlegg produzierte, ließ sich bald zu elektronischen Steuerungen für Haushaltsgeräte weiterentwickeln – in den 1990er Jahren übernahm der Diehl-Konzern dieses Unternehmen, so wie Bosch unweit davon die am Beginn der 1950er Jahre gegründete Ravensburger Hawera; aus dem kleinen Posamentierbetrieb des Gustav Gerster in Biberach erwuchs in den 1950er Jahren ein Hidden Champion für Fensterdekorationen jedweder Art; der gelernte Maschinenschlosser Heinrich Vollmer wiederum entwickelte ab dem Jahre 1909 in seiner neu gegründeten und im Folgejahr nach Biberach verlegten Fabrik zunächst Metallschneidewerkzeuge, auf die er sich auch wieder konzentrierte, nachdem er im Zeitalter der Weltkriege diverse Waffen konstruiert und seine enorme Expertise in der Metallbearbeitung auch auf deren Herstellung angewandt hatte; Walter Knoll gründete als erfahrener Ingenieur einer Pumpenfabrik im Jahre 1970 in Saulgau eine bald höchst erfolgreiche Werkzeugmaschinenfirma für Förder- und Filteranlagen.

Lang dürfte sich diese Liste mit bekannten und weniger bekannten Namen fortsetzen lassen, die eine organische Weiterentwicklung bestehender Produkte und Betriebe kennzeichnet: in zeitweise stürmischem Wachstum, doch eben nicht als disruptiver Akt und ohne hochriskante Investments. Diese episodische Liste von Tüftlern zu durchstreifen, soll geraden keinen trügerischen Anschein statistischer Evidenz erwecken. Die Signifikanz dieser Exempel liegt vielmehr darin, dass sich gerade diese und viele andere Geschichten plausibel in ein Tüftler-Narrativ einbringen ließen. An einigen Beispielen lässt sich belegen, wie sehr zumindest manche der genannten Unternehmen sich auf ein heutzutage postuliertes Tüftlertum berufen – besonders pointiert das Erwin Hymer gewidmete Museum: *Hymer gehört zu den Tüftlern, Ingenieuren und Unternehmern, wie sie in der Region Bodensee-Oberschwaben besonders häufig wurzeln – und weltweit erfolg-*

*reich sind.*⁵⁵ An ein ähnliches Mindset appellieren andere Unternehmen in ihrer Selbstdarstellung, Kässbohrer gleich doppelt, in der Darstellung der Gründungsgeschichte rund um *Karl Heinrich, ein Wagnermeister, der sich für die neuzeitlichen Transportmittel interessiert und begeistert. Er gründet in Ulm mit der ‚Wagenfabrik Kässbohrer' das Familienunternehmen*⁵⁶, aber auch in der später mit einem Management-Buy-Out eigenständig gewordenen Herstellung von Pistenfahrzeugen – in der Rolle des Tüftlers freilich dann ein anderer: *Chefkonstrukteur Walter Haug persönlich brachte das Fahrzeug am 19. Dezember 1969 auf die Winklmoosalm,* heißt es kurz und bündig bei der Erfolgsgeschichte des Pisten-Bully. Auch Weishaupt erzählt die Geschichte eines ebenso eigensinnigen wie rastlosen Konstrukteurs: *1932, mitten in der Weltwirtschaftskrise, gründet Max Weishaupt, geboren am 31. Oktober 1908 in Schwendi, sein Unternehmen. Der Name: ‚Max Weishaupt, Maschinenfabrik, Schwendi'. ‚Je schlechter die Zeiten, umso mehr muss man sich rühren':* Unter diesem Motto beginnt der Firmengründer, wiederum *Gebläse und Feldschmieden herzustellen.*⁵⁷ Ein pragmatisches Unternehmertum, das konkreten Herausforderungen mit klugem Tüfteln begegnet, präsentiert auch Liebherr: *In der Nachkriegszeit sind weite Teile Deutschlands im Wiederaufbau. Hans Liebherr leitet das Baugeschäft seiner Eltern in Süddeutschland. Er erkennt den Bedarf an Werkzeugen und Maschinen für das Baugewerbe und den Wohnungsbau. Gemeinsam mit Konstrukteuren und Handwerkern entwickelt er 1949 den ersten mobilen Turmdrehkran. Der TK 10 lässt sich leicht transportieren und einfach auf der Baustelle montieren.* Doch der Chef tüftelt weiter, so geht die experimentelle Erzählung ihren Gang: *Zahnräder für die Herstellung von Getrieben sind Anfang der 1950er Jahre knapp. Um Krane produzieren zu können, beginnt Hans Liebherr, selbst Wälzfräsmaschinen zur Zahnrad-Herstellung zu fertigen.*⁵⁸

Unternehmertum wird hier über Tüftlertum erklärt. Ob die exemplarisch genannten Akteure wirklich ‚kreativer' oder ‚ausdauernder' – den Tüftler markiert wohl die Kombination aus beidem – gewesen seien, braucht hier gar nicht erörtert zu werden: Entscheidend bleibt, dass Binnen- oder Außenwahrnehmung das Tüfteln als oberschwäbisches Proprium auffassen. Einerseits ist es natürlich nur Marketing, wenn sich innerhalb eines ähnlichen Narratives die *Kabelsortierer* als ein kleinerer Anbieter für hölzerne Kabelführungen so sehr *Oberschwaben, dem Land der Tüftler*⁵⁹, zugehörig fühlen. Überhaupt zu einem Mythos erklärt hat jegliches schwäbische Tüftlertum zuletzt eine Studie, die eine vermeintliche Innovationskraft über Patentquoten und andere ‚harte' Daten zu messen versucht hat.⁶⁰ Andererseits belegen all diese Zitate eine gewisse Wirkungsmacht, die dem Tüftler als einem oberschwäbischen Idealbild zugeschrieben wird – und sogar Handlungsmotivation spenden kann. Mehr Erkenntnisse als die kaum positiv zu

---

55 https://www.erwin-hymer-museum.de/museum/stiftung/ (aufgerufen am 25.10.2023).
56 https://www.kaessbohrerag.com/ueber-kaessbohrer/unternehmen/historie (aufgerufen am 25.10.2023).
57 https://www.weishaupt.de/unternehmen/historie (aufgerufen am 25.10.2023).
58 https://www.liebherr.com/de/deu/%C3%BCber-liebherr/historie/1949–1960.html (aufgerufen am 25.10.2023).
59 https://www.kabelsortierer.de/ueber-uns/ (aufgerufen am 25.10.2023).
60 Gert Kollmer-von Oheimb-Loup, Schwäbische Tüftler und Erfinder – Abschied vom Mythos? Innovativität und Patente in Württemberg im 19. und frühen 20. Jahrhundert, Ostfildern 2016.

10 Als jovialen Macher sah sich Hans Liebherr (1915–1993) gerne, der sich hier 1971 auf dem Biberacher Werksgelände dem Photographen entgegenstellte: im Vordergrund ein liegender Turmdrehkran der Art, wie Liebherr ihn zur Serienreife gebracht hatte, geradezu von ikonischer Bedeutung für den Unternehmer, im Hintergrund als Fluchtpunkt das der technisch-architektonischen Moderne verpflichtete Verwaltungsgebäude. Bildvorlage: Museum Biberach.

beantwortende Frage, ob oberschwäbische Unternehmer ‚tüftlerischer' seien als beispielsweise bergische Unternehmer, verspricht vermutlich die Frage, welche Funktionen der Erzählung oberschwäbischer Tüftler zukommen. Wenn die Tagespresse unserer Zeiten im Bericht über den *Gemeinschaftsstand des Signo Erfinderclubs Oberschwaben-Allgäu* bei einer Erfindermesse von *den prämierten Erfindungen aus dem Tüftlerland Oberschwaben/Allgäu* schwärmt,[61] markiert das Realbild umso stärker das Wunschbild: Der ‚Tüftler' ist ein Appell, der mitunter offensiver, mitunter defensiver formuliert wird – und vielleicht sogar ursprünglich mit der Motivation verbunden war, das aus altwürttembergischer Sicht wohlhabende, wenn nicht verschwenderische[62] Oberland unter ganz anderen, nämlich unternehmerischen Vorzeichen zu deuten. Dann ist der oberschwäbische Unternehmer, erst recht der angehende, dadurch charakterisiert, dass man von ihm Tüfteln erwartet. Er hat ein Tüftler zu sein, auch wenn er keiner ist: *Wir sind die Tüftler und die Erfinder dieses Landes*,[63] so hat der Präsident der IHK Bodensee-Oberschwaben den Besuchern des Neujahrsempfanges anno 2020 versichert.

61 https://www.schwaebische.de/regional.oberschwaben/ravensburg/tueftler-aus-der-region-sind-ausgezeichnet-1070283 (aufgerufen am 25.10.2023).
62 EITEL, Geschichte Oberschwabens Bd. 1 (wie Anm. 1), S. 331f.
63 Martin BUCK, Rede beim IHK-Neujahrsempfang am 16. Januar 2020 in Weingarten, https://www.ihk.de/blueprint/servlet/resource/blob/4686864/4e9a2d454b9dbd2033b a6027ac77d989/neujahrs-empfang-rede-martin-buck-data.pdf (aufgerufen am 25.10.2023), S. 6.

4. Oberschwaben: Ein Unternehmerraum eigener Art?

Die Frage, seit wann es Unternehmer in Oberschwaben gibt, lässt sich auf zweierlei Weise beantworten. Entweder gibt es sie erst seit dem späten 19. oder seit dem frühen 20. Jahrhundert: jedenfalls dann, wenn man sich dafür entscheidet, ein bestimmtes unternehmerisches Selbst- oder Fremdbild mache den Unternehmer aus. Unternehmer ist dann, wer sich für einen solchen gemäß modernen Gewohnheiten hält oder für einen solchen gehalten wird (was übrigens zu Missverständnissen führen und dem Zweck dienen kann, andere auf bestimmte Handlungsweisen festlegen zu wollen). Wer sich hingegen ein zeitloses Unternehmer-Konzept zu eigen macht, wird in Oberschwaben hingegen schon wesentlich früher Unternehmer finden: Von den Inhabern großer reichsstädtischer Handelshäuser bis hin zu Handwerkern oder Bauern, die ihr Auskommen durch den Verkauf von Gütern und Dienstleistungen gesucht haben.

In welchen Zeiträumen sich zwischen diesen Extremen und vielen Zwischenstufen mehr unternehmerische Gemeinsamkeiten oder aber Unterschiede finden lassen, bedarf erst noch eingehender Studien – die dann auch zu diskutieren hätten, inwiefern sie zum Beispiel Angehörige des Adels einbeziehen sollten, bei deren feudalen Ambitionen sich das Streben nach Erwerb und Prestige mitunter schwer unterscheiden lassen. Ähnliches gilt für den Klerus, unter dessen Angehörigen so manche imposante klösterliche Wirtschaftsbetriebe leiteten.[64] In der Frühen Neuzeit verlaufen diese Grenzen noch fließend, im 19. Jahrhundert betreiben Adelige als Fabrikanten ähnliche Geschäfte wie Bürger – und Bürger als Brauer oder Käsehersteller ähnliche Geschäfte wie Adelige. Selbst die württembergischen Könige lassen sich als Unternehmer charakterisieren, die sowohl agrarische als auch industrielle Projekte vorantreiben: politisch wie zur Mehrung des dynastischen Vermögens.[65] Die Pointe besteht nicht darin, dass Aristokraten in ihren Betrieben nunmehr mit Gewinnabsicht wirtschafteten oder hohe Renditen aus ihren teils großflächigen Immobilie zu ziehen versuchten. Das hatten sie auch zuvor schon angestrebt, das Novum lag im Gestus: Entscheidend ist in Hinsicht auf Unternehmertum, dass sie daraus irgendwann eben keinen Hehl (mehr) machten. Geldverdienen hat mithin seinen üblen Ruch endgültig abgelegt, wenn Fürstenhäuser sich heutzutage ganz selbstverständlich als Unternehmen(sgruppen) präsentieren.

Ein Selbstzweck sind solche Forschungen nicht, vielmehr verschränken sie sich mit größeren Fragestellungen insbesondere zur Charakteristik Oberschwabens als Wirtschaftsraum, der sich sub specie Unternehmertum noch einmal heuristisch vermessen lässt. Er scheint weitaus weniger klar konturiert zu sein als andere Wirtschaftsräume – indem er bis heute eine markante relative Vielfalt an Branchen aufweist, vergleicht man ihn mit wenigstens epochal sehr klar gefügten Regionen wie dem Ruhrgebiet. Einige Linien lassen sich provisorisch skizzieren, mit denen man seine Eigenheiten andeuten

---

64 So erzielte das Kloster Salem zwischen 1300 und 1600 „immense Reichtümer": Katherine Brun, Wirtschaftlicher Wohlstand. Eine Tugend des Zisterzienserklosters in Salem?, in: Hirbodian/Kiessling/Weber (Hg.), Herrschaft, Markt und Umwelt (wie Anm. 1), S. 79–102, hier S. 101.
65 Eberhard Fritz: Landwirtschaft oder Industrie? Die Könige von Württemberg als Unternehmer, in: Manfred Rasch/Toni Pierenkemper/Norbert Reimann (Hg.), Adel als Unternehmer im bürgerlichen Zeitalter, Münster 2006, S. 249–263.

kann: und zwar anhand der vorläufigen Befunde zum Thema Unternehmertum. Offenkundig haben natürliche Ressourcen im Laufe des 20. Jahrhunderts enorm an Bedeutung verloren, wiewohl nach wie vor eine intensiv betriebene Landwirtschaft teils erhebliche Erträge zu erzielen vermag. Der Mangel an Rohstoffen wie Kohle und Erzen hat indes einen Vorteil gezeitigt, weil er statt einer eher undifferenzierten Schwerindustrie den Aufbau einer hochspezialisierten Maschinenbau- und verarbeitenden Industrie begünstigt hat, gerade die lange einträgliche Landwirtschaft hat Oberschwaben auf einen langfristig profitableren Entwicklungspfad gebracht.[66] Inwiefern agrarische Profitabilität in eine andere übergegangen ist, zeigt sich emblematisch an den Fahrs aus Gottmadingen: Der rapide wachsende Landmaschinenhersteller machte den Maschinenbau in der ersten Hälfte des 20. Jahrhunderts zum größten örtlichen Arbeitgeber.

Blickt man auf die räumliche Situierung, fallen einerseits die Herausbildung regionaler Cluster (so etwa die Zeppelinwerke in Friedrichshafen oder die pharmazeutische Industrie zwischen Ravensburg und Biberach) auf, andererseits aber die wichtigen Übergänge in benachbarte Regionen des heutigen Dreiländerecks am Bodensee. Im Maschinenbau war Oberschwaben für die Schweiz lange eine verlängerte Werkbank und vor allem ein einträglicher Absatzmarkt, die Schweiz für Oberschwaben hingegen eine Quelle von Investitionskapital und Know-How. Andere Betriebsgründungen als die Eröffnung von Filialbetrieben folgten indes wiederum ganz anderen Erwägungen, die mit Oberschwaben per se zunächst einmal wenig zu tun hatten – Boehringer geriet mitten im 2. Weltkrieg nach Biberach, weil man ein Ausweichquartier[67] für den zum Konzern gehörigen Betrieb Karl Thomae in Winnenden nahe dem intensiv bombardierten Stuttgart benötigte. Kriegsbedingte Standortwechsel gab es ebenso wie kriegsfolgenbedingte,[68] denn nicht nur in Neugablonz führten Heimatvertriebene nach dem 2. Weltkrieg ihre Betriebe fort beziehungsweise gründeten sie neu.

Inwiefern Zweigwerke von großen Konzernen in Oberschwaben noch oberschwäbische Unternehmen seien, ist allerdings ebenso diskussionsbedürftig wie die Frage, ob ein längst aus Oberschwaben heraus gewachsener und aus Oberschwaben heraus kaum mehr zu erklärender Global Player wie Liebherr, der seinen Firmensitz aus steuerlichen Gründen vor geraumer Zeit in die Schweiz verlagert hat, noch ein oberschwäbisches Unternehmen darstellt. Hier schließt sich der Bogen zum Anfang des vorliegenden Essays: nämlich in Gestalt der Herausforderung, die Wirtschaftsgeschichte eines Raumes zu schreiben, der mehr als viele andere Räume mit anderen Räumen verflochten war.[69]

---

66 Die Dominanz dieses Sektors bis weit ins 19. Jahrhundert hinein ist auch an der staatlichen Gründung der Schussenrieder Wilhelmshütte nachzuvollziehen, deren Eisenwaren zunächst nicht der industriellen Weiterverarbeitung, sondern agrarischen Gebrauchsgütern verpflichtet waren: EITEL, Geschichte Oberschwabens Bd. 1 (wie Anm. 1), S. 167.
67 Dazu der Beitrag von Frank BRUNECKER im vorliegenden Band.
68 Dazu der Beitrag von Gerhard HETZER im vorliegenden Band.
69 Pointiert gesagt, gilt in einer globalisierten Welt noch mehr der Befund zu anderen Zeiten: „Oberschwaben und der Hegau bildeten nie einen eigenständigen Wirtschaftsraum mit einem starken internen Austausch." Elmar L. KUHN, Die Industrialisierung Oberschwabens im Kontext der Wirtschaftsregion Bodenseeraum, in: HIRBODIAN/WEBER (Hg.), Von der Krise des 17. Jahrhunderts bis zur frühen Industrialisierung (wie Anm. 1), S. 17–78, hier S. 68 (Zitat).

Georg Eckert

Fazit: ‚Oberschwäbisches' Unternehmertum?

Am Ende dreier so facettenreicher Tagungen über die oberschwäbische Wirtschaftsgeschichte werden neben zahlreichen spannenden Befunde insbesondere Desiderate deutlich – nicht im Sinne der Suche nach einer Generalthese, die kaum aufzustellen sein wird. Es kommt also einstweilen nicht auf Vereinfachung an, sondern auf Verkomplizierung: um im Rahmen vieler weiterer Studien zumindest den einen oder anderen Trend identifizieren zu können. Inwiefern Unternehmertum als Konzept zu dienen vermag, um manche dieser Entwicklungen besser verstehen und erklären zu können, versucht der vorliegende Essay anzudeuten.

Wer das Handeln einzelner Unternehmer analysiert, erfasst unweigerlich das vielfältige Wechselspiel von Individuum und Struktur. Es braucht den Blick aufs beides, um Wirtschaftsgeschichte schreiben zu können: den Blick auf den von vielen Faktoren – Gesellschaftsstruktur, Eigentumsverhältnisse, Wirtschaftskultur, Rohstoffe, gesetzliche Rahmenbedingungen, Zugang zu Absatzmärkten und vieles mehr – bestimmten Rahmen unternehmerischen Handelns wie den Blick auf Unternehmer, die in diesem Rahmen agieren oder ihn zu verschieben suchen. Das Individuum ist mitunter gerade dort zu fassen, wo sein Agieren sich strukturell erklären lässt: nicht aus einem Determinismus heraus, wohl aber innerhalb einer differenzierten Überlegung etwa zu den Erfolgen zahlreicher oberschwäbischer Tüftler quer durch die Branchen. Ihre Erfolge sind kaum ohne ein gewisses geniales Moment zu erklären, einen später oftmals mythisch überhöhten schöpferischen Akt, aber eben auch nicht ohne ein ökonomisches, gesellschaftliches und auch kulturelles Umfeld, in dem ihre Innovationen eine gewisse Erfolgswahrscheinlichkeit in sich trugen.

Gleichwohl wird es vieler weiterer Studien – und zunächst einer weiteren Tagung der Gesellschaft Oberschwaben[70] – bedürfen, um am Ende eine ganz entscheidende Frage stellen und im Sinne einer regionalen Wirtschaftskulturgeschichte immerhin thesenhaft beantworten zu können: Haben wir es mit ‚oberschwäbischen Unternehmern' zu tun oder aber mit ‚Unternehmern in Oberschwaben', mit ‚oberschwäbischem Unternehmertum' oder aber mit ‚Unternehmertum in Oberschwaben'? Gibt es etwas, worin sich die Vielfalt von Oberschwabens Unternehmertum im Vergleich zu Unternehmern in anderen Wirtschaftsräumen als Gemeinsamkeit erweist? Vielleicht ist es nur der Dialekt, den sie sprechen, oder eben der Dialekt, in dem über sie gesprochen wird: als Tüftler. Unternehmertum ist eben zunächst einmal eine Vorstellung, die auf unternehmerisches Handeln zurückwirkt.

---

70 Im November 2023 fand diese Tagung in Weingarten statt unter dem Motto: Kulturen der Wirtschaft. Unternehmer, Unternehmerinnen und Unternehmertum in Oberschwaben zwischen Spätmittelalter und Moderne. Der Tagungsband erscheint unter der Herausgeberschaft von Georg Eckert und Dietmar Schiersner 2025 in der wissenschaftlichen Schriftenreihe der Gesellschaft Oberschwaben.

Anhang

Vom agrarischen Hinterland zur industriellen Boomregion. Wirtschaft in Oberschwaben von 1850 bis zur Gegenwart. Bericht über die Wissenschaftliche Tagung der Gesellschaft Oberschwaben für Geschichte und Kultur vom 29. September bis 1. Oktober 2022 in der Schwäbischen Bauernschule Bad Waldsee

Edwin Ernst Weber

Mit einer dem Zeitraum von 1850 bis zur Gegenwart gewidmeten Tagung schloss die Gesellschaft Oberschwaben für Geschichte und Kultur vom 29. September bis 1. Oktober 2022 in der Schwäbischen Bauernschule Bad Waldsee ihre 2015 gestartete dreiteilige Erkundung der Wirtschaftsgeschichte Oberschwabens über 700 Jahre ab. Nach der Begrüßung und dem Dank des Vorsitzenden der Gesellschaft Oberschwaben Prof. Dr. Andreas Schwab bei der Stiftung Oberschwaben für die großzügige Förderung der Tagungs- und Publikationsreihe und einem Grußwort von Regina Steinhauser der stellvertretenden Leiterin der Schwäbischen Bauernschule, rief die Tübinger Landeshistorikerin Prof. Dr. Sigrid Hirbodian, die zusammen mit dem Sigmaringer Kreisarchivar Dr. Edwin Ernst Weber und dem Biberacher Museumsleiter Frank Brunecker die Tagung konzipiert hatte und leitete, das erkenntnisleitende Anliegen und die Prämissen des Projektes mit den Veranstaltungen zum Spätmittelalter 2015, zur Frühen Neuzeit 2019 und bis zur Gegenwart 2022 sowie den jeweils nachfolgenden Tagungsbänden in Erinnerung: Zum einen sollten bei der wirtschaftsgeschichtlichen Langzeitbetrachtung die überkommenen Periodisierungsgrenzen der Historiographie sowohl vom Mittelalter zur Frühen Neuzeit wie auch von der Frühneuzeit zur neuesten Geschichte ebenso durchbrochen werden wie zum anderen die in der Forschung üblicherweise begegnenden nahezu hermetischen Abgrenzungen zwischen den städtischen und dörflichen Wirtschaftsräumen. Ein dritter Grundsatz der Tagungsreihe war schließlich die Verknüpfung eines strukturgeschichtlichen und eines akteurszentrierten Zugangs in den Themen und Fragestellungen der Vorträge.

Ein zentraler Befund der beiden Vorgängertagungen war die wirtschaftliche Dreigliederung Oberschwabens vom Spätmittelalter bis ins 19. Jahrhundert mit einer Gewerbelandschaft im Osten, einer Agrarlandschaft im Westen und schließlich landwirtschaftlichen Sonderkulturen im Umfeld des Bodensees. Grundlegend waren weiterhin die symbiotische Wechselbeziehung zwischen Oberschwaben als Getreidelieferant und der protoindustriellen Nordschweiz als Fruchtimporteur sowie eine in der Breite bis in die Mitte des 20. Jahrhunderts verspätete Industrialisierung und eine bis nach 1945 dominante landwirtschaftliche Prägung Oberschwabens. Sigrid Hirbodian erinnerte dankbar an den 2020 verstorbenen Augsburger Landeshistoriker Prof. Dr. Rolf Kießling, auf den die Konzeption der Tagungsreihe maßgeblich zurückgeht.

Grundlagen und Entwicklungsfaktoren

Zum Auftakt der von Prof. Dr. Werner Konold moderierten Sektion I „Grundlagen und Entwicklungsfaktoren" unternahm Prof. Dr. Boris Gehlen, der eine Professur für Unternehmensgeschichte an der Universität Stuttgart innehat, eine Verortung des „Wirtschaftsraums Oberschwaben in Südwestdeutschland". Bestimmend für das primär als Naturraum erkennbare Oberschwaben ist lange Zeit seine ungünstige Verkehrslage an der Peripherie größerer politischer Einheiten wie Württemberg, des Deutschen Zollvereins, des Deutschen Reiches und auch der Bundesrepublik, was bis in das 20. Jahrhundert hinein ein Entwicklungshemmnis bedeutet. Charakteristisch für Oberschwaben ist seine auch ökonomisch polyzentrische und vorrangig klein- und mittelbetriebliche Struktur. Im Kontrast zu den frühen Zentren der Industrialisierung in Deutschland war in Oberschwaben durch die weiten Transportwege für die Steinkohle im 19. Jahrhundert die Energie teuer und die Arbeit billig. Erst die Elektrifizierung und der Aufbau dezentraler Stromnetze seit dem 1. Weltkrieg brachten eine Lösung des regionalen Energieproblems und den Elektromotor als wichtigen Antrieb für die allmählich an Fahrt gewinnende Industrialisierung. Als weitere hemmende Faktoren für eine frühe industrielle Entwicklung erkennt Gehlen das Fehlen eines kapitalstarken und investitionsfreudigen regionalen Wirtschaftsbürgertums und eines von Privatbanken bestimmten Kapitalmarktes, eine – mit Ausnahme des gerade in Ravensburg sowie im Hegau wichtigen Schweizer Kapitals – geringe Attraktivität des deutschen Südwestens insgesamt für ausländische Unternehmensgründungen sowie die ungünstige Verkehrsanbindung des Raumes zwischen Lech und Schwarzwald. Langfristig wirksame fördernde Faktoren sind andererseits die staatliche Infrastrukturpolitik mit dem von der Südbahn in der Mitte des 19. Jahrhunderts ausstrahlenden Eisenbahnbau sowie der von den Oberämtern betriebenen länderübergreifenden Elektrifizierung, eine sich in der ersten Hälfte des 20. Jahrhunderts verdichtende handwerklich-kleingewerbliche Betriebsstruktur sowie eine in der kleinindustriellen Produktion entstehende technologisch qualifizierte Facharbeiterschaft. Durchaus atypisch für den Wirtschaftsraum Oberschwaben ist die von Zeppelin 1908 ausgehende industrielle Entwicklung von Friedrichshafen, das im 1. Weltkrieg und erneut in der NS-Zeit von staatlichen Rüstungsaufträgen mit langfristig wirksamen Entwicklungsimpulsen zumal im Flugzeug- und Fahrzeugbau profitiert. Letztlich ausschlaggebend für die seit 1950 sukzessive die Breite der Landschaft erfassende Industrialisierung war neben der Produktionsverlagerung wichtiger externer Industriebetriebe im 2. Weltkrieg nach Oberschwaben mit dem Paradebeispiel von Boehringer in Biberach und der Zuwanderung hochqualifizierter Facharbeiter mit den Flüchtlingen und Heimatvertriebenen der 1940/50er Jahre aber vor allem der Strukturwandel in der regionalen Landwirtschaft, die lange Zeit mit Milchwirtschaft und Viehzucht hochrentabel ist, Arbeitskräfte bindet und die ökonomische Notwendigkeit für eine industrielle Entwicklung gering hält. Vor diesem Hintergrund entwickelt sich in Oberschwaben vor allem aus handwerklich-kleingewerblichen Verhältnissen von den 1950er Jahren bis zur Gegenwart eine diversifizierte, flächige Wirtschaftslandschaft mit einer im Vergleich zu altindustriellen Monostrukturen hohen Krisenresilienz.

Unter dem Titel „Von der Kleinen Eiszeit zur Klimaerwärmung" nahm Prof. Dr. Andreas Schwab, Professor für Geographie und ihre Didaktik an der PH Weingarten, die Klima-, Umwelt- und Verkehrsgeschichte im Untersuchungszeitraum in den Blick. Nach zunächst noch großen Temperaturschwankungen über das Ende der Kleinen Eiszeit um 1850 hinaus lässt sich bis zur Gegenwart eine deutliche Erwärmung von 1,6 °C im Mittel mit einer Beschleunigung seit etwa 1980 beobachten. Als Folgen treten seit den 1960er Jahren eine Verlängerung der Vegetationsperiode und ein früherer Austrieb nach milden Wintern mit dem zunehmenden Spätfrostrisiko für die Sonderkulturen im Bodenseebecken auf, das der See als Wärmespeicher nicht mehr auszugleichen vermag. Beim Wein führen die frühe Blüte und die lange Reifung bei hohen Temperaturen zu einem Qualitätsverlust, dem die Winzer durch ein Ausweichen auf höhere Standorte („cool climate") zu begegnen versuchen. Bei der Verkehrsentwicklung spielen die Nord-Süd-Hauptachse mit der heutigen B 30 von Ulm zum See sowie verschiedene Querspangen in West-Ost-Richtung, so etwa die Verbindung Stockach–Pfullendorf–Bad Saulgau–Ochsenhausen, eine besondere Rolle. Wesentliche Faktoren für die Straßenführung sind die Höhenunterschiede, der Untergrund

1 Einladungsleporello (Vorderseite) zur Tagung „Vom agrarischen Hinterland zur industriellen Boomregion. Wirtschaft in Oberschwaben von 1850 bis zur Gegenwart" vom 29. September bis 1. Oktober 2022 in der Schwäbischen Bauernschule Bad Waldsee.

oder auch Gletschertore im teilweise stark ansteigenden Endmoränenwall. Wurden Siedlungen und Straßen in früherer Zeit in ‚sicheren' Bereichen wie etwa am Ostrand des Schussenbeckens angelegt, so verlagern sie sich heute, begünstigt durch die verkehrstechnischen Möglichkeiten, zunehmend in Ungunsträume, was allerdings etwa an der durch die Blitzenreuter Steige über die Steilhänge des Tobels geführten B 32 trotz der Betonpfählung im Molasseuntergrund zu permanenten Problemen und Reparaturen führt. Eingriffe in den Naturraum im Gefolge von Verkehrstrassen sind dabei durchaus bereits in früherer Zeit anzutreffen, etwa durch die Regulierung der mäandrierenden Schussen beim Bahnbau 1848. Am Wassermangel sind Schwab zufolge die Planungen für einen Donau-Bodensee-Kanal gescheitert, für den u. a. der Federsee als Wasserlieferant dienen sollte. Frank Brunecker verwies in der Diskussion des Vortrags darauf, dass um 1950 – letztlich nie realisierte – Kanalbaupläne ausschlaggebend für die Ansiedlung der Firma Liebherr in Biberach gewesen seien.

Das Interesse von Dr. Steffen Kaiser galt der demografischen Entwicklung Oberschwabens von 1850 bis zur Gegenwart. Nach einer negativen Wanderungsbilanz Oberschwabens im 19. Jahrhundert ist zwischen 1930 und 1970 ein beträchtlicher Bevölkerungsanstieg nicht zuletzt durch den Zustrom von Heimatvertriebenen nach dem 2. Weltkrieg zu verzeichnen. Den höchsten Zuwachs erfahren die wirtschaftsstarken Räume und hier zumal der dicht besiedelte Gürtel von Ulm über Biberach und das Schussenbecken zum Bodensee. Im Kontrast zum deutlichen Bevölkerungswachstum im Einzugsbereich der Südbahn und in den Städten insgesamt stagnieren die Einwohnerzahlen in den ländlichen Räumen und langfristig von 1849 bis 1933 insbesondere im Oberamt Riedlingen einschließlich der Städte Riedlingen und Buchau. Die Oberämter Ehingen, Laupheim, Saulgau und Riedlingen erleiden noch nach dem 1. Weltkrieg Abwanderungsverluste. Von der Aufnahme der Heimatvertriebenen, die 1961 in Oberschwaben einen Bevölkerungsanteil von 13,4 % gegenüber 15,5 % in Württemberg insgesamt stellen, profitieren vor allem die städtisch und industriell geprägten Kreise wie Biberach, Ravensburg und Tettnang mit Friedrichshafen. Von 1975 bis 2020 erfährt Oberschwaben insgesamt ein kräftiges Bevölkerungswachstum, das im Kreis Ravensburg und im Bodenseekreis besonders stark ausfällt. Edwin Weber verwies in der Diskussion auf eine demografische Dreiteilung Oberschwabens in der zweiten Hälfte des 19. Jahrhunderts bis 1939 mit einer Bevölkerungszunahme in den industriell geprägten Räumen um Ulm, Ravensburg, Friedrichshafen und im Hegau, einer Stagnation im östlichen Oberschwaben und einem Rückgang im westlichen Bereich mit den Kreisen Saulgau, Sigmaringen und Stockach.

Den wirtschaftspolitischen Intentionen beim Bau der Südbahn in Württemberg und dessen Folgen widmete sich der Vortrag des Eisenbahn- und Technikexperten Dr. Andreas M. Räntzsch. Ausgangspunkt war das württembergische Eisenbahngesetz von 1843 mit den vorausgehenden, auf die Eisenbahn als Wirtschaftsfaktor und den länderübergreifenden Nord-Süd-Transit in die Schweiz und nach Italien abzielenden politischen Überlegungen. Die Bezeichnungen der Nord-, Süd-, West- und Ostbahn entstanden 1842 und markieren die Stuttgarter Perspektive als Zentrum des württembergischen Eisenbahnnetzes. Die durch Oberschwaben führende Südbahn ist Teil der württembergischen Hauptlinie von Heilbronn über Stuttgart nach Friedrichshafen mit einer Länge von 103 km von Ulm an den See und einer Fahrzeit von zunächst 9 Stunden 15 Minuten bei einem Tempo von 80 Stundenkilometer 1937. Die württembergische Nord-Süd-Verbindung stand in Konkurrenz zu den parallelen Eisenbahnverbindungen in Bayern und Baden mit langwierigen Konflikten um die Anschlusspunkte, die erst 1888 bzw. 1901 insbesondere mit Lindau hergestellt werden konnten. Ein Bahnanschluss als solcher ist Andreas M. Räntzsch zufolge noch kein Garant für die positive wirtschaftliche Entwicklung eines Ortes. Die Eisenbahn dient lange Zeit primär dem Gütertransport namentlich etwa auch der Steinkohle als wichtigstem Energieträger der frühen Industrialisierung und ist bis ins ausgehende 19. Jahrhundert aufgrund der hohen Ticketkosten kein Massenverkehrsmittel. Erst 1890 werden zur Belebung des Verkehrs verbilligte Arbeiterwochenkarten und die 4. Wagenklasse eingeführt, wodurch die Eisenbahn eine wachsende Bedeutung für den Arbeiterpendelverkehr in die entstehenden Industriestädte auch in Württemberg erhält. Von Bedeutung ist Räntzsch zufolge die Eisenbahn selbst als Beschäftigungsfaktor: Der Eisenbahnbau ist in der zweiten Hälfte des 19. Jahrhundert eine mobile Großbaustelle, die wahre ‚Völkerwanderungen' mit vielfach auch ausländischen Facharbeitern hinter sich herzieht. Die Bahnhöfe beschäftigen zumeist Dutzende von Beamten und Arbeitern, im Ausbesserungswerk Friedrichshafen sind noch 1959 ca. 350 Arbeitskräfte tätig. Noch das westdeutsche Wirtschaftswunder der 1950/60er Jahre fußte maßgeblich auf der Eisenbahn als Transportmittel für Personen und vor allem Güter. Erst in der Folge erfolgte sukzessive der Übergang zu Straße und Motorfahrzeugen.

Eine kritische „Geschichte des Fremdenverkehrs am Bodensee" trug der Historiker und Antiquar Werner Trapp vor. Die touristische Erschließung des Bodensees lässt sich mit Überlingen als dem *deutschen Nizza* und Friedrichshafen als *Mekka aller Bodenseepilger* nach Beginn des *Zeppelinfiebers* bis in das ausgehende 19. und beginnende 20. Jahrhundert zurückverfolgen. In diese Anfänge der vor allem von den Hoteliers geförderten *Fremdenindustrie* am See geht der mediterrane Assoziationen weckende neue Überlinger Stadtgarten zurück. Die frühen Bodensee-Reisenden suchen hier das Unberührte und Ursprüngliche, die Ortschaften werden für die Touristen aufpoliert. Die 1950er Jahre sind Trapp zufolge „goldene Zeiten" für den Fremdenverkehr am Bodensee, wo unzerstörte Städte (Ausnahme: Friedrichshafen) und die heile Welt der Vorkriegszeit als Sehnsuchtsziel auf die Urlauber warten. Mit steigenden Einkünften im Gefolge des „Wirtschaftswunders" zieht es die Touristen dann allerdings in den wirklichen Süden jenseits der Alpen, der Bodensee gilt jetzt als provinziell und hat zudem seit den 1960er Jahren mit der zunehmenden Wasserverschmutzung zu kämpfen. Bereits seit den 1970er Jahren und beschleunigt in den zurückliegenden 30 Jahren werden der See und das benachbarte Oberschwaben zur touristischen Boomregion unter den Vorzeichen des *Erlebnistourismus*, für den in einer sich steigernden Gigantomanie weithin beliebige Angebote ohne Beziehung zur umliegenden Landschaft geschaffen werden: Die Bandbreite reicht vom 1976 eröffneten Salemer Affenberg über das Ravensburger Spieleland mit zuletzt jährlich 400 000 Besuchern und den Legoland-Freizeitpark bei Günzburg von 2002 mit jährlich 1,3 Millionen Besuchern bis zum 1999 gestarteten Konstanzer „Sealife"-Center mit jährlich ca. 350 000 Gästen. In den Folgejahren folgen in Konstanz weitere Megaprojekte nach wie das Deutsch-schweizerische Oktoberfest und das Lago-Shopping-Center mit jährlich 10 Millionen Besuchern, großenteils aus der Schweiz. Bei Leutkirch wird 2016 auf 148 ha eines ehemaligen Militärgeländes der „Center-Park" mit ca.

2   Im Rahmen der 3. wirtschaftsgeschichtlichen Tagung der Gesellschaft Oberschwaben vom 29. September bis 1. Oktober 2022 in der Schwäbischen Bauernschule Bad Waldsee wurde der Tagungsband zur dem Zeitraum von 1600 bis 1850 gewidmeten Vorgängertagung öffentlich vorgestellt. Unser Bild zeigt (von links nach rechts) die Autoren Dr. h. c. Elmar L. Kuhn, Dr. Volker Trugenberger, Dr. Peter Eitel, Prof. Dr. Werner Konold, den GO-Vorsitzenden Prof. Dr. Andreas Schwab, die Herausgeberin Prof. Dr. Sigrid Hirbodian, Autor und Herausgeber Dr. Edwin Ernst Weber, Autorin Doris Astrid Muth M. A., und Verleger und Buchgrafiker Rainer Maucher (Foto: Vincent Laun).

1000 Ferienhäusern und umfangreichen Erlebnisangeboten eröffnet. Ein Bürgerentscheid hatte mit 95 Prozent das Megaprojekt zuvor gebilligt. Als Schattenseiten dieser ausufernden Freizeitindustrie benannte Werner Trapp eine Erosion des traditionellen Inhabergeführten Einzelhandels in Konstanz und auch anderen Städten, einen Boom der Hotel-Ketten, die Herausbildung einer touristischen Zwei-Klassen-Gesellschaft mit dem – in den Anfängen bis an den Anfang des 20. Jahrhunderts zurückzuverfolgenden – Erwerb von Seegrundstücken und Villen durch vermögende Leute, der Ausbreitung von Zweitwohnungssiedlungen und der Verdrängung vieler Einheimischer in das preisgünstigere Hinterland. Die Verwandlung der Bodenseelandschaft in eine „Kapitalanlage" nimmt Trapp zufolge an einzelnen Orten den „Charakter eines Ausverkaufs" an. Ein Ende dieses an einzelnen Hotspots sichtbaren „Overtourism" und des nahezu ungebremst von der Kommunalpolitik geförderten motorisierten Massentourismus ist nicht absehbar. Allein von 1997 bis 2015 war im Einzugsbereich des Bodensees eine nochmalige Verdoppelung der Gästeübernachtungen zu verzeichnen. Auf der Strecke der touristischen Gigantomanie und Beliebigkeit bleiben die landschaftliche Schönheit und der kulturelle Reichtum der Landschaft nach der bekannten Kritik von Hans Magnus Enzensberger, wonach „der Tourismus zerstört, was er sucht, indem er es findet".

Am ersten Tagungsabend wurde in Gegenwart der Herausgeber Sigrid Hirbodian und Edwin Ernst Weber, verschiedener Autorinnen und Autoren und von Rainer Maucher für das Verlagsbüro Wais & Partner und den Kohlhammer-Verlag der auf die Vorgängertagung von 2019 zurückgehende Tagungsband „Von der Krise des 17. Jahrhunderts bis zur frühen Industrialisierung. Wirtschaft in Oberschwaben 1600–1850" öffentlich vorgestellt. Sigrid Hirbodian skizzierte Genese und Inhalt des als Band 7 der von der Gesellschaft Oberschwaben getragenen wissenschaftlichen Schriftenreihe „Oberschwaben – Forschungen zu Landschaft, Geschichte und Kultur" erschienenen gewichtigen Buches mit 584 Seiten und 213 Bildern, Grafiken und Tabellen. Der Band umfasst 16 Einzelbeiträge, die vielfach gegenüber den Vorträgen der Tagung deutlich ausgeweitet wurden, und ist in die drei Sektionen Umwelt, Energie, Strukturwandel, sodann Gewerbe und Handel und schließlich die wirtschaftlichen Akteure gegliedert. Die wesentlichen Befunde sind neben der erwähnten wirtschaftlichen Dreigliederung Oberschwabens und der symbiotischen Wirtschaftsbeziehung zur protoindustriellen Nordschweiz der sich im Untersuchungszeitraum verstärkende Trend zu einer wachsenden Marktausrichtung sowohl des Gewerbes wie der Landwirtschaft und eine lediglich inselhafte Industrialisierung der Region im 19. Jahrhundert. Während der Dreißigjährige Krieg einen unübersehbaren Einschnitt für die oberschwäbische Wirtschaft und insbesondere das Textilgewerbe bedeutete, sind die langfristigen ökonomischen Auswirkungen der zweiten politischen Zäsur im Untersuchungszeitraum, von Säkularisation und Mediatisierung zu Beginn des 19. Jahrhunderts, weniger erkennbar. Insgesamt bedarf es weiterer Forschungen anhand konkreter Fallbeispiele, um verlässlichere Antworten zu den ökonomischen Brüchen und Kontinuitäten in der Region in der Langzeitbetrachtung geben zu können. Tagung und Tagungsband könnten Sigrid Hirbodian zufolge hierbei wichtige Anstöße und Orientierung geben, aber auch die noch bestehenden Desiderate der Forschung aufzeigen. Das Buch hätten sie und Mitherausgeber Edwin Ernst Weber in dankbarer Erinnerung Rolf Kießling als dem großen Anreger und Impulsgeber der wirtschaftsgeschichtlichen und landesgeschichtlichen Forschung zu Oberschwaben insgesamt gewidmet.

Der Primärsektor

Zum Einstieg in die von Prof. Dr. Andreas Schwab moderierte Sektion 2 zum Primärsektor befasste sich der Freiburger Agrarwissenschaftler und Landespfleger Prof. Dr. Werner Konold am Beispiel der Vergrünlandung des Allgäus mit dem Wandel der agrarischen Landnutzung von 1850 bis in die Zeit nach dem 2. Weltkrieg. Den Anstoß für den landwirtschaftlichen Strukturwandel gibt in den 1860er Jahren der Zusammenbruch des überkommenen Verdienstmodells der oberschwäbischen Landwirtschaft in Gestalt des Dinkelexports in die Schweiz durch die Konkurrenz des mit der Eisenbahn transportierten billigeren osteuropäischen Weizens. Innerhalb weniger Jahrzehnte löst sich die Allgäuer Landwirtschaft vom Getreideanbau, der im Wesentlichen nur noch für den Eigenbedarf erfolgt, und geht zur Grünland- und Milchwirtschaft über. Das Grünland wird gegenüber dem Ackerland dominant, das 1913 im Oberamt Leutkirch nur noch einen Anteil von 13 Prozent ausmacht. Voraussetzung für den Erfolg der neuen Landnutzung sind Wiesenmeliorationen und namentlich Felderdrainagen sowie eine bessere Düngung vor allem durch die Ausbringung von Gülle und in deren Gefolge eine Steigerung der Wiesenerträge und der Futterqualität für einen sukzessive wachsenden Rindviehbestand in der zweiten Hälfte des 19. Jahrhunderts. Die Bauern des Allgäus und der angrenzenden Gebiete werden von Getreide- zu Milch- und Käseproduzenten, die die Verarbeitung und den Vertrieb ihrer Produkte durch die Gründung und Fusion von Genossenschaften und immer größerer Käsereien professionalisieren. Der haltbare Hartkäse wird durch die Eisenbahn selbst in entfernte Absatzmärkte transportiert. Der Erfolg der Milch- und Käsewirtschaft bringt den marktfähigen Groß- und Mittelbauern des Allgäus neuen Reichtum, der sich in Luxus bei Pferden, Wagen und Kleidern niederschlägt.

Unter dem Titel „Vom Lehensbauer zum Agrarunternehmer" stellte Dr. Edwin Ernst Weber den mehrfachen Strukturwandel in der Landwirtschaft Oberschwabens von 1800 bis zur Gegenwart vor. Am Anfang stand vom ausgehenden 18. bis in die Mitte des 19. Jahrhunderts die sog. Bauernbefreiung mit der Beseitigung sowohl der feudalen wie auch der genossenschaftlichen Bindungen des Bodens und dem Übergang zur Individuallandwirtschaft mit einem mobileren Bodenmarkt und größeren Nutzflächen für die Kleinstellen unter 5 ha. Die nächste Etappe des Strukturwandels bringt seit dem ausgehenden 19. Jahrhundert der Übergang vom vorherrschenden Getreideanbau und Dinkelexport in die Schweiz zu einer zeitweise hochrentablen und marktfähigen Grünland-, Milch- und Käsewirtschaft im südlichen und der kaum minder erfolgreichen Rindviehzucht und der Vermarktung von Zucht- und Schlachtvieh im nördlichen Oberschwaben. Die Mechanisierung der Landwirtschaft lässt sich seit dem ausgehenden 19. Jahrhundert auch in Oberschwaben beobachten mit der Einführung zunächst von mit Zugtieren betriebenen Felderbearbeitungs- und Erntemaschinen, sodann von anfänglich mit Dampfkraft und seit der Elektrifizierung nach dem 1. Weltkrieg strombetriebenen Hofmaschinen und schließlich in der dritten Etappe seit den 1950er Jahren der Ersetzung der tierischen und menschlichen Arbeitskraft durch den Motorschlepper. Waren die größeren bäuerlichen Höfe über 15 ha zuvor notwendig auf außerfamiliäre Arbeitskräfte in Gestalt von Mägden und Knechten sowie saisonal von Taglöhnern angewiesen, bringen die Mechanisierung und die sich zunehmend vor Ort bietenden industriellen Verdienstmöglichkeiten den Übergang von der arbeits- zur kapitalintensiven Landwirtschaft und zum im Rückblick vielfach idealisierten bäuerlichen Familienbetrieb. Den wohl gravierendsten Einschnitt in die bis in die Mitte des 20. Jahrhunderts von marktfähigen und durch das vorherrschende Anerbenrecht stabilen bäuerlichen Mittel- und Großbetrieben geprägte Betriebsgrößenstruktur in Oberschwaben bringt seit den 1960er Jahren der europäische Agrarmarkt mit gewaltigen Produktivitätssteigerungen, kontinuierlichen Arbeits- und Flächenrationalisierungen, einem zunehmenden Kapitalbedarf, einer sich nochmals verstärkenden Marktorientierung, zahlreichen Betriebsaufgaben und dem Übergang zu immer größeren Betriebseinheiten mit Hofgrößen von mittlerweile über 200 und 300 ha. Hatte in Oberschwaben der Primärsektor 1907 noch einen Beschäftigtenanteil von 53,2 % gegenüber 35,8 % in Südwestdeutschland insgesamt und 1950 von 30,37 % gegenüber 17,4 %, so holt die Region in den folgenden Jahrzehnten den Strukturwandel beschleunigt nach mit Anteilen des Primärsektors von 2021 noch 1,98 % im Landkreis Sigmaringen, 2,6 % im Landkreis Biberach und 4,6 % im Landkreis Ravensburg ge-

3   Tagungsimpression mit Publikum, Referent Dr. h.c. Elmar L. Kuhn am Rednerpult und Moderator Dr. Stefan Feucht (Foto: Vincent Laun).

genüber 1,07 % landesweit. Aus dem oberschwäbischen Bauernland ist am Ende des Betrachtungszeitraums eine von wenigen marktorientierten Großbetrieben außerhalb der Dörfer bestimmte Agrarlandschaft geworden, deren Bevölkerung ihr Auskommen nur noch zu einem verschwindend geringen Anteil in der vor großen ökologischen und klimatischen Herausforderungen stehenden Landwirtschaft findet.

Die Entwicklung ausgewählter Städte, Teilräume und Unternehmen

Am Beginn der von Dr. Stefan Feucht moderierten Sektion 3 zur Entwicklung ausgewählter Städte, Teilräume und Unternehmen stand das von Dr. Peter Eitel unter dem Titel „Textilien, Pinsel, Maschinen und Papier" vorgestellte Fallbeispiel des Industrieraums Ravensburg-Weingarten. Eine wesentliche Voraussetzung für die innerhalb Oberschwabens herausragende industrielle Entwicklung des Schusserbeckens zwischen Mochenwangen und Weißenau sind dessen Wasserreichtum und das Gefälle der Schussen, die den Betrieb von Mühlen und Hammerwerken begünstigen. Die 1828 oberhalb von Ravensburg gegründete Wollspinnerei Erb ist der erste Industriebetrieb in Oberschwaben. Weitere begünstigende Faktoren für die frühe industrielle Entwicklung des Schussenbeckens sind der Zufluss von Schweizer Kapital seit den 1860er Jahren und der Eisenbahnanschluss. Von den Branchen spielt anfänglich sowohl im Oberamt Ravensburg wie in Oberschwaben insgesamt die Textilindustrie eine führende Rolle mit einem Beschäftigtenanteil von über 50 % 1861, gefolgt vom Maschinenbau mit der Schweizer Maschinenfabrik Escher-Wyss in Ravensburg und der Maschinenfabrik Weingarten als den größten Betrieben, der Papierfabrikation mit den 1860 bzw. 1874 entstandenen Fabriken in Mochenwangen und Baienfurt sowie der exportorientierten Herstellung von Bürsten und Pinseln. 1895 sind in der Textilindustrie im württembergischen Oberschwaben 2000 Beschäftigte tätig, davon 780 im Oberamt Ravensburg. Während die Textilindustrie bereits seit dem Beginn des 20. Jahrhunderts stagniert, erweist sich die Metallindustrie als weniger krisenanfällig und verdoppelt die Beschäftigtenzahl von 442 1895 auf 915 im Jahr 1915. Mit dem Aufstieg des Zeppelinwerks in Friedrichshafen verliert das Oberamt Ravensburg seine dominante Stellung im oberschwäbischen Industriegeschehen an das Oberamt Tettnang, wo 1933 3754 Industriebeschäftigte gezählt werden gegenüber ca. 2000 im Oberamt Ravensburg. Nachdem die Textilindustrie in den 1950er Jahren durch Firmenneugründungen von Heimatvertriebenen nochmals einen Aufschwung erlebt hatte, gerät die Branche in der Folge auch im Ravensburger Raum in eine Strukturkrise und verschwindet bis zum Jahrhundertende zur Gänze. Das gleiche Schicksal erleiden die Papierfabriken in Baienfurt und Mochenwangen. Die aktuelle Industriestruktur von Ravensburg-Weingarten zeichnet sich durch einen breiten Branchenmix von der Metallverarbeitung über den Pharmabereich bis zum Verlagswesen aus. Insgesamt tritt hier in den letzten Jahrzehnten ein Verlust an industriellen Arbeitsplätzen ein, der durch einen wachsenden Dienstleistungsbereich indessen mehr als ausgeglichen wird. Seine lange Zeit vorhandene industrielle Führungsrolle in Oberschwaben hat Ravensburg Eitel zufolge an Friedrichshafen und Biberach abgegeben. In der Aussprache verweist Elmar L. Kuhn darauf, dass einer Untersuchung von 1922 zur Maschinenfabrik Weingarten zufolge das Gros der industriellen Fachkräfte von außerhalb angeworben worden sei und einheimische Arbeiter sich vorrangig bei einfachen Fabriktätigkeiten gefunden hätten.

Unter dem Titel „Zeppelin und die Folgen" erläuterte Dr. h.c. Elmar L. Kuhn, Meersburg, die Industrialisierungsgeschichte von Friedrichshafen, die innerhalb Oberschwabens einen Ausnahmefall darstellt. Der Weg des aus der Fusion der kleinen Ackerbürger-Reichsstadt Buchhorn und des ehemaligen Priorats Hofen hervorgegangen Friedrichshafens zur Industriestadt ist im 19. Jahrhundert keineswegs vorgezeichnet. Markenzeichen der Bodenseestadt sind vor 1900 ihre Funktion als Sommerresidenz der Könige von Württemberg, ein seit dem Eisenbahnanschluss 1847 florierender Fremdenverkehr mit Kurgästen und eine gewisse Bedeutung als Transithandelsplatz mit der 1869 eingerichteten Eisenbahn-Trajektverbindung über den Bodensee nach Romanshorn. Der größte Wirtschaftsbetrieb vor 1900 ist die Eisenbahnreparaturwerkstätte mit zwischen 100 und 200 Beschäftigten. Das Tor in eine neue, industrielle Zeit der Stadt öffnen der Luftschiffbau des Grafen Zeppelin seit 1900 und die dank der Volksspende nach der Katastrophe von Echterdingen 1908, vor allem aber durch Militäraufträge in raschem Tempo mögliche Aufbau der Zeppelinwerke nebst Tochterfirmen mit insgesamt ca. 500 Beschäftigten bis zum 1. Weltkrieg. Als Rüstungsstandort erlebt Friedrichshafen im 1. Weltkrieg mit nahezu 10 000 Beschäftigten 1918 einen enormen Aufschwung, wobei neben den Bau von über 70 Zeppelinen für den allerdings nur begrenzt erfolgreichen Einsatz im Luftkrieg mit einer wachsenden Bedeutung der Flugzeugbau durch Claude Dornier und die Maybachwerke mit ihren neben den Luftschiffen auch in Schiffen und Flugzeugen eingesetzten Motoren treten. Nach dem 1. Weltkrieg, an dessen Ende die Friedrichshafener Arbeiterschaft mit Massendemonstrationen für Frieden, die Republik und schließlich den Sozialismus ein regionales Zentrum in der November-Revolution von 1918 bildet, reduziert sich durch Abrüstung und Massenentlassungen die Beschäftigtenzahl auf ein Viertel. Eine zweite Boomphase wiederum durch Staatsaufträge erfahren die Friedrichshafener Betriebe unter der NS-Herrschaft und deren Aufrüstung seit 1933, wobei neben den von Hugo Eckener favorisierten und in den 1920er Jahren erfolgreich betriebenen Luftschiffbau die Tochterfirmen und hier zumal Maybach und Dornier treten und den Mutterkonzern an Bedeutung schließlich übertreffen. Im 2. Weltkrieg ist Friedrichshafen ein Zentrum der Rüstungsindustrie mit Ende 1944 ca. 15000 Beschäftigten und das Ziel verheerender alliierter Luftangriffe, die Fabriken und Stadt weitgehend zerstören. Nach vorübergehenden Plänen zur Zerschlagung des rüstungsnahen Konzernkonglomerats in der französischen Besatzungszeit erfuhren die Betriebe in Friedrichshafen und Umgebung seit den 1950er Jahren einen erneuten Aufschwung als Zulieferer im Automobilbau und alsbald auch wieder in der Militärrüstung, im Flugzeugbau und in der Raumfahrttechnik. Durch die Übertragung des Vermögens der ZF-Stiftung 1947, in deren Eigentum sich die prosperierende Firma ZF zu über 50 % befindet, profitiert die Stadt Friedrichshafen ganz unmittelbar für kulturelle und soziale Zwecke vom Boom der örtlichen Industrie.

In markantem Kontrast zu Ravensburg und Friedrichshafen stellte Frank Brunecker Biberach als Beispiel einer späten und über sieben Jahrzehnte bis in die Gegenwart anhaltend erfolgreichen Industrialisierung in Oberschwaben vor. Im 19. Jahrhundert und letztlich bis nach dem 2. Weltkrieg zeichnet sich die ehemalige Reichsstadt durch eine begrenzte ökonomische Dynamik aus, an der auch der Eisenbahnanschluss um 1850 wenig zu ändern vermag. Die Wirtschaftsstruktur der sich von der Mediatisierung bis 1914 in ihrer Einwohnerzahl auf 9400 Seelen verdoppelnden Stadt ist geprägt von verarbeitenden Klein- und Mittelbetrieben mit der Posamentenfabrik Gerster als dem größten Unternehmen. Die Vollmer Werke erfahren in beiden Weltkriegen durch Rüstungsaufträge einen Industrialisierungsschub, der mit den deutschen Kriegsniederlagen und der damit verbundenen Abrüstung jeweils wieder abreißt. Die Metamorphose der beschaulichen Kleinstadt zum dynamischen Industriestandort bringen während und vor allem nach dem 2. Weltkrieg zum einen Betriebsansiedlungen in Gestalt der Firmen Thomae und Liebherr und zum anderen die sprunghafte Expansion vorhandener Kleinbetriebe in Gestalt von Vollmer, Handtmann und Gerster. Handtmann entwickelt sich zur heute größten familiengeführten Aluminiumgießerei in Europa und einer gleichfalls erfolgreichen Kunststoffgießerei mit aktuell 4300 Beschäftigten, darunter 3000 in Biberach. Die 1949 in Kirchdorf an der Iller gegründete Firma Liebherr lässt sich bis 1954 in Biberach nachweislich aufgrund der – nie realisierten – Perspektive eines Kanalanschlusses nieder und expandiert bis 1960 zum weltweit größten Kranhersteller mit hochindustriellen Fertigungshallen. Heute ist Liebherr einer der größten Baumaschinenhersteller mit weltweit 53000 Mitarbeitern, diversen Produktionsstandorten auch in Oberschwaben und einer in die Schweiz verlegten Konzernzentrale, was Biberach um die Gewerbesteuereinnahmen bringt. Die Verbindung der Ingelheimer Pharmafirma Boehringer nach Biberach geht auf eine Betriebsevakuierung während des 2. Weltkriegs zurück. 1946 wird aus dem Biberacher Standort die Firma Thomae, die sich in einem atemberaubenden Wachstum zu einem Schwerpunkt der pharmazeutischen Industrie in Baden-Württemberg entwickelt und 1971 mit über 3000 Beschäftigten der größte Arbeitgeber in der Stadt ist. 1993 werden von Boehringer die Standorte in Ingelheim und Biberach zusammengeführt und in Biberach die Forschung des Unternehmens konzentriert. Heute ist Boehringer das größte forschende Pharmaunternehmen in Deutschland noch vor Bayer mit fast 8000 Beschäftigten allein in Biberach. Ein wichtiger Erfolgsfaktor des von der Stadt Biberach gezielt geförderten industriellen Aufschwungs und der Expansion der örtlichen Unternehmen war Brunecker zufolge die Niederlassung von fast 6000 Heimatvertriebenen nach dem 2. Weltkrieg als vielfach hochqualifiziertes Arbeitskräftereservoir. Heute bildet Ulm-Biberach die wirtschaftsstärkste IHK-Region in Deutschland, wobei das Biberacher Gewerbesteueraufkommen 2006 jenes von Ulm übertrifft. Den Fachkräftemangel, die Transformation zur Klimaneutralität und die Energieverteuerung benannte Frank Brunecker als Risikofaktoren für das weitere industrielle Wachstum nicht nur von Biberach.

Den „Industriestandorten in Bayerisch-Schwaben" galt das Interesse des Vorsitzenden der Schwäbischen Forschungsgemeinschaft Dr. Gerhard Hetzer. Vergleichbar der Situation westlich der Iller zeichnet sich auch das heute bayerische Oberschwaben durch eine dezentrale und diversifizierte Industriestruktur aus, die indessen mit Augsburg ein starkes Zentrum besitzt. Im Unterschied zum baden-württembergischen Oberschwaben kann die Landschaft östlich der Iller auf alte gewerbliche Traditionen und Strukturen aufbauen, zu denen in Augsburg der frühe Eisenbahnanschluss 1840, die Wasserkraft des Lech und die Kapitalkraft lokaler Bankhäuser als weitere die frühe Industrialisierung begünstigende Faktoren hinzukommen. Auf dieser Grundlage bildet sich seit der Mitte des 19. Jahrhunderts eine Industrielandschaft mit Schwerpunkten im Textilbereich und im Maschinenbau in Augsburg heraus. 1907 sind in Augsburger Betrieben mit mehr als 50 Arbeitskräften über 23 000 Personen beschäftigt. Noch in den 1920er Jahren hat Augsburg den Ruf einer Arbeiterstadt, der Dienstleistungssektor nimmt erst in den 1960er Jahren an Fahrt auf. Gleichfalls industrielle Entwicklungen nehmen Memmingen, Kempten, Kaufbeuren und Günzburg, wobei ihre Lage an Flüssen zumeist förderlich ist. Nach 1945 bringen die Heimatvertriebenen neue industrielle Impulse, teilweise durch die Ansiedlung ganzer Betriebsbelegschaften und die Niederlassung von Unternehmen aus Schlesien und dem Sudetenland. Die Zeitphase zwischen 1960 und 1990 charakterisiert Hetzer als Periode des Niedergangs mit dem Zusammenbruch traditioneller Industrien und dem Untergang des noch in den 1950er Jahren in Bayern dominanten Textilsektors im Gefolge ausländischer Billigimporte. Die „Krise altindustrieller Strukturen" greift auch auf den Maschinenbau und die Metallindustrie insgesamt über, wo in den 1980er Jahren 7000 Arbeitsplätze verloren gehen. Für die Zeit nach 1989 konstatiert Gerhard Hetzer eine Erholungsphase mit der Entwicklung zukunftsfähiger Industriezweige etwa im Umweltbereich sowie wichtigen Impulsen durch die 1970 gegründete Universität Augsburg und ein breitgespanntes Netz von Fachhochschulen in Bayerisch-Schwaben. Nach den Beobachtungen von Hetzer war bis zum Ende des 19. Jahrhundert aufgrund der fehlenden Verkehrsverbindungen ein Einpendeln aus dem Umland in die städtischen Industriestandorte noch kaum möglich und bildete ein Umzug die einzige Alternative.

Dr. Volker Trugenberger, der Vorsitzende des Hohenzollerischen Geschichtsvereins, stellte die von Krisen und Neuorientierungen geprägte 300jährige Geschichte des Hüttenwerks Laucherthal bei Sigmaringen von der frühneuzeitlichen Eisenschmelze bis zum heutigen, international in der Metallverarbeitung agierenden Konzern Zollern vor. Die Gründung eines die Wasserkraft der Lauchert nutzenden Hüttenwerks durch das Fürstenhaus Hohenzollern-Sigmaringen 1708 zur Verhüttung von örtlichem Bohnerz mit Holzkohle ist im Kontext zeitgleicher herrschaftlich initiierter Betriebsansiedlungen in Zizenhausen bei Stockach (Österreich), Ludwigstal bei Tuttlingen (Württemberg) und Thiergarten bei Beuron (Fürstenberg) zu sehen. Es sind lange Zeit sehr überschaubare Dimensionen des zunächst nur aus einem Hochofen und einem Hammerwerk bestehenden Unternehmens mit ca. 20 sog. *Laboranten* im 18. Jahrhundert und 27 Beschäftigten 1850, das dem Fürstenhaus als Inhaber lange Zeit gleichwohl verlässliche Gewinne und in den 1850er Jahren sogar eine jährliche Rendite von 11 Prozent einträgt. Die Konkurrenz durch das mit Koks verhüttete und mit der Eisenbahn beförderte Eisen aus dem Rheinland, Westfalen und England führte die schwäbischen Hüttenwerke in den 1860er Jahren in die Krise und Thiergarten und Zizenhausen in den Untergang. Auch das Hüttenwerk Laucherthal stellt 1879 den Hochofenbetrieb ein, schafft aber durch den Einsatz von Roheisen und Schrott bei der Gusswarenproduktion das Überleben. Statt einer noch 1883 erwogenen Schließung setzt ein beispielloser Aufschwung ein. Dieser ist in besonderer Weise mit dem Innovationstalent von Egon Sauerland verbunden, der seit 1883 den Betrieb leitet. Mit dem Bronzeguss, mit dem unter anderem Schiffsschrauben hergestellt werden, führt er einen neuen Produktionszweig ein. Auch ein neues Walzwerk wird in Betrieb genommen. Investitionen in die Zukunft sind auch die Elektrifizierung mit Nutzung der Wasserkraft der Lauchert 1893 und der Eisenbahnanschluss 1900. Die Konsolidierung des Unternehmens ist an den Beschäftigtenzahlen ablesbar, die von 37 Arbeitern und 3 Beamten 1883 auf 348 Arbeiter und 21 Beamte 1913 ansteigen. Die wirtschaftliche Dynamik zeigt sich auch in neuen Werksgebäuden sowie an einer Arbeiterwohnsiedlung mit 40 gleichförmigen Wohnhäusern, die dem Laucherthal bis heute eine besondere Prägung geben. In den beiden Weltkriegen wird die Produktion auf Rüstung umgestellt, und die Beschäftigtenzahl erfährt durch den Einsatz von Frauen, Kriegsgefangenen und im 2. Weltkrieg auch von zahlreichen Zwangsarbeitern eine enorme Ausweitung mit auf dem Höhepunkt 1944 ca. 2100 Arbeitskräften. Mit der Fertigung von Gleitlagern wird 1935 ein zukunftsgewandter neuer Produktionszweig eröffnet. Nach einer erneuten Expansion in den 1950er und 1960er Jahren mit der Beschäftigung von 200 Gastarbeitern bereits 1962 und dem Zukauf externer Betriebe gerät das Unternehmen in der Stahlkrise der 1970er Jahre in existenzielle Nöte, die nur durch einen drastischen Beschäftigungsabbau, Rettungszahlungen des fürstlichen Eigentümers durch Landverkäufe und den 1989 erfolgten Einstieg des Unternehmers Adolf Merckle als hälftigem Miteigentümer überwunden werden können. Heute präsentiert sich das seit 2004 als Zollern firmierende Unternehmen als weltweit agierender Konzern mit über 3000 Beschäftigten am Traditionsstandort Laucherthal, den regionalen Zweigbetrieben in Herbertingen und Winterlingen, Werken in Portugal, Rumänien, Slowenien und

4   Bestandteil der 3. wirtschaftsgeschichtlichen Tagung der Gesellschaft Oberschwaben vom 29. September bis 1. Oktober 2022 in Bad Waldsee war ein Podiumsgespräch zum Thema „Die Wirtschaft in Oberschwaben vor den Herausforderungen von Klimawandel, Globalisierung und Digitalisierung" mit (von links nach rechts) dem (damals noch kommissarischen) IHK-Hauptgeschäftsführer Dr. Sönke Voss, dem Unternehmer und GO-Kuratoriums-Ehrenpräsidenten Siegfried Weishaupt, dem Unternehmer Hans-Jörg Reisch, Moderator Frank Brunecker, der DGB-Regionsgeschäftsführerin Südwürttemberg Bärbel Mauch und BUND-Regionalgeschäftsführer Ulfried Miller (Foto: Vincent Laun).

China in den vier Geschäftsfeldern Feinguss, Antriebstechnik, Sandguss und Schmiede und Stahlprofile.

Den zweiten Symposiumstag beschloss ein Podiumsgespräch zu den Herausforderungen für die Wirtschaft Oberschwabens durch Klimawandel, Globalisierung und Digitalisierung. Unter der Moderation von Frank Brunecker tauschten sich der stellvertretende Hauptgeschäftsführer der Industrie- und Handelskammer Bodensee-Oberschwaben Dr. Sönke Voss, Ravensburg, der Unternehmer und Ehrenpräsident des Kuratoriums der Gesellschaft Oberschwaben Siegfried Weishaupt, Schwendi, der Unternehmer Hans-Jörg Reisch, Bad Saulgau, der Regionalgeschäftsführer des Bundes für Umwelt und Naturschutz Deutschlands Ulfried Miller, Ravensburg, und die DGB-Regionsgeschäftsführerin Südwürttemberg Bärbel Mauch, Ulm, kontrovers aus, inwieweit die aktuelle Kumulation von Krisen, zu denen seit der Planung und Ausschreibung der Tagung noch die Inflation und die Energiepreisexplosion hinzugekommen sind, für die in den zurückliegenden Jahrzehnten expandierende und prosperierende regionale Wirtschaft eher eine Chance zum notwendigen Umbau hin zu einer ökologischen und klimagerechten Anpassung oder aber eine existenzielle Bedrohung mit der Gefahr einer Deindustrialisierung und gravierenden Wohlstandsverlusten darstellen. Grundsätzlich sahen alle Diskutanten die Wirtschaft Oberschwabens gerade auch durch ihre Vielfalt, Dezentralität und mittelständische Struktur, den hohen Qualifikations- und Ausbildungsstand der Arbeitskräfte sowie die enge Verknüpfung mit Forschung und Innovation vergleichsweise gut gerüstet für die allerdings beträchtlichen strukturellen und konjunkturellen Herausforderungen.

Menschen in der Wirtschaft

Zum Auftakt der von Frank Brunecker moderierten Sektion 4 „Menschen in der Wirtschaft" referierte die Historikerin Doris Astrid Muth M.A. über den Beitrag jüdischer Unternehmer aus Hechingen und Laupheim zur Industrialisierung von Oberschwaben und Hohenzollern. In beiden Ortschaften lässt sich die Niederlassung von Juden in die Frühe Neuzeit zurückverfolgen und stellt die jüdische Einwohnerschaft in der Mitte des 19. Jahrhunderts einen Anteil von rund einem Viertel der Gesamtbevölkerung, um in der Folge durch Abwanderung zumeist in größere Städte rasch zu schrumpfen. In beiden Städten spielen jüdische Unternehmer eine Vorreiterrolle bei der Industrialisierung. In Hechingen ist der Textilsektor die Schlüsselbranche der Industrialisierung. Sechs der sieben Hechinger Textilunternehmen befinden sich um 1900 in jüdischem Besitz. Wie auch anderenorts ist in Hechingen die Textilindustrie aus dem Verlagswesen und der Heimarbeit hervorgegangen, die von der fabrikgestützten Massenfertigung mit Einsatz von Dampfmaschinen abgelöst wird. Das älteste der jüdischen Unternehmen ist die Firma B. Baruch und Söhne, die 1854 mit staatlicher Förderung verschiedene Maschinen, darunter eine Dampfmaschine, beschaffen kann und die Handweberei zugunsten der mechanischen Weberei aufgibt. Mit einem 1862/63 errichteten neuen Fabrikgebäude, ca. 450 Arbeitskräften in den 1880er Jahren und der Ausstattung mit elektrischem Licht ist das Unternehmen zu Beginn des 20. Jahrhunderts eine der führenden Baumwollwebereien in Südwestdeutschland. 1910 sorgen die sechs jüdischen Betriebe für 45 % des gesamten Gewerbesteueraufkommens der Stadt Hechingen und bringen die 1,9 % der Gesamtbevölkerung stellenden jüdischen Einwohner zwischen 35 und 40 Prozent des Gesamtsteueraufkommens auf. Die in den 1920er Jahren an das jüdische Unternehmen Gutmann aus Göppingen verkaufte Firma Baruch wird zusammen mit den noch vorhandenen drei anderen jüdischen Industrieunternehmen in der NS-Zeit zunächst wirtschaftlich stranguliert und dann durch massive Pressionen und zu Verkaufspreisen weit unter Wert *arisiert*. Zu den Profiteuren der Vermögensberaubung gehört auch die Burladinger Firma Trigema. In Laupheim ist das Spektrum der jüdischen Betriebe breiter, entwickelt sich aus dem Handwerk und nicht aus dem Verlagswesen und reicht von der Hopfengroßhandlung über eine Kleiderfabrik und eine Werkzeugherstellung bis zur Haarfabrik Bergmann und Co., die von der Referentin exemplarisch vorgestellt wurde. In Laupheim stellen die jüdischen Einwohner 1863 ca. 20 % der Gesamtbevölkerung und ebenso viel des Steueraufkommens, 1900 liegt der jüdische Anteil an der Einwohnerschaft noch bei 8 %, beim Steueraufkommen dagegen bei 37 %. 1906 sind in 94 Betrieben

557

der Stadt 809 Beschäftigte tätig, davon die überwiegende Mehrzahl in jüdischen Unternehmen. Josef Bergmann zieht in den 1870er Jahren aus Böhmen zu und heiratet in Laupheim Friederike Einstein. Sein Betrieb mit 1892 21 und 1905 bereits 120 Beschäftigten verarbeitet Menschenhaare für Perücken, Toupets, Friseurbedarf und Kosmetikartikel. Bis zum 1. Weltkrieg entwickelt sich der Betrieb mit modernen Vermarktungsstrategien zu einem global tätigen Unternehmen mit Beziehungen bis nach China. Als durch den Weltkrieg das China-Geschäft zusammenbricht und der Bubikopf die Nachfrage nach Haarnetzen sinken lässt, findet Bergmann mit der Produktion von Filmperücken einen neuen Geschäftszweig und ist mit 150 Beschäftigten in den 1930er Jahren der wichtigste Arbeitgeber Laupheims. Die Repressionen in der NS-Zeit münden in den Zwangsverkauf an einen Biberacher Molkereibesitzer für 27 000 Mark bei einem tatsächlichen Betriebswert in der zehnfachen Höhe.

Thema von Dr. Stefan Feucht, Historiker und Kulturamtsleiter im Landratsamt des Bodenseekreises, war unter dem Titel „Viel leichter zu unterdrücken" die Arbeiterbewegung in Oberschwaben. Auf der Basis einer allerdings disparaten Quellenlage können die Anfänge der Arbeiterbewegung in Oberschwaben in die Revolution von 1848/49 und die nachfolgende Reaktionszeit mit Arbeitervereinen zur gegenseitigen Unterstützung und zur Bildung zurückverfolgt werden. Bei 1861 gerade einmal ca. 2700 Fabrikbeschäftigten in ganz Oberschwaben bildet das Schussenbecken eine Industrialisierungsinsel in der Region. Die in den 1860er Jahren bestehenden Arbeiterbildungsvereine mit knapp 250 Mitgliedern haben ein eher distanziertes Verhältnis zur in Deutschland entstehenden sozialistischen Arbeiterbewegung von Lassalle und Bebel-Liebknecht und gleichermaßen auch zu den aufkommenden freien Gewerkschaften. Nach dem Ende der Bismarckschen Sozialistengesetzgebung entstehen in den 1890er Jahren die ersten SPD-Ortsvereine und freien Gewerkschaften, so in Ravensburg und auch in Mengen. Bei den Wahlen bleibt die SPD in Oberschwaben eine Splitterpartei mit Anteilen von 5,25 % gegenüber 32,5 % in Württemberg und 34,8 % im Reich insgesamt 1912. Das entstehende Netzwerk von SPD und Gewerkschaften stützt sich Feucht zufolge überwiegend auf zugewanderte Arbeiter. 1892 lässt sich in Ravensburg erstmal eine 1. Mai-Demonstration nachweisen, und 1896 erfasst die Streikbewegung für den Zehnstundentag und höhere Stundenlöhne auch das Schussenbecken. Mit dem Aufkommen der Zeppelinwerke und der Rüstungsexpansion im 1. Weltkrieg mit zahlreichen auswärtigen Arbeitern wird Friedrichshafen zum Zentrum der oberschwäbischen Arbeiterbewegung und im Oktober und November 1918 zu einem Brennpunkt der Revolution in Württemberg mit riesigen Demonstrationszügen und radikalen Forderungen nach Einführung der Republik, Entmachtung der alten Eliten und Sozialisierung der Wirtschaft. Die auch in verschiedenen Städten Oberschwabens aufkommende Rätebewegung verliert rasch durch die Reduzierung der Friedrichshafener Arbeiterschaft auf ein Fünftel des Kriegsbestandes, die Spaltung der Arbeiterbewegung in SPD und KPD sowie die konservative Gegenbewegung in der Region an Dynamik und Einfluss. Als Errungenschaften der November-Revolution bleiben der Achtstundentag, die Betriebsräte und die Gewerkschaften als Tarifpartner, die indessen in vielen Industriebetrieben bei den Inhabern weiterhin auf Vorbehalte und Ablehnung stoßen. In den 1920er Jahren entwickelt sich auch in vielen Städten Oberschwabens – neben Ravensburg und Friedrichshafen auch in Biberach – ein Arbeitermilieu mit Radfahrvereinen, Sängerbünden, Mieter- und Bildungsvereinen. Die aufkommende NS-Herrschaft führt auch in Oberschwaben zur von einzelnen Protesten begleiteten Zerschlagung von Arbeiterparteien und Gewerkschaften und zum Übergang nicht weniger Arbeiter in die NS-Organisationen.

Das Interesse des Freiburger Historikers PD Dr. Georg Eckert galt dem Unternehmertum in Oberschwaben. Vor der Industrie erreichten die Professionalisierung und Modernisierung die Landwirtschaft, die in der Region im 19. und 20. Jahrhundert lange Zeit so erfolgreich war, dass Oberschwaben die Industrie nicht brauchte. Mit ihrem Schulwesen, Beratungsangeboten, Vereinen und Ausstellungen war die Landwirtschaft als „Pionierdisziplin" vorbildgebend auch für andere Wirtschaftszweige. Nach den Beobachtungen von Eckert gibt es kein überzeitliches, vielmehr ein generationenspezifisches Ideal von Unternehmertum. Unter den traditionellen Unternehmer-Zuschreibungen des Tüftlers, des Erfinders und des Managers ist der aus dem Handwerk hervorgegangene Tüftler besonders häufig in Oberschwaben anzutreffen. Als Beispiele verwies er auf die Herkunft der Firma Käßbohrer aus dem Wagnerhandwerk, von Weishaupt aus dem Schmiedewesen, von Liebherr aus dem Baugeschäft, von Hymer aus einer auf Traktoranhänger spezialisierten Reparaturwerkstatt, von Waldner in Wangen aus einer Flaschnerei, von Fahr aus der Landwirtschaft mit der anfänglichen Entwicklung einer Futterschneidemaschine oder von Ravensburger aus dem Buchhandwerk. Gegenbeispiele sind Escher-Wyss als Gründung von außen, Spohn mit dem Branchenwechsel vom Textilbereich zur Zementherstellung oder auch Liebherr, der neben Kränen und Baumaschinen mit der Fertigung von Kühlschränken einen gänzlich neuen Produktionszweig eröffnete. Der Tüftler-Unternehmer hat eine besondere Wirkungsmacht in Oberschwaben zwischen der Mitte des 19. und der Mitte des 20. Jahrhunderts. Im Unterschied zu anderen Wirtschaftslandschaften spielt in Oberschwaben das alte Bürgertum in den Städten mit dem dort akkumulierten Kapital bei der Industrialisierung der Region eine nur geringe Rolle. Die im Alten Reich vielfach im Handel erfolgreichen Ulmer Patrizierfamilien beispielsweise lösen sich nach den Beobachtungen von Georg Eckert im 18. und 19. Jahrhundert aus Ulm heraus, beschreiten neue Karrierewege im Dienst der in napoleonischer Zeit gebildeten neuen Staaten und „münzen ihr soziales Kapital in Politik um".

In der Schlussdiskussion fasste Edwin Ernst Weber wesentliche Befunde der Tagung zusammen: Die besondere landwirtschaftliche Struktur mit ihren dank des Anerbenrechts und der Vereinödung stabilen und marktfähigen groß- und mittelbäuerlichen Betrieben, aus deren Erträgen ein Großteil der Bevölkerung auskömmlich leben kann, ist ein wesentlicher Grund für die späte Industrialisierung Oberschwabens. Sigrid Hirbodian sieht in der spezifischen Betriebsstruktur und Marktausrichtung der Landwirtschaft eine epochenüberspannende Kontinuität in Oberschwaben. Abseits weniger Industrialisierungsinseln namentlich im Ulmer und Augsburger Raum, im Schussenbecken, im Hegau und seit Anfang des 20. Jahrhunderts in Friedrichshafen setzt die Industrialisierung in der Breite in Oberschwaben erst nach 1945 ein. Wie auch anderenorts spielt bei der Industrialisierung in Oberschwaben der personale Faktor mit Unternehmerpersönlichkeiten wie Spohn und von Zwerger in Ravensburg, Zeppelin in Friedrichshafen, Liebherr in Biberach oder auch Heimatvertriebenen bei zahlreichen Unternehmensgründungen nach 1945 eine herausragende Rolle. Die Auswirkungen der Eisenbahn sind

Weber zufolge vielfältig und keineswegs einheitlich: So bewirkt der Bahnanschluss in vielen Anrainerstädten mittel- und langfristig Industrialisierungsimpulse, zwangsläufig ist dieser Effekt indessen nicht, wie das Beispiel Riedlingen zeigt. In der Landwirtschaft trägt die Eisenbahn durch den jetzt möglichen Import billigen osteuropäischen Getreides zur Zerstörung des überkommenen Verdienstmodells der Dinkelausfuhr in die Schweiz bei, schafft indessen gleichzeitig auch die Transportgrundlagen für den nachfolgenden Aufschwung der Milch- und Käsewirtschaft im südlichen und der Viehzucht im nördlichen Oberschwaben. Bei den Energieträgern der Industrialisierung sind zunächst Räume begünstigt, die wie das Schussenbecken und Augsburg auf Wasserkraft zurückgreifen können. Die Dampfkraft spielt aufgrund der hohen Transportkosten für die Kohle für die Industrialisierung in Oberschwaben eine geringe Rolle, während von der Elektrifizierung seit den 1920er Jahren durch den Elektromotor wichtige Impulse für die Modernisierung sowohl der Landwirtschaft wie auch des Gewerbes ausgehen.

Kontinuitäten von der Frühen Neuzeit ins 19. Jahrhundert sieht Weber in der Kapitalakkumulation und im technisch-gewerblichen Know-how insbesondere in protoindustriell strukturierten Städten wie Augsburg, Ulm und Ravensburg sowie in den vorrangig in Boden und Renten getätigten Investitionen des Adels, der sich kaum unternehmerisch in der Industrie engagiert. Charakteristisch für die späte, aber letztlich sehr erfolgreiche Industrialisierung Oberschwabens ist die Diversität der industriellen Struktur und das Fehlen von Monostrukturen, was wiederum die Resilienz gegen Konjunkturschwankungen erhöht. Die Auswirkungen der großen politischen Zäsuren auf die wirtschaftliche Entwicklung Oberschwabens sind durchaus uneinheitlich: Der Dreißigjährige Krieg stellt sich in Landwirtschaft und Handel als vorübergehende, durch den anschließenden Wiederaufbau relativ rasch überwundene Krise dar, während er im gewerblichen und insbesondere im Textilbereich dauerhaft Strukturen vernichtet. Bei Säkularisation und Mediatisierung scheinen die negativen ökonomischen Auswirkungen durch die Zerstörung der Klöster als Wirtschafts- und Bildungsträgern und die Marginalisierung und Parzellierung der Region auf vier Nachfolgestaaten zumindest kurz- und mittelfristig zu überwiegen. Die Folgen der beiden Weltkriege und der NS-Herrschaft sind in der nur wenig von Kriegszerstörungen betroffenen und mit ihrer Landwirtschaft von den Not- und Mangelzeiten durchaus profitierenden ländlichen Region eher gering und durch die nachfolgenden Wachstumsimpulse durch verschiedene im Bombenkrieg verlagerte Betriebe sowie die Firmengründungen und das Fachkräftepotenzial der Heimatvertriebenen auf lange Sicht sogar positiv und eine wichtige Grundlage für den industriellen Take-off Oberschwabens nach 1945. Nach Auffassung von Georg Eckert lässt sich am Beispiel von Oberschwaben aufzeigen, dass Krisen nicht in erster Linie destruktive Zäsuren, sondern im besten Fall Katalysatoren für wirtschaftliche Anpassungen und Neuausrichtungen sind.

Sigrid Hirbodian, Frank Brunecker und Edwin Ernst Weber dankten zum Abschluss der Tagung den Referierenden für ihre fruchtbaren Beiträge und allen Teilnehmern für die durchgehend rege Diskussion und stellten eine Veröffentlichung der überarbeiteten Vorträge in einem Tagungsband in der wissenschaftlichen Schriftenreihe der Gesellschaft Oberschwaben bis 2024 in Aussicht.

Abkürzungen

ADGB	Allgemeiner Deutscher Gewerkschaftsbund
BayHStA München	Bayerisches Hauptstaatsarchiv München
BWA	Bayerisches Wirtschaftsarchiv München
CMV	Christlicher Metallarbeiter-Verband
DELAG	Deutsche Luftschiffahrts-Aktiengesellschaft
DMV	Deutscher Metallarbeiter-Verband
dz	Doppelzentner
EnBW	Energie Baden-Württemberg AG
EVS	Energie-Versorgung Schwaben
EVW	Elektrizitätsversorgung Württemberg AG
FAS	Fürstlich Hohenzollern'sches Haus- und Domänenarchiv Sigmaringen, Depositum im Staatsarchiv Sigmaringen
FHH	Fürstlich Hohenzollern'sche Hüttenverwaltung Laucherthal
fl	Gulden (florenus)
ha	Hektar
GA	Gemeindearchiv
GMH Herzberg	Gleitlagerfabrik und Metallgießerei Herzberg
HBl	Hohenzollerische Blätter
HStA Stuttgart	Landesarchiv Baden-Württemberg, Abteilung Hauptstaatsarchiv Stuttgart
IHK	Industrie- und Handelskammer
KaVo	Kaltenbach & Voigt Biberach
KreisA	Kreisarchiv
LBZ	Luftschiffbau Zeppelin GmbH Friedrichshafen
LBZA	Luftschiffbau Zeppelin GmbH Friedrichshafen Archiv
LEW	Lech-Elektrizitätswerke
LKAS	Landeskirchliches Archiv Stuttgart
LUBW	Landesanstalt für Umwelt, Messungen und Naturschutz Baden-Württemberg
LZ	Zeppelin-Luftschiffbau
MAN	Maschinenfabrik Augsburg-Nürnberg
MEW	Karl MARX/Friedrich ENGELS, Werke, Bd. 19, Berlin ⁵1974
MHIG	Bayerisches Staatsministerium für Handel, Industrie und Gewerbe
OEW	Zweckverband Oberschwäbische Elektrizitätswerke
RMfRuK	Reichsministerium für Rüstung und Kriegsproduktion
RRA	Rolls Royce Power Systems Unternehmensarchiv Friedrichshafen (RRA) (ehemals Maybach/mtu).
Schr. VG Bodensee	Schriften des Vereins für Geschichte des Bodensees und seiner Umgebung
StA Augsburg	Staatsarchiv Augsburg
StA Ludwigsburg	Landesarchiv Baden-Württemberg, Abteilung Staatsarchiv Ludwigsburg
StadtA	Stadtarchiv
StA Sigmaringen	Landesarchiv Baden-Württemberg, Abteilung Staatsarchiv Sigmaringen
SWA	Mechanische Baumwollspinnerei und Weberei in Augsburg
VdKdA	Verhandlungen der Kammer der Abgeordneten des Königreichs Württemberg
WürttJbb	Württembergische Jahrbücher für Statistik und Landeskunde
x	Kreuzer (60 Kreuzer = 1 Gulden)
ZF	Zahnradfabrik Friedrichshafen
ZW	Zeppelin Wohlfahrt
ZWLG	Zeitschrift für württembergische Landesgeschichte

Autorenbiogramme

Frank Brunecker

geb. 1963 in Oldenburg. 1984–1990 Studium der Geschichte, Philosophie und Politikwissenschaft in Münster. 1991–1994 Leiter des Museums Burg Ramsdorf im Münsterland. 1995–1997 freiberuflicher Ausstellungskoordinator für das Westfälische Museumsamt Münster. Seit 1997 Direktor des Museums Biberach. Hier als Ausstellungsmacher und Stadthistoriker tätig mit thematischen Schwerpunkten vom 19. Jahrhundert bis zur Gegenwart – von den oberschwäbischen Räubern über die Schwäbische Eisenbahn bis zum Nationalsozialismus in Biberach, zu den 68ern, Flüchtlingen und Vertriebenen und ausgesuchten Biberacher Unternehmensgeschichten (v. a. Liebherr und Boehringer Ingelheim), daneben auch Nachhaltigkeitsthemen wie Wald, Hochwasser und Insektensterben. Co-Schriftleiter der Zeitschrift „Ulm und Oberschwaben".

Georg Eckert

geb. 1983. Studium der Geschichte und Philosophie in Tübingen und Brighton (GB) 2003–2006. Promotion an der Eberhard-Karls-Universität Tübingen 2008, Habilitation für Neuere Geschichte an der Bergischen Universität Wuppertal 2014. Wissenschaftlicher Mitarbeiter an der Bergischen Universität Wuppertal 2009–2019, Professurvertretungen in Frankfurt am Main und Potsdam. 2020–2024 Mitarbeiter im Sonderforschungsbereich 948 „Helden – Heroisierungen – Heroismen" an der Albert-Ludwigs–Universität Freiburg. Forschungsschwerpunkte: Ideengeschichte der Neuzeit, vergleichende Geschichte Europas, Kulturgeschichte der Politik, Geschichte der Staatsverschuldung und des Unternehmertums.

Peter Eitel

geb. 1938 in Stuttgart. Studium der Geschichte, Kunstgeschichte, Historischen Hilfswissenschaften und Germanistik 1959–1965 in Tübingen, Berlin und Wien. 1967–1971 Wiss. Assistent am Lehrstuhl für Neuere Geschichte an der Universität Konstanz. 1968 Promotion in Tübingen über Verfassung und soziale Struktur der oberschwäbischen Reichsstädte im Zeitalter der Zunftherrschaft. 1971–1973 Archivreferendariat in Stuttgart und Marburg, 1973–1998 Leiter des Stadtarchivs und der städtischen Sammlungen Ravensburg. Forschungsschwerpunkte: Geschichte und Kunstgeschichte Oberschwabens und des Bodenseeraums. 1999–2004 „Geschichte Ravensburgs im 19. und 20. Jahrhundert", 2010–2022 dreibändige „Geschichte Oberschwabens im 19. und 20. Jahrhundert".

Stefan Feucht

geb. 1962 in Stuttgart. Studium der Politikwissenschaft und der Neueren Geschichte mit Schwerpunkt Zeitgeschichte an der Universität Tübingen und an der University of North Carolina at Chapel Hill, USA. 1998 Promotion zum Thema „SPD und Außenpolitik in der Weimarer Republik". Von 1998 bis 2009 Wissenschaftlicher Mitarbeiter am Haus der Geschichte Baden-Württemberg mit Aufgaben im Bereich der deutsch-französischen Beziehungen sowie der Museumspädagogik. Seit 2009 Leiter des Kreiskulturamts des Bodenseekreises. Forschungsschwerpunkte: deutsch-französische Themen sowie Kunst und Geschichte des Bodenseekreises und der Region Bodensee-Oberschwaben.

Autorenbiogramme

Boris Gehlen

geb. 1973. Studium der Verfassungs-, Sozial- und Wirtschaftsgeschichte, Politikwissenschaft und Neueren Geschichte von 1993 bis 1999 an der Rheinischen Friedrich-Wilhelms-Universität Bonn. 2005 Promotion in Bonn mit einer Dissertation über den Kölner Braunkohlenindustriellen Paul Silverberg (1876–1959). Habilitation 2014 mit einer Arbeit über den Deutschen Handelstag (1861–1914) ebenfalls an der Universität Bonn. Tätigkeit als wissenschaftlicher Mitarbeiter an den Universitäten Bonn, Köln und Wien sowie am Institut für Zeitgeschichte München-Berlin, Professur-Vertretungen in Bonn (2014/15) und Bochum (2016). 2016 bis 2020 Vorsitzender des Arbeitskreises für Kritische Unternehmens- und Industriegeschichte. Seit 2021 Professor für Unternehmensgeschichte an der Universität Stuttgart. Mitglied u. a. in den Wissenschaftlichen Beiräten der Gesellschaft für Unternehmensgeschichte, des Instituts für Banken- und Finanzgeschichte und des Wirtschaftsarchivs Baden-Württemberg. Forschungsschwerpunkte: Unternehmer- und Unternehmensgeschichte, Wirtschafts- und Sozialgeschichte des 19. und 20. Jahrhunderts, Banken-, Börsen- und Finanzmarktgeschichte, Geschichte der Wirtschaftsordnung, Regulierung und (Corporate) Governance.

Gerhard Hetzer

geb. 1952 in Augsburg. Studium der Geschichte, Germanistik und Sozialkunde an der Universität München. Promotion 1978. Besuch der Bayerischen Archivschule 1978–1981 danach an verschiedenen Stellen der bayerischen Archivverwaltung tätig (Staatsarchiv Neuburg a. d. Donau, Staatsarchiv Augsburg, Bayerisches Hauptstaatsarchiv, Generaldirektion der Staatlichen Archive Bayerns). Von 2007 bis 2018 Leiter des Bayerischen Hauptstaatsarchivs. Seit 2016 Vorsitzender der Schwäbischen Forschungsgemeinschaft und Leiter der Schwäbischen Forschungsstelle Augsburg der Kommission für bayerische Landesgeschichte; ebenfalls seit 2016 Mitglied dieser Kommission bei der Bayerischen Akademie der Wissenschaften. Forschungsschwerpunkte: Politische sowie Verwaltungs- und Wirtschaftsgeschichte des 19. und 20. Jahrhunderts, mit regionalen Schwerpunkten in Süddeutschland.

Sigrid Hirbodian

geb. 1960. Studium der Geschichte und Germanistik in Mainz. Promotion 1992 mit einer Arbeit über „Territorialstaat und Gemeinde im kurpfälzischen Oberamt Alzey". Wissenschaftliche Angestellte am Institut für Geschichtliche Landeskunde an der Universität Mainz. 2002 Habilitation, Thema der Habilitationsschrift „Geistliche Frauen und städtische Welt. Kanonissen, Nonnen, Beginen und ihre Umwelt am Beispiel der Stadt Straßburg 1250–1525". 2006–2011 Professorin für mittelalterliche Geschichte an der Universität Trier. Seit 2011 Direktorin des Instituts für Geschichtliche Landeskunde und Historische Hilfswissenschaften der Universität Tübingen. Forschungsschwerpunkte: Landesgeschichte des südwestdeutschen Raumes in Mittelalter und Früher Neuzeit, Geistliche Frauengemeinschaften, Burgenforschung, ländliche Gesellschaft.

Steffen Kaiser

geb. 1988. 2009 bis 2014 Studium der Geschichte und Politik in Tübingen. 2019 Promotion an der Universität Stuttgart mit einer Arbeit über die württembergische Agrarpolitik und -gesellschaft in der zweiten Hälfte des 19. Jahrhunderts bei Prof. Sabine Holtz und Prof. Gert Kollmer-von Oheimb-Loup. Anschließend Mitarbeit an der Neukonzeption der Dauerausstellung im städtischen Museum im Kornhaus in Kirchheim/Teck. 2020 bis 2021 wissenschaftliche Hilfskraft im Landesmuseum Württemberg. 2021 wissenschaftlicher Mitarbeiter in der Bestandserschließung im Landeskirchlichen Archiv Stuttgart. Seit 2023 Tätigkeit im Dokumenten- und Wissensmanagement der Evangelischen Landeskirche in Württemberg im Bereich des Records Management. Forschungsschwerpunkte: württembergischen Agrar- und Wirtschaftsgeschichte des 19. und 20. Jahrhunderts sowie württembergische Kirchengeschichte.

AUTORENBIOGRAMME

Werner Konold

geb. 1950. Studium der Allgemeinen Agrarwissenschaften an der Universität Hohenheim. Promotion zum Thema „Ökologie kleiner Fließgewässer. Verschiedene Ausbauarten und ihre Bewertung". Habilitation über „Oberschwäbische Weiher und Seen. Geschichte, Kultur, Vegetation, Limnologie, Naturschutz". Von 1997 bis 2016 Inhaber des Lehrstuhls für Landespflege an der Albert-Ludwigs-Universität Freiburg. Vorsitzender des Alemannischen Instituts in Freiburg, Vorsitzender der Naturforschenden Gesellschaft zu Freiburg im Breisgau. Mitgliedschaften: Nationalkomitee für die UNESCO-Geoparke, Kuratorium des Bundes Heimat und Umwelt Deutschland, Fachgremium Sonderprogramm biologische Vielfalt Baden-Württemberg. Forschungsschwerpunkte: Geschichte und Ökologie der Kulturlandschaft und deren Triebkräfte, nachhaltige Landnutzungsformen, Naturschutz (Gewässer, Offenland, Wald), Agrobiodiversität, Klimawandel und Klimawandelanpassung.

Elmar L. Kuhn

geb. 1944 in Kressbronn. Studium der Geschichte, Politikwissenschaft und Geographie in Tübingen. 1972–78 Wissenschaftlicher Mitarbeiter der Fakultät für Geschichtswissenschaft der Universität Bielefeld. 1979–2009 Leiter des Kulturamts des Bodenseekreises. 1996–2009 Geschäftsführer, 2010–2014 Vorsitzender der Gesellschaft Oberschwaben für Geschichte und Kultur. 2005 Dr. h. c. der PH Weingarten. 2013 Friedrich-Schiedel-Preis zur Geschichte Oberschwabens. Forschungsschwerpunkte: Bauernkrieg, Industrialisierung, Revolution 1918/19, Grafen von Montfort, Paulinerorden.

Doris Astrid Muth

geb. 1961 in Timisoara (Rumänien). Studium der Neueren Geschichte und Empirischen Kulturwissenschaft an der Universität Tübingen. Zahlreiche Projekte im Museumsbereich. Konzeption und Aufbau der Stauffenberg-Gedenkstätte in Albstadt-Lautlingen. Seit 2010 wissenschaftliche Mitarbeiterin beim Stabsbereich Kultur und Archiv im Landratsamt Sigmaringen und seit 2016 Museumsbeauftragte des Museums KZ Bisingen. Forschungsschwerpunkte: Frauenarbeit in der Textilindustrie Südwestdeutschlands, militärischer Widerstand im Nationalsozialismus mit Schwerpunkt auf dem Attentat vom 20. Juli, Entwicklung der Erinnerungskultur an KZ-Gedenkstätten des Unternehmens „Wüste", Geschichte jüdischer Gemeinden in Südwestdeutschland am Beispiel Hechingen und Laupheim, Geschichte der jüdischen Textilunternehmen Hohenzollerns, Geschichte des Klosters Habsthal.

Andreas M. Räntzsch

geb. 1961. 1989–1994 Studium der Geschichte und Geschichte der Naturwissenschaften und Technik an der Universität Stuttgart. 1979 bis 1989 im Dienst der Deutschen Bundesbahn in der betrieblichen S-Bahn-Planung und zuletzt in der Eisenbahnbetriebswissenschaft. 2005 Promotion an der Universität Stuttgart bei Prof. Quarthal und Prof. Heimerl mit der Arbeit „Die Einbeziehung Stuttgarts in das moderne Verkehrswesen durch den Bau der Eisenbahn. Entscheidungsprozesse, Standortpolitik. ökonomische Voraussetzungen, Funktionalität und Resultate der verkehrlichen Erschließung zwischen 1830 und 1930".

Andreas Schwab

geb. 1968 in Weingarten. 1989–1997 Studium der Geographie und Mathematik an der Albert-Ludwigs-Universität Freiburg i. Br. Dort 2002 Promotion über reliefanalytische Verfahren zur Abschätzung nächtlicher Kaltluftbewegungen. 1999–2002 Lehrer am Staufer-Gymnasium in Pfullendorf. Seit 2002 Professor für Geographie und ihre Didaktik an der Pädagogischen Hochschule in Weingarten. Forschungsschwerpunkte und Veröffentlichungen zur Geologie und Klimatologie der Region Bodensee-Oberschwaben. Seit 2020 1. Vorsitzender der Gesellschaft Oberschwaben für Geschichte und Kultur.

Werner Trapp

geb. 1949 in Baden-Baden. Studium der Geschichte, Sozialwissenschaften, Anglistik und italienischen Sprache in Konstanz, Bristol und Rom. Tätigkeit als freiberuflicher Autor und Historiker, als Antiquar und in der Erwachsenenbildung. Forschungsschwerpunkte: Bodenseeraum, Alpen und Italien sowie Geschichte des Reisens und des Tourismus. Er lebt in Konstanz.

Volker Trugenberger

geb. 1954. 1974–1981 Studium der Geschichte, Germanistik und lateinischen Philologie an der Universität Tübingen. 1984 Promotion bei Prof. Hansmartin Decker-Hauff über die Sozialgeschichte der Stadt Leonberg im 16. Jahrhundert. 1981–1983 Referendariat für den höheren Archivdienst in Stuttgart und Marburg. 1983–2020 im Archivdienst des Landes Baden-Württemberg, zuletzt Leiter des Staatsarchivs Sigmaringen. Vorsitzender des Hohenzollerischen Geschichtsvereins und Co-Schriftleiter der „Zeitschrift für Hohenzollerische Geschichte". Forschungsschwerpunkte: Orts- und Landesgeschichte Südwestdeutschlands sowie Archivwissenschaft und archivische Quellenkunde.

Edwin Ernst Weber

geb. 1958 in Rottweil. 1981–1989 Studium der Geschichte, Politikwissenschaft und Volkskunde an den Universitäten Freiburg i. Br. und Berlin (FU). 1990/91 Promotion mit einer Studie über bäuerlichen Widerstand im Landgebiet der Reichsstadt Rottweil in der Frühen Neuzeit. 1989–1991 Referendariat für den höheren Archivdienst in Karlsruhe, Marburg und Koblenz. 1991–2024 Kreisarchivar und Kulturreferent des Landkreises Sigmaringen, 2012 Kreisarchivdirektor. 2008–2023 Geschäftsführer der Gesellschaft Oberschwaben für Geschichte und Kultur. 2002–2024 Geschäftsführer des Kreiskulturforums Sigmaringen. Forschungsschwerpunkte: Ländliche Gesellschaft in Südwestdeutschland in der Frühen Neuzeit sowie Geschichte Oberschwabens und Hohenzollerns.

Orts- und Personenregister

Aufgenommen sind die im Haupttext, in den Anmerkungen und den Bildunterschriften enthaltenen Orts-, Personen- und Firmennamen. Nicht berücksichtigt werden die Begriffe: Deutschland, Europa, Oberschwaben, Bayerisch-Schwaben, Schwaben, Ostschwaben, Baden, Hohenzollern, Württemberg, Baden-Württemberg, Bayern, Schweiz, lediglich zur Orientierung genannte Ortschaften sowie Gewässer, Berge, Flur- und Landschaftsnamen sowie die Autorinnen und Autoren und Erscheinungsorte aufgeführter Literatur und die Urheber von Abbildungen. Adlige, auch Könige, erscheinen unter ihren Geschlechternamen, alle weiteren Personen unter ihren Nachnamen. Personen werden, soweit möglich, durch die Angabe von Beruf, Amt, Rechtsstatus etc. näher bezeichnet. Orte in Deutschland werden durch die Kennbuchstaben des angehörenden Landkreises, nicht selbstständige Teilorte durch die Nennung der heutigen Gemeinde genauer lokalisiert. Orte in der Schweiz sind durch den Kanton und in Frankreich durch das Département näher bestimmt. Soweit namentlich genannt, werden Unternehmen unter dem Ort des Firmensitzes ausgewiesen.

Abkürzungen: Dép. = Dèpartement; Gde. = Gemeinde; Kt. = Kanton

A

Aalen, Stadt (AA) 109, 112, 115f., 130–132, 139
Abegg, Heinrich, Schweizer Unternehmer in Friedrichshafen 304
Achenbach, Adolf, preußischer Oberbergamtsreferendar 444
AEG (Allgemeine Elektricitäts-Gesellschaft), Elektrokonzern 211, 213, 343, 380
Ägypten, Staat 141, 278
Äthiopien, Staat 334
Agatha, Pfründerin in Laiz 428
Aichstetten, Gemeinde (RV) 191
Aitrach, Gemeinde (RV) 65f.
Albbruck, Gemeinde (WT)
    Papierfabrik 297
Alb-Donau-Kreis (UL) 103, 395
Albstadt, Stadt (BL) 397
Altdorf siehe Weingarten
Altenrhein (Gde. Thal, Kt. St. Gallen, Schweiz) 341
Altenstadt (Iller), Markt (NU)
    Schuhleistenfabrik Gebrüder Winkle 421
Althaus, Johann, Schweizer Senn in Lindenberg und Sonthofen 183
Altheim (Gde. Leibertingen, SIG) 256
Altshausen, Gemeinde (RV) 79f., 180, 491, 504, 525
Amann, Guido, Ortsvorsteher von Kreenheinstetten 252
Andritz Hydro, österreichischer Konzern 295
Antwerpen, Stadt (Belgien) 111
Arbon, Gemeinde (Kt. Thugau, Schweiz) 361
    Adolph Saurer AG 361
Arctic Paper, polnisch-schwedischer Konzern 297
Argentinien, Staat 330
Augsburg, Stadt (A) 12, 14, 124–126, 130f., 184, 403–408, 410–414, 416–423, 496, 554, 559f.
    Dierig Holding 419
    Epple und Buxbaum, Landmaschinenfabrik 421f.
    Haindl, Papierfabrik 421
    Keller und Knappich, Roboterherstellung 421
    Maschinenfabrik Augsburg-Nürnberg (MAN) 407, 412, 414
    Mechanische Baumwollspinnerei und Weberei (SWA) 406f., 413, 418f.
    Messerschmitt, Flugzeughersteller in Augsburg-Haunstetten 412
    Neue Augsburger Kattunfabrik 418, 420
    Renk, Zahnräderfabrik 415
    Rumpler-Werke AG, Zweigwerk 412
    Stadtbachspinnerei 414
Aulendorf, Stadt (RV) 83f., 101–104, 136, 186, 195, 198, 289, 491
    Zweigwerk der Firma Zollern 456
Aumühle (Stadt Augsburg, A)
    Werk der Spinnerei und Weberei Augsburg (SWA) 419
Australien, Staat 279
Ay an der Iller (Stadt Senden, NU)
    Weberei und Spinnerei 415

B

B&B-Hotels, französische Hotelkette 165
Baach (Gde. Zwiefalten, RT) 57
Bachem, Erich, Flugzeugkonstrukteur 515
Bachzimmern (Gde. Immendingen, TUT) 446

Bad Buchau, Damenstift und Stadt (BC) 69, 95, 100–102, 104, 433, 499, 546
Bad Cannstatt (Stadt Stuttgart, S) 108f., 111f., 114f., 117, 120, 122, 130–132, 145, 303
Bad Ragaz, Gemeinde (Kt. St. Gallen, Schweiz) 160f.
Bad Saulgau, Stadt, Oberamt und Landkreis (SIG) 9, 58f., 75, 94f., 97, 99, 101f., 180, 233, 235, 238, 243, 245, 493, 504, 507, 511, 545f.
  Josef Bautz AG, Landmaschinenfabrik 505
  Knoll Maschinenbau GmbH 535
Bad Schussenried, Kloster und Stadt (BC) 83, 95, 162, 387f., 433, 499
  Wilhelmshütte, staatliches Hüttenwerk 539
Bad Urach, Stadt und Oberamt (RT) 272
Bad Waldsee, Stadt und Oberamt (RV) 69, 82, 95–97, 99, 102, 104, 116, 123, 162, 186, 190, 199, 234, 243, 289, 433, 525
  Hymer, Wohnwagenhersteller 34, 514, 558
Bad Wurzach, Stadt (RV) 69, 88, 102, 162
Badenwerk AG, Energieversorgungsunternehmen 393
Bader, Andreas, Gründer einer Holzzeugfabrik in Laupheim 480
Bärenthal, Gemeinde (TUT) 429f.
Bäumenheim (Gde. Asbach-Bäumenheim, DON) 410
Baienbach (Gde. Fronreute, RV) 81
Baienfurt, Gemeinde (RV) 82, 372, 507, 511, 552
  Papierfabrik 272f., 279f., 285, 287, 293, 296f., 533
Baindt, Gemeinde (RV) 82
Bamberg, Stadt (BA) 110
Bartle (Bartholomäus), Geldgeber aus Veringenstadt 429
Baruch, Benedikt, Unternehmer in Hechingen 469f.
Baruch, Leopold, Unternehmer in Hechingen 469f.
Baruch, Salomon, Unternehmer in Hechingen 469
Basel, Stadt (Kt. Basel-Stadt, Schweiz) 112, 114
Bassus, Freiherr von, Vorstandsmitglied in der Zeppelin-Stiftung 323, 328, 346
Bebel, August, Mitbegründer der deutschen Sozialdemokratie 495f., 558
Belgien, Staat 157, 320
Benzingen (Gde. Winterlingen, BL) 428
Berg (Stadt Ehingen/Donau, UL) 204
Berg, Gemeinde (RV) 298
  RAFI, Unternehmen 296

Berg, Erich, Landesstelle für Naturschutz in Sigmaringen 206, 208
Bergmann, Unternehmerfamilie in Laupheim 486
Bergmann, Anton, Fabrikant in Laupheim 481
Bergmann, Josef, Fabrikant in Laupheim 481f., 558
Bergmann, Max, Fabrikant in Laupheim 483, 485
Berlin, Stadt (B) 28, 37, 155, 186, 329f., 333, 338, 351, 377, 504
  Hallenbau GmbH 312
  Riess & Osenberg & Co. GmbH, später Zollern-Metallgesellschaft Richard Gossmann und Co. 452
  Rumpler-Werke AG in Johannisthal 412
  Umschmelzwerk Emil Schmidt 452
  Zollern-Gleitlager AG in Reinickendorf 452f., 462
Bernhardt, Julius, kaufmännischer Direktor der Maybach Motorenwerke 337
Bettighofen (Gde. Unterstadion, UL) 208
Beuron, Gemeinde (SIG) 232
Beyer, Dr., Gewerberat in Sigmaringen 475
Biberach an der Riß, Stadt, Oberamt und Landkreis (BC) 9, 11–14, 28, 31f., 40, 62f., 82f., 95–101, 103f., 106f., 122f. 128, 133, 136, 163, 204, 234, 238, 242f., 293, 299, 361, 395, 433, 490, 493–496, 498, 500–502, 507f., 510–512, 520, 526, 532, 537, 539, 546, 550, 552–554, 558f.
  Anton Kutter, Schlauchfabrik 373
  Baur, Gebrüder, Devisen- und Tragantwarenfabrik 375, 378
  Boehringer Ingelheim, Pharmazieunternehmen 12, 37, 380, 382, 390–393, 395, 397, 400, 402, 539, 545, 553f.
  Carl Neff, Ornatstickerei 373
  Gerster, Posamentenweberei 12, 375f., 378–380, 382f., 393, 395, 400, 535, 553
  Handtmann, Leichtmetallgießerei und Maschinenfabrik 12, 382, 384–387, 393, 395, 400, 553
  Kaltenbach & Voigt (KaVo), Dentalhersteller 37, 382, 384–386, 393, 395, 400
  J.G. Lieb, Feuerwehr-Requisitenfabrik 375f., 378
  Liebherr, Kranwerk 12, 34, 38, 382, 387–389, 393–395, 514, 532, 536, 539, 546, 553, 559
  Otto Schlee, Metallwarenfabrik 375f., 378, 384
  Rock & Graner, Blechspielzeugfabrik 373
  Schefold, Jakob, Fleisch- und Wurstfabrik 379
  Schefold, Orgelfabrik 373
  Schelle-Blaßnek, Posamentierwarenfabrik 373

Schmitz, Seidenweberei 380, 395
Thomae siehe Boehringer Ingelheim
Vollmer Werke, Maschinenfabrik 12, 376–379, 382, 384, 386, 393, 395, 400, 535, 553
Bichtlingen (Gde. Sauldorf, SIG) 222
Bietigheim (Stadt Bietigheim-Bissingen, LB) 107, 131
Bingen, Gemeinde (SIG) 428, 430, 449
Binzwangen (Gde. Ertingen, BC) 60
Bisingen, Gemeinde (BL) 468
Bitzenhofen (Gde. Oberteuringen, FN) 344
Blaichach, Gemeinde (OA) 408
Spinnerei und Weberei 413
Blasi, Reitknecht 429
Blaubeuren, Stadt (UL) 97, 235, 378, 533
Blitzenreute (Gde. Fronreute, RV) 79 f., 546
Blumberg, Stadt (VS) 426
Bobingen, Stadt (A)
Kunstfaserfabrik 414, 421
Werk der Vereinigten Köln-Rottweiler Pulverfabriken AG 414
Bochum, Stadt (BO) 411
Bodenseekreis (FN) 9, 20, 103, 105, 159, 165, 546
Bodman-Ludwigshafen, Gemeinde (KN) 166
Böhmen, historische Landschaft in Tschechien 112, 277 f., 281, 481, 558
Boehringer, Ernst Dr., Unternehmer in Ingelheim 391
Bonatz, Paul, Architekt 315, 325
Bosch, Andreas, Schultheiß von Rengetsweiler 429
Boulogne-sur-Mer, Stadt (Dép. Pas-de-Calais, Frankreich) 319
Braun, Dr., Vorsitzender des landwirtschaftlichen Bezirksvereins Wangen 186
Braun, Otto, SPD-Politiker und preußischer Ministerpräsident 511
Braunschweig, Stadt (BS) 496
Braunschweiger Hüttenwerke BHW 460 f.
Bregenz, Stadt (Vorarlberg, Österreich) 162
Vorarlberger Illwerke AG, österreichisches Energieunternehmen 66
Bregenzer, Hüttenverwalter in Laucherthal 446
Bremen, Stadt (HB) 194
Breslau (Wrocław), Stadt (Polen) 410
Bretten, Stadt (KA) 131
Bronnen (Stadt Fridingen an der Donau, TUT) 426, 431
Bruchsal, Stadt (KA) 130
Brüning, Heinrich, deutscher Reichskanzler 346, 510 f.
Brüssel, Stadt (Belgien) 396

Buchau siehe Bad Buchau
Buchheim, Gemeinde (TUT) 252
Buchhorn siehe Friedrichshafen
Buchloe, Stadt (OAL) 83
Buchwald, Konrad Dr. 210, 213
Budweis (České Budějovice), Stadt (Tschechien) 111, 114
Bühler, von, württembergischer Oberbaurat 117
Bulle, Stadt (Kt. Freiburg, Schweiz)
Liebherr-International AG 395
Burbach (Siegerland), Gemeinde (SI)
Blankstahlwerk Burbach 455 f.
Burkwang (Stadt Isny im Allgäu, RV) 195
Burladingen, Stadt (BL) 469
Trigema, Textilunternehmen 467, 557

C

Calw, Stadt, Oberamt und Landkreis (CW) 20, 28
Cannstatt siehe Bad Cannstatt
Cappus, Manager der Zahnradfabrik (ZF) in Friedrichshafen 338
Casperl, Reitknecht 428
Castell, Schenk von, Grafen 227, 428
Cataguases, Gemeinde (Brasilien) 461
Chemnitz, Stadt (C) 410 f.
China, Staat 24, 155, 401, 460, 484 f., 555, 558
Chrismann, Bauer in Schmidsfelden 195
Christazhofen (Gde. Argenbühl, RV) 183
Christophstal (Stadt Freudenstadt, FDS) 435
Cirex GmbH, Feingießerei 461
Colsman, Alfred, Generaldirektor des Zeppelinkonzerns 313 f., 323, 328–330, 332 f., 343, 345 f., 348 f., 354, 356, 504, 509
Consoni, Carl, Kaufmann in Meßkirch 429
Cook, Thomas, britischer Tourismuspionier 141
Crailsheim, Stadt (KÜN) 131 f., 139

D

Daisendorf, Gemeinde (FN) 104
Danaher, US-amerikanischer Konzern 385, 400
Daugendorf (Stadt Riedlingen, BC) 74
Deffner, Otto, Unternehmer in Ravensburg 270
Deggenhausertal, Gemeinde (FN) 159 f.
Dengeltshofen (Stadt Isny im Allgäu, RV) 213
Dettingen an der Iller, Gemeinde (BC) 65 f.
Deutsche Unionbank AG 452
Dierig, Gottfried, Textilunternehmer 414
Dillingen an der Donau, Stadt und Landkreis (DLG) 404
Dörr, Wilhelm, Ingenieur und Luftschiffbaupionier 330
Donau-Ries, Landkreis (DON) 404

Donaueschingen, Stadt und Landkreis (VS) 158
Donaukreis, württembergischer Verwaltungsbezirk mit Mittelbehörde in Ulm 190, 196, 234, 241
Donauwörth, Stadt und Landkreis (DON) 124 f., 404, 410
    Waggon- und Maschinenfabrik 418
    Werk von Airbus Helicopters Deutschland 418
Dorenwaid (Stadt Isny im Allgäu, RV) 213
Dornbirn, Stadt (Vorarlberg, Österreich) 361
Dornier, Claude, Flugzeugkonstrukteur und Unternehmer 11, 321 f., 339, 342 f., 362, 412, 515, 553
Dorsten, Stadt (RE)
    Dorstener Maschinenfabrik AG 460 f.
Dresden, Stadt (DD) 155
Dubai, Staat 155
Dürr, Ludwig Dr., Chefkonstrukteur des Luftschiffbaus in Friedrichshafen 332, 362
Dürren (Gde. Kißlegg, RV)
    Vereinigte Käsereien des württembergischen Allgäus (V.K.D.) 191, 198
Durlesbach (Stadt Bad Waldsee, RV) 83

E

Ebbinghausen, von, württembergischer General 326
Ebersbach (Gde. Ebersbach-Musbach, RV) 433
Ebingen (Stadt Albstadt, BL) 232, 377, 433
Echterdingen (Stadt Leinfelden-Echterdingen, ES) 11, 311, 361, 552
Eckener, Hugo, Vorstandsvorsitzender der Zeppelin-Stiftung 323, 328–330, 332, 336 f. 343, 346, 348, 553
Edele, Hüttenverwalter in Laucherthal 446
Ehingen, Stadt, Oberamt und Landkreis (UL) 9, 88, 94, 97–99, 102, 177, 204, 233, 235, 243, 272, 293, 546
Eigen (Markt Sulzberg, OA) 200
Einstein, Friederike, Ehefrau von Josef Bergmann in Laupheim 481, 558
Eisenharz (Gde. Argenbühl, RV) 535
Elberfeld-Barmen (Stadt Wuppertal, W) 410
Elektrizitätsversorgung Württemberg AG (EVW)
Ellhofen (Markt Weiler-Simmerberg, LI)
    Specht und Wachter, Milchhandelsfirma 184
Elsass, Region in Frankreich 319
Emmelhofen (Gde. Kißlegg, RV) 96
Endrass, Fridolin, Gewerkschafter in Friedrichshafen 511
Energie Baden-Württemberg AG (EnBW), Energieversorgungsunternehmen 66, 393

Energie-Versorgung Schwaben (EVS), Energieversorgungsunternehmen 213, 393
Engel, Wunibald, Wirt in Bingen und Laucherthal 430
Engelswies (Gde. Inzigkofen, SIG) 227
England siehe Großbritannien
Enzberg (Stadt Mühlacker, PF) 122
Enzberg, Freiherren von 426
Erb, Anton, Schlossermeister und Unternehmer in Ravensburg 267
Erpf, Eduard, schweizerischer Textilfabrikant 533
Erpff, Friedrich, Kinobesitzer in Biberach 379
Ertingen, Gemeinde (BC) 58 f., 71
Erzberger, Matthias, Zentrumspolitiker und Reichsfinanzminister 352
Esslingen, Stadt und Landkreis (ES) 130, 371, 410
    Maschinenfabrik Esslingen 32
    Müller Pressen- und Maschinenfabrik 296
Ettishofen (Gde. Berg (Schussental), RV) 81 f.
Etzel, Carl, württembergischer Eisenbahn-Ingenieur 128
Excelsior Feuerlöschgeräte AG (Minimax AG) 452

F

Faber du Faur, Wilhelm, Hüttenverwalter in Wasseralfingen 439
Fahr, Johann Georg, Unternehmer in Gottmadingen 518, 534
Farny, Oskar, Unternehmer und Politiker aus Kißlegg-Dürren 250
Federal Mogul, amerikanischer Autozulieferer 460
Federal Mogul TCL, französisches Unternehmen 460 f.
Feldkirch, Stadt (Vorarlberg, Österreich) 361
Feldmühle AG, Unternehmensgruppe 297
Fischer, Theodor, Architekt 318
Flad, Peter, Gegenschreiber in Laucherthal 430
Flick-Konzern 361
Flumserberg, Wintersport- und Wandergebiet (Kt. St. Gallen, Schweiz) 160
Franken, historische Landschaft in Bayern, Baden-Württemberg, Hessen und Thüringen 112
Frankfurt am Main, Stadt (F) 303, 327
    Deutsche Luftschiffahrts-Aktiengesellschaft (DELAG) 311 f., 323, 333
Frankreich, Staat 109, 112, 114, 123, 128, 158, 193, 233 f., 270, 292, 320, 329 f., 417, 524
Frauenstetten (Gde. Buttenwiesen, DLG) 433
Freiburg im Breisgau, Stadt (FR) 47 f., 69
Frickingen, Gemeinde (FN) 88
Fridingen an der Donau, Stadt (TUT) 232

Friedberg, Stadt und Landkreis (AIC) 416
Friedrichshafen, Stadt (FN) 9, 11, 13f., 31f., 34, 40, 75, 83, 95f., 98-102, 104, 106f., 109f., 112, 114-126, 128, 130-133, 136-140, 142f., 145f., 148f., 232, 267, 269, 284f., 288f., 291f., 299-367, 369, 371f., 374, 388, 397, 417, 490-493, 496-512, 522, 533, 539, 544, 546f., 552f., 558f.
   Bahn-Ausbesserungswerk (Eisenbahnwerkstätte) 314f., 547, 552
   Bodensee Aero Lloyd 340
   Carbonium GmbH 312
   Dornier Metallbau GmbH 340f., 343
   Dornier-Werke, Flugzeughersteller 11, 34, 285, 288, 291, 328, 333, 340, 341f., 346, 362, 533, 535
   Flugzeugbau Friedrichshafen GmbH 313, 323, 328, 502
   Hüni und Abegg, Lederfabrik 308, 314f., 533
   Luftschiffbau Zeppelin GmbH (LBZ) 11, 35, 38, 283, 291, 311, 321, 330, 333, 337f., 346, 357, 500, 503
   Maybach Motorenbau (MTU) 11, 34, 291, 312, 323, 327, 333-337, 344, 346, 348, 357, 361f., 504, 533, 553
   Rolls-Royce Power Systems AG (Maybach Motorenbau) 361
   Zeppelin Metallwerke 361
   ZF Friedrichshafen AG, Unternehmen 34, 291, 301, 323, 337f., 346, 348, 357, 359, 361f., 380, 383, 514, 533
Fronhofen (Gde. Fronreute, RV) 72
Fürnkorn, Albert, Unternehmer aus St. Gallen 270
Fürstenberg, Fürsten von 219, 224, 227, 231, 426, 437f., 555
Fürth, Stadt (FÜ) 115
Füssen, Stadt und Landkreis (OAL) 408f.
   Füssener Textil AG 406
   Hanffabrik Füssen 409
Fugger, schwäbisches Kaufmannsgeschlecht in Augsburg 532

G

Gaerttner, Regierungsassessor aus Stuttgart 280, 281
Gaienhofen, Gemeinde (KN) 145, 171
Gailer, Friedrich, Vertreter Deutscher-Metallarbeiter-Verband (DMV) in Friedrichshafen 510
Gammertingen, Stadt und Oberamt (SIG) 97
Gassner, Raimund, oberösterreichischer Rat und Forstmeister zu Liptingen 429
Gauselfingen (Stadt Burladingen, BL) 469
Geigy, schweizerisches Industrieunternehmen 390, 392

Geislingen an der Steige, Stadt (GP) 107, 133
   Württembergische Metallwarenfabrik (WMF) 29, 32
Gemmingen, Freiherr von, Vorstandsmitglied in der Zeppelin-Stiftung 323, 328
Gerike, Johann Friedrich, Vorsitzender des Arbeitervereins Friedrichshafen 492
Gerlach, Gründer des Arbeitervereins Isny 492
Gerster, Gustav, Unternehmer in Biberach 376, 380, 535
Gersthofen, Stadt (A)
   Farbwerke 414
   Kraftwerk der Lech-Elektrizitätswerke (LEW) 415
Glöggler-Konzern 419
Glyco do Brasil, Unternehmen 460
Göggingen (Stadt Augsburg, A)
   Ackermann Nähgarne 420
   Alpine Maschinenfabrik 414
   Zwirnerei und Nähfadenfabrik (ZNFG) 406, 413, 420
Göppingen, Stadt und Landkreis (GP) 300
   Abraham Gutmann, Weberei 473
   Gutmann, Textilunternehmen 557
   Schuler AG, Konzern 296
Göricke, Hersteller von Milchzentrifugen 247
Goldshöfe (Stadt Aalen, AA) 132
Gorheim (Stadt Sigmaringen, SIG) 428
Gossmann, Richard Dr., Direktor des Hüttenwerks Laucherthal 451f., 454
Gotha, Stadt (GTH) 322
Gottmadingen, Gemeinde (KN)
   Fahr, Landmaschinenhersteller 247, 539, 559
Gottrazhofen (Gde. Argenbühl, RV)
   Wasserkraftwerk 66f.
Graf, Bierbrauer 429
Gronau, Wolfgang von, Flugpionier 341
Großbritannien, Staat 12, 24, 109f., 114, 193, 234, 280, 282, 330, 445, 475, 555
Großholzleute (Stadt Isny im Allgäu, RV) 188
Günzburg, Stadt und Landkreis (Bayern, GZ) 12, 410, 554
   Legoland, Freizeitpark 155, 547
Gugenhan, Oberbaurat 210
Gunzenhausen, Stadt (WUG) 124f.
Gutenfürst (Gde. Teunz, SAD) 124
Gutenstein (Stadt Sigmaringen, SIG) 232
Gutenzell, Kloster (Gde. Gutenzell-Hürbel, BC) 529
Gutmadingen (Stadt Geisingen, TUT)
   Kramer, Land- und Baumaschinenhersteller 247

H

Haas, Franz, Unternehmer in Ravensburg 270
Haigerloch, Stadt und Herrschaft (BL) 428 f., 433
Haile Selassie, Kaiser von Äthiopien 334
Hall siehe Schwäbisch Hall
Haller, Maximilian, Bergverwalter im Hüttenwerk Laucherthal 437 f.
Hamburg, Stadt (HH) 396, 508
    Hapag (Hamburg-Amerikanische Packetfahrt-Actien-Gesellschaft), Reederei 343, 508
Hammer, Josef, Bürgermeister von Biberach 379, 382
Hammerau (Gde. Ainring, BGL)
    Eisenhüttenwerk Achtal-Hammerau 450
Hampton by Hilton, amerikanische Hotelkette 164 f.
Handtmann, Arthur, Unternehmer in Biberach 385
Harburg (Schwaben), Stadt (DON) 410
Harras (Gde. Wehingen, TUT) 426, 430
Hartheim (Stadt Meßstetten, BL) 232
Hartmann, Ingenieur 211
Hauerz (Stadt Bad Wurzach, RV) 72
Haug, Walter, Chefkonstrukteur bei der Firma Kässbohrer 536
Hausen im Tal (Gde. Beuron, SIG) 232
Hayingen, Stadt (RT) 433
Hechingen, Stadt, Oberamt und Landkreis (BL) 13, 97, 429, 465–478, 487, 557
    B. Baruch & Söhne, Baumwollweberei 465 f., 469–473, 557
    David Levy, Trikotwarenfabrik 466, 468 f.
    Hermann Levy, später Gebrüder Mayer/Trigema, Trikotagenfabrik 466–468
    J. Heilbronner & Söhne, Mechanische Weberei 466
    J. Levi & Co., Färberei und spätere Zwirnerei und Nähfadenfabrik 466, 473–478
    Liebmann & Levy, Trikotwarenfabrik 466
    Löwengard & Levy, später Carl Löwengard, sodann Heinrich Maute, Trikotwarenfabrik 466 f.
Heidelberg, Stadt (HD) 507
Heidenheim an der Brenz, Stadt (HDH) 28, 112, 115 f., 132, 397
    Voith, Industrieunternehmen 295
Heilbronn, Stadt (HN) 9, 28, 109, 111 f., 114 f., 117, 119 f., 122, 124 f., 128, 131–133, 145, 284, 300, 303, 493, 546
Heiligenberg, Gemeinde (FN) 433
Heiligkreuztal, Kloster und Dorf (Gde. Altheim, BC) 433

Heiss, Bernhard, Lakai am fürstlichen Hof in Sigmaringen 428
Hemigkofen (Gde. Kressbronn am Bodensee, FN) 330
Herbertingen, Gde. (SIG) 71, 88, 180
    Umspannwerk 415
    Zweigwerk der Firma Zollern 456 f., 555
Herbertshofen (Markt Meitingen, A) 404
Hergatz, Gemeinde (LI) 87
Herzberg am Harz, Stadt (GÖ)
    Gleitlagerfabrik und Metallgießerei Herzberg (GMH) 460 f.
Herzog, Martin, Oberbürgermeister von Friedrichshafen 301
Hesse, Hermann, Schriftsteller 145, 318
Heuberg, Konzentrationslager (Gde. Stetten a.k.M., SIG) 511
Heumann, Emanuel, Gründer einer Kleiderfabrik in Laupheim 480
Hilti AG, liechtensteinscher Werkzeughersteller mit Hauptsitz in Schaan 456
Hindenburg, Paul von, deutscher Reichspräsident 511
Hirnbein, Karl, Käsereiunternehmer in Wilhams 183
Hitler, Adolf, deutscher Reichskanzler und „Führer" 510
Hitzleberg (Markt Sulzberg, OA) 200
Hoefelmayr, Karl, Käsefabrikant 415
Höflmayer, Ingenieur 211
Hörde (Stadt Dortmund, DO) 446
Hof (Saale), Stadt (HO) 124
Hofen, Benediktinerpriorat, Schloss und Dorf (Stadt Friedrichshafen, FN) 302, 308 f., 552
Hofstetten (Markt Sulzberg OA) 200
Hohenbodman (Gde. Owingen, FN) 61 f.
Hoheneck (Stadt Ludwigsburg, LB)
    Umspannwerk 415
Hohenheim (Stadt Stuttgart, S) 180, 529
Hohentengen, Gemeinde (SIG) 180, 235
Hohenzollern, Burg (Gde. Bisingen, BL) 466
Hohenzollern (-Sigmaringen), Fürsten von 426, 555
    Franz Josef, Prinz 455
    Friedrich, Fürst 454 f.
    Joseph Friedrich, Fürst 433
    Karl Friedrich, Erbprinz und Fürst 457
    Leopold, Fürst 462
    Meinrad II., Fürst 433
Hohenzollern-Hechingen, Fürsten von
    Eitelfriedrich II. 465
Holland siehe Niederlande

Hollywood (Stadt Los Angeles, USA) 485
    Universal Motion Picture Corporation, Filmunternehmen 485
Horgen, Gemeinde (Kt. Zürich, Schweiz)
    Lederfabrik Heinrich Hüni 304
Hornstein (Gde. Bingen, SIG) 428
Hospach (Stadt Haigerloch, BL) 429
Huber, von, fürstlich hohenzollernscher Geheimrat in Sigmaringen 437
Hüni, Heinrich, Schweizer Unternehmer in Friedrichshafen 304
Huggle, Bergschreiber im Hüttenwerk Laucherthal 428 f.
Humpis (Hundtbis), Rittmeister 428
Hymer, Erwin, Unternehmer in Bad Waldsee 515, 535

I

Ibis, französische Hotelkette 165
Illertissen, Stadt und Landkreis (NU) 416
Illmensee, Gemeinde (SIG) 72
Immendingen, Gemeinde (TUT)
    Maschinenfabrik Immendingen 447, 450
Immenried (Gde. Kißlegg, RV) 96
Immenstaad am Bodensee, Gemeinde (FN) 104, 167
Immenstadt im Allgäu, Stadt (OA) 408 f.
    Betrieb der Berliner Physikalischen Werkstätten 417
    Kunert-Werke 417
    Mechanische Bindfadenfabrik 409, 413
Ingelheim am Rhein, Stadt (Rheinland-Pfalz, MZ) 12
    Boehringer, Pharmazieunternehmen 12, 37, 390, 392, 554
Internationale Bodensee Tourismus GmbH (IBT), Dachverband der Tourismusorganisationen im Bodenseeraum 153
Ippingen (Gde. Immendingen, TUT) 426
Irland, Staat 130
Isele, Stadtrat in Weingarten 510
Isny im Allgäu, Stadt (RV) 69, 95 f., 104, 188, 204, 210–216, 391, 491–494
Italien, Staat 111 f., 123, 234, 277, 280, 303, 329, 372, 414
Ittenbeuren (Stadt Ravensburg, RV) 272, 288
Itzelberg (Gde. Königsbronn, HDH) 434

J

Janzen, Hermann, Busunternehmer in Kreenheinstetten 252
Japan, Staat 340

Jobst, Julius von, Vorsitzender der Handelskammer Stuttgart 28
Johannisthal (Stadt Berlin, B)
    Rumpler-Werke AG 412
Judentenberg (Gde. Illmensee, SIG) 74
Jugoslawien, Staat 342
Jungnau (Stadt Sigmaringen, SIG) 437
Justingen (Stadt Schelklingen, UL) 433

K

Käferheim (früher Käferham), (Gde. Wals-Siezenheim, Land Salzburg, Österreich)
    Eisengießerei Käferham 450
Kälber, Regierungsbaudirektor im württembergischen Landwirtschaftsministerium 212 f.
Kässbohrer, Unternehmerfamilie in Ulm 532
Kässbohrer, Karl Heinrich, Unternehmer in Ulm 526, 535 f.
Kässbohrer, Karl, Unternehmer in Ulm 526
Kässbohrer, Otto, Unternehmer in Ulm 526
Kalisz (dt. Kalisch), Stadt (Woiwodschaft Großpolen, Polen)
    Zollernwerke Kalisch GmbH 452, 462
Kaltenbach, Alois, Unternehmer in Berlin-Steglitz, Potsdam und Biberach 384
Kanada, Staat 279
Karlsruhe, Stadt (KA) 112, 114, 144, 411
    Kessler, Lokomotivhersteller 130
Kassel, Stadt (KS) 186
Kaudermann, Johann, Metzger in Sigmaringen 428 f.
Kaufbeuren, Stadt (Bayern, KF) 12, 404, 408, 533, 554
    Baumwollspinnerei und Weberei Momm 413, 415, 420
Kaulla, Hoffaktoren- und Bankierfamilie in Hechingen 469 f.
Kaulla, Chaile (Madame Kaulla) 469
Keckeisen, Clemens, Gründer einer Fabrik für Hobeleisen in Laupheim 480
Keil, Wilhelm, württembergischer Reichstagsabgeordneter 511
Kelheim, Stadt (KEH) 68, 110
Kempten, Stadt und Reichsabtei (Bayern, KE) 12, 124, 137, 183, 248, 404, 407 f., 416, 554
    Käsefabrik Edelweiß 415
    Werk der Vereinigten Köln-Rottweiler Pulverfabriken AG 414
Kerner, Justinus, Arzt und Dichter 415
Kiel, Stadt (KI) 327
Kießling, Rolf, Prof. Dr., Landeshistoriker aus Augsburg 7

Kirchberg, Schloss (Gde. Immenstaad am Bodensee, FN) 54
Kirchdorf an der Iller, Gemeinde (BC) 553
    Liebherr, Industrieunternehmen 34, 387, 553
Kiruna, Stadt (Schweden) 426
Kißlegg, Gemeinde (RV) 310, 491, 535
Kleffner, Friedrich, Rechtsanwalt in Überlingen 167
Knapp, württembergischer Finanzminister 136
Knapp, Gotthold, evangelischer Dekan in Ravensburg 136, 281
Knifel, Marx, Krauchenwies 428
Knittlingen, Stadt (PF) 122
Knoll, Walter, Unternehmer in Bad Saulgau 535
Kober, Theodor, Flugzeugpionier 313
Köln, Stadt (K) 25, 111
Königsberg (Kaliningrad), Stadt (Russland) 186
Königsbronn, Gemeinde (HDH) 434 f.
Königsegg, Grafen von 285, 297
Königseggwald, Gemeinde (RV) 180
Kolb, Paul, Unternehmer in Eisenharz und Kißlegg 535
Konstanz, Stadt (KN) 146 f., 155, 162–166, 172, 361, 370, 385, 429, 433, 548
    Lago Shopping Center 162, 547
    Sealife-Center 155 f., 162, 547
Korea (Nord- und Südkorea), Staaten 155
Kottern (Stadt Kempten, KE) 414
Krakau, Stadt (Polen) 163
Krauchenwies, Gemeinde (SIG) 71
Kreenheinstetten (Gde. Leibertingen, SIG) 219–221, 223–232, 236, 238–241, 243, 245 f., 249–254, 256, 259 f., 262
Kressbronn am Bodensee, Gemeinde (FN) 162–170, 172
    Bodan-Werft 167 f.
Kreuzlingen, Stadt (Kt. Thurgau, Schweiz) 155
Kriegertal (Stadt Engen, KN) 426
Kroatien, Staat 185
Krumbach, Stadt und Landkreis (GZ) 416
Kuchen, Gemeinde (GP) 447

L

Laemmle, Carl, Filmpionier in den USA 485
Laiz (Stadt Sigmaringen, SIG) 222, 231, 428
Lakehurst (Bundesstaat New Jersey, USA) 351
Langenargen, Gemeinde (FN) 148 f., 167, 302
Langenau, Stadt (UL) 132
Langer, Ernst, Kaufmann, Mitarbeiter der Excelsior Feuerlöschgeräte AG 452
Lassalle, Ferdinand, Wortführer der frühen deutschen Arbeiterbewegung 495, 558

Laucherthal (Gde. Sigmaringendorf, SIG)
    Hüttenwerk Laucherthal (Fürstlich Hohenzollernsche Werke, seit 2004 Zollern GmbH & Co. KG) 12, 45, 245, 425–462, 555
Lauingen (Donau), Stadt (DLG) 410
Laupheim, Stadt und Oberamt (BC) 9, 13, 31, 71, 82, 88, 95-98, 100, 106, 234, 243, 251, 387, 478–487, 498, 546, 557 f.
    Andreas Bader, Holzwerkzeugfabrik 480
    Clemens Keckeisen, Fabrik für Hobeleisen 480
    J. Bergmann & Co., Haarfabrik 13, 465, 480–487, 557
    Eßlinger und Abt, Holzwerkzeugfabrik 480
    Heumann, Bankhaus 479
    Laupheimer Werkzeugfabrik AG 480
    Lindenmaier, Industrieunternehmen 380
    Rentschler Biopharma 397
    Sandherr, Instrumentenbaufirma 480
    Simon H. Steiner, Hopfengroßhandlung 480
Lechhausen (Stadt Augsburg, A)
    Schreibmaschinenfabrik Augsburg AG 421
Leger, Wilhelm, Bürgermeister von Biberach 382, 387, 391, 393
Lego, dänischer Spielwarenhersteller 155
Leibertingen, Gemeinde (SIG) 222, 238, 252, 256, 259
Leipzig, Stadt (L) 303
Leonberg, Stadt (BB)
    Landmaschinenfabrik Wilhelm Stohrer 247
Leutkirch im Allgäu, Stadt und Oberamt (RV) 69, 78, 83, 87, 94, 97 f., 102, 181 f., 184–186, 188, 198 f., 234, 243, 384 f., 491, 493, 497, 504, 507, 549
    Center Parks Allgäu 78, 156 f., 547
Leverkusen, Stadt (LEV)
    Bayer AG, Agrarchemie- und Pharmakonzern 392, 554
Levy, David, Kaufmann und Unternehmer in Hechingen 468
Liebherr, Hans, Unternehmer 14, 387, 520, 533, 535–537, 559
Liebknecht, Karl, Mitgründer von Spartakusbund und KPD 326, 504
Liebknecht, Wilhelm, Mitbegründer der deutschen Sozialdemokratie 495, 558
Limburg, Provinz in Flandern (Belgien) 183
Lindau (Bodensee), Stadt und Landkreis (LI) 83, 123–126, 131 f., 139, 143, 162 f., 183 f., 404, 406, 416 f., 547
Lindele-Berg, Militärstandort, Kriegsgefangenen- und Interniertenlager in Biberach 379

573

Lindenberg im Allgäu, Stadt (LI) 183, 404, 417
Linz, Stadt (Österreich) 111, 114
Liptingen (Gde. Emmingen-Liptingen, TUT) 428 f.
Lochau, Gemeinde (Vorarlberg, Österreich) 417
Löffler, Josef, Gründer einer Holzzeugfabrik in Laupheim 480
Lörrach, Stadt und Landkreis (LÖ) 163
Löwental (Stadt Friedrichshafen, FN) 312, 318 f., 323, 356, 506
Lohrmann, Richard, Förster und Naturschutzbeauftragter in Riedlingen 205, 208
London, Stadt (Großbritannien) 320
Ludwig, J.H., Kaufmann in Düsseldorf 444
Ludwigsburg, Stadt (LB) 115, 122, 130, 371
Ludwigshafen am Rhein, Stadt (LU) 411
    BASF, Chemiekonzern 32
Ludwigstal (Stadt Tuttlingen, TUT) 12
    Hüttenwerk 12, 45, 425 f., 430, 434, 438, 446, 555
Lüttich (Liège), Stadt (Belgien) 319
Luxemburg, Stadt (Luxemburg) 396
Luxemburg, Rosa, Mitbegründerin von Spartakusbund und KPD 504

M

Maag, Max, schweizerischer Unternehmer 533
Mader, Josef, Sozialdemokrat in Biberach 511
Mähren, historische Landschaft in Tschechien 278, 281
Magirus, Conrad Dietrich, Unternehmer in Ulm 523, 534
Maienfeld, Gemeinde (Kt. Graubünden, Schweiz) 161
Maier, Otto, Unternehmer in Ravensburg 534
Mailand, Stadt (Italien) 120, 163
Mainau, Insel im Bodensee (Stadt Konstanz, KN) 151, 153, 156
Mallorca, Insel im Mittelmeer (Spanien) 150
MAN Roland, Druckmaschinenhersteller in Augsburg, Offenbach am Main und Plauen 420
Mannheim, Stadt (MA) 32, 112, 114, 130, 186, 311, 410, 413
    ABB Kabel und Draht GmbH (heute Südkabel GmbH) 460 f.
    Benz & Cie., Maschinenbau- und Automobilunternehmen 35
    Isoprofil GmbH 460 f.
Manzell (Stadt Friedrichshafen, FN) 145 f., 309–311, 313, 328, 340 f.
Marbach (Gde. Herbertingen, SIG) 59, 62

Marina di Pisa (Stadt Pisa, Italien)
    Societa Anonima Italiana di Costruzioni Meccaniche 340
Markdorf, Stadt (FN) 56, 433
Marktoberdorf, Stadt und Landkreis (OAL)
    Fendt, Landtechnikfabrik 421
Marquardt, Karl, Kaufmann 452
Marxer, Bürgermeister von Laupheim 486
Mauch, Bärbel, DGB-Regionsgeschäftsführerin Südwürttemberg in Ulm 556
Maybach, Karl, Sohn von Wilhelm Maybach, Konstrukteur und Unternehmer 333, 337, 348, 362
Maybach, Wilhelm, Konstrukteur und Unternehmer 321, 533
Meckenbeuren, Gemeinde (FN) 83, 131
    Ravensburger Spieleland, Freizeitpark 154 f., 547
Meersburg, Stadt (FN) 144–147, 172, 433, 529
Mehr, Franz, Kaufmann in Ravensburg 273
Meitingen, Markt (A)
    SGL Carbon, Unternehmen 406
Memmingen, Stadt (MM) 12, 83, 87, 387, 404, 407, 415 f., 554
Mendelbeuren (Gde. Altshausen, RV) 81
Mengen, Stadt (SIG) 59, 96, 101, 180, 204, 235, 245, 498, 558
Mennisweiler (Stadt Bad Waldsee, RV) 71
Merckle, Adolf, Unternehmer 13, 457, 555
Mergelstetten (Stadt Heidenheim an der Brenz, HDH) 434
Meßkirch, Stadt (SIG) 219, 222, 236–238, 241, 433
    Spar- und Waisenkasse 238
Miba AG, österreichisches Industrie- und Technologieunternehmen 461
Miller, Ulfried, Regionalgeschäftsführer des Bundes für Umwelt und Naturschutz in Ravensburg 556
Mimtec AG, schweizerisches Unternehmen 461
Mindelheim, Stadt und Landkreis (MN) 404
Mochenwangen (Gde. Wolpertswende, RV) 11, 83-86, 267, 289, 300, 372, 528, 551 f.
    Papierfabrik 272, 279, 285 f., 291, 293, 296 f.
Mooshausen (Gde. Aitrach, RV) 66
Mühlheim an der Donau, Stadt (TUT) 232
Müller, Johann, Feldmesser von Marbach 430
Müller, Richard, Unternehmer in Mochenwangen 272, 528
München, Stadt (M) 38, 125, 130 f., 137, 162, 327, 396, 406, 408, 410 f., 415 f., 478, 496
    Maffei, Lokomotivhersteller 130

Münchhausen, Otto von, Autor der „Hausväter"-Literatur 193
Münsingen, Stadt und Oberamt (RT) 97
Munderkingen, Stadt (UL) 102, 204
Myllykoski Corporation, finnischer Konzern 297

N
Naef-Schaeppi, Johann, schweizerischer Unternehmer 273
Negrelli, Alois, österreichischer Eisenbahn-Ingenieur 123–125, 128
Nellenburg, Burg, Landgrafschaft und vorderösterreichisches Oberamt (Stadt Stockach, KN) 433
Neuburg an der Donau, Stadt und Landkreis (ND) 413
Neugablonz (Stadt Kaufbeuren, KF) 404, 417, 533
Neuhausen am Rheinfall, Gemeinde (Kt. Schaffhausen, Schweiz) 448
Neu-Ulm, Stadt und Landkreis (NU) 416
New York, Stadt (USA) 186
Niederbiegen (Gde. Baienfurt, RV) 279, 296
Niederlande, Staat 157, 340
Niederstotzingen, Stadt (HDH) 132
Niederzell (Gde. Reichenau, KN) 77
Niggl, Ludwig, Aktivist der Grünlandbewegung 194 f., 197, 204
Nizza, Stadt (Dép. Alpes-Maritimes, Frankreich) 145
Nördlingen, Stadt und Landkreis (DON) 124 f., 130–132, 410
Nürnberg, Stadt (N) 115, 124, 155, 406, 408, 410 f.
  Diehl, Unternehmensgruppe mit Hauptsitz in Nürnberg 535
Nusplingen, Gemeinde (BL) 428 f.
Nußbaum, David, Schmelzmeister in Thiergarten 431

O
Oberessendorf (Gde. Eberhardzell, BC) 81, 86
Oberhausen, Stadt (OB) 155, 289
Oberhausen (Stadt Augsburg, A)
  Blau-Gasfabrik 421
Obermarchtal, Kloster und Gemeinde (UL) 433
Oberschwäbische Elektrizitätswerke, Zweckverband (OEW) 26, 66, 210, 523, 529
Oberstaufen, Markt (OA) 83
Obersulmetingen (Stadt Laupheim, BC) 71
Oberteuringen, Gemeinde (FN) 37, 232
Ochsenhausen, Stadt (BC) 88, 162 f., 241, 383, 525, 545
Österreich, Staat 172, 298
Österreich-Ungarn, Kaiser- und Königreich 114, 128, 139, 234, 280, 327
Öttingen in Bayern, Stadt (DON) 124
Öttinger, Seligmann, Verlags- und Druckereibesitzer in Laupheim 479
Oexle, Johann, Bauer in Kreenheinstetten 221
Offenburg, Stadt (OG) 112, 114
Offenstetten (Stadt Abensberg, KEH)
  Steingewerkschaft Offenstetten AG 414
Onstmettingen (Stadt Albstadt, BL) 469
Osterode am Harz, Stadt (GÖ) 460 f.
Ostrach, Gemeinde (SIG) 69, 72, 433

P
Paris, Stadt (Frankreich) 120, 320, 406
Passau, Stadt (PA) 68
Pernambuco, Estado de, Bundesstaat in Brasilien 331
Pfersee (Stadt Augsburg, A)
  Spinnerei und Weberei am Mühlbach 405, 414 f.
Pflummern, Fr. I. von, Obervogt in Straßberg 433
Pforzheim, Stadt (PF) 112, 130
Pfullendorf, Stadt (SIG) 71 f., 79, 428 f., 433, 545
Pierre et Vacances SA französische Unternehmensgruppe in der Tourismus- und Immobilienbranche 158
Planmeca-Gruppe, finnischer Konzern 385
Plauen, Stadt (PL) 293
Pleinfeld, Markt (WUG) 124
Plieningen (Stadt Stuttgart, S) 469
Polen, Staat 103, 105, 452, 482
Politz an der Elbe (tschechisch Boletice nad Labem), Gemeinde (Tschechien) 453
Poppelsdorf (Stadt Bonn, BN) 529
Portugal, Staat 457, 555
Potsdam, Stadt (P) 319, 328, 333, 384
Prag, Stadt (Tschechien) 163

Q
Quadt-Isny, Fürsten von 195

R
Radolfzell, Stadt (KN) 162
Rangendingen, Gemeinde (BL) 468
Rathenau, Walter, Reichsaußenminister 330, 352
Ravensburg, Stadt, Oberamt und Landkreis (RV) 9, 11, 13 f., 20, 26, 28 f., 31 f., 40, 47 f., 82 f., 91, 95–100, 102–107, 122 f., 128, 130, 133, 136, 154, 159, 162 f., 180, 233, 238, 242 f., 253, 261, 267–301, 325, 361, 370–372, 390, 397, 489–502, 504–511, 527 f., 531–534, 539, 544, 546, 550–553, 558–560

Bezner, Albert, Maschinenfabrik 278, 295
Erb, Wollspinnerei 551
Escher Wyss, Industrieunternehmen 29, 269 f., 272, 278–280, 282–285, 288–290, 292 f., 372, 397, 417, 493, 496, 505 f., 533, 552, 559
Findeisen, Ernst, Pinselfabrik 279
Haas, Maschinenfabrik 493
Hawera, Unternehmen 295, 535
Honer, Werkzeugmaschinenfabrik 272, 493, 496
Kreissparkasse (früher Oberamtssparkasse) 523
Manz & Stimmler, Baumwollweberei 283, 292, 294
Maschinenfabrik Ravensburg 292, 295
Nothelfer, Maschinenfabrik 292, 295
OMIRA (Oberland-Milchverwertung Ravensburg) 250, 345, 529
RAFI, Unternehmen 296
Ravensburger, früher Otto Maier Spiele- und Buchverlag 297, 535
Roth, J.G., Pinsel- und Bürstenfabrik 279 f.
Spohn, Spinnerei 282, 533, 559
Sterkel, H.L., Pinsel- und Bürstenfabrik 279 f., 297
Tekrum, Backwarenfabrik 291
Vetter Pharma, Pharmazieunternehmen 298, 397
Waeschle, Maschinenfabrik 296
Rebholz, Anton, Bauer in Kreenheinstetten 223
Regensburg, Stadt (R) 68
Reichenau, Gemeinde (KN) 77
Reinickendorf (Stadt Berlin, B) 452
Reisch, Hans-Jörg, Unternehmer in Bad Saulgau 556
Rengetsweiler (Stadt Meßkirch, SIG) 429
Reute, Kloster und Dorf (Stadt Bad Waldsee, RV) 83, 282
Reutin (Stadt Lindau (Bodensee), (LI) 140, 322 f., 339
Niederlassung des Lastwagenbauers Adolph Saurer 417
Zeppelin-Werk Lindau GmbH 323, 339, 412, 417
Reutlingen, Stadt, Oberamt und Landkreis (RT) 28, 433, 476
J.J. Anner, Nähfadenfabrik 473, 475, 478
Rhein, Kurfürst bei 415
Rheinfelden (Baden), Stadt (LÖ)
Wasserkraftwerk 26
Rheinland, Kulturlandschaft am Mittel- und Niederrhein 12, 24, 27 f., 30, 445, 555

Rickenbach (Stadt Lindau (Bodensee) LI)
Dornierwerk 417
Werk der Nestlé Anglo-Swiss Condens Milk Company 415, 417
Riedinger, Ludwig August, Unternehmer in Augsburg 408, 412
Riedlehof (Stadt Friedrichshafen, FN) 344 f.
Riedlingen, Stadt und Oberamt (BC) 9, 88, 94, 97 f., 103, 204–206, 208, 234 f., 242 f., 245, 433, 493, 546, 560
Ringschnait (Stadt Biberach an der Riß, BC) 383
Rio de Janeiro, Stadt (Brasilien) 331
Rißegg (Stadt Biberach an der Riß, BC) 383
Roder, Johann Baptist, Gastwirt, Viehzüchter und Abgeordneter in Meßkirch 237
Rohrdorf (Stadt Meßkirch, SIG) 259
Romanshorn, Gemeinde (Kt. Thurgau, Schweiz) 11, 118, 138, 304, 374, 552
Rorschach, Stadt (Kt. Thurgau, Schweiz) 118, 154, 185, 339, 340
Rosenau (Stadt Augsburg, A)
Mechanische Baumwollspinnerei und Weberei (SWA), Werk II 413
Kartuschenreinigungsanstalt 413
Rot an der Rot, Gemeinde und Kloster (BC) 72, 529
Rothkirch und Panthen, Hans Joachim Rupprecht Freiherr von, Geschäftsführer 457
Rottenacker, Gemeinde (UL) 208, 209
Rottenburg am Neckar, Stadt (TÜ) 117 f., 428
Rotterdam, Stadt (Niederlande) 186
Rottweil, Stadt (RW) 28
Köln-Rottweiler Pulverfabriken 32
Rumänien, Staat 103, 105, 185, 280, 460, 555
Rumpler, Edmund, Konstrukteur 412
Russland, Staat 185, 233 f., 237, 277, 279 f., 400, 482

S

Saarland, Bundesland 69
Sachsen, Bundesland 24, 30, 112, 121, 237, 406, 415, 470
Salem, Kloster und Gemeinde (FN) 152, 529
Affenberg Salem, Tierpark 152, 547
Sandthaß, Johann Baptist, Bergverwalter im Hüttenwerk Laucherthal 434
Sarganserland, Wahlkreis (Kt. St. Gallen, Schweiz) 160 f.
Sauerheimer, Eduard, Gründer des Arbeitervereins Ravensburg 492
Sauerland, Egon, Betriebsleiter des Hüttenwerks Laucherthal 13, 447 f., 451, 555
Saulgau siehe Bad Saulgau

Sauldorf, Gemeinde (SIG) 222, 237
Schaffhausen, Stadt (Kt. Schaffhausen, Schweiz) 428
Schatz, Heinrich, Unternehmer in Weingarten 272, 494
Schatz, Johann Michael, Unternehmer in Weingarten 272
Scheer, Stadt (SIG) 101, 177, 205, 208
Schelbert, Autor in den Thurgauer Blättern für Landwirtschaft 186
Schlachters (Gde. Sigmarszell, LI)
    Fabrik für Milchtrockenpulver 415
Schlayer, Johannes von, württembergischer Innenminister 116f., 119–123, 125f.
Schleswig-Holstein, Bundesland 222, 394
Schlier, Gemeinde (RV) 73
Schmeien (Ober- und Unterschmeien, Stadt Sigmaringen, SIG) 428
Schmid, Schultheiß von Friedrichshafen 307
Schmidsfelden (Stadt Leukirch im Allgäu, RV) 195
Schmidutz, Ignaz, Bürgermeister von Baienfurt 272
Schnell, von, fürstlich-hohenzollernscher Geheimrat in Sigmaringen 438
Schnetzenhausen (Stadt Friedrichshafen, FN) 318, 359
Schongau, Stadt (WM)
    Elbeo, Strumpfhersteller 417
Schornreute (Stadt Ravensburg, RV) 270
    Leinenspinnerei 288, 292, 294
Schreckensee (Gde. Fronreute, RV) 81
Schumacher, Kurt, Vorsitzender der SPD 511
Schussenried siehe Bad Schussenried
Schwabmünchen, Stadt und Landkreis (A) 416
Schwäbisch Gmünd, Stadt (AA) 115
Schwäbisch Hall, Stadt (SHA) 132
Schwandorf (Gde. Neuhausen ob Eck, TUT) 428
Schweden, Staat 109, 234, 330
Schweinebach (Stadt Isny im Allgäu, RV) 213
Schwendi, Gemeinde (BC) 87, 88
    Max Weishaupt GmbH, Heiztechnikunternehmen 386, 521, 532, 536, 559
Schwenkel, Gerhard, Leiter der Landesstelle für Naturschutz Nordwürttemberg 207
Seebach (Markt Sulzberg, OA) 200
Seekreis, badischer Verwaltungsbezirk mit Mittelbehörde in Konstanz 234, 248
Seemos (Stadt Friedrichshafen, FN) 322f., 339f.
Seyfried, Verwalter des Hüttenwerks Laucherthal 434–436
Sieglin, Ernst, Fabrikant in Stuttgart 297

Sigmaringen, Stadt, Grafschaft, Oberamt und Landkreis (SIG) 20, 97, 103–105, 159, 222, 245, 257f., 261, 427–429, 433, 437, 546, 550
Sigmaringendorf, Gemeinde (SIG) 245, 428, 431, 447, 449
Singen (Hohentwiel), Stadt (KN) 348, 361, 491
    Aluminium-Walzwerke Singen (AWS) 452
Sipplingen, Gemeinde (FN) 153
Slowenien, Staat 555
Soden-Fraunhofen, Alfred, Graf von, Direktor der Zahnradfabrik (ZF) Friedrichshafen 337f., 346, 348, 362
Söhnen, Karl, Gerichtsassessor 452
Soest, Stadt (SO)
    Aluminiumfeinguss Soest GmbH & Co. KG 461
Sommersried (Gde. Kißlegg, RV) 96
Sonthofen, Stadt und Landkreis (OA) 183, 416
Sowjetunion, Staat 285, 342
Spanien, Staat 330, 340
Speer Albert, Reichsminister für Bewaffnung und Munition 37
Speth von Zwiefalten, Diepold 528
Speth von Zwiefalten, Dietrich 528
Speyer, Stadt (SP) 155
Spyri, Johanna, Schweizer Schriftstellerin 160
Spohn, Unternehmerfamilie in Ravensburg 527f.
Spohn, Georg, Unternehmer in Ravensburg 270, 277
Spohn, Julius, Unternehmer in Ravensburg 14, 270, 277, 281, 531–533, 559
Spohn, Paul, Unternehmer in Ravensburg 270
St. Gallen, Stadt (Kt. St. Gallen, Schweiz) 269, 361
St. Georgen (Stadt Friedrichshafen, FN) 318
St. Moritz, Gemeinde und Kurort (Kt. Graubünden, Schweiz) 165
Staaken (Stadt Berlin, B) 319f., 322, 328, 333, 339
    Zeppelin-Werke Staaken GmbH (Zeppelin Wasserstoff- und Sauerstoffwerke Staaken/Zewas) 322, 328
Stafflangen (Stadt Biberach an der Riß, BC) 383
Staib, Georg Friedrich, Vorsitzender der Handels- und Gewerbekammer Ravensburg 29
Staig (Gde. Fronreute, RV) 79
Stangen, Karl, Weltreisender, Schriftsteller und Begründer des ersten international tätigen Reisebüros in Deutschland 141
Staudinger, Joseph, Senner in Sigmaringen 429
Stauffenberg, Schenk Freiherr von, Franz 529
Steglitz (Stadt Berlin, B) 384
Steinbeis, Ferdinand, Wirtschaftspolitiker und Förderer der Industrialisierung in Württemberg 438

Steinenbach (Stadt Tettnang, FN) 210
Steiner, Josef, Gründer einer Holzwerkzeugfabrik in Laupheim 480
Steinhilben (Stadt Trochtelfingen, RT) 428
Stempfle, Karl, katholischer Stadtpfarrer und Dekan in Ravensburg 495
Sterkel, Heinrich Ludwig, Unternehmer in Ravensburg 534
Stetten am Bodensee, Gemeinde (FN) 104
Stetten am kalten Markt, Gemeinde (SIG) 511
Stier, Birgit, Landwirtin in Kreenheinstetten 221
Stier, Herbert, Landwirt in Kreenheinstetten 221, 256, 260–262
Stier, Katharina, Landwirtin in Kreenheinstetten 261
Stirm, Albert, Leiter der landwirtschaftlichen Winterschule Ravensburg 180
Stockach, Stadt, Bezirksamt und Landkreis (KN) 245, 252, 545 f.
Stöffler, Verwalter des Riedlehofs und Geschäftsführer OMIRA 344 f.
Stora Enso, skandinavischer Konzern 297
Straß (Gde. Nersingen, NU)
    Presswerk 455 f.
Straßberg, Gemeinde (BL) 428
Straßburg, Stadt (Dép. Bas-Rhin, Frankreich) 120
Strehle, Karl, fürstlich hohenzollernscher Hofkammerrat in Sigmaringen 447
Stuttgart, Stadt (S) 9, 25, 27 f., 31 f., 38, 107, 115–117, 125, 128, 130, 171, 179, 195, 284, 327, 351, 370–373, 396, 406, 411, 469, 478, 493, 504, 539, 546
    Bosch, Technologiekonzern 295, 535
    Daimler Motoren-Gesellschaft, Werk des Automobilherstellers in Untertürkheim 32, 35
    Stahl und Federer, Bankhaus in Stuttgart 32
    Württembergische Vereinsbank, Bankhaus 32
Sulzberg, Markt (OA) 200–202
Syrien, Staat 105

T

Tafertsweiler (Gde. Ostrach, SIG) 433
Tailfingen (Stadt Albstadt, BL) 469, 478
Taisersdorf (Gde. Owingen, FN) 61
Talheim, Gemeinde (TUT) 415
Tannheim (Württemberg), Gemeinde (BC) 66
Teneriffa, Insel im Atlantik (Spanien) 150
Tettnang, Stadt, Oberamt und Landkreis (FN) 11, 40, 88, 94–100, 102, 104, 106, 240, 243, 253, 284, 286, 288 f., 293, 300, 307, 311, 330, 351, 417, 493–495, 497 f., 504, 507, 546, 552
Teufel, Erwin, ehem. Ministerpräsident von Baden-Württemberg 158

Teuringen siehe Oberteuringen
Thalheim (Gde. Leibertingen, SIG) 256, 431
Thiergarten (Gde. Beuron, SIG)
    Hüttenwerk 12, 45, 426 f., 430, 434, 437 f., 444, 446, 555
Thomsen, Ivar, Mitarbeiter der Deutsche Unionbank AG 452
Thurgau, Kanton (Schweiz) 56, 153
Thyssen, Unternehmen und Unternehmerfamilie 295, 461, 532
Tirol, Bundesland (Österreich) 123
Todt, Fritz, Reichsminister für Bewaffnung und Munition 203
Treuchtlingen, Stadt (WUG) 125
Trochtelfingen, Stadt (RT) 433, 437
Trunz, Ingenieur 211
Tschernobyl, ehem. Kernkraftwerk (Ukraine) 171
Tsingtao, deutsche Kolonie in China 485
Tübingen, Stadt und Regierungsbezirk (TÜ) 180, 397, 433
Türkei, Staat 234
Tuttlingen, Stadt, Oberamt und Landkreis (TUT) 232, 252
    Aesculap, Medizintechnikfirma 252

U

Überlingen, Stadt, Bezirksamt und Landkreis (FN) 9, 142, 145, 147 f., 152, 158, 166 f., 172, 301, 429, 547
Uhldingen-Mühlhofen, Gemeinde (FN) 62, 167
Uike, Hans, Diplomingenieur 452
Ukraine, Staat 400
Ulm, Stadt und Oberamt (UL) 9, 14, 20, 28, 31 f., 40, 68, 82 f., 88, 91, 95, 97–104, 106 f., 109 f., 112, 114–126, 128, 130–132, 136 f., 139, 204, 245, 267, 269, 284, 303 f., 370–372, 388, 395–397, 406 f., 436, 478, 493, 496, 521, 532, 534, 536, 545 f., 554, 559 f.
    Kässbohrer, Fahrzeughersteller 34, 536
    Magirus, Fahrzeughersteller 34, 380
    TEVA Biotech (früher Ratiopharm) 397
    Walther, Waffenhersteller 37
Ungarn, Staat 88, 105, 233, 237
Unterallgäu, Landkreis (MN) 404
Unteressendorf (Gde. Hochdorf (Riß), BC) 124
Unterminderdorf (Markt Sulzberg, OA) 200
Unteropfingen (Gde. Kirchdorf an der Iller, BC) 66
Unterried (Stadt Isny im Allgäu, RV) 213
Unterstadion, Gemeinde (UL) 208
Unterteuringen (Gde. Oberteuringen, FN) 344
Untertürkheim (Stadt Stuttgart, S) 130

Urach siehe Bad Urach
USA, Staat 155, 185f., 233f., 237, 272, 276, 278–280, 282, 298, 330, 401, 486
Utz, Karl, Lohnunternehmer in Kreenheinstetten 246

V

VA Tech Hydro, österreichischer Konzern 295
Vaihingen an der Enz, Stadt (LB) 112
Venedig, Stadt (Italien) 120
Veringen, Grafschaft 433
Veringendorf (Stadt Veringenstadt, SIG) 428f.
Veringenstadt, Stadt (SIG) 429, 433
Vetter, Ignatius, Abt des Prämonstratenserstifts Rot an der Rot 529
Vignoles, Charles de, britischer Ingenieur 128
Völklingen, Stadt (VK)
    Saarstahl AG, Stahlkonzern 456
Vogtland, Region im Grenzgebiet von Sachsen, Thüringen, Bayern und Tschechien 277, 293
Voigt, Richard, Unternehmer in Berlin-Steglitz und Potsdam 384
Vollmer, Heinrich, Konstrukteur und Unternehmer in Biberach 377, 384, 535
Vorarlberg, Bundesland (Österreich) 7, 78, 233
Voss, Sönke, stellvertretender Hauptgeschäftsführer der IHK Bodensee-Oberschwaben 556

W

Wacker, Kartierer der württembergischen Landesstelle für Naturschutz und Landschaftspflege 204
Wald, Kloster, Gemeinde und Oberamt (SIG) 428f.
Waldburg, Graf, Schwiegersohn von Fürst Friedrich von Hohenzollern 455
Waldburg-Wolfegg, Fürsten von 285, 297
Waldburg-Zeil, Fürsten von 285, 297
Waldner, Hermann, Unternehmer in Wangen im Allgäu 535
Waldsee siehe Bad Waldsee
Waldshut (Stadt Waldshut-Tiengen, WT) 163
Wallhausen (Stadt Konstanz, KN) 166
Walser, Martin, Schriftsteller 158
Wangen im Allgäu, Stadt, Oberamt und Landkreis (RV) 83, 87, 94, 96f., 99, 101f., 180f., 184, 186–188, 190, 198–200, 204, 210, 233f., 238, 243, 251, 253, 267, 274, 288, 293, 491, 493, 494, 497, 499, 511, 535
    Argenwerke, Wasserkraftwerk 66, 213
    Waldner, Industrieunternehmen 535, 559
Wankel, Felix, Motorentwickler 417
Warnemünde (Stadt Rostock, HRO) 322

Warnsdorf (Varnsdorf), Stadt (Tschechien) 417
Warthausen, Gemeinde (BC) 204, 384f.
Wasseralfingen (Stadt Aalen, AA) 132, 439
Wasserburg (Bodensee), Gemeinde (LI) 143
Weber, C., Prof. Dr., Moorkulturanstalt in Bremen 194
Weckherlin, Fürstlich Hohenzollernscher Geheimrat in Sigmaringen 445
Wehrstein, Burg und Herrschaft (Stadt Sulz am Neckar, RW) 433
Weingarten, Stadt (RV) 11, 31f., 62, 73, 79, 82, 95f., 98, 102, 104, 106, 159, 267–300, 372, 429, 433, 491, 493, 496–498, 501f. 506f., 509–511, 534, 551
    Baer, Josef, Maschinenfabrik 278, 280, 290
    Charmor, Wäschefabrik 293f., 296
    CHG Meridian, IT-Systeme-Leasingunternehmen 298f.
    Coperion, Technologieunternehmen 296
    Franz Habisreutinger, Holzhandelsunternehmen 64
    Maschinenfabrik Weingarten (zuvor Heinrich Schatz AG) 29, 272, 278, 280, 283, 285, 288, 290, 292, 296, 493f., 496, 501, 506, 509, 534, 552
    Spohn, Spinnerei 496
    Stoz, Eisengießerei 278, 292
    Tox Pressotechnik 296
    Waeschle, Maschinenfabrik 296
Weishan, Bernhard, Direktor des Hüttenwerks Laucherthal 451f., 454
Weishaupt, Jutta 521
Weishaupt, Max, Unternehmer in Schwendi 521, 535f.
Weishaupt, Siegfried, Unternehmer und Kunstsammler in Schwendi 521, 556
Weißenau (Stadt Ravensburg, RV) 11, 267, 289, 300, 551
    Bleicherei und Appreturanstalt Weißenau 269f., 272f., 295, 533
Weißenbronnen (Gde. Wolfegg, RV) 78
Welden, Carl Damian, Freiherr von, Ortsherr von Laupheim 478
Wertingen, Stadt und Landkreis (DLG) 416
Westfalen, Region in Nordrhein-Westfalen 12, 24, 445, 555
Widenmann, Heinrich von, Vorsitzender der Handelskammer Stuttgart 28
Widmann, Obervogt in Laupheim 428
Wien, Stadt (Österreich) 120, 238, 406, 415
    Inneberger Hauptgewerkschaft 447
Wiesbaden, Stadt (WI)
    Glyco GmbH 460

579

Wildemann (Stadt Clausthal-Zellerfeld, GS)
  Braunschweiger Hüttenwerke BHW 460
Wildkirchli, Kapelle und drei Höhlen (Kt. Appenzell Innerrhoden, Schweiz) 160
Wilhams (Gde. Missen-Wilhams, OA) 183
Wilhelmsdorf (Württemberg), Gemeinde (RV) 69
Winterlingen, Gemeinde (BL) 555
  Friedrich Blickle & Co. GmbH 460
Winterstetten (Stadt Leutkirch im Allgäu, RV) 86, 433
Winterstettenstadt (Gde. Ingoldingen, BC) 86
Wismar, Stadt (HWI)
  Waggonfabrik Wismar 336
Worms, Stadt (WO) 415
Württemberg, Grafen, Herzöge und Könige von
  Charlotte, Königin 305
  Eberhard im Bart, Graf und Herzog 415
  Eberhard Ludwig, Herzog 415
  Friedrich I., König 107 f., 302, 308
  Wilhelm (Friedrich Wilhelm Karl) I., König 107–109, 305, 372
  Wilhelm II., König 108, 128

Wurm, Adam, Direktor des Zeppelin-Konzerns 345
Wurzach siehe Bad Wurzach

Z

Zella-Mehlis, Stadt (SM) 37
Zeppelin, Graf von, Ferdinand 11, 14, 34, 148, 309 f., 312, 318 f., 322 f., 328, 343, 361, 534, 544, 552, 559
Zeppelindorf (Stadt Friedrichshafen, FN) 315, 325, 344–346
Zimmern, Graf von, Wilhelm 528
Zizenhausen (Stadt Stockach, KN) 12, 426, 431, 446, 555
Zollenreute (Stadt Aulendorf, RV) 124
Zuppinger, Walter, schweizerischer Ingenieur 270
Zwerger, Franz von, Unternehmer und Bürgermeister von Ravensburg 14, 29, 272, 559
Zwiefalten, Kloster und Gemeinde (RT) 428, 433
Zürich, Stadt (Kt. Zürich, Schweiz) 269, 279, 283, 289, 292
  Firma Maag 323, 338